Registos e Notariado

Registos e Notariado

2020 · 4ª Edição

Registo Civil
Registo Predial
Registo Comercial
Registo de Pessoas Coletivas
Registo Automóvel
Registo de Navios
Notariado
Legislação Complementar Adicional

ALMEDINA

REGISTOS E NOTARIADO
1ª Edição: Junho, 2017
EDITOR
EDIÇÕES ALMEDINA, S.A.
Rua Fernandes Tomás, nºs 76, 78 e 80
3000-167 Coimbra
Tel.: 239 851 904 · Fax: 239 851 901
www.almedina.net · editora@almedina.net
DESIGN DE CAPA
FBA.
PRÉ-IMPRESSÃO
EDIÇÕES ALMEDINA, S.A.
IMPRESSÃO E ACABAMENTO
ACD Print, S.A.

Fevereiro, 2020
DEPÓSITO LEGAL
467081/20

Apesar do cuidado e rigor colocados na elaboração da presente obra, devem os diplomas legais dela constantes ser sempre objeto de confirmação com as publicações oficiais.
Toda a legislação contida na presente obra encontra-se atualizada de acordo com os diplomas publicados em Diário da República, independentemente de terem já iniciado a sua vigência ou não.
Os textos legislativos apresentam a grafia com que foram publicados em Diário da República. Por determinação da RCM 8/2011, de 25-01, a partir de 1 de janeiro de 2012, tornou-se obrigatória a aplicação do Acordo Ortográfico à publicação do Diário da República, razão pela qual coexistem ambas as grafias.

ALMEDINA | GRUPOALMEDINA

BIBLIOTECA NACIONAL DE PORTUGAL – CATALOGAÇÃO NA PUBLICAÇÃO
PORTUGAL. Leis, decretos, etc
Registos e notariado. – 4ª ed. – (Textos da lei)
ISBN 978-972-40-8347-6
CDU 347

NOTA PRÉVIA À 4ª EDIÇÃO

São várias as alterações a assinalar nesta coletânea dedicada aos registos e notariado.

Tendo em conta a organização sistemática da coletânea, começamos por fazer referência à alteração do Decreto-Lei nº 272/2001, de 13 de outubro, diploma que determinou a atribuição e transferência de competências relativas a um conjunto de processos especiais dos tribunais judiciais para o Ministério Público e as conservatórias de registo civil, regulando os correspondentes procedimentos, pela Lei nº 85/2019, de 3 de setembro, que revogou o instituto do prazo internupcial.

No âmbito do registo comercial, destacamos a alteração do Regulamento do Registo Comercial pela Portaria nº 80/2019, de 18 de março.

Pelo Decreto-Lei nº 145/2019, de 23 de setembro, que estabeleceu o regime remuneratório das carreiras especiais de conservador de registos e de oficial de registos, foram alterados o Regime do Registo Nacional de Pessoas Coletivas e o Estatuto do Notariado.

No registo automóvel, o Decreto-Lei nº 111/2019, de 16 de agosto, simplificou e atualizou os procedimentos administrativos de registo, tendo alterado disposições do Documento Único Automóvel e do Registo da Propriedade Automóvel e respetiva Regulamentação.

Este diploma alterou ainda o Regulamento Emolumentar dos Registos e Notariado, que sofreu alterações de mais três diplomas: Decreto-Lei nº 66/2019, de 21 de maio (alterou as regras aplicáveis à intimação para a execução de obras de manutenção, reabilitação ou demolição e sua execução coerciva), a já referida Lei nº 85/2019, de 3 de setembro e, finalmente, o Decreto-Lei nº 157/2019, de 22 de outubro (que regulou a forma do ato de instituição e o Regime do Registo de Fundações).

Por fim, uma referência ao novo Regime de Inventário Notarial, aprovado pela Lei nº 117/2019, de 13 de setembro, que passa a fazer parte da presente coletânea.

Coimbra, fevereiro de 2020

A EQUIPA EDITORIAL

I – Registos

Registo Civil

Código do Registo Civil

Procedimento de Mudança de Sexo e de Nome Próprio no Registo Civil

Celebração de Casamentos Civis Fora do Horário de Funcionamento dos Serviços e aos Sábados, Domingos e Feriados

Transferência de Competência Decisória para o Ministério Público e Conservatórias do Registo Civil

Lei da Nacionalidade

Regulamento da Nacionalidade Portuguesa

Regime de Emissão e Utilização do Cartão de Cidadão

Procedimentos Simplificados de Sucessão Hereditária e de Partilha do Património Conjugal

Pedido *Online* de Atos e de Processos de Registo Civil

Suporte Informático e Procedimento de Reconstituição para Atos e Processos de Registo Civil

Certidão *Online* de Registo Civil

Código do Registo Civil

Decreto-Lei nº 131/95, de 6 de Junho

1. O Decreto-Lei nº 51/78, de 30 de Março, que aprovou o Código do Registo Civil vigente, reflectiu, essencialmente, na sua formulação, as significativas alterações então acabadas de operar no instituto da família através do Decreto-Lei nº 496/77, de 25 de Novembro.

A evolução social sofrida desde então até ao presente vinha aconselhando uma detida reflexão sobre o registo civil, aliás já enunciada em legislação avulsa que, entretanto, foi alterando pontualmente o Código em vigor.

Assim, o Código ora aprovado surge como o produto da reavaliação feita, contemplando importantes alterações no domínio da competência dos conservadores do registo civil, a par de outras que se prendem com a adequação à legislação sobre adopção, entretanto publicada, e com adaptações às modernas tecnologias e à informática.

O escopo das mudanças preconizadas assenta, assim, na facilitação da vida dos utentes e na simplificação e desburocratização de procedimentos, na medida adequada à imprescindível garantia de segurança jurídica das pessoas singulares, objectivo de interesse e ordem pública que o registo civil prossegue.

2. Desta forma, cumpre realçar, em primeira linha, a transferência de certas competências, normalmente atribuídas a outras entidades, para as conservatórias do registo civil.

Na verdade, a cuidada preparação técnico-jurídica reconhecida aos conservadores do registo civil e a especial vocação destes na área do direito da família inspiraram as inovações preconizadas neste domínio. Note-se que a nova filosofia implica a diversa conformação de certos preceitos do Código Civil que servem de matriz ao registo civil e que, por isso, são alterados em diploma autónomo, representando o presente Código, nessa parte, o inerente reflexo na lei adjectiva.

Contempla-se, assim, neste diploma a forma do processo de dispensa de impedimentos e de suprimento de autorização para casamento de menores, em que ao conservador passa a caber a respectiva decisão final. Na sequência da respectiva alteração substantiva, confere-se também ao conservador a competência para celebrar convenção antenupcial em que apenas seja estipulado um dos regimes tipo de bens do casamento previstos na lei.

Estabelece-se, ainda, no presente diploma o processo de divórcio e de separação de pessoas e bens por mútuo consentimento, que, em determinadas condições fixadas no Código Civil, passa a poder correr os seus termos na conservatória do registo civil, sendo decidido, a final, pelo respectivo conservador.

Do mesmo modo, no processo para afastamento da presunção de paternidade, é deferida ao conservador a competência para declarar a inexistência de posse de estado por parte do filho de mulher casada relativamente a ambos os cônjuges.

3. Para além das significativas e profundas alterações enunciadas, teve-se igualmente em vista harmonizar os dispositivos legais com os princípios e normas constitucionais, nomeadamente quanto aos que se reportam a igualdade de direitos dos cidadãos perante a lei, sem qualquer discriminação, e aos que impõem o respeito pela intimidade da vida privada.

Da mesma forma, eliminou-se do texto a referência a qualquer menção discriminatória da filiação consentida pela legislação anterior.

Também nos assentos dos gémeos se retira a descrição de particularidade física de carácter permanente que porventura individualizasse algum deles, por atentatório da dignidade da pessoa e do respeito devido à intimidade da vida privada.

Eliminando-se a necessidade de apresentação do abandonado ao conservador, como formalidade prévia do acto do registo de declaração do nascimento, passou também a composição do respectivo nome a ficar sujeita à regra geral prevista no Código.

Passa a admitir-se o registo, em campanha, de declaração de maternidade prestada por elementos femininos integrados nas Forças Armadas, dado o seu novo regime.

Finalmente, expurgam-se do novo Código e em definitivo as referências anteriores a licenças especiais para casamento, por atentatórias do livre direito de constituir família.

4. No que respeita aos processos comuns de justificação, além dos destinados à verificação dos vícios do registo e do suprimento da sua omissão ou à sua reconstituição avulsa, cabe aos tribunais a competência para decidir os casos de rectificação do registo apenas quando se suscitem dúvidas acerca da identidade das pessoas a quem o registo respeita ou esteja em causa o estabelecimento da filiação. Nos demais casos, a decisão cabe à conservatória competente através do processo de justificação administrativa. Por outro lado, os referidos processos de justificação judicial passam a poder ser oficiosamente promovidos pelo conservador, mediante auto de notícia, logo que tenha conhecimento dos factos que a eles dão lugar, sem prejuízo da possibilidade sempre reservada aos interessados e ao Ministério Público de o fazerem.

Desta forma, assegura-se não só um notável aligeiramento dos serviços nos tribunais como, por outro lado, se garante um evidente encurtamento no tempo médio deste tipo de acções, sem prejuízo da tutela judicial, assegurada pela intervenção obrigatória do Ministério Público, e ulterior decisão final pelo juiz competente.

5. Com vista a imprimir celeridade aos processos respectivos, com as correspondentes vantagens para os utentes e o correlativo descongestionamento dos serviços da Conservatória dos Registos Centrais, transfere-se para a esfera de competência do conservador do registo civil a decisão nos processos de verificação da capacidade matrimonial de estrangeiros e de suprimento da certidão de registo, que cabia anteriormente ao conservador da Conservatória dos Registos Centrais. Simultaneamente, dispensa-se o registo das sentenças relativas ao estado ou à capacidade civil dos Portugueses proferidas no estrangeiro, na referida Conservatória dos Registos Centrais, passando o seu registo a ser efectuado, por meio de averbamento, na conservatória detentora do assento respectivo, através da comunicação directa do Tribunal da Relação onde a sentença tiver sido revista e confirmada.

6. O novo Código alarga ainda a competência do conservador no sentido de este poder passar a traduzir e certificar as traduções dos documentos escritos em língua estrangeira.

7. Sem postergar a facilidade e simplificação do serviço para o utente, e com fundamento nos princípios básicos da segurança, certeza e unicidade registral, regressa-se à pureza do conceito de naturalidade, com o que nos aproximamos, de resto, dos países que integram a Comissão Internacional do Estado Civil. Assim, faz-se equivaler, sem equívocos, a naturalidade ao lugar ou local do nascimento, consagrando-se o princípio da concordância do registo com a realidade.

Mantém-se, pois, a possibilidade de lavrar o registo, em alternativa, na conservatória da área do nascimento ou da área da residência da mãe, sem alterar, contudo, o conceito comum de naturalidade e evitando a possibilidade de duplicação de registos.

8. Na linha de orientação já anunciada no Decreto-Lei nº 519-F2/79, de 29 de Dezembro, que aprovou a Lei Orgânica dos Serviços dos Registos e do Notariado, consideram-se agora definitivamente extintos os postos e as delegações do registo civil. Das delegações criadas já nenhuma existe e os raros postos ainda em funcionamento, pese embora o alto contributo prestado ao registo civil em lugares recônditos do País no passado, já não correspondem hoje a uma necessidade real das populações, não só face às reduzidas competências que lhes eram atribuídas, mas, sobretudo, face à evolução dos meios de comunicação.

9. Merece ainda o maior relevo a consagração da isenção de imposto do selo em todos os actos e processos do registo civil, em atenção à importância social e ao interesse público dos mesmos.

10. Por último, prevê-se a aprovação dos modelos dos livros e dos impressos do registo civil por portaria do Ministro da Justiça, em ordem a permitir a sua rápida e atempada adequação às necessidades dos serviços e aos meios tecnológicos, entretanto disponíveis.

Assim:

No uso da autorização legislativa concedida pela Lei nº 3/95, de 20 de Fevereiro, e nos termos das alíneas *a*) e *b*) do nº 1 do artigo 201º da Constituição, o Governo decreta o seguinte:

ARTIGO 1º
Aprovação do Código do Registo Civil

É aprovado o Código do Registo Civil, que faz parte integrante do presente diploma.

ARTIGO 2º
Delegações e postos

São extintas as delegações e postos do registo civil.

ARTIGO 3º
Entrada em vigor

O Código do Registo Civil entra em vigor no dia 15 de Setembro de 1995.

ARTIGO 4º
Norma revogatória

São revogados:

a) O Decreto-Lei nº 51/78, de 30 de Março;

b) O artigo 1º do Decreto-Lei nº 418/79, de 17 de Outubro;

c) O Decreto-Lei nº 379/82, de 14 de Setembro;

d) O Decreto-Lei nº 20/87, de 12 de Janeiro;

e) Os artigos 1º, 2º, 6º e 7º do Decreto-Lei nº 29/87, de 14 de Janeiro;

f) O artigo 1º do Decreto-Lei nº 54/90, de 13 de Fevereiro;

g) Os artigos 11º, 12º, 19º, 51º, 64º, 86º e 87º do Decreto-Lei nº 519-F2/79, de 29 de Dezembro;

h) Os artigos 5º, nº 3, 9º, 23º, 99º, 117º e 118º do Decreto Regulamentar nº 55/ /80, de 8 de Outubro;

i) O artigo 53º, nº 3, do Decreto-Lei nº 414-A/86, de 15 de Dezembro;

j) A Portaria nº 19856, de 16 de Maio de 1963;

l) Os artigos 18, 64, 84, 90, 2ª parte, 113 e 148 da Tabela Geral do Imposto do Selo.

Visto e aprovado em Conselho de Ministros de 30 de Março de 1995. – *Aníbal António Cavaco Silva – Eduardo de Almeida Catroga – Álvaro José Brilhante Laborinho Lúcio.*

Promulgado em 4 de Maio de 1995.

Publique-se.

O Presidente da República, MÁRIO SOARES.

Referendado em 10 de Maio de 1995.

O Primeiro-Ministro, *Aníbal António Cavaco Silva.*

Código do Registo Civil*

TÍTULO I
Disposições gerais

CAPÍTULO I
Objecto e valor do registo civil

ARTIGO 1º
Objecto e obrigatoriedade do registo

1 – O registo civil é obrigatório e tem por objecto os seguintes factos:

a) O nascimento;
b) A filiação;
c) A adopção;
d) O casamento;
e) As convenções antenupciais e as alterações do regime de bens convencionado ou legalmente fixado;
f) A regulação do exercício do poder paternal, sua alteração e cessação;
g) A inibição ou suspensão do exercício do poder paternal e as providências limitativas desse poder;
h) O acompanhamento de maiores e a tutela e administração de bens;
i) O apadrinhamento civil e a sua revogação;
j) A curadoria provisória ou definitiva de ausentes e a morte presumida;
l) A declaração de insolvência, o indeferimento do respectivo pedido, nos casos de designação prévia de administrador judicial provisório, e o encerramento do processo de insolvência;
m) A nomeação e cessação de funções do administrador judicial e do administrador judicial provisório da insolvência, a atribuição ao devedor da admi-

* *Texto de acordo com a republicação do Decreto-Lei nº 324/2007, de 28 de Setembro.*

nistração da massa insolvente, assim como a proibição da prática de certos actos sem o consentimento do administrador da insolvência e a cessação dessa administração;

n) A inabilitação e a inibição do insolvente para o exercício do comércio e de determinados cargos;

o) A exoneração do passivo restante, assim como o início e cessação antecipada do respectivo procedimento e a revogação da exoneração;

p) O óbito;

q) Os que determinem a modificação ou extinção de qualquer dos factos indicados e os que decorram de imposição legal.

2 – Os factos respeitantes a estrangeiros só estão sujeitos a registo obrigatório quando ocorram em território português.

3 – Quando os sujeitos da relação jurídica de filiação, adoção ou apadrinhamento civil estejam casados ou unidos de facto com pessoa do mesmo sexo, os assentos, averbamentos ou novos assentos de nascimento no registo civil são efetuados de forma idêntica à prevista nas leis em vigor para casais de sexo diferente.

(Redação dada pela Lei nº 49/2018, de 14-08)

ARTIGO 2º
Atendibilidade dos factos sujeitos a registo

Salvo disposição legal em contrário, os factos cujo registo é obrigatório só podem ser invocados depois de registados.

ARTIGO 3º
Valor probatório do registo

1 – A prova resultante do registo civil quanto aos factos que a ele estão obrigatoriamente sujeitos e ao estado civil correspondente não pode ser ilidida por qualquer outra, a não ser nas acções de Estado e nas acções de registo.

2 – Os factos registados não podem ser impugnados em juízo sem que seja pedido o cancelamento ou a rectificação dos registos correspondentes.

ARTIGO 4º
Prova dos factos sujeitos a registo

A prova dos factos sujeitos a registo só pode ser feita pelos meios previstos neste Código.

ARTIGO 5º
Actos praticados por órgãos especiais

1 – Os actos de registo praticados nas condições previstas no artigo 9º são obrigatoriamente integrados em suporte informático do registo civil nacional e, na

ordem interna, provam-se pelo acesso à base de dados do registo civil ou por meio de certidão.

2 – Para a integração referida no número anterior, as entidades referidas na alínea *a*) do nº 1 do artigo 9º devem lavrar os assentos, bem como os averbamentos dos factos que decorram dos mesmos, em suporte informático e disponibilizá-los na base de dados do registo civil nacional.

3 – A integração dos assentos de nascimento, de declaração de maternidade e de perfilhação em suporte informático do registo civil nacional só se efectua após atribuição de cota ou averbamento electrónicos pela Conservatória dos Registos Centrais.

4 – Para a integração referida no nº 1, as entidades referidas nas alíneas *b*) a *d*) do nº 1 do artigo 9º devem enviar, preferencialmente por via informática, as cópias autênticas ou os duplicados dos assentos às conservatórias do registo civil ou à Conservatória dos Registos Centrais, de acordo com as regras de competência previstas nos artigos 10º e 11º

5 – Os assentos e processos de registo consulares devem ser disponibilizados na base de dados do registo civil nacional, nos termos definidos por portaria conjunta dos membros do Governo responsáveis pelas áreas dos negócios estrangeiros e da justiça.

ARTIGO 6º
Actos lavrados pelas autoridades estrangeiras

1 – Os actos de registo lavrados no estrangeiro pelas entidades estrangeiras competentes podem ingressar no registo civil nacional, em face dos documentos que os comprovem, de acordo com a respectiva lei e mediante a prova de que não contrariam os princípios fundamentais da ordem pública internacional do Estado Português.

2 – Os actos relativos ao estado civil lavrados no estrangeiro perante as autoridades locais que devam ser averbados aos assentos das conservatórias são previamente registados, por meio de assento, nas conservatórias do registo civil ou na Conservatória dos Registos Centrais, de acordo com as regras de competência previstas nos artigos 10º e 11º

3 – Exceptuam-se do disposto no número anterior os casos previstos no artigo 190º e o registo de óbito de estrangeiro que dissolva casamento registado em Portugal.

4 – Se os actos respeitarem a estrangeiros, o seu ingresso no registo apenas é permitido quando o requerente mostre legítimo interesse na transcrição.

ARTIGO 7º
Decisões dos tribunais estrangeiros

1 – As decisões dos tribunais estrangeiros relativas ao estado ou à capacidade civil dos Portugueses, depois de revistas e confirmadas, são directamente registadas por meio de averbamento aos assentos a que respeitam.

2 – As decisões dos tribunais estrangeiros, referentes ao estado ou à capacidade civil dos estrangeiros, estão nos mesmos termos sujeitas a registo, lavrado por averbamento ou por assento, consoante constem ou não do registo civil português os assentos a que devam ser averbadas.

3 – As decisões dos tribunais eclesiásticos, respeitantes à nulidade do casamento católico ou à dispensa do casamento rato e não consumado, depois de revistas e confirmadas, são averbadas aos respectivos assentos.

(Redacção dada pelo Decreto-Lei nº 100/2009, de 11-05)

CAPÍTULO II
Órgãos do registo civil

ARTIGO 8º
Órgãos privativos

Os órgãos privativos do registo civil são as conservatórias do registo civil e a Conservatória dos Registos Centrais.

ARTIGO 9º
Órgãos especiais

1 – A título excepcional, podem desempenhar funções de registo civil:

a) Os agentes diplomáticos e consulares portugueses em país estrangeiro;

b) Os comissários de marinha dos navios do Estado, os capitães, mestres ou patrões nas embarcações particulares portuguesas e os comandantes das aeronaves nacionais;

c) As entidades designadas nos regulamentos militares;

d) Quaisquer indivíduos nos casos especialmente previstos na lei.

2 – Os actos praticados nos termos do número anterior devem obedecer, na parte aplicável, aos preceitos deste Código.

CAPÍTULO III
Regras de competência

ARTIGO 10º
Conservatórias do registo civil

1 – Compete às conservatórias do registo civil o registo de todos os factos previstos neste Código quando ocorridos em território português, qualquer que seja a nacionalidade dos indivíduos a quem respeitem.

2 – Compete às mesmas conservatórias lavrar os registos:

a) De casamento celebrado no estrangeiro;

b) De óbito ocorrido no estrangeiro;

c) De óbito ocorrido em viagem, a bordo de navio ou aeronave portugueses;

d) De casamento urgente contraído em campanha no estrangeiro por militares portugueses;

e) De casamento urgente, em viagem, a bordo de navio ou aeronave de portugueses, qualquer que seja a nacionalidade dos nubentes.

3 – *(Revogado.)*

ARTIGO 11º
Conservatória dos Registos Centrais

1 – Compete à Conservatória dos Registos Centrais lavrar os registos:

a) De nascimento, de declaração de maternidade e de perfilhação, respeitantes a portugueses, quando ocorridos no estrangeiro, com excepção dos nascimentos ocorridos em unidades de saúde no estrangeiro, ao abrigo de protocolo celebrado com o Estado Português;

b) De nascimento ocorrido em viagem, a bordo de navio ou aeronave portugueses;

c) *(Revogado.)*

d) *(Revogado.)*

e) *(Revogado.)*

f) *(Revogado.)*

g) *(Revogado.)*

h) De transcrição das decisões proferidas pelos tribunais estrangeiros, nos termos do nº 2 do artigo 7º;

i) *(Revogado.)*

2 – Compete também à Conservatória dos Registos Centrais a integração dos assentos correspondentes aos factos previstos na alínea *a*) do número anterior, nos termos do nº 3 do artigo 5º, se estes tiverem sido lavrados pelos agentes diplomáticos ou consulares portugueses.

3 – Compete ainda à Conservatória dos Registos Centrais o registo, por meio de assento, das decisões judiciais que devam ser averbadas a assento de nascimento cujo registo não seja obrigatório.

ARTIGO 12º
Competência das conservatórias

Os factos sujeitos a registo civil podem ser lavrados em qualquer conservatória, salvo disposição especial que fixe a conservatória competente.

ARTIGO 13º
Intermediação com a Conservatória dos Registos Centrais

1 – Os requerimentos, declarações e documentos para a instrução de actos e processos de registo destinados à Conservatória dos Registos Centrais podem ser

apresentados por intermédio de qualquer conservatória do registo civil, a qual procede ao seu envio imediato, por via informática.

2 – As declarações previstas no número anterior são reduzidas a escrito, sendo lidas na presença simultânea de todos os intervenientes pelo conservador ou pelo oficial de registos da conservatória.

3 – Recebida a declaração, a Conservatória dos Registos Centrais lavra o respectivo assento, no prazo de um dia.

4 – Se as declarações tiverem deficiências, a conservatória referida no número anterior solicita, de imediato, a sua rectificação aos interessados sem o pagamento de encargos adicionais, podendo a rectificação ser promovida em qualquer conservatória do registo civil.

CAPÍTULO IV
Suportes dos actos e sua reconstituição

SECÇÃO I
Suportes e reconstituição de actos e processos de registo

ARTIGO 14º
Suportes dos actos das conservatórias

1 – Os actos e processos de registo civil, bem como os restantes procedimentos que corram termos nas conservatórias são lavrados em suporte informático, nos termos a regulamentar por portaria do membro do Governo responsável pela área da justiça.

2 – As comunicações e notificações, a apresentação de requerimentos e pedidos e o envio de documentos previstos no presente Código podem ser efectuados por via electrónica, nos termos a regulamentar por portaria do membro do Governo responsável pela área da justiça.

3 – *(Revogado.)*

4 – *(Revogado.)*

ARTIGO 15º
Reconstituição de actos e processos de registo

1 – Quando se inutilizar algum suporte de acto ou processo de registo, deve proceder-se à reconstituição do acto ou processo, nos termos a regular por portaria do membro do Governo responsável pela área da justiça.

2 – *(Revogado.)*

3 – *(Revogado.)*

4 – *(Revogado.)*

SECÇÃO II
Arquivo de documentos

ARTIGO 16º
Arquivo de documentos

1 – Os processos e documentos que serviram de base à realização de registos, ou que lhes respeitem, são arquivados, devendo o arquivo ser efectuado por via electrónica, nos termos a determinar pelo presidente do Instituto dos Registos e do Notariado, I. P. (IRN, I. P.)

2 – Os documentos físicos arquivados nas conservatórias só podem ser retirados das mesmas mediante autorização do presidente do IRN, I. P., salvo caso de força maior ou noutros casos expressamente previstos na lei.

ARTIGO 17º
Destruição de documentos

1 – Todos os documentos que tenham sido digitalizados devem ser destruídos imediatamente.

2 – Podem ser destruídos, desde que tenham mais de um ano, os documentos arquivados que não tenham servido de base a qualquer registo, devendo ser feita a sua prévia identificação, segundo a natureza e data, bem como a devida anotação no inventário da conservatória.

3 – Os documentos comprovativos das despesas podem ser destruídos, desde que tenham mais de cinco anos, nos termos referidos no número anterior.

4 – Podem ser destruídas, desde que tenham mais de um ano, as certidões de sentenças proferidas ou revistas e confirmadas por tribunais portugueses, bem como as certidões de decisões proferidas pelos conservadores que tenham servido de base a averbamentos.

ARTIGOS 18º A 38º

(Revogados.)

TÍTULO II
Actos de registo

CAPÍTULO I
Actos de registo em geral

SECÇÃO I
Partes e outros intervenientes em actos de registo

ARTIGO 39º
Quem é parte

Dizem-se partes, em relação a cada registo, o declarante e as pessoas a quem o facto directamente respeite, ou de cujo consentimento dependa a plena eficácia deste.

ARTIGO 40º
Identificação do declarante

1 – Os declarantes são identificados, no texto dos assentos em que intervieram, mediante a menção do seu nome completo e residência habitual.

2 – *(Revogado.)*

3 – *(Revogado.)*

4 – *(Revogado.)*

ARTIGO 41º
Intervenção de pessoa surda, muda ou surda-muda

1 – A intervenção de indivíduos surdos, mudos ou surdos-mudos em actos de registo só pode fazer-se, consoante os casos, mediante a leitura dos assentos e documentos pelos próprios, ou por intérprete idóneo que, sob juramento legal, seja nomeado no acto.

2 – Os mudos e os surdos-mudos que saibam ler e escrever devem exprimir a sua vontade por escrito, em resposta às perguntas que, também por escrito, lhes forem formuladas pelo funcionário, arquivando-se ambos os escritos.

3 – Dos actos lavrados com intervenção de intérprete, identificado pelo nome completo, deve constar a menção de que o mesmo prestou juramento legal.

ARTIGO 42º
Nomeação de intérprete aos que não conhecerem a língua portuguesa

Quando alguma das partes não conhecer a língua portuguesa e o funcionário não dominar o idioma em que a parte se exprime, deve ser nomeado um intérprete, nos termos e para os fins previstos no artigo anterior.

ARTIGO 43º
Representação por procurador

1 – A parte pode fazer-se representar por procurador com poderes especiais para o acto.

2 – A procuração pode ser outorgada por documento assinado pelo representado, com reconhecimento presencial da assinatura, por documento autenticado ou por instrumento público.

3 – Se a procuração tiver sido passada a advogado ou solicitador, é suficiente documento assinado pelo representado.

4 – *(Revogado.)*

5 – *(Revogado.)*

(Cf. Declaração de Rectificação nº 107/2007, de 27-11)

ARTIGO 44º
Procuração para casamento

1 – No acto da celebração do casamento só um dos nubentes pode fazer-se representar por procurador.

2 – A procuração para representação de um dos nubentes ou para concessão do consentimento necessário à celebração do casamento de menores deve individualizar o outro nubente e indicar a modalidade do casamento.

ARTIGO 45º
Testemunhas

1 – Nos assentos de nascimento podem intervir duas testemunhas e nos de casamento entre duas a quatro testemunhas.

2 – Nos assentos de qualquer espécie pode ser exigida a intervenção de duas testemunhas se ao conservador se suscitarem dúvidas fundadas acerca da veracidade das declarações ou da identidade das partes.

3 – As testemunhas consideram-se sempre abonatórias da identidade das partes, bem como da veracidade das respectivas declarações, e respondem, no caso de falsidade, tanto civil como criminalmente.

4 – À identificação das testemunhas é aplicável o disposto no artigo 40º

ARTIGO 46º
Quem pode ser testemunha

1 – Em qualquer assento só podem ser testemunhas pessoas idóneas e maiores ou emancipadas.

2 – As testemunhas podem ser parentes ou afins das partes e dos funcionários.

ARTIGO 47º
Impedimento do funcionário

1 – O conservador não pode realizar actos em que intervenham, como partes ou

como seus procuradores ou representantes, ele próprio, o seu cônjuge ou qualquer parente ou afim, na linha recta ou em 2º grau da linha colateral.

2 – O impedimento a que se refere o número anterior é extensivo aos funcionários da conservatória a que pertence o conservador impedido que o devam substituir.

3 – Ao conservador que exerça a advocacia é vedado aceitar mandato nos processos previstos nos artigos 253º, 255º, 266º e 271º

SECÇÃO II
Documentos para actos e processos de registo

ARTIGO 48º
Instrução de actos e processos de registo

1 – Para a instrução de actos e processos de registo é dispensada a apresentação de certidões de actos ou documentos, sempre que estes estejam disponíveis na base de dados do registo civil ou tenham sido lavrados ou se encontrem arquivados na conservatória onde foi requerido o acto ou processo.

2 – O disposto no número anterior também é aplicável quando o acto tenha sido lavrado ou o documento se encontre arquivado em conservatória do registo civil diferente daquela onde foi requerido o acto ou processo, ou em qualquer outro serviço de registo.

3 – Na sequência de pedidos ou requerimentos de actos e processos de registo, se se verificar que os actos ou documentos necessários não estão disponíveis na base de dados do registo civil, devem ser imediatamente integrados na mesma.

4 – Fora dos casos previstos nos nºs 1 e 2, a conservatória onde foi requerido o acto ou processo deve solicitar oficiosamente às entidades ou serviços da Administração Pública o envio de certidões de actos lavrados ou de documentos arquivados naquelas entidades ou serviços, preferencialmente por via electrónica.

5 – A conservatória é reembolsada pelo requerente do acto ou processo das despesas resultantes dos pagamentos devidos às entidades referidas no número anterior.

ARTIGO 49º
Documentos passados em país estrangeiro

1 – Os documentos passados em país estrangeiro, em conformidade com a lei local, podem servir de base a actos de registo ou instruir processos independentemente de prévia legalização, desde que não haja dúvidas fundadas acerca da sua autenticidade.

2 – Em caso de dúvida sobre a autenticidade do conteúdo de documentos emitidos no estrangeiro, pode ser solicitada às autoridades emitentes a confirmação da sua autenticidade, sendo os encargos suportados pelos interessados.

3 – A promoção oficiosa das diligências exigidas pela confirmação prevista no número anterior constitui fundamento de sustação da feitura do registo ou da prossecução do procedimento a instruir com o documento cuja autenticidade se pretende confirmar.

4 – Se, em virtude das diligências referidas no número anterior, for verificada a falta de autenticidade do documento emitido, o conservador deve recusar a atribuição de qualquer valor probatório ao mesmo.

5 – Se, em virtude das diligências referidas no nº 3, se concluir pelo carácter defeituoso ou incorrecto do documento emitido, o conservador aprecia livremente em que medida o seu valor probatório é afectado pelo defeito ou incorrecção verificada.

6 – A recusa pelo conservador de atribuição de valor probatório ao documento e a atribuição de valor probatório parcial ao mesmo são notificadas ao interessado no registo ou procedimento, para efeitos do disposto no nº 2 do artigo 292º

7 – Sendo interposto o recurso a que se refere o nº 2 do artigo 292º, a falta de valor probatório, total ou parcial, do documento emitido em país estrangeiro pode ser suprida com base nas declarações ou meios de prova complementares apresentados em sede de recurso.

8 – Os documentos referidos no nº 1, quando escritos em língua estrangeira, devem ser acompanhados de tradução feita ou certificada nos termos previstos na lei, salvo se estiverem redigidos em língua inglesa, francesa ou espanhola e o funcionário competente dominar essa língua.

(Redação dada pelo Decreto-Lei nº 51/2018, de 25-06)

SECÇÃO III
Modalidades do registo

ARTIGO 50º
Assentos e averbamentos

1 – O registo civil dos factos a ele sujeitos é lavrado por meio de assento ou de averbamento.

2 – Os averbamentos são havidos como parte integrante do assento a que respeitam.

SUBSECÇÃO I
Assentos

ARTIGO 51º
Formas de os lavrar

Os assentos são lavrados por inscrição ou por transcrição.

ARTIGO 52º
Assentos lavrados por inscrição

São lavrados por inscrição:

a) Os assentos de nascimento e de óbito ocorridos em território português, quando declarados directamente na repartição competente;

b) Os assentos de nascimento e de óbito de portugueses ocorridos no estrangeiro, quando declarados nas condições da alínea anterior;

c) Os assentos de nascimento e de óbito ocorridos em viagem a bordo de navio ou aeronave, quando as autoridades de bordo não tenham lavrado o respectivo registo e o facto só venha a ser declarado nas condições da alínea *a*);

d) Os assentos de declaração de maternidade e de perfilhação, quando prestada perante o funcionário do registo civil e não constem do registo de nascimento;

e) Os assentos de casamento civil não urgente, celebrado em território português ou realizado no estrangeiro perante agente diplomático ou consular português.

ARTIGO 53º
Assentos lavrados por transcrição

1 – São lavrados por transcrição:

a) Os assentos lavrados na Conservatória dos Registos Centrais, com base em declaração prestada em conservatória intermediária;

b) Os assentos lavrados com base nos autos ou nas comunicações a que se referem os artigos 106º e 203º;

c) Os assentos de casamento católico, de casamento civil sob forma religiosa ou de casamento civil urgente, celebrados em território português;

d) Os assentos de casamento católico ou civil, celebrado no estrangeiro, perante as autoridades locais competentes, por portugueses ou por estrangeiros que adquiram a nacionalidade portuguesa;

e) Os assentos de casamento admitidos a registo, nos termos do nº 4 do artigo 6º;

f) Os assentos de factos cujo registo tenha sido realizado pelos funcionários ou pelas autoridades a que se referem as alíneas *b*), *c*) e *d*) do nº 1 do artigo 9º

2 – São ainda lavrados por transcrição os assentos ordenados por decisão judicial ou do conservador, os assentos a que se referem o nº 2 do artigo 6º, o nº 3 do artigo 11º, o nº 1 do artigo 33º e o artigo 82º e, em geral, os assentos de factos ocorridos no estrangeiro, cujos registos tenham sido efectuados pelas autoridades locais.

3 – Exceptuam-se do disposto na alínea *c*) do nº 1 os casamentos católicos celebrados entre cônjuges já vinculados por casamento civil não dissolvido.

ARTIGO 54º
Assentos consulares

1 – Os assentos referentes a portugueses realizados no estrangeiro pelos agentes diplomáticos ou consulares são lavrados em suporte informático e disponibilizados na base de dados do registo civil nacional, sem prejuízo do disposto no nº 3 do artigo 5º

2 – *(Revogado.)*

3 – *(Revogado.)*

ARTIGO 55º
Requisitos gerais

1 – Além dos requisitos privativos de cada espécie, os assentos devem conter os seguintes elementos:

a) Número de ordem;

b) Identificação das partes e de outros intervenientes;

c) Designação da conservatória e indicação do dia, mês e ano em que são lavrados;

d) Menção de que as declarações que serviram de base ao assento foram prestadas perante oficial público;

e) Aposição do nome do conservador ou oficial de registos, precedida da designação do cargo ou categoria.

2 – A intervenção de intérprete e de procurador é mencionada no texto do assento, com indicação do nome completo.

3 – *(Revogado.)*

ARTIGO 56º
Menções especiais dos assentos lavrados por transcrição

1 – Nos assentos lavrados por transcrição, além das menções legais privativas da sua espécie, extraídas do respectivo título, faz-se constar a natureza, a proveniência e a data da emissão do título.

2 – Se o assento respeitar a acto lavrado no estrangeiro por autoridade local, a transcrição é feita mediante reprodução das menções constantes do título relativas ao modelo legal do assento ou, quando não haja modelo legal de assento, por simples recolha dos elementos necessários à realização dos averbamentos previstos na lei.

3 – Se o título for omisso ou enfermar de irregularidade quanto a elementos de identificação ou referenciação, a transcrição é efectuada, sempre que possível, por recolha dos elementos que constem do processo, a fim de permitir a sua correcta menção no texto do assento.

4 – Para efeitos do disposto no número anterior, é oficiosamente consultada a base de dados do registo civil, sendo integrados na base de dados os documentos que se mostrem necessários, de forma a permitir o completamento ou a correcção

dos elementos constantes do título apresentado para transcrição, podendo ainda ser ouvidos os interessados, se tal for necessário.

5 – A transcrição pode também ser completada, por averbamento, quanto a outras menções que não interessem à substância do acto, com base nas declarações dos interessados, provadas documentalmente.

ARTIGO 57º
Lugar em que podem ser lavrados

1 – Os assentos são lavrados nas conservatórias ou, mediante pedido verbal dos interessados, nas unidades de saúde ou em qualquer outro lugar a que o público tenha acesso.

2 – O disposto no número anterior é aplicável aos autos de consentimento para casamento e aos autos de declaração destinados a servir de base a actos de registo ou à instauração dos respectivos processos.

3 – *(Revogado.)*

ARTIGO 58º
Composição

(Revogado.)

ARTIGO 59º
Regras a observar na escrita dos assentos

1 – Os assentos devem ser escritos por extenso, em face das declarações das partes ou das próprias observações do funcionário, na presença daquelas e dos demais intervenientes, ou com base nos documentos apresentados.

2 – É permitido o uso de abreviaturas de significado inequívoco e a escrita das datas e dos números por algarismos.

3 – *(Revogado.)*

4 – *(Revogado.)*

5 – *(Revogado.)*

6 – *(Revogado.)*

ARTIGO 60º
Ordem de prioridade e numeração

(Revogado.)

ARTIGO 61º
Elaboração dos assentos e aposição do nome do funcionário

1 – Os assentos podem ser lavrados pelo conservador ou por oficial de registos.

2 – Depois de lavrados, os assentos são lidos na presença de todos os intervenientes e o conservador ou o oficial de registos apõe neles o seu nome.

3 – Se, depois da leitura, o conservador ou o oficial ficar impossibilitado de apor o seu nome no assento ou se recusar a fazê-lo, deve ser mencionada a razão por que o assento fica incompleto.

4 – Os assentos por transcrição são lavrados sem a intervenção das partes ou de qualquer outra pessoa, salvo o disposto no nº 2 do artigo 157º

5 – Se de um assento não constar a aposição do nome do conservador ou oficial, o conservador que notar a omissão deve apor nele o seu nome, mencionando a omissão e a data em que foi suprida, se, em face de documentos ou de diligências efectuadas, obtiver elementos que permitam concluir que o registo estava em condições de ser lavrado.

ARTIGO 62º
Inalterabilidade e menções indevidas dos registos

1 – Nenhuma alteração pode ser introduzida no texto dos registos após a aposição do nome do conservador ou do oficial de registos.

2 – As menções constantes dos registos, além das previstas na lei, são havidas como não escritas.

ARTIGO 63º
Cotas de referência

1 – Na sequência do texto dos assentos, além das cotas especiais previstas neste Código, deve constar o número atribuído ao processo que contém os documentos que serviram de base ao assento.

2 – *(Revogado.)*

3 – As cotas de referência a outros assentos, previstas em disposição especial, consistem na indicação do número, ano e conservatória detentora do assento referenciado.

4 – A seguir a averbamentos já lavrados, devem ser lançadas cotas de referência à integração ulterior dos assentos dos factos a que respeitam.

ARTIGOS 64º A 67º

(Revogados.)

SUBSECÇÃO II
Averbamentos

ARTIGO 68º
Averbamentos em geral

1 – As alterações ao conteúdo dos assentos que devam ser registadas são lançadas na sequência do texto, por meio de averbamento.

2 – *(Revogado.)*

ARTIGO 69º
Averbamentos ao assento de nascimento

1 – Ao assento de nascimento são especialmente averbados:

a) O casamento, sua dissolução, declaração de inexistência ou nulidade, anulação e sanação in radice, bem como a separação em qualquer das suas modalidades e a reconciliação dos cônjuges legalmente separados;

b) O estabelecimento da filiação;

c) O casamento dos pais, entre si, posterior ao registo de nascimento do filho;

d) A adoção e a revisão da respetiva sentença;

e) A regulação do exercício do poder paternal, sua cessação e a alteração que respeite à confiança do filho;

f) A inibição e a suspensão do exercício do poder paternal, bem como as providências limitativas desse poder;

g) O acompanhamento de maiores, incluindo as concretas medidas decretadas com relevância registal, a tutela e administração de bens, a curadoria provisória ou definitiva de ausente e a incapacidade de menor casado para administrar os bens, sua modificação e extinção;

h) A constituição do apadrinhamento civil e a sua revogação;

i) A declaração de insolvência, o indeferimento do respectivo pedido e o encerramento do processo de insolvência;

j) A nomeação e cessação de funções do administrador judicial e do administrador judicial provisório da insolvência, a atribuição ao devedor da administração da massa insolvente, bem como a proibição da prática de certos actos sem o consentimento do administrador da insolvência e a cessação dessa administração;

l) A inabilitação e a inibição do insolvente para o exercício do comércio e de determinados cargos;

m) O início, cessação antecipada e decisão final do procedimento de exoneração do passivo restante e a revogação desta;

n) A alteração de nome;

o) A mudança de sexo e a consequente mudança de nome próprio;

p) A conservação dos apelidos dos cônjuges que tenha lugar em caso de dissolução do casamento ou de novas núpcias;

q) O óbito e a morte presumida judicialmente declarada;

r) Em geral, todos os factos jurídicos que modifiquem os elementos de identificação ou o estado civil do registado.

2 – A perfilhação dependente de assentimento só é averbada quando este for prestado.

3 – Os factos referidos na alínea *f*) do nº 1 são averbados aos assentos de nascimento dos filhos.

4 – Os factos referidos na alínea *o*) do nº 1 apenas são averbados:

a) Aos assentos de nascimento dos filhos maiores da pessoa que mudou de sexo, a requerimento daqueles;

b) Ao assento de nascimento do outro cônjuge com consentimento deste prestado através de declaração perante oficial do registo civil ou de documento autêntico ou autenticado.

5 – Após o averbamento do facto referido na alínea *d*) deverá ser feita a comunicação a que se reporta o nº 3 do artigo 56º do Regime Jurídico do Processo de Adoção, a efetuar com preservação dos elementos de identificação dos adotantes, designadamente identidade, filiação, residência, número de documentos de identificação e do tribunal por onde correu o processo de adoção.
(Redacção dada pela Lei nº 49/2018, de 14-08)

ARTIGO 70º
Averbamentos ao assento de casamento

1 – Ao assento de casamento são especialmente averbados:

a) O casamento católico celebrado entre pessoas já casadas civilmente;

b) A dissolução, inexistência, declaração de nulidade ou anulação do casamento;

c) A morte presumida de qualquer dos cônjuges;

d) A sanação *in radice* do casamento católico nulo;

e) A sanação da anulabilidade do casamento celebrado por menor não núbil, por maior acompanhado, nos casos em que o acompanhamento constitua um impedimento, ou sem a intervenção das testemunhas exigidas;

f) A separação de pessoas e bens, a reconciliação dos cônjuges separados e a simples separação judicial de bens;

g) A existência de convenção antenupcial, quando desta for feita prova após a celebração do casamento;

h) As alterações ao regime de bens convencionado ou legalmente fixado;

i) A mudança de sexo de qualquer dos cônjuges e a correspondente mudança de nome próprio, desde que haja consentimento do outro cônjuge, prestado por declaração perante o oficial do registo civil ou através de documento autêntico ou autenticado.

2 – *(Revogado.)*
(Redacção dada pela Lei nº 49/2018, de 14-08)

ARTIGO 71º
Averbamentos ao assento de óbito

Ao assento de óbito é especialmente averbado qualquer elemento de identificação ou referenciação do falecido de que o conservador venha a ter conhecimento depois de lavrado o assento.

ARTIGO 72º
Averbamentos ao assento de perfilhação

Ao assento de perfilhação é especialmente averbado o assentimento do perfilhado, quando necessário, se não houver sido dado no próprio acto de perfilhação.

ARTIGO 73º
Lançamento dos averbamentos

1 – Os averbamentos obedecem aos modelos aprovados e são lançados com referência aos assentos ou documentos que lhes serviram de base.

2 – Se o documento base do averbamento for omisso quanto a elementos que não interessem à substância do facto, mas sejam indispensáveis à sua feitura, podem aqueles ser completados com outros documentos.

3 – Aos averbamentos é aplicável o disposto no nº 2 do artigo 59º e no nº 2 do artigo 62º

4 – Os averbamentos são lançados imediatamente após a realização do acto.

ARTIGO 74º
Aposição do nome do funcionário

1 – Os averbamentos devem conter a aposição do nome do conservador ou de oficial de registos.

2 – Se de um averbamento não constar a aposição do nome do conservador ou oficial, o conservador que notar a omissão deve nele apor o seu nome, mencionando a omissão e a data em que foi suprida, se verificar, em face dos assentos correspondentes ou dos documentos arquivados, que o averbamento estava em condições de ser efectuado.

3 – Se após a feitura do averbamento se concluir que não é possível a aposição do nome do funcionário, deve ser mencionada, de forma sucinta, a razão por que o averbamento fica incompleto.

ARTIGOS 75º E 76º

(Revogados.)

ARTIGO 77º
Dúvidas sobre o assento

1 – Compete à conservatória que lavrar o assento de que decorra averbamento efectuar as diligências necessárias à localização do assento a que o facto deva ser averbado.

2 – Se houver erro na feitura do assento ou omissão deste, deve ser instaurado o competente processo de justificação administrativa ou judicial, a fim de que o averbamento possa ser efectuado.

3 – *(Revogado.)*

4 – *(Revogado.)*

5 – Não devem constituir obstáculo à realização do averbamento as divergências que não suscitem dúvidas sobre a identidade das pessoas a quem respeite o facto a averbar.

6 – *(Revogado.)*

ARTIGO 78º
Comunicação de decisões judiciais

1 – O tribunal deve comunicar a qualquer conservatória do registo civil, sempre que possível por via electrónica, as decisões proferidas em acções respeitantes a factos sujeitos a registo que devam ser averbados, salvo o disposto no artigo 274º

2 – A comunicação prevista no número anterior é enviada no prazo de um dia após o trânsito em julgado da decisão e dela tem de constar a indicação do tribunal, juízo e secção em que correu o processo, a identificação das partes, o objecto da acção e da reconvenção, se a houver, os fundamentos do pedido, a transcrição da parte dispositiva da sentença, a data desta e do trânsito em julgado e, bem assim, os demais elementos necessários ao averbamento.

3 – O disposto no nº 1 não prejudica a possibilidade de o presidente do IRN, I. P., determinar a distribuição por outras conservatórias do serviço de registo das decisões judiciais comunicadas.

(Redacção dada pela Lei nº 103/2009, de 11-09)

ARTIGOS 79º E 80º

(Revogados.)

ARTIGO 81º
Averbamentos omissos

1 – A omissão de averbamento deve ser suprida oficiosamente, qualquer que seja a data da verificação do facto a averbar, solicitando-se a remessa dos documentos necessários, se disso for caso.

2 – A omissão pode ser suprida por iniciativa dos interessados em face do documento que comprove o facto a averbar.

3 – *(Revogado.)*

4 – Para efeitos do disposto no número anterior, pode ser apresentada certidão do assento consular do casamento ou do óbito ocorrido no estrangeiro, ainda que não integrado nos termos do artigo 5º

ARTIGO 81º-A
Eliminação de averbamentos de factos respeitantes ao processo de insolvência

1 – Os averbamentos de factos respeitantes ao processo de insolvência são eliminados mediante a elaboração oficiosa de um novo assento de nascimento nas seguintes situações:

a) Imediatamente após o registo do trânsito em julgado da sentença de indeferimento do pedido de declaração de insolvência;

b) Decorridos cinco anos após o registo da decisão de encerramento do processo de insolvência ou da confirmação do fim do período de fiscalização da execução do plano de insolvência;

c) Decorridos cinco anos após o final dos períodos fixados para a inabilitação e para a inibição para o exercício do comércio e de determinados cargos, a contar do final do período mais longo.

2 – Se existir registo do despacho inicial relativo ao procedimento de exoneração do passivo restante, a elaboração oficiosa de um novo assento de nascimento ocorre nas seguintes situações:

a) Imediatamente após o registo da decisão final, caso a exoneração tenha sido concedida;

b) Decorridos cinco anos após o registo da decisão final, caso a exoneração não tenha sido concedida;

c) Decorridos cinco anos após o registo do despacho de cessação antecipada da exoneração;

d) Imediatamente após o registo do despacho de cessação antecipada da exoneração, caso a cessação antecipada se deva à satisfação integral de todos os créditos sobre a insolvência;

e) Decorridos cinco anos após o registo do despacho de revogação da exoneração.

3 – Verificando-se relativamente à mesma pessoa mais de um dos registos previstos nos números anteriores, a elaboração oficiosa de um novo assento de nascimento só tem lugar uma vez decorrido o prazo mais longo.

4 – O novo registo deve ser lavrado nos termos e com os elementos exigidos neste Código.

5 – Na sequência do novo registo são lançados os averbamentos dos factos não integrados constantes do primitivo assento, o qual é cancelado.

ARTIGO 82º
Transcrição de assentos

(Revogado.)

SECÇÃO IV
Omissão de registo

ARTIGO 83º
Suprimento da omissão

1 – Se não for possível suprir, nos termos especialmente previstos neste Código, a omissão de registo não oportunamente lavrado, deve a mesma ser suprida por uma das formas seguintes:

a) Tratando-se de registo que deva ser lavrado por inscrição, o registo omitido é efectuado mediante decisão do conservador em processo de justificação administrativa;

b) Se o registo tiver de ser feito por transcrição, o conservador deve requisitar à entidade competente o título necessário para o lavrar;

c) Se não houver sido lavrado o original, o conservador deve providenciar para que a entidade competente faça suprir a omissão e remeta à conservatória o respectivo título;

d) Se não for possível obter o título destinado à transcrição, aplica-se o disposto na alínea *a*).

2 – O conservador, logo que tenha conhecimento da omissão de um registo, é obrigado a promover o seu suprimento, com as diligências que ao caso couberem.

ARTIGO 84º
Elementos a levar ao registo

A decisão que determine a realização do registo omitido fixa concreta e expressamente todos os elementos a levar ao registo, consoante os requisitos legais de cada espécie.

SECÇÃO V
Vícios do registo

SUBSECÇÃO I
Inexistência jurídica do registo

ARTIGO 85º
Fundamentos

1 – O registo é juridicamente inexistente quando:

a) Respeitar a facto juridicamente inexistente e isso resultar do próprio contexto;

b) Contiver a aposição do nome de quem não tinha competência para nele apor o seu nome, se tal resultar do próprio contexto;

c) O registo não contiver a aposição do nome do funcionário que nele deva apor o seu nome;

d) Tratando-se de assento de casamento, não contiver a expressa menção de os nubentes haverem manifestado a vontade de contrair matrimónio.

2 – O registo lavrado por averbamento só é considerado inexistente por falta de aposição do nome do funcionário se a falta não for sanável nos termos do artigo 74º

3 – A falta de aposição do nome do funcionário não é causa de inexistência do registo se a omissão for sanada nos termos do nº 5 do artigo 61º

ARTIGO 86º
Regime da inexistência

A inexistência do registo pode ser invocada a todo o tempo por quem nela tiver interesse, devendo o conservador promover, logo que dela tenha conhecimento, o competente processo ou o suprimento do registo em falta nas situações previstas no nº 6 do artigo 91º

SUBSECÇÃO II
Nulidade do registo

ARTIGO 87º
Fundamentos

O registo é nulo quando:

a) For falso ou resultar da transcrição de título falso;
b) Os serviços de registo forem incompetentes para o lavrar;
c) Contiver a aposição do nome de quem não tenha competência funcional para nele apor o seu nome, se tal não resultar directamente do próprio contexto, sem prejuízo do disposto no nº 2 do artigo 369º do Código Civil;
d) Tratando-se da transcrição de casamento católico, tiver sido lavrado com infracção do disposto nas alíneas *d*) e *e*) do nº 1 do artigo 174º

ARTIGO 88º
Falsidade

A falsidade do registo só pode consistir em:

a) A aposição do nome do funcionário não ser da autoria da pessoa a quem é atribuída;
b) Ter sido viciado por forma a induzir em erro acerca do facto registado ou da identidade das partes;
c) Apresentar-se como inscrição de um facto que nunca se verificou;
d) Apresentar-se como transcrição de um título inexistente.

ARTIGO 89º
Falsidade do título transcrito

A falsidade do título transcrito só pode consistir em:

a) A assinatura das partes, procurador, testemunhas, intérprete ou funcionário, que deva constar do título, não ser da autoria da pessoa a quem é atribuída;
b) Ter sido viciado nas condições previstas na alínea *b*) do artigo anterior;
c) Respeitar a facto que nunca existiu ou decisão que nunca foi proferida.

ARTIGO 90º
Regime da nulidade

A nulidade do registo só pode ser invocada depois de declarada por decisão do conservador.

SUBSECÇÃO III
Cancelamento do registo

ARTIGO 91º
Fundamentos

1 – O registo deve ser cancelado nos casos seguintes:

a) Quando seja declarada pelo conservador a sua inexistência ou nulidade;

b) Quando o próprio facto registado seja judicialmente declarado inexistente, nulo ou anulado, salvo tratando-se de casamento nulo ou anulado;

c) Quando corresponder à duplicação de outro registo regularmente lavrado;

d) Quando tiver sido lavrado em conservatória diversa da competente;

e) Quando ficar incompleto, por não terem sido prestadas as declarações necessárias ou por não chegar a ser registado o facto correspondente;

f) Nos demais casos especificados na lei.

2 – O registo cancelado não produz nenhum efeito como título do facto registado, sem prejuízo da possibilidade de ser invocado para prova desse facto no processo destinado a suprir a omissão do registo.

3 – Quando for cancelado um registo com fundamento na alínea *a*) do nº 1, mas o facto registado for juridicamente existente, deve observar-se o disposto no artigo 83º

4 – O cancelamento fundado nas alíneas *c*) e *d*) do nº 1 deve ser efectuado por simples despacho do conservador, que, no primeiro caso, cancela o registo que não se mostre regularmente lavrado e, no segundo caso, providencia no sentido de ser efectuada transcrição do registo na conservatória competente.

5 – O cancelamento nos termos da alínea *e*) do nº 1 pode ser efectuado pelo conservador, que previamente deve mencionar no assento a razão por que ficou incompleto.

6 – O cancelamento dos registos juridicamente inexistentes, por falta de aposição do nome do funcionário, pode ser efectuado, nos termos do número anterior, independentemente da declaração da inexistência, se a omissão de registo do facto que deles conste já se encontrar regularmente suprida.

7 – O cancelamento dos registos juridicamente inexistentes, nos termos do nº 3 do artigo 61º e do nº 3 do artigo 74º, é efectuado pelo conservador, acto contínuo à feitura da menção exigida pelos referidos preceitos.

SUBSECÇÃO IV
Rectificação de registo

ARTIGO 92º
Fundamentos

1 – O registo juridicamente inexistente, nulo ou irregular deve ser cancelado ou rectificado mediante processo de justificação ou por simples despacho do conservador.

2 – É obrigatória a promoção oficiosa da rectificação sempre que a irregularidade a sanar seja da responsabilidade dos serviços.

3 – Se esta responsabilidade não existir, devem os interessados requerer a rectificação e, se o não fizerem, poderá a mesma ser promovida pelo conservador.

4 – A rectificação é feita por averbamento.

5 – Tratando-se de registo lavrado por inscrição, se a rectificação se mostrar necessária logo após a aposição do nome do funcionário, deve fazer-se imediatamente por meio de declaração lavrada pelo conservador ou oficial no seguimento do registo, com aposição do respectivo nome.

ARTIGO 93º
Rectificação administrativa

1 – A rectificação administrativa de um registo irregular é feita, sempre que possível, mediante simples despacho do conservador, bem como nos casos seguintes:

a) Manifesto erro de grafia e de erro quanto à indicação do lugar ou da data em que o registo foi lavrado;

b) Desconformidade do assento lavrado por transcrição, ou do averbamento, com o título ou assento que lhe tenha ou deva servir de base;

c) Erro do assento lavrado por transcrição ou do averbamento, proveniente do título que lhe serviu de base, se for obtida a correcção deste pela entidade competente;

d) Omissão ou inexactidão, em face de documento comprovativo.

2 – Há lugar à organização do processo de justificação administrativa quando:

a) O registo enferme de vício que o torne juridicamente inexistente ou nulo;

b) Face aos documentos comprovativos da irregularidade, o conservador verifique que esta, manifestamente, não pode ser sanada por simples despacho nem seja exigível processo de justificação judicial.

3 – Sempre que se mostre conveniente, devem ser ouvidos em auto os interessados.

ARTIGO 94º
Rectificação judicial

O registo é rectificado mediante decisão proferida em processo de justificação judicial quando se suscitem dúvidas acerca da identidade das pessoas a quem o registo respeita.

ARTIGO 95º
Integração de rectificações e eliminação de averbamentos cancelados

1 – A rectificação averbada a um assento pode, a todo o tempo, ser integrada no texto, a requerimento verbal dos interessados, mediante a feitura de novo registo e o cancelamento do anterior.

2 – O disposto no número anterior é também aplicável à declaração de rectificação lavrada nos termos da segunda parte do nº 5 do artigo 92º

3 – Os averbamentos que se encontram cancelados podem ser eliminados do assento mediante a feitura de novo registo, requerido nos termos do nº 1.

(Redacção dada pelo Decreto-Lei nº 247-B/2008, de 30-12)

CAPÍTULO II
Actos de registo em especial

SECÇÃO I
Nascimento

SUBSECÇÃO I
Declaração de nascimento

ARTIGO 96º
Prazo e lugar

1 – O nascimento ocorrido em território português deve ser declarado verbalmente, dentro dos 20 dias imediatos, em qualquer conservatória do registo civil ou, se o nascimento ocorrer em unidade de saúde onde seja possível declarar o nascimento, até ao momento em que a parturiente receba alta da unidade de saúde.

2 – O nascimento deve ainda ser declarado, nos mesmos termos, na unidade de saúde para onde a parturiente tenha sido transferida, desde que seja possível declarar o nascimento.

ARTIGO 96º-A
Declarações de nascimento em unidades de saúde

1 – A declaração de nascimento ocorrido em unidades de saúde privadas depende de protocolo a celebrar entre os membros do Governo responsáveis pelas áreas da justiça e da saúde e estas unidades de saúde.

2 – As condições de celebração dos protocolos referidos no número anterior e as respectivas cláusulas tipo são fixadas por portaria conjunta dos membros do Governo responsáveis pelas áreas da justiça e da saúde.

ARTIGO 97º
A quem compete

1 – A declaração de nascimento compete, obrigatória e sucessivamente, às seguintes pessoas e entidades:

a) Aos pais ou a outros representantes legais do menor ou a quem por eles seja, para o efeito, mandatado por escrito particular;

b) *(Revogada.)*

c) Ao parente capaz mais próximo que tenha conhecimento do nascimento;

d) Ao director ou administrador ou outro funcionário por eles designado da unidade de saúde onde ocorreu o parto ou na qual foi participado o nascimento;

e) *(Revogada.)*

2 – O cumprimento da obrigação por alguma das pessoas ou entidades mencionadas desonera todas as demais.

3 – *(Revogado.)*

ARTIGO 98º
Falta de declaração de nascimento

1 – Quando o nascimento não seja declarado no prazo legal, devem as autoridades administrativas e policiais participar o facto ao conservador ou ao Ministério Público, a fim de ser suprida a omissão do registo.

2 – Igual participação pode ser feita por qualquer pessoa, ainda que sem interesse especial na realização do registo.

3 – A pendência do processo instaurado nos termos do nº 1 não impede que a declaração de nascimento seja voluntariamente prestada e o registo omisso lavrado.

4 – A decisão proferida em processo destinado a suprir a omissão do registo fixa os elementos que têm de ser levados ao assento, nos termos previstos no artigo 84º

5 – O processo instaurado nos termos do artigo 295º cessa com a prova da feitura do assento e o pagamento voluntário da coima pelo mínimo previsto.

ARTIGO 99º
Casos especiais de declarações tardias

1 – A declaração voluntária de nascimento ocorrido há mais de um ano só pode ser recebida quando prestada por qualquer dos pais, por quem tiver o registando a seu cargo ou pelo próprio interessado se for maior de 14 anos, devendo, porém, sempre que possível, ser ouvidos os pais do registando quando não sejam declarantes.

2 – Para a declaração de nascimento ocorrido há mais de 14 anos, deve ser exigida a intervenção de duas testemunhas e, se possível, ser exibido documento que comprove a exactidão da declaração, podendo o conservador promover as diligências necessárias ao apuramento dos factos.

ARTIGO 100º
Declaração simultânea de nascimento e óbito

1 – Se o nascimento for simultaneamente declarado com o óbito, deve fazer-se constar do assento de nascimento, lavrado com as formalidades normais, que o registando já faleceu, sendo imediatamente lavrado o assento de óbito.

2 – *(Revogado.)*

3 – O disposto no nº 1 é aplicável aos casos de declaração de nascimento ocorrido em unidade de saúde, devendo os assentos de nascimento e de óbito ser lavrados na unidade de saúde onde os respectivos factos ocorreram.

SUBSECÇÃO II
Registo de nascimento

ARTIGO 101º
Competência

1 – É competente para lavrar o registo de nascimento qualquer conservatória do registo civil, a unidade de saúde onde ocorreu o nascimento ou aquela para onde a parturiente tenha sido transferida, desde que seja possível declará-lo na unidade de saúde.

2 – Para efeitos dos assentos de nascimento ocorrido em território português, a lavrar após a entrada em vigor deste diploma e de que não haja registo anterior, considera-se naturalidade o lugar em que o nascimento ocorreu ou o lugar, em território português, da residência habitual da mãe do registando, à data do nascimento, cabendo a opção ao registando, aos pais, a qualquer pessoa por eles incumbida de prestar a declaração ou a quem tenha o registando a seu cargo; na falta de acordo entre os pais, a naturalidade será a do lugar do nascimento.

3 – *(Revogado.)*

ARTIGO 101º-A
Registo de nascimento ocorrido em unidades de saúde

1 – No prazo de vinte e quatro horas após o nascimento, as unidades de saúde devem inserir em registo informático de acesso exclusivo das unidades de saúde, do IRN, I. P., e do Instituto de Segurança Social, dados sobre o nascimento, com indicação da respectiva data e hora, do sexo do menor e do nome e residência da parturiente.

2 – O nascimento é comprovado mediante consulta do registo previsto no número anterior.

3 – Se não for possível confirmar o nascimento, o respectivo assento não é lavrado e deve ser confirmado com carácter de urgência, junto da unidade de saúde, para que possa ser inserido no registo informático referido no nº 1 e ser lavrado.

ARTIGO 101º-B
Diligências posteriores

1 – Uma vez lavrado o assento de nascimento, são realizadas imediatamente e por via electrónica as seguintes diligências:

a) Inserção desse facto no registo informático referido no nº 1 do artigo anterior; e

b) Comunicação dos dados relevantes para efeitos de inscrição da criança nos serviços de segurança social e de saúde e, se tal for solicitado pelos pais ou por outros representantes legais, nos serviços de finanças.

2 – Sempre que a declaração de nascimento não seja prestada por um dos pais, esse facto é comunicado, imediatamente e por via electrónica, à Comissão Nacional de Protecção de Crianças e Jovens em Risco.

ARTIGO 101º-C
Comunicação e parecer prévio da Comissão Nacional de Protecção de Dados

1 – O IRN, I. P., deve comunicar à Comissão Nacional de Protecção de Dados as características técnicas do sistema de tratamento de dados referido no artigo 101º-A, bem como as medidas de segurança previstas para garantir o cumprimento da lei aplicável ao tratamento dos dados pessoais e à protecção da privacidade no sector das comunicações electrónicas.

2 – Todos os diplomas complementares da presente lei, cuja matéria seja relativa ao tratamento de dados pessoais, bem como todos os protocolos a celebrar entre a entidade responsável pela base de dados de registo civil e de actos notariais e outras entidades devem ser sujeitos a parecer prévio da Comissão Nacional de Protecção de Dados.

ARTIGO 101º-D
Diligências oficiosas para prevenção de exclusão social

1 – Após o nascimento, a unidade de saúde onde ocorreu o parto deve preencher o impresso denominado notícia de nascimento, de acordo com modelo a definir pela Direcção-Geral da Saúde, contendo informação clínica, e enviá-lo, no momento da alta da parturiente e da criança ou apenas da parturiente, para o centro de saúde da área de residência da parturiente ou qualquer outro por ela indicado.

2 – No momento previsto no número anterior, sempre que sejam detectados eventuais sinais de risco social, a unidade de saúde envia para o Instituto da Segurança Social essa informação.

3 – A articulação entre as unidades de saúde e os serviços do Instituto da Segurança Social, bem como a regulamentação dos procedimentos e a definição dos instrumentos de operacionalização das diligências oficiosas preventivas de exclusão social, são definidas em portaria conjunta dos membros do Governo responsáveis pelas áreas da solidariedade social e da saúde.

ARTIGO 102º
Requisitos especiais

1 – Além dos requisitos gerais, o assento deve conter os elementos seguintes:

a) O nome próprio e os apelidos;
b) O sexo;
c) A data do nascimento, incluindo, se possível, a hora exacta;
d) A freguesia e o concelho da naturalidade;
e) O nome completo, a idade, o estado, a naturalidade e residência habitual dos pais;
f) O nome completo dos avós;
g) As menções exigidas por lei em casos especiais.

2 – Os elementos são fornecidos pelo declarante, devendo ser exibidos, sempre que possível, os documentos de identificação dos pais.

3 – O funcionário que receber a declaração deve averiguar a exactidão das declarações prestadas, em face dos documentos exibidos, dos registos em seu poder e das informações que lhe for possível obter.

4 – Para efeitos dos assentos de nascimento ocorridos em unidades de saúde no estrangeiro, ao abrigo de protocolo celebrado com o Estado Português, considera-se naturalidade o lugar, em território português, da residência habitual de um dos progenitores, à data do nascimento.

5 – Sempre que o nascimento ocorra em território português em unidade de saúde onde não seja possível declarar o nascimento, deve ser exibido documento emitido pela unidade de saúde que comprove a ocorrência do parto e indique o nome da parturiente.

6 – Se o nascimento ocorrer em território português fora das unidades de saúde, deve ser exibido documento emitido nos mesmos termos do número anterior.

7 – A realização das averiguações necessárias não deve impedir que o assento seja lavrado em acto seguido à declaração.

ARTIGO 102º-A
Comunicações obrigatórias

1 – Uma vez lavrado o assento de nascimento são comunicados imediatamente e por via electrónica os dados relevantes para efeitos de inscrição da criança nos serviços de segurança social e de saúde e, se tal for solicitado pelos pais ou por outros representantes legais, nos serviços de finanças.

2 – Sempre que a declaração de nascimento não seja prestada por um dos pais, esse facto deve ser comunicado à Comissão Nacional de Protecção de Crianças e Jovens em Risco.

ARTIGO 103º
Composição do nome

1 – O nome do registando é indicado pelo declarante ou, quando este o não faça, pelo funcionário perante quem foi apresentada a declaração.

2 – O nome completo deve compor-se, no máximo, de seis vocábulos gramaticais, simples ou compostos, dos quais só dois podem corresponder ao nome próprio e quatro a apelidos, devendo observar-se, na sua composição, as regras seguintes:

a) Os nomes próprios devem ser portugueses, de entre os constantes da onomástica nacional ou adaptados, gráfica e foneticamente, à língua portuguesa, não devendo suscitar dúvidas sobre o sexo do registando;

b) São admitidos os nomes próprios estrangeiros sob a forma originária se o registando for estrangeiro, houver nascido no estrangeiro ou tiver outra nacionalidade além da portuguesa;

c) São ainda admitidos os nomes próprios estrangeiros sob a forma originária se algum dos progenitores do registando for estrangeiro ou tiver outra nacionalidade além da portuguesa;

d) A irmãos não pode ser dado o mesmo nome próprio, salvo se um deles for falecido;

e) Os apelidos são escolhidos entre os que pertençam a ambos ou só a um dos pais do registando ou a cujo uso qualquer deles tenha direito, podendo, na sua falta, escolher-se um dos nomes por que sejam conhecidos;

f) Se a filiação não ficar estabelecida, pode o declarante escolher os apelidos a atribuir ao registando e, se não o fizer, observa-se o disposto no artigo 108º

3 – *(Revogado.)*

4 – As dúvidas sobre a composição do nome são esclarecidas por despacho do director-geral dos Registos e do Notariado, por intermédio da Conservatória dos Registos Centrais.

(Cf. Declaração de Rectificação nº 107/2007, de 27-11)

ARTIGO 104º
Alteração do nome

1 – O nome fixado no assento de nascimento só pode ser modificado mediante autorização do conservador dos Registos Centrais.

2 – Exceptuam-se do disposto no número anterior:

a) A alteração fundada em estabelecimento da filiação, adopção, sua revisão ou revogação e casamento posterior ao assento;

b) A alteração resultante de rectificação de registo;

c) A alteração que consista na simples intercalação ou supressão de partículas de ligação entre os vocábulos que compõem o nome, ou no adicionamento de apelidos, se do assento constar apenas o nome próprio do registado;

d) A alteração resultante da renúncia aos apelidos adoptados por virtude do casamento e, em geral, da perda do direito ao nome por parte do registado;

e) A alteração resultante do exercício dos direitos previstos no artigo 1876º do Código Civil;

f) A alteração que consista na mera adopção do nome inicialmente pretendido pelos interessados, quando o assento de nascimento tenha sido lavrado na pendência de consulta onomástica sobre a sua admissibilidade;

g) A alteração do nome próprio resultante da mudança da menção do sexo.

3 – O averbamento de alteração não dependente da autorização prevista no nº 1 é efectuado a requerimento do interessado que, quando for apresentado verbalmente, deve ser reduzido a auto.

4 – No caso previsto na parte final da alínea *d*) do nº 2, o averbamento é realizado oficiosamente.

5 – No caso previsto na alínea *f*) do nº 2, o requerimento para a alteração de nome deve ser apresentado no prazo de seis meses contados a partir da data da notificação do despacho de admissibilidade.

6 – O averbamento de conservação de apelidos por parte do cônjuge divorciado é feito em face de autorização do ex-cônjuge, prestada em auto lavrado perante o conservador ou de documento autêntico ou particular autenticado, de termo lavrado em juízo ou mediante autorização do tribunal.

7 – O averbamento de conservação de apelidos por parte do cônjuge viúvo que contrair novas núpcias é feito em face de declaração prestada perante o conservador, em auto, no processo de casamento.

8 – As alterações de nome dos registados averbadas aos respectivos assentos de nascimento são comunicadas ao serviço de identificação nos termos estabelecidos por despacho do presidente do IRN, I. P.

(Redacção dada pela Lei nº 7/2011, de 15-03)

SUBSECÇÃO III
Registo de abandonados

ARTIGO 105º
Conceito de abandonado

Para efeito de registo de nascimento, consideram-se abandonados os recém-nascidos de pais desconhecidos que forem encontrados ao abandono em qualquer lugar e, bem assim, os indivíduos de idade aparente inferior a 14 anos, ou dementes, cujos pais, conhecidos ou não, se hajam ausentado para lugar não sabido, deixando-os ao desamparo.

ARTIGO 106º
Apresentação do abandonado

1 – Aquele que tiver encontrado o abandonado deve apresentá-lo, no prazo de vinte e quatro horas, com todos os objectos e roupas de que ele seja portador, à autoridade administrativa ou policial, a quem compete promover, se for caso disso, o assento de nascimento.

2 – A autoridade a quem o abandonado tiver sido entregue deve levantar auto de ocorrência, do qual constem a data, hora e lugar em que foi encontrado, a idade aparente, os sinais que o individualizem, a descrição das roupas e objectos de que seja portador e quaisquer outras referências que possam concorrer para a sua identificação.

ARTIGO 107º
Assento de abandonado

1 – O assento de nascimento de abandonado é lavrado em qualquer conservatória do registo civil, com os elementos extraídos do auto referido no artigo anterior e nos termos do artigo 102º, com as necessárias adaptações.

2 – A hora, dia, mês e lugar em que o registando foi encontrado são considerados, para fins de registo, como correspondentes à hora, dia, mês e naturalidade, devendo o ano ser determinado em função da idade aparente.

ARTIGO 108º
Nome

1 – Compete ao conservador atribuir ao registando um nome completo, devendo escolhê-lo de preferência entre os nomes de uso vulgar ou derivá-lo de alguma característica particular ou do lugar em que foi encontrado, mas sempre de modo a evitar denominações equívocas ou capazes de recordarem a sua condição de abandonado e sem prejuízo do disposto no nº 2 do artigo 103º

2 – Na escolha do nome deve, todavia, respeitar-se qualquer indicação escrita encontrada em poder do abandonado, ou junto dele, ou por ele próprio fornecida.

SUBSECÇÃO IV
Nascimento ocorrido em viagem

ARTIGO 109º
Viagem por mar ou por ar

1 – Quando, em viagem por mar ou por ar, nascer algum indivíduo em navio ou aeronave portugueses, a autoridade de bordo, dentro das vinte e quatro horas posteriores à verificação do facto, deve lavrar o registo de nascimento com as formalidades e requisitos previstos neste Código, acrescentando a indicação da latitude e longitude em que o nascimento tenha ocorrido.

2 – Não havendo livro próprio a bordo, o registo é lavrado em papel avulso, em duplicado.

ARTIGO 110º
Remessa do duplicado

1 – Se o primeiro porto ou país em que o navio entrar, ou a aeronave aterrar, for estrangeiro e nele houver representação diplomática ou consular portuguesa, a autoridade que houver lavrado o registo deve enviar ao agente diplomático ou

consular cópia autêntica ou o duplicado do registo, competindo a este remetê-lo, dentro do prazo de 20 dias, à Conservatória dos Registos Centrais, por intermédio do Ministério dos Negócios Estrangeiros.

2 – Na falta de representação diplomática ou consular portuguesa, ou no caso de o navio ou a aeronave entrar ou aterrar primeiramente em porto ou território nacional, à própria autoridade que tiver lavrado o registo incumbe remeter o respectivo duplicado, dentro do prazo de 20 dias, à Conservatória dos Registos Centrais.

ARTIGO 111º
Viagem por terra

Se o nascimento tiver ocorrido em viagem por terra dentro do território nacional, o registo de nascimento pode ser lavrado em qualquer conservatória do registo civil.

SECÇÃO II
Filiação

SUBSECÇÃO I
Menção de maternidade ou de paternidade

ARTIGO 112º
Obrigatoriedade da declaração de maternidade

1 – O declarante do nascimento deve identificar, quando possível, a mãe do registando.

2 – A maternidade indicada é mencionada no assento.

3 – A identificação da mãe do registando é realizada pela indicação do nome completo, data de nascimento, estado, naturalidade, residência habitual, filiação e número de identificação civil.

(Redação dada pelo Decreto-Lei nº 51/2018, de 25-06)

ARTIGO 113º
Nascimento ocorrido há menos de um ano

1 – A maternidade mencionada no assento, se o nascimento declarado tiver ocorrido há menos de um ano, considera-se estabelecida.

2 – O conteúdo do assento, salvo se a declaração for feita pela mãe ou pelo marido desta, é, sempre que possível, comunicado à mãe, mediante notificação pessoal, informando-a de que a maternidade declarada é havida como estabelecida.

3 – A notificação feita à mãe é averbada, oficiosamente, ao assento de nascimento.

ARTIGO 114º
Nascimento ocorrido há um ano ou mais

1 – Se o nascimento tiver ocorrido há um ano ou mais, a maternidade indicada considera-se estabelecida se for a mãe a declarante, se estiver presente no acto do

registo ou nele representada por procurador com poderes especiais ou se for exibida prova da declaração de maternidade feita pela mãe em escritura, testamento ou termo lavrado em juízo.

2 – Fora dos casos previstos no número anterior, o conservador deve, sempre que possível, comunicar à pessoa indicada como mãe, mediante notificação pessoal, o conteúdo do assento, para no prazo de 15 dias vir declarar em auto se confirma a maternidade, sob a cominação de o filho ser havido como seu.

3 – Se a pretensa mãe negar a maternidade ou não puder ser notificada, a menção da maternidade fica sem efeito.

4 – O facto da notificação, bem como a confirmação da maternidade, é averbado, oficiosamente, ao assento de nascimento.

ARTIGO 115º
Casos em que a menção fica sem efeito

1 – Nos casos previstos no nº 3 do artigo anterior, o facto de a menção da maternidade ficar sem efeito é averbado oficiosamente e, sendo o registado menor, remetida ao tribunal certidão de cópia integral do assento de nascimento, acompanhada de cópia do auto de declarações, havendo-as.

2 – A remessa da certidão prevista no número anterior não tem lugar se, existindo perfilhação paterna, o conservador se certificar de que o pai e a pretensa mãe são parentes ou afins em linha recta ou parentes no 2º grau da linha colateral.

3 – Das certidões extraídas do assento de nascimento, exceptuada a prevista no nº 1, não pode constar qualquer referência à maternidade não estabelecida ou aos averbamentos que lhe respeitem.

ARTIGO 116º
Maternidade desconhecida

A remessa ao tribunal da certidão prevista no nº 1 do artigo anterior tem igualmente lugar se a maternidade não for mencionada no registo e sempre que dele seja eliminada.

ARTIGO 117º
Averiguação oficiosa da maternidade

Se a pretensa mãe confirmar, em juízo, a maternidade, o tribunal deve remeter certidão do termo respectivo a qualquer conservatória do registo civil para averbamento ao assento de nascimento do filho.

ARTIGO 118º
Menção obrigatória da paternidade

1 – A paternidade presumida é obrigatoriamente mencionada no assento de nascimento do filho, sem prejuízo do disposto no artigo seguinte.

2 – Se o registo de casamento dos pais vier a ser efectuado posteriormente ao assento de nascimento do filho, e se deste não constar a menção da paternidade, deve ser-lhe averbada, oficiosamente, a paternidade presumida.

3 – A identificação do pai do registando é realizada pela indicação do nome completo, data de nascimento, estado, naturalidade, residência habitual, filiação e número de identificação civil.

(Redação dada pelo Decreto-Lei nº 51/2018, de 25-06)

ARTIGO 119º
Afastamento da presunção de paternidade de filho de mulher casada

1 – Se a mulher casada fizer a declaração do nascimento com a indicação de que o filho não é do marido, não é efectuada a menção da paternidade presumida, podendo, desde logo, ser aceite o reconhecimento voluntário da paternidade.

2 – *(Revogado.)*

3 – *(Revogado.)*

4 – *(Revogado.)*

5 – *(Revogado.)*

ARTIGO 120º
Indicação de paternidade não presumida

A indicação de paternidade não legalmente presumida só é admitida quando haja reconhecimento voluntário ou judicial.

ARTIGO 121º
Paternidade desconhecida

1 – Lavrado registo de nascimento de menor apenas com a maternidade estabelecida, o conservador deve remeter ao tribunal certidão de cópia integral do registo, a fim de se averiguar, oficiosamente, a identidade do pai.

2 – Para o mesmo fim é remetida certidão de cópia integral do registo de nascimento de menor sempre que seja eliminada a menção da paternidade dele constante.

3 – A remessa da certidão não tem lugar se, conhecido o nome do pretenso pai, o conservador verificar que este e a mãe são parentes ou afins em linha recta ou parentes no 2º grau da linha colateral.

ARTIGO 122º
Cota de remessa de certidão

(Revogado.)

ARTIGO 123º
Novo assento de nascimento

1 – O estabelecimento da filiação, a alteração de nome consequente, a mudança de sexo e a consequente alteração de nome próprio, o nome dos avós, a adopção plena e o casamento dos pais podem ser integrados no texto do assento de nasci-

mento ao qual tenham sido averbados, a requerimento verbal dos interessados ou dos seus representantes legais, mediante a realização de novo assento de nascimento.

2 – As menções discriminatórias da filiação consentidas pela lei anterior, os averbamentos de factos não sujeitos a registo, os averbamentos que contrariam a filiação estabelecida e, bem assim, os que respeitam ao exercício do poder paternal, quando o titular do registo seja de maior idade, podem ser eliminados mediante a feitura de novo assento nos termos do número anterior.

3 – Na sequência do novo registo são lançados os averbamentos dos factos não integrados constantes do primitivo assento, o qual é cancelado, excepto no caso de adopção plena.

4 – Os novos registos referidos nos números anteriores devem ser lavrados nos termos e com os elementos exigidos neste Código, sem menção do declarante e com a indicação do requerente.

5 – *(Revogado.)*

(Redacção dada pela Lei nº 7/2011, de 15-03)

ARTIGO 124º
Valor do registo em matéria de filiação

1 – É vedado lavrar registo da declaração de maternidade em contradição com a filiação resultante de acto de registo anterior.

2 – Salvo o caso previsto no artigo 119º, não são admissíveis no registo de nascimento menções que contrariem a presunção de paternidade enquanto esta não cessar.

SUBSECÇÃO II
Registo da declaração de maternidade

ARTIGO 125º
Registo lavrado por assento

1 – A declaração de maternidade que não conste do assento de nascimento do filho, quando realizada perante o funcionário do registo civil, é registada por meio de assento.

2 – É competente para lavrar o assento qualquer conservatória do registo civil.

ARTIGO 126º
Requisitos especiais

1 – Além dos requisitos gerais, o assento da declaração de maternidade deve conter os seguintes elementos:

a) O nome completo, sexo, estado, data do nascimento, naturalidade e residência habitual do filho;

b) O nome completo, data de nascimento, estado, naturalidade, residência habitual, filiação e número de identificação civil da mãe;

c) A declaração expressa da maternidade;

d) A indicação da data do óbito do filho e a última residência habitual, no caso de ser falecido.

2 – A declarante deve exibir, sempre que possível, os documentos de identificação dela e do filho.

3 – Não sendo exibidos os documentos a que se refere o número anterior, é oficiosamente consultada a base de dados do registo civil, sendo integrados na base de dados os documentos que se mostrem necessários, de forma a comprovar os registos de nascimento da declarante e do filho.

4 – Na sequência do assento é lançada cota de referência ao assento de nascimento do filho e, se este já for falecido, ao assento do seu óbito.

(Redação dada pelo Decreto-Lei nº 51/2018, de 25-06)

ARTIGO 127º
Referências complementares

Os elementos previstos no artigo anterior podem ser completados com outros que sejam necessários à identificação do filho, não obstando a falta de qualquer deles a que o registo seja lavrado e produza os seus efeitos, desde que nenhuma dúvida fundada se suscite acerca da identidade da pessoa a quem respeita.

ARTIGO 128º
Registo da declaração de maternidade em viagem ou em campanha

1 – Em viagem por mar ou por ar, a bordo de navio ou aeronave portugueses, no caso de perigo iminente de morte, a autoridade de bordo pode lavrar registo de declaração de maternidade, relativamente ao qual se deve observar, na parte aplicável, o disposto nos artigos 109º e seguintes.

2 – Em campanha, a entidade especialmente designada para o efeito nos regulamentos militares pode lavrar registo de declaração de maternidade, nos termos do número anterior, prestada por elementos das Forças Armadas.

ARTIGO 129º
Registo da declaração de maternidade lavrado por averbamento

A declaração de maternidade feita por testamento, escritura pública ou termo lavrado em juízo é registada, por averbamento, ao assento de nascimento do filho.

SUBSECÇÃO III
Registo de perfilhação

ARTIGO 130º
Registo lavrado por assento

1 – Ao registo de perfilhação é aplicável, com as devidas adaptações, o disposto nos artigos 125º a 129º

2 – O assento de perfilhação deve mencionar ainda o assentimento do perfilhado, se for maior ou emancipado, ou dos seus descendentes, se for pré-defunto.

ARTIGO 131º
Assentimento do perfilhado

1 – O assentimento a que se refere o nº 2 do artigo anterior pode ser prestado, a todo o tempo, por declaração feita perante o conservador, que a reduz a auto, por documento autêntico ou autenticado, ou termo lavrado em juízo, sendo em qualquer dos casos averbado ao respectivo assento.

2 – O assento de perfilhação cuja eficácia esteja dependente de assentimento considera-se secreto enquanto este não lhe for averbado.

3 – Se o perfilhado ou seus descendentes vierem a ser notificados para dar o seu assentimento e o recusarem, o assento é cancelado oficiosamente com base em certidão comprovativa da recusa.

ARTIGO 132º
Perfilhação de nascituro

1 – O assento de perfilhação de nascituro só pode ser lavrado se for posterior à concepção e o perfilhante identificar a mãe.

2 – O assento, além dos requisitos gerais, deve conter a indicação do nome completo, data de nascimento, estado, naturalidade, residência habitual e filiação da mãe do perfilhado, época da concepção e data provável do parto.

3 – Se pela data do nascimento se verificar ser a concepção posterior à perfilhação, deve o conservador comunicar o facto ao Ministério Público para, se for caso disso, requerer a declaração de nulidade do acto.

ARTIGO 133º
Assento secreto

1 – No caso de assento de perfilhação que deva considerar-se secreto, é lançada na sequência do assento de nascimento do perfilhado cota de referência com a menção do livro, número e ano do respectivo assento.

2 – Logo que o assento deixe de ser considerado secreto, lavra-se oficiosamente o respectivo averbamento.

SECÇÃO III
Casamento

SUBSECÇÃO I
Processo preliminar de casamento

ARTIGO 134º
Competência para a organização

Qualquer conservatória do registo civil é competente para a organização do processo preliminar de casamento.

ARTIGO 135º
Declaração para casamento

1 – Aqueles que pretendam contrair casamento devem declará-lo, pessoalmente ou por intermédio de procurador, numa conservatória do registo civil e requerer a instauração do processo de casamento.

2 – A declaração para instauração do processo relativa ao casamento católico pode ainda ser prestada pelo pároco competente para a organização do processo canónico, sob a forma de requerimento por si assinado.

3 – Se a declaração for prestada pelo pároco e, posteriormente à instauração do processo, os nubentes pretenderem casar civilmente, é necessário que estes renovem a declaração inicial.

4 – A declaração para instauração de processo relativo ao casamento civil sob forma religiosa pode ainda ser prestada pelo ministro do culto da igreja ou comunidade religiosa radicada no País, mediante requerimento por si assinado.

5 – Os nubentes podem apresentar cumulativamente no processo preliminar de casamento o pedido de qualquer um dos processos previstos nos artigos 253º e 255º, bem como o pedido de suprimento de certidão de registo regulado nos artigos 266º e seguintes.

ARTIGO 136º
Forma e conteúdo da declaração

1 – A declaração para casamento deve constar de documento com aposição do nome do funcionário do registo civil ou de documento assinado pelos nubentes e apresentado pessoalmente, pelo correio ou por via electrónica, nos termos a regulamentar em portaria do membro do Governo responsável pela área da justiça.

2 – A declaração deve conter os seguintes elementos:

a) O nome completo, idade, estado, naturalidade e residência habitual dos nubentes;

b) O nome completo dos pais e a menção do falecimento de algum deles, se o nubente for menor;

c) O nome completo e residência habitual do tutor, se algum dos nubentes for menor e tiver tutela instituída;

d) No caso de novas núpcias de algum dos nubentes, a data do óbito ou da morte presumida do cônjuge anterior e a data da sentença que a declarou, ou a data do divórcio ou de anulação do casamento anterior, com a indicação da data do trânsito em julgado das sentenças, ou, tratando-se de casamento católico, a data do averbamento da declaração de nulidade ou da dissolução por dispensa;

e) A indicação de algum dos nubentes ter filhos, salvo se o regime de bens for imperativo;

f) *(Revogada.)*

g) A modalidade de casamento que os nubentes pretendem contrair e a conservatória ou paróquia em que deve ser celebrado e, no caso de casamento civil sob forma religiosa, a indicação do ministro do culto credenciado para o acto;

h) A menção de o casamento ser celebrado com ou sem convenção antenupcial, salvo se o regime de bens for imperativo, caso em que apenas se refere a existência da convenção quando esta tenha sido outorgada;

i) Os elementos de referenciação dos documentos de identificação dos nubentes, quando exigíveis, ou o protesto pela sua apresentação posterior;

j) No caso previsto no nº 2 do artigo 166º, a declaração expressa de que, de harmonia com a respectiva lei pessoal, nenhum impedimento obsta à celebração do casamento;

l) *(Revogada.)*

m) *(Revogada.)*

ARTIGO 137º
Documentos para a instrução do processo

1 – A declaração inicial deve ser instruída com os seguintes documentos:

a) Documentos de identificação dos nubentes ou, sendo estes estrangeiros, título ou autorização de residência, passaporte ou documento equivalente;

b) Certidão da escritura de convenção antenupcial, caso tenha sido celebrada;

c) *(Revogada.)*

d) *(Revogada.)*

2 – Se o nubente for estrangeiro deve apresentar certidão do registo de nascimento que tem apenas de satisfazer a forma exigida para o mesmo fim pela lei do país de origem.

3 – São dispensados da apresentação dos documentos referidos na alínea *a*) do nº 1 os nubentes que se façam representar por procurador.

4 – Na sequência da declaração inicial é imediata e oficiosamente consultada a base de dados do registo civil, sendo integrados na base de dados os documentos que se mostrem necessários, de forma a comprovar:

a) Os registos de nascimento dos nubentes;

b) O registo de óbito do pai ou da mãe de nubente menor, quando o progenitor falecido estivesse investido no exercício do poder paternal, excepto se houver tutela instituída;

c) A celebração de convenção antenupcial declarada perante o conservador, caso tenha sido celebrada.

5 – A comprovação do nascimento dos nubentes e dos óbitos necessários à instrução do processo pode ser substituída por certificados de notoriedade, passados nos termos previstos neste Código.

6 – No caso de casamento civil sob forma religiosa, deve ser oficiosamente comprovada a qualidade do ministro do culto que presidirá à celebração do casamento e a sua credenciação para a prática do acto através de comunicação, preferencialmente por via electrónica, com a igreja ou comunidade religiosa, sem prejuízo da apresentação pelos nubentes dos respectivos documentos.

7 – Para os efeitos previstos no número anterior, a conservatória comprova, preferencialmente por via electrónica, junto do registo de pessoas colectivas religiosas:

a) A radicação da igreja ou comunidade religiosa no País; e

b) A competência dos órgãos para a emissão dos documentos previstos no número anterior.

8 – Após a declaração inicial, mas antes da celebração do casamento civil ou da passagem do certificado necessário para realização do casamento católico, sem prejuízo do disposto no nº 2 do artigo 147º e no nº 3 do artigo 167º, pode ser comprovada, por acesso à base de dados do registo civil, a celebração de convenção antenupcial perante conservador ou apresentada a certidão de escritura de convenção antenupcial.

ARTIGO 138º
Requisitos e dispensa de certidões

(Revogado.)

ARTIGO 139º
Novas núpcias

1 – No caso de novas núpcias de algum dos nubentes, a prova da dissolução, declaração de nulidade ou anulação do casamento anterior faz-se pelos correspondentes averbamentos mencionados nas certidões de nascimento ou, quando estas tenham sido substituídas por certificados de notoriedade, pelas certidões de óbito ou da sentença.

2 – Se das certidões de nascimento não constarem os averbamentos devidos, o conservador deve suster o andamento do processo e observar o disposto no artigo 81º

3 – *(Revogado.)*

4 – *(Revogado.)*

ARTIGO 140º
Publicidade do processo

1 – O processo preliminar de casamento é público na parte que respeita à declaração dos elementos previstos nas alíneas *a*), *b*), *c*) e *g*) do nº 2 do artigo 136º, sem prejuízo do disposto no nº 3 do artigo 143º

2 – A publicidade do processo é garantida através do direito à obtenção de cópia, certificada ou com mero valor de informação, da parte da declaração para casamento que contém os elementos previstos no número anterior.

3 – *(Revogado.)*

4 – *(Revogado.)*

5 – *(Revogado.)*

(Cf. Declaração de Rectificação nº 107/2007, de 27-11)

ARTIGO 141º
Substituição da afixação do edital no local da residência

(Revogado.)

ARTIGO 142º
Declaração de impedimentos

1 – A existência de impedimentos pode ser declarada por qualquer pessoa até ao momento da celebração do casamento e deve sê-lo pelos funcionários do registo civil logo que deles tenham conhecimento.

2 – Se, até à celebração do casamento, for deduzido algum impedimento ou a sua existência chegar, por qualquer forma, ao conhecimento do conservador, este deve fazê-lo constar do processo de casamento.

3 – No caso previsto no número anterior, a tramitação do processo é suspensa até que o impedimento cesse, seja dispensado ou julgado improcedente por decisão judicial.

ARTIGO 143º
Diligências a efectuar pelo conservador

1 – Sem prejuízo do disposto nos artigos anteriores, compete ao conservador verificar a identidade e capacidade matrimonial dos nubentes, podendo colher informações junto de autoridades, exigir prova testemunhal e documental complementar e convocar os nubentes ou os seus representantes legais, quando se mostre necessário.

2 – As testemunhas, bem como os nubentes, seus pais ou tutores, podem ser ouvidas na conservatória de residência ou em qualquer outra conservatória que seja por eles escolhida.

3 – No caso de nubente adoptado plenamente, o conservador averigua, sem publicidade, da existência de impedimentos resultantes da filiação natural.

4 – No caso de ter sido declarada a pretensão de celebração de casamento civil sob forma religiosa, o conservador deve efectuar diligências no sentido de assegurar que os nubentes têm conhecimento do disposto nos artigos 1577º, 1600º, 1671º e 1672º do Código Civil.

ARTIGO 144º
Despacho final

1 – Efectuadas as diligências necessárias, o conservador, no prazo de um dia a contar da última diligência, deve proferir despacho a autorizar os nubentes a celebrar o casamento ou a mandar arquivar o processo.

2 – No despacho devem ser identificados os nubentes, feita referência à existência ou inexistência de impedimentos ao casamento e apreciada a capacidade matrimonial dos nubentes.

3 – Não são impeditivas do despacho de autorização as irregularidades ou deficiências verificadas nos registos, certidões ou certificados juntos ao processo, nomeadamente as relativas à grafia dos nomes ou à eliminação ou acrescentamento de qualquer apelido, desde que não envolvam dúvidas fundadas acerca da identidade das pessoas a quem respeitem.

4 – O despacho desfavorável à celebração do casamento é notificado aos nubentes, pessoalmente ou por carta registada.

ARTIGO 145º
Prazo para a celebração

1 – Se o despacho do conservador for favorável, o casamento deve celebrar-se dentro dos seis meses seguintes.

2 – Se o casamento não for celebrado no prazo referido no número anterior, o processo pode ser revalidado.

3 – Se os documentos de identificação referidos na alínea *a*) do nº 1 do artigo 137º tiverem excedido o prazo de validade, devem ser novamente apresentados.

4 – A revalidação só pode ter lugar dentro do prazo de um ano contado da data do despacho final.

SUBSECÇÃO II
Certificado para casamento

ARTIGO 146º
Passagem do certificado

1 – Se os nubentes, na declaração inicial ou posteriormente, houverem manifestado a intenção de celebrar casamento católico ou casamento civil sob forma religiosa, é passado pelo conservador, dentro do prazo de um dia, um certificado no qual se declara que os nubentes podem contrair casamento.

2 – O prazo para a passagem do certificado conta-se da data do despacho final ou daquela em que os nubentes se manifestem, perante o conservador, no sentido previsto no número anterior.

3 – Se o certificado respeitar a processo instaurado nos termos do nº 2 do artigo 135º, é remetido oficiosamente e, sempre que possível, por via electrónica, ao pároco competente, depois de pagos os emolumentos.

4 – Se o certificado respeitar a casamento civil sob forma religiosa, o conservador deve remetê-lo oficiosamente e, sempre que possível, por via electrónica ao ministro do culto indicado pelos nubentes, depois de pagos os emolumentos.

5 – O certificado previsto no número anterior não é passado sem que o conservador se tenha assegurado de que os nubentes têm conhecimento do disposto nos artigos 1577º, 1600º, 1671º e 1672º do Código Civil.

6 – *(Revogado.)*

ARTIGO 147º
Conteúdo do certificado

1 – O certificado deve conter as menções seguintes:

a) O nome completo, idade, estado, naturalidade, residência habitual e filiação dos nubentes;

b) O nome completo e residência habitual do tutor do nubente menor;

c) A indicação de o casamento ser celebrado com ou sem convenção antenupcial, referindo o auto ou a escritura respectiva e o regime de bens adoptado, se já tiver sido apresentado documento comprovativo;

d) As indicações referentes à existência de consentimento prévio dos pais ou do tutor dos nubentes menores ou a menção do nome das pessoas que o podem prestar no acto da celebração do casamento, bem como o respectivo suprimento, havendo-o;

e) O nome completo do procurador de algum dos nubentes, se o houver;

f) No caso de ter sido escolhida a forma de casamento civil sob forma religiosa, a menção da verificação pelo conservador de que os nubentes têm conhecimento do disposto nos artigos 1577º, 1600º, 1671º e 1672º do Código Civil, bem como a menção do nome e da credenciação do ministro do culto;

g) O prazo dentro do qual o casamento deve ser celebrado;

h) O número, ano e conservatória detentora dos assentos de nascimento dos nubentes e os elementos de referenciação dos respectivos documentos de identificação.

2 – Se os nubentes tiverem declarado haver convenção antenupcial, mas não apresentarem o documento comprovativo até à passagem do certificado, deve mencionar-se que pode ser apresentado até ao acto da celebração do casamento.

3 – Se ocorrerem circunstâncias que, nos termos da lei civil, determinem a obrigatoriedade do regime de separação de bens, deve mencionar-se no certificado o regime de bens sob o qual o casamento é contraído.

4 – Se os nubentes estiverem sujeitos às limitações estabelecidas no artigo 1699º, nº 2, do Código Civil, deve mencionar-se esta circunstância.

ARTIGO 148º
Conhecimento superveniente de impedimentos

1 – A conservatória que tiver emitido o certificado deve comunicar ao respectivo páróco ou ministro do culto os impedimentos de que posteriormente tenha conhecimento, a fim de que seja sustada a celebração do casamento.

2 – Qualquer conservatória que tenha conhecimento de impedimentos que obstem à celebração do casamento deve fazer constar do processo os documentos que os comprovem.

SUBSECÇÃO III
Consentimento para o casamento de menores

ARTIGO 149º
Pedido

1 – O menor núbil deve obter autorização dos pais detentores do exercício do poder paternal, do tutor, ou o seu suprimento, com vista ao casamento que pretende realizar.

2 – O documento comprovativo da autorização ou do seu suprimento é junto ao processo preliminar de casamento.

ARTIGO 150º
Forma de prestar o consentimento

1 – O consentimento, prestado pessoalmente ou por procurador, pode revestir uma das formas seguintes:

a) Auto lavrado por conservador ou oficial de registos;
b) Auto lavrado por pároco, na presença de duas testemunhas;
c) Documento notarial autêntico ou autenticado;
d) Documento autêntico ou autenticado lavrado no estrangeiro pelas entidades locais competentes ou pelos agentes consulares ou diplomáticos portugueses.

2 – Nos documentos referidos no número anterior, deve ser identificado o outro nubente e indicada a modalidade do casamento.

3 – O consentimento pode ainda ser prestado no acto da celebração do casamento, caso em que apenas deve ser mencionado no assento.

SUBSECÇÃO IV
Celebração do casamento católico

ARTIGO 151º
Necessidade do certificado

1 – O casamento católico não pode ser celebrado sem que ao respectivo pároco seja apresentado o certificado a que se refere o artigo 146º

2 – Exceptuam-se os casamentos *in articulo mortis,* na iminência de parto ou cuja imediata celebração seja expressamente autorizada pelo ordinário próprio por grave motivo de ordem moral, os quais podem celebrar-se independentemente de processo preliminar de casamento e da passagem do certificado.

ARTIGO 152º
Casamento de portugueses no estrangeiro

1 – Ao casamento católico celebrado no estrangeiro entre nubentes portugueses ou entre português e estrangeiro é aplicável o disposto no artigo anterior.

2 – Para a organização do processo preliminar de casamento são competentes os agentes diplomáticos ou consulares portugueses da residência dos nubentes ou qualquer conservatória do registo civil.

SUBSECÇÃO V
Celebração do casamento civil

ARTIGO 153º
Dia, hora e local

1 – O dia, hora e local da celebração do casamento devem ser acordados entre os nubentes e o conservador.

2 – Qualquer conservador do registo civil é competente para a celebração do casamento, independentemente da freguesia e concelho onde aquele deva ser celebrado.

ARTIGO 154º
Intervenientes

1 – No acto da celebração do casamento devem estar presentes os nubentes, ou um deles e o procurador do outro, e o conservador.

2 – No mesmo acto podem intervir entre duas a quatro testemunhas.

3 – A presença de duas testemunhas é obrigatória sempre que a identidade de qualquer dos nubentes ou do procurador não seja verificada por uma das seguintes formas:

a) Pelo conhecimento pessoal do conservador;

b) Pela exibição dos respectivos documentos de identificação;

c) Pela exibição do título ou autorização de residência, do passaporte ou documento equivalente, se os nubentes forem estrangeiros.

4 – Considera-se celebrado na presença do funcionário do registo civil o casamento realizado perante quem, não tendo competência funcional para o acto, exerça publicamente as respectivas funções, salvo se ambos os nubentes conheciam, no momento da celebração, a falta daquela competência.

ARTIGO 155º
Solenidade

1 – A celebração do casamento é pública e feita pela forma seguinte:

a) O conservador, depois de anunciar que naquele local vai ter lugar a celebração do casamento, lê, da declaração inicial, os elementos relativos à identificação dos nubentes e os referentes ao seu propósito de o contrair, bem como o despacho final previsto no artigo 144º;

b) Se os nubentes forem menores e ainda não tiver sido dado o consentimento dos pais ou tutor, nem suprida essa autorização, o conservador pergunta às pessoas que o devem prestar se o concedem, suspendendo a realização do acto se não for concedido;

c) Em seguida, o conservador interpela as pessoas presentes para que declarem se conhecem algum impedimento que obste à realização do casamento;

d) Não sendo declarado qualquer impedimento e depois de referir os direitos e deveres dos cônjuges, previstos na lei civil, o conservador pergunta a cada um dos nubentes se aceita o outro por consorte;

e) Cada um dos nubentes responde, sucessiva e claramente: «É de minha livre vontade casar com F. [indicando o nome completo do outro nubente].»

2 – Prestado o consentimento dos contraentes, o conservador diz, em voz alta, de modo a ser ouvido por todos os presentes: «Em nome da lei e da República Portuguesa, declaro F. e F. [indicando os nomes completos de marido e mulher] unidos pelo casamento.».

SUBSECÇÃO VI
Celebração do casamento civil urgente

ARTIGO 156º
Casos em que é permitido e formalidades

Quando haja fundado receio de morte próxima de algum dos nubentes, ainda que derivada de circunstâncias externas, ou iminência de parto, o casamento pode celebrar-se independentemente do processo preliminar de casamento e sem a intervenção de funcionário do registo civil, desde que se observem as seguintes formalidades:

a) Proclamação oral ou escrita de que vai celebrar-se o casamento, feita à porta da casa onde se encontrem os nubentes pelo funcionário do registo civil ou, na falta dele, por alguma das pessoas presentes;

b) Declaração expressa do consentimento de cada um dos nubentes perante quatro testemunhas, duas das quais não podem ser parentes sucessíveis dos nubentes;

c) Redacção da acta do casamento, por documento escrito e sem formalidades especiais, assinado por todos os intervenientes que saibam e possam fazê-lo.

ARTIGOS 157º E 158º

(Revogados.)

ARTIGO 159º
Organização do processo e homologação do casamento

1 – Apresentada a acta do casamento, o conservador do registo civil organiza oficiosamente, com base naquela, o processo preliminar de casamento nos termos dos artigos 134º e seguintes, na parte aplicável, sendo dispensada a apresentação do documento de identificação.

2 – Se houver já processo preliminar de casamento organizado, o despacho final do conservador é proferido no prazo de três dias a contar da data da acta do casamento ou da última diligência do processo, salvo se houver motivo justificativo da inobservância do prazo, que deve ser especificado no despacho.

3 – Se o processo preliminar de casamento tiver sido instaurado noutra conservatória, o conservador que lavrar a acta do casamento deve comunicar tal facto, por via electrónica, à conservatória onde o processo foi instaurado, contando-se, neste caso, o prazo para a elaboração do despacho a que se refere o número anterior a partir da data da recepção da referida comunicação.

4 – O processo deve estar concluído no prazo de 30 dias a contar da acta do casamento, salvo caso de absoluta impossibilidade, que o funcionário deve justificar no despacho final.

5 – O casamento urgente fica sujeito à homologação do conservador, que, no despacho final, deve fixar expressamente todos os elementos que devam constar do assento.

6 – *(Revogado.)*

ARTIGO 160º
Recusa de homologação

1 – O casamento não pode ser homologado nos seguintes casos:

a) Se não se verificarem os requisitos legais ou não tiverem sido observadas as formalidades prescritas no artigo 156º;

b) Se houver indícios sérios de serem supostos ou falsos esses requisitos ou essas formalidades;

c) Se o casamento tiver sido contraído com algum impedimento dirimente;

d) Se o casamento tiver sido considerado como católico pelas autoridades eclesiásticas e como tal se encontrar transcrito.

2 – Se o casamento não for homologado, o despacho de recusa é notificado aos interessados, pessoalmente ou por carta registada.

SUBSECÇÃO VII
Casamento de portugueses no estrangeiro e de estrangeiros em Portugal

ARTIGO 161º
Forma do casamento celebrado no estrangeiro

O casamento contraído no estrangeiro entre dois portugueses ou entre português e estrangeiro pode ser celebrado perante os ministros do culto católico, ou pela forma estabelecida no presente Código, perante os agentes diplomáticos ou consulares portugueses ou ainda pela forma prevista na lei do lugar da celebração.

ARTIGO 162º
Processo preliminar de casamento

O casamento de português, residente no estrangeiro ou em Portugal, previsto no artigo anterior, deve ser precedido do processo respectivo, organizado nos termos dos artigos 134º e seguintes, pelos agentes diplomáticos ou consulares portugueses ou por qualquer conservatória do registo civil, excepto se dele estiver dispensado pela lei.

ARTIGO 163º
Verificação da capacidade matrimonial de português

1 – O português residente em Portugal que pretenda casar no estrangeiro pode requerer a verificação da sua capacidade matrimonial e a passagem do respectivo certificado em qualquer conservatória do registo civil.

2 – O certificado é passado pelo conservador mediante a organização prévia do processo de casamento e dele devem constar todos os elementos de identificação do interessado, bem como do outro nubente, e o prazo para a celebração.

3 – O português residente no estrangeiro que pretenda casar perante as autoridades locais pode requerer a verificação da sua capacidade matrimonial a qualquer conservatória do registo civil ou aos agentes diplomáticos ou consulares competentes para a organização do processo preliminar de casamento.

4 – *(Revogado.)*

(Redacção dada pelo Decreto-Lei nº 247-B/2008, de 30-12)

ARTIGO 164º
Casamento de português com estrangeiro

O casamento de português com estrangeiro celebrado em Portugal só pode efectuar-se pelas formas e nos termos previstos neste Código.

ARTIGO 165º
Casamento celebrado em Portugal entre estrangeiros

O casamento de estrangeiros em Portugal pode ser celebrado segundo a forma e nos termos previstos na lei nacional de algum dos nubentes, perante os respectivos agentes diplomáticos ou consulares, desde que igual competência seja reconhecida pela mesma lei aos agentes diplomáticos e consulares portugueses.

ARTIGO 166º
Certificado exigido ao estrangeiro que pretenda casar em Portugal

1 – O estrangeiro que pretenda celebrar casamento em Portugal, por qualquer das formas previstas neste Código, deve instruir o processo preliminar de casamento com certificado, passado há menos de seis meses, se outro não for o prazo de validade fixado pela entidade competente do país de que é nacional, destinado a provar que, de harmonia com a sua lei pessoal, nenhum impedimento obsta à celebração do casamento.

2 – Quando ao nubente, por não haver representação diplomática ou consular do país da sua nacionalidade ou por outro motivo de força maior, não seja possível apresentar o certificado, pode a falta do documento ser suprida pela declaração de que, de harmonia com a sua lei pessoal, nenhum impedimento obsta à celebração do casamento.

3 – Caso o conservador ou o oficial de registos tenham dúvidas sobre a declaração prevista no número anterior, devem supri-las ouvindo duas testemunhas.

SECÇÃO IV
Registo de casamento

SUBSECÇÃO I
Assento de casamento católico

ARTIGO 167º
Assento paroquial

1 – O assento paroquial do casamento católico é lavrado em duplicado no livro de registo ou em arquivo electrónico da paróquia, logo após a celebração do matrimónio, e deve conter as seguintes indicações:

a) Hora, data, lugar e paróquia da celebração, bem como a freguesia, se não coincidir com aquela, e o concelho;

b) Nome completo do pároco da freguesia e do sacerdote que tiver oficiado no casamento;

c) Nome completo, idade, naturalidade e residência habitual dos nubentes;

d) Nome completo dos pais ou do tutor dos nubentes e do procurador de algum deles, se os houver;

e) Referência à existência do consentimento dos pais ou representantes legais dos nubentes menores ou ao respectivo suprimento e, quando tiver sido prestado no acto da celebração, a menção desta circunstância;

f) Referência ao facto de o casamento se ter celebrado com ou sem convenção antenupcial e a menção do respectivo auto ou escritura, com indicação do regime de bens estipulado, se for um dos regimes tipo, e, se for imperativo, da menção desta circunstância;

g) Declaração, prestada pelos nubentes, de que realizam o casamento por sua livre vontade;

h) Apelidos adoptados por qualquer dos nubentes;

i) Apresentação do certificado exigido pelo artigo 146º, com indicação da data e conservatória em que foi passado;

j) Nome completo e residência habitual de duas testemunhas.

2 – Se os elementos de identificação dos cônjuges ou de seus pais, constantes dos documentos eclesiásticos, não coincidirem com os do certificado, devem indicar-se no assento também estes últimos, com a declaração de que o pároco verificou tratar-se de meras divergências formais.

3 – A menção da existência de convenção antenupcial, no caso previsto no nº 2 do artigo 147º, só é feita se, até ao acto da celebração do casamento, for apresentado o respectivo documento, devendo referir-se no assento a data do auto ou escritura e a indicação da conservatória ou do cartório em que o documento foi lavrado.

4 – Sendo apresentado pelos nubentes, no acto da celebração do casamento, documento que contrarie a menção do certificado relativa às convenções antenupciais, deve esta menção ser alterada no assento, referenciando-se aquele documento.

5 – Tratando-se de casamento celebrado com dispensa do processo preliminar respectivo, mediante autorização do ordinário próprio, deve mencionar-se no assento esta circunstância e a data da autorização.

ARTIGO 168º
Assinatura

1 – O assento e o duplicado são assinados pelos cônjuges, quando saibam e possam fazê-lo, pelas testemunhas e pelo sacerdote que os houver lavrado.

2 – Devem ainda assinar o assento e o duplicado os pais ou tutor dos nubentes menores, se souberem e puderem fazê-lo, quando no acto da celebração hajam prestado o consentimento para o casamento, o procurador e o intérprete, se os houver.

ARTIGO 169º
Remessa do duplicado

1 – O pároco da paróquia da celebração do casamento deve, no prazo de três dias, enviar a uma conservatória do registo civil, nos termos do artigo 171º, o duplicado do assento paroquial, a fim de ser transcrito.

2 – Nos casamentos, cuja imediata celebração haja sido autorizada pelo ordinário, deve ser remetida com o duplicado cópia da autorização, autenticada com a assinatura do pároco.

3 – Com o duplicado são igualmente remetidos os documentos a que se referem os nºs 3 e 4 do artigo 167º, quando se verifiquem as hipóteses neles previstas, bem como o certificado passado por agente diplomático ou consular português, caso o processo tenha sido por eles instaurado.

4 – O duplicado e os demais documentos são remetidos pelo correio, sob registo, ou entregues directamente na conservatória, cobrando-se neste caso recibo em protocolo especial.

5 – Se o duplicado se extraviar, o pároco deve enviar à conservatória, logo que tenha conhecimento do facto, certidão de cópia integral do assento, a fim de servir de título para a transcrição.

6 – A falta do assento paroquial é suprível, nos termos do disposto no artigo 83º

7 – As comunicações previstas no presente artigo devem ser efectuadas, sempre que possível, por via electrónica.

ARTIGO 170º
Dispensa de remessa

A obrigação de remessa do duplicado não é aplicável:

a) Ao casamento de consciência, cujo assento só pode ser transcrito perante certidão de cópia integral e mediante denúncia feita pelo ordinário, bem como aos casamentos *in articulo mortis*, na iminência de parto ou cuja celebração imediata seja expressamente autorizada pelo ordinário próprio por grave motivo de ordem moral, quando não possam ser transcritos;

b) Ao casamento em que, logo após a celebração, se verifique a necessidade de convalidar o acto, mediante a renovação do consentimento dos cônjuges na forma canónica, bastando remeter à conservatória, quando assim seja, o duplicado do assento paroquial da nova celebração.

ARTIGO 171º
Conservatória competente para a transcrição

1 – Qualquer conservatória do registo civil é competente para a transcrição do assento de casamento católico.

2 – *(Revogado.)*

3 – *(Revogado.)*

ARTIGO 172º
Prazo para a transcrição

1 – O conservador deve efectuar a transcrição do duplicado ou da certidão do assento paroquial dentro do prazo de um dia e comunicá-la ao pároco, se possível por via electrónica, até ao termo do dia imediato àquele em que foi feita.

2 – O prazo para a transcrição conta-se a partir do recebimento do duplicado ou da certidão completada ou esclarecida, nos casos a que se refere o nº 3 do artigo 174º, a partir do despacho final, no caso previsto no artigo 173º, e a partir do recebimento do duplicado ou da certidão, nos restantes casos.

3 – Na falta de remessa do duplicado ou da certidão do assento pelo pároco, a transcrição pode ser feita a todo o tempo, em face de qualquer desses documentos, a requerimento de algum interessado ou do Ministério Público.

ARTIGO 173º
Transcrição na ausência de processo preliminar de casamento

1 – Se o casamento não tiver sido precedido do processo respectivo, a transcrição só se efectua depois de organizado o processo, nos termos dos artigos 134º e seguintes, substituindo-se a declaração dos nubentes pelo duplicado ou pela certidão do assento canónico, sendo dispensada a apresentação dos documentos de identificação.

2 – *(Revogado.)*

3 – O conservador pode notificar os cônjuges, pessoalmente ou por carta registada, para comparecerem na conservatória, sob pena de desobediência, a fim de prestarem os esclarecimentos necessários à organização do processo.

4 – Os nubentes podem ser ouvidos na conservatória do registo civil da área da residência ou noutra conservatória por eles escolhida.

5 – Havendo processo preliminar de casamento pendente à data do recebimento do duplicado, são aplicáveis, com as necessárias adaptações, os nºs 2 e 3 do artigo 159º

6 – Se não houver lugar à isenção dos emolumentos correspondentes ao processo, os cônjuges devem ser avisados para, no prazo de 10 dias, pagarem as importâncias em dívida, sob pena de se proceder à sua cobrança coerciva.

7 – *(Revogado.)*

ARTIGO 174º
Recusa de transcrição

1 – A transcrição do casamento católico deve ser recusada nos seguintes casos:

a) *(Revogada.)*

b) Se o duplicado ou certidão do assento paroquial não contiver as indicações exigidas no artigo 167º ou as assinaturas devidas;

c) Se o conservador tiver fundadas dúvidas acerca da identidade dos contraentes;

d) Se no momento da celebração for oponível ao casamento algum impedimento dirimente;

e) Se, tratando-se de casamento legalmente celebrado sem precedência do processo respetivo, existir no momento da celebração o impedimento de falta de idade nupcial, de acompanhamento, quando a sentença respetiva assim o determine, ou o impedimento de casamento civil anterior não dissolvido, desde que, em qualquer dos casos, o impedimento ainda subsista.

2 – Nos casos a que se referem as alíneas *b*) e *c*) do número anterior, o conservador deve remeter ao pároco o duplicado ou a certidão, sempre que possível por via

electrónica, para que se complete ou esclareça o documento em termos de a transcrição se efectuar, sempre que possível, dentro dos sete dias ulteriores à celebração do casamento.

3 – *(Revogado.)*

4 – A morte de um ou de ambos os cônjuges não obsta à transcrição.

5 – A recusa da transcrição deve ser notificada aos nubentes, pessoalmente ou por carta registada.

(Redação dada pela Lei nº 49/2018, de 14-08)

ARTIGO 175º
Efectivação da transcrição depois de recusada

A transcrição recusada com base em impedimento dirimente deve ser efectuada oficiosamente, ou por iniciativa de qualquer interessado ou do Ministério Público, logo que cesse o impedimento que deu causa à recusa.

ARTIGO 176º
Casamento católico não transcrito

Se, durante a organização do processo de casamento, se averiguar que algum dos nubentes está ligado por casamento católico não transcrito, o conservador deve suspender o andamento do processo e promover oficiosamente a transcrição.

ARTIGO 177º
Registo da sanação e da convalidação do casamento

1 – A sanação *in radice* do casamento católico nulo, mas transcrito, é averbada ao assento respectivo, mediante comunicação do pároco, feita no interesse dos cônjuges e com o consentimento do ordinário do lugar da celebração.

2 – No caso de convalidação simples do casamento nulo, mas transcrito, operada pela renovação da manifestação de vontade de ambos os cônjuges na forma canónica, o pároco deve lavrar novo assento e dele enviar duplicado a qualquer conservatória do registo civil, no prazo de cinco dias, para aí ser transcrito nos termos legais.

3 – Feita a transcrição, é cancelado o assento convalidado, sem prejuízo dos direitos de terceiro.

4 – As comunicações referidas nos nºs 1 e 2 devem, sempre que possível, ser efectuadas por via electrónica.

SUBSECÇÃO II
Assento de casamento católico celebrado por portugueses no estrangeiro

ARTIGO 178º
Transcrição do assento paroquial

1 – A transcrição do casamento católico celebrado no estrangeiro entre nubentes portugueses ou entre português e estrangeiro tem por base o assento paroquial.

2 – À transcrição deste casamento é aplicável o disposto nos artigos 184º e seguintes, podendo esta ser recusada nos termos em que o pode ser a transcrição do casamento católico celebrado em Portugal.

3 – Se, por imperativo da lei local, os cônjuges casados catolicamente tiverem também celebrado casamento por forma não católica, menciona-se na transcrição do assento paroquial essa circunstância, em face de documento legal comprovativo.

SUBSECÇÃO III
Registo de casamento católico celebrado depois do casamento civil

ARTIGO 179º
Registo por averbamento

1 – O casamento católico celebrado entre cônjuges já vinculados entre si por casamento civil anterior não dissolvido é averbado oficiosamente ao assento deste em face de duplicado ou certidão do assento paroquial, enviada pelo pároco ou a requerimento dos interessados, independentemente do processo de casamento.

2 – O envio realizado pelo pároco previsto no número anterior é efectuado, sempre que possível, por via electrónica.

SUBSECÇÃO IV
Assento de casamento civil

ARTIGO 180º
Feitura do assento

1 – O assento de casamento civil não urgente celebrado em Portugal pela forma estabelecida neste Código é lavrado e lido em voz alta pelo funcionário, que nele apõe o seu nome, logo após a celebração do casamento.

2 – *(Revogado.)*

ARTIGO 181º
Menções que deve conter

Além dos requisitos gerais, o assento de casamento deve conter os seguintes elementos:

a) Hora, data e lugar da celebração;

b) Nome completo, idade, naturalidade e residência habitual dos nubentes;

c) Nome completo dos pais e tutor dos nubentes, do intérprete e do procurador de algum deles, se os houver;

d) Referência ao consentimento dos pais ou representantes legais dos nubentes menores ou ao seu suprimento e, quando a autorização tenha sido prestada no acto da celebração, a menção desta circunstância;

e) Indicação de o casamento se ter celebrado com ou sem convenção antenupcial e a menção do respectivo auto ou escritura com a indicação do regime de bens estipulado, se for um dos regimes tipo, e, se for imperativo, da menção dessa circunstância;

f) Declaração, prestada pelos nubentes, de que realizam o casamento por sua livre vontade;

g) Apelidos adoptados por qualquer dos nubentes;

h) A menção à forma como foi verificada a identidade dos nubentes ou o nome completo e residência das testemunhas.

SUBSECÇÃO V
Assento de casamento civil urgente

ARTIGO 182º
Assento de casamento

1 – O despacho do conservador que homologar o casamento civil urgente deve fixar, de acordo com a acta do casamento, completado pelos documentos juntos ao processo preliminar de casamento e pelas diligências efectuadas, os elementos que o assento deve conter, em conformidade com o disposto no artigo anterior.

2 – O assento é lavrado com base nos elementos constantes do despacho de homologação, no prazo de dois dias a contar da data em que este tiver sido proferido, e deve conter apenas, como menção especial, a referência à natureza urgente do casamento, omitindo-se as circunstâncias particulares da celebração.

3 – *(Revogado.)*

ARTIGO 183º
Cancelamento da transcrição

A transcrição do casamento civil urgente é cancelada, oficiosamente, se o casamento vier a ser reconhecido pelas autoridades eclesiásticas como católico e como tal se mostrar transcrito o assento paroquial.

SUBSECÇÃO VI
Assento de casamento civil de portugueses no estrangeiro

ARTIGO 184º
Registo consular

1 – O casamento celebrado no estrangeiro entre dois portugueses, ou entre português e estrangeiro, é registado no consulado competente.

2 – O registo é lavrado por inscrição, nos termos dos artigos 180º e seguintes, se o casamento for celebrado perante o agente diplomático ou consular português, e,

nos outros casos, por transcrição do documento comprovativo do casamento, passado de harmonia com a lei do lugar da celebração.

3 – A transcrição pode ser requerida a todo o tempo por qualquer interessado e deve ser promovida pelo agente diplomático ou consular competente, logo que tenha conhecimento da celebração do casamento.

ARTIGO 185º
Processo preliminar de casamento

1 – Se o casamento não tiver sido precedido do processo respectivo, a transcrição é subordinada à prévia organização de tal processo, aplicando-se o disposto nos artigos 134º e seguintes, com excepção do disposto nas alíneas *a*) do nº 1 e *b*) do nº 4 do artigo 137º

2 – No despacho final, o cônsul deve relatar as diligências feitas e as informações recebidas e decidir se o casamento pode ou não ser transcrito.

3 – A transcrição é recusada se, pelo processo preliminar de casamento ou por outro modo, o cônsul verificar que o casamento foi celebrado com algum impedimento que o torne anulável, desde que tal impedimento ainda subsista.

ARTIGO 186º
Remessa do duplicado

(Revogado.)

ARTIGO 187º
Transcrição

1 – O casamento cujo assento não tenha sido lavrado pelo competente agente diplomático ou consular pode ser directamente transcrito em qualquer conservatória do registo civil, em face de um dos seguintes documentos:

a) Documento comprovativo da celebração do casamento, remetido, preferencialmente por via informática, através do Ministério dos Negócios Estrangeiros, pela autoridade estrangeira perante a qual o casamento tenha sido celebrado;

b) Documento comprovativo do casamento, apresentado por qualquer dos cônjuges, seus herdeiros ou outros interessados.

2 – A transcrição realizada com base nos documentos previstos no nº 1 é precedida do processo de casamento, nos termos do nº 1 do artigo 185º, se este ainda não tiver sido organizado, e é recusada no caso de se verificar a existência de algum dos impedimentos a que se refere o nº 3 do mesmo artigo.

3 – *(Revogado.)*

4 – *(Revogado.)*

SUBSECÇÃO VII
Assento de casamento civil sob forma religiosa

ARTIGO 187º-A
Assento de casamento civil sob forma religiosa

1 – O assento de casamento civil sob forma religiosa é lavrado em duplicado no livro de registo ou em arquivo electrónico da igreja ou da comunidade religiosa, logo após a celebração do matrimónio, e deve conter as seguintes indicações:

a) Menções previstas no artigo 181º para o assento de casamento civil, com excepção da prevista na alínea *h*) desse artigo;

b) Menção da forma do casamento;

c) Nome completo do ministro do culto que tenha oficiado no casamento e referência à sua credenciação para o efeito;

d) Referência à apresentação do certificado exigido pelo artigo 146º, com a indicação da data e conservatória em que foi passado;

e) Nome completo e residência habitual de duas testemunhas.

2 – Ao assento previsto no número anterior é aplicável o disposto nos nºs 2 a 4 do artigo 167º e no artigo 168º, com as necessárias adaptações.

ARTIGO 187º-B
Remessa do duplicado

1 – O ministro do culto que tiver oficiado o casamento deve, no prazo de três dias, enviar a uma conservatória do registo civil, sempre que possível por via electrónica, nos termos do nº 1 do artigo 187º-C, o duplicado do assento de casamento civil sob forma religiosa, a fim de ser transcrito.

2 – É aplicável o disposto nos nºs 3 a 7 do artigo 169º, com as necessárias adaptações.

ARTIGO 187º-C
Transcrição do assento de casamento civil sob forma religiosa

1 – Qualquer conservatória do registo civil é competente para a transcrição do assento de casamento civil sob forma religiosa.

2 – O conservador do serviço de registo ao qual tenha sido remetido o duplicado deve efectuar a transcrição deste no prazo de um dia e comunicá-la, sempre que possível por via electrónica, ao ministro do culto até ao termo do dia imediato àquele em que foi feita.

3 – À transcrição do assento de casamento civil sob forma religiosa é aplicável o disposto nos nºs 2 e 3 do artigo 172º e nos artigos 173º a 176º, com as necessárias adaptações.

SUBSECÇÃO VIII
Efeitos do registo de casamento

ARTIGO 188º
Retroactividade

1 – Efectuado o registo, ainda que este venha a perder-se, os efeitos civis do casamento retroagem à data da celebração.

2 – Ficam ressalvados os direitos de terceiros que sejam compatíveis com os direitos e deveres de natureza pessoal dos cônjuges e dos filhos, a não ser que, tratando-se de registo por transcrição, esta tenha sido efectuada dentro dos sete dias subsequentes à celebração.

SECÇÃO V
Convenções antenupciais e alterações do regime de bens

ARTIGO 189º
Convenção antenupcial

1 – A convenção antenupcial pode ser celebrada nas conservatórias do registo civil, por meio de declaração prestada perante conservador, o qual pode delegar essa competência em oficial de registo.

2 – A conservatória deve imediatamente entregar certidão gratuita do acto aos interessados.

ARTIGO 190º
Registo

1 – A convenção antenupcial é registada mediante a sua menção no texto do assento de casamento, sempre que o auto seja lavrado ou a certidão da respectiva escritura seja apresentada até à celebração deste.

2 – A convenção antenupcial, quando apresentada após a celebração do casamento, e a alteração do regime de bens, convencionado ou legalmente fixado, são registadas por averbamento ao assento de casamento.

ARTIGO 191º
Efeitos em relação a terceiros

1 – A convenção que tenha por objecto a fixação do regime de bens ou a sua alteração só produz efeitos em relação a terceiros a partir da data do registo.

2 – No caso de casamento católico, os efeitos do registo lavrado simultaneamente com a transcrição retroagem à data da celebração do casamento, desde que este tenha sido transcrito dentro dos sete dias imediatos.

SECÇÃO VI
Óbito

SUBSECÇÃO I
Declaração de óbito

ARTIGO 192º
Prazo e lugar

1 – O falecimento de qualquer indivíduo ocorrido em território português deve ser declarado, verbalmente, dentro de quarenta e oito horas, em qualquer conservatória do registo civil.

2 – O prazo para a declaração conta-se, conforme os casos, do momento em que ocorrer o falecimento, for encontrado ou autopsiado o cadáver, da dispensa da autópsia ou daquele em que for recebida a cópia ou o duplicado da guia de enterramento emitida por autoridade policial.

ARTIGO 193º
A quem compete

1 – A declaração de óbito compete, obrigatória e sucessivamente, às seguintes pessoas:

a) Ao parente capaz mais próximo do falecido que estiver presente na ocasião do óbito;

b) A outros familiares do falecido que estiverem presentes;

c) Aos donos da casa onde o óbito ocorrer;

d) Ao director ou administrador do estabelecimento, público ou particular, onde o óbito tiver ocorrido, tiver sido verificado ou no qual o cadáver tenha sido autopsiado;

e) Ao ministro de qualquer culto presente no momento do falecimento;

f) À pessoa ou entidade encarregada do funeral;

g) Às autoridades administrativas ou policiais no caso de abandono do cadáver.

2 – O cumprimento da obrigação por alguma das pessoas ou entidades mencionadas desonera as demais.

ARTIGO 194º
Certificado médico

1 – A declaração deve ser confirmada pela apresentação do certificado de óbito, passado gratuitamente pelo médico que o houver verificado, em impresso de modelo fornecido pelos competentes serviços de saúde ou, na falta de impressos, em papel comum.

2 – Na falta de apresentação do certificado, compete ao funcionário do registo civil que receber a declaração requisitar à autoridade sanitária local a verificação do óbito e a passagem do certificado.

ARTIGO 195º
Suprimento do certificado de óbito

1 – Na impossibilidade absoluta de comparência do médico para verificação do óbito, o certificado pode ser substituído por um auto, lavrado pela competente autoridade administrativa com a intervenção de duas testemunhas, no qual o autuante declare ter verificado o óbito e a existência ou inexistência de sinais de morte violenta ou de qualquer suspeita de crime.

2 – O auto, feito em duplicado, é lavrado em impresso de modelo fornecido pelos serviços de saúde competentes, devendo um dos exemplares instruir a declaração de óbito e o outro ser remetido pelo autuante ao médico assistente do falecido, se o houver, ou à respectiva autoridade sanitária para, em face dos elementos que for possível coligir, classificar a doença que deu causa à morte e passar o certificado de óbito.

3 – O certificado é remetido à conservatória que houver lavrado o assento de óbito.

ARTIGO 196º
Requisitos do certificado de óbito

1 – O certificado de óbito, além de conter a assinatura do médico que o subscrever, deve indicar o número da sua cédula profissional.

2 – A assinatura da autoridade administrativa que lavrar o auto de verificação do óbito deve ser autenticada com o respectivo selo branco.

ARTIGO 197º
Casos de autópsia

1 – Havendo indícios de morte violenta, suspeitas de crime, declarando o médico ignorar a causa da morte ou tendo o óbito ocorrido há mais de um ano, o funcionário do registo civil a quem o óbito seja declarado abstém-se de lavrar o assento ou o auto de declarações e comunica imediatamente o facto às autoridades judiciais ou policiais, a fim de estas promoverem a autópsia do cadáver e as demais diligências necessárias à averiguação da causa da morte e das circunstâncias em que esta tenha ocorrido.

2 – A autoridade que investigar a causa da morte deve comunicar à conservatória do registo civil participante a hora da realização da autópsia ou a sua dispensa e o resultado das diligências efectuadas, nomeadamente as indicações fornecidas pelo processo sobre a hora, dia e local do falecimento, a fim de serem levadas ao assento de óbito.

ARTIGO 198º
Falta da declaração de óbito

Decorrido o prazo legal sem que seja feita a declaração de óbito, deve observar-se, na parte aplicável e com as necessárias adaptações, o disposto no artigo 98º

ARTIGO 199º
Processo de justificação

Só pode ser lavrado registo de óbito não comprovado por certificado médico ou por auto de verificação, independentemente da data e do lugar em que tenha ocorrido, mediante decisão resultante de processo de justificação administrativa.

SUBSECÇÃO II
Registo de óbito

ARTIGO 200º
Competência

1 – É competente para lavrar o registo de óbito qualquer conservatória do registo civil.

2 – O óbito ocorrido no estrangeiro cujo assento não tenha sido lavrado pelo agente diplomático ou consular pode ser directamente transcrito em qualquer conservatória do registo civil.

3 – *(Revogado.)*

4 – *(Revogado.)*

5 – *(Revogado.)*

6 – *(Revogado.)*

ARTIGO 201º
Requisitos especiais

1 – Além dos requisitos gerais, o assento de óbito deve conter os seguintes elementos:

a) Nome completo, sexo, idade, estado, naturalidade e última residência habitual do falecido;

b) Nome completo dos pais do falecido;

c) Nome completo do último cônjuge;

d) Hora, data e lugar do falecimento ou do aparecimento do cadáver;

e) Cemitério onde o falecido vai ser ou foi sepultado.

2 – Na sequência do texto do assento deve ser lançada cota de referência ao registo de nascimento da pessoa a quem o óbito respeita, bem como ao registo do seu casamento, se ela tiver falecido no estado de casada.

3 – É aplicável ao assento de óbito o disposto nos nºs 2, 3 e 7 do artigo 102º, devendo os elementos aí referidos respeitar ao falecido.

4 – Para realização do assento apenas são indispensáveis as menções necessárias à identificação do falecido, competindo ao conservador fazer constar por averbamento as que, não podendo ser obtidas no momento em que foi lavrado o assento, chegarem mais tarde ao seu conhecimento.

ARTIGO 202º
Óbito de pessoa desconhecida

1 – No assento de óbito de pessoa cuja identidade não seja possível determinar deve especialmente ser mencionado o lugar, data e estado em que o cadáver haja sido encontrado, o sexo, cor e idade aparente do falecido, o vestuário, papéis ou objectos achados junto ao cadáver, bem como qualquer outra circunstância capaz de concorrer para a sua identificação.

2 – Sempre que for possível, o conservador deve arquivar, como documento, as fotografias do cadáver publicadas em jornais ou mandadas tirar por qualquer autoridade.

ARTIGO 202º-A
Menção da habilitação de herdeiros e do processo de inventário

1 – Independentemente da forma da sua titulação, a habilitação de herdeiros é mencionada no assento de óbito do falecido, por meio de cota de referência que especifique a data, a forma de titulação e a identificação do título.

2 – Nos casos em que tenha sido instaurado processo de inventário por óbito do registado, é feita menção do facto no assento respetivo, por meio de cota de referência que identifique o cartório notarial onde o processo foi instaurado e o seu número.

(Redacção dada pela Lei nº 23/2013, de 05-03)

ARTIGO 202º-B
Comunicações a efetuar pelos tribunais e notários

1 – Para efeitos do disposto no nº 1 do artigo anterior, no prazo de cinco dias após o trânsito em julgado de decisão judicial que declare a habilitação de herdeiros ou da data em que seja lavrada escritura pública do mesmo acto, o respectivo tribunal ou notário comunicam a qualquer conservatória do registo civil a decisão judicial ou escritura que titule a habilitação de herdeiros através do envio, sempre que possível por via electrónica, de certidão do título respectivo.

2 – Para os efeitos do disposto no nº 2 do artigo anterior, o notário comunica a qualquer conservatória do registo civil, preferencialmente por via eletrónica, a instauração do processo de inventário.

(Redacção dada pela Lei nº 23/2013, de 05-03)

SUBSECÇÃO III
Óbitos ocorridos em hospitais, cadeias e estabelecimentos equivalentes

ARTIGO 203º
Comunicação da ocorrência

1 – Ocorrido ou verificado o óbito em unidade de saúde, estabelecimento prisional ou outro equivalente do Estado, o respectivo director ou administrador ou outro funcionário por eles designado deve comunicar a ocorrência, sempre que

possível por via electrónica, a qualquer conservatória do registo civil ou a posto de atendimento da conservatória do registo civil em unidade de saúde, no prazo de quarenta e oito horas.

2 – Igual comunicação deve ser feita pelo director ou administrador do estabelecimento onde tenha sido autopsiado o cadáver.

3 – A comunicação, que substitui a declaração a que se refere o artigo 192º, é acompanhada do certificado médico e deve fornecer todas as indicações exigidas neste Código para o assento de óbito e as respectivas cotas de referência.

SUBSECÇÃO IV
Óbitos ocorridos em viagem ou por acidente

ARTIGO 204º
Viagem por mar ou pelo ar

1 – Se em viagem a bordo de navio ou aeronave portugueses ocorrer algum falecimento, deve observar-se, com as necessárias adaptações, o disposto nos artigos 109º e seguintes.

2 – No caso de falecimento com queda à água ou no espaço, sem que o cadáver seja encontrado, a competente autoridade de bordo deve lavrar, na presença de duas testemunhas, um auto de ocorrência e remetê-lo a qualquer conservatória do registo civil, incumbindo a esta promover a respectiva justificação judicial.

3 – Quando o óbito se verifique em pequenas embarcações, o auto da ocorrência é substituído por auto de averiguações lavrado na capitania competente.

4 – Se o auto lavrado nos termos dos números anteriores não fornecer todos os elementos de identidade do falecido, o conservador deve procurar obter as informações complementares necessárias.

5 – Se o óbito tiver ocorrido nas condições previstas no nº 1, mas a bordo de navio ou aeronave estrangeiros, e o cadáver vier a ser desembarcado ou encontrado em território português, observa-se o disposto no artigo seguinte.

ARTIGO 205º
Viagem por terra

Se o falecimento ocorrer em viagem por terra, o assento de óbito pode ser lavrado em qualquer conservatória do registo civil.

ARTIGO 206º
Acidente

No caso de morte de uma ou mais pessoas em incêndio, desmoronamento ou em consequência de explosão, inundação, terramoto, naufrágio ou de outro acidente análogo, o funcionário do registo civil deve lavrar assento de óbito para cada uma das vítimas cujo corpo tiver sido encontrado em condições de poder ser individualizado.

ARTIGO 207º
Justificação judicial

1 – Cabe ao magistrado do Ministério Público da comarca em cuja área tiver ocorrido o acidente promover, por intermédio de qualquer conservatória do registo civil, a justificação judicial do óbito nos seguintes casos:

a) Quando os cadáveres não forem encontrados;

b) Quando os cadáveres tiverem sido destruídos em consequência do acidente ou só aparecerem despojos insusceptíveis de ser individualizados; ou

c) Quando seja impossível chegar ao local onde os corpos se encontrem.

2 – Se o acidente ocorrer no mar e não for caso de naufrágio, cabe ao magistrado do Ministério Público da comarca da sede da capitania que deve proceder às averiguações promover, por intermédio de uma conservatória do registo civil, a justificação judicial do óbito.

3 – Julgada a justificação, o conservador deve lavrar o assento de óbito, com base nos elementos fornecidos pela sentença e servindo-se de todas as informações complementares recolhidas.

4 – O assento de óbito referido no número anterior produz os mesmos efeitos que a morte.

(Redacção dada pela Lei nº 90/2015, de 12-08)

ARTIGO 208º
Naufrágio

1 – No caso de naufrágio em que pereça toda ou parte da tripulação ou dos passageiros da embarcação, não sendo encontrados os cadáveres, ou não sendo possível individualizá -los, compete ao magistrado do Ministério Público da comarca a cuja área pertencer a praça da matrícula da embarcação promover, no prazo máximo de 30 dias a contar da receção do auto referido no número seguinte, a justificação judicial dos óbitos, nos termos e para os efeitos do disposto no artigo anterior.

2 – Para a instrução do processo, a autoridade marítima remete, no prazo máximo de 60 dias a contar da data do naufrágio, ao Ministério Público o auto da investigação sobre a ocorrência e identificação dos náufragos desaparecidos.

(Redacção dada pela Lei nº 90/2015, de 12-08)

SUBSECÇÃO V
Morte fetal

ARTIGO 209º
Depósito do certificado médico de morte fetal

1 – Sempre que ocorrer morte fetal com tempo de gestação de 22 semanas ou superior, deve ser apresentado e depositado em qualquer conservatória do registo civil o respectivo certificado médico.

2 – *(Revogado.)*

3 – O requerente do depósito deve ser ouvido em auto, nele devendo constar os seguintes elementos:

a) Sexo;

b) Duração provável da gravidez, referida a meses ou semanas;

c) Nome completo e residência habitual da parturiente e, sendo casada, nome do marido;

d) Data e lugar do parto;

e) Cemitério onde vai ser ou foi sepultado.

4 – São aplicáveis ao depósito do certificado médico de morte fetal os preceitos relativos ao assento de óbito, com as necessárias adaptações.

5 – *(Revogado.)*

ARTIGO 209º-A
Dispensa de certificado médico de morte fetal

É dispensado o certificado médico de morte fetal quando ocorra a interrupção voluntária da gravidez, prevista na alínea *c*) do nº 1 do artigo 142º do Código Penal, bem como, até às 24 semanas da gestação, quando a interrupção da gravidez seja espontânea.

SUBSECÇÃO VI
Comunicações obrigatórias

ARTIGO 210º
Comunicações a efectuar pelo conservador

1 – O conservador do registo civil deve enviar ao Ministério Público junto do tribunal competente para a providência tutelar ou para as finalidades previstas no regime jurídico do processo de inventário:

a) Assentos de óbito lavrados no mês anterior referentes a indivíduos com descendentes sujeitos àquela providência; e

b) Assentos de óbito lavrados no mês anterior referentes a indivíduos cuja herança seja deferida a incapazes ou ausentes em parte incerta ou ao Estado.

2 – A informação prevista no número anterior pode ser facultada por disponibilização do acesso à base de dados do registo civil.

3 – Para os efeitos do disposto no nº 1, o conservador deve ouvir o declarante do óbito, através de auto lavrado imediatamente após a prestação da respetiva declaração.

4 – O conservador deve comunicar, por via eletrónica, ao Instituto das Tecnologias de Informação na Justiça, I. P.:

a) O teor dos autos relativos aos óbitos lavrados no mês anterior;

b) Os números de documentos de identificação ulteriormente conhecidos;

c) Qualquer completamento ou retificação de assento de óbito que respeite ao nome do falecido, idade, naturalidade ou filiação.
(Redacção dada pela Lei nº 23/2013, de 05-03)

SUBSECÇÃO VII
Procedimentos simplificados de sucessão hereditária

DIVISÃO I
Disposições gerais

ARTIGO 210º-A
Objecto, procedimentos e competência

1 – Os procedimentos simplificados de sucessão hereditária visam a promoção dos actos de titulação, registo e garantia do cumprimento de obrigações fiscais respeitantes à sucessão hereditária.

2 – Os procedimentos simplificados de sucessão hereditária são os seguintes:

a) Procedimento de habilitação de herdeiros, partilha e registos;
b) Procedimentos de habilitação de herdeiros com ou sem registos;
c) Procedimento de partilha e registos.

3 – O procedimento simplificado de sucessão hereditária que inclua partilha só pode ser realizado se na herança existir algum bem imóvel, ou móvel ou participação social sujeitos a registo.

4 – O registo das participações sociais sujeitas a registo é promovido nos termos previstos no artigo 29º-A do Código do Registo Comercial.

5 – Os procedimentos simplificados de sucessão hereditária podem incluir a celebração de um contrato de mútuo e de outros contratos de crédito e de financiamento celebrados por instituições de crédito, e respectivas garantias, bem como outros negócios jurídicos, nos termos definidos por portaria do membro do Governo responsável pela área da justiça.

6 – A realização dos procedimentos é da competência do conservador, sem prejuízo da possibilidade de delegação em oficial de registos.
(Redacção dada pelo Decreto-Lei nº 247-B/2008, de 30-12)

ARTIGO 210º-B
Legitimidade

Só o cabeça-de-casal, seu representante legal ou mandatário têm legitimidade para promover os procedimentos simplificados de sucessão hereditária.

ARTIGO 210º-C
Prazo e cumprimento de obrigações tributárias

1 – Os procedimentos simplificados de sucessão hereditária iniciam-se até ao

final do terceiro mês seguinte ao da morte do autor da sucessão, sem prejuízo do disposto no número seguinte.

2 – Caso os procedimentos se iniciem após o prazo previsto no número anterior, o serviço de registo deve informar desse facto os competentes serviços de finanças para que estes procedam à cobrança das coimas que se mostrem devidas.

3 – Na tramitação dos procedimentos simplificados de sucessão hereditária, o conservador e os funcionários das conservatórias estão sujeitos ao dever de sigilo estabelecido nas leis tributárias.

(Redacção dada pelo Decreto-Lei nº 247-B/2008, de 30-12)

ARTIGO 210º-D
Atendimento presencial único e meios electrónicos

1 – Os procedimentos simplificados de sucessão hereditária são tramitados no mesmo dia, em atendimento presencial único, e, para efeitos do registo dos bens, têm natureza urgente.

2 – Antes do início dos procedimentos simplificados de sucessão hereditária, pode realizar-se, em atendimento prévio, na forma e nas situações a definir por portaria do membro do Governo responsável pela área da justiça, a preparação das diligências necessárias para que os referidos procedimentos possam ser tramitados no mesmo dia, em atendimento presencial único.

3 – Todos os actos praticados no âmbito dos procedimentos simplificados de sucessão hereditária são realizados através de meios electrónicos.

ARTIGO 210º-E
Formalidades prévias

1 – O prosseguimento dos procedimentos depende da verificação do óbito, da qualidade de herdeiro, da identidade, da capacidade e dos poderes de representação dos interessados para os actos.

2 – Os elementos referidos no número anterior devem, sempre que possível, ser comprovados por acesso à informação constante das bases de dados pertinentes.

3 – Deve ainda ser comprovada pela forma prevista no número anterior a titularidade dos bens, bem como a situação matricial dos imóveis.

4 – Os documentos que instruam os procedimentos ficam arquivados, preferencialmente em suporte electrónico, em termos a definir por portaria do membro do Governo responsável pela área da justiça.

ARTIGO 210º-F
Procedimento de habilitação de herdeiros, partilha e registos

1 – No âmbito do procedimento de habilitação de herdeiros, partilha e registos, o serviço de registo procede aos seguintes actos, pela ordem indicada:

a) Elaboração dos documentos, de acordo com a vontade dos interessados, que titulam a habilitação de herdeiros e a partilha, seguida da leitura e explicação do respectivo conteúdo;

b) Menção da habilitação de herdeiros no assento de óbito do falecido;

c) Apresentação da participação a que se refere o artigo 26º do Código do Imposto do Selo, bem como da respectiva relação de bens, nos termos declarados pelo contribuinte;

d) Promoção da liquidação e do pagamento dos impostos relativos à partilha, nos termos declarados pelo contribuinte;

e) Cobrança dos emolumentos e de outros encargos que se mostrem devidos;

f) Registo obrigatório e imediato da transmissão dos bens imóveis, ou móveis ou participações sociais sujeitos a registo partilhados;

g) Entrega de certidão gratuita dos documentos previstos na alínea *a*) e dos registos efectuados, bem como dos comprovativos de pagamento das obrigações tributárias, dos emolumentos e dos demais encargos.

2 – A leitura dos documentos previstos na alínea *a*) do número anterior pode ser dispensada a pedido dos interessados.

ARTIGO 210º-G
Procedimento de habilitação de herdeiros com ou sem registos

1 – Os procedimentos de habilitação de herdeiros com ou sem registos só são realizados quando os interessados não pretendam proceder imediatamente à partilha, nos termos do artigo anterior.

2 – No âmbito dos procedimentos de habilitação de herdeiros com ou sem registos, o serviço de registo procede aos actos referidos no nº 1 do artigo anterior, com as necessárias adaptações.

3 – Os interessados podem recorrer aos procedimentos de habilitação de herdeiros com ou sem registos ainda que já tenham procedido à participação referida na alínea *c*) do nº 1 do artigo anterior.

4 – No caso do procedimento de habilitação de herdeiros sem registos, os interessados podem optar por não proceder à participação referida na alínea *c*) do nº 1 do artigo anterior.

5 – *(Revogado.)*

(Redacção dada pelo Decreto-Lei nº 247-B/2008, de 30-12)

ARTIGO 210º-H
Procedimento de partilha e registos

1 – O procedimento de partilha e registos só é realizado quando, em momento anterior, tiver ocorrido a habilitação de herdeiros.

2 – No âmbito do procedimento de partilha e registos, o serviço de registo procede aos actos referidos no nº 1 do artigo 210º-F, com as necessárias adaptações, com excepção dos previstos nas alíneas *b*) e *c*), caso a participação prevista nesta última alínea já tenha sido efectuada.

3 – Caso a participação prevista na alínea *c*) do nº 1 do artigo 210º-F ainda não tenha sido efectuada, a mesma deve ser realizada no âmbito do procedimento.

(Redacção dada pelo Decreto-Lei nº 247-B/2008, de 30-12)

ARTIGO 210º-I
Pedidos complementares

1 – Em qualquer dos procedimentos simplificados de sucessão hereditária, a pedido dos interessados e de acordo com as suas declarações, o funcionário pratica os seguintes actos:

a) Solicita a alteração da morada fiscal dos herdeiros;

b) Solicita a isenção do imposto municipal sobre imóveis relativo a habitação própria e permanente;

c) Solicita a inscrição ou a actualização de prédios urbanos na matriz.

2 – Os pedidos referidos no número anterior são efectuados por via electrónica.

3 – No caso de o interessado solicitar o serviço previsto na alínea *c*) do nº 1, fica dispensado de anexar as plantas de arquitectura das construções correspondentes às telas finais aprovadas pela Câmara Municipal.

4 – Para efeitos do disposto no número anterior, o IRN, I. P., deve contactar a competente câmara municipal para que esta lhe disponibilize as respectivas plantas, preferencialmente por via electrónica.

5 – O IRN, I. P., disponibiliza à administração fiscal as plantas referidas nos números anteriores, em termos a protocolar entre as entidades envolvidas.

6 – No caso de as plantas não estarem depositadas na câmara municipal ou de as plantas não serem disponibilizadas à administração fiscal no prazo de 60 dias, esta deve contactar o interessado para que este as apresente, nos termos gerais.

ARTIGO 210º-J
Diligências subsequentes

Após a realização do registo, o serviço de registo promove, preferencialmente por via electrónica, os seguintes actos:

a) Comunicações obrigatórias à administração tributária;

b) Participações para fins estatísticos;

c) Promoção das demais comunicações impostas por lei e das diligências que venham a ser fixadas por via regulamentar ou protocolar.

ARTIGO 210º-L
Indeferimento

1 – Os procedimentos simplificados de sucessão hereditária são indeferidos quando ocorra alguma das seguintes circunstâncias:

a) Não verificação de algum dos pressupostos ou formalidades prévias aplicáveis;

b) Violação de disposições legais imperativas;

c) Verificação de factos que possam afectar a formação e a exteriorização da vontade dos intervenientes nos actos;

d) Verificação de omissões, vícios ou deficiências nos documentos, que obstem à celebração dos actos;

e) Verificação da existência de motivo de recusa dos registos;

f) Falta de liquidação dos impostos e de encargos tributários e de cobrança de outros encargos que se mostrem devidos.

2 – A anulabilidade ou ineficácia dos actos não obsta ao prosseguimento dos procedimentos, ainda que dê origem a um registo provisório, desde que os interessados manifestem, expressamente, vontade nesse sentido.

3 – Os serviços de registo são competentes para a elaboração dos documentos indispensáveis ao suprimento dos vícios referidos no número anterior.

4 – Do indeferimento é lavrado despacho e entregue cópia do mesmo aos interessados, os quais se consideram notificados para efeitos de impugnação hierárquica ou contenciosa.

5 – O despacho de indeferimento proferido nos procedimentos de habilitação de herdeiros, partilha e registos e de habilitação de herdeiros e registos não suspende nem interrompe o prazo previsto no nº 3 do artigo 26º do Código do Imposto do Selo.

ARTIGO 210º-M
Desistência

A não conclusão dos procedimentos simplificados de sucessão hereditária por motivo não imputável aos serviços equivale à sua desistência.

ARTIGO 210º-N
Aplicação subsidiária

Aos procedimentos simplificados de sucessão hereditária são aplicáveis, subsidiariamente, as legislações registrais pertinentes e a lei notarial.

DIVISÃO II
Habilitação de herdeiros

ARTIGO 210º-O
Objecto e efeitos da habilitação de herdeiros

1 – A habilitação de herdeiros realizada no âmbito dos procedimentos simplificados de sucessão hereditária tem por objecto a declaração, prestada pelo cabeça-de-casal ou por três pessoas que o conservador ou o oficial de registos considerem dignas de crédito, de que os habilitandos são herdeiros do falecido e de não existir quem lhes prefira ou com eles concorra na sucessão.

2 – Com excepção do cabeça-de-casal, não são admitidos como declarantes as pessoas que não possam ser testemunhas instrumentárias, nem os parentes sucessíveis dos habilitandos, nem o cônjuge de qualquer deles.

3 – A habilitação prevista no nº 1 tem os efeitos previstos na lei para outras formas de habilitação de herdeiros.

ARTIGO 210º-P
Habilitação de legatários e diligências subsequentes

O disposto nos artigos anteriores é aplicável, com as necessárias adaptações, à habilitação de legatários, quando estes forem indeterminados ou instituídos genericamente ou quando a herança for toda distribuída em legados, e às diligências subsequentes de instrução do processo de liquidação do imposto do selo e de registo dos bens legados.

ARTIGO 210º-Q
Impugnação da habilitação

1 – Se algum herdeiro preterido impugnar judicialmente a habilitação de herdeiros, deve solicitar a imediata comunicação da pendência do processo a qualquer conservatória do registo civil, que procede ao respectivo averbamento.

2 – Na sequência da impugnação da habilitação de herdeiros, a conservatória comunica ao serviço de finanças competente as alterações que se revelem necessárias às declarações tributárias apresentadas.

DIVISÃO III
Partilha

ARTIGO 210º-R
Efeitos da partilha

A partilha realizada no âmbito dos procedimentos simplificados de sucessão hereditária tem os mesmos efeitos previstos na lei para outras formas de partilha.

TÍTULO III
Publicidade, meios de prova e processos

CAPÍTULO I
Publicidade e prova dos factos sujeitos a registo

SECÇÃO I
Certidões

ARTIGO 211º
Meios de prova

1 – Os factos sujeitos a registo e o estado civil das pessoas provam-se pelo acesso à base de dados do registo civil ou por meio de certidão.

2 – Faz igualmente prova para todos os efeitos legais e perante qualquer autoridade pública ou entidade privada a disponibilização da informação constante da certidão em sítio da Internet, em termos a definir por portaria do membro do Governo responsável pela área da justiça.

3 – A disponibilização de informação prevista no número anterior não pode ser efectuada nos casos previstos no nº 4 do artigo 214º e, nos casos a que se referem os nºs 2 e 3 do mesmo artigo, deve conformar-se com o preceituado em tais normas.

ARTIGO 212º
Espécies

1 – As certidões extraídas dos actos de registo podem ser de narrativa ou de cópia integral.

2 – *(Revogado.)*

3 – Nas certidões de cópia integral deve transcrever-se todo o texto dos assentos a que respeitam e os seus averbamentos, sem prejuízo do disposto no número seguinte.

4 – As certidões de registos que contenham menções discriminatórias de filiação são, sempre que possível, obrigatoriamente emitidas por meios informáticos com eliminação das referidas menções, seja qual for a espécie e o fim a que se destinem, excepto se o registado, quem o representar, ou seu ascendente ou descendente requererem por escrito certidão por fotocópia do respectivo assento.

5 – As certidões requeridas pelas entidades referidas no nº 5 do artigo 214º são sempre de cópia integral e enviadas por via electrónica.

6 – As certidões destinadas ao estrangeiro são sempre emitidas por meios informáticos, salvo se o respectivo assento ou documento estiver dactilografado e puder ser fotocopiado.

ARTIGO 213º
Conteúdo

1 – Nas certidões de narrativa são mencionados os elementos extraídos do texto do assento, conjugados com as modificações introduzidas pelos averbamentos existentes à margem.

2 – Nas certidões de narrativa extraídas do registo de nascimento de filhos adoptados plenamente, a filiação deve ser mencionada apenas mediante a indicação dos nomes dos pais adoptivos.

3 – A filiação natural do adoptado só é mencionada nas certidões de narrativa extraídas do correspondente assento de nascimento se o requisitante expressamente o solicitar, sem prejuízo do disposto no nº 2 do artigo 1985º do Código Civil, mas é sempre mencionada nas certidões destinadas a instruir processos de casamento.

4 – As certidões extraídas de registo que enferme de qualquer irregularidade ou deficiência ainda não sanada devem mencionar por forma bem visível, na respectiva certificação, as irregularidades ou deficiências que o viciam.

ARTIGO 214º
Quem pode pedir certidões

1 – Qualquer pessoa tem legitimidade para requerer certidão dos registos, salvo as excepções previstas nos números seguintes.

2 – Dos assentos de filhos adoptivos só podem ser passadas certidões de cópia integral ou fotocópias a pedido das pessoas a quem o registo respeita, descendentes ou herdeiros e ascendentes, sem prejuízo, quanto a estes, do disposto no artigo 1985º do Código Civil.

3 – Dos assentos a que se mostre efectuado qualquer averbamento de mudança de sexo e consequente alteração de nome próprio, só podem ser passadas certidões de cópia integral ou fotocópias a requerimento do próprio, dos seus herdeiros e das autoridades judiciais ou policiais para efeitos de investigação ou instrução criminal.

4 – Na pendência do processo de adopção, após a sua decretação ou, em qualquer caso, desde que recebida na conservatória a comunicação relativa à confiança judicial ou administrativa do menor, as certidões do assento de nascimento que a este respeitem devem ser passadas em conformidade com o disposto no artigo 1985º do Código Civil e com a decisão proferida, em processo próprio, sobre o segredo de identidade.

5 – Dos assentos de perfilhação que devam considerar-se secretos só pode ser passada certidão para efeito de instrução do processo preliminar de casamento ou de acção de alimentos, nas condições previstas na lei civil.

6 – As autoridades judiciais ou policiais e o IRN, I. P., podem sempre requerer certidão de qualquer registo ou documento, exceptuados os casos previstos no nº 3.

(Redacção dada pela Lei nº 7/2011, de 15-03)

ARTIGO 215º
Requisição e emissão das certidões

1 – As certidões podem ser requisitadas verbalmente ou pelo correio em qualquer conservatória do registo civil ou através de transmissão electrónica de dados.

2 – A requisição de certidão pode ser entregue na conservatória ou enviada pelo correio ou ainda por via electrónica, nos termos previstos em diploma próprio.

3 – As certidões podem ser disponibilizadas em suporte electrónico, em termos a definir por portaria do membro do Governo responsável pela área da justiça, fazendo prova para todos os efeitos legais e perante qualquer autoridade pública ou entidade privada, nos mesmos termos da correspondente versão em suporte de papel.

4 – As certidões são emitidas imediatamente após a recepção da requisição.

5 – De cada assento deve ser imediatamente entregue certidão gratuita ao interessado no registo.

6 – O disposto no número anterior aplica-se aos assentos de casamento e de óbito lavrados pelos agentes diplomáticos e consulares portugueses, bem como aos assentos de nascimento, de declaração de maternidade e de perfilhação lavrados pelas mesmas autoridades, após a sua integração na base de dados do registo civil.

7 – Do assento de óbito e do depósito do certificado de morte fetal são sempre emitidas certidões gratuitas, as quais servem de guia de enterramento.

(Redacção dada pelo Decreto-Lei nº 247-B/2008, de 30-12)

ARTIGO 216º
Forma externa

1 – As certidões são passadas conforme modelo aprovado ou por fotocópia.

2 – Nas certidões é aposto o nome do conservador ou de qualquer oficial do registo civil.

3 – Nas certidões ou noutros documentos expedidos pela conservatória deve ser aposto o selo branco de modelo oficial ou outra forma de autenticação prevista em portaria do membro do Governo responsável pela área da justiça.

ARTIGO 217º
Certidões de documentos, de extractos e de registos cancelados

1 – Podem ser extraídas certidões de documentos arquivados na conservatória, salvo se respeitarem a assento que deva considerar-se secreto.

2 – Do certificado médico de óbito só podem ser passadas certidões a quem comprove interesse legítimo e fundado no respectivo pedido.

3 – Dos livros de extractos só podem ser extraídas certidões no caso de extravio ou destruição dos originais.

4 – A requerimento escrito e fundamentado do interessado, pode o conservador autorizar a emissão de certidão de um registo cancelado.

5 – No caso de registo cancelado decorrente de procedimento de mudança de sexo considera-se interessado apenas o próprio, os seus herdeiros e as autoridades judiciais ou policiais para efeitos de investigação ou instrução criminal.

(Redacção dada pela Lei nº 7/2011, de 15-03)

SECÇÃO II
Boletins

ARTIGOS 218º A 220º

(Revogados.)

SECÇÃO III
Base de dados do registo civil

ARTIGO 220º-A
Finalidade da base de dados

1 – A base de dados do registo civil tem por finalidade organizar e manter actualizada a informação respeitante à nacionalidade, ao estado civil e à capacidade dos cidadãos, nos termos e para os efeitos previstos na lei, não podendo ser utilizada para qualquer outra finalidade com aquela incompatível.

2 – Os dados constantes da base de dados do registo civil podem ser interconectados com os constantes da base de dados da identificação civil, por forma que, da actualização, rectificação ou completamento dos dados constantes da primeira das referidas bases de dados, decorra automaticamente a actualização, rectificação ou completamento dos dados homólogos constantes da segunda.

ARTIGO 220º-B
Entidade responsável pelo tratamento da base de dados

1 – O presidente do IRN, I. P., é o responsável pelo tratamento da base de dados, nos termos e para os efeitos definidos na alínea *d)* do artigo 3º da Lei nº 67/98, de 26 de Outubro, sem prejuízo da responsabilidade que, nos termos da lei, é atribuída aos conservadores.

2 – Cabe ao presidente do IRN, I. P., assegurar o direito de informação e de acesso aos dados pelos respectivos titulares, bem como velar pela legalidade da consulta ou comunicação da informação.

ARTIGO 220º-C
Dados recolhidos

1 – São recolhidos para tratamento automatizado os dados pessoais referentes às partes e outros intervenientes nos actos e processos de registo.

2 – Relativamente aos sujeitos referidos no número anterior, são recolhidos os dados pessoais que integram o conteúdo dos registos, processos, documentos e declarações que lhes servem de base.

ARTIGO 220º-D
Direito à informação

1 – Qualquer pessoa tem o direito de ser informada sobre os dados pessoais recolhidos que lhe respeitem e a finalidade da recolha, bem como sobre a identidade e o endereço do responsável pela base de dados.

2 – A actualização e a correcção de eventuais inexactidões, bem como o completamento de omissões, realizam-se nos termos e pela forma previstos neste Código.

ARTIGO 220º-E
Segurança da informação

1 – O presidente do IRN, I. P., deve adoptar as medidas de segurança referidas no nº 1 do artigo 15º da Lei nº 67/98, de 26 de Outubro.

2 – À base de dados devem ser conferidas as garantias de segurança necessárias a impedir a consulta, a modificação, a supressão, o acrescentamento ou a comunicação de dados, por quem não esteja legalmente habilitado.

3 – Para efeitos de controlo de admissibilidade da consulta, as pesquisas efectuadas pelas entidades que tenham acesso à base de dados são registadas informaticamente, pelo período mínimo de dois anos.

ARTIGO 220º-F
Sigilo

Os responsáveis pelo tratamento de dados pessoais, bem como as pessoas que, no exercício das suas funções, tenham conhecimento dos dados pessoais registados na base de dados do registo civil, ficam obrigados a sigilo profissional, mesmo após o termo das suas funções.

CAPÍTULO II
Processos privativos do registo civil

SECÇÃO I
Disposições gerais

ARTIGO 221º
Formas de processo

São privativos do registo civil o processo comum de justificação, administrativa ou judicial, e os processos especiais previstos neste Código.

ARTIGO 222º
Competência

1 – Os processos a que se refere o artigo anterior são instaurados, instruídos e informados na conservatória, cabendo a sua decisão, consoante os casos, ao conservador ou ao juiz de direito.

2 – Compete ao conservador presidir à instrução dos processos e nomear o oficial que neles serve de secretário.

ARTIGO 223º
Legitimidade

1 – Têm legitimidade para intervir nos processos as pessoas a quem o registo respeita, os seus herdeiros, os declarantes e, em geral, todos os que tenham interesse directo no pedido ou na oposição e, bem assim, o Ministério Público.

2 – É dispensada a constituição de advogado, excepto na fase de recurso.

ARTIGO 224º
Exposição do pedido e da oposição e oferecimento da prova

1 – No requerimento devem ser expostos, sem dependência de artigos, os fundamentos da pretensão e indicadas as providências requeridas, sendo a assinatura do interessado reconhecida nos termos legais.

2 – Quando o pedido for formulado verbalmente na conservatória, deve ser reduzido a escrito, com aposição do nome do conservador.

3 – É aplicável à oposição o disposto nos números anteriores.

4 – No requerimento ou na oposição são relacionados os documentos juntos, comprovativos dos factos alegados, oferecidas as testemunhas e escolhido o domicílio do requerente ou oponente na área da conservatória para efeito das notificações a efectuar.

5 – *(Revogado.)*

6 – Para a instrução dos processos, o conservador pode recorrer à prova pericial, em termos análogos aos previstos no artigo 568º do Código de Processo Civil, se o considerar necessário ou se tal lhe for requerido pelas partes.

ARTIGO 225º
Forma das citações e notificações

1 – A citação e a notificação são efectuadas nos termos da lei processual civil.

2 – Se o citando ou notificando residir fora da área da conservatória, a diligência pode ser requisitada por meio de ofício precatório dirigido ao conservador competente.

3 – No acto da citação ou da notificação de qualquer decisão, é entregue às partes cópia da petição ou da decisão notificada.

4 – O disposto nos números anteriores é aplicável, com as necessárias adaptações, às notificações previstas neste Código.

ARTIGO 226º
Prova testemunhal

1 – Cada uma das partes pode oferecer até cinco testemunhas e os seus depoimentos são sempre reduzidos a escrito, competindo a redacção ao conservador que presidir à inquirição.

2 – As testemunhas notificadas que não compareçam no dia designado para a inquirição podem, neste acto, ser substituídas por outras que a parte ofereça.

3 – Só é admitido um adiamento da inquirição por falta das testemunhas.

4 – As testemunhas residentes fora da área da conservatória instrutora do processo são ouvidas, por ofício precatório, na conservatória da área da sua residência ou noutra conservatória por elas escolhida, salvo se a parte se obrigar a apresentá-las.

5 – Os ofícios precatórios são acompanhados de cópia do requerimento ou da oposição e devem ser cumpridos e devolvidos dentro do prazo de 10 dias a contar da data da sua recepção.

6 – É aplicável às testemunhas o disposto no nº 4 do artigo 45º

ARTIGO 227º
Diligências oficiosas

Durante a instrução do processo o conservador pode, por sua iniciativa, ouvir pessoas, solicitar informações, requisitar documentos ou determinar outras diligências que considere necessárias.

ARTIGO 228º
Tramitação dos processos

Os processos previstos neste Código e respectivos prazos correm durante as férias judiciais, sábados, domingos e dias de feriado.

ARTIGO 229º
Proposição obrigatória

As acções de registo são propostas obrigatoriamente pelo conservador do registo civil ou pelo Ministério Público, logo que qualquer deles tenha conhecimento dos factos que às mesmas dão lugar.

ARTIGO 230º
Devolução dos processos à conservatória

Os processos de registo, depois de transitada em julgado a decisão neles proferida, são sempre devolvidos à conservatória onde foram organizados.

ARTIGO 231º
Disposições subsidiárias

Aos casos não especialmente regulados neste Código é aplicável, subsidiariamente, com as necessárias adaptações, o disposto no Código de Processo Civil.

ARTIGO 232º
Isenção de custas

Os processos privativos do registo civil são isentos de custas até à interposição de recurso.

SECÇÃO II
Processos comuns

SUBSECÇÃO I
Processo de justificação judicial

ARTIGO 233º
Domínio de aplicação

1 – O processo de justificação judicial é aplicável à rectificação de registo irregular nos termos do artigo 94º e às situações de óbito ocorrido nos termos dos nºs 2 e 3 do artigo 204º e dos artigos 207º e 208º

2 – O processo referido no número anterior é autuado, instruído e informado na conservatória requerida e é julgado no tribunal de 1ª instância competente na área da circunscrição a que pertence a conservatória.

3 – O disposto nos números anteriores não obsta a que o pedido de rectificação ou de cancelamento do registo seja formulado em acção de processo ordinário, cumulativamente com outro a que corresponda esta forma de processo, desde que dele seja dependente.

ARTIGO 234º
Início do processo

1 – O processo de justificação judicial inicia-se por auto de notícia do conservador ou a requerimento do interessado ou do Ministério Público, dirigido ao juiz da comarca e acompanhado dos documentos que lhe respeitem.

2 – No auto, o conservador expõe a natureza do facto que se pretende justificar e refere as circunstâncias que o determinaram, identificando, se for caso disso, o registo em causa e os títulos ou registos arquivados na conservatória que lhe tenham servido de base.

3 – No requerimento devem ser expostos os fundamentos da pretensão e indicadas as providências requeridas.

4 – O oficial que for designado para secretário do processo autua os elementos recebidos e faz o processo concluso ao conservador dentro do prazo de quarenta e oito horas.

ARTIGO 235º
Diligências ordenadas pelo conservador

1 – Recebido e achado em ordem o processo, o conservador determina os seguintes actos:

a) Citação das pessoas a quem o registo respeita ou dos seus herdeiros, quando não sejam os requerentes, para, no prazo de oito dias, deduzirem oposição;

b) Afixação de editais contendo a indicação dos nomes dos requerentes, dos requeridos e do objecto da petição e convidando os interessados incertos a deduzirem oposição no prazo de 15 dias a contar da data da afixação.

2 – Os editais são afixados durante 15 dias à porta da conservatória organizadora do processo e da conservatória da área da última residência das pessoas a quem respeite o registo, neles se anotando as datas do início e do termo da afixação, devidamente rubricadas.

3 – Sempre que haja lugar à citação edital, incumbe aos requerentes providenciar pela publicação dos anúncios, salvo se estes forem considerados dispensáveis.

ARTIGO 236º
Inquirição das testemunhas

Juntos ao processo os editais afixados e findo o prazo da oposição, o conservador designa dia e hora para a inquirição das testemunhas e ordena a passagem dos ofícios precatórios necessários, prosseguindo-se na instrução até final.

ARTIGO 237º
Informação final

1 – Concluída a instrução, o conservador lança no processo, dentro do prazo de cinco dias, informação sobre a atendibilidade da pretensão e ordena a remessa dos autos a juízo para julgamento.

2 – Destinando-se o processo à feitura de registo, por assento ou por averbamento, deve o conservador, na informação a que se refere o número anterior, mencionar a forma e os termos precisos em que entende dever ser lavrado o registo.

ARTIGO 238º
Vista do Ministério Público

Recebido em juízo, vai o processo, independentemente de despacho, com vista ao Ministério Público, se não for ele o requerente, para que promova o que tiver por conveniente.

ARTIGO 239º
Decisão e sua execução

1 – O juiz pode ordenar que o processo baixe à conservatória, a fim de se completar a instrução mediante as diligências que repute necessárias.

2 – A sentença é proferida pelo juiz, no prazo de 10 dias a contar da conclusão.

3 – Proferida a sentença e transitada em julgado, o processo é remetido à conservatória para cumprimento da decisão.

ARTIGO 240º
Admissibilidade de recurso

1 – Da sentença cabe recurso, com efeito suspensivo, para a Relação.

2 – Podem recorrer os interessados, o conservador e o Ministério Público.

3 – Do acórdão da Relação não cabe recurso para o Supremo Tribunal de Justiça, sem prejuízo dos casos em que o recurso é sempre admissível.

SUBSECÇÃO II
Processo de justificação administrativa

ARTIGO 241º
Domínio de aplicação

1 – Ao suprimento da omissão de registo, bem como à declaração da sua inexistência jurídica ou da sua nulidade, é aplicável o processo de justificação administrativa.

2 – O processo referido no número anterior deve ser instaurado nos casos previstos na alínea *b*) do nº 2 do artigo 93º

3 – O processo é instaurado com base em auto de notícia lavrado pelo conservador ou em requerimento do interessado.

ARTIGO 242º
Organização e instrução

1 – Em processo organizado com base em auto de notícia, o conservador expõe a natureza e a causa do vício ou da irregularidade do registo a sanar e procede à instrução dos autos por forma a esclarecer a sua existência, com recurso aos meios legais de prova que entenda necessários.

2 – O processo organizado com base em requerimento do interessado é instruído tendo em conta os documentos apresentados e os demais elementos de prova oferecidos.

3 – As pessoas a quem o registo respeita são ouvidas sempre que tal se mostre necessário.

4 – Nos processos de declaração de inexistência jurídica ou de nulidade do registo, e sempre que o conservador o entenda conveniente, segue-se a tramitação prevista nos artigos 235º e 236º

5 – Nos processos para suprimento da omissão de registo procede-se à afixação de editais, nos termos do artigo 235º

ARTIGO 243º
Despacho final

Completada a instrução, o conservador profere despacho fundamentado quanto à matéria de facto e de direito, concluindo por ordenar ou recusar a realização do acto ou ainda por declarar a inexistência jurídica ou a nulidade do registo, consoante os casos.

ARTIGO 244º
Conversão em processo de justificação judicial

Se o conservador concluir pela impossibilidade legal de sanar, por via administrativa, a irregularidade, mas esta for de natureza a dever ser oficiosamente sanada, incumbe-lhe dar início ao competente processo de justificação judicial, nos termos dos artigos 233º e seguintes.

SECÇÃO III
Processos especiais

SUBSECÇÃO I
Processo de impedimento do casamento

ARTIGO 245º
Declaração de impedimento

1 – A declaração de impedimento do casamento deve constar de documento autêntico ou autenticado ou, quando feita verbalmente na conservatória, ser reduzida a auto.

2 – A declaração deve conter, especificadamente, a identificação do declarante, a natureza do impedimento, a espécie e o número dos documentos juntos e a identidade das testemunhas.

3 – A simples declaração do impedimento, enquanto não for julgada improcedente ou sem efeito, obsta à celebração do casamento, bem como à passagem do certificado previsto no artigo 146º

ARTIGO 246º
Prazo para junção da prova

1 – Não sendo possível ao declarante a apresentação imediata dos meios de prova, é-lhe concedido o prazo de cinco dias para o fazer, sob pena de a declaração ficar sem efeito.

2 – Em qualquer caso, se o impedimento declarado for dirimente, o conservador deve averiguar da veracidade da declaração.

ARTIGO 247º
Citação dos nubentes

1 – Recebida a declaração, são citados os nubentes para, no prazo de 20 dias, impugnarem o impedimento, sob a cominação de se ter por confessado.

2 – A citação é feita no prazo de cinco dias a contar da data da declaração do impedimento, entregando-se a cada um dos nubentes, com a nota da citação, cópia daquela declaração.

ARTIGO 248º
Falta de impugnação

Se os nubentes confessarem a existência do impedimento ou não o impugnarem dentro do prazo estabelecido, o conservador deve proferir despacho considerando o impedimento procedente e mandar arquivar o processo de casamento, com todos os documentos que lhe respeitem.

ARTIGO 249º
Impugnação

Havendo impugnação do impedimento, o processo é remetido ao juiz da comarca no prazo de dois dias.

ARTIGO 250º
Decisão judicial

1 – Se os documentos juntos o habilitarem logo a decidir, o juiz profere sentença nos dois dias seguintes à conclusão do processo.

2 – No caso contrário, o juiz ordena que o processo baixe à conservatória para aí serem inquiridas as testemunhas e produzidas as restantes provas oferecidas pelas partes, devendo o processo, concluída a instrução, ser remetido novamente ao juiz para decisão final, a qual é proferida dentro do prazo estabelecido no número anterior.

3 – Até à conclusão do processo para julgamento podem os interessados apresentar alegações escritas.

ARTIGO 251º
Admissibilidade de recurso

1 – Da sentença proferida podem os interessados interpor sempre recurso para a Relação.

2 – Do acórdão da Relação não cabe recurso para o Supremo Tribunal de Justiça, sem prejuízo dos casos em que o recurso é sempre admissível.

ARTIGO 252º
Responsabilidade

1 – O declarante que decair é condenado no pagamento da respectiva taxa de justiça.

2 – Quem dolosamente declarar impedimento sem fundamento responde pelos danos causados e fica sujeito à pena do crime de falsas declarações.

SUBSECÇÃO II
Processo de dispensa de impedimentos

ARTIGO 253º
Petição

1 – A concessão de dispensa de impedimentos matrimoniais é requerida em qualquer conservatória do registo civil.

2 – Na petição, dirigida ao conservador, os interessados devem justificar os motivos da pretensão.

ARTIGO 254º
Instrução e decisão

1 – Organizado e instruído o processo, o conservador profere decisão fundamentada, de facto e de direito, sobre a concessão ou denegação da dispensa.

2 – Se algum dos nubentes for menor, são ouvidos os pais ou o tutor, sempre que possível.

3 – A decisão é da exclusiva competência do conservador.

4 – A decisão do conservador é notificada aos interessados e dela cabe recurso para o juiz da comarca.

SUBSECÇÃO III
Processo de suprimento de autorização para casamento de menores

ARTIGO 255º
Petição

O suprimento de autorização para casamento de menor é requerido em qualquer conservatória do registo civil.

ARTIGO 256º
Instrução

1 – Autuada a petição e os documentos que lhe respeitem, o conservador ordena a citação dos pais ou do tutor para, no prazo de oito dias, se pronunciarem.

2 – Se o pedido de suprimento tiver sido deduzido apenas relativamente a um dos pais, aquele que tiver consentido no casamento é ouvido em auto de declarações, sempre que possível.

ARTIGO 257º
Decisão

1 – Concluída a instrução, o conservador, se verificar que o menor tem suficiente maturidade física e psíquica e que há razões ponderosas que justifiquem a celebração do casamento, decide sobre o pedido, suprindo a autorização necessária dos pais ou do tutor.

2 – A decisão é da exclusiva competência do conservador.

3 – A decisão do conservador é notificada aos interessados e dela cabe recurso para o juiz da comarca.

SUBSECÇÃO IV
Processo de sanação da anulabilidade do casamento por falta de testemunhas

ARTIGO 258º
Petição

1 – A sanação da anulabilidade do casamento celebrado sem intervenção de testemunhas, quando obrigatória, pode ser requerida pelos interessados em qualquer conservatória do registo civil.

2 – Os requerentes devem justificar a sua pretensão e indicar as provas oferecidas.

3 – Na sequência da apresentação do requerimento é imediata e oficiosamente consultada a base de dados do registo civil, sendo integrado na base de dados o documento que se mostre necessário, de forma a comprovar o assento de casamento dos interessados.

ARTIGO 259º
Instrução e decisão

1 – Examinado o processo, o conservador do registo civil pode ordenar as diligências necessárias à completa instrução do mesmo.

2 – A decisão do processo é da exclusiva competência do conservador.

ARTIGO 260º
Termos posteriores

(Revogado.)

SUBSECÇÃO V
Processo de verificação de capacidade matrimonial de estrangeiros

ARTIGOS 261º A 265º

(Revogados.)

SUBSECÇÃO VI
Processo de suprimento da certidão de registo

ARTIGO 266º
Domínio de aplicação

Quem não tenha possibilidade de obter, em tempo útil, certidão do registo de nascimento, para efeito de casamento, pelo facto de o registo se ter extraviado ou inutilizado e se encontrar pendente a respectiva reconstituição ou por ter sido lavrado no estrangeiro, pode requerer, na conservatória escolhida para a organização do processo de casamento, a instauração de processo para a passagem de um certificado de notoriedade.

ARTIGO 267º
Petição

Na petição, o requerente deve especificar o dia e lugar do seu nascimento, a repartição em que foi lavrado o registo e os elementos levados ao assento, bem como o casamento projectado, justificando a urgência da sua realização e a impossibilidade de obter a certidão com a brevidade necessária.

ARTIGO 268º
Diligências subsequentes

1 – Apresentada a petição e realizadas as diligências que se revelem necessárias à instrução do processo, o conservador defere ou indefere a passagem do certificado.

2 – O acto previsto no número anterior é da exclusiva competência do conservador.

ARTIGO 269º
Emissão e valor do certificado

1 – O certificado de notoriedade é passado pelo conservador e dele devem constar todos os elementos de identificação do interessado, a data do despacho de autorização e o prazo de validade do certificado.

2 – O prazo de validade do certificado é de seis meses contados da data da sua passagem.

3 – O certificado de notoriedade substitui a certidão de nascimento do interessado, mas só para efeito do casamento em vista do qual foi passado.

ARTIGO 270º
Outros casos de passagem de certificado

1 – O disposto nos artigos anteriores é aplicável, com as necessárias adaptações, ao pedido de passagem do certificado de notoriedade destinado a suprir a falta das seguintes certidões:

a) De nascimento de estrangeiro nascido em território ao tempo considerado português;

b) De óbito do cônjuge anterior ou de algum dos pais do nubente menor, dentro do processo de casamento;

c) *(Revogada.)*

2 – A conservatória competente para a passagem dos certificados de notoriedade previstos no número anterior é aquela onde correrem os processos que os mesmos devam instruir.

3 – Quando não haja processo a correr em qualquer conservatória do registo civil é competente para a passagem do certificado a Conservatória dos Registos Centrais.

(Redacção dada pelo Decreto-Lei nº 247-B/2008, de 30-12)

SUBSECÇÃO VII
Processo de divórcio e de separação de pessoas e bens por mútuo consentimento

ARTIGO 271º
Requerimento

1 – O processo de divórcio ou de separação de pessoas e bens é instaurado mediante requerimento assinado pelos cônjuges ou seus procuradores, apresentado em qualquer conservatória do registo civil.

2 – *(Revogado.)*

ARTIGO 272º
Instrução e decisão

1 – O pedido deve ser instruído com os seguintes documentos:

a) *(Revogada.)*

b) Relação especificada dos bens comuns, com indicação dos respectivos valores, ou, caso os cônjuges optem por proceder à partilha daqueles bens nos termos dos artigos 272º-A a 272º-C, acordo sobre a partilha ou pedido de elaboração do mesmo;

c) Certidão da sentença judicial que tiver regulado o exercício das responsabilidades parentais ou acordo sobre o exercício das responsabilidades parentais quando existam filhos menores e não tenha previamente havido regulação judicial;

d) Acordo sobre a prestação de alimentos ao cônjuge que deles careça;

e) Certidão da escritura de convenção antenupcial, caso tenha sido celebrada;

f) Acordo sobre o destino da casa de morada da família.

2 – A pedido dos interessados, os documentos referidos na alínea *b*), na segunda parte da alínea *c*) e nas alíneas *d*) e *f*) do número anterior podem ser elaborados pelo conservador ou pelos oficiais de registo.

3 – Na sequência do pedido, é imediata e oficiosamente consultada a base de dados do registo civil, sendo integrados na base de dados os documentos que se mostrem necessários, de forma a comprovar o assento de casamento dos interessados e a celebração de convenção antenupcial declarada perante o conservador, caso tenha sido celebrada, com excepção dos casos em que o regime de bens conste do assento de casamento.

4 – Caso outra coisa não resulte dos documentos apresentados, entende-se que os acordos se destinam tanto ao período da pendência do processo como ao período posterior.

5 – É aplicável ao presente processo, com as necessárias adaptações, o disposto nos artigos 1420º a 1423º e 1424º do Código de Processo Civil.

6 – A decisão dos processos previstos na presente subsecção é da exclusiva competência do conservador, sem prejuízo da possibilidade de delegação de competências em oficial de registos para os actos previstos no artigo 272º-B.

(Redacção dada pela Lei nº 61/2008, de 31-10)

ARTIGO 272º-A
Partilha do património conjugal

1 – Os cônjuges podem proceder à partilha dos seus bens comuns no âmbito do processo de separação de pessoas e bens ou de divórcio por mútuo consentimento, ou posteriormente, ou ainda na sequência de qualquer processo de divórcio.

2 – Os interessados devem instruir o seu pedido com o acordo de partilha ou pedido de elaboração do mesmo.

3 – São pressupostos da partilha do património conjugal quanto aos bens imóveis, móveis ou participações sociais sujeitas a registo:

a) A inexistência de dúvidas quanto à identidade dos bens a partilhar;
b) A comprovação da titularidade dos bens.

4 – O acordo de partilha, se necessário devidamente completado pelos serviços de registo, tem os mesmos efeitos previstos na lei para outras formas de partilha.

5 – No caso de partilha de bens comuns no âmbito do processo de separação de pessoas e bens ou de divórcio por mútuo consentimento, o acordo de partilha é homologado pela decisão que decreta o divórcio.

6 – A recusa de titulação da partilha não obsta à promoção do procedimento de divórcio ou de separação de pessoas e bens por mútuo consentimento.

7 – A partilha pode incluir a celebração de um contrato de mútuo e de outros contratos de crédito e de financiamento celebrados por instituições de crédito, e respectivas garantias, bem como outros negócios jurídicos, nos termos definidos por portaria do membro do Governo responsável pela área da justiça.

8 – Por portaria do membro do Governo responsável pela área da justiça podem ser definidas as condições de verificação dos pressupostos referidos no nº 2.

(Redacção dada pelo Decreto-Lei nº 247-B/2008, de 30-12)

ARTIGO 272º-B
Sequência de actos

1 – No âmbito da partilha do património conjugal, o serviço de registo procede aos seguintes actos, pela ordem indicada:

a) Elaboração de documento, conforme à vontade dos interessados, que titule a partilha, seguida da leitura e explicação do respectivo conteúdo;

b) Promoção da liquidação e do pagamento dos impostos relativos à partilha, nos termos declarados pelo contribuinte;

c) Cobrança dos emolumentos e de outros encargos que se mostrem devidos;

d) Registo obrigatório e imediato da transmissão dos bens imóveis, ou móveis ou participações sociais sujeitos a registo partilhados;

e) Entrega de certidão gratuita dos documentos previstos na alínea *a*) e dos registos efectuados, bem como dos comprovativos de pagamento das obrigações tributárias, dos emolumentos e dos demais encargos.

2 – A leitura dos documentos previstos na alínea *a*) do número anterior pode ser dispensada a pedido dos interessados.

3 – A pedido dos interessados, o documento referido na alínea *a*) do nº 1 pode ser substituído por documento elaborado pelos mesmos, que é imediatamente integrado em suporte informático pelo funcionário.

ARTIGO 272º-C
Remissão

À partilha do património conjugal são aplicáveis, com as necessárias adaptações, o nº 4 do artigo 210º-A e os artigos 210º-E, 210º-I, 210º-J, 210º-L, 210º-N e 210º-M.

(Redacção dada pelo Decreto-Lei nº 247-B/2008, de 30-12)

ARTIGO 273º
Registo da decisão

(Revogado pelo Decreto-Lei nº 228/2001, de 10-08)

ARTIGO 274º
Recurso e averbamento

1 – A decisão proferida pelo conservador é notificada aos requerentes e dela cabe recurso para o Tribunal da Relação.

2 – Ao recurso referido no número anterior é aplicável o disposto nos artigos 288º e seguintes, com as necessárias adaptações.

3 – Decidido o recurso, o processo baixa à conservatória para cumprimento da decisão.

4 – Incumbe ao conservador proceder ao competente averbamento ou enviar certidão da decisão, para esse efeito, à conservatória detentora do assento de casamento.

SUBSECÇÃO VII-A
Processo de regulação das responsabilidades parentais por mútuo acordo

ARTIGO 274º-A
Regulação das responsabilidades parentais junto da Conservatória

1 – Os progenitores que pretendam regular por mútuo acordo o exercício das responsabilidades parentais de filhos menores de ambos, ou proceder à alteração de acordo já homologado, devem requerê-lo a todo o tempo junto de qualquer Conservatória do Registo Civil.

2 – O requerimento previsto no número anterior é assinado pelos próprios ou pelos seus procuradores, acompanhado do acordo sobre o exercício das responsabilidades parentais e sobre alimentos.

3 – Recebido o requerimento, o conservador aprecia o acordo convidando os progenitores a alterá-lo se este não acautelar os interesses dos filhos, podendo determinar para esse efeito a prática de atos e a produção da prova eventualmente necessária.

4 – Após apreciação do acordo sobre o exercício das responsabilidades parentais prevista no número anterior, o processo é enviado ao Ministério Público junto do tribunal judicial de 1ª instância competente em razão da matéria no âmbito da circunscrição da residência do menor, para que este se pronuncie sobre o mesmo no prazo de 30 dias.

5 – Não havendo oposição do Ministério Público, o processo é remetido ao conservador do registo civil para homologação.

6 – As decisões de homologação proferidas pelo conservador do registo civil produzem os mesmos efeitos das sentenças judiciais sobre idêntica matéria.

(Aditado pela Lei nº 5/2017, de 02-03)

ARTIGO 274º-B
Apreciação pelo Ministério Público

1 – Se o Ministério Público considerar que o acordo acautela devidamente os interesses dos menores, ou tendo os progenitores alterado o acordo nos termos indicados pelo Ministério Público, emite parecer e remete o exercício das responsabilidades parentais ao conservador do registo civil para homologação.

2 – Caso o Ministério Público considere que o acordo não acautela devidamente os interesses dos menores, podem os requerentes alterar o acordo em conformidade ou apresentar novo acordo, sendo neste último caso dada nova vista ao Ministério Público, salvo se este optar por convocar os progenitores a fim de suprir as falhas identificadas nos acordos.

3 – Nas situações em que os requerentes não se conformem com as alterações indicadas pelo Ministério Público e mantenham o propósito constante dos acordos, o processo é remetido para tribunal nos termos previstos no artigo seguinte.

4 – O Ministério Público promove a audição do menor para a recolha de elementos que assegurem a salvaguarda do superior interesse da criança, aplicando-

-se, com as necessárias adaptações, o disposto nos artigos 4º e 5º do Regime Geral do Processo Tutelar Cível, aprovado pela Lei nº 141/2015, de 8 de setembro.

(Aditado pela Lei nº 5/2017, de 02-03)

ARTIGO 274º-C
Remessa para tribunal

1 – Se os acordos apresentados não acautelarem suficientemente os interesses dos menores, a homologação é recusada pelo conservador e o processo de regulação do exercício das responsabilidades parentais integralmente remetido ao tribunal competente da residência do menor no momento da instauração do processo.

2 – Recebido o requerimento, o juiz aprecia os acordos que os progenitores tiverem apresentado, convidando-os a alterá-los se os mesmos não acautelarem os interesses dos filhos.

3 – O juiz pode determinar a prática de atos e a produção da prova eventualmente necessária, nos termos gerais.

4 – Os termos da regulação das responsabilidades parentais são decretados em seguida.

(Aditado pela Lei nº 5/2017, de 02-03)

SUBSECÇÃO VIII
Processo para afastamento da presunção de paternidade

ARTIGOS 275º A 277º

(Revogados pelo Decreto-Lei nº 273/2001, de 13-10)

SUBSECÇÃO IX
Processo de alteração do nome

ARTIGO 278º
Petição

1 – Quem pretender alterar a composição do nome fixado no assento de nascimento deve requerer a autorização necessária, em requerimento dirigido ao conservador dos Registos Centrais.

2 – O requerente deve justificar a pretensão e indicar as provas oferecidas.

3 – Na sequência do requerimento, é imediata e oficiosamente consultada a base de dados do registo civil, sendo integrados na base de dados os documentos que se mostrem necessários, de forma a comprovar o assento de nascimento do interessado.

4 – Quando o interessado for maior de 16 anos, deve apresentar um requerimento para obtenção de certificado de registo criminal, nos termos do regime jurídico da identificação criminal.

5 – O requerimento pode ser apresentado directamente na Conservatória dos Registos Centrais ou por intermédio de qualquer conservatória do registo civil, devendo, neste caso, o conservador ou o oficial de registos remeter imediatamente o requerimento à Conservatória dos Registos Centrais.

ARTIGO 279º
Instrução

Após o exame do processo, o conservador dos Registos Centrais pode ordenar as diligências que considere necessárias.

ARTIGOS 280º E 281º

(Revogados.)

ARTIGO 282º
Recurso

1 – A decisão do conservador dos Registos Centrais é susceptível de impugnação judicial.

2 – *(Revogado.)*

SUBSECÇÃO X
Processo de autorização para inscrição tardia de nascimento

ARTIGOS 283º A 285º

(Revogados.)

TÍTULO IV
Disposições diversas

CAPÍTULO I
Recursos do conservador

ARTIGO 286º
Admissibilidade

1 – A decisão de recusa da prática de qualquer acto de registo nos termos requeridos pode ser impugnada mediante a interposição de recurso hierárquico para o presidente do IRN, I. P., ou mediante impugnação judicial para o tribunal da área da circunscrição a que pertence a conservatória.

2 – As decisões proferidas pelo conservador nos termos dos artigos 254º, 257º e 268º podem ser impugnadas judicialmente para o tribunal competente na área da circunscrição a que pertence a conservatória.

3 – *(Revogado.)*

4 – Ao recurso hierárquico aplica-se, com as necessárias adaptações, o disposto nos artigos 287º a 289º, devendo a decisão ser proferida, no prazo de 90 dias, pelo director-geral dos Registos e do Notariado.

5 – Sempre que o recurso hierárquico tenha sido julgado improcedente, o interessado, se ainda não o tiver feito, pode impugnar judicialmente o despacho inicial do conservador para o tribunal da área da circunscrição a que pertence a conservatória, no prazo de 10 dias a contar da notificação da decisão, observando-se o disposto no nº 1 do artigo 288º

6 – No caso previsto no número anterior, o processo é instruído com o recurso hierárquico.

ARTIGO 287º
Motivos de recusa

Se o interessado declarar, verbalmente ou por escrito, que pretende recorrer, o conservador entrega-lhe, dentro de dois dias, nota especificada dos motivos de recusa.

ARTIGO 288º
Petição de recurso

1 – Nos 15 dias subsequentes à entrega da nota dos motivos de recusa, ou à notificação da decisão, o recorrente deve apresentar na conservatória a petição de recurso dirigida ao juiz da comarca, acompanhada dos documentos que pretenda oferecer.

2 – Autuada a petição com os respectivos documentos, o conservador recorrido deve proferir, no prazo de cinco dias, despacho destinado a sustentar ou a reparar a recusa ou a decisão.

3 – O despacho referido no número anterior é notificado ao recorrente.

ARTIGO 289º
Remessa do processo a juízo

Se o conservador recorrido tiver sustentado a recusa ou a decisão, ordena em cinco dias a remessa de todo o processo a juízo, podendo completar a sua instrução com os documentos julgados necessários.

ARTIGO 290º
Decisão

Independentemente de despacho, o processo, logo que seja recebido em juízo, vai com vista ao Ministério Público para este emitir parecer e, seguidamente, é julgado por sentença no prazo de oito dias a contar da conclusão.

ARTIGO 291º
Recorribilidade da decisão

1 – A parte prejudicada pela decisão, o conservador recorrido e o Ministério Público podem interpor recurso, com efeito suspensivo, da sentença.

2 – Do acórdão da Relação não cabe recurso para o Supremo Tribunal de Justiça, sem prejuízo dos casos em que o recurso é sempre admissível.

ARTIGO 292º
Recurso da decisão de recusa de celebração ou registo de casamento e de atendibilidadede documento estrangeiro

1 – Os despachos proferidos pelo conservador que sejam contrários à realização, homologação ou transcrição do casamento podem ser impugnados judicialmente, nos termos dos artigos anteriores.

2 – O disposto no número anterior é aplicável ao despacho de recusa de atribuição de valor probatório a documento emitido em país estrangeiro ou de atribuição de valor probatório parcial ao mesmo.

3 – O recurso deve ser interposto dentro de oito dias a contar da notificação do despacho recorrido.

ARTIGO 293º
Condenação do funcionário

O funcionário recorrido é isento do pagamento de custas, ainda que em caso de recusa esta tenha sido julgada improcedente, salvo se houver agido com dolo ou se o acto tiver sido recusado contra disposição expressa na lei.

CAPÍTULO II
Responsabilidade civil, penal e disciplinar

ARTIGO 294º
Responsabilidade civil

Os funcionários do registo civil, os párocos e os agentes diplomáticos e consulares que não cumprirem os deveres impostos neste Código respondem pelos danos a que derem causa.

ARTIGO 295º
Omissão da declaração de nascimento ou de óbito

1 – As pessoas singulares que, sendo obrigadas a declarar perante oficial de registos o nascimento ou o óbito de qualquer indivíduo, o não façam dentro do prazo legal são punidas com a coima mínima de € 50 e a máxima de € 150.

2 – As pessoas colectivas que não cumpram o dever de declaração previsto no número anterior são punidas com a coima mínima de € 150 e a máxima de € 400.

3 – Para conhecer das contra-ordenações previstas nos números anteriores e aplicar as respectivas coimas é competente qualquer conservador do registo civil, bem como o IRN, I. P.

4 – Se a declaração vier a ser prestada voluntariamente antes de instaurado o competente processo, não tem lugar a aplicação da coima.

5 – O produto das coimas reverte para o IRN, I. P.

ARTIGO 296º
Infracções cometidas pelos párocos

1 – Incorre na pena aplicável ao crime de desobediência qualificada o ministro da igreja que praticar algum dos seguintes factos:

a) Oficiar no casamento sem lhe ser presente o certificado previsto no artigo 151º ou depois de haver recebido a comunicação a que se refere o artigo 148º, excepto tratando-se de casamento *in articulo mortis*, na iminência de parto ou cuja celebração imediata haja sido expressamente autorizada pelo ordinário próprio;

b) Celebrar o casamento in articulo mortis sem motivo justificado e com o intuito de afastar algum impedimento previsto na lei civil;

c) Deixar de enviar, sem motivo grave e atendível, o duplicado do assento ou enviá-lo fora do prazo estabelecido.

2 – Exceptuam-se do disposto na alínea *c*) do número anterior os casamentos secretos, regulados no direito canónico como casamentos de consciência, enquanto não forem denunciados pela autoridade eclesiástica, oficiosamente ou a requerimento dos interessados.

ARTIGO 297º
Sanções aplicáveis aos funcionários

Na sanção prevista no artigo anterior incorre o funcionário do registo civil que praticar algum dos factos seguintes:

a) Der causa a que o casamento não se celebre ou a que o casamento católico não seja transcrito dentro do prazo legal, quando para isso não exista motivo justificado;

b) Celebrar o casamento ou passar o certificado para a celebração do casamento católico sem prévia organização do processo de casamento;

c) Celebrar o casamento ou passar o certificado para a celebração do casamento católico depois de haver sido denunciado algum impedimento, enquanto a declaração não for considerada sem efeito, ou o impedimento não for julgado improcedente;

d) Realizar o casamento quando algum dos nubentes reconhecidamente se encontre em estado de não poder manifestar livre e esclarecidamente a sua vontade.

CAPÍTULO III
Estatística

ARTIGO 298º
Elementos que as conservatórias devem fornecer

1 – Aos funcionários do registo compete assegurar o registo e o envio dos dados relativos à actividade das conservatórias e à caracterização dos actos por estas praticados, designadamente os dados relativos aos assentos de nascimento, casamento, óbito, depósito de morte fetal, bem como os relativos aos processos de divórcio e separação de pessoas e bens por mútuo consentimento decididos nas conservatórias.

2 – O registo e o envio dos dados são efectuados de forma electrónica e automática, com observância das instruções emanadas dos serviços estatísticos competentes.

3 – *(Revogado.)*

4 – *(Revogado.)*

CAPÍTULO IV
Emolumentos e demais encargos

ARTIGO 299º
Emolumentos

(Revogado pelo Decreto-Lei nº 201/2015, de 17-09)

ARTIGOS 300º E 301º

(Revogados pelo Decreto-Lei nº 194/2003, de 23-08)

CAPÍTULO V
Disposições transitórias

ARTIGO 302º
Registos consulares

1 – Os actos de registo lavrados por agentes diplomáticos e consulares portugueses, no estrangeiro, até ao dia 1 de Janeiro de 1968, são transcritos nos livros da Conservatória dos Registos Centrais, segundo os termos da legislação actualmente em vigor.

2 – À transcrição é aplicável o disposto no artigo 56º

ARTIGO 303º
Modelos de livros e impressos em uso

(Revogado.)

CAPÍTULO VI
Disposições finais

ARTIGO 304º
Factos não sujeitos a registo obrigatório

Não é obrigatório o registo das convenções antenupciais respeitantes aos casamentos celebrados antes de 1 de Janeiro de 1959 e as decisões judiciais anteriores a 1 de Abril de 1978 relativas à homologação, regulação, suspensão, alteração, cessação e inibição do exercício do poder paternal ou ao estabelecimento de providências limitativas desse poder.

ARTIGO 305º
Actos lavrados em Macau

1 – Os assentos de registo civil ou paroquial, lavrados em Macau durante a administração portuguesa e constantes de microfilme arquivado na Conservatória dos Registos Centrais ou de suporte informático, têm a força probatória dos actos de registo civil, deles podendo ser extraídas certidões com o valor probatório dos originais, nos termos fixados por portaria do membro do Governo responsável pela área da justiça.

2 – *(Revogado.)*
3 – *(Revogado.)*
4 – *(Revogado.)*
5 – *(Revogado.)*
6 – *(Revogado.)*
7 – *(Revogado.)*
8 – *(Revogado.)*
9 – *(Revogado.)*

Direito à Autodeterminação da Identidade de Género e Expressão de Género e à Proteção das Características Sexuais de Cada Pessoa

Lei nº 38/2018, de 7 de agosto

A Assembleia da República decreta, nos termos da alínea *c*) do artigo 161º da Constituição, o seguinte:

CAPÍTULO I
Disposições gerais

ARTIGO 1º
Objeto

A presente lei estabelece o direito à autodeterminação da identidade de género e expressão de género e o direito à proteção das características sexuais de cada pessoa.

ARTIGO 2º
Proibição de discriminação

1 – Todas as pessoas são livres e iguais em dignidade e direitos, sendo proibida qualquer discriminação, direta ou indireta, em função do exercício do direito à identidade de género e expressão de género e do direito à proteção das características sexuais.

2 – As entidades privadas cumprem a presente lei e as entidades públicas garantem o seu cumprimento e promovem, no âmbito das suas competências, as condições necessárias para o exercício efetivo do direito à autodeterminação da identidade de género e expressão de género e do direito à proteção das características sexuais de cada pessoa.

ARTIGO 3º
Autodeterminação da identidade de género e expressão de género

1 – O exercício do direito à autodeterminação da identidade de género e expressão de género de uma pessoa é assegurado, designadamente, mediante o

livre desenvolvimento da respetiva personalidade de acordo com a sua identidade e expressão de género.

2 – Quando, para a prática de um determinado ato ou procedimento, se torne necessário indicar dados de um documento de identificação que não corresponda à identidade de género de uma pessoa, esta ou os seus representantes legais podem solicitar que essa indicação passe a ser realizada mediante a inscrição das iniciais do nome próprio que consta no documento de identificação, precedido do nome próprio adotado face à identidade de género manifestada, seguido do apelido completo e do número do documento de identificação.

ARTIGO 4º
Proteção das características sexuais

Todas as pessoas têm direito a manter as características sexuais primárias e secundárias.

ARTIGO 5º
Modificações ao nível do corpo e das características sexuais da pessoa menor intersexo

Salvo em situações de comprovado risco para a sua saúde, os tratamentos e as intervenções cirúrgicas, farmacológicas ou de outra natureza que impliquem modificações ao nível do corpo e das características sexuais da pessoa menor intersexo não devem ser realizados até ao momento em que se manifeste a sua identidade de género.

CAPÍTULO II
Reconhecimento jurídico da identidade de género

ARTIGO 6º
Procedimento

1 – O reconhecimento jurídico da identidade de género pressupõe a abertura de um procedimento de mudança da menção do sexo no registo civil e da consequente alteração de nome próprio, mediante requerimento.

2 – O procedimento referido no número anterior tem natureza confidencial, exceto a pedido da própria pessoa, dos seus herdeiros, das autoridades judiciais ou policiais para efeitos de investigação ou instrução criminal, ou mediante decisão judicial.

3 – A mudança da menção do sexo no registo civil e a consequente alteração de nome próprio realizadas nos termos da presente lei só podem ser objeto de novo requerimento mediante autorização judicial.

4 – A decisão final sobre a identidade de género de uma pessoa, proferida por uma autoridade ou tribunal estrangeiro, de acordo com a legislação desse país, é reconhecida nos termos da lei.

ARTIGO 7º
Legitimidade

1 – Têm legitimidade para requerer o procedimento de mudança da menção do sexo no registo civil e da consequente alteração de nome próprio as pessoas de nacionalidade portuguesa, maiores de idade e que não se mostrem interditas ou inabilitadas por anomalia psíquica, cuja identidade de género não corresponda ao sexo atribuído à nascença.

2 – As pessoas de nacionalidade portuguesa e com idade compreendida entre os 16 e os 18 anos podem requerer o procedimento de mudança da menção do sexo no registo civil e da consequente alteração de nome próprio, através dos seus representantes legais, devendo o conservador proceder à audição presencial do requerente, por forma a apurar o seu consentimento expresso, livre e esclarecido, mediante relatório por este solicitado a qualquer médico inscrito na Ordem dos Médicos ou psicólogo inscrito na Ordem dos Psicólogos, que ateste exclusivamente a sua capacidade de decisão e vontade informada sem referências a diagnósticos de identidade de género, tendo sempre em consideração os princípios da autonomia progressiva e do superior interesse da criança constantes na Convenção sobre os Direitos da Criança.

3 – A pessoa intersexo pode requerer o procedimento de mudança da menção de sexo no registo civil e da consequente alteração de nome próprio, a partir do momento que se manifeste a respetiva identidade de género.

ARTIGO 8º
Requerimento

O procedimento de mudança da menção do sexo no registo civil e da consequente alteração de nome próprio tem início mediante requerimento apresentado em qualquer conservatória do registo civil, com indicação do número de identificação civil e do nome próprio pelo qual a pessoa pretende vir a ser identificada, podendo, desde logo, ser solicitada a realização de novo assento de nascimento, no qual não pode ser feita qualquer menção à alteração do registo.

ARTIGO 9º
Decisão

1 – No prazo máximo de oito dias úteis a contar da data de apresentação do requerimento, verificados os requisitos de legitimidade previstos nos nºs 1 e 2 do artigo 7º, o conservador realiza o respetivo averbamento, nos termos da alínea *o*) do nº 1 do artigo 69º do Código do Registo Civil e, se for o caso, realiza um novo assento de nascimento, nos termos do nº 1 do artigo 123º do mesmo Código.

2 – Nenhuma pessoa pode ser obrigada a fazer prova de que foi submetida a procedimentos médicos, incluindo cirurgia de reatribuição do sexo, esterilização ou terapia hormonal, assim como a tratamentos psicológicos e ou psiquiátricos, como requisito que sirva de base à decisão referida no número anterior.

3 – Da decisão desfavorável à mudança da menção do sexo no registo civil e à consequente alteração de nome próprio ou do não cumprimento dos prazos esta-

belecidos no presente artigo cabe recurso hierárquico para o presidente do Instituto dos Registos e do Notariado, I. P., nos termos do Código do Registo Civil.

ARTIGO 10º
Efeitos

1 – A mudança da menção do sexo no registo civil e a consequente alteração de nome próprio efetuada nos termos da presente lei não afeta nem altera os direitos constituídos e as obrigações jurídicas assumidas antes do reconhecimento jurídico da identidade de género.

2 – As pessoas que tenham procedido à mudança da menção do sexo no registo civil e à consequente alteração de nome próprio passam, desse modo, a ser reconhecidas nos documentos de identificação, com o nome e sexo neles constantes.

3 – A pessoa que tenha procedido à mudança da menção do sexo no registo civil e à consequente alteração de nome próprio deve dar início às alterações necessárias à atualização dos seus documentos de identificação no prazo máximo de 30 dias a contar do averbamento.

CAPÍTULO III
Medidas de proteção

ARTIGO 11º
Saúde

1 – O Estado deve garantir, a quem o solicitar, a existência e o acesso a serviços de referência ou unidades especializadas no Serviço Nacional de Saúde, designadamente para tratamentos e intervenções cirúrgicas, farmacológicas ou de outra natureza, destinadas a fazer corresponder o corpo à sua identidade de género.

2 – A Direção-Geral da Saúde define, no prazo máximo de 270 dias, um modelo de intervenção, através de orientações e normas técnicas, a ser implementado pelos profissionais de saúde no âmbito das questões relacionadas com a identidade de género, expressão de género e características sexuais das pessoas.

ARTIGO 12º
Educação e ensino

1 – O Estado deve garantir a adoção de medidas no sistema educativo, em todos os níveis de ensino e ciclos de estudo, que promovam o exercício do direito à autodeterminação da identidade de género e expressão de género e do direito à proteção das características sexuais das pessoas, nomeadamente através do desenvolvimento de:

a) Medidas de prevenção e de combate contra a discriminação em função da identidade de género, expressão de género e das características sexuais;

b) Mecanismos de deteção e intervenção sobre situações de risco que coloquem em perigo o saudável desenvolvimento de crianças e jovens que manifestem uma identidade de género ou expressão de género que não se identifica com o sexo atribuído à nascença;

c) Condições para uma proteção adequada da identidade de género, expressão de género e das características sexuais, contra todas as formas de exclusão social e violência dentro do contexto escolar, assegurando o respeito pela autonomia, privacidade e autodeterminação das crianças e jovens que realizem transições sociais de identidade e expressão de género;

d) Formação adequada dirigida a docentes e demais profissionais do sistema educativo no âmbito de questões relacionadas com a problemática da identidade de género, expressão de género e da diversidade das características sexuais de crianças e jovens, tendo em vista a sua inclusão como processo de integração socioeducativa.

2 – Os estabelecimentos do sistema educativo, independentemente da sua natureza pública ou privada, devem garantir as condições necessárias para que as crianças e jovens se sintam respeitados de acordo com a identidade de género e expressão de género manifestadas e as suas características sexuais.

3 – Os membros do Governo responsáveis pelas áreas da igualdade de género e da educação adotam, no prazo máximo de 180 dias, as medidas administrativas necessárias para a implementação do disposto no nº 1.

CAPÍTULO IV
Meios de defesa

ARTIGO 13º
Resolução alternativa de litígios

Sem prejuízo do recurso à via judicial, as partes podem submeter os litígios emergentes da presente lei a meios de resolução alternativa de litígios, nos termos da lei.

ARTIGO 14º
Responsabilidade

1 – A prática de qualquer ato discriminatório, por ação ou omissão, confere à pessoa lesada o direito a uma indemnização, por danos patrimoniais e não patrimoniais, a título de responsabilidade civil extracontratual, nos termos do Código Civil.

2 – Na fixação da indemnização, o tribunal deve atender ao grau de violação dos interesses em causa, ao poder económico dos autores do ilícito e às condições da pessoa alvo da prática discriminatória.

ARTIGO 15º
Proteção contra atos de retaliação

É nulo o ato de retaliação que corresponda a um tratamento que tenha como propósito lesar ou desfavorecer qualquer pessoa, adotado em razão de reclamação, queixa, denúncia ou ação contra o autor desse ato, em defesa do direito à autodeterminação da identidade de género e expressão de género e do direito à proteção das características sexuais de cada pessoa, nos termos da presente lei.

ARTIGO 16º
Direitos processuais das associações e organizações não-governamentais

1 – É reconhecida às associações e organizações não-governamentais, cujo objeto estatutário se destine essencialmente à defesa e promoção do direito à autodeterminação da identidade de género e expressão de género e do direito à proteção das características sexuais de cada pessoa, legitimidade processual para a defesa dos direitos e interesses coletivos e para a defesa coletiva dos direitos e interesses individuais legalmente protegidos das pessoas associadas, bem como para a defesa dos valores protegidos pela presente lei.

2 – A defesa coletiva dos direitos e interesses individuais legalmente protegidos, prevista no número anterior, não pode implicar limitação da autonomia individual das pessoas associadas.

CAPÍTULO V
Disposições transitórias e finais

ARTIGO 17º
Norma transitória

A presente lei aplica-se aos procedimentos de mudança da menção do sexo no registo civil e da consequente alteração de nome próprio que se encontram a decorrer à data da sua entrada em vigor.

ARTIGO 18º
Norma revogatória

É revogada a Lei nº 7/2011, de 15 de março, com exceção do seu artigo 5º

ARTIGO 19º
Entrada em vigor

A presente lei entra em vigor no primeiro dia útil seguinte ao da sua publicação.

Aprovada em 12 de julho de 2018.

O Presidente da Assembleia da República, *Eduardo Ferro Rodrigues.*

Promulgada em 31 de julho de 2018.

Publique-se.

O Presidente da República, Marcelo Rebelo de Sousa.

Referendada em 2 de agosto de 2018.

Pelo Primeiro-Ministro, *Augusto Ernesto Santos Silva*, Ministro dos Negócios Estrangeiros.

Celebração de Casamentos Civis Fora do Horário de Funcionamento dos Serviços e aos Sábados, Domingos e Feriados

Decreto-Lei nº 236/2001, de 30 de Agosto

Considerando que em Portugal existe uma forte tradição social de celebração de casamentos aos fins-de-semana, importa encontrar uma solução legal que permita uma aproximação crescente dos serviços do registo civil aos interesses e anseios dos cidadãos.

Na concretização deste propósito, o presente diploma estabelece as condições para que, em qualquer caso, seja satisfeito o interesse dos cidadãos na celebração de casamento civil fora do período normal de funcionamento das conservatórias.

Nesse sentido, o presente diploma estende aos ajudantes das conservatórias do registo civil a competência para celebrar casamentos aos sábados, domingos e feriados, bem como nos dias úteis mas fora do horário de funcionamento dos serviços.

De forma a assegurar a efectiva prestação do serviço, permite-se ainda o recurso a conservador, notário ou ajudante do registo civil de outros serviços do mesmo concelho ou concelho limítrofe, em regime de substituição e por designação do director-geral dos Registos e do Notariado, sempre que subsista a falta de disponibilidade do conservador ou do substituto por ele designado para a realização de casamento civil.

Foram observados os procedimentos decorrentes da Lei nº 23/98, de 26 de Maio.

Assim:

Nos termos da alínea *a*) do nº 1 do artigo 198º da Constituição, o Governo decreta, para valer como lei geral da República, o seguinte:

ARTIGO 1º
Objecto

A celebração de casamentos civis fora do horário de funcionamento dos serviços e aos sábados, domingos e feriados, nas conservatórias ou em qualquer outro lugar a que o público tenha acesso, pode ter lugar sempre que o acto seja expressamente solicitado e acordado com os nubente.

ARTIGO 2º
Competência

1 – A competência para a celebração de casamentos nos termos previstos no artigo anterior é atribuída a qualquer conservador dos registos, por acordo com os nubentes e independentemente da área de circunscrição territorial a que o conservador pertença.

2 – Na falta do acordo previsto no número anterior, a competência para a celebração do casamento é atribuída ao conservador do registo civil da conservatória da área da celebração do casamento.

(Redacção dada pelo Decreto-Lei nº 324/2007, de 28-09)

ARTIGO 3º
Substituição

1 – Quando não haja disponibilidade ou possibilidade por parte dos conservadores referidos no artigo anterior para celebrar o casamento, devem aqueles designar o respectivo substituto para esse efeito, de acordo com a seguinte ordem de preferência:

a) Conservador auxiliar;

b) Adjunto de conservador;

c) Substitutos do conservador, pela ordem por que foram designados;

d) Demais oficiais da conservatória, por ordem de categoria funcional e de classe pessoal.

2 – Sempre que não haja disponibilidade para a celebração de casamento nos termos do número anterior, deve o conservador ou o seu substituto informar e remeter o pedido ao director-geral dos Registos e do Notariado, podendo ser designado, em regime de substituição, conservador, notário ou ajudante de serviços de registo civil do mesmo concelho ou concelho limítrofe.

(Cf. Declaração de Rectificação nº 107/2007, de 27-11)

ARTIGO 4º
Entrada em vigor

O presente diploma entra em vigor no 30º dia após a data da sua publicação.

Visto e aprovado em Conselho de Ministros de 19 de Julho de 2001. – *António Manuel de Oliveira Guterres – Guilherme d'Oliveira Martins – António Luís Santos Costa – Alberto de Sousa Martins.*

Promulgado em 11 de Agosto de 2001.

Publique-se.

O Presidente da República, JORGE SAMPAIO.

Referendado em 16 de Agosto de 2001.

O Primeiro-Ministro, *António Manuel de Oliveira Guterres.*

Transferência de Competência Decisória para o Ministério Público e Conservatórias do Registo Civil

Decreto-Lei nº 272/2001, de 13 de Outubro

Colocar a justiça ao serviço da cidadania é um dos objectivos estratégicos fundamentais assumidos pelo Governo nesta área, concretizado nomeadamente na tutela do direito a uma decisão em tempo útil. Neste sentido, importa desonerar os tribunais de processos que não consubstanciem verdadeiros litígios, permitindo uma concentração de esforços naqueles que correspondem efectivamente a uma reserva de intervenção judicial.

Assim, aproxima-se a regulação de determinados interesses do seu titular, privilegiando-se o acordo como forma de solução e salvaguardando-se simultaneamente o acesso à via judicial nos casos em que não seja possível obter uma composição pelas próprias partes.

Nestes termos, procede o presente diploma à transferência da competência decisória em processos cujo principal rácio é a tutela dos interesses dos incapazes ou ausentes, do tribunal para o Ministério Público, estatutariamente vocacionado para a tutela deste tipo de interesses, sendo este o caso das acções de suprimento do consentimento dos representantes, de autorização para a prática de actos, bem como a confirmação de actos em caso de inexistência de autorização.

Procede-se ainda à transferência de competências para as conservatórias de registo civil em matérias respeitantes a um conjunto de processos de jurisdição voluntária relativos a relações familiares – a atribuição de alimentos a filhos maiores e da casa de morada da família, a privação e autorização de apelidos de actual ou anterior cônjuge e a conversão da separação em divórcio –, na estrita medida em que se verifique ser a vontade das partes conciliável e sendo efectuada a remessa para efeitos de decisão judicial sempre que se constate existir oposição de qualquer interessado.

Passam ainda a ser decididos pelo conservador de registo civil os processos de reconciliação de cônjuges separados, aos quais, por natureza, não corresponde uma situação de litígio.

O processo conducente à declaração de dispensa de prazo internupcial, cuja margem decisória correspondia essencialmente à verificação da situação de não gravidez tendo em vista a celebração de casamento, passa a corresponder à simples verificação do facto, com base na apresentação de certificado médico como documento instrutório do processo de casamento.

Na senda da atribuição de competência decisória respeitante à separação e divórcio por mútuo consentimento ao conservador de registo civil, operada em 1995, à qual têm correspondido resultados altamente benéficos do ponto de vista dos requerentes do divórcio e da judicatura, com reflexos em toda a sociedade através da maior celeridade decisional, procede-se à atribuição a estas entidades de competência exclusiva nesta matéria, exceptuando os casos de conversão de divórcio litigioso, abolindo-se ainda a segunda conferência em todos os processos.

Paralelamente, passam a estar abrangidos os divórcios por mútuo consentimento em que existem filhos menores, cujos interesses são objecto de regulação com base na participação activa do Ministério Público.

Foram ouvidos o Conselho Superior da Magistratura, o Conselho Superior do Ministério Público, a Ordem dos Advogados, a Associação Sindical dos Juízes Portugueses, o Sindicato dos Magistrados do Ministério Público, o Sindicato dos Trabalhadores dos Registos e do Notariado, a Associação Sindical de Conservadores dos Registos, a Associação Portuguesa de Notários e a Associação Sindical dos Notários Portugueses.

Assim:

No uso da autorização legislativa concedida pela Lei nº 82/2001, de 3 de Agosto, e nos termos da alínea *b*) do nº 1 do artigo 198º da Constituição, o Governo decreta o seguinte:

CAPÍTULO I
Objecto

ARTIGO 1º
Objecto

O presente diploma determina a atribuição e transferência de competências relativas a um conjunto de processos especiais dos tribunais judiciais para o Ministério Público e as conservatórias de registo civil, regulando os correspondentes procedimentos.

CAPÍTULO II
Da competência do Ministério Público

ARTIGO 2º
Competência

1 – São da competência exclusiva do Ministério Público as decisões relativas a pedidos de:

a) Suprimento do consentimento, sendo a causa de pedir a menoridade, o acompanhamento ou a ausência da pessoa;

b) Autorização para a prática de atos pelo representante legal do menor ou do acompanhado, quando legalmente exigida;

c) Autorização para a alienação ou oneração de bens do ausente, quando tenha sido deferida a curadoria provisória ou definitiva;

d) Confirmação de atos praticados pelo representante do menor ou do acompanhado sem a necessária autorização.

2 – O disposto no número anterior não se aplica:

a) Às situações previstas na alínea *a*), quando o conservador de registo civil detenha a competência prevista na alínea *a*) do artigo 1604º do Código Civil;

b) Às situações previstas na alínea *b*), quando esteja em causa autorização para outorgarem partilha extrajudicial e o representante legal concorra à sucessão com o seu representado, sendo necessário nomear curador especial, bem como nos casos em que o pedido de autorização seja dependente de processo de inventário ou de acompanhamento.

(Redação dada pela Lei nº 49/2018, de 14-08)

ARTIGO 3º
Procedimento perante o Ministério Público

1 – O interessado apresenta o pedido ao agente do Ministério Público que exercer funções junto do:

a) Tribunal em que correu o processo de nomeação do representante, quando este tiver sido nomeado judicialmente;

b) Tribunal em que correu o processo de curadoria nas situações previstas na alínea *c*) do nº 1 do artigo anterior;

c) Tribunal de 1ª instância competente em razão da matéria no âmbito da circunscrição da residência do representante nos restantes casos.

2 – Juntamente com o pedido são apresentados os fundamentos de facto e de direito, indicadas as provas e junta a prova documental.

3 – São citados para, no prazo de 15 dias, apresentar oposição, indicar as provas e juntar a prova documental:

a) Nos casos previstos na alínea *a*) do nº 1 do artigo anterior, o representante do menor ou do maior acompanhado, quando o tenha, ou o procurador ou curador do ausente, o seu cônjuge ou parente mais próximo e o próprio maior acompanhado que possa agir; havendo mais de um parente no mesmo grau, é citado o que for considerado mais idóneo;

b) Nas situações previstas na alínea *b*) do nº 1 do artigo anterior, o parente sucessível mais próximo do visado ou, havendo vários parentes no mesmo grau, o que for considerado mais idóneo.

4 – Nos casos de suprimento do consentimento em que a causa de pedir seja o acompanhamento ou a ausência da pessoa e ainda não esteja decretado o acompa-

nhamento ou verificada judicialmente a ausência, aplica-se o disposto na alínea *a*) do número anterior, com as necessárias adaptações.

5 – O Ministério Público decide depois de produzidas as provas que admitir, de concluídas outras diligências necessárias e de ouvido o conselho de família, quando o seu parecer for obrigatório.

6 – No prazo de 10 dias contados da notificação da decisão, pode o requerente ou qualquer interessado que tenha apresentado oposição, requerer a reapreciação da pretensão através da propositura da correspondente acção no tribunal.

(Redação dada pela Lei nº 49/2018, de 14-08)

ARTIGO 4º
Aceitação ou rejeição de liberalidades em favor de incapazes

1 – São da competência do Ministério Público as decisões relativas a pedidos de notificação do representante legal para providenciar acerca da aceitação ou rejeição de liberalidades a favor de incapaz menor ou de maior acompanhado que, nos termos da sentença de acompanhamento, não o possa fazer pessoal e livremente.

2 – É aplicável o disposto nos nºs 1 e 2 do artigo anterior, devendo o requerente justificar a conveniência da aceitação ou rejeição e indicar o prazo para o cumprimento.

3 – O despacho que ordenar a notificação marca prazo para o cumprimento.

4 – Se quiser pedir autorização para aceitar a liberalidade, o notificado formula o pedido no próprio processo de notificação, observando-se o disposto no artigo anterior e, obtida a autorização, no mesmo processo declara aceitar a liberalidade.

5 – Se, dentro do prazo fixado, o notificado não pedir a autorização ou não aceitar a liberalidade, o Ministério Público, depois de produzidas as provas necessárias, declara-a aceite ou rejeitada, de harmonia com as conveniências do menor ou do maior acompanhado.

6 – À aceitação ou rejeição de liberalidades em favor de menores ou de maiores acompanhados é aplicável o disposto no nº 6 do artigo anterior.

(Redação dada pela Lei nº 49/2018, de 14-08)

CAPÍTULO III
Do procedimento perante o conservador do registo civil

SECÇÃO I
Do procedimento tendente à formação de acordo das partes

ARTIGO 5º
Objecto do procedimento tendente à formação de acordo das partes

1 – O procedimento regulado na presente secção aplica-se aos pedidos de:

a) Alimentos a filhos maiores ou emancipados;

b) Atribuição da casa de morada da família;

c) Privação do direito ao uso dos apelidos do outro cônjuge;

d) Autorização de uso dos apelidos do ex-cônjuge;
e) Conversão de separação judicial de pessoas e bens em divórcio.

2 – O disposto na presente secção não se aplica às pretensões referidas nas alíneas *a*) a *d*) do número anterior que sejam cumuladas com outros pedidos no âmbito da mesma acção judicial, ou constituam incidente ou dependência de acção pendente, circunstâncias em que continuam a ser tramitadas nos termos previstos no Código de Processo Civil.

ARTIGO 6º
Competência

1 – Os processos previstos no artigo anterior podem ser instaurados em qualquer conservatória do registo civil.
2 – *(Revogado.)*
(Redacção dada pelo Decreto-Lei nº 324/2007, de 28-09)

ARTIGO 7º
Procedimento na conservatória

1 – O pedido é apresentado mediante requerimento entregue na conservatória, fundamentado de facto e de direito, sendo indicadas as provas e junta a prova documental.
2 – O requerido é citado para, no prazo de 15 dias, apresentar oposição, indicar as provas e juntar a prova documental.
3 – Não sendo apresentada oposição e devendo considerar-se confessados os factos indicados pelo requerente, o conservador, depois de verificado o preenchimento dos pressupostos legais, declara a procedência do pedido.
4 – Tendo sido apresentada oposição, o conservador marca tentativa de conciliação, a realizar no prazo de 15 dias.
5 – O conservador pode determinar a prática de actos e a produção da prova necessárias à verificação dos pressupostos legais.

ARTIGO 8º
Remessa do processo

Tendo havido oposição do requerido e constatando-se a impossibilidade de acordo, são as partes notificadas para, em oito dias, alegarem e requererem a produção de novos meios de prova, sendo de seguida o processo, devidamente instruído, remetido ao tribunal judicial de 1ª instância competente em razão da matéria no âmbito da circunscrição a que pertence a conservatória.

ARTIGO 9º
Processo judicial

1 – Remetido o processo ao tribunal judicial nos termos do artigo anterior, o juiz procede de acordo com o disposto nos artigos 590º e seguintes do Código de Processo Civil.

2 – É aplicável, com as necessárias adaptações, o disposto nos artigos 986º a 988º do Código de Processo Civil.

(Redacção dada pelo Decreto-Lei nº 122/2013, de 29-08)

ARTIGO 10º
Recursos

1 – Das decisões do conservador cabe recurso para o tribunal judicial de 1ª instância competente em razão da matéria no âmbito da circunscrição a que pertence a conservatória.

2 – O prazo para interposição do recurso é o do artigo 638º do Código de Processo Civil.

(Redacção dada pelo Decreto-Lei nº 122/2013, de 29-08)

ARTIGO 11º
Conversão de separação judicial de pessoas e bens em divórcio

Quando a conversão é requerida por ambos os cônjuges, o conservador decide de imediato.

SECÇÃO II
Dos procedimentos da competência exclusiva do conservador

ARTIGO 12º
Objecto, competência e procedimento

1 – São da exclusiva competência da conservatória de registo civil:

a) A reconciliação dos cônjuges separados;

b) A separação e divórcio por mútuo consentimento, excepto nos casos em que os cônjuges não apresentam algum dos acordos a que se refere o nº 1 do artigo 1775º do Código Civil, em que algum dos acordos apresentados não é homologado ou nos casos resultantes de acordo obtido no âmbito de processo de separação ou divórcio sem consentimento do outro cônjuge;

c) *(Revogada.)*

2 – Os processos previstos nas alíneas *a*) e *b*) do número anterior podem ser instaurados em qualquer conservatória do registo civil.

3 – *(Revogado.)*

4 – No âmbito das competências previstas no nº 1 do presente artigo, os interessados apresentam o pedido mediante a entrega de requerimento na conservatória, fundamentando de facto e de direito, indicando as provas e juntando a prova documental.

5 – O conservador verifica o preenchimento dos pressupostos legais, podendo determinar para esse efeito a prática de actos e a produção da prova eventualmente necessária, e declara, em seguida, a procedência do pedido.

(Redacção dada pela Lei nº 85/2019, de 03-09)

ARTIGO 13º
Reconciliação dos cônjuges separados

1 – A reconciliação de cônjuges separados efectua-se com base em acordo declarado por aqueles e homologado pelo conservador.

2 – É enviada certidão da decisão de reconciliação de cônjuges separados judicialmente ao processo de separação.

ARTIGO 14º
Separação e divórcio por mútuo consentimento

1 – O processo de separação de pessoas e bens ou de divórcio por mútuo consentimento é instaurado mediante requerimento assinado pelos cônjuges ou seus procuradores na conservatória do registo civil.

2 – O pedido é instruído com os documentos referidos no nº 1 do artigo 272º do Código do Registo Civil, a que é acrescentado acordo sobre o exercício do poder paternal quando existam filhos menores e não tenha previamente havido regulação judicial.

3 – Recebido o requerimento, o conservador informa os cônjuges da existência dos serviços de mediação familiar; mantendo os cônjuges o propósito de se divorciar, e observado o disposto no nº 5 do artigo 12º, é o divórcio decretado, procedendo-se ao correspondente registo.

4 – Quando for apresentado acordo sobre o exercício do poder paternal relativo a filhos menores, o processo é enviado ao Ministério Público junto do tribunal judicial de 1ª instância competente em razão da matéria no âmbito da circunscrição a que pertença a conservatória antes da fixação do dia da conferência prevista no número anterior, para que este se pronuncie sobre o acordo no prazo de 30 dias.

5 – Caso o Ministério Público considere que o acordo não acautela devidamente os interesses dos menores, podem os requerentes alterar o acordo em conformidade ou apresentar novo acordo, sendo neste último caso dada nova vista ao Ministério Público.

6 – Se o Ministério Público considerar que o acordo acautela devidamente os interesses dos menores ou tendo os cônjuges alterado o acordo nos termos indicados pelo Ministério Público, segue-se o disposto no nº 3 do presente artigo.

7 – Nas situações em que os requerentes não se conformem com as alterações indicadas pelo Ministério Público e mantenham o propósito de se divorciar, o processo é remetido ao tribunal da comarca a que pertença a conservatória.

8 – É aplicável o disposto no nº 2 do artigo 272º do Código do Registo Civil e nos artigos 995º a 997º e 999º do Código de Processo Civil, com as necessárias adaptações.

(Redacção dada pelo Decreto-Lei nº 122/2013, de 29-08)

ARTIGO 15º
Dispensa de prazo internupcial

(Revogado pela Lei nº 85/2019, de 03-09)

CAPÍTULO IV
Disposições finais e transitórias

ARTIGO 16º
Entidades competentes

As referências efectuadas à competência dos tribunais judiciais relativas aos processos previstos no presente diploma consideram-se efectuadas às entidades que, nos termos dos artigos anteriores, adquirem as correspondentes competências.

ARTIGO 17º
Competência do conservador, substituição e incompatibilidades

1 – A decisão no âmbito dos processos previstos no capítulo anterior é da exclusiva competência do conservador.

2 – Quando, na conservatória em que tenha sido apresentado requerimento nos termos dos artigos 5º ou 12º, se verifique vacatura do lugar, licença ou impedimento do conservador que se presuma superior a 30 dias, é este substituído por conservador do registo civil do mesmo concelho ou de concelho limítrofe, nos termos fixados por despacho do director-geral dos Registos e do Notariado.

3 – O regime previsto no número anterior é aplicável às decisões dos demais processos especiais que, nos termos do Código de Registo Civil, são da exclusiva competência do conservador.

4 – As decisões do conservador no âmbito dos processos previstos no capítulo anterior produzem os mesmos efeitos, nomeadamente em termos fiscais, que produziriam sentenças judiciais sobre idêntica matéria.

5 – Ao conservador que exerça advocacia é vedado aceitar mandato nos processos previstos no presente diploma.

ARTIGO 18º
Actos de mero expediente

O prazo para a prática de actos de mero expediente pelos funcionários da conservatória de registo no âmbito dos processos referidos no capítulo anterior é de cinco dias.

ARTIGO 19º
Legislação subsidiária

É subsidiariamente aplicável aos processos previstos no presente diploma o Código de Processo Civil.

ARTIGO 20º
Apoio judiciário

É aplicável aos processos regulados no capítulo anterior o disposto no nº 3 do artigo 10º do Regulamento Emolumentar dos Registos e do Notariado, aprovado pelo Decreto-Lei nº 322-A/2001, de 14 de dezembro, e o regime de apoio judiciário nas modalidades de nomeação e pagamento da compensação de patrono e de nomeação e pagamento faseado da compensação de patrono, nos termos das alíneas *b*) e *e*) do nº 1 do artigo 16º da Lei nº 34/2004, de 29 de julho.
(Redacção dada pelo Decreto-Lei nº 122/2013, de 29-08)

ARTIGO 21º
Revogações

São revogados:

a) O artigo 1777º do Código Civil;
b) Os artigos 1414º, 1414º-A, 1418º, 1423º e 1446º do Código de Processo Civil.
(Cf. Declaração de Rectificação nº 20-AR/2001, de 30-11)

ARTIGO 22º
Entrada em vigor

O presente diploma entra em vigor no dia 1 de Janeiro de 2002, não se aplicando aos processos pendentes.

Visto e aprovado em Conselho de Ministros de 30 de Agosto de 2001. – *António Manuel de Oliveira Guterras – Guilherme d'Oliveira Martins – Eduardo Arménio do Nascimento Cabrita.*

Promulgado em 27 de Setembro de 2001.

Publique-se.

O Presidente da República, JORGE SAMPAIO.

Referendado em 4 de Outubro de 2001.

O Primeiro-Ministro, *António Manuel de Oliveira Guterres.*

Lei da Nacionalidade[*]

Lei nº 37/81, de 3 de Outubro

TÍTULO I
Atribuição, aquisição e perda da nacionalidade

CAPÍTULO I
Atribuição da nacionalidade

ARTIGO 1º
Nacionalidade originária

1 – São portugueses de origem:

a) Os filhos de mãe portuguesa ou de pai português nascidos no território português;

b) Os filhos de mãe portuguesa ou de pai português nascidos no estrangeiro se o progenitor português aí se encontrar ao serviço do Estado Português;

c) Os filhos de mãe portuguesa ou de pai português nascidos no estrangeiro se tiverem o seu nascimento inscrito no registo civil português ou se declararem que querem ser portugueses;

d) Os indivíduos nascidos no estrangeiro com, pelo menos, um ascendente de nacionalidade portuguesa do 2º grau na linha reta que não tenha perdido essa nacionalidade, se declararem que querem ser portugueses, possuírem laços de efetiva ligação à comunidade nacional e, verificados tais requisitos, inscreverem o nascimento no registo civil português;

e) Os indivíduos nascidos no território português, filhos de estrangeiros, se pelo menos um dos progenitores também aqui tiver nascido e aqui tiver residência, independentemente de título, ao tempo do nascimento;

[*] *Texto de acordo com a republicação da Lei Orgânica nº 2/2018, de 5 de julho.*

f) Os indivíduos nascidos no território português, filhos de estrangeiros que não se encontrem ao serviço do respetivo Estado, que não declarem não querer ser portugueses, desde que, no momento do nascimento, um dos progenitores aqui resida legalmente há pelo menos dois anos;

g) Os indivíduos nascidos no território português e que não possuam outra nacionalidade.

2 – Presumem-se nascidos no território português, salvo prova em contrário, os recém-nascidos que aqui tenham sido expostos.

3 – A verificação da existência de laços de efetiva ligação à comunidade nacional, para os efeitos estabelecidos na alínea *d)* do nº 1, implica o reconhecimento, pelo Governo, da relevância de tais laços, nomeadamente pelo conhecimento suficiente da língua portuguesa e pela existência de contactos regulares com o território português, e depende de não condenação, com trânsito em julgado da sentença, pela prática de crime punível com pena de prisão de máximo igual ou superior a 3 anos, segundo a lei portuguesa.

4 – A prova da residência legal referida na alínea *f)* do nº 1 faz-se mediante a exibição do competente documento de identificação do pai ou da mãe no momento do registo.

CAPÍTULO II
Aquisição da nacionalidade

SECÇÃO I
Aquisição da nacionalidade por efeito da vontade

ARTIGO 2º
Aquisição por filhos menores ou incapazes

Os filhos menores ou incapazes de pai ou mãe que adquira a nacionalidade portuguesa podem também adquiri-la, mediante declaração.

ARTIGO 3º
Aquisição em caso de casamento ou união de facto

1 – O estrangeiro casado há mais de três anos com nacional português pode adquirir a nacionalidade portuguesa mediante declaração feita na constância do matrimónio.

2 – A declaração de nulidade ou anulação do casamento não prejudica a nacionalidade adquirida pelo cônjuge que o contraiu de boa-fé.

3 – O estrangeiro que, à data da declaração, viva em união de facto há mais de três anos com nacional português pode adquirir a nacionalidade portuguesa, após ação de reconhecimento dessa situação a interpor no tribunal cível.

ARTIGO 4º
Declaração após aquisição de capacidade

Os que hajam perdido a nacionalidade portuguesa por efeito de declaração prestada durante a sua incapacidade podem adquiri-la, quando capazes, mediante declaração.

SECÇÃO II
Aquisição da nacionalidade pela adoção

ARTIGO 5º
Aquisição por adoção

O adotado por nacional português adquire a nacionalidade portuguesa.

SECÇÃO III
Aquisição da nacionalidade por naturalização

ARTIGO 6º
Requisitos

1 – O Governo concede a nacionalidade portuguesa, por naturalização, aos estrangeiros que satisfaçam cumulativamente os seguintes requisitos:

a) Serem maiores ou emancipados à face da lei portuguesa;

b) Residirem legalmente no território português há pelo menos cinco anos;

c) Conhecerem suficientemente a língua portuguesa;

d) Não tenham sido condenados, com trânsito em julgado da sentença, com pena de prisão igual ou superior a 3 anos;

e) Não constituam perigo ou ameaça para a segurança ou a defesa nacional, pelo seu envolvimento em atividades relacionadas com a prática do terrorismo, nos termos da respetiva lei.

2 – O Governo concede a nacionalidade, por naturalização, aos menores, nascidos no território português, filhos de estrangeiros, desde que preencham os requisitos das alíneas *c*), *d*) e *e*) do número anterior e desde que, no momento do pedido, se verifique uma das seguintes condições:

a) Um dos progenitores aqui tenha residência, independentemente de título, pelo menos durante os cinco anos imediatamente anteriores ao pedido;

b) O menor aqui tenha concluído pelo menos um ciclo do ensino básico ou o ensino secundário.

3 – Tratando-se de criança ou jovem com menos de 18 anos, acolhidos em instituição pública, cooperativa, social ou privada com acordo de cooperação com o

Estado, na sequência de medida de promoção e proteção definitiva aplicada em processo de promoção e proteção, ao abrigo do disposto no nº 3 do artigo 72º da Lei de Proteção de Crianças e Jovens em Perigo, aprovada em anexo à Lei nº 147/99, de 1 de setembro, cabe ao Ministério Público promover o respetivo processo de naturalização com dispensa das condições referidas no número anterior.

4 – O Governo concede a naturalização, com dispensa dos requisitos previstos nas alíneas *b*) e *c*) do nº 1, aos indivíduos que tenham tido a nacionalidade portuguesa e que, tendo-a perdido, nunca tenham adquirido outra nacionalidade.

5 – O Governo concede a nacionalidade, por naturalização, com dispensa do requisito estabelecido na alínea *b*) do nº 1, aos indivíduos que satisfaçam cumulativamente os seguintes requisitos:

a) Tenham nascido em território português;

b) Sejam filhos de estrangeiro que aqui tivesse residência, independentemente de título, ao tempo do seu nascimento;

c) Aqui residam, independentemente de título, há pelo menos cinco anos.

6 – O Governo pode conceder a naturalização, com dispensa dos requisitos previstos nas alíneas *b*) e *c*) do nº 1, aos indivíduos que, não sendo apátridas, tenham tido a nacionalidade portuguesa, aos que forem havidos como descendentes de portugueses, aos membros de comunidades de ascendência portuguesa e aos estrangeiros que tenham prestado ou sejam chamados a prestar serviços relevantes ao Estado Português ou à comunidade nacional.

7 – O Governo pode conceder a nacionalidade por naturalização, com dispensa dos requisitos previstos nas alíneas *b*) e *c*) do nº 1, aos descendentes de judeus sefarditas portugueses, através da demonstração da tradição de pertença a uma comunidade sefardita de origem portuguesa, com base em requisitos objetivos comprovados de ligação a Portugal, designadamente apelidos, idioma familiar, descendência direta ou colateral.

8 – O Governo pode conceder a nacionalidade, por naturalização, com dispensa do requisito estabelecido na alínea *b*) do nº 1, aos indivíduos que sejam ascendentes de cidadãos portugueses originários, aqui tenham residência, independentemente de título, há pelo menos cinco anos imediatamente anteriores ao pedido e desde que a ascendência tenha sido estabelecida no momento do nascimento do cidadão português.

9 – O conhecimento da língua portuguesa referido na alínea *c*) do nº 1 presume-se existir para os requerentes que sejam naturais e nacionais de países de língua oficial portuguesa.

10 – A prova da inexistência de condenação, com trânsito em julgado da sentença, com pena de prisão igual ou superior a 3 anos referida na alínea *d*) do nº 1 faz-se mediante a exibição de certificados de registo criminal emitidos:

a) Pelos serviços competentes portugueses;

b) Pelos serviços competentes do país do nascimento, do país da nacionalidade e dos países onde tenha tido residência, desde que neles tenha tido residência após completar a idade de imputabilidade penal.

ARTIGO 7º
Processo

1 – A naturalização é concedida, a requerimento do interessado, por decisão do Ministro da Justiça.

2 – O processo de naturalização e os documentos destinados à sua instrução não estão sujeitos às disposições do Código do Imposto do Selo.

CAPÍTULO III
Perda da nacionalidade

ARTIGO 8º
Declaração relativa à perda da nacionalidade

Perdem a nacionalidade portuguesa os que, sendo nacionais de outro Estado, declarem que não querem ser portugueses.

CAPÍTULO IV
Oposição à aquisição da nacionalidade por efeito da vontade

ARTIGO 9º
Fundamentos

1 – Constituem fundamento de oposição à aquisição da nacionalidade portuguesa por efeito da vontade:

a) A inexistência de ligação efetiva à comunidade nacional;

b) A condenação, com trânsito em julgado da sentença, com pena de prisão igual ou superior a 3 anos;

c) O exercício de funções públicas sem carácter predominantemente técnico ou a prestação de serviço militar não obrigatório a Estado estrangeiro;

d) A existência de perigo ou ameaça para a segurança ou a defesa nacional, pelo seu envolvimento em atividades relacionadas com a prática do terrorismo, nos termos da respetiva lei.

2 – A oposição à aquisição de nacionalidade com fundamento na alínea *a*) do número anterior não se aplica às situações de aquisição de nacionalidade em caso de casamento ou união de facto quando existam filhos comuns do casal com nacionalidade portuguesa.

3 – À prova da inexistência de condenação referida na alínea *b*) do nº 1 é aplicável o disposto no nº 10 do artigo 6º

ARTIGO 10º
Processo

1 – A oposição é deduzida pelo Ministério Público no prazo de um ano a contar da data do facto de que dependa a aquisição da nacionalidade, em processo a instaurar nos termos do artigo 26º

2 – É obrigatória para todas as autoridades a participação ao Ministério Público dos factos a que se refere o artigo anterior.

CAPÍTULO V
Efeitos da atribuição, aquisição e perda da nacionalidade

ARTIGO 11º
Efeitos da atribuição

A atribuição da nacionalidade portuguesa produz efeitos desde o nascimento, sem prejuízo da validade das relações jurídicas anteriormente estabelecidas com base em outra nacionalidade.

ARTIGO 12º
Efeitos das alterações de nacionalidade

Os efeitos das alterações de nacionalidade só se produzem a partir da data do registo dos atos ou factos de que dependem.

ARTIGO 12º-A
Nulidade

1 – É nulo o ato que determine a atribuição, aquisição ou perda da nacionalidade portuguesa com fundamento em documentos falsos ou certificativos de factos inverídicos ou inexistentes, ou ainda em falsas declarações.

2 – O disposto no número anterior não é aplicável nos casos em que da declaração da nulidade resulte a apatridia do interessado.

ARTIGO 12º-B
Consolidação da nacionalidade

1 – A titularidade de boa-fé de nacionalidade portuguesa originária ou adquirida durante, pelo menos, 10 anos é causa de consolidação da nacionalidade, ainda que o ato ou facto de que resulte a sua atribuição ou aquisição seja contestado.

2 – Nos casos de atribuição da nacionalidade, o prazo referido no número anterior conta-se a partir da data do registo de nascimento, se a identificação como cidadão português tiver na sua origem o respetivo registo, ou a partir da data da emissão do primeiro documento de identificação como cidadão nacional, se a identificação como cidadão português derivar do documento emitido.

3 – Nos casos de aquisição de nacionalidade, o prazo referido no nº 1 conta-se a partir:

a) Da data do registo da nacionalidade, nos casos de aquisição por efeito da vontade, pela adoção ou por naturalização;

b) Da data do facto de que dependa a aquisição, nos casos de aquisição por efeito da lei;

c) Da data de emissão do primeiro documento de identificação, nos demais casos.

CAPÍTULO VI
Disposições gerais

ARTIGO 13º
Suspensão de procedimentos

1 – O procedimento de aquisição da nacionalidade portuguesa por efeito da vontade, por adoção ou por naturalização suspende-se durante o decurso do prazo de cinco anos a contar da data do trânsito em julgado de sentença que condene o interessado por crime previsto na lei portuguesa e em pena ou penas que, isolada ou cumulativamente, ultrapassem 1 ano de prisão.

2 – Com a suspensão prevista no número anterior, suspende-se também a contagem do prazo previsto no nº 1 do artigo 10º

3 – São nulos os atos praticados em violação do disposto no nº 1.

ARTIGO 14º
Efeitos do estabelecimento da filiação

Só a filiação estabelecida durante a menoridade produz efeitos relativamente à nacionalidade.

ARTIGO 15º
Residência

1 – Para os efeitos do disposto nos artigos precedentes, entende-se que residem legalmente no território português os indivíduos que aqui se encontram, com a sua situação regularizada perante as autoridades portuguesas, ao abrigo de qualquer dos títulos, vistos ou autorizações previstos no regime de entrada, permanência, saída e afastamento de estrangeiros e no regime do direito de asilo.

2 – O disposto no número anterior não prejudica os regimes especiais de residência legal resultantes de tratados ou convenções de que Portugal seja Parte, designadamente no âmbito da União Europeia e da Comunidade dos Países de Língua Portuguesa.

3 – Para os efeitos de contagem de prazos de residência legal previstos na presente lei, considera-se a soma de todos os períodos de residência legal em território

nacional, seguidos ou interpolados, desde que os mesmos tenham decorrido num intervalo máximo de 15 anos.

4 – Consideram-se igualmente como residindo legalmente no território português as crianças e jovens filhos de estrangeiros e acolhidos em instituição pública, cooperativa, social ou privada com acordo de cooperação com o Estado, na sequência de um processo de promoção e proteção.

TÍTULO II
Registo, prova e contencioso da nacionalidade

CAPÍTULO I
Registo central da nacionalidade

ARTIGO 16º
Registo central da nacionalidade

As declarações de que dependem a atribuição, a aquisição ou a perda da nacionalidade portuguesa devem constar do registo central da nacionalidade, a cargo da Conservatória dos Registos Centrais.

ARTIGO 17º
Declarações perante os agentes diplomáticos ou consulares

As declarações de nacionalidade podem ser prestadas perante os agentes diplomáticos ou consulares portugueses e, neste caso, são registadas oficiosamente em face dos necessários documentos comprovativos, a enviar para o efeito à Conservatória dos Registos Centrais.

ARTIGO 18º
Atos sujeitos a registo obrigatório

1 – É obrigatório o registo:

a) Das declarações para atribuição da nacionalidade;
b) Das declarações para aquisição ou perda da nacionalidade;
c) Da naturalização de estrangeiros.

2 – *(Revogado.)*

ARTIGO 19º
Registo da nacionalidade

O registo do ato que importe atribuição, aquisição ou perda da nacionalidade é lavrado por assento ou por averbamento.

ARTIGO 20º
Registos gratuitos

(Revogado.)

CAPÍTULO II
Prova da nacionalidade

ARTIGO 21º
Prova da nacionalidade originária

1 – A nacionalidade portuguesa originária dos indivíduos abrangidos pelas alíneas *a*), *b*) e *f*) do nº 1 do artigo 1º prova-se pelo assento de nascimento.

2 – É havido como nacional português o indivíduo de cujo assento de nascimento não conste menção da nacionalidade estrangeira dos progenitores ou do seu desconhecimento.

3 – A nacionalidade originária dos indivíduos abrangidos pela alínea *c*) do nº 1 do artigo 1º prova-se, consoante os casos, pelas menções constantes do assento de nascimento lavrado por inscrição no registo civil português ou pelo registo da declaração de que depende a atribuição.

4 – A nacionalidade originária dos indivíduos abrangidos pela alínea *d*) do nº 1 do artigo 1º prova-se pelo assento de nascimento onde conste a menção da naturalidade portuguesa de um dos progenitores e a da sua residência no território nacional.

5 – A nacionalidade portuguesa originária de indivíduos abrangidos pela alínea *e*) do nº 1 do artigo 1º prova-se pelo registo da declaração de que depende a atribuição.

ARTIGO 22º
Prova da aquisição e da perda da nacionalidade

1 – A aquisição e a perda da nacionalidade provam-se pelos respetivos registos ou pelos consequentes averbamentos exarados à margem do assento de nascimento.

2 – À prova da aquisição da nacionalidade por adoção é aplicável o nº 1 do artigo anterior.

ARTIGO 23º
Pareceres do conservador dos Registos Centrais

Ao conservador dos Registos Centrais compete emitir parecer sobre quaisquer questões de nacionalidade, designadamente sobre as que lhe devem ser submetidas pelos agentes consulares em caso de dúvida sobre a nacionalidade portuguesa do impetrante de matrícula ou inscrição consular.

ARTIGO 24º
Certificados de nacionalidade

1 – Independentemente da existência do registo, podem ser passados pelo conservador dos Registos Centrais, a requerimento do interessado, certificados de nacionalidade portuguesa.

2 – A força probatória do certificado pode ser ilidida por qualquer meio sempre que não exista registo da nacionalidade do respetivo titular.

CAPÍTULO III
Contencioso da nacionalidade

ARTIGO 25º
Legitimidade

Têm legitimidade para interpor recurso de quaisquer atos relativos à atribuição, aquisição ou perda de nacionalidade portuguesa os interessados diretos e o Ministério Público.

ARTIGO 26º
Legislação aplicável

Ao contencioso da nacionalidade são aplicáveis, nos termos gerais, o Estatuto dos Tribunais Administrativos e Fiscais, o Código de Processo nos Tribunais Administrativos e demais legislação complementar.

TÍTULO III
Conflitos de leis sobre a nacionalidade

ARTIGO 27º
Conflitos de nacionalidade portuguesa e estrangeira

Se alguém tiver duas ou mais nacionalidades e uma delas for portuguesa, só esta releva face à lei portuguesa.

ARTIGO 28º
Conflitos de nacionalidades estrangeiras

Nos conflitos positivos de duas ou mais nacionalidades estrangeiras releva apenas a nacionalidade do Estado em cujo território o plurinacional tenha a sua residência habitual ou, na falta desta, a do Estado com o qual mantenha uma vinculação mais estreita.

TÍTULO IV
Disposições transitórias e finais

ARTIGO 29º
Aquisição da nacionalidade por adotados

Os adotados por nacional português, antes da entrada em vigor da presente lei, podem adquirir a nacionalidade portuguesa mediante declaração.

ARTIGO 30º
Aquisição da nacionalidade por mulher casada com estrangeiro

1 – A mulher que, nos termos da Lei nº 2098, de 29 de julho de 1959, e legislação precedente, tenha perdido a nacionalidade portuguesa por efeito do casamento, adquire-a:

a) Desde que não tenha sido lavrado o registo definitivo da perda da nacionalidade, exceto se declarar que não quer adquirir a nacionalidade portuguesa;

b) Mediante declaração, quando tenha sido lavrado o registo definitivo da perda da nacionalidade.

2 – Sem prejuízo da validade das relações jurídicas anteriormente estabelecidas com base em outra nacionalidade, a aquisição da nacionalidade portuguesa nos termos previstos no número anterior produz efeitos desde a data do casamento, independentemente da data em que o facto ingressou no registo civil português.

ARTIGO 31º
Aquisição voluntária anterior de nacionalidade estrangeira

1 – Quem, nos termos da Lei nº 2098, de 29 de julho de 1959, e legislação precedente, perdeu a nacionalidade portuguesa por efeito da aquisição voluntária de nacionalidade estrangeira, adquire-a:

a) Desde que não tenha sido lavrado o registo definitivo da perda da nacionalidade, exceto se declarar que não quer adquirir a nacionalidade portuguesa;

b) Mediante declaração, quando tenha sido lavrado o registo definitivo da perda da nacionalidade.

2 – Nos casos referidos no número anterior não se aplica o disposto nos artigos 9º e 10º

3 – Sem prejuízo da validade das relações jurídicas anteriormente estabelecidas com base em outra nacionalidade, a aquisição da nacionalidade portuguesa nos termos previstos no nº 1 produz efeitos desde a data da aquisição da nacionalidade estrangeira.

ARTIGO 32º
Naturalização imposta por Estado estrangeiro

É da competência do Tribunal Central Administrativo Sul a decisão sobre a perda ou manutenção da nacionalidade portuguesa nos casos de naturalização direta ou indiretamente imposta por Estado estrangeiro a residentes no seu território.

ARTIGO 33º
Registo das alterações de nacionalidade

O registo das alterações de nacionalidade por efeito de casamento ou por aquisição voluntária de nacionalidade estrangeira em conformidade com a lei anterior é lavrado oficiosamente ou a requerimento dos interessados, sendo obrigatório para fins de identificação.

ARTIGO 34º
Atos cujo registo não era obrigatório pela lei anterior

1 – A aquisição e a perda da nacionalidade que resultem de atos cujo registo não era obrigatório no domínio da lei anterior continuam a provar-se pelo registo ou pelos documentos comprovativos dos atos de que dependem.

2 – Para fins de identificação, a prova destes atos é feita pelo respetivo registo ou consequentes averbamentos ao assento de nascimento.

ARTIGO 35º
Produção de efeitos dos atos anteriormente não sujeitos a registo

1 – Os efeitos das alterações de nacionalidade dependentes de atos ou factos não obrigatoriamente sujeitos a registo no domínio da lei anterior são havidos como produzidos desde a data da verificação dos atos ou factos que as determinaram.

2 – Excetua-se do disposto no número anterior a perda da nacionalidade fundada na aquisição voluntária de nacionalidade estrangeira, a qual continua a só produzir efeitos para com terceiros, no domínio das relações de direito privado, desde que seja levada ao registo e a partir da data em que este se realize.

ARTIGO 36º
Processos pendentes

(Revogado.)

ARTIGO 37º
Assentos de nascimento de filhos apenas de não portugueses

1 – Nos assentos de nascimentos ocorridos no território português, após a entrada em vigor da presente lei, de filhos apenas de não portugueses deve mencionar-se, como elemento de identidade do registando, a nacionalidade estrangeira

dos progenitores ou o seu desconhecimento, exceto se algum dos progenitores tiver nascido no território português e aqui tiver residência.

2 – Sempre que possível, os declarantes devem apresentar documento comprovativo da menção que deva ser feita nos termos do número anterior, em ordem demonstrar que nenhum dos progenitores é de nacionalidade portuguesa.

ARTIGO 38º
Assentos de nascimento de progenitores ou adotantes portugueses posteriormente ao registo de nascimento de estrangeiro

1 – Quando for estabelecida filiação posteriormente ao registo do nascimento de estrangeiro nascido em território português ou sob administração portuguesa ou for decretada a sua adoção, da decisão judicial ou ato que as tiver estabelecido ou decretado e da sua comunicação para averbamento ao assento de nascimento constará a menção da nacionalidade dos progenitores ou adotantes portugueses.

2 – A menção a que se refere o número anterior constará igualmente, como elemento de identificação do registado, do averbamento de estabelecimento de filiação ou de adoção a exarar à margem do assento de nascimento.

3 – Quando for estabelecida a filiação, posteriormente ao registo de nascimento, de estrangeiro nascido no território nacional, da decisão judicial ou do ato que a tiver estabelecido, bem como da sua comunicação para averbamento ao registo de nascimento, deve constar a menção da naturalidade do progenitor estrangeiro, nascido no território português, bem como a sua residência ao tempo do nascimento.

ARTIGO 39º
Regulamentação transitória

(Revogado.)

ARTIGO 40º
Disposição revogatória

É revogada a Lei nº 2098, de 29 de julho de 1959.

Regulamento da Nacionalidade Portuguesa

Decreto-Lei nº 237-A/2006, de 14 de Dezembro

Pela Lei Orgânica nº 2/2006, de 17 de Abril, foram introduzidas alterações à Lei nº 37/81, de 3 de Outubro (Lei da Nacionalidade), que modificaram substancialmente os regimes da atribuição e da aquisição da nacionalidade portuguesa.

De entre essas alterações destaca-se, pela relevância que assume, o reforço do princípio do *ius soli*, o que constitui a concretização do objectivo, assumido no Programa do Governo, do reconhecimento de um estatuto de cidadania a quem tem fortes laços com Portugal.

Com efeito, as modificações demográficas, ocorridas nos últimos anos, determinaram que muitos descendentes de imigrantes, embora sendo estrangeiros, nunca tenham conhecido outro país, além de Portugal, onde nasceram.

Neste contexto, e revertendo como um importante factor de combate à exclusão social, pela nova lei é atribuída a nacionalidade portuguesa de origem aos nascidos no território português, filhos de estrangeiros, se pelo menos um dos progenitores também aqui tiver nascido e aqui tiver residência, independentemente de título, ao tempo do nascimento do filho, bem como aos nascidos no território português, filhos de estrangeiros que se não encontrem ao serviço do respectivo Estado, se declararem que querem ser portugueses, desde que, no momento do nascimento, um dos progenitores aqui resida legalmente há, pelo menos, cinco anos.

Por sua vez, no domínio da aquisição da nacionalidade foi consagrado um direito subjectivo à naturalização por parte dos menores nascidos no território português, filhos de estrangeiros, se, no momento do pedido, um dos progenitores aqui residir legalmente há cinco anos ou se o menor aqui tiver concluído o primeiro ciclo do ensino básico.

A limitação da discricionariedade, através do reconhecimento, em diversas situações, de um direito subjectivo à naturalização, constitui, aliás, outra importante inovação, introduzida pela referida Lei Orgânica nº 2/2006, de 17 de Abril.

Acresce que, de um modo geral, foram simultaneamente diminuídas exigências, tendo sido introduzido, para efeitos de atribuição ou de aquisição da nacionalidade, um novo conceito de residência legal no território português, cuja prova pode ser efectuada através de qualquer título válido, e não apenas mediante autorização de residência.

Tais alterações determinariam, por si só, a necessidade de aprovar um novo Regulamento da Nacionalidade Portuguesa, adaptado aos princípios e normas que enformam a Lei da Nacionalidade recentemente revista.

Todavia, o objectivo do presente decreto-lei não se circunscreveu à regulamentação da nova lei.

Assim, aproveitou-se para simplificar procedimentos relativos aos pedidos de nacionalidade e ao respectivo registo e para eliminar actos inúteis, adoptando um conjunto de medidas que tornam mais fácil para os cidadãos o exercício dos seus direitos.

No domínio da simplificação de procedimentos, salienta-se que os autos de declarações para fins de atribuição, aquisição e perda da nacionalidade, lavrados nas conservatórias do registo civil ou nos serviços consulares portugueses, se tornam agora facultativos, sendo criados meios alternativos para que os interessados possam remeter as suas declarações directamente para a Conservatória dos Registos Centrais.

Trata-se, sem dúvida, de uma medida de grande impacte ao nível da facilitação da vida quotidiana de muitos cidadãos, neles se incluindo os emigrantes portugueses e as respectivas famílias, que passam a dispor da possibilidade de requerer actos de nacionalidade sem ter de se deslocar a Portugal ou a um posto consular.

Além disso, prevê-se a criação de extensões da Conservatória dos Registos Centrais, disponibilizando-se, assim, novos balcões de atendimento, com competência para a instrução dos pedidos de nacionalidade. Consagra-se, ainda, a possibilidade de serem designadas entidades públicas, associações ou outras entidades privadas para prestar informações sobre o tratamento e a instrução dos pedidos de atribuição, aquisição e perda da nacionalidade e encaminhar as respectivas declarações e requerimentos para a Conservatória dos Registos Centrais.

No que se reporta à eliminação de actos inúteis, refere-se que os registos de nacionalidade, tradicionalmente lavrados por assento, são, na maior parte dos casos, transformados em registos por mero averbamento e, bem assim, é eliminada a publicação no Diário da República do despacho de concessão da nacionalidade portuguesa, por naturalização.

Salienta-se, ainda, o facto de os interessados estarem genericamente dispensados de apresentar certidões de actos de registo civil nacional, que devam instruir os pedidos de atribuição, aquisição e perda da nacionalidade, bem como de apresentar outros documentos, designadamente o certificado do registo criminal português e documentos comprovativos da residência legal no território português, os quais se referem a informação de que a administração já dispõe e que passam a ser oficiosamente obtidos.

Por outro lado, atribuem-se novas competências aos ajudantes e escriturários da Conservatória dos Registos Centrais promovendo, deste modo, a desconcentração de competências, o que permite uma capacidade de resposta acrescida.

Adoptam-se, ainda, várias disposições destinadas a permitir que os pedidos de atribuição, aquisição e perda da nacionalidade possam, no futuro, ser efectuados por via electrónica.

Por último, uma vez que, em matéria do contencioso da nacionalidade, a competência foi transferida para os tribunais administrativos e fiscais, são também introduzidas novas regras quanto à tramitação dos processos e quanto à impugnação das decisões do conservador dos Registos Centrais.

Foram promovidas as diligências necessárias à audição do Conselho Superior da Magistratura, do Conselho Superior do Ministério Público, da Ordem dos Advogados, da Câmara dos Solicitadores e do Conselho dos Oficiais de Justiça.

Foram ouvidos o Conselho Superior dos Tribunais Administrativos e Fiscais, a Associação Nacional de Municípios Portugueses e a Comissão Nacional de Protecção de Dados.

Assim:

Nos termos da alínea *a*) do nº 1 do artigo 198º da Constituição, o Governo decreta o seguinte:

ARTIGO 1º
Objecto

O presente decreto-lei aprova o Regulamento da Nacionalidade Portuguesa, que consta do anexo ao presente decreto-lei, que dele faz parte integrante, e altera o artigo 8º do Decreto-Lei nº 322-A/2001, de 14 de Dezembro, e os artigos 10º, 18º e 19º do Regulamento Emolumentar dos Registos e Notariado, aprovado pelo mesmo decreto-lei, com as alterações introduzidas pelo Decreto-Lei nº 315/2002, de 27 de Dezembro, pela Lei nº 32-B/2002, de 30 de Dezembro, e pelos Decretos-Leis nºs 194/2003, de 23 de Agosto, 53/2004, de 18 de Março, 199/2004, de 18 de Agosto, 111/2005, de 8 de Julho, 178-A/2005, de 28 de Outubro, 76-A/2006, de 29 de Março, 85/2006, de 23 de Maio, e 125/2006, de 29 de Junho.

ARTIGO 2º
Alteração ao Decreto-Lei nº 322-A/2001, de 14 de Dezembro

1 – O artigo 8º do Decreto-Lei nº 322-A/2001, de 14 de Dezembro, passa a ter a seguinte redacção:

2 – Os artigos 10º, 18º e 19º do Regulamento Emolumentar dos Registos e Notariado, aprovado pelo Decreto-Lei nº 322-A/2001, de 14 de Dezembro, passam a ter a seguinte redacção:

(As alterações foram inseridas no local próprio)

ARTIGO 3º
Norma revogatória

São revogados:

a) O Decreto-Lei nº 322/82, de 12 de Agosto, com as alterações introduzidas pelos Decretos-Leis nºs 117/93, de 13 de Abril, 253/94, de 20 de Outubro, e 37/97, de 31 de Janeiro, e parcialmente revogado pela Lei nº 33/99, de 18 de Maio;

b) O Decreto-Lei nº 135/2005, de 17 de Agosto, sem prejuízo da sua aplicação aos processos pendentes no Ministério da Administração Interna.

ARTIGO 4º
Entrada em vigor

1 – O presente decreto-lei entra em vigor no dia 15 de Dezembro de 2006 e aplica-se aos processos pendentes, salvo no que respeita ao disposto no artigo 2º e às normas relativas à competência para a decisão dos pedidos de aquisição da nacionalidade portuguesa por naturalização, bem como ao regime relativo à sua tramitação, constantes do anexo ao presente decreto-lei, que dele faz parte integrante.

2 – Ao registo de aquisição da nacionalidade por naturalização, que venha a ser concedida em processo pendente à data de entrada em vigor do presente decreto-lei, aplica-se o disposto no Regulamento Emolumentar dos Registos e Notariado, na redacção anterior à introduzida pelo presente diploma.

Visto e aprovado em Conselho de Ministros de 13 de Setembro de 2006. – *José Sócrates Carvalho Pinto de Sousa – António Luís Santos Costa – Luís Filipe Marques Amado – Manuel Pedro Cunha da Silva Pereira – Alberto Bernardes Costa – Maria de Lurdes Reis Rodrigues.*

Promulgado em 12 de Dezembro de 2006.

Publique-se.

O Presidente da República, ANÍBAL CAVACO SILVA.

Referendado em 13 de Dezembro de 2006.

O Primeiro-Ministro, *José Sócrates Carvalho Pinto de Sousa.*

Regulamento da Nacionalidade Portuguesa

TÍTULO I
Da nacionalidade portuguesa

CAPÍTULO I
Atribuição, aquisição e perda da nacionalidade

ARTIGO 1º
Atribuição, aquisição e perda da nacionalidade

1 – A nacionalidade portuguesa pode ter como fundamento a atribuição, por efeito da lei ou da vontade, ou a aquisição, por efeito da vontade, da adopção plena ou da naturalização.

2 – A perda da nacionalidade portuguesa só pode ocorrer por efeito de declaração de vontade.

SECÇÃO I
Atribuição da nacionalidade

SUBSECÇÃO I
Disposições comuns

ARTIGO 2º
Nacionalidade originária

A atribuição da nacionalidade portuguesa pode resultar de mero efeito da lei ou de declaração de vontade e, sem prejuízo da validade das relações jurídicas anteriormente estabelecidas com base em outra nacionalidade, produz efeitos desde o nascimento.

SUBSECÇÃO II
Nacionalidade originária por efeito da lei

ARTIGO 3º
Atribuição da nacionalidade por efeito da lei

São portugueses de origem:

a) Os indivíduos nascidos no território português, filhos de mãe portuguesa ou de pai português, bem como os nascidos no território português, filhos de estrangeiros, se um dos progenitores aqui tiver nascido e aqui tiver residência, ao tempo do nascimento do filho, independentemente de título, sempre que do assento de nascimento não conste menção que contrarie essas circunstâncias;

b) Os indivíduos nascidos no estrangeiro de cujo assento de nascimento conste a menção de que a mãe ou o pai se encontrava ao serviço do Estado Português, à data do nascimento;

c) Os indivíduos nascidos no território português de cujo assento de nascimento conste a menção especial de que não possuem outra nacionalidade.

ARTIGO 4º
Menções especiais dos assentos de nascimentos ocorridos no território português

1 – Nos assentos de nascimentos ocorridos no território português, de filhos apenas de não portugueses, deve mencionar-se, como elemento de identificação do interessado, a nacionalidade estrangeira dos progenitores ou o seu desconhecimento, excepto se algum dos progenitores aqui tiver nascido e aqui tiver residência, ao tempo do nascimento do filho, independentemente de título.

2 – Os declarantes devem, sempre que possível, apresentar documento comprovativo da nacionalidade dos progenitores, excepto nos casos em que não haja dúvidas sobre a nacionalidade portuguesa de, pelo menos, um deles.

3 – Quando ambos os progenitores forem estrangeiros, mas um deles aqui tiver nascido e aqui tiver residência, independentemente de título, ao tempo do nascimento do filho, a naturalidade desse progenitor é comprovada mediante certidão do respectivo registo de nascimento, devendo ser apresentado documento comprovativo da sua residência no território português.

4 – O documento previsto na parte final do número anterior pode ser dispensado, desde que sejam invocados factos que justifiquem a impossibilidade da sua apresentação.

ARTIGO 5º
Estabelecimento da filiação de estrangeiros nascidos no território português

1 – O acto ou processo destinado a estabelecer a filiação de estrangeiro, nascido no território português, é instruído, consoante o caso e sem prejuízo da dispensa de apresentação de documentos pelo interessado nos termos do artigo 37º:

a) Com documento comprovativo da nacionalidade portuguesa do progenitor;

b) Com certidão do registo de nascimento do progenitor estrangeiro nascido no território português e com documento comprovativo da respectiva residência neste território, ao tempo do nascimento do filho.

2 – O documento previsto na parte final da alínea *b*) do número anterior pode ser dispensado, desde que sejam invocados factos que justifiquem a impossibilidade da sua apresentação.

3 – Da decisão judicial ou do acto em que a filiação for estabelecida, bem como da sua comunicação para averbamento ao assento de nascimento, deve constar a menção da nacionalidade do progenitor português ou a menção da naturalidade do progenitor estrangeiro, nascido no território português, e da respectiva residência neste território, ao tempo do nascimento do filho.

4 – As menções referidas no número anterior devem constar, igualmente, como elemento de identificação do interessado, do averbamento de estabelecimento da filiação, a lavrar na sequência do respectivo assento de nascimento.

ARTIGO 6º
Apatridia

1 – Nos assentos de nascimentos ocorridos no território português de indivíduos que provem não possuir outra nacionalidade é especialmente mencionada esta circunstância, como elemento de identificação do interessado, mediante averbamento autorizado nos termos do número seguinte.

2 – Coligida a prova de apatridia, o conservador ou o oficial dos registos remete-a, com informação sobre o seu mérito e acompanhada de certidão do assento de nascimento respectivo, ao conservador dos Registos Centrais, que autoriza ou indefere o averbamento, podendo determinar as diligências prévias complementares que julgue necessárias.

ARTIGO 7º
Progenitor ao serviço do Estado Português

1 – Nos assentos de nascimentos ocorridos no estrangeiro de filhos de mãe portuguesa ou de pai português que ao tempo se encontrassem ao serviço do Estado Português é feita menção especial desta circunstância como elemento de identificação do interessado.

2 – O declarante deve apresentar documento comprovativo da circunstância referida no número anterior, passado pelo departamento a que o progenitor prestava serviço no estrangeiro.

3 – A apresentação do documento referido no número anterior é dispensada sempre que o funcionário tenha conhecimento oficial de que o progenitor se encontrava no estrangeiro ao serviço do Estado Português.

SUBSECÇÃO III
Nacionalidade originária por efeito da vontade

ARTIGO 8º
Atribuição da nacionalidade por efeito da vontade a nascidos no estrangeiro

1 – Os filhos de mãe portuguesa ou de pai português nascidos no estrangeiro que pretendam que lhes seja atribuída a nacionalidade portuguesa devem manifestar a vontade de serem portugueses por uma das seguintes formas:

a) Declarar que querem ser portugueses;

b) Inscrever o nascimento no registo civil português mediante declaração prestada pelos próprios, sendo capazes, ou pelos seus legais representantes, sendo incapazes.

2 – A declaração ou o pedido de inscrição são instruídos com prova da nacionalidade portuguesa de um dos progenitores.

ARTIGO 9º
Inscrição de nascimento

1 – A inscrição de nascimento, nas condições previstas na alínea *b*) do nº 1 do artigo anterior, é efectuada nos serviços consulares portugueses ou na Conservatória dos Registos Centrais.

2 – Nos casos em que o interessado, maior de 14 anos, não se identifique com documento bastante e não apresente certidão do assento estrangeiro do seu nascimento, é exigida a intervenção de duas testemunhas e, se possível, deve ser exibido documento que comprove a exactidão da declaração, podendo o conservador ou o oficial dos registos promover as diligências necessárias ao apuramento dos factos alegados.

3 – As declarações necessárias à inscrição de nascimento na Conservatória dos Registos Centrais são prestadas por intermédio dos serviços consulares portugueses e de conservatórias do registo civil, ou em extensões da Conservatória dos Registos Centrais junto de outras pessoas colectivas públicas, em termos a fixar por protocolo a celebrar entre essas entidades e a Direcção-Geral dos Registos e do Notariado.

ARTIGO 10º
Atribuição da nacionalidade por efeito da vontade a nascidos no território português

1 – Os indivíduos nascidos no território português, filhos de estrangeiros que não se encontrem ao serviço do respectivo Estado, podem declarar que querem ser portugueses, desde que, à data do nascimento, um dos progenitores aqui resida legalmente há pelo menos cinco anos.

2 – A declaração é instruída com os seguintes documentos, sem prejuízo da dispensa da sua apresentação pelo interessado nos termos do artigo 37º:

a) Certidão do assento de nascimento do interessado;

b) Documento emitido pelo Serviço de Estrangeiros e Fronteiras, comprovativo de que, há pelo menos cinco anos, à data do nascimento do filho, um dos progenitores tinha residência legalmente estabelecida no território português, ao abrigo de qualquer dos títulos, vistos ou autorizações previstos no regime de entrada, permanência, saída e afastamento de estrangeiros e no regime do direito de asilo ou ao abrigo de regimes especiais resultantes de tratados ou convenções de que Portugal seja Parte, designadamente no âmbito da União Europeia e da Comunidade dos Países de Língua Portuguesa;

c) Documento emitido pelo Serviço de Estrangeiros e Fronteiras comprovativo de que nenhum dos progenitores se encontrava no território português ao serviço do respectivo Estado estrangeiro.

3 – O Serviço de Estrangeiros e Fronteiras pode emitir os documentos referidos nas alíneas *b*) e *c*) do número anterior com base em elementos nele arquivados ou em averiguações realizadas para o efeito.

ARTIGO 10º-A
Atribuição da nacionalidade por efeito da vontade a netos de nacional português

1 – Os indivíduos nascidos no estrangeiro com, pelo menos, um ascendente do segundo grau da linha reta de nacionalidade portuguesa e que não tenha perdido esta nacionalidade, que pretendam que lhes seja atribuída a nacionalidade portuguesa, devem satisfazer cumulativamente os seguintes requisitos:

a) Declarar que querem ser portugueses;

b) Possuírem efetiva ligação à comunidade nacional;

c) Inscrever o seu nascimento no registo civil português, após o reconhecimento da ligação à comunidade nacional.

2 – A efetiva ligação à comunidade nacional é reconhecida pelo Governo nos termos dos nºs 4 e 7, e depende de não condenação, com trânsito em julgado da sentença, pela prática de crime punível com pena de prisão de máximo igual ou superior a três anos, segundo a lei portuguesa.

3 – A declaração é instruída com os seguintes documentos, sem prejuízo da dispensa da sua apresentação pelo interessado nos termos do artigo 37º:

a) Certidão do registo de nascimento;

b) Certidões dos registos de nascimento do ascendente do segundo grau da linha reta de nacionalidade portuguesa e do progenitor que dele for descendente;

c) Certificados do registo criminal emitidos pelos serviços competentes portugueses, do país da naturalidade e da nacionalidade, bem como dos países onde tenha tido e tenha residência;

d) Documento comprovativo do conhecimento suficiente da língua portuguesa;

e) Documentos que possam contribuir para comprovar a efetiva ligação à comunidade nacional, designadamente:

i) A residência legal em território nacional;

ii) A deslocação regular a Portugal;

iii) A propriedade em seu nome há mais de três anos ou contratos de arrendamento celebrado há mais de três anos, relativos a imóveis sitos em Portugal;

iv) A residência ou ligação a uma comunidade histórica portuguesa no estrangeiro;

v) A participação regular ao longo dos últimos cinco anos à data do pedido na vida cultural da comunidade portuguesa do país onde resida, nomeadamente nas atividades das associações culturais e recreativas portuguesas dessas comunidades.

4 – O Governo reconhece que existem laços de efetiva ligação à comunidade nacional quando o declarante, no momento do pedido, preencha, designadamente, um dos seguintes requisitos:

a) Resida legalmente no território português nos três anos imediatamente anteriores ao pedido, se encontre inscrito na administração tributária e no Serviço Nacional de Saúde ou nos serviços regionais de saúde, e comprove frequência escolar em estabelecimento de ensino no território nacional ou demonstre o conhecimento da língua portuguesa;

b) Resida legalmente no território português nos cinco anos imediatamente anteriores ao pedido, se encontre inscrito na administração tributária e no Serviço Nacional de Saúde ou nos serviços regionais de saúde.

5 – A residência legal no território português e o conhecimento da língua portuguesa são comprovados nos termos do artigo 25º

6 – A Conservatória dos Registos Centrais deve solicitar as informações necessárias às entidades referidas no nº 5 do artigo 27º, sendo aplicável o disposto nos nºs 6 a 8 do mesmo artigo.

7 – Excetuando as situações previstas no nº 4, efetuada a instrução, e concluindo o conservador que se encontram preenchidos os demais requisitos da inscrição, a declaração e demais documentos instrutórios são remetidos ao membro do Governo responsável pela área da justiça, no prazo de 10 dias, para o reconhecimento da efetiva ligação à comunidade nacional.

8 – Existindo o reconhecimento referido no nº 4 ou no número anterior, a Conservatória dos Registos Centrais notificará o interessado para proceder à inscrição do nascimento, por si ou por procurador com poderes especiais para o ato, ou pelos seus representantes legais, sendo incapaz, no prazo de seis meses.

9 – Em caso de falta de resposta à notificação prevista no número anterior, é o procedimento declarado deserto, disso se notificando o requerente.

(Aditado pelo Decreto-Lei nº 71/2017, de 21-06)

ARTIGO 11º
Composição do nome

1 – Ao nome dos indivíduos a quem seja atribuída a nacionalidade portuguesa são aplicáveis as regras legais em vigor acerca da composição do nome, sem prejuízo do disposto no número seguinte.

2 – Sempre que assim o pretendam, aqueles a quem for atribuída a nacionalidade portuguesa podem manter a composição originária do seu nome.

3 – No caso de atribuição de nacionalidade mediante declaração, o interessado deve indicar a composição que pretende adoptar para o nome, a qual é averbada ao assento de nascimento respectivo, já lavrado ou a lavrar por transcrição, sempre que o nome seja alterado.

4 – Tratando-se de inscrição de nascimento atributiva da nacionalidade ou de assento de nacionalidade, deve mencionar-se no texto o novo nome e averbar-se a forma originária, quando demonstrada.

SECÇÃO II
Aquisição da nacionalidade

SUBSECÇÃO I
Disposições comuns

ARTIGO 12º
Fundamento da aquisição da nacionalidade

A aquisição da nacionalidade portuguesa pode ter como fundamento a declaração de vontade do interessado, a adopção plena ou a naturalização e só produz efeitos a partir da data do registo.

SUBSECÇÃO II
Aquisição da nacionalidade por efeito da vontade

ARTIGO 13º
Aquisição por filhos incapazes mediante declaração de vontade

1 – Os filhos incapazes de mãe ou de pai que adquira a nacionalidade portuguesa, se também a quiserem adquirir, devem declarar, por intermédio dos seus representantes legais, que pretendem ser portugueses.

2 – Na declaração é identificado o registo de aquisição da nacionalidade da mãe ou do pai.

ARTIGO 14º
Aquisição em caso de casamento ou união de facto mediante declaração de vontade

1 – O estrangeiro casado há mais de três anos com nacional português, se, na constância do matrimónio, quiser adquirir a nacionalidade, deve declará-lo.

2 – O estrangeiro que coabite com nacional português em condições análogas às dos cônjuges há mais de três anos, se quiser adquirir a nacionalidade deve igualmente declará-lo, desde que tenha previamente obtido o reconhecimento judicial da situação de união de facto.

3 – A declaração prevista no nº 1 é instruída com certidão do assento de casamento e com certidão do assento de nascimento do cônjuge português, sem prejuízo da dispensa da sua apresentação pelo interessado nos termos do artigo 37º

4 – No caso previsto no nº 2, a declaração é instruída com certidão da sentença judicial, com certidão do assento de nascimento do nacional português, sem prejuízo da dispensa da sua apresentação pelo interessado nos termos do artigo 37º, e com declaração deste, prestada há menos de três meses, que confirme a manutenção da união de facto.

5 – A declaração prevista na parte final do número anterior pode ser reduzida a auto perante funcionário de um dos serviços com competência para a recepção do pedido ou constar de documento assinado pelo membro da união de facto que seja nacional português, contendo a indicação do número, data e entidade emitente do respectivo bilhete de identidade.

ARTIGO 15º
Aquisição mediante declaração de vontade após perda da nacionalidade durante a incapacidade

1 – Os que tiverem perdido a nacionalidade portuguesa por efeito de declaração prestada durante a sua incapacidade e quiserem adquiri-la, quando capazes, devem declará-lo.

2 – Na declaração deve ser identificado o registo de perda da nacionalidade e ser feita prova da capacidade.

SUBSECÇÃO III
Aquisição da nacionalidade por efeito da adopção plena

ARTIGO 16º
Aquisição por adopção plena

Adquirem a nacionalidade portuguesa, por mero efeito da lei, os adoptados plenamente por nacional português.

ARTIGO 17º
Prova da nacionalidade portuguesa do adoptante

1 – A petição do processo para adopção plena de um estrangeiro por português é instruída com prova da nacionalidade portuguesa do adoptante, devendo a menção desta nacionalidade constar da decisão ou acto em que a filiação adoptiva vier a ser estabelecida, bem como da comunicação desta para averbamento ao assento de nascimento.

2 – A menção a que se refere o número anterior deve igualmente constar, como elemento de identificação do interessado, do averbamento de adopção, a efectuar na sequência do assento de nascimento.

3 – O disposto nos números anteriores é aplicável, com as necessárias adaptações, à conversão da adopção restrita em adopção plena.

SUBSECÇÃO IV
Aquisição da nacionalidade por efeito da naturalização

ARTIGO 18º
Aquisição da nacionalidade por naturalização

1 – Aquele que pretenda adquirir a nacionalidade portuguesa por naturalização, pode apresentar o respectivo requerimento, dirigido ao Ministro da Justiça, nos seguintes serviços:

a) Extensões da Conservatória dos Registos Centrais junto de outras pessoas colectivas públicas, em termos a fixar por protocolo a celebrar entre essas entidades e a Direcção-Geral dos Registos e do Notariado;
b) Conservatórias do registo civil;
c) Serviços consulares portugueses.

2 – O requerimento pode, ainda, ser enviado por correio para a Conservatória dos Registos Centrais, ou por via electrónica, nas condições que vierem a ser fixadas por portaria do Ministro da Justiça.

3 – O requerimento para a naturalização é efectuado pelo interessado, por si ou por procurador bastante, sendo capaz, ou pelos seus representantes legais, sendo incapaz.

4 – O requerimento é redigido em língua portuguesa e, além do fundamento do pedido e de outras circunstâncias que o interessado considere relevantes, deve conter os seguintes elementos:

a) O nome completo, data do nascimento, estado, naturalidade, nacionalidade, filiação, profissão e residência actual, bem como a indicação dos países onde tenha residido anteriormente;
b) O nome completo e residência dos representantes legais, caso o interessado seja incapaz, ou do procurador;

c) A menção do número, data e entidade emitente do título ou autorização de residência, passaporte ou documento de identificação equivalente do interessado, bem como do representante legal ou do procurador, se os houver;

d) A assinatura do requerente, reconhecida presencialmente, salvo se for feita na presença de funcionário de um dos serviços ou posto de atendimento com competência para a recepção do requerimento.

5 – Quando o procurador seja advogado ou solicitador, é suficiente, para a confirmação da assinatura, a indicação do número da respectiva cédula profissional.

ARTIGO 19º
Naturalização de estrangeiros residentes no território português

1 – O Governo concede a nacionalidade portuguesa, por naturalização, aos estrangeiros quando satisfaçam os seguintes requisitos:

a) Sejam maiores ou emancipados à face da lei portuguesa;

b) Residam legalmente no território português há pelo menos seis anos;

c) Conheçam suficientemente a língua portuguesa, nos termos do disposto no artigo 25º;

d) Não tenham sido condenados, com trânsito em julgado da sentença, pela prática de crime punível com pena de prisão de máximo igual ou superior a três anos, segundo a lei portuguesa;

e) Não constituam perigo ou ameaça para a segurança ou a defesa nacional, pelo seu envolvimento em atividades relacionadas com a prática do terrorismo, nos termos da respetiva lei.

2 – O requerimento é instruído com os seguintes documentos, sem prejuízo da dispensa da sua apresentação pelo interessado nos termos do artigo 37º:

a) Certidão do registo de nascimento;

b) Documento emitido pelo Serviço de Estrangeiros e Fronteiras, comprovativo de que reside legalmente no território português há pelo menos seis anos, ao abrigo de qualquer dos títulos, vistos ou autorizações previstos no regime de entrada, permanência, saída e afastamento de estrangeiros e no regime do direito de asilo ou ao abrigo de regimes especiais resultantes de tratados ou convenções de que Portugal seja Parte, designadamente no âmbito da União Europeia e da Comunidade dos Países de Língua Portuguesa;

c) Documento comprovativo de que conhece suficientemente a língua portuguesa, nos termos do disposto no artigo 25º;

d) Certificados do registo criminal emitidos pelos serviços competentes portugueses, do país da naturalidade e da nacionalidade, bem como dos países onde tenha tido residência.

(Redação dada pelo Decreto-Lei nº 71/2017, de 21-06)

ARTIGO 20º
Naturalização de menores nascidos no território português

1 – O Governo concede a nacionalidade portuguesa, por naturalização, aos

menores, à face da lei portuguesa, nascidos no território português, filhos de estrangeiros, quando satisfaçam os seguintes requisitos:

a) Conheçam suficientemente a língua portuguesa, nos termos do disposto no artigo 25º;

b) Não tenham sido condenados, com trânsito em julgado da sentença, pela prática de crime punível com pena de prisão de máximo igual ou superior a três anos, segundo a lei portuguesa;

c) No momento do pedido, um dos progenitores resida legalmente no território português há pelo menos cinco anos ou o menor aqui tenha concluído o primeiro ciclo do ensino básico.

2 – O requerimento é instruído com os seguintes documentos, sem prejuízo da dispensa da sua apresentação pelo interessado nos termos do artigo 37º:

a) Certidão do registo de nascimento;

b) Documento comprovativo de que conhece suficientemente a língua portuguesa, nos termos do disposto no artigo 25º;

c) Certificados do registo criminal emitidos pelos serviços competentes portugueses, do país da nacionalidade, bem como dos países onde tenha tido e tenha residência;

d) Documento emitido pelo Serviço de Estrangeiros e Fronteiras, comprovativo de que um dos progenitores reside legalmente no território português há pelo menos cinco anos, ao abrigo de qualquer dos títulos, vistos ou autorizações previstos no regime de entrada, permanência, saída e afastamento de estrangeiros e no regime do direito de asilo ou ao abrigo de regimes especiais resultantes de tratados ou convenções de que Portugal seja Parte, designadamente no âmbito da União Europeia e da Comunidade dos Países de Língua Portuguesa, ou documento comprovativo de que o menor aqui concluiu o primeiro ciclo do ensino básico.

ARTIGO 21º
Naturalização de indivíduos que tenham tido a nacionalidade portuguesa

1 – O Governo concede a nacionalidade portuguesa, por naturalização, aos indivíduos que tenham tido a nacionalidade portuguesa e que, tendo-a perdido, nunca tenham adquirido outra nacionalidade, quando satisfaçam os seguintes requisitos:

a) Sejam maiores ou emancipados à face da lei portuguesa;

b) Não tenham sido condenados, com trânsito em julgado da sentença, pela prática de crime punível com pena de prisão de máximo igual ou superior a três anos, segundo a lei portuguesa;

c) Não constituam perigo ou ameaça para a segurança ou a defesa nacional, pelo seu envolvimento em atividades relacionadas com a prática do terrorismo, nos termos da respetiva lei.

2 – O requerimento é instruído com os seguintes documentos, sem prejuízo da dispensa da sua apresentação pelo interessado nos termos do artigo 37º:

a) Certidão do registo de nascimento;

b) Documentos emitidos pelas autoridades dos países com os quais tenha conexões relevantes, designadamente do país de origem, dos países onde tenha tido ou tenha residência e do país da nacionalidade dos progenitores, comprovativos de que nunca adquiriu outra nacionalidade;

c) Certificados do registo criminal emitidos pelos serviços competentes portugueses, do país da naturalidade e dos países onde tenha tido e tenha residência.

3 – No requerimento são indicadas as circunstâncias que determinaram a perda da nacionalidade portuguesa.

(Redação dada pelo Decreto-Lei nº 71/2017, de 21-06)

ARTIGO 22º
Naturalização de estrangeiros que sejam descendentes de nacional português

(Revogado pelo Decreto-Lei nº 71/2017, de 21-06)

ARTIGO 23º
Naturalização de estrangeiros nascidos no território português

1 – O Governo pode conceder a nacionalidade portuguesa, por naturalização, a indivíduos nascidos no território português, filhos de estrangeiros, que aqui tenham permanecido habitualmente nos 10 anos imediatamente anteriores ao pedido, quando satisfaçam os seguintes requisitos:

a) Sejam maiores ou emancipados à face da lei portuguesa;

b) Conheçam suficientemente a língua portuguesa, nos termos do disposto no artigo 25º;

c) Não tenham sido condenados, com trânsito em julgado da sentença, pela prática de crime punível com pena de prisão de máximo igual ou superior a três anos, segundo a lei portuguesa;

d) Não constituam perigo ou ameaça para a segurança ou a defesa nacional, pelo seu envolvimento em atividades relacionadas com a prática do terrorismo, nos termos da respetiva lei.

2 – O requerimento é instruído com os seguintes documentos, sem prejuízo da dispensa da sua apresentação pelo interessado nos termos do artigo 37º:

a) Certidão do registo de nascimento;

b) Documento comprovativo de que conhece suficientemente a língua portuguesa, nos termos do disposto no artigo 25º;

c) Certificados do registo criminal emitidos pelos serviços competentes portugueses, do país da nacionalidade, bem como dos países onde tenha tido residência;

d) Documentos comprovativos de que, nos 10 anos imediatamente anteriores ao pedido, permaneceu habitualmente no território português, designadamente documentos que comprovem os descontos efectuados para a segurança social e para a administração fiscal, a frequência escolar, as condições de alojamento ou documento de viagem válido e reconhecido.

(Redação dada pelo Decreto-Lei nº 71/2017, de 21-06)

ARTIGO 24º
Casos especiais em que pode ser concedida a naturalização

1 – O Governo pode conceder a nacionalidade portuguesa, por naturalização, aos indivíduos que, não sendo apátridas, tenham tido a nacionalidade portuguesa, aos que forem havidos como descendentes de portugueses, aos membros de comunidades de ascendência portuguesa e aos estrangeiros que tenham prestado ou sejam chamados a prestar serviços relevantes ao Estado português ou à comunidade nacional, quando satisfaçam os seguintes requisitos:

a) Sejam maiores ou emancipados à face da lei portuguesa;

b) Não tenham sido condenados, com trânsito em julgado da sentença, pela prática de crime punível com pena de prisão de máximo igual ou superior a três anos, segundo a lei portuguesa;

c) Não constituam perigo ou ameaça para a segurança ou a defesa nacional, pelo seu envolvimento em atividades relacionadas com a prática do terrorismo, nos termos da respetiva lei.

2 – O requerimento é instruído com os seguintes documentos, sem prejuízo da dispensa da sua apresentação pelo interessado nos termos do artigo 37º:

a) Certidão do registo de nascimento;

b) Certificados do registo criminal emitidos pelos serviços competentes portugueses, do país da naturalidade e da nacionalidade, bem como dos países onde tenha tido e tenha residência.

3 – Tratando-se de indivíduos que, não sendo apátridas, tenham tido a nacionalidade portuguesa, são indicadas, no requerimento, as circunstâncias que determinaram a perda da nacionalidade.

4 – A prova de ser havido como descendente de portugueses ou de ser membro de comunidades de ascendência portuguesa é feita mediante certidões dos correspondentes registos de nascimento e, na sua falta, pode ser feita por outros meios que o Ministro da Justiça considere adequados.

5 – As circunstâncias relacionadas com o facto de o requerente ter prestado ou ser chamado a prestar serviços relevantes ao Estado Português ou à comunidade nacional são provadas por documento emitido pelo departamento competente, em função da natureza daqueles serviços.

(Redação dada pelo Decreto-Lei nº 71/2017, de 21-06)

ARTIGO 24º-A
Naturalização de estrangeiros que sejam descendentes de judeus sefarditas portugueses

1 – O Governo pode conceder a nacionalidade portuguesa, por naturalização, aos descendentes de judeus sefarditas, quando satisfaçam os seguintes requisitos:

a) Sejam maiores ou emancipados à face da lei portuguesa;

b) Não tenham sido condenados, com trânsito em julgado da sentença, pela prática de crime punível com pena de prisão de máximo igual ou superior a três anos, segundo a lei portuguesa;

c) Não constituam perigo ou ameaça para a segurança ou a defesa nacional, pelo seu envolvimento em atividades relacionadas com a prática do terrorismo, nos termos da respetiva lei.

2 – No requerimento a apresentar pelo interessado são indicadas e demonstradas as circunstâncias que determinam a tradição de pertença a uma comunidade sefardita de origem portuguesa, designadamente, apelidos de família, idioma familiar, descendência direta ou relação familiar na linha colateral de progenitor comum a partir da comunidade sefardita de origem portuguesa.

3 – O requerimento é instruído com os seguintes documentos, sem prejuízo da dispensa da sua apresentação pelo interessado nos termos do artigo 37º:

a) Certidão do registo de nascimento;

b) Certificados do registo criminal emitidos pelos serviços competentes portugueses, do país da naturalidade e da nacionalidade, bem como dos países onde tenha tido e tenha residência, os quais devem ser autenticados, quando emitidos por autoridades estrangeiras;

c) Certificado de comunidade judaica com estatuto de pessoa coletiva religiosa, radicada em Portugal, nos termos da lei, à data de entrada em vigor do presente artigo, que ateste a tradição de pertença a uma comunidade sefardita de origem portuguesa, materializada, designadamente, no apelido do requerente, no idioma familiar, na genealogia e na memória familiar.

4 – O certificado referido na alínea *c*) do número anterior deve conter o nome completo, a data de nascimento, a naturalidade, a filiação, a nacionalidade e a residência do requerente, bem como a indicação da descendência direta ou relação familiar na linha colateral de progenitor comum a partir da comunidade sefardita de origem portuguesa, acompanhado de todos os elementos de prova.

5 – Na falta do certificado referido na alínea *c*) do nº 3, e para demonstração da descendência direta ou relação familiar na linha colateral de progenitor comum a partir da comunidade sefardita de origem portuguesa e tradição de pertença a uma comunidade sefardita de origem portuguesa, são admitidos os seguintes meios de prova:

a) Documento autenticado, emitido pela comunidade judaica a que o requerente pertença, que ateste o uso pelo mesmo de expressões em português em ritos judaicos ou, como língua falada por si no seio dessa comunidade, do ladino;

b) Registos documentais autenticados, tais como registos de sinagogas e cemitérios judaicos, bem como títulos de residência, títulos de propriedade, testamentos e outros comprovativos da ligação familiar do requerente, por via de descendência direta ou relação familiar na linha colateral de progenitor comum a partir da comunidade sefardita de origem portuguesa.

6 – Em caso de dúvida sobre a autenticidade do conteúdo dos documentos emitidos no estrangeiro, o membro do Governo responsável pela área da justiça pode solicitar, à comunidade judaica a que se refere a alínea *c*) do nº 3, parecer sobre os meios de prova apresentados ao abrigo do disposto no número anterior.

(Redação dada pelo Decreto-Lei nº 71/2017, de 21-06)

ARTIGO 25º
Prova da residência e do conhecimento da língua portuguesa

1 – O Serviço de Estrangeiros e Fronteiras pode emitir o documento comprovativo da residência legal no território português com base nos elementos nele arquivados ou em averiguações realizadas para o efeito.

2 – O conhecimento da língua portuguesa pode ser comprovado por uma das seguintes formas:

a) Certificado de habilitação emitido por estabelecimento de ensino público, particular ou cooperativo reconhecido nos termos legais, desde que o seu detentor tenha frequentado com aproveitamento a unidade curricular/disciplina de Português, pelo menos em dois anos letivos;

b) Certificado de aprovação em prova de língua portuguesa realizada em estabelecimentos de ensino da rede pública, quando efetuada em território nacional, ou em locais acreditados pelo Camões – Instituto da Cooperação e da Língua, I.P., quando realizada no estrangeiro, devendo a regulamentação desta prova, bem como o respetivo controlo, constar de portaria dos membros do Governo responsáveis pelas áreas dos negócios estrangeiros, da administração interna, da justiça e da educação;

c) Certificado em língua portuguesa como língua estrangeira, emitido mediante a realização de teste em centro de avaliação de português, como língua estrangeira, reconhecido pelo Ministério da Educação e Ciência, mediante protocolo;

d) Certificado de qualificações que ateste a conclusão do nível A2 ou superior, emitido por estabelecimento de ensino público, centros de emprego e formação e centros protocolares do IEFP – Instituto do Emprego e da Formação Profissional, I.P. (IEFP, I.P.), ao abrigo da Portaria nº 1262/2009, de 15 de outubro, alterada pela Portaria nº 216-B/2012, de 18 de julho.

3 – Pela realização da prova de língua portuguesa prevista na alínea *b*) do nº 2 é exigido o pagamento de taxa, nos termos a fixar pela portaria prevista na referida alínea.

4 – Os candidatos à prova de língua portuguesa prevista na alínea *b*) do nº 2 não podem ter idade inferior à idade legal exigida para a conclusão da escolaridade obrigatória, à data da realização da prova.

5 – Tratando-se de menor que não tenha concluído o 1º ciclo do ensino básico em estabelecimento de ensino com currículo português, o conhecimento suficiente da língua portuguesa pode ser comprovado mediante declaração emitida por estabelecimento de educação ou ensino de português, frequentado pelo menor.

6 – Tratando-se de pessoas com graves problemas de saúde ou com deficiências com grau de incapacidade devidamente comprovada por atestado médico multiuso passado nos termos da legislação portuguesa, ou de pessoas com idade igual ou superior a 60 anos que não saibam ler ou escrever, a prova do conhecimento da língua portuguesa deve ser adequada à sua capacidade para demonstrar conhecimentos desta língua.

7 – Tratando-se de pessoa que tenha frequentado estabelecimento de ensino público ou de ensino particular ou cooperativo reconhecido nos termos legais em país de língua oficial portuguesa, o conhecimento da língua portuguesa pode ser comprovado por certificado de habilitação emitido por esse estabelecimento de ensino.

8 – Havendo dúvida sobre a suficiência do certificado apresentado para comprovar o conhecimento da língua portuguesa, a Conservatória dos Registos Centrais pode solicitar às autoridades competentes do Ministério da Educação e Ciência que se pronunciem, sob pena de, não sendo considerado suficiente, não poder valer como prova do conhecimento.

9 – O conhecimento da língua portuguesa presume-se existir para os interessados que sejam naturais e nacionais de país que tenha o português como língua oficial há pelo menos 10 anos e que residam em Portugal, independentemente do título, há pelo menos 5 anos.

10 – No caso de cidadãos nacionais de um Estado membro da União Europeia, a prova da residência legal pode ser efetuada:

a) Mediante transmissão de informação pelo Serviço de Estrangeiros e Fronteiras, nos termos do nº 1, relativamente à realização do registo a que se refere o artigo 14º da Lei nº 37/2006, de 9 de agosto; ou

b) Mediante a apresentação de documentos que comprovem o preenchimento das condições do direito de residência estabelecidas nos artigos 7º e 9º da Lei nº 37/ /2006, de 9 de agosto, ou do direito de residência permanente estabelecidas nos artigos 10º e 11º da mesma lei.

(Redação dada pelo Decreto-Lei nº 71/2017, de 21-06)

ARTIGO 26º
Dispensa de documentos

Em casos especiais, o Ministro da Justiça pode dispensar, a requerimento fundamentado do interessado, a apresentação de qualquer documento que deva instruir o pedido de naturalização, desde que não existam dúvidas sobre a verificação dos requisitos que esse documento se destinava a comprovar.

ARTIGO 27º
Tramitação do procedimento de naturalização

1 – Recebido o requerimento deve o processo, no prazo de quarenta e oito horas, ser remetido à Conservatória dos Registos Centrais, podendo ser enviado por via electrónica, nas condições que vierem a ser fixadas por portaria do Ministro da Justiça.

2 – No prazo de 30 dias contados a partir da data da recepção, a Conservatória dos Registos Centrais deve analisar sumariamente o processo e proceder ao indeferimento liminar do requerimento nos seguintes casos:

a) Quando não contenha os elementos previstos no nº 4 do artigo 18º;

b) Quando não seja acompanhado dos documentos necessários para comprovar os factos que constituem o fundamento do pedido, sem prejuízo do disposto nos nºs 4 a 8 do artigo 37º

3 – Se o conservador ou o oficial dos registos concluir que o requerimento deve ser liminarmente indeferido, notifica o interessado dos fundamentos que conduzem ao indeferimento para que este se pronuncie, no prazo de 20 dias.

4 – Após a recepção da pronúncia do interessado ou o decurso do prazo previsto no número anterior é proferida decisão fundamentada pelo conservador ou por oficial dos registos.

5 – Não ocorrendo indeferimento liminar, a Conservatória dos Registos Centrais solicita, sempre que possível por via electrónica, as informações necessárias à Polícia Judiciária, bem como ao Serviço de Estrangeiros e Fronteiras, que, para o efeito, pode consultar outras entidades, serviços e forças de segurança.

6 – As informações referidas no número anterior devem ser prestadas pela Polícia Judiciária e pelo Serviço de Estrangeiros e Fronteiras no prazo de 30 dias, excepto se existirem razões que justifiquem a sua prorrogação, por prazo não superior a 90 dias, facto que deve ser comunicado à Conservatória dos Registos Centrais.

7 – A informação sobre a existência de perigo ou ameaça para a segurança ou a defesa nacional, pelo envolvimento em atividades relacionadas com a prática do terrorismo, nos termos da respetiva lei, é prestada pelas entidades referidas no nº 5.

8 – As entidades referidas no nº 5 actualizam a informação prestada, sempre que se verifiquem alterações que devam ser comunicadas à Conservatória dos Registos Centrais.

9 – Caso tenha sido requerida a dispensa de apresentação de qualquer documento, nos termos previstos no artigo 26º, o processo é submetido a decisão do Ministro da Justiça.

10 – Realizadas as diligências, é emitido parecer, no prazo de 45 dias, sobre a verificação dos pressupostos do pedido, sendo o processo submetido, de imediato, a decisão do Ministro da Justiça, caso o parecer seja favorável à pretensão do interessado.

11 – Se o parecer for no sentido do indeferimento do pedido, o interessado é notificado do seu conteúdo para que, no prazo de 20 dias, se pronuncie, devendo dessa notificação constar a hora e o local onde o processo pode ser consultado.

12 – Decorrido o prazo previsto no número anterior, e após ter sido analisada a eventual resposta do interessado, o processo é submetido a decisão do Ministro da Justiça.

13 – A decisão do Ministro da Justiça que conceda a naturalização é objecto de registo a lavrar oficiosamente na Conservatória dos Registos Centrais.

14 – Se o pedido de naturalização for indeferido, a decisão é notificada ao interessado.

15 – As notificações, quando sejam efetuadas por carta registada, são remetidas para o domicílio escolhido pelo interessado, e presumem-se efetuadas no terceiro dia útil posterior ao do registo ou no primeiro dia útil seguinte a esse, quando esse dia não seja útil.

16 – As notificações referidas no número anterior não deixam de produzir efeito pelo facto de o expediente ser devolvido, desde que a remessa tenha sido feita para o domicílio escolhido pelo interessado; nesse caso, ou no de a carta não ter sido entregue por ausência do destinatário, juntar-se-á ao procedimento o sobrescrito, presumindo-se a notificação feita no dia a que se refere a parte final do número anterior.

(Redação dada pelo Decreto-Lei nº 71/2017, de 21-06)

ARTIGO 28º
Delegação de competências

O membro do Governo responsável pela área da justiça pode delegar no presidente do conselho diretivo do Instituto dos Registos e do Notariado, I. P., com a faculdade de subdelegação, as competências que lhe são atribuídas no âmbito da aquisição da nacionalidade portuguesa por naturalização, nos termos dos artigos 19º a 21º

(Redação dada pelo Decreto-Lei nº 71/2017, de 21-06)

SECÇÃO III
Perda da nacionalidade

ARTIGO 29º
Perda da nacionalidade

Perde a nacionalidade portuguesa quem, sendo nacional de outro Estado, declare que não quer ser português.

ARTIGO 30º
Declaração de perda da nacionalidade

1 – Quem, sendo nacional de outro Estado, não quiser ser português pode declará-lo.

2 – Subsiste a nacionalidade portuguesa em relação aos que adquirem outra nacionalidade, salvo se declararem o contrário.

3 – A declaração é instruída com documento comprovativo da nacionalidade estrangeira do interessado.

TÍTULO III
Disposições procedimentais comuns

CAPÍTULO I
Procedimentos comuns à atribuição, aquisição e perda da nacionalidade

SECÇÃO I
Declarações para fins de nacionalidade e postos de atendimento

ARTIGO 31º
Declarações para fins de nacionalidade

1 – As declarações para fins de atribuição, aquisição e perda da nacionalidade portuguesa são prestadas pelas pessoas a quem respeitam, por si ou por procurador bastante, sendo capazes, ou pelos seus representantes legais, sendo incapazes.

2 – A procuração com poderes especiais para fins de atribuição, aquisição da nacionalidade por efeito da vontade, por adopção ou por naturalização e perda da nacionalidade obedece à forma prevista no Código do Registo Civil, salvo se for passada a advogado ou solicitador.

3 – No acto de inscrição de nascimento de indivíduo nascido do casamento dos pais, qualquer destes pode fazer-se representar pelo outro, mediante procuração lavrada por documento particular, assinado pelo representado, com a indicação feita pelo signatário do número, data e entidade emitente do respectivo bilhete de identidade ou documento equivalente.

ARTIGO 32º
Forma das declarações

1 – As declarações a que se refere o nº 1 do artigo anterior podem ser prestadas em extensões da Conservatória dos Registos Centrais junto de outras pessoas colectivas públicas, em termos a fixar por protocolo a celebrar entre essas entidades e a Direcção-Geral dos Registos e do Notariado, em conservatórias do registo civil e em serviços consulares portugueses, sendo aí reduzidas a auto, e enviadas para a Conservatória dos Registos Centrais, se possível por via electrónica, nas condições que vierem a ser fixadas por portaria do Ministro da Justiça.

2 – Salvo tratando-se de atribuição de nacionalidade mediante inscrição de nascimento no registo civil português, as declarações referidas no número anterior podem ainda constar de impresso, de modelo a aprovar por despacho do director-geral dos Registos e do Notariado, podendo ser apresentadas nas extensões da Conservatória dos Registos Centrais ou enviadas, por correio, para a mesma Conservatória, ou por via electrónica, nas condições que vierem a ser fixadas por portaria do Ministro da Justiça.

3 – As declarações efectuadas nos termos previstos no número anterior só se consideram prestadas na data da sua recepção na Conservatória dos Registos

Centrais, devendo ser objecto de indeferimento liminar, no prazo de 30 dias, nos seguintes casos:

a) Quando não constem do impresso de modelo aprovado para esse efeito, ou sejam omitidas menções ou formalidades nele previstas;

b) Quando não sejam acompanhadas dos documentos necessários para comprovar os factos que constituem o fundamento do pedido, sem prejuízo do disposto nos nºs 4 a 8 do artigo 37º;

c) Quando não sejam apresentados os documentos previstos no nº 3 do artigo 57º, sendo caso disso.

4 – Se o conservador ou o oficial dos registos concluir que a declaração deve ser liminarmente indeferida notifica o interessado dos fundamentos que conduzem ao indeferimento para que este se pronuncie, no prazo de 20 dias.

5 – Em caso de indeferimento liminar, as declarações não produzem efeitos, sendo proferida decisão fundamentada por conservador ou por oficial dos registos.

6 – Sendo o indeferimento objecto de recurso hierárquico ou de reacção contenciosa, o prazo para a dedução de oposição à aquisição da nacionalidade só começa a contar a partir da data da decisão do referido recurso ou do trânsito em julgado da sentença que se tiver pronunciado sobre esse acto de indeferimento, considerando-o inválido ou inexistente.

(Redação dada pelo Decreto-Lei nº 71/2017, de 21-06)

ARTIGO 33º
Conteúdo dos autos de declarações

1 – Os autos de declarações de nacionalidade que não sejam para inscrição do nascimento devem conter:

a) A data e o lugar em que são lavrados;

b) O nome completo do conservador, do oficial dos registos ou do agente consular e a respectiva qualidade;

c) O nome completo, data do nascimento, estado, naturalidade, nacionalidade, filiação e residência actual do interessado, bem como a indicação dos países onde tenha residido anteriormente e a profissão, quando se trate de declaração para fins de aquisição da nacionalidade;

d) O número e ano do assento de nascimento do interessado e a indicação da conservatória em que se encontra, quando lavrado no registo civil português;

e) O nome completo e residência do representante legal, caso o interessado seja incapaz, ou do procurador;

f) A menção da forma como foi verificada a identidade do declarante;

g) Os factos declarados, o fim da declaração e o pedido do respectivo registo;

h) A assinatura do declarante, se souber e puder assinar, e a do conservador, oficial dos registos ou agente consular.

2 – O auto de declarações para inscrição de nascimento contém as menções previstas no Código do Registo Civil.

ARTIGO 34º
Verificação da identidade nos autos de declarações

1 – A verificação da identidade do declarante pode ser feita:

a) Pelo conhecimento pessoal do funcionário perante quem são prestadas as declarações;

b) Pela exibição do bilhete de identidade, título ou autorização de residência, passaporte ou documento de identificação equivalente do declarante;

c) Supletivamente, pela abonação de duas testemunhas idóneas.

2 – Se a identidade for verificada nos termos da alínea *b*) do número anterior, deve mencionar-se no auto o número, data e entidade emitente do documento de identificação.

3 – No caso de abonação testemunhal, as testemunhas oferecidas devem exibir um dos documentos de identificação referidos na alínea *b*) do nº 1 e ser identificadas no auto, que assinam depois do declarante e antes do funcionário.

4 – Podem intervir como testemunhas, além das pessoas autorizadas pela lei geral, os parentes ou os afins das partes e do próprio funcionário.

ARTIGO 35º
Conteúdo das declarações constantes de impresso de modelo aprovado

1 – As declarações para fins de atribuição, aquisição e perda da nacionalidade portuguesa, prestadas nos termos previstos no nº 2 do artigo 32º devem conter obrigatoriamente:

a) Os elementos previstos nas alíneas *c*), *e*), e *g*) do nº 1 do artigo 33º;

b) A declaração sobre os factos susceptíveis de fundamentarem a oposição à aquisição da nacionalidade portuguesa;

c) A indicação dos elementos que permitam identificar o registo de nascimento do interessado, bem como os registos que comprovam o fundamento do pedido, designadamente o local de nascimento ou de casamento, a respectiva data e, se for do seu conhecimento, a conservatória do registo civil onde se encontram arquivados, bem como o respectivo número e ano, sempre que seja dispensada a apresentação de certidões desses registos;

d) A relação dos documentos apresentados;

e) A assinatura do declarante, reconhecida presencialmente, salvo se for feita na presença de funcionário de serviço ou posto de atendimento com competência para receber a declaração.

2 – Quando as declarações forem prestadas por advogado ou solicitador é suficiente, para a confirmação da assinatura, a indicação do número da respectiva cédula profissional.

ARTIGO 36º
Prova da apatridia

A apatridia prova-se, para os fins do presente decreto-lei, pelos meios estabelecidos em convenção e, na sua falta, por documentos emanados das autoridades dos países com os quais o interessado tenha conexões relevantes, designadamente dos países de origem e da última nacionalidade ou da nacionalidade dos progenitores.

ARTIGO 37º
Instrução das declarações e requerimentos

1 – As declarações e os requerimentos para efeitos de nacionalidade são instruídos com os documentos necessários para a prova das circunstâncias de que dependa a atribuição, aquisição ou perda da nacionalidade portuguesa e com os demais documentos necessários para a prática dos correspondentes actos de registo civil obrigatório.

2 – Os documentos apresentados para instruir as declarações e os requerimentos, quando escritos em língua estrangeira, são acompanhados de tradução feita ou certificada, nos termos previstos na lei.

3 – As certidões de actos de registo civil, nacional ou estrangeiro, destinadas a instruir as declarações e os requerimentos são, se possível, de cópia integral e emitidas por fotocópia do assento.

4 – Os interessados estão dispensados de apresentar as certidões de registos que devam instruir as declarações para fins de atribuição, aquisição ou perda da nacionalidade, bem como as certidões de registos referidas no nº 3 do artigo 4º, no nº 1 do artigo 5º e no nº 2 do artigo 70º, desde que indiquem elementos que permitam identificar os assentos, designadamente o local de nascimento ou de casamento, a respectiva data e, se for do seu conhecimento, a conservatória do registo civil português onde se encontram arquivados e o respectivo número e ano, caso em que essas certidões são oficiosamente obtidas.

5 – É dispensada a junção de certidão de registo ou de documento existentes em suporte digital, quando os órgãos do registo civil aos mesmos tiverem acesso, através de sistema informático.

6 – A apresentação de certidões de assentos que devam instruir declarações ou requerimentos para fins de atribuição, aquisição ou perda da nacionalidade é dispensada, se os correspondentes actos de registo se encontrarem arquivados na Conservatória dos Registos Centrais.

7 – Os interessados estão, igualmente, dispensados de apresentar os seguintes documentos, os quais são oficiosamente obtidos junto das entidades competentes, sempre que possível, por via electrónica:

a) Certificado do registo criminal português;

b) Documentos emitidos pelo Serviço de Estrangeiros e Fronteiras, destinados a comprovar a residência legal no território português, bem como a circunstância prevista na alínea *c*) do nº 2 do artigo 10º

8 – É dispensada a apresentação do certificado do registo criminal do país da naturalidade e ou do país da nacionalidade sempre que o interessado comprove que, após ter completado os 16 anos, residiu noutro país.

9 – Sem prejuízo do que se encontre estabelecido em convenções internacionais e leis especiais, as certidões de actos de registo civil emitidas no estrangeiro são legalizadas nos termos previstos no Código de Processo Civil.

10 – Em caso de dúvida sobre a autenticidade do conteúdo de documentos emitidos no estrangeiro, pode ser solicitada às autoridades emitentes a confirmação da sua autenticidade, sendo os encargos daí resultantes suportados pelos interessados.

(Redação dada pelo Decreto-Lei nº 71/2017, de 21-06)

ARTIGO 38º
Transliteração

1 – Os nomes dos indivíduos a quem seja atribuída a nacionalidade portuguesa ou que a adquiram, quando escritos em caracteres não latinos, são transliterados de acordo com o alfabeto latino.

2 – Na falta de disposição legal ou convenção sobre a matéria, a transliteração a que se refere o número anterior respeita as regras geralmente observadas nas relações internacionais, designadamente as recomendações da Organização Internacional de Normalização (ISO).

ARTIGO 39º
Composição do nome em caso de aquisição

1 – Quem pretenda adquirir a nacionalidade portuguesa pode requerer o aportuguesamento dos elementos constitutivos do nome próprio, a conformação do nome completo com as regras legais portuguesas ou, se já tiver assento de nascimento lavrado no registo civil português com nome diverso daquele que usa, a adopção desse nome.

2 – O aportuguesamento, por tradução ou adaptação, gráfica e fonética, à língua portuguesa dos nomes próprios de origem estrangeira deve obedecer às disposições legais aplicáveis aos nascidos no território português.

3 – Se o aportuguesamento não for possível por tradução, ou a adaptação se mostrar inadequada, o interessado pode optar por um nome próprio português.

4 – Se quem pretender adquirir a nacionalidade portuguesa usar vários nomes completos deve optar por um deles.

5 – Sempre que o nome seja alterado, a nova composição é averbada ao assento de nascimento, se já lavrado ou a lavrar por transcrição e, tratando-se de assento a lavrar por inscrição ou de assento de nacionalidade, menciona-se no texto o novo nome e averba-se a forma originária.

6 – Quando o registo de nacionalidade seja lavrado por averbamento, deve constar deste a nova composição do nome.

ARTIGO 40º
Postos de atendimento

1 – Por despacho do director-geral dos Registos e do Notariado podem ser criados postos de atendimento da Conservatória dos Registos Centrais, que constituem extensões da mesma entidade, junto de outras pessoas colectivas públicas.

2 – Por protocolo a celebrar com a Direcção-Geral dos Registos e do Notariado podem ser designadas entidades públicas, associações ou outras entidades privadas exclusivamente para efeitos de prestação de informações sobre o tratamento e a instrução dos pedidos de atribuição, aquisição e perda da nacionalidade e encaminhamento das respectivas declarações ou requerimentos para a Conservatória dos Registos Centrais.

SECÇÃO II
Tramitação dos procedimentos

ARTIGO 41º
Tramitação e decisão dos pedidos

1 – A Conservatória dos Registos Centrais, no prazo de 30 dias contados a partir da data da recepção das declarações para fins de atribuição, aquisição ou perda da nacionalidade:

a) Analisa sumariamente o processo e, caso o auto de declarações contenha deficiências ou não se mostre devidamente instruído com os documentos necessários, notifica o interessado para, no prazo de 20 dias, suprir as deficiências existentes, bem como promove as diligências que considere necessárias para proferir a decisão;

b) Analisa sumariamente as declarações que tenham sido prestadas nos termos previstos no nº 2 do artigo 32º e, não sendo caso de indeferimento liminar, procede de acordo com o previsto na alínea anterior.

2 – Concluída a instrução, o conservador profere decisão, no prazo de 60 dias, autorizando a feitura do registo, sendo caso disso.

3 – Se, pela análise do processo, o conservador concluir que vai ser indeferida a feitura do registo, notifica o interessado dos fundamentos que conduzem ao indeferimento do pedido para, no prazo de 30 dias, este dizer o que se lhe oferecer, devendo dessa notificação constar a hora e o local onde o processo pode ser consultado.

4 – Decorrido o prazo previsto no número anterior, e após ter sido analisada a eventual resposta do interessado, o conservador profere decisão fundamentada, autorizando ou indeferindo a feitura do registo.

5 – Nos casos de aquisição da nacionalidade, por efeito da vontade ou por adopção, o disposto nos números anteriores é aplicável, com as necessárias adaptações, por forma a não ser prejudicado o direito de oposição.

6 – Sem prejuízo do disposto nos números anteriores, aos processos de atribuição da nacionalidade, neles se incluindo a inscrição de nascimento no registo civil português, bem como de aquisição da nacionalidade por efeito da vontade ou por adopção e de perda da nacionalidade, é aplicável, com as necessárias adaptações, o disposto no Código do Registo Civil, excepto no que se refere à contagem dos prazos e sua dilação, caso em que se aplica subsidiariamente o Código do Procedimento Administrativo.

7 – As notificações, quando sejam efetuadas por carta registada, são remetidas para o domicílio escolhido pelo interessado, e presumem-se efetuadas no terceiro dia útil posterior ao do registo ou no primeiro dia útil seguinte a esse, quando esse dia não seja útil.

8 – As notificações referidas no número anterior não deixam de produzir efeito pelo facto de o expediente ser devolvido, desde que a remessa tenha sido feita para o domicílio escolhido pelo interessado; nesse caso, ou no de a carta não ter sido entregue por ausência do destinatário, juntar-se-á ao procedimento o sobrescrito, presumindo-se a notificação feita no dia a que se refere a parte final do número anterior.

(Redação dada pelo Decreto-Lei nº 71/2017, de 21-06)

ARTIGO 42º
Diligências oficiosas

1 – Sempre que tenha sido requerida a atribuição, aquisição ou perda da nacionalidade, o conservador determina as diligências que considere necessárias para proferir a decisão.

2 – Caso se verifique estar pendente acção de que dependa a validade do facto que serve de fundamento à nacionalidade que se pretende registar, é sustada a feitura do registo, até que seja apresentada certidão da sentença judicial com trânsito em julgado.

3 – Suspende-se o procedimento de atribuição ou aquisição da nacionalidade portuguesa sempre que se suscitem dúvidas fundadas sobre a autenticidade de documentos emitidos no estrangeiro ou se encontrem pendentes diligências promovidas pelo conservador, nomeadamente a prevista no nº 7 do artigo 57º

4 – O procedimento de aquisição da nacionalidade portuguesa por efeito da vontade, por adopção ou por naturalização suspende-se durante o prazo de cinco anos a contar da data do trânsito em julgado de sentença que condene o interessado por crime previsto na lei portuguesa e em pena ou penas que, isolada ou cumulativamente, ultrapassem um ano de prisão, sendo nulos os actos praticados enquanto a suspensão se mantiver.

5 – Com as suspensões previstas nos nºs 3 e 4, suspende-se também a contagem do prazo para a dedução da oposição à aquisição da nacionalidade.

6 – Exceptua-se do disposto no nº 4 a aquisição da nacionalidade por parte daqueles que a tenham perdido, no domínio do direito anterior, por efeito do casamento ou da aquisição voluntária de nacionalidade estrangeira.

7 – Ao procedimento de aquisição da nacionalidade portuguesa por efeito da vontade, por adoção ou por naturalização é aplicável o disposto no artigo 38º do Código do Procedimento Administrativo.

8 – A verificação dos requisitos de que depende a aquisição da nacionalidade portuguesa por efeito da vontade, por adopção ou por naturalização pode ser objecto de diligências para a sua confirmação até ao momento da decisão final.

(Redação dada pelo Decreto-Lei nº 71/2017, de 21-06)

ARTIGO 43º
Comunicações

A Conservatória dos Registos Centrais comunica, sempre que possível por via electrónica:

a) Ao Serviço de Estrangeiros e Fronteiras, as alterações de nacionalidade que registar referentes a indivíduos residentes no território português;

b) Às representações consulares ou a outras autoridades estrangeiras, o registo de alterações de nacionalidade dos respectivos nacionais quando existir acordo ou convenção internacional que o imponha;

c) Aos serviços competentes em matéria de identificação civil e do processo eleitoral, os registos de perda da nacionalidade.

SECÇÃO III
Encargos dos actos e certificados de nacionalidade

ARTIGO 44º
Emolumentos

1 – Pelos actos relativos à atribuição, aquisição e perda da nacionalidade são cobrados os emolumentos previstos no Regulamento Emolumentar dos Registos e Notariado.

2 – Aos emolumentos previstos no número anterior acrescem as despesas previstas no nº 10 do artigo 37º

(Redação dada pelo Decreto-Lei nº 71/2017, de 21-06)

ARTIGO 45º
Certificados de nacionalidade

1 – Os certificados de nacionalidade são passados pela Conservatória dos Registos Centrais a requerimento dos interessados.

2 – Havendo registo de nacionalidade, o certificado é passado com base no respectivo registo.

3 – Se não existir registo de nacionalidade, o certificado é passado com base no assento de nascimento do interessado.

4 – No caso previsto no número anterior, o requerimento é instruído com certidão do registo de nascimento, sendo aplicável o disposto nos nºs 4 a 6 do artigo 37º

5 – Nos certificados é feita expressa referência à natureza do registo em face do qual são passados.

6 – Sempre que o registo de nascimento ou de nacionalidade enferme de irregularidade ou deficiência, ainda não sanada, que possa afectar a prova da nacionalidade, no certificado é mencionada essa circunstância.

CAPÍTULO II
Registo central da nacionalidade

ARTIGO 46º
Actos sujeitos a registo obrigatório

É obrigatório o registo, na Conservatória dos Registos Centrais, das declarações para atribuição, aquisição e perda da nacionalidade, bem como da naturalização de estrangeiros.

ARTIGO 47º
Registo da nacionalidade

O registo da nacionalidade pode ser efectuado em livro ou em suporte informático, sendo aplicável, com as necessárias adaptações, o disposto no Código do Registo Civil.

ARTIGO 48º
Forma de lavrar os registos

1 – Os registos de atribuição, aquisição e perda da nacionalidade são efectuados por averbamento quando o registo de nascimento seja simultaneamente lavrado na Conservatória dos Registos Centrais ou aí se encontre arquivado.

2 – Fora do caso previsto no número anterior, os registos de atribuição, aquisição ou perda da nacionalidade são lavrados por assento.

3 – O disposto nos números anteriores não se aplica à atribuição da nacionalidade mediante inscrição de nascimento no registo civil português ou à aquisição mediante adopção, por efeito da lei.

ARTIGO 49º
Assentos de nacionalidade

1 – Os assentos de nacionalidade são lavrados por transcrição, sem intervenção dos interessados.

2 – Os registos de nascimento, ainda que atributivos da nacionalidade e os registos de nacionalidade são assinados por conservador ou por oficial dos registos.

ARTIGO 50º
Transcrição e inscrição do registo de nascimento

1 – Excepto nos casos em que o nascimento do interessado já conste do registo civil português, é transcrita a certidão do seu registo estrangeiro de nascimento, a fim de que, seguidamente, seja efectuado o registo da nacionalidade.

2 – Se aquele que adquirir a nacionalidade não puder obter a certidão a que se refere o número anterior, pode requerer a inscrição do seu nascimento mediante declaração.

3 – Além do registo de nascimento, são obrigatoriamente transcritos no registo civil português todos os actos de estado civil lavrados no estrangeiro e referentes a indivíduos a quem tenha sido atribuída a nacionalidade portuguesa ou que a tenham adquirido.

ARTIGO 51º
Requisitos dos assentos

O texto dos assentos de nacionalidade contém:

a) Número de ordem, dia, mês e ano em que são lavrados, bem como a designação da conservatória;

b) O nome completo, anterior e posterior à alteração da nacionalidade, quando diversos, data do nascimento, filiação, naturalidade e nacionalidade anterior do interessado, se conhecida;

c) O número e ano do assento de nascimento do interessado e a indicação da conservatória em que se encontra, quando lavrado no registo civil português;

d) O facto registado, o seu fundamento legal e os seus efeitos;

e) A categoria do funcionário que os subscreve e a sua assinatura.

ARTIGO 52º
Requisitos dos averbamentos

Quando forem lavrados por averbamento, os registos de nacionalidade contêm:

a) O facto registado, o seu fundamento legal e os seus efeitos;

b) O nome completo anterior ou posterior à alteração da nacionalidade, quando sejam diversos;

c) A categoria do funcionário que os subscreve e a sua assinatura.

ARTIGO 53º
Menções dos registos em caso de naturalização

Nos registos de aquisição da nacionalidade, por naturalização, é mencionada a decisão que tenha concedido a nacionalidade e a respectiva data.

ARTIGO 54º
Averbamentos ao assento de nascimento

Sempre que sejam lavrados por assento, os registos de nacionalidade são averbados na sequência do assento de nascimento.

ARTIGO 55º
Rectificação, declaração de inexistência ou de nulidade e cancelamento dos registos

1 – Aos registos de nacionalidade, ainda que mediante inscrição de nascimento no registo civil português, à sua rectificação, declaração de inexistência ou de nulidade, bem como ao seu cancelamento são subsidiariamente aplicáveis as disposições contidas no Código do Registo Civil.

2 – Quando no âmbito da rectificação, declaração de inexistência ou de nulidade e cancelamento dos registos se suscitem dúvidas quanto à identidade do titular, são competentes os tribunais administrativos e fiscais, sempre que esteja em causa a nacionalidade do interessado.

3 – A decisão do conservador, proferida em processo de justificação, é objecto de reacção contenciosa para os tribunais administrativos e fiscais, nos termos do Código de Processo nos Tribunais Administrativos, sempre que esteja em causa a nacionalidade do interessado.

TÍTULO III
Oposição à aquisição da nacionalidade por efeito da vontade ou da adopção e contencioso da nacionalidade

CAPÍTULO I
Oposição à aquisição da nacionalidade

ARTIGO 56º
Fundamento, legitimidade e prazo

1 – O Ministério Público deduz nos tribunais administrativos a ação judicial para efeito de oposição à aquisição da nacionalidade, por efeito da vontade ou por adoção, no prazo de um ano a contar da data do facto de que depende a aquisição da nacionalidade.

2 – Constituem fundamento de oposição à aquisição da nacionalidade portuguesa, por efeito da vontade ou da adopção:

a) A inexistência de ligação efectiva à comunidade nacional;

b) A condenação, com trânsito em julgado da sentença, pela prática de crime punível com pena de prisão de máximo igual ou superior a três anos, segundo a lei portuguesa;

c) O exercício de funções públicas sem carácter predominantemente técnico ou a prestação de serviço militar não obrigatório a Estado estrangeiro;

d) A existência de perigo ou ameaça para a segurança ou a defesa nacional, pelo seu envolvimento em atividades relacionadas com a prática do terrorismo, nos termos da respetiva lei.

3 – A Conservatória dos Registos Centrais deve presumir que existe ligação efetiva à comunidade nacional quando o declarante, menor ou incapaz, no momento do pedido resida legalmente no território português nos cinco anos imediatamente anteriores ao pedido, se encontre inscrito na administração tributária e no Serviço Nacional de Saúde ou nos serviços regionais de saúde e, sendo menor em idade escolar, comprove ainda a frequência escolar em estabelecimento de ensino no território nacional.

4 – A Conservatória dos Registos Centrais deve presumir que existe ligação efetiva à comunidade nacional quando o declarante, maior, no momento do pedido preencha, designadamente, um dos seguintes requisitos:

a) Seja natural e nacional de país de língua oficial portuguesa, casado ou vivendo em união de facto há, pelo menos, cinco anos, com nacional português originário;

b) Seja natural e nacional de país de língua oficial portuguesa e existam filhos, portugueses de origem, do casamento ou da união de facto que fundamenta a declaração;

c) Conheça suficientemente a língua portuguesa, desde que esteja casado ou viva em união de facto com português originário há, pelo menos, cinco anos;

d) Resida legalmente no território português nos três anos imediatamente anteriores ao pedido, se encontre inscrito na administração tributária e no Serviço Nacional de Saúde ou nos serviços regionais de saúde, e comprove frequência escolar em estabelecimento de ensino no território nacional ou demonstre conhecimento da língua portuguesa;

e) Resida legalmente no território português nos cinco anos imediatamente anteriores ao pedido, se encontre inscrito na administração tributária e no Serviço Nacional de Saúde ou nos serviços regionais de saúde.

5 – A residência legal no território português e o conhecimento da língua portuguesa são comprovados nos termos do artigo 25º

(Redação dada pelo Decreto-Lei nº 71/2017, de 21-06)

ARTIGO 57º
Declarações e documentos relativos aos factos que constituem fundamento de oposição

1 – Quem requeira a aquisição da nacionalidade portuguesa, por efeito da vontade ou por adopção, deve pronunciar-se sobre a existência de ligação efectiva à comunidade nacional e sobre o disposto nas alíneas *b*) e *c*) do nº 2 do artigo anterior.

2 – Exceptua-se do disposto no número anterior a aquisição da nacionalidade por parte de quem a tenha perdido, no domínio do direito anterior, por efeito do casamento ou da aquisição voluntária de nacionalidade estrangeira.

3 – Para efeitos do disposto no nº 1, o interessado deve:

a) Apresentar certificados do registo criminal, emitidos pelos serviços competentes do país da naturalidade e da nacionalidade, sem prejuízo da dispensa da sua apresentação nos termos do nº 8 do artigo 37º, bem como dos países onde tenha tido e tenha residência;

b) Apresentar documentos que comprovem a natureza das funções públicas ou do serviço militar prestados a Estado estrangeiro, sendo caso disso.

4 – A declaração é, ainda, instruída com certificado do registo criminal português sem prejuízo da dispensa da sua apresentação pelo interessado nos termos do nº 7 do artigo 37º

5 – O conservador dos registos pode, mediante requerimento do interessado, fundamentado na impossibilidade prática de apresentação dos documentos referidos na alínea *a*) do nº 3, dispensar a sua junção, desde que não existam indícios da verificação do fundamento de oposição à aquisição da nacionalidade que esses documentos se destinavam a comprovar.

6 – A Conservatória dos Registos Centrais deve solicitar as informações necessárias às entidades referidas no nº 5 do artigo 27º, sendo aplicável o disposto nos nºs 6 a 8 do mesmo artigo.

7 – Sempre que o conservador dos Registos Centrais considerar poderem existir factos suscetíveis de fundamentarem a oposição à aquisição da nacionalidade, por efeito da vontade ou por adoção, deve notificar o requerente para, no prazo de 30 dias, dizer o que se lhe oferecer, com a indicação de que a falta de resposta determina a participação prevista no número seguinte.

8 – Sempre que o conservador dos Registos Centrais ou qualquer outra entidade tiver conhecimento de factos susceptíveis de fundamentarem a oposição à aquisição da nacionalidade, por efeito da vontade ou por adopção, deve participá-los ao Ministério Público, junto do competente tribunal administrativo e fiscal, remetendo-lhe todos os elementos de que dispuser.

9 – O Ministério Público deve deduzir oposição nos tribunais administrativos quando receba a participação prevista no número anterior.

(Redação dada pelo Decreto-Lei nº 71/2017, de 21-06)

ARTIGO 58º
Tramitação

Apresentada a petição pelo Ministério Público, o réu é citado para contestar, não havendo lugar a mais articulados ou alegações escritas.

ARTIGO 59º
Decisão

1 – Findos os articulados, é o processo, sem mais, submetido a julgamento, excepto se o juiz ou relator determinar a realização de quaisquer diligências.

2 – Concluindo-se pela procedência da oposição deduzida, ordena-se o cancelamento do registo da nacionalidade, caso tenha sido lavrado.

ARTIGO 60º
Meio processual

Em tudo o que não se achar regulado nos artigos anteriores, a oposição segue os termos da ação administrativa prevista no Código de Processo nos Tribunais Administrativo.

(Redação dada pelo Decreto-Lei nº 71/2017, de 21-06)

CAPÍTULO II
Contencioso da nacionalidade

ARTIGO 61º
Legitimidade e prazo

1 – Tem legitimidade para reagir contenciosamente contra os atos e omissões praticadas no âmbito dos procedimentos de atribuição, aquisição ou perda da nacionalidade, no prazo de um ano, quem alegue ser titular de um interesse direto e pessoal e o Ministério Público, exceto no que respeita à reação contenciosa contra o indeferimento liminar.

2 – O indeferimento liminar pode ser objecto de reacção contenciosa para os tribunais administrativos e fiscais, nos termos do Código de Processo nos Tribunais Administrativos.

(Redação dada pelo Decreto-Lei nº 71/2017, de 21-06)

ARTIGO 62º
Meio processual

Sem prejuízo do disposto no artigo anterior, a reação contenciosa contra quaisquer atos relativos à atribuição, aquisição ou perda da nacionalidade portuguesa segue os termos da ação administrativa, regulada no Código de Processo nos Tribunais Administrativos.

(Redação dada pelo Decreto-Lei nº 71/2017, de 21-06)

ARTIGO 63º
Poderes de pronúncia do tribunal

Sempre que o tribunal decida em contrário da nacionalidade que resulte de registo de nascimento ou de nacionalidade deve ordenar o cancelamento ou a rectificação do registo, conforme o caso.

TÍTULO IV
Disposições transitórias

ARTIGO 64º
Nascimentos ocorridos no domínio da lei anterior

Mantém-se a presunção de que são portugueses os indivíduos nascidos em território português ou sob administração portuguesa antes da entrada em vigor da Lei nº 37/81, de 3 de Outubro, em conformidade com a legislação anterior, desde que o respectivo registo de nascimento não contenha a menção de qualquer circunstância que, nos termos da lei aplicável, contrarie essa presunção.

ARTIGO 65º
Aquisição em caso de perda por efeito do casamento

1 – A mulher que tiver perdido a nacionalidade portuguesa por efeito do casamento, no domínio do direito anterior, e quiser adquiri-la, deve declará-lo.

2 – Se não tiver sido lavrado registo de perda da nacionalidade, a declaração é instruída com documento comprovativo da aquisição da nacionalidade estrangeira e com certidão do assento de nascimento, com o casamento averbado.

ARTIGO 66º
Aquisição em caso de adopção no domínio da lei anterior

1 – O estrangeiro que tiver sido adoptado plenamente por nacional português antes da entrada em vigor da Lei nº 37/81, de 3 de Outubro, e quiser ser português, deve declará-lo.

2 – A declaração é instruída com certidão do assento de nascimento do adoptado, documento legalmente comprovativo da adopção e prova da nacionalidade portuguesa do adoptante.

ARTIGO 67º
Aquisição da nacionalidade em caso de registo de perda por aquisição voluntária de nacionalidade estrangeira

Quem, nos termos da Lei nº 2098, de 29 de Julho de 1959, e legislação precedente, tenha perdido a nacionalidade portuguesa, por efeito de aquisição voluntária de nacionalidade estrangeira, adquire-a mediante declaração, quando tenha sido lavrado registo definitivo da perda.

ARTIGO 68º
Aquisição da nacionalidade em caso de naturalização directa ou indirectamente imposta

1 – O português que, no domínio da lei anterior, tiver adquirido outra nacionalidade, mediante naturalização que lhe tenha sido directa ou indirectamente

imposta e quiser manter a nacionalidade portuguesa deve requerê-lo ao Tribunal Central Administrativo Sul, em requerimento instruído com os elementos de que dispuser, o qual é apresentado na Conservatória dos Registos Centrais.

2 – Recebido o requerimento, acompanhado dos documentos que lhe respeitem, o conservador solicita informação ao Ministério dos Negócios Estrangeiros.

3 – Obtida a informação a que se refere o número anterior e efectuadas as diligências que se mostrem necessárias, o conservador remete o processo, com o seu parecer, ao Tribunal Central Administrativo Sul.

4 – Na fase judicial é aplicável ao processo, com as adaptações necessárias, o disposto nos artigos 59º e 60º

ARTIGO 69º
Alteração de nacionalidade por efeito da lei anterior

1 – No caso de ser requerido o registo de alteração de nacionalidade por efeito de casamento ou por aquisição de nacionalidade estrangeira em conformidade com a lei anterior, devem os requerentes instruir o pedido com os documentos necessários ao registo.

2 – Quando o registo for de perda da nacionalidade e oficioso, é lavrado provisoriamente, devendo a Conservatória dos Registos Centrais requisitar os documentos que sejam necessários.

3 – Lavrado o registo provisório, o conservador ou o oficial dos registos promove a notificação do interessado para, no prazo de 30 dias, deduzir oposição.

4 – Não sendo possível a notificação, o prazo para a oposição conta-se a partir da data da última diligência efectuada.

5 – Findo o prazo e não tendo sido deduzida oposição, o registo é convertido em definitivo.

6 – Se tiver sido deduzida oposição ou se a conversão do registo tiver sido efectuada sem prévia notificação e for requerido o cancelamento do registo, com base na inexistência do seu fundamento legal, o conservador remete certidão de todo o processo, acompanhada de parecer, aos tribunais administrativos e fiscais.

7 – Ao processo, na fase judicial, é aplicável, com as necessárias adaptações, o disposto nos artigos 59º e 60º

ARTIGO 70º
Eliminação da menção da nacionalidade estrangeira dos progenitores ou sua omissão no registo de nascimento

1 – Nos assentos de nascimento de indivíduos nascidos no território português, após a data da entrada em vigor da Lei nº 37/81, de 3 de Outubro, filhos de estrangeiros, se um dos progenitores aqui tiver nascido e aqui tivesse residência, independentemente de título, ao tempo do nascimento, deve ser eliminada a menção da nacionalidade estrangeira dos progenitores ou do seu desconhecimento, por forma a que daí resulte a nacionalidade portuguesa do interessado, nos termos da última parte da alínea *a*) do artigo 3º

2 – Para efeitos do disposto no número anterior, a naturalidade do progenitor nascido no território português é comprovada mediante certidão do respectivo registo de nascimento, devendo ser apresentado documento comprovativo da residência do mesmo, à data do nascimento do filho.

3 – O documento previsto na parte final do número anterior pode ser dispensado, desde que sejam invocados factos que justifiquem a impossibilidade da sua apresentação.

4 – Não se procede à retificação dos assentos de nascimento de indivíduos nascidos no território português, após a data da entrada em vigor da Lei nº 37/81, de 3 de outubro, que sejam filhos de estrangeiros e que, não tendo outra nacionalidade, tenham sido identificados como nacionais portugueses por mais de 10 anos em virtude de erro no assento derivado da omissão da menção da nacionalidade estrangeira dos progenitores.

5 – Nos casos referidos no número anterior, a nacionalidade portuguesa dos registados é averbada aos respetivos assentos de nascimento.

(Redação dada pelo Decreto-Lei nº 71/2017, de 21-06)

Regime de Emissão e Utilização do Cartão de Cidadão[*]

Lei nº 7/2007, de 5 de Fevereiro

CAPÍTULO I
Cartão de cidadão

SECÇÃO I
Disposições gerais

ARTIGO 1º
Objeto

A presente lei cria o cartão de cidadão e rege a sua emissão, renovação, utilização e cancelamento.

ARTIGO 2º
Definição

O cartão de cidadão é um documento autêntico que contém os dados de cada cidadão relevantes para a sua identificação e inclui o número de identificação civil, o número de identificação fiscal, o número de utente dos serviços de saúde e o número de identificação da segurança social.

ARTIGO 3º
Titulares

1 – A obtenção do cartão de cidadão é obrigatória para todos os cidadãos nacionais, residentes em Portugal ou no estrangeiro, a partir dos 20 dias após o registo do nascimento.

2 – A obtenção do cartão de cidadão é facultativa para os cidadãos brasileiros a quem, nos termos do Decreto-Lei nº 154/2003, de 15 de julho, tenha sido concedido o estatuto geral de igualdade de direitos e deveres previsto no Tratado de

[*] *Texto de acordo com a republicação da Lei nº 32/2017, de 1 de junho.*

Amizade, Cooperação e Consulta entre a República Portuguesa e a República Federativa do Brasil, assinado em Porto Seguro em 22 de abril de 2000, aprovado pela Resolução da Assembleia da República nº 83/2000 e ratificado pelo Decreto do Presidente da República nº 79/2000, de 14 de dezembro.

ARTIGO 4º
Eficácia

O cartão de cidadão constitui título bastante para provar a identidade do titular perante quaisquer autoridades e entidades públicas ou privadas, sendo válido em todo o território nacional, sem prejuízo da eficácia extraterritorial reconhecida por normas comunitárias, por convenções internacionais e por normas emanadas dos órgãos competentes das organizações internacionais de que Portugal seja parte, quando tal se encontre estabelecido nos respetivos tratados constitutivos.

ARTIGO 5º
Proibição de retenção

1 – A conferência de identidade que se mostre necessária a qualquer entidade pública ou privada não permite a retenção ou conservação do cartão de cidadão, salvo nos casos expressamente previstos na lei ou mediante decisão de autoridade judiciária.

2 – É igualmente interdita a reprodução do cartão de cidadão em fotocópia ou qualquer outro meio sem consentimento do titular, salvo nos casos expressamente previstos na lei ou mediante decisão de autoridade judiciária.

3 – A pessoa que encontrar o cartão de cidadão que não lhe pertença ou a entidade a quem o cartão for entregue deve remetê-lo imediatamente a qualquer serviço de receção ou a autoridade policial.

4 – Qualquer entidade pública perante a qual seja apresentado cartão de cidadão cancelado nos termos previstos no nº 5 do artigo 33º, deve retê-lo e remetê-lo ao Instituto dos Registos e do Notariado, I.P. (IRN, I.P.).

SECÇÃO II
Descrição do cartão de cidadão

ARTIGO 6º
Estrutura e funcionalidades

1 – O cartão de cidadão é um documento de identificação múltipla, que inclui uma zona específica destinada a leitura ótica e incorpora um ou mais circuitos integrados.

2 – O cartão de cidadão permite ao respetivo titular:

a) Provar a sua identidade perante terceiros através da leitura de elementos visíveis, coadjuvada pela leitura ótica de uma zona específica;

b) Provar a sua identidade perante terceiros através de autenticação eletrónica;

c) Autenticar de forma unívoca através de uma assinatura eletrónica qualificada a sua qualidade de autor de um documento eletrónico.

3 – A leitura ótica da zona específica do cartão, mencionada na alínea *a*) do nº 2, está reservada a entidades ou serviços do Estado e da Administração Pública, bem como à identificação do titular no âmbito das especificações técnicas do cartão para documentos de viagem.

4 – Os mecanismos técnicos de acesso e leitura dos dados constantes de circuito integrado são definidos por portaria dos membros do Governo responsáveis pelas áreas da modernização administrativa e da justiça.

ARTIGO 7º
Elementos visíveis

1 – O cartão de cidadão contém os seguintes elementos visíveis de identificação do seu titular:

a) Apelidos;
b) Nome(s) próprio(s);
c) Filiação;
d) Nacionalidade;
e) Data de nascimento;
f) Sexo;
g) Altura;
h) Imagem facial;
i) Assinatura;
j) Número de identificação civil;
l) Número de identificação fiscal;
m) Número de utente dos serviços de saúde;
n) Número de identificação da segurança social.

2 – Os elementos de identificação constantes das alíneas *b*), *h*) e *j*) do número anterior são obrigatórios, não sendo possível a emissão do cartão de cidadão em caso de ausência de informação sobre os mesmos.

3 – No caso de ausência de informação sobre algum dos elementos de identificação do titular não referidos no número anterior, com exceção do elemento previsto na alínea *c*) do nº 1, o cartão de cidadão contém, na área destinada a esse elemento, a inscrição da letra «X» ou de outra menção prevista na lei.

4 – Para além dos elementos de identificação do titular referidos no nº 1, o cartão de cidadão contém as seguintes menções:

a) República Portuguesa, enquanto Estado emissor;
b) Tipo de documento;
c) Número de documento;
d) Data de validade;
e) Número de versão do cartão de cidadão;
f) Tratado de Porto Seguro de 22 de abril de 2000, se for emitido nos termos previstos no nº 2 do artigo 3º

5 – A zona específica destinada a leitura ótica do cartão de cidadão contém os seguintes elementos e menções:

a) Apelidos;
b) Nome(s) próprio(s) do titular;
c) Nacionalidade;
d) Data de nascimento;
e) Sexo;
f) República Portuguesa, enquanto Estado emissor;
g) Tipo de documento;
h) Número de documento;
i) Data de validade.

ARTIGO 8º
Informação contida em circuito integrado

1 – Constam de circuito integrado, em condições que garantam elevados níveis de segurança, os seguintes elementos de identificação do titular:

a) Os referidos no nº 1 do artigo anterior, com exceção da alínea *i*);
b) Morada;
c) Data de emissão;
d) Data de validade;
e) Impressões digitais;
f) Campo reservado a indicações eventuais, tipificadas na lei.

2 – Para além dos elementos referidos no número anterior, constam ainda de circuito integrado:

a) Certificado para autenticação segura;
b) Certificado qualificado para assinatura eletrónica qualificada;
c) Aplicações informáticas necessárias ao desempenho das funcionalidades do cartão de cidadão e à sua gestão e segurança.

3 – Consta, ainda, de circuito integrado uma zona livre que o titular do cartão pode utilizar, por sua vontade, para arquivar informações pessoais.

ARTIGO 9º
Apelidos e nome(s) próprio(s)

Os apelidos e o(s) nome(s) próprio(s) do titular são inscritos no cartão de cidadão de harmonia com os vocábulos gramaticais que constam do respetivo assento de nascimento.

ARTIGO 10º
Filiação

1 – A filiação do titular é inscrita no cartão de cidadão de harmonia com o que constar do assento de nascimento.

2 – Nos elementos visíveis do cartão de cidadão não podem ser inscritos mais de quatro apelidos dos progenitores, a começar do último apelido, a não ser que o titular escolha outra ordem ou declare aceitar o uso de iniciais.

ARTIGO 11º
Sexo

A indicação do sexo é inscrita no cartão de cidadão pelas iniciais «M» ou «F» consoante o titular seja do sexo masculino ou feminino.

ARTIGO 12º
Assinatura

1 – Por assinatura entende-se, para efeitos da presente lei, a reprodução digitalizada do nome civil, escrito pelo respetivo titular, completa ou abreviadamente, de modo habitual e característico e com liberdade de ortografia.

2 – A assinatura não pode conter desenhos ou elementos gráficos.

3 – Se o requerente não puder ou não souber assinar, deve fazer-se menção desse facto na área do cartão de cidadão destinada à reprodução digitalizada da assinatura e no campo reservado a indicações eventuais.

ARTIGO 13º
Morada

1 – A morada é o endereço postal físico, livremente indicado pelo cidadão, correspondente ao local de residência habitual.

2 – Para comunicação com os serviços do Estado e da Administração Pública, nomeadamente com os serviços de registo e de identificação civil, os serviços fiscais, os serviços de saúde e os serviços de segurança social, o cidadão tem-se por domiciliado, para todos os efeitos legais, no local referido no número anterior, podendo ainda aderir às comunicações eletrónicas referidas no nº 4, sem prejuízo de poder designar outros endereços, físicos ou eletrónicos, para fins profissionais ou convencionais, nos termos previstos na lei.

3 – O titular do cartão de cidadão deve comunicar novo endereço postal e promover, junto dos serviços de receção, a atualização da morada no cartão de cidadão, podendo autorizar, expressamente, que este dado seja transmitido a outras entidades públicas que dele careçam.

4 – O cidadão pode, a todo o tempo, de forma eletrónica ou presencial, associar aos dados fornecidos no âmbito do pedido de emissão do cartão de cidadão o seu número de telemóvel e ou endereço de correio eletrónico, bem como atualizar ou eliminar essa informação, com vista a autorizar que os alertas, comunicações e notificações dos serviços públicos, remetidos por simples via postal, por via postal registada ou por via postal registada com aviso de receção, sejam realizados por transmissão eletrónica de dados, nos termos de diploma legal próprio.

5 – Carece de autorização do titular, a efetivar mediante inserção prévia do código pessoal (PIN), o acesso à informação sobre a morada arquivada no circuito integrado do cartão de cidadão, sem prejuízo do acesso direto das autoridades judiciárias e das entidades policiais para conferência da identidade do cidadão no exercício das competências previstas na lei.

ARTIGO 14º
Impressões digitais

1 – As impressões digitais a recolher são as dos dois dedos indicadores ou de outros dedos caso tal não seja possível.

2 – Quando as impressões digitais colhidas não forem as dos indicadores, deve mencionar-se, no campo reservado a indicações eventuais, o dedo e a mão a que correspondem.

3 – Na impossibilidade de colher qualquer impressão digital deve fazer-se menção do facto no campo do cartão de cidadão reservado a indicações eventuais.

4 – A funcionalidade das impressões digitais contida no circuito integrado do cartão de cidadão só pode ser usada por vontade do respetivo titular.

5 – As autoridades judiciárias e as entidades policiais são as únicas entidades que podem obrigar o cidadão, no âmbito das competências que lhes estejam atribuídas, a provar a sua identidade através da funcionalidade das impressões digitais contidas no circuito integrado do cartão de cidadão de que é portador.

ARTIGO 15º
Indicações eventuais

1 – O conteúdo das menções feitas no campo reservado a indicações eventuais deve respeitar os princípios da igualdade e da proporcionalidade e ser apenas o necessário e adequado para indicar qualquer especialidade ou ausência de informação relativamente a algum dos elementos de identificação referidos nos artigos 7º e 8º

2 – As menções são inscritas em conformidade com as regras técnicas de emissão dos documentos de viagem e, se estiverem relacionadas com algum elemento referido no nº 5 do artigo 7º, constam também da zona destinada a leitura ótica.

ARTIGO 16º
Números de identificação

1 – O cartão de cidadão implica a atribuição do número de identificação civil, do número de identificação fiscal, do número de utente dos serviços de saúde e do número de identificação da segurança social, a qual é efetuada a partir de informação obtida e confirmada, em separado, em cada uma das bases de dados, geridas com autonomia pelas entidades competentes, nos termos da lei.

2 – A adoção implica a atribuição ao adotado de novos números de identificação civil, de identificação fiscal, de utente dos serviços de saúde e de identificação da segurança social, de modo a garantir o segredo de identidade previsto no artigo 1985º do Código Civil.

3 – A requerimento do cidadão ou do seu representante legal, pode ser atribuído um novo número de identificação civil nos casos de usurpação de identidade, falsificação ou uso de documento alheio, mediante despacho do presidente do conselho diretivo do IRN, I.P., desde que o respetivo documento de identificação se encontre dentro do prazo de validade.

4 – Não é permitida a interconexão ou cruzamento de dados registados nas bases referidas no nº 1, salvo nos casos devidamente autorizados por lei ou pela Comissão Nacional de Proteção de Dados.

ARTIGO 17º
Número de documento e número de versão do cartão de cidadão

1 – A cada cartão de cidadão é atribuído um número de documento, constituído por três carateres, sendo dois alfanuméricos e um dígito de controlo, antecedidos pelo número de identificação civil do respetivo titular.

2 – É proibido atribuir a um cartão de cidadão um número de documento idêntico ao de anterior cartão de cidadão do mesmo titular.

3 – O número de documento constitui um elemento de segurança que apenas pode ser utilizado para fiscalizar e impedir o uso de cartões de cidadão cancelados por perda, furto ou roubo.

4 – A cada versão ou série do cartão de cidadão é também atribuído um número de controlo e de gestão técnica.

ARTIGO 18º
Certificados digitais

1 – Com o cartão de cidadão é emitido um certificado para autenticação e um certificado qualificado para assinatura eletrónica qualificada necessários à sua utilização eletrónica.

2 – O certificado de autenticação é sempre ativado no momento da entrega do cartão de cidadão.

3 – O certificado qualificado para assinatura eletrónica qualificada é de ativação facultativa, mas só pode ser ativado e utilizado por cidadão com idade igual ou superior a 16 anos.

4 – Também não há lugar à ativação do certificado qualificado para assinatura eletrónica qualificada se o titular do pedido de cartão de cidadão se encontrar interdito ou inabilitado.

5 – Quando pretenda utilizar alguma das funcionalidades de certificação eletrónica ativadas no cartão de cidadão, o respetivo titular tem de inserir previamente o seu código pessoal (PIN) no dispositivo adequado para o efeito.

6 – Os certificados são revogáveis a todo o tempo e, após revogação, a emissão de novos certificados associados ao cartão de cidadão só é possível com a respetiva substituição.

7 – Ao certificado para autenticação e ao certificado qualificado para assinatura eletrónica qualificada aplica-se o disposto no Decreto-Lei nº 290-D/99, de 2 de agosto, alterado pelos Decretos-Leis nºs 62/2003, de 3 de abril, 165/2004, de 6 de julho, 116-A/2006, de 16 de junho, e 88/2009, de 9 de abril, que o republica, e no Regulamento (UE) nº 910/2014, do Parlamento Europeu e do Conselho, de 23 de julho de 2014, estando aqueles certificados sujeitos às regras legais e regulamentares relativas ao Sistema de Certificação Eletrónica do Estado.

ARTIGO 18º-A
Atributos profissionais

1 – A assinatura eletrónica promovida através do cartão de cidadão pode, por solicitação do titular, nomeadamente para efeitos do nº 2 do artigo 51º da Lei nº 2/2013, de 10 de janeiro, ou no âmbito de outra legislação especial, conter a certificação de determinado atributo profissional.

2 – A certificação prevista no número anterior é efetuada através do Sistema de Certificação de Atributos Profissionais e constitui comprovativo legal da qualidade profissional em que assina.

3 – A certificação de atributos profissionais referida nos números anteriores valida, a pedido do titular, a qualidade profissional invocada pelo mesmo, apostando uma assinatura eletrónica qualificada referente a essa qualidade ou atributo profissional atestada por entidade idónea.

4 – O procedimento referido no nº 1 é implementado e gerido pela Agência para a Modernização Administrativa, I.P. (AMA, I.P.).

ARTIGO 19º
Prazo de validade

1 – O prazo geral de validade do cartão de cidadão é fixado por portaria dos membros do Governo responsáveis pelas áreas da modernização administrativa e da justiça.

2 – (*Revogado.*)

3 – O cartão de cidadão é válido até à data nele indicada, fixada de acordo com a portaria referida no nº 1.

CAPÍTULO II
Regras de competência e de procedimento

SECÇÃO I
Competências

ARTIGO 20º
Serviços do cartão de cidadão

1 – Compete ao INR, I.P.:

a) Conduzir as operações relativas à emissão, renovação e cancelamento do cartão de cidadão e do cartão de cidadão provisório;

b) Assegurar que as operações relativas à personalização do cartão de cidadão são executadas em observância dos requisitos técnicos e de segurança aplicáveis;

c) Definir os procedimentos de controlo e de segurança em matéria de credenciação dos trabalhadores;

d) Assegurar que sejam emitidos os certificados para autenticação e os certificados qualificados para assinatura eletrónica qualificada com respeito pelas regras do Sistema de Certificação Eletrónica do Estado.

2 – Podem funcionar como serviços de receção dos pedidos de emissão, renovação e cancelamento do cartão de cidadão:

a) Os serviços responsáveis pela identificação civil;

b) Os serviços de registo designados por despacho do presidente do conselho diretivo do IRN, I.P.;

c) Outros serviços da Administração Pública, nomeadamente as lojas do cidadão ou serviços equivalentes, mediante protocolo celebrado com o IRN, I.P.

3 – O Portal do Cidadão funciona, igualmente, como serviço de receção de pedidos de renovação de cartão de cidadão e de alteração de morada, nos casos e nos termos definidos por portaria dos membros do Governo responsáveis pelas áreas da modernização administrativa e da justiça.

4 – O IRN, I.P., assegura um serviço de receção e entrega móvel, que se desloca ao local onde se encontra o interessado, nos casos de justificada dificuldade de deslocação deste ao serviço fixo de receção ou entrega.

5 – O funcionamento dos serviços de receção e entrega móvel é definido em articulação com as entidades públicas competentes para a execução das políticas de reabilitação.

6 – Compete ainda ao IRN, I.P., através dos serviços responsáveis pela identificação civil e dos serviços de registo designados por despacho do presidente do seu conselho diretivo, assegurar a emissão do cartão de cidadão provisório.

7 – No estrangeiro funcionam como serviços de receção dos pedidos de emissão, renovação e cancelamento do cartão de cidadão os postos e secções consulares designados por despacho do membro do Governo responsável pela área dos negócios estrangeiros.

8 – As operações associadas à emissão e à entrega do cartão de cidadão provisório previsto no artigo 61º-A, requerido no estrangeiro por nacionais portugueses, cabem ao Centro Emissor para a Rede Consular da Direção-Geral dos Assuntos Consulares e das Comunidades Portuguesas e aos postos e secções consulares, designados por despacho dos membros do Governo responsáveis pelas áreas da justiça e dos negócios estrangeiros.

ARTIGO 21º
Serviço de apoio ao cidadão

1 – O IRN, I.P., assegura o funcionamento de um serviço de apoio ao cidadão que, nomeadamente, disponibiliza e divulga informação relativa ao pedido e ao processo de emissão do cartão de cidadão e às condições da respetiva utilização, renovação e cancelamento.

2 – Na disponibilização do serviço de apoio ao cidadão é tida em conta a inclusão dos cidadãos com necessidades especiais na sociedade de informação.

ARTIGO 22º
Protocolos financeiros

O IRN, I.P., pode celebrar protocolos com outras entidades públicas envolvidas na emissão do cartão de cidadão, no desenvolvimento ou na promoção de funcionalidades e serviços associados ao mesmo, para regular os termos, as condições de cooperação e eventuais contrapartidas.

ARTIGO 23º
Supervisão

Compete à AMA, I.P., assegurar a supervisão do desenvolvimento do cartão de cidadão e a promoção de serviços que lhe possam ser associados.

SECÇÃO II
Procedimento

ARTIGO 24º
Pedido

1 – A emissão do cartão de cidadão, a sua renovação e a atualização da morada são requeridas pelo titular dos correspondentes dados de identificação, junto dos serviços de receção indicados no artigo 20º

2 – Os pedidos relativos a menor que ainda não completou 12 anos de idade, a interdito e a inabilitado por anomalia psíquica são apresentados por quem, nos termos da lei, exerce as responsabilidades parentais, a tutela ou a curatela, com a presença do titular.

3 – Se não se mostrar efetuado o registo da sentença que concede os poderes invocados por quem exerce as responsabilidades parentais, a tutela ou a curatela sobre interdito ou sobre inabilitado por anomalia psíquica, o próprio representante ou assistente deve exibir documentos comprovativos dessa qualidade.

4 – No momento do requerimento previsto no nº 1, o cidadão pode:

a) Autorizar, expressamente, que os dados recolhidos possam ser transmitidos a entidades públicas que deles careçam para a emissão de documentos oficiais;

b) Solicitar a emissão dos documentos que careçam dos dados transmitidos para a emissão do cartão de cidadão;

c) Autorizar, expressamente, a obtenção de documentos ou informação em posse de qualquer serviço e organismo da Administração Pública, nos termos do artigo 28º-A do Decreto-Lei nº 135/99, de 22 de abril, alterado pelos Decretos-Leis nºs 29/2000, de 13 de março, 72-A/2010, de 18 de junho, 73/2014, de 13 de maio, e 58/2016, de 29 de agosto, indicando, para o efeito, os dados necessários para a sua obtenção.

5 – A transmissão dos dados e a emissão dos documentos previstos no número anterior depende de protocolo celebrado entre as entidades públicas visadas, o IRN, I.P., e a AMA, I.P.

6 – Os protocolos celebrados no âmbito do presente artigo são comunicados à Comissão Nacional de Proteção de Dados.

ARTIGO 25º
Elementos que acompanham o pedido

1 – O pedido é instruído com os seguintes elementos de identificação do respetivo titular:

a) Imagem facial;
b) Impressões digitais;
c) Assinatura;
d) Altura.

2 – Na captação da imagem facial e das impressões digitais do titular do pedido devem ser observados os requisitos técnicos e de segurança fixados por portaria dos membros do Governo responsáveis pelas áreas da modernização administrativa, da administração interna e da justiça.

3 – A recolha e a verificação de dados relativos à imagem facial, às impressões digitais, à assinatura e à altura só podem ser feitas no serviço de receção e emissão e por trabalhador devidamente credenciado pelo IRN, I.P., ou, no caso de o serviço de receção funcionar em posto ou secção consular, por trabalhador devidamente credenciado pela Direção-Geral dos Assuntos Consulares e das Comunidades Portuguesas.

ARTIGO 26º
Renovação do cartão de cidadão

1 – O pedido de renovação do cartão de cidadão é efetuado junto de qualquer serviço de receção nos seguintes casos e situações:

a) Decurso do prazo de validade;
b) Mau estado de conservação ou de funcionamento;
c) Perda, destruição, furto ou roubo;
d) Emissão de novos certificados por motivo de revogação de anteriores certificados;
e) Desatualização de elementos de identificação.

2 – No caso previsto na alínea *a*) do número anterior, o pedido de renovação do cartão de cidadão deve ser efetuado dentro dos últimos seis meses do respetivo prazo de validade.

ARTIGO 27º
Verificação dos dados pessoais

1 – A verificação da fidedignidade dos dados pessoais do interessado e, sendo caso disso, a conferência da identidade do requerente que exerce responsabilidades parentais, a tutela ou a curatela sobre o interessado devem ser feitas no serviço de receção e emissão com os meios disponíveis, designadamente:

a) Por comparação dos dados constantes em bilhete de identidade, cartão de cidadão ou passaporte válidos, boletim de nascimento ou cédula pessoal;

b) Por comparação das impressões digitais e da imagem facial com as anteriormente recolhidas para emissão de cartão de cidadão;

c) Por comunicação em tempo real com o serviço portador da informação.

2 – Quando não for possível proceder à comprovação dos dados pessoais do interessado nos termos da alínea *c*) do número anterior, o requerente deve indicar elementos que permitam localizar o assento de nascimento, nomeadamente o local de nascimento, a respetiva data e, se for do seu conhecimento, a conservatória do registo civil.

3 – Quando se suscitem dúvidas sobre a exatidão ou titularidade dos elementos de identificação, o serviço de receção deve praticar as diligências necessárias à comprovação e pode exigir a produção de prova complementar.

4 – Os serviços responsáveis pela identificação civil e demais serviços cuja competência releve para os efeitos previstos nos números anteriores devem prestar a cooperação adequada à realização célere das diligências necessárias.

5 – As operações de verificação da fidedignidade dos dados só podem ser feitas por trabalhador dos serviços de receção, devidamente credenciado.

ARTIGO 28º
Confirmação dos dados recolhidos

Os dados recolhidos para instruir o pedido de emissão e de renovação do cartão de cidadão devem ser confirmados pelo requerente.

ARTIGO 29º
Confirmação de elementos relativos aos serviços de saúde

1 – Para além dos elementos de identificação referidos nos artigos 7º e 8º, são ainda recolhidos, no momento do pedido, os seguintes dados:

a) Indicação do subsistema de saúde;

b) Número de beneficiário do subsistema;

c) Prazo de validade da inscrição no subsistema.

2 – Os dados referidos no número anterior são apenas comunicados às bases de dados dos serviços de saúde para efeitos de identificação do utente.

ARTIGO 30º
Escolha do local de entrega

O requerente indica, no momento do pedido, o serviço de receção onde pretende proceder ao levantamento do cartão de cidadão.

ARTIGO 31º
Entrega

1 – O envio da confirmação do local de entrega do cartão de cidadão, bem como dos códigos de ativação, do código pessoal (PIN) e do código pessoal para desbloqueio (PUK) é feito para a morada do titular indicada nos termos do nº 2 do artigo 13º

2 – O cartão de cidadão é entregue presencialmente ao titular ou a terceiro por ele indicado previamente, bem como à pessoa que supre, nos termos da lei, a incapacidade do titular, sem prejuízo do disposto no número seguinte.

3 – A ativação eletrónica do cartão de cidadão, nos termos dos nºs 2 e 3 do artigo 18º, é sempre efetuada pelo serviço de receção e pelo respetivo titular ou pessoa que o representa no ato de entrega.

4 – A entrega do cartão de cidadão só pode ser feita por trabalhador devidamente credenciado pelo IRN, I.P., ou, no caso de o serviço de receção funcionar em posto ou secção consular, por trabalhador devidamente credenciado pela Direção-Geral dos Assuntos Consulares e das Comunidades Portuguesas.

5 – O cartão de cidadão, solicitado eletronicamente ao abrigo do nº 3 do artigo 20º da presente lei, é sempre entregue presencialmente ao seu titular.

6 – O cidadão pode pedir, presencialmente, segunda via dos códigos previstos no nº 1.

7 – São estabelecidas por portaria dos membros do Governo responsáveis pelas áreas dos negócios estrangeiros, da modernização administrativa e da justiça outras formas de entrega do cartão de cidadão e dos códigos previstos no nº 1, as condições de segurança exigidas para o efeito e a fixação das taxas associadas, para os casos em que a entrega seja realizada no estrangeiro.

ARTIGO 32º
Correção de dados e deficiências

1 – O interessado deve verificar e confirmar, no momento da entrega do cartão de cidadão, que os dados constantes do cartão de cidadão se encontram corretos.

2 – A desconformidade de dados, detetada nos termos do número anterior, com fundamento em erro dos serviços emitentes ou defeito de fabrico, implica a emissão gratuita de novo cartão de cidadão.

3 – O mau funcionamento do cartão por causa não imputável ao seu titular implica a emissão gratuita de novo cartão de cidadão.

ARTIGO 33º
Cancelamento

1 – O pedido de cancelamento do cartão de cidadão deve ser efetuado no prazo de 10 dias após o conhecimento da perda, destruição, furto ou roubo e implica o cancelamento dos mecanismos de autenticação associados ao cartão de cidadão, bem como a revogação dos certificados digitais.

2 – O pedido de cancelamento pode ser efetuado:

a) Presencialmente, junto dos serviços identificados no nº 2 do artigo 20º;

b) Por via telefónica ou eletrónica, nos termos a definir por portaria dos membros do Governo responsáveis pelas áreas da modernização administrativa e da justiça.

3 – Em caso de dúvida sobre a identidade do requerente, o pedido de cancelamento pode ser recusado ou deferido após prestação de prova complementar.

4 – Sem prejuízo da possibilidade de revogação, os mecanismos de autenticação associados ao cartão de cidadão e os certificados digitais são oficiosamente cancelados no fim do prazo de validade do cartão.

5 – O cartão de cidadão, os certificados digitais e os mecanismos de autenticação associados ao cartão de cidadão são cancelados nos casos de perda de nacionalidade, de morte do titular ou de usurpação de identidade judicialmente declarada.

6 – Se o titular é menor, interdito ou inabilitado por anomalia psíquica, o prazo referido no nº 1 conta-se a partir da data em que a pessoa que exerce o poder paternal, a tutela ou a curatela teve conhecimento da perda, destruição, furto ou roubo.

7 – Nas situações de incapacidade ou justificado impedimento do titular do cartão de cidadão, o pedido de cancelamento pode ser feito por terceiro, nos termos a regulamentar na portaria prevista no nº 2.

ARTIGO 34º
Taxas

1 – Pela emissão ou renovação do cartão de cidadão, pela realização do serviço externo e pela prestação de outros serviços associados ao cartão de cidadão são devidas taxas de montante fixado por portaria do membro do Governo responsável pela área da justiça, que constituem receita do IRN, I.P.

2 – As situações de gratuitidade, redução e isenção das taxas previstas no número anterior são igualmente definidas por portaria do membro do Governo responsável pela área da justiça.

3 – O montante devido pelo IRN, I.P., à AMA, I.P., pelo exercício das competências previstas no artigo 23º é fixado por portaria dos membros do Governo responsáveis pelas áreas da modernização administrativa e da justiça.

CAPÍTULO III
Proteção de dados pessoais

ARTIGO 35º
Finalidades

O tratamento de ficheiros com dados pessoais a realizar por força da presente lei tem por fim estabelecer a integridade, veracidade e funcionamento seguro do cartão de cidadão, enquanto documento autêntico de identificação do titular, com as características e funções fixadas nos artigos 2º, 4º e 6º

ARTIGO 36º
Tratamento de dados

1 – São objeto de recolha e tratamento os elementos de identificação do titular referidos nos artigos 7º, 8º e 29º

2 – O tratamento de elementos de identificação do titular ocorre associado às seguintes operações do cartão de cidadão:

a) Receção, instrução e execução dos pedidos de emissão, atualização e renovação;
b) Receção e execução dos pedidos de cancelamento;
c) Personalização do cartão de cidadão;
d) Geração e envio dos códigos de ativação e de utilização do cartão de cidadão ao respetivo titular, bem como dos códigos relativos aos certificados digitais;
e) Entrega do cartão de cidadão ao respetivo titular ou a quem o representa;
f) Credenciação e autenticação da identidade do cidadão para efeitos de comunicação eletrónica;
g) Execução dos pedidos de ativação e de revogação dos certificados digitais;
h) Comunicação às autoridades policiais competentes do número de documento do cartão de cidadão cancelado por perda, furto ou roubo.

3 – A recolha e o tratamento dos dados necessários às operações referidas no número anterior, com exceção da prevista na alínea *c*), só podem ser efetuados por entidades ou serviços do Estado e da Administração Pública e respetivos trabalhadores.

ARTIGO 37º
Comunicação de dados

1 – A execução dos pedidos referidos na alínea *a*) do nº 2 do artigo anterior envolve sucessivas ligações, em separado, com cada uma das bases de dados que permitem a confirmação ou a geração do número de identificação civil, do número de identificação fiscal, do número de utente dos serviços de saúde e do número de identificação da segurança social, para incluir, subsequentemente, esses números na personalização do cartão de cidadão.

2 – No decurso das ligações referidas no número anterior, a cada base de dados são enviados unicamente os elementos de identificação cujo tratamento está autorizado à entidade responsável por essa mesma base, nos termos da Lei nº 67/98, de 26 de outubro, alterada pela Lei nº 103/2015, de 28 de abril.

3 – As ligações referidas no nº 1 não devem incluir, em caso algum, a indicação do número de documento do cartão de cidadão.

4 – Para além do seu tratamento nas operações de personalização do cartão de cidadão, os ficheiros com a imagem facial, assinatura, altura e impressões digitais são comunicados apenas à base de dados de identificação civil.

5 – Os ficheiros com os dados referidos no artigo 29º são comunicados apenas às bases de dados de identificação perante os serviços de saúde.

ARTIGO 38º
Entidade responsável

1 – O IRN, I.P., é a entidade responsável, nos termos e para os efeitos previstos na Lei nº 67/98, de 26 de outubro, alterada pela Lei nº 103/2015, de 28 de abril, pelo tratamento e proteção dos dados pessoais nas operações referidas nos artigos 36º e 37º

2 – Compete ao IRN, I.P., pôr em prática as medidas técnicas e organizativas adequadas à satisfação das exigências estabelecidas nos artigos 10º, 11º, 14º e 15º da Lei nº 67/98, de 26 de outubro, alterada pela Lei nº 103/2015, de 28 de abril.

3 – Atua por conta da entidade responsável a pessoa singular ou coletiva, serviço ou organismo a quem sejam confiadas, nos termos previstos na Lei nº 67/98, de 26 de outubro, operações relacionadas com o cartão de cidadão, nomeadamente a emissão de certificados qualificados e a personalização do cartão de cidadão, cumprindo-se os requisitos legais e regulamentares exigíveis pelo Sistema de Certificação Eletrónica do Estado, previsto no Decreto-Lei nº 116-A/2006, de 16 de junho.

4 – A Comissão Nacional de Proteção de Dados deve ser informada da identidade das pessoas singulares que se encontrem nas condições referidas no número anterior.

ARTIGO 39º
Direitos de informação, de acesso e de retificação

1 – O titular do cartão de cidadão tem o direito de, a todo o tempo, verificar os dados pessoais nele inscritos e conhecer o conteúdo da informação relativa aos dados pessoais que constem da zona de leitura ótica ou do circuito integrado, bem como dos ficheiros produzidos durante as operações referidas nos artigos 36º e 37º que ainda não tenham sido destruídos.

2 – O titular do cartão de cidadão tem, desde o momento de apresentação do pedido, o direito de exigir a correção de eventuais inexatidões, a supressão de dados indevidamente recolhidos ou indevidamente comunicados e a integração das omissões, nos termos previstos no artigo 11º da Lei nº 67/98, de 26 de outubro, alterada pela Lei nº 103/2015, de 28 de abril.

ARTIGO 40º
Sigilo

1 – A comunicação ou a revelação dos dados pessoais tratados nos sistemas do cartão de cidadão só pode ser efetuada nos termos previstos na presente lei.

2 – Ficam obrigadas a sigilo profissional, nos termos do artigo 17º da Lei nº 67/98, de 26 de outubro, as pessoas que tenham conhecimento, no exercício das suas funções, de dados pessoais constantes de ficheiros dos sistemas do cartão de cidadão.

ARTIGO 41º
Conservação e destruição

1 – Os ficheiros produzidos durante as operações referidas nos artigos 36º e 37º e que contenham dados pessoais só podem ser conservados pelo período de tempo necessário à personalização do cartão de cidadão, sendo destruídos imediatamente após a confirmação da sua entrega ao respetivo titular.

2 – Nas operações de personalização do cartão de cidadão é produzido um ficheiro com o número de documento do cartão de cidadão e o nome do respetivo titular, que é destruído após o decurso do prazo de validade do cartão de cidadão.

3 – Nas operações de personalização do cartão de cidadão é produzido um ficheiro com o código pessoal para desbloqueio (PUK), que é conservado, de forma segura, enquanto o cartão de cidadão se mantiver válido.

4 – As regras relativas à conservação do ficheiro previsto no número anterior são definidas por portaria dos membros do Governo responsáveis pelas áreas da modernização administrativa e da justiça.

ARTIGO 42º
Garantias de segurança

1 – Devem ser postas em prática as garantias de segurança necessárias para impedir a consulta, a modificação, a supressão, o aditamento, a destruição ou a comunicação de dados por forma não consentida na presente lei.

2 – É garantido o controlo tendo em vista a segurança da informação:

a) Dos suportes de dados e respetivo transporte, a fim de impedir que possam ser lidos, copiados, alterados ou eliminados por qualquer pessoa ou por forma não autorizada;

b) Da inserção dos dados, a fim de impedir a introdução, bem como qualquer tomada de conhecimento, alteração ou eliminação não autorizada, de dados pessoais;

c) Dos sistemas de tratamento automatizado dos dados, para impedir que possam ser utilizados por pessoas não autorizadas, através de instalações de transmissão de dados;

d) Do acesso aos dados, para que as pessoas autorizadas só possam ter acesso aos dados que interessam ao exercício das suas atribuições legais;

e) Da transmissão dos dados, para garantir que a sua utilização seja limitada às entidades autorizadas;

f) Da introdução de dados pessoais nos sistemas de tratamento automatizado, de forma a verificar-se que dados foram introduzidos, quando e por quem.

CAPÍTULO IV
Disposições sancionatórias

SECÇÃO I
Contraordenações

ARTIGO 43º
Violação de deveres

1 – A retenção, a conservação e a reprodução por fotocópia ou telecópia de cartão de cidadão alheio, em violação do disposto nos nºs 1 e 2 do artigo 5º, constitui contraordenação punível com coima de € 250 a € 750.

2 – O não cumprimento do disposto no nº 3 do artigo 5º no prazo de cinco dias a contar da data em que foi encontrado o cartão de cidadão alheio constitui contraordenação punível com coima de € 50 a € 100.

3 – O não cumprimento do disposto no nº 3 do artigo 13º no prazo de 30 dias a contar da data em que ocorreu a alteração de morada constitui contraordenação punível com coima de € 50 a € 100.

4 – O não cumprimento do disposto no nº 1 do artigo 33º constitui contraordenação punível com coima de € 100 a € 500.

5 – A violação das normas relativas a ficheiros informatizados produzidos durante as operações referidas nos artigos 37º e 38º da presente lei é punida nos termos dos artigos 37º e 38º da Lei nº 67/98, de 26 de outubro, alterada pela Lei nº 103/2015, de 28 de abril.

ARTIGO 44º
Cumprimento do dever omitido

1 – Sempre que a contraordenação resulte da omissão de um dever, a aplicação da sanção e o pagamento da coima não dispensam o infrator do seu cumprimento, se este ainda for possível.

2 – Em caso de cumprimento espontâneo do dever omitido em momento anterior à instauração do processo de contraordenação, cuja competência está prevista no artigo 46º, o limite mínimo da coima previsto no correspondente tipo legal é especialmente atenuado.

ARTIGO 45º
Negligência e tentativa

1 – A conduta negligente é punida nas contraordenações previstas nos nºs 1 a 4 do artigo 43º

2 – A tentativa é punida na contraordenação prevista no nº 1 do artigo 43º

3 – Nos casos de negligência e tentativa referidos nos números anteriores, os limites mínimos e máximos das coimas previstos no correspondente tipo legal são reduzidos a metade.

ARTIGO 46º
Competência

A competência para a instauração e instrução dos processos de contraordenação previstos nos nºs 1 a 4 do artigo 43º é do IRN, I.P., e compete ao seu presidente, ou a quem ele delegar, a decisão sobre a aplicação das respetivas coimas.

ARTIGO 47º
Autoridades policiais e agentes de fiscalização

1 – Qualquer autoridade ou agente de autoridade que tenha notícia, por denúncia ou conhecimento próprio, no exercício das suas funções de fiscalização, de factos suscetíveis de implicar responsabilidade por contraordenação prevista nos nºs 1, 2 e 3 do artigo 43º levanta ou manda levantar auto de notícia.

2 – O auto de notícia previsto no número anterior deve mencionar os factos que indiciam a prática da infração, o dia, o local e as circunstâncias em que foram praticados, o nome e a qualidade da autoridade ou agente da autoridade que teve notícia dos factos, a identificação da pessoa que praticou os factos e, tratando-se de

contraordenação prevista nos nºs 1 ou 2 do artigo 43º, de, pelo menos, uma testemunha que possa depor sobre os factos.

3 – O auto de notícia previsto no nº 1 é assinado pela autoridade ou agente de autoridade que o levantou ou mandou levantar e, quando for possível, pela testemunha.

ARTIGO 48º
Produto das coimas

Do produto das coimas referidas nos nºs 1 a 4 do artigo 43º revertem:

a) 60% para o Estado;

b) 40% para o IRN, I.P., ou, se o processo foi iniciado na sequência de participação do auto de notícia referido no artigo anterior, 20% para o IRN, I.P., e 20% para a autoridade autuante.

ARTIGO 49º
Legislação subsidiária

Às infrações previstas na presente secção é subsidiariamente aplicável o regime geral das contraordenações.

SECÇÃO II
Crimes

ARTIGO 50º
Violação de normas relativas à proteção de dados pessoais

Quem não cumprir as obrigações relativas à proteção de dados previstas nos artigos 43º e seguintes da Lei nº 67/98, de 26 de outubro, alterada pela Lei nº 103/2015, de 28 de abril, é punido nos termos aí previstos.

ARTIGO 51º
Obtenção e utilização fraudulenta de documento

A indicação falsa de facto juridicamente relevante para constar do cartão de cidadão, a falsificação do cartão de cidadão e o uso de cartão de cidadão falsificado, bem como a danificação, a subtração e o uso de cartão de cidadão alheio, são condutas punidas nos termos dos artigos 256º e seguintes do Código Penal.

ARTIGO 52º
Criminalidade informática

São condutas punidas nos termos da Lei nº 109/2009, de 15 de setembro:

a) O acesso ilegítimo, a interceção ilegítima, a sabotagem, a interferência danosa nos dados, nos programas ou nos sistemas dos circuitos integrados incorporados no cartão de cidadão;

b) A utilização dos circuitos integrados incorporados no cartão de cidadão com falsidade informática

CAPÍTULO V
Disposições transitórias e finais

SECÇÃO I
Atribuição do cartão de cidadão

ARTIGO 53º
Expansão progressiva

1 – O processo de atribuição generalizada do cartão de cidadão é concretizado ao longo de um ciclo plurianual, através da expansão progressiva dos serviços de receção a todo o território nacional e às comunidades de cidadãos portugueses residentes no estrangeiro.

2 – Enquanto não estiver concretizada a cobertura integral do território nacional pela rede de serviços de receção referida no número anterior são aplicáveis as disposições estabelecidas na presente secção.

ARTIGO 54º
Instalação dos serviços do cartão de cidadão

1 – As normas que regulam a localização e as condições de instalação dos serviços de receção são definidas por portaria dos membros do Governo responsáveis pelas áreas da modernização administrativa, dos negócios estrangeiros, das finanças, da justiça, da solidariedade social e da saúde.

2 – A portaria prevista no número anterior pode estabelecer critérios de competência territorial dos serviços de receção, reservar a emissão de cartão de cidadão aos residentes em áreas territoriais determinadas e consagrar prioridades de atendimento tendo em vista o reforço da certeza e segurança do sistema de identificação e o bom funcionamento dos serviços.

ARTIGO 55º
Cartões de identificação válidos

1 – Os bilhetes de identidade, cartões de contribuinte, cartões de utente dos serviços de saúde e cartões de identificação da segurança social válidos continuam a produzir os seus efeitos, nos termos previstos nos diplomas legais que regulam a sua emissão e utilização, enquanto não tiver sido entregue cartão de cidadão aos respetivos titulares.

2 – (*Revogado.*)

3 – (*Revogado.*)

4 – (*Revogado.*)

ARTIGO 56º
Obtenção do cartão de cidadão

1 – Nas áreas do território nacional onde existam serviços de receção instalados e em funcionamento, nos termos da portaria prevista no nº 1 do artigo 54º, o pedido de cartão de cidadão é obrigatório nas seguintes situações:

a) Quando o interessado pedir a emissão, renovação ou alteração de dados do bilhete de identidade;

b) Quando o interessado pedir a emissão ou a alteração de dados do cartão de contribuinte, do cartão de utente dos serviços de saúde ou do cartão de identificação da segurança social.

2 – O cartão de cidadão produz de imediato todos os efeitos previstos nos artigos 2º, 4º e 6º da presente lei e substitui o bilhete de identidade, o cartão de contribuinte, o cartão de utente dos serviços de saúde e o cartão de identificação da segurança social.

3 – O cartão de cidadão inclui os mesmos números de identificação que já tenham sido anteriormente atribuídos ao respetivo titular pelos serviços de identificação civil, identificação fiscal, saúde ou segurança social.

ARTIGO 57º
Residentes no estrangeiro

Nos postos e secções consulares que disponham de serviços de receção, nos termos da portaria prevista no nº 1 do artigo 54º, qualquer pedido de emissão, de renovação ou de alteração de dados do bilhete de identidade é imediatamente convolado em pedido de emissão de cartão de cidadão, seguindo-se os termos estabelecidos na presente lei.

SECÇÃO II
Primeiro pedido de cartão de cidadão

ARTIGO 58º
Composição do nome do titular

1 – Se do assento de nascimento constar apenas o nome próprio do titular, no cartão de cidadão devem ser igualmente inscritos os apelidos que o titular tiver usado em atos ou documentos oficiais.

2 – Ao nome da mulher casada antes de 1 de janeiro de 1959 podem acrescentar-se os apelidos do marido por ela usados.

3 – Se do assento de nascimento constar uma sequência com dois ou mais nomes civis completos, o titular deve escolher qual dos nomes civis completos é inscrito, nos termos previstos no artigo 9º, no cartão de cidadão.

4 – As escolhas de composição do nome efetuadas nos termos dos números anteriores devem ser prontamente comunicadas pelo serviço de receção à entidade

responsável pela gestão da base de dados de identificação civil para execução das pertinentes atualizações.

ARTIGO 59º
Composição da filiação

1 – Se do assento de nascimento constar identificação de progenitor com uma sequência de dois ou mais nomes civis completos, deve ser selecionado para inscrição no cartão de cidadão apenas o nome completo correspondente à escolha que o progenitor tiver efetuado nos termos previstos nos nºs 3 e 4 do artigo anterior.

2 – Não sendo possível aplicar o critério previsto no número anterior, deve ser selecionado para inscrição no cartão de cidadão apenas o nome completo que figura em primeiro lugar naquela sequência.

ARTIGO 60º
Erro ortográfico no assento de nascimento

Detetando-se erro ortográfico notório no assento de nascimento, deve ser imediatamente promovida a retificação oficiosa do assento de nascimento e devem ser tomadas providências para que a inscrição no cartão de cidadão seja feita sem o erro.

ARTIGO 61º
Dúvidas sobre a nacionalidade

Quando se suscitem dúvidas sobre a nacionalidade do requerente, o cartão de cidadão é emitido com um prazo de validade de um ano e não contém qualquer referência sobre o elemento relativo à nacionalidade, devendo ser feitas as inscrições previstas no nº 3 do artigo 7º e nos nºs 1 e 2 do artigo 15º

ARTIGO 61º-A
Cartões provisórios

1 – Pode ser emitido um cartão de cidadão provisório, sem circuito integrado, válido por período não superior a 90 dias, se:

a) Se verificar reconhecida urgência na obtenção do cartão de cidadão para a prática de quaisquer atos e manifesta impossibilidade de serem efetuadas, em tempo útil, as validações exigidas pela presente lei;

b) Ocorrer caso fortuito ou de força maior.

2 – Os cartões emitidos nos termos do número anterior contêm os seguintes elementos de identificação do titular:

a) Apelidos;
b) Nome(s) próprio(s);
c) Filiação;
d) Nacionalidade;
e) Data de nascimento;
f) Sexo;

g) Altura;
h) Imagem facial;
i) Assinatura;
j) Número de identificação civil.

3 – Para além dos elementos de identificação referidos no nº 2 o cartão de cidadão provisório contém as seguintes menções:

a) República Portuguesa, enquanto Estado emissor;
b) Data de validade;
c) Número de documento e número de versão do cartão de cidadão;
d) Tratado de Porto Seguro de 22 de abril de 2000, se for emitido nos termos previstos no nº 2 do artigo 3º

4 – O cartão de cidadão provisório inclui zona específica destinada a leitura ótica, nos termos do nº 5 do artigo 7º

5 – Os elementos de identificação constantes das alíneas *b*), *h*) e *j*) do nº 2 são obrigatórios, não sendo possível a emissão de cartão de cidadão provisório no caso de ausência de informação sobre os mesmos.

6 – No caso de ausência de informação sobre algum dos elementos de identificação do titular não referidos no número anterior, com exceção do previsto na alínea *c*) do nº 2, o cartão de cidadão provisório contém, na área destinada a esse elemento, a inscrição da letra «x» ou de outra menção prevista na lei.

7 – O pedido de emissão de cartão de cidadão provisório é obrigatoriamente acompanhado de pedido de emissão de cartão de cidadão nos termos regulados na presente lei, exceto quando motivos alheios à vontade do requerente inviabilizem o pedido conjunto dos documentos.

8 – Os requisitos técnicos e de segurança do cartão de cidadão provisório são estabelecidos por portaria dos membros do Governo responsáveis pelas áreas da modernização administrativa, da justiça e da administração interna.

9 – Pela emissão do cartão de cidadão provisório são devidas taxas fixadas por portaria do membro do Governo responsável pela área da justiça, que constituem receita do IRN, I.P., sendo também aí definidas as situações de gratuitidade, redução e isenção de taxas.

ARTIGO 62º
Cartões substituídos

1 – No ato de entrega do primeiro cartão de cidadão, o titular deve apresentar no serviço de receção, se possível, o bilhete de identidade e os cartões com o número de identificação fiscal, o número de utente dos serviços de saúde e o número de identificação perante a segurança social.

2 – O bilhete de identidade e os cartões referidos no número anterior são devolvidos ao respetivo titular, a solicitação deste, após terem sido objeto de tratamento que elimine o risco de utilização contrária à lei.

ARTIGO 63º
Regulamentação

1 – São definidos por portaria dos membros do Governo responsáveis pelas áreas da modernização administrativa, da administração interna e da justiça os seguintes aspetos:

a) Os modelos oficiais e exclusivos do cartão de cidadão para os cidadãos nacionais e para os beneficiários do estatuto referido no nº 2 do artigo 3º;

b) Os elementos de segurança física que compõem o cartão de cidadão;

c) As medidas concretas de inclusão de cidadãos com necessidades especiais na sociedade de informação, nos termos do disposto no nº 2 do artigo 21º;

d) Os requisitos técnicos e de segurança a observar na captação da imagem facial e das impressões digitais referidos no nº 2 do artigo 25º e no nº 8 do artigo 61º-A.

2 – São definidos por portaria dos membros do Governo responsáveis pelas áreas da modernização administrativa e da justiça os seguintes aspetos:

a) Os mecanismos técnicos de acesso e leitura dos dados constantes de circuito integrado previsto no nº 4 do artigo 6º;

b) O prazo de validade, referido no artigo 19º;

c) Os casos e termos de funcionamento do Portal do Cidadão como serviço de receção de pedidos de renovação de cartão de cidadão, referido no nº 3 do artigo 20º;

d) O sistema de cancelamento por via telefónica ou eletrónica, previsto na alínea *b*) do nº 2 do artigo 33º;

e) A fixação do montante devido pelo IRN, I.P., à AMA, I.P., pelo exercício das competências previstas no artigo 23º, referido no nº 3 do artigo 34º;

f) As regras relativas à conservação do ficheiro com o código pessoal para desbloqueio (PUK) referido no nº 4 do artigo 41º

3 – São definidas por portaria dos membros do Governo responsáveis pelas áreas dos negócios estrangeiros, da modernização administrativa e da justiça outras formas de entrega do cartão de cidadão e dos códigos, as condições de segurança exigidas para o efeito e a fixação das taxas associadas, referidas no nº 7 do artigo 31º

4 – São definidos por portaria do membro do Governo responsável pela área da justiça os seguintes aspetos:

a) O montante das taxas previstas no nº 1 do artigo 34º;

b) As taxas devidas pela emissão do cartão de cidadão provisório e as situações de redução, isenção e gratuitidade, previstas no nº 9 do artigo 61º-A.

5 – São definidos por portaria dos membros do Governo responsáveis pelas áreas da modernização administrativa, dos negócios estrangeiros, das finanças, da justiça, da solidariedade social e da saúde os aspetos da instalação dos serviços de receção do cartão de cidadão referidos no artigo 54º

Procedimentos Simplificados de Sucessão Hereditária e de Partilha do Património Conjugal

Portaria nº 1594/2007, de 17 de Dezembro

O Decreto-Lei nº 324/2007, de 28 de Setembro, alterou o Código do Registo Civil introduzindo diversas medidas de simplificação e desformalização relacionadas com a vida das pessoas, reduzindo obstáculos burocráticos e formalidades dispensáveis nas áreas do registo civil e dos actos notarias conexos.

De entre estas medidas destaca-se a criação de dois serviços de balcão único que constituem o cumprimento de um compromisso assumido pelo XVII Governo Constitucional no âmbito do Programa SIMPLEX. Estes serviços – o «Balcão das Heranças» e o balcão «Divórcio com Partilha» – agregam num atendimento único procedimentos relativos às heranças e ao divórcio.

O «Balcão das Heranças» permite realizar em atendimento único todos os actos e formalidades relacionados com a sucessão hereditária. Aqui se incluem, por exemplo, a habilitação de herdeiros, a partilha dos bens imóveis, móveis ou participações sociais sujeitos a registo, a liquidação dos impostos que se mostrem devidos e a realização dos registos e pedidos de registo dos bens partilhados.

Por sua vez, o serviço «Divórcio com Partilha» permite que, no âmbito do divórcio e da separação de pessoas e bens por mútuo consentimento tramitados nas conservatórias do registo civil, se possam efectuar todos os actos e formalidades relacionados com este procedimento. É o caso da realização da partilha, da liquidação dos impostos que se mostrem devidos e do registo dos bens imóveis, móveis sujeitos a registo e participações sociais partilhados.

Com a criação destes novos serviços, vários actos e formalidades são dispensados e os que se revelem indispensáveis ficam concentrados num único atendimento, sem necessidade de efectuar diversas deslocações a conservatórias diversas, cartórios notariais e serviços de finanças, com vantagem para os cidadãos.

A presente portaria destina-se a regulamentar os termos da prestação do serviço nestes novos balcões únicos, nomeadamente quanto ao atendimento prévio que neles possa existir, às condições de verificação dos pressupostos da partilha do património conjugal e ao arquivo de documentos.

Assim:

Manda o Governo, pelo Ministro da Justiça, ao abrigo do disposto nos nºs 2 do artigo 210º-D, 4 do artigo 210º-E e 5 do artigo 272º-A do Código do Registo Civil, aprovado pelo Decreto-Lei nº 131/95, de 6 de Junho, com as alterações introduzidas pelos Decretos-Leis nºs 36/97, de 31 de Janeiro, 120/98, de 8 de Maio, 375-A/99, de 20 de Setembro, 228/2001, de 20 de Agosto, 273/2001, de 13 de Outubro, 323/2001, de 17 de Dezembro, 113/2002, de 20 de Abril, 194/2003, de 23 de Agosto, e 53/2004, de 18 de Março, pela Lei nº 29/2007, de 2 de Agosto, e pelo Decreto-Lei nº 324/2007, de 28 de Setembro, e do disposto no nº 5 do artigo 25º deste último decreto-lei, o seguinte:

SECÇÃO I
Procedimentos simplificados de sucessão hereditária

ARTIGO 1º
Atendimento prévio

No âmbito dos procedimentos simplificados de sucessão hereditária previstos nos artigos 210º-A a 210º-R do Código do Registo Civil, o funcionário competente procede a um atendimento prévio do requerente praticando os seguintes actos pela ordem indicada:

a) Efectua uma análise do pedido e dos documentos apresentados pelo requerente;
b) Promove as diligências de instrução do procedimento que devam ser efectuadas por via oficiosa, nos termos do artigo 210º-E do Código do Registo Civil;
c) Comunica ao requerente quais os documentos que deve apresentar;
d) Marca a data de realização do procedimento, nos termos dos artigos 2º e 3º

ARTIGO 2º
Marcação prévia e documentos

1 – A realização do procedimento só pode ser marcada para uma data posterior a sete dias úteis relativamente à data do pedido se esta for a vontade dos interessados.

2 – A realização do procedimento referido no número anterior pode ser remarcada para outra data se os documentos que devam ser disponibilizados pelas partes forem entregues menos de cinco dias úteis antes da data marcada para a realização do procedimento e essa remarcação se revelar absolutamente indispensável.

3 – O envio em suporte electrónico ou telecópia dos documentos referidos no número anterior equivale à sua disponibilização à conservatória, mas não dispensa a exibição dos originais no momento da realização do procedimento.

ARTIGO 3º
Marcação prévia em casos especiais

1 – A marcação da realização do procedimento tem lugar no prazo de 10 dias úteis relativamente à data do pedido nos casos seguintes:

a) Quando a sucessão seja regulada por lei estrangeira;

b) Quando a sucessão se funde, ainda que parcialmente, em testamento ou contrato sucessório ou disposição testamentária contidos em convenção antenupcial;

c) Quando se verifique o repúdio da herança por parte de algum dos herdeiros;

d) Quando se verifique a necessidade de chamamento de bens à colação na partilha;

e) Quando a herança a partilhar integre uma das seguintes situações:

i) Mais de 15 bens ou direitos;

ii) Meações e quinhões hereditários noutros patrimónios indivisos;

iii) Bens futuros e expectativas de aquisição;

iv) Bens ou direitos registados ou localizados no estrangeiro ou a que se aplique lei estrangeira.

2 – A marcação da realização do procedimento prevista no número anterior só pode ter lugar numa data posterior a 10 dias úteis relativamente à data do pedido se essa for a vontade dos interessados.

ARTIGO 4º
Tramitação subsequente

Após o atendimento prévio, os procedimentos simplificados de sucessão hereditária são tramitados no mesmo dia, em atendimento presencial único, nos termos dos artigos 210º-F a 210º-M do Código do Registo Civil.

SECÇÃO II
Procedimento de partilha do património conjugal

ARTIGO 5º
Atendimento prévio, marcação prévia e partilha do património conjugal

1 – Os pressupostos da partilha do património conjugal relativos a bens sujeitos a registo a que se refere o nº 2 do artigo 272º-A do Código do Registo Civil são verificados em atendimento prévio, nos termos do artigo 1º, no momento da apresentação do pedido de separação de pessoas e bens ou de divórcio por mútuo consentimento.

2 – A realização da partilha do património conjugal é marcada para a data da conferência prevista no nº 3 do artigo 14º do Decreto-Lei nº 272/2001, de 13 de Outubro, só podendo ser marcada para uma data posterior a cinco dias úteis relativamente à data do pedido se essa for a vontade dos interessados.

3 – Nos casos em que seja necessário proceder à notificação dos interessados, a realização da partilha do património conjugal só pode ser marcada para uma data posterior a cinco dias úteis relativamente à data em que a notificação se presume efectuada, se essa for a vontade dos interessados.

4 – No caso de ser apresentado acordo sobre o exercício do poder paternal relativo a filhos menores, a marcação da data e as notificações só se verificam depois da recepção da pronúncia favorável do Ministério Público.

5 – As marcações referidas nos números anteriores só são asseguradas se os documentos que devam ser disponibilizados pelas partes forem entregues pelo menos dois dias úteis antes da data marcada para a realização do procedimento.

6 – O disposto nos números anteriores não prejudica a aplicação dos artigos 1420º a 1422º do Código de Processo Civil.

7 – A realização da partilha do património conjugal tem lugar imediatamente após a realização da conferência e da decretação da separação judicial de pessoas e bens ou do divórcio previstas no nº 3 do artigo 14º do Decreto-Lei nº 272/2001, de 13 de Outubro, desde que as partes tenham renunciado expressamente ao recurso.

8 – São aplicáveis os nºs 2 e 3 do artigo 2º

ARTIGO 6º
Marcação prévia em casos especiais

1 – A marcação da realização do procedimento tem lugar no prazo de sete dias úteis relativamente à data do pedido nos casos seguintes:

a) Quando o regime de bens que vigore no casamento for regulado por lei estrangeira ou por convenção antenupcial atípica;

b) Quando o património conjugal integre uma das seguintes situações:

i) Meações e quinhões hereditários noutros patrimónios indivisos;

ii) Bens futuros e expectativas de aquisição.

2 – A marcação da realização do procedimento prevista no número anterior só pode ter lugar numa data posterior a sete dias úteis relativamente à data do pedido, se essa for a vontade dos interessados.

ARTIGO 7º
Tramitação subsequente

Após o atendimento prévio, a partilha do património conjugal é tramitada no mesmo dia, em atendimento presencial único, nos termos do artigo 5º e do artigo 272º-B do Código do Registo Civil.

SECÇÃO III
Assinatura, apresentação, certidão permanente e arquivo

ARTIGO 8º
Assinatura de documentos

Os documentos resultantes dos procedimentos simplificados de sucessão hereditária e de partilha do património conjugal são assinados por todos os intervenientes e, sempre que possível, digitalizados, não guardando a conservatória qualquer outro arquivo além do previsto no artigo 11º

ARTIGO 9º
Apresentação de pedidos de registo predial

1 – No caso de pedidos de registo predial promovidos nos termos do nº 1 do artigo 19º do Decreto-Lei nº 324/2007, de 28 de Setembro, estes são remetidos à conservatória competente por meios electrónicos ou, apenas quando estes não estejam disponíveis, por telecópia, acompanhados da cópia dos documentos caso a conservatória não tenha acesso electrónico aos mesmos.

2 – Nos casos referidos no número anterior, a conservatória competente remete aos interessados gratuitamente uma certidão, nos termos da alínea *g*) do nº 1 do artigo 210º-F do Código do Registo Civil.

3 – Os pedidos de registo apresentados por meios electrónicos ou por telecópia são anotados no diário pela ordem da sua recepção:

a) Imediatamente após a última apresentação pessoal do dia, quando recebidos entre as 0 e as 16 horas;

b) Imediatamente antes da primeira apresentação pessoal do dia seguinte, quando recebidos entre as 16 e as 24 horas.

ARTIGO 10º
Certidões permanentes

1 – A certidão do registo predial a entregar no âmbito do procedimento é aquela a que se refere o nº 6 do artigo 110º do Código do Registo Predial, podendo o interessado fazer a opção nele prevista.

2 – A certidão de registo comercial a entregar no âmbito do procedimento é aquela a que se refere o nº 6 do artigo 75º do Código do Registo Comercial. *(Redacção dada pela Portaria nº 286/2012, de 20-09)*

ARTIGO 11º
Arquivo

1 – Ficam arquivados os documentos que serviram de base à realização dos procedimentos simplificados de sucessão hereditária e partilha do património conjugal.

2 – O arquivo previsto nos números anteriores é efectuado, sempre que possível, por via electrónica, com dispensa da sua conservação em suporte físico, sendo devolvidos aos interessados os documentos que estes tenham apresentado e que resultem da realização do procedimento.

3 – Os documentos arquivados na forma prevista no número anterior, desde que sejam integralmente apreensíveis, têm o mesmo valor probatório dos originais.

SECÇÃO IV
Disposições finais e transitórias

ARTIGO 12º
Período experimental

1 – O período experimental previsto no artigo 18º do Decreto-Lei nº 324/2007, de 28 de Setembro, tem início após a entrada em vigor da presente portaria e termina no dia 30 de Maio de 2008.

2 – Durante o período experimental, os procedimentos simplificados de sucessão hereditária não podem ser promovidos nos casos seguintes:

a) Quando a sucessão hereditária seja regulada por lei estrangeira;

b) Quando a herança a partilhar integre quotas ou partes sociais em sociedades por quotas, em nome colectivo ou em comandita simples, quando tais sociedades possuam bens imóveis e quando, pela partilha, algum dos herdeiros fique a dispor de, pelo menos, 75% do capital social ou o número de sócios se reduza a dois, sendo marido e mulher, casados no regime de comunhão geral de bens ou de adquiridos;

c) Quando a partilha da herança determine:

i) O fraccionamento de prédios ou a constituição de propriedade horizontal;

ii) A constituição da compropriedade ou o aumento do número de compartes sobre prédios rústicos.

3 – Durante o período experimental, a realização da partilha do património conjugal não pode ser promovida nos casos seguintes:

a) Quando o regime de bens que vigora no casamento for regulado por lei estrangeira;

b) Quando do património conjugal façam parte quotas ou partes sociais em sociedades por quotas, em nome colectivo ou em comandita simples, quando tais sociedades possuam bens imóveis e quando, pela partilha, algum dos herdeiros fique a dispor de, pelo menos, 75% do capital social ou o número de sócios se reduza a dois, sendo marido e mulher, casados no regime de comunhão geral de bens ou de adquiridos;

c) Quando a partilha determine:

i) O fraccionamento de prédios ou a constituição de propriedade horizontal;

ii) A constituição da compropriedade ou o aumento do número de compartes sobre prédios rústicos.

ARTIGO 13º
Início de vigência

1 – A presente portaria entra em vigor no dia seguinte ao da sua publicação.

2 – Os procedimentos simplificados de sucessão hereditária e de partilha do património conjugal no âmbito de processo de separação judicial de pessoas e bens ou de divórcio por mútuo consentimento previstos nos artigos 210º-A a 210º-R e 272º-A a 272º-C do Código do Registo Civil, na redacção do Decreto-Lei nº 324/2007, de 28 de Setembro, entram em funcionamento na data prevista no número anterior.

Pelo Ministro da Justiça, *João Tiago Valente Almeida da Silveira,* Secretário de Estado da Justiça, em 13 de Dezembro de 2007.

Pedido *Online* de Atos e de Processos de Registo Civil

Portaria nº 654/2009, de 17 de Junho

O Decreto-Lei nº 324/2007, de 28 de Setembro, aprovou diversas medidas de simplificação e desformalização relacionadas com a vida dos cidadãos. Pretendeu-se criar serviços para os cidadãos que simplificassem a sua vida e que tornassem o atendimento nas conservatórias do registo civil mais rápido, mais cómodo e mais eficiente.

Estas medidas aprovadas não surgem isoladas entre as medidas que foram tomadas no sector da justiça. Fazem antes parte de um vasto conjunto de medidas já implementadas, que incluem a criação de serviços de «balcão único», a eliminação de formalidades e a simplificação de procedimentos, bem como a disponibilização de novos serviços através da Internet.

Desta forma, estão já em funcionamento os balcões de atendimento único «Casa pronta», «Associação na hora», «Empresa na hora», «Heranças», «Divórcio com partilha» e o balcão do «Documento único automóvel».

No domínio da eliminação das formalidades desnecessárias foram adoptadas medidas nas áreas do registo predial, comercial e automóvel.

Quanto ao registo predial, foram criados balcões únicos para a prática de actos relativos a imóveis junto dos serviços de registo, dos advogados, das câmaras de comércio e indústria, dos notários e dos solicitadores e foi eliminada a competência territorial das conservatórias, bem como eliminados diversos documentos desnecessários.

No que diz respeito ao registo comercial, foi promovida a eliminação da obrigatoriedade de celebração de escrituras públicas para os actos da vida societária, a eliminação da obrigatoriedade de existência de livros de escrituração mercantil, a simplificação dos regimes da fusão, da cisão, da transformação, da redução do capital, da dissolução e da liquidação de sociedades.

São, por sua vez, exemplos de medidas de simplificação na área do registo automóvel a substituição do livrete e do título de propriedade por um documento único automóvel, o «Certificado de matrícula», e a eliminação da competência territorial das respectivas conservatórias.

Finalmente, já existem diversos serviços disponibilizados através da Internet. É o caso dos serviços *online* de registo comercial, como a «Empresa *online*», a possibilidade de promover actos de registo comercial, a «Certidão permanente de registo comercial» (todos em *www.empresaonline.pt*), as publicações online dos actos da vida societária (*www.publicacoes.mj.pt*), a informação empresarial simplificada (*www.ies.gov.pt*), o automóvel *online* (*www.automovelonline.mj.pt*), a «Marca *online*» e a «Patente *online*» (*www.inpi.pt*) ou o «Predial *online*» (*www.predialonline.mj.pt*).

Entre as diversas medidas de simplificação na área do registo civil que foram aprovadas pelo Decreto-Lei nº 324/2007, de 28 de Setembro, destacam-se a criação de dois serviços de balcão único, o «Balcão das heranças» e o «Balcão divórcio com partilha» que permitem tratar, em atendimento único, todas as operações e actos relacionados com a sucessão por morte e com o divórcio por mútuo consentimento, respectivamente. Mas também se destacam diversas simplificações como a dispensa dos cidadãos de apresentar certidões de actos ou documentos nas conservatórias do registo civil sempre que os mesmos constem de bases de dados a que a conservatória tivesse acesso, ou a eliminação da competência territorial das conservatórias do registo civil para que qualquer acto de registo civil possa ser praticado em qualquer conservatória do registo civil, independentemente da localização física ou da residência dos interessados.

O Decreto-Lei nº 324/2007, de 28 de Setembro, também veio permitir que os pedidos de actos e de processos de registo civil pudessem ser efectuados por via electrónica num sítio na Internet. Para esse efeito, foi criado o sítio «Civil *online*» em *www.civilonline.mj.pt*. Este serviço permite a prática de actos de registo civil de forma rápida, cómoda e segura através da Internet, eliminando a necessidade de as pessoas se deslocarem aos serviços de registo civil.

O primeiro acto a ser disponibilizado no «Civil *online*» é o «Pedido *online* de processo de casamento». Trata-se de um serviço que permite que as pessoas possam dar início ao processo de casamento a partir de casa ou de qualquer outro local com acesso à Internet, sem necessidade de se deslocarem à conservatória, a qualquer altura do dia, em qualquer dia da semana. Este serviço está disponível para qualquer tipo de casamento: civil, religioso ou católico. Passou a ser possível tratar de todo o processo burocrático relacionado com o casamento através da Internet, continuando o casamento a realizar-se perante o conservador, o ministro de culto ou o padre. Este serviço permite que as pessoas não tenham que se deslocar aos serviços de registo e que tenham mais tempo nas suas vidas.

A criação do «Civil *online*» permite que, no futuro, possam ser disponibilizados mais pedidos de actos e de processos de registo civil por via electrónica em *www.civilonline.mj.pt* tornando a vida mais fácil para as pessoas e dando-lhes mais tempo para as suas vidas.

Assim:

Manda o Governo, pelo Ministro da Justiça, ao abrigo do nº 2 do artigo 14º do Código do Registo Civil, o seguinte:

ARTIGO 1º
Objecto

A presente portaria regulamenta os pedidos *online* de actos e de processos de registo civil.

ARTIGO 2º
Designação e funções do sítio

1 – Os pedidos *online* de actos e de processos de registo civil efectuam-se através do sítio na Internet com o endereço *www.civilonline.mj.pt.*

2 – O sítio referido no artigo anterior deve permitir, entre outras que se mostrem necessárias, as seguintes funções:

a) A autenticação dos utilizadores através de certificados digitais;

b) A identificação dos interessados;

c) A apresentação do pedido;

d) A entrega dos documentos necessários;

e) A assinatura electrónica dos documentos entregues, quando necessário;

f) O pagamento dos serviços por via electrónica;

g) A recolha de informação que permita o contacto entre os serviços competentes e os interessados e seus representantes;

h) A certificação da data e da hora em que o pedido foi apresentado;

i) A comunicação electrónica e, sempre que possível, através de *short message service* (sms), dos actos e processos pedidos, bem como de todas as comunicações que se mostrem necessárias com os cidadãos.

ARTIGO 3º
Pedidos apresentados por cidadãos

1 – Os pedidos apresentados por cidadãos devem ser autenticados electronicamente através da utilização de certificado digital qualificado, nos termos previstos no regime jurídico dos documentos electrónicos e da assinatura electrónica, aprovado pelo Decreto-Lei nº 290-D/99, de 2 de Agosto, alterado pelos Decretos-Leis nºs 62/2003, de 3 de Abril, 165/2004, de 6 de Julho, e 116-A/2006, de 16 de Julho.

2 – Para os efeitos previstos no número anterior pode ser utilizado o certificado digital do cartão de cidadão.

ARTIGO 4º
Pedidos apresentados por advogados e solicitadores

Os pedidos apresentados por advogados e solicitadores devem fazer-se através da utilização de certificado digital que comprove a respectiva qualidade profissional.

ARTIGO 5º
Elementos do pedido

Os elementos necessários à instrução do pedido que não tenham sido indicados no mesmo e que possam ser obtidos oficiosamente devem, sempre que possível, ser preenchidos pelos serviços.

ARTIGO 6º
Envio de documentos

1 – Caso o pedido necessite de ser instruído com documentos, os mesmos devem ser correctamente digitalizados e integralmente apreensíveis.

2 – Os documentos enviados por quem tenha competência para a conferência de documentos com os respectivos originais em formato papel têm o mesmo valor probatório dos originais, desde que tenham sido correctamente digitalizados e sejam integralmente apreensíveis.

3 – Os documentos elaborados pelos cidadãos e enviados para instrução de pedidos devem ser assinados através de assinatura electrónica qualificada.

4 – Os serviços de registo só podem exigir o envio dos documentos originais que instruem o processo quando se trate de documentos remetidos por cidadãos que não tenham sido elaborados e assinados nos termos previstos no número anterior e haja fundadas dúvidas sobre a sua autenticidade.

ARTIGO 7º
Arquivo dos originais dos documentos

Os advogados e os solicitadores que enviem documentos para instruir pedidos *online* de actos ou processos de registo civil ficam obrigados a arquivar os respectivos originais.

ARTIGO 8º
Validação do pedido

1 – O pedido *online* de actos e de processos de registo civil só é considerado validamente submetido após a emissão de um comprovativo electrónico que indique a data e a hora em que o pedido foi concluído.

2 – O comprovativo electrónico do pedido deve ser enviado ao interessado através de mensagem de correio electrónico e, sempre que possível, por *short message service* (sms).

ARTIGO 9º
Pagamento

1 – Após a submissão electrónica do pedido é gerada automaticamente uma referência para pagamento dos encargos devidos pelo processo, caso este não seja efectuado de imediato através de cartão de crédito.

2 – O pagamento dos encargos referidos no número anterior deve ser efectuado no prazo de quarenta e oito horas após a geração da referência para pagamento, sob pena de inutilização do pedido.

3 – Por despacho do presidente do IRN, I. P., podem ser previstas outras modalidades de pagamento dos encargos devidos.

ARTIGO 10º
Ordem de entrada dos processos e actos de registo civil

Os pedidos de actos e de processos de registo civil recebidos através do sítio referido do artigo 2º entram na lista de trabalho da conservatória escolhida pela ordem da respectiva submissão.

ARTIGO 11º
Diligências subsequentes

Após a confirmação do pagamento efectuado pelo interessado, o serviço competente procede à apreciação do pedido, bem como às seguintes diligências subsequentes que se mostrem devidas:

a) Verificação do preenchimento dos pressupostos legais do acto ou processo pedido e, se for o caso, consulta das bases de dados do registo e identificação civil, solicitação de prova testemunhal ou documental complementar e convocação dos requerentes ou seus representantes legais, sem prejuízo do disposto no artigo 5º;

b) Promoção das restantes diligências previstas no Código do Registo Civil e legislação conexa para a tramitação do acto ou processo solicitado;

c) Prática do acto, decisão do processo ou convocação para a realização de acto ou diligência, a qual deve ser comunicada aos interessados através de correio electrónico e, sempre que possível, por *short message service* (sms), sem prejuízo de notificação postal nos casos legalmente previstos;

d) Disponibilização ao interessado de documento que deva ser emitido no final do processo.

ARTIGO 12º
Produção de efeitos

A presente portaria produz efeitos desde o dia 5 de Fevereiro de 2009.

ARTIGO 13º
Entrada em vigor

A presente portaria entra em vigor no dia seguinte ao da sua publicação.

Pelo Ministro da Justiça, *João Tiago Valente Almeida da Silveira*, Secretário de Estado da Justiça, em 4 de Junho de 2009.

Suporte Informático e Procedimento de Reconstituição para Atos e Processos de Registo Civil

Portaria nº 1109/2009, de 25 de Setembro

O Decreto-Lei nº 324/2007, de 28 de Setembro, aprovou diversas medidas de simplificação e desformalização relacionadas com a vida dos cidadãos. O objectivo foi criar serviços mais simples para os cidadãos e que tornassem o atendimento nas conservatórias do registo civil mais rápido, mais cómodo e mais eficiente.

Entre as diversas medidas de simplificação na área do registo civil que foram aprovadas pelo Decreto-Lei nº 324/2007, de 28 de Setembro, destacam-se a criação de dois serviços de balcão único, o balcão das heranças e o balcão divórcio com partilha que permitem tratar, em atendimento único, todas as operações e actos relacionados com a sucessão por morte e com o divórcio por mútuo consentimento, respectivamente. Mas também se destacam diversas simplificações como a dispensa dos cidadãos de apresentar certidões de actos ou documentos nas conservatórias do registo civil sempre que os mesmos constem de bases de dados a que a conservatória tivesse acesso, ou a eliminação da competência territorial das conservatórias do registo civil para que qualquer acto de registo civil possa ser praticado em qualquer conservatória do registo civil, independentemente da localização física ou da residência dos interessados.

Mais recentemente foi criado o sítio «Civil *online*» em *www.civilonline. mj.pt*. Este serviço permite a prática de actos de registo civil de forma rápida, cómoda e segura através da Internet, eliminando a necessidade de as pessoas se deslocarem aos serviços de registo civil. Até ao momento, já foi disponibilizado no «Civil *online*» o «Pedido *online* de processo de casamento». Trata-se de um serviço que permite que as pessoas possam dar início ao processo de casamento a partir de casa ou de qualquer outro local com acesso à Internet, sem necessidade de se deslocarem à conservatória, a qualquer altura do dia, em qualquer dia da semana.

O Código de Registo Civil na versão anterior ao Decreto-Lei nº 324/2007, de 28 de Setembro, previa que, quando um assento se inutilizasse, poderia ser reconstituído através de um procedimento que incluía a afixação de editais e uma fase de julgamento de eventuais reclamações. Tratava-se de um processo injustificadamente moroso que fazia com que a reconstituição dos assentos pudesse, caso não fossem encontrados documentos para a reconstituição, demorar vários meses.

A presente portaria visa criar um novo procedimento para estes casos com o objectivo de reconstituir os actos ou processos inutilizados de forma mais simples e mais rápida, com benefícios para os cidadãos.

Aproveita-se ainda para determinar qual o sistema informático em que os actos e processos de registo civil, bem como os restantes procedimentos que corram termos nas conservatórias, devem ser efectuados.

Assim:

Manda o Governo, pelo Ministro da Justiça, ao abrigo do nº 1 do artigo 14º e do artigo 15º do Código do Registo Civil, o seguinte:

ARTIGO 1º
Suporte informático

Os actos e processos do registo civil são efectuados em suporte informático e obedecem aos modelos existentes no Sistema Integrado de Registo e Identificação Civil (SIRIC).

ARTIGO 2º
Reconstituição com base em suporte documental

Se ocorrer a inutilização de qualquer suporte de acto ou processo de registo, os serviços de registo devem verificar se existe algum documento arquivado em qualquer outro serviço de registo, em qualquer outro serviço da Administração Pública, ou no arquivo de outras entidades, que permita reconstituir o acto ou processo inutilizado.

ARTIGO 3º
Reconstituição na falta de suporte documental

1 – Na falta de documentos que permitam a reconstituição, o serviço de registo deve notificar os interessados para, no prazo de 30 dias, apresentarem documentos que comprovem o acto ou processo inutilizado.

2 – Decorrido o prazo, procede-se à reconstituição com base nos elementos fornecidos pelos interessados.

3 – Se não tiverem sido fornecidos elementos, a reconstituição deve basear-se nas declarações prestadas pelos interessados.

ARTIGO 4º
Assentos reconstituídos

Os assentos reconstituídos devem conter, no texto, a menção do facto da reconstituição.

ARTIGO 5º
Aplicação no tempo

O disposto no artigo 1º produz efeitos desde a data da entrada em vigor do Decreto-Lei nº 324/2007, de 28 de Setembro.

ARTIGO 6º
Entrada em vigor

A presente portaria entra em vigor no dia seguinte ao da sua publicação.

Pelo Ministro da Justiça, *João Tiago Valente Almeida da Silveira*, Secretário de Estado da Justiça, em 17 de Setembro de 2009.

Certidão *Online* de Registo Civil

Portaria nº 181/2017, de 31 de maio

O Decreto-Lei nº 324/2007, de 28 de setembro, veio permitir que os pedidos de atos e processos de registo civil pudessem ser efetuados por via eletrónica, num sítio da Internet, o que viabiliza a prática de atos de registo civil de forma cómoda e segura, eliminando-se a necessidade de as pessoas se deslocarem aos serviços.

Atualmente esta possibilidade abrange o pedido de processo de casamento, o pedido de processo de divórcio e de separação de pessoas e bens por mútuo consentimento e o pedido e disponibilização de certidão permanente de registo de nascimento.

No âmbito do plano de ação estratégico do XXI Governo Constitucional de transformação do sistema judicial e dos registos, assente na eficiência, inovação, proximidade e humanização, o Plano Justiça + Próxima e SIMPLEX+ contém uma medida que visa disponibilizar eletronicamente certidões de registo civil de nascimento, casamento, óbito, declaração de maternidade e de perfilhação, alargando-se a natureza dos serviços de registo civil atualmente disponibilizados online e desmaterializando e simplificando o acesso à informação pelos cidadãos.

Pela presente portaria é criada a certidão online de registo civil, definindo e regulamentando o seu âmbito, condições de acesso, prazo de validade e emolumentos devidos.

Assim, manda o Governo, pela Secretária de Estado da Justiça, ao abrigo do disposto nos artigos 211º, nºs 2 e 3, e 215º, nºs 2 e 3, do Código do Registo Civil, o seguinte:

ARTIGO 1º
Certidão *online*

1 – Designa-se por certidão online de registo civil a disponibilização do acesso à informação, em suporte eletrónico, das menções e averbamentos constantes dos registos de nascimento, casamento, óbito, declaração de maternidade e perfilhação, acessível nos termos e nas condições legalmente aplicáveis.

2 – A certidão online disponibiliza, por um período de seis meses, o acesso à informação que se encontrar registada à data da sua emissão.

3 – O acesso previsto no nº 1 efetua-se mediante disponibilização de um código de acesso, que permite a visualização da informação através da Internet, durante o prazo de validade da mesma.

ARTIGO 2º
Pedido

1 – O pedido de subscrição de acesso à certidão online é efetuado através de sítio na Internet da área da justiça.

2 – O pedido pode ser feito por qualquer cidadão, salvo as exceções previstas na lei.

3 – Após a submissão eletrónica do pedido, é gerada automaticamente uma referência para pagamento dos encargos devidos pela certidão, caso aquele não seja efetuado de imediato através de cartão de crédito.

4 – O pagamento dos encargos referidos no número anterior deve ser efetuado no prazo de quarenta e oito horas após a geração da referência para pagamento, sob pena de cancelamento do pedido.

ARTIGO 3º
Funcionalidades do sítio

O sítio referido no nº 1 do artigo anterior deve permitir as seguintes funcionalidades:

a) A autenticação dos utilizadores, privilegiando os mecanismos disponibilizados pela Agência para a Modernização Administrativa em www.autenticacao.gov.pt;
b) O preenchimento eletrónico dos elementos necessários ao pedido;
c) A identificação do utilizador e requerente da certidão;
d) A certificação da data, hora e estado do pedido;
e) O pagamento dos encargos devidos por via eletrónica;
f) O envio de avisos por correio eletrónico ao requerente da certidão, ou sempre que possível, por short message service (SMS).

ARTIGO 4º
Código de acesso

1 – Efetuado o pedido de certidão online, e não havendo fundamento para a recusa, é disponibilizado ao requerente um código que permite a visualização da certidão no sítio da Internet referido no nº 1 do artigo 2º

2 – A entrega a qualquer entidade pública ou privada do código de acesso à certidão equivale, para todos os efeitos legais, à entrega de uma certidão de registo em suporte de papel.

3 – Nas situações de recusa de emissão da certidão é disponibilizada ao requerente, no sítio da Internet referido no nº 1 deste artigo, a nota dos respetivos fundamentos, havendo lugar à devolução dos montantes pagos.

ARTIGO 5º
Encargos

Por cada pedido de subscrição de acesso à certidão online é devido o montante de € 10.

ARTIGO 6º
Entrada em vigor

A presente portaria entra em vigor a 1 de junho de 2017.

ARTIGO 7º
Norma transitória

À data de entrada em vigor da presente portaria apenas se encontra disponível a certidão online de registo de casamento, devendo a disponibilização de certidão quanto aos demais tipos de registos ocorrer no prazo de 6 meses, a contar da data prevista no artigo anterior.

ARTIGO 8º
Norma revogatória

1 – É revogada a Portaria nº 145/2010, de 10 de março, com efeitos a partir de 31 de julho de 2017.

2 – Sem prejuízo do disposto no número anterior, a consulta de certidões permanentes de registo de nascimento mantém-se disponível até ao termo do respetivo prazo de validade.

A Secretária de Estado da Justiça, *Anabela Damásio Caetano Pedroso*, em 29 de maio de 2017.

Registo Predial

Código do Registo Predial

Procedimentos Especiais de Aquisição, Oneração e Registo de Imóveis

Procedimentos Especiais de Aquisição, Oneração e Registo de Imóveis – Regulamentação

Sistema de Informação Cadastral Simplificada

Regulamentação dos Pedidos de Registo Predial

Taxas Devidas pela Emissão de Certidões, Fotocópias, Informações e Certificados de Registo Predial

Certidão Permanente do Registo Predial

Competência dos Serviços que Disponibilizem Atendimento Presencial Único para a Realização do Procedimento Especial de Aquisição, Oneração e Registo Imediato de Imóveis

Depósito Eletrónico de Documentos Particulares Autenticados e Pedido *Online* de Atos de Registo Predial

Disponibilização *online* de Informação Predial Simplificada

Código do Registo Predial

Decreto-Lei nº 224/84, de 6 de Julho

1 – O Código do Registo Predial, aprovado pelo Decreto-Lei nº 305/83, de 29 de Junho, resultou de um laborioso e meritório trabalho de remodelação e modernização da legislação anterior e propôs importantes soluções destinadas a adaptar às necessidades e realidades da vida actual um sistema anquilosado, cujo peso e morosidade se repercute negativamente na desejável fluidez e clareza do comércio jurídico imobiliário.

2 – Apesar desse inegável mérito, logo o próprio diploma se dava conta de graves dificuldades práticas de execução, consagrando no artigo 2º do respectivo decreto preambular a necessidade de uma portaria regulamentadora, de cuja publicação ficou, aliás, a depender a aplicação e entrada em vigor do referido Código.

A essas dificuldades logo afloradas outras se vieram juntar, acabando por se gerar um consenso de inexequibilidade da reforma, nos moldes estruturais e temporais em que fora concebida. Daí que, em lugar da anunciada portaria, se tivesse feito sentir a necessidade de publicar um novo código que, sem desprezar a dinâmica inovadora e reformadora do anterior, seja de execução e aplicação imediatas.

Conseguir, na prática, o equilíbrio entre os meios disponíveis e os fins de implementação e simplificação do registo predial, como passo decisivo e indispensável de um futuro tratamento informático, é, em síntese, o escopo deste diploma.

3 – Mantêm-se inalterados os princípios inovadores no que respeita:

3.1 – À valorização da fé pública registral, com base no princípio da legitimação de direitos sobre imóveis titulados judicial ou extra-judicialmente;

3.2 – Ao reforço do princípio da prioridade, através de uma maior transparência da actividade das conservatórias e de uma maior responsabilização dos conservadores e oficiais do registo;

3.3 – À simplificação processual, com reflexo numa maior participação do público e na obtenção mais expedita das garantias do registo.

4 – Procurou-se, no entanto, imprimir a este código um ordenamento e clarificação de preceitos que torne mais fácil a sua apreensão no conjunto e a sua consulta em concreto.

Por outro lado, expurgou-se de regulamentações que são estranhas ao registo e que há anos lhe andavam inexplicavelmente ligadas, como sejam a extensão da hipoteca de fábricas aos maquinismos e móveis inventariados, que passará a constar do artigo 691º do Código Civil; o processo de justificação judicial, que constará de diploma avulso a integrar futuramente no Código de Processo Civil, e a parte da justificação notarial, que no Código do Registo Predial se mantinha.

Com vista a possibilitar a concordância com as novas disposições legais, foi ainda necessário alterar preceitos do Código do Notariado, aprovado pelo Decreto-Lei nº 47619, de 31 de Março de 1967, do Decreto-Lei nº 233/76, de 2 de Abril, do Decreto-Lei nº 42644, de 14 de Novembro de 1959 (Registo Comercial), e do Decreto nº 55/75, de 12 de Fevereiro (Registo Automóvel), e revogar o artigo 22º do Decreto-Lei nº 693/70, de 31 de Dezembro.

Outras eventuais alterações a inserir no âmbito dos registos e do notariado, designadamente no seu Regulamento, serão oportunamente consideradas.

5 – Com o objectivo de dar resposta a lacunas e deficiente regulamentação anterior que provocava dúvidas ou práticas divergentes nas várias conservatórias, procurou-se um aprofundamento de certos conceitos ou processos.

5.1 – Quanto a aspectos teóricos, serão assim de referir como de especial importância o trato sucessivo como pressuposto do processo registral e o relevo dado à realidade do prédio como suporte do registo, no que respeita à concordância entre os elementos da descrição e da matriz.

Relevância deverá igualmente dar-se, entre outras, às alterações introduzidas no domínio da provisoriedade por natureza e ao cancelamento ou conversão oficiosos dos registos, em certos casos até aqui não regulamentados.

5.2 – Do ponto de vista processual salientar-se-á: o uso do impresso-requisição em vez do requerimento tradicional, cujo duplicado funciona como recibo do preparo e prova do pedido, e a substituição dos livros por fichas, onde serão lavradas as descrições e inscrições prediais, com as vantagens decorrentes da facilidade de arquivo, de manuseamento e de consulta e da rápida apreensão da realidade registral.

6 – Apesar de as circunstâncias não permitirem fazer de imediato a desejável revolução neste campo, espera-se deste novo código uma importante implementação do registo predial a partir do dinamismo implícito no artigo 9º e uma notável simplificação no futuro, decorrente desse facto e dos novos suportes documentais, indispensáveis à introdução da informática.

Assim: O Governo decreta, nos termos da alínea *a)* do nº 1 do artigo 201º da Constituição, o seguinte:

(Cf. Declaração publicada no DR nº 202, Série I, Supl., de 31-08-1984)

ARTIGO 1º

É aprovado o Código do Registo Predial que faz parte integrante do presente decreto-lei.

(Cf. Declaração publicada no DR nº 202, Série I, Supl., de 31-08-1984)

ARTIGO 2º

A tabela de emolumentos do registo predial, aprovada pelo Decreto-Lei nº 397/83, de 2 de Novembro, é substituída pela tabela anexa ao presente diploma, que poderá ser alterada por portaria do Ministro da Justiça.

ARTIGO 3º

1 – São aprovados os modelos do livro Diário, fichas e outros instrumentos previstos em anexo.

2 – Os referidos modelos poderão ser alterados por portaria do Ministro da Justiça.

(Cf. Declaração publicada no DR nº 202, Série I, Supl., de 31-08-1984)

ARTIGO 4º

1 – O sistema de fichas aplica-se integralmente às novas descrições, iniciando-se uma sequência numérica por cada freguesia, de acordo com as disposições legais respectivas.

2 – Para os actos de registo que respeitem a descrições anteriores podem ser transitoriamente utilizados os livros B, C, F e G actualmente em vigor, escriturados nos mesmos termos que as fichas, com as adaptações necessárias.

3 – Dentro das possibilidades de cada conservatória, até à total substituição dos livros e à medida que forem sendo pedidos novos actos de registo, serão extractadas nas fichas as descrições e inscrições em vigor que lhes digam respeito.

4 – A cada descrição extractada é atribuído o número de ordem que lhe vier a caber dentro de cada freguesia, anotando-se na ficha o número e as folhas que tinha no livro e neste a referência à ficha.

ARTIGO 5º

A substituição integral de todos os livros por fichas será definida para cada conservatória por despacho do Ministro da Justiça.

ARTIGO 6º

1 – Na contagem dos prazos previstos nos nºs 1 e 3 do artigo 12º e no nº 3 do artigo 92º do Código será levado em conta o tempo decorrido antes da data da sua entrada em vigor.

2 – Os registos não sujeitos a caducidade segundo a lei anterior podem ser renovados nos 6 meses posteriores àquela data.

ARTIGO 7º

1 – O director-geral dos Registos e do Notariado pode autorizar a transferência dos livros de registo substituídos integralmente por fichas para o arquivo designado pela entidade responsável pelos arquivos nacionais, depois de obtido o respectivo acordo.

2 – O director-geral dos Registos e do Notariado pode ainda autorizar:

a) O arquivamento em suporte informático e subsequente destruição de livros de descrições e de inscrições e de documentos que serviram de base a registos;

b) A destruição de livros de qualquer outra espécie, bem como de documentos arquivados que não tenham servido de base a registos, com ou sem prévio arquivamento em suporte informático.

(Redacção dada por Decreto-Lei nº 533/99 de 11-12)

ARTIGO 8º

1 – Até à entrada em vigor do Código, será regulamentada pela Direcção-Geral dos Registos e do Notariado a entrada de documentos nas conservatórias para estudo e organização do processo pré-registral.

2 – Para os efeitos previstos no número anterior existirá um livro próprio que assegure o despacho dos processos, tanto quanto possível por ordem cronológica.

3 – Nos mesmos termos, será regulamentada a fiscalização dos preparos e da contabilidade em geral.

ARTIGO 9º

É revogada toda a legislação anterior referente as matérias abrangidas pelo novo Código do Registo Predial, designadamente os Códigos aprovados pelo Decreto-Lei nº 47 611, de 28 de Março de 1967, com as subsequentes alterações, e pelo Decreto-Lei nº 305/83, de 29 de Junho, bem como o artigo 22º do Decreto-Lei nº 693/70, de 31 de Dezembro, e o artigo 167º do Regulamento aprovado pelo Decreto nº 694/70, da mesma data.

ARTIGO 10º

Este diploma entra em vigor no dia 1 de Outubro de 1984.

Visto e aprovado em Conselho de Ministros de 5 de Abril de 1984. – *Mário Soares – Carlos Alberto da Mota Pinto – Rui Manuel Parente Chancerelle de Machete.*

Promulgado em 21 de Maio de 1984.

Publique-se.

O Presidente da República, ANTÓNIO RAMALHO EANES.

Referendado em 1 de Junho de 1984.

O Primeiro-Ministro, *Mário Soares.*

Código do Registo Predial*

TÍTULO I
Da natureza e valor do registo

CAPÍTULO I
Objeto e efeitos do registo

SECÇÃO I
Disposições fundamentais

ARTIGO 1º
Fins do registo

O registo predial destina-se essencialmente a dar publicidade à situação jurídica dos prédios, tendo em vista a segurança do comércio jurídico imobiliário.

ARTIGO 2º
Factos sujeitos a registo

1 – Estão sujeitos a registo:

a) Os factos jurídicos que determinem a constituição, o reconhecimento, a aquisição ou a modificação dos direitos de propriedade, usufruto, uso e habitação, superfície ou servidão;

b) Os factos jurídicos que determinem a constituição ou a modificação da propriedade horizontal e do direito de habitação periódica;

c) Os factos jurídicos confirmativos de convenções anuláveis ou resolúveis que tenham por objeto os direitos mencionados na alínea *a)*;

* *Texto de acordo com a republicação do Decreto-Lei nº 125/2013, de 30 de agosto.*

d) As operações de transformação fundiária resultantes de loteamento, de estruturação de compropriedade e de reparcelamento, bem como as respetivas alterações;

e) A mera posse;

f) A promessa de alienação ou oneração, os pactos de preferência e a disposição testamentária de preferência, se lhes tiver sido atribuída eficácia real, bem como a cessão da posição contratual emergente desses factos;

g) A cessão de bens aos credores;

h) A hipoteca, a sua cessão ou modificação, a cessão do grau de prioridade do respetivo registo e a consignação de rendimentos;

i) A transmissão de créditos garantidos por hipoteca ou consignação de rendimentos, quando importe transmissão de garantia;

j) A afetação de imóveis ao caucionamento das reservas técnicas das companhias de seguros, bem como ao caucionamento da responsabilidade das entidades patronais;

l) A locação financeira e as suas transmissões;

m) O arrendamento por mais de seis anos e as suas transmissões ou sublocações, excetuado o arrendamento rural;

n) A penhora e a declaração de insolvência;

o) O penhor, a penhora, o arresto e o arrolamento de créditos garantidos por hipoteca ou consignação de rendimentos e quaisquer outros atos ou providências que incidam sobre os mesmos créditos;

p) A apreensão em processo penal;

q) A constituição do apanágio e as suas alterações;

r) O ónus de eventual redução das doações sujeitas a colação;

s) O ónus de casa de renda limitada ou de renda económica sobre os prédios assim classificados;

t) O ónus de pagamento das anuidades previstas nos casos de obras de fomento agrícola;

u) A renúncia à indemnização, em caso de eventual expropriação, pelo aumento do valor resultante de obras realizadas em imóveis situados nas zonas marginais das estradas nacionais ou abrangidos por planos de melhoramentos municipais;

v) Quaisquer outras restrições ao direito de propriedade, quaisquer outros encargos e quaisquer outros factos sujeitos por lei a registo;

x) A concessão em bens do domínio público e as suas transmissões, quando sobre o direito concedido se pretenda registar hipoteca;

z) Os factos jurídicos que importem a extinção de direitos, ónus ou encargos registados;

aa) O título constitutivo do empreendimento turístico e suas alterações.

2 – O disposto na alínea *a)* do número anterior não abrange a comunicabilidade de bens resultante do regime matrimonial.

(Redação dada pela Lei nº 30/2017, de 30-05)

ARTIGO 3º
Ações, decisões, procedimentos e providências sujeitos a registo

1 – Estão igualmente sujeitos a registo:

a) As ações que tenham por fim, principal ou acessório, o reconhecimento, a constituição, a modificação ou a extinção de algum dos direitos referidos no artigo anterior, bem como as ações de impugnação pauliana;

b) As ações que tenham por fim, principal ou acessório, a reforma, a declaração de nulidade ou a anulação de um registo ou do seu cancelamento;

c) As decisões finais das ações referidas nas alíneas anteriores, logo que transitem em julgado;

d) Os procedimentos que tenham por fim o decretamento do arresto e do arrolamento, bem como de quaisquer outras providências que afetem a livre disposição de bens;

e) As providências decretadas nos procedimentos referidos na alínea anterior.

2 – [*Revogado*].

3 – [*Revogado*].

ARTIGO 4º
Eficácia entre as partes

1 – Os factos sujeitos a registo, ainda que não registados, podem ser invocados entre as próprias partes ou seus herdeiros.

2 – Excetuam-se os factos constitutivos de hipoteca cuja eficácia, entre as próprias partes, depende da realização do registo.

ARTIGO 5º
Oponibilidade a terceiros

1 – Os factos sujeitos a registo só produzem efeitos contra terceiros depois da data do respetivo registo.

2 – Excetuam-se do disposto no número anterior:

a) A aquisição, fundada na usucapião, dos direitos referidos na alínea *a)* do nº 1 do artigo 2º;

b) As servidões aparentes;

c) Os factos relativos a bens indeterminados, enquanto estes não forem devidamente especificados e determinados.

3 – A falta de registo não pode ser oposta aos interessados por quem esteja obrigado a promovê-lo, nem pelos herdeiros destes.

4 – Terceiros, para efeitos de registo, são aqueles que tenham adquirido de um autor comum direitos incompatíveis entre si.

5 – Não é oponível a terceiros a duração superior a seis anos do arrendamento não registado.

ARTIGO 6º
Prioridade do registo

1 – O direito inscrito em primeiro lugar prevalece sobre os que se lhe seguirem relativamente aos mesmos bens, por ordem da data dos registos e, dentro da mesma data, pela ordem temporal das apresentações correspondentes.

2 – [*Revogado*].

3 – O registo convertido em definitivo conserva a prioridade que tinha como provisório.

4 – Em caso de recusa, o registo feito na sequência de recurso julgado procedente conserva a prioridade correspondente à apresentação do ato recusado.

ARTIGO 7º
Presunções derivadas do registo

O registo definitivo constitui presunção de que o direito existe e pertence ao titular inscrito, nos precisos termos em que o registo o define.

ARTIGO 8º
Impugnação dos factos registados

1 – A impugnação judicial de factos registados faz presumir o pedido de cancelamento do respetivo registo.

2 – [*Revogado*].

ARTIGO 8º-A
Obrigatoriedade do registo

1 – É obrigatório submeter a registo:

a) Os factos referidos no artigo 2º, exceto:

i) Quando devam ingressar provisoriamente por natureza no registo, nos termos do nº 1 do artigo 92º;

ii) Quando se trate de aquisição sem determinação de parte ou direito;

iii) Aqueles que incidam sobre direitos de algum ou alguns dos titulares da inscrição de bens integrados em herança indivisa;

iv) A constituição de hipoteca e o seu cancelamento, neste último caso se efetuado com base em documento de que conste o consentimento do credor;

v) A promessa de alienação ou oneração, os pactos de preferência e a disposição testamentária de preferência, se lhes tiver sido atribuída eficácia real.

b) As ações, decisões e providências, referidas no artigo 3º, salvo as ações de impugnação pauliana e os procedimentos mencionados na alínea *d)* do nº 1 do mesmo artigo;

c) [*Revogada*].

2 – O registo da providência cautelar não é obrigatório se já se encontrar pedido o registo da ação principal.

ARTIGO 8º-B
Sujeitos da obrigação de registar

1 – Salvo o disposto no nº 3, devem promover o registo dos factos obrigatoriamente a ele sujeitos as entidades que celebrem a escritura pública, autentiquem os documentos particulares ou reconheçam as assinaturas neles apostas ou, quando tais entidades não intervenham, os sujeitos ativos do facto sujeito a registo.

2 – [*Revogado*].

3 – Estão ainda obrigados a promover o registo:

a) Os tribunais no que respeita às ações, às decisões e a outros procedimentos e providências ou atos judiciais;

b) O Ministério Público, no que respeita às apreensões em processo penal que tenha autorizado, ordenado ou validado, e quando, em processo de inventário, for adjudicado a incapaz ou ausente em parte incerta qualquer direito sobre imóveis;

c) Os agentes de execução, ou o oficial de justiça que realize diligências próprias do agente de execução, quanto ao registo das penhoras, e os administradores judiciais, quanto ao registo da declaração de insolvência.

4 – [*Revogado*].

5 – A obrigação de pedir o registo cessa no caso de este se mostrar promovido por qualquer outra entidade que tenha legitimidade.

6 – [*Revogado*].

7 – [*Revogado*].

(Redação dada pela Lei nº 30/2017, de 30-05)

ARTIGO 8º-C
Prazos para promover o registo

1 – Salvo o disposto nos números seguintes, ou disposição legal em contrário, o registo deve ser pedido no prazo de dois meses a contar da data em que os factos tiverem sido titulados.

2 – O registo das ações referidas nas alíneas *a)* e *b)* do nº 1 do artigo 3º, sujeitas a registo obrigatório, deve ser pedido até ao termo do prazo de 10 dias após a data da audiência de julgamento.

3 – O registo das decisões finais proferidas nas ações referidas no número anterior deve ser pedido no prazo de um mês a contar da data do respetivo trânsito em julgado.

4 – O registo das providências cautelares decretadas nos procedimentos referidos na alínea *d)* do nº 1 do artigo 3º, assim como o registo do ato a que se refere a alínea *p)* do nº 1 do artigo 2º, devem ser pedidos no prazo de um mês a contar da data em que os factos tiverem sido titulados

5 – [*Revogado*].

6 – [*Revogado*].

7 – Os factos sujeitos a registo titulados em serviço de registo competente são imediatamente apresentados.

(Redação dada pela Lei nº 30/2017, de 30-05)

ARTIGO 8º-D
Cumprimento tardio da obrigação de registar

1 – A promoção do registo fora dos prazos referidos no artigo anterior determina o pagamento acrescido de quantia igual à que estiver prevista a título de emolumento, independentemente da gratuitidade, isenção ou redução de que o ato beneficie.

2 – O disposto no número anterior não se aplica aos tribunais e ao Ministério Público.

3 – A responsabilidade pelo pagamento da quantia prevista no nº 1 recai sobre a entidade que está obrigada a promover o registo e não sobre aquela que é responsável pelo pagamento do emolumento, nos termos do nº 2 do artigo 151º.

ARTIGO 9º
Legitimação de direitos sobre imóveis

1 – Os factos de que resulte transmissão de direitos ou constituição de encargos sobre imóveis não podem ser titulados sem que os bens estejam definitivamente inscritos a favor da pessoa de quem se adquire o direito ou contra a qual se constitui o encargo.

2 – Excetuam-se do disposto no número anterior:

a) A partilha, a expropriação, a venda executiva, a penhora, o arresto, a apreensão em processo penal, a declaração de insolvência e outras providências ou atos que afetem a livre disposição dos imóveis;

b) Os atos de transmissão ou oneração praticados por quem tenha adquirido no mesmo dia os bens transmitidos ou onerados;

c) Os casos de urgência devidamente justificada por perigo de vida dos outorgantes.

3 – Tratando-se de prédio situado em área onde não tenha vigorado o registo obrigatório, o primeiro ato de transmissão posterior a 1 de outubro de 1984 pode ser titulado sem a exigência prevista no nº 1, se for exibido documento comprovativo, ou feita justificação simultânea, do direito da pessoa de quem se adquire.

(Redação dada pela Lei nº 30/2017, de 30-05)

SECÇÃO II
Cessação dos efeitos do registo

ARTIGO 10º
Transferência e extinção

Os efeitos do registo transferem-se mediante novo registo e extinguem-se por caducidade ou cancelamento.

ARTIGO 11º
Caducidade

1 – Os registos caducam por força da lei ou pelo decurso do prazo de duração do negócio.

2 – Os registos provisórios caducam se não forem convertidos em definitivos ou renovados dentro do prazo da respetiva vigência.

3 – É de seis meses o prazo de vigência do registo provisório, salvo disposição em contrário.

4 – A caducidade deve ser anotada ao registo, logo que verificada.

ARTIGO 12º
Prazos especiais de caducidade

1 – Caducam decorridos 10 anos sobre a sua data os registos de hipoteca judicial de qualquer valor e os registos de hipoteca voluntária ou legal, de penhor e de consignação de rendimentos, de valor não superior a € 5000.

2 – O valor referido no número anterior pode ser atualizado por portaria do membro do Governo responsável pela área da justiça.

3 – O registo de renúncia à indemnização por aumento do valor e o do ónus de eventual redução das doações sujeitas a colação caducam decorridos 20 anos, contados, respetivamente, a partir da data do registo e da morte do doador.

4 – Os registos de servidão, de usufruto, uso e habitação e de hipoteca para garantia de pensões periódicas caducam decorridos 50 anos, contados a partir da data do registo.

5 – Os registos referidos nos números anteriores podem ser renovados por períodos de igual duração, a pedido dos interessados.

ARTIGO 13º
Cancelamento

Os registos são cancelados com base na extinção dos direitos, ónus ou encargos neles definidos, em execução de decisão administrativa, nos casos previstos na lei, ou de decisão judicial transitada em julgado.

CAPÍTULO II
Vícios do registo

ARTIGO 14º
Causas da inexistência

O registo é juridicamente inexistente:

a) [*Revogada*];
b) Quando for insuprível a falta de assinatura do registo.

ARTIGO 15º
Regime da inexistência

1 – O registo juridicamente inexistente não produz quaisquer efeitos.

2 – A inexistência pode ser invocada por qualquer pessoa, a todo o tempo, independentemente de declaração judicial.

3 – [*Revogado*].

ARTIGO 16º
Causas de nulidade

O registo é nulo:

a) Quando for falso ou tiver sido lavrado com base em títulos falsos;

b) Quando tiver sido lavrado com base em títulos insuficientes para a prova legal do facto registado;

c) Quando enfermar de omissões ou inexatidões de que resulte incerteza acerca dos sujeitos ou do objeto da relação jurídica a que o facto registado se refere;

d) Quando tiver sido efetuado por serviço de registo incompetente ou assinado por pessoa sem competência, salvo o disposto no nº 2 do artigo 369º do Código Civil e não possa ser confirmado nos termos do disposto no artigo seguinte;

e) Quando tiver sido lavrado sem apresentação prévia ou com violação do princípio do trato sucessivo.

ARTIGO 16º-A
Confirmação

1 – Os registos efetuados por serviço de registo incompetente ou assinados por pessoa sem competência devem ser conferidos com os respetivos documentos para se verificar se podiam ser efetuados, aplicando-se com as devidas adaptações os nºs 2 e 3 do artigo 78º

2 – Se se concluir que o registo podia ter sido efetuado, este é confirmado com menção da data.

3 – No caso de se concluir que o registo não podia ter sido efetuado, deve ser instaurado, oficiosamente, processo de retificação com vista ao seu cancelamento.

ARTIGO 16º-B
Invocação da falsidade dos documentos

1 – Os interessados podem, mediante apresentação de requerimento fundamentado, solicitar perante o serviço de registo que se proceda à anotação ao registo da invocação da falsidade dos documentos com base nos quais ele tenha sido efetuado.

2 – Para os efeitos do disposto no número anterior, são interessados, para além das autoridades judiciárias e das entidades que prossigam fins de investigação criminal, as pessoas que figuram no documento como autor deste e como sujeitos do facto.

3 – A invocação da falsidade a que se refere o nº 1 é anotada ao registo respetivo e comunicada ao Ministério Público, que promoverá, se assim o entender, a competente ação judicial de declaração de nulidade, cujo registo conserva a prioridade correspondente à anotação.

4 – Os registos que venham a ser efetuados na pendência da anotação ou da ação a que se refere o número anterior, que dependam, direta ou indiretamente, do registo a que aquelas respeitem estão sujeitos ao regime da provisoriedade previsto na alínea *b)* do nº 2 do artigo 92º, sendo-lhes aplicável, com as adaptações necessárias, os nºs 6 a 8 do mesmo artigo.

5 – A anotação da invocação de falsidade é inutilizada se a ação de declaração de nulidade do registo não for proposta e registada dentro de 60 dias a contar da comunicação a que se refere o nº 3.

ARTIGO 17º
Declaração da nulidade

1 – A nulidade do registo só pode ser invocada depois de declarada por decisão judicial com trânsito em julgado.

2 – A declaração de nulidade do registo não prejudica os direitos adquiridos a título oneroso por terceiro de boa fé, se o registo dos correspondentes factos for anterior ao registo da ação de nulidade.

3 – A ação judicial de declaração de nulidade do registo pode ser interposta por qualquer interessado e pelo Ministério Público, logo que tome conhecimento do vício.

ARTIGO 18º
Inexatidão do registo

1 – O registo é inexato quando se mostre lavrado em desconformidade com o título que lhe serviu de base ou enferme de deficiências provenientes desse título que não sejam causa de nulidade.

2 – Os registos inexatos são retificados nos termos dos artigos 120º e seguintes.

TÍTULO II
Da organização do registo

CAPÍTULO I
Competência territorial

ARTIGO 19º
Regras de competência

[*Revogado*]

ARTIGO 20º
Alteração da área da conservatória

[*Revogado*]

ARTIGO 21º
Transferência dos registos

[*Revogado*]

CAPÍTULO II
Suportes documentais e arquivo

ARTIGO 22º
Diário e fichas

Existem nos serviços de registo:

a) Um diário, em suporte informático, destinado à anotação cronológica dos pedidos de registo e respetivos documentos;

b) Fichas de registo, em suporte informático, destinadas a descrições, inscrições, averbamentos e anotações.

ARTIGO 23º
Ordenação das fichas

As fichas de registo são ordenadas por freguesias e, dentro de cada uma delas, pelos respetivos números de descrição.

ARTIGO 24º
Verbetes reais e pessoais

1 – Para efeitos de busca, haverá em cada conservatória um ficheiro real e um ficheiro pessoal.

2 – O ficheiro real é constituído por verbetes indicadores dos prédios, ordenados por freguesias nos seguintes termos:

a) Prédios urbanos, por ruas e números de polícia;

b) Prédios urbanos, por artigos de matriz;

c) Prédios rústicos, por artigos de matriz precedidos das respetivas secções, sendo cadastrais.

3 – O ficheiro pessoal é constituído por verbetes indicadores dos proprietários ou possuidores dos prédios, ordenados alfabeticamente.

ARTIGO 25º
Preenchimento dos verbetes

[*Revogado*]

ARTIGO 26º
Arquivo de documentos

1 – Ficam arquivados pela ordem das apresentações os documentos que serviram de base à realização dos registos, bem como o comprovativo do pedido.

2 – Se as condições técnicas permitirem o seu arquivo em suporte eletrónico, os documentos que basearam atos de registo, bem como as certidões que contenham elementos que não possam ser recolhidos por acesso às respetivas bases de dados, são restituídos aos interessados.

3 – Por despacho do presidente do Instituto dos Registos e do Notariado, I. P., pode ser determinado o arquivo dos documentos em suporte eletrónico.

4 – Os documentos arquivados em suporte electrónico referidos no número anterior têm a força probatória dos originais.

ARTIGO 27º
Documentos provisoriamente arquivados

1 – Enquanto as condições técnicas não permitirem o seu arquivo eletrónico, os documentos respeitantes a atos recusados permanecem no serviço de registo quando tenha sido interposto recurso hierárquico ou impugnação judicial ou enquanto o prazo para a sua interposição não tiver expirado.

2 – [*Revogado*].

CAPÍTULO III
Referências matriciais e toponímicas

SECÇÃO I
Conjugação do registo, das matrizes prediais e dos títulos

ARTIGO 28º
Harmonização

1 – Sem prejuízo do disposto no número seguinte, deve haver harmonização quanto à localização, à área e ao artigo da matriz, entre a descrição e a inscrição matricial ou o pedido de retificação ou alteração desta.

2 – Na descrição dos prédios urbanos e dos prédios rústicos ainda não submetidos ao cadastro geométrico a exigência de harmonização é limitada aos artigos matriciais e à área dos prédios.

3 – Nos títulos respeitantes a factos sujeitos a registo deve haver harmonização com a matriz, nos termos dos nºs 1 e 2, e com a respetiva descrição, salvo se quanto a esta os interessados esclarecerem que a divergência resulta de alteração superveniente ou de simples erro de medição.

ARTIGO 28º-A
Dispensa de harmonização

Caso exista diferença, quanto à área, entre a descrição e a inscrição matricial ou, tratando-se de prédio não descrito, entre o título e a inscrição matricial, é dispensada a harmonização se a diferença não exceder, em relação à área maior:

a) 20%, nos prédios rústicos não submetidos ao cadastro geométrico;
b) 5%, nos prédios rústicos submetidos ao cadastro geométrico;
c) 10%, nos prédios urbanos ou terrenos para construção.

ARTIGO 28º-B
Abertura ou atualização da descrição

1 – A área constante da descrição predial pode ser atualizada, no limite das percentagens fixadas no artigo 28º-A, se o proprietário inscrito declarar que a área correta é a que consta da matriz.

2 – Se estiver em causa um prédio não descrito, aplica-se o disposto no número anterior, descrevendo-se o prédio com a área constante da matriz, se o interessado declarar que é essa a área correta.

3 – O recurso à faculdade para proceder à atualização da descrição ou à sua abertura, prevista nos números anteriores, apenas pode ser efetuado uma única vez.

4 – O exercício da faculdade prevista no número anterior deve ser mencionado na descrição.

ARTIGO 28º-C
Erro de medição

1 – Quando exista divergência de área, entre a descrição e o título, no limite das percentagens previstas no artigo 28º-A, e não tenha havido recurso à faculdade prevista no artigo anterior, a atualização da descrição pode ser efetuada se o proprietário inscrito esclarecer que a divergência provém de simples erro de medição.

2 – Quando exista divergência de área, entre a descrição e o título, em percentagens superiores às previstas no artigo 28º-A, a atualização da descrição é feita nos seguintes termos:

a) Na matriz cadastral, o erro de medição é comprovado com base na informação da inscrição matricial donde conste a retificação da área e em declaração que confirme que a configuração geométrica do prédio não sofreu alteração;

b) Na matriz não cadastral, o erro a que se refere a alínea anterior é comprovado pela apresentação dos seguintes documentos:

i) Planta do prédio elaborada por técnico habilitado e declaração do titular de que não ocorreu alteração na configuração do prédio; ou
ii) Planta do prédio e declaração dos confinantes de que não ocorreu alteração na configuração do prédio.

3 – A assinatura de qualquer proprietário confinante pode ser suprida pela sua notificação judicial, desde que não seja deduzida oposição no prazo de 15 dias.

4 – A oposição referida no número anterior é anotada à descrição.

ARTIGO 29º
Alterações matriciais

1 – Quando ocorra substituição das matrizes, os serviços de finanças devem comunicar aos serviços de registo, sempre que possível por via eletrónica, a correspondência entre os artigos matriciais relativos a todos os prédios do concelho ou de uma ou mais freguesias.

2 – Nos casos em que for comunicada, oficiosamente ou a pedido dos serviços de registo, a impossibilidade de estabelecer a correspondência matricial e a mesma não resultar dos documentos apresentados, pode esta ser suprida por declaração complementar dos interessados que indique expressamente o artigo da matriz em vigor.

ARTIGO 30º
Identificação dos prédios nos títulos

[*Revogado*]

ARTIGO 31º
Prova da situação matricial

1 – Para a realização de atos de registo deve ser feita prova da inscrição na matriz, da declaração para inscrição, quando devida, se o prédio estiver omisso, ou da pendência de pedido de alteração ou retificação.

2 – A prova da inscrição na matriz deve ser obtida pelo serviço de registo mediante acesso direto à informação constante da base de dados das entidades competentes ou, em caso de impossibilidade, mediante emissão gratuita do documento comprovativo por tais entidades, a solicitação oficiosa do serviço de registo.

3 – Se a declaração para inscrição na matriz, ou o pedido da sua alteração ou retificação não tiverem sido feitos pelo proprietário ou possuidor, deve ser feita prova de que o interessado, sendo terceiro, deu conhecimento às entidades competentes da omissão, alteração ou erro existente.

4 – A declaração para inscrição na matriz, ou o pedido da sua alteração ou retificação, pode ser feita pelos serviços de registo, a pedido do interessado e de acordo com as declarações por ele prestadas.

5 – A prova exigida no nº 1 é dispensada para os cancelamentos de registos e ainda se já tiver sido feita perante serviço de registo ou no ato sujeito a registo há menos de um ano.

ARTIGO 32º
Prédios omissos na matriz ou pendentes de alteração

[*Revogado*]

SECÇÃO II
Alterações toponímicas

ARTIGO 33º
Denominação das vias públicas e numeração policial

1 – As câmaras municipais comunicam, sempre que possível por via eletrónica e automática, aos serviços de registo, até ao último dia de cada mês, todas as alterações de denominações de vias públicas e de numeração policial dos prédios verificadas no mês anterior, no caso de essa informação não estar disponível nas respetivas bases de dados.

2 – A prova da correspondência entre a antiga e a nova denominação ou numeração, se não puder ser obtida nos termos do número anterior, nem resultar dos documentos apresentados, considera-se suprida por declaração complementar dos interessados, quando a câmara municipal, a pedido do serviço de registo, comunicar a impossibilidade de a estabelecer.

3 – [*Revogado*].

TÍTULO III
Do processo de registo

CAPÍTULO I
Pressupostos

SECÇÃO I
Inscrição prévia e continuidade das inscrições

ARTIGO 34º
Princípio do trato sucessivo

1 – O registo definitivo de constituição de encargos por negócio jurídico depende da prévia inscrição dos bens em nome de quem os onera.

2 – O registo definitivo de aquisição de direitos depende da prévia inscrição dos bens em nome de quem os transmite, quando o documento comprovativo do direito do transmitente não tiver sido apresentado perante o serviço de registo.

3 – A inscrição prévia referida no número anterior é sempre dispensada no registo de aquisição com base em partilha.

4 – No caso de existir sobre os bens registo de aquisição ou reconhecimento de direito suscetível de ser transmitido ou de mera posse, é necessária a intervenção do respetivo titular para poder ser lavrada nova inscrição definitiva, salvo se o facto for consequência de outro anteriormente inscrito.

ARTIGO 35º
Dispensa de inscrição intermédia

É dispensada a inscrição intermédia em nome dos titulares de bens ou direitos que façam parte de herança indivisa.

SECÇÃO II
Legitimidade e representação

ARTIGO 36º
Regra geral de legitimidade

Têm legitimidade para pedir o registo os sujeitos, ativos ou passivos, da respetiva relação jurídica e, em geral, todas as pessoas que nele tenham interesse ou que estejam obrigadas à sua promoção.

ARTIGO 37º
Contitularidade de direitos

1 – O meeiro ou qualquer dos herdeiros pode pedir, a favor de todos os titulares, o registo de aquisição de bens e direitos que façam parte de herança indivisa.

2 – Qualquer comproprietário ou compossuidor pode pedir, a favor de qualquer dos demais titulares, o registo de aquisição dos respetivos bens ou direitos.

ARTIGO 38º
Averbamentos às descrições

1 – Salvo quando se trate de factos que constem de documento oficial, os averbamentos às descrições só podem ser pedidos:

a) Pelo proprietário ou possuidor definitivamente inscrito ou com a sua intervenção;

b) Por qualquer interessado inscrito ou com a sua intervenção, não havendo proprietário ou possuidor inscrito;

c) Por qualquer interessado inscrito que tenha requerido a notificação judicial do proprietário ou possuidor inscrito, não havendo oposição deste no prazo de 15 dias.

2 – A intervenção referida nas alíneas *a)* e *b)* do número anterior tem-se por verificada desde que os interessados tenham intervindo nos respetivos títulos ou processos.

3 – [*Revogado*].

4 – A oposição referida na alínea *c)* do nº 1 é anotada à descrição mediante apresentação de requerimento do proprietário ou possuidor inscrito.

ARTIGO 39º
Representação

1 – O registo pode ser pedido por mandatário com procuração que lhe confira poderes especiais para o ato.

2 – Não carecem de procuração para pedir o registo:

a) Aqueles que tenham poderes de representação para intervir no respetivo título, nos quais se haverão como compreendidos os necessários às declarações complementares relativas à identificação do prédio;
b) Os advogados, os notários e os solicitadores.

3 – Sem prejuízo do disposto na alínea *a)*, o número anterior não se aplica aos pedidos de averbamento à descrição de factos que não constem de documento oficial.

4 – A representação abrange sempre a faculdade de requerer urgência na realização do registo, subsiste até à feitura do registo e implica a responsabilidade solidária do representante no pagamento dos respetivos encargos.

5 – Compete ao respetivo representante legal ou ao Ministério Público requerer o registo quando, em processo de inventário, for adjudicado a incapaz ou ausente em parte incerta qualquer direito sobre imóveis.

ARTIGO 40º
Casos especiais

[*Revogado*]

CAPÍTULO II
Pedido de registo

ARTIGO 41º
Princípio da instância

O registo efetua-se mediante pedido de quem tenha legitimidade, salvo os casos de oficiosidade previstos na lei.

ARTIGO 41º-A
Apresentação por notário

[*Revogado*]

ARTIGO 41º-B
Modalidades do pedido

O pedido de registo pode ser efetuado pessoalmente, por via eletrónica ou por correio.

ARTIGO 41º-C
Pedido de registo por via eletrónica

1 – O pedido de registo por via eletrónica é regulamentado por portaria do membro do Governo responsável pela área da justiça.

2 – [*Revogado*].

ARTIGO 41º-D
Pedido de registo pelo correio

O pedido de registo pode ser remetido por carta registada, acompanhado dos documentos e das quantias que se mostrem devidas.

ARTIGO 41º-E
Apresentação por via imediata

[*Revogado*]

ARTIGO 42º
Elementos do pedido

1 – O pedido de registo deve conter a identificação do apresentante, a indicação dos factos e dos prédios a que respeita, bem como a relação dos documentos que o instruem, nos termos a definir por portaria do membro do Governo responsável pela área da justiça.

2 – [*Revogado*].

3 – [*Revogado*].

4 – [*Revogado*].

5 – [*Revogado*].

6 – Tratando-se de prédio não descrito, deve indicar-se em declaração complementar o nome, estado e residência dos proprietários ou possuidores imediatamente anteriores ao transmitente, bem como o anterior artigo matricial, salvo se o apresentante alegar na declaração as razões justificativas do seu desconhecimento.

7 – Se o registo recair sobre quota-parte de prédio indiviso não descrito, deve declarar-se complementarmente o nome, o estado e a residência de todos os comproprietários.

8 – [*Revogado*].

ARTIGO 42º-A
Pedido efetuado por comunicação

O pedido efetuado pelos tribunais, pelo Ministério Público, pelos agentes de execução, ou pelos oficiais de justiça que realizem diligências próprias dos agentes de execução, e pelos administradores judiciais, deve ser preferencialmente comunicado por via eletrónica e acompanhado dos documentos necessários ao registo, bem como das quantias que se mostrem devidas, nos termos a regulamentar por portaria do membro do Governo responsável pela área da justiça.

CAPÍTULO III
Documentos

SECÇÃO I
Disposições gerais

ARTIGO 43º
Prova documental

1 – Só podem ser registados os factos constantes de documentos que legalmente os comprovem.

2 – Os documentos arquivados são utilizados para a realização de novo registo sempre que referenciados e novamente anotados no diário.

3 – Os documentos escritos em língua estrangeira só podem ser aceites quando traduzidos nos termos da lei, salvo se estiverem redigidos em língua inglesa, francesa ou espanhola e o funcionário competente dominar essa língua.

4 – [*Revogado*].

5 – [*Revogado*].

6 – [*Revogado*].

7 – Para efeitos de promoção de atos de registo predial através da Internet em que sejam interessadas sociedades comerciais ou civis sob forma comercial podem os respetivos gerentes e administradores certificar a conformidade dos documentos eletrónicos por si submetidos com os documentos originais em suporte de papel.

ARTIGO 43º-A
Prova do direito estrangeiro

Quando a viabilidade do pedido de registo deva ser apreciada com base em direito estrangeiro, deve o interessado fazer prova, mediante documento idóneo, do respetivo conteúdo.

ARTIGO 43º-B
Documentos arquivados eletronicamente

1 – Os documentos que contenham factos sujeitos a registo são arquivados eletronicamente nos termos a definir por portaria do membro do Governo responsável pela área da justiça.

2 – Sem prejuízo do disposto em lei especial, a comprovação para efeitos de registo dos factos constantes de documentos que devam ser arquivados nos termos do número anterior é feita através da respetiva consulta eletrónica.

3 – A consulta eletrónica dos títulos e dos documentos arquivados eletronicamente substitui, para todos os efeitos, a apresentação perante o serviço de registo do respetivo suporte em papel, devendo este, em caso de junção ao pedido de registo, ser devolvido ao apresentante.

ARTIGO 44º
Menções obrigatórias

1 – Dos atos notariais, processuais ou outros que contenham factos sujeitos a registo devem constar:

a) A identidade dos sujeitos, nos termos da alínea *e)* do nº 1 do artigo 93º;

b) O número da descrição dos prédios ou as menções necessárias à sua descrição, bem como a indicação do número, data de emissão e entidade emitente das certidões de registo que tenham sido apresentadas ou, no caso de certidão permanente, a indicação do respetivo código de acesso;

c) A indicação do registo prévio a que se refere o nº 1 do artigo 9º ou do modo como foi comprovada a urgência prevista na alínea *c)* do nº 2 do mesmo artigo;

d) [*Revogada*];

e) [*Revogada*];

f) [*Revogada*];

g) Sempre que esteja em causa o pagamento de uma quantia, a indicação do momento em que tal ocorre e do meio de pagamento utilizado.

2 – O documento comprovativo do teor da inscrição matricial deve ter sido emitido com antecedência não superior a um ano.

3 – Se o prédio não estiver descrito, deve ser comprovada essa circunstância por certidão passada pela conservatória com antecedência não superior a três meses.

4 – Da certidão dos atos referidos no nº 1, passada para fins de registo, devem constar todos os elementos aí previstos.

5 – Para o cumprimento do disposto na alínea *g)* do nº 1, caso o pagamento ocorra antes ou no momento da celebração do ato, deve ser consignado no instrumento:

a) Tratando-se de pagamento em numerário, a moeda utilizada;

b) Tratando-se de pagamento por cheque, o seu número e a entidade sacada;

c) Tratando-se de pagamento através da realização de uma transferência de fundos:

i) A identificação da conta do ordenante e da conta do beneficiário, mediante a menção dos respetivos números e prestadores de serviços de pagamento;

ii) Quando o ordenante ou o beneficiário não realize a transferência por intermédio de uma conta de pagamento, mediante a menção do identificador único da transação ou do número do instrumento de pagamento utilizado e do respetivo emitente.

(Redação dada pela Lei nº 89/2017, de 21-08)

ARTIGO 45º
Forma das declarações para registo

1 – Salvo disposição em contrário, as declarações para registo, principais ou complementares, devem ser assinadas e datadas e conter a indicação do número, data e entidade emitente do documento de identificação civil ou documento de identificação equivalente do signatário.

2 – O disposto no número anterior é dispensado quando o registo seja promovido através da Internet, com recurso a meios eletrónicos que permitam determinar a identidade do interessado ou do apresentante, nos termos a definir por portaria do membro do Governo responsável pela área da justiça.

ARTIGO 46º
Declarações complementares

1 – Além de outros casos previstos, são admitidas declarações complementares dos títulos:

a) Para completa identificação dos sujeitos, sem prejuízo das exigências de prova do estado civil;

b) Para a menção dos elementos que integrem a descrição, quando os títulos forem deficientes, ou para esclarecimento das suas divergências, quando contraditórios, entre si, ou com a descrição, em virtude de alteração superveniente.

2 – Os erros sobre elementos da identificação do prédio de que os títulos enfermem podem ser retificados por declaração de todos os intervenientes no ato ou dos respetivos herdeiros devidamente habilitados.

SECÇÃO II
Casos especiais

ARTIGO 47º
Aquisição e hipoteca antes de lavrado o contrato

1 – O registo provisório de aquisição de um direito ou de constituição de hipoteca voluntária, antes de titulado o negócio, é feito com base em declaração do proprietário ou titular do direito.

2 – A assinatura do declarante deve ser reconhecida presencialmente, salvo se for feita perante funcionário dos serviços de registo no momento do pedido.

3 – O reconhecimento previsto no número anterior pode igualmente ser dispensado quando o registo seja promovido através da Internet, com recurso a meios eletrónicos que permitam determinar a identidade do interessado ou do apresentante, nos termos a definir por portaria do membro do Governo responsável pela área da justiça.

4 – O registo provisório de aquisição pode também ser feito com base em contrato-promessa de alienação, salvo convenção em contrário.

ARTIGO 48º
Penhora

1 – Sem prejuízo do disposto quanto às execuções fiscais, o registo da penhora é efetuado com base em comunicação eletrónica do agente de execução ou em declaração por ele subscrita.

2 – [*Revogado*].
3 – [*Revogado*].

ARTIGO 48º-A
Aquisição por venda em processo judicial

O registo provisório de aquisição por venda em processo judicial é efetuado com base em comunicação eletrónica do agente de execução, com indicação da identificação do proponente, remidor ou preferente e dos bens a que respeitam.

ARTIGO 48º-B
Conversão da penhora em hipoteca

O registo de hipoteca, por conversão de penhora nos termos do nº 1 do artigo 807º do Código de Processo Civil, é feito com base em comunicação do agente de execução, a qual deve conter, sendo o caso, declaração de que não houve renovação da instância nos termos do artigo 809º do Código de Processo Civil.

ARTIGO 49º
Aquisição em comunhão hereditária

O registo de aquisição em comum e sem determinação de parte ou direito é feito com base em documento comprovativo da habilitação e, tratando-se de prédio não descrito, em declaração que identifique os bens.

ARTIGO 50º
Hipoteca legal e judicial

O registo de hipoteca legal ou judicial é feito com base em certidão do título de que resulta a garantia, se o serviço de registo não conseguir aceder à informação necessária por meios eletrónicos e, tratando-se de prédio não descrito, em declaração que identifique os bens.

ARTIGO 51º
Afetação de imóveis

O registo de afetação de imóveis é feito com base em declaração do proprietário ou possuidor inscrito.

ARTIGO 52º
Renúncia a indemnização

O registo da renúncia a indemnização é feito com base na declaração do proprietário ou possuidor inscrito perante a entidade expropriante.

ARTIGO 53º
Ações e procedimentos cautelares

1 – O registo provisório de ação e de procedimento cautelar é feito:

a) Com base em certidão de teor do articulado ou em duplicado deste, acompanhado de prova da sua apresentação a juízo; ou

b) Com base em comunicação efetuada pelo tribunal, acompanhada de cópia do articulado.

2 – Se a apresentação for feita pelo mandatário judicial é suficiente a entrega da cópia do articulado e de declaração da sua prévia ou simultânea apresentação em juízo com indicação da respetiva data.

ARTIGO 53º-A
Decisões judiciais

O registo das decisões a que se refere a alínea *c)* do nº 1 do artigo 3º é feito com base em certidão da decisão ou em comunicação efetuada pelo tribunal acompanhada de cópia daquela.

ARTIGO 54º
Operações de transformação fundiária

Os registos das operações de transformação fundiária e das respetivas alterações são efetuados com base no alvará respetivo, no recibo de admissão de comunicação prévia ou em outro documento que legalmente comprove aqueles factos, com individualização dos lotes ou parcelas.

ARTIGO 55º
Contrato para pessoa a nomear

1 – A nomeação de terceiro, em contrato para pessoa a nomear, é registada com base no respetivo instrumento de ratificação, acompanhado de declaração do contraente originário da qual conste que foi validamente comunicada ao outro contraente.

2 – Não tendo sido feita a nomeação nos termos legais, esta circunstância é registada com base em declaração do contraente originário; se houver estipulação que obste à produção dos efeitos do contrato relativamente ao contraente originário, é cancelada a inscrição.

3 – As assinaturas das declarações referidas nos números anteriores devem ser reconhecidas presencialmente, salvo se feitas na presença de funcionário de serviço de registo no momento do pedido.

4 – O reconhecimento previsto no número anterior pode igualmente ser dispensado quando o registo seja promovido através da Internet, com recurso a meios eletrónicos que permitam determinar a identidade do interessado ou do apresentante, nos termos a definir por portaria do membro do Governo responsável pela área da justiça.

ARTIGO 56º
Cancelamento de hipoteca

1 – O cancelamento do registo de hipoteca é feito com base em documento de que conste o consentimento do credor.

2 – O documento referido no número anterior deve conter a assinatura reconhecida presencialmente, salvo se esta for feita na presença de funcionário de serviço de registo no momento do pedido.

3 – O consentimento do credor para o cancelamento do registo de hipoteca pode ser prestado por via eletrónica, nos termos definidos por portaria do membro do Governo responsável pela área da justiça.

ARTIGO 57º
Cancelamento de hipoteca para garantia de pensões periódicas

A hipoteca para garantia de pensões periódicas é cancelada em face da certidão de óbito do respetivo titular e de algum dos seguintes documentos:

a) Recibos de pagamento das pensões vencidas nos cinco anos anteriores à morte do pensionista;

b) Declaração, assinada pelos herdeiros habilitados do pensionista, de não estar em dívida nenhuma pensão;

c) Certidão, passada pelo tribunal da residência dos devedores, comprovativa de não ter sido distribuído no último decénio processo para cobrança das pensões, se o pensionista tiver morrido há mais de cinco anos.

ARTIGO 58º
Cancelamento do registo de penhora e providências cautelares

1 – Se o serviço de registo não conseguir aceder à informação necessária por meios eletrónicos, o cancelamento dos registos de penhora, arresto e outras providências cautelares, nos casos em que a ação já não esteja pendente, faz-se com base na certidão passada pelo tribunal competente que comprove essa circunstância e a causa, ou ainda, nos processos de execução fiscal, a extinção ou não existência da dívida à Fazenda Pública.

2 – Nos casos em que não tenha ainda ocorrido a apreensão, o registo de penhora é cancelado com base em comunicação eletrónica do agente de execução, ou em pedido por ele subscrito, de que conste declaração expressa daquele facto.

3 – Nos casos de adjudicação ou de venda judicial em processo de execução de bens penhorados ou arrestados, só após o registo daqueles factos se podem efetuar os cancelamentos referidos no nº 1.

ARTIGO 58º-A
Cancelamento do registo de apreensão em processo penal

O cancelamento do registo de apreensão em processo penal faz-se com base em certidão passada pelo tribunal ou pelo serviço do Ministério Público competente que comprove a respetiva extinção.

(Aditado pela Lei nº 30/2017, de 30-05)

ARTIGO 59º
Cancelamento dos registos provisórios

1 – O cancelamento dos registos provisórios por natureza, de aquisição e de hipoteca voluntária e o cancelamento dos registos provisórios por dúvidas de factos não sujeitos a registo obrigatório são feitos com base em declaração do respetivo titular.

2 – A assinatura do declarante deve ser reconhecida presencialmente, salvo se for feita perante funcionário dos serviços de registo no momento do pedido.

3 – O reconhecimento previsto no número anterior pode igualmente ser dispensado quando o registo seja promovido através da Internet, com recurso a meios eletrónicos que permitam determinar a identidade do interessado ou do apresentante, nos termos a definir por portaria do membro do Governo responsável pela área da justiça.

4 – No caso de existirem registos dependentes dos registos referidos no nº 1 é igualmente necessário o consentimento dos respetivos titulares, prestado em declaração com idêntica formalidade.

5 – O cancelamento do registo provisório de ação e de procedimento cautelar é feito com base em certidão da decisão transitada em julgado que absolva o réu do pedido ou da instância, a julgue extinta ou a declare interrompida, ou em comunicação efetuada pelo tribunal, preferencialmente por via eletrónica, acompanhada de cópia daquela decisão e indicação do respetivo trânsito em julgado.

ARTIGO 59º-A
Alteração da situação dos prédios

As alterações da situação dos prédios, decorrentes da definição dos limites do concelho ou da freguesia, devem ser comprovadas por comunicação, preferencialmente eletrónica e automática, da câmara municipal competente, oficiosamente ou a pedido do serviço de registo.

ARTIGO 59º-B
Prédios não descritos

Quando o prédio não estiver descrito deve esta circunstância ser previamente confirmada pelo serviço de registo da área da sua situação, sempre que se pretenda sobre ele registar facto em serviço de registo diverso.

CAPÍTULO IV
Apresentação

ARTIGO 60º
Anotação da apresentação

1 – Sem prejuízo do disposto nos números seguintes, os documentos apresentados para registo são anotados no diário pela ordem dos pedidos.

2 – A anotação dos documentos apresentados por via eletrónica é fixada pela portaria referida no nº 1 do artigo 41º-C.

3 – [*Revogado*].

4 – Os documentos apresentados pelo correio são anotados imediatamente após a última apresentação pessoal de cada dia, observando-se o disposto no artigo 63º, se necessário.

5 – Por cada facto é feita uma anotação distinta no diário, segundo a ordem que no pedido lhe couber.

6 – Para fins de anotação, os averbamentos de anexação ou desanexação necessários à abertura de novas descrições consideram-se como um único facto.

ARTIGO 61º
Elementos da anotação

1 – A anotação da apresentação deve conter os seguintes elementos:

a) O número de ordem, a data, a hora da apresentação em UTC (Universal Time, Coordinated) e a modalidade do pedido;

b) O nome do apresentante e o seu cargo, quando se trate de entidade oficial que nessa qualidade formule o pedido de registo;

c) O facto que se pretende registar;

d) O número da descrição ou das descrições a que o facto respeita, freguesia e concelho, ou, tratando-se de prédio não descrito, o número da inscrição matricial, natureza, freguesia e concelho;

e) A espécie dos documentos e o seu número.

2 – As indicações para a anotação resultam do pedido de registo.

3 – Cada um dos prédios não descritos é identificado pelo número da descrição que lhe vier a corresponder, em anotação complementar, a efetuar automaticamente logo que as condições técnicas o permitam.

4 – [*Revogado*].

ARTIGO 62º
Lançamento da nota nos documentos

[*Revogado*]

ARTIGO 63º
Apresentações simultâneas

1 – Se forem apresentados simultaneamente diversos documentos relativos ao mesmo prédio, as apresentações serão anotadas pela ordem de antiguidade dos factos que se pretendam registar.

2 – Quando os factos tiverem a mesma data, a anotação será feita pela ordem da respetiva dependência ou, sendo independentes entre si, sob o mesmo número de ordem.

ARTIGO 64º
Comprovativo da apresentação

Salvo se for efetuado por via eletrónica, por cada pedido de registo é emitido um documento comprovativo da apresentação, do qual constam a identificação do apresentante, o número de ordem, a data e a hora daquela, o facto, os documentos e as quantias entregues, bem como o pedido de urgência, se for caso disso.

ARTIGO 65º
Apresentação pelo correio

[*Revogado*]

ARTIGO 66º
Rejeição da apresentação

1 – A apresentação deve ser rejeitada apenas nos seguintes casos:

a) [*Revogada*];

b) Quando os documentos não respeitarem a atos de registo predial;

c) Quando não tiverem sido indicados no pedido de registo o nome e residência do apresentante e tais elementos não puderem ser recolhidos dos documentos apresentados ou por qualquer outro meio idóneo, designadamente por comunicação com o apresentante;

d) Salvo nos casos de retificação de registo e de anotação não oficiosa prevista na lei, quando o pedido escrito não for feito no modelo aprovado, se dele não constarem os elementos necessários e a sua omissão não for suprível por qualquer meio idóneo, designadamente por comunicação com o apresentante;

e) Quando nenhum preparo tiver sido feito;

f) Quando for possível verificar no momento da apresentação que o facto constante do documento já está registado.

2 – Verificada a existência de causa de rejeição, é feita a apresentação do pedido no diário com os elementos disponíveis.

3 – A rejeição deve ser fundamentada em despacho a notificar ao interessado, para efeitos de impugnação, nos termos do disposto nos artigos 140º e seguintes, aplicando-se-lhe, com as devidas adaptações, as disposições relativas à recusa.

4 – Sem prejuízo do disposto no nº 9 do artigo 151º, a verificação das causas de rejeição previstas nas alíneas *b)* e *e)* do nº 1 após a apresentação do pedido no diário dá lugar à recusa da qualificação, aplicando-se com as devidas adaptações o disposto no número anterior.

ARTIGO 67º
Encerramento do diário

1 – [*Revogado*].

2 – O diário é encerrado após a última anotação do dia ou, não tendo havido apresentações com a anotação dessa circunstância, fazendo-se menção, em qualquer dos casos, da menção da data da feitura do último registo em cada dia.

3 – [*Revogado*].
4 – [*Revogado*].

CAPÍTULO V
Qualificação do pedido de registo

ARTIGO 68º
Princípio da legalidade

A viabilidade do pedido de registo deve ser apreciada em face das disposições legais aplicáveis, dos documentos apresentados e dos registos anteriores, verificando-se especialmente a identidade do prédio, a legitimidade dos interessados, a regularidade formal dos títulos e a validade dos atos neles contidos.

ARTIGO 69º
Recusa do registo

1 – O registo deve ser recusado nos seguintes casos:

a) [*Revogada*];

b) Quando for manifesto que o facto não está titulado nos documentos apresentados;

c) Quando se verifique que o facto constante do documento já está registado ou não está sujeito a registo;

d) Quando for manifesta a nulidade do facto;

e) Quando o registo já tiver sido lavrado como provisório por dúvidas e estas não se mostrem removidas;

f) [*Revogada*];

g) Quando o preparo não tiver sido completado.

2 – Além dos casos previstos no número anterior, o registo só pode ser recusado se, por falta de elementos ou pela natureza do ato, não puder ser feito como provisório por dúvidas.

3 – No caso de recusa é anotado na ficha o ato recusado a seguir ao número, data e hora da respetiva apresentação.

ARTIGO 70º
Registo provisório por dúvidas

Se as deficiências do processo de registo não forem sanadas nos termos do artigo 73º, o registo deve ser feito provisoriamente por dúvidas quando existam motivos que obstem ao registo do ato tal como é pedido e que não sejam fundamento de recusa.

ARTIGO 71º
Despachos de recusa e provisoriedade

1 – Os despachos de recusa e de provisoriedade por dúvidas devem ser efetuados pela ordem de anotação no diário, salvo quando deva ser aplicado o meca-

nismo do suprimento de deficiências, nos termos do artigo 73º, e são notificados ao apresentante nos dois dias seguintes.

2 – Salvo nos casos previstos nas alíneas *a)*, *g)* e *i)* do nº 1 do artigo 92º, a qualificação dos registos como provisórios por natureza é notificada aos interessados no prazo previsto no número anterior.

3 – A data da notificação prevista nos números anteriores é anotada na ficha.

ARTIGO 72º
Obrigações fiscais

1 – Nenhum ato sujeito a encargos de natureza fiscal pode ser definitivamente registado sem que se mostrem pagos ou assegurados os direitos do fisco.

2 – Não está sujeita à apreciação do conservador ou do oficial de registo a correção da liquidação de encargos fiscais feita nos serviços de finanças.

3 – O imposto do selo nas transmissões gratuitas considera-se assegurado desde que esteja instaurado o respetivo processo de liquidação e dele conste o prédio a que o registo se refere.

4 – Presume-se assegurado o pagamento dos direitos correspondentes às transmissões operadas em inventário judicial, partilha extrajudicial e escritura de doação, bem como relativamente a qualquer outra transmissão, desde que tenham decorrido os prazos de caducidade da liquidação ou de prescrição previstos nas leis fiscais.

ARTIGO 73º
Suprimento de deficiências

1 – Sempre que possível, as deficiências do procedimento de registo devem ser supridas oficiosamente com base nos documentos apresentados ou já existentes no serviço de registo competente ou por acesso direto à informação constante de bases de dados das entidades ou serviços da Administração Pública.

2 – Não sendo possível o suprimento das deficiências nos termos previstos no número anterior e tratando-se de deficiência que não envolva novo pedido de registo nem constitua motivo de recusa nos termos das alíneas *c)* a *e)* do nº 1 do artigo 69º, o serviço de registo comunica este facto ao interessado por escrito, por correio eletrónico ou sob registo postal, para que, no prazo de cinco dias, proceda a tal suprimento, sob pena de o registo ser lavrado como provisório ou recusado.

3 – O registo não é lavrado provisoriamente ou recusado se as deficiências em causa respeitarem à omissão de documentos a emitir pelas entidades referidas no nº 1 e a informação deles constante não puder ser obtida nos termos aí previstos, desde que o interessado tenha expressamente solicitado ao serviço de registo, pessoalmente ou por escrito, através de correio eletrónico ou sob registo postal, e no prazo referido no número anterior, que diligencie pela sua obtenção diretamente junto das entidades ou dos serviços da Administração Pública.

4 – [*Revogado*].

5 – [*Revogado*].

6 – Caso os documentos pedidos nos termos do nº 3 não sejam recebidos pelo serviço de registo até ao termo do prazo legalmente estabelecido para a emissão do documento pedido com o prazo mais longo de emissão, acrescido de três dias, o registo é lavrado como provisório ou recusado.

7 – A falta de apresentação de título que constitua motivo de recusa, nos termos da alínea *b)* do nº 1 do artigo 69º, pode ser suprida, com observância dos números anteriores, desde que o facto sujeito a registo seja anterior à data da apresentação, ou à hora desta se, sendo da mesma data, o título contiver a menção da hora em que foi assinado ou concluído.

8 – No caso de o registo ser recusado porque o prédio não foi devidamente identificado no pedido, deve ser efetuada nova apresentação, imediatamente após a última apresentação pessoal do dia em que foi efetuado o despacho de recusa, transferindo-se automaticamente a totalidade dos emolumentos que foram pagos.

9 – O suprimento de deficiências nos termos dos nºs 2, 3 e 7 depende da entrega das quantias devidas.

10 – Das decisões tomadas no âmbito do suprimento de deficiências não cabe recurso hierárquico ou impugnação judicial.

(Redação dada pelo Decreto-Lei nº 201/2015, de 17-09)

ARTIGO 74º
Desistências

1 – É permitida a desistência depois de feita a apresentação e antes de efetuado o registo.

2 – Tratando-se de facto sujeito a registo obrigatório, apenas é possível a desistência quando exista deficiência que motive recusa ou for apresentado documento comprovativo da extinção do facto.

3 – A desistência pode ser requerida verbalmente ou por escrito, devendo no primeiro caso ser assinado o comprovativo do pedido.

TÍTULO IV
Dos atos de registo

CAPÍTULO I
Disposições gerais

ARTIGO 75º
Prazo e ordem dos registos

1 – Os registos são efetuados no prazo de 10 dias e pela ordem de anotação no diário, salvo nos casos de urgência.

2 – Em relação a cada ficha, os registos são efetuados pela ordem temporal das apresentações no diário.

3 – Nos casos de urgência o registo deve ser efetuado no prazo máximo de um dia útil, sem subordinação à ordem de anotação no diário, mas sem prejuízo da ordem a respeitar em cada ficha.

4 – Se a anotação dos factos constantes do pedido não corresponder à ordem da respetiva dependência, deve esta ser seguida na feitura dos registos.

5 – Sem prejuízo do disposto no nº 2, fica excluída da subordinação à ordem de anotação no diário a feitura dos registos a que deva ser aplicado o mecanismo do suprimento de deficiências, nos termos do artigo 73º

ARTIGO 75º-A
Competência

1 – Para os atos de registo é competente o conservador, sem prejuízo do disposto no número seguinte.

2 – Os oficiais dos registos têm competência para os seguintes atos de registo:

a) Penhora de prédios;

b) Aquisição e hipoteca de prédios descritos antes de titulado o negócio;

c) Aquisição por compra e venda acompanhada da constituição de hipoteca, com intervenção de instituição de crédito ou sociedade financeira;

d) Hipoteca voluntária com intervenção de instituição de crédito ou sociedade financeira;

e) Locação financeira e transmissão do direito do locatário;

f) Transmissão de créditos garantidos por hipoteca;

g) Cancelamento de hipoteca por renúncia ou por consentimento;

h) Averbamentos à descrição de factos que constem de documento oficial;

i) Atualização da inscrição quanto à identificação dos sujeitos dos factos inscritos;

j) Desanexação dos lotes individualizados em operação de transformação fundiária decorrente de loteamento inscrito e abertura das respetivas descrições;

l) Abertura das descrições subordinadas da propriedade horizontal inscrita;

m) Abertura das descrições das frações temporais do direito de habitação periódica inscrito.

3 – Os oficiais dos registos têm ainda a competência que lhes seja delegada pelo conservador.

ARTIGO 76º
Forma e redação

1 – O registo compõe-se da descrição predial, da inscrição dos factos e respetivos averbamentos, bem como de anotações de certas circunstâncias, nos casos previstos na lei.

2 – As descrições, as inscrições e os averbamentos são efetuados por extrato.

3 – [*Revogado*].

ARTIGO 77º
Data e assinatura

1 – A data dos registos é a da apresentação ou, se desta não dependerem, a data em que forem efetuados.

2 – Os registos são assinados, com menção da respetiva qualidade, pelo conservador ou pelo seu substituto legal, quando em exercício, ou, ainda, pelo oficial de registo, quando competente.

3 – [*Revogado*].

ARTIGO 78º
Suprimento da falta de assinatura

1 – Os registos que não tiverem sido assinados devem ser conferidos pelos respetivos documentos para se verificar se podiam ou não ser efetuados.

2 – Se os documentos apresentados para o registo não estiverem arquivados e a prova não poder ser obtida mediante acesso direto à informação constante das competentes bases de dados, são pedidas certidões gratuitas aos respetivos serviços.

3 – Se a prova obtida nos termos do número anterior não for suficiente, deve solicitar-se ao interessado a junção dos documentos necessários no prazo de 30 dias.

4 – Se se concluir que podia ser efetuado, o registo é assinado e é feita a anotação do suprimento da irregularidade com menção da data ou, caso contrário, é consignado, sob a mesma forma, que a falta é insuprível e notificado do facto o respetivo titular para efeitos de impugnação.

CAPÍTULO II
Descrições, averbamentos e anotações

SECÇÃO I
Descrições

ARTIGO 79º
Finalidade

1 – A descrição tem por fim a identificação física, económica e fiscal dos prédios.

2 – De cada prédio é feita uma descrição distinta.

3 – No seguimento da descrição do prédio são lançadas as inscrições ou as correspondentes cotas de referência.

4 – Sempre que se cancelem ou caduquem as inscrições correspondentes, ou se transfiram os seus efeitos mediante novo registo, as inscrições ou as cotas de referência devem publicitar que a informação deixou de estar em vigor.

ARTIGO 80º
Abertura de descrições

1 – As descrições são feitas na dependência de uma inscrição ou de um averbamento.

2 – O disposto no número anterior não impede a abertura da descrição, em caso de recusa, para os efeitos previstos no nº 3 do artigo 69º e, se a descrição resultar de desanexação de outro prédio, deve ser feita a anotação da desanexação na ficha deste último.

3 – O registo das operações de transformação fundiária e das suas alterações dá lugar à descrição dos lotes ou parcelas que já se encontrem juridicamente individualizados.

ARTIGO 81º
Descrições subordinadas

1 – No caso de constituição de propriedade horizontal ou do direito de habitação periódica, além da descrição genérica do prédio ou do empreendimento turístico, é feita uma descrição distinta para cada fração autónoma ou unidade de alojamento ou apartamento.

2 – As frações temporais do direito de habitação periódica são descritas com subordinação à descrição da unidade de alojamento ou apartamento.

ARTIGO 82º
Menções gerais das descrições

1 – O extrato da descrição deve conter:

a) O número de ordem privativo dentro de cada freguesia, seguido dos algarismos correspondentes à data da apresentação de que depende;

b) A natureza rústica, urbana ou mista do prédio;

c) A denominação do prédio e a sua situação por referência ao lugar, rua, números de polícia ou confrontações;

d) A composição sumária e a área do prédio;

e) [*Revogada*];

f) A situação matricial do prédio expressa pelo artigo de matriz, definitivo ou provisório, ou pela menção de estar omisso.

2 – Na descrição genérica de prédio ou prédios em regime de propriedade horizontal é mencionada a série das letras correspondentes às frações e na de empreendimento turístico classificado para fins turísticos esta circunstância, bem como as letras correspondentes às unidades de alojamento, quando existam.

3 – Na descrição de prédio resultante de anexação ou desanexação de outros são mencionados os números das respetivas descrições.

ARTIGO 83º
Menções das descrições subordinadas

1 – A descrição de cada fração autónoma deve conter:

a) O número da descrição genérica do prédio, seguido da letra ou letras da fração, segundo a ordem alfabética;

b) As menções das alíneas *c)*, *d)* e *f)* do nº 1 do artigo anterior indispensáveis para identificar a fração;

c) A menção do fim a que se destina, se constar do título.

2 – A descrição de cada unidade de alojamento ou apartamento deve conter:

a) O número da descrição genérica do empreendimento turístico seguido da letra ou letras da unidade de alojamento ou apartamento, segundo a ordem alfabética;

b) As menções das alíneas *c)*, *d)* e *f)* do nº 1 do artigo anterior indispensáveis para identificar a unidade de alojamento ou o apartamento.

3 – Às frações temporais é atribuído o número do empreendimento turístico e, havendo-a, a letra da unidade de alojamento ou apartamento, mencionando-se o início e o termo do período de cada direito de habitação.

ARTIGO 84º
Bens do domínio público

Na descrição do objeto de concessões em bens do domínio público observar-se-á o seguinte:

a) Quando a concessão se referir a parcelas delimitadas de terreno, serão as mesmas descritas, com as necessárias adaptações, nos termos do artigo 82º;

b) Quando respeitarem a vias de comunicação, é feita uma única descrição na conservatória competente, com os elementos de individualização constantes do respetivo título.

ARTIGO 85º
Prédios constituídos a partir de um ou de vários prédios ou parcelas

1 – É aberta nova descrição quando o registo incidir sobre prédio constituído:

a) Por parcela de prédio descrito ou não descrito;
b) Por dois ou mais prédios já descritos;
c) Por prédios descritos e outro ou outros não descritos;
d) Por prédios descritos e parcelas de outro ou outros também descritos;
e) Por parcelas de prédios descritos e outras de prédios não descritos;
f) Por parcelas de um ou mais prédios já descritos.

2 – As inscrições vigentes sobre a descrição de que foi desanexada a parcela ou sobre as descrições total ou parcialmente anexadas são reproduzidas na ficha da nova descrição.

ARTIGO 86º
Descrições duplicadas

1 – Quando se reconheça a duplicação de descrições, reproduzir-se-ão na ficha de uma delas os registos em vigor nas restantes fichas, cujas descrições se consideram inutilizadas.

2 – Nas descrições inutilizadas e na subsistente far-se-ão as respetivas anotações com remissões recíprocas.

ARTIGO 87º
Inutilização de descrições

1 – As descrições não são suscetíveis de cancelamento.

2 – Devem ser inutilizadas:

a) As descrições de frações autónomas ou de unidades de alojamento ou apartamentos, nos casos de demolição do prédio e de cancelamento ou caducidade da inscrição de constituição ou alteração da propriedade horizontal ou do direito de habitação periódica;

b) As descrições referentes a concessões sobre bens do domínio público sobre as quais não existam registos em vigor;

c) As descrições de prédios totalmente anexados;

d) As descrições previstas na segunda parte do nº 2 do artigo 80º, quando não forem removidos os motivos da recusa;

e) As descrições de prédios cuja área seja totalmente dividida em lotes de terreno destinados à construção;

f) As descrições dos prédios de cada proprietário submetidos a emparcelamento;

g) As descrições sem inscrições em vigor.

3 – A inutilização de qualquer descrição é anotada com menção da sua causa.

SECÇÃO II
Averbamentos à descrição

ARTIGO 88º
Alteração da descrição

1 – Os elementos das descrições podem ser alterados, completados ou retificados por averbamento.

2 – As alterações resultantes de averbamentos não prejudicam os direitos de quem neles não teve intervenção, desde que definidos em inscrições anteriores.

ARTIGO 89º
Requisitos gerais

Os averbamentos à descrição devem conter os seguintes elementos:

a) O número de ordem privativo;

b) O número e a data da apresentação correspondente ou, se desta não dependerem, a data em que são feitos;

c) A menção dos elementos da descrição alterados, completados ou retificados.

ARTIGO 90º
Atualização oficiosa das descrições

1 – Os elementos das descrições devem ser oficiosamente atualizados quando a alteração possa ser comprovada por um dos seguintes meios:

a) Acesso à base de dados da entidade competente;

b) Documento emitido pela entidade competente; ou

c) Documento efetuado com intervenção da pessoa com legitimidade para pedir a atualização.

2 – Enquanto não se verificar a intervenção prevista na alínea *c)* do número anterior, a atualização é anotada à descrição, inutilizando-se a anotação se a intervenção não ocorrer dentro do prazo de vigência do registo que lhe deu origem.

3 – Por decisão do presidente do Instituto dos Registos e do Notariado, I. P., quando se mostrem reunidas as condições técnicas e exista harmonização na informação constante das competentes bases de dados, os elementos da descrição podem ser atualizados automaticamente.

SECÇÃO III
Anotações especiais à descrição

ARTIGO 90º-A
Anotações especiais à descrição

1 – Além de outros casos previstos na lei, é especialmente anotada à descrição:

a) A existência de autorização de utilização;

b) A existência de ficha técnica de habitação;

c) A classificação como empreendimento turístico em propriedade plural, com indicação das descrições prediais que o integram.

2 – A existência de autorização de utilização é anotada mediante a indicação do respetivo número e da data de emissão.

3 – Se as condições técnicas o permitirem, o disposto nos números anteriores deve ser efetuado de forma totalmente automática, nos termos de portaria do membro do Governo responsável pela área da justiça.

4 – A realização da anotação prevista na alínea *b)* do nº 1 depende da existência das condições técnicas previstas no número anterior.

CAPÍTULO III
Inscrição e seus averbamentos

SECÇÃO I
Inscrição

ARTIGO 91º
Finalidade da inscrição

1 – As inscrições visam definir a situação jurídica dos prédios, mediante extrato dos factos a eles referentes.

2 – As inscrições só podem ser lavradas com referência a descrições genéricas ou subordinadas.

3 – A inscrição de qualquer facto respeitante a várias descrições é lavrada na ficha de cada uma destas.

ARTIGO 92º
Provisoriedade por natureza

1 – São pedidas como provisórias por natureza as seguintes inscrições:

a) Das ações e procedimentos referidos no artigo 3º;

b) De constituição da propriedade horizontal, antes de concluída a construção do prédio;

c) De factos jurídicos respeitantes a frações autónomas, antes do registo definitivo da constituição da propriedade horizontal;

d) De ónus de casas de renda económica ou de renda limitada, antes da concessão da licença de habitação, e de quaisquer factos jurídicos a elas respeitantes, antes do registo definitivo do ónus;

e) De negócio jurídico anulável por falta de consentimento de terceiro ou de autorização judicial, antes de sanada a anulabilidade ou de caducado o direito de a arguir;

f) De negócio jurídico, celebrado por gestor ou por procurador sem poderes suficientes, antes da ratificação;

g) De aquisição, antes de titulado o contrato;

h) De aquisição por venda em processo judicial, antes de passado o título de transmissão;

i) De hipoteca voluntária, antes de lavrado o título constitutivo;

j) De aquisição por partilha em inventário, antes de a respetiva decisão homologatória se tornar definitiva;

l) De hipoteca judicial, antes de passada em julgado a sentença;

m) Da hipoteca a que se refere o artigo 701º do Código Civil, antes de passada em julgado a sentença que julgue procedente o pedido;

n) Da declaração de insolvência antes do trânsito em julgado da sentença;

o) [*Revogada*];

p) De aquisição efetuada ao abrigo do disposto no Decreto-Lei nº 280/2007, de 7 de agosto, alterado pelas Leis nºs 55-A/2010, de 31 de dezembro, 64-B/2011, de 30 de dezembro, e 66-B/2012, de 31 de dezembro, e pelo Decreto-Lei nº 36//2013, de 11 de março, antes de titulado o contrato.

2 – Além das previstas no número anterior, são ainda provisórias por natureza:

a) As inscrições de penhora, de declaração de insolvência e de arresto, se existir sobre os bens registo de aquisição ou reconhecimento do direito de propriedade ou de mera posse a favor de pessoa diversa do executado, do insolvente ou do requerido;

b) As inscrições dependentes de qualquer registo provisório ou que com ele sejam incompatíveis;

c) As inscrições que, em reclamação contra a reforma de suportes documentais, se alega terem sido omitidas;

d) As inscrições efetuadas na pendência de recurso hierárquico ou impugnação judicial contra a recusa do registo ou enquanto não decorrer o prazo para a sua interposição.

3 – As inscrições referidas nas alíneas *b)* a *e)* do nº 1, bem como na alínea *c)* do nº 2, se não forem também provisórias com outro fundamento, mantêm-se em vigor pelo prazo de cinco anos, renovável por períodos de igual duração, a pedido dos interessados, mediante a apresentação de documento que comprove a subsistência da razão da provisoriedade emitido com antecedência não superior a seis meses em relação ao termo daquele prazo.

4 – A inscrição referida na alínea *g)* do nº 1, quando baseada em contrato-promessa de alienação, é renovável por períodos de seis meses e até um ano após o termo do prazo fixado para a celebração do contrato prometido, com base em documento que comprove o consentimento das partes.

5 – As inscrições referidas na alínea *a)* do nº 2 mantêm-se em vigor pelo prazo de um ano, salvo o disposto no nº 5 do artigo 119º, e caducam se a ação declarativa não for proposta e registada dentro de 30 dias a contar da notificação da declaração prevista no nº 4 do mesmo artigo.

6 – As inscrições referidas na alínea *b)* do nº 2 mantêm-se em vigor pelo prazo do registo de que dependem ou com o qual colidem, salvo se antes caducarem por outra razão.

7 – Nos casos previstos no número anterior, a conversão do registo em definitivo determina a conversão oficiosa das inscrições dependentes e a caducidade das inscrições incompatíveis, salvo se outra for a consequência da requalificação do registo dependente ou incompatível.

8 – Nos casos previstos no nº 6, o cancelamento ou a caducidade do registo provisório determina a conversão oficiosa da inscrição incompatível, salvo se outra for a consequência da requalificação desta.

9 – Sem prejuízo do disposto no artigo 149º, as inscrições referidas na alínea *d)* do nº 2 mantêm-se em vigor na pendência de recurso hierárquico ou de impugnação judicial ou enquanto estiver a decorrer o prazo para a sua interposição.

10 – As inscrições referidas na alínea *c)* do nº 1 são convertidas oficiosamente na dependência do registo definitivo da constituição da propriedade horizontal.

11 – As inscrições referidas nas alíneas *a)* e *j)* a *n)* do nº 1 não estão sujeitas a qualquer prazo de caducidade.

12 – A inscrição referida na alínea *p)* do nº 1, se não for também provisória com outro fundamento, mantém-se em vigor pelo prazo de seis anos, renovável por períodos de três anos, a pedido dos interessados, mediante apresentação de documento que comprove a subsistência da razão da provisoriedade emitido com antecedência não superior a 180 dias em relação ao termo daquele prazo.

ARTIGO 93º
Requisitos gerais

1 – Do extrato da inscrição deve constar:

a) [*Revogada*];

b) O número, a data e a hora da apresentação;

c) Caso a inscrição seja provisória, a menção de que o é por natureza ou por dúvidas, com indicação, no primeiro caso, do número e alínea aplicáveis do artigo anterior e, sendo provisória nos termos das alíneas *g)* ou *i)* do nº 1 do artigo 92º, a data em que o registo foi confirmado;

d) O facto que se inscreve;

e) A identificação dos sujeitos ativos do facto inscrito, pela menção do nome completo, número de identificação fiscal, estado e residência das pessoas singulares, ou da denominação ou firma, número de pessoa coletiva e sede das pessoas coletivas, bem como a menção do nome do cônjuge e do regime de bens do casamento, se os sujeitos forem casados, ou, sendo solteiros, a indicação de serem maiores ou menores;

f) Respeitando o facto a diversos prédios, a menção dessa circunstância;

g) Tratando-se de inscrição de ampliação, o número da inscrição ampliada.

h) A nacionalidade dos sujeitos ativos, caso estes sejam estrangeiros, quando conste do título.

2 – Os sujeitos passivos são indicados, em cada inscrição, somente pelo nome e número de identificação fiscal, no caso das pessoas singulares, ou pela denominação ou firma e número de pessoa coletiva, no caso das pessoas coletivas.

3 – Quando os sujeitos da inscrição não puderem ser identificados pela forma prevista neste artigo, mencionar-se-ão as circunstâncias que permitam determinar a sua identidade.

ARTIGO 94º
Convenções e cláusulas acessórias

Do extrato das inscrições constarão obrigatoriamente as seguintes convenções ou cláusulas acessórias:

a) As convenções de reserva de propriedade e de venda a retro estipuladas em contrato de alienação;

b) As cláusulas fideicomissárias, de pessoa a nomear, de reserva de dispor de bens doados ou de reversão deles e, em geral, outras cláusulas suspensivas ou resolutivas que condicionem os efeitos de atos de disposição ou oneração;

c) As cláusulas que excluam da responsabilidade por dívidas o beneficiário de bens doados ou deixados;

d) A convenção de indivisão da compropriedade, quando estipulada no título de constituição ou aquisição.

ARTIGO 95º
Requisitos especiais

1 – O extrato da inscrição deve ainda conter as seguintes menções especiais:

a) Na de aquisição, a causa;

b) Na de usufruto ou de uso e habitação e na de direito de superfície, o conteúdo dos direitos e as obrigações dos titulares e, na parte regulada pelo título, a causa e a duração, quando determinada;

c) Na de servidão, o encargo imposto, a duração, quando temporária, e a causa;

d) Na de promessa de alienação ou de oneração de bens, o prazo da promessa, se estiver fixado;

e) Na de pacto ou disposição testamentária de preferência, o contrato ou o testamento a que respeita, a duração da preferência e as demais condições especificadas no título respeitantes às prestações das partes;

f) Na de operações de transformação fundiária, a identificação do título e a especificação das condições da operação;

g) Na de decisão judicial, a parte dispositiva e, na de ação ou de procedimento, o pedido;

h) Na de apanágio, as prestações mensais fixas ou, na falta destas, a forma por que os alimentos devem ser prestados;

i) Na de eventual redução das doações, a indicação dos sujeitos da doação;

j) Na de cessão de bens aos credores, as obrigações dos cessionários especificadas no título, a causa, o montante global dos créditos, bem como o prazo e o preço convencionados para a venda, se tiverem sido fixados;

l) Na de penhora ou de arresto, a identificação do processo, a data do facto e a quantia exequenda ou por que se promove o arresto e ainda, caso a inscrição seja provisória nos termos da alínea *a)* do nº 2 do artigo 92º, o nome, estado e residência do titular da inscrição;

m) Na de arrolamento, a data da diligência e, na de declaração de insolvência, a data e hora de prolação da sentença e a data do respetivo trânsito e ainda, caso a inscrição seja provisória nos termos da alínea *a)* do nº 2 do artigo 92º, o nome, estado e residência do titular da inscrição;

n) Na de outros atos ou providências cautelares, o seu conteúdo e a data do negócio jurídico ou do respetivo despacho;

o) Na da apreensão em processo penal, a identificação do processo e a data de aplicação da medida;

p) Na de locação financeira, o prazo e a data do seu início;

q) Na de consignação de rendimentos, o prazo de duração ou, se for por tempo indeterminado, a quantia para cujo pagamento se fez a consignação e a importâna descontar em cada ano, se tiver sido estipulada uma quantia fixa;

r) Na de constituição de propriedade horizontal, o valor relativo de cada fração, expresso em percentagem ou permilagem, a existência de regulamento, caso este conste do título constitutivo, e os direitos dos condóminos neste título especialregulados e, na de alteração do título constitutivo, a descrição da alteração;

s) Na de constituição do direito de habitação periódica, o número de frações temporais com indicação do início e termo de duração em cada ano, bem como o respetivo regime na parte especialmente regulada no título e, na de alteração do título constitutivo, a descrição da alteração;

t) Na de ónus de rendas económicas, as rendas base e, na de ónus de rendas limitadas, o mapa das rendas dos andares para habitação;

u) Na de afetação ao caucionamento das reservas técnicas, a espécie de resere o valor representado pelo prédio e, na de afetação ao caucionamento da respatronal, o fundamento e o valor da caução;

v) Na de ónus de anuidade em obras de fomento agrícola, as anuidades asseguradas;

x) Na de renúncia à indemnização por aumento de valor, a especificação das obras e o montante da indemnização ou, na sua falta, o da avaliação do prédio;

z) Na de qualquer restrição ou encargo, o seu conteúdo;

aa) Na de concessão, o conteúdo do direito, na parte especialmente regulada no título, e o prazo da concessão;

ab) Na que tenha por base um contrato para pessoa a nomear, o prazo para a nomeação e, quando exista, a referência à estipulação que obste à produção dos efeitos do contrato;

ac) Na do título constitutivo do empreendimento turístico, a indicação das descrições prediais dos lotes e das frações autónomas que integram o empreendiou o resort, bem como a data da aprovação do título pelo Turismo de Portu I. P., e, na de alteração do título constitutivo, a descrição da alteração e a data da sua aprovação pela mesma entidade.

2 – As inscrições referidas na alínea *u)* do número anterior são feitas a favor, respetivamente, da Autoridade de Supervisão de Seguros e Fundos de Pensões e do juiz do tribunal do trabalho competente e as referidas na alínea *x)* do mesmo número a favor da entidade expropriante.

3 – Se as condições técnicas permitirem o arquivamento eletrónico dos documentos junto das inscrições, devem ser efetuadas por remissão para o documento arquivado que serve de base ao registo as seguintes menções especiais:

a) As condições da operação, nos registos a que se refere a alínea *f)* do nº 1;

b) Os direitos dos condóminos especialmente regulados no título, nos registos a que se refere a alínea *r)* do nº 1;

c) O regime do direito de habitação periódica, na parte especialmente regulada pelo título, nos registos a que se refere a alínea *s)* do nº 1.

(Redação dada pela Lei nº 30/2017, de 30-05)

ARTIGO 96º
Requisitos especiais da inscrição de hipoteca

1 – O extrato da inscrição de hipoteca deve conter as seguintes menções especiais:

a) O fundamento da hipoteca, o crédito e seus acessórios e o montante máximo assegurado;

b) Tratando-se de hipoteca de fábrica, a referência ao inventário de onde constem os maquinismos e os móveis afetos à exploração industrial, quando abrangidos pela garantia.

2 – Se os documentos apresentados para registo da hipoteca mostrarem que o capital vence juros, mas não indicarem a taxa convencionada, deve mencionar-se na inscrição a taxa legal.

ARTIGO 97º
Inscrição de factos constituídos simultaneamente com outros sujeitos a registo

1 – O registo da aquisição ou mera posse acompanhada da constituição de outro facto sujeito a registo ou da extinção de facto registado determina a realização oficiosa do registo desses factos.

2 – Não se procede à inscrição da hipoteca legal por dívidas de tornas ou legados de importância legal inferior a € 5000, atualizáveis nos termos do nº 2 do artigo 12º, ou, independentemente do valor, se já tiverem decorrido 10 anos sobre a data em que os respetivos créditos se tornaram exigíveis e os credores não forem incapazes.

3 – Para efeitos do número anterior, presume-se a capacidade dos credores se o contrário não resultar dos documentos apresentados.

4 – Os recibos de quitação assinados pelo credor com menção do número, data e entidade emitente do documento de identificação civil ou documento de identificação equivalente são formalmente suficientes para comprovar a extinção das dívidas de tornas ou de legados.

ARTIGO 98º
Inscrição de propriedade limitada

1 – Será inscrita como aquisição em propriedade plena a que respeitar a prédio sobre o qual exista, ou se deva lavrar oficiosamente, inscrição de usufruto ou uso e habitação.

2 – A inscrição de propriedade limitada pelos direitos referidos no número anterior, fora do condicionalismo aí previsto, conterá a menção das limitações a que a propriedade está sujeita.

3 – Se a plena propriedade for inscrita com base na aquisição separada da propriedade e do direito de usufruto, ainda que por títulos diferentes, proceder-se-á oficiosamente ao cancelamento do registo daquele direito.

ARTIGO 99º
Unidade da inscrição

1 – É feita uma única inscrição nos seguintes casos:

a) Quando os comproprietários ou compossuidores solicitarem no mesmo pedido o registo de aquisição ou posse das quotas-partes respetivas, ainda que por títulos diferentes;

b) Quando o proprietário ou possuidor tenha adquirido o direito em quotas indivisas, ainda que por títulos diferentes.

2 – Quando o título constitutivo do empreendimento turístico substitua o título constitutivo da propriedade horizontal, é feita uma única inscrição que abranja os dois factos.

SECÇÃO II
Averbamentos à inscrição

ARTIGO 100º
Alteração das inscrições

1 – A inscrição pode ser completada, atualizada ou restringida por averbamento.

2 – Salvo disposição em contrário, o facto que amplie o objeto ou os direitos e os ónus ou encargos, definidos na inscrição, apenas poderá ser registado mediante nova inscrição.

3 – É averbada à inscrição da propriedade, feita nos termos do nº 2 do artigo 98º, a extinção do usufruto ou uso e habitação, sem prejuízo do cancelamento oficioso do respetivo registo, se existir.

4 – Os averbamentos são lançados a cada uma das inscrições lavradas nos termos do nº 3 do artigo 91º

ARTIGO 101º
Averbamentos especiais

1 – São registados por averbamento às respetivas inscrições os seguintes factos:

a) A penhora, o arresto, o arrolamento, o penhor e demais atos ou providências sobre créditos garantidos por hipoteca ou consignação de rendimentos;

b) A transmissão e o usufruto dos créditos referidos na alínea anterior;

c) A cessão de hipoteca ou do grau de prioridade da sua inscrição;

d) A convenção de indivisão da compropriedade, quando não deva ser inserida nas inscrições, nos termos da alínea *d)* do artigo 94º;

e) A transmissão, o usufruto e a penhora do direito de algum ou de alguns dos titulares da inscrição de bens integrados em herança indivisa, a declaração de insolvência que afete este direito, bem como os procedimentos que tenham por fim o decretamento do arresto, do arrolamento ou de quaisquer outras providências que afetem a livre disposição desse direito;

f) A cessão do direito potestativo resultante de contrato-promessa de alienação ou de oneração de imóveis ou de pacto de preferência, com eficácia real;

g) A transmissão de imóveis por efeito de transferência de património de um ente coletivo para outro ou de trespasse de estabelecimento comercial;

h) O trespasse do usufruto;

i) A consignação judicial de rendimentos de imóveis objeto de inscrição de penhora;

j) A transmissão dos arrendamentos inscritos e os subarrendamentos;

l) A transmissão de concessões inscritas;

m) A transmissão da locação financeira;

n) As alterações às operações de transformação fundiária.

2 – São registados nos mesmos termos:

a) As providências decretadas nos procedimentos cautelares registados;

b) A conversão do arresto em penhora ou da penhora em hipoteca;

c) A decisão final das ações inscritas;

d) A conversão em definitivos, no todo ou em parte, dos registos provisórios;

e) A renovação dos registos;

f) A nomeação de terceiro, ou a sua não nomeação, em contrato para pessoa a nomear;

g) O cancelamento total ou parcial dos registos.

3 – Podem ser feitos provisoriamente por dúvidas os averbamentos referidos no nº 1 e provisoriamente por natureza os averbamentos de factos constantes do mesmo número que tenham de revestir esse caráter quando registados por inscrição.

4 – A conversão em definitiva da inscrição de ação em que se julgue modificado ou extinto um facto registado, ou se declare nulo ou anulado um registo, determina o correspondente averbamento oficioso de alteração ou cancelamento.

5 – A inscrição de aquisição, em processo de execução ou de insolvência, de bens penhorados ou apreendidos determina o averbamento oficioso de cancelamento dos registos dos direitos reais que caducam nos termos do nº 2 do artigo 824º do Código Civil.

ARTIGO 102º
Requisitos gerais

1 – O averbamento deve conter os seguintes elementos:

a) O número, a data e a hora da apresentação ou, se desta não depender, a data em que é feito;

b) A data da inscrição a que respeita;

c) A menção do facto averbado e das cláusulas suspensivas ou resolutivas que condicionem os efeitos de atos de disposição ou de oneração;

d) Os sujeitos do facto averbado.

2 – É aplicável à menção e identificação dos sujeitos, com as necessárias adaptações, o disposto no artigo 93º

ARTIGO 103º
Requisitos especiais

1 – Os averbamentos referidos no nº 1 do artigo 101º devem satisfazer, na parte aplicável, os requisitos fixados no nº 1 do artigo 95º

2 – O averbamento de conversão de registo provisório em definitivo deve conter apenas essa menção, salvo se envolver alteração da inscrição.

3 – O averbamento de cancelamento deve conter apenas essa menção, mas, sendo parcial, especificará o respetivo conteúdo.

TÍTULO V
Da publicidade e da prova do registo

CAPÍTULO I
Publicidade

ARTIGO 104º
Caráter público do registo

Qualquer pessoa pode pedir certidões dos atos de registo e dos documentos arquivados, bem como obter informações verbais ou escritas sobre o conteúdo de uns e de outros.

ARTIGO 105º
Pesquisas

1 – Para efeitos do disposto no artigo anterior apenas os funcionários da repartição poderão consultar os livros, fichas e documentos, de harmonia com as indicações dadas pelos interessados.

2 – Podem ser passadas cópias integrais ou parciais não certificadas, com o valor de informação, dos registos e despachos e de quaisquer documentos.

CAPÍTULO II
Proteção de dados pessoais

SECÇÃO I
Bases de dados

ARTIGO 106º
Finalidade das bases de dados

As bases de dados do registo predial têm por finalidade organizar e manter atualizada a informação respeitante à situação jurídica dos prédios, com vista à segurança do comércio jurídico, nos termos e para os efeitos previstos na lei, não podendo ser utilizada para qualquer outra finalidade com aquela incompatível.

ARTIGO 107º
Entidade responsável pelo tratamento das bases de dados

1 – O presidente do Instituto dos Registos e do Notariado, I. P., é o responsável pelo tratamento das bases de dados, nos termos e para os efeitos definidos na Lei de Proteção de Dados Pessoais, sem prejuízo da responsabilidade que, nos termos da lei, é atribuída aos conservadores.

2 – Cabe ao presidente do Instituto dos Registos e do Notariado, I. P., assegurar o direito de informação e de acesso aos dados pelos respetivos titulares, bem como velar pela legalidade da consulta ou comunicação da informação.

ARTIGO 108º
Dados recolhidos

1 – São recolhidos para tratamento automatizado os seguintes dados pessoais respeitantes aos sujeitos do registo:

a) Nome;
b) Estado civil e, sendo o de solteiro, menção de maioridade ou menoridade;
c) Nome do cônjuge e regime de bens;
d) Residência habitual ou domicílio profissional;
e) Número de identificação fiscal.

2 – Relativamente aos apresentantes dos pedidos de registo, são recolhidos os dados referidos nas alíneas *a), d)* e *e)* do número anterior e ainda os seguintes:

a) Número do documento de identificação ou da cédula profissional;
b) Número de identificação bancária, se disponibilizado pelo apresentante.

3 – São ainda recolhidos quaisquer outros dados referentes à situação jurídica dos prédios.

ARTIGO 109º
Modo de recolha

1 – Os dados pessoais constantes das bases de dados são recolhidos do pedido de registo e dos documentos apresentados.

2 – Dos modelos destinados ao pedido de registo devem constar as informações previstas na Lei de Proteção de Dados Pessoais.

SECÇÃO II
Comunicação e acesso aos dados

ARTIGO 109º-A
Comunicação de dados

1 – Os dados referentes à situação jurídica de qualquer prédio constantes das bases de dados podem ser comunicados a qualquer pessoa que o solicite, nos termos previstos neste Código.

2 – Os dados pessoais referidos no nº 1 do artigo 108º podem ainda ser comunicados aos organismos e serviços do Estado e demais pessoas coletivas de direito público para prossecução das respetivas atribuições legais e estatutárias.

3 – Às entidades referidas no número anterior pode ser autorizada a consulta através de linha de transmissão de dados, garantido o respeito pelas normas de segurança da informação e da disponibilidade técnica.

4 – A consulta referida no número anterior depende da celebração de protocolo com o Instituto dos Registos e do Notariado, I. P., que defina os seus limites, face às atribuições legais e estatutárias das entidades interessadas.

5 – A informação pode ser divulgada para fins de investigação científica ou de estatística, desde que não possam ser identificáveis as pessoas a que respeita.

ARTIGO 109º-B
Condições da comunicação de dados

1 – A comunicação de dados deve obedecer às disposições gerais de proteção de dados pessoais constantes da Lei nº 67/98, de 26 de outubro, designadamente respeitar as finalidades para as quais foi autorizada a consulta, limitando o acesso ao estritamente necessário e não utilizando a informação para outros fins.

2 – O Instituto dos Registos e do Notariado, I. P., comunica ao organismo processador dos dados os protocolos celebrados a fim de que este providencie para que a consulta por linha de transmissão possa ser efetuada, nos termos e condições deles constantes.

3 – O Instituto dos Registos e do Notariado, I. P., remete obrigatoriamente à Comissão Nacional de Proteção de Dados cópia dos protocolos celebrados.

4 – A comunicação de dados está sujeita ao pagamento dos encargos que forem devidos, nos termos de tabela a aprovar por despacho do membro do Governo responsável pela área da justiça.

ARTIGO 109º-C
Acesso direto aos dados

1 – Podem aceder diretamente aos dados referidos nos nºs 1 e 2 do artigo 109º-A:

a) Os magistrados judiciais e do Ministério Público, no âmbito da prossecução das suas atribuições;

b) As entidades que, nos termos da lei processual, recebam delegação para a prática de atos de inquérito ou instrução ou a quem incumba cooperar internacionalmente na prevenção e repressão da criminalidade e no âmbito dessas competências;

c) As entidades com competência legal para garantir a segurança interna e prevenir a sabotagem, o terrorismo, a espionagem e a prática de atos que, pela sua natureza, podem alterar ou destruir o Estado de direito constitucionalmente estabelecido, no âmbito da prossecução dos seus fins.

2 – As condições de acesso direto pelas entidades referidas no número anterior são definidas por despacho do presidente do Instituto dos Registos e do Notariado, I. P.

3 – As entidades autorizadas a aceder diretamente aos dados obrigam-se a adotar todas as medidas necessárias à estrita observância das regras de segurança estabelecidas na Lei nº 67/98, de 26 de outubro.

4 – As entidades referidas na alínea *a)* do nº 1 podem fazer-se substituir por funcionários por si designados.

ARTIGO 109º-D
Direito à informação

1 – Qualquer pessoa tem o direito de ser informada sobre os dados pessoais que lhe respeitem e a respetiva finalidade, bem como sobre a identidade e o endereço do responsável pela base de dados.

2 – A atualização e a correção de eventuais inexatidões realiza-se nos termos e pela forma previstos neste Código, sem prejuízo do disposto na alínea *d)* do nº 1 do artigo 11º da Lei nº 67/98, de 26 de outubro.

ARTIGO 109º-E
Segurança da informação

1 – O presidente do Instituto dos Registos e do Notariado, I. P., e as entidades referidas no nº 2 do artigo 109º-A devem adotar as medidas de segurança referidas no nº 1 do artigo 15º da Lei nº 67/98, de 26 de outubro.

2 – Às bases de dados devem ser conferidas as garantias de segurança necessárias a impedir a consulta, a modificação, a supressão, o acrescentamento ou a comunicação de dados por quem não esteja legalmente habilitado.

3 – Para efeitos de controlo de admissibilidade da consulta, 1 em cada 10 pesquisas efetuadas pelas entidades que tenham acesso à base de dados é registada informaticamente.

4 – As entidades referidas no nº 1 obrigam-se a manter uma lista atualizada das pessoas autorizadas a aceder às bases de dados.

ARTIGO 109º-F
Sigilo

1 – A comunicação ou a revelação dos dados pessoais registados na base de dados só podem ser efetuadas nos termos previstos neste Código.

2 – Os funcionários dos registos e do notariado, bem como as pessoas que, no exercício das suas funções, tenham conhecimento dos dados pessoais registados nas bases de dados do registo predial, ficam obrigados a sigilo profissional, nos termos do nº 1 do artigo 17º da Lei nº 67/98, de 26 de outubro.

CAPÍTULO III
Meios de prova

ARTIGO 110º
Certidões

1 – O registo prova-se por meio de certidões.

2 – As certidões são válidas por um período de seis meses, podendo ser revalidadas por períodos de igual duração se a sua informação se mantiver atual.

3 – As certidões podem ser disponibilizadas em suporte eletrónico, nos termos a definir por portaria do membro do Governo responsável pela área da justiça.

4 – As certidões disponibilizadas nos termos do número anterior fazem prova para todos os efeitos legais e perante qualquer autoridade pública ou entidade privada, nos mesmos termos da correspondente versão em suporte de papel.

5 – Faz igualmente prova para todos os efeitos legais e perante qualquer autoridade pública ou entidade privada a disponibilização da informação constante da certidão em sítio da Internet, em termos a definir por portaria do membro do Governo responsável pela área da justiça.

6 – Por cada processo de registo é disponibilizado gratuitamente, pelo período de três meses, o serviço referido no número anterior, salvo se o requerente optar pela disponibilização gratuita de uma cópia não certificada dos registos efetuados.

7 – [*Revogado*].

ARTIGO 110º-A
Competência para a emissão

1 – As certidões e as cópias não certificadas de registos podem ser emitidas e confirmadas por qualquer serviço de registo.

2 – As certidões negativas de registos têm de ser confirmadas pelo serviço de registo da área da situação do prédio.

3 – Enquanto as condições técnicas não permitirem a sua emissão por qualquer serviço de registo, as certidões de documentos ou despachos são enviadas pelo serviço de registo da área da situação do prédio.

4 – Para a emissão dos documentos referidos nos números anteriores é competente o conservador e qualquer oficial dos registos.

ARTIGO 111º
Pedido de certidão

1 – As certidões podem ser pedidas verbalmente ou por escrito.

2 – Os modelos dos pedidos de certidões requisitadas por escrito são aprovados por despacho do presidente do Instituto dos Registos e do Notariado, I. P.

3 – O pedido de certidão pode ser efetuado por qualquer uma das modalidades previstas no artigo 41º-B.

4 – Os pedidos de certidão devem conter, além da identificação do requerente, o número da descrição, a freguesia e o concelho dos prédios ou frações autónomas a que respeitem.

5 – Tratando-se de prédio não descrito deve indicar-se a natureza do prédio, a sua situação, as confrontações, o artigo da matriz e o nome, estado e residência do proprietário ou possuidor atual, bem como dos dois imediatamente anteriores, salvo, quanto a estes, se o requerente alegar no pedido as razões justificativas do seu desconhecimento.

6 – Se o pedido respeitar a quota-parte de prédio não descrito e indiviso, deve conter o nome, estado e, sendo casado, o nome do cônjuge de todos os comproprietários.

ARTIGO 112º
Conteúdo da certidão

1 – As certidões de registo devem conter:

a) A reprodução das descrições e dos atos de registo em vigor respeitantes aos prédios em causa, salvo se tiverem sido pedidas com referência a todos os atos de registo;

b) A menção das apresentações pendentes sobre o prédio em causa;

c) As irregularidades ou deficiências de registo não retificadas;

d) Os documentos arquivados para os quais os registos remetam.

2 – Se as condições técnicas o permitirem, podem ser emitidas certidões com referência a determinados atos de registo ou partes de documentos.

3 – Se for encontrado um prédio descrito que apenas ofereça semelhança com o identificado no pedido, é passada certidão daquele, com menção desta circunstância, devendo, neste caso, os interessados declarar, nos instrumentos ou termos processuais a que a certidão se destine, se existe relação entre ambos os prédios.

ARTIGO 113º
Emissão ou recusa de certidões

1 – As certidões são emitidas imediatamente após a receção do pedido, quando deste não conste um termo inicial diferente.

2 – As certidões negativas de registos são emitidas no prazo máximo de um dia útil.

3 – Sem prejuízo de outros fundamentos de recusa de emissão de certidão previstos na lei, a emissão da certidão deve ser recusada nos casos seguintes:

a) Se o pedido não contiver os elementos previstos nos nºs 4 a 6 do artigo 111º;

b) Se o prédio não estiver sujeito a registo.

ARTIGO 114º
Certidões para instrução de processos

[*Revogado*]

ARTIGO 115º
Fotocópia dos registos lavrados

[*Revogado*]

TÍTULO VI
Do suprimento, da retificação e da reconstituição do registo

CAPÍTULO I
Meios de suprimento

ARTIGO 116º
Justificação relativa ao trato sucessivo

1 – O adquirente que não disponha de documento para a prova do seu direito pode obter a primeira inscrição mediante escritura de justificação notarial ou decisão proferida no âmbito do processo de justificação previsto neste capítulo.

2 – Caso exista inscrição de aquisição, reconhecimento ou mera posse, a falta de intervenção do respetivo titular, exigida pela regra do nº 2 do artigo 34º, pode ser suprida mediante escritura de justificação notarial ou decisão proferida no âmbito do processo de justificação previsto neste capítulo.

3 – Na hipótese prevista no número anterior, a usucapião implica novo trato sucessivo a partir do titular do direito assim justificado.

ARTIGO 117º
Regularidade fiscal

1 – No caso de justificação para primeira inscrição, presume-se a observância das obrigações fiscais por parte do justificante, se o direito estiver inscrito em seu nome na matriz.

2 – Tratando-se do reatamento do trato sucessivo, a impossibilidade de comprovar os impostos referentes às transmissões justificadas, quando certificada pela repartição de finanças, dispensa a apreciação da regularidade fiscal das mesmas transmissões.

ARTIGO 117º-A
Restrições à admissibilidade da justificação

1 – A justificação de direitos que, nos termos da lei fiscal, devam constar da matriz só é admissível em relação aos direitos nela inscritos ou relativamente aos quais esteja pedida, à data da instauração do processo, a sua inscrição na matriz.

2 – Além do pretenso titular do direito, tem legitimidade para pedir a justificação quem demonstre ter legítimo interesse no registo do respetivo facto aquisitivo, incluindo, designadamente, os credores do titular do direito justificando.

ARTIGO 117º-B
Pedido

1 – O processo inicia-se com a apresentação do pedido em qualquer serviço de registo com competência para a prática de atos de registo predial.

2 – No pedido o interessado solicita o reconhecimento do direito em causa, oferece e apresenta os meios de prova e indica, consoante os casos:

a) A causa da aquisição e as razões que impossibilitam a sua comprovação pelos meios normais, quando se trate de estabelecer o trato sucessivo relativamente a prédios não descritos ou a prédios descritos sobre os quais não incida inscrição de aquisição, de reconhecimento ou de mera posse;

b) As sucessivas transmissões operadas a partir do titular inscrito, com especificação das suas causas e identificação dos respetivos sujeitos, bem como das razões que impedem a comprovação pelos meios normais das transmissões relativamente às quais declare não lhe ser possível obter o título;

c) As circunstâncias em que baseia a aquisição originária, bem como as transmissões que a tenham antecedido e as subsequentes, se estiver em causa o estabelecimento de novo trato sucessivo nos termos do nº 3 do artigo 116º

3 – Sendo invocada a usucapião como causa da aquisição, são expressamente alegadas as circunstâncias de facto que determinam o início da posse, quando não titulada, bem como, em qualquer caso, as que consubstanciam e caracterizam a posse geradora da usucapião.

4 – O prédio objeto do direito justificando deve ser identificado no pedido nos termos exigidos na alínea *b)* do nº 1 do artigo 44º

ARTIGO 117º-C
Meios de prova

1 – Com o pedido devem ser apresentados os seguintes meios de prova:

a) Testemunhas, em número de três;

b) Documentos comprovativos das transmissões anteriores e subsequentes ao facto justificado a respeito das quais se não alegue a impossibilidade de os obter;

c) Outros documentos que se considerem necessários para a verificação dos pressupostos da procedência do pedido.

2 – Às testemunhas, referidas na alínea *a)* do número anterior, aplica-se o disposto quanto aos declarantes no processo de justificação notarial.

ARTIGO 117º-D
Apresentação

1 – O processo de justificação considera-se instaurado no momento da apresentação do pedido, dos documentos e dos emolumentos devidos pelo processo, no serviço de registo, a qual é anotada no diário.

2 – Constitui causa de rejeição do pedido a falta de pagamento de preparo.

3 – [*Revogado*].

4 – Sem prejuízo do disposto no nº 9 do artigo 151º, a verificação da causa de rejeição a que se refere o número anterior após a apresentação do pedido no diário dá lugar à recusa de apreciação do pedido, aplicando-se, com as devidas adaptações, o disposto no nº 3 do artigo 66º.

ARTIGO 117º-E
Averbamento de pendência da justificação

1 – Efetuada a apresentação, é oficiosamente averbada a pendência da justificação, reportando-se à data daquela os efeitos dos registos que venham a ser efetuados na sequência da justificação.

2 – Para efeitos do disposto no número anterior, abre-se a descrição do prédio ainda não descrito e, se a descrição resultar de desanexação de outro prédio, faz-se a anotação da desanexação na ficha deste último.

3 – A descrição aberta nos termos do número anterior é inutilizada no caso de o averbamento de pendência ser cancelado, a menos que devam subsistir em vigor outros registos entretanto efetuados sobre o prédio.

4 – Os registos de outros factos efetuados posteriormente e que dependam, direta ou indiretamente, da decisão do processo de justificação pendente estão sujeitos ao regime de provisoriedade previsto na alínea *b)* do nº 2 do artigo 92º, sendo-lhes aplicável, com as necessárias adaptações, o disposto nos nºs 6 a 8 desse mesmo artigo.

5 – O averbamento de pendência é oficiosamente cancelado mediante a decisão que indefira o pedido de justificação ou declare findo o processo, logo que tal decisão se torne definitiva.

ARTIGO 117º-F
Indeferimento liminar e aperfeiçoamento do pedido

1 – Sempre que o pedido seja manifestamente improcedente pode ser liminarmente indeferido, por despacho fundamentado, sendo notificado o interessado.

2 – O justificante é convidado para, no prazo de 10 dias, juntar ao processo os documentos em falta ou prestar declaração complementar sobre os elementos de identificação omitidos, sob pena de indeferimento liminar da pretensão, nos seguintes casos:

a) Se ao pedido não tiverem sido juntos os documentos comprovativos dos factos alegados, que só documentalmente possam ser provados e cuja verificação constitua pressuposto da procedência do pedido; ou

b) Se do pedido e dos documentos juntos não constarem os elementos de identificação do prédio exigidos para a sua descrição, nos termos da alínea *b)* do nº 1 do artigo 44º

3 – O disposto no número anterior não se verifica se o serviço de registo puder obter os documentos ou suprir a ausência dos elementos em falta por acesso às bases de dados das entidades competentes ou qualquer outro meio idóneo, designadamente por comunicação com o justificante.

4 – O justificante pode impugnar a decisão de indeferimento liminar, nos termos previstos no artigo 117º-I, com as necessárias adaptações.

5 – Em face dos fundamentos alegados na impugnação, pode ser reparada a decisão de indeferir liminarmente o pedido, mediante despacho fundamentado que ordene o prosseguimento do processo, do qual é notificado o impugnante.

6 – Não sendo a decisão reparada, são efetuadas simultaneamente a notificação nos termos do artigo seguinte e a notificação da impugnação deduzida.

7 – Sendo apresentada oposição ao pedido de justificação, o processo é declarado findo nos termos do nº 2 do artigo 117º-H.

8 – Se não for deduzida oposição, o processo é remetido ao tribunal para que seja decidida a impugnação.

ARTIGO 117º-G
Notificação dos interessados

1 – [*Revogado*].

2 – Caso a justificação se destine ao reatamento ou ao estabelecimento de novo trato sucessivo, é notificado o titular da última inscrição, quando se verifique falta de título em que ele tenha intervindo, procedendo-se à sua notificação edital ou à dos seus herdeiros, independentemente de habilitação, quando, respetivamente, aquele titular esteja ausente em parte incerta ou tenha falecido.

3 – As notificações são feitas nos termos gerais da lei processual civil.

4 – [*Revogado*].

5 – [*Revogado*].

6 – As notificações editais são feitas pela simples afixação de editais, pelo prazo de 30 dias, no serviço de registo da situação do prédio, na sede da junta de freguesia da situação do prédio e, quando se justifique, na sede da junta de freguesia da última residência conhecida do ausente ou do falecido.

7 – As notificações editais referidas no número anterior são igualmente publicadas em sítio na Internet, em termos a definir por portaria do membro do Governo responsável pela área da justiça.

ARTIGO 117º-H
Instrução, decisão e publicação

1 – Os interessados podem deduzir oposição nos 10 dias subsequentes ao termo do prazo da notificação.

2 – Se houver oposição, o processo é declarado findo, sendo os interessados remetidos para os meios judiciais.

3 – Não sendo deduzida oposição, procede-se à inquirição das testemunhas, apresentadas pela parte que as tenha indicado, sendo os respetivos depoimentos reduzidos a escrito por extrato.

4 – A decisão é proferida no prazo de 10 dias após a conclusão da instrução e, sendo caso disso, especifica as sucessivas transmissões operadas, com referência às suas causas e à identidade dos respetivos sujeitos.

5 – Os interessados são notificados da decisão no prazo de cinco dias.

6 – Tornando-se a decisão definitiva, são efetuados oficiosamente os consequentes registos.

7 – A decisão do processo de justificação é publicada, oficiosa e imediatamente, num sítio na Internet, em termos a definir por portaria do membro do Governo responsável pela área da justiça.

ARTIGO 117º-I
Impugnação judicial

1 – O Ministério Público e qualquer interessado podem recorrer da decisão do conservador para o tribunal de 1ª instância competente na área da circunscrição a que pertence a conservatória onde pende o processo.

2 – O prazo para a impugnação, que tem efeito suspensivo, é o do artigo 685º do Código de Processo Civil.

3 – A impugnação efetua-se por meio de requerimento onde são expostos os respetivos fundamentos.

4 – A interposição da impugnação considera-se feita com a apresentação da mesma no serviço de registo em que o processo se encontra pendente, a qual é anotada no diário, sendo o processo remetido à entidade competente no mesmo dia em que for recebido.

ARTIGO 117º-J
Decisão do recurso

1 – Recebido o processo, são notificados os interessados para, no prazo de 10 dias, impugnarem os fundamentos do recurso.

2 – Não havendo lugar a qualquer notificação ou findo o prazo a que se refere o número anterior, vai o processo com vista ao Ministério Público.

ARTIGO 117º-L
Recurso para o tribunal da Relação

1 – Da sentença proferida no tribunal de 1ª instância podem interpor recurso para o tribunal da Relação os interessados e o Ministério Público.

2 – O recurso, que tem efeito suspensivo, deve ser interposto no prazo de 30 dias.

3 – Para além dos casos em que é sempre admissível recurso, do acórdão da Relação cabe, ainda, recurso para o Supremo Tribunal de Justiça nos casos seguintes:

a) Quando esteja em causa uma questão cuja apreciação, pela sua relevância jurídica, seja claramente necessária para uma melhor aplicação do direito;

b) Quando estejam em causa interesses de particular relevância social;

c) Quando o acórdão da Relação esteja em contradição com outro, já transitado em julgado, proferido por qualquer Relação ou pelo Supremo Tribunal de Justiça, no domínio da mesma legislação e sobre a mesma questão fundamental de direito, salvo se tiver sido proferido acórdão de uniformização de jurisprudência com ele conforme.

ARTIGO 117º-M
Devolução do processo

Após o trânsito em julgado da sentença ou do acórdão proferidos, o tribunal devolve à conservatória o processo de justificação.

ARTIGO 117º-N
Nova justificação

Não procedendo a justificação por falta de provas, pode o justificante deduzir nova justificação.

ARTIGO 117º-O
Incompatibilidades

Ao conservador que exerça advocacia é vedada a aceitação do patrocínio nos processos previstos no presente capítulo.

ARTIGO 117º-P
Direito subsidiário

[*Revogado*]

ARTIGO 118º
Outros casos de justificação

1 – As disposições relativas à justificação para primeira inscrição são aplicáveis, com as devidas adaptações, ao cancelamento pedido pelo titular inscrito do registo de quaisquer ónus ou encargos, quando não seja possível obter documento comprovativo da respetiva extinção.

2 – Ao registo da mera posse são aplicáveis as disposições relativas ao processo de justificação para primeira inscrição.

3 – São regulados pela legislação respetiva o processo de justificação para inscrição de direitos sobre os prédios abrangidos por emparcelamento e o processo

de justificação administrativa para inscrição de direitos sobre imóveis a favor do Estado.

ARTIGO 119º
Suprimento em caso de arresto, penhora ou declaração de insolvência

1 – Havendo registo provisório de arresto, penhora ou de declaração de insolvência sobre os bens inscritos a favor de pessoa diversa do requerido, executado ou insolvente, deve efetuar-se no respetivo processo a citação do titular inscrito para declarar, no prazo de 10 dias, se o prédio ou direito lhe pertence.

2 – No caso de ausência ou falecimento do titular da inscrição deve fazer-se a citação deste ou dos seus herdeiros, independentemente de habilitação, afixando-se editais pelo prazo de 30 dias, na sede da junta de freguesia da área da situação dos prédios.

3 – Se o citado declarar que os bens lhe não pertencem ou não fizer nenhuma declaração, o tribunal ou o agente de execução comunica o facto ao serviço de registo para conversão oficiosa do registo.

4 – Se o citado declarar que os bens lhe pertencem, o juiz remete os interessados para os meios processuais comuns, e aquele facto é igualmente comunicado, bem como a data da notificação da declaração para ser anotada no registo.

5 – O registo da ação declarativa na vigência do registo provisório é anotado neste e prorroga o respetivo prazo até que seja cancelado o registo da ação.

6 – No caso de procedência da ação, deve o interessado pedir a conversão do registo no prazo de 10 dias a contar do trânsito em julgado.

CAPÍTULO II
Da retificação do registo

ARTIGO 120º
Processo de retificação

O processo previsto neste capítulo visa a retificação dos registos e é regulado pelos artigos seguintes e, subsidiariamente e com as necessárias adaptações, pelo Código de Processo Civil.

ARTIGO 121º
Iniciativa

1 – Os registos inexatos e os registos indevidamente lavrados devem ser retificados por iniciativa do conservador logo que tome conhecimento da irregularidade, ou a pedido de qualquer interessado, ainda que não inscrito.

2 – Os registos indevidamente efetuados que sejam nulos nos termos das alíneas *b)* e *d)* do artigo 16º podem ser cancelados com o consentimento dos interessados ou em execução de decisão tomada neste processo.

3 – A retificação do registo é feita, em regra, por averbamento a lavrar no termo do processo especial para esse efeito previsto neste Código.

4 – Os registos nulos por violação do princípio do trato sucessivo são retificados pela feitura do registo em falta quando não esteja registada a ação de declaração de nulidade.

5 – Os registos lançados em ficha distinta daquela em que deviam ter sido lavrados são oficiosamente transcritos na ficha que lhes corresponda, anotando-se ao registo errado a sua inutilização e a indicação da ficha em que foi transcrito.

ARTIGO 122º
Efeitos da retificação

A retificação do registo não prejudica os direitos adquiridos a título oneroso por terceiros de boa fé, se o registo dos factos correspondentes for anterior ao registo da retificação ou da pendência do respetivo processo.

ARTIGO 123º
Pedido de retificação

1 – No pedido de retificação devem ser especificados os fundamentos e a identidade dos interessados.

2 – O pedido de retificação é acompanhado dos meios de prova necessários e do pagamento dos emolumentos devidos.

3 – Constitui causa de rejeição do pedido a falta de pagamento de preparo.

4 – Sem prejuízo do disposto no nº 9 do artigo 151º, a verificação da causa de rejeição a que se refere o número anterior após a apresentação do pedido no diário, dá lugar à recusa de apreciação do pedido, aplicando-se, com as devidas adaptações, o disposto no nº 3 do artigo 66º.

ARTIGO 124º
Consentimento dos interessados

Se a retificação tiver sido requerida por todos os interessados, é retificado o registo, sem necessidade de outra qualquer formalidade, quando se considere, em face dos documentos apresentados, estarem verificados os pressupostos da retificação pedida.

ARTIGO 125º
Casos de dispensa de consentimento dos interessados

1 – A retificação que não seja suscetível de prejudicar direitos dos titulares inscritos é efetuada, mesmo sem necessidade do seu consentimento, nos casos seguintes:

a) Sempre que a inexatidão provenha da desconformidade com o título, analisados os documentos que serviram de base ao registo;

b) Sempre que, provindo a inexatidão de deficiência dos títulos, a retificação seja requerida por qualquer interessado com base em documento bastante.

2 – Deve entender-se que a retificação de registo inexato por desconformidade com o título não prejudica o titular do direito nele inscrito.

3 – Presume-se que da retificação não resulta prejuízo para a herança, se tal for declarado pelo respetivo cabeça de casal.

ARTIGO 126º
Averbamento de pendência da retificação

1 – Quando a retificação não deva ser efetuada nos termos dos artigos 124º ou 125º, é averbada ao respetivo registo a pendência da retificação, com referência à anotação no diário do pedido ou do auto de verificação da inexatidão, consoante os casos.

2 – O averbamento a que se refere o número anterior não prejudica o decurso do prazo de caducidade a que o registo retificando esteja sujeito.

3 – Os registos de outros factos que venham a ser efetuados e que dependam, direta ou indiretamente, da retificação pendente estão sujeitos ao regime de provisoriedade previsto na alínea *b)* do nº 2 do artigo 92º, sendo-lhes aplicável, com as adaptações necessárias, os nºs 6 a 8 do mesmo artigo.

4 – O averbamento da pendência é oficiosamente cancelado mediante decisão definitiva que indefira a retificação.

ARTIGO 127º
Indeferimento liminar

1 – Sempre que o pedido se prefigure como manifestamente improcedente, o conservador indefere liminarmente o requerido, por despacho fundamentado de que notifica o requerente.

2 – A decisão de indeferimento liminar pode ser impugnada nos termos do artigo 131º

3 – Pode o conservador, face aos fundamentos alegados no recurso interposto, reparar a sua decisão de indeferir liminarmente o pedido, mediante despacho fundamentado que ordene o prosseguimento do processo, do qual é notificado o recorrente.

4 – Não sendo a decisão reparada, são notificados os interessados a que se refere o artigo 129º para, no prazo de 10 dias, impugnarem os fundamentos do recurso, remetendo-se o processo à entidade competente.

ARTIGO 128º
Emolumentos

[*Revogado*]

ARTIGO 129º
Notificação dos interessados não requerentes

1 – Os interessados não requerentes são notificados para, no prazo de 10 dias, deduzirem oposição à retificação, devendo juntar os elementos de prova e pagar os emolumentos devidos.

2 – Se os interessados forem incertos, deve ser notificado o Ministério Público nos termos previstos no número anterior.

3 – As notificações são feitas nos termos gerais da lei processual civil, aplicada com as necessárias adaptações.

4 – [*Revogado*].

5 – [*Revogado*].

6 – As notificações editais são feitas pela simples afixação de editais, pelo prazo de 30 dias, no serviço de registo da situação do prédio, na sede da junta de freguesia da situação do prédio e, quando se justifique, na sede da junta de freguesia da última residência conhecida do ausente ou do falecido.

7 – As notificações editais, referidas no número anterior, são igualmente publicadas em sítio na Internet, em termos a definir por portaria do membro do Governo responsável pela área da justiça.

ARTIGO 130º
Instrução e decisão

1 – Recebida a oposição ou decorrido o respetivo prazo, o conservador procede às diligências necessárias de produção de prova.

2 – A prova testemunhal tem lugar mediante a apresentação das testemunhas pela parte que as tiver indicado, em número não superior a três, sendo os respetivos depoimentos reduzidos a escrito por extrato.

3 – A perícia é requisitada pelo conservador ou realizada por perito a nomear nos termos previstos no artigo 568º do Código de Processo Civil, aplicável com as necessárias adaptações.

4 – O conservador pode, em qualquer caso, proceder às diligências e produção de prova que considerar necessárias.

5 – [*Revogado*].

6 – A decisão sobre o pedido de retificação é proferida no prazo de 10 dias.

ARTIGO 131º
Recurso hierárquico e impugnação judicial

1 – A decisão sobre o pedido de retificação pode ser impugnada mediante interposição de recurso hierárquico para o conselho diretivo do Instituto dos Registos e do Notariado, I.P., ou mediante impugnação judicial para o tribunal da comarca da área da circunscrição a que pertence o serviço de registo, nos termos dos números seguintes.

2 – A interposição da impugnação judicial por algum dos interessados faz precludir o seu direito à interposição de recurso hierárquico, e equivale à desistência deste, quando por si já interposto.

3 – A interposição da impugnação judicial por algum dos interessados determina a suspensão do processo de recurso hierárquico anteriormente interposto por qualquer outro interessado, até ao trânsito em julgado da decisão que ponha termo àquela impugnação.

4 – Têm legitimidade para recorrer hierarquicamente ou impugnar judicialmente a decisão do conservador qualquer interessado e o Ministério Público.

5 – O recurso hierárquico e a impugnação judicial previstos no nº 1 têm efeito suspensivo e devem ser interpostos no prazo de 10 dias, por meio de requerimento onde são expostos os respetivos fundamentos.

6 – A interposição de recurso hierárquico ou de impugnação judicial considera-se feita com a apresentação do respetivo requerimento no serviço de registo onde foi proferida a decisão impugnada.

ARTIGO 131º-A
Tramitação subsequente

1 – Apresentada a impugnação, são notificados os interessados para, no prazo de 10 dias, impugnarem os seus fundamentos.

2 – Não havendo lugar a qualquer notificação ou findo o prazo a que se refere o número anterior, o processo é remetido à entidade competente.

ARTIGO 131º-B
Decisão do recurso hierárquico

1 – O recurso hierárquico é decidido no prazo de 90 dias, pelo conselho diretivo do Instituto dos Registos e do Notariado, I.P., que pode determinar que seja previamente ouvido o conselho consultivo.

2 – Quando haja de ser ouvido, o conselho consultivo deve pronunciar-se no prazo máximo de 60 dias, incluído no prazo referido no número anterior.

3 – A decisão proferida é notificada aos recorrentes e demais interessados e comunicada ao serviço de registo.

ARTIGO 131º-C
Impugnação judicial

1 – Tendo o recurso hierárquico sido julgado improcedente o interessado pode ainda impugnar judicialmente a decisão sobre o pedido de retificação.

2 – Tendo o recurso hierárquico sido julgado procedente, pode qualquer outro interessado, na parte que lhe for desfavorável, impugnar judicialmente a decisão nele proferida.

3 – A impugnação é proposta mediante apresentação do requerimento no serviço de registo competente, no prazo de 10 dias a contar da data da notificação da decisão.

4 – O processo é remetido ao tribunal no prazo de dois dias, instruído com o processo de recurso hierárquico.

ARTIGO 132º
Decisão da impugnação judicial

1 – Recebido em juízo e independentemente de despacho, o processo vai com vista ao Ministério Público, para emissão de parecer.

2 – O juiz que tenha intervindo no processo donde conste o ato cujo registo está em causa fica impedido de julgar a impugnação judicial.

ARTIGO 132º-A
Recurso para o tribunal da Relação

1 – Da sentença proferida pelo tribunal de 1ª instância podem interpor recurso para o tribunal da Relação os interessados, o conservador e o Ministério Público.

2 – O recurso, que tem efeito suspensivo, deve ser interposto no prazo de 30 dias.

3 – Para além dos casos em que é sempre admissível recurso, do acórdão da Relação cabe, ainda, recurso para o Supremo Tribunal de Justiça nos casos seguintes:

a) Quando esteja em causa uma questão cuja apreciação, pela sua relevância jurídica, seja claramente necessária para uma melhor aplicação do direito;

b) Quando estejam em causa interesses de particular relevância social;

c) Quando o acórdão da Relação esteja em contradição com outro, já transitado em julgado, proferido por qualquer Relação ou pelo Supremo Tribunal de Justiça, no domínio da mesma legislação e sobre a mesma questão fundamental de direito, salvo se tiver sido proferido acórdão de uniformização de jurisprudência com ele conforme.

ARTIGO 132º-B
Devolução do processo

Após o trânsito em julgado da sentença ou do acórdão proferidos, o tribunal devolve à conservatória o processo de retificação.

ARTIGO 132º-C
Gratuitidade do registo

[*Revogado*]

ARTIGO 132º-D
Incompatibilidades

Ao conservador que exerça advocacia é vedada a aceitação do patrocínio nos processos previstos no presente capítulo.

CAPÍTULO III
Reconstituição do registo

ARTIGO 133º
Métodos de reconstituição

1 – Em caso de extravio ou inutilização dos suportes documentais, os registos podem ser reconstituídos por reprodução a partir dos arquivos existentes, por

reelaboração do registo com base nos respetivos documentos, ou por reforma dos referidos suportes.

2 – A data da reconstituição dos registos deve constar da ficha.

ARTIGO 134º
Arquivos de duplicação

[*Revogado*]

ARTIGO 135º
Reelaboração do registo

1 – O extravio ou inutilização de uma ficha determina a reelaboração oficiosa de todos os registos respeitantes ao prédio.

2 – Devem ser requisitados aos serviços competentes os documentos que se mostrem necessários à reelaboração do registo, os quais são gratuitos e isentos de quaisquer outros encargos legais.

ARTIGO 136º
Reforma

Nos casos em que o registo não possa ser reconstituído pela forma prevista nos artigos anteriores procede-se à reforma dos respetivos suportes.

ARTIGO 137º
Processo de reforma

1 – O processo de reforma inicia-se com a remessa, preferencialmente por via eletrónica, ao Ministério Público do auto elaborado pelo conservador, do qual devem constar as circunstâncias do extravio ou inutilização, a especificação dos suportes documentais abrangidos e a referência ao período a que correspondem os registos.

2 – O Ministério Público requererá ao juiz a citação edital dos interessados para, no prazo de dois meses, apresentarem na conservatória títulos, certidões e outros documentos de que disponham, indicando-se também nos editais o período a que os registos respeitem.

3 – Decorrido o prazo dos editais e julgada válida a citação por despacho transitado em julgado, o Ministério Público promoverá a comunicação do facto ao conservador.

4 – O termo do prazo a que se refere o nº 3 será anotado no diário, procedendo-se, de seguida, à reconstituição dos registos em face dos livros e fichas subsistentes e dos documentos arquivados e apresentados.

ARTIGO 138º
Reclamações

1 – Concluída a reforma, o conservador participará o facto ao Ministério Público, a fim de que este promova nova citação edital dos interessados para exa-

minarem os registos reconstituídos e apresentarem na conservatória, no prazo de 30 dias, as suas reclamações.

2 – Quando a reclamação tiver por fundamento a omissão de alguma inscrição, esta é lavrada como provisória por natureza, com base na petição do reclamante e nos documentos apresentados.

3 – Se a reclamação visar o próprio registo reformado, devem ser juntas ao processo de reclamação cópias do registo impugnado e dos documentos que lhe serviram de base e anotar-se ao registo a pendência da reclamação.

4 – Cumprido o disposto nos dois números anteriores, as reclamações são remetidas, para decisão, ao tribunal competente, com a informação do conservador.

ARTIGO 139º
Suprimento de omissões não reclamadas

1 – A omissão de algum registo que não tenha sido reclamada só pode ser suprida por meio de ação intentada contra aqueles a quem o interessado pretenda opor a prioridade do registo.

2 – Julgada procedente a ação, será o registo lavrado com a menção das inscrições a que se refere.

3 – A ação não prejudica os direitos decorrentes de factos registados antes do registo da ação que não tenham constado dos suportes documentais reformados.

TÍTULO VII
Da impugnação das decisões do conservador

ARTIGO 140º
Admissibilidade da impugnação

1 – A decisão de recusa da prática do ato de registo nos termos requeridos pode ser impugnada mediante a interposição de recurso hierárquico para o conselho diretivo do Instituto dos Registos e do Notariado, I.P., ou mediante impugnação judicial para o tribunal da área de circunscrição a que pertence o serviço de registo.

2 – A recusa de retificação de registos só pode ser apreciada no processo próprio regulado neste Código.

ARTIGO 141º
Prazos e legitimidade

1 – O prazo para a interposição de recurso hierárquico ou de impugnação judicial é de 30 dias a contar da notificação a que se refere o artigo 71º.

2 – [*Revogado*].

3 – A interposição da impugnação judicial faz precludir o direito de interpor recurso hierárquico e equivale à desistência deste, quando já interposto.

4 – Tem legitimidade para interpor recurso hierárquico ou impugnação judicial o apresentante do registo ou a pessoa que por ele tenha sido representada.

ARTIGO 142º
Interposição de recurso hierárquico e de impugnação judicial

1 – O recurso hierárquico ou a impugnação judicial interpõem-se por meio de requerimento em que são expostos os seus fundamentos.

2 – A interposição de recurso hierárquico ou de impugnação judicial considera-se feita com a apresentação das respetivas petições no serviço de registo a que pertencia o funcionário que proferiu a decisão recorrida.

3 – [*Revogado*].

4 – [*Revogado*].

5 – [*Revogado*].

ARTIGO 142º-A
Tramitação subsequente

1 – Impugnada a decisão e independentemente da categoria funcional de quem tiver emitido o despacho recorrido, este é submetido à apreciação do conservador, o qual deve proferir, no prazo de 10 dias, despacho a sustentar ou a reparar a decisão, dele notificando o recorrente.

2 – A notificação referida no número anterior deve ser acompanhada do envio ou da entrega ao notificando de cópia dos documentos juntos ao processo.

3 – Sendo sustentada a decisão, o processo deve ser remetido à entidade competente, no prazo de cinco dias, instruído com cópia do despacho de qualificação do registo e dos documentos necessários à sua apreciação.

4 – A tramitação da impugnação judicial, incluindo a remessa dos elementos referidos no número anterior ao tribunal competente, é efetuada eletronicamente nos termos a definir por portaria do membro do Governo responsável pela área da justiça.

ARTIGO 143º
Audição do notário

[*Revogado*]

ARTIGO 144º
Decisão do recurso hierárquico

1 – O recurso hierárquico é decidido no prazo de 90 dias, pelo presidente do Instituto dos Registos e do Notariado, I. P., que pode determinar que seja previamente ouvido o conselho técnico.

2 – Quando haja de ser ouvido, o conselho técnico deve pronunciar-se no prazo máximo de 60 dias, incluído no prazo referido no número anterior.

3 – A decisão proferida é notificada ao recorrente e comunicada ao conservador que sustentou a decisão.

4 – Sendo o recurso hierárquico deferido, deve ser dado cumprimento à decisão no próprio dia.

ARTIGO 145º
Impugnação judicial

1 – Tendo o recurso hierárquico sido julgado improcedente, o interessado pode ainda impugnar judicialmente a decisão de qualificação do ato de registo.

2 – A impugnação judicial é proposta mediante apresentação do requerimento no serviço de registo competente, no prazo de 20 dias a contar da data da notificação da decisão que tiver julgado improcedente o recurso hierárquico.

3 – O processo é remetido ao tribunal no prazo de cinco dias, instruído com o de recurso hierárquico.

ARTIGO 146º
Julgamento

1 – Recebido em juízo e independentemente de despacho, o processo vai com vista ao Ministério Público, para emissão de parecer.

2 – O juiz que tenha intervindo no processo donde conste o ato cujo registo está em causa fica impedido de julgar a impugnação judicial.

ARTIGO 147º
Recurso da sentença

1 – Da sentença proferida podem sempre interpor recurso para a Relação, com efeito suspensivo, o impugnante, o conservador que sustenta, o presidente do Instituto dos Registos e do Notariado, I. P., e o Ministério Público.

2 – [*Revogado*].

3 – O prazo para a interposição do recurso é de 30 dias a contar da data da notificação.

4 – Para os efeitos previstos no nº 1, a sentença é sempre notificada ao presidente do Instituto dos Registos e do Notariado, I. P.

5 – Para além dos casos em que é sempre admissível recurso, do acórdão da Relação cabe, ainda, recurso para o Supremo Tribunal de Justiça nos casos seguintes:

a) Quando esteja em causa uma questão cuja apreciação, pela sua relevância jurídica, seja claramente necessária para uma melhor aplicação do direito;

b) Quando estejam em causa interesses de particular relevância social;

c) Quando o acórdão da Relação esteja em contradição com outro, já transitado em julgado, proferido por qualquer Relação ou pelo Supremo Tribunal de Justiça, no domínio da mesma legislação e sobre a mesma questão fundamental de direito, salvo se tiver sido proferido acórdão de uniformização de jurisprudência com ele conforme.

6 – A decisão é comunicada pela secretaria ao serviço de registo, após o seu trânsito em julgado.

7 – A secretaria deve igualmente comunicar ao serviço de registo:

a) A desistência ou deserção da instância;

b) O facto de o processo ter estado parado mais de 30 dias por inércia do impugnante.

ARTIGO 147º-A
Valor do recurso

1 – O valor da ação é o do facto cujo registo foi recusado ou feito provisoriamente.

2 – [*Revogado*].

ARTIGO 147º-B
Direito subsidiário

[*Revogado*]

ARTIGO 147º-C
Impugnação da recusa de emissão de certidões

1 – Assiste ao interessado o direito de recorrer hierarquicamente ou de impugnar judicialmente a recusa da emissão de certidão.

2 – Sem prejuízo do disposto nos números seguintes, ao recurso hierárquico a que se refere o número anterior é aplicável, com as necessárias adaptações, o disposto no nº 1 do artigo 141º e nos artigos 142º, 142º-A e 144º

3 – No recurso hierárquico a que se refere o presente artigo, os prazos estabelecidos nos nºs 1 e 3 do artigo 142º-A e no nº 1 do artigo 144º são reduzidos a cinco, dois e 30 dias, respetivamente.

4 – O prazo para a interposição do recurso hierárquico conta-se a partir da comunicação do despacho de recusa.

5 – Ao recurso hierárquico previsto nos números anteriores é aplicável, subsidiariamente, o disposto no Código do Procedimento Administrativo.

6 – A impugnação judicial prevista no nº 1 é dirigida ao tribunal administrativo com jurisdição sobre a área da circunscrição da conservatória e rege-se pelo disposto na legislação processual aplicável.

ARTIGO 148º
Efeitos da impugnação

1 – A interposição de recurso hierárquico ou a impugnação judicial devem ser imediatamente anotadas, a seguir à anotação da recusa ou ao registo provisório.

2 – São ainda anotadas a improcedência ou a desistência da impugnação, bem como, sendo caso disso, a deserção do recurso ou a sua paragem durante mais de 30 dias por inércia do recorrente.

3 – Com a propositura da ação ou a interposição de recurso hierárquico fica suspenso o prazo de caducidade do registo provisório até lhe serem anotados os factos referidos no número anterior.

4 – Proferida decisão final que julgue insubsistente a recusa da prática do ato nos termos requeridos, o conservador deve lavrar o registo recusado, com base na apresentação correspondente, ou converter oficiosamente o registo provisório.

5 – Proferida decisão final de que resulte a insubsistência da qualificação impugnada com fundamento na inobservância do disposto no artigo 73º ou na preterição de formalidades essenciais, o conservador deve anotar a procedência da impugnação e inutilizar a anotação de recusa ou o registo efetuado provisoriamente, com menção de pendência de qualificação.

ARTIGO 149º
Registos dependentes

1 – No caso de recusa, julgado procedente o recurso hierárquico ou a impugnação judicial, deve anotar-se a caducidade dos registos provisórios incompatíveis com o ato inicialmente recusado e converter-se oficiosamente os registos dependentes, salvo se outra for a consequência da requalificação do registo dependente.

2 – Verificando-se a caducidade do direito de impugnação ou qualquer dos factos previstos no nº 2 do artigo anterior, é anotada a caducidade dos registos dependentes e são convertidos os registos incompatíveis, salvo se outra for a consequência da requalificação do registo dependente.

3 – Nos casos previstos no nº 5 do artigo anterior, a anotação da pendência de qualificação determina a anotação de pendência de requalificação dos registos dependentes ou incompatíveis.

TÍTULO VIII
Disposições diversas

ARTIGO 150º
Emolumentos

[*Revogado*]

ARTIGO 151º
Pagamento das quantias devidas

1 – No momento do pedido deve ser entregue, a título de preparo, a quantia provável do total da conta.

2 – É responsável pelo pagamento dos emolumentos o sujeito ativo dos factos, não obstante o disposto nos números seguintes e na legislação própria relativamente ao pagamento de emolumentos, taxas e outros encargos devidos pela prática dos atos previstos no presente código.

3 – Sem prejuízo da responsabilidade imputada ao sujeito ativo e ao sujeito da obrigação de registar, e salvo o disposto nos números seguintes, quem apresenta o

registo ou pede o ato deve proceder à entrega das importâncias devidas, nestas se incluindo a sanção pecuniária pelo cumprimento tardio da obrigação de registar.

4 – Os tribunais, no que respeita à comunicação das ações, decisões e outros procedimentos e providências ou atos judiciais sujeitos a registo, e o Ministério Público no que respeita à comunicação das apreensões em processo penal que tenha autorizado, ordenado ou validado, são dispensados do pagamento prévio dos emolumentos e taxas, devendo estas quantias entrar em regra de custas.

5 – Quando o pedido for efetuado pelas entidades que celebrem escrituras públicas, autentiquem documentos particulares que titulem factos sujeitos a registo, ou reconheçam as assinaturas neles apostas, estas entidades devem obter do sujeito ativo do facto, previamente à titulação ou ao reconhecimento, os emolumentos e taxas devidos pelo registo.

6 – [*Revogado*].

7 – [*Revogado*].

8 – [*Revogado*].

9 – Quando o preparo não tiver sido feito e não tiver havido rejeição nos termos do disposto no nº 3 do artigo 66º, o serviço de registo notifica o interessado para no prazo de dois dias proceder à entrega das quantias em falta.

10 – O disposto no número anterior é igualmente aplicável quando o preparo venha a mostrar-se insuficiente ou quando tenha havido suprimento de deficiências nos termos do nº 8 do artigo 73º.

11 – O pagamento das quantias devidas é feito nos termos previstos na legislação própria relativa ao pagamento de emolumentos, taxas e outros encargos devidos pela prática dos atos.

(Redação dada pela Lei nº 30/2017, de 30-05)

ARTIGO 152º
Isenções

[*Revogado*]

ARTIGO 153º
Responsabilidade civil e criminal

1 – Quem fizer registar um ato falso ou juridicamente inexistente, para além da responsabilidade criminal em que possa incorrer, responde pelos danos a que der causa.

2 – Na mesma responsabilidade incorre quem prestar ou confirmar declarações falsas ou inexatas, na conservatória ou fora dela, para que se efetuem os registos ou se lavrem os documentos necessários.

ARTIGO 153º-A
Tramitação eletrónica

1 – Os atos do processo de registo podem ser realizados por via eletrónica, nos termos definidos por portaria do membro do Governo responsável pela área da

justiça, incluindo a interposição de recurso hierárquico, de impugnação judicial e os respetivos envios eletrónicos.

2 – As notificações e outras comunicações efetuadas pelos serviços de registo são realizadas, preferencialmente por via eletrónica, nos termos da portaria referida no número anterior.

3 – A portaria referida no nº 1 deve prever as medidas de segurança determinadas pela Lei da Proteção de Dados Pessoais.

ARTIGO 154º
Notificações

1 – As notificações previstas no presente código, quando não devam ser feitas por via eletrónica nos termos previstos no nº 2 do artigo anterior, ou por qualquer outro meio previsto na lei, são realizadas por carta registada, podendo também ser realizadas presencialmente, por qualquer funcionário, quando os interessados se encontrem nas instalações do serviço.

2 – A notificação postal presume-se feita no terceiro dia posterior ao do registo, ou no primeiro dia útil seguinte a esse, quando o não seja.

3 – A notificação não deixa de produzir efeito pelo facto de o expediente ser devolvido, desde que a remessa tenha sido feita para a morada indicada pelo notificando nos atos ou documentos apresentados no serviço de registo.

ARTIGO 155º
Contagem dos prazos

1 – É havido como prazo de um ou dois dias o designado por 24 ou 48 horas.

2 – O prazo é contínuo, não se incluindo na contagem o dia em que ocorrer o evento a partir do qual o prazo começa a correr.

3 – O prazo que termine em sábado, domingo, feriado, em dia com tolerância de ponto ou em dia em que o serviço perante o qual deva ser praticado o ato não esteja aberto ao público, ou não funcione durante o período normal, transfere-se para o primeiro dia útil seguinte.

ARTIGO 156º
Direito subsidiário

Salvo disposição legal em contrário, aos atos, processos e respetivos prazos previstos no presente código é aplicável, subsidiariamente e com as necessárias adaptações, o disposto no Código de Processo Civil.

Procedimentos Especiais de Aquisição, Oneração e Registo de Imóveis

Decreto-Lei nº 263-A/2007, de 23 de Julho

O presente decreto-lei visa contribuir para a concretização do Programa do XVII Governo Constitucional na área da justiça, colocando este sector ao serviço dos cidadãos e das empresas, do desenvolvimento económico e da promoção do investimento em Portugal.

Com efeito, o Programa do XVII Governo Constitucional dispõe que «os cidadãos e as empresas não podem ser onerados com imposições burocráticas que nada acrescentem à qualidade do serviço», e que «no interesse conjunto dos cidadãos e das empresas, serão simplificados os controlos de natureza administrativa, eliminando-se actos e práticas registrais e notariais que não importem um valor acrescentado e dificultem a vida do cidadão e da empresa».

Com este decreto-lei é criado um procedimento especial de transmissão, oneração e registo de imóveis, que tem dois objectivos principais: a eliminação de formalidades dispensáveis nos processos de transmissão e oneração de imóveis e a possibilidade de realizar todas as operações e actos necessários num único balcão, perante um único atendimento.

Assim, por um lado, eliminam-se formalidades no processo de compra de casa e noutros negócios jurídicos relacionados com a transmissão e oneração do imóvel. Com a utilização intensiva de meios de comunicação electrónica e da Internet torna-se desnecessário o envio separado de informação a diversas pessoas colectivas públicas e empresas públicas para efeito de exercício do direito de preferência, deixa de se exigir a obtenção de certidões de registo civil e comercial junto de outras conservatórias, elimina-se a necessidade de obtenção de certidões relativas às licenças e actos camarários e permite-se que o contrato seja celebrado na conservatória de registo, dispensando-se a escritura pública e a inerente deslocação ao cartório notarial.

Por outro lado, cria-se um «balcão único» onde, em atendimento presencial único, nas conservatórias de registo e suas extensões, os interessados possam praticar todos os actos que um processo de compra de casa e outros negócios jurídicos conexos impliquem. Consequentemente, num único posto de atendimento passará a ser possível efectuar a generalidade das operações e actos necessários à compra de casa, evitando-se deslocações e custos associados a essas deslocações.

Com o procedimento especial de transmissão, oneração e registo de imóveis que agora se aprova os cidadãos ou empresas interessadas passam a poder realizar um vasto conjunto de actos em atendimento presencial único, que antes implicavam várias deslocações a diferentes entidades. Passa a ser possível, num único atendimento, por exemplo, a celebração do contrato de alienação ou oneração do imóvel perante um oficial público, o pagamento dos impostos devidos, como o imposto municipal sobre as transmissões onerosas de imóveis (IMT), a obtenção da realização imediata de todos os registos, a solicitação da alteração da morada fiscal e da isenção do imposto municipal sobre imóveis (IMI).

Além de permitir uma forte redução dos custos associados a deslocações e tempo despendido por cidadãos e empresas nos processos relativos a transacções e onerações de imóveis, o procedimento previsto no presente decreto-lei prevê ainda uma redução das taxas cobradas, face aos montantes previstos para quem utilize o procedimento tradicional para a transmissão e oneração de imóveis.

Finalmente, com a criação deste procedimento especial de transmissão, oneração e registo de imóveis, o Ministério da Justiça contribui para o cumprimento do programa SIMPLEX 2007, com uma medida que resultou da coordenação de diversos ministérios, com a colaboração da Unidade de Coordenação para a Modernização Administrativa, da Direcção-Geral dos Impostos, da Direcção-Geral de Informática e Apoio aos Serviços Tributários e Aduaneiros e do Instituto de Gestão do Património Arquitectónico e Arqueológico, I. P.

Foram promovidas as diligências necessárias à audição da Ordem dos Advogados, da Câmara dos Solicitadores e da Comissão Nacional de Protecção de Dados.

Foram ouvidos o Conselho Superior da Magistratura, o Conselho Superior do Ministério Público, o Conselho Superior dos Tribunais Administrativos e Fiscais, o Banco de Portugal, a Ordem dos Notários, a Associação Portuguesa de Bancos, a Associação Portuguesa de Seguradores, a Associação Nacional dos Municípios Portugueses, a Associação Portuguesa para a Defesa do Consumidor, a Associação Empresarial de Portugal, a Associação Sindical dos Juízes Portugueses, a Associação Sindical dos Conservadores dos Registos e a Associação Sindical dos Oficiais dos Registos e Notariado.

Foram igualmente ouvidos os órgãos de governo próprio das Regiões Autónomas.

Foram ouvidas, a título facultativo, a Associação Portuguesa de Bancos, a Associação Portuguesa de Seguradores, a Associação Portuguesa para a Defesa do Consumidor e Associação Empresarial de Portugal.

Assim:

Nos termos da alínea *a*) do nº 1 do artigo 198º da Constituição, o Governo decreta o seguinte:

CAPÍTULO I
Procedimento especial de transmissão, oneração e registo de imóveis

SECÇÃO I
Procedimento especial de transmissão, oneração e registo imediato de imóveis

ARTIGO 1º
Objecto

É criado o procedimento especial de transmissão, oneração e registo imediato de prédios em atendimento presencial único.

(Redacção dada pelo Decreto-Lei nº 122/2009, de 21-05)

ARTIGO 2º
Âmbito

1 – O regime previsto no presente decreto-lei aplica-se aos seguintes negócios jurídicos:

a) Compra e venda;

b) Mútuo e demais contratos de crédito e de financiamento celebrados por instituições de crédito, com hipoteca, com ou sem fiança;

c) Hipoteca;

d) Sub-rogação nos direitos e garantias do credor hipotecário, nos termos do artigo 591º do Código Civil;

e) Outros negócios jurídicos, a definir por portaria do membro do Governo responsável pela área da justiça.

2 – O presente procedimento especial de transmissão, oneração e registo imediato de prédios aplica-se a prédios urbanos e é, nos termos a definir por portaria do membro do Governo responsável pela área da Justiça, ainda aplicável aos seguintes tipos de prédios:

a) Prédios mistos;

b) Prédios rústicos;

c) Prédios urbanos formados, no próprio acto, a partir de outros, por fraccionamento ou emparcelamento.

(Redacção dada pelo Decreto-Lei nº 122/2009, de 21-05)

ARTIGO 3º
Pressupostos

1 – São pressupostos de aplicação do regime previsto no artigo 1º:

a) A descrição do prédio no registo;

b) A inexistência de dúvidas sobre a identidade do prédio;

c) O registo definitivo a favor do alienante ou onerante;

d) A inexistência de dúvidas quanto à titularidade do prédio;

e) No caso de se tratar de compra e venda, a aquisição do direito de propriedade, no todo ou em parte, por uma ou mais pessoas, em simultâneo, tendo em vista a aquisição da totalidade do prédio;

f) A opção por contratos de modelo aprovado por despacho do presidente do Instituto dos Registos e do Notariado, I. P. (IRN, I. P.)

2 – Não existem dúvidas quanto à identidade do prédio quando se verifique harmonização dos elementos de identificação deste, entre a matriz e o registo, nos termos gerais, sem prejuízo do disposto nos números seguintes.

3 – Não obsta à realização do negócio jurídico a existência de divergência entre o registo e a matriz quando tal divergência apenas respeite ao artigo matricial, à denominação das vias públicas ou à numeração policial, desde que possa ser suprida por acesso directo à informação constante das bases de dados das entidades ou serviços da Administração Pública ou por documento.

4 – No caso de se verificar divergência entre a declaração dos interessados, os documentos apresentados e o registo, quanto aos elementos de identificação do alienante ou onerante, que não seja suprida por documento idóneo e da qual não resulte incerteza quanto à titularidade do prédio, deve a mesma ser resolvida por acesso directo à informação constante das bases de dados registrais e de identificação civil.

5 – O disposto no número anterior é aplicável às divergências respeitantes à identificação do adquirente ou do beneficiário da oneração.

6 – Para os efeitos previstos nos números anteriores, os serviços de registo competentes devem, oficiosamente, consultar e aceder à informação constante das bases de dados disponíveis quando tal seja necessário para suprir qualquer deficiência do procedimento.

ARTIGO 4º
Competência

1 – O procedimento previsto no presente decreto-lei cabe aos serviços com competência para a prática de actos de registo predial, independentemente da área da situação do prédio.

2 – A competência atribuída aos serviços de registo nos termos do número anterior é aplicável à transmissão, oneração e registo de prédios com agendamento da data de realização do negócio jurídico.

(Redacção dada pelo Decreto-Lei nº 122/2009, de 21-05)

ARTIGO 5º
Prazo de tramitação

1 – O serviço de registo competente deve iniciar e concluir a tramitação do procedimento no mesmo dia, em atendimento presencial único.

2 – O procedimento previsto no presente decreto-lei tem natureza urgente.

ARTIGO 6º
Início do procedimento

Os interessados formulam o seu pedido junto do serviço de registo competente, manifestando a sua opção por um dos modelos de contrato.

ARTIGO 7º
Formalidades prévias

1 – O prosseguimento do procedimento depende da verificação da identidade, da capacidade e dos poderes de representação dos interessados para os actos.

2 – A capacidade e os poderes de representação devem, sempre que possível, ser comprovados por acesso à informação constante das respectivas bases de dados.

3 – Devem ainda ser comprovadas preferencialmente pela forma prevista no número anterior, ou mediante a apresentação dos respectivos documentos, pelos interessados:

a) A situação matricial do prédio;

b) A existência ou dispensa de licença de utilização ou de licença de construção, nos termos legais;

c) A existência de ficha técnica do prédio, quando exigível;

d) A inexistência de manifestação da intenção de exercer o direito de preferência legal por parte do Estado, Regiões Autónomas, municípios, outras pessoas colectivas públicas ou empresas públicas.

4 – A mera referência à existência de licença de utilização ou a facto de que resulte a respectiva dispensa efectuada em caderneta predial, em base de dados de serviço da Administração Pública ou em documento autêntico, constitui prova bastante para os efeitos do disposto na alínea *b*) do número anterior.

5 – Os documentos escritos em língua estrangeira só podem ser aceites quando traduzidos nos termos da lei, salvo se estiverem redigidos em língua inglesa, francesa ou espanhola e o funcionário competente dominar essa língua.

6 – Os documentos arquivados em serviço de registo podem ser utilizados para a realização do procedimento especial de transmissão, oneração e registo imediato, aplicando-se o disposto no nº 2 do artigo 43º do Código do Registo Predial.

7 – Sem prejuízo do disposto no número seguinte, os documentos que instruam o procedimento ficam arquivados pela ordem da sua apresentação.

8 – O arquivo referido no número anterior é efectuado em suporte electrónico, nos termos de despacho do presidente do Instituto dos Registos e do Notariado, I. P.

9 – Os documentos arquivados em suporte electrónico nos termos do número anterior têm a força probatória dos originais.

10 – São restituídos aos interessados os documentos cujo original deva normalmente permanecer em arquivo público nacional e que não contenham parte narrativa.

(Redacção dada pelo Decreto-Lei nº 125/2013, de 30-08)

ARTIGO 8º
Tramitação do procedimento

1 – Efectuada a verificação dos pressupostos e formalidades prévias, referidas nos artigos anteriores, o serviço de registo procede aos seguintes actos pela ordem indicada:

a) Anotação no Diário dos factos sujeitos a registo;

b) Elaboração dos documentos que titulam os negócios jurídicos, de acordo com o modelo previamente escolhido pelos interessados, seguido da leitura e explicação do respectivo conteúdo;

c) Promoção da liquidação do IMT, nos termos declarados pelo contribuinte, e de outros impostos que se mostrem devidos, tendo em conta os negócios jurídicos a celebrar, assegurando o seu pagamento prévio à celebração do negócio jurídico;

d) Cobrança dos emolumentos e de outros encargos que se mostrem devidos;

e) Recolha das assinaturas nos documentos que titulam os negócios jurídicos;

f) Verificação da entrega da ficha técnica ao comprador;

g) Realização obrigatória, oficiosa e imediata dos registos apresentados;

h) Anotação à descrição da existência de licença de utilização, com menção do número e respectiva data de emissão.

2 – A pedido do interessado e de acordo com as suas declarações, o serviço competente pratica ainda os seguintes actos:

a) Pede a alteração da morada fiscal do adquirente;

b) Pede a isenção do IMI relativo a habitação própria e permanente;

c) Pede a inscrição ou a actualização de prédio urbano na matriz.

3 – Os negócios jurídicos celebrados nos termos deste decreto-lei estão dispensados de formalização por escritura pública quando esta seja obrigatória nos termos gerais.

4 – A leitura dos documentos que titulam os negócios jurídicos pode ser dispensada, a pedido dos interessados.

5 – A realização dos actos previstos no nº 1 é da competência do conservador e dos oficiais de registo.

6 – Os pedidos a que se refere o nº 2 são efectuados por via electrónica.

7 – No caso de o interessado solicitar o serviço previsto na alínea *c*) do nº 2 fica dispensado de anexar as plantas de arquitectura das construções correspondentes às telas finais aprovadas pela câmara municipal.

8 – Para efeito do disposto no número anterior, o IRN, I. P., deve contactar a competente câmara municipal para que esta lhe disponibilize as respectivas plantas, preferencialmente por via electrónica.

9 – O IRN, I. P., disponibiliza à administração fiscal as plantas referidas nos números anteriores, em termos a protocolar entre as entidades envolvidas.

10 – No caso de as plantas não estarem depositadas na câmara municipal ou de as plantas não serem disponibilizadas à administração fiscal no prazo de 60 dias, a

administração tributária deve contactar o interessado para que este as apresente, nos termos gerais.

(Redacção dada pelo Decreto-Lei nº 122/2009, de 21-05)

ARTIGO 9º
Indeferimento e desistência

1 – O procedimento é indeferido quando ocorra alguma das seguintes circunstâncias:

a) Não verificação de algum dos pressupostos ou formalidades prévias previstos nos artigos 3º e 7º;

b) Violação de disposições legais imperativas;

c) Verificação de factos que possam afectar a formação e a exteriorização da vontade dos intervenientes nos actos;

d) Verificação de omissões, vícios ou deficiências nos documentos que obstem à celebração dos actos;

e) Verificação da existência de motivo de recusa dos registos;

f) Falta de liquidação dos impostos e de cobrança dos encargos que se mostrem devidos.

2 – A anulabilidade ou a ineficácia dos actos não obsta ao prosseguimento do procedimento, ainda que dê origem a um registo provisório, desde que os interessados manifestem, expressamente, vontade nesse sentido.

3 – Os serviços de registo são competentes para a elaboração dos documentos indispensáveis ao suprimento dos vícios referidos no número anterior.

4 – Em caso de indeferimento ou de não conclusão do procedimento por motivo não imputável aos serviços, os interessados podem optar pela marcação prévia do procedimento, nos termos da secção seguinte.

5 – Sem prejuízo do disposto na parte final do número anterior, a não conclusão do procedimento por motivo não imputável aos serviços equivale à sua desistência.

ARTIGO 10º
Impugnação em caso de indeferimento

1 – Deve ser entregue aos interessados uma cópia do despacho de indeferimento, considerando-se estes notificados para efeitos de impugnação hierárquica ou contenciosa, nos termos previstos nos artigos 140º a 149º do Código do Registo Predial, reduzidos os prazos nestes previstos a metade.

2 – A opção referida no nº 4 do artigo anterior equivale à renúncia ao direito de impugnação.

ARTIGO 11º
Documentos a entregar aos interessados

Concluído o procedimento, o serviço de registo procede à entrega imediata e gratuita dos seguintes documentos:

a) Certidão dos títulos elaborados, a quem for cobrado recibo da conta;

b) Certidão permanente dos registos em vigor sobre o prédio, a que se refere o nº 6 do artigo 110º do Código do Registo Predial, podendo o interessado fazer a opção nele prevista;

c) Comprovativos do pagamento dos encargos devidos.

(Redacção dada pelo Decreto-Lei nº 209/2012, de 19-09)

ARTIGO 12º
Diligências subsequentes

Após a realização do registo, o serviço competente promove imediata e preferencialmente por via electrónica os seguintes actos:

a) As comunicações obrigatórias à administração tributária;

b) As participações para fins estatísticos;

c) As demais comunicações impostas por lei e as diligências que venham a ser fixadas por via regulamentar ou protocolar.

SECÇÃO II
Procedimento especial de transmissão, oneração e registo de imóveis com marcação prévia

ARTIGO 13º
Marcação prévia

1 – Sem prejuízo do disposto no número seguinte, o regime previsto na secção anterior é aplicável, com as necessárias adaptações, à transmissão, oneração e registo de prédios com agendamento da data de realização do negócio jurídico.

2 – Não são aplicáveis ao regime da marcação prévia os pressupostos referidos nas alíneas *e*) e *f*) do nº 1 do artigo 3º

3 – Os pressupostos previstos nas alíneas *a*) a *d*) do nº 1 do artigo 3º apenas têm de estar preenchidos no momento da celebração do negócio jurídico.

4 – A marcação prévia é promovida em termos a regulamentar por portaria do membro do Governo responsável pela área da justiça.

(Redacção dada pelo Decreto-Lei nº 122/2009, de 21-05)

ARTIGO 14º
Aproveitamento dos actos praticados

A opção pelo regime da marcação prévia, nos termos do nº 4 do artigo 9º, permite aproveitar os actos já praticados e, a pedido dos interessados, efectuar, sempre que possível e imediatamente, os correspondentes registos provisórios.

ARTIGO 15º
Actos urgentes

Os actos da competência da conservatória que sejam essenciais ao preenchimento dos pressupostos referidos nas alíneas *a)* a *d)* do nº 1 do artigo 3º são realizados com urgência.

ARTIGO 16º
Prova da existência de licenças

1 – Não sendo possível proceder à verificação da existência ou dispensa de licença de utilização ou de construção, nos termos previstos nos nºs 3 e 4 do artigo 7º, a conservatória deve desenvolver todas as diligências necessárias a essa comprovação.

2 – Para efeitos do disposto no número anterior, podem ser celebrados protocolos entre o IRN, I. P., e os municípios que estabeleçam mecanismos céleres de comunicação com as conservatórias.

ARTIGO 17º
Prova do registo

A prova do registo pode ser efectuada através da disponibilização da informação constante da certidão de registo predial em sítio na Internet, em termos a definir por portaria do membro do Governo responsável pela área da justiça.

(Redacção dada pelo Decreto-Lei nº 99/2010, de 02-09)

CAPÍTULO II
Direito de preferência

ARTIGO 18º
Envio electrónico da informação necessária ao exercício do direito legal de preferência

1 – O alienante pode remeter os elementos essenciais ao exercício do direito legal de preferência pelo Estado, Regiões Autónomas, municípios, outras pessoas colectivas públicas ou empresas públicas por uma via electrónica única, mediante a inscrição dos elementos essenciais da alienação em sítio na Internet de acesso público, nos termos a definir por portaria do membro do Governo responsável pela área da justiça.

2 – O envio da informação nos termos previstos no número anterior substitui a notificação para preferência, nos termos gerais.

3 – O disposto nos números anteriores não é aplicável aos casos referidos no nº 5 do artigo seguinte.

ARTIGO 19º
Exercício do direito legal de preferência

1 – O exercício do direito legal de preferência pelo Estado, Regiões Autónomas, municípios, outras pessoas colectivas públicas ou empresas públicas está dependente de manifestação prévia da intenção de exercer este direito em sítio na Internet, em termos a definir na portaria referida no nº 1 do artigo anterior, se o alienante tiver usado da faculdade aí prevista.

2 – Independentemente do prazo legal para o exercício do direito de preferência, o acto previsto no número anterior deve ser praticado no prazo de 10 dias a contar da data de inscrição dos elementos essenciais da alienação, nos termos previstos no artigo anterior.

3 – Se o prazo legal do exercício do direito de preferência for inferior a 10 dias, o prazo de manifestação prévia da intenção de exercer aquele direito é reduzido para igual período.

4 – Se a manifestação prévia da intenção de exercer o direito de preferência não for efectuada dentro do prazo, caduca o direito de preferência.

5 – O regime previsto neste artigo não se aplica às alienações de imóveis abrangidas pelo regime previsto no Decreto-Lei nº 135/2004, de 3 de Junho.

CAPÍTULO III
Alterações legislativas

ARTIGO 20º
Alteração ao Código Civil

Os artigos 714º, 731º, 875º e 1143º do Código Civil passam a ter a seguinte redacção:

(As alterações não se transcrevem por não se inserirem no âmbito da presente publicação)

ARTIGO 21º
Alteração ao Código do Registo Predial

Os artigos 56º e 73º do Código do Registo Predial, aprovado pelo Decreto-Lei nº 224/84, de 6 de Julho, e alterado pelos Decretos-Leis nºs 355/85, de 2 de Setembro, 60/90, de 14 de Fevereiro, 80/92, de 7 de Maio, 30/93, de 12 de Fevereiro, 255/93, de 15 de Julho, 227/94, de 8 de Setembro, 267/94, de 25 de Outubro, 67/96, de 31 de Maio, 375-A/99, de 20 de Setembro, 533/99, de 11 de Dezembro, 273/2001, de 13 de Outubro, 323/2001, de 17 de Dezembro, e 38/ /2003, de 8 de Março, e pela Lei nº 6/2006, de 27 de Fevereiro, passam a ter a seguinte redacção:

(Alterações inseridas no local próprio)

ARTIGO 22º
Alteração ao Decreto-Lei nº 27/2001, de 3 de Fevereiro

O artigo 11º do Decreto-Lei nº 27/2001, de 3 de Fevereiro, alterado pelas Leis nºs 107-B/2003, de 31 de Dezembro, e 55-B/2004, de 30 de Dezembro, passa a ter a seguinte redacção:

(As alterações não se transcrevem por não se inserirem no âmbito da presente publicação)

ARTIGO 23º
Alteração ao Regulamento Emolumentar dos Registos e Notariado

O artigo 21º do Regulamento Emolumentar dos Registos e Notariado, aprovado pelo Decreto-Lei nº 322-A/2001, de 14 de Dezembro, com as alterações introduzidas pelo Decreto-Lei nº 315/2002, de 27 de Dezembro, pela Lei nº 32-B/ /2002, de 30 de Dezembro, e pelos Decretos-Leis nºs 194/2003, de 23 de Agosto, 53/2004, de 18 de Março, 199/2004, de 18 de Agosto, 111/2005, de 8 de Julho, 178- -A/2005, de 28 de Outubro, 76-A/2006, de 29 de Março, 85/2006, de 23 de Maio, 125/2006, de 29 de Junho, 237-A/2006, de 14 de Dezembro, e 8/2007, de 17 de Janeiro, passa a ter a seguinte redacção:

(Alterações inseridas no local próprio)

ARTIGO 24º
Aditamento ao Regulamento Emolumentar dos Registos e Notariado

É aditado o artigo 27º-A ao Regulamento Emolumentar dos Registos e Notariado, aprovado pelo Decreto-Lei nº 322-A/2001, de 14 de Dezembro, com as alterações introduzidas pelo Decreto-Lei nº 315/2002, de 27 de Dezembro, pela Lei nº 32-B/2002, de 30 de Dezembro, e pelos Decretos-Leis nºs 194/2003, de 23 de Agosto, 53/2004, de 18 de Março, 199/2004, de 18 de Agosto, 111/ /2005, de 8 de Julho, 178-A/2005, de 28 de Outubro, 76-A/2006, de 29 de Março, 85/2006, de 23 de Maio, 125/2006, de 29 de Junho, 237-A/2006, de 14 de Dezembro, e 8/2007, de 17 de Janeiro, com a seguinte redacção:

(Alterações inseridas no local próprio)

CAPÍTULO IV
Disposições finais

ARTIGO 25º
Postos de atendimento

1 – Por despacho do presidente do IRN, I. P., podem ser criados postos de atendimento dos serviços com competência para a prática de actos de registo, que constituem extensões dos mesmos.

2 – Os postos de atendimento referidos no número anterior podem funcionar junto de outras entidades públicas ou privadas, nos termos estabelecidos por protocolo entre o IRN, I. P., e as referidas entidades.

ARTIGO 26º
Disponibilização dos procedimentos

1 – (*Revogado.*)

2 – A disponibilização dos procedimentos previstos no presente decreto-lei nos serviços com competência para a prática de actos de registo predial depende de despacho do presidente do IRN, I. P.

3 – Os procedimentos previstos no presente decreto-lei podem ser realizados junto de entidades públicas ou privadas, nos termos estabelecidos por protocolo entre o IRN, I. P., e as referidas entidades.

4 – O disposto nos números anteriores é aplicável ao regime previsto no capítulo II.

(Redacção dada pelo Decreto-Lei nº 122/2009, de 21-05)

ARTIGO 27º
Protocolos

Podem ser celebrados protocolos entre o IRN, I. P., e os diversos organismos da Administração Pública envolvidos nos procedimentos estabelecidos no presente decreto-lei com vista à definição dos procedimentos administrativos de comunicação de informação e à regulamentação do acesso às respectivas bases de dados.

ARTIGO 28º
Norma transitória

1 – Até 31 de Dezembro de 2007, a informação prevista no nº 2 do artigo 8º pode ser remetida em formato de papel, devendo os correspondentes documentos ser remetidos, no prazo de dois dias úteis, ao serviço de finanças competente.

2 – Os documentos enviados nos termos do número anterior consideram-se apresentados na data da sua entrega ao serviço que assegura o procedimento previsto neste decreto-lei.

3 – Até 31 de Dezembro de 2007, a promoção da liquidação do IMT, nos termos da alínea *c*) do nº 1 do artigo 8º, apenas pode ser efectuada relativamente aos factos tributários que sejam passíveis de liquidação integralmente electrónica, sendo o seu elenco estabelecido por portaria dos membros do Governo responsáveis pelas áreas das finanças e da justiça.

ARTIGO 29º
Aplicação subsidiária

1 – São aplicáveis aos actos praticados no âmbito do presente decreto-lei, em tudo o que neste não esteja especialmente regulado e que não contrarie a natureza

dos procedimentos especiais nele previstos, os requisitos legais a que estão sujeitos os negócios jurídicos sobre imóveis, competindo ao conservador ou oficial de registo que os pratique a respectiva verificação.

2 – Aos procedimentos estabelecidos neste diploma são também aplicáveis, subsidiariamente, as disposições do Código do Registo Predial e da lei notarial.

ARTIGO 30º
Entrada em vigor

O presente decreto-lei entra em vigor no dia seguinte ao da sua publicação.

Visto e aprovado em Conselho de Ministros de 6 de Junho de 2007. – *José Sócrates Carvalho Pinto de Sousa – Fernando Teixeira dos Santos – José Manuel Vieira Conde Rodrigues.*

Promulgado em 10 de Julho de 2007.

Publique-se.

O Presidente da República, Aníbal Cavaco Silva.

Referendado em 12 de Julho de 2007.

O Primeiro-Ministro, *José Sócrates Carvalho Pinto de Sousa.*

Sistema de Informação Cadastral Simplificada

Lei nº 78/2017, de 17 de agosto

Cria um sistema de informação cadastral simplificada e revoga a Lei nº 152/2015, de 14 de setembro

A Assembleia da República decreta, nos termos da alínea *c*) do artigo 161º da Constituição, o seguinte:

CAPÍTULO I
Disposições gerais

ARTIGO 1º
Objeto

1 – A presente lei cria:

a) Um sistema de informação cadastral simplificada, adotando medidas para a imediata identificação da estrutura fundiária e da titularidade dos prédios rústicos e mistos;

b) O Balcão Único do Prédio (BUPi).

2 – Para efeitos da alínea *a*) do número anterior, são criados:

a) O procedimento de representação gráfica georreferenciada;

b) O procedimento especial de registo de prédio rústico e misto omisso;

c) O procedimento de identificação, inscrição e registo de prédio sem dono conhecido.

ARTIGO 2º
Âmbito de aplicação

A presente lei aplica-se:

a) Para efeitos da alínea *a*) do nº 1 do artigo anterior, aos prédios rústicos e mistos;

b) Para efeitos da alínea *b*) do nº 1 do artigo anterior, aos prédios urbanos, rústicos e mistos.

ARTIGO 3º
Número de identificação de prédio

1 – O prédio tem um identificador único, designado por número de identificação de prédio (NIP).

2 – A articulação do NIP com o sistema de identificação do prédio usado para efeitos cadastrais, registrais, matriciais e agrícolas é definida por decreto regulamentar.

ARTIGO 4º
Definições

Para efeitos da presente lei, entende-se por:

a) «Entidades públicas», os serviços e organismos da Administração Pública, as autarquias locais e outras pessoas coletivas públicas que não sejam qualificadas como entidades privadas e exerçam poderes de autoridade;

b) «Interessados», todos aqueles que figurem como detentores de posições ativas nos registos predial ou matricial ou que tenham legitimidade para solicitar atos de registo;

c) «Promotores», os interessados ou a entidade pública responsável pela promoção do procedimento de representação gráfica georreferenciada.

CAPÍTULO II
Sistema de informação cadastral simplificada

SECÇÃO I
Procedimento de representação gráfica georreferenciada

ARTIGO 5º
Representação gráfica georreferenciada

1 – A representação gráfica georreferenciada constitui a configuração geométrica dos prédios constantes da base cartográfica acessível através do BUPi, sendo efetuada através de delimitação do prédio, mediante representação cartográfica das estremas do prédio, unidas através de uma linha poligonal fechada, obtida por processos diretos de medição, nomeadamente com recurso a sistemas de posicionamento global, ou de forma indireta, designadamente, através de recurso à fotointerpretação sobre os ortofotomapas disponíveis no BUPi.

2 – A informação resultante da representação gráfica georreferenciada do prédio rústico que seja validada nos termos da presente lei, no que se refere à área e à

localização geográfica do mesmo, releva para efeitos de natureza cadastral, registral e matricial, sem prejuízo do nº 5.

3 – A informação resultante da representação gráfica georreferenciada do prédio rústico que seja validada por todos os proprietários confinantes assume a natureza de cadastro predial para todos os efeitos legais.

4 – Em caso de litígio emergente de sobreposição de polígonos, a representação gráfica georreferenciada dos prédios em causa é apresentada no BUPi pelos respetivos centroides até à resolução do conflito.

5 – Nos casos em que exista a sobreposição de polígonos, a informação constante do BUPi não pode ser usada como meio de prova, nem para invocação de aquisição de direitos por usucapião sobre os prédios.

6 – Para efeitos tributários, a informação resultante da representação gráfica georreferenciada do prédio produz os efeitos previstos no artigo 29º

ARTIGO 6º
Legitimidade e competência para a promoção do procedimento

1 – As operações de representação gráfica georreferenciada de prédios podem ser promovidas por iniciativa dos interessados ou por entidade pública competente, desde que realizadas por técnico habilitado para o efeito, sem prejuízo dos casos de dispensa previstos na presente lei.

2 – As operações de representação gráfica georreferenciada promovidas por iniciativa de entidades públicas, nos termos do número anterior, são da competência:

a) Do município ou freguesia territorialmente competente;

b) Da Direção-Geral do Território (DGT);

c) Das entidades públicas com competência de natureza territorial que promovam operações fundiárias ou exerçam competências na área do ordenamento do território;

d) Da Autoridade Tributária e Aduaneira (AT), nos termos previstos na presente lei.

3 – As competências próprias dos municípios referidas na alínea *a*) do número anterior podem ser executadas em conjunto através das respetivas entidades intermunicipais.

4 – Os promotores previstos no nº 1, aquando da submissão da representação gráfica georreferenciada no BUPi, assumem responsabilidade pela informação prestada, nos termos a estabelecer por decreto regulamentar.

5 – Nas áreas sob gestão das entidades de gestão florestal, de entidades gestoras das zonas de intervenção florestal, de organizações de agricultores e produtores florestais e respetivas associações as operações de representação gráfica georreferenciada de prédios podem ser promovidas e realizadas por estas entidades.

6 – Nas operações de representação gráfica georreferenciada promovidas pelas autarquias compete-lhes definir as áreas prioritárias de intervenção.

ARTIGO 7º
Procedimentos

1 – O procedimento administrativo da representação gráfica georreferenciada a realizar por via eletrónica no BUPi, bem como o recurso ao mecanismo de composição administrativa de interesses que garanta o direito de oposição dos interessados, é estabelecido por decreto regulamentar.

2 – As especificações técnicas a observar na elaboração da representação gráfica georreferenciada e a respetiva estrutura de atributos, as regras de acerto de estremas e de confrontações, bem como o apoio a cidadãos com comprovada insuficiência económica, ou outras situações de apoio, são fixadas pelo decreto regulamentar referido no número anterior.

3 – O suporte cartográfico a utilizar para efeitos de carregamento da representação gráfica georreferenciada dos prédios é disponibilizado no BUPi.

ARTIGO 8º
Habilitação técnica

1 – As entidades públicas recorrem preferencialmente aos seus recursos próprios para a elaboração da representação gráfica georreferenciada e apresentação no BUPi.

2 – Os interessados e as entidades públicas recorrem a entidades e técnicos:

a) Habilitados nos termos do disposto no Regulamento do Cadastro Predial, aprovado pelo Decreto-Lei nº 172/95, de 18 de julho;

b) Habilitados nos termos da Lei nº 3/2015, de 9 de janeiro, e diplomas complementares;

c) Com cursos tecnológicos de nível secundário de educação, regulados pela Portaria nº 550-A/2004, de 21 de maio, alterada pelas Portarias n.os 260/2006, de 14 de março, e 207/2008, de 25 de fevereiro, ou habilitação superior nas áreas da arquitetura, das ciências geográficas, das ciências jurídicas, da engenharia, do planeamento territorial e da topografia.

3 – As entidades públicas podem ainda recorrer a quaisquer pessoas habilitadas à realização de avaliações prediais no âmbito de procedimentos administrativos e fiscais legalmente previstos.

4 – O técnico é responsável por todos os atos que pratique no exercício das suas funções, incluindo os dos seus colaboradores, estando obrigado à subscrição de termo de responsabilidade pela correta elaboração da representação gráfica georreferenciada, obedecendo às especificações a definir por decreto regulamentar.

5 – A lista de entidades e de técnicos habilitados é objeto de divulgação no BUPi e publicada nos sítios eletrónicos das entidades públicas com atribuições nesta área.

6 – O disposto nos números anteriores não prejudica os casos de dispensa de recurso a entidades e técnicos, nos termos previstos na presente lei.

ARTIGO 9º
Promoção oficiosa

1 – As entidades públicas referidas no nº 2 do artigo 6º, bem como as demais referidas na presente lei, promovem oficiosamente a representação gráfica georreferenciada dos prédios rústicos e mistos sempre que, no âmbito do exercício das suas competências, tramitem um procedimento que implique a delimitação ou alteração da delimitação das parcelas de terreno nos seus sistemas, nomeadamente no âmbito:

a) Das avaliações de prédios realizadas pela AT;

b) Da representação do polígono feita em qualquer sistema da parcela em questão.

2 – O disposto no número anterior não prejudica os demais casos de promoção oficiosa previstos na presente lei, nem a promoção por parte dos próprios particulares.

3 – Os termos da efetivação da promoção prevista nos números anteriores são definidos por decreto regulamentar.

ARTIGO 10º
Dispensa de apresentação por técnico

Nos casos em que os interessados disponham de documento ou registo da delimitação do prédio feito junto de qualquer entidade pública, a representação gráfica georreferenciada do prédio é promovida mediante solicitação do interessado a qualquer das entidades referidas nas alíneas *a*), *b*) e *c*) do nº 2 do artigo 6º, ou à entidade pública em causa, se diferente destas, em termos a definir por decreto regulamentar, sendo neste caso dispensado o recurso a técnico habilitado.

ARTIGO 11º
Cadastro geométrico da propriedade rústica e predial

Nas áreas submetidas a cadastro geométrico da propriedade rústica ou a cadastro predial em vigor compete à DGT proceder à informatização dos elementos cadastrais existentes e assegurar a disponibilização desses dados no BUPi.

ARTIGO 12º
Prazos e notificações

À contagem dos prazos e às notificações no âmbito do procedimento especial de representação gráfica georreferenciada são aplicáveis as regras do Código do Procedimento Administrativo.

SECÇÃO II
Procedimento especial de registo de prédio rústico e misto omisso

ARTIGO 13º
Competência

O procedimento especial de registo de prédio rústico e misto omisso cabe aos serviços com competência para a prática de atos de registo predial que forem designados por deliberação do conselho diretivo do Instituto dos Registos e do Notariado, I. P. (IRN, I. P.).

ARTIGO 14º
Procedimento oficioso

1 – Para efeito de instauração do procedimento especial de registo de prédio rústico e misto omisso, a AT comunica ao serviço de registo competente, por intermédio do BUPi, a identificação dos prédios rústicos na matriz e dos seus titulares, através dos nomes, números de identificação fiscal e respetivos domicílios fiscais, bem como informação sobre a pendência de pedido de retificação da matriz.

2 – Na comunicação referida no número anterior são indicados, sempre que forem conhecidos, os anteriores artigos matriciais, bem como os anteriores titulares.

3 – Com base nos elementos fornecidos pela AT e sempre que os prédios não estiverem descritos ou, estando, não tiverem registo em vigor de aquisição, de reconhecimento de direito de propriedade ou de mera posse, o titular da inscrição matricial é notificado, sendo as subsequentes diligências, tramitação e meios de impugnação estabelecidas por decreto regulamentar.

ARTIGO 15º
Direito subsidiário

Às notificações, contagem dos prazos e qualificação dos atos de registo a praticar no âmbito do procedimento especial de registo previsto na presente lei são aplicáveis, em tudo o que não estiver especialmente regulado, as disposições do Código do Registo Predial.

SECÇÃO III
Disposições comuns

ARTIGO 16º
Conjugação do registo com a representação gráfica georreferenciada

1 – A apresentação pelo interessado, para efeitos de registo, da representação gráfica georreferenciada do prédio equivale à sua declaração de que a área nela mencionada é a área correta.

2 – Tratando-se de prédio não descrito, quando exista divergência entre o título e a representação gráfica georreferenciada quanto à área do prédio dentro das percentagens fixadas no artigo 28º-A do Código do Registo Predial, a descrição pode ser aberta com a área que consta daquela representação gráfica, não se aplicando, nesse caso, o disposto no nº 2 do artigo 28º-B do mesmo diploma.

3 – Tratando-se de prédio descrito a representação gráfica georreferenciada substitui a planta prevista na subalínea *i*) da alínea *b*) do nº 2 do artigo 28º-C do Código do Registo Predial.

ARTIGO 17º
Prédios descritos

1 – No caso de prédios com descrição em vigor compete aos serviços de registo obter a representação gráfica georreferenciada do prédio, utilizando para o efeito a informação pública disponível e partilhada nos termos do artigo 27º

2 – Os serviços de registo tomam as diligências necessárias junto das autarquias e demais entidades públicas na obtenção da informação necessária à representação gráfica georreferenciada.

3 – O titular que consta da descrição predial em vigor tem o dever geral de colaborar com os serviços de registo na obtenção da representação gráfica georreferenciada e na identificação dos proprietários confinantes.

4 – No caso de prédios com descrição de aquisição, de reconhecimento de direito de propriedade ou de mera posse, e em que a informação disponível se revele insuficiente, o titular é convidado a apresentar ou a obter a representação gráfica georreferenciada do prédio, nos termos previstos na presente lei.

5 – Para efeitos do disposto no número anterior, as entidades referidas no nº 2 do artigo 6º e demais entidades públicas têm o dever especial de colaboração com o interessado.

6 – O regime previsto nos n.os 4 e 5 não é aplicável aos prédios rústicos e mistos situados nas áreas submetidas a cadastro geométrico da propriedade rústica ou a cadastro predial, referidas no artigo 11º

ARTIGO 18º
Anotação à descrição

1 – No âmbito de um pedido de registo relativo a prédio rústico e misto compete ao serviço de registo verificar, por consulta ao BUPi, a existência de representação gráfica georreferenciada.

2 – Caso exista representação gráfica georreferenciada a respetiva referência é oficiosamente anotada à descrição predial.

ARTIGO 19º
Dever de apresentação de representação gráfica georreferenciada

1 – Nos registos de aquisição efetuados a partir da data de entrada em vigor do presente regime é obrigatória a indicação do número de representação gráfica

georreferenciada, exceto nos casos em que mediante consulta oficiosa no BUPi se verifique que a mesma já tenha sido entregue.

2 – O disposto no número anterior não se aplica aos prédios inscritos na matriz cadastral nem às aquisições decorrentes de atos praticados no processo executivo ou de insolvência.

ARTIGO 20º
Arbitragem relativa aos litígios de natureza civil

1 – Os eventuais litígios de natureza civil emergentes da representação gráfica georreferenciada relacionados com os limites dos prédios podem ser submetidos pelas partes a resolução por arbitragem, devendo para o efeito ser designados como árbitros os conservadores do registo predial, nos termos definidos pelo conselho diretivo do IRN, I. P.

2 – Da decisão arbitral cabe recurso para o Tribunal da Relação competente, com efeito meramente devolutivo.

3 – O não exercício da faculdade prevista no nº 1 não preclude a possibilidade de invocação dos direitos de natureza civil sobre prédios objeto de procedimento especial de representação gráfica georreferenciada, mediante recurso aos tribunais judiciais, nos termos gerais de direito.

SECÇÃO IV
Procedimento de identificação, inscrição e registo de prédio sem dono conhecido

ARTIGO 21º
Definição do procedimento de identificação, inscrição e registo de prédio sem dono conhecido

O procedimento de identificação, inscrição e registo de prédio sem dono conhecido é definido por decreto-lei, após a avaliação da presente lei a realizar nos termos previstos no artigo 32º

CAPÍTULO III
Balcão Único do Prédio

ARTIGO 22º
Âmbito

1 – O BUPi é um balcão físico e virtual, da responsabilidade do IRN, I. P., que agrega a informação registral, matricial e georreferenciada relacionada com os prédios.

2 – O BUPi opera através de uma plataforma integrada que comunica com todas as bases de dados e aplicações que contêm informações prediais, utilizando

para o efeito, no que se aplicar, a Plataforma de Interoperabilidade da Administração Pública (iAP).

3 – O BUPi constitui-se como a plataforma de articulação do cidadão com a Administração Pública no âmbito do cadastro predial.

ARTIGO 23º
Cooperação administrativa no domínio da informação

1 – O IRN, I. P., é a entidade detentora dos conjuntos de dados geográficos adquiridos no âmbito do BUPi.

2 – As entidades públicas referidas no artigo 27º têm o dever de colaborar com o IRN, I. P., na partilha da informação relevante sobre os elementos caracterizadores e de identificação dos prédios rústicos e mistos, designadamente para cumprimento das obrigações previstas no artigo anterior, nos termos e prazos a estabelecer por decreto regulamentar.

CAPÍTULO IV
Disposições finais e transitórias

ARTIGO 24º
Regime emolumentar e tributário

1 – Até 31 de dezembro de 2019, são gratuitos:

a) Os atos praticados no âmbito do procedimento especial de registo previsto na presente lei;

b) Os documentos emitidos pelas entidades ou serviços da Administração Pública destinados a suprir as deficiências do procedimento especial de registo previsto na presente lei;

c) A representação gráfica georreferenciada de prédios efetuada pelas entidades públicas, ou a pedido dos interessados junto daquelas, destinada a instruir o procedimento especial de registo previsto na presente lei ou qualquer outro ato de registo efetuado nos termos gerais do Código do Registo Predial;

d) Os atos de registo relativos a prédios rústicos ou mistos não descritos, ou descritos sem inscrição de aquisição ou reconhecimento de direito de propriedade ou de mera posse em vigor, e ainda os atos de atualização da descrição predial em conformidade com a representação gráfica georreferenciada, desencadeados pelos interessados junto de qualquer serviço de registo nos termos previstos no Código do Registo Predial, desde que instruídos com a representação gráfica georreferenciada do prédio de acordo com a presente lei;

e) Os processos de justificação para primeira inscrição, nos termos dos artigos 116º e seguintes do Código do Registo Predial, quando instruídos com a representação gráfica georreferenciada do prédio validada ao abrigo da presente lei.

2 – A inscrição dos prédios rústicos omissos na matriz não dá lugar à aplicação de coimas, à instauração de processo de infração tributária ou à liquidação de impostos e juros devidos à data da regularização.

ARTIGO 25º
Regulamentação

1 – São definidos por decreto regulamentar:

a) O procedimento administrativo da representação gráfica georreferenciada e o mecanismo de composição administrativa de interesses;

b) As especificações técnicas a observar na elaboração da representação gráfica georreferenciada e a respetiva estrutura de atributos;

c) As diligências, tramitação e meios de impugnação do procedimento especial de registo de prédio rústico e misto omisso;

d) A instalação, condições de funcionamento, interoperabilidade e funcionalidades do BUPi;

e) As demais matérias cuja regulamentação deva revestir essa forma, nos termos da presente lei.

2 – É concretizada por portaria dos membros do Governo responsáveis pelas áreas das finanças, da modernização administrativa, da justiça, das autarquias locais e do ordenamento do território a instalação de um projeto-piloto.

ARTIGO 26º
Informação cadastral simplificada e sistema nacional de informação geográfica

Aos conjuntos e serviços de dados geográficos adquiridos, produzidos e disponibilizados no âmbito da presente lei não se aplica o disposto no artigo 8º-A do Decreto-Lei nº 180/2009, de 7 de agosto, alterado e republicado pelo Decreto-Lei nº 29/2017, de 16 de março.

ARTIGO 27º
Interconexão e tratamento de dados pessoais

1 – Com vista a dar cumprimento ao disposto na presente lei, a AT, o IRN, I. P., a DGT, o Instituto de Financiamento da Agricultura e Pescas, I. P., e o Instituto da Conservação da Natureza e das Florestas, I. P., podem proceder à partilha entre si, e com os municípios, de forma eletrónica, da informação relevante sobre os elementos caracterizadores e de identificação dos prédios rústicos e mistos e dos seus titulares, para efeitos de localização geográfica e de supressão da omissão no registo predial e demais efeitos de identificação do prédio.

2 – O processo de interconexão de dados previsto no número anterior, subjacente ao procedimento especial de representação gráfica georreferenciada, ao procedimento especial de registo de prédio rústico e misto omisso e ao procedimento de identificação, inscrição e registo de prédio sem dono conhecido, a operar atra-

vés do BUPi, é concretizado através de protocolo estabelecido entre as entidades envolvidas, homologado pelos membros do Governo responsáveis pelas áreas dos assuntos fiscais, da justiça, autarquias locais, do ordenamento do território e do desenvolvimento rural.

3 – As categorias dos titulares e dos dados a analisar, bem como o acesso, a comunicação e o tratamento de dados entre as entidades referidas no nº 1, realiza-se nos termos do protocolo mencionado no número anterior, que está sujeito a autorização da Comissão Nacional de Proteção de Dados e ao cumprimento da Lei da Proteção de Dados Pessoais, aprovada pela Lei nº 67/98, de 26 de outubro, alterada pela Lei nº 103/2015, de 24 de agosto.

ARTIGO 28º
Disposição transitória

Aos processos de reconhecimento como prédio sem dono conhecido apresentados ao abrigo da Lei nº 152/2015, de 14 de setembro, que se encontrem pendentes mantém-se aplicável essa lei até à definição do procedimento de identificação, inscrição e registo de prédio sem dono conhecido, nos termos previstos na presente lei.

ARTIGO 29º
Efeitos tributários

A informação da representação gráfica georreferenciada resultante do procedimento previsto no artigo 5º sobre prédios previamente inscritos na matriz não releva para efeitos de liquidação de impostos sobre o respetivo prédio, mantendo-se, para esse efeito, o recurso à informação previamente existente na matriz.

ARTIGO 30º
Norma revogatória

É revogada a Lei nº 152/2015, de 14 de setembro.

ARTIGO 31º
Aplicabilidade territorial

O regime da presente lei é aplicável, como projeto-piloto, à área dos municípios de Pedrógão Grande, Castanheira de Pêra, Figueiró dos Vinhos, Góis, Pampilhosa da Serra, Penela, Sertã, Caminha, Alfândega da Fé e Proença-a-Nova.

ARTIGO 32º
Avaliação

No prazo da vigência da presente lei o Governo apresenta à Assembleia da República um relatório de avaliação do presente regime, com vista à sua eventual extensão a todo o território nacional.

ARTIGO 33º
Produção de efeitos e vigência

A presente lei produz efeitos a partir do primeiro dia do terceiro mês seguinte ao da sua publicação e vigora durante um ano contado a partir da data da respetiva produção de efeitos.

ARTIGO 34º
Entrada em vigor

A presente lei entra em vigor no primeiro dia do mês seguinte ao da sua publicação.

Aprovada em 19 de julho de 2017.

O Presidente da Assembleia da República, *Eduardo Ferro Rodrigues.*

Promulgada em 8 de agosto de 2017.

Publique-se.

O Presidente da República, MARCELO REBELO DE SOUSA.

Referendada em 9 de agosto de 2017.

O Primeiro-Ministro, *António Luís Santos da Costa.*

Procedimentos Especiais de Aquisição, Oneração e Registo de Imóveis – Regulamentação

Portaria nº 794-B/2007, de 23 de Julho

O Decreto-Lei nº 263-A/2007, de 23 de Julho, veio criar um procedimento especial de transmissão, oneração e registo de imóveis, que tem dois objectivos principais: a eliminação de formalidades dispensáveis nos processos de transmissão e oneração de imóveis e a possibilidade de realizar todas as operações e actos necessários num único balcão, perante um único atendimento.

No procedimento especial de transmissão, oneração e registo de imóveis os cidadãos ou as empresas interessados passam a poder realizar um vasto conjunto de actos em atendimento presencial único, os quais implicavam várias deslocações a diferentes entidades. Passou a ser possível, designadamente, celebrar o contrato de alienação ou oneração do imóvel perante um oficial público, proceder ao pagamento dos impostos devidos, como o imposto municipal sobre as transmissões onerosas de imóveis (IMT), obter a realização imediata de todos os registos, solicitar a alteração da morada fiscal e a isenção do imposto municipal sobre imóveis (IMI) num único posto de atendimento.

Importa agora regulamentar várias disposições do mencionado decreto-lei, nomeadamente quanto aos regimes da marcação prévia do procedimento especial de aquisição, oneração e registo de imóveis, da emissão e consulta da certidão *online* do registo predial, da manifestação da intenção de exercer o direito legal de preferência e do período experimental.

Assim:

Manda o Governo, pelo Ministro da Justiça, ao abrigo do nº 4 do artigo 13º, do artigo 17º e dos nºs 1 do artigo 18º e 1 do artigo 26º do Decreto-Lei nº 263-A/2007, de 23 de Julho, o seguinte:

CAPÍTULO I
Regulamentação dos procedimentos especiais de aquisição, oneração e registo de imóveis

SECÇÃO I
Disposição geral

ARTIGO 1º
Objecto

A presente portaria regula:

a) A marcação prévia do procedimento especial de aquisição, oneração e registo de imóveis;

b) A certidão *online* do registo predial;

c) A manifestação da intenção de exercer o direito legal de preferência;

d) O período experimental dos procedimentos especiais de aquisição, oneração e registo de imóveis.

SECÇÃO II
Marcação prévia do procedimento especial de aquisição, oneração e registo de imóveis

ARTIGO 2º
Marcação prévia

1 – O procedimento especial de transmissão, oneração e registo de imóveis pode ser sujeito a agendamento da data de realização do negócio jurídico, nos termos do artigo 13º do Decreto-Lei nº 263-A/2007, de 23 de Julho.

2 – A marcação prévia pode ser promovida por via electrónica ou por telefone, bem como solicitada ao balcão dos serviços competentes para a realização do procedimento referido no número anterior.

ARTIGO 3º
Prazo da marcação prévia

1 – A data de realização do negócio jurídico apenas pode ser marcada para data posterior a cinco dias úteis relativamente à data do pedido se esta for a vontade do interessado.

2 – Sem prejuízo do disposto no número anterior, os documentos necessários à apreciação da validade dos negócios jurídicos e à realização dos registos que tenham de ser apresentados pelos interessados devem ser disponibilizados aos serviços competentes pelo menos três dias úteis antes da data marcada para a celebração dos actos.

3 – O envio em suporte electrónico dos documentos referidos no número anterior equivale à sua disponibilização ao serviço de registo, mas não dispensa a apresentação dos documentos originais na data de celebração do negócio jurídico.

4 – Se os documentos referidos no número anterior forem enviados por correio, a data da expedição deve anteceder pelo menos seis dias úteis a data da celebração do negócio jurídico.

5 – Se o disposto nos números anteriores não for respeitado, o procedimento deve ser remarcado, salvo se a sua realização não prejudicar o regular funcionamento do serviço competente.

6 – A desmarcação da celebração de um negócio jurídico por motivos imputáveis aos interessados equivale, para efeitos emolumentares, à desistência do procedimento.

SECÇÃO III
Certidão *online* do registo predial

(Revogada pela Portaria nº 1535/2008, de 30-12)

SECÇÃO IV
Manifestação da intenção de exercer o direito legal de preferência

ARTIGO 10º
Envio da informação para exercício do direito legal de preferência

1 – O alienante pode remeter os elementos essenciais para o exercício do direito legal de preferência pelo Estado, Regiões Autónomas, municípios, outras pessoas colectivas públicas ou empresas públicas por via electrónica, mediante a inserção dos elementos essenciais da alienação no sítio da Internet www.casapronta.mj.pt.

2 – Para os feitos referidos no número anterior, o alienante deve inserir os dados respeitantes à sua identificação, à identificação do comprador e à identificação do prédio, bem como os elementos respeitantes ao futuro negócio, designadamente o preço.

ARTIGO 11º
Antecipação de pagamento

1 – Pela utilização do serviço previsto no artigo anterior é devida a quantia de € 15.

2 – *[Revogado pela Portaria nº 286/2012, de 20 de setembro.]*
(Redacção dada pela Portaria nº 358/2015, de 14-10)

ARTIGO 12º
Prazo de validade

A informação relativa à manifestação da intenção de exercer o direito legal de preferência fica disponível durante o período de um ano a contar da data em que foi confirmado o pagamento do serviço.

ARTIGO 13º
Acesso e consulta da informação

1 – O acesso ao sítio da Internet onde são inseridos os elementos essenciais da alienação pelo obrigado à preferência pode ser efectuado por este e pelas seguintes entidades:

a) Estado, Regiões Autónomas, municípios e outras pessoas colectivas públicas ou empresas públicas;

b) Serviços com competência para a realização dos procedimentos especiais de aquisição, oneração e registo de imóveis.

2 – O acesso ao sítio da Internet referido no número anterior por parte do Estado, Regiões Autónomas, municípios e outras pessoas colectivas públicas ou empresas públicas deve ser solicitado ao presidente do IRN, I. P.

ARTIGO 14º
Manifestação da intenção de exercício do direito legal de preferência

1 – A manifestação prévia da intenção de exercício do direito legal de preferência pelo Estado, Regiões Autónomas, municípios, outras pessoas colectivas públicas ou empresas públicas é efectuada no sítio da Internet referido no artigo 10º

2 – A ausência de manifestação expressa da intenção de exercer o direito legal de preferência no prazo previsto na lei determina a caducidade deste direito, nos termos do Decreto-Lei nº 263-A/2007, de 23 de Julho.

3 – Caso seja manifestada, de forma expressa, a intenção de não exercer o direito legal de preferência pelas entidades referidas no nº 1, essa decisão não pode ser posteriormente alterada.

SECÇÃO V
Período experimental dos procedimentos especiais de aquisição, oneração e registo de imóveis

ARTIGO 15º
Locais e duração

1 – Os procedimentos previstos no Decreto-Lei nº 263-A/2007, de 23 de Julho, estão disponíveis, a título experimental, nos seguintes serviços:

a) Conservatória do Registo Predial de Águeda;

b) Conservatória do Registo Predial de Almeirim;
c) 1ª Conservatória do Registo Predial de Braga;
d) 2ª Conservatória do Registo Predial de Braga;
e) 1ª Conservatória do Registo Predial de Leiria;
f) 2ª Conservatória do Registo Predial de Leiria;
g) Conservatória do Registo Predial de Mirandela.

2 – O período experimental termina no dia 31 de Dezembro de 2007.

3 – Por despacho do presidente do IRN, I. P., os procedimentos previstos no Decreto-Lei nº 263-A/2007, de 23 de Julho, podem ser disponibilizados noutras conservatórias ou postos de atendimento de conservatórias durante o período experimental.

CAPÍTULO II
Disposições finais e transitórias

ARTIGO 16º
Disponibilização de documentos por via electrónica

Qualquer documento disponibilizado por via electrónica aos serviços de registo pelos municípios dispensa a entrega do respectivo original desde que sejam enviados pela Internet através do sítio www.casapronta.mj.pt.

ARTIGO 17º
Extractação

Por despacho do presidente do IRN, I. P., são definidos os procedimentos a adoptar no caso de o pedido de certidão *online* respeitar a prédio que ainda não se encontre extractado para o Sistema Integrado do Registo Predial (SIRP).

ARTIGO 18º
Produção de efeitos

A presente portaria produz efeitos desde o dia 24 de Julho de 2007.

ARTIGO 19º
Entrada em vigor

A presente portaria entra em vigor no dia seguinte ao da sua publicação.

Pelo Ministro da Justiça, *João Tiago Valente Almeida da Silveira*, Secretário de Estado da Justiça, em 18 de Julho de 2007.

Regulamentação dos Pedidos de Registo Predial

Portaria nº 621/2008, de 18 de Julho

O Decreto-Lei nº 116/2008, de 4 de Julho, aprovou diversas medidas de simplificação, desmaterialização e desformalização de actos e processos na área do registo predial. Estão em causa actos muito frequentes na vida das pessoas e das empresas como, por exemplo, a compra e venda de imóveis, com ou sem financiamento bancário, hipotecas sobre imóveis ou doações de imóveis.

As medidas aprovadas, integradas no âmbito do programa SIMPLEX, visam reduzir obstáculos burocráticos e formalidades dispensáveis nas áreas do registo predial e dos actos notariais conexos, tendo em vista promover a melhoria da qualidade de vida dos cidadãos e o aumento da competitividade das empresas, através da redução dos custos de contexto.

As medidas aprovadas não constituem um exercício isolado de simplificação no sector da justiça. Fazem antes parte de um vasto conjunto de medidas já em vigor, que incluem a criação de serviços de «balcão único», a eliminação de formalidades e simplificação de procedimentos e a disponibilização de novos serviços através da Internet.

De entre as medidas ora aprovadas destaca-se a prestação de serviços em regime de «balcão único» relativamente a actos sobre imóveis, por advogados, câmaras de comércio e indústria, notários e solicitadores, a simplificação de actos e processos e eliminação de formalidades desnecessárias, a criação de novos serviços *online* e a fixação de preços mais claros e transparentes.

Uma das alterações significativas que viabiliza a realização destes serviços em regime de «balcão único» refere-se às normas que regulam o pedido de registo predial. Com efeito, estabelece-se que as entidades habilitadas a praticar actos relativos a imóveis por escritura pública ou documento particular autenticado passam a ter de promover o registo predial, no prazo legalmente fixado. Deste modo, visa-se simplificar actos e processos e eliminar formalidades desnecessárias, e evitar que cidadãos e empresas sejam onerados com deslocações a diversos serviços públicos e privados, com aumento da segurança jurídica.

O Decreto-Lei nº 116/2008, de 4 de Julho, alterou ainda o regime de suprimento, rectificação e de reconstituição do registo. Prevê-se, neste âmbito, que a publicação de notificações editais no âmbito dos processos de justificação e de rectificação e as publicações das decisões do processo de justificação sejam efectuadas em sítio da Internet de acesso público.

A presente portaria destina-se, assim, a regulamentar os elementos que devem constar do pedido de registo predial, os termos da realização do pedido de registo predial por telecópia por advogados, câmaras de comércio e indústria, notários e solicitadores, a forma de realização das notificações editais em sítio da Internet no âmbito dos processos de justificação e de rectificação e a publicação da decisão do processo de justificação em sítio da Internet.

Assim:

Manda o Governo, pelo Ministro da Justiça, ao abrigo do nº 2 do artigo 41º-C, do nº 1 do artigo 42º, do nº 7 do artigo 117º-G, do nº 7 do artigo 117º-H e do nº 7 do artigo 129º do Código do Registo Predial, do nº 3 do artigo 90º do Código do Registo Comercial e do nº 2 do artigo 1º do Decreto-Lei nº 363/97, de 20 de Dezembro, o seguinte:

CAPÍTULO I
Disposição geral

ARTIGO 1º
Objecto

A presente portaria regulamenta:

a) Os elementos que devem constar do pedido de registo predial;

b) *(Revogada.)*

c) A publicação de notificações editais e decisões em sítio da Internet, no âmbito dos processos de justificação e de rectificação.

(Redacção dada pela Portaria nº 283/2013, de 30-08)

CAPÍTULO II
Pedido de registo predial

ARTIGO 2º
Pedido presencial e por via postal

1 – O pedido de registo efectuado presencialmente em serviço de registo por pessoa com legitimidade para o efeito pode revestir a forma verbal.

2 – O pedido de registo por via postal é efetuado pela forma escrita, de acordo com modelos aprovados por deliberação do conselho diretivo do Instituto dos Registos e do Notariado, I.P.

3 – Os pedidos de registo efetuados por escrito por entidades públicas que intervenham como sujeitos ativos ou passivos nos atos, pelos tribunais, pelo Minis-

tério Público, pelos administradores judiciais, pelos agentes de execução ou pelos oficiais de justiça a realizar diligências próprias do agente de execução, quer sejam apresentados presencialmente ou por correio, não carecem de utilizar o modelo referido no número anterior.

4 – O disposto no número anterior não dispensa a indicação dos elementos referidos no artigo 3º

5 – *[Revogado.]*

6 – Por cada pedido de registo é sempre emitido, nos termos do artigo 64º do Código do Registo Predial, um comprovativo do qual consta:

a) A identificação do apresentante;
b) O número de ordem;
c) A data e a hora das respectivas apresentações;
d) Os factos pedidos; e
e) Os documentos e as quantias entregues.

7 – O comprovativo referido no número anterior deve ser assinado pelo funcionário e pelo apresentante sempre que o pedido não revista a forma escrita.

8 – O comprovativo referido nos nºs 6 e 7 é arquivado de forma electrónica e devolvido ao interessado, nos termos do artigo 26º do Código do Registo Predial.

9 – O pedido de registo efectuado verbalmente não dispensa a apresentação das declarações para registo, nos termos do artigo 45º do Código do Registo Predial, sempre que estas se revelem necessárias para a feitura do mesmo.

(Redacção dada pela Portaria nº 283/2013, de 30-08)

ARTIGO 3º
Elementos do pedido de registo

1 – O pedido de registo deve conter a indicação do apresentante, dos factos e prédios a que respeita, o pedido e a indicação dos documentos entregues, devendo ser assinado quando revista a forma escrita.

2 – Quando o pedido de registo seja efetuado por advogado, notário ou solicitador nos termos da alínea *b*) do nº 2 do artigo 39º do Código do Registo Predial, deve ser indicado o nome da pessoa representada.

(Redacção dada pela Portaria nº 283/2013, de 30-08)

ARTIGO 4º
Identificação do apresentante

1 – A identificação do apresentante é feita pelo nome, número de identificação fiscal, residência habitual ou domicílio profissional e do cargo, quando o pedido seja efetuado por entidades públicas.

2 – A identificação do apresentante é confirmada através:

a) Do número de identificação civil ou carta de condução nacional;
b) Do número e da entidade emitente de passaporte nacional;

c) Do número e da entidade emitente de documentos de identificação civil, de passaporte ou de carta de condução emitidos por autoridade estrangeira competente; ou

d) Por comparação com a assinatura que conste de documento autêntico ou autenticado que instrua o pedido.

3 – Quando o apresentante for advogado ou solicitador, a identificação é confirmada pela indicação do número da respectiva cédula profissional.

4 – Quando o registo for apresentado por câmara de comércio e indústria, é suficiente a indicação da qualidade dessa entidade, cabendo aos serviços de registo verificar o reconhecimento legal dessa qualidade.

5 – Quando o pedido de registo for apresentado por escrito, a assinatura das entidades oficiais e dos notários deve ser autenticada com selo branco.

(Redacção dada pela Portaria nº 283/2013, de 30-08)

ARTIGO 5º
Indicação dos factos, prédios e documentos entregues

1 – Os factos de registo não oficioso são indicados, com referência aos respectivos prédios, pela ordem resultante da sua dependência ou, sendo independentes, segundo a sua antiguidade.

2 – A indicação dos prédios faz-se pelo número da descrição, freguesia e concelho ou, quando não descritos, pelo número da inscrição matricial, natureza, freguesia e concelho a que pertence.

3 – A indicação das parcelas a desanexar faz-se pelo número da descrição predial e da freguesia e concelho a que pertence o prédio do qual se pretende desanexar uma ou várias parcelas.

4 – A identificação pelo interessado dos documentos entregues no pedido de registo só é exigível nos casos em que o pedido se efetue por via postal, salvo quando se trate de documento arquivado eletronicamente.

5 – Os documentos entregues nos termos do número anterior são identificados por referência à sua natureza e data ou ao respetivo código de identificação, se arquivados eletronicamente.

(Redacção dada pela Portaria nº 283/2013, de 30-08)

ARTIGO 6º
Pedido de registo por telecópia

(Revogado pela Portaria nº 283/2013, de 30-08)

CAPÍTULO III
Publicações electrónicas em processos de justificação e rectificação

ARTIGO 7º
Publicações electrónicas

São publicadas electronicamente, em sítio da Internet de acesso público com o endereço electrónico *www.predialonline.mj.pt*, mantido pelo Instituto dos Registos e do Notariado, I. P:

a) As notificações editais nos processos de justificação e rectificação;
b) A decisão do processo de justificação.

ARTIGO 8º
Publicação de notificações editais

1 – As notificações editais referidas no nº 6 do artigo 117º-G e no nº 6 do artigo 129º do Código do Registo Predial são igualmente publicadas, na data da sua afixação no serviço de registo, no sítio da Internet referido no artigo 7º

2 – Da publicação a que se refere o nº 7 do artigo 117º-G devem constar, nomeadamente, os seguintes elementos:

a) A identificação do justificante, nos termos da alínea *e*) do nº 1 do artigo 93º do Código do Registo Predial;
b) A identificação dos notificandos, com os elementos disponíveis;
c) A indicação do serviço de registo onde corre o processo;
d) A identificação do processo;
e) A identificação do prédio, por referência ao número da descrição, caso o prédio se encontre descrito;
f) A indicação da freguesia e concelho, natureza, área e composição do prédio, bem como artigo matricial, incluindo natureza e freguesia constantes da matriz, se o prédio se encontrar omisso;
g) A pretensão do justificante;
h) A data da publicação;
i) O prazo para a dedução de oposição, indicando-se a partir de que momento este prazo começa a contar;
j) A referência à impugnação que venha eventualmente a ser deduzida no caso previsto no nº 6 do artigo 117º-F do Código do Registo Predial.

3 – Da publicação a que se refere o nº 7 do artigo 129º do Código do Registo Predial devem constar, nomeadamente, os seguintes elementos:

a) A identificação dos requerentes ou a menção da circunstância de o processo ter sido oficiosamente instaurado;
b) A identificação dos notificandos, com os elementos disponíveis;
c) A indicação do serviço de registo onde corre o processo;
d) A identificação do processo;

e) A identificação do prédio, por referência ao número da descrição, caso o prédio se encontre descrito;

f) A indicação da freguesia e concelho, natureza, área e composição do prédio, bem como artigo matricial, incluindo natureza e freguesia constantes da matriz, se o prédio se encontrar omisso;

g) O fundamento da rectificação, com referência à inexactidão verificada ou cometida e indicação da forma como a mesma vai ser rectificada;

h) A data da publicação;

i) O prazo para a dedução de oposição, indicando-se a partir de que momento este prazo começa a contar.

4 – A informação objecto de publicidade no sítio da Internet referido no artigo 7º deve poder ser acedida, designadamente por ordem cronológica e por outros elementos identificativos, como o número da descrição predial, respectiva freguesia e concelho, o número da inscrição matricial, natureza, freguesia e concelho do prédio.

5 – A publicação dos editais e o acesso à informação no sítio da Internet referido no artigo 7º são gratuitos.

ARTIGO 9º
Publicação das decisões

1 – A decisão do processo de justificação é publicada, oficiosa e imediatamente, no sítio da Internet referido no artigo 7º

2 – À publicação prevista no presente artigo aplica-se o disposto nos nºs 4 e 5 do artigo 8º

CAPÍTULO IV
Publicações electrónicas obrigatórias de registo comercial

ARTIGO 10º
Aditamento à portaria nº 590-A/2005

É aditado à portaria nº 590-A/2005, de 14 de Julho, o seguinte artigo:
(Alterações inseridas no local próprio)

CAPÍTULO V
Disposição final

ARTIGO 11º
Entrada em vigor

A presente portaria entra em vigor no dia 21 de Julho de 2008.

Pelo Ministro da Justiça, *João Tiago Valente Almeida da Silveira,* Secretário de Estado da Justiça, em 14 de Julho de 2008.

Regime Extraordinário de Regularização Matricial e Registral dos Bens Imóveis pertencentes ao Domínio Privado do Estado e de Outras Entidades Públicas

Decreto-Lei nº 51/2017, de 25 de maio

O conhecimento pelo Estado e outras entidades públicas do seu património imobiliário é uma necessidade há muito sentida, cuja satisfação se revela de extrema importância, porquanto é essencial para a execução das políticas e cumprimento dos objetivos de eficiência, eficácia, racionalidade e responsabilidade na administração, gestão, preservação, e rentabilização dos respetivos bens imóveis do domínio privado.

Nesse âmbito o projeto denominado «Portal do Imobiliário Público», medida inscrita no Programa do XXI Governo Constitucional e inserida no Programa Simplex 2016, visa a criação de um portal especializado em imobiliário público que centralize e apresente informação sobre os imóveis do Estado disponíveis para a instalação de serviços públicos e para rentabilização, como resposta à melhoria do relacionamento com as restantes entidades públicas na busca de instalações adequadas aos fins que prosseguem e também com os cidadãos que procuram oportunidades de investimento no património público.

Garantir a segurança jurídica do negócio imobiliário subjacente à atividade do Portal referido reveste-se de fundamental importância, assumindo a regularização jurídico-registral dos imóveis a disponibilizar um papel decisivo para a concretização deste objetivo.

A esta importância e à necessidade da regularização jurídico-registral dos imóveis que integram o património do Estado se refere o Decreto-Lei nº 280/2007, de 7 de agosto.

Aquele decreto-lei previu a criação de programas de gestão e inventariação do património imobiliário público, com o objetivo de inventariação, gestão globalmente coordenada e regularização jurídica do património imobiliário privado do Estado e dos institutos públicos, independentemente do seu regime de administração ou da natureza da entidade por ele responsável.

Não obstante, a prática tem demonstrado que tais medidas tendencialmente de regularização massificada desse património são insuficientes e de difícil ajustamento à realidade do património público.

Acresce que na maior parte das situações inexistem títulos válidos para o registo predial das operações incidentes sobre este património, ou desconhecimento dos títulos existentes, ou ainda desconformidade da informação relativa ao prédio entre a constante do título e a constante do registo ou da respetiva inscrição matricial.

Torna-se pois essencial criar procedimentos especiais de regularização extraordinária da situação jurídica dos bens imóveis do domínio privado do Estado, dos institutos públicos, regiões autónomas e autarquias locais, processos estes comunicantes, mais ágeis, mais céleres, mas sempre com a garantia da segurança do comércio jurídico imobiliário e da boa gestão patrimonial.

Estes procedimentos pretendem abranger os atos e procedimentos necessários à regularização matricial e registral dos referidos bens imóveis, em situação de omissão ou de incorreta inscrição ou descrição nas matrizes e no registo predial sempre que a entidade pública atue como sujeito ativo do ato ou do negócio jurídico.

Com esse objetivo, implementa-se a criação de procedimentos especiais de registo e de regularização da situação jurídico-registral dos bens imóveis do domínio privado do Estado, institutos públicos, regiões autónomas e autarquias locais, alternativos aos já existentes, mormente ao previsto no Decreto-Lei nº 280/2007, de 7 de agosto.

Estes procedimentos são tramitados preferencialmente em plataforma eletrónica especialmente criada ou adaptada para o efeito, sem prejuízo do recurso aos meios tradicionais de comunicação e do uso para tal de canal privilegiado, com vista, designadamente, à troca de informação necessária à fixação da situação jurídico registral dos imóveis entre os serviços de registo e a Direção-Geral do Tesouro e Finanças e os institutos públicos, bem como à comunicação dos atos de registo necessários à regularização dessa situação, à comunicação da respetiva execução acompanhada do envio do código de acesso à certidão predial *online* comprovativa dos atos executados.

E, por estar em causa um regime extraordinário tendente à satisfação de necessidades urgentes, limita-se a sua aplicação no tempo.

Finalmente, tendo ainda em conta que uma adequada gestão de ativos depende da sua inscrição contabilística, a qual permite adequados reconhecimento, mensuração, apresentação e divulgações de acordo com os princípios contabilísticos geralmente aceites para o sector público, que no caso português se reconduzem ao Sistema de Normalização Contabilística para as Administrações Públicas, aproveita-se a oportunidade para estabelecer a obrigação tratamento contabilístico dos imóveis objeto dos procedimentos estabelecidos no presente decreto-lei.

Foram ouvidos os órgãos de governo próprio da Região Autónoma da Madeira, a Associação Nacional de Municípios Portugueses e a Associação Nacional de Freguesias.

Foi promovida a audição dos órgãos de governo próprio da Região Autónoma dos Açores.

Assim:

Nos termos da alínea *a*) do nº 1 do artigo 198º da Constituição, o Governo decreta o seguinte:

CAPÍTULO I
Disposições gerais

ARTIGO 1º
Objeto

Sem prejuízo do disposto no regime jurídico do património imobiliário público, aprovado pelo Decreto-Lei nº 280/2007, de 7 de agosto, são criados pelo presente decreto-lei os seguintes procedimentos:

a) Procedimento extraordinário de registo de bens imóveis do domínio privado do Estado, dos institutos públicos, das regiões autónomas e das autarquias locais;

b) Procedimento extraordinário de regularização da situação jurídico-registral dos bens imóveis do domínio privado do Estado, dos institutos públicos, das regiões autónomas e das autarquias locais.

ARTIGO 2º
Âmbito

O regime previsto no presente decreto-lei aplica-se aos atos e procedimentos necessários à regularização matricial e registral dos bens imóveis pertencentes ao domínio privado do Estado, institutos públicos, regiões autónomas e autarquias locais, em situação de omissão ou de incorreta ou desatualizada descrição ou inscrição nas matrizes e no registo predial.

ARTIGO 3º
Competência

Os procedimentos previstos no presente decreto-lei cabem aos serviços com competência para a prática de atos de registo predial que forem designados por deliberação do conselho diretivo do Instituto dos Registos e do Notariado, I. P. (IRN, I. P.).

ARTIGO 4º
Regularidade fiscal

Para o registo de atos efetuados no âmbito do presente decreto-lei fica dispensada a prova do cumprimento das obrigações fiscais.

ARTIGO 5º
Representação gráfica georreferenciada

1 – Sempre que para o prédio objeto dos procedimentos previstos no presente diploma exista representação gráfica georreferenciada, elaborada e validada nos

termos de diploma que cria o sistema de informação cadastral simplificada, a mesma deve ser mencionada pela entidade pública que promove o procedimento.

2 – A indicação da existência de representação gráfica georreferenciada, confirmada pelo serviço de registo, equivale à declaração da entidade pública interessada de que a área nela mencionada é a área correta.

3 – Tratando-se de prédio não descrito, quando exista divergência entre o título e a representação gráfica georreferenciada quanto à área do prédio dentro das percentagens fixadas no artigo 28º-A do Código do Registo Predial, a descrição pode ser aberta com a área que consta daquela representação gráfica, não se aplicando nesse caso o disposto no nº 2 do artigo 28º-B do mesmo diploma.

4 – A existência de representação gráfica georreferenciada é anotada oficiosamente à descrição.

CAPÍTULO II
Procedimento extraordinário de registo de bens imóveis

ARTIGO 6º
Âmbito

O procedimento previsto no presente capítulo destina-se ao registo definitivo de aquisição de direitos a favor do Estado, dos institutos públicos, regiões autónomas e autarquias locais sobre imóveis omissos no registo predial ou descritos mas sem inscrição em vigor a favor dessas entidades.

ARTIGO 7º
Dispensa de inscrição prévia ou de apresentação do documento comprovativo do direito do transmitente

O registo definitivo de aquisição de direitos a favor do Estado, dos institutos públicos, regiões autónomas e autarquias locais sobre prédio não descrito no registo ou descrito mas sem inscrição em vigor, dispensa a prévia inscrição do prédio em nome de quem o transmite bem como a apresentação, perante o serviço de registo, do documento comprovativo do direito do transmitente.

ARTIGO 8º
Erro de medição

Quando exista divergência de área, entre a descrição e o título, em percentagens superiores às previstas no artigo 28º-A do Código do Registo Predial, a atualização da descrição é feita nos seguintes termos:

a) Na matriz cadastral, o erro de medição é comprovado com base na informação da inscrição matricial donde conste a retificação da área e em declaração que confirme que a configuração geométrica do prédio não sofreu alteração;

b) Na matriz não cadastral, o erro a que se refere a alínea anterior é comprovado pela apresentação dos seguintes documentos:

i) Planta do prédio elaborada por técnico habilitado e declaração do titular de que não ocorreu alteração na configuração do prédio; ou

ii) Planta do prédio e declaração dos confinantes de que não ocorreu alteração na configuração do prédio; ou

iii) Representação gráfica georreferenciada do prédio, caso este tenha natureza rústica ou mista e declaração do titular de que não ocorreu alteração na configuração do prédio; ou

iv) Cartografia produzida pela câmara municipal assinada pelo respetivo presidente e declaração do titular de que não ocorreu alteração na configuração do prédio.

ARTIGO 9º
Habilitação técnica

1 – As entidades públicas recorrem preferencialmente aos seus recursos próprios para a elaboração da representação gráfica georreferenciada referida no artigo anterior.

2 – São técnicos habilitados para efeitos do disposto no artigo anterior aqueles que, alternativamente:

a) Sejam habilitados nos termos do disposto no Regulamento do Cadastro Predial, aprovado pelo Decreto-Lei nº 172/95, de 18 de julho;

b) Sejam habilitados nos termos da Lei nº 3/2015, de 9 de janeiro, e diplomas complementares;

c) Sejam habilitados com cursos tecnológicos de nível secundário de educação, regulados pela Portaria nº 550-A/2004, de 21 de maio, alterada pelas Portarias nºs 260/2006, de 14 de março, e 207/2008, de 25 de fevereiro, ou habilitação superior nas áreas da arquitetura, das ciências geográficas, das ciências jurídicas, da engenharia, do planeamento territorial e da topografia.

ARTIGO 10º
Início do procedimento

1 – O procedimento extraordinário de registo inicia-se com a comunicação efetuada por correio ou ao balcão do serviço de registo, dos elementos relativos à identificação dos prédios, dos titulares dos direitos que sobre eles incidem, bem como do facto que se pretende submeter a registo.

2 – Dos elementos relativos à identificação dos prédios e dos seus titulares devem ser comunicados, sempre que sejam conhecidos, os seguintes:

a) Número de descrição predial, caso exista, freguesia e concelho;

b) A natureza rústica, urbana ou mista do prédio;

c) A denominação do prédio e a sua situação por referência ao lugar, rua, número de polícia ou confrontações;

d) Composição sumária e área do prédio;

e) Situação matricial do prédio expressa pelo artigo da matriz, definitivo ou provisório, ou pela menção de estar omisso;

f) Os anteriores artigos matriciais bem como os anteriores titulares;

g) A situação da classificação do prédio nos termos da Lei nº 107/2001, de 8 de setembro, se for o caso.

3 – A comunicação referida no nº 1 deve ser acompanhada dos documentos comprovativos do facto a registar ou da indicação necessária à sua localização quando os mesmos constem de bases de dados das entidades ou serviços da administração pública, caso em que devem os serviços de registo desenvolver as diligências necessárias à sua disponibilização.

4 – Para os efeitos previstos no nº 1, a comunicação relativa aos imóveis do domínio privado do Estado e dos institutos públicos é efetuada pela DGTF, ou no caso destes últimos pela própria entidade, mediante comunicação da iniciativa à DGTF, e pelas regiões autónomas e autarquias locais quando relativa aos imóveis que integram o respetivo património privado.

ARTIGO 11º
Tramitação subsequente

1 – Recebida a comunicação o serviço de registo aprecia a viabilidade do registo e caso existam deficiências que não possam ser supridas oficiosamente, com base nos documentos já existentes nos serviços de registo ou por acesso direto à informação constante de bases de dados das entidades ou serviços da administração pública, comunica este facto à entidade interessada para que, no prazo de 20 dias, proceda a tal suprimento.

2 – Não sendo possível o suprimento das deficiências o procedimento é automaticamente extinto, com comunicação à entidade interessada.

3 – Se na pendência do procedimento for apresentado pedido de registo a favor de sujeito diverso da entidade interessada, o procedimento é automaticamente extinto, com comunicação a esta.

4 – No caso da impossibilidade do suprimento de deficiências ter como fundamento a inexistência ou insuficiência do título comprovativo do facto a registar ou ainda a existência de dúvidas quanto aos limites ou características do prédio, da comunicação prevista no nº 2 deve constar que a entidade interessada pode requerer a instauração do procedimento extraordinário de regularização previsto no capítulo III.

5 – Quando não existam deficiências, ou as mesmas tenham sido supridas, o serviço de registo, na dependência de pedido de registo e nos termos do disposto artigo 60º do Código do Registo Predial, procede à anotação do facto a registar no diário e à elaboração do registo.

6 – A comunicação prevista nos nºs 2 e 3 deve ser feita, também, à DGTF nas situações em que o início do procedimento tenha sido por ela promovida em nome de instituto público.

ARTIGO 12º
Prazo e comunicação de execução dos registos

1 – Os registos são efetuados pelo serviço de registo no prazo de cinco dias, beneficiando de um regime de urgência legal.

2 – A execução dos registos é sempre comunicada às entidades interessadas.

3 – Quando o registo tenha sido promovido por instituto público a sua execução é ainda comunicada à DGTF.

4 – Quando o registo seja relativo a prédios rústicos ou predominantemente rústicos do domínio privado do Estado ou dos institutos públicos, a sua execução é ainda comunicada à entidade gestora prevista no diploma que cria o Banco de Terras, o Fundo de Mobilização de Terras e a Bolsa de Terras.

5 – O serviço de registo disponibiliza, de forma gratuita e pelo período de três meses, certidão de registo predial permanente comprovativa dos factos registados.

CAPÍTULO III
Procedimento extraordinário de regularização da situação jurídico-registral de bens imóveis

ARTIGO 13º
Âmbito

1 – O procedimento previsto no presente capítulo pode ser utilizado pelo Estado, institutos públicos, regiões autónomas e autarquias locais para as seguintes finalidades:

a) Justificação administrativa dos direitos daquelas entidades para efeitos de registo predial;

b) Cancelamento do registo de quaisquer ónus ou encargos, quando não seja possível obter documento comprovativo da respetiva extinção;

c) Fixação, alteração ou retificação dos elementos da descrição predial quanto aos limites ou características do prédio.

2 – O presente procedimento pode igualmente destinar-se à obtenção de título para o registo da propriedade horizontal, contanto que a propriedade do edifício pertença por inteiro às entidades referidas no número anterior, e se comprove, mediante documento emitido pela câmara municipal, que as frações autónomas satisfazem os requisitos previstos no artigo 1415º do Código Civil.

ARTIGO 14º
Início do procedimento

O procedimento extraordinário de regularização inicia-se:

a) Com a comunicação ao serviço de registo competente efetuada nos termos previstos nos nºs 1 e 2 do artigo 10º, e indicação da inexistência de documento comprovativo do facto a registar ou da impossibilidade de o obter, ou ainda da existência de dúvidas acerca dos limites ou características do prédio;

b) A requerimento da entidade, nas situações previstas no nº 4 do artigo 11º

ARTIGO 15º
Averbamento de pendência do procedimento

1 – Recebida a comunicação ou o requerimento previstos no artigo anterior o serviço de registo efetua a anotação do procedimento no diário e averba a respetiva pendência.

2 – Nas situações previstas nas alíneas *a*) e *b*) do nº 1 do artigo 13º aplica-se, com as necessárias adaptações, o disposto nos nºs 1 a 4 do artigo 117º-E do Código do Registo Predial.

3 – O averbamento de pendência é oficiosamente cancelado logo que findo o procedimento.

ARTIGO 16º
Tramitação subsequente

1 – O serviço de registo desencadeia as diligências instrutórias necessárias e procede, sendo o caso, à elaboração de documento identificativo dos imóveis.

2 – O documento a que se refere o número anterior obedece a modelo aprovado por deliberação do conselho diretivo do IRN, I. P., e dele devem constar:

a) As menções que nos termos do Código do Registo Predial devam constar da descrição do imóvel;

b) O número da descrição do prédio quando o procedimento respeite a prédio descrito;

c) As menções publicitadas pela descrição, sempre que se verifique desconformidade entre os elementos de identificação do prédio que nela figurem e os declarados pela entidade interessada;

d) A identificação da entidade que invoca o direito;

e) A identificação dos ónus e encargos registados sobre o prédio, com discriminação, se for o caso, daqueles cujo cancelamento se pretende, bem como a identificação dos demais titulares de direitos inscritos no registo;

f) Os elementos previstos no nº 1 do artigo 1418º do Código Civil, quando se pretenda obter o título referido no nº 2 do artigo 13º;

g) A menção da existência de título de controlo prévio urbanístico ou a indicação de a construção e a utilização estarem isentas de título de controlo prévio urbanístico, por as obras terem sido promovidas pela Administração Pública, nos termos da legislação em vigor no momento da edificação;

h) A situação da classificação do prédio nos termos da Lei nº 107/2001, de 8 de setembro, se for o caso.

3 – O documento que comprove a verificação dos elementos a que se refere a alínea *f*) do número anterior, bem como, quando exigível, o documento compro-

vativo da existência ou da isenção do licenciamento ou da autorização administrativa a que se refere a alínea *g*) do mesmo número, devem ser juntos para a instrução do procedimento pela entidade interessada.

4 – O documento identificativo dos imóveis é assinado pelo legal representante da entidade interessada, com os necessários poderes para o ato, e pelo conservador, sendo a assinatura deste a última do documento.

5 – Após a assinatura do documento o serviço de registo por onde corre o procedimento promove, no prazo de dois dias, a sua publicação em sítio da Internet e a afixação de edital na sede da junta de freguesia da situação do imóvel.

6 – A publicação e o edital referidos no número anterior devem reproduzir o documento identificativo dos imóveis e conter designadamente os seguintes elementos:

a) Identificação do procedimento;

b) Indicação do serviço de registo por onde corre o procedimento;

c) O prazo para dedução de oposição ao procedimento explicando que o mesmo se conta da data da publicação no sítio da Internet;

d) A data da publicação;

e) O local de afixação do edital;

f) A advertência de que a não dedução de oposição nos termos previstos no artigo 17º tem por consequência a feitura dos registos pretendidos.

7 – A publicação a que se refere o nº 5 é feita no sítio na Internet de acesso público com o endereço eletrónico *https://www.predialonline.pt*, mantido pelo IRN, I. P.

8 – A publicação, bem como o acesso à informação no sítio na Internet a que se refere o número anterior são gratuitos.

9 – Caso exista sobre o prédio objeto do procedimento registo de aquisição em vigor, o serviço de registo comunica, ainda, ao respetivo titular inscrito que foi publicado no sítio da Internet referido no nº 7 documento tendente à justificação administrativa do imóvel por parte do Estado, de instituto público, região autónoma ou autarquia local.

ARTIGO 17º
Oposição

1 – Sem prejuízo do recurso aos meios comuns de defesa da propriedade, pode qualquer interessado deduzir oposição ao procedimento extraordinário de regularização junto do serviço de registo, no prazo de 30 dias a contar da publicação em sítio na Internet a que se refere o nº 5 do artigo anterior.

2 – Deduzida oposição o procedimento é declarado findo, sendo os interessados remetidos para os meios judiciais ou extrajudiciais de resolução de conflitos de natureza civil.

ARTIGO 18º
Regularização matricial e registral

1 – Não sendo deduzida oposição, o documento identificativo do imóvel, elaborado e publicado nos termos do artigo 16º, constitui título bastante para efeitos de inscrição, atualização ou retificação matricial e registral dos bens imóveis a favor da entidade interessada.

2 – O serviço de registo promove com base no documento identificativo dos imóveis, se for caso disso, a inscrição, atualização ou retificação do imóvel na matriz, e executa, no prazo de cinco dias, os registos.

3 – O serviço de registo comunica a execução dos registos e procede à emissão da certidão, nos termos do disposto no artigo 12º

CAPÍTULO IV
Disposições complementares e finais

ARTIGO 19º
Alteração ao Regulamento Emolumentar dos Registos e do Notariado

O artigo 21º do Regulamento Emolumentar dos Registos e do Notariado, aprovado pelo Decreto-Lei nº 322-A/2001, de 14 de dezembro, passa a ter a seguinte redação:

(Alterações introduzidas no local próprio)

ARTIGO 20º
Extensão do regime extraordinário de regularização

O procedimento extraordinário de registo previsto no capítulo II aplica-se, com as devidas adaptações, à regularização registral dos imóveis pertencentes ao património privado de outras pessoas coletivas públicas, nos termos a definir por portaria dos membros do Governo competentes.

ARTIGO 21º
Regularização contabilística

Sem prejuízo do disposto em regimes gerais respeitantes ao normativo contabilístico aplicável às administrações públicas, os imóveis envolvidos nos procedimentos de regularização estabelecidos nos artigos anteriores são objeto de apropriado tratamento contabilístico pelas entidades, nos termos do Sistema de Normalização Contabilística para as Administrações Públicas.

ARTIGO 22º
Protocolos

Podem ser celebrados protocolos com o IRN, I. P., tendo em vista, designadamente, a definição dos termos e condições em que se deve desenvolver a colaboração a prestar por cada uma das entidades envolvidas nos procedimentos estabelecidos no presente decreto-lei.

ARTIGO 23º
Tramitação eletrónica dos procedimentos especiais de registo e de regularização da situação jurídico-registral dos bens imóveis

A tramitação dos procedimentos especiais de registo e de regularização de bens do Estado, dos institutos públicos, das regiões autónomas e das autarquias locais pode ser efetuada através de plataforma eletrónica, nos termos a definir por portaria dos membros de Governo competentes.

ARTIGO 24º
Aplicação subsidiária

Aos atos praticados no âmbito dos procedimentos regulados no presente decreto-lei, são subsidiariamente aplicáveis as disposições do Código do Registo Predial.

ARTIGO 25º
Período de vigência

O regime previsto no presente decreto-lei aplica-se por um período de cinco anos a contar da data da sua entrada em vigor.

Visto e aprovado no Conselho de Ministros de 30 de março de 2017. – *António Luís Santos da Costa – Maria Manuel de Lemos Leitão Marques – Mário José Gomes de Freitas Centeno – Francisca Eugénia da Silva Dias Van Dunem – Eduardo Arménio do Nascimento Cabrita.*

Promulgado em 21 de abril de 2017.

Publique-se.

O Presidente da República, MARCELO REBELO DE SOUSA.

Referendado em 3 de maio de 2017.

O Primeiro-Ministro, *António Luís Santos da Costa.*

Taxas Devidas pela Emissão de Certidões, Fotocópias, Informações e Certificados de Registo Predial

Portaria nº 622/2008, de 18 de Julho

O Decreto-Lei nº 116/2008, de 4 de Julho, aprovou um vasto conjunto de medidas de simplificação, desmaterialização e desformalização de actos e processos na área do registo predial, concretizando, assim, mais uma medida do programa SIMPLEX.

As medidas aprovadas não constituem um exercício isolado de simplificação no sector da justiça. Fazem antes parte de um vasto conjunto de medidas já em vigor, que incluem a criação de serviços de «balcão único», a eliminação de formalidades e simplificação de procedimentos e a disponibilização de novos serviços através da Internet.

De entre as medidas, destaca-se a prestação de novos serviços em regime de «balcão único», permitindo-se que advogados, câmaras de comércio e indústria, notários e solicitadores prestem serviços relacionados com transacções de bens imóveis em regime de balcão único, a eliminação da competência territorial das conservatórias, a criação de condições legais para que possam ser promovidos actos de registo predial através da Internet e para que possa ser solicitada e obtida *online* uma certidão permanente de registo predial, a disponibilizar em sítio na Internet.

Finalmente, os preços dos actos de registo passam a ser únicos e, por isso, mais transparentes. Os preços dos registos deixam de resultar da soma de várias parcelas avulsas, o que tornava extraordinariamente difícil, para os interessados, conhecer o custo real dos registos dos actos que pretendiam realizar. Com as alterações agora introduzidas, os preços passam a ter uma lógica de processo de registo e a incluir, designadamente, as certidões entregues, enviadas ou disponibilizadas aos interessados na sequência de cada processo de registo.

Pretende-se, de igual modo, que o preço das certidões, fotocópias, informações e certificados de registo predial emitidas fora do âmbito de um processo de registo seja, preferencialmente, único e facilmente compreensível para os interessados.

A presente portaria destina-se, pois, a regulamentar os preços devidos aos serviços de registo pelas certidões, fotocópias, informações e certificados de registo predial, emitidas fora do âmbito de um determinado processo de registo. A aprovação desta portaria não prejudica futuras revisões que a introdução de uma certidão permanente de registo predial disponível através da Internet possa implicar, designadamente para reforçar o carácter único dos preços das certidões, fotocópias informações e certificados de registo predial em papel.

Assim:

Manda o Governo, pelo Ministro da Justiça, ao abrigo do nº 1 do artigo 3º do Decreto-Lei nº 145/85, de 8 de Maio, o seguinte:

ARTIGO 1º
Objecto

A presente portaria regula as taxas devidas aos serviços de registo pela emissão de certidões, fotocópias, informações e certificados de registo predial.

ARTIGO 2º
Certidões, fotocópias, informações e certificados de registo predial

1 – Pela requisição de emissão ou de confirmação de certidão negativa:

a) Respeitante a um só prédio – €30;
b) Por cada prédio a mais – €16.

2 – Pela requisição de emissão ou de confirmação de certidão ou fotocópia de actos de registo:

a) Respeitante a um só prédio – €30;
b) Por cada prédio a mais – €16;

3 – Pela requisição e emissão de certidão ou fotocópia de documentos, até 10 páginas – €30.

3.1 – Por cada página a mais – €1 até ao limite de €150.

4 – Por cada certificado predial relativo a direito real de habitação periódica – €12.

5 – Por cada informação dada por escrito:

a) Relativa a um prédio – €11;
b) Por cada prédio a mais – €5.

6 – Por cada informação escrita não relativa a prédios – €15.

7 – Por cada fotocópia não certificada, por cada página – €1.

7.1 – Por cada cópia digital em formato PDF, por cada página – €0,50.

8 – O montante devido pelo pedido de certidões e fotocópias, nos termos dos números anteriores, é restituído no caso da recusa da sua emissão.

9 – *[Revogado.]*

10 – *[Revogado pela Portaria nº 286/2012, de 20 de setembro.]*

11 – *[Revogado pela Portaria nº 426/2010, de 29 de setembro.]*

(Redacção dada pela Portaria nº 358/2015, de 14-10)

ARTIGO 3º
Entrada em vigor

A presente portaria entra em vigor no dia 21 de Julho de 2008.

Pelo Ministro da Justiça, *João Tiago Valente Almeida da Silveira*, Secretário de Estado da Justiça, em 14 de Julho de 2008.

Certidão Permanente do Registo Predial

Portaria nº 1513/2008, de 23 de Dezembro

O Decreto-Lei nº 116/2008, de 4 de Julho, aprovou diversas medidas de simplificação, desmaterialização e desformalização de actos e processos na área do registo predial. Estão em causa actos muito frequentes na vida das pessoas e das empresas como, por exemplo, a compra e venda de imóveis, com ou sem financiamento bancário, hipotecas sobre imóveis ou doações de imóveis.

A maioria destas medidas já se encontra em vigor desde 21 de Julho de 2008, mas algumas entrarão em vigor a 1 de Janeiro de 2009. De entre as medidas que entrarão em vigor em 1 de Janeiro de 2009, destaca-se:

i) A prestação de novos serviços em regime de balcão único por advogados, câmaras de comércio e indústria, notários e solicitadores, no âmbito de transacções de bens imóveis;
ii) A eliminação da competência territorial das conservatórias;
iii) A criação de condições legais e tecnológicas para que todos os actos de registo predial possam ser promovidos através da Internet; e
iv) A possibilidade de solicitar e obter *online* uma certidão permanente de registo predial, em *www.predialonline.mj.pt*.

A presente portaria visa regular esta certidão permanente de registo predial, nomeadamente quanto aos termos do pedido de acesso à mesma, prazo de validade, encargos devidos e possibilidade de dedução dos mesmos no emolumento dos actos de registo predial promovidos através da Internet.

Assim, com a certidão permanente de registo predial, passará a estar acessível e disponível, através da Internet, a informação permanentemente actualizada do registo predial, em *www.predialonline.mj.pt*, evitando-se a necessidade de obter essa informação através de certidões em papel.

Os encargos devidos pela disponibilização do acesso à certidão permanente são reduzidos face aos custos do acesso à certidão em papel do registo predial. Por um lado, o acesso à certidão permanente de registo predial é gratuito sempre que, relativamente ao prédio constante dessa certidão permanente, se venha posteriormente a realizar um pedido de registo predial através da Internet sobre esse prédio durante o prazo de validade do acesso *online* à certidão permanente. Com efeito, nesse caso, o interessado acede primeiro através da Internet à certidão permanente em *www.predialonline.mj.pt* e paga € 6 mas, posteriormente, quando venha a submeter o pedido de registo predial sobre esse prédio através da Internet, esses €6 são abatidos no preço do registo. Por outro lado, mesmo nos restantes casos, o acesso à certidão permanente tem um custo cerca de 80% inferior ao da certidão em papel de registo predial.

Assim:

Manda o Governo, pelo Ministro da Justiça, ao abrigo do nºs 3 a 5 do artigo 110º do Código do Registo Predial, o seguinte:

ARTIGO 1º
Certidão permanente de registo predial

1 – Designa-se por certidão permanente de registo predial a disponibilização do acesso à informação, em suporte electrónico e permanentemente actualizada, dos registos em vigor e das apresentações pendentes, respeitantes a prédio descrito.

2 – O acesso previsto no número anterior efectua-se mediante a disponibilização de um código de acesso, que permite a visualização da informação através da Internet, durante o prazo de validade da certidão permanente.

ARTIGO 2º
Pedido

1 – O pedido de acesso à certidão permanente pode fazer-se:

a) Através do sítio na Internet com o endereço *www.predialonline.mj.pt*, mantido pelo Instituto dos Registos e do Notariado, I. P. (IRN, I. P.);

b) Verbalmente, em qualquer serviço com competência para a prática de actos de registo predial, com referência a cada prédio, mediante indicação da freguesia e do concelho a que o mesmo pertence e do número da descrição.

2 – O pedido de renovação de certidão permanente pode ser realizado através dos meios previstos no número anterior, mediante indicação do código de acesso à certidão permanente.

3 – A identificação do requerente da certidão permanente faz-se pela indicação do nome ou firma e do endereço de correio electrónico.

ARTIGO 3º
Funções do sítio na Internet

O sítio na Internet referido no artigo anterior deve permitir, nomeadamente, as seguintes funções:

a) A identificação do requerente da certidão permanente e dos demais elementos necessários ao pedido;

b) O pagamento do serviço por via electrónica;

c) O envio de avisos por correio electrónico e short message service (SMS) aos utilizadores do código de acesso à certidão permanente.

ARTIGO 4º
Código de acesso

Após o pedido de certidão permanente, é disponibilizado ao requerente um código que permite a sua visualização no sítio da Internet referido no artigo 2º, a partir do momento em que seja confirmado o pagamento dos montantes devidos.

ARTIGO 5º
Prazo de validade

1 – A certidão permanente é disponibilizada pelo prazo de seis meses, podendo ser renovada por iguais períodos de tempo.

2 – A renovação de certidão permanente deve ocorrer até ao limite do prazo de duração.

(Redacção dada pela Portaria nº 286/2012, de 20-09)

ARTIGO 6º
Encargos

1 – Por cada pedido de subscrição ou de renovação do acesso à certidão permanente do registo predial efectuado através do endereço *www.predialonline.mj.pt*, nos termos da alínea *a*) do nº 1 do artigo 2º, é devido o montante de € 15.

2 – *[Revogado pela Portaria nº 426/2010, de 29 de setembro.]*

3 – Por cada pedido de subscrição ou de renovação do acesso à certidão permanente de registo predial pedida verbalmente num serviço de registo com competência para a prática de actos de registo predial, nos termos da alínea *b*), do nº 1, do artigo 2º, é devido o montante de €20.

4 – *[Revogado pela Portaria nº 426/2010, de 29 de setembro.]*

5 – *[Revogado pela Portaria nº 426/2010, de 29 de setembro.]*

6 – *[Revogado.]*

(Redacção dada pela Portaria nº 358/2015, de 14-10)

ARTIGO 7º
Protocolos

Mediante protocolo com o Instituto dos Registos e do Notariado, I. P., podem ser estabelecidas formas de pagamento agrupado com entidades, públicas ou privadas, cujas atribuições e competências façam pressupor um elevado nível de utilização deste serviço.

ARTIGO 8º
Regime subsidiário

Em tudo quanto não esteja previsto na presente portaria é aplicável o regime da certidão permanente de registo comercial.

ARTIGO 9º
Entrada em vigor

A presente portaria entra em vigor no dia 1 de Janeiro de 2009.

Pelo Ministro da Justiça, *João Tiago Valente Almeida da Silveira,* Secretário de Estado da Justiça, em 19 de Dezembro de 2008.

Competência dos Serviços que Disponibilizem Atendimento Presencial Único para a Realização do Procedimento Especial de Aquisição, Oneração e Registo Imediato de Imóveis

Portaria nº 1534/2008, de 30 de Dezembro

O Decreto-Lei nº 263-A/2007, de 23 de Julho, criou o procedimento especial de aquisição, oneração e registo de imóveis, designado «casa pronta». O casa pronta é um balcão único onde é possível realizar todas as operações relativas à compra e venda de casa (prédios urbanos), nomeadamente pagar impostos, celebrar o contrato de compra e venda, realizar imediatamente todos os actos de registos, pedir a isenção de pagamento do imposto municipal sobre imóveis (IMI) e pedir a alteração da morada fiscal.

Por outro lado, o Decreto-Lei nº 116/2008, de 4 de Julho, aprovou diversas medidas de simplificação, desmaterialização e desformalização de actos e processos na área do registo predial. As medidas aprovadas, integradas no âmbito do Programa SIMPLEX, visam reduzir obstáculos burocráticos e formalidades dispensáveis nas áreas do registo predial e dos actos notariais conexos, tendo em vista promover a melhoria da qualidade de vida dos cidadãos, e o aumento da competitividade das empresas, através da redução dos custos de contexto.

De entre essas medidas, destaca-se a criação de condições legais e tecnológicas para que os actos de registo predial possam ser promovidos através da Internet, a possibilidade de solicitar e obter *online* uma certidão permanente de registo predial em *www.predialonline.mj.pt* e a eliminação da competência territorial das conservatórias de registo predial. A partir de 1 de Janeiro de 2009, os cidadãos passam a poder promover qualquer acto de registo em qualquer conservatória do registo predial, independentemente da localização do imóvel.

Neste sentido, com a eliminação da competência territorial das conservatórias do registo predial, passa a ser possível, a partir de 1 de Janeiro de 2009, realizar o procedimento especial de compra de imóvel (prédio urbano), com ou sem recurso a financiamento bancário, em qualquer posto de atendimento do balcão único «casa pronta», independentemente da localização do imóvel.

A presente portaria destina-se, pois, a regulamentar a atribuição da competência para a realização do procedimento especial de aquisição, oneração e registo de imóveis a qualquer serviço de registo onde funcione um posto de atendimento do balcão único «casa pronta», independentemente da localização geográfica do imóvel.

Assim:

Manda o Governo, pelo Ministro da Justiça, ao abrigo do disposto no nº 2 do artigo 4º do Decreto-Lei nº 263-A/2007, de 23 de Julho, o seguinte:

ARTIGO 1º
Competência

1 – Os serviços de registo que disponibilizem, ou venham a disponibilizar, o procedimento especial de transmissão, oneração e registo imediato de prédios em atendimento presencial único têm competência para a prática desse procedimento, independentemente da área da situação do prédio.

2 – A competência atribuída aos serviços de registo nos termos do número anterior é aplicável à transmissão, oneração e registo de prédios urbanos com agendamento da data de realização do negócio jurídico.

ARTIGO 2º
Entrada em vigor

A presente portaria entra em vigor no dia 1 de Janeiro de 2009.

Pelo Ministro da Justiça, *João Tiago Valente Almeida da Silveira*, Secretário de Estado da Justiça, em 23 de Dezembro de 2008.

Depósito Eletrónico de Documentos Particulares Autenticados e Pedido *Online* de Atos de Registo Predial

Portaria nº 1535/2008, de 30 de Dezembro

O Decreto-Lei nº 116/2008, de 4 de Julho, aprovou diversas medidas de simplificação, desmaterialização e desformalização de actos e processos na área do registo predial. Estão em causa actos muito frequentes na vida das pessoas e das empresas como, por exemplo, a compra e venda de imóveis, com ou sem financiamento bancário, hipotecas sobre imóveis ou doações de imóveis.

As medidas aprovadas, integradas no âmbito do Programa SIMPLEX, visam reduzir obstáculos burocráticos e formalidades dispensáveis nas áreas do registo predial e dos actos notariais conexos, tendo em vista promover a melhoria da qualidade de vida dos cidadãos e o aumento da competitividade das empresas através da redução dos custos de contexto. As medidas aprovadas não constituem um exercício isolado de simplificação no sector da justiça. Fazem antes parte de um vasto conjunto de medidas já em vigor, que incluem a criação de serviços de «balcão único», a eliminação de formalidades e simplificação de procedimentos e a disponibilização de novos serviços através da Internet. Assim, a título de exemplo, estão já em funcionamento os balcões de atendimento único «Empresa na hora», «Casa pronta», «Marca na hora», «Associação na hora», «Divórcio com partilha» e «Heranças» e o balcão do «Documento Único Automóvel».

No domínio da eliminação das formalidades desnecessárias, foram adoptadas medidas nos sectores do registo comercial, registo automóvel e registo civil. Na área do registo comercial e actos conexos foi promovida a eliminação da obrigatoriedade de celebração de escrituras públicas para actos da vida societária, a eliminação da obrigatoriedade de existência de livros de escrituração mercantil, a simplificação dos regimes da fusão, da cisão, da transformação, da redução do capital, da dissolução e da liquidação de sociedades. São, por sua vez, exemplos de medidas de simplificação na área do registo automóvel a substituição do livrete e do título de propriedade por um documento único automóvel – o «Certificado de matrícula» e a eliminação da competência territorial das respectivas conservatórias.

Quanto ao registo civil e actos conexos, regista-se, por sua vez, a simplificação dos processos de casamento e divórcio, a eliminação da competência territorial e a dispensa de apresentação de certidões em papel, sempre que a informação já exista nas conservatórias. Também já são numerosos os serviços disponibilizados no sector da justiça através da Internet, cabendo referir os serviços *online* de registo comercial, de que são exemplo a «empresa online», a promoção pela Internet de actos de registo comercial, a «certidão permanente de registo comercial» (todos em *www.empresaonline.pt*), as publicações *online* dos actos da vida societária (*www.publicacoes.mj.pt*), a informação empresarial simplificadas (*www.ies.gov.pt*), o «automóvel *online*» (*www.automovelonline.mj.pt*), a «marca *online*» e a «patente *online*» (*www.inpi.pt*).

De entre as medidas de simplificação e desmaterialização de procedimentos no registo predial que entram em vigor a partir de 1 de Janeiro de 2009 destacam-se três. Em primeiro lugar a prestação de novos serviços em regime de «balcão único» por advogados, câmaras de comércio e indústria, notários e solicitadores, no âmbito de transacções de bens imóveis. Os cidadãos passam a poder deslocar-se a qualquer destas entidades para praticar os actos relativos a imóveis, com eliminação de deslocações desnecessárias. Em segundo lugar a eliminação da competência territorial das conservatórias, passando assim a ser possível praticar qualquer acto de registo predial em qualquer das conservatórias do registo predial do País, independente da localização geográfica do imóvel.

Finalmente em terceiro lugar a «certidão permanente de registo predial», que permite o acesso à informação, em suporte electrónico e permanentemente actualizada, dos registos em vigor e das apresentações pendentes, respeitantes a prédio descrito, estando esta última já regulada na Portaria nº 1513/2008, de 23 de Dezembro.

Para viabilizar a prestação de serviços em regime de «balcões único» pelos advogados, câmaras de comércio e indústria, notários e solicitadores, no âmbito de transacções de bens imóveis adoptaram-se várias medidas cuja vigência se inicia em 1 de Janeiro de 2009 que importa referir.

Por um lado, deixa de ser obrigatória, passando a ser facultativa, a celebração de escritura pública para a generalidade dos actos relativos a bens imóveis, passando estes actos a poder ser praticados por documento particular autenticado por advogados, câmaras de comércio e indústria, notários ou solicitadores.

Por outro lado, foi criado um elemento de segurança adicional para os serviços disponibilizados nestes «balcões únicos», através da realização obrigatória de um depósito electrónico dos documentos relativos ao acto praticado por documento particular autenticado.

Além disso, para evitar que os cidadãos e empresas tenham de se deslocar às conservatórias, estabeleceu-se que os profissionais que prestem serviços em regime de balcão único passam a ter de promover o registo predial das operações imobiliárias que realizarem por documento particular autenticado ou por escritura notarial. Visa-se assim evitar que cidadãos e empresas sejam onerados com deslocações a diversos serviços públicos. Aliás, por forma a permitir que a promoção desse acto de registo predial seja ainda mais cómoda e simples, permite-se que os mesmos possam ser praticados através da Internet, em *www.predialonline.mj.pt*, com descontos. Note-se que a presente portaria estabelece que o depósito electrónico obrigatório dos documentos relativos ao acto praticado por documento particular autenticado poderá ser efectuado em simultâneo com o pedido de registo predial através do sítio *www.predialonline.mj.pt.*

Igualmente, a partir de 1 de Janeiro de 2009, passa a ser possível enviar toda a informação obrigatória para o exercício do direito de preferência por entidades públicas através de uma única via, electrónica e desmaterializada, independentemente da entidade que venha a realizar o acto de compra da casa. Assim, a partir de 1 de Janeiro de 2009, esta funcionalidade passa a estar disponível para a realização de actos de compra e venda nos balcões únicos de advogados, câmaras de comércio e indústria, conservatórias/serviços de registo, notários e solicitadores. O vendedor deixa de ter de se relacionar com várias entidades públicas para transmitir a informação necessária ao exercício do direito de preferência por várias vias e formas diferentes, bastando inserir a informação uma única vez e por via electrónica no sítio www.casapronta.mj.pt, ao qual todas as entidades públicas que podem exercer o direito de preferência têm acesso. Nesta matéria, prevê-se que o valor pago pela comunicação electrónica para o exercício do direito de preferência seja descontado no preço do acto de registo predial subsequente, desde que o mesmo seja promovido através da Internet em *www.predialonline.mj.pt.*

Finalmente, permite-se que advogados, câmaras de comércio e indústria, notários, serviços de registo e solicitadores cumpram as formalidades fiscais relacionadas com a aquisição do imóvel ou outros negócios imobiliários através da Internet.

A presente portaria visa, pois, regulamentar vários aspectos destas medidas que viabilizam a prestação de serviços no âmbito de transacções de bens imóveis em regime de «balcão único» por advogados, câmaras de comércio e indústria, notários e solicitadores.

Assim:

Manda o Governo, pelo Ministro da Justiça, ao abrigo do nº 3 do artigo 24º do Decreto-Lei nº 116/2008, de 4 de Julho, e do nº 1 do artigo 41º-C e do nº 2 do artigo 153º-A do Código do Registo Predial e do artigo 18º do Decreto-Lei nº 263-A/2007, de 23 de Julho, o seguinte:

CAPÍTULO I
Disposições gerais

ARTIGO 1º
Objecto

A presente portaria regulamenta:

a) Os requisitos e as condições de utilização da plataforma electrónica para o depósito de documentos particulares autenticados que titulem actos sujeitos a registo predial e dos documentos que os instruam;

b) O pedido *online* de actos de registo predial.

ARTIGO 2º
Designação do sítio

O depósito electrónico de documentos particulares autenticados e o pedido *online* de actos de registo predial fazem-se através do sítio na Internet com o endereço *www.predialonline.mj.pt,* mantido pelo Instituto dos Registos e do Notariado, I. P. (IRN, I. P.)

ARTIGO 3º
Funções do sítio

O sítio referido no artigo 2º deve permitir, designadamente, as seguintes funções:

a) A possibilidade de realizar o depósito electrónico dos documentos particulares autenticados em simultâneo com o pedido *online* de actos de registo predial;

b) A autenticação dos utilizadores através de certificados digitais;

c) A indicação dos dados de identificação dos interessados;

d) O preenchimento electrónico dos elementos necessários ao depósito electrónico de documentos particulares autenticados e o pedido de registo;

e) O depósito de documentos particulares autenticados que titulem actos sujeitos a registo predial e dos documentos que os instruam;

f) A entrega por meios electrónicos dos documentos necessários à apreciação do pedido de registo;

g) A assinatura electrónica dos documentos entregues, quando necessária;

h) O pagamento dos serviços por via electrónica;

i) A recolha de informação que permita o contacto entre os serviços competentes e os interessados e seus representantes;

j) A certificação da data e da hora em que o depósito electrónico de documentos particulares autenticados ou o pedido de registo foi concluído;

l) O envio de avisos por correio electrónico e short message service (sms) aos utilizadores, quando o deposito electrónico do documento particular autenticado ou o registo tenha sido efectuado.

CAPÍTULO II
Depósito electrónico de documento particular autenticado

ARTIGO 4º
Âmbito

1 – Estão sujeitos a depósito electrónico os documentos particulares autenticados que titulem actos sujeitos a registo predial nos termos do artigo 24º do Decreto-Lei nº 116/2008, de 4 de Julho, bem como os documentos que os instruam e que devam ficar arquivados por não constarem de arquivo público.

2 – Podem ainda ser depositados electronicamente nos termos do número anterior os documentos de que conste o consentimento do credor ao cancelamento do registo de hipoteca.

3 – O depósito electrónico dos documentos particulares autenticados pode ser efectuado no momento do pedido *online* de actos de registo predial através do sítio *www.predialonline.mj.pt*.

ARTIGO 5º
Plataforma electrónica

1 – A plataforma electrónica consiste na infra-estrutura tecnológica necessária à realização do depósito, em suporte electrónico, dos documentos referidos no artigo anterior a que estão obrigadas as entidades que procedam à respectiva autenticação.

2 – O acesso à plataforma electrónica para o depósito de documentos particulares autenticados faz-se através do sítio na Internet referido no artigo 2º

3 – Os serviços a prestar pela plataforma electrónica para o depósito de documentos particulares autenticados que titulem actos sujeitos a registo predial devem satisfazer todas as exigências e condições de segurança estabelecidas no Decreto-Lei nº 116/2008, de 4 de Julho. e na presente portaria.

ARTIGO 6º
Depósito electrónico

1 – Compete à entidade que procede à autenticação do documento particular realizar o depósito electrónico.

2 – A promoção do depósito electrónico de documento particular autenticado que titule acto sujeito a registo predial dispensa o registo em sistema informático previsto na Portaria nº 657-B/2006, de 29 de Junho.

ARTIGO 7º
Prazo do depósito

1 – O depósito electrónico de documentos particulares autenticados deve ser efectuado na data da realização da autenticação do documento particular.

2 – Se em virtude de dificuldades de carácter técnico respeitantes ao funcionamento da plataforma electrónica referida no artigo 5º não for possível realizar o depósito, este facto deve ser expressamente mencionado em documento instrutório a submeter, indicando o motivo da impossibilidade, a data e a hora do facto e a identificação da entidade autenticadora, devendo o depósito ser efectuado nas quarenta e oito horas seguintes.

3 – Em caso de divergência entre a data da autenticação e a data do depósito do documento particular autenticado prevalece a data da autenticação para efeitos da contagem do prazo para a promoção do registo.

ARTIGO 8º
Arquivo dos originais dos documentos

1 – Sem prejuízo do disposto no nº 5 do artigo 24º do Decreto-Lei nº 116/2008, de 4 de Julho, compete às entidades autenticadoras que depositem documentos ao abrigo do disposto nos artigos anteriores arquivar os originais dos documentos depositados.

2 – As câmaras de comércio e indústria, a Câmara dos Solicitadores, a Ordem dos Advogados e a Ordem dos Notários podem criar sistemas de arquivo centralizados, mantidos por estas ou por entidades terceiras contratadas para o efeito, para os quais podem ser transferidos os originais dos documentos depositados, informando o IRN, I. P., por meios electrónicos da relação das câmaras de comércio e indústria, advogados, notários e solicitadores que utilizam esses sistemas.

ARTIGO 9º
Formulário

1 – No formulário de depósito electrónico devem ser designadamente identificados o requerente, os sujeitos, os factos, os prédios, a data da autenticação e os demais elementos essenciais dos actos titulados pelo documento particular autenticado a depositar.

2 – Os documentos instrutórios devem ser classificados pela sua natureza e data de emissão.

3 – O formulário de depósito electrónico dos documentos previstos no nº 2 do artigo 4º deve ainda conter, obrigatoriamente, o endereço electrónico da entidade credora que presta o consentimento ao cancelamento de registo de hipoteca.

4 – A plataforma electrónica pode disponibilizar formulários para preenchimento que substituam algum ou alguns dos documentos legalmente exigidos.

5 – Quando o depósito electrónico dos documentos particulares autenticados seja efectuado no momento do pedido *online* de actos de registo predial, o formulário é único para ambos os efeitos.

ARTIGO 10º
Formato dos ficheiros

Os ficheiros que contenham os documentos a submeter a depósito na plataforma electrónica devem adoptar os formatos jpeg, tiff ou pdf e ter uma dimensão máxima de 5 MB.

ARTIGO 11º
Alteração e rectificação de depósito

1 – Quando se verifique um erro de preenchimento de formulário, de digitalização, de catalogação ou de anexação de ficheiro, durante o procedimento de depósito de documento particular autenticado que se encontre em fase de carregamento a entidade autenticadora pode proceder à respectiva correcção até ao momento da sua submissão.

2 – Nas situações de aceitação, ratificação, rectificação, alteração ou revogação de acto titulado em documento previamente depositado, a plataforma electrónica assegura aos utilizadores a possibilidade de associar, durante o processo de carregamento, os documentos a submeter aos já depositados através da utilização do respectivo código de identificação do documento.

ARTIGO 12º
Comprovativo de depósito

1 – Por cada depósito de documento particular autenticado é disponibilizado um comprovativo com menções de identificação da entidade autenticadora, da data e da hora da submissão, dos documentos depositados e do código de identificação atribuído ao documento, o qual é enviado por correio eletrónico à entidade que procedeu ao depósito, após confirmação do pagamento da quantia devida.

2 – Excepciona-se do disposto no número anterior:

a) Todos os documentos que devam ficar associados a outros previamente arquivados, os quais são identificados pelo mesmo código;

b) Os documentos depositados nos termos do nº 2 do artigo 4º cujo código de identificação é exclusivamente enviado por correio electrónico à entidade que autorizou o cancelamento da hipoteca.

3 – A plataforma electrónica agrega, automaticamente, o comprovativo de depósito aos documentos instrutórios submetidos.

4 – Sem prejuízo do disposto no número seguinte, a entidade autenticadora e os sujeitos do acto titulado podem obter segunda via do código de identificação do documento depositado junto dos serviços de registo, se possível através de meios electrónicos.

5 – Nos casos do nº 2 do artigo 4º, a segunda via do código de identificação dos documentos só pode ser disponibilizada à entidade que autorizou o cancelamento da hipoteca.

(Redacção dada pela Portaria nº 286/2012, de 20-09)

ARTIGO 12º-A
Prazo de validade e encargos

1 – O código de identificação a que se reporta o artigo anterior é disponibilizado pelo prazo de seis meses.

2 – Pelo depósito eletrónico de documentos é devido o emolumento previsto no Regulamento Emolumentar dos Registos e do Notariado.

(Aditado pela Portaria nº 286/2012, de 20-09)

ARTIGO 12º-B
Pagamento

1 – Após o depósito eletrónico do documento, é gerada automaticamente uma referência para pagamento do encargo previsto no artigo anterior caso este não seja efetuado de imediato através de cartão de crédito.

2 – O pagamento deve ser efetuado no prazo de cinco dias após a geração da referência para pagamento, sob pena de o depósito não se ter por efetuado.

(Aditado pela Portaria nº 286/2012, de 20-09)

ARTIGO 12º-C
Renovação do código de acesso

1 – Qualquer pessoa pode solicitar a renovação do código de acesso a documento particular autenticado depositado eletronicamente, mediante indicação do código de identificação atribuído ao documento.

2 – O pedido a que se refere o número anterior poder fazer-se:

a) Através do sítio na Internet com o endereço *www.predialonline.mj.pt,* mantido pelo Instituto dos Registos e do Notariado, I. P.;

b) Verbalmente, em qualquer serviço com competência para a prática de atos de registo predial.

3 – A renovação do código de acesso é efetuada pelo prazo de um ano a partir do momento em que seja confirmado o pagamento dos montantes devidos.

4 – A renovação do código de acesso pode ser pedida com um mês de antecedência relativamente ao respetivo prazo de validade e pode ocorrer mesmo depois de findo aquele.

5 – Pela renovação do código de acesso são devidos os emolumentos previstos no Regulamento Emolumentar dos Registos e do Notariado.

(Aditado pela Portaria nº 286/2012, de 20-09)

ARTIGO 13º
Autenticação electrónica dos depositantes

1 – As entidades que procederem ao depósito devem autenticar-se mediante certificado digital que comprove a qualidade profissional do utilizador.

2 – Para efeitos do disposto no número anterior, apenas são admitidos os certificados digitais de advogados, notários e solicitadores cuja utilização para fins profissionais seja confirmada através de listas electrónicas de certificados, disponibilizadas, respectivamente, pela Ordem dos Advogados, pela Ordem dos Notários e pela Câmara dos Solicitadores.

3 – As listas referidas no número anterior devem ser disponibilizadas ao IRN, I. P., pelas câmaras de comércio e indústria e pelas entidades responsáveis pelos notários que não devam estar inscritos na Ordem dos Notários.

4 – A qualidade do utilizador quando o depósito for efectuado por conservadores, oficiais de registo e notários afectos ou integrados em serviços dependentes do IRN, I. P., é comprovada mediante autenticação no Sistema Integrado de Registo Predial (SIRP).

ARTIGO 14º
Validação cronológica

A plataforma electrónica associa automaticamente ao documento particular depositado electronicamente a data e hora da sua submissão.

ARTIGO 15º
Consulta

1 – Os documentos depositados podem ser visualizados pela entidade autenticadora e por qualquer pessoa a quem esta tenha disponibilizado o código de identificação referido no artigo 12º, assim que as condições técnicas o permitirem.

2 – A consulta de documentos particulares autenticados pode ainda ser efectuada, através do respectivo código, dos elementos de identificação, dos sujeitos ou do acto, pelas seguintes entidades:

a) Serviços de registo;

b) Magistrados judiciais e do Ministério Público, no âmbito da prossecução das suas atribuições;

c) As que, nos termos da lei processual, recebam delegação para a prática de actos de inquérito ou instrução, ou a quem incumba cooperar internacionalmente na prevenção e repressão da criminalidade e no âmbito dessas competências;

d) As que tenham competência legal para garantir a segurança interna e prevenir a sabotagem, o terrorismo, a espionagem e a prática de actos que, pela sua natureza, podem alterar ou destruir o Estado de direito constitucionalmente estabelecido, no âmbito da prossecução dos seus fins.

3 – As condições da consulta pelas entidades referidas nas alíneas *b*) a *d*) do número anterior devem ser autorizadas por despacho do presidente do IRN, I. P.

ARTIGO 16º
Outros depósitos

Ao depósito dos documentos de que conste o consentimento do credor ao cancelamento do registo de hipoteca aplica-se, com as necessárias adaptações, o disposto nos artigos anteriores.

ARTIGO 17º
Gratuitidade

(Revogado pela Portaria nº 286/2012, de 20-09)

CAPÍTULO III
Promoção de actos de registo predial *online*

ARTIGO 18º
Pedido *online*

1 – Os interessados na promoção de actos de registo predial *online* formulam o seu pedido e enviam, através do sítio a que se refere o artigo 2º, os documentos necessários ao registo, designadamente:

a) Aqueles que comprovem os factos constantes do pedido de registo;

b) Aqueles que comprovem a capacidade e os poderes de representação para o acto, salvo se a verificação da capacidade e poderes resultar, de forma expressa e inequívoca, do título que serve de base ao pedido de registo.

2 – No pedido de registo *online* podem ainda ser indicados documentos arquivados em serviço da Administração Pública, em serviço de registo ou que tenham sido depositados electronicamente nos termos do capítulo anterior.

3 – Todos os documentos entregues através do sítio da Internet referido no artigo 2º têm o mesmo valor probatório dos originais, desde que tenham sido correctamente digitalizados, sejam integralmente apreensíveis e tenham sido enviados por quem tenha competência para a conferência de documentos com os respectivos originais em formato de papel.

4 – Aos documentos que não tenham sido enviados pelas entidades referidas no número anterior deve ser associada assinatura electrónica qualificada.

ARTIGO 19º
Arquivo dos originais dos documentos

1 – Os advogados, as câmaras de comércio e indústria, os notários e os solicitadores que enviem documentos que instruam pedidos de registo *online* ficam obrigados a arquivar os respectivos originais.

2 – Aplica-se ao arquivo dos documentos efectuado nos termos do número anterior o disposto no nº 2 do artigo 8º

ARTIGO 20º
Autenticação electrónica dos interessados

1 – Para efeitos do pedido de actos de registo predial *online*, a autenticação electrónica dos utilizadores faz-se:

a) Mediante a utilização de certificado digital qualificado, nos termos previstos no regime jurídico dos documentos electrónicos e da assinatura electrónica, aprovado pelo Decreto-Lei nº 290-D/99, de 2 de Agosto, na redacção dada pelo Decreto-Lei nº 116-A/2006, de 16 de Julho;

b) Nos termos dos nºs 1 a 3 do artigo 13º para advogados, câmaras de comércio e indústria, notários e solicitadores.

2 – Para efeitos do disposto na alínea *a*) no número anterior, os requerentes podem utilizar o certificado digital do Cartão de Cidadão.

ARTIGO 21º
Validação do pedido

1 – Sem prejuízo do disposto no artigo 23º, o pedido de actos de registo predial *online* só é considerado validamente submetido após a emissão de um comprovativo electrónico pelo sítio referido no artigo 2º que indique a data e a hora em que o pedido foi concluído.

2 – O comprovativo electrónico do pedido de registo deve ser enviado ao interessado através de mensagem de correio electrónico.

ARTIGO 22º
Pagamento

1 – Após a submissão electrónica do pedido, é gerada automaticamente uma referência para pagamento dos encargos devidos pelo registo, caso este não seja efectuado de imediato através de cartão de crédito.

2 – O pagamento dos encargos referidos no número anterior deve ser efectuado no prazo de cinco dias após a geração da referência para pagamento, sob pena de inutilização do pedido de registo.

3 – Por despacho do presidente do IRN, I. P., podem ser previstas outras modalidades de pagamento dos encargos devidos pelo registo.

ARTIGO 23º
Ordem de anotação dos pedidos

1 – Os pedidos de actos de registo predial recebidos através do sítio referido no artigo 2º são anotados no livro-diário pela ordem da respectiva recepção.

2 – A apresentação do pedido de registo no livro-diário ocorre com a confirmação do pagamento das quantias devidas pelo mesmo.

3 – Para efeitos do disposto no nº 1, o livro-diário permite anotar imediatamente os pedidos de registo *online* efectuados a qualquer hora e em qualquer dia da semana, incluindo sábados, domingos e feriados.

4 – A hora da recepção dos pedidos de registo apresentados *online* tem por referência a hora do meridiano de Greenwich, assinalada nas certidões de registo pela aposição do acrónimo UTC (*universal time, coordinated*).

ARTIGO 24º
Diligências subsequentes

1 – Após a confirmação do pagamento efectuado pelo interessado, o serviço competente procede ao tratamento dos dados indicados e dos documentos entregues e à apreciação do pedido de registo, bem como às seguintes diligências subsequentes:

a) Suprimento de eventuais deficiências do pedido de registo, nos termos do artigo 73º do Código do Registo Predial;

b) Registo dos factos, o qual deve ser comunicado aos interessados através de correio electrónico e, sempre que possível, por sms;

c) Disponibilização ao interessado do comprovativo do pagamento dos encargos devidos;

d) Disponibilização de prova gratuita do registo, mediante o envio por correio electrónico e, sempre que possível, por sms do código de acesso à certidão permanente, nos termos do disposto no nº 6 do artigo 110º do Código do Registo Predial;

e) Promoção das restantes diligências previstas em acto normativo ou protocolo.

2 – O código previsto na alínea d) do número anterior pode ser enviado, por indicação do requerente, para mais de um endereço de correio electrónico.

ARTIGO 24º-A
Comunicação eletrónica pelos agentes de execução ou por oficial de justiça

1 – A comunicação eletrónica de factos sujeitos a registo pelos agentes de execução ou por oficial de justiça a realizar diligências próprias do agente de execução processa-se por comunicação direta entre os sistemas informáticos que servem de suporte à atividade daqueles e o sistema informático do registo predial.

2 – À comunicação eletrónica referida no número anterior aplica-se o disposto nos artigos 18º e seguintes.

3 – Efetuado o registo é disponibilizada, por via eletrónica, ao agente de execução ou ao oficial de justiça, certidão dos registos em vigor sobre o prédio.

(Aditado pela Portaria nº 283/2013, de 30-08)

ARTIGO 25º
Distribuição

1 – Por despacho do presidente do IRN, I. P., são fixados os critérios de distribuição dos pedidos de registo predial *online*.

2 – Independentemente da modalidade do pedido de registo, sempre que esteja em causa o bom funcionamento dos serviços de registo pode, por despacho, o presidente do IRN, I. P., proceder à distribuição ou redistribuição dos pedidos efectuados num determinado serviço de registo a outros.

CAPÍTULO IV
Disposições finais

ARTIGO 26º
Troca de informações e interoperabilidade

Por protocolo a celebrar entre o IRN, I. P., e as entidades públicas intervenientes em matérias directamente relacionadas com actos sujeitos a registo predial podem ser acordados mecanismos de troca de informações em suporte electrónico e interoperabilidade entre os respectivos sistemas de informação, nos termos da lei.

ARTIGO 27º
Manifestação da intenção de exercício do direito legal de preferência

1 – As entidades com competência para realizar documentos particulares autenticados ou escrituras podem consultar, no sítio da Internet www.casapronta.mj.pt, a informação relativa à manifestação da intenção de exercício do direito legal de preferência, mediante indicação do número de identificação fiscal do requerente e do número do pedido submetido, nos termos previstos na secção IV da Portaria nº 794-B/2007, de 23 de Julho.

2 – *(Revogado.)*

(Redacção dada pela Portaria nº 426/2010, de 29-06)

ARTIGO 28º
Norma revogatória:

É revogada a secção III da Portaria nº 794-B/2007, de 23 de Julho.

ARTIGO 29º
Entrada em vigor

A presente portaria entra em vigor no dia 1 de Janeiro de 2009.

Pelo Ministro da Justiça, *João Tiago Valente Almeida da Silveira*, Secretário de Estado da Justiça, em 23 de Dezembro de 2008.

Disponibilização *online* de Informação Predial Simplificada

Portaria nº 54/2011, de 28 de Janeiro

O Decreto-Lei nº 116/2008, de 4 de Julho, aprovou diversas medidas de simplificação, desmaterialização e desformalização de actos e processos na área do registo predial e de actos notariais conexos, concretizando assim objectivos inscritos no programa SIMPLEX.

Entre as medidas implementadas, destacam-se a instituição de um sistema mais amplo de comunicações entre os diversos serviços da Administração, a criação de condições legais e tecnológicas para que todos os actos de registo predial possam ser promovidos através da Internet e a possibilidade de solicitar e obter electronicamente uma certidão permanente de registo predial.

Aos serviços já disponíveis vai somar-se agora o acesso dos cidadãos e empresas a um novo serviço: a informação predial simplificada.

A informação predial simplificada consiste na disponibilização *online* de uma informação não certificada, permanentemente actualizada, que conterá a descrição do prédio e a identificação do proprietário, permitindo a qualquer cidadão verificar, de forma mais simples e mais barata, se se encontram registadas sobre um determinado prédio hipotecas, penhoras ou quaisquer outros ónus ou encargos.

A informação predial simplificada utilizará uma linguagem simples e intuitiva, facilitando, deste modo, a compreensão da informação que consta do registo predial.

Assim:

Manda o Governo, pelo Ministro da Justiça, ao abrigo do artigo 104º do Código do Registo Predial, o seguinte:

ARTIGO 1º
Informação predial simplificada

1 – Designa-se por informação predial simplificada a disponibilização permanente em suporte electrónico do acesso a informação não certificada, existente sobre prédio descrito, extraída de forma automática da respectiva ficha informatizada.

2 – A informação disponibilizada nos termos do número anterior consiste na indicação de elementos essenciais da descrição, dos titulares do direito de propriedade e de outros direitos restritivos daquele, na simples menção da existência ou não de hipotecas, de penhoras e de quaisquer outros ónus ou encargos ou de outros factos registados, bem como de apresentações pendentes.

3 – O acesso à informação predial simplificada efectua-se mediante a disponibilização de um código de acesso que permite a visualização da informação através da Internet.

4 – A disponibilização do código a que se refere o número anterior não equivale à entrega de uma certidão de registo predial e não dispensa a apresentação desta sempre que a lei a exija.

ARTIGO 2º
Pedido

1 – O pedido de acesso à informação predial simplificada pode fazer-se:

a) Através do sítio na Internet com o endereço *www.predialonline.mj.pt*, mantido pelo Instituto dos Registos e do Notariado, I. P. (IRN, I. P.);

b) Verbalmente, em qualquer serviço com competência para a prática de actos de registo predial.

2 – A identificação do prédio a que respeita o pedido é feita mediante indicação da freguesia e do concelho a que o mesmo pertence e do número da descrição.

3 – A identificação do requerente da informação faz-se pela indicação do nome ou firma, residência ou sede, e do endereço de correio electrónico.

4 – O pedido de renovação da informação predial simplificada pode ser realizado através da mera indicação do respectivo código de acesso.

ARTIGO 3º
Funções do sítio na Internet

O sítio na Internet referido no artigo anterior deve permitir nomeadamente as seguintes funções:

a) A identificação do requerente da informação predial simplificada e dos demais elementos necessários ao pedido;

b) O pagamento do serviço por via electrónica;

c) O envio de avisos por correio electrónico aos requerentes da informação predial simplificada.

ARTIGO 4º
Código de acesso

Após o pedido da informação predial simplificada, é disponibilizado ao requerente um código que permite a sua visualização no sítio da Internet referido no artigo 2º, a partir do momento em que seja confirmado o pagamento da taxa devida.

ARTIGO 5º
Prazo de duração

1 – A informação predial simplificada está disponível pelo prazo de um ano, podendo ser renovada por iguais períodos de tempo.

2 – A renovação da informação predial simplificada deve ocorrer até ao limite do prazo de duração.

ARTIGO 6º
Taxa

1 – Pela assinatura do serviço informação predial simplificada é devido, por cada prédio, o pagamento da taxa de €6.

2 – À taxa prevista no número anterior acresce o montante de €4 quando o pedido seja efectuado verbalmente num serviço com competência para a prática de actos de registo predial.

3 – *[Revogado.]*

(Redação dada pela Portaria nº 358/2015, de 14-10)

ARTIGO 7º
Protocolos

Mediante protocolo com o Instituto dos Registos e do Notariado, I. P., podem ser estabelecidos montantes e formas de pagamento específicos com entidades, públicas ou privadas, cujas atribuições ou competências pressuponham um elevado nível de utilização deste serviço, designadamente as que exercem a sua actividade no âmbito do sector imobiliário.

ARTIGO 8º
Produção de efeitos

A activação do serviço, após implementação das necessárias condições técnicas, tem lugar no prazo máximo de 90 dias após a data da publicação da presente portaria.

Pelo Ministro da Justiça, *José Manuel Santos de Magalhães*, Secretário de Estado da Justiça e da Modernização Judiciária, em 12 de Janeiro de 2011.

Registo Comercial

Código do Registo Comercial
Regulamento do Registo Comercial
Regime Especial de Constituição Imediata de Sociedades
Regime Especial de Constituição On-line de Sociedades
Regulamentação do Regime Especial de Constituição On-line de Sociedades
Regime Especial de Criação Imediata de Representações Permanentes em Portugal de Entidades Estrangeiras
Regime Jurídico dos Procedimentos Administrativos de Dissolução e de Liquidação de Entidades Comerciais
Promoção Eletrónica de Atos de Registo Comercial
Regimes da Certidão Permanente de Registos de Documentos e da Certidão Permanente de Pacto Social Atualizado
Publicações Obrigatórias em Sítio da Internet
Cartão da Empresa, Cartão de Pessoa Coletiva e Sistema de Informação da Classificação Portuguesa de Atividades Económicas

Código do Registo Comercial

Decreto-Lei nº 403/86, de 3 de Dezembro

1 – O Código do Registo Comercial, que agora se publica, surge na sequência das reformas que têm vindo a ser empreendidas nos registos civil e predial, tendo em vista a sua modernização e a simplificação de formalismos, de modo a facilitar a tarefa do público, com simultâneo reforço da segurança do comércio jurídico.

Com ele pretende-se também introduzir as modificações requeridas pela entrada em vigor do novo Código das Sociedades Comerciais (aprovado pelo Decreto-Lei nº 262/86, de 2 de Setembro), dar cumprimento a directivas das Comunidades e preparar uma nova articulação com o Registo Nacional de Pessoas Colectivas, cuja reestruturação está a ser promovida.

2 – O segredo é, tradicionalmente, considerado uma das condições do êxito no comércio, mas cada vez mais se sente a necessidade de dar publicidade a certos tipos de situações das entidades que intervêm na vida comercial, para desenvolvimento do crédito e para protecção dos próprios comerciantes, dos consumidores e do interesse público.

3 – Foi para garantir a segurança do comércio jurídico que o Código Comercial de 1833 criou um registo público de comércio, então junto dos tribunais de comércio (artigos 209º a 217º), pois que tinham desaparecido os registos das velhas corporações.

O Código Comercial de 1888 manteve tal registo (artigos 45º a 61º), que veio a ser regulamentado pelo Decreto de 15 de Novembro de 1888. Só nas comarcas de Lisboa e do Porto os tribunais de comércio tinham secretários privativos, sendo nas restantes as funções registrais desempenhadas pelo delegado do procurador da República. Posteriormente, foram desanexados os serviços de registo comercial dos Tribunais de Comércio de Lisboa, Porto, Coimbra, Braga e Funchal e atribuídos a conservadores privativos (Decreto nº 5 555, de 10 de Maio de 1919, e Decreto nº 9 153, de 29 de Setembro de 1923).

Uma vez suprimida a jurisdição comercial (pelo Decreto nº 21 649, de 29 de Setembro de 1932), o artigo 322º do Código do Registo Comercial (aprovado pelo Decreto nº 17 070, de 4 de Julho de 1929, alterado pelo Decreto nº 22 253, de 25 de Fevereiro de 1933) veio determinar que nas comarcas onde não houvesse conservatórias privativas do registo comercial seriam os respectivos serviços desempenhados pelos conservadores do registo predial, deixando então de estar a cargo dos delegados do procurador da República.

Os serviços do registo comercial sofreram nova alteração com a publicação da Lei nº 2 049, de 6 de Agosto de 1951, que os manteve estreitamente ligados ao registo predial.

O registo comercial tem hoje o seu regime fundamentalmente no Decreto-Lei nº 42644, de 14 de Novembro de 1959, e no regulamento aprovado pelo Decreto nº 42 645, da mesma data.

4 – Mantendo embora o mesmo objectivo de publicidade, como meio de alcançar a segurança no comércio jurídico, o novo Código vem introduzir profundas alterações ao regime anterior.

5 – Abandona-se a tradicional subsidiariedade do regime do registo comercial relativamente ao do registo predial. Por isso, o diploma aparece com disposições sobre matérias que até hoje estavam contidas apenas no Código do Registo Predial e com um carácter sistemático e sintético que legitima a sua designação.

6 – O registo comercial passa a ser reservado à publicidade relativa às pessoas ligadas à vida comercial, em sentido amplo, deixando de incluir o registo de navios. Transitoriamente, mantêm-se em vigor as disposições que lhes são aplicáveis enquanto não se completar a reforma dos registos de veículos automóveis e aeronaves.

7 – Abandona-se a concepção do registo comercial como registo dos comerciantes, aliás só aparentemente seguida pela lei actual. Nele se incluem as pessoas, singulares ou colectivas, profissional ou estatutariamente ligadas ao comércio, em sentido amplo, independentemente de serem ou não comerciantes. Por isso, ficam abrangidos pelo registo comercial os comerciantes individuais e as sociedades comerciais, mas não só estes. Também a ele se sujeitam as sociedades civis sob forma comercial, como resultava já do artigo 106º do Código Comercial.

Na sua disciplina se incorporam as cooperativas, cujo registo, formalmente autonomizado, tem continuado, de facto, a ser feito pelas conservatórias do registo comercial, de harmonia com o artigo 101º do Código Cooperativo. Nem se vêem motivos de ordem técnica ou conceitual que justifiquem suficientemente tal autonomia.

Já estavam sujeitas ao mesmo registo as empresas públicas (pelo Decreto-Lei nº 77/79, de 7 de Abril), assim como os agrupamentos complementares de empresas (na sequência da base IV da Lei nº 4/73, de 4 de Junho, e do artigo 4º do Decreto-Lei nº 430/73, de 25 de Agosto).

Pela primeira vez são abrangidos pelo registo comercial os agrupamentos europeus de interesse económico [criados pelo Regulamento (CEE) nº 2137/85 do Conselho, de 25 de Julho de 1985] e ainda os estabelecimentos individuais de responsabilidade limitada, nova forma de exercício de actividade pelos comerciantes individuais (criada pelo Decreto-Lei nº 248/86, de 25 de Agosto).

Todas estas entidades, apesar das especificidades da sua natureza e do seu regime substantivo, ficam submetidas ao mesmo regime registral, variando apenas o número e a espécie de actos a publicitar.

8 – Quanto às sociedades comerciais e às sociedades civis sob forma comercial, este diploma vai permitir executar os princípios contidos no novo Código das

Sociedades Comerciais. Entre as principais inovações salienta-se o carácter constitutivo do registo e a possibilidade de registo prévio do contrato de sociedade.

9 – O registo passa a compreender, para além da matrícula (reduzida a mera ficha de identificação), das inscrições e dos averbamentos, o depósito de documentos e as publicações legais.

A cada pessoa singular ou colectiva, assim como a cada estabelecimento individual de responsabilidade limitada, passa a corresponder uma pasta em que ficarão arquivados a ficha dos registos, as requisições de actos registrais e todos os documentos que os instruem.

Aliás, nenhum acto sujeito a registo poderá ser lavrado sem que se encontrem depositados os respectivos documentos. E este depósito é tão importante que a omissão ou deficiência da inscrição ou do averbamento não prejudica os efeitos atribuídos por lei ao registo, desde que os documentos estejam depositados.

Além disso, na sequência da 1ª Directiva Comunitária, na pasta de cada sociedade passa a ser depositado o texto integral do contrato de sociedade, actualizado após cada alteração.

As publicações legais serão feitas depois do registo, por iniciativa do conservador, embora a expensas dos interessados. Saliente-se que muitas publicações passam a poder ser feitas, à escolha do interessado, por simples menção do depósito na pasta respectiva, e não só integralmente ou por extracto, como até aqui.

Só terão de ser publicados integralmente os actos constitutivos de pessoas colectivas e respectivas alterações, os documentos de prestação de contas e a acta do encerramento da liquidação das sociedades anónimas.

10 – Os registos são pedidos em impresso próprio, que pode ser assinado não só pelos interessados e seus procuradores, mas também por advogados e solicitadores.

Assegura-se ainda a prioridade dos actos recusados, em caso de reclamação ou de recurso julgados procedentes.

11 – Aponta a 1ª Directiva Comunitária para que as publicações sejam feitas no boletim nacional designado pelo Estado membro (artigo 3º, nº 4). Daí que, na doutrina mais autorizada, tenha sido posta em dúvida a vantagem, numa perspectiva de direito a constituir, da publicação num jornal não oficial. Acontece, no entanto, que, em termos de realidade, os jornais oficiais (Diário da República e folhas oficiais das regiões autónomas) poderão não assegurar ainda, só por si, a finalidade última de qualquer publicação: o efectivo conhecimento dos actos de registo.

Daí que se estabeleça um período transitório sobre o regime das publicações obrigatórias; um período de três anos parece suficiente para promover uma gradual convolação para o novo sistema.

Assim:

O Governo decreta, nos termos da alínea *a*) do nº 1 do artigo 201º da Constituição, o seguinte:

ARTIGO 1º

É aprovado o Código do Registo Comercial, que faz parte do presente decreto-lei.

ARTIGO 2º

1 – Na contagem dos prazos previstos no artigo 19º do Código será levado em conta o tempo decorrido antes da data da sua entrada em vigor.

2 – Os registos não sujeitos a caducidade segundo a lei anterior podem ser renovados nos seis meses posteriores à data da entrada em vigor deste Código.

ARTIGO 3º

(Revogado pelo Decreto-Lei nº 349/89, de 13-10)

ARTIGO 4º

Os livros de registo substituídos integralmente por fichas e os documentos que serviram de base aos respectivos registos podem ser microfilmados e destruídos ou depositados em arquivos centrais, nos termos fixados por despacho do Ministro da Justiça.

ARTIGO 5º

1 – Sem prejuízo do disposto no nº 2, é revogada toda a legislação anterior referente às matérias abrangidas pelo Código do Registo Comercial, designadamente o Decreto-Lei nº 42 644, de 14 de Novembro de 1959, o regulamento aprovado pelo Decreto nº 42 645, de 14 de Novembro de 1959, a Portaria nº 330/79, de 7 de Julho, e os artigos 17º, 18º, 84º a 94º e 101º do Código Cooperativo.

2 – As disposições referentes ao registo de navios mantêm-se em vigor até à publicação de nova legislação sobre a matéria.

ARTIGO 6º

1 – Os emolumentos cobrados pelos actos previstos no Código do Registo Comercial constituem receita do Cofre dos Conservadores, Notários e Funcionários de Justiça, que suportará igualmente as despesas de instalação e funcionamento da orgânica do registo de comércio.

2 – As tabelas e a participação emolumentar são fixadas por portaria do Ministro da Justiça.

ARTIGO 7º

Este diploma entra em vigor em 1 de Janeiro de 1987.

Visto e aprovado em Conselho de Ministros de 16 de Outubro de 1986. – *Aníbal António Cavaco Silva – Mário Ferreira Bastos Raposo.*

Promulgado em 14 de Novembro de 1986.

Publique-se.

O Presidente da República, MÁRIO SOARES.

Referendado em 17 de Novembro de 1986.

O Primeiro-Ministro, *Aníbal António Cavaco Silva.*

Código do Registo Comercial*

CAPÍTULO I
Objecto, efeitos e vícios do registo

ARTIGO 1º
Fins do registo

1 – O registo comercial destina-se a dar publicidade à situação jurídica dos comerciantes individuais, das sociedades comerciais, das sociedades civis sob forma comercial e dos estabelecimentos individuais de responsabilidade limitada, tendo em vista a segurança do comércio jurídico.

2 – O registo das cooperativas, das empresas públicas, dos agrupamentos complementares de empresas e dos agrupamentos europeus de interesse económico, bem como de outras pessoas singulares e colectivas por lei a ele sujeitas, rege-se pelas disposições do presente Código, salvo expressa disposição de lei em contrário.

ARTIGO 2º
Comerciantes individuais

Estão sujeitos a registo os seguintes factos relativos a comerciantes individuais:

a) O início, alteração e cessação da actividade do comerciante individual;
b) As modificações do seu estado civil e regime de bens;
c) A mudança de estabelecimento principal.

ARTIGO 3º
Sociedades comerciais e sociedades civis sob forma comercial

1 – Estão sujeitos a registo os seguintes factos relativos às sociedades comerciais e sociedades civis sob forma comercial:

* *Texto de acordo com a republicação do Decreto-Lei nº 76-A/2006, de 29 de Março.*

a) A constituição;

b) A deliberação da assembleia geral, nos casos em que a lei a exige, para aquisição de bens pela sociedade;

c) A unificação, divisão e transmissão de quotas de sociedades por quotas, bem como de partes sociais de sócios comanditários de sociedades em comandita simples;

d) A promessa de alienação ou de oneração de partes de capital de sociedades em nome colectivo e de sociedades em comandita simples e de quotas de sociedades por quotas, bem como os pactos de preferência, se tiver sido convencionado atribuir-lhes eficácia real, e a obrigação de preferência a que, em disposição de última vontade, o testador tenha atribuído igual eficácia;

e) A transmissão de partes sociais de sociedades em nome colectivo, de partes sociais de sócios comanditados de sociedades em comandita simples, a constituição de direitos reais de gozo ou de garantia sobre elas e a sua transmissão, modificação e extinção, bem como a penhora dos direitos aos lucros e à quota de liquidação;

f) A constituição e a transmissão de usufruto, o penhor, o arresto, o arrolamento, a penhora e a apreensão em processo penal de quotas ou direitos sobre elas e ainda quaisquer outros atos ou providências que afetem a sua livre disposição;

g) A exoneração e exclusão de sócios de sociedades em nome colectivo e de sociedades em comandita, bem como a extinção de parte social por falecimento do sócio e a admissão de novos sócios de responsabilidade ilimitada;

h) *(Revogada.)*

i) A amortização de quotas e a exclusão e exoneração de sócios de sociedades por quotas;

j) A deliberação de amortização, conversão e remissão de acções;

l) A emissão de obrigações, quando realizada através de oferta particular, excepto se tiver ocorrido, dentro do prazo para requerer o registo, a admissão das mesmas à negociação em mercado regulamentado de valores mobiliários;

m) A designação e cessação de funções, por qualquer causa que não seja o decurso do tempo, dos membros dos órgãos de administração e de fiscalização das sociedades, bem como do secretário da sociedade;

n) A prestação de contas das sociedades anónimas, por quotas e em comandita por acções, bem como das sociedades em nome colectivo e em comandita simples quando houver lugar a depósito, e de contas consolidadas de sociedades obrigadas a prestá-las;

o) A mudança da sede da sociedade e a transferência de sede para o estrangeiro;

p) O projecto de fusão interna ou transfronteiriça e o projecto de cisão de sociedades;

q) O projecto de constituição de uma sociedade anónima europeia por meio de fusão, o projecto de constituição de uma sociedade anónima europeia por meio de transformação de sociedade anónima de direito interno e o projecto de constituição de uma sociedade anónima europeia gestora de participações sociais, bem como a verificação das condições de que depende esta última constituição;

r) A prorrogação, fusão interna ou transfronteiriça, cisão, transformação e dissolução das sociedades, bem como o aumento, redução ou reintegração do capital social e qualquer outra alteração ao contrato de sociedade;

s) A designação e cessação de funções, anterior ao encerramento da liquidação, dos liquidatários das sociedades, bem como os actos de modificação dos poderes legais ou contratuais dos liquidatários;

t) O encerramento da liquidação ou o regresso à actividade da sociedade;

u) A deliberação de manutenção do domínio total de uma sociedade por outra, em relação de grupo, bem como o termo dessa situação;

v) O contrato de subordinação, suas modificações e seu termo;

x) *(Revogada.)*

z) A emissão de warrants sobre valores mobiliários próprios, quando realizada através de oferta particular por entidade que não tenha valores mobiliários admitidos à negociação em mercado regulamentado nacional, excepto se tiver ocorrido, dentro do prazo para requerer o registo, a admissão dos mesmos à negociação em mercado regulamentado de valores mobiliários.

2 – Estão sujeitos a registo os seguintes factos relativos às sociedades anónimas europeias:

a) A constituição;

b) A prestação das contas anuais e, se for caso disso, das contas consolidadas;

c) O projecto de transferência da sede para outro Estado membro da União Europeia;

d) As alterações aos respectivos estatutos;

e) O projecto de transformação em sociedade anónima de direito interno;

f) A transformação a que se refere a alínea anterior;

g) A dissolução;

h) O encerramento da liquidação ou o regresso à actividade da sociedade;

i) Os restantes factos referentes a sociedades anónimas que, por lei, estejam sujeitos a registo.

3 – *(Revogado.)*

(Redacção dada pela Lei nº 30/2017, de 30-05)

ARTIGO 4º
Cooperativas

Estão sujeitos a registo os seguintes factos relativos a cooperativas:

a) A constituição da cooperativa;

b) A nomeação e cessação de funções, por qualquer causa que não seja o decurso do tempo, de directores, representantes e liquidatários;

c) *(Revogada.)*

d) A prorrogação, transformação, fusão, cisão e qualquer outra alteração dos estatutos;

e) A dissolução e encerramento da liquidação.

ARTIGO 5º
Empresas públicas

Estão sujeitos a registo os seguintes factos relativos a empresas públicas:

a) A constituição da empresa pública;

b) A emissão de obrigações e de títulos de participação;

c) A designação e cessação de funções, por qualquer causa que não seja o decurso do tempo, dos membros dos órgãos de administração e de fiscalização;

d) A prestação de contas;

e) O agrupamento, fusão, cisão e qualquer outra alteração dos estatutos;

f) A extinção das empresas públicas, a designação e cessação de funções, anterior ao encerramento da liquidação, dos liquidatários, bem como o encerramento da liquidação.

ARTIGO 6º
Agrupamentos complementares de empresas

Estão sujeitos a registo os seguintes factos relativos a agrupamentos complementares de empresas:

a) O contrato de agrupamento;

b) A emissão de obrigações;

c) A nomeação e exoneração de administradores e gerentes;

d) A entrada, exoneração e exclusão de membros do agrupamento;

e) As modificações do contrato;

f) A dissolução e encerramento da liquidação do agrupamento.

ARTIGO 7º
Agrupamentos europeus de interesse económico

Estão sujeitos a registo os seguintes factos relativos aos agrupamentos europeus de interesse económico:

a) O contrato de agrupamento;

b) A cessão, total ou parcial, de participação de membro do agrupamento;

c) A cláusula que exonere um novo membro do pagamento das dívidas contraídas antes da sua entrada;

d) A designação e cessação de funções, por qualquer causa que não seja o decurso do tempo, dos gerentes do agrupamento;

e) A entrada, exoneração e exclusão de membros do agrupamento;

f) As alterações do contrato de agrupamento;

g) O projecto de transferência da sede;

h) A dissolução;

i) A designação e cessação de funções, anterior ao encerramento da liquidação, dos liquidatários;

j) O encerramento da liquidação.

ARTIGO 8º
Estabelecimentos individuais de responsabilidade limitada

Estão sujeitos a registo os seguintes factos relativos a estabelecimentos individuais de responsabilidade limitada:

a) A constituição do estabelecimento;

b) O aumento e redução do capital do estabelecimento;

c) A transmissão do estabelecimento por acto entre vivos e a sua locação;

d) A constituição por acto entre vivos de usufruto e de penhor sobre o estabelecimento;

e) As contas anuais;

f) As alterações do acto constitutivo;

g) A entrada em liquidação e o encerramento da liquidação do estabelecimento;

h) A designação e a cessação de funções, anterior ao termo da liquidação, do liquidatário do estabelecimento, quando não seja o respectivo titular.

ARTIGO 9º
Acções e decisões sujeitas a registo

Estão sujeitas a registo:

a) As acções de interdição do comerciante individual e de levantamento desta;

b) As acções que tenham como fim, principal ou acessório, declarar, fazer reconhecer, constituir, modificar ou extinguir qualquer dos direitos referidos nos artigos 3º a 8º;

c) As acções de declaração de nulidade ou anulação dos contratos de sociedade, de agrupamento complementar de empresas e de agrupamento europeu de interesse económico registados;

d) As acções de declaração de nulidade ou anulação dos actos de constituição de cooperativas e de estabelecimentos individuais de responsabilidade limitada;

e) As acções de declaração de nulidade ou anulação de deliberações sociais, bem como os procedimentos cautelares de suspensão destas;

f) As acções de reforma, declaração de nulidade ou anulação de um registo ou do seu cancelamento;

g) As providências cautelares não especificadas requeridas com referência às mencionadas nas alíneas anteriores;

h) As decisões finais, com trânsito em julgado, proferidas nas acções e procedimentos cautelares referidos nas alíneas anteriores;

i) As sentenças de declaração de insolvência de comerciantes individuais, de sociedades comerciais, de sociedades civis sob forma comercial, de cooperativas, de agrupamentos complementares de empresas, de agrupamentos europeus de interesse económico e de estabelecimentos individuais de responsabilidade limitada e as de indeferimento do respectivo pedido, nos casos de designação prévia de administrador judicial provisório, bem como o trânsito em julgado das referidas sentenças;

j) As sentenças, com trânsito em julgado, de inabilitação e de inibição de comerciantes individuais para o exercício do comércio e de determinados cargos, bem como as decisões de nomeação e de destituição do curador do inabilitado;

l) Os despachos de nomeação e de destituição do administrador judicial e do administrador judicial provisório da insolvência, de atribuição ao devedor da administração da massa insolvente, assim como de proibição da prática de certos actos sem o consentimento do administrador da insolvência e os despachos que ponham termo a essa administração;

m) Os despachos, com trânsito em julgado, de exoneração do passivo restante de comerciantes individuais, assim como os despachos inicial e de cessação antecipada do respectivo procedimento e de revogação dessa exoneração;

n) As decisões judiciais de encerramento do processo de insolvência;

o) As decisões judiciais de confirmação do fim do período de fiscalização incidente sobre a execução de plano de insolvência.

ARTIGO 10º
Outros factos sujeitos a registo

Estão ainda sujeitos a registo:

a) O mandato comercial escrito, suas alterações e extinção;

b) *(Revogada.)*

c) A criação, a alteração e o encerramento de representações permanentes de sociedades, cooperativas, agrupamentos complementares de empresas e agrupamentos europeus de interesse económico com sede em Portugal ou no estrangeiro, bem como a designação, poderes e cessação de funções dos respectivos representantes;

d) A prestação de contas das sociedades com sede no estrangeiro e representação permanente em Portugal;

e) O contrato de agência ou representação comercial, quando celebrado por escrito, suas alterações e extinção;

f) O incumprimento da obrigação de declaração de beneficiário efetivo, nos termos da lei;

g) Quaisquer outros factos que a lei declare sujeitos a registo comercial.

(Redação dada pela Lei nº 89/2017, de 21-08)

ARTIGO 10º-A
Representações permanentes de sociedades com sede em país da União Europeia

1 – Estão especialmente sujeitos a registo sobre as representações permanentes de sociedades de responsabilidade limitada com sede em país da União Europeia, os seguintes factos relativos à sociedade representada:

a) A abertura e o encerramento dos processos de liquidação e de insolvência;

b) O cancelamento do registo da sociedade.

2 – O registo dos factos previstos no número anterior é efetuado oficiosamente, na sequência de comunicação, através do sistema de interconexão dos registos da União Europeia, pelo registo competente do respetivo Estado-Membro da União Europeia.

(Aditado pelo Decreto-Lei nº 24/2019, de 01-02)

ARTIGO 11º
Presunções derivadas do registo

O registo por transcrição definitivo constitui presunção de que existe a situação jurídica, nos precisos termos em que é definida.

(Redacção dada pelo Decreto-Lei nº 8/2007, de 17-01)

ARTIGO 12º
Prioridade do registo

O facto registado em primeiro lugar prevalece sobre os que se lhe seguirem, relativamente às mesmas quotas ou partes sociais, segundo a ordem do respectivo pedido.

(Redacção dada pelo Decreto-Lei nº 8/2007, de 17-01)

ARTIGO 13º
Eficácia entre as partes

1 – Os factos sujeitos a registo, ainda que não registados, podem ser invocados entre as próprias partes ou seus herdeiros.

2 – Exceptuam-se do disposto no número anterior os actos constitutivos das sociedades e respectivas alterações, a que se aplica o disposto no Código das Sociedades Comerciais e na legislação aplicável às sociedades anónimas europeias.

ARTIGO 14º
Oponibilidade a terceiros

1 – Os factos sujeitos a registo só produzem efeitos contra terceiros depois da data do respectivo registo.

2 – Os factos sujeitos a registo e publicação obrigatória nos termos do nº 2 do artigo 70º só produzem efeitos contra terceiros depois da data da publicação.

3 – A falta de registo não pode ser oposta aos interessados pelos seus representantes legais, a quem incumbe a obrigação de o promover, nem pelos herdeiros destes.

4 – O disposto no presente artigo não prejudica o estabelecido no Código das Sociedades Comerciais e na legislação aplicável às sociedades anónimas europeias.

ARTIGO 15º
Factos sujeitos a registo obrigatório

1 – O registo dos factos referidos nas alíneas *a)* a *c)* e *e)* a *z)* do nº 1 e no nº 2 do artigo 3º, no artigo 4º, nas alíneas *a)*, *e)* e *f)* do artigo 5º, nos artigos 6º, 7º e 8º e nas alíneas *c)* e *d)* do artigo 10º é obrigatório.

2 – Salvo o disposto nos números seguintes, o registo dos factos referidos no número anterior deve ser pedido no prazo de dois meses a contar da data em que tiverem sido titulados.

3 – O registo dos factos referidos nas alíneas *a)*, *e)* e *f)* do artigo 5º deve ser requerido no prazo de dois meses a contar da data da publicação do decreto que os determinou.

4 – O pedido de registo de prestação de contas de sociedades e de estabeleci-

mentos individuais de responsabilidade limitada deve ser efectuado até ao 15º dia do 7º mês posterior à data do termo do exercício económico.

5 – Estão igualmente sujeitas a registo obrigatório as acções, decisões, procedimentos e providências cautelares previstas no artigo 9º

6 – O registo do procedimento cautelar não é obrigatório se já se encontrar pedido o registo da providência cautelar requerida e o registo desta não é obrigatório se já se encontrar pedido o registo da acção principal.

7 – O registo das acções e dos procedimentos cautelares de suspensão de deliberações sociais devem ser pedidos no prazo de dois meses a contar da data da sua propositura.

8 – O registo das decisões finais proferidas nas acções e procedimentos referidos no número anterior deve ser pedido no prazo de dois meses a contar do trânsito em julgado.

(Redacção dada pelo Decreto-Lei nº 292/2009, de 13-10)

ARTIGO 16º
Remessa das relações mensais dos actos notariais e decisões judiciais

1 – Até ao dia 15 de cada mês, os notários devem remeter à conservatória situada no concelho da sede da entidade sujeita a registo a relação dos documentos lavrados no mês anterior, para prova dos factos sujeitos a registo comercial obrigatório.

2 – De igual modo devem proceder as secretarias dos tribunais, com referência às decisões previstas no nº 6 do artigo anterior.

ARTIGO 17º
Incumprimento da obrigação de registar dentro do prazo

1 – Pelo registo dos factos previstos no artigo 15º, para além dos prazos aí mencionados, é devido o pagamento em dobro do emolumento aplicável.

2 – O disposto no número anterior não se aplica aos tribunais e ao Ministério Público.

3 – O incumprimento da obrigação de registar a prestação de contas obsta ao registo de outros factos sobre a entidade, com exceção dos registos de designação e cessação de funções, por qualquer causa que não seja o decurso do tempo, dos membros dos órgãos de administração e de fiscalização, de atos emanados de autoridade administrativa, das ações, decisões, procedimentos e providências cautelares previstas no artigo 9º, bem como do arresto, do arrolamento, da penhora e da apreensão em processo penal, de quotas ou direitos sobre elas, outros atos ou providências que afetem a sua livre disposição, e quaisquer outros registos a efetuar por depósito.

4 – *(Revogado.)*

5 – *(Revogado.)*

6 – *(Revogado.)*

7 – *(Revogado.)*

8 – *(Revogado.)*

(Redacção dada pela Lei nº 30/2017, de 30-05)

ARTIGO 18º
Caducidade

1 – Os registos caducam por força da lei ou pelo decurso do prazo de duração do negócio.

2 – Os registos provisórios caducam se não forem convertidos em definitivos ou renovados dentro do prazo da respectiva vigência.

3 – É de seis meses o prazo de vigência do registo provisório, salvo disposição em contrário.

4 – A caducidade deve ser anotada ao registo logo que verificada.

ARTIGO 19º
Prazos especiais de caducidade

(Revogado.)

ARTIGO 20º
Cancelamento

Os registos são cancelados com base na extinção dos direitos, ónus ou encargos neles definidos, em execução de decisão administrativa, nos casos previstos na lei, ou de decisão judicial transitada em julgado.

ARTIGO 21º
Inexistência

(Revogado.)

ARTIGO 22º
Nulidade

1 – O registo por transcrição é nulo:

a) Quando for falso ou tiver sido feito com base em títulos falsos;

b) Quando tiver sido feito com base em títulos insuficientes para a prova legal do facto registado;

c) Quando enfermar de omissões ou inexactidões de que resulte incerteza acerca dos sujeitos ou do objecto da relação jurídica a que o facto registado se refere;

d) Quando tiver sido assinado por pessoa sem competência funcional, salvo o disposto no nº 2 do artigo 369º do Código Civil, e não possa ser confirmado;

e) Quando tiver sido lavrado sem apresentação prévia.

2 – Os registos nulos só podem ser rectificados nos casos previstos na lei, se não tiver registada a acção de declaração de nulidade.

3 – A nulidade do registo só pode, porém, ser invocada depois de declarada por decisão judicial com trânsito em julgado.

4 – A declaração de nulidade do registo não prejudica os direitos adquiridos a título oneroso por terceiro de boa fé, se o registo dos correspondentes factos for anterior ao registo da acção de nulidade.

(Redacção dada pelo Decreto-Lei nº 116/2008, de 04-07)

ARTIGO 23º
Inexactidão

O registo é inexacto quando se mostre lavrado em desconformidade com o título que lhe serviu de base ou enferme de deficiências provenientes desse título que não sejam causa de nulidade.

ARTIGO 23º-A
Declaração do representante para efeitos tributários

No momento do registo do encerramento da liquidação ou da cessação de actividade, consoante o caso, deve ser obrigatoriamente indicado o representante para efeitos tributários, nos termos do nº 4 do artigo 19º do Decreto-Lei nº 398/98, de 17 de Dezembro, para comunicação obrigatória, e por via electrónica, aos serviços da administração tributária.

(Aditado pelo Decreto-Lei nº 122/2009, de 21-05)

CAPÍTULO II
Competência para o registo

ARTIGOS 24º A 26º

(Revogados.)

ARTIGO 27º
Mudança voluntária da sede ou do estabelecimento

1 – Quando a sociedade ou outra entidade sujeita a registo solicitar o registo de alteração de sede para localidade pertencente a outro concelho, a conservatória remete oficiosamente a respectiva pasta à conservatória situada nesse concelho e de tal facto notifica a entidade em causa.

2 – Tratando-se de transferência da sede de sociedade anónima europeia para outro Estado membro da União Europeia, a comunicação, pelo serviço de registo competente deste último, da nova matrícula da sociedade, em consequência do registo definitivo da transferência de sede e da correspondente alteração dos estatutos, determina o imediato registo oficioso da transferência de sede e o correspondente cancelamento da matrícula na conservatória nacional.

3 – *(Revogado.)*

4 – *(Revogado.)*

5 – *(Revogado.)*

6 – O registo definitivo de alteração dos estatutos de sociedade anónima europeia pelo qual seja publicitada a transferência da sede daquela para Portugal deve ser imediatamente comunicado, em conjunto com a nova matrícula da sociedade, ao serviço de registo do Estado da anterior matrícula.

CAPÍTULO III
Processo de registo

ARTIGO 28º
Princípio da instância

1 – O registo efectua-se a pedido dos interessados, salvo nos casos de oficiosidade previstos na lei.

2 – Por portaria do Ministro da Justiça são identificadas as situações em que o pedido de registo é efectuado de forma verbal ou escrita.

3 – Nos casos em que os pedidos devam ser apresentados de forma escrita, os modelos de requerimento de registo são aprovados por despacho do director-geral dos Registos e do Notariado.

ARTIGO 28º-A
Apresentação por notário

(Revogado pelo Decreto-Lei nº 116/2008, de 04-07)

ARTIGO 29º
Legitimidade

1 – Para pedir os actos de registo respeitantes a comerciantes individuais, salvo o referido no nº 2, e a pessoas colectivas sujeitas a registo têm legitimidade os próprios ou seus representantes e todas as demais pessoas que neles tenham interesse.

2 – O registo do início, alteração e cessação de actividade do comerciante individual, bem como da mudança do seu estabelecimento principal, só pode ser pedido pelo próprio ou pelo seu representante.

3 – Para o pedido de registo provisório do contrato de sociedade anónima com apelo a subscrição pública de acções só têm legitimidade os respectivos promotores.

4 – O Ministério Público tem legitimidade para pedir os registos das acções por ele propostas e respectivas decisões finais.

5 – Salvo no que respeita ao registo de acções e outras providências judiciais, para pedir o registo de actos a efectuar por depósito apenas tem legitimidade a entidade sujeita a registo, sem prejuízo do disposto no artigo seguinte.

(Redacção dada pelo Decreto-Lei nº 8/2007, de 17-01)

ARTIGO 29º-A
Registo de factos relativos a participações sociais e respectivos titulares a promover pela sociedade

1 – No caso de a sociedade não promover o registo, nos termos do nº 5 do artigo anterior, qualquer pessoa pode solicitar junto da conservatória que esta promova o registo por depósito de factos relativos a participações sociais e respectivos titulares.

2 – No caso previsto no número anterior, a conservatória notifica a sociedade para que esta, no prazo de 10 dias, promova o registo sob pena de, não o fazendo, a conservatória proceder ao registo, nos termos do número seguinte.

3 – Se a sociedade não promover o registo nem se opuser, no mesmo prazo, a conservatória regista o facto, arquiva os documentos que tiverem sido entregues e envia cópia dos mesmos à sociedade.

4 – A oposição da sociedade deve ser apreciada pelo conservador, ouvidos os interessados.

5 – Se o conservador decidir promover o registo, a sociedade deve entregar ao requerente as quantias por este pagas a título de emolumentos e outros encargos e, no caso de o conservador indeferir o pedido, deve este entregar à sociedade as quantias por esta pagas a título de emolumentos e outros encargos.

6 – A decisão do conservador de indeferir o pedido ou proceder ao registo é recorrível nos termos dos artigos 101º e seguintes.

(Redacção dada pelo Decreto-Lei nº 8/2007, de 17-01)

ARTIGO 29º-B
Promoção do registo de factos relativos a participações sociais e respectivos titulares por outras entidades

Nos casos em que o registo de factos relativos a participações sociais e respectivos titulares não deva ser promovido pela sociedade, designadamente no caso de acções e providências judiciais, o requerente do registo deve enviar à sociedade cópia dos documentos que titulem o facto, para que aquela os arquive.

ARTIGO 30º
Representação

1 – O registo pode ser pedido por:

a) Aqueles que tenham poderes de representação para intervir no respectivo título;

b) Mandatário com procuração bastante;

c) Advogados, notários e solicitadores;

d) Revisores e técnicos oficiais de contas, para o pedido de depósito dos documentos de prestação de contas.

2 – A representação subsiste até à realização do registo, abrangendo, designadamente, a faculdade de requerer urgência na sua realização e a de impugnar a decisão de qualificação do registo, nos termos do artigo 101º, e implica a responsabilidade solidária do representante no pagamento dos respectivos encargos.

3 – Sem prejuízo do disposto no número anterior, a representação para efeitos de impugnação judicial só pode ser assegurada por mandatário com poderes especiais para o efeito ou com poderes forenses gerais.

(Redacção dada pelo Decreto-Lei nº 116/2008, de 04-07)

ARTIGO 31º
Princípio do trato sucessivo

(Revogado.)

ARTIGO 32º
Prova documental

1 – Só podem ser registados os factos constantes de documentos que legalmente os comprovem.

2 – Os documentos escritos em língua estrangeira só podem ser aceites quando traduzidos nos termos da lei, salvo se titularem factos sujeitos a registo por transcrição, estiverem redigidos em língua inglesa, francesa ou espanhola e o funcionário competente dominar essa língua.

3 – Sem prejuízo do disposto nos números anteriores, podem ser depositadas na pasta da entidade sujeita a registo traduções, efectuadas nos termos da lei, de documentos respeitantes a actos submetidos a registos, em qualquer língua oficial da União Europeia, em termos a definir por portaria do membro do Governo responsável pela área da justiça.

4 – Os documentos arquivados nos serviços da Administração Pública podem ser utilizados para a realização de registos por transcrição, devendo tais documentos ser referenciados no pedido.

5 – Para efeitos do disposto no número anterior, o serviço de registo é reembolsado pelo apresentante das despesas resultantes dos pagamentos devidos às entidades referidas no número anterior.

6 – Sem prejuízo da competência para certificação de fotocópias atribuída por lei a outras entidades, para efeitos de registo comercial *online* de actos sobre sociedades comerciais ou civis sob forma comercial os respectivos gerentes, administradores e secretários podem, quando os promovam, certificar a conformidade dos documentos electrónicos por si entregues, através do sítio na Internet, com os documentos originais, em suporte de papel.

7 – As comunicações recebidas através do sistema de interconexão dos registos da União Europeia dispensam a apresentação de prova documental adicional dos factos nelas contidos.

(Redação dada pelo Decreto-Lei nº 24/2019, de 01-02)

ARTIGO 33º
Declarações complementares

São admitidas declarações complementares dos títulos nos casos previstos na lei, designadamente para completa identificação dos sujeitos, sem prejuízo da exigência de prova do estado civil, e bem assim dos gerentes, administradores, directores, liquidatários e demais representantes das pessoas colectivas.

ARTIGO 34º
Comerciante individual

1 – O registo do início, alteração e cessação de actividade do comerciante indi-

vidual, bem como da modificação dos seus elementos de identificação, efectua-se com base na declaração do interessado.

2 – Com o pedido de registo de modificação do estado civil ou do regime de bens do comerciante individual deve ser arquivado o respectivo documento comprovativo.

ARTIGO 35º
Sociedades

1 – Para o registo de sociedades cuja constituição esteja dependente de qualquer autorização especial é necessário o arquivamento do respectivo documento comprovativo, salvo se o acto de constituição for titulado por escritura pública que o mencione.

2 – O registo prévio do contrato de sociedade é efectuado em face do projecto completo do respectivo contrato.

3 – A conversão em definitivo do registo referido no número anterior é feita em face do contrato de sociedade.

4 – O registo provisório do contrato de sociedade anónima com apelo à subscrição pública de acções é lavrado em face do projecto completo do contrato, com reconhecimento das assinaturas de todos os interessados, de documento comprovativo da liberação das acções por eles subscritas e, quando necessário, da autorização para a subscrição pública ou emissão de acções.

5 – *(Revogado.)*

ARTIGO 36º
Sociedades anónimas europeias

1 – O registo de constituição de uma sociedade anónima europeia por fusão ou transformação ou de constituição de uma sociedade anónima europeia gestora de participações sociais ou filial é efectuado com base no contrato de sociedade.

2 – Para o registo de constituição de sociedade anónima europeia gestora de participações sociais deve ainda ser comprovada a prévia publicitação, relativamente a todas as sociedades promotoras, da verificação das condições de que depende essa constituição, nos termos previstos na legislação comunitária aplicável.

3 – O registo ou menção da verificação das condições de que depende a constituição de uma sociedade anónima europeia gestora de participações sociais com sede em Portugal é feito com base no acto de constituição dessa sociedade.

4 – O registo de alteração dos estatutos de uma sociedade anónima europeia pelo qual seja publicitada a transferência de sede daquela para Portugal é efectuado com base no documento que formalize essa alteração, no qual seja declarada a transferência da sede e exarado o contrato pelo qual a sociedade passa a reger-se.

ARTIGO 36º-A
Certificados relativos às sociedades anónimas europeias

1 – Os certificados a que se referem o nº 8 do artigo 8º e o nº 2 do artigo 25º do Regulamento (CE) nº 2157/2001, do Conselho, de 8 de Outubro, devem, em especial, fazer referência à verificação do cumprimento de cada um dos actos e formalidades prévios, respectivamente, à transferência da sede de sociedade anónima europeia para

outro Estado membro da União Europeia ou à constituição de sociedade anónima europeia por fusão, exigidos por aquele regulamento, pela legislação nacional adoptada em sua execução ou ainda pela legislação nacional aplicável às sociedades anónimas de direito interno, identificando os documentos que comprovem tal verificação.

2 – Nos casos em que a mesma conservatória seja competente para controlar a legalidade do cumprimento, pelas sociedades portuguesas participantes, dos actos e formalidades prévias à fusão e para o controlo da legalidade do processo na parte que respeita à fusão e à constituição da sociedade anónima europeia com sede em Portugal, ambos os controlos podem ser efectuados aquando do registo daquela constituição.

ARTIGO 36º-B
Transferência de sede de sociedade anónima europeia

1 – Nos casos em que, para efeitos de emissão do certificado previsto no nº 8 do artigo 8º do Regulamento (CE) nº 2157/2001, do Conselho, de 8 de Outubro, a sociedade solicite à conservatória a notificação do sócio exonerando para a celebração de contrato de aquisição da sua participação social, aplicam-se ao procedimento de notificação as disposições constantes dos números seguintes.

2 – A solicitação referida no número anterior pode ser formulada através de requerimento escrito ou verbal da sociedade, sendo neste último caso reduzido a auto, do qual deve, em especial, constar:

a) A identificação do sócio exonerando a notificar;

b) A intenção da sociedade de adquirir ou fazer adquirir por terceiro a participação social do sócio, em virtude do exercício por este último do seu direito à exoneração da sociedade;

c) O pedido de fixação da data da celebração do contrato e de notificação do sócio exonerando quanto a tal data.

3 – No prazo de três dias, a conservatória procede à notificação do sócio exonerando, através de carta registada, da qual, para além das menções resultantes do disposto no número anterior, deve constar a cominação de que a não comparência do sócio para efeitos da celebração do contrato na data fixada, sem motivo justificado, determina a perda do seu direito à exoneração da sociedade.

4 – A justificação da não comparência do sócio com base em motivo devidamente comprovado deve ser apresentada no prazo máximo de cinco dias a contar da data fixada para a celebração do contrato.

5 – Se o sócio exonerando não comparecer na data fixada e apresentar a justificação a que se refere o número anterior, nos termos e prazo nele indicados, a conservatória, no prazo indicado no nº 3, procede à fixação de nova data para a celebração do contrato e notifica-a ao sócio exonerando e à sociedade.

6 – Se na data inicialmente fixada ou, caso se verifique a circunstância prevista no número anterior, na nova data fixada o sócio exonerando não comparecer e não apresentar justificação do facto, nos termos e prazo previstos no nº 4, a conservatória faz constar do certificado referido no nº 1 a verificação da perda do direito à exoneração por parte do sócio, por motivo que lhe é imputável.

ARTIGO 37º
Empresas públicas

O registo da constituição de empresas públicas efectua-se em face do decreto que a determinou.

ARTIGOS 38º E 39º

(Revogados.)

ARTIGO 40º
Representações sociais

1 – O registo das representações permanentes de sociedades com sede principal e efectiva em Portugal é feito em face de documento comprovativo da deliberação social que a estabeleça.

2 – O registo das representações permanentes de sociedades com sede principal e efectiva no estrangeiro é feito em face de documento comprovativo da deliberação social que a estabeleça, do texto completo e actualizado do contrato de sociedade e de documento que comprove a existência jurídica deste.

3 – O disposto nos números anteriores é aplicável, com as necessárias adaptações, a outras pessoas colectivas de tipo correspondente a qualquer das abrangidas por este diploma.

ARTIGO 41º
Estabelecimento individual de responsabilidade limitada

(Revogado.)

ARTIGO 42º
Prestação de contas

1 – O registo da prestação de contas consiste no depósito, por transmissão electrónica de dados e de acordo com os modelos oficiais previstos em legislação especial, da informação constante dos seguintes documentos:

a) Acta de aprovação das contas do exercício e da aplicação dos resultados;
b) Balanço;
c) Demonstração dos resultados;
d) Demonstração das alterações no capital próprio/património líquido;
e) Demonstração de fluxos de caixa;
f) Anexo às demonstrações financeiras;
g) Certificação legal das contas;
h) Parecer do órgão de fiscalização, quando exista.

2 – O registo da prestação de contas consolidadas consiste no depósito, por transmissão electrónica de dados e de acordo com os modelos oficiais previstos em legislação especial, da informação constante dos seguintes documentos:

a) Acta da deliberação de aprovação das contas consolidadas do exercício, de onde conste o montante dos resultados consolidados;

b) Balanço consolidado, demonstração consolidada dos resultados, demonstração das alterações no capital próprio/património líquido, demonstração consolidada de fluxos de caixa e anexo às demonstrações financeiras;

c) Certificação legal das contas consolidadas;

d) Parecer do órgão de fiscalização, quando exista.

3 – Relativamente às empresas públicas, a informação respeitante à deliberação da assembleia geral é substituída pela informação referente aos despachos de aprovação do ministro das Finanças e do ministro da tutela e a respeitante à certificação legal das contas é substituída pela referente ao parecer da Inspecção-Geral de Finanças.

4 – *(Revogado.)*

5 – *(Revogado.)*

6 – Relativamente às representações permanentes em Portugal de sociedades com sede no estrangeiro, a acta de aprovação é substituída por declaração da entidade representada, de onde conste que os documentos referidos no nº 1 lhe foram apresentados.

7 – O preenchimento dos modelos oficiais com a informação constante dos documentos referidos nos números anteriores permite a utilização dessa informação para fins de investigação científica ou de estatística, ainda que o registo não possa ser efetuado por falta de pagamento da taxa devida.

8 – O acesso por meios electrónicos, nos termos legalmente previstos, à informação constante dos documentos referidos nos nºs 1 e 2, substitui, para todos os efeitos legais, os correspondentes documentos em suporte de papel.

9 – Quando, nos termos da legislação especial, não forem exigíveis os documentos referidos nas alíneas *d*), *e*) e *f*) do nº 1, os mesmos não integram o registo da prestação de contas.

(Redação dada pelo Decreto-Lei nº 24/2019, de 01-02)

ARTIGO 43º
Registo provisório de acção e de procedimento cautelar

1 – Os registos provisórios de acção e o de procedimento cautelar de suspensão de deliberações sociais são feitos com base em certidão de teor do articulado ou em duplicado deste, acompanhado de prova da sua apresentação a juízo.

2 – Se a apresentação for feita pelo mandatário judicial é suficiente a entrega da cópia do articulado e de declaração da sua prévia ou simultânea apresentação em juízo com indicação da respectiva data.

(Redacção dada pelo Decreto-Lei nº 116/2008, de 04-07)

ARTIGO 44º
Cancelamento do registo provisório

1 – O cancelamento dos registos provisórios por dúvidas é feito com base em declaração do respectivo titular.

2 – A assinatura do declarante deve ser reconhecida presencialmente se não for feita na presença do funcionário da conservatória competente para o registo.

3 – No caso de existirem registos dependentes dos registos referidos no nº 1 deste artigo é igualmente necessário o consentimento dos respectivos titulares, prestado em declaração com idêntica formalidade.

4 – O cancelamento do registo provisório de acção e de procedimento cautelar é feito com base em certidão da decisão transitada em julgado que absolva o réu do pedido ou da instância, a julgue extinta ou a declare interrompida, se o serviço de registo não conseguir aceder à informação necessária por meios electrónicos.

(Redacção dada pelo Decreto-Lei nº 116/2008, de 04-07)

ARTIGO 45º
Anotação de apresentação

1 – A apresentação de documentos para registo pode ser feita pessoalmente, pelo correio ou ainda por via electrónica, nos termos a regulamentar por portaria do membro do Governo responsável pela área da justiça.

2 – Os documentos apresentados pessoalmente são anotados pela ordem de entrega dos pedidos.

3 – *(Revogado.)*

4 – Os documentos apresentados pelo correio são anotados com a observação de «correspondência» no dia da recepção e imediatamente após a última apresentação pessoal.

5 – A anotação dos documentos apresentados por via eletrónica, que ocorre apenas com a comunicação do pagamento das quantias que forem devidas, é efetuada pela ordem fixada pela portaria referida no nº 1.

6 – O pedido de registo por depósito não está sujeito a anotação de apresentação, sem prejuízo da aplicação das regras constantes nos números anteriores à ordenação dos pedidos.

(Redacção dada pelo Decreto-Lei nº 250/2012, de 23-11)

ARTIGO 45º-A
Omissão de anotação de apresentações

Sempre que ocorra uma omissão de anotação de apresentação de pedidos de registo relativamente à mesma requisição, as apresentações omitidas são anotadas no dia em que a omissão for constatada, fazendo-se referência a esta e ao respectivo suprimento no dia a que respeita, ficando salvaguardados os efeitos dos registos entretanto apresentados.

ARTIGO 46º
Rejeição da apresentação ou do pedido

1 – A apresentação deve ser rejeitada:

a) Quando o requerimento não respeitar o modelo aprovado, quando tal for exigível;

b) Quando não forem pagas as quantias que se mostrem devidas;

c) Quando a entidade objecto de registo não tiver número de identificação de pessoa colectiva atribuído.

2 – O pedido de registo por depósito deve ser rejeitado:

a) Nas situações referidas no número anterior;

b) Se o requerente não tiver legitimidade para requerer o registo;

c) Quando não se mostre efectuado o primeiro registo da entidade, nos termos previstos no artigo 61º;

d) Quando o facto não estiver sujeito a registo.

3 – Verificada a existência de causa de rejeição de registo por transcrição ou por depósito, é feita a apresentação do pedido no diário ou feita menção do pedido com os elementos disponíveis.

4 – O disposto no número anterior não se aplica às situações previstas na alínea *c*) do nº 1.

5 – A rejeição da apresentação ou do pedido deve ser fundamentada em despacho a notificar ao interessado, para efeitos de impugnação, nos termos do disposto nos artigos 101º e seguintes, aplicando-se-lhe, com as devidas adaptações, as disposições relativas à recusa.

6 – Nos casos em que a entidade se encontre registada sem número de identificação de pessoa colectiva atribuído, a conservatória comunica tal facto ao Registo Nacional de Pessoas Colectivas de modo que se proceda, no próprio dia, à inscrição da entidade no ficheiro central de pessoas colectivas.

7 – A verificação das causas de rejeição previstas no nº 2 pode efectuar-se até à realização do registo.

8 – Sem prejuízo do disposto no nº 8 do artigo 114º, a verificação da causa de rejeição prevista na alínea *b*) do nº 1 após a apresentação do pedido no diário dá lugar à recusa.

(Redacção dada pelo Decreto-Lei nº 250/2012, de 23-11)

ARTIGO 47º
Princípio da legalidade

A viabilidade do pedido de registo a efectuar por transcrição deve ser apreciada em face das disposições legais aplicáveis, dos documentos apresentados e dos registos anteriores, verificando-se especialmente a legitimidade dos interessados, a regularidade formal dos títulos e a validade dos actos neles contidos.

ARTIGO 48º
Recusa do registo

1 – O registo por transcrição deve ser recusado nos seguintes casos:

a) *(Revogada.)*

b) Quando for manifesto que o facto não está titulado nos documentos apresentados;

c) Quando se verifique que o facto constante do documento já está registado ou não está sujeito a registo;

d) Quando for manifesta a nulidade do facto;

e) Quando o registo já tiver sido lavrado como provisório por dúvidas e estas não se mostrem removidas;

f) *(Revogada.)*

g) *(Revogada.)*

h) Quando a entidade se encontrar em incumprimento quanto à obrigação do registo da prestação de contas, sem prejuízo das exceções previstas no nº 3 do artigo 17º, e não proceder ao referido registo durante o prazo fixado para o suprimento de deficiências.

2 – Além dos casos previstos no número anterior, o registo só pode ser recusado se, por falta de elementos ou pela natureza do acto, não puder ser feito como provisório por dúvidas.

(Redacção dada pelo Decreto-Lei nº 250/2012, de 23-11)

ARTIGO 49º
Registo provisório por dúvidas

Se as deficiências do processo de registo não forem sanadas nos termos do artigo 52º, o registo por transcrição deve ser feito provisoriamente por dúvidas quando existam motivos que obstem ao registo do acto tal como é pedido que não sejam fundamento de recusa.

(Redacção dada pelo Decreto-Lei nº 116/2008, de 04-07)

ARTIGO 50º
Despachos de recusa e de provisoriedade

1 – Os despachos de recusa e de provisoriedade por dúvidas são efectuados pela ordem de apresentação dos respectivos pedidos de registo, salvo quando deva ser aplicado o mecanismo do suprimento de deficiências, nos termos do artigo 52º, e são notificados aos interessados nos dois dias seguintes.

2 – Salvo nos casos previstos nas alíneas *a*), *c*) e *n*) do nº 1 do artigo 64º, a qualificação do registo como provisório por natureza é notificada aos interessados no prazo previsto no número anterior.

3 – A data da notificação prevista nos números anteriores é anotada na ficha.

(Redacção dada pelo Decreto-Lei nº 116/2008, de 04-07)

ARTIGO 51º
Obrigações fiscais

1 – Nenhum acto sujeito a encargos de natureza fiscal pode ser definitivamente registado sem que se mostrem pagos ou assegurados os direitos do Fisco.

2 – Não está sujeita à apreciação do funcionário competente para o registo a correcção da liquidação de encargos fiscais feita nas repartições de finanças.

3 – Presume-se assegurado o pagamento dos direitos correspondentes a qualquer transmissão desde que tenham decorrido os prazos de caducidade da liquidação ou de prescrição previstos nas leis fiscais.

4 – A verificação do cumprimento de obrigações fiscais relativamente a factos que devam ser registados por depósito não compete às conservatórias.

(Redacção dada pelo Decreto-Lei nº 8/2007, de 17-01)

ARTIGO 52º
Suprimento das deficiências

1 – Sempre que possível, as deficiências do processo de registo por transcrição devem ser supridas oficiosamente com base nos documentos apresentados ou já existentes no serviço de registo ou por acesso directo à informação constante de bases de dados das entidades ou serviços da Administração Pública.

2 – Não sendo possível o suprimento das deficiências, nos termos previstos no número anterior, e tratando-se de deficiência que não envolva novo pedido de registo nem constitua motivo de recusa nos termos das alíneas *c*) a *e*) e *h*) do nº 1 do artigo 48º, o serviço de registo competente comunica este facto ao interessado, por correio eletrónico, sempre que o interessado tenha fornecido o respetivo endereço, ou por qualquer meio idóneo, para que este, no prazo de cinco dias, proceda a tal suprimento, sob pena de o registo ser lavrado como provisório ou recusado.

3 – O registo não é lavrado provisoriamente ou recusado se as deficiências em causa respeitarem à omissão de documentos a emitir pelas entidades referidas no nº 1 e a informação deles constante não puder ser obtida nos termos aí previstos, desde que o interessado tenha expressamente solicitado ao serviço de registo, pessoalmente ou por escrito, através de correio eletrónico ou sob registo postal, e no prazo referido no número anterior, que diligencie pela sua obtenção diretamente às entidades ou serviços da Administração Pública.

4 – *[Revogado]*.

5 – A falta de apresentação do título que constitua motivo de recusa, nos termos da alínea *b*) do nº 1 do artigo 48º pode ser suprida, com observância dos números anteriores, desde que o facto sujeito a registo seja anterior à data da apresentação ou à hora desta se, sendo da mesma data, o título contiver a menção da hora em que foi assinado ou concluído.

6 – *[Revogado]*.

7 – O suprimento de deficiências nos termos dos nºs 2, 3 e 5 depende da entrega das quantias devidas.

8 – Das decisões tomadas no âmbito do suprimento de deficiências não cabe recurso hierárquico ou impugnação judicial.

(Redacção dada pelo Decreto-Lei nº 201/2015, de 17-09)

ARTIGO 53º
Desistência

A apresentação de pedido de desistência de um registo e dos que dele dependam só pode ser aceite no caso de deficiência que motive recusa ou se for junto documento comprovativo da extinção do facto desde que o pedido de desistência seja apresentado antes da assinatura do registo.

CAPÍTULO IV
Actos de registo

ARTIGO 53º-A
Formas de registo

1 – Os registos são efectuados por transcrição ou depósito.

2 – O registo por transcrição consiste na extractação dos elementos que definem a situação jurídica das entidades sujeitas a registo constantes dos documentos apresentados.

3 – Sem prejuízo dos regimes especiais de depósito da prestação de contas, o registo por depósito consiste no mero arquivamento dos documentos que titulam factos sujeitos a registo.

4 – *(Revogado.)*

5 – São registados por depósito:

a) Os factos mencionados nas alíneas *b*) a *l*), *n*), *p*), *q*), *u*), *v*) e *z*) do nº 1 do artigo 3º, salvo o registo do projecto de constituição de sociedade anónima europeia gestora de participações sociais, bem como o da verificação das condições de que depende a sua constituição;

b) Os factos referidos nas alíneas *b*), *c*) e *e*) do nº 2 do artigo 3º;

c) Os factos constantes das alíneas *b*) e *d*) do artigo 5º;

d) O facto mencionado na alínea *b*) do artigo 6º;

e) O facto referido na alínea *g*) do artigo 7º;

f) O facto constante da alínea *e*) do artigo 8º;

g) Os factos constantes do artigo 9º se respeitarem a factos que estão sujeitos a registo por depósito;

h) Os factos mencionados nas alíneas *a*), *d*) e *e*) do artigo 10º;

i) Todos os factos que por lei especial estejam sujeitos a depósito.

6 – Os suportes, processo e conteúdo dos registos são regulamentados por membro do Governo responsável pela área da justiça.

(Redacção dada pelo Decreto-Lei nº 185/2009, de 12-08)

ARTIGO 54º
Prazo e ordem dos registos

1 – O registo por transcrição é efectuado no prazo de 10 dias e pela ordem de anotação no diário, salvo nos casos de urgência e de suprimento de deficiências, nos termos do artigo 52º

2 – No caso de o apresentante requerer urgência, o registo deve ser efectuado no prazo máximo de um dia útil, podendo o funcionário proceder à feitura do registo sem subordinação à ordem da anotação, mas sem prejuízo da dependência dos actos.

3 – A menção na ficha do registo por depósito é efectuada no próprio dia em que for pedido.

(Redacção dada pelo Decreto-Lei nº 116/2008, de 04-07)

ARTIGO 55º
Âmbito e data do registo

1 – O registo por transcrição compreende a matrícula das entidades sujeitas a registo, bem como as inscrições, averbamentos e anotações de factos a elas respeitantes.

2 – Sem prejuízo do disposto no número seguinte, o registo por depósito abrange os documentos arquivados e a respectiva menção na ficha de registo.

3 – O registo por depósito dos factos relativos a participações sociais e respectivos titulares pode ser efectuado de modo diverso do previsto no número anterior, nos termos a definir por portaria do Ministro da Justiça.

4 – A data do registo por transcrição é a da apresentação ou, se desta não depender, a data em que tiver lugar.

5 – A data do registo por depósito é a do respectivo pedido.

6 – Para efeitos do disposto no número anterior, a data do pedido de registo da prestação de contas é a do respectivo pagamento por via electrónica.

(Redacção dada pelo Decreto-Lei nº 8/2007, de 17-01)

ARTIGO 55º-A
Funcionário competente para o registo

1 – O funcionário competente para o registo é o conservador ou o seu substituto legal, quando em exercício, sem prejuízo do disposto no número seguinte.

2 – Os oficiais dos registos têm competência para os seguintes actos de registo:

a) Os previstos nas alíneas *m)*, *o)* e *s)* do nº 1 do artigo 3º;

b) O referido na alínea *b)* do artigo 4º;

c) O previsto na alínea *c)* do artigo 5º e a designação e cessação de funções dos liquidatários das empresas públicas;

d) O mencionado na alínea *c)* do artigo 6º;

e) Os referidos nas alíneas *d)* e *i)* do artigo 7º;

f) Os previstos nas alíneas *d)* e *h)* do artigo 8º;

g) As alterações ao contrato ou aos estatutos;

h) Os registos por depósito;

i) Outros actos de registo para os quais o conservador lhes tenha delegado competência.

3 – Os oficiais dos registos têm ainda competência para a extractação de actos de registo.

4 – A menção de depósito pode ser efectuada pelo próprio requerente quando o pedido seja entregue por via electrónica, nos termos de portaria do Ministro da Justiça.

ARTIGO 56º
Suportes documentais

(Revogado.)

ARTIGO 57º
Organização do arquivo

1 – A cada entidade sujeita a registo é destinada uma pasta, guardada na conservatória situada no concelho da respectiva sede, onde são arquivados todos os documentos respeitantes aos actos submetidos a registo.

2 – Por despacho do director-geral dos Registos e do Notariado pode ser determinado o arquivo dos documentos em suporte electrónico, em substituição do arquivo previsto no número anterior.

3 – Os documentos arquivados em suporte electrónico referidos no número anterior têm a força probatória dos originais.

(Redacção dada pelo Decreto-Lei nº 185/2009, de 12-08)

ARTIGO 58º
Línguas e termos

1 – Os actos de registo referidos no nº 1 do artigo 55º são efectuados em suporte informático.

2 – As inscrições e averbamentos são efectuados por extracto e deles decorre a matrícula.

3 – Quando solicitada, a informação constante do registo comercial é disponibilizada através de certidão permanente em língua inglesa ou noutras línguas estrangeiras determinadas por despacho do presidente do Instituto dos Registos e do Notariado, I. P.

4 – Para os efeitos previstos no número anterior, a informação disponibilizada em língua estrangeira tem efeitos jurídicos equivalentes à informação disponibilizada em língua portuguesa.

(Redacção dada pelo Decreto-Lei nº 73/2008, de 16-04)

ARTIGO 59º
Arquivo de documentos

1 – Os documentos que servem de base ao registo lavrado por transcrição são obrigatoriamente arquivados.

2 – Relativamente a cada alteração do contrato de sociedade devem ser apresentadas, para arquivo, versões atualizadas e completas do texto do contrato alterado e da lista dos sócios, com os respetivos dados de identificação.

(Redação dada pela Lei nº 89/2017, de 21-08)

ARTIGO 60º
Natureza do depósito

(Revogado.)

ARTIGO 61º
Primeiro registo

1 – Nenhum facto referente a comerciante individual, pessoa colectiva sujeita a registo ou estabelecimento individual de responsabilidade limitada pode ser registado sem que se mostre efectuado o registo do início de actividade do comerciante individual ou da constituição da pessoa colectiva ou do estabelecimento de responsabilidade limitada.

2 – O disposto no número anterior não é aplicável aos registos decorrentes do processo de insolvência.

3 – No caso de transferência da sede de sociedade anónima europeia para Portugal, o primeiro registo referente a essa sociedade é o da alteração dos estatutos decorrente de tal transferência, sem prejuízo do disposto no número anterior quanto aos registos decorrentes do processo de insolvência.

4 – Do primeiro registo decorre a matrícula do comerciante individual, da pessoa colectiva ou do estabelecimento individual de responsabilidade limitada.

ARTIGO 62º
Matrícula

1 – A matrícula destina-se à identificação da entidade sujeita a registo.

2 – A cada entidade sujeita a registo corresponde uma só matrícula.

3 – Os elementos constantes da matrícula e a sua correspondente actualização ou rectificação resultam dos registos que sobre ela incidem.

4 – A matrícula é aberta com carácter definitivo, independentemente da qualificação atribuída ao registo que origina a sua abertura.

5 – A actualização ou rectificação dos elementos da matrícula só pode decorrer de registo definitivo que publicite tais factos.

ARTIGO 62º-A
Cancelamento da matrícula

A matrícula é oficiosamente cancelada, por meio de inscrição:

a) Com o registo definitivo de factos que tenham por efeito a extinção da entidade registada;

b) Se a conversão em definitivo do registo provisório, na dependência do qual foi aberta, não se efectuar dentro do prazo legal;

c) Se aberta na dependência de um acto recusado, se o despacho de qualificação não tiver sido impugnado no prazo legal ou, tendo-o sido, se se verificar algum dos factos previstos no nº 2 do artigo 111º;

d) Com o registo definitivo de transferência de sede para o estrangeiro.

ARTIGO 63º
Inscrições

As inscrições extractam dos documentos depositados os elementos que definem a situação jurídica dos comerciantes individuais, das pessoas colectivas e dos estabelecimentos individuais de responsabilidade limitada.

ARTIGO 64º
Inscrições provisórias por natureza

1 – São provisórias por natureza as seguintes inscrições:

a) De constituição de sociedades antes de titulado o contrato;

b) De constituição de sociedades dependente de alguma autorização especial, antes da concessão desta;

c) De constituição provisória de sociedades anónimas com apelo a subscrição pública de acções;

d) *(Revogada.)*

e) De declaração de insolvência ou de indeferimento do respectivo pedido, antes do trânsito em julgado da sentença;

f) *(Revogada.)*

g) *(Revogada.)*

h) *(Revogada.)*

i) *(Revogada.)*

j) De negócio celebrado por gestor ou por procurador sem poderes suficientes, antes da ratificação;

l) *(Revogada.)*

m) *(Revogada.)*

n) De acções judiciais.

2 – São ainda provisórias por natureza as inscrições:

a) *(Revogada.)*

b) Dependentes de qualquer registo provisório ou que com ele sejam incompatíveis;

c) Que, em reclamação contra a reforma de livros e fichas, se alega terem sido omitidas;

d) Efectuadas na pendência de recurso hierárquico ou impugnação judicial da recusa do registo ou enquanto não decorrer o prazo para a sua interposição.

(Redacção dada pelo Decreto-Lei nº 116/2008, de 04-07)

ARTIGO 65º
Prazos especiais de vigência

1 – É de um ano o prazo de vigência das inscrições provisórias referidas nas alíneas *a*) a *c*) do nº 1 do artigo anterior.

2 – As inscrições referidas nas alíneas *e*) do nº 1 e *c*) do nº 2 do artigo anterior, se não forem também provisórias com outro fundamento, mantêm-se em vigor

pelo prazo de cinco anos, renovável por períodos de igual duração, mediante prova de subsistência da razão da provisoriedade.

3 – As inscrições referidas na alínea *n*) do nº 1 do artigo anterior não estão sujeitas a qualquer prazo de caducidade.

4 – As inscrições referidas na alínea *b*) do nº 2 do artigo anterior mantêm-se em vigor pelo prazo do registo de que dependem ou com o qual colidem, salvo se antes caducarem por outra razão, e a conversão do registo em definitivo determina a conversão oficiosa das inscrições dependentes ou a caducidade das inscrições incompatíveis, sendo que o cancelamento ou a caducidade do registo provisório determina a conversão oficiosa da inscrição incompatível.

5 – Sem prejuízo do disposto no artigo 112º, as inscrições referidas na alínea *d*) do nº 2 do artigo anterior mantêm-se em vigor nos termos previstos no nº 2, salvo se antes caducarem por outra razão.

(Redacção dada pelo Decreto-Lei nº 116/2008, de 04-07)

ARTIGO 66º
Unidade de inscrição

1 – Todas as alterações do contrato ou acto constitutivo da pessoa colectiva ou estabelecimento individual de responsabilidade limitada dão lugar a uma só inscrição desde que constem do mesmo título.

2 – A nomeação ou recondução dos gerentes, administradores, directores, membros do órgão de fiscalização, liquidatários e secretários da sociedade feita no título constitutivo da pessoa colectiva ou estabelecimento individual de responsabilidade limitada ou da sua alteração não tem inscrição autónoma, devendo constar, consoante os casos, da inscrição do acto constitutivo ou da sua alteração.

3 – A nomeação de administrador judicial da insolvência, a atribuição ao devedor da administração da massa insolvente e a proibição ao devedor administrador da prática de certos actos sem o consentimento do administrador judicial, quando determinadas simultaneamente com a declaração de insolvência, não têm inscrição autónoma, devendo constar da inscrição que publicita este último facto; a inscrição conjunta é também feita em relação aos factos referidos que sejam determinados simultaneamente em momento posterior àquela declaração.

4 – A nomeação de curador ao comerciante individual insolvente, quando efectuada na sentença de inabilitação daquele, é registada na inscrição respeitante a este último facto.

5 – A cumulação prevista nos números anteriores só é permitida se a qualificação dos actos for a mesma.

ARTIGO 67º
Factos constituídos com outros sujeitos a registo

1 – *(Revogado.)*

2 – O registo da decisão de encerramento do processo de insolvência, quando respeitante a sociedade comercial ou sociedade civil sob forma comercial, determina a realização oficiosa:

a) Do registo de regresso à actividade da sociedade, quando o encerramento do processo se baseou na homologação de um plano de insolvência que preveja a continuidade daquela;

b) Do cancelamento da matrícula da sociedade, nos casos em que o encerramento do processo foi declarado após a realização do rateio final.

3 – O registo referido no número anterior determina ainda, qualquer que seja a entidade a que respeite, a realização oficiosa do registo de cessação de funções do administrador judicial da insolvência, salvo nos casos em que exista plano de insolvência homologado e este lhe confira competências e ainda nos casos a que se refere a alínea *b*) do número anterior.

4 – O registo do cancelamento da sociedade representada determina a realização oficiosa do cancelamento da matrícula da representação permanente criada em Portugal na sequência da comunicação do competente registo do respetivo Estado-Membro da União Europeia, através do sistema de interconexão dos registos da União Europeia.

5 – O disposto no número anterior não é aplicável nos casos em que o registo da sociedade representada tenha sido cancelado na sequência de transformação, fusão, cisão ou mudança de sede transfronteiriça.

(Redação dada pelo Decreto-Lei nº 24/2019, de 01-02)

ARTIGO 67º-A
Registo da fusão

1 – O registo da fusão interna na entidade incorporante ou o registo da nova entidade resultante da fusão interna determina a realização oficiosa do registo da fusão nas entidades incorporadas ou fundidas na nova entidade.

2 – No caso do registo da fusão transfronteiriça, aplica-se o disposto no número anterior às sociedades participantes na fusão que tenham sede em território nacional.

3 – O registo de fusão transfronteiriça na sociedade incorporante, ou de constituição da nova sociedade resultante da fusão, determina a notificação desse facto e do consequente início de produção de efeitos, através do sistema de interconexão dos registos da União Europeia, aos registos competentes dos Estados-Membros onde estejam sediadas as sociedades participantes.

4 – A receção de notificação do início da produção de efeitos de fusão transfronteiriça, efetuada por registo competente do respetivo Estado-Membro da União Europeia, determina a realização oficiosa do registo da fusão transfronteiriça e o cancelamento da matrícula das sociedades participantes na fusão que estejam sediadas em território nacional.

(Redação dada pelo Decreto-Lei nº 24/2019, de 01-02)

ARTIGO 67º-B
Sociedades comerciais com representações permanentes sediadas noutro Estado-Membro

Os registos definitivos dos factos que determinem a abertura e o encerramento de quaisquer processos de liquidação ou insolvência, bem como o cancelamento da matrícula, quando respeitantes a sociedades comerciais por quotas, anónimas e em comandita por ações com representações permanentes registadas noutros Estados-Membros da União Europeia, são comunicados oficiosamente ao registo competente do Estado-Membro do local da representação.

(Aditado pelo Decreto-Lei nº 24/2019, de 01-02)

ARTIGO 68º
Alteração das inscrições

A inscrição pode ser actualizada ou rectificada por averbamento.

ARTIGO 69º
Factos a averbar

1 – São registados por averbamento às inscrições a que respeitam os seguintes factos:

a) *(Revogada.)*
b) *(Revogada.)*
c) *(Revogada.)*
d) *(Revogada.)*
e) *(Revogada.)*
f) *(Revogada.)*
g) *(Revogada.)*
h) *(Revogada.)*
i) *(Revogada.)*
j) *(Revogada.)*
l) A recondução ou cessação de funções de gerentes, administradores, directores, representantes e liquidatários;
m) *(Revogada.)*
n) *(Revogada.)*
o) *(Revogada.)*
p) *(Revogada.)*
q) A cessação de funções do administrador judicial e do administrador judicial provisório da insolvência;
r) A decisão judicial de proibição ao devedor insolvente da prática de certos actos sem o consentimento do administrador da insolvência, quando tal proibição não for determinada conjuntamente com a atribuição ao devedor da administração da massa insolvente;
s) A decisão judicial que ponha termo à administração da massa insolvente pelo devedor;
t) A decisão judicial de cessação antecipada do procedimento de exoneração do passivo restante de comerciante individual e a de revogação dessa exoneração;
u) A decisão judicial de confirmação do fim do período de fiscalização incidente sobre a execução de plano de insolvência;
v) A declaração de perda do direito ao uso de firma ou denominação.

2 – São igualmente registados nos termos do número anterior:

a) *(Revogada.)*

b) A decisão final das acções inscritas;

c) A conversão em definitivos, no todo ou em parte, dos registos provisórios;

d) A renovação dos registos;

e) A nomeação de terceiro ou a sua não nomeação em contrato para pessoa a nomear;

f) O cancelamento, total ou parcial, dos registos.

3 – Podem ser feitos provisoriamente por dúvidas os averbamentos referidos no nº 1.

4 – A conversão em definitiva da inscrição de acção em que se julgue modificado ou extinto um facto registado, ou se declare nulo ou anulado um registo, determina o correspondente averbamento oficioso de alteração ou cancelamento.

5 – O trânsito em julgado da sentença prevista na alínea *e*) do nº 1 do artigo 64º determina o averbamento de conversão em definitivo do correspondente registo.

6 – As decisões judiciais previstas na alínea *s*) do nº 1 são averbadas, respectivamente, à inscrição do despacho inicial de exoneração do passivo restante e à do despacho final que determine essa exoneração.

7 – A decisão judicial prevista na alínea *t*) do nº 1 é averbada à inscrição da decisão de encerramento do processo de insolvência que publicite a sujeição da execução de plano de insolvência a fiscalização.

ARTIGO 70º
Publicações obrigatórias

1 – É obrigatória a publicação dos seguintes actos de registo:

a) Os previstos no artigo 3º, quando respeitem a sociedades por quotas, anónimas ou em comandita por acções, desde que sujeitas a registo obrigatório, salvo os das alíneas *c*), *e*), *f*) e *i*) do nº 1;

b) Os previstos nos artigos 4º, 6º, 7º e 8º;

c) *(Revogada.)*

d) Os previstos nas alíneas *c*), *d*) e *h*) do artigo 9º;

e) Os previstos nas alíneas *c*) e *d*) do artigo 10º;

f) O averbamento de cancelamento a que se refere o nº 2 do artigo 27º

2 – As publicações referidas no número anterior devem ser feitas em sítio na Internet de acesso público, regulado por portaria do Ministro da Justiça, no qual a informação objecto de publicidade possa ser acedida, designadamente por ordem cronológica.

3 – *(Revogado.)*

4 – A constituição e o encerramento da liquidação de um agrupamento europeu de interesse económico, bem como os factos cujo registo determina a abertura ou o cancelamento da matrícula de uma sociedade anónima europeia, são publicados no Jornal Oficial da União Europeia após a publicação referida no nº 2.

5 – *(Revogado.)*
(Redação dada pelo Decreto-Lei nº 201/2015, de 17-09)

ARTIGO 71º
Oficiosidade da publicação

1 – Efectuado o registo, a conservatória deve promover, imediatamente e a expensas do interessado, as respectivas publicações.

2 – As publicações a que se refere o nº 4 do artigo anterior são promovidas no prazo de cinco dias a contar do registo.

3 – As publicações efectuam-se com base nos dados transmitidos por via electrónica entre a conservatória e a Direcção-Geral dos Registos e do Notariado e, apenas nos casos em que este meio não esteja disponível, com base em certidões passadas na conservatória ou com base em certidões passadas em cartório notarial ou tribunal judicial e juntas ao pedido de registo, as quais devem ser remetidas à Direcção-Geral dos Registos e do Notariado, no prazo previsto no nº 1, por via postal ou ainda por telecópia ou por correio electrónico, nos termos do nº 1 do artigo 2º e do artigo 4º do Decreto-Lei nº 66/2005, de 15 de Março, aplicáveis com as necessárias adaptações.

4 – As certidões emitidas pelas conservatórias para efeitos das publicações referidas no nº 4 do artigo anterior devem conter as indicações cuja publicitação é exigida pela legislação comunitária aplicável.

5 – As publicações devem ser anotadas na ficha de registo, sendo competentes para a sua assinatura o conservador e qualquer oficial dos registos.

ARTIGO 72º
Modalidades das publicações

1 – Das publicações devem constar as menções obrigatórias do registo.

2 – A publicação do contrato ou do estatuto por que se rege a pessoa colectiva, bem como das respectivas alterações, é efectuada nos termos do número anterior, com a menção especial do depósito do texto actualizado do contrato ou estatuto.

3 – Os documentos de prestação de contas das sociedades abertas que não tenham valores mobiliários admitidos à negociação em mercado regulamentado e a acta de encerramento da liquidação destas sociedades são publicados integralmente.

4 – A publicação da informação constante dos documentos de prestação de contas de outras sociedades que não as referidas no número anterior não inclui a certificação legal das contas, mas é nelas divulgado:

a) Se o parecer de revisão traduz uma opinião sem reservas ou com reservas, se é emitida uma opinião adversa ou se o revisor oficial de contas não está em condições de exprimir uma opinião de revisão;

b) Se no documento de certificação legal das contas é feita referência a qualquer questão para a qual o revisor oficial de contas tenha chamado a atenção com ênfase, sem qualificar a opinião de revisão.

5 – *(Revogado.)*
(Redacção dada pelo Decreto-Lei nº 8/2007, de 17-01)

ARTIGO 72º-A
Comunicações obrigatórias

1 – É oficiosa e gratuitamente comunicado, por via electrónica, o conteúdo dos seguintes actos de registo aos serviços da administração tributária e da segurança social:

a) A inscrição no registo comercial;

b) As alterações aos estatutos quanto à natureza jurídica, à firma, ao nome ou à denominação, à sede ou à localização de estabelecimento principal, ao capital e ao objecto;

c) A designação e cessação de funções, por qualquer causa que não seja o decurso do tempo, dos órgãos de administração e fiscalização;

d) A fusão e a cisão;

e) A designação e cessação de funções, anterior ao encerramento da liquidação, de liquidatários;

f) A nomeação e destituição do administrador de insolvência;

g) A dissolução e o encerramento da liquidação.

2 – Para os efeitos do disposto na alínea *g*) do número anterior, no momento do registo do encerramento da liquidação deve ser obrigatoriamente indicado o representante da entidade para efeitos tributários, nos termos do nº 4 do artigo 19º do Decreto-Lei nº 398/98, de 17 de Dezembro.

3 – As comunicações obrigatórias efectuadas nos termos dos números anteriores determinam que os serviços da administração tributária e da segurança social não podem exigir a apresentação das respectivas declarações.

(Aditado pelo Decreto-Lei nº 122/2009, de 21-05)

ARTIGO 72º-B
Disponibilização oficiosa de informação

É oficiosa e gratuitamente disponibilizada, para simples consulta, no Portal Europeu da Justiça Eletrónica, a informação sobre a natureza jurídica, firma, número de pessoa coletiva e sede das pessoas coletivas inscritas no registo comercial.

(Aditado pelo Decreto-Lei nº 24/2019, de 01-02)

CAPÍTULO V
Publicidade e prova do registo

SECÇÃO I
Publicidade

ARTIGO 73º
Carácter público do registo

1 – Qualquer pessoa pode pedir certidões dos actos de registo e dos documentos arquivados, bem como obter informações verbais ou escritas sobre o conteúdo de uns e outros.

2 – Para efeitos do disposto no número anterior, apenas os funcionários podem consultar os suportes documentais e de registo, de harmonia com as indicações dadas pelos interessados.

ARTIGO 74º
Cópias não certificadas

1 – Podem ser passadas cópias integrais ou parciais não certificadas, com o valor de informação, dos registos e despachos e de quaisquer documentos.

2 – Nas cópias referidas no número anterior deve ser aposta a menção «cópia não certificada».

ARTIGO 74º-A
Certificado prévio à fusão transfronteiriça

1 – A emissão do certificado ou dos certificados comprovativos do cumprimento dos actos e formalidades prévias à fusão transfronteiriça, relativamente à sociedade ou às sociedades participantes com sede em território nacional, pode ser solicitada, após o registo do respectivo projecto, em qualquer serviço de registo com competência para a prática de actos de registo comercial.

2 – O pedido de emissão do certificado previsto no número anterior deve ser instruído com o projecto de fusão e os relatórios de órgãos sociais e de peritos que, no caso, devam existir.

3 – A apresentação dos documentos referidos no número anterior é dispensada sempre que estes se encontrem arquivados em serviço de registo nacional.

(Aditado pela Lei nº 19/2009, de 12-05)

SECÇÃO II
Meios de prova

ARTIGO 75º
Meios de prova

1 – O registo prova-se por meio de certidão.

2 – A validade das certidões de registo é de seis meses.

3 – As certidões podem ser disponibilizadas em suporte electrónico, em termos a definir por portaria do Ministro da Justiça.

4 – As certidões disponibilizadas nos termos do número anterior fazem prova para todos os efeitos legais e perante qualquer autoridade pública ou entidade privada, nos mesmos termos da correspondente versão em suporte de papel.

5 – Faz igualmente prova para todos os efeitos legais e perante qualquer autoridade pública ou entidade privada a disponibilização da informação constante da certidão em sítio da Internet, em termos a definir por portaria do Ministro da Justiça.

6 – Por cada processo de registo é disponibilizado gratuitamente, pelo período de três meses, o serviço referido no número anterior.

7 – *(Revogado.)*
(Redacção dada pelo Decreto-Lei nº 209/2012, de 19-09)

ARTIGO 76º
Competência para a emissão

1 – As certidões e as cópias não certificadas de registos podem ser emitidas e confirmadas por qualquer conservatória.

2 – As certidões negativas de registos e as certidões de documentos ou despachos apenas podem ser emitidas pela conservatória competente para o registo.

3 – Para a emissão dos documentos referidos nos números anteriores é competente o conservador e qualquer oficial dos registos.

ARTIGO 77º
Requisição de certidões

1 – As certidões podem ser requisitadas verbalmente ou por escrito, em termos a definir por portaria do Ministro da Justiça.

2 – Os modelos dos requerimentos de certidões que possam ser requisitadas por escrito são aprovados por despacho do director-geral dos Registos e do Notariado.

3 – As requisições de certidões podem ser entregues na conservatória ou enviadas pelo correio ou ainda por via electrónica, nos termos previstos em diploma próprio.

4 – Os pedidos de certidão de registo devem conter,além da identificação do requerente, o número de matrícula da entidade ou, nos casos de certidão negativa, o nome ou firma da entidade.

ARTIGO 78º
Conteúdo das certidões de registo

As certidões de registo devem conter:

a) A reprodução dos registos em vigor respeitantes à entidade em causa, salvo se tiverem sido pedidas com referência a todos os actos de registo;

b) A menção das apresentações e dos pedidos de registo pendentes sobre a entidade em causa;

c) As irregularidades ou deficiências de registo não rectificadas.
(Redacção dada pelo Decreto-Lei nº 8/2007, de 17-01)

ARTIGO 78º-A
Emissão de certidões

1 – As certidões são emitidas imediatamente após a recepção do requerimento.

2 – Sem prejuízo de outros fundamentos de recusa de emissão de certidão previstos na lei, a emissão da certidão deve ser recusada nos casos seguintes:

a) Se o requerimento não contiver os elementos previstos no nº 4 do artigo 77º;

b) Se a entidade não estiver sujeita a registo.

SECÇÃO III
Bases de dados do registo comercial

ARTIGO 78º-B
Finalidade da base de dados

A base de dados do registo comercial tem por finalidade organizar e manter actualizada a informação respeitante à situação jurídica das entidades sujeitas a tal registo com vista à segurança do comércio jurídico, nos termos e para os efeitos previstos na lei, não podendo ser utilizada para qualquer outra finalidade com aquela incompatível.

ARTIGO 78º-C
Entidade responsável pelo tratamento da base de dados

1 – O director-geral dos Registos e do Notariado é o responsável pelo tratamento da base de dados, nos termos e para os efeitos definidos na alínea *d*) do artigo 3º da Lei nº 67/98, de 26 de Outubro, sem prejuízo da responsabilidade que, nos termos da lei, é atribuída aos conservadores.

2 – Cabe ao director-geral dos Registos e do Notariado assegurar o direito de informação e de acesso aos dados pelos respectivos titulares, a correcção de inexactidões, o completamento de omissões e a supressão de dados indevidamente registados, bem como velar pela legalidade da consulta ou comunicação da informação.

ARTIGO 78º-D
Dados recolhidos

1 – São recolhidos para tratamento automatizado os dados pessoais referentes a:

a) Sujeitos do registo;
b) Apresentantes dos pedidos de registo.

2 – Relativamente aos sujeitos do registo, são recolhidos os seguintes dados pessoais:

a) Nome;
b) Estado civil e, sendo o de solteiro, menção de maioridade ou menoridade;
c) Nome do cônjuge e regime de bens;
d) Residência habitual ou domicílio profissional;
e) Número de identificação fiscal.

3 – Relativamente aos apresentantes dos pedidos de registo, são recolhidos os seguintes dados pessoais:

a) Nome;
b) Residência habitual ou domicílio profissional;
c) Número do documento de identificação;
d) Número de identificação bancária, se disponibilizado pelo apresentante.

4 – São ainda recolhidos quaisquer outros dados referentes à situação jurídica das entidades sujeitas a registo.

ARTIGO 78º-E
Modo de recolha

1 – Os dados pessoais constantes da base de dados têm por suporte a identificação dos sujeitos activos e passivos dos factos sujeitos a registo e são recolhidos dos documentos apresentados pelos interessados.

2 – Dos modelos destinados ao pedido de registo devem constar as informações previstas no nº 1 do artigo 10º da Lei nº 67/98, de 26 de Outubro.

ARTIGO 78º-F
Comunicação e acesso aos dados

1 – Os dados referentes à situação jurídica de qualquer entidade sujeita a registo comercial constantes da base de dados podem ser comunicados a qualquer pessoa que o solicite, nos termos previstos neste Código.

2 – Os dados pessoais referidos no nº 2 do artigo 78º-D podem ainda ser comunicados aos organismos e serviços do Estado e demais pessoas colectivas de direito público para prossecução das respectivas atribuições legais e estatutárias.

3 – Às entidades referidas no número anterior pode ser autorizada a consulta através de linha de transmissão de dados, garantido o respeito pelas normas de segurança da informação e da disponibilidade técnica.

4 – A informação pode ser divulgada para fins de investigação científica ou de estatística desde que não possam ser identificáveis as pessoas a que respeita.

5 – A informação para fins de investigação científica ou de estatística relativa a entidades sujeitas a registo comercial pode resultar do cruzamento dos dados contidos nas diversas bases de dados registais, Ficheiro Central de Pessoas Coletivas e Base de Dados das Contas Anuais, desde que não possam ser individualizadas as entidades a que respeita a informação.

(Redacção dada pelo Decreto-Lei nº 250/2012, de 23-11)

ARTIGO 78º-G
Condições de comunicação e acesso aos dados

1 – A comunicação de dados deve obedecer às disposições gerais de protecção de dados pessoais constantes da Lei nº 67/98, de 26 de Outubro, designadamente respeitar as finalidades para as quais foi autorizada a consulta, limitando o acesso ao estritamente necessário e não utilizando a informação para outros fins.

2 – A consulta referida no nº 3 do artigo anterior depende da celebração de protocolo com a Direcção-Geral dos Registos e do Notariado, que define os seus limites face às atribuições legais e estatutárias das entidades interessadas.

3 – A Direcção-Geral dos Registos e do Notariado comunica ao organismo processador dos dados os protocolos celebrados a fim de que este providencie para

que a consulta por linha de transmissão possa ser efectuada, nos termos e condições deles constantes.

4 – A Direcção-Geral dos Registos e do Notariado remete obrigatoriamente à Comissão Nacional de Protecção de Dados cópia dos protocolos celebrados, devendo fazê-lo por via electrónica.

5 – *(Revogado.)*

(Redacção dada pelo Decreto-Lei nº 116/2008, de 04-07)

ARTIGO 78º-H
Acesso directo aos dados

1 – Podem aceder directamente aos dados referidos nos nºs 1 e 2 do artigo 78º-F:

a) Os magistrados judiciais e do Ministério Público,no âmbito da prossecução das suas atribuições;

b) As entidades que, nos termos da lei processual,recebam delegação para a prática de actos de inquérito ou instrução ou a quem incumba cooperarinternacionalmente na prevenção e repressão da criminalidade e no âmbito dessas competências;

c) As entidades com competência legal para garantir a segurança interna e prevenir a sabotagem, o terrorismo, a espionagem e a prática de actos que, pela sua natureza, podem alterar ou destruir o Estado de direito constitucionalmente estabelecido, no âmbito da prossecução dos seus fins.

2 – As condições de acesso directo pelas entidades referidas no número anterior são definidas por despacho do director-geral dos Registos e do Notariado.

3 – As entidades autorizadas a aceder directamente aos dados obrigam-se a adoptar todas as medidas necessárias à estrita observância das regras de segurança estabelecidas na Lei nº 67/98, de 26 de Outubro.

4 – As entidades referidas na alínea *a*) do nº 1 podem fazer-se substituir por funcionários por si designados.

ARTIGO 78º-I
Direito à informação

1 – Qualquer pessoa tem o direito de ser informada sobre os dados pessoais que lhe respeitem e a respectiva finalidade, bem como sobre a identidade e o endereço do responsável pela base de dados.

2 – A actualização e a correcção de eventuais inexactidões realiza-se nos termos e pela forma previstos neste Código, sem prejuízo do disposto na alínea *d*) do nº 1 do artigo 11º da Lei nº 67/98, de 26 de Outubro.

ARTIGO 78º-J
Segurança da informação

1 – O director-geral dos Registos e do Notariado e as entidades referidas no nº 2 do artigo 78º-F devem adoptar as medidas de segurança referidas no nº 1 do artigo 15º da Lei nº 67/98, de 26 de Outubro.

2 – À base de dados devem ser conferidas as garantias de segurança necessárias a impedir a consulta, a modificação, a supressão, o acrescentamento ou a comunicação de dados por quem não esteja legalmente habilitado.

3 – Para efeitos de controlo de admissibilidade da consulta, 1 em cada 10 pesquisas efectuadas pelas entidades que tenham acesso à base de dados é registada informaticamente.

4 – As entidades referidas no nº 1 obrigam-se a manter uma lista actualizada das pessoas autorizadas a aceder à base de dados.

ARTIGO 78º-L
Sigilo

1 – A comunicação ou a revelação dos dados pessoais registados na base de dados só podem ser efectuadas nos termos previstos neste Código.

2 – Os funcionários dos registos e do notariado, bem como as pessoas que, no exercício das suas funções, tenham conhecimento dos dados pessoais registados na base de dados do registo comercial, ficam obrigados a sigilo profissional, nos termos do nº 1 do artigo 17º da Lei nº 67/98, de 26 de Outubro.

CAPÍTULO VI
Suprimento, rectificação e reconstituição do registo

ARTIGO 79º
Suprimento

(Revogado.)

ARTIGO 79º-A
Procedimento simplificado de justificação

1 – A justificação das situações de dissolução imediata de sociedades a que se refere o nº 2 do artigo 141º do Código das Sociedades Comerciais pode ser declarada em procedimento simplificado de justificação.

2 – O procedimento inicia-se mediante requerimento escrito dos interessados com alegação da situação que fundamenta a dissolução imediata e confirmação do facto por três declarantes que o conservador considere dignos de crédito.

3 – Quando o pedido seja efectuado presencialmente perante funcionário competente, esse pedido é sempre verbal e reduzido a auto, não havendo lugar a qualquer requerimento escrito.

4 – Verificando-se o disposto nos números anteriores, o conservador profere decisão pela qual declara justificada a dissolução da sociedade, lavra o registo da dissolução e promove as comunicações previstas no regime jurídico do procedimento administrativo de dissolução de entidades comerciais.

ARTIGO 80º
Suprimento em caso de arresto, penhora ou apreensão

(Revogado.)

ARTIGO 81º
Processo especial de rectificação

1 – O processo previsto neste capítulo visa a rectificação dos registos e é regulado pelos artigos seguintes e, subsidiariamente, pelo Código de Processo Civil.

2 – O processo especial de rectificação é aplicável, com as necessárias adaptações, aos registos por depósito.

(Redacção dada pelo Decreto-Lei nº 8/2007, de 17-01)

ARTIGO 82º
Iniciativa

1 – Os registos inexactos e os registos indevidamente lavrados devem ser rectificados por iniciativa do conservador logo que tome conhecimento da irregularidade, ou a pedido de qualquer interessado, ainda que não inscrito.

2 – Os registos indevidamente efectuados que sejam nulos nos termos das alíneas *b*) e *d*) do nº 1 do artigo 22º podem ser cancelados com o consentimento dos interessados ou em execução de decisão tomada neste processo.

3 – A rectificação do registo é feita, em regra, por averbamento, a lavrar no termo do processo especial para esse efeito previsto neste Código.

4 – *(Revogado.)*

5 – Os registos lançados em ficha distinta daquela em que deviam ter sido lavrados são oficiosamente transcritos na ficha que lhes corresponda, anotando-se ao registo errado a sua inutilização e a indicação da ficha em que foi transcrito.

(Redacção dada pelo Decreto-Lei nº 116/2008, de 04-07)

ARTIGO 83º
Efeitos da rectificação

A rectificação do registo não prejudica os direitos adquiridos a título oneroso por terceiros de boa fé se o registo dos factos correspondentes for anterior ao registo da rectificação ou da pendência do respectivo processo.

ARTIGO 84º
Pedido de rectificação

1 – No pedido de rectificação devem ser especificados os fundamentos e a identidade dos interessados.

2 – O pedido de rectificação é acompanhado dos meios de prova necessários e do pagamento dos emolumentos devidos.

3 – Constitui causa de rejeição do pedido a falta de pagamento dos emolumentos devidos.

(Redacção dada pelo Decreto-Lei nº 116/2008, de 04-07)

ARTIGO 85º
Consentimento dos interessados

Se a rectificação tiver sido requerida por todos os interessados, é rectificado o registo sem necessidade de outra qualquer formalidade, se os pressupostos da rectificação pedida resultarem dos documentos apresentados.

(Redacção dada pelo Decreto-Lei nº 116/2008, de 04-07)

ARTIGO 86º
Casos de dispensa de consentimento dos interessados

1 – A rectificação que não seja susceptível de prejudicar direitos dos titulares inscritos é efectuada, mesmo sem necessidade do seu consentimento, nos casos seguintes:

a) Sempre que a inexactidão provenha da desconformidade com o título, analisados os documentos que serviram de base ao registo;

b) Sempre que, provindo a inexactidão de deficiência dos títulos, a rectificação seja requerida por qualquer interessado com base em documento bastante.

2 – Deve entender-se que a rectificação de registo inexacto por desconformidade com o título não prejudica o titular do direito nele inscrito.

3 – Presume-se que da rectificação não resulta prejuízo para a herança se tal for declarado pelo respectivo cabeça-de-casal.

ARTIGO 87º
Averbamento de pendência da rectificação

1 – Quando a rectificação não seja de efectuar nos termos dos artigos 85º ou 86º, é averbada ao respectivo registo a pendência da rectificação, com referência à anotação no Diário do requerimento inicial ou à data em que tiver sido levantado o auto de verificação da inexactidão, consoante os casos.

2 – O averbamento a que se refere o número anterior não prejudica o decurso do prazo de caducidade a que o registo rectificando esteja sujeito.

3 – Os registos de outros factos que venham a ser lavrados e que dependam, directa ou indirectamente, da rectificação pendente estão sujeitos ao regime de provisoriedade previsto na alínea *b*) do nº 2 do artigo 64º, sendo-lhes aplicável, com as adaptações necessárias, o disposto no nº 4 do artigo 65º

4 – O averbamento da pendência é oficiosamente cancelado mediante decisão definitiva que indefira a rectificação ou declare findo o processo.

ARTIGO 88º
Indeferimento liminar

1 – Sempre que o pedido se prefigure como manifestamente improcedente, o conservador indefere liminarmente o requerido, por despacho fundamentado de que notifica o requerente.

2 – A decisão de indeferimento liminar pode ser impugnada nos termos do artigo 92º

3 – Pode o conservador, face aos fundamentos alegados no recurso interposto, reparar a sua decisão de indeferir liminarmente o pedido mediante despacho fundamentado que ordene o prosseguimento do processo, do qual é notificado o recorrente.

4 – Não sendo a decisão reparada, são notificados os interessados a que se refere o artigo 90º para, no prazo de 10 dias, impugnarem os fundamentos do recurso, remetendo-se o processo à entidade competente.

(Redacção dada pelo Decreto-Lei nº 116/2008, de 04-07)

ARTIGO 89º
Emolumentos

(Revogado pelo Decreto-Lei nº 116/2008, de 04-07)

ARTIGO 90º
Notificação

1 – Os interessados não requerentes são notificados para, no prazo de 10 dias, deduzirem oposição à rectificação, devendo juntar os elementos de prova e pagar os emolumentos devidos.

2 – Se os interessados forem incertos, o conservador notifica o Ministério Público, nos termos previstos no número anterior.

3 – A notificação realiza-se por via electrónica, nos termos a definir por portaria do membro do Governo responsável pela área da justiça ou, não sendo possível, por carta registada com aviso de recepção.

4 – Se for possível realizar a notificação pela forma prevista no nº 3 é publicado um aviso, nos termos do nº 1 do artigo 167º do Código das Sociedades Comerciais.

5 – Não é devida taxa pela publicação referida no número anterior.

(Cf. Declaração de Rectificação nº 47/2008, de 25-08)

ARTIGO 91º
Instrução e decisão

1 – Recebida a oposição ou decorrido o respectivo prazo, o conservador procede às diligências necessárias à produção de prova.

2 – A prova testemunhal tem lugar mediante a apresentação das testemunhas pela parte que as tiver indicado, em número não superior a três, sendo os respectivos depoimentos reduzidos a escrito por extracto.

3 – A perícia é requisitada pelo conservador ou realizada por perito a nomear nos termos previstos no artigo 568º do Código de Processo Civil, aplicável com as necessárias adaptações.

4 – O conservador pode, em qualquer caso, ordenar as diligências e a produção de prova que considerar necessárias.

5 – *(Revogado.)*

6 – A decisão sobre o pedido de rectificação é proferida pelo conservador no prazo de 10 dias.

(Redacção dada pelo Decreto-Lei nº 116/2008, de 04-07)

ARTIGO 92º
Recurso hierárquico e impugnação judicial

1 – A decisão de indeferimento do pedido de rectificação pode ser impugnada mediante a interposição de recurso hierárquico para o director-geral dos Registos e do Notariado, nos termos previstos nos artigos 101º e seguintes ou mediante impugnação judicial para o tribunal da comarca da área da circunscrição a que pertence a conservatória, nos termos dos números seguintes.

2 – Têm legitimidade para impugnar judicialmente a decisão do conservador qualquer interessado e o Ministério Público.

3 – A impugnação judicial prevista no nº 1 tem efeito suspensivo e deve ser proposta no prazo previsto no artigo 685º do Código de Processo Civil.

4 – A impugnação judicial é proposta por meio de requerimento onde são expostos os respectivos fundamentos.

5 – A propositura de acção de impugnação judicial considera-se efectuada com a apresentação do respectivo requerimento na conservatória em que o processo foi objecto da decisão impugnada, sendo aquela anotada no Diário.

ARTIGO 93º
Decisão da impugnação judicial

1 – Recebido o processo, o juiz ordena a notificação dos interessados para, no prazo de 10 dias, impugnarem os fundamentos da impugnação judicial.

2 – Não havendo lugar a qualquer notificação, ou findo o prazo a que se refere o número anterior, vai o processo com vista ao Ministério Público.

ARTIGO 93º-A
Recurso para o tribunal da Relação

1 – Da sentença proferida pelo tribunal de 1ª instância podem interpor recurso para o tribunal da Relação os interessados, o conservador e o Ministério Público.

2 – O recurso, que tem efeito suspensivo, é processado e julgado como agravo em matéria cível.

3 – Do acórdão do tribunal da Relação não cabe recurso para o Supremo Tribunal de Justiça, sem prejuízo dos casos em que o recurso é sempre admissível.

ARTIGO 93º-B
Devolução do processo

Após o trânsito em julgado da sentença ou do acórdão proferidos, o tribunal devolve à conservatória o processo de rectificação.

ARTIGO 93º-C
Gratuitidade do registo e custas

(Revogado pelo Decreto-Lei nº 116/2008, de 04-07)

ARTIGO 93º-D
Incompatibilidades

Ao conservador que exerça advocacia é vedada a aceitação do patrocínio nos processos de rectificação previstos no presente capítulo.

ARTIGO 94º
Reconstituição

1 – Em caso de extravio ou inutilização dos suportes documentais, os registos podem ser reconstituídos por reprodução a partir dos arquivos existentes, por reelaboração do registo com base nos respectivos documentos, ou por reforma dos referidos suportes.

2 – A data da reconstituição dos registos deve constar da ficha.

(Redacção dada pelo Decreto-Lei nº 116/2008, de 04-07)

ARTIGO 94º-A
Reelaboração do registo

1 – O extravio ou inutilização de um suporte de registo determina a reelaboração oficiosa de todos os registos respeitantes à entidade comercial.

2 – Devem ser requisitados aos serviços competentes os documentos que se mostrem necessários à reelaboração do registo, os quais são isentos de emolumentos e de quaisquer outros encargos legais.

(Aditado pelo Decreto-Lei nº 116/2008, de 04-07)

ARTIGO 95º
Processo de reforma

1 – O processo de reforma inicia-se com a remessa ao Ministério Público de auto lavrado pelo conservador, do qual devem constar as circunstâncias do extravio ou inutilização, a especificação dos suportes documentais abrangidos e a referência ao período a que correspondem os registos.

2 – O Ministério Público deve requerer ao juiz a citação edital dos interessados para, no prazo de dois meses, apresentarem na conservatória os documentos de que disponham; dos editais deve constar o período a que os registos respeitam.

3 – Decorrido o prazo dos editais e julgada válida a citação, por despacho transitado em julgado, o Ministério Público deve promover a comunicação do facto ao conservador.

ARTIGO 96º
Reclamações

1 – Concluída a reforma, o conservador deve participar o facto ao Ministério Público, a fim de que este promova nova citação edital dos interessados para examinarem os registos reconstituídos e apresentarem na conservatória as suas reclamações no prazo de 30 dias.

2 – Quando a reclamação tiver por fundamento a omissão de alguma inscrição, esta é lavrada como provisória por natureza, com base na petição do reclamante e nos documentos apresentados.

3 – Se a reclamação visar o próprio registo reformado, devem ser juntas ao processo de reclamação cópias do registo impugnado e dos documentos que lhe serviram de base e deve anotar-se a pendência da reclamação.

4 – Cumprindo o disposto nos dois números anteriores, as reclamações são remetidas, para decisão, ao tribunal competente, com informação do conservador.

ARTIGO 97º
Suprimento de omissões não reclamadas

1 – A omissão não reclamada de algum registo só pode ser suprida por meio de acção intentada contra aqueles a quem o interessado pretenda opor a prioridade do registo.

2 – A acção não prejudica os direitos decorrentes de factos registados antes do registo da acção que não tenham constado dos suportes documentais reformados.

CAPÍTULO VII
Impugnação de decisões

ARTIGOS 98º A 100º

(Revogados.)

ARTIGO 101º
Admissibilidade e prazo

1 – A decisão de recusa da prática do acto de registo nos termos requeridos pode ser impugnada mediante a interposição de recurso hierárquico para o director-geral dos Registos e do Notariado ou mediante impugnação judicial para o tribunal da área da circunscrição a que pertence a conservatória.

2 – O prazo para impugnar judicialmente a decisão referida no nº 1 é de 30 dias a contar da notificação a que se refere o artigo 50º

ARTIGO 101º-A
Interposição de recurso hierárquico e impugnação judicial

1 – O recurso hierárquico ou a impugnação judicial interpõem-se por meio de requerimento em que são expostos os seus fundamentos.

2 – A interposição de recurso hierárquico ou a impugnação judicial consideram-se feitas com a apresentação das respectivas petições na conservatória competente.

ARTIGO 101º-B
Tramitação subsequente

1 – Impugnada a decisão e independentemente da categoria funcional de quem tiver lavrado o despacho recorrido, este é submetido à apreciação do conservador, o qual deve proferir, no prazo de 10 dias, despacho a sustentar ou a reparar a decisão, dele notificando o recorrente.

2 – A notificação referida no número anterior deve ser acompanhada do envio ou entrega ao notificando de fotocópia dos documentos juntos ao processo.

3 – Sendo sustentada a decisão, o processo deve ser remetido à entidade competente, no prazo de cinco dias, instruído com fotocópia autenticada do despacho de qualificação do registo e dos documentos necessários à sua apreciação.

4 – A tramitação da impugnação judicial, incluindo a remessa dos elementos referidos no número anterior ao tribunal competente, é efectuada electronicamente, nos termos a definir por portaria do Ministro da Justiça.

(Redacção dada pelo Decreto-Lei nº 116/2008, de 04-07)

ARTIGO 102º
Decisão do recurso hierárquico

1 – O recurso hierárquico é decidido no prazo de 90 dias, pelo presidente do Instituto dos Registos e do Notariado, I. P., que pode determinar que seja previamente ouvido o conselho técnico.

2 – *(Revogado.)*

3 – A decisão proferida é notificada ao recorrente e comunicada ao conservador que sustentou a decisão.

4 – Sendo o recurso hierárquico deferido, deve ser dado cumprimento à decisão no próprio dia.

(Redacção dada pelo Decreto-Lei nº 116/2008, de 04-07)

ARTIGO 103º
Notificação da decisão

(Revogado.)

ARTIGO 104º
Impugnação judicial subsequente a recurso hierárquico

1 – Tendo o recurso hierárquico sido julgado improcedente, o interessado pode ainda impugnar judicialmente a decisão de qualificação do acto de registo.

2 – A impugnação judicial é proposta mediante apresentação do requerimento na conservatória competente, no prazo de 20 dias a contar da data da notificação da decisão que tiver julgado improcedente o recurso hierárquico.

3 – O processo é remetido ao tribunal no prazo de cinco dias, instruído com o de recurso hierárquico.

ARTIGO 105º
Julgamento

1 – Recebido em juízo e independentemente de despacho, o processo vai com vista ao Ministério Público para emissão de parecer.

2 – O juiz que tenha intervindo no processo donde conste o acto cujo registo está em causa fica impedido de julgar a impugnação judicial.

ARTIGO 106º
Recurso de sentença

1 – Da sentença proferida podem sempre interpor recurso para a Relação, com efeito suspensivo, o impugnante, o conservador que sustenta, o presidente do Instituto dos Registos e do Notariado, I. P., e o Ministério Público.

2 – Para os efeitos previstos no número anterior, a sentença é sempre notificada ao presidente do Instituto dos Registos e do Notariado, I. P.

3 – *(Revogado.)*

4 – Do acórdão da Relação não cabe recurso para o Supremo Tribunal de Justiça, sem prejuízo dos casos em que o recurso é sempre admissível.

(Redacção dada pelo Decreto-Lei nº 116/2008, de 04-07)

ARTIGO 107º
Comunicações oficiosas

1 – Após o trânsito em julgado da decisão, a secretaria comunica a decisão proferida ao serviço de registo.

2 – A secretaria deve igualmente comunicar à conservatória:

a) A desistência ou deserção da instância;

b) O facto de o processo ter estado parado mais de 30 dias por inércia do autor.

(Redacção dada pelo Decreto-Lei nº 116/2008, de 04-07)

ARTIGO 108º
Valor da acção

O valor da acção é o do facto cujo registo foi recusado ou feito provisoriamente.

ARTIGO 109º
Interposição de reclamação ou recurso por notário

(Revogado.)

ARTIGO 109º-A
Direito subsidiário

Aos recursos hierárquicos previstos nos artigos anteriores é aplicável, subsidiariamente, o disposto no Código do Procedimento Administrativo.

ARTIGO 110º
Impugnação da recusa de emissão de certidões

1 – Assiste ao interessado o direito de recorrer hierarquicamente ou de promover a impugnação judicial da decisão de recusa de emissão de certidão.

2 – Sem prejuízo do disposto nos números seguintes, ao recurso hierárquico a que se refere o número anterior é aplicável, com as necessárias adaptações, o disposto no nº 2 do artigo 101º e nos artigos 101º-A, 101º-B e 102º

3 – No recurso hierárquico a que se refere o presente artigo, os prazos estabelecidos nos nºs 1 e 3 do artigo 101º-B e no nº 1 do artigo 102º são reduzidos a 5, 2 e 30 dias, respetivamente.

4 – O prazo para a interposição do recurso hierárquico conta-se a partir da comunicação do despacho de recusa.

5 – Ao recurso hierárquico a que se refere o presente artigo é subsidiariamente aplicável o disposto no Código do Procedimento Administrativo.

6 – A impugnação judicial prevista no nº 1 é dirigida ao tribunal administrativo com jurisdição sobre a área da circunscrição da conservatória e rege-se pelo disposto na legislação processual aplicável.

(Redação dada pelo Decreto-Lei nº 201/2015, de 17-09)

ARTIGO 111º
Efeitos da impugnação

1 – A interposição de recurso hierárquico ou a impugnação judicial devem ser imediatamente anotadas, a seguir à anotação da recusa ou ao registo provisório.

2 – São ainda anotadas a improcedência ou a desistência do recurso hierárquico ou da impugnação judicial, bem como, sendo caso disso, a deserção da instância ou a paragem do processo durante mais de 30 dias por inércia do autor.

3 – Com a propositura da acção ou a interposição de recurso hierárquico fica suspenso o prazo de caducidade do registo provisório até lhe serem anotados os factos referidos no número anterior.

4 – Proferida decisão final que julgue insubsistente a recusa da prática do acto nos termos requeridos, deve ser efectuado o registo recusado, com base na apresentação correspondente, ou convertido oficiosamente o registo provisório.

(Redacção dada pelo Decreto-Lei nº 116/2008, de 04-07)

ARTIGO 112º
Registos dependentes

1 – No caso de recusa, julgado procedente o recurso hierárquico ou a impugnação judicial, deve anotar-se a caducidade dos registos provisórios incompatíveis

com o acto inicialmente recusado e converter-se oficiosamente os registos dependentes, salvo se outra for a consequência da requalificação do registo dependente.

2 – Verificando-se a caducidade do direito de impugnação ou qualquer dos factos previstos no nº 2 do artigo anterior, é anotada a caducidade dos registos dependentes e são convertidos os registos incompatíveis, salvo se outra for a consequência da requalificação do registo dependente.

(Redacção dada pelo Decreto-Lei nº 116/2008, de 04-07)

CAPÍTULO VIII
Outros actos

ARTIGO 112º-A
Legalização de livros

(Revogado.)

ARTIGO 112º-B
Nomeação de auditores e de revisores oficiais de contas

1 – Sempre que a lei exija a nomeação de peritos ou de auditores, bem como de revisores oficiais de contas, e a mesma não possa ser feita pela sociedade, mas seja admitida por processo extrajudicial, deve a entidade interessada requerer à conservatória competente que designe os peritos respectivos.

2 – Logo que apresentado o requerimento, a conservatória oficia, no prazo de dois dias, à Ordem dos Revisores Oficiais de Contas ou, não sendo esta entidade a legalmente competente, ao organismo representativo dos peritos em causa, havendo-o, ou, ainda, em caso negativo, à câmara de comércio mencionado pelo requente, solicitando a indicação dos nomes e das moradas dos peritos a nomear.

3 – Recebida a comunicação, o conservador, no prazo de três dias, verifica, designadamente em face dos registos existentes na conservatória e dos elementos de que disponha, a existência de alguma incompatibilidade legal relativamente ao perito indicado.

4 – No caso de existir incompatibilidade, directa ou indirecta, com a pessoa indigitada, a conservatória solicita, nos mesmos termos e dentro de igual prazo, a indicação de outro perito.

5 – Não existindo incompatibilidade, o conservador procede imediatamente à nomeação, por despacho exarado no próprio requerimento, e comunica o facto, no prazo de vinte e quatro horas, à entidade interessada.

6 – *(Revogado.)*

7 – O disposto nos números anteriores não é aplicável à designação de peritos independentes no âmbito dos processos de constituição ou transformação de sociedades anónimas europeias, prevista nas normas comunitárias correspondentes, a qual se rege pelo disposto na legislação nacional aprovada em execução dessas normas.

(Redacção dada pelo Decreto-Lei nº 8/2007, de 17-01)

CAPÍTULO IX
Disposições diversas

ARTIGO 113º
Modelos oficiais

Os modelos de suportes documentais previstos neste Código são aprovados por despacho do director-geral dos Registos e do Notariado.

ARTIGO 114º
Pagamento dos emolumentos e taxas

1 – Os emolumentos e taxas devidas pelos atos praticados nos serviços de registo são pagos em simultâneo com o pedido ou antes deste.

2 – Quem apresenta o registo ou pede o ato deve proceder à entrega das importâncias que se mostrem devidas, nestas se incluindo as relativas ao cumprimento tardio da obrigação de registar.

3 – *(Revogado.)*

4 – *(Revogado.)*

5 – *(Revogado.)*

6 – *(Revogado.)*

7 – Para a confirmação da liquidação de contas emolumentares é competente o conservador e qualquer oficial dos registos.

8 – Quando não forem pagos os emolumentos e taxas devidas e não tiver havido rejeição, o serviço de registo notifica o interessado por qualquer meio idóneo para, no prazo de dois dias, proceder à entrega das quantias em falta.

(Redacção dada pelo Decreto-Lei nº 201/2015, de 17-09)

ARTIGO 115º
Direito subsidiário

São aplicáveis, com as necessárias adaptações, ao registo comercial, na medida indispensável ao preenchimento das lacunas da regulamentação própria, as disposições relativas ao registo predial que não sejam contrárias aos princípios informadores do presente diploma.

ARTIGO 116º
Tramitação, comunicações e notificações por via electrónica

1 – A tramitação dos procedimentos e actos para os quais a conservatória seja competente, bem como a tramitação dos recursos e impugnações previstos no presente diploma, pode ser integralmente electrónica, em termos a regulamentar por portaria do Ministro da Justiça, sem prejuízo do disposto no nº 2 do artigo 57º

2 – Todas as comunicações e notificações previstas no presente Código podem ser efectuadas por via electrónica, nos termos a regulamentar por portaria do Ministro da Justiça.

Regulamento do Registo Comercial

Portaria nº 657-A/2006, de 29 de Junho

O Decreto-Lei nº 76-A/2006, de 29 de Março, procedeu a uma profunda alteração do Código do Registo Comercial, designadamente, com a eliminação da competência territorial das conservatórias do registo comercial, a redução do número de actos sujeitos a registo, a consagração de um novo regime de registo por depósito de documentos, a criação de condições para a plena utilização dos sistemas informáticos e a reformulação de actos e procedimentos internos.

Simultaneamente, procedeu à revogação do Regulamento do Registo Comercial, pelo que se torna necessário aprovar uma nova regulamentação daquele Código, desenvolvendo as novas soluções nele previstas.

Sem prejuízo da regulamentação, a aprovar futuramente, da apresentação por via electrónica de pedidos de registo e de certidão, procede-se, desde já, à regulamentação determinada pelo nº 2 do artigo 28º e pelo nº 1 do artigo 77º do Código do Registo Comercial, respeitante às formas de apresentação dos pedidos de registo e de requisição de certidões.

Assim:

Manda o Governo, pelo Ministro da Justiça, tendo em conta, designadamente, o disposto no nº 2 do artigo 28º e no nº 1 do artigo 77º do Código do Registo Comercial, o seguinte:

ARTIGO 1º
Objecto

É aprovado o Regulamento do Registo Comercial, em anexo ao presente diploma, do qual faz parte integrante.

ARTIGO 2º
Disposições transitórias

1 – Enquanto não se verificar a informatização do serviço de registo, são aplicáveis a este as disposições do Regulamento do Registo Comercial, aprovado pela

Portaria nº 883/89, de 13 de Outubro, que respeitem a livros, fichas e verbetes ou que pressuponham a sua existência.

2 – Por força da transcrição dos registos para suporte informático:

a) A entidade a que aqueles respeitam passa a ter o número de matrícula previsto na alínea *a*) do nº 1 do artigo 8º do Regulamento do Registo Comercial, aprovado pela presente portaria, devendo fazer-se menção adicional ao anterior número de matrícula no registo;

b) As menções constantes dos averbamentos à matrícula e suas correspondentes alterações e rectificações são transcritas para inscrições já lavradas se integrarem o facto publicitado por estas e, em caso contrário, são transcritas para novas inscrições, com menção do número e da data de apresentação ou da data de feitura do averbamento transcrito.

ARTIGO 3º
Entrada em vigor e produção de efeitos

1 – A presente portaria entra em vigor no dia 30 de Junho de 2006.

2 – O disposto no nº 1 do artigo 1º, no artigo 2º, nos nºs 1 a 4 e 8 do artigo 3º e nos artigos 8º, 9º, 11º e 13º do Regulamento do Registo Comercial, aprovado pela presente portaria, produz efeitos desde 31 de Outubro de 2005.

Pelo Ministro da Justiça, *João Tiago Valente Almeida da Silveira*, Secretário de Estado da Justiça, em 26 de Junho de 2006.

Regulamento do Registo Comercial

CAPÍTULO I
Suporte e processo de registo

SECÇÃO I
Suportes de registo

ARTIGO 1º
Instrumentos do registo

1 – Para o serviço de registo, existem nas conservatórias:

a) Um diário, em suporte informático, destinado à anotação cronológica das apresentações dos pedidos de registo por transcrição e respectivos documentos;
b) Fichas de registo em suporte informático;
c) Pastas destinadas ao arquivo de documentos.

2 – Os suportes previstos na alínea *c*) do número anterior podem ser substituídos pelo arquivo dos documentos em suporte electrónico, nos termos fixados por despacho do director-geral dos Registos e do Notariado.

ARTIGO 2º
Fichas informáticas de registo

1 – As fichas informáticas de registo contêm a matrícula da entidade sujeita a registo e os registos por transcrição e menções dos registos por depósito que lhe respeitem.
2 – A cada entidade corresponde uma única ficha informática.
3 – Se a alteração da natureza jurídica da entidade registada determinar a atribuição de um novo número de identificação de pessoa colectiva, é aberta uma nova ficha informática para o registo da entidade em causa.

4 – Os registos por transcrição e as menções de depósito são elaborados através do preenchimento obrigatório dos campos específicos da aplicação informática que serve de suporte ao registo comercial.

(Redacção dada pela Portaria nº 1256/2009, de 14-10)

ARTIGO 3º
Pastas

1 – Os documentos que serviram de base ao registo e a respectiva requisição, bem como o texto das publicações, quando não efectuadas por via electrónica, são arquivados em pastas privativas de cada entidade sujeita a registo, existentes na conservatória da área da respectiva sede.

2 – As conservatórias podem atribuir um número de ordem a cada pasta.

3 – Os documentos respeitantes a registos que já não se encontrem em vigor podem ser transferidos para uma pasta-desdobramento, com anotação do facto em ambas as pastas.

4 – Anotada a caducidade do registo provisório, os documentos são desentranhados da pasta para devolução aos interessados.

5 – Após a feitura de registo solicitado em conservatória não detentora da pasta da entidade, deve esta conservatória remeter à competente a requisição e os documentos que a instruíram, bem como os despachos a que tenha havido lugar, para arquivamento na pasta respectiva.

6 – *(Revogado.)*

7 – Sempre que a conservatória onde foi solicitado o registo não for a detentora da pasta da entidade e o funcionário competente para o registo tenha necessidade de consultar documentos nela arquivados, deve solicitar àquela conservatória o envio imediato de cópia dos mesmos, por telecópia ou qualquer outra forma expedita.

8 – Efectuada a inscrição que publicite a mudança voluntária da sede da entidade para outro concelho, a pasta respectiva é remetida oficiosamente à conservatória nele situada, sendo a entidade notificada de tal facto.

9 – O envio dos documentos previsto nos nºs 5, 7 e 8 só ocorre quando não existam condições que garantam o acesso por via electrónica à informação sobre a entidade.

(Redacção dada pela Portaria nº 1416-A/2006, de 19-12)

SECÇÃO II
Processo de registo

ARTIGO 4º
Pedido de registo

1 – O pedido de registo é formulado verbalmente, se efectuado presencialmente por pessoa com legitimidade para o efeito.

2 – Nos restantes casos, o pedido de registo é efectuado pela forma escrita, de acordo com modelo aprovado por despacho do director-geral dos Registos e do Notariado.

3 – Nos casos previstos no nº 1, deve ser disponibilizado ao interessado um comprovativo do pedido efectuado.

ARTIGO 4º-A
Número de identificação da segurança social

1 – No pedido de registo de facto que importe a extinção da entidade sujeita a registo deve ser indicado o seu número de identificação da segurança social ou declarada a sua inexistência.

2 – No caso de o registo dos factos referidos no número anterior ser realizado oficiosamente, a conservatória deve realizar as diligências necessárias à obtenção do número da segurança social.

(Redacção dada pela Portaria nº 1416-A/2006, de 19-12)

ARTIGO 5º
Apresentação de pedidos de registo

1 – A anotação da apresentação do pedido de registo por transcrição deve conter os seguintes elementos:

a) O número de ordem e a data da apresentação;

b) O nome completo do apresentante e o número do respectivo documento de identificação;

c) O facto a registar;

d) O nome, a firma ou a denominação da pessoa ou do estabelecimento;

e) A espécie de documentos e o seu número.

2 – Para fins de apresentação, a matrícula e o registo pedido constituem um só acto de registo.

ARTIGO 6º
Ordem de feitura dos registos relativos a participações sociais e respectivos titulares

O registo por depósito de factos relativos a quotas ou partes sociais e respectivos titulares deve ser efectuado pela ordem do respectivo pedido.

ARTIGO 7º
Requisição de certidões

O pedido de certidão é formulado verbalmente, se efectuado presencialmente pelo interessado.

CAPÍTULO II
Menções dos registos

SECÇÃO I
Registos por transcrição

ARTIGO 8º
Menções da matrícula

1 – O extracto da matrícula deve conter:

a) O número de matrícula, que corresponde ao número de identificação de pessoa colectiva ou entidade equiparada (NIPC) da entidade sujeita a registo, e a conservatória detentora da pasta desta última;

b) A natureza jurídica da entidade;

c) O nome completo e a firma, se diferente daquele, do comerciante individual, o seu número fiscal e o estabelecimento principal ou o local do exercício da actividade principal, com indicação do código postal válido;

d) A firma ou denominação, o número de identificação de pessoa colectiva e a sede da pessoa colectiva e do estabelecimento individual de responsabilidade limitada, com indicação do código postal válido, bem como o objecto, o capital e a data do encerramento do exercício, e ainda, quanto a sociedades comerciais, empresas públicas, agrupamentos complementares de empresas, agrupamentos europeus de interesse económico e cooperativas, a forma de obrigar, os titulares dos órgãos sociais e a duração dos respectivos mandatos;

e) A firma da representação permanente de pessoa colectiva, bem como o número de identificação de pessoa colectiva e o local de representação, com indicação do código postal válido, o objecto, o capital afecto, quando exista, a data de encerramento de exercício e os representantes;

f) Os fins, a forma de obrigar, a administração ou os representantes legais e a duração dos respectivos mandatos, das pessoas colectivas de utilidade pública;

g) O código CAE (compreendendo o CAE principal e até três CAE secundários);

h) A menção do seu cancelamento, quando este se verifique;

i) Outros elementos identificadores da entidade sujeita a registo cuja menção no extracto da matrícula seja determinada por despacho do presidente do Instituto dos Registos e do Notariado, I. P.

2 – A matrícula das representações permanentes das sociedades com sede principal e efectiva no estrangeiro deve incluir a referência a 'representação permanente', 'sucursal' ou outra equivalente, à escolha do interessado.

3 – O registo de declaração de perda do direito ao uso de firma ou denominação determina a correspondente menção na matrícula.

4 – As alterações ao código CAE constantes do Sistema de Informação da Classificação Portuguesa das Actividades Económicas (SICAE) são automaticamente reflectidas na matrícula.

5 – É igualmente refletida na matrícula a informação de que a entidade não cumpriu a obrigação de declaração do beneficiário efetivo, que seja comunicada pelo Registo Central do Beneficiário Efetivo.

6 – A informação referida no número anterior é eliminada após comunicação do Registo Central de Beneficiário Efetivo de que cessou a situação de incumprimento.

7 – A matrícula das sociedades comerciais por quotas, anónimas, em comandita por ações, sucursais financeiras exteriores e das representações permanentes de sociedades comerciais de responsabilidade limitada com sede em Estado-Membro da União Europeia deve conter o número único de identificação (EUID), previsto no artigo 4º do Decreto-Lei nº 24/2019, de 1 de fevereiro, o qual permite a respetiva identificação inequívoca nas comunicações efetuadas através do sistema de interconexão dos registos da União Europeia.

8 – O EUID é composto pelo código PTIRNMJ, seguido do NIPC das pessoas coletivas identificadas no número anterior.

(Redação dada pela Portaria nº 80/2019, de 18-03)

ARTIGO 9º
Menções gerais das inscrições

1 – Do extracto da inscrição deve constar:

a) O número de ordem correspondente e o número e a data da apresentação;

b) Sendo a inscrição provisória, a menção de que o é, por natureza ou por dúvidas, com indicação, no primeiro caso, da disposição legal aplicável;

c) O facto registado;

d) O nome completo, a residência habitual ou domicílio profissional e o número de identificação fiscal (NIF) ou a firma, a sede e o número de identificação de pessoa colectiva (NIPC) dos sujeitos que figurem activamente no facto.

2 – Sem prejuízo do disposto no número anterior, deve constar, igualmente, do extracto da inscrição o estado civil dos sócios e, sendo casados, o nome do cônjuge e o respectivo regime de bens.

(Redacção dada pela Portaria nº 1416-A/2006, de 19-12)

ARTIGO 10º
Menções especiais das inscrições

O extracto da inscrição deve ainda conter as seguintes menções especiais:

a) Na de início de actividade do comerciante individual, o nome completo e a firma, se diferente daquele, o seu número de identificação fiscal, a data do início de actividade, a nacionalidade, o estado civil e, sendo casado, o nome do cônjuge e o regime de bens, o ramo de actividade e a localização do estabelecimento principal;

b) Na de constituição de sociedade, a firma, a sede, o prazo de duração, quando determinado, o objecto, o capital e, não estando realizado, o montante em que ficou, as quotas ou partes sociais, ou o valor nominal e a natureza das acções, a data do encerramento do exercício social, a administração, a fiscalização e a forma de obrigar a sociedade e, tratando-se de constituição de sociedade anónima europeia, para além das menções anteriores, a modalidade de constituição;

c) Na de constituição de cooperativa, a firma, a sede, o prazo de duração, quando determinado, o objecto, o capital mínimo, a direcção, a fiscalização e a forma de obrigar a cooperativa;

d) Na de constituição de empresa pública, a firma, a sede, o prazo de duração, quando determinado, o objecto, o capital, a administração, a fiscalização e a forma de obrigar a empresa;

e) Na de contrato de agrupamento complementar de empresas e na de agrupamento europeu de interesse económico, a firma, a sede, o prazo de duração, quando determinado, o objecto, o nome ou a firma dos membros, as contribuições genéricas dos agrupados para os encargos e a constituição do capital, havendo-o, a administração e a forma de obrigar o agrupamento;

f) Na de constituição de estabelecimento individual de responsabilidade limitada, o nome, a residência e a nacionalidade do titular, a sede, a data do início da actividade, o prazo de duração, quando determinado, o objecto e o capital;

g) Na criação de representação permanente, a identificação da pessoa coletiva representada, por referência à firma, nacionalidade, sede, objeto e capital, e número único de identificação (EUID) quando aplicável, e ainda a firma, o local de representação, o capital afeto quando exigível, e a data de encerramento do exercício social;

h) Na de entrada de novos membros do agrupamento complementar de empresas, a data da deliberação;

i) Na de designação dos membros dos órgãos de administração, fiscalização e liquidação, bem como do secretário da sociedade, o prazo por que foram designados, se o houver, e a data da deliberação;

j) Na de alteração do contrato ou do acto constitutivo, a indicação dos artigos alterados e, tratando-se da alteração de algum dos elementos previstos nas alíneas *b*) a *f*), a respectiva menção;

l) Na de prorrogação, a data da deliberação;

m) Na de fusão e de cisão, a modalidade, a firma, o número de identificação de pessoa colectiva e a sede das entidades participantes, as alterações ao contrato ou aos estatutos da entidade incorporante ou cindida quanto às menções previstas nas alíneas *b*) a *e*), bem como a data da deliberação que aprovou o projecto, nos casos em que, por lei, aquela deliberação não é dispensada;

n) Na de transformação, a data da deliberação e as menções do contrato ou dos estatutos previstas nas alíneas *b*) a *e*);

o) Na de aumento do capital, o montante após o aumento, a natureza da subscrição e como foi subscrito;

p) Na de redução do capital, a quantia a que este ficou reduzido e a data da deliberação;

q) Na de reintegração do capital, o montante e a sua distribuição pelos sócios;

r) Na de dissolução, o prazo para a liquidação, quando estipulado;

s) Na de encerramento da liquidação, a data da aprovação das contas e o nome, residência habitual ou domicílio profissional e o número de identificação fiscal do depositário designado nos termos do nº 4 do artigo 157º do Código das Sociedades Comerciais;

t) Na de regresso à actividade da sociedade, quando deliberada pelos sócios, a data da deliberação;

u) Na de encerramento de representação permanente, a data do encerramento;

v) Na de acção e nas dos procedimentos e providências cautelares, o pedido, o tribunal onde o processo foi instaurado e a respectiva data de entrada;

x) Na de declaração de insolvência, a data e hora de prolação da sentença e a data do respectivo trânsito em julgado e, se for caso disso, a menção adicional da presumível insuficiência do património do devedor para a satisfação das custas do processo e das dívidas previsíveis da massa insolvente;

z) Na de indeferimento do pedido de declaração de insolvência, a data do trânsito em julgado da sentença respectiva;

aa) Na de nomeação de administrador judicial e de administrador judicial provisório da insolvência, o domicílio profissional do administrador nomeado e, no caso de nomeação de administrador judicial provisório, os poderes que lhe foram atribuídos;

ab) Na de atribuição ao devedor da administração da massa insolvente, a data do despacho que a decretou e, sendo decretada a proibição da prática de certos actos pelo devedor sem o consentimento do administrador da insolvência, a especificação dos actos sujeitos a esse condicionalismo;

ac) Na de inabilitação e de inibição de comerciantes individuais para o exercício do comércio e de determinados cargos, a data do trânsito em julgado da sentença, o prazo da inabilitação e da inibição e a especificação das inibições decretadas;

ad) Na de nomeação de curador ao insolvente inabilitado, o domicílio profissional do curador;

ae) Na que publicita o despacho inicial no procedimento de exoneração do passivo restante do comerciante individual, a data do despacho e a menção do nome e domicílio profissional do fiduciário do rendimento disponível do devedor;

af) Na de exoneração do passivo restante do comerciante individual, a data do trânsito em julgado do despacho que a determina;

ag) Na de encerramento do processo de insolvência, a data da respectiva decisão judicial e a razão determinante do encerramento e, no caso de encerramento por homologação de plano de insolvência cuja execução fique sujeita a fiscalização, a menção deste último condicionalismo e, se for o caso, dos actos cuja prática depende do consentimento do administrador da insolvência e do limite quantitativo dentro do qual é lícita a concessão de prioridade a novos créditos;

ah) Na de constituição de entidades resultantes de fusão, cisão ou cisão/fusão, a menção desta circunstância, bem como o número de identificação de pessoa colectiva das entidades fundidas ou cindidas.

(Redação dada pela Portaria nº 80/2019, de 18-03)

ARTIGO 11º
Menções gerais dos averbamentos à inscrição

Os averbamentos à inscrição devem conter:

a) O número de ordem privativo do averbamento dentro da inscrição a que respeita;

b) O número e a data da apresentação ou, se desta não dependerem, a data em que são feitos;

c) A menção do facto averbado.

ARTIGO 12º
Menções especiais dos averbamentos à inscrição

O extracto do averbamento à inscrição deve ainda conter as seguintes menções especiais:

a) No de recondução de funções de membros dos órgãos de administração e de fiscalização e do secretário da sociedade, o prazo por que foram reconduzidos, quando indicado, e a data da deliberação;

b) No de cessação de funções dos membros dos órgãos de administração, fiscalização e liquidação e do secretário da sociedade, a data e a causa;

c) Nos de concessão e modificação de poderes dos liquidatários, os poderes concedidos ou modificados e a data;

d) No de realização integral do capital, a data;

e) No de declaração de perda do direito ao uso da firma ou denominação, a data e a causa;

f) No de decisão final de acções inscritas, o conteúdo dispositivo da sentença e a data do trânsito em julgado;

g) No de cessação de funções do administrador judicial ou do administrador judicial provisório da insolvência e no de cessação de funções do curador do insolvente inabilitado, a causa;

h) No de proibição ao devedor insolvente da prática de certos actos sem o consentimento do administrador da insolvência, quando tal proibição não for determinada conjuntamente com a atribuição ao devedor da administração da massa insolvente, a data do despacho respectivo e a especificação dos actos sujeitos a esse condicionalismo;

i) No de cessação da administração da massa insolvente pelo devedor, a data do despacho que a decretou;

j) No de confirmação do fim do período de fiscalização incidente sobre a execução de plano de insolvência, a data da decisão judicial respectiva;

l) No de cessação antecipada do procedimento de exoneração do passivo restante de comerciante individual, a data do despacho respectivo;

m) No de revogação da exoneração do passivo restante de comerciante individual, a data do trânsito em julgado do despacho respectivo.

ARTIGO 13º
Anotações

As anotações previstas na lei devem conter:

a) A data da apresentação dos documentos ou, se dela não dependerem, a data em que foram lavradas, bem como o número de ordem privativo dentro das inscrições ou averbamentos a que respeitam;

b) O facto anotado.

ARTIGO 13º-A
Referência ao código postal

Em todas as menções de sede, localização de estabelecimento, ou residência ou domicílio profissional, é obrigatória a indicação de código postal válido.

(Aditado pela Portaria nº 1256/2009, de 14-10)

SECÇÃO II
Registos por depósito

ARTIGO 14º
Menções gerais do registo por depósito

1 – O depósito dos documentos que titulem factos sujeitos a registo é mencionado na ficha de registo, com indicação:

a) Da data do depósito;

b) Do facto a registar;

c) Do nome ou denominação, da residência habitual, domicílio fiscal ou sede, com indicação de código de postal válido, e do número de identificação fiscal do sujeito activo do facto;

d) Do nome, qualidade e número de cédula profissional ou documento equivalente, quando aplicável, de quem requereu o depósito, bem como a residência ou domicílio profissional, com indicação de código de postal válido.

2 – As indicações previstas no número anterior são recolhidas do pedido de registo.

(Redacção dada pela Portaria nº 1256/2009, de 14-10)

ARTIGO 15º
Menções especiais do registo por depósito

1 – O depósito dos documentos que titulem factos sujeitos a registo é mencionado na ficha de registo, com indicação:

a) No de deliberação da assembleia geral para a aquisição de bens e no de deliberação de manutenção ou termo do domínio total, a data da deliberação;

b) No de deliberação de amortização, conversão e remissão de acções, a data da deliberação, o montante das acções e a sua espécie, quando indicada;

c) No de emissão de obrigações, o montante da emissão, o valor nominal das obrigações e a data da deliberação;

d) No de prestação de contas, o ano do exercício e os elementos referidos no nº 4 do artigo 72º do Código do Registo Comercial;

e) No de deliberação de redução do capital social, o montante e a data da deliberação;

f) No de projecto de fusão ou cisão, a modalidade, a firma, o número de identificação de pessoa colectiva e a sede, com indicação de código de postal válido, das entidades participantes;

g) No de projecto de constituição de sociedade anónima europeia, a modalidade de constituição e, no caso de constituição por meio de fusão ou de constituição de sociedade gestora de participações sociais, a firma e sede, com indicação de código de postal válido, das sociedades participantes;

h) No de contrato de subordinação, no de contrato de agência ou representação comercial e no de mandato, o início de produção de efeitos e o prazo de duração, quando estipulado;

i) No de acção, procedimento ou providência cautelar, o pedido, o tribunal onde o processo foi instaurado e a respectiva data de entrada;

j) No de decisão judicial, o conteúdo dispositivo e a data do trânsito em julgado da sentença, o tribunal que a decretou e o respectivo número de processo;

l) No de cancelamento, o facto a que respeita o registo cancelado e o respectivo número de ordem;

m) No de modificação ou rectificação, o facto a que respeita o registo modificado ou rectificado, o respectivo número de ordem e, sendo modificado ou rectificado algum dos elementos constantes da menção, a sua indicação.

2 – O registo de facto respeitante a participação social ou respectivo titular deve ainda mencionar:

a) A quota ou parte social objecto do facto registado;

b) O estado civil do sujeito activo do facto e, sendo casado, o nome do cônjuge e o regime de bens;

c) A identificação do sujeito passivo do facto, nos termos previstos para o sujeito activo;

d) Tratando-se de registo de penhor, para além das menções anteriores, a quantia garantida;

e) Tratando-se de registo de penhora ou arresto, para além das menções previstas nas alíneas *a*) a *d*), o tribunal onde a providência foi decretada e o respectivo número de processo;

f) Tratando-se de registo de amortização de quota, extinção de parte social, exoneração ou exclusão de sócio, para além das menções das alíneas *a*) e *b*), a data do facto.

3 – O disposto no nº 2 do artigo anterior é aplicável às menções previstas neste artigo.

(Redacção dada pela Portaria nº 1256/2009, de 14-10)

CAPÍTULO III
Disposições finais

ARTIGO 16º
Notificações

Sempre que a lei não disponha em contrário e sem prejuízo do disposto no artigo 116º do Código do Registo Comercial, as notificações são efectuadas por carta registada.

ARTIGO 17º
Emolumentos

Para efeitos de tributação emolumentar, o secretário da sociedade é equiparado a órgão social.

(Aditado pela Portaria nº 1416-A/2006, de 19-12)

Regime Especial de Constituição Imediata de Sociedades

Decreto-Lei nº 111/2005, de 8 de Julho

O desenvolvimento da competitividade da economia portuguesa é uma prioridade fundamental do XVII Governo Constitucional.

Tal pressupõe que se realize um forte esforço de eliminação de actos e práticas inúteis, evitando que os cidadãos e as empresas sejam onerados com actividades burocráticas que nada acrescentem e não constituem uma mais-valia. Para o efeito, os serviços do Estado devem oferecer uma resposta ágil, rápida e desburocratizada.

No processo de constituição de sociedades comerciais, a actividade do Estado deve limitar-se ao essencial para garantir a segurança da actividade das empresas e das transacções comerciais. A constituição de sociedades comerciais não deve ser permeável à existência de burocracias e actos enraizados pelas práticas e por métodos que não constituam um valor acrescentado em função da protecção daqueles valores. Por outras palavras, sendo o crescimento da actividade económica uma prioridade do XVII Governo Constitucional e assentando uma parcela muito relevante desse crescimento nas sociedades comerciais, há que garantir que o Estado não constitui um entrave ao dinamismo dos agentes económicos. Ao invés, o Estado tem de acompanhar a sua competitividade, garantindo as respostas que as empresas exigem.

Cumprindo estes objectivos e no sentido de impulsionar o desenvolvimento da economia nacional, o presente diploma concretiza o Programa de Governo, prevendo a possibilidade de criação de empresas «na hora» perante as conservatórias do registo comercial e os seus respectivos postos de atendimento nos centros de formalidades de empresas.

Os interessados na constituição de uma sociedade comercial podem, assim, dirigir-se a uma destas conservatórias manifestando a intenção de constituir a empresa, bastando-lhes escolher uma das firmas pré-aprovadas à sua disposição e escolhendo o pacto ou acto constitutivo previamente aprovado e certificado pelos serviços de registos e notariado. A conservatória do registo comercial assegurará a comunicação e as formalidades subsequentes a todas as entidades que devam ser notificadas da constituição da sociedade, sem que os interessados fiquem onerados com tal tarefa, o que constitui um importante elemento de desburocratização e simplificação de processos administrativos, com as inerentes vantagens para o cidadão, para as empresas e para a própria Administração Pública.

Pela constituição destas sociedades será devida uma taxa inferior à que hoje impende perante os cidadãos e as empresas que adoptem a via tradicional. Por um lado, se o processo que agora se estabelece é mais simples, o preço deve ser menor. Por outro lado, o Estado assegura por esta via a competitividade nacional, pois o custo da criação de sociedades em Portugal passa assim a ser muito competitivo no contexto de um mercado aberto.

Finalmente, o preço da constituição das sociedades cuja actividade principal seja classificada como «actividade informática ou conexa» ou como «actividade de investigação e desenvolvimento» é especialmente reduzido. Visa-se por esta via desenvolver uma opção estratégica fundamental do País: o desenvolvimento da economia nacional em torno do plano tecnológico e da investigação e desenvolvimento, garantindo o incentivo a estas áreas de desenvolvimento.

Foram promovidas as diligências necessárias à audição da Ordem dos Advogados, da Câmara dos Solicitadores e da Câmara dos Técnicos Oficiais de Contas.

Assim:

Nos termos da alínea *a*) do nº 1 do artigo 198º da Constituição, o Governo decreta o seguinte:

CAPÍTULO I
Regime especial de constituição imediata de sociedades

ARTIGO 1º
Objecto

O presente diploma estabelece um regime especial de constituição imediata de sociedades comerciais e civis sob forma comercial do tipo por quotas e anónima, com ou sem a simultânea aquisição, pelas sociedades, de marca registada.

(Redacção dada pelo Decreto-Lei nº 125/2006, de 29-06)

ARTIGO 2º
Âmbito

O regime previsto no presente diploma não é aplicável:

a) *(Revogada.)*
b) *(Revogada.)*
c) Às sociedades anónimas europeias.

(Redacção dada pelo Decreto-Lei nº 247-B/2008, de 30-12)

ARTIGO 3º
Pressupostos de aplicação

1 – São pressupostos de aplicação do regime previsto no presente diploma:

a) A opção por pacto ou acto constitutivo de modelo aprovado pelo presidente do Instituto dos Registos e do Notariado, I. P. (IRN, I. P.);

b) Se o capital da sociedade for total ou parcialmente realizado mediante entradas em bens diferentes de dinheiro sujeitos a registo, os bens estiverem registados definitivamente em nome do sócio que os dá como entrada.

2 – No caso previsto na alínea *b*) do número anterior, os serviços de registo devem verificar oficiosamente a titularidade dos bens, através do acesso directo às bases de dados respectivas.

3 – É ainda pressuposto da aplicação do regime previsto no presente diploma a escolha da firma da sociedade através de uma das seguintes formas:

a) Aprovação no posto de atendimento;

b) Escolha de firma constituída por expressão de fantasia previamente criada e reservada a favor do Estado, associada ou não à aquisição de uma marca previamente registada a favor do Estado;

c) Apresentação de certificado de admissibilidade de firma.

4 – A competência dos serviços de registo para a aprovação de firma referida na alínea *a*) do número anterior é atribuída por despacho do presidente do IRN, I. P.

(Redacção dada pelo Decreto-Lei nº 247-B/2008, de 30-12)

ARTIGO 4º
Competência

1 – O regime a que se refere o artigo 1º é da competência das conservatórias do registo comercial, ou de quaisquer outros serviços desconcentrados do IRN, I. P., independentemente da localização da sede da sociedade a constituir.

2 – Os interessados podem igualmente optar por promover o procedimento no posto de atendimento do registo comercial a funcionar junto dos centros de formalidades de empresas (CFE).

3 – A competência prevista nos números anteriores abrange a tramitação integral do procedimento, incluindo a prática de todos os actos de registo comercial, predial ou de veículos efectuados em consequência do procedimento.

4 – Os CFE podem adoptar as medidas necessárias para adequar as suas estruturas ao disposto no presente diploma, nomeadamente através de modificações ao respectivo manual de procedimentos.

(Redacção dada pelo Decreto-Lei nº 247-B/2008, de 30-12)

ARTIGO 4º-A
Marcação prévia no caso de entradas em espécie

Os procedimentos de constituição imediata de sociedades em que o capital seja total ou parcialmente realizado mediante entradas em bens diferentes de dinheiro sujeitos a registo, podem ser realizados mediante agendamento da data da realização do negócio jurídico, nos termos a regulamentar por portaria do membro do Governo responsável pela área da justiça.
(Aditada por Decreto-Lei nº 247-B/2008, de 30-12)

ARTIGO 5º
Prazo de tramitação

Os serviços referidos no artigo anterior devem iniciar e concluir a tramitação do procedimento no mesmo dia, em atendimento presencial único.

ARTIGO 6º
Início do procedimento

1 – Os interessados na constituição da sociedade formulam o seu pedido junto do serviço competente, manifestando a sua opção pela firma ou firma e marca e pelo modelo de pacto ou acto constitutivo.

2 – A prossecução do procedimento depende da verificação inicial da identidade, da capacidade e dos poderes de representação dos interessados para o acto.
(Redacção dada pelo Decreto-Lei nº 125/2006, de 29-06)

ARTIGO 7º
Documentos a apresentar

1 – Para o efeito da constituição da sociedade, os interessados devem apresentar os documentos comprovativos da sua identidade, capacidade e poderes de representação para o acto, bem como autorizações especiais que sejam necessárias.

2 – Caso ainda não haja sido efectuado, os sócios devem declarar, sob sua responsabilidade, que o depósito das entradas em dinheiro é realizado no prazo de cinco dias úteis ou, nos casos e termos em que a lei o permite, que as respectivas entradas em dinheiro são entregues nos cofres da sociedade, até ao final do primeiro exercício económico.

3 – Sendo o capital total ou parcialmente realizado mediante entradas em bens diferentes de dinheiro, deve ser apresentado o relatório elaborado por um revisor oficial de contas sem interesses na sociedade, nos termos do artigo 28º do Código das Sociedades Comerciais.

4 – No caso de o capital social ser realizado mediante a entrada de imóveis, deve ser preferencialmente comprovada por acesso à base de dados, ou mediante a apresentação dos respectivos documentos pelos interessados:

a) A situação matricial do prédio;

b) A existência ou dispensa de licença de utilização ou de licença de construção, quando exigível;

c) A existência de ficha técnica do prédio, quando exigível;

d) A inexistência de manifestação da intenção de exercer o direito de preferência legal por parte do Estado, Regiões Autónomas, municípios, outras pessoas colectivas públicas ou empresas públicas.

5 – A mera referência à existência de licença de utilização ou o facto de que resulte a respectiva dispensa efectuada em caderneta predial, em base de dados de serviço da Administração Pública ou em documento autêntico, constitui prova bastante para os efeitos do disposto na alínea *b*) do número anterior.

6 – Os interessados podem proceder à entrega imediata da declaração de início de actividade para efeitos fiscais.

7 – Caso não procedam à entrega do documento referido no número anterior, os interessados são advertidos de que o devem fazer no serviço competente, no prazo legalmente fixado para o efeito.

8 – Os serviços fiscais devem notificar por via electrónica os serviços da segurança social dos elementos relativos ao início da actividade.

(Redacção dada pelo Decreto-Lei nº 33/2011, de 07-03)

ARTIGO 8º
Sequência do procedimento

1 – Efectuada a verificação inicial da identidade, da capacidade e dos poderes de representação dos interessados para o acto, bem como a regularidade dos documentos apresentados, o serviço competente procede aos seguintes actos, pela ordem indicada:

a) Cobrança dos encargos que se mostrem devidos;

b) Promoção da liquidação do IMT, nos termos declarados pelo contribuinte, e de outros impostos que se mostrem devidos, tendo em conta os negócios jurídicos a celebrar, assegurando o seu pagamento prévio à celebração do negócio jurídico;

c) Aprovação de firma nos termos da alínea *a*) do nº 3 do artigo 3º ou afectação, por via informática e a favor da sociedade a constituir, da firma escolhida ou da firma e marca escolhidas e do número de identificação de pessoa colectiva (NIPC) associado à firma nos casos previstos na alínea *b*) do nº 3 do artigo 3º;

d) Preenchimento do pacto ou acto constitutivo, por documento particular, de acordo com o modelo previamente escolhido, nos termos das indicações dos interessados;

e) Reconhecimento presencial das assinaturas dos intervenientes no acto, apostas no pacto ou acto constitutivo;

f) Anotação de apresentação dos pedidos verbais de registo nos respectivos diários;

g) Registo de constituição de sociedade e de outros factos sujeitos a registo comercial, predial e de veículos a serem efectuados em consequência do procedimento;

h) Comunicação automática e electrónica da constituição da sociedade ao ficheiro central de pessoas colectivas e, se for o caso, codificação da actividade económica (CAE);

i) Disponibilização imediata do cartão electrónico da empresa mediante a atribuição de código de acesso, bem como comunicação aos interessados do número de identificação da sociedade na segurança social;

j) Sendo caso disso, completamento da declaração de início de actividade, para menção da firma, NIPC e CAE.

2 – A atribuição de firma referida na primeira parte da alínea *c*) do número anterior ocorre com a aprovação da primeira das firmas requeridas que for viável.

3 – A realização dos actos previstos no nº 1 é da competência do conservador e dos oficiais de registo, com excepção dos actos que envolvam entradas em imóveis que são da competência do conservador, sem prejuízo da possibilidade de delegação em oficial de registo.

(Redacção dada pelo Decreto-Lei nº 247-B/2008, de 30-12)

ARTIGO 9º
Recusa de titulação

1 – O conservador deve recusar a realização do acto previsto na alínea *d*) do nº 1 do artigo anterior sempre que verifique a existência de omissões, vícios ou deficiências que afectem a formação e exteriorização da vontade dos intervenientes no acto ou nos documentos que devam instruir e que obstem à realização, com carácter definitivo, do registo da constituição de sociedade ou de qualquer outro registo incluído no procedimento, bem como quando, em face das disposições legais aplicáveis, o acto não seja viável.

2 – O conservador deve ainda recusar a realização do acto previsto na alínea *d*) do nº 1 do artigo anterior quando o acto seja anulável ou ineficaz.

3 – Em caso de recusa, se o interessado declarar, oralmente ou por escrito, que pretende impugnar o respectivo acto, o conservador deve lavrar despacho especificando os fundamentos respectivos.

4 – À recusa de titulação é aplicável o regime de impugnação previsto nos artigos 98º e seguintes do Código do Registo Comercial.

(Redacção dada pelo Decreto-Lei nº 247-B/2008, de 30-12)

ARTIGO 10º
Aditamentos à firma e número de matrícula

1 – Nos casos previstos na alínea *b*) do nº 3 do artigo 3º, o serviço competente deve completar a composição da firma com os aditamentos legalmente impostos assim como com qualquer expressão alusiva ao objecto social que os interessados optem por inserir entre a expressão de fantasia escolhida e os referidos aditamentos.

2 – O número de matrícula das sociedades constituídas ao abrigo do presente diploma corresponde ao número de identificação de pessoa colectiva.

(Redacção dada pelo Decreto-Lei nº 247-B/2008, de 30-12)

ARTIGO 11º
Caducidade do direito ao uso da firma

A não conclusão do procedimento no prazo previsto no artigo 5º por facto imputável aos interessados, determina a caducidade do direito ao uso da firma, ou da firma e marcas escolhidas afectas à sociedade a constituir, nos termos da alínea *c*) do nº 1 do artigo 8º, não conferindo o direito à restituição dos encargos cobrados.

(Redacção dada pelo Decreto-Lei nº 99/2010, de 02-09)

ARTIGO 12º
Documentos a disponibilizar à sociedade

1 – Concluído o procedimento de constituição da sociedade, o serviço competente entrega de imediato aos representantes da sociedade, a título gratuito:

a) Uma certidão do pacto ou acto constitutivo do registo deste último;

b) Sendo caso disso, disponibilização *online* das certidões de registo a que haja lugar através da atribuição do código de acesso e promoção da emissão do certificado de matrícula;

c) O recibo comprovativo do pagamento dos encargos devidos;

d) Caso tenha havido aquisição de marca registada, documento comprovativo dessa aquisição, em modelo aprovado pelo Instituto Nacional da Propriedade Industrial, I. P. (INPI, I. P.).

2 – Nos casos previstos na alínea *d*) do número anterior, é dispensado o documento escrito e assinado pelas partes, previsto no nº 6 do artigo 31º do Código da Propriedade Industrial, e não há lugar à emissão do título de concessão previsto no artigo 27º do mesmo diploma.

3 – O serviço procede ainda ao envio posterior do cartão da empresa a título gratuito.

(Redacção dada pelo Decreto-Lei nº 247-B/2008, de 30-12)

ARTIGO 13º
Diligências subsequentes à conclusão do procedimento

1 – Após a conclusão do procedimento de constituição da sociedade, o serviço competente, no prazo de vinte e quatro horas:

a) Promove as publicações legais;

b) Remete a declaração de início de actividade ao serviço fiscal competente;

c) Disponibiliza aos serviços competentes, por meios informáticos, os dados necessários para efeitos de comunicação do início de actividade da sociedade à Inspecção-Geral do Trabalho, bem como os dados necessários à inscrição oficiosa da sociedade nos serviços da segurança social e, quando for o caso, no cadastro comercial;

d) Caso tenha havido aquisição de marca registada, comunica ao INPI, I. P., por meios informáticos, a transmissão da mesma, para que se proceda à sua inscrição oficiosa no processo de registo, e ao RNPC para efeitos de dispensa da prova prevista no nº 6 do artigo 33º do regime do RNPC;

e) Promove as restantes diligências que venham ser fixadas por via regulamentar ou protocolar.

2 – No mesmo prazo, o serviço que conduziu o procedimento deve remeter a pasta da sociedade à conservatória do registo comercial da área da respectiva sede.

3 – O envio previsto no número anterior só ocorre quando não existam condições que garantam o acesso à informação sobre a sociedade por via electrónica.

(Redacção dada pelo Decreto-Lei nº 247-B/2008, de 30-12)

ARTIGO 14º
Encargos

1 – Pelo procedimento de constituição de sociedade regulado no presente diploma são devidos encargos relativos:

a) Aos emolumentos previstos no Regulamento Emolumentar dos Registos e do Notariado;

b) Ao imposto do selo, nos termos da Tabela respectiva;

c) *(Revogada.)*

d) Ao Imposto Municipal sobre Transmissões Onerosas de Imóveis, nos termos declarados pelo contribuinte, e outros impostos que se mostrem devidos, tendo em conta os negócios jurídicos a celebrar, devendo ser assegurado o seu pagamento prévio à celebração do negócio jurídico, sem prejuízo do disposto na alínea *b*);

e) Às taxas previstas em portaria do membro do Governo responsável pela área da justiça, caso tenha havido aquisição de marca registada.

2 – O Estado goza de isenção do pagamento das taxas devidas pela prática de actos junto do INPI, ao abrigo do presente diploma.

3 – Sem prejuízo do disposto no artigo 11º, não são devidos quaisquer encargos pela recusa de titulação e de registo, procedendo-se nesses casos à devolução de todas as quantias cobradas pelo procedimento de constituição de sociedades regulado neste diploma.

4 – Pelo procedimento de constituição de sociedades regulado neste diploma não são devidos emolumentos pessoais.

(Redacção dada pelo Decreto-Lei nº 247-B/2008, de 30-12)

ARTIGO 15º
Bolsa de firmas e de marcas

1 – É criada pelo RNPC uma bolsa de firmas reservadas a favor do Estado, compostas por expressão de fantasia e às quais está associado um NIPC, independentemente da localização da sede da sociedade, para o efeito de afectação exclusiva às sociedades a constituir no âmbito do presente diploma.

2 – É criada pelo RNPC e pelo INPI uma bolsa de firmas reservadas e de marcas registadas a favor do Estado, compostas por expressões de fantasia e às quais está associado um NIPC e um número de processo de marca, independentemente da localização da sede da sociedade, para o efeito de afectação às sociedades a constituir no âmbito do presente diploma.

3 – As marcas constantes da bolsa referida no número anterior são registadas a favor do Estado, representado pelo RNPC, para os produtos e serviços definidos por despacho conjunto do presidente do IRN, I. P., e do presidente do conselho de administração do INPI.

4 – Até à sua afectação nos termos da segunda parte da alínea *c)* do nº 1 do artigo 8º, as firmas constantes das bolsas referidas nos nºs 1 e 2 gozam de protecção em todo o território nacional.

5 – O recurso à bolsa referida no nº 2 pressupõe a adopção conjunta das firmas e marcas que se encontram reciprocamente associadas.

6 – A dependência prevista no número anterior cessa com a conclusão do procedimento de constituição imediata da sociedade, momento a partir do qual a firma e a marca passam a vigorar autonomamente.

7 – A reserva a favor do Estado das firmas constantes das bolsas referidas nos nºs 1 e 2 confere o direito à sua exclusividade em todo o território nacional.

(Redacção dada pelo Decreto-Lei nº 247-B/2008, de 30-12)

ARTIGO 15º-A
Declaração de intenção de uso

(Revogado pelo Decreto-Lei nº 247-B/2008, de 30-12)

ARTIGO 16º
Protocolos

1 – Podem ser celebrados protocolos entre a Direcção-Geral dos Registos e do Notariado (DGRN) e os vários organismos da Administração Pública envolvidos no procedimento de constituição de sociedades com vista à definição dos procedimentos administrativos de comunicação de dados.

2 – A DGRN pode ainda celebrar protocolos com a Direcção-Geral dos Impostos e com a Câmara dos Técnicos Oficiais de Contas com vista à definição dos procedimentos relativos ao preenchimento e entrega da declaração fiscal de início de actividade e posterior comprovação destes factos.

CAPÍTULO II
Alterações legislativas

(O presente Capítulo não se disponibiliza, uma vez que, procedendo a alterações a diversos diplomas, tais alterações foram inseridas no local próprio ou não se inserem no âmbito da presente publicação)

CAPÍTULO III
Postos de atendimento e informação obrigatória

ARTIGO 25º
Postos de atendimento do registo comercial

1 – Para efeitos da aplicação do regime especial de constituição imediata de sociedades, podem ser criados, por despacho conjunto dos Ministros da Justiça e da Economia e da Inovação, postos de atendimento das conservatórias do registo comercial junto dos CFE do respectivo concelho, sem prejuízo do disposto no nº 1 do artigo 27º.

2 – O quadro das conservatórias do registo comercial que disponham dos postos de atendimento referidos no número anterior pode ser acrescido de um lugar de conservador, nos termos do artigo 1º do Decreto-Lei nº 253/96, de 26 de Dezembro.

3 – Na falta ou impedimento do conservador, as suas funções são exercidas pelo ajudante por ele designado para o efeito.

4 – A competência dos postos de atendimento abrange:

a) A prática de todos os actos próprios das conservatórias respectivas que se mostrem necessários à execução do regime mencionado no nº 1;

b) A prática dos actos de registo comercial relativos aos processos previstos no artigo 1º do Decreto-Lei nº 78-A/98, de 31 de Março, e para os quais seja competente a conservatória do registo comercial a que pertencem;

c) A emissão e confirmação de certidões e cópias não certificadas de registo, nos termos legalmente previstos para a conservatória a que pertencem.

5 – A competência dos postos de atendimento pode ser alargada à prática de outros actos do registo comercial, por despacho do director-geral dos Registos e do Notariado.

(Redacção dada pelo Decreto-Lei nº 76-A/2006, de 29-03)

ARTIGO 26º
Disponibilização da informação obrigatória

Para o cumprimento do disposto no nº 2 do artigo 14º, na alínea *c*) do nº 1 do artigo 55º e no artigo 70º do Código do Registo Comercial e no artigo 167º do Código das Sociedades Comerciais é suficiente a disponibilização, designadamente por ordem cronológica, da informação obrigatória aí prevista através de sítio na Internet de acesso público, cujo funcionamento e respectivos termos e custo são definidos por portaria do Ministro da Justiça.

CAPÍTULO IV
Disposições finais e transitórias

ARTIGO 27º
Período experimental

1 – A partir da data de entrada em vigor do presente diploma e por um período a fixar por portaria conjunta do Ministro de Estado e da Administração Interna, do Ministro da Justiça e do Ministro da Economia e da Inovação, o regime especial de constituição imediata de sociedades funciona a título experimental nas Conservatórias do Registo Comercial de Aveiro, Coimbra, Moita e Barreiro e nos postos de atendimento do registo comercial junto dos CFE de Aveiro e Coimbra.

2 – Durante o período experimental referido no número anterior não é permitido aos interessados requerer a constituição de sociedades utilizando certificado de admissibilidade de firma emitido pelo RNPC, nos termos previstos na parte final da alínea *a*) do artigo 3º

3 – Decorrido o período experimental previsto no nº 1, a extensão do regime a outros serviços depende:

a) Do despacho conjunto referido no nº 1 do artigo 25º, quanto a outros CFE;

b) De despacho do presidente do IRN, I. P., quanto a serviços dependentes do IRN, I. P., não integrados nos CFE.

(Redacção dada pelo Decreto-Lei nº 247-B/2008, de 30-12)

ARTIGO 28º
Entrada em vigor

1 – O disposto no artigo 15º entra em vigor no dia seguinte ao da sua publicação.

2 – O disposto no artigo 17º, na parte em que altera os artigos 100º e 167º do Código das Sociedades Comerciais e o disposto no artigo 19º, na parte em que altera os artigos 14º, 55º, 70º e 71º do Código do Registo Comercial, entram em vigor no dia 1 de Janeiro de 2006, sem prejuízo da sua entrada em vigor nos termos gerais no que respeita às sociedades constituídas ao abrigo do regime especial de constituição imediata de sociedades.

Visto e aprovado em Conselho de Ministros de 30 de Junho de 2005. – *José Sócrates Carvalho Pinto de Sousa – António Luís Santos Costa – Luís Manuel Moreira de Campos e Cunha – Alberto Bernardes Costa – Manuel António Gomes de Almeida de Pinho – José António Fonseca Vieira da Silva.*

Promulgado em 4 de Julho de 2005.

Publique-se.

O Presidente da República, JORGE SAMPAIO.

Referendado em 5 de Julho de 2005.

O Primeiro-Ministro, *José Sócrates Carvalho Pinto de Sousa.*

Regime Especial de Constituição *On-line* de Sociedades

Decreto-Lei nº 125/2006, de 29 de Junho

O presente decreto-lei estabelece um meio de criação de empresas através da Internet, introduzindo no nosso ordenamento jurídico uma via inovadora para a constituição de sociedades comerciais e civis sob forma comercial.

Visa-se, com esta iniciativa, continuar a simplificar procedimentos de acordo com o Programa SIMPLEX, contribuir para o desenvolvimento do Plano Tecnológico e reduzir significativamente os custos de contexto, melhorando as condições para investir e criar riqueza e emprego em Portugal.

O regime adoptado para a criação de sociedades comerciais e civis sob a forma comercial através da Internet pode ser utilizado por qualquer interessado. Tanto pessoas singulares como pessoas colectivas, representadas pelo respectivos responsáveis para as vincular, passam a poder criar sociedades por esta via, desde que utilizando um meio de certificação electrónica adequado.

Trata-se, pois, de um método de criação de sociedades comerciais com um ponto de ligação óbvio ao projecto do Cartão do Cidadão. É que, com a emissão de um cartão de identificação para o cidadão que contenha um meio de certificação electrónico da identidade, a utilização de assinaturas electrónicas pelas pessoas singulares é seguramente democratizada e, consequentemente, também promovida a utilização das funcionalidades e meios – como a criação de sociedades comerciais através da Internet – que dependam de um reconhecimento electrónico da identificação.

Além daqueles que sejam directamente interessados na constituição da sociedade comercial através da Internet, também os advogados, os solicitadores e os notários podem constituí-las, certificando a identidade, a capacidade, os poderes de representação e a vontade dos interessados, sempre com utilização de um meio de validação electrónico da sua identidade.

O regime adoptado pretende ser flexível, tendo o interessado ou o seu representante um alargado conjunto de opções em matéria de escolha da firma e do pacto social da sociedade comercial que pretende constituir.

Assim, quanto ao processo de escolha da firma, estão disponíveis três possibilidades: a opção por uma firma pré-aprovada e registada a favor do Estado, como na «empresa na hora», a obtenção de uma firma admissível escolhida pelos interessados por via exclusivamente electrónica e o envio de um certificado de admissibilidade da firma previamente obtido através de um meio não electrónico.

Quanto ao pacto social ou acto constitutivo da sociedade comercial ou da sociedade civil sob a forma comercial, é oferecida uma dupla opção: a escolha de um pacto social ou acto constitutivo de modelo aprovado por despacho do director-geral dos Registos e do Notariado ou a apresentação do pedido com envio de pacto ou acto constitutivo elaborado e submetido pelos interessados.

Igualmente se prevê a possibilidade de o cumprimento das obrigações fiscais relativas ao início da actividade da sociedade constituída ser efectuado por via exclusivamente electrónica.

Além disto, pretende-se que este processo de constituição de sociedades comerciais através da Internet seja rápido e barato. Prevê-se, por isso, que o registo da sociedade constituída se realize imediatamente, ou no prazo máximo de dois dias úteis, consoante os interessados optem por pacto ou acto constitutivo de modelo aprovado ou por submeter pacto ou acto constitutivo por si elaborado. O custo da constituição de sociedades por via electrónica é, igualmente, mais baixo que o preço da sua criação pela via tradicional.

Ainda é merecedora de especial referência a circunstância de este regime de constituição de sociedades comerciais pela Internet ser dotado de importantes e relevantes mecanismos de segurança e controlo, consubstanciados, por exemplo, em comunicações electrónicas obrigatórias para as entidades responsáveis pelo cumprimento das obrigações fiscais, da segurança social e dos deveres de natureza laboral da sociedade comercial criada.

Finalmente, aproveita-se para adoptar o mecanismo legal que permite a concretização do projecto «marca na hora», que visa a possibilidade de obtenção, no momento da constituição de uma «empresa na hora», de uma marca pré-aprovada e pré-registada em nome do Estado, equivalente à firma escolhida.

Foram promovidas as diligências necessárias à audição da Ordem dos Advogados, da Câmara dos Solicitadores e da Câmara dos Técnicos Oficiais de Contas.

Foi ouvida a Ordem dos Notários.

Assim:

Nos termos da alínea *a*) do nº 1 do artigo 198º da Constituição, o Governo decreta o seguinte:

CAPÍTULO I
Regime especial de constituição on-line de sociedades

ARTIGO 1º
Objecto

É criado um regime especial de constituição *online* de sociedades comerciais e civis sob forma comercial do tipo por quotas e anónima, com ou sem a simultânea aquisição, pelas sociedades, de marca registada, através de sítio na Internet, regulado por portaria do membro do Governo responsável pela área da justiça.

(Redacção dada pelo Decreto-Lei nº 318/2007, de 26-09)

ARTIGO 2º
Âmbito

O regime previsto no presente decreto-lei não é aplicável:

a) Às sociedades cujo capital seja realizado com recurso a entradas em espécie em que, para a transmissão dos bens com que os sócios entram para a sociedade, seja exigida forma mais solene do que a forma escrita;
b) Às sociedades anónimas europeias.

ARTIGO 3º
Competência

1 – O procedimento de constituição de sociedades ao abrigo do regime a que se refere o artigo 1º é da competência do Registo Nacional de Pessoas Colectivas (RNPC), independentemente da localização da sede da sociedade a constituir, sem prejuízo do disposto no número seguinte.

2 – O RNPC pode distribuir por outras conservatórias do registo comercial a tramitação dos procedimentos de constituição *on-line* de sociedades, nos termos fixados por despacho do director-geral dos Registos e do Notariado.

ARTIGO 4º
Interessados

Podem recorrer ao regime previsto no presente decreto-lei pessoas singulares e pessoas colectivas.

ARTIGO 5º
Meios de certificação

1 – A indicação dos dados e a entrega de documentos no sítio na Internet devem ser efectuadas mediante autenticação electrónica ou aposição de uma assinatura electrónica, cujos requisitos e condições de utilização são definidos na portaria referida no artigo 1º, em articulação com os mecanismos previstos no Sistema de Certificação Electrónica do Estado – Infra-Estrutura de Chaves Públicas.

2 – No âmbito do regime previsto no presente decreto-lei, a confirmação das assinaturas dos interessados faz-se através dos meios de certificação referidos no número anterior.

3 – Caso intervenha mais de um interessado na constituição da sociedade, é possível o acesso conjunto, simultâneo ou sucessivo, dos diversos interessados ao respectivo processo de constituição *on-line*.

ARTIGO 6º
Pedido *on-line*

1 – Os interessados na constituição da sociedade formulam o seu pedido *online* praticando, entre outros que se mostrem necessários, os seguintes actos:

a) Opção por firma constituída por expressão de fantasia previamente criada e reservada a favor do Estado, associada ou não à aquisição de uma marca previamente registada a favor do Estado, pela aprovação electrónica e automática da firma nos termos do artigo 50º-A do regime do RNPC ou pela verificação da admissibilidade e aprovação de firma;

b) Não se optando por nenhuma das possibilidades previstas na alínea anterior, indicação de firma constante de certificado de admissibilidade de firma previamente obtido;

c) Opção por pacto ou acto constitutivo de modelo aprovado pelo director-geral dos Registos e do Notariado ou por envio do pacto ou do acto constitutivo por eles elaborado;

d) Preenchimento electrónico dos elementos necessários à apresentação da declaração de início de actividade para efeitos fiscais;

e) Caso ainda não haja sido efectuado, os sócios devem declarar, sob sua responsabilidade, que o depósito das entradas em dinheiro é realizado no prazo de cinco dias úteis a contar da disponibilização de prova gratuita do registo de constituição da sociedade prevista na alínea *b*) do nº 3 do artigo 12º ou, nos casos e termos em que a lei o permite, que as respectivas entradas em dinheiro são entregues nos cofres da sociedade, até ao final do primeiro exercício económico;

f) Pagamento, através de meios electrónicos, dos encargos que se mostrem devidos.

2 – Nas situações previstas na primeira parte da alínea *a*) do número anterior, os interessados podem completar a composição da firma com qualquer expressão alusiva ao objecto social que optem por inserir entre a expressão de fantasia escolhida e os aditamentos legalmente impostos.

3 – Se se tiver requerido a verificação e aprovação de firma nos termos da parte final da alínea *a*) do nº 1, o pedido deve ser apreciado no prazo máximo de um dia útil, sendo aprovada a primeira das firmas requeridas que for viável.

4 – Se for esse o caso, os interessados devem ainda enviar através do sítio na Internet, entre outros que se mostrem necessários, os seguintes documentos:

a) Documentos comprovativos da sua capacidade e dos seus poderes de representação para o acto;

b) Autorizações especiais que sejam necessárias para a constituição da sociedade;

c) No caso de se tratar de sociedade cujo capital seja realizado com recurso a entradas em espécie, sem que para a transmissão dos bens com que os sócios entram para a sociedade seja exigida forma mais solene do que a forma escrita, o relatório do revisor oficial de contas referido no artigo 28º do Código das Sociedades Comerciais, tendo sido cumprido o estipulado no nº 5 dessa disposição.

5 – Uma vez iniciado o procedimento ou aprovada a firma nos termos da parte final da alínea *a*) do nº 1, o pedido *online* deve ser submetido pelos interessados no prazo máximo de vinte e quatro horas.

6 – Todos os documentos entregues através de sítio na Internet, desde que tenham sido correctamente digitalizados e sejam integralmente apreensíveis, têm o mesmo valor probatório dos originais.

(Redacção dada pelo Decreto-Lei nº 33/2011, de 07-03)

ARTIGO 7º
Intervenção de advogados e de solicitadores

1 – Os advogados e os solicitadores que disponham dos meios de certificação de acordo com a portaria referida no nº 1 do artigo 5º enviam através do sítio na Internet o pacto ou o acto constitutivo da sociedade, com as assinaturas dos seus subscritores reconhecidas presencialmente.

2 – Para o efeito previsto no número anterior, os advogados e os solicitadores reconhecem presencialmente as assinaturas dos subscritores do pacto ou do acto constitutivo, certificando a sua identidade e, se for esse o caso, a sua capacidade e os seus poderes de representação, e ainda que os mesmos manifestaram a sua vontade em constituir a sociedade.

3 – As declarações dos advogados e dos solicitadores relativas à certificação referida no número anterior fazem-se através de fórmula própria disponível no sítio na Internet, não sendo necessário proceder ao registo em sistema informático previsto no nº 3 do artigo 38º do Decreto-Lei nº 76-A/2006, de 29 de Março.

4 – Se os interessados dispuserem dos meios de certificação de acordo com a portaria referida no nº 1 do artigo 5º, o advogado ou o solicitador podem enviar através do sítio na Internet o pacto ou o acto constitutivo assinados pelos interessados com esse meio de certificação.

5 – Caso intervenha mais de um advogado ou solicitador na constituição da sociedade, é possível o acesso conjunto, simultâneo ou sucessivo, dos diversos interessados, estejam ou não representados por advogado ou solicitador, nos termos do nº 1 do artigo 5º

ARTIGO 8º
Representação dos interessados na subscrição do pacto ou do acto constitutivo da sociedade

No caso da intervenção prevista no artigo anterior, os advogados e os solicitadores não podem agir como representantes dos interessados na subscrição do pacto ou do acto constitutivo da sociedade.

ARTIGO 9º
Intervenção dos notários

1 – Os interessados podem solicitar aos notários, que disponham dos meios de certificação de acordo com a portaria referida no nº 1 do artigo 5º, que a constituição de sociedade seja realizada através do procedimento previsto no presente decreto-lei.

2 – Para esse efeito, os notários reconhecem presencialmente as assinaturas dos subscritores do pacto ou do acto constitutivo certificando a sua identidade e, se for esse o caso, a sua capacidade e os seus poderes de representação e, ainda, que os mesmos manifestaram a sua vontade em constituir a sociedade.

3 – O disposto no nº 4 do artigo 7º é aplicável aos notários, com as necessárias adaptações.

ARTIGO 10º
Validação do pedido

1 – O pedido de constituição de sociedade apresentado nos termos do presente decreto-lei só é considerado validamente submetido após a emissão de um comprovativo electrónico, através do sítio na Internet, que indique a data e a hora em que o pedido foi concluído.

2 – A não conclusão do procedimento de constituição de sociedade por facto imputável ao interessado determina a caducidade do direito ao uso da firma afecta à sociedade a constituir nos termos da primeira parte da alínea *a*) do nº 1 do artigo 6º

ARTIGO 11º
Prazo de apreciação do pedido

1 – Emitido o comprovativo electrónico referido no nº 1 do artigo anterior, o serviço competente aprecia o pedido de constituição de sociedade.

2 – Se os interessados tiverem optado por pacto ou acto constitutivo de modelo aprovado pelo director-geral dos Registos e do Notariado e não tiver ocorrido a entrega dos documentos referidos nas alíneas *b*) e *c*) do nº 4 do artigo 6º, o serviço competente, após confirmação do pagamento efectuado pelos interessados, procede imediatamente às diligências subsequentes previstas no artigo 12º

3 – Nas restantes situações, o serviço competente procede a todas as diligências subsequentes previstas no artigo 12º no prazo de dois dias úteis a contar da confirmação do pagamento efectuado pelos interessados.

ARTIGO 12º
Diligências subsequentes

1 – O tratamento dos dados indicados e dos documentos entregues pelos interessados bem como a apreciação do pedido de constituição da sociedade são efectuados pelos serviços competentes.

2 – O serviço competente deve proceder aos seguintes actos:

a) Registo do pacto ou acto constitutivo da sociedade, que deve ser imediatamente comunicado aos interessados por via electrónica;

b) Comunicação automática e electrónica da constituição da sociedade ao ficheiro central de pessoas colectivas e, se for o caso, codificação da actividade económica (CAE).

3 – O serviço competente deve ainda proceder aos seguintes actos:

a) Comunicação do código de acesso do cartão electrónico da empresa e do número de identificação da sociedade na segurança social e envio posterior do cartão da empresa a título gratuito;

b) Caso tenha havido aquisição de marca registada e independentemente da qualificação do correspondente acto de registo comercial, emissão e envio do documento comprovativo dessa aquisição, em modelo aprovado pelo Instituto Nacional da Propriedade Industrial, I. P. (INPI, I. P.);

c) Disponibilização gratuita de código de acesso à certidão permanente da sociedade, pelo período de três meses;

d) Promoção das publicações legais, as quais se devem efectuar automaticamente e por via electrónica;

e) Disponibilização aos serviços competentes, por meios informáticos, dos dados necessários para o controlo das obrigações tributárias à administração tributária, dos dados necessários para efeitos de comunicação do início de actividade da sociedade à Inspecção-Geral do Trabalho, bem como dos dados necessários à inscrição oficiosa da sociedade nos serviços de segurança social e, quando for o caso, no cadastro comercial;

f) Caso tenha havido aquisição de marca registada, comunicação ao INPI, I. P., por meios informáticos, da transmissão da marca, para que se proceda à sua inscrição oficiosa no processo de registo, e ao RNPC para efeitos de dispensa da prova prevista no nº 6 do artigo 33º do regime do RNPC;

g) Promoção das restantes diligências que venham a ser fixadas por via regulamentar ou protocolar;

h) *(Revogada.)*

4 – Nos casos referidos na alínea *b*) do número anterior, é dispensado o documento escrito e assinado pelas partes, previsto no nº 6 do artigo 31º do Código da Propriedade Industrial, e não há lugar à emissão do título de concessão previsto no artigo 27º do mesmo diploma.

5 – Para os efeitos previstos na alínea *e*) do nº 3, os serviços da administração tributária devem notificar, por via electrónica, os serviços de segurança social dos elementos relativos ao início de actividade.

6 – *(Revogado.)*

7 – A realização dos actos previstos nos nºs 2 e 3 é da competência do conservador e dos oficiais de registo.

(Cf. Declaração de Retificação nº 65/2012, de 16-11)

ARTIGO 13º
Encargos

1 – Pelo procedimento de constituição de sociedade regulado no presente decreto-lei são devidos encargos relativos:

a) Aos emolumentos previstos no Regulamento Emolumentar dos Registos e do Notariado;

b) Ao imposto do selo, nos termos da tabela respectiva;

c) Às taxas previstas em portaria do membro do Governo responsável pela área da justiça, caso tenha havido aquisição de marca registada.

2 – Não são devidos emolumentos pessoais no âmbito do regime especial de constituição *on-line* de sociedades.

(Redacção dada pelo Decreto-Lei nº 318/2007, de 26-09)

ARTIGO 14º
Bolsas de firmas e de marcas

1 – No procedimento de constituição de sociedades previsto no presente decreto-lei são utilizadas a bolsa de firmas ou a bolsa de firmas e de marcas associadas previstas no artigo 15º do Decreto-Lei nº 111/2005, de 8 de Julho.

2 – *(Revogado.)*

(Redacção dada pelo Decreto-Lei nº 318/2007, de 26-09)

ARTIGO 14º-A
Declaração de intenção de uso

(Revogado pelo Decreto-Lei nº 247-B/2008, de 30-12)

ARTIGO 15º
Aplicação subsidiária

O Código do Registo Comercial é aplicável subsidiariamente ao regime especial de constituição on-line de sociedades.

ARTIGO 16º
Protocolos

1 – Podem ser celebrados protocolos entre a Direcção-Geral dos Registos e do Notariado (DGRN) e os vários organismos da Administração Pública envolvidos no procedimento de constituição de sociedades, com vista à definição dos procedimentos administrativos de comunicação de dados.

2 – A DGRN pode ainda celebrar protocolos com a Direcção-Geral dos Impostos e com a Câmara dos Técnicos Oficiais de Contas, com vista à definição dos procedimentos relativos ao preenchimento e entrega da declaração fiscal de início de actividade e posterior comprovação destes factos.

ARTIGO 17º
Regulamentação

Deve ser regulado por portaria do Ministro da Justiça:

a) A designação, o funcionamento e as funções do sítio na Internet referido no artigo 1º;

b) Os requisitos e as condições de utilização da autenticação electrónica e da assinatura electrónica na indicação dos dados e na entrega de documentos no referido sítio.

CAPÍTULO II
Alterações legislativas

(O presente Capítulo não se disponibiliza, uma vez que, procedendo a alterações a diversos diplomas, tais alterações foram inseridas no local próprio ou não se inserem no âmbito da presente publicação)

CAPÍTULO III
Disposições finais e transitórias

ARTIGO 22º
Período experimental

1 – O regime especial de constituição imediata de sociedades com simultânea aquisição do registo de marca funciona a título experimental no RNPC, nos respectivos postos de atendimento junto dos Centros de Formalidades de Empresas de Lisboa, nas Conservatórias do Registo Comercial de Vila Nova de Gaia e de Coimbra e no respectivo posto de atendimento junto do Centro de Formalidades de Empresas de Coimbra, por um período de quatro meses, a contar da data de entrada em vigor do presente decreto-lei.

2 – Decorrido o período experimental previsto no número anterior, a extensão do regime a outros serviços depende de despacho do Ministro da Justiça.

ARTIGO 23º
Entrada em vigor

O presente decreto-lei entra em vigor no dia 30 de Junho de 2006, com as excepções seguintes:

a) O disposto nos artigos 1º e 17º, quanto à emissão da regulamentação aí prevista, entra em vigor no dia seguinte ao da sua publicação;

b) As alterações legislativas ao Decreto-Lei nº 111/2005, de 8 de Julho, entram em vigor no dia 14 de Julho de 2006;

c) A parte final da alínea *c*) do nº 1 do artigo 6º, que permite que o pedido de constituição on-line de sociedade apresentado pelos interessados seja feito através do envio de um pacto ou acto constitutivo por eles elaborado, entra em vigor no dia 31 de Outubro de 2006.

Visto e aprovado em Conselho de Ministros de 8 de Junho de 2006. – *José Sócrates Carvalho Pinto de Sousa – António Luís Santos Costa – Fernando Teixeira dos Santos – Alberto Bernardes Costa – Manuel António Gomes de Almeida de Pinho – Fernando Medina Maciel Almeida Correia – José Mariano Rebelo Pires Gago.*

Promulgado em 22 de Junho de 2006.

Publique-se.

O Presidente da República, ANÍBAL CAVACO SILVA.

Referendado em 26 de Junho de 2006.

O Primeiro-Ministro, *José Sócrates Carvalho Pinto de Sousa.*

Regulamentação do Regime Especial de Constituição *On-line* de Sociedades

Portaria nº 657-C/2006, de 29 de Junho

Com a aprovação do Decreto-Lei nº 125/2006, de 29 de Junho, foi consagrado um regime especial de constituição *online* de sociedades.

Este regime permite que a constituição de sociedades comerciais e civis sob forma comercial do tipo por quotas e anónima se possa fazer através de sítio na Internet, excepto em algumas situações. Para esse efeito, a indicação dos dados e a entrega de documentos no sítio devem ser efectuados, respectivamente, mediante autenticação electrónica e aposição de uma assinatura electrónica.

A designação, o funcionamento e as funções do sítio, bem como a utilização dos meios de autenticação electrónica e de assinatura electrónica, na indicação dos dados e na entrega de documentos no referido sítio, carecem de ser regulamentados, conforme dispõe o artigo 17º do Decreto-Lei nº 125/2006, de 29 de Junho.

Assim:

Manda o Governo, pelo Ministro da Justiça, ao abrigo do artigo 17º do Decreto-Lei nº 125/2006, de 29 de Junho, e dos nºs 1 e 5 do artigo 45º do Código do Registo Comercial, o seguinte:

ARTIGO 1º
Objecto

A presente portaria regula:

a) A designação, o funcionamento e as funções do sítio que permite a constituição *online* de sociedades comerciais e civis sob forma comercial do tipo por quotas e anónima;

b) Os termos em que se deve processar a indicação dos dados e a entrega de documentos pelos interessados no sítio.

ARTIGO 2º
Designação do sítio

A constituição *online* de sociedades comerciais e civis sob forma comercial do tipo por quotas e anónima, nos termos do Decreto-Lei nº 125/2006, de 29 de

Junho, faz-se através do sítio na Internet com o endereço *www.empresaonline.pt*, mantido pela Direcção-Geral dos Registos e do Notariado.

ARTIGO 3º
Funções do sítio

1 – O sítio deve permitir, entre outras que se mostrem necessárias, as seguintes funções:

a) A autenticação dos utilizadores através de certificados digitais;

b) A indicação dos dados de identificação dos interessados;

c) A escolha de uma firma constituída por expressão de fantasia previamente criada e reservada a favor do Estado;

d) A verificação da admissibilidade e obtenção da firma, nos termos do nº 3 do artigo 45º do regime do Registo Nacional de Pessoas Colectivas (RNPC);

e) A indicação da firma constante de certificado de admissibilidade de firma emitido pelo RNPC;

f) A escolha e o preenchimento de pacto ou acto constitutivo de modelo aprovado pelo director-geral dos Registos e do Notariado ou o envio de pacto ou acto constitutivo elaborado pelos interessados;

g) A apresentação, através de fórmula própria, das declarações referidas no nº 3 do artigo 7º do Decreto-Lei nº 125/2006, de 29 de Junho;

h) O preenchimento electrónico dos elementos necessários à apresentação da declaração de início de actividade para efeitos fiscais;

i) A entrega dos documentos necessários à apreciação do pedido e ao suprimento de suas eventuais deficiências;

j) A assinatura electrónica dos documentos entregues;

l) O pagamento dos serviços por via electrónica;

m) A recolha de informação que permita o contacto entre os serviços competentes e os interessados e seus representantes;

n) O pedido de registo comercial da constituição da sociedade;

o) A certificação da data e da hora em que o pedido de registo foi concluído;

p) O acesso ao sítio na Internet onde se encontrem disponibilizadas as publicações legais.

2 – No caso previsto na alínea *c*), o sítio deve permitir aos interessados completar a composição da firma com os aditamentos legalmente impostos, assim como com qualquer expressão alusiva ao objecto social que os interessados optem por inserir entre a expressão de fantasia escolhida e os referidos aditamentos.

ARTIGO 4º
Ordem de anotação dos pedidos

1 – Os pedidos de constituição *online* de sociedades efectuados através do sítio são anotados pela ordem da respectiva recepção.

2 – Caso a tramitação do procedimento de constituição *online* de sociedades seja distribuído por outras conservatórias, nos termos do nº 2 do artigo 3º do Decreto-Lei nº 125/2006, de 29 de Junho, os pedidos são anotados pela respectiva ordem de recepção na conservatória do registo comercial para onde o pedido foi distribuído.

3 – Nos casos de pedidos de registo recebidos após as 16 horas e em que a respectiva anotação não possa ser efectuada automaticamente por via informática, os pedidos são anotados no dia seguinte, imediatamente antes da primeira apresentação pessoal ou por telecópia, caso exista.

ARTIGO 5º
Autenticação electrónica

1 – Para efeitos de constituição *online* de sociedades, a autenticação electrónica de advogados, solicitadores e notários deve fazer-se mediante certificado digital que comprove a qualidade profissional do utilizador.

2 – Para os restantes utilizadores, a autenticação electrónica faz-se mediante a utilização de certificado digital qualificado, nos termos previstos no regime jurídico dos documentos electrónicos e da assinatura electrónica, aprovado pelo Decreto-Lei nº 290-D/99, de 2 de Agosto, na redacção introduzida pelos Decretos-Leis nºs 62/2003, de 3 de Abril, 165/2004, de 6 de Julho e 116-A/2006, de 16 de Junho.

(Cf. Declaração de Rectificação nº 54/2006, de 22-08)

ARTIGO 6º
Certificados digitais de advogados, solicitadores e notários

Na constituição *online* de sociedades, apenas são admitidos os certificados digitais de advogados, solicitadores e notários cuja utilização para fins profissionais seja confirmada através de listas electrónicas de certificados, disponibilizadas, respectivamente, pela Ordem dos Advogados, pela Câmara dos Solicitadores e pela Ordem dos Notários.

ARTIGO 7º
Assinatura electrónica de documentos

1 – No processo de constituição *online* de sociedades, cada subscritor deve apor a sua assinatura electrónica qualificada no pacto social ou no acto constitutivo da sociedade, excepto no caso de aposição pelo subscritor de assinatura manuscrita, reconhecida presencialmente por advogado, solicitador ou notário.

2 – Aos restantes documentos entregues no processo de constituição *online* de sociedades deve ser aposta a assinatura electrónica qualificada do interessado que efectuar o envio, salvo quando este for realizado por advogado, solicitador ou notário.

3 – Os documentos entregues no processo de constituição *online* de sociedades são assinados digitalmente pelo sistema informático que os recepciona.

ARTIGO 8º
Comprovativo e comunicação electrónicos

1 – O comprovativo electrónico referido no nº 1 do artigo 10º do Decreto-Lei nº 125/2006, de 29 de Junho, deve ser enviado aos interessados através de mensagem de correio electrónico.

2 – O registo do pacto ou acto constitutivo da sociedade deve, nos termos do alínea *a*) do nº 2 do artigo 12º do Decreto-Lei nº 125/2006, de 29 de Junho, ser comunicado aos interessados por mensagem de correio electrónico e, quando possível, por short message service (sms).

ARTIGO 9º
Entrada em vigor

A presente portaria entra em vigor no dia 30 de Junho de 2006.

Pelo Ministro da Justiça, *João Tiago Valente Almeida da Silveira*, Secretário de Estado da Justiça, em 29 de Junho de 2006.

Regime Especial de Criação Imediata de Representações Permanentes em Portugal de Entidades Estrangeiras

Decreto-Lei nº 73/2008, de 16 de Abril

O presente decreto-lei visa permitir a criação de um registo comercial bilingue, utilizando a língua inglesa para este efeito, e de um regime especial de criação imediata de representações permanentes em Portugal de entidades estrangeiras, a «Sucursal na Hora», assim contribuindo para a concretização do programa SIMPLEX e do Plano Tecnológico.

O Programa do XVII Governo Constitucional na área da justiça estabelece que «os cidadãos e as empresas não podem ser onerados com imposições burocráticas que nada acrescentem à qualidade do serviço» e que «no interesse conjunto dos cidadãos e das empresas, serão simplificados os controlos de natureza administrativa, eliminando-se actos e práticas registrais e notariais que não importem um valor acrescentado e dificultem a vida do cidadão e da empresa».

Com efeito, o presente decreto-lei procura concretizar o Programa do XVII Governo Constitucional colocando a justiça ao serviço dos cidadãos e das empresas, do desenvolvimento económico e da promoção do investimento em Portugal.

Estas medidas não são medidas isoladas. Surgem na sequência de outras medidas que têm sido tomadas pelo XVII Governo Constitucional e que contemplam a criação de balcões únicos, a eliminação de formalidades e simplificação de procedimentos e a disponibilização de novos serviços através da Internet.

Assim, estão já em funcionamento diversos balcões de atendimento único que permitem prestar um serviço de valor acrescentado aos cidadãos e às empresas, evitando deslocações desnecessárias. É o caso dos balcões de atendimento único «Empresa na Hora», «Marca na Hora», «Casa Pronta», «Associação na Hora», «Heranças», «Divórcio com Partilha» e o balcão do «Documento Único Automóvel».

Foram também eliminadas várias formalidades desnecessárias nas diversas áreas de registo comercial, registo automóvel e registo civil. Na área do registo comercial deve mencionar-se a eliminação da obrigatoriedade de celebração de escrituras públicas para actos da vida societária e a eliminação da obrigatoriedade de existência de livros de escrituração mercantil.

Finalmente, foram disponibilizados diversos serviços na Internet que podem ser utilizados pelos cidadãos e pelas empresas 7 dias por semana, 365 dias por ano. Alguns exemplos são a «Empresa *online*», a promoção pela Internet de actos de registo comercial, a «Certidão permanente» (todos em *www.empresaonline.pt*), as publicações online dos actos da vida societária (*www.publicacoes.mj.pt*), a informação empresarial simplificada (*www.ies.gov.pt*), a «Marca *online*» e a «Patente *online*» (*www.inpi.pt*) e o «Automóvel *online*» (*www.automovelonline.mj.pt*).

Com a criação de um registo comercial bilingue utilizando a língua inglesa, qualquer interessado passa a poder, por via electrónica, conhecer a informação sobre a situação jurídica dos registos de uma sociedade comercial em língua inglesa.

Trata-se de uma medida que permite disponibilizar aos investidores estrangeiros informação sobre as empresas portuguesas de forma mais acessível e imediata, sem ser necessário recorrer a serviços de tradução. A utilização da língua inglesa justifica-se por ser a língua universalmente utilizada no ramo dos negócios e compreendida em qualquer parte do mundo. Fica ainda ressalvada a possibilidade de utilizar outras línguas estrangeiras no registo comercial, se tal se vier a justificar no futuro.

Por outro lado, hoje em dia, uma empresa estrangeira que pretenda criar uma sucursal em Portugal para melhor gerir os seus interesses no nosso país tem de cumprir formalidades e burocracias desnecessárias, bem como realizar diversas deslocações a vários serviços. Com a criação da «Sucursal na Hora», passa a ser possível criar uma sucursal em Portugal por parte de uma entidade com sede no estrangeiro no mesmo dia, em atendimento presencial único e sem deslocações a vários serviços de registo, aos serviços das finanças e aos serviços da segurança social.

Na sequência da criação de uma «Sucursal na Hora», são comunicados aos interessados informações que antes implicavam várias deslocações. É o caso da informação constante do registo comercial, que agora passa a constar de uma certidão permanente da sucursal disponibilizada gratuitamente em sítio da Internet pelo período de um ano ou da comunicação aos interessados do número de identificação na segurança social da sucursal.

O balcão «Sucursal na Hora» contempla ainda mais serviços úteis para os cidadãos e para as empresas como a geração automática de um registo de domínio na Internet, a partir da firma da sucursal. Desta forma, a «Sucursal na Hora» criada passa a poder utilizar ferramentas comerciais indispensáveis como o endereço de e-mail ou uma página na Internet num curto espaço de tempo.

Tanto a criação do registo comercial bilingue utilizando a língua inglesa como a criação da «Sucursal na Hora» são incentivos adicionais à competitividade da economia portuguesa e à atracção de investimento estrangeiro em Portugal.

Aproveita-se ainda o presente decreto-lei para realizar pequenos aperfeiçoamentos no Código do Registo Comercial no que diz respeito ao incumprimento da obrigação de requerer o registo de factos sujeitos a registo comercial obrigatório.

Foram ouvidos o Conselho Superior do Ministério Público e a Ordem dos Advogados.

Foram promovidas as diligências necessárias à audição da Câmara dos Solicitadores, da Câmara dos Técnicos Oficiais de Contas, do Conselho Superior da Magistratura e do Conselho Superior dos Tribunais Administrativos e Fiscais.

Assim:

Nos termos da alínea a) do nº 1 do artigo 198º da Constituição, o Governo decreta o seguinte:

CAPÍTULO I
Regime especial de criação imediata de representações permanentes em Portugal de entidades estrangeiras

ARTIGO 1º
Objecto

O presente decreto-lei estabelece um regime especial de criação imediata de representações permanentes em Portugal de sociedades comerciais e civis sob forma comercial, cooperativas, agrupamentos complementares de empresas e agrupamentos europeus de interesse económico com sede no estrangeiro, com a simultânea nomeação dos respectivos representantes.

ARTIGO 2º
Competência

A tramitação do procedimento referido no artigo anterior é da competência das conservatórias do registo comercial e dos seus postos de atendimento.

ARTIGO 3º
Prazo de tramitação

O procedimento de criação imediata de representações permanentes em Portugal de entidades estrangeiras é iniciado e concluído no mesmo dia, em atendimento presencial único.

ARTIGO 4º
Início do procedimento

1 – Os interessados na criação da representação permanente formulam o seu pedido junto do serviço competente, apresentando os documentos comprovativos:

a) Da sua identidade e da sua legitimidade para o acto;

b) Da existência jurídica da entidade que cria a representação permanente;

c) Do texto completo e actualizado do pacto social ou dos estatutos da entidade referida na alínea anterior;

d) Das deliberações sociais que aprovam a criação da representação permanente e designam o respectivo representante.

2 – A prossecução do procedimento depende da verificação inicial da identidade e da legitimidade dos interessados para o acto.

ARTIGO 5º
Sequência do procedimento

1 – Efectuada a verificação inicial da identidade e da legitimidade dos interessados para o acto, bem como a regularidade dos documentos apresentados, o serviço competente procede aos seguintes actos pela ordem indicada:

a) Cobrança dos encargos que se mostrem devidos;
b) Anotação da apresentação do pedido verbal de registo no diário;
c) Registo de criação da representação permanente e da nomeação dos respectivos representantes;
d) Comunicação automática e electrónica da criação da representação permanente ao ficheiro central de pessoas colectivas e codificação da actividade económica (CAE);
e) Promoção da publicação legal dos actos de registo referidos na alínea *c*);
f) Comunicação aos interessados do número de identificação da representação permanente na segurança social.

2 – A firma ou denominação constante da matrícula da representação permanente deve incluir a designação «representação permanente», «sucursal» ou outra equivalente, a escolher pelos interessados.

3 – A realização dos actos previstos no nº 1 é da competência do conservador e dos oficiais de registo.

(Redacção dada pelo Decreto-Lei nº 247-B/2008, de 30-12)

ARTIGO 6º
Recusa de registo

A realização do registo da representação permanente deve ser recusada sempre que se verifique a existência de omissões, vícios ou deficiências que obstem à realização do correspondente registo definitivo, bem como quando, em face das disposições legais aplicáveis, o acto não seja viável.

ARTIGO 7º
Documentos a disponibilizar e a entregar aos interessados

1 – Concluído o procedimento de criação da representação permanente, os interessados são advertidos de que devem entregar a declaração de início de actividade no serviço competente, no prazo legalmente fixado para o efeito, e é-lhes disponibilizado e entregue, de imediato, a título gratuito:

a) Cartão electrónico da empresa mediante a atribuição de código de acesso;

b) Código de acesso à certidão permanente disponibilizada em sítio da Internet pelo período de três meses;
c) Recibo comprovativo do pagamento dos encargos devidos.

2 – A certidão prevista na alínea *b*) do número anterior é disponibilizada em língua portuguesa ou, a pedido dos interessados, também em língua estrangeira, nos termos dos nºs 3 e 4 do artigo 58º do Código do Registo Comercial.

3 – O serviço procede ainda ao envio posterior do cartão da empresa a título gratuito.

(Redacção dada pelo Decreto-Lei nº 209/2012, de 19-09)

ARTIGO 8º
Diligências subsequentes à conclusão do procedimento

1 – Após a conclusão do procedimento de criação da representação permanente, o serviço competente, no prazo de vinte e quatro horas:

a) Disponibiliza, por meios informáticos, os dados necessários para efeitos de comunicação do início de actividade da representação permanente à Direcção-Geral dos Impostos e à Inspecção-Geral do Trabalho, bem como os dados necessários à inscrição oficiosa daquela nos serviços da segurança social e, quando for o caso, no cadastro comercial;
b) Promove as restantes diligências que venham a ser fixadas por via regulamentar ou protocolar.

2 – Os serviços fiscais devem notificar por via electrónica os serviços da segurança social dos elementos relativos ao início da actividade.

ARTIGO 9º
Encargos

1 – Pelo procedimento de criação de representação permanente regulado no presente decreto-lei é devido o emolumento previsto no Regulamento Emolumentar dos Registos e do Notariado.

2 – Não é devido emolumento pela recusa de registo, procedendo-se nesses casos à devolução da quantia cobrada pelo procedimento regulado neste decreto-lei.

3 – Não são devidos emolumentos pessoais pelo procedimento regulado pelo presente decreto-lei.

ARTIGO 10º
Protocolos

1 – Podem ser celebrados protocolos entre o Instituto dos Registos e do Notariado, I. P. (IRN, I. P.), e os vários organismos da Administração Pública envolvidos no procedimento de criação de representações permanentes com vista à definição dos procedimentos administrativos de comunicação de dados.

2 – O IRN, I. P., pode ainda celebrar protocolos com a Direcção-Geral dos Impostos e com a Câmara dos Técnicos Oficiais de Contas com vista à definição dos procedimentos relativos ao preenchimento e entrega da declaração fiscal de início de actividade e posterior comprovação destes factos.

CAPÍTULO II
Alterações legislativas

(O presente Capítulo não se disponibiliza, uma vez que, procedendo a alterações a diversos diplomas, tais alterações foram inseridas no local próprio ou não se inserem no âmbito da presente publicação)

CAPÍTULO III
Disposições finais e transitórias

ARTIGO 14º
Período experimental

1 – A partir da data de entrada em vigor do presente decreto-lei, o regime especial de criação imediata de representações permanentes funciona a título experimental, pelo período de 90 dias, no Registo Nacional de Pessoas Colectivas e nas Conservatórias do Registo Comercial de Bragança, Cascais, Elvas, Lisboa e no seu posto de atendimento, Loulé e Vila Nova da Cerveira.

2 – Decorrido o período experimental previsto no número anterior, a extensão do regime a outros serviços depende de despacho do presidente do IRN, I. P.

ARTIGO 15º
Entrada em vigor

O presente decreto-lei entra em vigor no dia seguinte ao da sua publicação.

Visto e aprovado em Conselho de Ministros de 28 de Fevereiro de 2008. – *José Sócrates Carvalho Pinto de Sousa – Alberto Bernardes Costa – José António Fonseca Vieira da Silva.*

Promulgado em 28 de Março de 2008.

Publique-se.

O Presidente da República, ANÍBAL CAVACO SILVA.

Referendado em 31 de Março de 2008.

O Primeiro-Ministro, *José Sócrates Carvalho Pinto de Sousa.*

Regime Jurídico dos Procedimentos Administrativos de Dissolução e de Liquidação de Entidades Comerciais

Decreto-Lei nº 76-A/2006, de 29 de Março

SECÇÃO I
Disposições gerais

ARTIGO 1º
Objecto

É criado o regime jurídico dos procedimentos administrativos de dissolução e de liquidação de entidades comerciais.

ARTIGO 2º
Âmbito

1 – Os procedimentos administrativos de dissolução e de liquidação de entidades comerciais são aplicáveis, consoante os casos, às sociedades comerciais, às sociedades civis sob forma comercial, às cooperativas e aos estabelecimentos individuais de responsabilidade limitada, designados no presente diploma como entidades comerciais.

2 – As referências no presente diploma a membros de entidades comerciais entendem-se como feitas a sócios e cooperadores.

3 – Exceptuam-se do disposto no nº 1 as empresas de seguros, as instituições de crédito, as sociedades financeiras, as empresas de investimento prestadoras de serviços que impliquem a detenção de fundos ou de valores mobiliários de terceiros e os organismos de investimento colectivo, na medida em que a sujeição aos procedimentos administrativos de dissolução e de liquidação de entidades comerciais seja incompatível com os regimes especiais previstos para tais entidades.

ARTIGO 3º
Pedido de declaração de insolvência da entidade comercial

Se, durante a tramitação dos procedimentos administrativos de dissolução e de liquidação de entidades comerciais, for pedida a declaração de insolvência da entidade comercial, os actos praticados ao abrigo dos procedimentos ficam sem efeito, seguindo o processo de insolvência os termos previstos no Código da Insolvência e da Recuperação de Empresas.

ARTIGO 3º-A
Modelos de autos e notificações

Por despacho do presidente do Instituto dos Registos e do Notariado, I. P., podem ser aprovados modelos dos autos e notificações previstos no presente regime jurídico.

(Aditado pelo Decreto-Lei nº 318/2007, de 26-09)

SECÇÃO II
Procedimento administrativo de dissolução

ARTIGO 4º
Início voluntário do procedimento

1 – As entidades comerciais, os membros de entidades comerciais, os respectivos sucessores, os credores das entidades comerciais e os credores de sócios e cooperadores de responsabilidade ilimitada podem iniciar o procedimento administrativo de dissolução mediante a apresentação de requerimento no serviço de registo competente quando a lei o permita e ainda quando:

a) Por período superior a um ano, o número de sócios da sociedade for inferior ao mínimo exigido por lei, excepto se um dos sócios for uma pessoa colectiva pública ou entidade a ela equiparada por lei para esse efeito;

b) A actividade da sociedade que constitui o objecto contratual se torne de facto impossível;

c) A sociedade não tenha exercido qualquer actividade durante dois anos consecutivos;

d) A sociedade exerça de facto uma actividade não compreendida no objecto contratual;

e) Uma pessoa singular seja sócia de mais do que uma sociedade unipessoal por quotas;

f) A sociedade unipessoal por quotas tenha como sócio único outra sociedade unipessoal por quotas;

g) Se verifique a impossibilidade insuperável da prossecução do objecto da cooperativa ou a falta de coincidência entre o objecto real e o objecto expresso nos estatutos da cooperativa;

h) Ocorra a diminuição do número de membros da cooperativa abaixo do mínimo legalmente previsto por um período de tempo superior a 90 dias e desde que tal redução não seja temporária ou ocasional.

2 – No requerimento o interessado deve:

a) Pedir o reconhecimento da causa de dissolução da entidade;

b) Apresentar documentos ou requerer diligências de prova úteis para o esclarecimento dos factos com interesse para a decisão.

3 – Caso o requerimento seja apresentado pela entidade comercial, e esta optar pela forma de liquidação prevista na secção seguinte, pode indicar um ou mais liquidatários, comprovando a respectiva aceitação, ou solicitar a sua designação pelo conservador.

4 – A apresentação do requerimento por outro interessado que não a entidade comercial implica que a liquidação se faça por via administrativa.

5 – Com a apresentação do requerimento deve efectuar-se o pagamento das quantias correspondentes aos encargos devidos pelo procedimento, sob pena de a sua apresentação ser rejeitada.

6 – Os interessados podem exigir da entidade comercial o reembolso dos encargos pagos nos termos do número anterior.

ARTIGO 5º
Início oficioso do procedimento

O procedimento administrativo de dissolução é instaurado oficiosamente pelo conservador, mediante auto que especifique as circunstâncias que determinaram a instauração do procedimento e que identifique a entidade e a causa de dissolução, quando resulte da lei e ainda quando:

a) Durante dois anos consecutivos, a sociedade não tenha procedido ao registo da prestação de contas;

b) A administração tributária tenha comunicado ao serviço de registo competente a ausência de actividade efectiva da sociedade, verificada nos termos previstos na legislação tributária;

c) A administração tributária tenha comunicado ao serviço de registo competente a declaração oficiosa da cessação de actividade da sociedade, nos termos previstos na legislação tributária;

d) As sociedades não tenham procedido ao aumento do capital e à liberação deste, nos termos dos nºs 1 a 3 e 6 do artigo 533º do Código das Sociedades Comerciais;

e) A sociedade não tenha sido objecto de actos de registo comercial obrigatórios durante mais de 20 anos;

f) Ocorra a omissão de entrega da declaração fiscal de rendimentos da cooperativa durante dois anos consecutivos comunicada pela administração tributária ao serviço de registo competente;

g) Ocorra a comunicação da ausência de actividade efectiva da cooperativa verificada nos termos da legislação tributária, efectuada pela administração tributária junto do serviço de registo competente;

h) Ocorra a comunicação da declaração oficiosa de cessação de actividade da cooperativa nos termos previstos na legislação tributária, efectuada pela administração tributária junto do serviço de registo competente;

i) As cooperativas não tenham procedido ao registo do capital social actualizado nos termos previstos nos nºs 3 e 4 do artigo 91º do Código Cooperativo;

j) A entidade competente para a concessão da licença para operar no âmbito institucional da Zona Franca da Madeira comunique à conservatória do registo comercial privativa a caducidade ou revogação da respetiva licença.

(Redacção dada pelo Decreto-Lei nº 250/2012, de 23-11)

ARTIGO 6º
Averbamento de pendência da dissolução

1 – Iniciado o procedimento, o conservador lavra oficiosamente averbamento da pendência da dissolução, reportando-se a este momento os efeitos dos registos que venham a ser lavrados na sequência do procedimento.

2 – O averbamento é oficiosamente cancelado mediante a decisão que indefira o pedido de dissolução ou declare findo o procedimento, logo que tal decisão se torne definitiva.

ARTIGO 7º
Indeferimento liminar

1 – Sempre que o pedido seja manifestamente improcedente ou não tenham sido apresentados os documentos comprovativos dos factos com interesse para a decisão que só documentalmente possam ser provados e cuja verificação constitua pressuposto da procedência do pedido, o conservador indefere liminarmente o pedido, por decisão fundamentada, que é notificada ao requerente.

2 – O conservador só pode indeferir liminarmente o pedido no caso da não apresentação dos documentos comprovativos dos factos com interesse para a decisão quando não seja possível o acesso do serviço de registo competente, por meios informáticos, à informação constante de base de dados de entidade ou serviço da Administração Pública que permita comprovar esses factos.

3 – O interessado pode impugnar judicialmente a decisão de indeferimento liminar nos termos previstos no artigo 12º, com as necessárias adaptações.

4 – Tornando-se a decisão de indeferimento liminar definitiva, o serviço de registo competente procede à devolução de todas as quantias cobradas nos termos do nº 5 do artigo 4º

ARTIGO 8º
Notificação e participação da entidade e dos interessados

1 – Quando não sejam requerentes, são, consoante o caso, notificados para os efeitos do procedimento:

a) A sociedade e os sócios, ou os respectivos sucessores, e um dos seus gerentes ou administradores;

b) A cooperativa e os cooperadores, ou os respectivos sucessores, e um dos membros da sua direcção.

2 – A notificação deve dar conta do início dos procedimentos administrativos de dissolução e de liquidação, excepto no caso em que o requerimento seja apresentado pela entidade comercial e esta não tenha optado pela liquidação por via administrativa, e conter os seguintes elementos:

a) Cópia do requerimento ou do auto e da documentação apresentada;

b) Ordem de comunicação ao serviço de registo competente, no prazo de 10 dias a contar da notificação, do activo e do passivo da entidade comercial e de envio dos respectivos documentos comprovativos, caso esses elementos ainda não constem do processo;

c) Concessão de um prazo de 10 dias, a contar da notificação, para dizerem o que se lhes oferecer, apresentando os respectivos meios de prova.

3 – Nos casos em que a causa de dissolução consista na diminuição do número legal de membros da entidade comercial ou corresponda às previstas nas alíneas *e*) ou *f*) do nº 1 do artigo 4º, a notificação deve conter os elementos referidos nas alíneas *a*) e *b*) do número anterior e ainda os referidos no nº 1 do artigo 9º

4 – A notificação realiza-se através da publicação de aviso nos termos do nº 1 do artigo 167º do Código das Sociedades Comerciais, dando conta de que os documentos estão disponíveis para consulta no serviço de registo competente.

5 – A realização da publicação prevista no número anterior é comunicada à entidade comercial e aos respectivos membros que constem do registo, por carta registada.

6 – *(Revogado.)*

7 – Nos casos previstos na alínea *e*) do artigo 5º a comunicação prevista no nº 5 é efectuada apenas à sociedade.

8 – Deve ser igualmente publicado um aviso, nos termos do nº 1 do artigo 167º do Código das Sociedades Comerciais, dirigido, consoante os casos, aos credores da entidade comercial e aos credores de sócios e cooperadores de responsabilidade ilimitada, comunicando que:

a) Tiveram início os procedimentos administrativos de dissolução e de liquidação, excepto no caso em que o requerimento seja apresentado pela entidade comercial e esta não tenha optado pela liquidação por via administrativa;

b) Devem informar, no prazo de 10 dias, os créditos e direitos que detenham sobre a entidade comercial em causa, bem como o conhecimento que tenham dos bens e direitos de que esta seja titular.

9 – Não são devidas quaisquer taxas pelas publicações referidas nos nºs 4 e 8.

(Redacção dada pelo Decreto-Lei nº 318/2007, de 26-09)

ARTIGO 9º
Especificidades da notificação, participação dos interessados e solicitação de informações em procedimento oficioso

1 – Quando o procedimento seja instaurado oficiosamente a notificação deve conter os elementos referidos no nº 2 do artigo 8º, excepto o que consta da alínea *c*), e ainda os seguintes:

a) Solicitação da apresentação de documentos que se mostrem úteis para a decisão;

b) Concessão de um prazo de 30 dias, a contar da notificação, para a regularização da situação ou para a demonstração de que a regularização já se encontra efectuada;

c) Aviso de que, se dos elementos do processo não for apurada a existência de qualquer activo ou passivo a liquidar ou se os notificados não comunicarem ao serviço de registo competente o activo e o passivo da entidade comercial, o conservador declara simultaneamente a dissolução e o encerramento da liquidação da entidade comercial;

d) Advertência de que, se dos elementos do processo resultar a existência de activo e passivo a liquidar, após a declaração da dissolução da entidade comercial pelo conservador, se segue o procedimento administrativo de liquidação, sem que ocorra qualquer outra notificação.

2 – O prazo referido na alínea *b*) do número anterior pode ser prorrogado até 90 dias, a pedido dos interessados.

3 – Devem ser solicitadas, preferencialmente por via electrónica, à Inspecção-Geral do Trabalho e aos serviços competentes da segurança social informações sobre eventuais registos de trabalhadores da entidade comercial nos dois anos anteriores à instauração do procedimento.

4 – No caso de a entidade comercial ter trabalhadores registados, a sua identificação e residência devem ser comunicadas ao serviço de registo competente no prazo de 10 dias a contar da solicitação referida no número anterior, para notificação e comunicação de que o procedimento teve início, nos termos dos nºs 4, 5 e 9 do artigo 8º

5 – Na falta de resposta da Inspecção-Geral do Trabalho e dos serviços competentes da segurança social no prazo referido no número anterior pode o procedimento administrativo de dissolução prosseguir e vir a ser decidido sem essa resposta.

6 – A notificação aos trabalhadores da entidade comercial prevista no nº 4, bem como, consoante os casos, aos credores da entidade comercial e aos credores de sócios e cooperadores de responsabilidade ilimitada, deve conter:

a) Os elementos referidos no nº 7 do artigo anterior;

b) O aviso e a advertência a que se referem as alíneas *c*) e *d*) do nº 1;

c) A informação de que a comunicação da existência de créditos e direitos que detenham sobre a entidade comercial em causa, bem como da existência de bens e direitos de que esta seja titular, determina a sua responsabilidade pelo pagamento dos encargos com os liquidatários e peritos nomeados pelo conservador, sem prejuízo da aplicação do disposto no nº 6 do artigo 4º

7 – Nas situações a que se refere a alínea *e*) do artigo 5º, são apenas solicitadas informações à administração tributária e somente nos casos em que a sociedade tiver número de identificação de pessoa colectiva, preferencialmente por via electrónica, para, no prazo de 10 dias, ser comunicada a situação tributária da sociedade, podendo o procedimento administrativo de dissolução prosseguir e vir a ser decidido na ausência de resposta.

8 – Nos casos referidos no número anterior, se a situação da sociedade perante a administração tributária estiver regularizada, o prazo previsto na alínea *b*) do nº 1 pode ser prorrogado até 90 dias.

(Redacção dada pelo Decreto-Lei nº 318/2007, de 26-09)

ARTIGO 10º
Indicação de liquidatários em procedimento voluntário

No âmbito do procedimento voluntário de dissolução, as entidades comerciais, quando não sejam requerentes, podem, no prazo previsto para dizerem o que se lhes oferecer e apresentar os respectivos meios de prova, indicar um ou mais liquidatários, desde que comprovem a respectiva aceitação.

ARTIGO 11º
Decisão

1 – Sendo regularizada a situação no prazo concedido para o efeito, o conservador declara findo o procedimento.

2 – Caso tenham sido indicadas testemunhas, o conservador procede à sua audição, sendo os respectivos depoimentos reduzidos a escrito.

3 – A decisão é proferida no prazo de 15 dias após o termo dos prazos para os interessados dizerem o que se lhes oferecer e apresentarem os respectivos meios de prova ou para a regularização da situação.

4 – Se do requerimento apresentado, do auto elaborado pelo conservador ou dos demais elementos constantes do processo não for apurada a existência de qualquer activo ou passivo a liquidar, o conservador declara simultaneamente a dissolução e o encerramento da liquidação da entidade comercial.

5 – Os interessados são imediatamente notificados da decisão pela forma prevista nos nºs 4, 5 e 7 do artigo 8º

(Redacção dada pelo Decreto-Lei nº 318/2007, de 26-09)

ARTIGO 12º
Impugnação judicial

1 – Qualquer interessado pode impugnar judicialmente a decisão do conservador, com efeito suspensivo, no prazo de 10 dias a contar da notificação da decisão.

2 – A acção judicial considera-se proposta com a sua apresentação no serviço de registo competente em que decorreu o procedimento, sendo de seguida o processo remetido ao tribunal judicial competente.

3 – Após o trânsito em julgado da decisão judicial proferida o tribunal comunica-a ao serviço de registo competente e devolve a este os documentos constantes do procedimento administrativo.

4 – Todos os actos e comunicações referidos nos nºs 2 e 3 devem ser obrigatoriamente efectuados por via electrónica, sempre que tal meio se encontre disponível, em termos a definir por portaria do Ministro da Justiça.

ARTIGO 13º
Registo da dissolução

Tornando-se a decisão definitiva, o conservador lavra oficiosamente o registo da dissolução e, nos casos a que se refere o nº 4 do artigo 11º, lavra simultaneamente o registo do encerramento da liquidação.

ARTIGO 14º
Comunicações subsequentes ao registo da dissolução

Efectuado o registo da dissolução, o serviço de registo competente procede de imediato à comunicação do facto, por via electrónica, às seguintes entidades:

a) Ao Registo Nacional de Pessoas Colectivas, para efeitos da inscrição do facto no ficheiro central de pessoas colectivas;

b) À administração tributária e à segurança social, para efeitos de dispensa de apresentação das competentes declarações de alteração de situação jurídica.

SECÇÃO III
Procedimento administrativo de liquidação

ARTIGO 15º
Início do procedimento e competência

1 – O procedimento administrativo de liquidação inicia-se mediante requerimento da entidade comercial, dos seus membros, dos respectivos sucessores, dos credores das entidades comerciais ou dos credores de sócios e cooperadores de responsabilidade ilimitada quando resulte da lei que a liquidação deva ser feita por via administrativa.

2 – No requerimento apresentado pela entidade comercial devem ser indicados um ou mais liquidatários, comprovando a respectiva aceitação, ou ser solicitada a sua nomeação pelo conservador.

3 – Nos requerimentos apresentados por outros interessados a designação de liquidatários compete ao conservador, salvo indicação de liquidatários pela entidade comercial.

4 – Nos casos em que a dissolução tenha sido declarada no âmbito do procedimento administrativo de dissolução, o pedido de liquidação considera-se efectuado no requerimento de dissolução, salvo nos casos em que a dissolução tenha sido requerida pela entidade comercial e esta não tenha optado nesse momento pela liquidação por via administrativa.

5 – O procedimento administrativo de liquidação é instaurado oficiosamente pelo conservador, mediante auto que especifique as circunstâncias que determinaram a instauração do procedimento e no qual nomeie um ou mais liquidatários, quando:

a) A dissolução tenha sido realizada em procedimento administrativo de dissolução instaurado oficiosamente pelo conservador;

b) Se verifique terem decorrido os prazos previstos no artigo 150º do Código das Sociedades Comerciais para a duração da liquidação sem que tenha sido requerido o respectivo registo de encerramento;

c) Durante dois anos consecutivos, o titular do estabelecimento individual de responsabilidade limitada não tenha procedido ao registo da prestação de contas;

d) A administração tributária tenha comunicado ao serviço de registo competente a ausência de actividade efectiva do estabelecimento individual de responsabilidade limitada, verificada nos termos previstos na legislação tributária;

e) A administração tributária tenha comunicado ao serviço de registo competente a declaração oficiosa da cessação de actividade do estabelecimento individual de responsabilidade limitada, nos termos previstos na legislação tributária;

f) Se verifique que o titular do estabelecimento individual de responsabilidade limitada não procedeu ao aumento de capital do estabelecimento, nos termos do artigo 35º-A do Decreto-Lei nº 248/86, de 25 de Agosto;

g) O estabelecimento individual de responsabilidade limitada não tenha sido objecto de actos de registo comercial obrigatórios durante mais de 20 anos;

h) Tenha ocorrido o óbito do titular do estabelecimento individual de responsabilidade limitada, comprovado por consulta a base de dados de serviço da Administração Pública;

i) O tribunal que decidiu o encerramento de um processo de insolvência por insuficiência da massa insolvente tenha comunicado esse encerramento ao serviço de registo competente, nos termos do nº 4 do artigo 234º do Código da Insolvência e da Recuperação de Empresas.

6 – Os nºs 5 e 6 do artigo 4º são aplicáveis ao procedimento administrativo de liquidação.

7 – O procedimento corre os seus termos em serviço de registo competente para o registo da liquidação.

8 – No caso previsto na alínea *a*) do nº 5, é competente para o procedimento o serviço de registo competente que procedeu ao registo da dissolução.

(Redacção dada pelo Decreto-Lei nº 250/2012, de 23-11)

ARTIGO 16º
Registo de entrada em liquidação

Tratando-se da liquidação de estabelecimento individual de responsabilidade limitada, a instauração do procedimento determina o registo oficioso de entrada em liquidação do estabelecimento.

ARTIGO 17º
Notificação e participação da entidade e dos interessados

1 – Só há lugar a notificação no procedimento administrativo de liquidação nos seguintes casos:

a) Quando a dissolução não tiver sido declarada por via administrativa; e

b) Quando a dissolução tenha sido requerida pela entidade comercial e esta não tenha optado nesse momento pela liquidação por via administrativa.

2 – A notificação deve dar conta do início do procedimento administrativo de liquidação e conter os seguintes elementos:

a) Cópia do requerimento ou do auto e da documentação apresentada;

b) Ordenar a comunicação ao serviço de registo competente, no prazo de 10 dias a contar da notificação, do activo e do passivo da entidade comercial.

3 – O artigo 8º, excepto os nºs 2 e 3, é aplicável, com as devidas adaptações.

ARTIGO 18º
Nomeação dos liquidatários e fixação do prazo de liquidação

1 – O conservador nomeia os liquidatários que lhe tenham sido indicados pela entidade comercial desde que verifique estar comprovada a aceitação dos mesmos.

2 – Quando competir ao conservador a designação de liquidatários ou quando a entidade comercial não tenha procedido à sua indicação, o conservador deve nomear um ou mais liquidatários de reconhecida capacidade técnica e idoneidade para o cargo.

3 – Se para o cargo de liquidatário não for designado revisor oficial de contas ou sociedade de revisores oficiais de contas, o conservador pode designar como perito uma de tais entidades, com base em indicação dada pela Ordem dos Revisores Oficiais de Contas, designadamente para fundamentação da decisão no procedimento.

4 – A remuneração dos liquidatários e dos peritos nomeados pelo conservador é a prevista para os liquidatários e peritos nomeados judicialmente, sendo os respectivos encargos suportados pelo requerente do procedimento, sem prejuízo do disposto no nº 6.

5 – Nos casos de liquidação oficiosa, o pagamento dos encargos com a remuneração dos liquidatários e dos peritos é da responsabilidade da entidade comercial ou dos credores da entidade comercial ou de sócios e cooperadores de responsabilidade ilimitada que comuniquem a existência de créditos e direitos que detenham

sobre a entidade comercial em causa, bem como a existência de bens e direitos de que esta seja titular, sem prejuízo da aplicação do disposto no nº 6 do artigo 4º

6 – No caso de os liquidatários nomeados terem sido indicados pela entidade comercial, a definição da respectiva remuneração e a responsabilidade pelo pagamento desta cabem exclusivamente à entidade comercial, não podendo a remuneração ser mais elevada do que a prevista para os liquidatários e peritos nomeados judicialmente.

7 – O conservador deve fixar o prazo para a liquidação, com o limite máximo de um ano, podendo ouvir os membros da entidade comercial ou o titular do estabelecimento individual de responsabilidade limitada, bem como os administradores, gerentes ou membros da direcção da cooperativa.

8 – No prazo de 10 dias após o decurso do prazo referido no número anterior sem que a liquidação se tenha concluído, os liquidatários podem requerer a sua prorrogação por idêntico prazo por uma única vez, justificando a causa da demora.

ARTIGO 19º
Operações de liquidação

1 – Os liquidatários nomeados pelo conservador têm, para a liquidação, a mesma competência que a lei confere aos liquidatários nomeados contratualmente ou por deliberação do órgão competente da entidade a liquidar.

2 – Os actos dos liquidatários que dependam de autorização da sociedade ou da cooperativa ficam sujeitos a autorização do conservador, que pode solicitar a emissão de parecer ao perito nomeado, o qual deve ser emitido no prazo de 20 dias, findo o qual o procedimento deve obrigatoriamente prosseguir.

3 – A autorização do conservador referida no número anterior pode ser impugnada judicialmente nos termos do artigo 12º

4 – Se aos liquidatários não forem facultados os bens, livros e documentos da entidade ou as contas relativas ao último período da gestão, a entrega pode ser requerida judicialmente, nos termos dos artigos 1500º e 1501º do Código de Processo Civil.

ARTIGO 20º
Operações posteriores à liquidação

1 – Efectuada a liquidação total, os liquidatários apresentam, no prazo de 30 dias, as contas e o projecto de partilha do activo restante.

2 – Caso se verifique o incumprimento da obrigação prevista no número anterior, qualquer membro da entidade comercial e o titular do estabelecimento individual de responsabilidade limitada podem requerer judicialmente a prestação de contas, nos termos dos artigos 1014º e seguintes do Código de Processo Civil.

3 – Os membros da entidade comercial e o titular do estabelecimento individual de responsabilidade limitada são notificados da apresentação das contas e do projecto de partilha do activo restante, nos termos dos nºs 4, 5 e 7 do artigo 8º podendo dizer o que se lhes oferecer sobre aqueles actos no prazo de 10 dias.

4 – A decisão do conservador sobre a resposta apresentada ao abrigo do disposto no número anterior pode ser impugnada judicialmente nos termos do artigo 12º

5 – Aprovadas as contas e liquidado integralmente o passivo social, é o valor do activo restante partilhado entre os membros da entidade comercial de harmonia com a lei aplicável.

6 – Se aos membros da entidade comercial forem atribuídos bens para a transmissão dos quais seja exigida forma especial ou outra formalidade, os liquidatários executam essas formalidades.

(Redacção dada pelo Decreto-Lei nº 318/2007, de 26-09)

ARTIGO 21º
Liquidação parcial e partilha em espécie

1 – Se aos liquidatários parecer inconveniente ou impossível a liquidação da totalidade dos bens e for legalmente permitida a partilha em espécie, o conservador promove a realização de uma conferência de interessados, para a qual são convocados os credores não pagos, se os houver, a fim de se apreciarem os fundamentos invocados para a liquidação parcial e as contas da liquidação efectuada e se deliberar sobre o pagamento do passivo ainda existente e a partilha dos bens remanescentes.

2 – À apreciação das contas da liquidação e à aprovação da partilha dos bens remanescentes é aplicável o disposto nos nºs 5 e 6 do artigo anterior.

3 – Na falta de acordo sobre a partilha dos bens remanescentes o conservador é competente para decidir.

4 – A decisão do conservador pode ser impugnada judicialmente nos termos do artigo 12º, aplicando-se o disposto nos nºs 2 a 4 do artigo 1127º do Código de Processo Civil.

ARTIGO 22º
Destituição de liquidatários

1 – Os liquidatários podem ser destituídos por iniciativa do conservador ou a requerimento do órgão de fiscalização da entidade, de qualquer membro da entidade comercial, dos credores da entidade comercial ou dos credores de sócios e cooperadores de responsabilidade ilimitada sempre que ocorra justa causa.

2 – Na avaliação da justa causa para a destituição, o conservador pode solicitar ao perito nomeado nos termos do nº 3 do artigo 18º a emissão de um parecer no prazo de 20 dias, findo o qual o procedimento deve obrigatoriamente prosseguir.

3 – Se, terminado o prazo para a liquidação sem que esta se encontre concluída, os liquidatários não tiverem requerido a prorrogação do prazo ou as razões invocadas para a demora forem injustificadas, considera-se existir justa causa de destituição e de substituição daqueles.

4 – A decisão do conservador sobre a destituição de liquidatários pode ser impugnada judicialmente nos termos do artigo 12º

ARTIGO 23º
Publicitação de actos referentes aos liquidatários

Estão sujeitas a registo comercial as decisões do conservador que titulem:

a) A nomeação dos liquidatários;

b) A autorização para a prática pelos liquidatários dos actos referidos no nº 2 do artigo 19º;

c) A destituição dos liquidatários.

ARTIGO 24º
Regime especial de liquidação oficiosa

1 – Aos casos de liquidação oficiosa promovidos nos termos das alíneas *b)* a *i)* do nº 5 do artigo 15º, é aplicável o regime previsto neste artigo.

2 – No caso previsto na alínea *b)* do nº 5 do artigo 15º, o conservador declara imediatamente o encerramento da liquidação da entidade comercial:

a) Se tendo sido efectuada a notificação prevista no artigo 8º, os interessados não tiverem comunicado ao serviço de registo competente o activo e o passivo da entidade comercial; ou

b) Se após a notificação a que se referem os nºs 2 e 3 do artigo 17º não for apurada a existência de qualquer activo ou passivo a liquidar.

3 – Nos casos previstos nas alíneas *c)* a *h)* do nº 5 do artigo 15º aplica-se o disposto nos nºs 2 e 3 do artigo 17º

4 – Cumpridas as diligências previstas no número anterior, se não for apurada a existência de qualquer bem ou direito de que a entidade em liquidação seja titular, o conservador declara imediatamente o encerramento da liquidação do estabelecimento individual de responsabilidade limitada.

5 – No caso de verificar a existência de bens ou direitos da titularidade do estabelecimento individual de responsabilidade limitada, o procedimento segue os trâmites previstos nos artigos 18º a 23º

6 – No caso da alínea *i)* do nº 5 do artigo 15º o conservador deve declarar imediatamente o encerramento da liquidação da entidade comercial, salvo se do processo de insolvência resultar a existência de activos que permitam suportar os encargos com o procedimento administrativo de liquidação.

(Redacção dada pelo Decreto-Lei nº 318/2007, de 26-09)

ARTIGO 25º
Decisão e registo de encerramento da liquidação

1 – A decisão que declare encerrada a liquidação é proferida no prazo de cinco dias após a conclusão dos actos de liquidação e partilha do património da entidade e dela são imediatamente notificados os interessados, sendo aplicáveis, consoante os casos, os nºs 4, 5 e 7 do artigo 8º ou o nº 5 do artigo 11º

2 – A decisão referida no número anterior pode ser impugnada judicialmente nos termos do artigo 12º

3 – Tornando-se a decisão definitiva, o conservador lavra oficiosamente o registo do encerramento da liquidação.

(Redacção dada pelo Decreto-Lei nº 318/2007, de 26-09)

ARTIGO 26º
Comunicações subsequentes ao registo do encerramento da liquidação

Efectuado o registo do encerramento da liquidação, o serviço de registo competente procede de imediato à comunicação do facto, por via electrónica, às seguintes entidades:

a) Ao Registo Nacional de Pessoas Colectivas, para efeitos da inscrição do facto no ficheiro central de pessoas colectivas;

b) À administração tributária e à segurança social, para efeitos de dispensa de apresentação das competentes declarações de cessação de actividade;

c) Aos serviços que gerem o cadastro comercial, para efeito de dispensa de apresentação da competente declaração de encerramento de estabelecimento comercial;

d) À Inspecção-Geral do Trabalho.

SECÇÃO IV
Procedimento especial de extinção imediata de entidades comerciais

ARTIGO 27º
Pressupostos

1 – A dissolução e liquidação das sociedades e das cooperativas deve processar-se de forma imediata desde que se verifiquem cumulativamente os seguintes pressupostos:

a) Instauração do procedimento de dissolução e liquidação por qualquer pessoa, desde que apresentado requerimento subscrito por qualquer dos membros da entidade comercial em causa ou do respectivo órgão de administração, e apresentada acta de assembleia geral que comprove deliberação unânime nesse sentido tomada por todos os membros da entidade comercial;

b) Declaração, expressa na acta referida na alínea anterior, da não existência de activo ou passivo a liquidar.

2 – O requerimento e a acta previstos no número anterior podem ser substituídos por requerimento subscrito por todos os membros da entidade comercial e apresentado por qualquer pessoa.

3 – Quando o pedido seja efectuado presencialmente perante funcionário competente por qualquer dos membros da entidade comercial em causa ou do res-

pectivo órgão de administração, ou por todos os membros da entidade comercial, esse pedido é sempre verbal, não havendo lugar a qualquer requerimento escrito.

4 – O disposto nos números anteriores é aplicável, com as necessárias adaptações, à liquidação imediata dos estabelecimentos individuais de responsabilidade limitada.

ARTIGO 28º
Documentos a apresentar e encargos

1 – Os interessados devem apresentar os documentos comprovativos da sua identidade, capacidade e poderes de representação para o acto.

2 – Com o requerimento ou pedido verbal os interessados devem liquidar uma quantia única que inclui os encargos emolumentares e os custos com as publicações devidos pelo processo.

3 – Não são devidos emolumentos pelo indeferimento do pedido nem são devidos emolumentos pessoais pelos actos compreendidos no processo.

(Cf. Declaração de Rectificação nº 28-A/2006, de 26-05)

ARTIGO 29º
Decisão e registos imediatos

1 – Apresentado o pedido, o conservador ou o oficial de registos em quem aquele delegar poderes para o efeito profere de imediato decisão de declaração da dissolução e do encerramento da liquidação da entidade.

2 – Proferida a decisão, o conservador ou o oficial com competência delegada lavra oficiosa e imediatamente o registo simultâneo da dissolução e do encerramento da liquidação e disponibiliza aos interessados uma certidão permanente gratuita, válida por três meses.

(Redacção dada pelo Decreto-Lei nº 209/2012, de 19-09)

ARTIGO 30º
Comunicações subsequentes ao registo

Efectuado o registo previsto no nº 2 do artigo anterior, o serviço de registo competente procede de imediato à comunicação do facto, por via electrónica, às entidades e para os efeitos previstos no artigo 26º

Promoção Eletrónica de Atos de Registo Comercial

Portaria nº 1416-A/2006, de 19 de Dezembro

O Decreto-Lei nº 76-A/2006, de 29 de Março, aprovou um vasto conjunto de medidas de simplificação da vida dos cidadãos e das empresas. Destas, destacam-se a eliminação da obrigatoriedade de celebração de escrituras públicas, a eliminação da obrigatoriedade de existência de livros de escrituração mercantil e a simplificação dos regimes da fusão, da cisão, da transformação, da dissolução e da liquidação de sociedades e do registo comercial.

A presente portaria vem agora regular a promoção de actos de registo comercial *online* e a criação da certidão permanente.

Visa-se, tal como com a criação da empresa *online*, continuar a simplificar procedimentos de acordo com o Programa SIMPLEX, contribuir para o desenvolvimento do plano tecnológico e promover a redução dos custos de contexto, melhorando as condições para investir e criar riqueza e emprego em Portugal.

Os actos de registo comercial *online* podem ser promovidos por qualquer pessoa que tenha um meio de certificação electrónica adequado. Trata-se, pois, de mais um projecto em que o cartão de cidadão tem um potencial de utilização muito significativo. Com a emissão de um cartão de identificação para o cidadão que contenha um meio de certificação electrónico da identidade, a utilização de assinaturas electrónicas pelas pessoas singulares é seguramente democratizada e, consequentemente, também promovida a utilização das funcionalidades e meios – como a promoção de actos de registo comercial pela Internet – que dependam de um reconhecimento electrónico da identificação. Além das pessoas directamente interessadas na promoção dos actos de registo, também os advogados, os solicitadores e os notários podem fazê-lo, sempre com utilização de um meio de validação electrónico da sua identidade.

Acresce que a promoção de actos de registo comercial *online* é mais rápida e barata do que o recurso aos meios tradicionais. Prevê-se, por isso, que os registos sejam realizados imediatamente, ou no prazo máximo de dois dias úteis. O custo da promoção de actos de registo por via electrónica é, igualmente, mais baixo que o emolumento cobrado pela utilização da via tradicional.

Por outro lado, cria-se a certidão permanente. Este serviço de valor acrescentado compreende a disponibilização, em suporte electrónico e permanentemente actualizado, da reprodução dos registos em vigor respeitantes a uma sociedade ou outra entidade sujeita a registo. A subscrição da certidão permanente é mais simples e segura e confere maior transparência ao registo comercial que a certidão em papel. Por um lado, porque pode ser solicitada pela Internet ou, verbalmente, ao balcão de uma conservatória. Por outro lado, porque o facto de estar permanentemente actualizada confere maior certeza à informação constante do registo comercial.

Após a solicitação do serviço certidão permanente, o requerente recebe um código que permite a sua visualização, sendo a entrega desse código a qualquer entidade pública ou privada equivalente, para todos os efeitos, à entrega de uma certidão do registo comercial em papel.

Assim:

Manda o Governo, pelo Ministro da Justiça, ao abrigo dos nºs 1 e 5 do artigo 45º e do nº 5 do artigo 75º do Código do Registo Comercial, o seguinte:

CAPÍTULO I
Registos *online* e certidão permanente

SECÇÃO I
Disposições gerais

ARTIGO 1º
Objecto

A presente portaria regula:

a) A promoção *online* de actos de registo comercial;

b) A certidão permanente;

c) O cumprimento da obrigação de registo da prestação de contas através do envio, por transmissão electrónica de dados, da informação empresarial simplificada (IES).

(Redacção dada pela Portaria nº 562/2007, de 30-04)

ARTIGO 2º
Designação do sítio

A promoção *online* de actos de registo comercial e a solicitação da certidão permanente fazem-se através do sítio na Internet com o endereço *www.empresaonline.pt*, mantido pela Direcção-Geral dos Registos e do Notariado.

ARTIGO 3º
Funções do sítio

O sítio deve permitir, entre outras que se mostrem necessárias, as seguintes funções:

a) A autenticação dos utilizadores através de certificados digitais;

b) A indicação dos dados de identificação dos interessados;

c) O preenchimento electrónico dos elementos necessários ao requerimento do registo e ao pedido da certidão permanente;

d) A entrega dos documentos necessários à apreciação do pedido de registo e ao suprimento de suas eventuais deficiências;

e) A assinatura electrónica dos documentos entregues;

f) O pagamento dos serviços por via electrónica;

g) A recolha de informação que permita o contacto entre os serviços competentes e os interessados e seus representantes;

h) A certificação da data e da hora em que o pedido de registo foi concluído;

i) O acesso ao sítio na Internet onde se encontrem disponibilizadas as publicações legais.

SECÇÃO II
Promoção de actos de registo comercial *online*

ARTIGO 4º
Pedido de actos de registo comercial *online*

1 – Os interessados na promoção de actos de registo comercial *online* formulam o seu pedido e enviam, através do sítio na Internet a que se refere o artigo 2º, os documentos necessários ao registo, designadamente:

a) Os documentos que legalmente comprovem os factos constantes do pedido de registo;

b) Os documentos comprovativos da sua capacidade e dos seus poderes de representação para o acto.

2 – Todos os documentos entregues através de sítio na Internet, desde que tenham sido correctamente digitalizados, sejam integralmente apreensíveis e tenham sido enviados por quem tenha competência para a conferência de documentos electrónicos com os respectivos originais em formato de papel, têm o mesmo valor probatório dos originais.

3 – Os documentos que não tenham sido enviados pelas entidades referidas no número anterior têm de ser certificados nos termos da lei.

4 – A existência do pedido depende da confirmação do pagamento dos encargos devidos.

(Redacção dada pela Portaria nº 1256/2009, de 14-10)

ARTIGO 5º
Ordem de anotação dos pedidos

1 – Os pedidos de actos de registo comercial efectuados através do sítio referido no artigo 2º são anotados pela ordem da hora da respectiva recepção.

2 – Para efeitos do disposto no nº 1, é possível anotar imediatamente os pedidos de registo *online* recebidos a qualquer hora e em qualquer dia da semana, incluindo sábados, domingos e feriados.

3 – Para efeitos do disposto nos números anteriores, a hora de recepção dos pedidos de registo apresentados *online* tem por referência a hora do meridiano de Greenwich, assinalada nas certidões de registo pela aposição do acrónimo UTC (*universal time, coordinated*).

(Redacção dada pela Portaria nº 1256/2009, de 14-10)

ARTIGO 6º
Autenticação electrónica

1 – Para efeitos da promoção de actos de registo comercial *online*, a autenticação electrónica de advogados, solicitadores e notários deve fazer-se mediante certificado digital que comprove a qualidade profissional do utilizador.

2 – Para os restantes utilizadores, a autenticação electrónica faz-se mediante a utilização de certificado digital qualificado, nos termos previstos no regime jurídico dos documentos electrónicos e da assinatura electrónica, aprovado pelo Decreto-Lei nº 290-D/99, de 2 de Agosto, na redacção introduzida pelos Decretos-Leis nºs 62/2003, de 3 de Abril, 165/2004, de 6 de Julho, e 116-A/2006, de 16 de Junho.

ARTIGO 7º
Certificados digitais de advogados, solicitadores e notários

Na promoção de actos de registo comercial *online*, apenas são admitidos os certificados digitais de advogados, solicitadores e notários cuja utilização para fins profissionais seja confirmada através de listas electrónicas de certificados, disponibilizadas, respectivamente, pela Ordem dos Advogados, pela Câmara dos Solicitadores e pela Ordem dos Notários.

ARTIGO 8º
Assinatura electrónica de documentos

1 – Aos documentos entregues no processo de promoção de actos de registo comercial *online* deve ser aposta a assinatura electrónica qualificada do interessado que efectuar o envio, salvo quando este for realizado por advogado, solicitador ou notário.

2 – Os documentos entregues no processo de promoção de actos de registo comercial *online* são assinados digitalmente pelo sistema informático que os recepciona.

ARTIGO 9º
Validação do pedido

O pedido de actos de registo comercial *online* só é considerado validamente submetido após a emissão de um comprovativo electrónico, através do sítio referido no artigo 2º, que indique a data e a hora em que o pedido foi concluído.

ARTIGO 10º
Comprovativo e comunicação electrónicos

1 – O comprovativo electrónico do pedido de registo deve ser enviado aos interessados através de mensagem de correio electrónico.

2 – A realização do registo deve ser comunicada aos interessados por mensagem de correio electrónico e, sempre que possível, por short message service (sms).

ARTIGO 11º
Prazo de apreciação do pedido

Emitido o comprovativo electrónico referido no nº 1 do artigo anterior, o serviço competente aprecia o pedido de registo e procede a todas as diligências subsequentes previstas no artigo seguinte no prazo de dois dias úteis a contar da confirmação do pagamento efectuado pelos interessados.

ARTIGO 12º
Diligências subsequentes

1 – Após o tratamento dos dados indicados e dos documentos entregues pelos interessados e a apreciação do pedido de registo, o serviço competente deve ainda proceder aos seguintes actos:

a) Registo dos factos, que deve ser imediatamente comunicado aos interessados por via electrónica;

b) Disponibilização aos interessados do recibo comprovativo do pagamento dos encargos devidos;

c) Inscrição do facto no ficheiro central de pessoas colectivas e codificação da actividade económica (CAE) ou, se for esse o caso, comunicação do registo para aqueles efeitos, quando estes actos sejam necessários;

d) Disponibilização de prova gratuita do registo da sociedade, nos termos e pelos meios previstos no artigo 75º do Código do Registo Comercial;

e) Promoção das publicações legais que sejam devidas, as quais se devem efectuar automaticamente e por via electrónica;

f) Promoção das restantes diligências que venham a ser fixadas por via regulamentar ou protocolar;

g) Envio dos documentos à conservatória do registo comercial detentora da pasta da sociedade, para efeitos do disposto no nº 1 do artigo 59º do Código do Registo Comercial.

2 – O envio dos documentos previsto na alínea *g*) do número anterior só ocorre quando não existam condições que garantam o acesso à informação sobre a sociedade por via electrónica.

3 – No caso de se tratar de um registo a efectuar por depósito, a respectiva menção pode ser efectuada pelo requerente.

(Redacção dada pela Portaria nº 562/2007, de 30-04)

ARTIGO 13º
Encargos

1 – Pelo procedimento de promoção de actos de registo comercial *online* regulado na presente portaria é devido o pagamento de emolumentos previstos no Regulamento Emolumentar dos Registos e do Notariado.

2 – Não são devidos emolumentos pessoais no âmbito do regime especial de promoção de actos de registo comercial *online*.

SECÇÃO III
Depósito da prestação de contas

ARTIGO 13º-A
Pedido de registo da prestação de contas

O pedido de registo da prestação de contas é feito por via electrónica, através do envio da IES, nos termos previstos no nº 1 do artigo 4º do Decreto-Lei nº 8/2007, de 17 de Janeiro.

(Aditado pela Portaria nº 562/2007, de 30-04)

ARTIGO 13º-B
Pagamento

1 – Após a submissão electrónica da IES, nos termos referidos no artigo anterior, é gerada automaticamente uma referência para pagamento da taxa devida pelo registo da prestação de contas.

2 – O pagamento da taxa referida no número anterior deve ser efectuado no prazo de cinco dias úteis após a geração da referência para pagamento.

3 – Em caso de envio, nos termos do nº 1 do artigo 4º do Decreto-Lei nº 8/2007, de 17 de Janeiro, por parte da mesma entidade, de mais de uma IES referente ao mesmo ano económico e à mesma modalidade de prestação de contas, é disponibilizada ao Ministério da Justiça a informação prevista no nº 2 do mesmo artigo respeitante a todas elas, mas é apenas gerada uma única referência para pagamento.

4 – O disposto neste artigo não prejudica a disponibilização de outros meios de pagamento.

(Aditado pela Portaria nº 562/2007, de 30-04)

ARTIGO 13º-C
Validação do pedido

O pedido de registo da prestação de contas só é considerado validamente submetido após a confirmação do pagamento da taxa devida.
(Aditado pela Portaria nº 562/2007, de 30-04)

ARTIGO 13º-D
Diligências subsequentes

1 – Após recepção da informação respeitante ao cumprimento da obrigação de registo da prestação de contas, nos termos do disposto no nº 1 do artigo 9º do Decreto-Lei nº 8/2007, de 17 de Janeiro, são realizados os seguintes actos:

a) Registo electrónico automático da prestação de contas, nos termos do artigo 42º do Código do Registo Comercial;
b) Disponibilização automática aos interessados do recibo comprovativo dos encargos efectuados;
c) Promoção automática, por via electrónica, das publicações legais;
d) Disponibilização automática, por via electrónica, do código de acesso à certidão prevista no artigo 14º;
e) Promoção das restantes diligências que venham a ser fixadas por via regulamentar ou protocolar.

2 – A informação constante da IES, bem como a relativa às diligências previstas neste artigo, é arquivada electronicamente, não havendo lugar a impressão para efeitos de integração na pasta física da sociedade.
(Aditado pela Portaria nº 562/2007, de 30-04)

ARTIGO 13º-E
Taxa

1 – Pelo cumprimento da obrigação de registo da prestação de contas é devido o pagamento da taxa única de € 80.
2 – *[Revogado pela Portaria nº 286/2012, de 20 de setembro.]*
(Redacção dada pela Portaria nº 358/2015, de 14-10)

ARTIGO 13º-F
Acesso à base de dados das contas anuais

O acesso à informação constante da base de dados das contas anuais (BDCA) prevista no artigo 10º do Decreto-Lei nº 8/2007, de 17 de Janeiro, é feito pelas seguintes vias:

a) Emissão de certidão de contas anuais relativa a entidades individualizadas;
b) Acesso através de formatos especiais.
(Aditado pela Portaria nº 562/2007, de 30-04)

ARTIGO 13º-G
Pedido de certidão de contas anuais

1 – O pedido de certidão de contas anuais pode ser feito electronicamente, através do sítio na Internet com o endereço *www.empresaonline.pt*, mantido pela Direcção-Geral dos Registos e do Notariado, ou outro, bem como em qualquer conservatória com competência para a prática de actos de registo comercial.

2 – Quando o pedido seja feito através dos sítios referidos no número anterior, é disponibilizado ao requerente um código que permite a visualização da certidão, em suporte electrónico, a partir do momento em que seja confirmado o pagamento da taxa devida.

3 – O serviço referido no número anterior é prestado mediante a subscrição de uma assinatura que pode ter a duração de um, dois, três ou quatro anos e que permite a visualização da certidão das contas anuais referente ao número de anos subscrito.

4 – Quando o pedido seja feito na conservatória, pode ser solicitada a certidão de contas anuais através das seguintes vias:

a) Disponibilização do código de acesso que permite a visualização da certidão em suporte electrónico, nos termos previstos nos números anteriores; ou

b) Disponibilização da certidão das contas anuais em suporte de papel.

(Aditado pela Portaria nº 562/2007, de 30-04)

ARTIGO 13º-H
Identificação do requerente da certidão de contas anuais

A identificação do requerente da certidão de contas anuais faz-se nos termos previstos no artigo 16º, excepto nos casos da alínea *b*) do nº 4 do artigo anterior.

(Aditado pela Portaria nº 562/2007, de 30-04)

ARTIGO 13º-I
Taxa da certidão de contas anuais

1 – Pela assinatura, através dos sítios na Internet referidos no nº 1 do artigo 13º-G do serviço de certidão eletrónica de contas anuais, é devido o pagamento das seguintes taxas únicas:

a) € 5 pela assinatura por um ano;

b) € 7 pela assinatura por dois anos;

c) € 9 pela assinatura por três anos;

d) € 10 pela assinatura por quatro anos.

2 – Às taxas previstas no número anterior acresce o montante de € 15 quando a assinatura seja solicitada nas conservatórias.

3 – Pela certidão de contas anuais em suporte de papel é devida a taxa única de € 55.

4 – *[Revogado.]*

(Redacção dada pela Portaria nº 358/2015, de 14-10)

ARTIGO 13º-J
Pedido de acesso em formatos especiais

1 – O acesso à informação constante da BDCA noutros formatos distintos dos previstos no artigo 13º-G é efetuado nos termos e condições a definir em protocolo a celebrar entre o Instituto dos Registos e do Notariado, I. P., e as entidades que o solicitem, com os custos definidos nos números seguintes.

2 – Pelo acesso à informação previsto no número anterior é devido o pagamento mínimo de uma assinatura anual em função dos acessos previstos, nos seguintes montantes:

2.1 – Assinatura até 5000 acessos anuais – € 3500;

2.2 – Assinatura até 10 000 acessos anuais – € 8000;

2.3 – Assinatura até 25 000 acessos anuais – € 22 500;

2.4 – Assinatura até 50 000 acessos anuais – € 50 000;

2.5 – Assinatura até 100 000 acessos anuais – € 110 000;

2.6 – Assinatura até 200 000 acessos anuais – € 240 000;

2.7 – Se o número anual de acessos exceder o número de acessos subscrito, cada acesso a mais é tributado em € 1,25, exceto se a entidade optar por alterar a subscrição para assinatura de um número de acessos superior.

3 – Pelo acesso à informação previsto no nº 1, através do fornecimento de ficheiro com a informação respeitante a todas as entidades, é devida a quantia de € 500 000 por cada ano de prestação de contas.

4 – Por despacho do membro do Governo responsável pela área da justiça pode ser autorizado o acesso gratuito à informação prevista no nº 1 a entidades de direito público, atendendo, designadamente, às competências que lhe estão legalmente cometidas e aos fins a que a informação se destina.

(Redacção dada pela Portaria nº 286/2012, de 20-09)

SECÇÃO IV
Certidão permanente

ARTIGO 14º
Definição

Designa-se por 'certidão permanente' a disponibilização, em suporte electrónico e permanentemente actualizada, da reprodução dos registos em vigor respeitantes a entidade sediada em conservatória informatizada, bem como da menção das apresentações e dos pedidos de registo pendentes, nos termos do nº 5 do artigo 75º do Código do Registo Comercial.

(Redacção dada pela Portaria nº 562/2007, de 30-04)

ARTIGO 15º
Pedido de certidão permanente

O pedido de certidão permanente pode ser efectuado através do sítio referido no artigo 2º ou, verbalmente, em qualquer serviço com competência para a prática de actos de registo comercial.

ARTIGO 16º
Identificação do requerente da certidão permanente

A identificação do requerente da certidão permanente faz-se pela indicação do nome ou firma e do endereço de correio electrónico, sem necessidade de utilização dos meios de autenticação referidos nos artigos 6º e 7º

ARTIGO 17º
Código de acesso

1 – Após a solicitação do serviço, é disponibilizado ao requerente um código que permite a visualização da certidão permanente a partir do momento em que seja confirmado o pagamento da taxa devida.

2 – A entrega, a qualquer entidade pública ou privada, do código de acesso à certidão permanente equivale, para todos os efeitos, à entrega de uma certidão do registo comercial.

ARTIGO 18º
Assinatura da certidão permanente

O serviço certidão permanente é prestado mediante a subscrição de uma assinatura que pode ter a duração de um, dois, três ou quatro anos.

ARTIGO 19º
Taxa da certidão permanente

(Revogado pela Portaria nº 286/2012, de 20-09)

CAPÍTULO II
Alteração à tabela de honorários e encargos notariais e ao Regulamento do Registo Comercial

(O presente Capítulo não se disponibiliza, uma vez que, procedendo a alterações a diversos diplomas, tais alterações foram inseridas no local próprio ou não se inserem no âmbito da presente publicação)

CAPÍTULO III
Disposições finais e transitórias

ARTIGO 23º
Aplicação subsidiária

Aplicam-se ao regime especial de promoção de actos de registo comercial *online* e ao regime da certidão permanente as disposições do Código do Registo

Comercial e do Regulamento do Registo Comercial que não contrariem o disposto na presente portaria.

ARTIGO 24º
Norma transitória

1 – Podem, desde o momento da entrada em vigor da presente portaria, ser promovidos por via electrónica os actos de registo de transmissão e unificação de quotas e de designação e cessação de funções dos membros dos órgãos de administração e fiscalização das sociedades por quotas e anónimas, bem como do secretário da sociedade, sem prejuízo da possibilidade de promoção electrónica de outros actos de registo comercial, nos termos de despacho do director-geral dos Registos e do Notariado.

2 – Por despacho do director-geral dos Registos e do Notariado são definidos os procedimentos a adoptar no caso de o pedido de registo ou de certidão permanente respeitar a entidade cujos registos não se encontrem extractados para o Sistema Integrado do Registo Comercial (SIRCom).

ARTIGO 25º
Entrada em vigor

A presente portaria entra em vigor no dia 20 de Dezembro de 2006.

Pelo Ministro da Justiça, *João Tiago Valente Almeida da Silveira*, Secretário de Estado da Justiça, em 18 de Dezembro de 2006.

Certidão Permanente de Registos e Documentos e Certidão Permanente de Pacto Social Atualizado

Portaria nº 285/2012, de 20 de setembro

O plano de ação para a justiça na sociedade da informação prevê uma política de modernização para a justiça assente na utilização de tecnologias de informação de modo a tornar os sistemas da justiça, nomeadamente os sistemas de registo, mais acessíveis e adequados às necessidades das empresas.

Neste contexto foi fixado como objetivo específico o privilegiar a Internet como canal de acesso e relacionamento com os utentes, contribuindo assim também para a promoção da sociedade de informação.

O Decreto-Lei nº 76-A/2006, de 29 de março, aprovou um amplo conjunto de medidas de simplificação da relação do cidadão e das empresas com os serviços de registo comercial, entre as quais se conta a disponibilização da certidão permanente de registo comercial.

Este serviço, efetivamente disponibilizado com a publicação da Portaria nº 1416-A/2006, de 19 de dezembro, compreende a disponibilização, em suporte eletrónico e permanentemente atualizado, da reprodução dos registos em vigor respeitantes a uma entidade sujeita a registo, tendo-se este novo serviço saldado por uma adesão bastante significativa por parte dos interessados: desde o início da sua disponibilização e até final do mês de abril já foram disponibilizadas 1 947 029 certidões permanentes de registo comercial.

Tendo presente que no âmbito do registo comercial já se encontram digitalizados todos os documentos que serviram de base aos registos, efetuados após 2010, estão reunidas as condições para alargar, ao acesso a estes documentos, o leque de serviços que estão disponíveis *online,* potenciando desta forma o repositório digital de documentos arquivados e facilitando, assim, a apresentação dos mesmos a outras entidades.

A presente portaria vem regular a disponibilização da certidão permanente de registos e de documentos, bem como criar a certidão permanente do pacto social em vigor, em cada momento, para as entidades sujeitas a registo.

A subscrição destes novos tipos de certidões permanentes traduz um valor acrescentado para os utilizadores na medida em que lhes garante um acesso rápido e permanentemente atualizado, não apenas aos registos em vigor, como também aos próprios documentos que serviram de base a cada um deles, além de que permite a disponibilização desses documentos de forma fiável e eletrónica a outras entidades.

Foi promovida a audição do Conselho Superior da Magistratura, do Conselho Superior dos Tribunais Administrativos e Fiscais, do Conselho Superior do Ministério Público, da Ordem dos Notários, da Ordem dos Advogados, da Câmara dos Solicitadores, do Conselho dos Oficiais de Justiça, da Associação Sindical dos Juízes Portugueses, do Sindicato dos Magistrados do Ministério Público, da Associação dos Oficiais de Justiça, do Sindicato dos Trabalhadores dos Registos e do Notariado, da Associação Sindical dos Oficiais dos Registos e do Notariado, do Sindicato dos Funcionários Judiciais e do Sindicato dos Oficiais de Justiça.

Assim:

Manda o Governo, pela Ministra da Justiça, ao abrigo do disposto no nº 5 do artigo 75º do Código do Registo Comercial, o seguinte:

ARTIGO 1º
Objeto

A presente portaria regula:

a) A certidão permanente de registos e de documentos, arquivados na pasta eletrónica das entidades inscritas no registo comercial;

b) A certidão permanente do pacto social atualizado.

ARTIGO 2º
Conteúdo das certidões

1 – A certidão permanente de registo e de documentos referida na alínea *a)* do artigo anterior reproduz, em suporte eletrónico e permanentemente atualizada, os registos respeitantes a entidades inscritas no registo comercial, a menção das apresentações e pedidos de registo pendentes, bem como os documentos que serviram de base aos registos efetuados, com exceção do registo da prestação de contas.

2 – A certidão permanente do pacto atualizado reproduz, em suporte eletrónico e permanentemente atualizada, o último pacto ou estatutos entregue por entidade inscrita no registo comercial, quando este esteja digitalizado e disponível na respetiva pasta eletrónica.

ARTIGO 3º
Âmbito de aplicação

1 – A disponibilização da certidão permanente de registo e de documentos referida na alínea *a)* do artigo 1º só é assegurada se sobre a entidade existirem registos requeridos e efetuados após 1 de janeiro de 2011.

2 – A certidão permanente de registo e de documentos não é disponibilizada se o único registo efetuado após a data referida no número anterior for o da prestação de contas.

3 – O presente diploma não é aplicável aos documentos associados ao registo da prestação de contas, que são exclusivamente disponibilizados pela certidão de contas anuais, nos termos da Portaria nº 1416-A/2006, de 19 de dezembro.

ARTIGO 4º
Pedido

1 – O pedido das certidões reguladas na presente portaria é efetuado mediante indicação do número de identificação de pessoa coletiva da entidade a que respeita a mesma, através do sítio na Internet com o endereço *www.empresaonline.pt*, mantido pelo Instituto dos Registos e do Notariado, I. P. (IRN, I. P.), ou verbalmente, em qualquer serviço com competência para a prática de atos de registo comercial.

2 – O pedido de renovação da certidão é realizado através dos meios previstos no número anterior, mediante indicação do código de acesso à certidão permanente.

ARTIGO 5º
Identificação do requerente

A identificação do requerente da certidão permanente faz-se pela indicação do nome ou firma e do endereço de correio eletrónico, sem necessidade de utilização de meios especiais de autenticação.

ARTIGO 6º
Código de acesso

1 – Após a solicitação do serviço, é disponibilizado ao requerente um código que permite a visualização da certidão permanente a partir do momento em que seja confirmado o pagamento da taxa devida.

2 – A entrega, a qualquer entidade pública ou privada, do código de acesso à certidão permanente equivale, para todos os efeitos, à entrega de uma certidão do registo comercial, nos termos referidos no artigo 75º do Código do Registo Comercial, não sendo exigível a entrega de certidão de documentos em suporte papel.

ARTIGO 7º
Subscrição do serviço

O serviço certidão permanente de documentos é prestado mediante a subscrição de uma assinatura que pode ter a duração de um, dois, três ou quatro anos.

ARTIGO 8º
Encargos

1 – Pela assinatura do serviço certidão permanente de registo e documentos é devido o pagamento das seguintes taxas únicas:

a) € 55 pela assinatura por um ano;
b) € 88 pela assinatura por dois anos;
c) € 132 pela assinatura por três anos;
d) € 154 pela assinatura por quatro anos.

2 – Pela assinatura do serviço certidão permanente de pacto social atualizado é devido o pagamento das seguintes taxas únicas:

a) € 20 pela assinatura por um ano;
b) € 35 pela assinatura por dois anos;
c) € 45 pela assinatura por três anos;
d) € 50 pela assinatura por quatro anos.

3 – *[Revogado.]*
(Redacção dada pela Portaria nº 358/2015, de 14-10)

ARTIGO 9º
Protocolos

Mediante protocolo com o IRN, I. P., e quando as estiverem reunidas as condições técnicas necessárias, podem ser estabelecidas formas de pagamento agrupado com entidades, públicas ou privadas, cujas atribuições, competências e atividade façam pressupor um elevado nível de utilização deste serviços.

ARTIGO 10º
Entrada em vigor

A presente portaria entra em vigor em 1 de outubro de 2012.

A Ministra da Justiça, *Paula Maria von Hafe Teixeira da Cruz,* em 18 de setembro de 2012.

Publicações Obrigatórias em Sítio da Internet

Portaria nº 590-A/2005, de 14 de Julho

Com a aprovação do Decreto-Lei nº 111/2005, de 8 de Julho, a partir de 1 de Janeiro de 2006, os actos relativos às sociedades comerciais sujeitos a publicação obrigatória vão passar a ser publicados em sítio da Internet de acesso público, em vez do *Diário da República*. O mesmo sucede, no caso das sociedades anónimas, com os avisos, anúncios e convocações dirigidos aos sócios ou a credores, quando a lei ou o contrato mandem publicá-los. Este regime é também aplicável às publicações, eventualmente necessárias, das sociedades anónimas europeias e aos actos de registo sujeitos a publicação obrigatória de outras pessoas colectivas, como, por exemplo, as cooperativas.

Por seu turno, o nº 2 do artigo 28º do Decreto-Lei nº 111/2005, de 8 de Julho, que criou a «empresa na hora», através de um regime especial de constituição imediata de sociedades, prevê que, em relação às sociedades constituídas ao abrigo deste regime, as publicações obrigatórias em sítio da Internet de acesso público se iniciem com a entrada em vigor daquele diploma.

O artigo 26º do Decreto-Lei nº 111/2005, de 8 de Julho, estipula que, de forma a cumprir o disposto no nº 2 do artigo 14º, na alínea *c*) do nº 1 do artigo 55º e no artigo 70º do Código do Registo Comercial e no artigo 167º do Código das Sociedades Comerciais, a disponibilização da informação obrigatória deve ser realizada através de sítio na Internet de acesso público cujo funcionamento, respectivos termos e custos são definidos por portaria do Ministro da Justiça.

Assim:

Manda o Governo, pelo Ministro da Justiça, ao abrigo do artigo 26º do Decreto-Lei nº 111/2005, de 8 de Julho, do nº 1 do artigo 167º do Código das Sociedades Comerciais e do nº 2 do artigo 70º do Código do Registo Comercial, o seguinte:

1º
Publicações e acessos

1 – As publicações obrigatórias referidas no artigo 167º do Código das Sociedades Comerciais e no nº 2 do artigo 70º do Código do Registo Comercial fazem-

-se através do sítio da Internet de acesso público com o endereço electrónico www.mj.gov.pt/publicacoes, mantido pela Direcção-Geral dos Registos e do Notariado.

2 – A informação objecto de publicidade no sítio referido no número anterior deve poder ser acedida, designadamente, por ordem cronológica e por outros elementos identificativos, como a denominação, o número de identificação de pessoa colectiva ou o concelho da localização da sede da pessoa colectiva.

3 – O acesso ao sítio referido no nº 1 e à respectiva informação aí publicada é gratuito.

2º
Procedimentos para publicação

1 – A publicação obrigatória dos actos sujeitos a registo é oficiosamente promovida pelas conservatórias do registo comercial, nos termos do disposto no artigo 71º do Código do Registo Comercial.

2 – Os textos relativos aos restantes actos societários sujeitos a publicação obrigatória podem ser entregues junto de qualquer conservatória ou remetidos por via postal aos serviços centrais da Direcção-Geral dos Registos e do Notariado, em endereço a identificar no sítio referido no nº 1 do artigo anterior.

3 – Os textos respeitantes aos actos societários referidos no número anterior podem ainda ser remetidos à Direcção-Geral dos Registos e do Notariado mediante transmissão electrónica de dados, de acordo com as instruções constantes do sítio da Internet identificado no nº 1 do artigo anterior.

4 – Os textos destinados a publicação dos actos societários referidos nos nºs 2 e 3 devem conter todas as indicações referidas no artigo 171º do Código das Sociedades Comerciais, cabendo à Direcção-Geral dos Registos e do Notariado assegurar a sua publicação no prazo máximo de 15 dias contados a partir da respectiva recepção.

3º
Taxa única

1 – Por cada publicação é cobrada uma taxa única de € 30.

2 – Quando, nos termos do nº 2 do artigo anterior, os textos para publicação sejam entregues nas conservatórias, a taxa única referida no número anterior é de € 35.

3 – Quando, nos termos do nº 3 do artigo anterior, os textos para publicação sejam disponibilizados por transmissão electrónica de dados à Direcção-Geral dos Registos e do Notariado, a taxa única referida no nº 1 é de € 27.

4 – *[Revogado.]*

(Redacção dada pela Portaria nº 358/2015, de 14-10)

3º-A
Notificações electrónicas no processo de rectificação

1 – As notificações por via electrónica referidas no nº 3 do artigo 90º do Código do Registo Comercial são efectuadas mediante aviso publicado, nos termos do nº 1 do artigo 167º do Código das Sociedades Comerciais.

2 – Do aviso referido no número anterior devem constar, nomeadamente, os seguintes elementos:

a) A identificação dos requerentes ou a menção da circunstancia de o processo ter sido oficiosamente instaurado;
b) A identificação dos notificandos, com os elementos disponíveis;
c) A indicação do serviço de registo onde corre o processo;
d) A identificação do processo;
e) A identificação da entidade comercial, com indicação do número de identificação de pessoa colectiva;
f) O fundamento da rectificação, com referência à inexactidão verificada ou cometida e indicação da forma como a mesma vai ser rectificada;
g) A data da publicação;
h) O prazo para a dedução de oposição, indicando-se a partir de que momento este prazo começa a contar.

3 – A publicação do aviso nos termos do nº 1 é gratuita.
(Aditado pela Portaria nº 621/2008, de 18-07)

4º
Entrada em vigor

1 – A presente portaria entra em vigor no dia 1 de Janeiro de 2006.
2 – No que respeita às sociedades constituídas ao abrigo do regime especial de constituição imediata de sociedades previsto no Decreto-Lei nº 111/2005, de 8 de Julho, a presente portaria entra em vigor no dia 13 de Julho de 2005, excepto quanto ao disposto no nº 3 do artigo 2º, que entra em vigor no dia 1 de Janeiro de 2006.

Pelo Ministro da Justiça, *João Tiago Valente Almeida da Silveira*, Secretário de Estado da Justiça, em 12 de Julho de 2005.

Cartão da Empresa, Cartão de Pessoa Coletiva e Sistema de Informação da Classificação Portuguesa de Atividades Económicas

Decreto-Lei nº 247-B/2008, de 30 de Dezembro

O presente decreto-lei visa contribuir para a concretização do Programa do XVII Governo Constitucional na área da justiça, colocando este sector ao serviço dos cidadãos e das empresas, do desenvolvimento económico e da promoção do investimento em Portugal.

Com efeito, o Programa do XVII Governo Constitucional dispõe que «os cidadãos e as empresas não podem ser onerados com imposições burocráticas que nada acrescentem à qualidade do serviço», determinando ainda que «no interesse conjunto dos cidadãos e das empresas, serão simplificados os controlos de natureza administrativa, eliminando-se actos e práticas registrais e notariais que não importem um valor acrescentado e dificultem a vida do cidadão e da empresa».

Em vista da prossecução deste objectivo, o presente decreto-lei procede, por um lado, à criação e regulação de dois novos serviços que passam a estar à disposição das empresas em Portugal – o cartão da empresa e o Sistema de Informação da Classificação Portuguesa de Actividades Económicas (SICAE) – e, por outro, a adopção de novas medidas de simplificação no âmbito do Regime do Registo Nacional de Pessoas Colectivas (RNPC), do Código do Registo Comercial, dos procedimentos simplificados de sucessão hereditária e divórcio com partilha, regulados no Código do Registo Civil, do regime especial de constituição imediata de sociedades («empresa na hora»), previsto no Decreto-Lei nº 111/2005, de 8 de Julho, do regime especial de constituição *online* de sociedades comerciais e civis sob forma comercial («empresa *on-line*»), previsto no Decreto-Lei nº 125/ /2006, de 29 de Junho, do regime especial de constituição imediata de associações («associação na hora»), previsto na Lei nº 40/2007, de 24 de Agosto, e do regime especial de criação imediata de representações permanentes em Portugal de entidades estrangeiras («sucursal na hora»), previsto no Decreto-Lei nº 73/2008, de 16 de Abril.

Assim, em primeiro lugar, é criado o cartão da empresa, que passa a conter, num único documento físico, os três números relevantes para a identificação das pessoas colectivas perante quaisquer autoridades e entidades públicas ou privadas: (i) o número de identificação de pessoa colectiva (NIPC), atribuído pelo Registo

Nacional de Pessoas Colectivas (RNPC) na sequência de emissão de certificado de admissibilidade de firma ou denominação ou de inscrição no ficheiro central de pessoas colectivas; (ii) o número de identificação fiscal das pessoas colectivas e entidades equiparadas que, na generalidade dos casos, corresponde ao NIPC indicado pelo RNPC, e (iii) o número de identificação da segurança social (NISS) de pessoa colectiva.

Com o cartão da empresa os investidores deixam de estar onerados com a obtenção de dois cartões – o cartão de identificação da pessoa colectiva e o cartão de identificação fiscal, que deixam de ser emitidos –, passando a ter, num cartão único, toda a informação relevante.

Além da emissão do cartão da empresa em suporte físico, prevê-se igualmente a disponibilização, em suporte desmaterializado e de forma gratuita, do correspondente cartão electrónico da empresa, acessível mediante a inserção de um código de acesso automaticamente atribuído.

Em segundo lugar, o presente decreto-lei procede à criação do SICAE, um subconjunto do ficheiro central de pessoas colectivas (FCPC), que integra a informação sobre o código da Classificação Portuguesa das Actividades Económicas (CAE) das pessoas colectivas e entidades equiparadas.

Coordenado, gerido e mantido por três organismos públicos com competências no âmbito do processo de atribuição e alteração do código CAE – o Instituto dos Registos e do Notariado, I. P. (IRN, I. P.), o Instituto Nacional de Estatística (INE) e a Direcção-Geral dos Impostos (DGCI) –, o SICAE visa contribuir para uma informação permanentemente actualizada e harmonizada do código CAE das empresas, que permita ultrapassar as situações de desconformidade nos códigos CAE atribuídos às empresas por diferentes serviços do Estado, que actualmente se verifica.

Neste sentido, estabelece-se que o código CAE relevante é, para todos os efeitos legais, o constante do SICAE, ao mesmo tempo que se prevê o acesso público, em suporte electrónico e permanentemente actualizado, à informação constante do SICAE.

Com o SICAE, as empresas passam a beneficiar de um canal único electrónico de comunicação com as diversas entidades públicas relativamente às alterações de CAE que pretendam efectuar, através da Internet, deixando de ter de se relacionar com diversas entidades para o fazer. O SICAE permite ainda a consulta a todo o tempo e de forma permanentemente actualizada, igualmente através da Internet, do código CAE de qualquer entidade.

Em terceiro lugar, procede-se ainda à simplificação do Regime do Registo Nacional de Pessoas Colectivas criando condições para que os serviços associados à inscrição no ficheiro central de pessoas colectivas e à obtenção de certificados de admissibilidade de firma sejam prestados de forma mais rápida e mais eficiente.

O certificado de admissibilidade de firma passa a ser disponibilizado exclusivamente por via electrónica e passa a poder ser obtido também em sítio da Internet. Criam-se condições para que possa ser possível escolher livremente uma firma no âmbito dos processos de constituição da empresa na hora e da empresa *on-line* e de denominações no processo de constituição da associação na hora. Desta forma, estes serviços tornam-se mais completos e permitem aos cidadãos e às empresas escolher a firma ou a denominação que pretendam para a sua empresa ou associação no momento em que a constituem, sem necessidade de efectuar uma deslocação prévia.

Em quarto lugar, o regime especial de constituição imediata de sociedades («empresa na hora») é alterado para permitir a constituição de «empresas na hora» em algumas situações em que ainda não era possível utilizar este serviço: quando a constituição dependesse de uma autorização especial e quando o capital fosse realizado com recurso a entradas em espécie.

Finalmente, em quinto lugar, são ainda alterados os procedimentos simplificados de sucessão hereditária e de divórcio com partilha que são tramitados no «Balcão das Heranças» e no balcão «Divórcio com Partilha» de forma a poderem corresponder às necessidades dos cidadãos que procuraram estes serviços.

Foram ouvidas a Ordem dos Advogados, a Ordem dos Notários e a Comissão Nacional de Protecção de Dados.

Foi promovida a audição da Câmara dos Solicitadores.

Assim:

Nos termos da alínea *a*) do nº 1 do artigo 198º da Constituição, o Governo decreta o seguinte:

CAPÍTULO I
Disposição geral

ARTIGO 1º
Objecto

1 – O presente decreto-lei cria e regula:

a) O cartão da empresa e o cartão de pessoa colectiva;
b) O Sistema de Informação da Classificação Portuguesa das Actividades Económicas, adiante designado por SICAE.

2 – O presente decreto-lei adopta ainda medidas de simplificação no âmbito dos seguintes regimes e serviços:

a) Regime do Registo Nacional de Pessoas Colectivas;
b) Código do Registo Comercial;
c) Procedimentos simplificados de sucessão hereditária e divórcio com partilha, regulados no Código do Registo Civil;
d) Regime especial de constituição imediata de sociedades («empresa na hora»), previsto no Decreto-Lei nº 111/2005, de 8 de Julho;
e) Regime especial de constituição *online* de sociedades comerciais e civis sob forma comercial («empresa *on-line*»), previsto no Decreto-Lei nº 125/2006, de 29 de Junho;

f) Regime especial de constituição imediata de associações («associação na hora»), previsto na Lei nº 40/2007, de 24 de Agosto;

g) Regime especial de criação imediata de representações permanentes em Portugal de entidades estrangeiras («sucursal na hora»), previsto no Decreto-Lei nº 73/2008, de 16 de Abril.

CAPÍTULO II
Cartão da empresa e cartão de pessoa colectiva

SECÇÃO I
Descrição do cartão da empresa e do cartão de pessoa colectiva

ARTIGO 2º
Definição

1 – O cartão da empresa e o cartão de pessoa colectiva são documentos de identificação múltipla que contêm os dados das pessoas colectivas e entidades equiparadas relevantes para a sua identificação perante quaisquer autoridades e entidades públicas ou privadas.

2 – Os cartões referidos no número anterior incluem, designadamente, o número de identificação de pessoa colectiva (NIPC)/número de identificação fiscal das pessoas colectivas e entidades equiparadas e o número de identificação da segurança social (NISS) de pessoa colectiva.

ARTIGO 3º
Âmbito pessoal

1 – Podem solicitar a emissão do cartão da empresa as seguintes pessoas colectivas e entidades equiparadas:

a) Sociedades comerciais e civis sob forma comercial, cooperativas, empresas públicas, agrupamentos complementares de empresas e agrupamentos europeus de interesse económico;

b) Estabelecimentos individuais de responsabilidade limitada e comerciantes individuais;

c) Representações de pessoas colectivas com sede no estrangeiro que habitualmente exerçam actividade em Portugal e estejam sujeitas a registo comercial;

d) Instrumentos de gestão fiduciária e sucursais financeiras exteriores registados na Zona Franca da Madeira;

e) Quaisquer outras pessoas colectivas sujeitas a registo comercial;

f) Empresários individuais inscritos no ficheiro central de pessoas colectivas (FCPC).

2 – Podem solicitar a emissão do cartão de pessoa colectiva todas as entidades não referidas no número anterior que estejam inscritas no FCPC, bem como

as associações ou fundações sujeitas a registo comercial devido ao seu reconhecimento como pessoas colectivas de utilidade pública.

ARTIGO 4º
Modelo

Os modelos do cartão da empresa e do cartão de pessoa colectiva são aprovados por portaria do membro do Governo responsável pela área da justiça, que define, designadamente, os elementos visíveis de identificação da pessoa colectiva constantes dos cartões.

ARTIGO 5º
Elementos de identificação

1 – O cartão da empresa e o cartão de pessoa colectiva pressupõem a atribuição, pelas entidades competentes nos termos da lei, do NIPC/número de identificação fiscal das pessoas colectivas e entidades equiparadas e do NISS de pessoa colectiva.

2 – Nos casos previstos nas alíneas *b*) e *f*) do nº 1 do artigo 3º o NIPC não é válido para efeitos de identificação fiscal e não é atribuído NISS de pessoa colectiva.

3 – A informação referente aos elementos de identificação constantes do cartão da empresa e do cartão de pessoa colectiva é obtida a partir das bases de dados do Ministério das Finanças e da Administração Pública, do Ministério da Justiça e do Ministério do Trabalho e da Solidariedade Social.

ARTIGO 6º
Número de emissão

1 – A cada cartão da empresa e a cada cartão de pessoa colectiva é atribuído um número de emissão, único e sequencial.

2 – O número de emissão constitui um elemento de segurança que apenas pode ser utilizado para fiscalizar e impedir o uso de cartões cancelados.

SECÇÃO II
Competência e procedimento

ARTIGO 7º
Competências do Instituto dos Registos e do Notariado, I. P. (IRN, I. P.)

Compete ao IRN, I. P.:

a) Conduzir as operações relativas à emissão e cancelamento do cartão da empresa e do cartão de pessoa colectiva;

b) Definir os procedimentos de controlo e de segurança.

ARTIGO 8º
Pedido de emissão

Os pedidos de emissão do cartão da empresa e do cartão de pessoa colectiva podem ser efectuados:

a) Electronicamente, através do sítio na Internet com o endereço *www.empresaonline.pt*, mantido pelo IRN, I. P., ou de outro sítio designado em portaria do membro do Governo responsável pela área da justiça; ou

b) Presencialmente, nos serviços de registo com competência para a prática de actos de registo comercial ou noutros que venham a ser fixados por despacho do presidente do IRN, I. P.

ARTIGO 9º
Pagamento

1 – Nos casos em que o pedido de emissão do cartão da empresa ou do cartão de pessoa colectiva seja efectuado electronicamente, o pedido só é considerado validamente submetido após o pagamento, por via electrónica, dos encargos devidos.

2 – Para efeitos do disposto no número anterior, é gerada automaticamente uma referência para pagamento dos encargos devidos.

3 – Nos casos em que o pedido de emissão do cartão seja efectuado presencialmente, o pagamento dos encargos devidos deve ser efectuado directamente ao serviço receptor, sob pena de recusa de aceitação do pedido.

ARTIGO 10º
Recusa ou suspensão da emissão

1 – Nos casos em que a pessoa colectiva ou entidade equiparada deva apresentar a declaração de início de actividade para efeitos fiscais, o cartão da empresa ou o cartão de pessoa colectiva não podem ser emitidos enquanto a declaração não for entregue.

2 – Nos casos em que a pessoa colectiva ou entidade equiparada esteja sujeita a inscrição na segurança social, o cartão da empresa ou o cartão de pessoa colectiva não podem ainda ser emitidos enquanto o NISS não for atribuído.

3 – Sempre que a emissão do cartão esteja suspensa por mais de um ano devido à não apresentação da declaração de início de actividade para efeitos fiscais ou da não promoção da inscrição na segurança social, o pedido é cancelado, não havendo lugar à restituição das quantias já pagas.

4 – A emissão do cartão da empresa ou do cartão de pessoa colectiva pode ser recusada ou suspensa em caso de existência de nulidades no processo legal de constituição da pessoa colectiva ou da entidade equiparada.

ARTIGO 11º
Local da entrega

1 – Nos casos em que o pedido de emissão do cartão da empresa ou cartão de pessoa colectiva tenha sido efectuado electronicamente, o cartão é remetido para a morada da sede da pessoa colectiva ou entidade equiparada ou para o domicílio do comerciante ou empresário individual.

2 – Nos casos em que o pedido de emissão do cartão da empresa ou cartão de pessoa colectiva tenha sido efectuado presencialmente, o cartão é remetido:

a) Para a morada indicada pelo requerente, quando este seja pessoa com legitimidade para representar a pessoa colectiva ou entidade equiparada ou advogado, notário ou solicitador;

b) Para a morada da sede da pessoa colectiva ou entidade equiparada ou para o domicílio do comerciante ou empresário individual, nos restantes casos.

ARTIGO 12º
Cancelamento

1 – O cartão da empresa ou o cartão de pessoa colectiva são oficiosamente cancelados nas seguintes situações:

a) Extinção da pessoa colectiva ou entidade equiparada;

b) Transferência de sede da pessoa colectiva ou entidade equiparada para o estrangeiro;

c) Cessação de actividade do comerciante ou empresário individual.

2 – Nos casos de perda, destruição, furto ou roubo, o cartão pode ser cancelado, a pedido de pessoa com legitimidade para representar a pessoa colectiva ou entidade equiparada.

ARTIGO 13º
Validade

A validade do cartão da empresa ou do cartão de pessoa colectiva depende da validade dos elementos de identificação da pessoa colectiva ou entidade equiparada, previstos no artigo 4º

ARTIGO 14º
Taxas

Pela emissão do cartão da empresa ou do cartão de pessoa coletiva são devidas taxas de montante fixado por portaria dos membros do Governo responsáveis pelas áreas das finanças e da justiça.

(Redação dada pelo Decreto-Lei nº 201/2015, de 17-09)

SECÇÃO III
Cartão electrónico da empresa ou da pessoa colectiva

ARTIGO 15º
Cartão electrónico

1 – O cartão electrónico da empresa ou da pessoa colectiva é disponibilizado automaticamente no momento da inscrição da pessoa colectiva ou entidade equiparada no FCPC, mediante a atribuição de um código de acesso, tendo o mesmo valor e efeitos do que o cartão da empresa ou de pessoa colectiva.

2 – O cartão electrónico contém, em suporte electrónico e permanentemente actualizado, os elementos definidos na portaria referida no artigo 4º

3 – A disponibilização do cartão electrónico é gratuita.

ARTIGO 16º
Cancelamento do cartão electrónico

Nos casos previstos no nº 1 do artigo 12º, o cancelamento do cartão da empresa ou do cartão de pessoa colectiva determina o cancelamento do respectivo cartão electrónico.

CAPÍTULO III
SICAE

SECÇÃO I
Definição, conteúdo e eficácia

ARTIGO 17º
Definição e conteúdo

1 – O SICAE constitui um subconjunto do FCPC que integra, em suporte electrónico e permanentemente actualizado, a informação sobre o código CAE das pessoas colectivas e entidades equiparadas previstas no artigo 3º, com excepção dos comerciantes e dos empresários individuais inscritos no FCPC.

2 – Para efeitos do disposto no número anterior, o SICAE integra, designadamente, a seguinte informação:

a) Nome, firma ou denominação;
b) NIPC;
c) CAE principal;
d) CAE secundárias.

(Redação dada pela Lei nº 68/2017, de 16-06)

ARTIGO 18º
Eficácia

O código CAE das pessoas colectivas e entidades equiparadas previstas no nº 1 do artigo anterior é, para todos os efeitos legais, o constante do SICAE.

SECÇÃO II
Competência e procedimento

ARTIGO 19º
Entidades competentes

Sem prejuízo das competências legalmente atribuídas ao Conselho Superior de Estatística no âmbito da CAE – Rev. 3, a coordenação, gestão e manutenção do SICAE compete às seguintes entidades:

a) Instituto Nacional de Estatística (INE);

b) IRN, I. P.;

c) Autoridade Tributária e Aduaneira (AT).

(Redação dada pela Lei nº 68/2017, de 16-06)

ARTIGO 20º
Atribuição inicial do CAE

O código CAE é atribuído inicialmente pelo IRN, I. P., no momento da emissão do certificado de admissibilidade de firma para efeitos de constituição da pessoa colectiva ou entidade equiparada ou no momento da inscrição da mesma no FCPC.

ARTIGO 21º
Alteração oficiosa do código CAE

1 – O código CAE é alterado oficiosamente:

a) Pelo INE, na sequência de inquéritos ou outras operações estatísticas promovidos nos termos da lei;

b) Pela DGCI, na sequência de acções de inspecção tributária promovidas nos termos da lei;

c) Pelo IRN, I. P., na sequência da inscrição de alteração do objecto social da pessoa colectiva ou entidade equiparada no FCPC.

2 – A pessoa coletiva ou entidade equiparada considera-se notificada da alteração do código CAE efetuada nos termos do número anterior, através da divulgação promovida no sítio na Internet com o endereço www.sicae.pt.

(Redação dada pela Lei nº 68/2017, de 16-06)

ARTIGO 22º
Pedido de alteração do código CAE

1 – A pessoa colectiva ou entidade equiparada pode solicitar a alteração do respectivo código CAE, principal ou secundário.

2 – O pedido de alteração do código CAE é efectuado:

a) Electronicamente, através do sítio na Internet com o endereço www.e--financas.gov.pt; ou

b) Presencialmente, junto dos serviços de finanças.

3 – A alteração do código CAE solicitada nos termos do número anterior é automaticamente efectuada, sem prejuízo das validações asseguradas por via electrónica.

4 – A alteração automática referida no número anterior terá uma validação manual posterior, para as situações que apresentem mais de 10 CAE secundárias.

5 – A pessoa coletiva ou entidade equiparada responde pela alteração indevida no SICAE do seu código CAE, principal ou secundário.

(Redação dada pela Lei nº 68/2017, de 16-06)

ARTIGO 23º
Protocolos

1 – São celebrados protocolos entre as entidades referidas no artigo 19º, com vista à definição dos procedimentos técnicos e administrativos de comunicação de dados.

2 – As entidades referidas no artigo 19º podem ainda celebrar protocolos com outros organismos da Administração Pública, nomeadamente no que respeita à disponibilização, em formatos especiais, de informação relevante constante do SICAE.

SECÇÃO III
Acesso à informação constante do SICAE

ARTIGO 24º
Informação de acesso público

A informação constante do SICAE é de acesso público e gratuito, através do sítio na Internet com o endereço *www.empresaonline.pt*, mantido pelo IRN, I. P., ou através de outro sítio designado em portaria do membro do Governo responsável pela área da justiça.

ARTIGO 25º
Pesquisa no SICAE

O SICAE deve estar organizado de forma a permitir a pesquisa, designadamente, pelos seguintes elementos:

a) Firma;

b) NIPC;

c) Código CAE.

CAPÍTULO IV
Alterações legislativas

(O presente Capítulo não se disponibiliza, uma vez que, procedendo a alterações a diversos diplomas, tais alterações foram inseridas no local próprio ou não se inserem no âmbito da presente publicação)

CAPÍTULO V
Disposições finais e transitórias

ARTIGO 39º
Cartões de identificação de pessoa colectiva e de identificação fiscal de pessoa colectiva

1 – Os cartões de identificação de pessoa colectiva e de identificação fiscal de pessoa colectiva deixam de ser emitidos a partir da data de entrada em vigor do presente decreto-lei.

2 – Os cartões de identificação de pessoa colectiva e de identificação fiscal que já tenham sido emitidos antes da entrada em vigor do presente decreto-lei mantêm a sua validade.

ARTIGO 40º
Cartão electrónico das empresas e das pessoas colectivas existentes antes da entrada em vigor do presente decreto-lei

O acesso ao cartão electrónico das empresas e das pessoas colectivas existentes antes da entrada em vigor do presente decreto-lei só pode ser efectuado com a emissão de cartão da empresa ou de cartão de pessoa colectiva, realizada a pedido dos interessados.

ARTIGO 41º
Protocolo de financiamento

A repartição das receitas obtidas através do cartão da empresa, do cartão de pessoa colectiva e do SICAE é realizada através de protocolo celebrado entre o IRN, I. P., e a Direcção-Geral de Informática e Apoio aos Serviços Tributários e Aduaneiros.

ARTIGO 42º
Princípio da novidade

1 – Nos juízos a que se refere o nº 2 do artigo 33º do Regime do RNPC, aprovado pelo Decreto-Lei nº 129/98, de 13 de Maio, deve ser ainda considerada a existência de nomes de estabelecimentos, insígnias ou marcas de tal forma coincidentes ou semelhantes que possam induzir em erro sobre a titularidade desses sinais distintivos, desde que essa titularidade tenha sido comprovada junto do RNPC antes da entrada em vigor do presente decreto-lei.

2 – São eliminados da base de dados do RNPC os nomes de estabelecimento, insígnia de estabelecimento e marcas que por força das disposições do Código da Propriedade Industrial já tenham cessado a sua vigência.

ARTIGO 43º
Conservação de documentos

Os pedidos de certificado de admissibilidade de firma ou denominação e de inscrição apresentados até à entrada em vigor do presente decreto-lei devem ser digitalizados e conservados em suporte informático, devendo ser posteriormente destruídos.

ARTIGO 44º
Invalidação de certificados emitidos em suporte físico

A invalidação de certificado de admissibilidade de firma ou denominação emitido em suporte físico antes da entrada em vigor do presente decreto-lei deve ser pedida pelo requerente do certificado, mediante a entrega do respectivo original.

ARTIGO 45º
Procedimento especial de constituição imediata de sociedades com recurso a entradas em espécie

A competência dos serviços de registo para o procedimento especial de constituição imediata de sociedades com recurso a entradas em espécie, previsto no Decreto-Lei nº 111/2005, de 8 de Julho, na redacção dada pelo presente decreto-lei, é atribuída por despacho do presidente do IRN, I. P.

ARTIGO 46º
Norma revogatória

São revogados:

a) O Decreto-Lei nº 267/93, de 31 de Julho;

b) O Decreto-Lei nº 12/2001, de 25 de Janeiro;

c) O nº 3 do artigo 4º, o nº 2 do artigo 10º, os artigos 16º a 20º, os nºs 4 a 7 do artigo 22º, o nº 7 do artigo 33º, o nº 5 do artigo 38º, o artigo 41º, os nºs 2 e 3 do artigo 45º, os nºs 2 a 5 do artigo 46º, o artigo 48º, os nºs 2 e 3 do artigo 51º, os nºs 2 e 4 do artigo 53º, os artigos 57º e 59º, o nº 2 do artigo 63º, os artigos 64º, 68º, 71º, 73º, as alíneas *b*) e *e*) do artigo 80º-A, o nº 2 do artigo 87º e o artigo 90º do Regime do Registo Nacional de Pessoas Colectivas;

d) O nº 3 do artigo 45º, a alínea *g*) do nº 1 do artigo 48º e o nº 4 do artigo 53º-A do Código do Registo Comercial;

e) O nº 2 do artigo 70º, o nº 5 do artigo 210º-G e a alínea *c*) do nº 1 do artigo 270º do Código do Registo Civil;

f) Os nºs 4, 5, 7.3 e 7.4 do artigo 23º e o nº 2 do artigo 27º do Regulamento Emolumentar e dos Registos e Notariado, aprovado pelo Decreto-Lei nº 322-A/2001, de 14 de Dezembro;

g) As alíneas *a*) e *b*) do artigo 2º e o artigo 15º-A do Decreto-Lei nº 111/2005, de 8 de Julho;

h) O artigo 14º-A do Decreto-Lei nº 125/2006, de 29 de Junho;

i) O nº 3 do artigo 9º da Lei nº 40/2007, de 24 de Agosto;
j) O nº 2 do artigo 24º do Decreto-Lei nº 324/2007, de 24 de Setembro.

ARTIGO 47º
Disposições transitórias

1 – Os pedidos de emissão de cartão de identificação de pessoa colectiva e de cartão de identificação fiscal de pessoa colectiva que estejam pendentes na data de entrada em vigor do presente decreto-lei são convertidos em pedidos de emissão de cartão da empresa ou de pessoa colectiva, com devolução aos requerentes dos montantes cobrados em excesso através das conservatórias do registo comercial, constituindo encargo do IRN, I. P.

2 – Os certificados de admissibilidade de firma ou denominação emitidos até à entrada em vigor do presente decreto-lei são válidos pelo prazo neles indicado.

3 – Até ao dia 1 de Janeiro de 2009, a disponibilização *online* das certidões de registo referidas na alínea *b)* do nº 1 do artigo 12º do Decreto-Lei nº 111/2005, de 8 de Julho, na redacção dada pelo presente decreto-lei, é realizada mediante a entrega de certidões em suporte de papel.

4 – A apresentação de certificado de admissibilidade emitido pelo RNPC antes da entrada em vigor do presente decreto-lei, no âmbito do regime especial de constituição *online* de sociedades, previsto no Decreto-Lei nº 125/2006, de 29 de Junho, implica a sua inutilização pelos interessados mediante a inscrição do seu nome, da sua assinatura, da data e, se se tratar de advogado ou solicitador, da aposição do respectivo carimbo profissional no espaço reservado para o efeito para os oficiais públicos.

ARTIGO 48º
Entrada em vigor

1 – O disposto no presente decreto-lei entra em vigor no dia seguinte ao da sua publicação.

2 – O disposto no capítulo III entra em vigor no dia 6 de Abril de 2009.

Visto e aprovado em Conselho de Ministros de 18 de Setembro de 2008. – *José Sócrates Carvalho Pinto de Sousa – Fernando Teixeira dos Santos – Alberto Bernardes Costa – Idália Maria Marques Salvador Serrão de Menezes Moniz.*

Promulgado em 5 de Dezembro de 2008.

Publique-se.

O Presidente da República, ANÍBAL CAVACO SILVA.

Referendado em 10 de Dezembro de 2008.

O Primeiro-Ministro, *José Sócrates Carvalho Pinto de Sousa.*

Registo de Pessoas Coletivas

Regime do Registo Nacional de Pessoas Coletivas
Regime Jurídico do Registo Central do Beneficiário Efetivo
Regime do Registo de Pessoas Coletivas Religiosas
Registo de Pessoas Jurídicas Canónicas

Regime do Registo Nacional de Pessoas Coletivas

Decreto-Lei nº 129/98, de 13 de Maio

Actualmente, o quadro legal do Registo Nacional de Pessoas Colectivas encontra-se disperso por um vasto conjunto de diplomas, o que muito dificulta o seu conhecimento por parte dos interessados e a sua aplicação por parte da Administração. Importa proceder à sistematização destas regras num único diploma, de molde a ultrapassar aquelas dificuldades.

Por outro lado, justifica-se a consagração de normas relativas à protecção dos dados pessoais informatizados que se encontram processados no ficheiro central de pessoas colectivas.

Quanto a aspectos orgânicos, o Decreto-Lei nº 426/91, de 31 de Outubro, determinou a integração do Registo Nacional de Pessoas Colectivas na Direcção-Geral dos Registos e do Notariado. A orgânica, o modo de funcionamento do serviço e, bem assim, as regras respeitantes ao pessoal foram deixados para decreto regulamentar, a aprovar no prazo de 180 dias. Este diploma, porém, nunca foi publicado e a referida integração não veio a concretizar-se.

Mantendo-se as razões apontadas pelo Decreto-Lei nº 426/91, de 31 de Outubro, há que promover a integração do Registo Nacional de Pessoas Colectivas no âmbito dos serviços do registo comercial, na dependência da Direcção-Geral dos Registos e do Notariado. O actual Registo Nacional de Pessoas Colectivas perde assim a sua natureza de pessoa colectiva, passando a integrar-se no elenco das conservatórias do registo comercial. Não obstante as modificações referidas, optou-se por conservar a denominação de Registo Nacional de Pessoas Colectivas, em virtude quer da competência específica que lhe é atribuída quer da tradição já existente.

Foram ouvidos a Associação Sindical de Conservadores dos Registos, o Sindicato dos Trabalhadores dos Registos e do Notariado, o Sindicato dos Trabalhadores da Função Pública e a Comissão Nacional de Protecção de Dados Pessoais Informatizados.

Assim:

Nos termos da alínea *a)* do nº 1 do artigo 198º e do nº 5 do artigo 112º da Constituição, o Governo decreta o seguinte:

ARTIGO 1º
Regime do Registo Nacional de Pessoas Colectivas

É aprovado o regime do Registo Nacional de Pessoas Colectivas (RNPC), em anexo ao presente diploma e que dele faz parte integrante.

ARTIGO 2º
Integração

O actual RNPC é integrado na Direcção-Geral dos Registos e do Notariado (DGRN) como conservatória do registo comercial de 1ª classe.

ARTIGO 3º
Extinção

São extintos o conselho consultivo do RNPC e a Direcção de Serviços do RNPC do Gabinete de Estudos e Planeamento do Ministério da Justiça (GEPMJ), bem como o lugar de director-geral do RNPC.

ARTIGO 4º
Transição para os lugares de conservador

1 – Ao primeiro concurso para provimento dos lugares de conservador e de conservador auxiliar do RNPC, que deve ser aberto no prazo de 90 dias a contar da entrada em vigor do presente diploma, só podem concorrer os técnicos superiores do quadro do GEPMJ licenciados em Direito e afectos à Direcção de Serviços do RNPC, com classificação de serviço não inferior à de Bom e nas seguintes condições:

a) Para conservadores de 2ª classe, se contarem mais de oito anos no apoio jurídico ao RNPC, independentemente da categoria actual;

b) Para conservadores de 3ª classe, se contarem mais de três anos no apoio jurídico ao RNPC, independentemente da categoria actual.

2 – O pessoal provido nos termos do número anterior passa a integrar o quadro dos conservadores do registo predial e comercial, ingressando no escalão 1 da categoria, sem antiguidade.

ARTIGO 5º
Transição para os lugares de oficial

1 – Ao primeiro concurso para provimento dos lugares de oficial do quadro do RNPC, que deve ser aberto no prazo de 90 dias a contar da entrada em vigor do presente diploma, só pode concorrer o pessoal do quadro do GEPMJ que preste ou tenha prestado funções de apoio técnico-administrativo ao RNPC, nas seguintes condições:

a) Para categoria a que corresponda, no escalão 1, o índice que actualmente detêm ou, não havendo coincidência, o superior mais aproximado;

b) Não tenha classificação inferior a Bom.

2 – O pessoal provido nos termos do número anterior passa a integrar o quadro dos oficiais do registo predial e comercial, ingressando no escalão 1 da categoria, sem antiguidade.

ARTIGO 6º
Ordenação dos candidatos

1 – São condições de preferência na ordenação dos candidatos ao concurso previsto no nº 1 do artigo 4º, sucessivamente:

a) A classificação de serviço;
b) A categoria mais elevada na carreira actual;
c) A antiguidade na categoria actual;
d) A classificação na licenciatura em Direito;
e) A antiguidade na função pública.

2 – São condições de preferência na ordenação dos candidatos ao concurso previsto no nº 1 do artigo anterior, sucessivamente:

a) A classificação de serviço;
b) A categoria mais elevada na carreira actual;
c) As habilitações escolares;
d) A antiguidade na categoria actual;
e) A antiguidade na função pública.

3 – Os técnicos superiores licenciados em Direito a prestar apoio técnico-jurídico no RNPC não colocados como conservadores são dispensados das provas de aptidão referidas na alínea *a*) do nº 1 do artigo 3º do Decreto-Lei nº 206/97, de 12 de Agosto.

ARTIGO 7º
Dispensa de estágio

É considerado como estágio válido para efeitos do nº 1 do artigo 112º do Regulamento dos Serviços dos Registos e do Notariado, aprovado pelo Decreto Regulamentar nº 55/80, de 8 de Outubro, aplicável por força do disposto no artigo 61º do Decreto-Lei nº 92/90, de 17 de Março, o tempo de serviço prestado pelo pessoal do quadro do GEPMJ, quando classificado, pelo menos, de Bom.

ARTIGO 8º
Pessoal auxiliar e operário

O pessoal auxiliar e operário afecto à Direcção de Serviços do RNPC transita para o quadro de pessoal do RNPC para as categorias, escalões e índices que actualmente detêm.

ARTIGO 9º
Pagamento de remunerações

Até à transição para o quadro do RNPC dos funcionários actualmente em serviço na Direcção de Serviços do RNPC, as respectivas remunerações continuam a ser pagas pelas dotações do Gabinete de Gestão Financeira do Ministério da Justiça e do Gabinete de Estudos e Planeamento do Ministério da Justiça.

ARTIGO 10º
Quadros de conservadores e de oficiais

Ao quadro de conservadores do registo predial de 2ª classe e de 3ª classe, bem como ao dos oficiais, são acrescentados, nas respectivas classes pessoais, os lugares correspondentes aos das transições efectuadas do quadro do GEPMJ para o quadro do RNPC, nos termos dos artigos 4º e 5º.

ARTIGO 11º
Celebração de protocolos

1 – A DGRN celebra protocolos com o GEPMJ para o apoio logístico e técnico que for considerado necessário em resultado da transição dos serviços.

2 – A utilização pelo RNPC de instalações, equipamentos e outros bens afectos ao GEPMJ é definida em protocolo celebrado entre ambos os organismos.

3 – O protocolo referido no número anterior abrange igualmente as transferências de património a que houver lugar.

ARTIGO 12º
Norma revogatória

São revogados:

a) Os artigos 1º, 4º e 71º a 91º do Decreto-Lei nº 144/83, de 31 de Março;
b) O Decreto-Lei nº 42/89, de 3 de Fevereiro;
c) O Decreto-Lei nº 410/90, de 31 de Dezembro;
d) O Decreto-Lei nº 18/91, de 10 de Janeiro;
e) Os artigos 3º a 5º do Decreto-Lei nº 426/91, de 31 de Outubro;
f) O Decreto-Lei nº 20/93, de 26 de Janeiro;
g) O Decreto Regulamentar nº 27/93, de 3 de Setembro.

ARTIGO 13º
Entrada em vigor

O presente diploma entra em vigor no dia 1 do mês seguinte ao decurso de 30 dias sobre a data da sua publicação.

Visto e aprovado em Conselho de Ministros de 19 de Março de 1998. – *António Manuel de Oliveira Guterres – António Luciano Pacheco de Sousa Franco – Jorge Paulo Sacadura Almeida Coelho – José Eduardo Vera Cruz Jardim.*

Promulgado em 28 de Abril de 1998.

Publique-se.

O Presidente da República, JORGE SAMPAIO.

Referendado em 4 de Maio de 1998.

O Primeiro-Ministro, *António Manuel de Oliveira Guterres.*

Regime do Registo Nacional de Pessoas Colectivas

TÍTULO I
Disposições gerais

ARTIGO 1º
Registo Nacional de Pessoas Colectivas

O Registo Nacional de Pessoas Colectivas (RNPC) tem por função organizar e gerir o ficheiro central de pessoas colectivas, bem como apreciar a admissibilidade de firmas e denominações.

ARTIGO 2º
Ficheiro central de pessoas colectivas

1 – O ficheiro central de pessoas colectivas (FCPC) é constituído por uma base de dados informatizados onde se organiza informação actualizada sobre as pessoas colectivas necessária aos serviços da Administração Pública para o exercício das suas atribuições.

2 – O FCPC contém ainda, com os mesmos objectivos, informação de interesse geral relativa a entidades públicas ou privadas não dotadas de personalidade jurídica, bem como pessoas colectivas internacionais e pessoas colectivas de direito estrangeiro.

ARTIGO 3º
Firmas e denominações

A atribuição das firmas e denominações está sujeita à observância dos princípios da verdade e da novidade nos termos e condições previstos no título III e o respectivo registo confere o direito ao seu uso exclusivo.

TÍTULO II
Ficheiro central de pessoas colectivas

CAPÍTULO I
Âmbito e forma de inscrição

ARTIGO 4º
Âmbito pessoal

1 – O FCPC integra informação relativa a:

a) Associações, fundações, sociedades civis e comerciais, cooperativas, empresas públicas, agrupamentos complementares de empresas, agrupamentos europeus de interesse económico, bem como quaisquer outros entes colectivos personalizados, sujeitos ao direito português ou ao direito estrangeiro, que habitualmente exerçam actividade em Portugal;

b) Representações de pessoas colectivas internacionais ou de direito estrangeiro que habitualmente exerçam actividade em Portugal;

c) Entidades a que a lei confira personalidade jurídica após o respectivo processo de formação, entre o momento em que tiverem iniciado esse processo e aquele em que o houverem terminado;

d) Entidades que, prosseguindo objectivos próprios e actividades diferenciadas das dos seus associados, não sejam dotadas de personalidade jurídica;

e) Organismos e serviços da Administração Pública, não personalizados, que constituam uma unidade organizativa e funcional;

f) Estabelecimentos individuais de responsabilidade limitada;

g) Comerciantes individuais;

h) Empresários individuais que exerçam actividade económica legalmente não qualificada como profissão liberal e usem firma diferente do seu nome completo ou abreviado;

i) Instrumentos de gestão fiduciária e sucursais financeiras exteriores registados na Zona Franca da Madeira.

2 – O FCPC pode ainda incluir informação:

a) De quaisquer sujeitos passivos da relação jurídica tributária não abrangidos pelo número fiscal de pessoa singular, enquanto tal for necessário para efeitos fiscais, incluindo de fundos fiduciários e de outros centros de interesses coletivos sem personalidade jurídica com uma estrutura ou funções similares que não se encontrem integrados no FCPC nos termos do número anterior;

b) De qualquer outra entidade sujeita à obrigação de declaração do beneficiário efetivo, nos termos da lei.

3 – *(Revogado.)*
(Redação dada pela Lei nº 89/2017, de 21-08)

ARTIGO 5º
Âmbito material

O FCPC contém, além dos elementos de identificação das entidades referidas no artigo anterior, a inscrição dos factos previstos nos artigos seguintes, podendo ainda conter outros dados de informação previstos na legislação comercial, designadamente no Código do Registo Comercial, bem como os dados necessários à prossecução das atribuições legais ou estatutárias de organismos do sector público.

ARTIGO 6º
Pessoas colectivas

Estão sujeitos a inscrição no FCPC os seguintes actos e factos relativos a pessoas colectivas:

a) Constituição;
b) Modificação de firma ou denominação;
c) Alteração do objecto ou do capital;
d) Alteração da localização da sede ou do endereço postal, incluindo a transferência da sede de e para Portugal;
e) A alteração do código de actividade económica (CAE);
f) Fusão, cisão ou transformação;
g) Cessação de actividade;
h) Dissolução, encerramento da liquidação ou regresso à actividade.
(Redacção dada pelo Decreto-Lei nº 247-B/2008, de 30-12)

ARTIGO 7º
Representações de pessoas colectivas internacionais ou de direito estrangeiro

Estão sujeitos a inscrição no FCPC os seguintes actos e factos relativos a representações de pessoas colectivas internacionais ou de direito estrangeiro que exerçam actividade em Portugal:

a) Início e cessação de actividade;
b) Alteração do objecto ou capital;
c) Alteração da localização da sede ou do endereço postal;
d) A alteração do código de actividade económica (CAE);
e) Elementos de identificação da entidade representada e suas alterações.
(Redacção dada pelo Decreto-Lei nº 247-B/2008, de 30-12)

ARTIGO 8º
Organismos e serviços públicos

Estão sujeitos a inscrição no FCPC, relativamente a organismos e serviços da Administração Pública não personalizados, o respectivo nome, endereço postal e suas alterações, bem como a menção do diploma da criação.

ARTIGO 9º
Estabelecimentos individuais de responsabilidade limitada

Estão sujeitos a inscrição no FCPC os seguintes actos e factos relativos a estabelecimentos individuais de responsabilidade limitada:

a) Constituição;
b) Alteração da firma;
c) Alteração da localização da sede ou do endereço postal;
d) Alteração do objecto ou do capital;
e) A alteração do código de actividade económica (CAE);
f) Cessação de actividade, entrada em liquidação e encerramento da liquidação.
(Redacção dada pelo Decreto-Lei nº 247-B/2008, de 30-12)

ARTIGO 10º
Outras entidades e comerciantes individuais

1 – Estão sujeitos a inscrição no FCPC os seguintes actos e factos, bem como as suas alterações, relativos às entidades referidas nas alíneas *c*) e *d*) do nº 1 do artigo 4º e a comerciantes individuais:

a) Firma ou denominação;
b) Sede ou domicílio e endereço postal;
c) Objecto social ou actividade exercida;
d) A alteração do código de actividade económica (CAE);
e) Início e cessação de actividade.

2 – *(Revogado.)*
(Redacção dada pelo Decreto-Lei nº 247-B/2008, de 30-12)

ARTIGO 11º
Forma de inscrição

1 – As entidades sujeitas a registo comercial obrigatório e as que o tenham requerido, bem como os actos e factos que a umas e outras respeitem, são oficiosamente inscritos no FCPC, através de comunicação automática electrónica do sistema integrado do registo comercial (SIRCOM).

2 – As demais entidades devem promover a inscrição no FCPC no prazo de validade do certificado de admissibilidade, quando exista, ou no prazo de um mês a contar da verificação dos seguintes factos:

a) Finalização das formalidades legais de constituição, no caso de pessoas colectivas;

b) Publicação do diploma de criação, no caso de entidades constituídas por diploma legal;

c) Início de actividade, nos restantes casos.

3 – A inscrição pode ser requerida por um dos constituintes ou, sendo o caso, pelas entidades já constituídas, através das seguintes formas:

a) Presencialmente, por forma verbal, pelo próprio ou por pessoa com legitimidade para o efeito ou advogado, notário ou solicitador, ou por escrito em formulário próprio;
b) Através de sítio na Internet, se essa funcionalidade estiver disponibilizada;
c) Pelo correio em formulário próprio.

4 – Quando intervenham na formalização dos actos constitutivos das pessoas colectivas referidas no nº 2 ou em alterações estatutárias posteriores, os notários devem promover a inscrição no FCPC ou advertir para a necessidade de esta ser efectuada no prazo legal.
(Redacção dada pelo Decreto-Lei nº 247-B/2008, de 30-12)

ARTIGO 11º-A
Comunicações obrigatórias

1 – É oficiosa e gratuitamente comunicado aos serviços da administração tributária e da segurança social, por via electrónica, o conteúdo dos seguintes actos respeitantes a entidades inscritas no FCPC que não estejam sujeitas no registo comercial:
a) Inscrição inicial;
b) A mudança da firma ou da denominação;
c) A alteração da localização da sede, do domicílio ou do endereço postal;
d) A dissolução e o encerramento da liquidação.

2 – Para os efeitos do disposto na alínea *d*) do número anterior, no momento da inscrição desse facto no FCPCdeve ser obrigatoriamente indicado o representante da entidade para efeitos tributários, nos termos do nº 4 do artigo 19º do Decreto-Lei nº 398/98, de 17 de Dezembro.
3 – As comunicações obrigatórias efectuadas nos termos dos números anteriores determinam que os serviços da administração tributária e da segurança social não podem exigir a apresentação das respectivas declarações.
(Aditado pelo Decreto-Lei nº 122/2009, de 21-05)

ARTIGO 11º-B
Não aceitação do pedido de inscrição

1 – O pedido de inscrição não é aceite nos casos seguintes:
a) O requerimento do pedido não respeite o modelo aprovado, não contenha os elementos de preenchimento obrigatório ou não se encontre devidamente instruído;
b) O pedido seja ininteligível;
c) Não tenham sido pagas as quantias que se mostrem devidas;
d) Não haja lugar a inscrição.

2 – Em caso de não aceitação do pedido, se o interessado declarar que pretende impugnar o acto, o funcionário deve proferir a sua decisão por escrito.
(Aditada por Decreto-Lei nº 247-B/2008, de 30-12)

ARTIGO 12º
Inscrição oficiosa

1 – O RNPC pode fazer inscrever oficiosamente no FCPC as entidades que não tenham cumprido a obrigação legal de requerer a inscrição e cuja identificação esteja estabelecida.

2 – Após a inscrição oficiosa, deve ser promovido o procedimento legal que ao caso couber.

CAPÍTULO II
Número e cartão de identificação

ARTIGO 13º
Número de identificação

1 – A cada entidade inscrita no FCPC é atribuído um número de identificação próprio, designado número de identificação de pessoa colectiva (NIPC).

2 – O NIPC é um número sequencial de nove dígitos, variando o primeiro dígito da esquerda entre os algarismos 5 e 9, com exclusão do algarismo 7.

3 – A atribuição do primeiro dígito da esquerda é efectuada de harmonia com tabela aprovada por portaria do Ministro da Justiça.

ARTIGO 14º
Atribuição e exclusividade

1 – O NIPC só pode ser atribuído pelo RNPC ou pelos serviços de registo designados nos termos do disposto no nº 1 do artigo 78º, sendo vedada a atribuição por qualquer outra entidade de número susceptível de confusão com o NIPC.

2 – Não é permitido o uso de designações genéricas, nomeadamente número de pessoa colectiva, número de empresa ou semelhante, para designar números diferentes do NIPC e que possam gerar confusão com este.

(Redacção dada pelo Decreto-Lei nº 247-B/2008, de 30-12)

ARTIGO 15º
Número provisório de identificação

1 – Com a emissão do certificado de admissibilidade é atribuído um NIPC provisório para efeitos de constituição de pessoa colectiva, de estabelecimento individual de responsabilidade limitada, de organismos da Administração Pública que incorporem na sua denominação siglas, expressões de fantasia ou composições e para os empresários individuais referidos na alínea *h*) do nº 1 do artigo 4º

2 – Para a apresentação de pedidos no registo comercial é igualmente atribuído pelos serviços de registo um NIPC provisório às seguintes entidades:

a) Representações permanentes de pessoas colectivas registadas no estrangeiro;

b) Comerciantes individuais que usem firma exclusivamente composta pelo seu nome completo ou abreviado;

c) Instrumentos de gestão fiduciária e sucursais financeiras exteriores da Zona Franca da Madeira que tenham efectuado o pedido de registo.

3 – O NIPC provisório tem o mesmo prazo de validade do certificado que lhe deu origem ou, nos casos previstos no número anterior, o prazo de validade do registo que lhe está associado.
(Redacção dada pelo Decreto-Lei nº 247-B/2008, de 30-12)

ARTIGOS 16º A 20º

(Revogado pelo Decreto-Lei nº 247-B/2008, de 30-12)

CAPÍTULO III
Base de dados do ficheiro central de pessoas colectivas

ARTIGO 21º
Funções e actualização dos dados

1 – Os dados constantes da base de dados do FCPC destinam-se:

a) A fornecer aos organismos e serviços do Estado e demais pessoas colectivas de direito público a informação básica sobre pessoas colectivas e entidades equiparadas de que necessitem para prossecução das suas atribuições legais ou estatutárias;

b) A fornecer a entidades privadas, designadamente do sector financeiro, a informação referida na alínea anterior, na medida em que esta seja necessária para execução das políticas definidas pelas entidades legalmente competentes, particularmente nos domínios financeiro, monetário e fiscal;

c) A fornecer a informação de identificação das entidades referidas nas alíneas *a*), *b*), *e*), *f*), *g*) e *i*) do nº 1 do artigo 4º, bem como dos atos e factos relativos a estas que estejam sujeitos a inscrição no Ficheiro Central de Pessoas Coletivas.

d) À verificação da admissibilidade de firmas ou denominações.

2 – O fornecimento de informação de identificação das entidades referidas nas alíneas *c*), *d*), *h*) do nº 1 e no nº 2 do artigo 4º, bem como dos atos e factos relativos a estas que estejam sujeitos a inscrição no Ficheiro Central de Pessoas Coletivas, é feito nos termos do Código do Procedimento Administrativo.

3 – Relativamente às entidades sujeitas a registo comercial, a base de dados do FCPC é automaticamente actualizada através do SIRCOM.
(Redação dada pelo Decreto-Lei nº 52/2018, de 25-06)

ARTIGO 21º-A
Dados pessoais recolhidos

1 – São recolhidos para tratamento automatizado os seguintes dados pessoais referentes aos requerentes dos certificados de admissibilidade de firma ou denominação e aos sujeitos dos actos ou factos a inscrever na base de dados do FCPC:

a) Nome;

b) Residência habitual ou domicílio profissional;

c) Número do documento de identificação;

d) Número de identificação fiscal;

e) Número de identificação bancária, se disponibilizado;

f) Meios de contacto telefónicos e informáticos.

2 – Os dados pessoais constantes da base de dados do FCPC são recolhidos dos requerimentos ou documentos apresentados pelos interessados ou das comunicações efectuadas pelas conservatórias do registo comercial através do SIRCOM e servem para tornar mais célere a comunicação com os interessados e efectuar os reembolsos a que estes tenham direito.

(Aditada por Decreto-Lei nº 247-B/2008, de 30-12)

ARTIGO 22º
Comunicação dos dados

1 – Os dados constantes do FCPC podem ser comunicados às entidades e para as finalidades previstas no artigo anterior.

2 – A consulta *online* e a cedência de cópias totais ou parciais podem ser autorizadas:

a) Aos serviços e entidades referidos no artigo 21º;

b) Às entidades legal ou estatutariamente competentes para intervir na constituição de pessoas colectivas;

c) Aos magistrados judiciais e do Ministério Público, juízes de paz, bem como aos agentes de execução e aos administradores da insolvência, no âmbito da prossecução das suas atribuições;

d) Às entidades que, nos termos da lei processual, recebam delegação para a prática de actos de inquérito ou de instrução ou a quem incumba cooperar internacionalmente na prevenção e repressão da criminalidade e no âmbito dessas competências, bem como às entidades com competência legal para garantir a segurança interna, no âmbito da prossecução dos seus fins.

3 – O acesso aos dados nos termos do número anterior está sujeito à celebração de protocolo com o IRN, I. P., que define os seus limites face às atribuições legais e estatutárias das entidades interessadas e ao envio de cópia deste, por via electrónica, à Comissão Nacional de Protecção de Dados.

4 – *(Revogado.)*

5 – *(Revogado.)*

6 – *(Revogado.)*

7 – *(Revogado.)*

(Redacção dada pelo Decreto-Lei nº 247-B/2008, de 30-12)

ARTIGO 22º-A
Certidão online

1 – A informação constante do FCPC referente às entidades mencionadas nas alíneas *a*), *b*) e *e*) do nº 1 do artigo 4º pode ser disponibilizada em suporte eletrónico

e permanentemente atualizada, mediante certidão a emitir nos termos e condições a definir por portaria do membro do Governo responsável pela área da justiça.

2 – A disponibilização da informação constante da certidão referida no número anterior em sítio da Internet faz prova, para todos os efeitos legais e perante qualquer entidade pública ou privada, dos atos e factos relativos à entidade a que diga respeito.

3 – A certidão disponibilizada nos termos do nº 1 faz prova, para todos os efeitos e perante qualquer entidade pública ou privada, nos mesmos termos da correspondente versão em suporte de papel.

4 – O pedido da certidão prevista no presente artigo apenas pode ser efetuado eletronicamente, nos termos a definir pela portaria referida no nº 1.

(Aditado pelo Decreto-Lei nº 52/2018, de 25-06. Cf. Declaração de Retificação nº 24/ /2018, de 30-07)

ARTIGO 23º
Acesso aos dados pelos seus titulares

1 – Qualquer pessoa tem o direito de conhecer o conteúdo do registo ou registos constantes da base de dados que lhe respeitem.

2 – A reprodução exacta dos registos a que se refere o número anterior, com a indicação do significado de quaisquer códigos ou abreviaturas deles constantes, é fornecida, a requerimento dos respectivos titulares:

a) Gratuitamente, no momento da inscrição no FCPC ou em caso de alteração à inscrição inicial;

b) Mediante o pagamento dos encargos devidos correspondentes às informações dadas por escrito, nos outros casos.

(Redacção dada pelo Decreto-Lei nº 247-B/2008, de 30-12)

ARTIGO 24º
Informação para fins de investigação ou de estatística

1 – Para além dos casos previstos no artigo 22º, a informação pode ser divulgada para fins de investigação ou de estatística, desde que não possam ser identificáveis as pessoas a que respeita, mediante autorização do director do RNPC.

2 – A informação para fins de investigação científica ou de estatística relativa a entidades sujeitas a inscrição no Ficheiro Central de Pessoas Coletivas pode resultar do cruzamento dos dados contidos nas diversas bases de dados registais e Base de Dados das Contas Anuais, desde que não possam ser individualizadas as entidades a que respeita a informação.

(Redacção dada pelo Decreto-Lei nº 250/2012, de 23-11)

ARTIGO 25º
Transmissão de dados comunicados a terceiros

Os dados comunicados nos termos do artigo 22º não podem ser transmitidos a terceiros, salvo mediante autorização escrita do director do RNPC onde se refira a finalidade prosseguida com a transmissão e com respeito pelas condições definidas no presente diploma.

(Redacção dada pelo Decreto-Lei nº 247-B/2008, de 30-12)

ARTIGO 26º
Correcção de dados

Qualquer interessado tem o direito de exigir a correcção de eventuais inexactidões e omissões, bem como a supressão de dados indevidamente registados, nos termos previstos na alínea *d*) do nº 1 do artigo 11º da Lei nº 67/98, de 26 de Outubro.

(Redacção dada pelo Decreto-Lei nº 247-B/2008, de 30-12)

ARTIGO 27º
Conservação dos dados

Os dados pessoais podem ser conservados no FCPC:

a) Até um ano após a inscrição da cessação da actividade de empresário individual;

b) Até um ano após a caducidade do certificado de admissibilidade ou, no caso de recurso hierárquico ou impugnação judicial, até um ano após o trânsito em julgado da decisão final.

(Redacção dada pelo Decreto-Lei nº 247-B/2008, de 30-12)

ARTIGO 28º
Conservação de documentos

1 – Os pedidos de certificado de admissibilidade e de inscrição no FCPC são conservados em suporte informático.

2 – Se os pedidos referidos no número anterior forem efectuados em suporte físico, estes e a respectiva documentação anexa, caso exista, devem ser informatizados e conservados dessa forma, sendo imediatamente devolvidos aos interessados, desde que as condições técnicas permitam a informatização.

3 – Quaisquer outros documentos e registos inerentes ao funcionamento dos serviços que não contenham decisão de eficácia permanente podem ser destruídos decorrido um ano sobre a respectiva data.

(Redacção dada pelo Decreto-Lei nº 247-B/2008, de 30-12)

ARTIGO 29º
Segurança do FCPC

Devem ser conferidas as garantias de segurança necessárias a impedir a consulta, a modificação, a supressão, o acrescentamento, a destruição ou a comunicação dos dados constantes no FCPC por forma não consentida no presente diploma.

ARTIGO 30º
Entidade responsável

1 – O presidente do IRN, I. P., é a entidade responsável pela base de dados, nos

termos e para os efeitos definidos na alínea *d*) do artigo 3º da Lei nº 67/98, de 26 de Outubro.

2 – Cabe ao director do RNPC o dever de assegurar o direito de informação e de acesso aos dados pelos respectivos titulares e a correcção de inexactidões, bem como o de velar pela legalidade da consulta ou comunicação da informação.

(Redacção dada pelo Decreto-Lei nº 247-B/2008, de 30-12)

ARTIGO 31º
Dever de sigilo

Os responsáveis pelo tratamento de dados pessoais, bem como as pessoas que, no exercício das suas funções, tenham conhecimento dos dados pessoais registados na base de dados do FCPC, ficam obrigados a sigilo profissional, mesmo após o termo das suas funções.

(Redacção dada pelo Decreto-Lei nº 247-B/2008, de 30-12)

TÍTULO III
Admissibilidade de firmas e denominações

CAPÍTULO I
Princípios gerais

ARTIGO 32º
Princípio da verdade

1 – Os elementos componentes das firmas e denominações devem ser verdadeiros e não induzir em erro sobre a identificação, natureza ou actividade do seu titular.

2 – Os elementos característicos das firmas e denominações, ainda quando constituídos por designações de fantasia, siglas ou composições, não podem sugerir actividade diferente da que constitui o objecto social.

3 – Para efeitos do disposto neste artigo não deve ser efectuado o controlo da legalidade do objecto social, devendo somente ser assegurado o cumprimento do disposto nos números anteriores.

4 – Das firmas e denominações não podem fazer parte:

a) Expressões que possam induzir em erro quanto à caracterização jurídica da pessoa colectiva, designadamente o uso, por entidades com fim lucrativo, de expressões correntemente usadas na designação de organismos públicos ou de associações sem finalidade lucrativa;

b) Expressões proibidas por lei ou ofensivas da moral ou dos bons costumes;

c) Expressões incompatíveis com o respeito pela liberdade de opção política, religiosa ou ideológica;

d) Expressões que desrespeitem ou se apropriem ilegitimamente de símbolos nacionais, personalidades, épocas ou instituições cujo nome ou significado seja de salvaguardar por razões históricas, patrióticas, científicas, institucionais, culturais ou outras atendíveis.

5 – Quando, por qualquer causa, deixe de ser associado ou sócio pessoa singular cujo nome figure na firma ou denominação de pessoa colectiva, deve tal firma ou denominação ser alterada no prazo de um ano, a não ser que o associado ou sócio que se retire ou os herdeiros do que falecer consintam por escrito na continuação da mesma firma ou denominação.

(Redacção dada pelo Decreto-Lei nº 247-B/2008, de 30-12)

ARTIGO 33º
Princípio da novidade

1 – As firmas e denominações devem ser distintas e não susceptíveis de confusão ou erro com as registadas ou licenciadas no mesmo âmbito de exclusividade, mesmo quando a lei permita a inclusão de elementos utilizados por outras já registadas, ou com designações de instituições notoriamente conhecidas.

2 – Os juízos sobre a distinção e a não susceptibilidade de confusão ou erro devem ter em conta o tipo de pessoa, o seu domicílio ou sede, a afinidade ou proximidade das suas actividades e o âmbito territorial destas.

3 – Não são admitidas denominações constituídas exclusivamente por vocábulos de uso corrente que permitam identificar ou se relacionem com actividade, técnica ou produto, bem como topónimos e qualquer indicação de proveniência geográfica.

4 – A incorporação na firma ou denominação de sinais distintivos registados está sujeita à prova do seu uso legítimo.

5 – Nos juízos a que se refere o nº 2 deve ainda ser considerada a existência de marcas e logótipos já concedidos que sejam de tal forma semelhantes que possam induzir em erro sobre a titularidade desses sinais distintivos.

6 – Para que possam prevalecer do disposto no número anterior, os titulares das marcas ou logótipos devem ter efectuado anteriormente prova do seu direito junto do RNPC.

7 – *(Revogado.)*

(Redacção dada pelo Decreto-Lei nº 247-B/2008, de 30-12)

ARTIGO 34º
Firmas e denominações registadas no estrangeiro

1 – A instituição de representações permanentes de pessoas colectivas registadas no estrangeiro não está sujeita à emissão de certificado de admissibilidade de firma.

2 – A garantia da protecção das denominações de pessoas colectivas internacionais está dependente da confirmação da sua existência jurídica pelo Ministério dos Negócios Estrangeiros e da não susceptibilidade de confusão com firmas ou denominações já registadas em Portugal.

(Redacção dada pelo Decreto-Lei nº 247-B/2008, de 30-12)

ARTIGO 35º
Exclusividade

1 – Após o registo definitivo é conferido o direito ao uso exclusivo de firma ou denominação no âmbito territorial especialmente definido para a entidade em causa nos artigos 36º a 43º

2 – O certificado de admissibilidade de firma ou denominação constitui mera presunção de exclusividade.

3 – Salvo no caso de decisão judicial, a atribuição do direito ao uso exclusivo ou a declaração de perda do direito ao uso de qualquer firma ou denominação efectuadas pelo RNPC não podem ser sindicadas por qualquer entidade, ainda que para efeitos de registo comercial.

4 – O disposto nos nºs 1 e 2 não prejudica a possibilidade de declaração de nulidade, anulação ou revogação do direito à exclusividade por sentença judicial ou a declaração da sua perda nos termos dos artigos 60º e 61º

CAPÍTULO II
Regras especiais

ARTIGO 36º
Associações e fundações

1 – As denominações das associações e das fundações devem ser compostas por forma a dar a conhecer a sua natureza associativa ou institucional, respectivamente, podendo conter siglas, expressões de fantasia ou composições.

2 – Podem, todavia, ser admitidas denominações sem referência explícita à natureza associativa ou institucional, desde que correspondam a designações tradicionais ou não induzam em erro sobre a natureza da pessoa colectiva.

3 – É reconhecido o direito ao uso exclusivo da denominação das associações e fundações a partir da data do seu registo definitivo no RNPC:

a) Em todo o território nacional, quando o seu objecto estatutário não indicie a prática de actividades de carácter essencialmente local ou regional;

b) No âmbito geográfico do exercício das suas actividades estatutárias, nos restantes casos.

ARTIGO 37º
Sociedades comerciais e sociedades civis sob forma comercial

1 – As firmas das sociedades comerciais e das sociedades civis sob forma comercial devem ser compostas nos termos previstos no Código das Sociedades Comerciais e em legislação especial, sem prejuízo da aplicação das disposições do presente diploma no que se não revele incompatível com a referida legislação.

2 – As sociedades comerciais e as sociedades civis sob forma comercial têm direito ao uso exclusivo da sua firma em todo o território nacional.

ARTIGO 38º
Comerciantes individuais

1 – O comerciante individual deve adoptar uma só firma, composta pelo seu nome, completo ou abreviado, conforme seja necessário para identificação da pessoa, podendo aditar-lhe alcunha ou expressão alusiva à actividade exercida.

2 – O comerciante individual pode ainda aditar à sua firma a indicação «Sucessor de» ou «Herdeiro de» e a firma do estabelecimento que tenha adquirido.

3 – O nome do comerciante individual não pode ser antecedido de quaisquer expressões ou siglas, salvo as correspondentes a títulos académicos, profissionais ou nobiliárquicos a que tenha direito, e a sua abreviação não pode reduzir-se a um só vocábulo, a menos que a adição efectuada o torne completamente individualizador.

4 – Os comerciantes individuais que não usem como firma apenas o seu nome completo ou abreviado têm direito ao uso exclusivo da sua firma desde a data do registo definitivo e no âmbito do concelho onde se encontra o seu estabelecimento principal.

5 – *(Revogado.)*

(Redacção dada pelo Decreto-Lei nº 247-B/2008, de 30-12)

ARTIGO 39º
Outros empresários individuais

1 – Os demais empresários individuais que exerçam habitualmente, por conta própria e com fim lucrativo, actividade económica legalmente não qualificada como comercial ou como profissão liberal podem adoptar uma firma sob a qual são designados no exercício dessa actividade e com ela podem assinar os respectivos documentos.

2 – À firma dos empresários individuais aplicam-se, com as necessárias adaptações, as regras constantes do artigo anterior.

(Redacção dada pelo Decreto-Lei nº 247-B/2008, de 30-12)

ARTIGO 40º
Estabelecimentos individuais de responsabilidade limitada

1 – A firma de estabelecimento individual de responsabilidade limitada é composta pelo nome do seu titular, acrescido ou não de referência ao objecto do comércio nele exercido, e pelo aditamento «Estabelecimento Individual de Responsabilidade Limitada» ou «E. I. R. L.».

2 – O nome do titular pode ser abreviado, com os limites referidos no nº 3 do artigo 38º.

3 – Ao uso exclusivo da firma do estabelecimento individual de responsabilidade limitada é aplicável o disposto no nº 4 do artigo 38º

(Redacção dada pelo Decreto-Lei nº 247-B/2008, de 30-12)

ARTIGO 41º
Heranças indivisas

(Revogado pelo Decreto-Lei nº 247-B/2008, de 30-12)

ARTIGO 42º
Sociedades civis sob forma civil

1 – Sem prejuízo do disposto em legislação especial, as denominações das sociedades civis sob forma civil podem ser compostas pelos nomes, completos ou abreviados, de um ou mais sócios, seguidos do aditamento «e Associados», bem

como por siglas, iniciais, expressões de fantasia ou composições, desde que acompanhadas da expressão «Sociedade».

2 – É aplicável às sociedades civis sob forma civil o disposto no nº 3 do artigo 36º

ARTIGO 43º
Outras pessoas colectivas

1 – As denominações de outras pessoas colectivas regem-se pela lei respectiva e pelas disposições deste diploma que a não contrariem.

2 – Às denominações previstas no número anterior aplica-se, com as necessárias adaptações, o disposto no nº 3 do artigo 36º se outra coisa não dispuser lei especial.

ARTIGO 44º
Transmissão do estabelecimento

1 – O adquirente, por qualquer título entre vivos, de um estabelecimento comercial pode aditar à sua própria firma a menção de haver sucedido na firma do anterior titular do estabelecimento, se esse titular o autorizar, por escrito.

2 – Tratando-se de firma de sociedade onde figure o nome de sócio, a autorização deste é também indispensável.

3 – No caso de aquisição, por herança ou legado, de um estabelecimento comercial, o adquirente pode aditar à sua própria a firma do anterior titular do estabelecimento, com a menção de nela haver sucedido.

4 – É proibida a aquisição de uma firma sem a do estabelecimento a que se achar ligada.

CAPÍTULO III
Procedimento

ARTIGO 45º
Certificado de admissibilidade de firma ou denominação

1 – A admissibilidade das firmas e denominações é comprovada através da disponibilização do respectivo certificado requerido pelos interessados.

2 – *(Revogado.)*

3 – *(Revogado.)*

(Redacção dada pelo Decreto-Lei nº 247-B/2008, de 30-12)

ARTIGO 46º
Pedido do certificado

1 – O pedido de certificado de admissibilidade de firma ou denominação deve ser requerido por um dos constituintes ou, sendo o caso, pelas entidades já constituídas, através das seguintes formas:

a) Presencialmente, por forma verbal, pelo próprio ou por pessoa com legitimidade para o efeito, ou advogado, notário ou solicitador ou por escrito em formulário próprio;

b) Através de sítio na Internet;
c) Pelo correio em formulário próprio.

2 – *(Revogado.)*
3 – *(Revogado.)*
4 – *(Revogado.)*
5 – *(Revogado.)*
(Redacção dada pelo Decreto-Lei nº 247-B/2008, de 30-12)

ARTIGO 46º-A
Não aceitação do pedido de certificado

1 – O pedido de certificado não é aceite nos casos seguintes:

a) O requerimento do pedido não respeite o modelo aprovado ou não contenha os elementos de preenchimento obrigatório;
b) O pedido seja ininteligível;
c) Não tenham sido pagas as quantias que se mostrem devidas;
d) Não haja lugar a emissão de certificado de admissibilidade.

2 – Em caso de não aceitação do pedido, se o interessado declarar que pretende impugnar o acto, o funcionário deve proferir a sua decisão por escrito.
(Aditado pelo Decreto-Lei nº 247-B/2008, de 30-12)

ARTIGO 47º
Informação sobre viabilidade de firma ou denominação

Qualquer interessado pode solicitar informações sobre a viabilidade de firma ou denominação que pretenda usar.
(Redacção dada pelo Decreto-Lei nº 247-B/2008, de 30-12)

ARTIGO 48º
Reserva de firma ou denominação

(Revogado pelo Decreto-Lei nº 247-B/2008, de 30-12)

ARTIGO 49º
Junção de documentos

1 – Os requerentes podem juntar ao pedido de certificado os documentos que considerem pertinentes para a apreciação do pedido.

2 – Deve ser oficiosamente solicitada aos requerentes, quando não a tenham feito, a junção, no prazo de cinco dias úteis, dos documentos e das informações necessárias à verificação da ocorrência dos requisitos estabelecidos na lei.

3 – A falta de apresentação dos documentos e das informações no prazo fixado implica o arquivamento do pedido, sem direito à restituição do correspondente emolumento.
(Redacção dada pelo Decreto-Lei nº 247-B/2008, de 30-12)

ARTIGO 50º
Ordem de prioridade

1 – O pedido de certificado de admissibilidade de firma ou denominação apresentado em primeiro lugar prevalece sobre os que se lhe seguirem.

2 – O número de referência, a data e a hora de recepção em UTC (*universal time coordinated*) do pedido devem constar dos pedidos de certificado apresentados.

3 – A ordem da prioridade do pedido é definida pela data e hora do registo do pedido no sistema informático.

4 – Os pedidos apresentados através de sítio na Internet referido na alínea *b*) do nº 1 do artigo 46º são registados pela ordem da respectiva recepção.

5 – Os pedidos apresentados pelo correio são registados logo após a abertura da correspondência.

(Redacção dada pelo Decreto-Lei nº 247-B/2008, de 30-12)

ARTIGO 50º-A
Aprovação automática de firmas e denominações

No caso de pedidos de firmas para efeitos de constituição de sociedades por quotas, unipessoal por quotas ou anónima em que as firmas correspondam ao nome dos sócios pessoas singulares, podem ser utilizados meios electrónicos e automáticos para a sua aprovação.

(Aditado pelo Decreto-Lei nº 247-B/2008, de 30-12)

ARTIGO 50º-B
Notificação do indeferimento de pedido de certificado

1 – Os indeferimentos dos pedidos de certificados de admissibilidade apresentados electronicamente são exclusivamente notificados através de mensagem de correio electrónico enviada para endereço electrónico válido fornecido pelo requerente, devendo ainda os interessados, sempre que possível, ser avisados por *short message service* (sms) ou outro meio considerado adequado.

2 – Os indeferimentos dos pedidos de certificados de admissibilidade apresentados por outras vias podem ser notificados nos termos previstos no número anterior caso os interessados forneçam um endereço electrónico válido.

(Aditado pelo Decreto-Lei nº 247-B/2008, de 30-12)

ARTIGO 51º
Disponibilização do certificado

1 – O certificado de admissibilidade de firma ou denominação é disponibilizado exclusivamente de forma electrónica.

2 – *(Revogado.)*

3 – *(Revogado.)*

(Redacção dada pelo Decreto-Lei nº 247-B/2008, de 30-12)

ARTIGO 52º
Invalidação e desistência

1 – O requerente do certificado de admissibilidade de firma ou denominação pode desistir do pedido de certificado e pode pedir a sua invalidação, desde que o certificado não tenha sido utilizado.

2 – Os pedidos referidos no número anterior podem ser apresentados por qualquer uma das vias previstas no nº 1 do artigo 46º

(Redacção dada pelo Decreto-Lei nº 247-B/2008, de 30-12)

ARTIGO 53º
Validade do certificado

1 – O certificado de admissibilidade de firma ou denominação é válido pelo período de três meses, a contar da data da sua emissão, para a firma, sede, objecto, requerente e condições de validade nele indicadas.

2 – *(Revogado.)*

3 – O certificado condicionado à participação de pessoa singular ou colectiva ou de titular de direito de propriedade industrial já registado só é válido quando utilizado por pessoa legitimada para o efeito.

4 – *(Revogado.)*

(Redacção dada pelo Decreto-Lei nº 247-B/2008, de 30-12)

ARTIGO 54º
Efeitos do certificado na celebração de actos

1 – Os actos de constituição de pessoas colectivas ou de estabelecimentos individuais de responsabilidade limitada devem fazer referência à emissão do certificado de admissibilidade da firma ou denominação adoptada, através da indicação do respectivo número e data de emissão.

2 – O acto de alteração do contrato de sociedade ou estatutos que determine a modificação da firma ou denominação, a modificação do objecto, a alteração da sede para concelho diferente ou a transferência para Portugal da sede de sociedade estrangeira não pode ser efectuado sem que seja feita referência ao certificado comprovativo da admissibilidade da nova firma ou denominação ou da sua manutenção em relação ao novo objecto e sede, nos termos do número anterior.

3 – O disposto no número anterior não se aplica aos casos em que a alteração da firma se limite à alteração do elemento que identifica o tipo de pessoa colectiva, nem aos casos de alteração de sede de sociedades que utilizem firma constituída por expressão de fantasia, acrescida ou não de referência à actividade.

4 – Nos actos a que se referem os números anteriores, o objecto social não pode ser ampliado a actividades não contidas no objecto declarado no certificado de admissibilidade.

5 – O disposto nos números anteriores não prejudica a especificação ou restrição das actividades contidas no objecto declarado, desde que estas não estejam

reflectidas na denominação, nem as alterações de redacção ou correcção de erros materiais que não envolvam a sua ampliação.

6 – A actividade resultante da participação no capital de outras entidades não é considerada actividade autónoma para efeitos deste artigo.

(Redacção dada pelo Decreto-Lei nº 247-B/2008, de 30-12)

ARTIGO 55º
Nulidade do acto

1 – É nulo o acto efectuado:

a) Com inobservância do disposto nos nºs 1 e 3 do artigo 53º; ou

b) Sem a emissão do certificado de admissibilidade de firma ou denominação, quando este deva ser exigido.

2 – A nulidade prevista na alínea *b*) do número anterior é sanável mediante a apresentação do certificado de admissibilidade de firma ou denominação em falta no prazo de três meses a contar da data do acto.

(Redacção dada pelo Decreto-Lei nº 247-B/2008, de 30-12)

ARTIGO 56º
Obrigatoriedade de verificação da emissão de certificado

1 – Está sujeita à verificação da disponibilização de certificado de admissibilidade da respectiva firma ou denominação o registo comercial ou a inscrição no FCPC, consoante os casos:

a) Do início de actividade de comerciante individual que adopte firma diferente do seu nome completo ou abreviado, bem como da alteração desta firma ou da mudança de estabelecimento principal para outro concelho;

b) De contrato de sociedade da alteração da respectiva firma ou objecto, da mudança de sede para concelho diferente, sem prejuízo do disposto no nº 3 do artigo 54º, ou da fusão, cisão ou transformação de sociedades;

c) Da constituição, da alteração da respectiva denominação ou objecto, da mudança da sede para outro concelho ou da fusão, cisão ou transformação de cooperativa;

d) Da constituição, do agrupamento, da alteração da respectiva denominação ou objecto ou da fusão ou cisão de empresa pública;

e) Do contrato de agrupamento complementar de empresas ou de agrupamento europeu de interesse económico ou da alteração da respectiva denominação ou objecto;

f) Da constituição de estabelecimento individual de responsabilidade limitada, bem como da alteração da sua firma ou objecto ou da mudança de sede para outro concelho;

g) Da denominação de empresário individual não comerciante, da sua alteração ou, se a denominação contiver indicação de actividade, da mudança de domicílio do seu titular;

h) Da constituição de associação ou instituição de fundação com personalidade jurídica, bem como da alteração da denominação, do objecto estatutário ou da transferência da sede para outro concelho;

i) Da criação pelo Estado e outros entes públicos de pessoas colectivas e de organismos da Administração Pública que incorporem na sua denominação siglas, expressões de fantasia ou composições.

2 – O disposto no número anterior não é aplicável:

a) À alteração da denominação decorrente de transformação que se restrinja à alteração do elemento que identifica o tipo de pessoa colectiva;

b) À fusão por incorporação que não implique alteração de denominação, sede ou objecto.

3 – O certificado a que se refere o nº 1 deve estar dentro do seu prazo de validade à data de apresentação do pedido de registo comercial ou de inscrição no FCPC.

(Redacção dada pelo Decreto-Lei nº 247-B/2008, de 30-12)

ARTIGO 57º
Efeitos do certificado no registo de nome de estabelecimento

(Revogado pelo Decreto-Lei nº 247-B/2008, de 30-12)

ARTIGO 58º
Recusa do registo

O registo comercial ou a inscrição no FCPC, consoante os casos, é recusado quando:

a) O acto for nulo;

b) O certificado de admissibilidade tiver sido emitido com manifesta violação da lei;

c) No acto destinado à constituição ou modificação da pessoa colectiva tiverem sido desrespeitados os elementos ou as condições de validade constantes do certificado de admissibilidade.

(Redacção dada pelo Decreto-Lei nº 247-B/2008, de 30-12)

ARTIGO 59º
Anotação da exibição do certificado

(Revogado pelo Decreto-Lei nº 247-B/2008, de 30-12)

CAPÍTULO IV
Vicissitudes

ARTIGO 60º
Perda do direito ao uso de firmas e denominações por violação dos princípios da verdade e novidade

1 – O RNPC deve declarar a perda do direito ao uso de firmas ou denominações quando se verificar terem sido violados os princípios consagrados nos artigos 32º e 33º

2 – Na sequência da declaração de perda do direito ao uso de firma ou denominação, deve:

a) Realizar-se o respectivo acto de registo comercial, tratando-se de entidade a ele sujeita;

b) Comunicar-se o facto a outros serviços onde a entidade esteja registada para que a perda do direito ao uso da firma ou denominação seja inscrita.

(Redacção dada pelo Decreto-Lei nº 247-B/2008, de 30-12)

ARTIGO 61º
Perda do direito ao uso de firmas e denominações por falta de inscrição ou não exercício de actividade

1 – O RNPC ou qualquer um dos serviços de registo designados nos termos do nº 1 do artigo 78º podem, oficiosamente ou a requerimento de qualquer interessado, declarar a perda do direito ao uso de firma ou denominação de terceiro, mediante prova da verificação das seguintes situações:

a) Falta de inscrição da entidade no FCPC decorrido um ano desde o prazo em que a mesma deveria ter sido realizada;

b) Não exercício de actividade pelo titular da firma ou denominação durante um período superior a dois anos consecutivos.

2 – No caso previsto na alínea *a*) do número anterior, pode ser declarada a perda do direito ao uso da firma ou denominação, desde que os interessados tenham sido notificados para a sede declarada a fim de regularizarem a situação e o não fizerem no prazo de um mês, a contar da notificação.

3 – À declaração de perda do direito ao uso de firma ou denominação prevista no número anterior é aplicável o disposto no nº 2 do artigo 60º

(Redacção dada pelo Decreto-Lei nº 247-B/2008, de 30-12)

ARTIGO 62º
Uso ilegal de firma ou denominação

O uso ilegal de uma firma ou denominação confere aos interessados o direito de exigir a sua proibição, bem como a indemnização pelos danos daí emergentes, sem prejuízo da correspondente acção criminal, se a ela houver lugar.

TÍTULO IV
Impugnação de decisões

CAPÍTULO I
Recurso Hierárquico e Impugnação judicial

ARTIGO 63º
Admissibilidade

1 – Podem ser impugnados mediante a interposição de recurso hierárquico para o presidente do IRN, I. P., ou mediante impugnação judicial para o tribunal do domicílio ou sede do recorrente:

a) Os despachos que admitam ou recusem firmas ou denominações;

b) Os despachos que declarem a perda do direito ao uso de firma ou denominação ou que indefiram o respectivo pedido;

c) A imposição de condições à validade do certificado de admissibilidade de firma ou denominação;

d) Os despachos que recusem a aceitação do pedido, exijam o cumprimento de certas formalidades ou o preenchimento de certos requisitos;

e) Os despachos que recusem a invalidação de certificado de admissibilidade de firma ou denominação;

f) Os despachos que recusem ou admitam a inscrição definitiva de pessoas colectivas ou outras entidades no FCPC.

2 – *(Revogado.)*
(Redacção dada pelo Decreto-Lei nº 247-B/2008, de 30-12)

ARTIGO 64º
Prazo de interposição

(Revogado pelo Decreto-Lei nº 247-B/2008, de 30-12)

ARTIGO 65º
Tramitação do recurso hierárquico

1 – O recurso hierárquico é apresentado no RNPC.

2 – Recebido o recurso, o director do RNPC deve, no prazo de 10 dias, proferir despacho fundamentado a reparar ou a sustentar a decisão, que é imediatamente notificado ao recorrente.

3 – No caso de manter a decisão, o director do RNPC deve, no prazo de cinco dias, remeter ao IRN, I. P., todo o processo, instruído com o despacho recorrido, o despacho de sustentação e demais documentos.

4 – O recurso é decidido no prazo máximo de 30 dias a contar da sua recepção no IRN, I. P.

5 – No caso de a decisão afectar direitos de terceiros, estes devem ser ouvidos, concedendo-lhes o prazo de 30 dias para a sua resposta, e, caso sejam trazidos novos factos ao procedimento, é garantido, por igual prazo, o direito de resposta do recorrente, suspendendo-se o prazo para a decisão do recurso.

6 – Para proferir as decisões previstas nos nºs 2 e 4 podem ser solicitados ao recorrente documentos ou informações adicionais, suspendendo-se o respectivo prazo.

7 – A decisão final é notificada ao recorrente e aos terceiros referidos no nº 5.

8 – No caso de a decisão ter sido proferida por uma conservatória designada nos termos do nº 1 do artigo 78º, o disposto nos números anteriores sobre a tramitação do recurso hierárquico é igualmente aplicável, com as necessárias adaptações.

(Redacção dada pelo Decreto-Lei nº 247-B/2008, de 30-12)

ARTIGO 66º
Direito subsidiário

Ao recurso hierárquico é aplicável, subsidiariamente, o disposto no Código do Procedimento Administrativo.

(Redacção dada pelo Decreto-Lei nº 247-B/2008, de 30-12)

ARTIGO 67º
Legitimidade para a impugnação judicial

1 – São partes legítimas para impugnar judicialmente os requerentes e ainda as pessoas ou entidades que se considerem directamente prejudicadas pelos actos previstos no nº 1 do artigo 63º

2 – As pessoas não requerentes referidas no número anterior podem impugnar judicialmente os despachos finais que defiram firma ou denominação ou declarem a perda do direito ao seu uso e os que determinem o cancelamento do registo.

(Redacção dada pelo Decreto-Lei nº 247-B/2008, de 30-12)

ARTIGO 68º
Objecto dos recursos de não requerentes

(Revogado pelo Decreto-Lei nº 247-B/2008, de 30-12)

ARTIGO 69º
Prazo da impugnação judicial

1 – O prazo para a interposição da impugnação judicial é de 30 dias após a notificação ou, nos casos em que o acto recorrido não tenha dado lugar a notificação, após o seu conhecimento pelo impugnante ou, se for o caso, da publicação da constituição ou alteração da pessoa colectiva.

2 – No caso de se tratar de impugnação judicial subsequente a recurso hierárquico, o prazo é de 30 dias a contar da data da notificação ao impugnante da decisão do recurso hierárquico.

(Redacção dada pelo Decreto-Lei nº 247-B/2008, de 30-12)

ARTIGO 70º
Tramitação da impugnação judicial

1 – A impugnação judicial dos despachos previstos no nº 1 do artigo 63º ou do despacho do presidente do IRN, I. P., é apresentada no RNPC.

2 – A impugnação deve ser interposta mediante requerimento em que são expostos os seus fundamentos, acompanhado por todos os meios de prova e, se for o caso, requerendo as diligências que considere necessárias à prova da sua pretensão.

3 – A impugnação deve ser interposta também contra os interessados a quem tenha sido favorável o despacho impugnado.

4 – Recebida a impugnação, caso não tenha havido recurso hierárquico, o director do RNPC deve, no prazo de 10 dias, proferir despacho fundamentado a reparar ou a sustentar a decisão que é imediatamente notificado ao recorrente.

5 – No caso de manter a decisão ou de a decisão ter sido mantida na sequência de recurso hierárquico, o director do RNPC deve, no prazo de cinco dias, remeter ao tribunal competente todo o processo, instruído com o despacho recorrido, o despacho de sustentação e demais documentos, bem como o recurso hierárquico, se tiver sido interposto.

6 – Após a distribuição, se não houver motivo para rejeição liminar, são notificados, para contestar, caso ainda não se tenham pronunciado, os terceiros interessados.

7 – A tramitação da impugnação judicial, incluindo a remessa dos elementos referidos no número anterior ao tribunal competente, é efectuada, sempre que possível, por meios electrónicos.

8 – No caso de a decisão ter sido proferida por uma conservatória designada nos termos do nº 1 do artigo 78º, o disposto nos números anteriores sobre a tramitação do recurso judicial é igualmente aplicável com as necessárias adaptações.

(Redacção dada pelo Decreto-Lei nº 247-B/2008, de 30-12)

ARTIGO 71º
Actos subsequentes

(Revogado pelo Decreto-Lei nº 247-B/2008, de 30-12)

ARTIGO 72º
Recurso da sentença

1 – Da sentença proferida em processo de recurso contencioso cabe sempre recurso, com efeito suspensivo, para o tribunal da Relação.

2 – Têm legitimidade para interpor recurso o autor, o réu, o presidente do IRN, I. P., o Ministério Público e os terceiros lesados.

3 – Do acórdão cabe recurso, nos termos da lei de processo, para o Supremo Tribunal de Justiça.

(Redacção dada pelo Decreto-Lei nº 247-B/2008, de 30-12)

ARTIGO 73º
Isenção de preparos e custas

(Revogado pelo Decreto-Lei nº 247-B/2008, de 30-12)

CAPÍTULO II
Tribunal arbitral*

ARTIGO 73º-A
Tribunal arbitral

1 – Sem prejuízo da possibilidade de recurso a outros mecanismos extrajudiciais de resolução de litígios, pode ser constituído tribunal arbitral para o julgamento de todas as questões susceptíveis de reacção contenciosa em matéria de firmas e denominações.

2 – Exceptuam-se do disposto no número anterior os casos em que existam contra interessados, salvo se estes aceitarem o compromisso arbitral.

ARTIGO 73º-B
Compromisso arbitral

1 – O interessado que pretenda recorrer à arbitragem, no âmbito dos litígios previstos no nº 1 do artigo anterior, pode requerer a celebração de compromisso arbitral, nos termos da lei de arbitragem voluntária e aceitar a competência do tribunal arbitral.

2 – A apresentação de requerimento, ao abrigo do disposto no número anterior, suspende os prazos de reacção contenciosa.

3 – Sem prejuízo do disposto no número seguinte, a outorga de compromisso arbitral por parte do IRN, I. P., é objecto de despacho do seu presidente, a proferir no prazo de 30 dias, a contar da data da apresentação do requerimento.

4 – Pode ser determinada a vinculação genérica do IRN, I. P., a centros de arbitragem voluntária institucionalizada com competência para dirimir os conflitos referidos no nº 1 do artigo anterior, por meio de portaria do membro do Governo que tutela o IRN, I. P., a qual estabelece o tipo e o valor máximo dos litígios abrangidos, conferindo aos interessados o poder de se dirigirem a esses centros para a resolução de tais litígios.

ARTIGO 73º-C
Constituição e funcionamento

O tribunal arbitral é constituído e funciona nos termos previstos na lei de arbitragem voluntária.

* *Aditado pela Lei nº 29/2009, de 29-06.*

TÍTULO V
Sanções

ARTIGO 74º
Transmissão a terceiros sem autorização

1 – As entidades a quem tiver sido autorizado o acesso ao ficheiro central ou fornecimento de cópias do seu conteúdo, nos termos do presente diploma, que, sem a autorização prevista no artigo 25º, transmitam a terceiros as informações obtidas ou o façam com inobservância das condições fixadas praticam contra-ordenação punível com as seguintes coimas:

a) Tratando-se de pessoa singular, no mínimo de € 249,40 e no máximo de € 997,60;
b) Tratando-se de pessoa colectiva, no mínimo de € 997,60 e no máximo de € 14963,94
2 – A negligência é punível nos termos gerais.
(Redacção dada pelo Decreto-Lei nº 323/2001, de 17-12)

ARTIGO 75º
Falsificação

1 – Praticam contra-ordenação e ficam sujeitas a coima, de € 249,40 a € 2493,99, tratando-se de pessoas singulares, e de € 1496,39 a € 14963,94, tratando-se de pessoas colectivas, as entidades que:

a) Por qualquer forma, e com intuito fraudulento ou com ânimo de prejudicar terceiro, falsifiquem ou utilizem indevidamente documentos emanados do RNPC;
b) Não cumpram a obrigação de inscrição no FCPC ou o não façam nos prazos ou nas condições fixadas no presente diploma;
c) Declarem, para quaisquer efeitos, falsos números de identificação;
d) Utilizem, para quaisquer efeitos, cartões de identificação com elementos desactualizados;
e) *(Revogada)*

2 – O disposto no número anterior não prejudica o procedimento criminal a que possa haver lugar.
(Redacção dada pelo Decreto-Lei nº 323/2001, de 17-12)

ARTIGO 76º
Outras contra-ordenações

1 – Pratica contra-ordenação, ficando sujeito a coima, de € 249,40 a € 2493,99, tratando-se de pessoa singular, e de € 1496,39 a € 14963,94, tratando-se de pessoa colectiva, quem:

a) Detenha documentos emanados do RNPC para negociar com terceiros;

b) Preste declarações falsas ou inexactas ou omita informações que, nos termos da legislação aplicável, devia prestar;

c) Não efectue as comunicações previstas no presente diploma ou o faça fora do prazo ou das condições estatuídas;

d) Falsifique, pratique contrafacção, reproduza, proceda à revenda não autorizada ou por qualquer forma faça uso ilegítimo dos impressos exclusivos do RNPC;

e) Efectue publicidade sugerindo facilidades na obtenção de documentos emitidos pelo RNPC.

2 – O disposto no número anterior não prejudica o procedimento criminal a que possa haver lugar.

(Redacção dada pelo Decreto-Lei nº 323/2001, de 17-12)

ARTIGO 77º
Competência para aplicação das coimas

1 – A aplicação das coimas previstas no presente diploma compete ao RNPC.

2 – O produto das coimas reverte para o IRN, I. P.

(Redacção dada pelo Decreto-Lei nº 247-B/2008, de 30-12)

TÍTULO VI
Registo Nacional de Pessoas Colectivas

CAPÍTULO I
Competência e direcção

ARTIGO 78º
Competência

1 – Compete ao RNPC e aos serviços de registo designados em despacho do presidente do IRN, I. P.:

a) Velar pela exactidão e actualidade da informação contida no FCPC, promovendo as correcções necessárias;

b) Promover a inscrição no FCPC dos actos de constituição, modificação e dissolução das pessoas colectivas e entidades equiparadas;

c) Emitir certificados de admissibilidade de firmas e denominações assegurando o cumprimento dos princípios da novidade e da verdade;

d) Declarar a perda do direito ao uso de firma ou denominação nos termos do artigo 61º

2 – Compete em especial ao RNPC:

a) Estudar, planear e coordenar as tarefas necessárias à identificação das pessoas colectivas e entidades equiparadas;

b) Organizar, manter e explorar o FCPC, sem prejuízo do disposto no nº 1 do artigo 30º;

c) Promover as acções necessárias à coordenação no sector público das bases de dados de pessoas colectivas e entidades equiparadas;

d) Coordenar, em conjunto com o IRN, I. P., a prestação dos serviços *online* e de balcão único disponibilizados nos serviços de registo;

e) Praticar actos de registo que venham a ser fixados por despacho do presidente do IRN, I. P.;

f) Assegurar a participação portuguesa em reuniões internacionais sobre matérias da sua competência.

(Redacção dada pelo Decreto-Lei nº 247-B/2008, de 30-12)

ARTIGO 79º
Direcção

1 – O RNPC é dirigido por um director, a quem compete:

a) Representar o RNPC em juízo e fora dele;

b) Dirigir a actividade do RNPC com vista à realização das suas atribuições;

c) Superintender na gestão de pessoal, promover a arrecadação das receitas e autorizar, nos termos legais, a realização das despesas;

d) Decidir da emissão dos certificados de admissibilidade de firmas e denominações, promover a inscrição e identificação das pessoas colectivas e entidades equiparadas e, bem assim, assegurar a organização e funcionamento do FCPC;

e) Autorizar o acesso à informação do FCPC ou o seu fornecimento, no respeito das disposições legais e demais normativos aplicáveis;

f) Exercer qualquer outra competência que lhe seja atribuída por lei.

2 – A direcção do RNPC é assegurada, por períodos trienais, pelo conservador para o efeito designado por despacho do presidente do IRN, I. P.

3 – O director pode delegar as suas competências nos conservadores e conservadores auxiliares.

(Redacção dada pelo Decreto-Lei nº 247-B/2008, de 30-12)

ARTIGO 80º
Conservadores e conservadores auxiliares

São competências específicas dos conservadores e dos conservadores auxiliares apreciar e decidir os pedidos de emissão de certificados de admissibilidade de firmas e denominações, os pedidos de inscrição, os pedidos de declaração de perda do direito ao uso de firma ou denominação, nos termos do artigo 61º, e, bem assim, praticar quaisquer outros actos relacionados com a organização e funcionamento do FCPC e com o cumprimento das competências do RNPC delegadas pelo director.

(Redacção dada pelo Decreto-Lei nº 247-B/2008, de 30-12)

ARTIGO 80º-A
Oficiais dos registos

São competências próprias dos oficiais de registo:

a) Apreciar e decidir os pedidos de emissão de certificados de admissibilidade de firmas ou denominações;

b) *(Revogada.)*

c) Apreciar e decidir os pedidos de desistência de emissão de certificados de admissibilidade de firmas ou denominações, bem como de invalidação de certificados já emitidos;

d) Apreciar e decidir os pedidos de substituição de impressos de emissão de certificados de admissibilidade de firmas ou denominações;

e) *(Revogada.)*

f) Promover a inscrição e a identificação de pessoas colectivas e entidades equiparadas;

g) Apreciar os pedidos de declaração de perda do direito ao uso de firma ou denominação, nos termos do artigo 61º

h) Praticar outros actos que lhes sejam delegados pelos conservadores e pelos conservadores auxiliares.

(Redacção dada pelo Decreto-Lei nº 247-B/2008, de 30-12)

CAPÍTULO II
Pessoal

ARTIGO 81º
Estatuto do pessoal

1 – O estatuto do pessoal do RNPC é o do pessoal dos serviços dos registos e notariado, sendo-lhe aplicáveis, no que não for contrariado pelo presente diploma, as disposições referentes ao pessoal das conservatórias do registo comercial autonomizadas.

2 – Ao pessoal dirigente integrado em carreira é aplicável o disposto no artigo 54º do Decreto-Lei nº 519-F2/79, de 29 de Dezembro.

3 – Aos oficiais dos registos e do notariado é aplicável o disposto no artigo 61º do diploma referido no número anterior.

ARTIGO 82º
Vencimentos dos conservadores

(Revogado pelo Decreto-Lei nº 145/2019, de 23-09)

ARTIGO 83º
Provimento dos lugares de conservador

1 – Os lugares de conservador são providos nos termos da lei orgânica e regulamento dos serviços dos registos e do notariado, sem prejuízo da aplicação dos outros instrumentos de mobilidade previstos na lei geral.

2 – Os lugares de conservador auxiliar são providos nos termos do artigo 2º do Decreto-Lei nº 287/94, de 14 de Novembro.

ARTIGO 84º
Oficiais dos registos

1 – A carreira de oficiais dos registos desenvolve-se da forma prevista para os restantes oficiais dos registos e do notariado.

2 – O recrutamento e promoção dos oficiais efectua-se de harmonia com as disposições aplicáveis da legislação específica dos registos e do notariado.

ARTIGO 85º
Recrutamento de outro pessoal

O recrutamento do pessoal pertencente a carreiras não específicas dos registos e do notariado efectua-se nos termos da lei geral ou da lei específica da carreira em causa.

ARTIGO 86º
Quadro de pessoal

1 – O quadro de pessoal do RNPC é objecto de portaria do Ministro da Justiça.

2 – A afectação do pessoal aos diversos serviços do RNPC é feita por despacho do director.

CAPÍTULO III
Funcionamento

ARTIGO 87º
Horário

1 – O período de atendimento do público é fixado de acordo com a legislação aplicável aos órgãos e serviços da Administração Pública.

2 – *(Revogado.)*

3 – Salvo no caso de estarem impedidos ou em serviço oficial, os conservadores devem permanecer no RNPC durante o horário de atendimento do público.

4 – Nos casos de horário de atendimento contínuo ou prolongado, deve o serviço ser organizado por forma a assegurar, sempre que possível, a permanência de um conservador durante o período de atendimento do público.
(Redacção dada pelo Decreto-Lei nº 247-B/2008, de 30-12)

ARTIGO 88º
Prestação de serviços

O RNPC pode prestar serviços, no âmbito da sua competência, a entidades públicas ou privadas nos termos que forem autorizados por despacho do presidente do IRN, I. P.
(Redacção dada pelo Decreto-Lei nº 247-B/2008, de 30-12)

ARTIGO 89º
Emolumentos

(Revogado pelo Decreto-Lei nº 201/2015, de 17-09)

ARTIGO 90º
Isenção de emolumentos

(Revogado pelo Decreto-Lei nº 247-B/2008, de 30-12)

ARTIGO 91º
Impressos

Os formulários próprios referidos no presente diploma constituem exclusivo do IRN, I. P., e são aprovados por despacho do seu presidente.
(Redacção dada pelo Decreto-Lei nº 247-B/2008, de 30-12)

ARTIGO 92º
Direito subsidiário

As disposições do Código do Registo Comercial são subsidiariamente aplicáveis, com as necessárias adaptações, a tudo o que não estiver disposto no presente diploma.
(Aditado pelo Decreto-Lei nº 247-B/2008, de 30-12)

Regime Jurídico do Registo Central do Beneficiário Efetivo

Lei nº 89/2017, de 21 de agosto

Aprova o Regime Jurídico do Registo Central do Beneficiário Efetivo, transpõe o capítulo III da Diretiva (UE) 2015/849, do Parlamento Europeu e do Conselho, de 20 de maio de 2015, e procede à alteração de Códigos e outros diplomas legais.

A Assembleia da República decreta, nos termos da alínea *c*) do artigo 161º da Constituição, o seguinte:

CAPÍTULO I
Disposições gerais

ARTIGO 1º
Objeto

1 – A presente lei procede à transposição para a ordem jurídica interna do capítulo III da Diretiva (UE) nº 2015/849, do Parlamento Europeu e do Conselho, de 20 de maio de 2015, relativa à prevenção da utilização do sistema financeiro para efeitos de branqueamento de capitais ou de financiamento do terrorismo, e aprova o Regime Jurídico do Registo Central do Beneficiário Efetivo (RCBE), previsto no artigo 34º da Lei nº 83/2017, de 18 de agosto.

2 – A presente lei procede, ainda, à alteração do:

a) Código do Registo Predial, aprovado pelo Decreto-Lei nº 224/84, de 6 de julho;

b) Código do Registo Comercial, aprovado pelo Decreto-Lei nº 403/86, de 3 de dezembro;

c) Decreto-Lei nº 352-A/88, de 3 de outubro, que disciplina a constituição e o funcionamento de sociedades ou sucursais de *trust off-shore* na Zona Franca da Madeira;

d) Decreto-Lei nº 149/94, de 25 de maio, que regulamenta o registo dos instrumentos de gestão fiduciária (*trust*);

e) Código do Notariado, aprovado pelo Decreto-Lei nº 207/95, de 14 de agosto;

f) Regime do Registo Nacional de Pessoas Coletivas, aprovado em anexo ao Decreto-Lei nº 129/98, de 13 de maio;

g) Regulamento Emolumentar dos Registos e Notariado, aprovado pelo Decreto-Lei nº 322-A/2001, de 14 de dezembro;

h) Decreto-Lei nº 8/2007, de 17 de janeiro, que cria a Informação Empresarial Simplificada;

i) Decreto-Lei nº 117/2011, de 15 de dezembro, que aprova a Lei Orgânica do Ministério das Finanças;

j) Decreto-Lei nº 118/2011, de 15 de dezembro, que aprova a orgânica da Autoridade Tributária e Aduaneira;

k) Decreto-Lei nº 123/2011, de 29 de dezembro, que aprova a Lei Orgânica do Ministério da Justiça;

l) Decreto-Lei nº 148/2012, de 12 de julho, que aprova a orgânica do Instituto dos Registos e do Notariado, I. P.;

m) Decreto-Lei nº 14/2013, de 28 de janeiro, que procede à sistematização e harmonização da legislação referente ao Número de Identificação Fiscal.

n) Código do Imposto sobre o Rendimento das Pessoas Coletivas, aprovado pelo Decreto-Lei nº 442-B/88, de 30 de novembro.

ARTIGO 2º
Regime Jurídico do Registo Central do Beneficiário Efetivo

É aprovado, em anexo à presente lei, que dela faz parte integrante, o Regime Jurídico do Registo Central do Beneficiário Efetivo, previsto no artigo 34º da Lei nº 83/2017, de 18 de agosto.

CAPÍTULO II
Informação sobre o beneficiário efetivo

ARTIGO 3º
Constituição de sociedades

Os documentos que formalizem a constituição de sociedades comerciais devem conter a identificação das pessoas singulares que detêm, ainda que de forma indireta ou através de terceiro, a propriedade das participações sociais ou, por qualquer outra forma, o controlo efetivo da sociedade, sem prejuízo dos demais requisitos previstos na lei.

ARTIGO 4º
Registo do beneficiário efetivo

1 – As sociedades comerciais devem manter um registo atualizado dos elementos de identificação:

a) Dos sócios, com discriminação das respetivas participações sociais;

b) Das pessoas singulares que detêm, ainda que de forma indireta ou através de terceiro, a propriedade das participações sociais; e

c) De quem, por qualquer forma, detenha o respetivo controlo efetivo.

2 – A informação referida no número anterior deve ser suficiente, exata e atual, bem como comunicada às entidades competentes nos termos da lei.

3 – Para efeitos do disposto no nº 1, deve ser recolhida a informação do representante fiscal das pessoas ali mencionadas, quando exista.

ARTIGO 5º
Obrigação de informação

1 – Para efeitos do disposto no artigo anterior, os sócios são obrigados a informar a sociedade de qualquer alteração aos elementos de identificação nele previstos, no prazo de 15 dias a contar da data da mesma.

2 – Sem prejuízo do disposto no número anterior, a sociedade pode notificar o sócio para, no prazo máximo de 10 dias, proceder à atualização dos seus elementos de identificação.

3 – O incumprimento injustificado do dever de informação pelo sócio, após a notificação prevista no número anterior, permite a amortização das respetivas participações sociais, nos termos previstos no Código das Sociedades Comerciais, aprovado pelo Decreto-Lei nº 262/86, de 2 de setembro, designadamente nos seus artigos 232º e 347º

ARTIGO 6º
Incumprimento pela sociedade das obrigações declarativas

1 – O incumprimento pela sociedade do dever de manter um registo atualizado dos elementos de identificação do beneficiário efetivo constitui contraordenação punível com coima de € 1 000 a € 50 000.

2 – À contraordenação prevista no número anterior é aplicável o regime dos ilícitos contraordenacionais previsto na Lei nº 83/2017, de 18 de agosto, e, subsidiariamente, o regime geral do ilícito de mera ordenação social, constante do Decreto-Lei nº 433/82, de 27 de outubro, alterado pelos Decretos-Leis nºs 356/89, de 17 de outubro, 244/95, de 14 de setembro, e 323/2001, de 17 de dezembro, e pela Lei nº 109/2001, de 24 de dezembro.

ARTIGO 7º
Outras entidades

O disposto no presente capítulo aplica-se, com as necessárias adaptações, às demais entidades sujeitas ao RCBE, nos termos do respetivo regime jurídico aprovado em anexo à presente lei.

CAPÍTULO III
Alterações legislativas

(Foram inseridas no local próprio as alterações que se inserem no âmbito da presente publicação)

CAPÍTULO IV
Disposições transitórias e finais

ARTIGO 22º
Norma transitória

1 – A primeira declaração inicial relativa ao beneficiário efetivo deve ser efetuada no prazo a definir por portaria dos membros do Governo responsáveis pelas áreas das finanças e da justiça.

2 – Com vista a assegurar o cumprimento do disposto no número anterior:

a) A informação constante no Ficheiro Central de Pessoas Coletivas respeitante às entidades enquadráveis no nº 1 do artigo 3º do Regime Jurídico do RCBE, aprovado em anexo à presente lei, é comunicada ao RCBE com os respetivos elementos de identificação;

b) A Autoridade Tributária e Aduaneira (AT) comunica ao RCBE a identificação das entidades enquadráveis no disposto no nº 2 do artigo 3º do Regime Jurídico do RCBE, aprovado em anexo à presente lei, que já tenham número de identificação fiscal atribuído;

c) As entidades obrigadas comunicam às respetivas autoridades setoriais a identificação das entidades às quais prestem os serviços referidos na alínea *a*) do nº 2 do artigo 3º do Regime Jurídico do RCBE, aprovado em anexo à presente lei, ou com as quais mantenham as relações de negócio a que se referem as alíneas *c*) e *d*) do mesmo número.

3 – As comunicações referidas nas alíneas *a*) e *b*) do número anterior são efetuadas automática e eletronicamente, no prazo fixado na portaria prevista no nº 1.

4 – No caso previsto na alínea *c*) do nº 2, as autoridades setoriais confirmam a qualidade de entidade sujeita e transmitem a informação ao RCBE, por via eletrónica.

5 – As consequências emergentes do incumprimento das obrigações declarativas previstas nas alíneas *a*) a *g*) do nº 1 do artigo 37º do Regime Jurídico do RCBE, aprovado em anexo à presente lei, apenas relevam quanto a contratos, atos ou procedimentos celebrados, praticados ou concluídos após a data do termo do prazo para a declaração inicial do beneficiário efetivo pelas entidades que já se encontrem constituídas à data da entrada em vigor da presente lei.

ARTIGO 23º
Regulamentação

A regulamentação prevista no Regime Jurídico do RCBE, aprovado em anexo, é publicada no prazo de 90 dias, a contar do dia seguinte ao da publicação da presente lei.

ARTIGO 24º
Norma revogatória

São revogados:

a) O artigo 11º do Decreto-Lei nº 352-A/88, de 3 de outubro, alterado pelos Decretos-Leis n.os 264/90, de 31 de agosto, e 323/2001, de 17 de dezembro;
b) O nº 3 do artigo 2º e o nº 2 do artigo 4º do Decreto-Lei nº 149/94, de 25 de maio, alterado pelo Decreto-Lei nº 323/2001, de 17 de dezembro.

ARTIGO 25º
Entrada em vigor

Sem prejuízo do disposto no artigo 22º, a presente lei entra em vigor 90 dias após a data da sua publicação.

Aprovada em 19 de julho de 2017.

O Presidente da Assembleia da República, *Eduardo Ferro Rodrigues.*

Promulgada em 3 de agosto de 2017.

Publique-se.

O Presidente da República, Marcelo Rebelo de Sousa.

Referendada em 9 de agosto de 2017.

O Primeiro-Ministro, *António Luís Santos da Costa.*

Regime Jurídico do Registo Central do Beneficiário Efetivo

CAPÍTULO I
Disposições gerais

ARTIGO 1º
Registo Central de Beneficiário Efetivo

O Registo Central de Beneficiário Efetivo (RCBE) é constituído por uma base de dados, com informação suficiente, exata e atual sobre a pessoa ou as pessoas singulares que, ainda que de forma indireta ou através de terceiro, detêm a propriedade ou o controlo efetivo das entidades a ele sujeitas.

ARTIGO 2º
Entidade gestora

A entidade gestora do RCBE é o Instituto dos Registos e do Notariado, I. P. (IRN, I. P.), que designa o serviço ou os serviços que, em cada momento, reúnem as melhores condições para assegurar os procedimentos respeitantes àquele registo.

ARTIGO 3º
Âmbito de aplicação

1 – Estão sujeitas ao RCBE as seguintes entidades:

a) As associações, cooperativas, fundações, sociedades civis e comerciais, bem como quaisquer outros entes coletivos personalizados, sujeitos ao direito português ou ao direito estrangeiro, que exerçam atividade ou pratiquem ato ou negócio jurídico em território nacional que determine a obtenção de um número de identificação fiscal (NIF) em Portugal;

b) As representações de pessoas coletivas internacionais ou de direito estrangeiro que exerçam atividade em Portugal;

c) Outras entidades que, prosseguindo objetivos próprios e atividades diferenciadas das dos seus associados, não sejam dotadas de personalidade jurídica;

d) Os instrumentos de gestão fiduciária registados na Zona Franca da Madeira (*trusts*);

e) As sucursais financeiras exteriores registadas na Zona Franca da Madeira.

2 – Estão ainda sujeitos ao RCBE, quando não se enquadrem no número anterior, os fundos fiduciários e os outros centros de interesses coletivos sem personalidade jurídica com uma estrutura ou funções similares, sempre que:

a) O respetivo administrador fiduciário (*trustee*), o responsável legal pela respetiva gestão ou a pessoa ou entidade que ocupe posição similar seja uma entidade obrigada na aceção da Lei nº 83/2017, de 18 de agosto;

b) Aos mesmos seja atribuído um NIF pela Autoridade Tributária e Aduaneira (AT), nos termos previstos no Decreto-Lei nº 14/2013, de 28 de janeiro;

c) Estabeleçam relações de negócio ou realizem transações ocasionais com entidades obrigadas na aceção da Lei nº 83/2017, de 18 de agosto; ou

d) O respetivo administrador fiduciário, o responsável legal pela respetiva gestão ou a pessoa ou entidade que ocupe posição similar, atuando em qualquer dessas qualidades, estabeleçam relações de negócio ou realizem transações ocasionais com entidades obrigadas na aceção da Lei nº 83/2017, de 18 de agosto.

ARTIGO 4º
Exclusão do âmbito de aplicação

Excluem-se do âmbito de aplicação do presente regime:

a) As missões diplomáticas e consulares, bem como os organismos internacionais de natureza pública reconhecidos ao abrigo de convénio internacional de que o Estado Português seja parte, instituídos ou com acordo sede em Portugal;

b) Os serviços e as entidades dos subsetores da administração central, regional ou local do Estado;

c) As entidades administrativas independentes, designadamente, as que têm funções de regulação da atividade económica dos setores privado, público e cooperativo, abrangidas pela Lei nº 67/2013, de 28 de agosto, alterada pela Lei nº 12/2017, de 2 de maio, bem como as que funcionam junto da Assembleia da República;

d) O Banco de Portugal e a Entidade Reguladora para a Comunicação Social;

e) As sociedades com ações admitidas à negociação em mercado regulamentado, sujeitas a requisitos de divulgação de informações consentâneos com o direito da União Europeia ou sujeitas a normas internacionais equivalentes, que garantam suficiente transparência das informações relativas à titularidade das ações;

f) Os consórcios e os agrupamentos complementares de empresas;

g) Os condomínios, quanto a edifícios ou a conjuntos de edifícios que se encontrem constituídos em propriedade horizontal, desde que se verifiquem os seguintes requisitos cumulativos:

i) O valor patrimonial global, incluindo as partes comuns e tal como determinado nos termos da normas tributárias aplicáveis, não exceda o montante de € 2 000 000; e

ii) Não seja detida uma permilagem superior a 50% por um único titular, por contitulares ou por pessoa ou pessoas singulares que, de acordo com os índices e critérios de controlo previstos na Lei nº 83/2017, de 18 de agosto, se devam considerar seus beneficiários efetivos.

CAPÍTULO II
Declaração do beneficiário efetivo

ARTIGO 5º
Dever de declarar

1 – Sem prejuízo do disposto nos números seguintes, constitui dever das entidades indicadas no artigo 3º declarar, nos momentos previstos e com a periodicidade fixada no presente regime, informação suficiente, exata e atual sobre os seus beneficiários efetivos, todas as circunstâncias indiciadoras dessa qualidade e a informação sobre o interesse económico nelas detido.

2 – Relativamente às entidades referidas na alínea *d*) do nº 1 e no nº 2 do artigo 3º, o dever previsto no número anterior cabe à pessoa singular ou coletiva que atue na qualidade de administrador fiduciário ou, quando este não exista, ao administrador de direito ou de facto.

3 – A parte final do disposto no número anterior é aplicável, com as necessárias adaptações, às demais entidades referidas no nº 1 do artigo 3º

ARTIGO 6º
Legitimidade para declarar

1 – Têm legitimidade para efetuar a declaração prevista no artigo anterior:

a) Os membros dos órgãos de administração das sociedades ou as pessoas que desempenhem funções equivalentes noutras pessoas coletivas;

b) As pessoas singulares que atuem nas qualidades referidas nos nºs 2 e 3 do artigo anterior.

2 – Sem prejuízo da legitimidade estabelecida na alínea *a*) do número anterior, a declaração do beneficiário efetivo pode sempre ser efetuada pelos membros fundadores das pessoas coletivas através de procedimentos especiais de constituição imediata ou online.

ARTIGO 7º
Representação

A declaração pode ainda ser efetuada por:

a) Advogados, notários e solicitadores, cujos poderes de representação se presumem;

b) Contabilistas certificados, em decorrência da declaração de início de atividade ou quando estiver associada ao cumprimento da obrigação de entrega da Informação Empresarial Simplificada.

ARTIGO 8º
Conteúdo da declaração

1 – A declaração do beneficiário efetivo deve conter a informação relevante sobre:

a) A entidade sujeita ao RCBE;

b) No caso de sociedades comerciais, a identificação dos titulares do capital social, com discriminação das respetivas participações sociais;

c) A identificação dos gerentes, administradores ou de quem exerça a gestão ou a administração da entidade sujeita ao RCBE;

d) Os beneficiários efetivos;

e) O declarante.

2 – Nos casos dos instrumentos de gestão fiduciária registados na Zona Franca da Madeira, dos outros fundos fiduciários sujeitos ao RCBE e dos demais centros de interesses coletivos sem personalidade jurídica com uma estrutura ou funções similares àqueles fundos fiduciários, além da informação sobre a entidade e o declarante, deve ser objeto de declaração a informação sobre:

a) O fundador ou instituidor;

b) O administrador ou os administradores fiduciários e, se aplicável, os respetivos substitutos, quando sejam pessoas singulares;

c) Os representantes legais do administrador ou dos administradores fiduciários, quando estes sejam pessoas coletivas;

d) O curador, se aplicável;

e) Os beneficiários e, quando existam, os respetivos substitutos, sem prejuízo do disposto no número seguinte;

f) Qualquer outra pessoa singular que exerça o controlo efetivo.

3 – Quando as pessoas que beneficiam do fundo fiduciário ou do centro de interesses coletivos sem personalidade jurídica ainda não tiverem sido determinadas, devem ser objeto de declaração todas as circunstâncias que permitam a identificação da categoria ou das categorias de pessoas em cujo interesse principal o fundo fiduciário ou o centro de interesses coletivos sem personalidade jurídica foi constituído ou exerce a sua atividade.

4 – A informação relativa à entidade sujeita ao RCBE pode, sempre que possível e quando estiverem reunidas as condições técnicas, ser validada por recurso às bases de dados da Administração Pública.

ARTIGO 9º
Dados recolhidos na declaração

1 – Na declaração do beneficiário efetivo são recolhidos os seguintes dados:

a) Quanto à entidade ou aos titulares de participações sociais que sejam pessoas coletivas:

iii) O número de identificação de pessoa coletiva (NIPC) atribuído em Portugal pela autoridade competente e, tratando-se de entidade não residente, o NIF ou número equivalente emitido pela autoridade competente da jurisdição de residência, caso exista;

ii) A firma ou denominação;

iii) A natureza jurídica;

iv) A sede, incluindo a jurisdição de registo, no caso das entidades estrangeiras;

v) O código de atividade económica (CAE);

vi) O identificador único de entidades jurídicas (*Legal Entity Identifier*), quando aplicável; e

vii) O endereço eletrónico institucional.

b) Relativamente ao beneficiário efetivo e às pessoas singulares referidas nos nºs 1 e 2 do artigo anterior:

i) O nome completo;

ii) A data de nascimento;

iii) A naturalidade;

iv) A nacionalidade ou as nacionalidades;

v) A morada completa de residência permanente, incluindo o país;

vi) Os dados do documento de identificação;

vii) O NIF, quando aplicável, e, tratando-se de cidadão estrangeiro, o NIF emitido pelas autoridades competentes do Estado, ou dos Estados, da sua nacionalidade, ou número equivalente;

viii) O endereço eletrónico de contacto, quando exista.

c) Relativamente ao declarante:

i) O nome;

ii) A morada completa de residência permanente ou do domicílio profissional, incluindo o país;

iii) Os dados do documento de identificação ou da cédula profissional;

iv) O NIF, quando aplicável;

v) A qualidade em que atua;

vi) O endereço eletrónico de contacto, quando exista.

2 – Sempre que a pessoa ou as pessoas indicadas como beneficiários efetivos sejam não residentes em Portugal, deve adicionalmente ser identificado o seu representante fiscal, caso exista, com o nome, a morada completa e o NIF.

3 – A informação sobre o beneficiário efetivo, bem como sobre as pessoas a que se referem as alíneas *e*) e *f*) do nº 2 do artigo anterior, inclui sempre as circunstâncias indiciadoras dessa qualidade e do interesse económico detido.

4 – A informação sobre as circunstâncias indiciadoras da qualidade de beneficiário efetivo e o interesse detido deve incluir a respetiva fonte, mediante a indicação da base de dados da Administração Pública, designadamente, a do registo comercial ou, quando tal não seja possível, por junção de documento bastante.

ARTIGO 10º
Conteúdo especial quanto a fundos fiduciários ou a centros de interesses coletivos sem personalidade jurídica

No caso dos instrumentos de gestão fiduciária registados na Zona Franca da Madeira, dos outros fundos fiduciários sujeitos ao RCBE e dos demais centros de interesses coletivos sem personalidade jurídica com uma estrutura ou funções similares àqueles fundos fiduciários, devem ser objeto de declaração, relativamente ao fundo fiduciário ou ao centro de interesses coletivos sem personalidade jurídica, os seguintes elementos:

a) O NIPC ou o NIF atribuído em Portugal pelas autoridades competentes ou, na sua ausência e desde que a sua obtenção em território nacional não seja obrigatória para efeitos do exercício de atividade, um número funcional equivalente emitido pela jurisdição de residência, caso exista;

b) O nome e a identificação;

c) A data da constituição e a duração, quando determinada, bem como a data e a natureza dos respetivos factos modificativos e extintivos;

d) O objeto ou o tipo;

e) A lei reguladora;

f) Os bens que integram o fundo fiduciário ou o centro de interesses coletivos sem personalidade jurídica;

g) A denominação e a sede do administrador fiduciário, quando não se trate de pessoa singular;

h) Os direitos e as obrigações dos administradores fiduciários entre si, em caso de exercício plural;

i) Os elementos previstos nas alíneas *a*) e *b*) relativos à sociedade gestora, quando aplicável.

ARTIGO 11º
Forma da declaração

1 – A obrigação declarativa é cumprida através do preenchimento e submissão de um formulário eletrónico, a definir por portaria dos membros do Governo responsáveis pelas áreas das finanças e da justiça, que estabelece igualmente os termos em que as circunstâncias indiciadoras da qualidade de beneficiário efetivo, previstas na Lei nº 83/2017, de 18 de agosto, devem ser consideradas no preenchimento da obrigação declarativa.

2 – Em alternativa, a declaração do beneficiário efetivo pode ser efetuada num serviço de registo, mediante o preenchimento eletrónico assistido, conjuntamente com o pedido de registo comercial ou de inscrição de qualquer facto no Ficheiro Central de Pessoas Coletivas.

ARTIGO 12º
Momento da declaração inicial

1 – Sem prejuízo dos casos especialmente previstos no presente regime, a declaração inicial do beneficiário efetivo é sempre efetuada com o registo de constituição da sociedade ou com a primeira inscrição no Ficheiro Central de Pessoas Coletivas, consoante se trate ou não de entidade sujeita a registo comercial.

2 – Quando uma entidade que se encontre originariamente excluída do dever de declaração de beneficiário efetivo fique sujeita ao cumprimento desse dever, nomeadamente em virtude de qualquer ocorrência que altere as situações de exclusão previstas no artigo 4º, deve proceder à declaração de beneficiário efetivo, incluindo as alterações decorridas desde o momento da cessação da exclusão, no mais curto prazo possível, sem nunca exceder um mês, contado a partir da data do facto que determina a sujeição a registo.

ARTIGO 13º
Declaração inicial quanto a fundos fiduciários ou a centros de interesses coletivos sem personalidade jurídica

1 – Para efeitos do disposto na alínea *a*) do nº 2 do artigo 3º, a declaração inicial é efetuada antes da prestação de quaisquer serviços que consistam na atuação como administrador fiduciário, administrador de direito ou de facto, por parte de entidade sujeita ao RCBE, a quem compita o exercício do dever de declaração previsto no artigo 5º

2 – Para efeitos do disposto na alínea *b*) do nº 2 do artigo 3º, a declaração inicial é efetuada no prazo máximo de 30 dias após a atribuição do NIF pela AT.

3 – Para efeitos do disposto nas alíneas *c*) e *d*) do nº 2 do artigo 3º, a declaração inicial é efetuada antes do estabelecimento da relação de negócio ou da realização de uma transação ocasional, com exceção dos casos em que a entidade responsável pela declaração faça prova, junto da entidade obrigada, do cumprimento anterior da obrigação declarativa.

4 – Para efeitos do disposto nos números anteriores, as entidades obrigadas fazem depender, consoante os casos, o estabelecimento da relação de negócio ou a realização da transação ocasional do cumprimento da obrigação declarativa inicial, devendo efetuar a comunicação prevista no artigo 26º sempre que a entidade sujeita ao RCBE não lhes apresente prova do cumprimento daquela obrigação no prazo de 10 dias.

5 – No caso das entidades obrigadas, o cumprimento do disposto no número anterior processa-se de acordo com o previsto na Lei nº 83/2017, de 18 de agosto.

ARTIGO 14º
Atualização da informação

1 – A informação constante no RCBE deve ser atualizada no mais curto prazo possível, sem nunca exceder 30 dias, contados a partir da data do facto que determina a alteração.

2 – Sempre que possível, a informação respeitante à entidade pode ser atualizada mediante comunicação automática a partir das bases de dados da Administração Pública.

3 – No momento da extinção, dissolução ou cessação, de facto ou de direito, da entidade deve ser cumprido o dever de declaração de todas as alterações ocorridas quanto aos respetivos beneficiários efetivos.

4 – O disposto no nº 1 não é aplicável a entidades estrangeiras que desenvolvam em Portugal atos ocasionais, cuja obrigação declarativa de beneficiário deve ser cumprida de cada vez que seja praticado um ato.

ARTIGO 15º
Confirmação anual da informação

1 – A confirmação da exatidão, suficiência e atualidade da informação sobre o beneficiário efetivo é feita através de declaração anual, até ao dia 15 do mês de julho.

2 – As entidades que devam apresentar a Informação Empresarial Simplificada efetuam a declaração anual a que se refere o número anterior juntamente com aquela.

ARTIGO 16º
Data da declaração

Considera-se como data da realização da declaração inicial, da declaração de confirmação anual ou da declaração de alterações a data da respetiva submissão por via eletrónica.

CAPÍTULO III
Procedimento

ARTIGO 17º
Validação da declaração

1 – A declaração apenas se considera validamente prestada quando respeite a entidade sujeita ao RCBE, nos termos do artigo 3º, e contenha todos os dados de preenchimento obrigatório.

2 – A falta dos requisitos referidos no número anterior impede a entrega da declaração.

ARTIGO 18º
Ingresso da informação no Registo Central do Beneficiário Efetivo

1 – A declaração do beneficiário efetivo é refletida no RCBE por transmissão eletrónica de dados, de acordo com a informação prestada no formulário a que se refere o nº 1 do artigo 11º, desde que tenha sido prestada por pessoa com legitimidade.

2 – A conclusão do procedimento é comunicada por correio eletrónico ao declarante e à entidade, desde que para o efeito tenha sido indicado um endereço válido.

3 – A forma dos atos e os procedimentos tendentes ao ingresso da informação no RCBE, bem como a respetiva disponibilização, são regulamentados por deliberação do conselho diretivo do IRN, I. P.

CAPÍTULO IV
Acesso

ARTIGO 19º
Informação pública

1 – É disponibilizada publicamente, em página eletrónica, a seguinte informação sobre os beneficiários efetivos das entidades societárias e demais pessoas coletivas que, de acordo com o disposto no artigo 3º, estejam sujeitas ao RCBE:

a) Relativamente à entidade, o NIPC ou o NIF atribuído em Portugal pelas autoridades competentes e, tratando-se de entidade estrangeira, o NIF emitido pela autoridade competente da respetiva jurisdição, a firma ou denominação, a natureza jurídica, a sede, o CAE, o identificador único de entidades jurídicas (*Legal Entity Identifier*), quando aplicável, e o endereço eletrónico institucional;

b) Relativamente aos beneficiários efetivos, o nome, o mês e o ano do nascimento, a nacionalidade, o país da residência e o interesse económico detido.

2 – O acesso ao RCBE é efetuado pelo NIPC ou NIF a que se refere a alínea *a*) do número anterior.

3 – A disponibilização referida no nº 1 é regulada em portaria dos membros do Governo responsáveis pelas áreas das finanças e da justiça.

ARTIGO 20º
Acesso pelas entidades obrigadas

1 – As entidades obrigadas acedem à informação prevista no nº 1 do artigo 8º e nos artigos 9º e 10º, com exceção dos dados relativos ao declarante, do qual as entidades obrigadas apenas acedem ao nome e à qualidade em que atua.

2 – O acesso à informação pode ser efetuado através de referência disponibilizada pela entidade sujeita ou através de autenticação no RCBE.

3 – A regulamentação dos procedimentos de autenticação consta de portaria do membro do Governo responsável pela área da justiça.

4 – A pesquisa é efetuada com base no NIPC da entidade e dos termos de pesquisa complementar elencados na portaria a que se refere o número anterior.

5 – Sem prejuízo do acesso à informação com base em referência disponibilizada pela entidade sujeita, a limitação do exercício da atividade ou profissão da entidade obrigada que implique a perda dessa qualidade determina a perda do direito de acesso ao RCBE.

6 – Todos os acessos efetuados devem ficar registados para fins de auditoria ao sistema, bem como para a generalidade das funções, operações, tarefas e finalidades inerentes às atribuições das autoridades de supervisão e fiscalização e das autoridades que prossigam fins em matéria de prevenção e investigação criminal, no âmbito da prevenção e do combate ao branqueamento de capitais e ao financiamento do terrorismo, e nas suas atividades de fiscalização e investigação, pelo prazo de cinco anos.

7 – Com a finalidade de garantir a proteção e a salvaguarda da informação do RCBE são realizados controlos aleatórios periódicos da legalidade das consultas, tentativas de consulta e auditorias de qualidade no âmbito da segurança da informação, cujos relatórios devem ser conservados por um período de 18 meses, findo o qual devem ser apagados.

ARTIGO 21º
Acesso pelas autoridades competentes

1 – As autoridades judiciárias, policiais e setoriais previstas na Lei nº 83/2017, de 18 de agosto, bem como a AT, acedem a toda a informação constante do RCBE, incluindo aos dados de auditoria previstos no nº 6 do artigo anterior, no âmbito das respetivas atribuições legais em matéria de prevenção e combate ao branqueamento de capitais e ao financiamento do terrorismo.

2 – Às autoridades públicas a que se refere o número anterior é permitido o acesso, o tratamento e a interconexão dos dados constantes do RCBE, no âmbito das respetivas atribuições legais em matéria de prevenção e combate ao branqueamento de capitais e ao financiamento do terrorismo, nos termos da Lei nº 83/2017, de 18 de agosto, incluindo para garantir a exatidão, exaustividade, atualidade e fiabilidade dos dados comunicados pelas entidades obrigadas, bem como para as finalidades que estejam autorizadas nos termos do direito nacional ou do direito da União Europeia.

3 – Todos os acessos efetuados devem ficar registados para fins de auditoria ao sistema pelo prazo de cinco anos.

ARTIGO 22º
Restrições especiais de acesso

1 – O acesso à informação sobre o beneficiário efetivo pode ser total ou parcialmente limitado quando se verifique que a sua divulgação é suscetível de expor a pessoa assim identificada ao risco de fraude, rapto, extorsão, violência ou intimidação, ou se o beneficiário efetivo for menor ou incapaz.

2 – A situação é avaliada caso a caso pelo presidente do conselho diretivo do IRN, I. P., se necessário precedida de avaliação de risco pelas autoridades competentes, na sequência de requerimento fundamentado do declarante, da pessoa indicada como beneficiário efetivo ou do seu representante legal, ou de indicação de qualquer entidade que prossiga fins de investigação criminal.

3 – A competência para decidir sobre a limitação do acesso à informação prevista no presente artigo pode ser delegada nos termos legais.

4 – A limitação prevista nos números anteriores não é aplicável ao acesso feito pelas instituições de crédito e sociedades financeiras, no cumprimento dos deveres preventivos previstos no artigo 11º da Lei nº 83/2017, de 18 de agosto, pelos conservadores e oficiais de registo, nem pelas autoridades a que se refere o artigo anterior.

ARTIGO 23º
Certidões e informações

Do RCBE podem ser extraídas certidões e informações, nos termos a regulamentar por portaria dos membros do Governo responsáveis pelas áreas das finanças e da justiça.

ARTIGO 24º
Cooperação internacional

As entidades referidas no artigo 21º facultam, em tempo útil e sem quaisquer custos associados, a informação pertinente existente no RCBE às entidades que exerçam competências idênticas em outros Estados-Membros da União Europeia, nos termos constantes das disposições em matéria de cooperação internacional previstas na Lei nº 83/2017, de 18 de agosto.

CAPÍTULO V
Retificação do Registo Central do Beneficiário Efetivo

ARTIGO 25º
Retificação oficiosa

1 – A retificação da informação pode ser efetuada por iniciativa do serviço competente para o RCBE quando se detete desconformidade entre o registo e a declaração, ou quando seja solicitada pelo declarante, com fundamento em erro na declaração.

2 – A retificação pode ser ainda efetuada com base em decisão judicial transitada em julgado.

ARTIGO 26º
Comunicação de inexatidões ou desconformidades ao RCBE

1 – A omissão, a inexatidão, a desconformidade ou a desatualização da informação constante do RCBE deve ser comunicada ao serviço competente para o RCBE por qualquer dos seguintes interessados:

a) A própria entidade sujeita ao RCBE;

b) As pessoas indicadas como beneficiários efetivos;

c) As autoridades que prossigam fins de investigação criminal, as autoridades de supervisão e fiscalização, a Unidade de Informação Financeira e a AT;

d) As entidades obrigadas, na aceção da Lei nº 83/2017, de 18 de agosto, quando detetem tais omissões, inexatidões, desconformidades ou desatualizações no exercício dos deveres preventivos a que se encontram sujeitas.

2 – Sem prejuízo do disposto no nº 1 do artigo anterior, sempre que seja comunicada uma inexatidão ou desconformidade da informação, que não pela entidade sujeita ao RCBE, o serviço competente notifica-a para, no prazo de 10 dias, proceder à sua retificação ou apresentar justificação que a dispense.

3 – A comunicação, a retificação e a justificação devem ficar consignadas no registo.

CAPÍTULO VI
Proteção de dados, conservação de registos e dados estatísticos

ARTIGO 27º
Finalidade da base de dados

A base de dados do RCBE tem por finalidade organizar e manter atualizada a informação relativa à pessoa ou às pessoas singulares que detêm, ainda que de forma indireta ou através de terceiro, a propriedade ou o controlo efetivo das entidades constantes do artigo 3º, com vista ao reforço da transparência nas relações comerciais e ao cumprimento dos deveres em matéria de prevenção e combate ao branqueamento de capitais e ao financiamento do terrorismo estabelecidos na Lei nº 83/2017, de 18 de agosto.

ARTIGO 28º
Entidade responsável pelo tratamento da base de dados

1 – O IRN, I. P., é o responsável pelo tratamento da base de dados, nos termos e para os efeitos definidos na Lei nº 67/98, de 26 de outubro, alterada pela Lei nº 103/2015, de 24 de agosto, sem prejuízo da responsabilidade que, nos termos da lei, incumbe aos trabalhadores dos registos.

2 – Cabe ao IRN, I. P., assegurar o direito de informação e de acesso aos dados pelos respetivos titulares, nos termos previstos no presente regime, bem como velar pela legalidade da consulta e da comunicação da informação.

3 – O IRN, I. P., deve adotar as medidas de segurança referidas no nº 1 do artigo 15º da Lei nº 67/98, de 26 de outubro, alterada pela Lei nº 103/2015, de 24 de agosto, designadamente, conferindo à base de dados do RCBE garantias de segurança necessárias a impedir a consulta, a modificação, a supressão, o acrescentamento ou a comunicação de dados por quem não esteja legalmente habilitado.

ARTIGO 29º
Dados recolhidos

1 – São objeto de tratamento automatizado os dados pessoais constantes dos artigos 9º e 10º referentes a pessoas singulares indicadas no artigo 8º, os quais são recolhidos a partir do formulário previsto no nº 1 do artigo 11º

2 – O formulário a que se refere o número anterior está dispensado das obrigações de informação estabelecidas no nº 2 do artigo 10º da Lei nº 67/98, de 26 de outubro, alterada pela Lei nº 103/2015, de 24 de agosto, ao abrigo do nº 5 da mesma disposição legal, por se tratar de dados que a lei sujeita a registo obrigatório.

ARTIGO 30º
Acesso, tratamento e interconexão de dados pessoais

1 – Os dados constantes da base de dados apenas são divulgados e comunicados às entidades identificadas no capítulo IV e nos termos previstos no presente regime, em conformidade com o disposto na Lei nº 67/98, de 26 de outubro, alterada pela Lei nº 103/2015, de 24 de agosto, designadamente o respeito pela finalidade da recolha dos dados.

2 – As entidades a que é permitido o acesso devem limitá-lo aos casos em que este seja necessário e não devem utilizar a informação para fins diversos dos que determinam a recolha.

3 – As entidades referidas no número anterior podem proceder ao tratamento e à interconexão dos dados constantes do RCBE, no âmbito das respetivas atribuições legais em matéria de prevenção e combate ao branqueamento de capitais e ao financiamento do terrorismo.

ARTIGO 31º
Direitos dos titulares dos dados

Aos titulares dos dados pessoais constantes no RCBE, incluindo ao beneficiário efetivo, são assegurados os direitos previstos na Lei nº 67/98, de 26 de outubro, alterada pela Lei nº 103/2015, de 24 de agosto, sem prejuízo do disposto no presente regime.

ARTIGO 32º
Dever de sigilo

Os responsáveis pelo tratamento de dados pessoais, bem como as pessoas que, no exercício das suas funções, tenham conhecimento dos dados pessoais registados na base de dados do RCBE, ficam obrigados a sigilo profissional, mesmo após o termo das suas funções.

ARTIGO 33º
Cancelamento do registo

1 – O cancelamento do registo da entidade é efetuado, no caso das entidades referidas no nº 1 do artigo 3º, com a extinção da entidade registada.

2 – No caso das entidades referidas no nº 2 do artigo 3º, o cancelamento do registo no RCBE é efetuado com o cancelamento do NIF ou do número equivalente funcional emitido por autoridade estrangeira.

3 – O cancelamento do registo da entidade é ainda efetuado em execução de decisão judicial transitada em julgado.

4 – O cancelamento nos termos dos números anteriores pode ser efetuado oficiosamente sempre que a informação seja diretamente disponibilizada ao RCBE.

5 – O cancelamento do registo determina que os dados deixem de ser públicos ou acedidos, com exceção da consulta pelas autoridades judiciárias, policiais e setoriais e pela AT.

ARTIGO 34º
Conservação dos dados

1 – Os dados pessoais podem ser conservados na base de dados durante 10 anos a contar da data do cancelamento do registo, sem prejuízo da sua conservação no âmbito de processos de investigação ou judiciais em curso.

2 – Sem prejuízo do disposto no número anterior, a perda da qualidade de beneficiário efetivo determina a passagem a arquivo histórico dos respetivos dados pessoais, que podem ser conservados durante 10 anos a contar da data da declaração de atualização da informação.

ARTIGO 35º
Informações para fins históricos, científicos ou estatísticos

A informação contida no RCBE pode ser divulgada para fins históricos, científicos ou estatísticos, desde que não possam ser identificáveis as pessoas a que respeita, mediante autorização do presidente do conselho diretivo do IRN, I. P.

CAPÍTULO VII
Fiscalização e sanções

ARTIGO 36º
Obrigatoriedade de comprovação de inscrição no RCBE

1 – A comprovação do registo e das respetivas atualizações de beneficiário efetivo pelas entidades constantes no RCBE deve ser exigida em todas as circunstâncias em que a lei obrigue à comprovação da situação tributária regularizada, sem prejuízo de outras disposições legais que determinem a exigência dessa comprovação.

2 – A comprovação do registo de beneficiário efetivo é concretizada mediante consulta eletrónica ao RCBE.

ARTIGO 37º
Incumprimento das obrigações declarativas

1 – Sem prejuízo de outras proibições legalmente previstas, enquanto não se verificar o cumprimento das obrigações declarativas e de retificação previstas no presente regime, é vedado às respetivas entidades:

a) Distribuir lucros do exercício ou fazer adiantamentos sobre lucros no decurso do exercício;

b) Celebrar contratos de fornecimentos, empreitadas de obras públicas ou aquisição de serviços e bens com o Estado, regiões autónomas, institutos públicos, autarquias locais e instituições particulares de solidariedade social maioritariamente financiadas pelo Orçamento do Estado, bem como renovar o prazo dos contratos já existentes;

c) Concorrer à concessão de serviços públicos;

d) Admitir à negociação em mercado regulamentado instrumentos financeiros representativos do seu capital social ou nele convertíveis;

e) Lançar ofertas públicas de distribuição de quaisquer instrumentos financeiros por si emitidos;

f) Beneficiar dos apoios de fundos europeus estruturais e de investimento e públicos;

g) Intervir como parte em qualquer negócio que tenha por objeto a transmissão da propriedade, a título oneroso ou gratuito, ou a constituição, aquisição ou alienação de quaisquer outros direitos reais de gozo ou de garantia sobre quaisquer bens imóveis.

2 – A falta de cumprimento das obrigações declarativas ou a falta de apresentação de justificação que as dispense após o decurso do prazo estipulado para o efeito, nos termos do nº 2 do artigo 26º, implica a publicitação no RCBE da situação de incumprimento pela entidade sujeita na página eletrónica prevista no artigo 19º

3 – Para o efeito do disposto na alínea g) do nº 1, o titulador procede à consulta do RCBE, fazendo constar do documento de recusa de titulação essa circunstância.

ARTIGO 38º
Responsabilidade criminal e civil

Quem prestar falsas declarações para efeitos de registo do beneficiário efetivo, para além da responsabilidade criminal em que incorre, nos termos do artigo 348º-A do Código Penal, responde civilmente pelos danos a que der causa.

CAPÍTULO VIII
Disposição final

ARTIGO 39º
Encargos

1 – O cumprimento da obrigação declarativa dentro do prazo é gratuito.

2 – O acesso à informação do RCBE, ao abrigo dos artigos 19º e 21º, é gratuito.

3 – O acesso à informação para fins diversos dos estritamente previstos nos artigos 19º e 21º, designadamente para fins históricos, estatísticos, científicos ou

de investigação, pode ser disponibilizado nos termos e nas condições a fixar em protocolo celebrado com o IRN, I. P., no qual se define o responsável pelo pagamento do custo efetivo do tratamento da informação, caso exista.

4 – A disponibilização de informação do RCBE, desde que sem referência às entidades a que respeita e a quaisquer dados pessoais, designadamente para fins históricos, estatísticos, científicos ou de investigação, fica sujeita ao pagamento de (encargos correspondentes ao custo efetivo do serviço.

5 – Os encargos respeitantes ao cumprimento da obrigação declarativa fora do prazo, ao preenchimento assistido da declaração, à disponibilização da informação e à emissão de certidões do RCBE são previstos no Regulamento Emolumentar dos Registos e do Notariado, aprovado pelo Decreto-Lei nº 322-A/2001, de 14 de dezembro.

Regime do Registo de Pessoas Coletivas Religiosas

Decreto-Lei nº 134/2003, de 28 de Junho

A Lei da Liberdade Religiosa, que foi aprovada pela Lei nº 16/2001, de 22 de Junho, prevê a publicação de diplomas que regulamentem o registo das pessoas colectivas religiosas e a Comissão da Liberdade Religiosa.

O XV Governo Constitucional, em cumprimento do seu Programa, deu início ao procedimento legislativo conducente à regulamentação do registo das pessoas colectivas religiosas.

No que se refere à questão do organismo competente, entendeu-se como mais adequado enquadrá-lo na Direcção-Geral dos Registos e do Notariado, do Ministério da Justiça, tendo em conta a seriedade e a dignidade atribuídas a este sistema de registos. Por outro lado, considerando o número de entidades a registar e o tipo de informação aí contida, o registo das pessoas colectivas religiosas deve ser inserido no Registo Nacional de Pessoas Colectivas.

Foi prestada especial atenção à protecção dos dados do registo, nomeadamente os relativos às pessoas individuais. Adoptou-se, por isso, o regime do Registo Nacional de Pessoas Colectivas, permitindo o acesso à informação patrimonial nos termos desse regime e proibindo a transmissão dos dados a terceiro, salvo autorização prévia escrita do director-geral dos Registos e do Notariado.

Foi também estabelecida a regra de que a recusa da inscrição por violação dos limites constitucionais da liberdade religiosa só pode ser decidida após emissão de parecer vinculativo da Comissão da Liberdade Religiosa.

Os procedimentos necessários à concretização do registo das pessoas colectivas religiosas já em curso aconselham que a entrada em vigor do presente diploma ocorra no último trimestre do ano em curso, de modo que, por um lado, as diversas pessoas colectivas religiosas possam adaptar-se ao novo regime e, por outro, que sejam finalizadas e testadas as aplicações necessárias ao sistema.

Neste contexto, o Governo aprovará também o diploma que regulamenta a Comissão da Liberdade Religiosa, organismo fundamental para um correcto funcionamento do sistema ora instituído e já previsto na citada Lei da Liberdade Religiosa.

No que se refere à tributação emolumentar, a regular em decreto-lei de revisão do Regulamento Emolumentar dos Registos e do Notariado actualmente em vigor, pretende-se reduzir a metade os valores normalmente cobrados, atendendo ao interesse público no registo das entidades em causa, cuja tutela especial do Estado se funda no direito à liberdade religiosa constitucionalmente consagrado.

O regime transitório, de grande importância para centenas de associações religiosas, orientou-se pelo respeito das situações estabelecidas previamente à Lei nº 16/2001, de 22 de Junho. Deste modo, é mantida a personalidade jurídica das associações actualmente registadas nos governos civis ou na Secretaria-Geral do Ministério da Justiça. Estas associações devem apenas requerer a conversão do seu registo no prazo de três anos a contar da entrada em vigor deste diploma. Decorrido este prazo, serão extintos os serviços de registo de associações religiosas não católicas nos governos civis e na Secretaria-Geral do Ministério da Justiça.

Foram consultadas diversas confissões e associações religiosas.

Foram ainda ouvidas a Comissão Nacional de Protecção de Dados e a Comissão do Tempo de Emissão das Confissões Religiosas.

Assim:

Nos termos da alínea *a*) do nº 1 do artigo 198º da Constituição, o Governo decreta o seguinte:

CAPÍTULO I
Objecto e âmbito pessoal do registo

ARTIGO 1º
Objecto

1 – É criado o registo de pessoas colectivas religiosas (RPCR), no âmbito da competência funcional do Registo Nacional de Pessoas Colectivas (RNPC).

2 – O registo de pessoas colectivas religiosas é constituído por uma base de dados informatizados contendo informação organizada e actualizada destinada à identificação das entidades religiosas e à publicitação da sua situação jurídica.

3 – Sem prejuízo do disposto no nº 1 do artigo 20º, a inscrição no RPCR tem por efeito a atribuição de personalidade jurídica.

ARTIGO 2º
Âmbito pessoal do registo

Podem inscrever-se no RPCR:

a) As igrejas e demais comunidades religiosas de âmbito nacional ou, em sua vez, as organizações representativas dos crentes residentes em território nacional;

b) As igrejas e demais comunidades religiosas de âmbito regional ou local;

c) Os institutos de vida consagrada e outros institutos, com a natureza de associações ou de fundações, fundados ou reconhecidos pelas pes soas colectivas referidas nas alíneas *a*) e *b*) para a prossecução de fins religiosos;

d) As federações ou as associações de pessoas colectivas referidas nas alíneas anteriores.

CAPÍTULO II
Requisitos e formalidades de inscrição

ARTIGO 3º
Requisitos gerais de inscrição no registo

O pedido de inscrição no registo é formalizado por escrito e instruído com os estatutos da entidade requerente e qualquer outra documentação que permita inscrever:

a) O nome, que deve permitir distingui-la de qualquer outra pessoa colectiva religiosa existente em Portugal;

b) A constituição, instituição ou estabelecimento em Portugal da organização correspondente à igreja ou comunidade religiosa ou o acto de constituição ou fundação e, eventualmente, também o de reconhecimento da pessoa colectiva religiosa;

c) A sede em Portugal;

d) Os fins religiosos;

e) Os bens ou serviços que integram ou devem integrar o património;

f) As disposições sobre formação, composição, competência e funcionamento dos seus órgãos;

g) As disposições sobre a extinção da pessoa colectiva;

h) O modo de designação e os poderes dos seus representantes;

i) A identificação dos titulares dos órgãos dirigentes em efectividade de funções e dos representantes e a especificação da competência destes últimos.

ARTIGO 4º
Inscrição de igrejas ou comunidades religiosas

A inscrição das igrejas ou comunidades religiosas de âmbito nacional, ou de âmbito regional ou local quando não sejam criadas ou reconhecidas pelas anteriores, é instruída adicionalmente com prova documental:

a) Dos princípios gerais da doutrina e da descrição geral de prática religiosa e dos actos de culto e, em especial, dos direitos e deveres dos crentes relativamente à igreja ou comunidade religiosa, devendo ainda ser apresentado um sumário de todos estes elementos;

b) Da sua existência em Portugal, com especial incidência sobre os factos que atestam a sua presença social organizada, a prática religiosa e a duração em Portugal.

ARTIGO 5º
Inscrição de organização representativa dos crentes residentes em território nacional

1 – As igrejas e comunidades religiosas que tenham âmbito supranacional podem instituir uma organização representativa dos crentes residentes no território nacional, que requererá a sua própria inscrição no registo, em vez da inscrição da parte da igreja ou comunidade religiosa existente no território nacional.

2 – A inscrição está sujeita às mesmas condições da inscrição de igrejas ou comunidades religiosas de âmbito nacional.

ARTIGO 6º
Registo de radicação no País

1 – A qualificação de uma igreja ou comunidade religiosa como radicada no País, através de atestado emitido pelo Ministro da Justiça, é averbada à respectiva inscrição de pessoa colectiva religiosa.

2 – O averbamento a que se refere o número anterior é pedido pela entidade interessada através de requerimento escrito instruído com o atestado referido no número anterior.

ARTIGO 7º
Diligências instrutórias complementares

1 – No caso de o requerimento de inscrição estar insuficientemente instruído, o requerente é notificado para suprir as faltas no prazo de 60 dias.

2 – Com vista à prestação de esclarecimentos ou de provas adicionais, o requerente pode ser notificado para uma audiência da Comissão da Liberdade Religiosa, especificando-se a matéria e a ordem de trabalhos.

3 – Qualquer das notificações previstas nos números anteriores deve ser feita no prazo de 90 dias após a recepção do requerimento de inscrição.

ARTIGO 8º
Parecer da Comissão da Liberdade Religiosa

O RNPC pode requerer à Comissão da Liberdade Religiosa a emissão de parecer sobre qualquer requerimento de inscrição de pessoa colectiva religiosa no RPCR que lhe ofereça dúvidas de admissibilidade.

ARTIGO 9º
Recusa de inscrição

1 – A inscrição no RPCR só pode ser recusada por:

a) Falta dos requisitos legais;

b) Falsificação de documento;

c) Violação dos limites constitucionais da liberdade religiosa.

2 – A intenção de recusa de inscrição é comunicada pelo RNPC à entidade requerente, acompanhada dos fundamentos da recusa, para que esta se pronuncie, querendo, no prazo de 30 dias.

3 – A intenção de recusa de inscrição fundada na aplicação do número anterior é comunicada pelo RNPC, de modo fundamentado e acompanhada da oposição do requerente, quando esta exista, à Comissão da Liberdade Religiosa, só podendo ser proferida decisão definitiva da inscrição após a emissão de parecer, vinculativo, por parte daquela entidade.

ARTIGO 10º
Obrigatoriedade da inscrição

1 – Decorrido o prazo de um ano sobre a apresentação do requerimento de inscrição sem que esta última tenha sido efectuada e sem que o requerente tenha sido notificado por carta registada da sua recusa, a inscrição é obrigatoriamente efectuada, a título oficioso.

2 – O prazo referido no número anterior, no caso da inscrição de igrejas ou comunidades religiosas ou de respectiva organização representativa, é suspenso pelo prazo do suprimento das faltas ou da audiência previsto no artigo 7º.

ARTIGO 11º
Modificação dos elementos da inscrição

1 – As modificações dos elementos da inscrição da pessoa colectiva religiosa devem ser comunicadas ao registo através de requerimento escrito e no prazo de 90 dias a contar da sua verificação.

2 – O RNPC pode averbar oficiosamente as modificações dos elementos da inscrição que não lhe tenham sido comunicados no prazo referido no número anterior.

3 – Da intenção de averbamento oficioso será dado conhecimento à pessoa inscrita a fim de que esta se possa pronunciar, no prazo de 30 dias.

ARTIGO 12º
Extinção das pessoas colectivas religiosas

1 – A extinção da pessoa colectiva religiosa implica o cancelamento da inscrição no respectivo registo.

2 – A extinção da pessoa colectiva deve ser comunicada ao RPCR, aplicando-se o disposto no artigo anterior.

CAPÍTULO III
Actos de registo

ARTIGO 13º
Termos em que são feitos os registos

1 – As inscrições e os averbamentos são efectuados por extracto.

2 – Sempre que a extensão das menções a efectuar o justifique, o extracto do registo pode remeter, por forma parcial ou total, para os documentos depositados que servem de base àquele.

ARTIGO 14º
Depósito

1 – Nenhum acto sujeito a registo pode ser lavrado sem que os respectivos documentos se encontrem depositados na pasta própria.

2 – A omissão ou a deficiência da inscrição ou averbamento não prejudica os efeitos atribuídos por lei ao registo desde que o depósito dos respectivos documentos esteja efectuado.

CAPÍTULO IV
Identificação

ARTIGO 15º
Número de identificação

Às pessoas colectivas religiosas inscritas no RPCR é atribuído pelo RNPC um número de identificação próprio, aplicando-se o disposto nos artigos 13º a 15º do regime do RNPC, aprovado pelo Decreto-Lei nº 129/98, de 13 de Maio, com as devidas adaptações.

ARTIGO 16º
Cartão de identificação

A emissão de cartão de identificação das pessoas colectivas religiosas rege-se, com as necessárias adaptações, pela legislação específica relativa à emissão de cartão de identificação fiscal de pessoa colectiva ou entidade equiparada.

CAPÍTULO V
Denominações

ARTIGO 17º
Admissibilidade de denominações

1 – A admissibilidade das denominações das pessoas colectivas religiosas rege-se, com as necessárias adaptações, pelos princípios gerais e pelas regras especiais constantes dos artigos 32º a 35º e 36º, nº 3, do regime do RNPC.

2 – Para efeitos do disposto no número anterior, deve entender-se como referido ao RPCR o registo previsto no nº 1 do artigo 35º do mesmo regime.

3 – São igualmente aplicáveis, com as necessárias adaptações, as regras do regime referido nos números anteriores relativas à informação sobre viabilidade de

denominação e reserva de denominação, bem como, nos casos de entidades cuja constituição seja formalizada em acto público previamente ao registo no RPCR, as regras do mesmo regime que regulam o certificado de admissibilidade de denominação.

4 – O uso da denominação por parte das pessoas colectivas religiosas inscritas no RPCR está sujeito ao artigo 60º, à alínea *b*) do nº 1 do artigo 61º e ao artigo 62º do regime referido nos números anteriores, aplicáveis com as necessárias adaptações.

CAPÍTULO VI
Protecção e comunicação dos dados

ARTIGO 18º
Protecção e comunicação de dados

1 – Os dados constantes do RPCR estão sujeitos ao previsto nos artigos 21º a 31º do regime do RNPC, com as devidas adaptações e salvo o disposto nos números seguintes.

2 – Sem prejuízo do acesso, para efeitos fiscais, à informação de natureza patrimonial nos termos da alínea *a*) do artigo 21º do regime do RNPC, os dados comunicados não podem ser transmitidos a outros terceiros, salvo interesse especialmente atendível e mediante autorização escrita do director-geral dos Registos e do Notariado, ouvida a Comissão da Liberdade Religiosa.

3 – A Comissão da Liberdade Religiosa beneficia de especial prioridade na comunicação de dados que sejam requeridos no cumprimento das atribuições daquela entidade, nomeadamente através do estabelecimento de linha de comunicação de dados ou através de cedência regular de cópias parciais da base de dados informatizados do RPCR.

4 – O estabelecimento de linha de comunicação de dados ou a possibilidade de cedência regular de cópias parciais da base de dados informatizados do RPCR depende da celebração de protocolo entre a Direcção-Geral dos Registos e do Notariado e a Comissão da Liberdade Religiosa e do envio de cópia deste à Comissão Nacional de Protecção de Dados.

CAPÍTULO VII
Disposições finais e transitórias

ARTIGO 19º
Direito subsidiário

São aplicáveis ao RPCR, com as necessárias adaptações e na medida do indispensável ao preenchimento das lacunas da regulamentação própria, as disposições do regime do RNPC e as normas aplicáveis ao registo comercial que não sejam contrárias aos princípios enformadores do presente diploma.

ARTIGO 20º
Registos e requerimentos de registo anteriores à vigência deste regime

1 – As confissões religiosas e as associações religiosas não católicas inscritas nos governos civis ou na Secretaria-Geral do Ministério da Justiça em momento anterior ao do início de vigência da Lei nº 16/2001, de 22 de Junho, conservam a sua personalidade jurídica.

2 – As confissões religiosas e as associações religiosas não católicas referidas no número anterior podem requerer a sua conversão em pessoa colectiva religiosa, verificando-se o preenchimento dos requisitos previstos, no prazo de três anos desde a entrada em vigor do presente diploma.

3 – O requerimento de conversão é dirigido à Secretaria-Geral do Ministério da Justiça, que, verificando o preenchimento dos requisitos legais, o remete oficiosamente ao RNPC, acompanhado do processo respectivo.

4 – Decorrido o prazo referido no nº 2 sem que a conversão tenha sido requerida pela forma e sob as condições previstas nos números anteriores, a Secretaria-Geral do Ministério da Justiça remete ao RNPC o processo respeitante à inscrição da entidade religiosa naquele serviço, constituído por cópias certificadas dos registos lavrados e pelos documentos que serviram de base a estes últimos, a fim de a mesma entidade ser oficiosamente inscrita no ficheiro central de pessoas colectivas, se antes o não tiver sido, nos termos regulados pelo regime do RNPC.

5 – Passado o prazo previsto no nº 2, é extinto o actual registo de confissões religiosas e associações religiosas não católicas do Ministério da Justiça.
(Redacção dada pelo Decreto-Lei nº 114/2011, de 30-11)

ARTIGO 21º
Emolumentos

Pelos actos praticados no RNPC no âmbito do RPCR são devidos os emolumentos fixados no regulamento respectivo.

ARTIGO 22º
Entrada em vigor

O presente diploma entra em vigor no dia 1 de Dezembro de 2003.

Registo de Pessoas Jurídicas Canónicas

Decreto-Lei nº 19/2015, de 3 de fevereiro

O presente decreto-lei institui o Registo de Pessoas Jurídicas Canónicas, dando cumprimento a uma das obrigações constantes da Concordata celebrada entre a República Portuguesa e a Santa Sé, em 18 de maio de 2004.

Com este registo pretende-se organizar e manter atualizada a informação sobre a identificação das entidades canónicas, bem como dar publicidade à sua situação jurídica, por forma a que todos os interessados possam ter um conhecimento sistemático da informação atinente a estas entidades.

A instituição deste registo aproveita toda a informação relativa às entidades canónicas já inscrita no Registo Nacional de Pessoas Coletivas, garantindo-se consequentemente a manutenção dos atos jurídicos já praticados até à presente data e o regular funcionamento das instituições desta natureza.

Foi promovida a consulta da Santa Sé, em conformidade com o artigo 32º da Concordata, e foram ouvidas a Conferência Episcopal Portuguesa e a Comissão Paritária, nos termos do artigo 29º do mesmo diploma.

Foi ouvido o Conselho Superior de Magistratura.

Foi promovida a audição do Conselho Superior do Ministério Público.

Assim:

Nos termos da alínea *a*) do nº 1 do artigo 198º da Constituição, o Governo decreta o seguinte:

CAPÍTULO I
Disposições gerais

ARTIGO 1º
Objeto

O presente decreto-lei cria, no âmbito da competência funcional do Registo Nacional de Pessoas Coletivas (RNPC), o Registo de Pessoas Jurídicas Canónicas (RPJC).

ARTIGO 2º
Função do registo

O RPJC é constituído por uma base de dados informatizados, contendo informação organizada e atualizada destinada à identificação das entidades canónicas e à publicitação da sua situação jurídica.

ARTIGO 3º
Âmbito pessoal do registo

1 – Nos termos do artigo 10º da Concordata celebrada entre a República Portuguesa e a Santa Sé, em 18 maio de 2004, podem inscrever-se no RPJC os institutos de vida consagrada, as sociedades de vida apostólica e as restantes pessoas jurídicas canónicas assim reconhecidas pela autoridade eclesiástica competente.

2 – Para efeitos do presente decreto-lei são autoridade eclesiástica competente o Bispo Diocesano, para as pessoas jurídicas canónicas com sede na Diocese e de âmbito diocesano, e a Conferência Episcopal Portuguesa, para as pessoas jurídicas canónicas de âmbito nacional.

ARTIGO 4º
Efeitos do registo

Sem prejuízo do disposto no nº 1 do artigo 21º, a inscrição no RPJC tem por efeito a atribuição de personalidade jurídica às entidades nele inscritas.

CAPÍTULO II
Requisitos e formalidades de inscrição no registo

ARTIGO 5º
Requisitos gerais de inscrição no registo

O pedido de inscrição no RPJC é formalizado por escrito, em formulário próprio, pela autoridade eclesiástica competente e instruído com documento autêntico que comprove e permita inscrever:

a) A constituição como pessoa jurídica canónica em Portugal;

b) A denominação da pessoa jurídica canónica, que deve permitir distingui-la de qualquer outra pessoa jurídica canónica existente em Portugal;

c) A morada da sede da pessoa jurídica canónica em Portugal;

d) Os fins da pessoa jurídica canónica;

e) Os órgãos representativos da pessoa jurídica canónica e respetivas competências;

f) A autoridade eclesiástica proponente da pessoa jurídica canónica.

ARTIGO 6º
Diligências instrutórias complementares

Caso o documento referido no artigo anterior não contenha elementos suficientes que permitam o registo, o RNPC, no prazo de 10 dias, notifica a autoridade eclesiástica proponente da pessoa jurídica canónica para suprir as faltas no prazo de 30 dias.

ARTIGO 7º
Recusa de inscrição

1 – A inscrição no RPJC só pode ser recusada por:

a) Falta dos requisitos legais;

b) Manifesta falta de autenticidade do documento.

2 – A intenção de recusa de inscrição acompanhada dos respetivos fundamentos é comunicada, pelo RNPC, à autoridade eclesiástica proponente da pessoa jurídica canónica, para efeitos de esclarecimento e de eventual retificação, a fim de que esta se pronuncie, querendo, no prazo de 30 dias.

3 – Sem prejuízo do disposto no número anterior, a inscrição definitiva depende sempre da indicação dos elementos previstos no artigo 5º.

ARTIGO 8º
Modificação dos elementos da inscrição

1 – A modificação dos elementos da inscrição de pessoa jurídica canónica é comunicada ao RPJC pela autoridade eclesiástica competente, através de requerimento escrito, em formulário próprio, no prazo de dois meses a contar da sua ocorrência ou, quando exista, no prazo de validade do certificado de admissibilidade.

2 – O RNPC pode averbar oficiosamente os elementos da inscrição que não lhe tenham sido comunicados no prazo referido no número anterior.

3 – Da intenção de averbamento oficioso é dado conhecimento à autoridade eclesiástica competente a fim de que esta se possa pronunciar, querendo, no prazo de 30 dias.

ARTIGO 9º
Extinção das pessoas jurídicas canónicas

1 – A extinção de pessoa jurídica canónica implica o cancelamento da inscrição no respetivo registo.

2 – A extinção é comunicada no prazo de dois meses a contar da sua ocorrência, ao RPJC pela autoridade eclesiástica competente, através de formulário próprio, o qual é instruído com o documento comprovativo do facto.

CAPÍTULO III
Atos de registo

ARTIGO 10º
Termos em que são feitos os registos

1 – As inscrições e os averbamentos são efetuados por extrato.

2 – Sempre que a extensão das menções a efetuar o justifique, o extrato do registo pode remeter, parcial ou totalmente, para os documentos depositados que servem de base àquele.

3 – Quando estiverem reunidas as condições técnicas para o efeito, o arquivo dos documentos referidos nos números anteriores é efetuado em suporte eletrónico.

ARTIGO 11º
Depósito

1 – Nenhum ato sujeito a registo pode ser efetuado sem que os respetivos documentos se encontrem depositados na pasta própria.

2 – A omissão ou a deficiência da inscrição ou averbamento não prejudicam os efeitos atribuídos por lei ao registo desde que o depósito dos respetivos documentos tenha sido efetuado.

CAPÍTULO IV
Identificação e denominação

ARTIGO 12º
Número de identificação

À pessoa jurídica canónica inscrita no RPJC é atribuído pelo RNPC um número de identificação próprio, aplicando-se, com as necessárias adaptações, o disposto nos artigos 13º a 15º do Decreto-Lei nº 129/98, de 13 de maio, doravante regime do RNPC.

ARTIGO 13º
Cartão de identificação

A emissão de cartão de pessoa coletiva das pessoas jurídicas canónicas inscritas no RPJC rege-se, com as necessárias adaptações, pelo disposto nos artigos 1º a 16º, 39º e 40º do Decreto-Lei nº 247-B/2008, de 30 de dezembro.

ARTIGO 14º
Admissibilidade de denominações

1 – A admissibilidade das denominações das pessoas jurídicas canónicas rege-se, com as necessárias adaptações, pelos princípios gerais e pelas regras especiais constantes dos artigos 32º a 35º e do nº 3 do artigo 36º do regime do RNPC.

2 – Para efeitos do disposto no número anterior, deve entender-se como referido ao RPJC o registo previsto no nº 1 do artigo 35º do regime do RNPC.

3 – São igualmente aplicáveis, com as necessárias adaptações, as regras do regime do RNPC relativas à informação sobre viabilidade de denominação, bem como, nos casos de entidades cuja constituição seja formalizada em ato público previamente ao registo no RPJC, as regras do mesmo regime que regulam o certificado de admissibilidade de denominação.

4 – O uso da denominação por parte das pessoas jurídicas canónicas inscritas no RPJC fica sujeito, com as necessárias adaptações, aos artigos 60º e 62º do regime do RNPC.

5 – A decisão tomada no âmbito do processo de perda de denominação é comunicada à autoridade eclesiástica proponente da pessoa jurídica canónica.

CAPÍTULO V
Proteção e comunicação dos dados

ARTIGO 15º
Certidão permanente

Quando estiverem reunidas as condições técnicas para o efeito, a informação referente às entidades registadas no RPJC pode ser disponibilizada em suporte eletrónico e permanentemente atualizada, em termos a definir por portaria do membro do Governo responsável pela área da justiça.

ARTIGO 16º
Proteção e comunicação de dados

1 – Sem prejuízo do disposto nos números seguintes, os dados constantes do RPJC ficam sujeitos, com as necessárias adaptações, aos artigos 21º a 31º do regime do RNPC.

2 – Sem prejuízo do acesso, para efeitos fiscais, à informação nos termos da alínea *a*) do nº 1 do artigo 21º do regime do RNPC, os dados comunicados não podem ser transmitidos a terceiros, salvo existindo interesse especialmente atendível e mediante autorização escrita do presidente do conselho diretivo do Instituto dos Registos e do Notariado, I.P. (IRN, I.P.), ouvida a autoridade eclesiástica proponente da pessoa jurídica canónica.

3 – A autoridade eclesiástica proponente da pessoa jurídica canónica beneficia de especial prioridade na comunicação de dados constantes do RPJC que sejam requeridos no cumprimento das atribuições daquela entidade, através do estabelecimento de linha de comunicação de dados.

4 – O estabelecimento de linha de comunicação de dados depende da celebração de protocolo entre o IRN, I.P., e a autoridade eclesiástica proponente da pessoa jurídica canónica, e do envio de cópia deste, por via eletrónica, à Comissão Nacional de Proteção de Dados.

5 – A informação sobre o Número de Identificação de Pessoa Coletiva (NIPC), a denominação e o concelho da sede das pessoas jurídicas canónicas é de acesso público e gratuito, através do sítio na Internet com o endereço www.irn.mj.pt, mantido pelo IRN, I P., ou através de outro sítio que venha a ser designado em portaria do membro do Governo responsável pela área da justiça.

CAPÍTULO VI
Disposições complementares, transitórias e finais

ARTIGO 17º
Formulários

Os formulários referidos nos artigos 5º e 8º e no nº 2 do artigo 9º são aprovados por despacho do presidente do conselho diretivo do IRN, I.P., e são disponibilizados gratuitamente no sítio na Internet com o endereço www.irn.mj.pt.

ARTIGO 18º
Direito subsidiário

São aplicáveis ao RPJC, com as necessárias adaptações e na medida do indispensável ao preenchimento das lacunas da regulamentação própria, as disposições do regime do RNPC e as normas aplicáveis ao registo comercial que não sejam contrárias aos princípios enformadores do presente decreto-lei.

ARTIGO 19º
Alteração ao Decreto-Lei nº 322-A/2001, de 14 de dezembro

O artigo 8º do Decreto-Lei nº 322-A/2001, de 14 de dezembro, que aprova o Regulamento Emolumentar dos Registos e do Notariado, passa a ter a seguinte redação:

«Artigo 8º

[...]

1 – [...].

2 – [...].

3 – [...].

4 – [...].

5 – É gratuito o acesso pela autoridade eclesiástica proponente à base de dados do registo de pessoas jurídicas canónicas.

6 – *[Anterior nº 5]*.»

ARTIGO 20º
Alteração ao Regulamento Emolumentar dos Registos e do Notariado

O artigo 23º do Regulamento Emolumentar dos Registos e do Notariado, aprovado pelo Decreto-Lei nº 322-A/2001, de 14 de dezembro, passa a ter a seguinte redação:

«**Artigo 23º**

[...]

1 – [...].

2 – [...].

3 – [...].

4 – [...].

5 – [...].

6 – Registo de pessoas coletivas religiosas e de pessoas jurídicas canónicas:

6.1 – [...].

6.2 – [...].

6.3 – [...].

6.4 – [...].

6.5 – Pela urgência na realização do registo é devido o valor do emolumento correspondente ao ato.

6.6 – [...].

7 – [...].

8 – [...]:

8.1 – Acesso eletrónico, cópias totais ou parciais e informação para fins de investigação estatística da base de dados do ficheiro central de pessoas coletivas (FCPC), do registo de pessoas coletivas religiosas (RPCR) e do registo de pessoas jurídicas canónicas (RPJC).

8.1.1 – [...].

8.2 – Cópia total em suporte eletrónico da base de dados do FCPC, do RPCR ou do RPJC:

8.2.1 – [...];

8.2.2 – [...];

8.2.3 – Cópia parcial em suporte eletrónico da base de dados do FCPC, do RPCR ou do RPJC:

8.2.3.1 – [...];

8.2.3.2 – [...];

8.3 – [...];

8.4 – Por cada informação estatística disponível do FCPC, do RPCR ou do RPJC:

8.4.1 – [...];

8.4.2 – [...];

8.4.3 – [...].

9 – [...].

10 – [...].»

ARTIGO 21º
Disposição transitória

1 – As pessoas jurídicas canónicas já constituídas e participadas pelo Bispo da Diocese onde tenham a sua sede, ou pelo seu legítimo representante, à autoridade competente mantêm a sua personalidade jurídica.

2 – Todas as pessoas jurídicas canónicas que se encontrem atualmente inscritas no Ficheiro Central de Pessoas Coletivas são oficiosamente registadas no RPJC, devendo a autoridade eclesiástica competente enviar, para o efeito, a informação ou documentação a que se refere o artigo 5º, no prazo de um ano a contar da data de entrada em vigor do presente decreto-lei.

3 – Decorrido o prazo previsto no número anterior, o registo pode ainda ser efetuado pela autoridade eclesiástica competente, mediante exposição devidamente fundamentada.

ARTIGO 22º
Entrada em vigor

O presente decreto-lei entra em vigor no prazo de 120 dias a contar da sua publicação.

Visto e aprovado em Conselho de Ministros de 31 de dezembro de 2014. – *Pedro Passos Coelho – Paula Maria von Hafe Teixeira da Cruz.*

Promulgado em 23 de janeiro de 2015.

Publique-se.

O Presidente da República, ANÍBAL CAVACO SILVA.

Referendado em 27 de janeiro de 2015.

O Primeiro-Ministro, *Pedro Passos Coelho.*

Registo Automóvel

Documento Único Automóvel
Registo da Propriedade Automóvel
Regulamento do Registo de Automóveis
Promoção *Online* de Atos de Registo de Veículos

Documento Único Automóvel

Decreto-Lei nº 178-A/2005, de 28 de Outubro

O presente decreto-lei aprova o projecto «Documento único automóvel», criando o certificado de matrícula, que agrega a informação anteriormente constante do título de registo de propriedade e do livrete do veículo.

Trata-se do cumprimento de um compromisso eleitoral assumido pelo XVII Governo Constitucional, que corresponde à realização de uma tarefa há muito exigida e prometida. Com efeito, várias vezes e por diversos governos foi definida como prioridade a eliminação do título de registo de propriedade e do livrete do veículo, unificando a informação num único documento, sempre sem êxito.

O projecto «Documento único automóvel» constitui uma vantagem para o cidadão, que passa a dispor de um único suporte para a informação relativa ao veículo e à situação jurídica do mesmo. Mas as vantagens não se esgotam apenas na existência de título único.

Em primeiro lugar, permite-se que o cidadão possa resolver todas as questões relativas ao certificado de matrícula num único local – nos serviços desconcentrados da Direcção-Geral de Viação (DGV) ou nas conservatórias de registos –, evitando assim a deslocação a duas entidades públicas distintas. Tanto os assuntos relativos à parcela da informação respeitante ao veículo como os referentes à situação jurídica do mesmo podem ser tratados junto de cada uma daquelas entidades públicas. Numa primeira fase, a entrega da documentação junto dos serviços da DGV ou das conservatórias de registos será possível apenas em Lisboa e, após essa fase experimental, o regime será alargado a todo o território nacional.

Em segundo lugar, cria-se um meio de recepção dos pedidos para emissão do certificado de matrícula e dos requerimentos para a prática de actos relativos a veículos mais cómodo. O documento ou o acto é solicitado junto de um serviço desconcentrado da DGV ou de uma conservatória e o certificado enviado ao utente do serviço, por correio, para a morada que for indicada.

Em terceiro lugar, o certificado de matrícula contém ainda um conjunto de avançados elementos de segurança física do documento de que nem o livrete do veículo nem o título de registo de propriedade dispunham até agora.

Aproveitou-se ainda o presente decreto-lei para simplificar procedimentos relativos ao registo automóvel e para adoptar um conjunto de medidas destinadas a facilitar a qualidade do atendimento público e os serviços prestados pela Administração Pública ao cidadão e às empresas.

Assim, por um lado, elimina-se a competência territorial das conservatórias de registo automóvel. O cidadão passa agora a poder requerer junto de qualquer uma delas a prática de actos de registo de veículos, quando antes a conservatória escolhida para o primeiro acto de registo era a competente para os actos de registo posteriores referentes ao mesmo veículo, podendo as restantes servir de intermediárias no envio dos pedidos, solução que gerava frequentes delongas na emissão do título de registo de propriedade. Por outro, alarga-se o conjunto de actos que pode ser praticado pelos ajudantes e escriturários das conservatórias no registo automóvel, desconcentrando assim competências até então cometidas ao conservador e permitindo que a resposta aos pedidos do interessado possa ser o mais imediata possível. Além disso, acolhe-se a possibilidade de entrega de pedidos de registo que abranjam mais de um veículo e, por fim, adoptam-se várias disposições destinadas a permitir, no futuro, a apresentação de pedido de registo *on-line* e a sua tramitação por via electrónica na conservatória.

Com a aprovação do projecto «Documento único automóvel» procede-se à transposição da Directiva nº 1999/37/CE, do Conselho, de 29 de Abril, com a redacção dada pela Directiva nº 2003/127/CE, da Comissão, de 23 de Dezembro, relativa aos documentos de matrícula dos veículos.

Assim:

Nos termos da alínea *a*) do nº 1 do artigo 198º da Constituição, o Governo decreta o seguinte:

CAPÍTULO I
Disposições gerais

ARTIGO 1º
Objecto

O presente decreto-lei aprova o projecto «Documento único automóvel», criando o certificado de matrícula e transpondo para a ordem jurídica nacional a Directiva nº 1999/37/CE, do Conselho, de 29 de Abril, com a redacção dada pela Directiva nº 2003/127/CE, da Comissão, de 23 de Dezembro, relativa aos documentos de matrícula dos veículos.

ARTIGO 2º
Âmbito

O presente decreto-lei é aplicável a veículos a motor e respectivos reboques que estejam sujeitos a matrícula nos termos do Código da Estrada.

CAPÍTULO II
Certificado de matrícula

ARTIGO 3º
Modelo

1 – O certificado de matrícula obedece às regras constantes do anexo ao presente decreto-lei, do qual faz parte integrante.

2 – Os elementos constantes do certificado de matrícula dos veículos matriculados em Portugal, bem como o respectivo modelo, são aprovados por portaria conjunta dos ministros com a tutela da Direcção-Geral de Viação (DGV) e da Direcção-Geral dos Registos e do Notariado (DGRN).

ARTIGO 4º
Emissão de certificado de matrícula

1 – O certificado de matrícula é emitido quando se efectue o primeiro registo de veículo importado, admitido, montado, construído ou reconstruído em Portugal.

2 – A realização de qualquer acto relativo a veículo que implique alteração dos elementos constantes do certificado de matrícula determina a emissão de novo certificado, sendo obrigatória a entrega do anterior.

3 – *(Revogado.)*

4 – Os certificados de matrícula em mau estado de conservação são substituídos oficiosamente ou mediante requerimento dos interessados.

5 – Os certificados de matrícula em mau estado de conservação devem ser apreendidos pelas autoridades a quem compete a fiscalização das leis de trânsito e remetidos a um serviço emissor, para efeitos de substituição.

6 – *(Revogado.)*

7 – A substituição do certificado, nos termos do nº 4, pode ser requerida por forma verbal, quando for efetuada presencialmente nos serviços competentes.

8 – O registo de factos sobre o veículo dos quais resulte a proibição de o mesmo circular, bem como a anotação da apreensão do certificado de matrícula, obsta à emissão do certificado de matrícula enquanto aqueles registos não forem cancelados ou inutilizados.

9 – O número do certificado emitido é anotado no registo do qual depende.

(Redação dada pelo Decreto-Lei nº 111/2019, de 16-08)

ARTIGO 5º
Emissão de segunda via do certificado de matrícula

1 – Em caso de extravio ou destruição do certificado de matrícula, pode ser emitida uma segunda via deste, com base em requerimento do seu titular, sujeito às formalidades previstas para o pedido de registo.

2 – *(Revogado.)*

3 – O disposto no nº 8 do artigo anterior é aplicável à emissão de segunda via do certificado de matrícula.
(Redação dada pelo Decreto-Lei nº 111/2019, de 16-08)

ARTIGO 6º
Emissão de certificado provisório

1 – Quando não for possível a entrega do certificado de matrícula no próprio dia em que o acto é requerido, o serviço competente emite um documento de substituição designado por certificado provisório.

2 – Nos casos em que o certificado de matrícula não deva ser emitido, não deve ser igualmente emitido o documento referido no número anterior.

3 – O modelo do certificado provisório, os elementos que o integram e o seu prazo de validade são aprovados por despacho conjunto do director-geral de Viação e do director-geral dos Registos e do Notariado.
(Redação dada pelo Decreto-Lei nº 111/2019, de 16-08)

ARTIGO 7º
Validade das reproduções do certificado

1 – O certificado de matrícula não pode ser substituído por fotocópia simples ou autenticada do mesmo documento.

2 – O disposto no número anterior não é aplicável aos veículos afectos ao regime de aluguer sem condutor, cujas regras de substituição do certificado de matrícula são reguladas por portaria conjunta dos Ministros de Estado e da Administração Interna e da Justiça.
(Redacção dada pelo Decreto-Lei nº 20/2008, de 31-01)

CAPÍTULO III
Competência e procedimento para actos relativos a veículos

ARTIGO 8º
Competências partilhadas

1 – As conservatórias de registos competentes para a prática de actos de registo de veículos podem praticar actos relativos a veículos da competência da DGV, nos termos de protocolo a celebrar entre os dirigentes máximos daqueles serviços.

2 – Junto dos serviços desconcentrados da DGV podem existir postos de atendimento das conservatórias de registos com competência para a prática de actos de registo de veículos, podendo o protocolo referido no número anterior definir aspectos relativos à homogeneidade e qualidade do atendimento nesses serviços.

3 – Os postos de atendimento referidos no número anterior são criados por despacho conjunto dos dirigentes máximos dos serviços envolvidos.

4 – Qualquer serviço desconcentrado da DGV, conservatória de registos ou posto de atendimento de conservatória de registos competente para a prática de

actos de registo de veículos pode, nos termos do protocolo referido no nº 1, receber qualquer tipo de pedido relativo a acto sobre o veículo, independentemente da sua competência para a prática do acto.

(Cf. Declaração de Rectificação nº 89/2005, de 27-12)

ARTIGO 9º
Procedimento

1 – Recebido o pedido, o serviço desconcentrado da DGV, a conservatória de registos competente para a prática de actos de registo de veículos ou o posto de atendimento procede da seguinte forma:

a) Pratica o acto requerido, se for competente para o efeito; ou

b) Envia de imediato o pedido para o serviço competente, caso não tenha competência para a prática do acto, nos termos do protocolo referido no artigo 8º

2 – O acto requerido deve ser praticado de imediato pelo funcionário do atendimento, sempre que for possível e desde que a celeridade no atendimento aos restantes pedidos não fique prejudicada.

3 – Se o acto requerido originar a emissão de certificado de matrícula, imediatamente após a prática do acto, o serviço competente promove, por meios electrónicos, a emissão do certificado.

4 – O certificado de matrícula é remetido pelo correio para a morada do titular do certificado de matrícula, sem prejuízo da sua disponibilização através de outros meios, quando tal seja considerado mais adequado.

(Cf. Declaração de Rectificação nº 89/2005, de 27-12)

ARTIGO 10º
Pedidos urgentes

1 – Quando o interessado invoque urgência, o pedido goza de prioridade sobre o restante serviço que não respeite ao mesmo veículo nem tenha carácter urgente.

2 – O pedido urgente deve, sempre que possível, ser integralmente tramitado até ao dia útil seguinte.

CAPÍTULO IV
Alteração à legislação do registo de automóveis

(O presente Capítulo não se disponibiliza, uma vez que, procedendo a alterações a diversos diplomas, tais alterações foram inseridas no local próprio ou não se inserem no âmbito da presente publicação)

CAPÍTULO V
Disposições finais e transitórias

ARTIGO 19º
Substituição do livrete e do título de registo de propriedade

1 – O certificado de matrícula substitui o livrete e o título de registo de propriedade para todos os efeitos legais.

2 – Todas as referências legais, regulamentares ou outras ao documento de identificação do veículo ou ao livrete e ao título de registo de propriedade devem considerar-se feitas ao certificado de matrícula.

3 – O livrete e o título de registo de propriedade mantêm-se válidos para os veículos matriculados antes da entrada em vigor do presente decreto-lei.

4 – Se for necessária a substituição de qualquer dos documentos referidos no número anterior, nomeadamente por extravio, destruição, mau estado de conservação ou alteração do seu conteúdo, bem como se tal substituição for requerida pelo interessado, deve ser emitido um certificado de matrícula.

ARTIGO 20º
Registo de reboques

1 – Os ficheiros informáticos e manuais que servem de suporte aos registos da situação jurídica dos reboques efectuados nos serviços da DGV, bem como os documentos que lhes serviram de base, são transferidos para as conservatórias de registos competentes para o registo de veículos, nos termos de despacho conjunto dos dirigentes máximos da DGV e da DGRN.

2 – Nos casos de pedidos de registo de reboques apresentados durante a pendência do processo previsto no número anterior, os registos são efectuados apenas após a conclusão dos procedimentos de transferência dos ficheiros e documentos respeitantes aos veículos em causa.

ARTIGO 21º
Ciclomotores e motociclos, triciclos e quadriciclos com cilindrada não superior a 50 cm³

A aplicação do presente decreto-lei a ciclomotores e motociclos, triciclos e quadriciclos com cilindrada não superior a 50 cm3 depende da regulamentação do Decreto-Lei nº 44/2005, de 23 de Fevereiro, nos termos do artigo 1º do Decreto-Lei nº 74-A/2005, de 24 de Março.

ARTIGO 22º
Conservatórias intermediárias

1 – Os requerimentos para a prática de actos relativos a veículos a motor e respectivos reboques podem ser entregues em qualquer conservatória do registo predial que não tenha ainda competência para a prática daqueles actos,

devendo o requerente indicar a conservatória onde pretende que o acto seja praticado.

2 – Tratando-se de acto de registo, o prazo de apresentação a que se refere o nº 1 do artigo 42º do Regulamento do Registo de Automóveis respeita à apresentação na conservatória intermediária.

3 – Se o requerente não indicar a conservatória onde pretende que o acto seja praticado, a conservatória intermediária envia, no prazo de vinte e quatro horas, os requerimentos e respectivos documentos a uma das conservatórias competentes.

4 – A importância devida pelos actos é cobrada pela conservatória intermediária e remetida à conservatória competente.

5 – A conservatória intermediária lavra a anotação da apresentação do requerimento e dos documentos respectivos com indicação da conservatória a que os documentos foram enviados.

6 – A conservatória intermediária deve emitir e entregar ao apresentante um certificado de matrícula provisório.

ARTIGO 23º
Tramitação electrónica

1 – A apresentação de requerimentos bem como a prática de qualquer acto relativo a veículos nas conservatórias de registos, seus postos de atendimento e serviços desconcentrados da DGV podem ser realizadas de forma electrónica, nos termos de despacho do director-geral dos Registos e do Notariado ou do director-geral de Viação, respectivamente.

2 – Enquanto a tramitação não for totalmente electrónica, o director-geral dos Registos e do Notariado ou o director-geral de Viação, consoante os casos, determina a forma de transmissão dos documentos entre conservatórias ou entre os serviços desconcentrados da DGV, respectivamente.

ARTIGO 24º
Receitas e despesas

1 – O serviço que praticar o acto relativo ao veículo faz sua a receita correspondente.

2 – Pelo envio ao serviço competente, efectuado nos termos do nº 4 do artigo 8º ou do artigo 22º, de um pedido de prática de um acto relativo ao veículo não é devido qualquer montante ao serviço que efectuou a remessa.

3 – A DGRN é responsável pelos encargos relativos à emissão e envio do certificado de matrícula.

4 – Nos casos em que o acto tenha sido praticado por um serviço externo da DGRN, os encargos previstos no número anterior são suportados por aquele serviço, sendo o montante desses encargos determinado por despacho do director-geral dos Registos e do Notariado.

5 – A DGV deve entregar à DGRN um montante correspondente às despesas de emissão em que a segunda venha a incorrer, na proporção dos certificados de matrícula que venha a emitir e nos termos do protocolo previsto no artigo 8º

6 – *(Revogado.)*
(Redacção dada pelo Decreto-Lei nº 201/2015, de 17-09)

ARTIGO 25º
Período experimental

1 – O disposto no artigo 8º sobre a prática de actos da competência da DGV pelas conservatórias de registos, a existência de postos de atendimento das conservatórias de registos nos serviços desconcentrados da DGV e a recepção de pedidos relativos à prática de qualquer tipo de actos sobre o veículo em qualquer serviço desconcentrado da DGV, conservatória de registos ou seus postos de atendimento funciona a título experimental no concelho de Lisboa.

2 – O período experimental referido no número anterior termina no dia 31 de Janeiro de 2006, passando o disposto no artigo 8º a ser aplicável a todo o território nacional, sem prejuízo do disposto no artigo 26º

3 – Até ao final do período experimental, fora do concelho de Lisboa, os serviços desconcentrados da DGV e as conservatórias de registo competentes para a prática de actos de registo de veículos apenas recebem pedidos relativamente aos actos para cuja adopção sejam competentes, mas emitem o certificado de matrícula nos termos dos procedimentos estabelecidos na alínea a) do nº 1 e nos nºs 2, 3 e 4 do artigo 9º

ARTIGO 26º
Aplicação às Regiões Autónomas dos Açores e da Madeira

A aplicação do presente decreto-lei às Regiões Autónomas dos Açores e da Madeira depende de legislação especial.

ARTIGO 27º
Norma revogatória

São revogados:

a) Os artigos 12º e 13º do Decreto-Lei nº 54/75, de 12 de Fevereiro;
b) Os artigos 2º, 3º, 5º, 7º, 13º a 23º, 30º, 37º a 39º, 45º, 51º, 54º, 56º, 58º a 61º, 63º e 66º do Regulamento do Registo de Automóveis, aprovado pelo Decreto nº 55/75, de 12 de Fevereiro.

ARTIGO 28º
Entrada em vigor

1 – O presente decreto-lei entra em vigor no dia 31 de Outubro de 2005.

2 – O artigo 16º, na parte em que altera os artigos 44º e 46º do Regulamento do Registo de Automóveis, entra em vigor em 1 de Janeiro de 2006.

Visto e aprovado em Conselho de Ministros de 26 de Outubro de 2005. – *José Sócrates Carvalho Pinto de Sousa – António Luís Santos Costa – João Titterington Gomes Cravinho – Fernando Teixeira dos Santos – Alberto Bernardes Costa.*

Promulgado em 26 de Outubro de 2005.

Publique-se.

O Presidente da República, JORGE SAMPAIO.

Referendado em 26 de Outubro de 2005.

O Primeiro-Ministro, *José Sócrates Carvalho Pinto de Sousa.*

ANEXO

1 – O certificado de matrícula pode ser emitido em papel ou sob a forma de cartão inteligente.

2 – Especificações do certificado de matrícula em papel:

2.1 – As dimensões totais do certificado de matrícula não devem exceder as dimensões do formato A4 (210 mm x 297 mm) ou de um desdobrável de formato A4.

2.2 – Sem prejuízo da possibilidade de a entidade emissora introduzir elementos de segurança adicionais, o papel utilizado para o certificado de matrícula deve ser protegido contra a falsificação por meio da utilização de, pelo menos, duas das técnicas seguintes:

a) Grafismos;
b) Marca de água;
c) Fibras fluorescentes; ou
d) Impressões fluorescentes.

2.3 – A primeira página do certificado de matrícula deve conter as informações seguintes:

a) A menção «República Portuguesa»;
b) A letra «P», em maiúscula, como sinal distintivo de Portugal;
c) A indicação das autoridades competentes;
d) A menção «Certificado de matrícula», em corpo grande, podendo esta menção apresentar-se a uma distância adequada, impressa em corpo pequeno, noutras línguas da Comunidade Europeia;
e) A menção «Comunidade Europeia»;
f) A indicação do número do documento.

2.4 – O certificado de matrícula deve igualmente conter as informações seguintes, precedidas dos respectivos códigos comunitários harmonizados:

(A) Número de matrícula;

(B) Data da primeira matrícula do veículo;

(C) Dados pessoais:

(C.1) Titular do certificado de matrícula:

(C.1.1) Apelido(s) ou denominação comercial;

(C.1.2) Outro(s) nome(s) ou inicial(ais) (quando aplicável);

(C.1.3) Morada em Portugal na data de emissão do documento;

(C.4) Se as informações do nº 2.5, código (C.2), não constarem do certificado de matrícula, referência do facto de o titular do certificado de matrícula:

a) Ser o proprietário do veículo;

b) Não ser o proprietário do veículo;

c) Não estar identificado no certificado de matrícula como proprietário do veículo;

(D) Veículo:

(D.1) Marca;

(D.2) Modelo:

Variante (se disponível);

Versão (se disponível);

(D.3) Denominação(ões) comercial(ais);

(E) Número de identificação do veículo;

(F) Massa:

(F.1) Massa máxima em carga tecnicamente admissível, excepto para motociclos;

(G) Massa do veículo em serviço com carroçaria e, no caso de um veículo tractor de qualquer categoria que não a categoria M1 (quilograma), com dispositivo de engate;

(H) Validade da matrícula, caso não seja ilimitada;

(I) Data da matrícula a que se refere o certificado;

(K) Número de homologação do modelo (se disponível);

(P) Motor:

(P.1) Cilindrada (em centímetros cúbicos);

(P.2) Potência útil máxima (em kW) (se disponível);

(P.3) Tipo de combustível ou fonte de energia;

(Q) Relação potência/peso (em kW/kg) (apenas para os motociclos);

(S) Lotação:

(S.1) Número de lugares sentados, incluindo o lugar do condutor;

(S.2) Número de lugares em pé (se aplicável).

2.5 – O certificado de matrícula pode ainda incluir os seguintes dados, precedidos dos respectivos códigos comunitários harmonizados:

(C) Dados pessoais:

(C.2) Proprietário do veículo (repetir o número de vezes correspondente ao número de proprietários):

(C.2.1) Apelido(s) ou denominação comercial;
(C.2.2) Outro(s) nome(s) ou inicial(ais) (se aplicável);
(C.2.3) Morada em Portugal na data de emissão do documento;
(C.3) Pessoa singular ou colectiva autorizada a utilizar o veículo em virtude de um direito legal que não a propriedade do veículo:
(C.3.1) Apelido(s) ou denominação comercial;
(C.3.2) Outros(s) nome(s) ou inicial(ais) (se aplicável);
(C.3.3) Morada em Portugal na data de emissão do documento;
(C.5) (C.6) (C.7) e (C.8) Se a alteração dos dados pessoais a que se referem os nºs 2.4, código (C.1), 2.5, código (C.2), ou 2.5, código (C.3), não der lugar à emissão de um novo certificado de matrícula, os novos dados pessoais correspondentes podem ser inseridos com os códigos (C.5), (C.6), (C.7) ou (C.8). Neste caso devem ser desagregados de acordo com as referências constantes dos nºs 2.4, código (C.1), 2.5, código (C.2), 2.5, código (C.3), e 2.4, código (C.4);
(F) Massa:
(F.2) Massa máxima em carga admissível do veículo em serviço em Portugal;
(F.3) Massa máxima em carga admissível do conjunto em serviço em Portugal;
(J) Categoria do veículo;
(L) Número de eixos;
(M) Distância entre eixos (em milímetros);
(N) No caso dos veículos com massa total superior a 3500 kg, distribuição entre os eixos da massa máxima em carga tecnicamente admissível:
(N.1) Eixo 1 (em quilogramas);
(N.2) Eixo 2 (em quilogramas), quando aplicável;
(N.3) Eixo 3 (em quilogramas), quando aplicável;
(N.4) Eixo 4 (em quilogramas), quando aplicável;
(N.5) Eixo 5 (em quilogramas), quando aplicável.
(O) Massa máxima rebocável tecnicamente admissível:
(O.1) Reboque com travão (em quilogramas);
(O.2) Reboque sem travão (em quilogramas);
(P) Motor:
(P.4) Regime nominal (em min-1);
(P.5) Número de identificação do motor;
(R) Cor do veículo;
(T) Velocidade máxima (em km/h);
(U) Nível sonoro:
(U.1) Estacionário [em dB(A)];
(U.2) Regime do motor (em min-1);
(U.3) Em circulação [em dB(A)];
(V) Gases de escape:
(V.1) *CO* (em g/km ou g/kWh);
(V.2) *HC* (em g/km ou g/kWh);
(V.3) NO_X (em g/km ou g/kWh);
(V.4) $HC + NO_X$ (em g/km);

(V.5) Partículas no caso dos motores diesel (em g/km ou g/kWh);

(V.6) Coeficiente de absorção corrigido no caso dos motores diesel (em min-1);

(V.7) CO_2 (em g/km);

(V.8) Consumo de combustível em ciclo combinado (em l/100 km);

(V.9) Indicação da classe ambiental de homologação CE; referência da versão aplicável por força da Directiva nº 70/220/CEE ou da Directiva nº 88/77/CEE;

(W) Capacidade do(s) depósito(s) de combustível (em litros);

(X) Comprovativo da inspeção técnica, data da próxima inspeção técnica ou caducidade do atual certificado.

2.6 – As entidades emissoras podem incluir no certificado de matrícula informações complementares, designadamente acrescentando, entre parêntesis, aos códigos de identificação, conforme estabelecido nos nºs 2.4 e 2.5, códigos nacionais adicionais.

3 – Especificações do certificado de matrícula sob a forma de cartão inteligente:

3.1 – Modelo do cartão:

3.1.1 – Formato do cartão e dados legíveis a olho nu:

a) O cartão com circuito integrado deve ser concebido de acordo com as normas constantes do nº 3.5 do presente anexo;

b) A leitura dos dados armazenados no cartão deve poder ser efectuada com a ajuda de equipamentos de leitura de uso corrente, tal como para os cartões tacográficos;

c) A frente e o verso do cartão devem ter impressos, pelo menos, os dados especificados nos nºs 2.3 e 2.4;

d) Os dados referidos na alínea anterior devem ser legíveis a olho nu, sendo a altura mínima dos caracteres de seis pontos;

3.1.2 – Bloco de dados de base:

3.1.2.1 – Os dados de base devem incluir, na frente do cartão, o seguinte:

a) À direita do circuito integrado, em língua portuguesa:

A menção «Comunidade Europeia»;
A menção «República Portuguesa»;
A menção «Certificado de matrícula», impressa em corpo grande;
O nome da autoridade competente;
O número sequencial e inequívoco do documento;

b) Na zona acima do circuito integrado, a letra «P», em maiúscula, como sinal distintivo de Portugal, a branco, num rectângulo azul e rodeada por 12 estrelas amarelas;

c) Pode ser incluída, no bordo inferior e em corpo pequeno, a menção, em língua portuguesa: «O presente documento deve ser exibido mediante pedido de qualquer pessoa com poderes para o efeito.»;

d) A cor de base do cartão é o verde (Pantone 362), sendo alternativamente possível a transição do verde para o branco;

e) No canto inferior esquerdo da face do cartão deve ser impresso um símbolo representativo de uma roda, conforme figura seguinte:

3.1.3 – Bloco de dados específicos:

3.1.3.1 – O bloco de dados específicos deve conter, na frente do cartão, as informações seguintes:

a) O nome da autoridade competente;

b) O nome da autoridade emissora do certificado de matrícula (opcional);

c) O número sequencial e inequívoco do documento;

d) Os dados do nº 2.4, referidos abaixo, podendo os códigos comunitários harmonizados ser acompanhados de códigos nacionais, conforme indicado no nº 2.6:

(A) Número de matrícula (número oficial da autorização);
(B) Data da primeira matrícula do veículo;
(I) Data da matrícula a que se refere o presente certificado;

Dados pessoais:
(C.1) Titular do certificado de matrícula:
(C.1.1) Apelido ou denominação comercial;
(C.1.2) Outro(s) nome(s) ou inicial(ais) (quando aplicável);
(C.1.3) Morada em Portugal de matrícula na data de emissão do documento;
(C.4) Se as informações especificadas no nº 2.5, código (C.2), não constarem do certificado de matrícula, conforme definido nas secções (A) e (B), referência do facto de o titular do certificado de matrícula:

a) Ser o proprietário do veículo;

b) Não ser o proprietário do veículo;

c) Não estar identificado no certificado de matrícula como proprietário do veículo.

3.1.3.2 – O bloco de dados específicos deve conter, no verso do cartão, as informações seguintes:

a) Os restantes dados especificados no nº 2.4., podendo os códigos comunitários harmonizados ser acompanhados de códigos nacionais, conforme indicado no nº 2.6:

Dados do veículo (tendo em conta as notas do nº 2.4):
(D.1) Marca;
(D.2) Modelo (variante/versão, quando aplicável);
(D.3) Denominação(ões) comercial(ais);
(E) Número de identificação do veículo:
(F.1) Massa máxima em carga tecnicamente admissível, excepto para os motociclos (quilogramas);

(G) Massa do veículo em serviço com carroçaria e, no caso de um veículo tractor de qualquer categoria que não a categoria M1 (quilogramas), com dispositivo de engate;
(H) Prazo de validade da matrícula, caso não seja ilimitado;
(K) Número de homologação do modelo (se disponível):
(P.1) Cilindrada (centímetros cúbicos);
(P.2) Potência nominal (kW);
(P.3) Tipo de combustível ou fonte de energia;
(Q) Relação potência/peso (kW/kg) (apenas para os motociclos):
(S.1) Número de lugares sentados, incluindo o lugar do condutor;
(S.2) Número de lugares em pé (quando aplicável);

b) Acessoriamente, podem ser acrescentados, no verso do cartão, os dados complementares constantes do nº 2.5., com os códigos harmonizados, e do nº 2.6.

3.1.4 – Elementos de segurança física do cartão inteligente.

3.1.4.1 – Sem prejuízo da possibilidade de utilização de elementos de segurança adicionais, o material utilizado no certificado de matrícula deve ser protegido contra a falsificação por meio da utilização de, pelo menos, três das técnicas seguintes:

Microcaracteres;
Guilhoché *;
Impressão iridescente;
Gravura a laser;
Tinta fluorescente sob luz ultravioleta;
Tintas com cor dependente do ângulo de visão *;
Tintas com cor dependente da temperatura *;
Hologramas *;
Imagens laser variáveis;
Imagens de impressão variável (OVI).

3.1.4.2 – Deve ser dada preferência às técnicas indicadas com um asterisco, pois permitem a verificação da validade do cartão pelos serviços responsáveis pela aplicação da lei sem recurso a quaisquer meios especiais.

3.2 – Armazenamento e protecção dos dados:

3.2.1 – Os dados abaixo indicados podem ser armazenados, a título complementar, na superfície do cartão que leva a informação legível, de acordo com o nº 3.1, sendo precedidos dos códigos comuns harmonizados e, quando aplicável, acompanhados dos códigos, em conformidade com o nº 2.6.

3.2.2 – Dados de acordo com os nºs 2.3 e 2.4:

a) Os dados especificados nos nºs 2.3 e 2.4 devem ser obrigatoriamente armazenados no cartão;

b) Os dados especificados nos nºs 2.3 e 2.4 são armazenados em dois ficheiros correspondentes com uma estrutura transparente (v. ISO/CEI 7816-4).

3.2.3 – Outros dados de acordo com o nº 2.5:

a) Podem ainda ser armazenados dados adicionais de acordo com o nº 2.5, na medida do necessário;

b) No caso de armazenamento dos dados adicionais nos termos da alínea anterior, tais dados são armazenados em dois ficheiros correspondentes com uma estrutura transparente (v. ISO/CEI 7816-4).

3.2.4 – Outros dados de acordo com o nº 2.6:

a) Podem ser armazenadas informações adicionais no cartão, a título facultativo;

b) No caso previsto na alínea anterior, as entidades emissoras definem os requisitos de armazenamento dos dados adicionais.

3.2.5 – Acesso aos ficheiros do cartão:

3.2.5.1 – Os ficheiros não apresentam restrições à leitura.

3.2.5.2 – O acesso aos ficheiros para escrita é limitado às autoridades competentes para a emissão do cartão.

3.2.5.3 – O acesso para escrita apenas é autorizado após uma autenticação assimétrica através da troca de chaves de sessão, de modo a proteger a sessão entre o cartão de matrícula do veículo e um módulo de segurança das autoridades competentes. O processo de autenticação é, por conseguinte, antecedido da troca de certificados verificáveis do cartão, em conformidade com a norma ISO/CEI 7816-8. Os certificados verificáveis do cartão contêm as respectivas chaves públicas, que devem ser recuperadas e utilizadas no processo de autenticação subsequente. Esses certificados são assinados pelas autoridades nacionais competentes e contêm um objecto de autorização (autorização do titular do certificado) em conformidade com a norma ISO/CEI 7816-9, de modo a codificar uma autorização específica de função para o cartão. Esta autorização de função está associada à autoridade competente (por exemplo, para actualizar um campo de dados).

3.2.5.4 – As chaves públicas correspondentes das autoridades competentes são armazenadas no cartão enquanto âncoras de confiança (chave pública de raiz).

3.2.5.5 – A especificação dos ficheiros e dos comandos necessários aos processos de autenticação e de escrita são aprovados por portaria conjunta dos Ministros de Estado e da Administração Interna e da Justiça. A garantia de segurança deve ser aprovada através de uma avaliação assente em critérios comuns de acordo com a certificação EAL4+. Os elementos adicionais são os seguintes:

1) AVA_MSU.3 – análise e ensaio para detecção de estados sem segurança;
2) AVA_VLA.4 – elevada resistência.

3.2.6 – Dados de verificação da autenticidade dos dados de matrícula:

3.2.6.1 – A autoridade emissora calcula a sua assinatura electrónica relativa a todos os dados de um ficheiro que contenha as informações especificadas nos nºs 3.2.2 ou 3.2.3 e armazena essas informações num ficheiro correspondente. Essas assinaturas permitem verificar a autenticidade dos dados em memória.

3.2.6.2 – Os cartões devem conter os dados seguintes:

a) Assinatura electrónica dos dados de matrícula relacionados com o nº 3.2.2;
b) Assinatura electrónica dos dados de matrícula relacionados com o nº 3.2.3.

3.2.6.3 – Para verificação dessas assinaturas electrónicas, o cartão deve conter os certificados da autoridade emissora que calcula as assinaturas relativas aos dados dos nºs 3.2.2 e 3.2.3.

3.2.6.4 – Não deve haver restrições à leitura das assinaturas electrónicas e dos certificados, devendo o acesso para escrita, quer às assinaturas electrónicas quer aos certificados, ficar restringido às autoridades competentes.

3.3 – *Interface:*

a) Os contactos externos devem funcionar como interfaces;
b) A combinação de contactos externos com um emissor-respondedor (transponder) é facultativa.

3.4 – Capacidade de armazenamento do cartão. O cartão deve ter capacidade de armazenamento suficiente para guardar os dados mencionados no nº 3.2.

3.5 – Normas. – O cartão com circuito integrado e os dispositivos de leitura devem satisfazer as normas seguintes:

ISO 7810 – normas para cartões de identificação (cartões plastificados) – características físicas;

ISO 7816-1 e -2 – características físicas dos cartões com circuito integrado; dimensões e localização dos contactos;

ISO 7816-3 – características eléctricas dos contactos, protocolos de transmissão;

ISO 7816-4 – conteúdo das comunicações, estrutura dos dados dos cartões com circuito integrado, arquitectura de segurança, mecanismos de acesso;

ISO 7816-5 – estrutura dos identificadores de aplicação, selecção e execução dos identificadores de aplicação, processo de registo dos identificadores de aplicação (sistema de numeração);

ISO 7816-6 – elementos de dados intersectoriais para intercâmbio;

ISO 7816-8 – cartões com circuito(s) integrado(s) com contactos, comandos de segurança intersectoriais;

ISO 7816-9 – cartões com circuito(s) integrado(s) com contactos, comandos intersectoriais optimizados.

3.6 – Características técnicas e protocolos de transmissão:

3.6.1 – Deve ser adoptado o formato ID-1 (dimensão normal, v. ISO/CEI 7810).

3.6.2 – O cartão deve suportar o protocolo de transmissão T = 1, em conformidade com a norma ISO/CEI 7816-3, podendo adicionalmente suportar outros protocolos de transmissão, como T = 0, USB ou «sem contactos».

3.6.3 – Para a transmissão dos dados, deve ser utilizada a «convenção directa» (v. ISO/CEI 7816-3).

3.6.4 – Tensão de alimentação, tensão de programação. – O cartão deve funcionar com Vcc = 3V (± 0,3V) ou com Vcc = 5V (± 0,5V). Não deve carecer de tensão de programação no pino C6.

3.6.5 – Resposta à restauração (reset). – O byte presente no cartão que indica a dimensão do campo de informação deve ser apresentado em ATR em caracteres TA3. Este valor será de, pelo menos, 80 h (= 128 bytes).

3.6.6 – Selecção dos parâmetros do protocolo. – O sistema deve obrigatoriamente suportar a selecção de parâmetros de protocolo (PPS) em conformidade com a norma ISO/CEI 7816-3. Será usado para seleccionar T = 1, no caso de T = 0 também constar do cartão, e para negociar os parâmetros Fi/Di, de modo a obter taxas de transmissão mais elevadas.

3.6.7 – Protocolo de transmissão T = 1:

3.6.7.1 – O suporte da formação de cadeia *(chaining)* é obrigatório.

3.6.7.2 – São permitidas as simplificações seguintes:

Byte NAD – não utilizado (NAD deve ser posto a «00»);
ABORT – bloco-S: não utilizado;
Erro de estado VPP – bloco-S: não utilizado.

3.6.7.3 – A dimensão do campo de informação do dispositivo (IFSD) deve ser indicada pelo IFD imediatamente após ATR, ou seja, o IFD transmite o pedido de IFS – bloco-S após ATR e o cartão reenvia IFS – bloco-S. O valor recomendado para o IFSD é de 254 *bytes.*

3.7 – Amplitude térmica:

3.7.1 – O certificado de matrícula sob a forma de cartão inteligente deve poder funcionar correctamente nas condições climáticas habitualmente verificadas no território da União Europeia e, pelo menos, na gama de temperaturas especificada na norma ISO 7810.

3.7.2 – Os cartões tacográficos devem poder funcionar correctamente com níveis de humidade entre 10% e 90%.

3.8 – Período de vida física:

3.8.1 – Se for utilizado em conformidade com as especificações ambientais e eléctricas, o cartão deve funcionar correctamente durante um período de 10 anos, pelo que os materiais utilizados no cartão devem ser seleccionados de forma a garantir esse período de vida.

3.9 – Características eléctricas. – Durante o seu funcionamento, os cartões devem cumprir o disposto na Directiva nº 95/54/CE, da Comissão, relativa à compatibilidade electromagnética e estar protegidos contra as descargas electrostáticas.

3.10 – Estrutura do ficheiro:

3.10.1 – O quadro nº 1 enumera os ficheiros de base obrigatórios (EF) da aplicação DF (v. ISO/CEI 7816-4) DF.Registration.

3.10.2 – Os ficheiros referidos no número anterior apresentam todos uma estrutura transparente, constando as condições de acesso do nº 3.2. A dimensão dos ficheiros é estabelecida por portaria conjunta dos Ministros de Estado e da Administração Interna e da Justiça.

QUADRO N.º 1

Nome do ficheiro	Identificador de ficheiro	Descrição
EF.Registration_A . . .	D001	Dados de matrícula de acordo com os n.ºs 2.3 e 2.4.
EF.Signature_A	E001	Assinatura electrónica relativa a todo o conteúdo de EF.Registration_A.
EF.C.IA_A.DS	C001	Certificado X.509v3 da autoridade emissora que calcula as assinaturas para EF.Signature_A.
EF.Registration_B . . .	D011	Dados de matrícula de acordo com o n.º 2.5.
EF.Signature_B	E011	Assinatura electrónica relativa a todo o conteúdo de EF.Registration_B.
EF.C.IA_B.DS	C011	Certificado X.509v3 da autoridade emissora que calcula as assinaturas para EF.Signature_B.

3.11 – Estrutura dos dados:

3.11.1 – Os certificados são armazenados no formato X.509v3 em conformidade com a norma ISO/CEI 9594-8, sendo as assinaturas electrónicas armazenadas de forma transparente.

3.11.2 – Os dados de matrícula são armazenados como objectos de dados BER-TLV (v. ISO/CEI 7816-4) nos ficheiros de base correspondentes. Os campos de valores são codificados como caracteres ASCII, conforme especificado na norma ISO/CEI 8824-1, os valores «C0» – «FF» são definidos pela norma ISO/CEI 8859-1 (jogo de caracteres latino 1), sendo o formato das datas AAAAMMDD.

3.11.3 – O quadro nº 2 enumera as etiquetas (tags) que identificam os objectos de dados correspondentes aos dados de matrícula constantes dos nºs 2.3 e 2.4, juntamente com os dados adicionais do nº 3.1.

3.11.3.1 – Salvo indicação em contrário, os objectos de dados constantes do quadro nº 2 são obrigatórios.

3.11.3.2 – Os objectos de dados facultativos podem ser omitidos.

3.11.3.3 – A coluna correspondente à etiqueta indica o nível de encastramento *(nesting)*.

QUADRO N.º 2

Etiqueta				Descrição
78				Autoridade que atribui etiquetas compatíveis; encastra o objecto 4F (v. ISO/CEI 7816-4 e ISO/CEI 7816-6).
	4F			Identificador de aplicação (v. norma ISO/CEI 7816-4).

71				Modelo intersectorial (v. ISO/CEI 7816-4 e ISO/CEI 7816-6) correspondente aos dados obrigatórios do certificado de matrícula; encastra todos os objectos subsequentes.
	80			Versão da definição da etiqueta.
	9F33			Menção «República Portuguesa».
	9F34			Outra designação do documento equivalente (anterior designação nacional) (opcional).
	9F35			Nome da autoridade competente.
	9F36			Nome da autoridade emissora do certificado de matrícula (opcional).
	9F37			Jogo de caracteres utilizado: 00 — ISO/CEI 8859-1 (latino 1); 01 — ISO/CEI 8859-5 (cirílico); 02 — ISO/CEI 8859-7 (grego).
	9F38			Número sequencial e inequívoco do documento.
	81			Número de matrícula.
	82			Data da primeira matrícula.
	A1			Dados pessoais; encastra os objectos A2 e 86.
		A2		Titular do certificado de matrícula; encastra os objectos 83, 84 e 85.
			83	Apelido ou denominação social.
			84	Outros nomes ou iniciais (facultativo).
			85	Morada em Portugal.
		86		00 — é o proprietário do veículo. 01 — não é o proprietário do veículo. 02 — não é identificado como proprietário do veículo.
	A3			Veículo; encastra os objectos 87, 88 e 89.
		87		Marca do veículo.
		88		Modelo do veículo.
		89		Descrições comerciais do veículo.
	8A			Número de identificação do veículo.
	A4			Massa; encastra 8B.
		8B		Massa máxima em carga tecnicamente admissível.
	8C			Massa do veículo em serviço com carroçaria.
	8D			Período de validade.
	8E			Data da matrícula a que se refere o presente certificado.
	8F			Número de homologação do modelo.
	A5			Motor; encastra os objectos 90, 91 e 92.
		90		Cilindrada do motor.
		91		Potência útil máxima do motor.
		92		Tipo de combustível do motor.
	93			Relação potência/peso.
	A6			Lotação; encastra os objectos 94 e 95.
		94		Número de lugares sentados.
		95		Número de lugares em pé.

3.11.4 – O quadro nº 3 enumera as etiquetas que identificam os objectos de dados facultativos correspondentes aos dados de matrícula constantes do nº 2.5.

QUADRO N.º 3

Etiqueta			Descrição
78			Autoridade que atribui etiquetas compatíveis; encastra o objecto 4F (v. ISO/CEI 7816-4 e ISO/ CEI 7816-6).
	4F		Identificador de aplicação (v. norma ISO/CEI 7816-4).
72			Modelo intersectorial (v. ISO/ CEI 7816-4 e ISO/CEI 7816-6) correspondente a dados facultativos do certificado de matrícula — n.º 2.5; encastra todos os objectos subsequentes.
	80		Versão da definição da etiqueta.
	A1		Dados pessoais: encastra os objectos A7, A8 e A9.
		A7	Proprietário do veículo; encastra os objectos 83, 84 e 85.
		A8	Segundo proprietário do veículo; encastra os objectos 83, 84 e 85.
		A9	Pessoa autorizada a utilizar em veículo em virtude de um direito legal que não a propriedade; encastra os objectos 83, 84 e 85.
	A4		Massa: encastra os objectos 96 e 97.
		96	Massa máxima em carga admissível do veículo em serviço.
		97	Massa máxima em carga admissível do conjunto em serviço.
	98		Categoria do veículo.
	99		Número de eixos.
	9A		Distância entre eixos.
	AD		Distribuição entre os eixos da massa máxima em carga admissível; encastra os objectos 9F1F, 9F20, 9F21, 9F22 e 9F23.
		9F1F	Eixo 1.
		9F20	Eixo 2.
		9F21	Eixo 3.
		9F22	Eixo 4.
		9F23	Eixo 5.
	AE		Massa máxima rebocável tecnicamente admissível; encastra os objectos 9B e 9C.
		9B	Reboque com travão.
		9C	Reboque sem travão.
	A5		Motor: encastra os objectos 9D e 9E.
		9D	Velocidade nominal.
		9E	Número de identificação do motor.
	9F24		Cor do veículo.
	9F25		Velocidade máxima.
	AF		Nível sonoro; encastra os objectos 9F26, 9F27 e 9F28.
		9F26	Estacionário.
		9F27	Velocidade do motor.
		9F28	Em circulação.

	B0			Gases de escape; encastra os objectos 9F29, 9F2A, 9F2B, 9F2C, 9F2D, 9F2E, 9F2F, 9F30 e 9F31.
		9F29		*CO*.
		9F2A		*HC*.
		9F2B		NO_x.
		9F2C		$HC + NO_x$.
		9F2D		Partículas no caso dos motores diesel.
		9F2E		Coeficiente de absorção corrigido no caso dos motores diesel.
		9F2F		CO_2.
		9F30		Consumo de combustível em ciclo combinado.
		9F31		Indicação da classe ambiental de homologação CE.
	9F32			Capacidade dos depósitos de combustível.

3.11.5 – A estrutura e o formato dos dados são definidos por portaria dos Ministros de Estado e da Administração Interna e da Justiça, em conformidade com o nº 2.6.

3.12 – Leitura dos dados de matrícula:

3.12.1 – Selecção da aplicação:

a) A aplicação «Matrícula do veículo» deve poder ser seleccionada usando o comando Select DF (por nome, ver ISO/CEI 7816-4), através do seu identificador de aplicação (AID);

b) O valor a atribuir a AID é solicitado a um laboratório seleccionado pela Comissão Europeia.

3.12.2 – Leitura dos dados dos ficheiros:

3.12.2.1 – Os ficheiros correspondentes aos nºs 3.2.2, 3.2.3, 3.2.5 e 3.2.6 devem poder ser seleccionados através do comando Select (v. ISO/CEI 7816-4), pondo o parâmetro de comando P1 com o valor 02, P2 com 04 e o campo de dados de comando com o identificador de ficheiro (quadro nº 1);

3.12.2.2 – A leitura dos ficheiros deve poder ser efectuada usando o comando Read Binary (v. ISO/CEI 7816-4) com um campo de dados de comando ausente e L_e configurado para o comprimento dos dados pretendidos, usando um L_e curto.

3.12.3 – Verificação da autenticidade dos dados:

3.12.3.1 – Para verificar a autenticidade dos dados de matrícula armazenados, deve ser verificada a assinatura electrónica correspondente. Isto significa que, além de permitir a leitura dos dados de matrícula, o cartão de matrícula deve ainda permitir a leitura da assinatura electrónica correspondente;

3.12.3.2 – A chave pública para verificação da assinatura pode ser extraída do cartão, procedendo à leitura do certificado da autoridade emissora correspondente. Os certificados contêm a chave pública e a identificação da autoridade correspondente. A verificação da assinatura pode ser efectuada utilizando outro sistema que não o cartão de matrícula.

(Redação dada pelo Decreto-Lei nº 152-A/2017, de 11-12)

Registo da Propriedade Automóvel*

Decreto-Lei nº 54/75, de 12 de Fevereiro

ARTIGO 1º

1 – O registo de veículos tem essencialmente por fim dar publicidade à situação jurídica dos veículos a motor e respetivos reboques, tendo em vista a segurança do comércio jurídico.

2 – O registo de veículos é submetido a tratamento informático.

ARTIGO 2º

1 – Para efeitos de registo, são considerados veículos os veículos a motor e respetivos reboques que, nos termos do Código da Estrada, estejam sujeitos a matrícula.

2 – As referências a veículos automóveis e a registo de automóveis constantes do presente decreto-lei, bem como dos demais atos normativos aplicáveis ao registo de automóveis, passam a ser entendidas como referentes aos veículos indicados no número anterior e ao correspondente registo.

3 – Os veículos com matrícula provisória só podem ser objeto de registo de propriedade.

4 – Os negócios jurídicos que tenham por objeto veículos abrangem, salvo declaração em contrário, os aparelhos sobresselentes e as instalações ou objetos acessórios existentes no veículo, sejam ou não indispensáveis ao seu funcionamento.

ARTIGO 2º-A

1 – Os atos relativos a veículos a motor e respetivos reboques podem ser efetuados e os respetivos meios de prova obtidos em qualquer conservatória com competência para a prática de atos relativos a veículos, independentemente da sua localização geográfica.

* *Texto de acordo com a republicação do Decreto-Lei nº 111/2019, de 16-08.*

2 – A competência para a prática dos atos previstos no número anterior pode ser atribuída a qualquer conservatória, através de despacho do presidente do Instituto dos Registos e do Notariado, I.P. (IRN, I.P.).

3 – As conservatórias com competência para a prática de atos relativos a veículos funcionam como repartições autónomas ou em regime de anexação com outras conservatórias.

ARTIGO 2º-B

Nas conservatórias de registos com competência para a prática de atos relativos a veículos, pode o oficial de registos, sem prejuízo do disposto nos artigos 21º e 22º do Decreto-Lei nº 115/2018, de 21 de dezembro, qualificar e subscrever os seguintes atos:

a) Registo inicial de propriedade;

b) Registo de propriedade adquirida por contrato verbal de compra e venda;

c) Registo de locação financeira e de aluguer por prazo superior a um ano;

d) Registo de alteração de nome, de denominação ou de firma;

e) Registo de extinção dos factos jurídicos para cujo registo sejam competentes;

f) Registo de factos que não necessitem de ser comprovados por documentos ou cujos documentos comprovativos já tenham sido previamente qualificados pelo conservador;

g) Registo de direitos com menções especiais de afetação do veículo ao regime de aluguer sem condutor ou de ónus de inalienabilidade ou de indisponibilidade previsto em legislação fiscal, desde que tais direitos não careçam de ser comprovados por documentos;

h) Emissão e assinatura de certidões e cópias não certificadas;

i) Atos relativos a veículos que não revistam natureza registal;

j) Confirmação de extratação de atos de registo;

k) Rejeição de apresentações de atos de registo para os quais lhes seja atribuída competência própria ou delegada;

l) Confirmação de contas emolumentares.

ARTIGO 3º

1 – Os dados de identificação do veículo que integram a matrícula são comunicados eletronicamente pelo Instituto da Mobilidade e dos Transportes, I.P. (IMT, I.P.), aos serviços de registos e são integrados automaticamente na ficha de registo de cada veículo.

2 – Para além dos dados da matrícula referidos no número anterior, o IMT, I.P., deve fornecer os elementos caracterizadores do veículo, códigos e outros da mesma natureza, necessários ao cumprimento, pelo IRN, I.P., das suas atribuições legais.

3 – O IMT, I.P., comunica igualmente o cancelamento da matrícula, a respetiva causa e data.

4 – A comunicação do cancelamento de matrícula de veículo com registos de ónus ou encargos em vigor é registada, mas não prejudica os efeitos daqueles.

5 – Sem prejuízo do disposto no número anterior, o cancelamento definitivo da matrícula do veículo determina o cancelamento do registo de propriedade e a impossibilidade de feitura de registos posteriores, exceto os que visem a sua reposição.

6 – Sem prejuízo do cumprimento do disposto na legislação relativa ao tratamento de dados pessoais, as condições de transmissão dos dados previstos no presente artigo são estabelecidas por protocolo a celebrar entre o IRN, I.P., e o IMT, I.P.

ARTIGO 4º

1 – Os veículos automóveis podem constituir objeto de hipotecas legais, judiciais ou voluntárias.

2 – Às hipotecas sobre veículos automóveis são aplicáveis as disposições relativas à hipoteca de imóveis no que não forem contrariadas pelas disposições especiais do presente diploma.

3 – A constituição ou modificação de hipoteca sobre veículos automóveis pode ser titulada por documento particular

ARTIGO 5º

1 – Estão sujeitos a registo:

a) O direito de propriedade e de usufruto;

b) A reserva de propriedade estipulada em contratos de alienação de veículos automóveis;

c) A hipoteca, a modificação e cessão dela, bem como a cessão do grau de prioridade do respetivo registo;

d) A locação financeira e a transmissão dos direitos dela emergentes;

e) O aluguer por prazo superior a um ano, quando do respetivo contrato resulte a existência de uma expectativa de transmissão da propriedade;

f) A afetação do veículo ao regime de aluguer sem condutor;

g) A transmissão de direitos ou créditos registados e o penhor, o arresto e a penhora desses créditos;

h) A penhora e quaisquer providências administrativas que afetem a livre disposição de veículos;

i) Os ónus de intransmissibilidade e de tributação residual previstos na legislação fiscal;

j) O utilizador não proprietário;

k) A declaração de insolvência;

l) A extinção ou a modificação de direitos ou encargos anteriormente registados, a alteração da composição do nome ou denominação e a mudança de residência habitual ou sede dos proprietários, usufrutuários e locatários dos veículos;

m) A apreensão do certificado de matrícula, nos casos em que for comunicada por entidades administrativas e policiais, bem como o pedido de apreensão e a apreensão de veículo previstos no procedimento especial para regularização de propriedade;

n) A apreensão em processo penal;

o) A apreensão de veículo por decisão administrativa condenatória, nos termos do nº 3 do artigo 147º do Código da Estrada, aprovado pelo Decreto-Lei nº 114/94, de 3 de maio, na sua redação atual;

p) A declaração de veículo perdido definitivamente a favor do Estado, por decisão judicial transitada em julgado;

q) Quaisquer outros factos jurídicos sujeitos por lei a registo.

2 – É obrigatório o registo dos factos previstos nas alíneas *a*), *b*), *d*), *e*), *f*) e *i*) do número anterior e o registo da mudança de nome ou denominação e da residência habitual ou sede dos proprietários, usufrutuários e locatários dos veículos.

3 – É dispensado o registo de propriedade, em caso de sucessão hereditária, quando o veículo se destine a ser alienado pelo herdeiro ou herdeiros.

ARTIGO 5º-A

1 – É anotada ao registo a circunstância de o veículo ter sido furtado ou roubado.

2 – Da anotação referida no número anterior deve constar a data da respetiva participação.

3 – A regularização da situação é comunicada ao registo, determinando o cancelamento oficioso da anotação referida no nº 1.

4 – A transmissão das informações sobre o estado do veículo mencionadas nos números anteriores é realizada através da Plataforma de Interoperabilidade da Administração Pública, nas condições estabelecidas por protocolo a celebrar entre o IRN, I.P., a Polícia de Segurança Pública, a Guarda Nacional Republicana e a Agência para a Modernização Administrativa, I.P.

ARTIGO 6º

Estão igualmente sujeitos a registo:

a) As ações que tenham por fim, principal ou acessório, o reconhecimento, a constituição, a modificação ou a extinção de algum dos direitos referidos no artigo anterior, bem como as ações de impugnação pauliana;

b) As ações que tenham por fim, principal ou acessório, a reforma, a declaração de nulidade ou a anulação de um registo ou do seu cancelamento;

c) As decisões finais das ações referidas nas alíneas anteriores, logo que transitem em julgado;

d) Os procedimentos que tenham por fim o decretamento do arresto e do arrolamento, bem como de quaisquer outras providências judiciais que afetem a livre disposição de bens;

e) As providências decretadas nas ações e nos procedimentos referidos nas alíneas anteriores.

ARTIGO 7º

1 – Os direitos ou factos enumerados nos artigos 5º e 6º só podem ingressar no registo quando este deva ser efetuado com caráter definitivo.

2 – Podem ser objeto de registo provisório por natureza o arrolamento, a penhora, o arresto, a declaração de insolvência e as ações.

ARTIGO 7º-A

1 – As situações de apreensão de documentos de identificação do veículo que devam determinar a inibição de emissão de segunda via de certificado de matrícula são definidas e comunicadas aos serviços de registo, para efeitos de anotação, nos termos e condições a fixar por protocolo entre o IRN, I.P., a Autoridade Nacional de Segurança Rodoviária e as entidades competentes para a apreensão.

2 – O levantamento da apreensão dos documentos referida no número anterior é de imediato comunicado aos serviços de registo, para efeitos do cancelamento da respetiva anotação.

ARTIGO 8º

Os veículos automóveis não podem ser objeto de penhor.

ARTIGO 9º

1 – A cada veículo corresponde um certificado de matrícula.

2 – O certificado a que se refere o número anterior deve acompanhar sempre o veículo, sob pena de o infrator incorrer nas sanções previstas no Código da Estrada.

ARTIGO 10º

1 – Do certificado de matrícula devem constar todos os registos em vigor, excetuados os que publicitem:

a) Providências e atos, judiciais ou administrativos, que determinem a apreensão do veículo;

b) A propriedade de veículo adquirida por entidade comercial que tenha por atividade principal a compra de veículos para revenda e que proceda ao pedido de registo de tal facto em virtude de alienação de veículo no exercício dessa atividade, nos termos e com as limitações fixadas por portaria do membro do Governo responsável pela área da justiça.

2 – A portaria referida na alínea *b*) do número anterior deve prever um prazo de promoção de registo superior ao geral quando os atos praticados pelas entidades referidas na mesma alínea constituírem um pedido de uma transmissão da propriedade acompanhado de um pedido de ato de locação financeira, aluguer de longa duração ou hipoteca voluntária.

3 – Nos casos a que se refere a alínea *b*) do nº 1, se o veículo não for objeto de revenda pela entidade comercial nela referida no prazo de 180 dias a contar da

aquisição da sua propriedade, a propriedade adquirida por tal entidade é mencionada no certificado de matrícula.

4 – Quando os conservadores tenham conhecimento de que as anotações do certificado de matrícula estão incompletas ou desatualizadas, podem notificar o respetivo titular para o apresentar na conservatória dentro do prazo que lhe for designado, sob pena de incorrer na prática do crime de desobediência.

ARTIGO 11º

(Revogado.)

ARTIGO 12º

(Revogado.)

ARTIGO 13º

(Revogado.)

ARTIGO 14º

(Revogado.)

ARTIGO 15º

1 – Vencido e não pago o crédito hipotecário ou não cumpridas as obrigações que originaram a reserva de propriedade, o titular dos respetivos registos pode requerer em juízo a apreensão do veículo e do certificado de matrícula.

2 – O requerente expõe na petição o fundamento do pedido e indica a providência requerida.

3 – A prova é oferecida com a petição referida no número anterior.

ARTIGO 16º

1 – Provados os registos e o vencimento do crédito ou, quando se trate de reserva de propriedade, o não cumprimento do contrato por parte do adquirente, o juiz ordenará a imediata apreensão do veículo.

2 – Se no ato da apreensão não for encontrado o certificado de matrícula, deve o requerido ser notificado para o apresentar em juízo no prazo que lhe for designado, sob a sanção cominada para o crime de desobediência qualificada.

ARTIGO 17º

1 – A apreensão do veículo e do certificado de matrícula pode ser realizada diretamente pelo tribunal ou, a requisição deste, por qualquer autoridade administrativa ou policial.

2 – A autoridade que efetuar a apreensão fará recolher a viatura a uma garagem ou a outro local apropriado, onde ficará depositada à ordem do tribunal, e nomeará fiel depositário, lavrando-se auto da ocorrência.

3 – A secretaria deve extrair certidão do auto de apreensão, logo após a sua junção ao processo e independentemente de despacho, e entregá-la ao requerente para fins de registo.

ARTIGO 18º

1 – Dentro de quinze dias a contar da data da apreensão, o credor deve promover a venda do veículo apreendido, pelo processo de execução ou de venda de penhor, regulado na lei de processo civil, conforme haja ou não lugar a concurso de credores; dentro do mesmo prazo, o titular do registo de reserva de propriedade deve propor ação de resolução do contrato de alienação.

2 – O processo e a ação a que se refere o número anterior não poderão prosseguir seus termos sem que lhes seja apenso o processo de apreensão, devidamente instruído com certidão comprovativa do respetivo registo ou documento equivalente.

3 – Vendido o veículo ou transitada em julgado a decisão que declare a resolução do contrato de alienação com reserva de propriedade, o certificado de matrícula apreendido é entregue pelo tribunal ao adquirente do veículo ou ao autor da ação que toma posse do veículo, independentemente de qualquer outro ato ou formalidade.

ARTIGO 19º

1 – A apreensão fica sem efeito nos seguintes casos:

a) Se o requerente não propuser a ação dentro do prazo legal ou se, tendo-a proposto, o processo estiver parado durante mais de trinta dias, por negligência sua em promover os respetivos termos;

b) Se a ação vier a ser julgada improcedente ou se o réu for absolvido da instância por decisão passada em julgado;

c) Se o requerido provar o pagamento da dívida ou o cumprimento das obrigações a que estava vinculado pelo contrato de alienação com reserva de propriedade.

2 – Nos casos a que se referem as alíneas *b*) e *c*) do número anterior, a apreensão é levantada sem audiência do requerente; no caso da alínea *a*), a apreensão só será levantada se, depois de ouvido, o requerente não mostrar que é inexata a afirmação do requerido.

3 – O levantamento da apreensão é imediatamente comunicado pela secretaria à conservatória para que seja oficiosamente efetuado o respetivo registo.

ARTIGO 20º

O requerente da apreensão responde pelos danos a que der causa, se a apreensão vier a ser julgada injustificada ou caducar, no caso de se verificar não ter agido com a prudência normal.

ARTIGO 21º

O processo de apreensão e as ações relativas aos veículos apreendidos são da competência do tribunal da comarca em cuja área se situa a residência habitual ou sede do proprietário.

ARTIGO 22º

1 – A apreensão, a penhora e o arresto envolvem a proibição de o veículo circular.

2 – A circulação do veículo com infração da proibição legal sujeita o depositário às sanções aplicáveis ao crime de desobediência qualificada.

ARTIGO 23º

1 – É aplicável à penhora e ao arresto de veículos o disposto nos nºs 2 e 3 do artigo 18º

2 – Aos registos de penhora e arresto a favor do Estado ou de outras entidades públicas, bem como aos de levantamento destas diligências, é aplicável o disposto no nº 3 do artigo 19º

ARTIGO 24º

(Revogado.)

ARTIGO 25º

(Revogado.)

ARTIGO 26º

São reconhecidas, para todos os efeitos, as hipotecas legais por venda a prazo, registadas sobre veículos automóveis anteriormente a 1 de junho de 1967.

ARTIGO 26º-A

1 – Os registos de hipoteca e penhora caducam decorridos 10 anos sobre a data do registo, sem prejuízo da possibilidade de renovação.

2 – Os registos de usufruto caducam decorridos 20 anos sobre a data do registo, sem prejuízo da possibilidade de renovação.

3 – Os registos de locação financeira e de aluguer de longa duração caducam decorrido um ano sobre a data do termo final do prazo fixado no respetivo contrato, exceto se sobre o veículo se encontrar registada ação que tenha por objeto o negócio que deu causa ao registo.

4 – Os registos de locação financeira caducam ainda com o registo da transmissão a favor do locatário, no âmbito do exercício do direito de opção de compra, ou com o cumprimento antecipado do contrato.

ARTIGO 27º

1 – O registo automóvel encontra-se organizado em ficheiro central informatizado.

2 – A base de dados do registo de automóveis tem por finalidade organizar e manter atualizada a informação respeitante à situação jurídica desses bens, com vista à segurança do comércio jurídico, nos termos e para os efeitos previstos na lei, não podendo ser utilizada para qualquer outra finalidade com aquela incompatível.

ARTIGO 27º-A

1 – O presidente do conselho diretivo do IRN, I.P., é o responsável pelo tratamento da base de dados, nos termos e para os efeitos definidos no nº 7 do artigo 4º do Regulamento (UE) nº 2016/679, do Parlamento e do Conselho, de 27 de abril de 2016 (RGPD), sem prejuízo da responsabilidade que, nos termos da lei, é atribuída aos conservadores do registo de automóveis.

2 – Cabe ao responsável referido no número anterior assegurar o direito de informação e de acesso aos dados pelos respetivos titulares, a correção de inexatidões, o completamento de omissões, a supressão de dados indevidamente registados, bem como velar pela legalidade da consulta ou comunicação da informação.

ARTIGO 27º-B

1 – São obrigatoriamente recolhidos para tratamento automatizado os seguintes dados pessoais respeitantes aos sujeitos do registo:

a) Nome;

b) Residência habitual;

c) Número de identificação civil ou, quando este não exista, de passaporte, de carta de condução ou de título de residência, e data de emissão do respetivo documento, quando conste do mesmo;

d) Número de identificação fiscal.

2 – Para a identificação do proprietário, locatário ou usufrutuário, são igualmente recolhidos os seguintes dados:

a) Nacionalidade, se for estrangeiro e desde que indicado no título de identificação respetivo;

b) Data de nascimento;

c) Menoridade.

3 – Relativamente aos apresentantes dos pedidos de registo, são recolhidos os dados referidos no nº 1, e ainda os seguintes:

a) Número da cédula profissional e domicílio profissional, quando aplicável;

b) Número internacional de identificação bancária e código internacional de identificação do banco, salvo se o apresentante não dispuser de conta bancária.

4 – São ainda sujeitos a tratamento automatizado os dados de contacto fornecidos pelo apresentante, designadamente o endereço de correio eletrónico e o número de telefone, bem como, quando aplicável, os elementos de informação bancária relativa à forma de pagamento utilizada, ainda que respeitante a terceiros.

5 – Os dados referidos nas alíneas *c*) e *d*) do nº 1 e nos nºs 3 e 4 não são publicitados com o registo.

ARTIGO 27º-C

1 – Os dados pessoais constantes da base de dados têm por suporte a identificação dos sujeitos ativos e passivos dos factos sujeitos a registo, bem como dos apresentantes do registo, e são recolhidos do formulário de modelo próprio apresentado pelos interessados e dos documentos por ele apresentados.

2 – Dos formulários a que se refere o número anterior devem constar as informações previstas no regime geral de proteção de dados pessoais.

3 – Os elementos de identificação dos sujeitos dos factos a ingressar no registo e do apresentante do registo são confirmados através de consulta direta às bases de dados da identificação civil, do registo civil, do registo comercial e do ficheiro central de pessoas coletivas, nos termos e condições a definir pelo conselho diretivo do IRN, I.P., e sem prejuízo do disposto na legislação relativa à proteção de dados pessoais.

4 – A situação da inscrição de advogado, notário ou solicitador apresentante do registo é confirmada junto das respetivas entidades representativas, através de consulta direta às bases de dados daquelas entidades, em termos e condições a regular por protocolos a celebrar entre o IRN, I.P., e a Ordem dos Advogados, a Ordem dos Notários e a Ordem dos Solicitadores e dos Agentes de Execução, respetivamente.

5 – A situação da inscrição de advogado, notário ou solicitador apresentante do registo pode, nos pedidos de registo apresentados eletronicamente, ser confirmada através do Sistema de Certificação de Atributos Profissionais nos termos do artigo 18º-A da Lei nº 7/2007, de 5 de fevereiro, na sua redação atual, do artigo 51º da Lei nº 2/2013, de 10 de janeiro, e da Portaria nº 73/2018, de 12 de março.

6 – O IRN, I.P., envia à Comissão Nacional de Proteção de Dados a cópia dos protocolos celebrados ao abrigo do número anterior, preferencialmente por via eletrónica.

ARTIGO 27º-D

1 – A informação constante do registo automóvel, desde que respeite exclusivamente às características dos veículos e sem referência, neste caso, aos respetivos titulares, pode ser comunicada a quaisquer entidades, públicas ou privadas.

2 – Os dados pessoais referentes à situação jurídica de qualquer veículo automóvel constantes da base de dados podem ser comunicados:

a) A qualquer pessoa que o solicite, nos termos previstos na legislação específica do registo de automóveis;

b) Aos organismos e serviços do Estado e demais pessoas coletivas de direito público, para prossecução das respetivas atribuições legais e estatutárias;

c) Às entidades judiciárias e policiais, para efeitos de investigação ou de instrução dos processos judiciais a seu cargo, desde que a informação não possa ou não deva ser obtida das pessoas a quem respeita;

d) Às entidades a quem incumba a fiscalização do cumprimento das disposições do Código da Estrada e legislação complementar, designadamente por linha de transmissão de dados, bem como às entidades a quem incumba a fiscalização do cumprimento das normas referentes à cobrança de portagens em infraestruturas rodoviárias, para prossecução exclusiva das respetivas atribuições;

e) A quaisquer outras entidades, mediante consentimento escrito dos seus titulares ou para proteção de interesses vitais destes.

3 – A informação pode ser divulgada para fins estatísticos, históricos ou de investigação científica, mediante autorização do responsável pela base de dados, desde que não possam ser identificáveis as pessoas a que respeita.

4 – Podem ainda ser fornecidas cópias da base de dados, de conteúdo total ou parcial da situação jurídica de cada veículo, em suporte físico ou suporte eletrónico, com respeito pelas condições definidas no presente decreto-lei, mediante autorização do presidente do conselho diretivo do IRN, I.P.

5 – Os dados comunicados não podem ser transmitidos a terceiros, estando o acesso à base de dados sujeito ao pagamento dos respetivos encargos, sendo, porém, isento o acesso e consulta à base de dados efetuados pelas entidades previstas no nº 1 do artigo seguinte.

ARTIGO 27º-E

1 – Têm acesso à informação constante do registo de automóveis, através de linha de transmissão de dados, as entidades judiciárias, os órgãos de polícia criminal, a Autoridade Tributária e Aduaneira e o IMT, I.P.

2 – Aos serviços e entidades referidos nas alíneas *b*) e *d*) do nº 2 do artigo anterior pode, ainda, ser autorizada a consulta através de linha de transmissão de dados, garantido o respeito pelas normas de segurança da informação e da disponibilidade técnica.

3 – A comunicação e a consulta previstas nos números anteriores estão condicionadas à celebração de protocolo com o IRN, I.P., que defina, face às atribuições legais ou estatutárias das entidades interessadas, os limites e condições das comunicações e consulta, sem prejuízo do disposto nos números seguintes.

4 – No caso previsto na alínea *c*) do nº 2 do artigo anterior, a informação, quando não prestada por consulta em linha, depende da solicitação do magistrado ou da entidade policial legalmente competente, com indicação do processo no âmbito do qual é a informação solicitada, e pode ser efetuada mediante reprodução dos registos informáticos relativos ao veículo em causa.

5 – O acesso à base de dados deve obedecer às disposições gerais e especiais de proteção de dados pessoais constantes do RGPD, designadamente:

a) O respeito das finalidades para as quais foi autorizada a consulta, limitando o acesso ao estritamente necessário e não utilizando a informação para outros fins;

b) A não transmissão da informação a terceiros.

6 – *(Revogado.)*

7 – O IRN, I.P., envia à Comissão Nacional de Proteção de Dados os protocolos celebrados ao abrigo dos números anteriores, preferencialmente por via eletrónica.

ARTIGO 27º-F

1 – Qualquer pessoa tem o direito de ser informada sobre os dados pessoais que lhe respeitem e a respetiva finalidade, bem como sobre a identidade e o endereço do responsável pela base de dados.

2 – A atualização e a correção de eventuais inexatidões realizam-se nos termos e pela forma prevista na legislação específica do registo de automóveis, sem prejuízo do disposto nos artigos 16º a 18º do RGPD.

ARTIGO 27º-G

1 – Os dados pessoais podem ser conservados na base de dados durante cinco anos a contar da data do cancelamento do registo.

2 – Os dados pessoais podem ser conservados em ficheiro histórico durante 10 anos a contar da data da eliminação do registo da base de dados.

ARTIGO 27º-H

1 – O presidente do conselho diretivo do IRN, I.P., e as entidades referidas nas alíneas *b*), *c*) e *d*) do nº 2 do artigo 27º-D devem adotar as medidas de segurança referidas no nº 1 do artigo 32º do RGPD.

2 – À base de dados devem ser conferidas as garantias de segurança necessárias a impedir a consulta, a modificação, a supressão, o aditamento ou a comunicação de dados por quem não esteja legalmente habilitado.

3 – Para efeitos de controlo de admissibilidade da consulta, 1 em cada 10 pesquisas efetuadas pelas entidades que tenham acesso à base de dados será registada informaticamente.

4 – As entidades referidas no nº 1 obrigam-se a manter uma lista atualizada das pessoas autorizadas a aceder às bases de dados.

ARTIGO 27º-I

1 – A comunicação ou a revelação dos dados pessoais registados na base de dados só pode ser efetuada nos termos previstos no presente diploma.

2 – Os funcionários dos registos e do notariado, bem como as pessoas que, no exercício das suas funções, tenham conhecimento dos dados pessoais registados na base de dados do registo de automóveis, ficam obrigados a sigilo profissional, nos termos do artigo 10º da Lei nº 58/2019, de 8 de agosto, que assegura a execução, na ordem jurídica nacional, do RGPD.

ARTIGO 27º-J

Todas as comunicações e notificações previstas no presente decreto-lei, bem como no Decreto nº 55/75, de 12 de fevereiro, podem ser efetuadas por via eletrónica, nos termos fixados por portaria do Ministro da Justiça.

ARTIGO 28º

1 – Na apresentação do pedido deve ser entregue, a título de preparo, a quantia provável do total da conta.

2 – O sujeito ativo dos factos é responsável pelo pagamento dos emolumentos e taxas.

3 – Quem apresenta o registo deve proceder à entrega das importâncias devidas, nestas se incluindo a sanção pecuniária pelo cumprimento tardio da obrigação de registar, sem prejuízo da responsabilidade imputada ao sujeito ativo.

4 – A falta de entrega da totalidade das quantias devidas a título de preparo determina, no caso de pedido efetuado presencialmente, a rejeição da apresentação, e, nos restantes casos, a notificação do apresentante para, no prazo de cinco dias, proceder à entrega das quantias em falta, sob pena de o ato ser recusado.

5 – O disposto na segunda parte do número anterior é igualmente aplicável quando o preparo venha a mostrar-se insuficiente ou quando tenha havido suprimento de deficiências nos termos dos nºs 2 e 3 do artigo 42º-A do Decreto nº 55/75, de 12 de fevereiro, na sua redação atual.

6 – Os tribunais, no que respeita à comunicação das ações, decisões e outros procedimentos e providências judiciais sujeitas a registo, estão dispensados do pagamento prévio dos emolumentos e taxas, devendo estas quantias entrar em regra de custas.

ARTIGO 29º

São aplicáveis, com as necessárias adaptações, ao registo de automóveis as disposições relativas ao registo predial, mas apenas na medida indispensável ao suprimento das lacunas da regulamentação própria e compatível com a natureza de veículos automóveis e das disposições contidas neste diploma e no respetivo regulamento.

ARTIGO 30º

O presente diploma entra em vigor trinta dias após a data da sua publicação.

Regulamento do Registo de Automóveis*

Decreto nº 55/75, de 12 de Fevereiro

CAPÍTULO I
Livros, verbetes e arquivo

SECÇÃO I
Livros e verbetes

ARTIGO 1º
Talonário de apresentações

(Revogado.)

ARTIGO 2º
Desdobramento do livro de registos e do talonário de apresentações

(Revogado.)

ARTIGO 3º
Encadernação e numeração dos livros e talonários

(Revogado.)

ARTIGO 4º
Legalização e selagem

(Revogado.)

ARTIGO 5º
Organização dos verbetes

(Revogado.)

* *Texto de acordo com a republicação do Decreto-Lei nº 111/2019, de 16-08.*

SECÇÃO II
Arquivos

ARTIGO 6º
Arquivamento de documentos

1 – Os requerimentos e documentos que servem de base principal a atos de registo ou à emissão de segundas vias de certificados de matrícula devem ser arquivados em suporte eletrónico, nos termos a determinar por despacho do diretor-geral dos Registos e do Notariado.

2 – O arquivo em suporte eletrónico dos documentos determina a destruição dos exemplares existentes noutro suporte.

3 – Enquanto os requerimentos e documentos que serviram de base principal a atos de registo não forem arquivados em suporte eletrónico, o diretor-geral dos Registos e do Notariado determina, por despacho, a organização e suporte do arquivo.

4 – Os requerimentos destinados a obter certidões ou documentos análogos, bem como os documentos que tenham tido mera função acessória na realização dos registos, como os certificados de matrícula, são restituídos aos interessados.

ARTIGO 7º
Substituição dos documentos arquivados

(Revogado.)

ARTIGO 8º
Eliminação de documentos do arquivo eletrónico

1 – Sendo cancelada a matrícula de qualquer veículo, são eliminados do arquivo eletrónico os documentos e requerimentos que lhe respeitem, salvo se tiverem servido de base a algum registo que se encontre em vigor.

2 – Independentemente da circunstância prevista no número anterior, o diretor-geral dos Registos e do Notariado pode autorizar, nas condições que em cada caso vierem a ser estabelecidas, a eliminação do arquivo eletrónico dos requerimentos e documentos arquivados há mais de 20 anos.

CAPÍTULO II
Atos de registo em geral

SECÇÃO I
Requerentes

ARTIGO 9º
Representação

1 – A regularidade da representação de pessoas coletivas para efeitos de apresentação de requerimento para registo é provada por qualquer meio idóneo.

2 – Presume-se que o signatário do requerimento ou declaração feita em nome do Estado ou de outra pessoa coletiva pública ou de quaisquer organismos oficiais é seu representante e tem poderes para o ato se a assinatura se mostrar autenticada com o respetivo selo branco.

3 – O disposto no nº 1 deste artigo é aplicável, com as necessárias adaptações, à representação voluntária das pessoas singulares.

4 – O requerimento para registo pode ser subscrito por advogado, solicitador ou notário, cujos poderes de representação se presumem.

5 – O disposto no número anterior é aplicável à declaração de venda a que se refere a alínea *a)* do nº 1 do artigo 25º

6 – Nos pedidos de registo de propriedade adquirida por contrato verbal de compra e venda subscritos por advogado, solicitador ou notário deve ser indicada a parte representada.

ARTIGO 10º
Dispensa da prova da regular constituição das pessoas coletivas

É dispensada a prova da regular constituição das pessoas coletivas e das sociedades que intervenham em requerimentos ou documentos para serviços de registo.

SECÇÃO II
Requerimentos

ARTIGO 11º
Requerimentos

1 – Os modelos de requerimento para atos de registo, bem como os dados que deles devem constar, são aprovados por deliberação do conselho diretivo do Instituto dos Registos e Notariado, I.P. (IRN, I.P.).

2 – Os requerimentos de registo podem ser apresentados em suporte informático, nos termos a fixar por despacho do presidente do IRN, I.P.

ARTIGO 12º
Dispensa de reconhecimento de assinaturas

1 – O reconhecimento das assinaturas é dispensado nos requerimentos destinados a obter certidões ou documentos análogos e, em geral, quando seja apresentado o bilhete de identidade do signatário, ou este, estando presente, seja conhecido do conservador ou do ajudante, bem como, sendo estrangeiro ou nacional com residência habitual no estrangeiro, se identifique pela exibição do respetivo passaporte.

2 – Excetuam-se do disposto no número anterior os casos em que o reconhecimento deva conter a menção de alguma circunstância especial, salvo se esta for do conhecimento pessoal do conservador ou do ajudante.

3 – O reconhecimento previsto no número anterior pode igualmente ser dispensado quando o registo seja promovido através da Internet, com recurso a meios eletrónicos que permitam determinar a identidade do interessado ou do apresentante, nos termos a definir por portaria do membro do Governo responsável pela área da justiça.

4 – Sem prejuízo do disposto no artigo 9º, é dispensado o reconhecimento da assinatura do representante de pessoa coletiva feita na presença do funcionário de registo, desde que a qualidade e poderes para o ato possam ser confirmados por acesso à base de dados do registo comercial.

ARTIGO 13º
Requisitos formais

(Revogado.)

ARTIGO 14º
Junção de verbetes e seu preenchimento

(Revogado.)

SECÇÃO III
Títulos de registo

ARTIGO 15º
Emissão do título

(Revogado.)

ARTIGO 16º
Passagem de novo título

(Revogado.)

ARTIGO 17º
Modelo do título de registo

(Revogado.)

ARTIGO 18º
Elementos a anotar no título

(Revogado.)

ARTIGO 19º
Lançamento das anotações

(Revogado.)

ARTIGO 20º
Continuação das anotações em novo exemplar

(Revogado.)

ARTIGO 21º
Substituição dos títulos deteriorados

(Revogado.)

ARTIGO 22º
Extravio ou destruição de título

(Revogado.)

ARTIGO 23º
Passagem de guia de substituição do título e livrete

(Revogado.)

SECÇÃO IV
Documentos

ARTIGO 24º
Documentos para registo inicial de propriedade

1 – O registo inicial de propriedade de veículos importados, admitidos, montados, construídos ou reconstruídos em Portugal tem por base o requerimento respetivo e a prova do cumprimento das obrigações fiscais relativas ao veículo.

2 – Se a conservatória tiver acesso por via eletrónica à informação necessária à verificação do cumprimento das obrigações fiscais, é dispensada a apresentação da prova prevista na parte final do número anterior.

ARTIGO 25º
Documentos para outros registos de propriedade

1 – O registo posterior de propriedade adquirida por contrato verbal de compra e venda pode ser efetuado em face de:

a) Requerimento subscrito pelo comprador e confirmado pelo vendedor, através de declaração de venda apresentada com o pedido de registo;
b) Requerimento subscrito conjuntamente pelo vendedor e pelo comprador;
c) Requerimento subscrito pelo vendedor, nos casos em que este seja entidade comercial que tenha por atividade principal a compra de veículos para revenda e proceda ao pedido de registo da propriedade adquirida em virtude de alienação de veículo no exercício dessa atividade, nos termos e com as limitações fixadas por portaria do membro do Governo responsável pela área da justiça;
d) Requerimento subscrito pelo vendedor, nos casos em que este seja entidade que, em virtude da sua atividade, proceda com caráter de regularidade à transmissão da propriedade de veículos, nos termos e com as limitações fixadas na portaria referida na alínea anterior;
e) Requerimento subscrito pelo vendedor, na sequência do exercício do direito de compra no fim do contrato de locação financeira ou de aluguer de longa duração registado, antes da caducidade do registo, acompanhado da fatura correspondente à venda respetiva ou de documento de quitação.

2 – O registo de propriedade fundado em facto diverso do previsto no número anterior tem por base um dos seguintes documentos:

a) Qualquer documento comprovativo de facto jurídico que importe o reconhecimento, a aquisição ou divisão do direito de propriedade do veículo;
b) Certidão de decisão judicial, passada em julgado, proferida no processo civil ou penal em que, de modo expresso ou implícito, seja reconhecido o direito de propriedade do veículo a quem deva figurar como titular do registo.

3 – O registo de propriedade adquirida por via de sucessão hereditária é feito com base em certidão que prove ter sido instaurado o processo fiscal relativo à transmissão sucessória, da qual conste a indicação dos herdeiros e a identificação do veículo, ou em documento comprovativo da habilitação de herdeiros, desde que se mostrem pagos ou assegurados os direitos do fisco.

4 – Se todos os herdeiros o requererem, o registo referido no número anterior pode ser efetuado apenas a favor de algum ou alguns deles.

5 – No caso de dispensa do registo de propriedade adquirida por via de sucessão hereditária, o adquirente do veículo deve instruir o respetivo pedido de registo de propriedade com um dos documentos mencionados no nº 3.

6 – O registo de propriedade adquirida por doação pode ser efetuado em face de requerimento subscrito pelo donatário e confirmado pelo doador ou subscrito conjuntamente por ambos.

7 – Para efeitos do disposto na alínea *e*) do nº 1, na fatura ou no documento de quitação deve constar, para além da identificação do vendedor, o nome, a morada,

o número de identificação fiscal do comprador, a matrícula do veículo e a data da venda.

ARTIGO 26º
Falta de prova documental do consentimento de terceiro

1 – Não obsta ao registo de propriedade de veículo comprado ou vendido por menor a falta de prova documental do consentimento do seu representante legal, se o outro contraente declarar no requerimento apresentado que, apesar dessa circunstância, pretende que o registo seja lavrado.

2 – *(Revogado.)*

ARTIGO 27º
Documento para registo de hipotecas voluntárias

O registo de hipoteca voluntária terá por base o documento comprovativo do respetivo contrato.

ARTIGO 27º-A
Documento para o registo de afetação do veículo ao regime de aluguer sem condutor

O registo de afetação do veículo ao regime de aluguer sem condutor é efetuado com base em declaração do locador.

ARTIGO 27º-B
Registo de ónus de intransmissibilidade e de tributação residual

1 – Os ónus de intransmissibilidade e de tributação residual previstos em legislação fiscal são registados em conformidade com o documento comprovativo do facto tributário que lhe dá origem.

2 – Se a conservatória tiver acesso por via eletrónica à informação necessária à definição e ao conteúdo dos ónus fiscais, é dispensada a prova exigida no número anterior.

ARTIGO 27º-C
Documento para registo de utilizador não proprietário

1 – O registo do utilizador não proprietário do veículo é efetuado em conformidade com a declaração do proprietário, usufrutuário ou locatário.

2 – Os utilizadores devem ser pessoas singulares, exceto se o proprietário, usufrutuário ou locatário for uma entidade da Administração Pública, ou se se tratar de herança indivisa.

3 – O registo de alteração dos dados do utilizador ou de extinção é em conformidade com a declaração do proprietário, do usufrutuário ou do locatário.

4 – O registo do utilizador caduca com a transmissão ou com a extinção do direito de quem o declarou.

ARTIGO 28º
Documento para registo de extinção

1 – O registo de extinção de qualquer direito ou ato anteriormente registado efetua-se em face de documento comprovativo do facto a registar.

2 – É dispensada a apresentação de documento comprovativo da extinção se, tratando-se de hipoteca ou de reserva de propriedade, o requerente for o credor ou o reservador e o pedido for formulado presencialmente ou por via eletrónica.

ARTIGO 29º
Documento para registo de alteração de nome, firma, residência ou sede

1 – A alteração do nome ou firma, bem como a mudança de residência ou sede, são registadas em conformidade com o pedido do interessado.

2 – A prova dos factos referidos nos números anteriores é feita por acesso às bases de dados da titularidade do IRN, I.P., por documento apresentado pelos interessados, ou por declaração, nos casos em que aquela prova não seja possível.

3 – *(Revogado.)*

4 – A alteração de morada pode ser requerida em simultâneo com o pedido de alteração de morada no âmbito do cartão de cidadão.

ARTIGO 30º
Reconhecimento das assinaturas

(Revogado.)

CAPÍTULO III
Atos de registo

SECÇÃO I
Apresentações

ARTIGO 31º
Apresentação prévia

1 – Nenhum direito ou facto relativo a veículos pode figurar no registo sem que seja efetuada a respetiva apresentação no Diário.

2 – A apresentação gera um número de ordem a nível nacional, que determina a prioridade do registo.

3 – A cada facto deve corresponder uma apresentação distinta, ainda que no mesmo requerimento possa ser pedido o registo de vários factos

ARTIGO 32º
Rejeição da apresentação

Para além dos casos de rejeição da apresentação previstos na legislação subsidiariamente aplicável, a apresentação do pedido de registo pode ainda ser rejeitada quando for verificada a inviabilidade do registo requerido, ou, sendo o pedido efetuado presencialmente, não for paga a totalidade das quantias pedidas a título de preparo.

ARTIGO 33º
Nota de apresentação

(Revogado.)

ARTIGO 34º
Preparo

(Revogado.)

ARTIGO 35º
Elementos da nota de apresentação

(Revogado.)

ARTIGO 36º
Senhas de apresentação

(Revogado.)

ARTIGO 37º
Conservatória intermediária

(Revogado.)

ARTIGO 38º
Anotação de apresentação em conservatória intermediária

(Revogado.)

ARTIGO 39º
Anotação da apresentação na conservatória competente para o ato requerido

(Revogado.)

ARTIGO 40º
Pedido de registo

1 – O pedido de registo pode ser efetuado presencialmente, por via eletrónica ou por correio.

2 – O pedido de registo por via eletrónica é regulado por portaria do membro do Governo responsável pela área da justiça.

3 – O pedido de registo pode ser remetido por correio simples, acompanhado dos documentos e dos emolumentos e demais encargos que se mostrem devidos.

ARTIGO 40º-A
Distribuição

Independentemente da modalidade do pedido, sempre que esteja em causa o bom funcionamento dos serviços de registo pode, por despacho, o presidente do conselho diretivo do IRN, I.P., proceder à distribuição ou redistribuição dos pedidos de registo efetuados num determinado serviço de registo a outros serviços de registo.

ARTIGO 41º
Domínio de aplicação das disposições desta secção

O disposto na presente secção é aplicável, com as necessárias adaptações, aos pedidos de segundas vias de certificados de matrícula.

SECÇÃO II
Registos

ARTIGO 42º
Prazo em que devem ser requeridos

1 – O registo obrigatório deve ser requerido no prazo de 60 dias a contar da data do facto.

2 – Tratando-se de registo inicial de propriedade, o prazo referido no número anterior conta-se a partir da data de atribuição da matrícula.

3 – No caso de registo de propriedade adquirida por sucessão hereditária, o prazo a que se refere o nº 1 conta-se a partir da data da partilha ou, no caso de esta não ocorrer, do termo do prazo fiscal para participação da transmissão de bens.

4 – *(Revogado.)*

ARTIGO 42º-A
Suprimento de deficiências

1 – Sempre que possível, as deficiências do processo de registo devem ser supridas oficiosamente com base nos documentos apresentados ou já existentes na conservatória ou por acesso direto à informação constante de bases de dados das entidades ou serviços da Administração Pública.

2 – Não sendo possível o suprimento das deficiências nos termos previstos no número anterior, o serviço de registo comunica este facto ao interessado por cor-

reio eletrónico, sempre que este forneça o respetivo endereço, ou por qualquer outro meio idóneo, para que, no prazo de cinco dias, proceda a tal suprimento, sob pena de o registo ser recusado.

3 – O registo não é recusado se as deficiências em causa respeitarem à omissão de documentos a emitir pelas entidades referidas no nº 1 e a informação deles constante não puder ser obtida nos termos aí previstos, desde que o interessado tenha expressamente solicitado ao serviço de registo, pessoalmente ou por escrito, e no prazo referido no número anterior, que diligencie pela sua obtenção diretamente às entidades ou serviços da Administração Pública.

4 – *(Revogado.)*

5 – Das decisões tomadas no âmbito do suprimento de deficiências não cabe recurso hierárquico ou impugnação judicial.

6 – O suprimento de deficiências nos termos dos nºs 2 e 3 depende da entrega das quantias devidas.

ARTIGO 43º
Prazo, ordem e conteúdo dos registos

1 – Os registos são lavrados no prazo de cinco dias, segundo a ordem da nota da apresentação correspondente.

2 – O número de ordem e a data do registo serão para todos os efeitos os da apresentação que constitui sua parte integrante.

3 – No caso de uma conservatória não poder lavrar o ato por estarem pendentes sobre o mesmo veículo pedidos de registo anteriormente apresentados noutras conservatórias, deve comunicar o facto para que tais registos sejam imediata e sucessivamente efetuados.

4 – O conteúdo do registo, designadamente quanto aos titulares e ao direito ou facto registado, é determinado pelo requerimento, pelos documentos que lhe tenham servido de base e pela informação a que a conservatória tenha acesso por via eletrónica, quando aplicável.

5 – A forma e menções dos registos são regulamentadas por deliberação do conselho diretivo do IRN, I.P.

ARTIGO 44º
Pluralidade do objeto do registo

1 – Cada registo pode incidir sobre mais de um veículo.

2 – O disposto no número anterior não se aplica ao registo inicial, nem ao registo de propriedade adquirida por contrato verbal de compra e venda.

ARTIGO 45º
Como são lavrados os registos

(Revogado.)

ARTIGO 46º
Registo de reserva de propriedade

A reserva de propriedade estipulada em contrato de alienação de veículo é registada na dependência da inscrição de aquisição.

ARTIGO 46º-A
Registo de afetação do veículo ao regime de aluguer sem condutor

1 – A afetação do veículo ao regime de aluguer sem condutor é registada autónoma ou oficiosamente na dependência do registo do direito do locador.

2 – A extinção da afetação do veículo ao regime previsto no número anterior determina o cancelamento do registo do facto.

ARTIGO 46º-B
Ónus de tributação residual e de intransmissibilidade

1 – Os ónus de tributação residual e de intransmissibilidade previstos na legislação fiscal são registados oficiosamente na dependência do registo do direito onerado, com menção do diploma e disposição legal que preveem o ónus, bem como a referência aos termos inicial e final do respetivo prazo.

2 – A caducidade dos ónus fiscais deve ser anotada logo que verificada.

ARTIGO 46º-C
Utilizador não proprietário

O registo do utilizador é efetuado autónoma ou oficiosamente, na dependência do registo de propriedade, do registo de usufruto, do registo de locação ou de aluguer por prazo superior a um ano.

ARTIGO 47º
Registos sobre matrículas canceladas

1 – O cancelamento da matrícula, desde que comunicado pela entidade competente para tal ato, determina o cancelamento oficioso do registo de propriedade em vigor sobre o veículo, se sobre este não se encontrarem em vigor registos de ónus ou encargos.

2 – A comunicação referida no número anterior é dispensada sempre que a conservatória tiver acesso por via eletrónica a toda a informação necessária à verificação do cancelamento de matrícula, nos termos a definir por despacho do presidente do Instituto dos Registos e do Notariado, I.P.

3 – A reposição ou renovação de matrícula anteriormente cancelada dá lugar a novo registo de propriedade.

4 – O registo de propriedade do veículo nas condições a que se refere o número anterior é equiparado ao registo inicial.

CAPÍTULO IV
Notas de registo

ARTIGO 48º
Passagem de nota

(Revogado.)

CAPÍTULO V
Recusa do registo

ARTIGO 49º
Casos especiais de recusa

Para além dos motivos de recusa previstos na legislação subsidiariamente aplicável, o ato de registo deve ser recusado:

a) *(Revogada.)*;

b) Se o requerimento de registo ou os documentos que o instruam apresentem deficiências insupríveis e que impeçam a feitura do ato.

ARTIGO 50º
Despacho de recusa

(Revogado.)

ARTIGO 51º
Indicação dos motivos de recusa

(Revogado.)

ARTIGO 52º
Interposição do recurso

Independentemente da categoria funcional de quem pratica o ato, se houver interposição de recurso hierárquico ou contencioso, o despacho recorrido é submetido à apreciação do conservador para efeitos de sustentação ou reparação da decisão.

CAPÍTULO VI
Publicidade do registo

SECÇÃO I
Certidões e documentos análogos

ARTIGO 53º
Legitimidade

Qualquer pessoa pode obter certidões ou cópias não certificadas dos atos de registo e dos documentos arquivados.

ARTIGO 54º
Elementos que lhes devem servir de base – Certidões

(Revogado.)

ARTIGO 55º
Forma que devem revestir as certidões

1 – As certidões e as cópias não certificadas podem ser emitidas por via eletrónica, por telecópia ou em suporte de papel, nos termos fixados em despacho do presidente do Instituto dos Registos e do Notariado, I.P.

2 – Faz, igualmente, prova para todos os efeitos legais e perante qualquer autoridade pública ou entidade privada a disponibilização da informação constante da certidão em sítio da Internet, em temos a definir por portaria do membro do Governo responsável pela área da justiça.

3 – *(Revogado.)*

4 – Por cada processo de registo é disponibilizado gratuitamente, pelo período de três meses, o serviço referido no nº 2.

ARTIGO 56º
Certidões, fotocópias ou cópias de documentos

(Revogado.)

ARTIGO 57º
Preparo

1 – Os requerimentos destinados a obter a passagem de certidões ou documentos análogos, quando não isentos, devem ser acompanhados, a título de preparo, da importância equivalente aos correspondentes encargos.

2 – Os pedidos não acompanhados da totalidade do montante devido a título de preparo são rejeitados.

SECÇÃO II
Informações

ARTIGO 58º
Informação prestada às autoridades e repartições públicas

(Revogado.)

ARTIGO 59º
Informação prestada a particulares

(Revogado.)

SECÇÃO III
Comunicações obrigatórias

ARTIGO 60º
Registos a comunicar

(Revogado.)

ARTIGO 61º
Como são feitas as comunicações

(Revogado.)

SECÇÃO IV
Disposições diversas

ARTIGO 62º
Modelos de impressos

Compete ao diretor-geral dos Registos e do Notariado aprovar os modelos de requerimentos previstos neste decreto-lei.

ARTIGO 63º
Fornecimento de impressos

(Revogado.)

ARTIGO 64º
Preenchimento de impressos pelos serviços

(Revogado.)

ARTIGO 65º
Excesso de preparo

(Revogado.)

ARTIGO 66º
Transferência de selo dos livros de modelo antigo

(Revogado.)

ARTIGO 67º
Entrada em vigor

O presente diploma entra em vigor trinta dias após a data da sua publicação.

Promoção *Online* de Atos de Registo de Veículos

Portaria nº 99/2008, de 31 de Janeiro

Em concretização do programa SIMPLEX e do Plano Tecnológico, o Ministério da Justiça tem vindo a adoptar várias medidas de simplificação na área dos registos e actos notariais conexos. Pretende-se, desta forma, facilitar a vida do cidadão e reduzir os custos de contexto para as empresas, incentivando o investimento e a criação de emprego.

De entre as iniciativas já em funcionamento destacam-se, designadamente, os balcões «Empresa na hora», «Casa pronta», os serviços «Marca na hora», «Heranças» e «Divórcio com partilha», a eliminação da obrigatoriedade de celebração de escrituras públicas para actos da vida societária, a eliminação da obrigatoriedade de existência de livros de escrituração mercantil e a simplificação dos regimes da fusão, da cisão, da transformação, da redução do capital, da dissolução e da liquidação de sociedades e do registo comercial. Igualmente, são já numerosos os serviços disponibilizados no sector da justiça através da Internet, de entre os quais se destacam os serviços *online* de registo comercial e de propriedade industrial, como a «Empresa on-line», a promoção pela Internet de actos de registo comercial, a «Certidão permanente», as publicações *online* dos actos da vida societária, a «Marca on-line» e a «Patente on-line».

Este esforço de simplificação tem igualmente tido lugar na área do registo automóvel.

O Decreto-Lei nº 178-A/2005, de 28 de Outubro, criou um documento único automóvel – o certificado de matrícula – que reúne a informação respeitante ao veículo e à sua situação jurídica, antes distribuída por dois documentos: o livrete e o título de registo de propriedade. O mesmo diploma criou um balcão único apto a resolver todas as questões relativas aos veículos e introduziu as alterações legislativas necessárias à promoção de actos de registo automóvel pela Internet. A Portaria nº 1050-A/2007, de 31 de Agosto, veio executar este último aspecto, regulamentando a promoção do registo da propriedade de veículos automóveis e respectivos reboques pela Internet, em *www.automovelonline.mj.pt*. Visou-se, assim, permitir que o acesso a actos que respeitam à vida quotidiana dos cidadãos e das empresas, como é o registo da compra e venda de um veículo, tivessem lugar com maior comodidade e simplicidade, evitando-se deslocações e reduzindo-se os inerentes custos.

A presente portaria vem agora criar condições para se intensificar a utilização dos meios electrónicos no relacionamento com os serviços de registo automóvel, regulamentando o Decreto-Lei nº 20/2008, de 31 de Janeiro, que introduziu novidades no sentido da simplificação de procedimentos.

Assim, em primeiro lugar, à previsão da possibilidade de os pedidos de registo serem apresentados por via electrónica, já constante do regime anterior, o referido diploma veio aditar a disponibilização *online* da informação, permanentemente actualizada e com valor de certidão, referente ao registo de veículos, em *www.automovelonline.mj.pt*. Cria-se, pois, um serviço, em tudo semelhante à «Certidão permanente» de registo comercial, que permite a qualquer interessado aceder à informação constante do registo comercial pela Internet. Este novo serviço, além de mais cómodo, é mais barato – custa apenas € 6 – e contribui decisivamente para o aumento da segurança jurídica nas transmissões de automóveis.

Em segundo lugar, regulamenta-se a possibilidade de o pedido de registo ser efectuado apenas pelo vendedor, se este for uma entidade que tenha por actividade principal a compra de veículos para revenda e intervir no âmbito dessa actividade. Desta forma, estimula-se o registo em nome do revendedor mediante a simplificação do modo de proceder ao registo, acrescendo estas medidas à significativa descida de preço a que procedeu o Decreto-Lei nº 20/2008, de 31 de Janeiro. O exercício desta faculdade está sujeita à verificação de determinados requisitos e ao cumprimento de certas obrigações. O registo tem de ser promovido por via electrónica e no prazo máximo de dois dias úteis após a compra ou a revenda do veículo, os documentos originais devem ser entregues ou enviados para os serviços de registo até ao termo do 2º mês seguinte ao da promoção do registo e as entidades que usem o serviço têm de reunir condições de idoneidade, a qual é aferida pelas associações representativas do sector que gozem do estatuto de utilidade pública.

Em terceiro lugar, regulamenta-se a promoção do registo de veículos por entidades que promovam um número muito significativo de actos de registo de veículos.

Em quarto lugar, adoptam-se disposições relativas à promoção *online* de registos de penhora de veículos pelos solicitadores de execução, contribuindo, assim, para o aumento da eficácia na cobrança de dívidas através da acção executiva.

Finalmente, regulamenta-se a promoção electrónica de actos de registo de veículos ao abrigo do regime transitório especial para a regularização dos registos de transmissão da propriedade de veículos criado pelo Decreto-Lei nº 20/2008, de 31 de Janeiro. Este regime prevê taxas muito reduzidas para a promoção por via electrónica de actos de registo: € 5, se o registo respeitar a ciclomotor ou motociclo, triciclo ou quadriciclo com cilindrada não superior a 50 cm^3, ou € 10, se o registo respeitar a qualquer outro veículo. Visa-se, desta forma, promover a actualização dos registos relativos à propriedade dos veículos, e, nesta medida, criar condições para reduzir o número de registos que permanecem em nome de quem já não é proprietário.

Assim:

Manda o Governo, pelo Ministro da Justiça, ao abrigo do disposto nas alíneas *c*) e *d*) do nº 1 do artigo 25º, do nº 3 do artigo 40º e do nº 2 do artigo 55º do Regulamento do Registo de Automóveis, aprovado pelo Decreto nº 55/75, de 12 de Fevereiro, o seguinte:

CAPÍTULO I
Disposição geral

ARTIGO 1º
Objecto

A presente portaria regula:

a) A promoção *online* de actos de registo de veículos;

b) A certidão *online* de registo de veículos;

c) A promoção de actos de registo de veículos pelo vendedor, nos casos em que este seja entidade que tenha por actividade principal a compra de veículos para revenda e proceda ao pedido de registo da propriedade adquirida em virtude de alienação de veículo no exercício dessa actividade;

d) A promoção de actos de registo de veículos pelo vendedor, nos casos em que este seja entidade que, em virtude da sua actividade, proceda com carácter de regularidade à transmissão da propriedade de veículos;

e) A promoção *online* do registo da penhora de veículos;

f) O regime das comunicações e das notificações por via electrónica, no âmbito do registo automóvel.

(Redacção dada pela Portaria nº 1536/2008, de 30-12)

CAPÍTULO II
Promoção *online* de actos de registo de veículos e certidão *online* de registo de veículos

SECÇÃO I
Sítio da Internet

ARTIGO 2º
Designação e funções do sítio

1 – A promoção *online* de actos de registo de veículos e o acesso à certidão *online* de registo de veículos realizam-se através do sítio da Internet com o endereço *www.automovelonline.mj.pt* mantido pelo Instituto dos Registos e do Notariado, I. P. (IRN, I. P.).

2 – O sítio deve permitir, designadamente, as seguintes funções:

a) A autenticação dos utilizadores através de certificados digitais;

b) A indicação dos dados de identificação dos interessados;

c) O preenchimento electrónico dos elementos necessários ao requerimento do registo e ao pedido de certidão;

d) A entrega dos documentos necessários à apreciação do pedido de registo;

e) A assinatura electrónica dos documentos entregues, quando seja necessária;

f) O pagamento dos serviços por via electrónica;

g) A recolha de informação que permita o contacto entre os serviços competentes e os interessados e seus representantes;

h) A certificação da data e da hora em que o pedido de registo foi concluído;

i) O envio de avisos por correio electrónico e *short message service* (sms) aos utilizadores, quando o registo tenha sido efectuado ou a certidão *online* disponibilizada.

SECÇÃO II
Promoção *online* de actos de registo de veículos

ARTIGO 3º
Pedido *online* de actos de registo de veículos

1 – O interessado na promoção *online* de actos de registo de veículos formula o seu pedido e envia, através do sítio na Internet a que se refere o artigo anterior, os documentos necessários ao registo, designadamente:

a) Os documentos comprovativos dos factos constantes do pedido de registo;

b) Os documentos comprovativos da sua capacidade e dos seus poderes de representação para o acto.

2 – Todos os documentos entregues através do sítio da Internet referido no artigo anterior, desde que tenham sido correctamente digitalizados, sejam integralmente apreensíveis e tenham sido enviados por quem tenha competência para a conferência de documentos electrónicos com os respectivos originais em formato de papel, têm o mesmo valor probatório dos originais.

3 – Os documentos que não tenham sido enviados pelas entidades referidas no número anterior têm de ser assinados electronicamente, com excepção dos requerimentos de modelo aprovado destinados ao registo de qualquer facto, relativamente aos quais podem ser utilizados formulários electrónicos.

ARTIGO 4º
Arquivo dos originais dos documentos

Os advogados, os solicitadores e os notários que enviem documentos ao abrigo do disposto no artigo anterior ficam obrigados a arquivar os respectivos originais.

ARTIGO 5º
Ordem de anotação dos pedidos

1 – Os pedidos de actos de registo de veículos efectuados através do sítio referido no artigo 2º são anotados pela ordem da hora da respectiva recepção.

2 – Os pedidos de registo recebidos após o horário de atendimento ao público do serviço são anotados no dia seguinte, imediatamente antes da primeira apresentação pessoal ou por telecópia.

3 – Para efeitos do disposto nos números anteriores, a hora da recepção dos pedidos de registo apresentados *online* tem por referência a hora do meridiano de Greenwich, assinalada nas certidões de registo pela aposição do acrónimo UTC (*universal time, coordinated*).

ARTIGO 6º
Autenticação electrónica

1 – Para efeitos da promoção *online* de actos de registo de veículos, a autenticação electrónica dos utilizadores faz-se mediante a utilização de certificado digital qualificado, nos termos previstos no regime jurídico dos documentos electrónicos e da assinatura electrónica, aprovado pelo Decreto-Lei nº 290-D/99, de 2 de Agosto, alterado pelos Decretos-Leis nºs 62/2003, de 3 de Abril, 165/2004, de 6 de Julho, e 116-A/2006, de 16 de Julho.

2 – Para efeitos do disposto no número anterior, os requerentes que sejam pessoas singulares podem utilizar o certificado digital do Cartão de Cidadão.

ARTIGO 7º
Autenticação electrónica especial

1 – Para efeitos da promoção *online* de actos de registo de veículos, a autenticação electrónica de advogados, solicitadores e notários deve fazer-se mediante certificado digital que comprove a qualidade profissional do utilizador.

2 – Para efeitos do disposto no número anterior, apenas são admitidos os certificados digitais de advogados, solicitadores e notários cuja utilização para fins profissionais seja confirmada através de listas electrónicas de certificados, disponibilizadas, respectivamente, pela Ordem dos Advogados, pela Câmara dos Solicitadores e pela Ordem dos Notários.

ARTIGO 8º
Validação do pedido

1 – O pedido *online* de actos de registo de veículos só é considerado validamente submetido após a emissão de um comprovativo electrónico, através do sítio referido no artigo 2º, que indique a data e a hora em que o pedido foi concluído.

2 – O comprovativo electrónico do pedido de registo deve ser enviado ao interessado através de mensagem de correio electrónico.

ARTIGO 9º
Pagamento

1 – Após a submissão electrónica do pedido, é gerada automaticamente uma referência para pagamento dos encargos devidos pelo registo.

2 – O pagamento dos encargos referidos no número anterior deve ser efectuado no prazo de cinco dias após a geração da referência para pagamento, sob pena de cancelamento do pedido de registo.

3 – Por despacho do presidente do IRN, I. P., podem ser previstas outras modalidades de pagamento dos encargos devidos pelo registo.

ARTIGO 10º
Diligências subsequentes

No prazo de dois dias úteis a contar da confirmação do pagamento efectuado pelo interessado, o serviço competente procede ao tratamento dos dados indicados e dos documentos entregues e à apreciação do pedido de registo, bem como às seguintes diligências subsequentes:

a) Suprimento de eventuais deficiências do pedido de registo;

b) Registo dos factos, o qual deve ser imediatamente comunicado aos interessados por via electrónica, através de correio electrónico e, sempre que possível, por sms;

c) Disponibilização ao interessado do comprovativo do pagamento dos encargos devidos;

d) Promoção da emissão do certificado de matrícula, nos casos em que o acto requerido determine tal emissão;

e) Promoção das restantes diligências previstas em acto normativo ou protocolo.

SECÇÃO III
Certidão *online* de registo de veículos

ARTIGO 11º
Definição

Designa-se por «certidão *online* de registo de veículos» a disponibilização, em suporte electrónico e permanentemente actualizada, da reprodução dos registos respeitantes ao veículo, bem como da menção das apresentações e dos pedidos de registo pendentes.

ARTIGO 12º
Pedido de certidão *online*

O pedido de certidão *online* é efectuado através do sítio referido no artigo 2º ou, verbalmente, em qualquer serviço com competência para a prática de actos de registo de veículos, mediante a indicação da matrícula do veículo.

ARTIGO 13º
Identificação do requerente da certidão *online*

A identificação do requerente da certidão *online* faz-se pela indicação do nome ou firma e do endereço de correio electrónico, sem necessidade de utilização dos meios de autenticação referidos nos artigos 6º e 7º

ARTIGO 14º
Código de acesso e dispensa de certidão em papel

1 – Após a solicitação do serviço, é disponibilizado ao requerente um código que permite a visualização da certidão *online* a partir do momento em que seja confirmado o pagamento da taxa devida.

2 – A entrega, a qualquer entidade pública ou privada, do código de acesso à certidão *online* equivale, para todos os efeitos, à entrega de uma certidão do registo de veículos, não podendo aquela exigir certidão do registo do veículo em suporte de papel.

ARTIGO 15º
Assinatura da certidão *online*

O serviço certidão *online* é prestado mediante a subscrição de uma assinatura com a duração de seis meses.

ARTIGO 16º
Taxa da certidão *online*

Pela assinatura do serviço certidão *online* é devido o pagamento da taxa de € 10.

(Redacção dada pela Portaria nº 358/2015, de 14-10)

CAPÍTULO III
Promoção de actos de registo por entidades que tenham por actividade principal a compra de veículos para revenda

ARTIGO 17º
Condições

1 – A promoção de actos de registo de veículos pelo vendedor, nos casos em que este seja uma entidade que tenha por actividade principal a compra de veículos para revenda e proceda ao pedido de registo da propriedade adquirida em virtude de alienação de veículo no exercício dessa actividade, está sujeita às seguintes condições:

a) O registo deve ser promovido por via electrónica, nos termos dos artigos 3º e seguintes;

b) O registo deve ser promovido no prazo de dois dias úteis a contar da data da venda do veículo;

c) O pedido de registo de transmissão do veículo a favor do revendedor ter sido promovido pelo próprio, por via electrónica e no prazo de dois dias úteis a contar da data da aquisição, salvo se o transmitente for também uma entidade que tenha por actividade principal a compra de veículos para revenda e tenha promovido aquele registo em cumprimento do disposto na alínea anterior.

2 – Nos casos em que o pedido de registo de transmissão da propriedade dos veículos promovido nos termos do número anterior seja acompanhado de um pedido de acto de locação financeira, aluguer de longa duração ou hipoteca voluntária, o registo deve ser promovido no prazo máximo de 30 dias a contar da data em que tenha ocorrido a venda do veículo.

3 – O incumprimento do disposto nos números anteriores impede a entidade de beneficiar do regime emolumentar especial legalmente previsto para o registo da revenda de veículos.

(Redacção dada pela Portaria nº 1536/2008, de 30-12)

ARTIGO 18º
Promoção de actos de registo pelas entidades que tenham por actividade principal a compra de veículos para revenda

Aplica-se à promoção de actos de registo de veículos pelas entidades que tenham por actividade principal a compra de veículos para revenda o disposto nos artigos 3º e seguintes, com as seguintes especificidades:

a) Os documentos em suporte de papel de modelo aprovado destinados ao registo de qualquer facto, assinados pelo vendedor e que tenham sido digitalizados e submetidos através do sítio referido no artigo 2º pelas entidades que tenham por actividade principal a compra de veículos para revenda, têm, para efeitos de registo, o valor probatório dos originais;

b) Os originais em formato de papel de todos os documentos digitalizados e submetidos para efeitos de registo devem ser entregues em qualquer serviço de registo ou remetidos pelo correio aos serviços de registo a determinar por despacho do presidente do IRN, I. P., a fim de serem arquivados, até ao termo do 2º mês seguinte ao da promoção do acto de registo;

c) A autenticação electrónica das entidades que tenham por actividade principal a compra de veículos para revenda deve fazer-se mediante certificado digital que comprove a qualidade do utilizador;

d) Apenas são admitidos os certificados digitais das entidades que tenham por actividade principal a compra de veículos para revenda, cuja utilização para fins profissionais seja confirmada através de listas electrónicas de certificados, disponibilizadas pelas associações representativas dos comerciantes de veículos que tenham o estatuto de utilidade pública;

e) Salvo o disposto na alínea seguinte, quando o facto registado seja a aquisição da propriedade do veículo por entidade que tenha por actividade principal a compra de veículos para revenda não é emitido certificado de matrícula, podendo o veículo circular com o respectivo documento de substituição, aprovado por despacho conjunto do presidente do IRN, I. P, e do presidente do Instituto da Mobilidade e dos Transportes Terrestres, I. P;

f) Nas situações a que se refere a alínea anterior, se não for pedido o registo da venda do veículo nos 180 dias subsequentes à aquisição da propriedade, o serviço competente promove oficiosamente a emissão do Certificado de Matrícula.

ARTIGO 19º
Listas electrónicas de entidades

1 – A inclusão das entidades que tenham por actividade principal a compra de veículos para revenda nas listas referidas na alínea d) do artigo anterior depende da prévia verificação, pela associação representativa, da idoneidade da entidade para a promoção *online* de actos de registo de veículos.

2 – Não se consideram idóneas as entidades que, designadamente, se encontrem em alguma das seguintes situações:

a) Irregularidade da situação da entidade perante a administração fiscal e a segurança social;

b) Condenação, com trânsito em julgado, da entidade ou dos respectivos administradores, gerentes ou directores, no País ou no estrangeiro, por crime doloso punível com pena superior a 3 anos;

c) Declaração, nos últimos 15 anos, da entidade ou dos respectivos administradores, gerentes ou directores, por sentença nacional ou estrangeira transitada em julgado, da insolvência ou da responsabilidade por insolvência de empresa por eles dominada ou de cujos órgãos de administração ou fiscalização tenham sido membros;

d) Incumprimento reiterado do disposto nos nºs 1 e 2 do artigo 17º

(Redacção dada pela Portaria nº 1536/2008, de 30-12)

ARTIGO 20º
Remoção da lista

As entidades que constam da lista referida no artigo anterior devem ser excluídas da possibilidade de promoção de actos de registo ao abrigo do regime especial, regulamentado pela presente portaria, se deixarem de reunir condições de idoneidade.

CAPÍTULO IV
Promoção de actos de registo de veículos pelo vendedor com grande regularidade

ARTIGO 21º
Regime aplicável à promoção de actos de registo de veículos

1 – Aplica-se, com as necessárias adaptações, o disposto no capítulo anterior à promoção de actos de registo de veículos pelo vendedor, nos casos em que este

seja entidade que, em virtude da sua actividade, proceda com carácter de regularidade à transmissão da propriedade de veículos.

2 – A promoção de actos de registo pelas entidades referidas no número anterior depende de protocolo a celebrar entre essas entidades ou a associação representativa do sector e o IRN, I. P., onde, designadamente, se determinem os requisitos a que devam obedecer os certificados digitais e o modo de apreciação da idoneidade das entidades.

CAPÍTULO V
Registos promovidos por agentes de execução

ARTIGO 22º
Promoção online do registo da penhora de veículos

1 – Sem prejuízo do disposto nos números seguintes, aplica-se à promoção *online* do registo da penhora de veículos pelos solicitadores de execução o disposto nos artigos 3º e seguintes.

2 – A comunicação eletrónica de factos sujeitos a registo pelos agentes de execução ou por oficial de justiça a realizar diligências próprias do agente de execução processa-se por comunicação direta entre os sistemas informáticos que servem de suporte à atividade dos agentes de execução ou dos oficiais de justiça e o sistema informático do registo automóvel.

3 – *[Revogado].*

4 – Se a penhora for registada definitivamente, o serviço de registo envia ao solicitador de execução a nota do registo e a certidão de ónus ou encargos registados sobre o veículo.

5 – *[Revogado].*

6 – O disposto no nº 4 aplica-se, com as necessárias adaptações, aos restantes factos sujeitos a registo no âmbito da ação executiva promovidos pelo agente de execução ou por oficial de justiça a realizar diligências próprias do agente de execução.

7 – Quando as condições técnicas não permitirem a comunicação direta entre o sistema informático que serve de suporte à atividade dos oficiais de justiça e o sistema informático do registo automóvel, a comunicação a que se refere o nº 2 é feita em suporte papel.

(Redacção dada pela Portaria nº 283/2013, de 30-08)

CAPÍTULO VI
Disposições finais e transitórias

ARTIGO 23º
Âmbito dos actos de registo online

1 – A partir da data de entrada em vigor da presente portaria, podem ser promovidos por via electrónica os seguintes actos de registo de veículos:

a) Transmissão do direito de propriedade plena, com base em contrato verbal de compra e venda;

b) Penhora promovida por solicitador de execução.

2 – O alargamento da possibilidade de promover outros actos de registo de veículos por via electrónica é determinado por despacho do presidente do IRN, I. P.

ARTIGO 24º
Regime transitório de saneamento do registo automóvel

1 – Aos casos de propriedade de veículos adquirida por contrato verbal de compra e venda antes da data de entrada em vigor do Decreto-Lei nº 178-A/2005, de 28 de Outubro, e ainda não registada, é aplicável o disposto nos números seguintes.

2 – O registo do facto previsto no número anterior pode ser pedido *online* pelo comprador ou pelo vendedor, com base em documentos que indiciem a efectiva transmissão do veículo, a definir por despacho do presidente do IRN, I. P.

3 – Aplica-se a este regime transitório, com as necessárias adaptações, o disposto quanto à promoção de registos *online*.

4 – Requerido o registo, o serviço de registo notifica a parte não requerente de tal facto e de que pode deduzir oposição no prazo de 10 dias.

5 – Se a parte notificada não deduzir oposição no prazo referido no número anterior ou se a oposição deduzida for considerada improcedente, o serviço de registo regista o facto, arquivando os documentos apresentados.

6 – A decisão de registo por improcedência da oposição deduzida é recorrível nos termos gerais.

7 – Pelo registo previsto no presente artigo é devido o emolumento de € 5, se aquele respeitar a ciclomotor ou motociclo, triciclo ou quadriciclo com cilindrada não superior a 50 cm^3, ou de € 10, se o registo respeitar a qualquer outro veículo.

ARTIGO 25º
Norma transitória

O disposto na alínea c) do nº 1 do artigo 17º não é aplicável aos veículos de que a entidade já seja proprietária na data de entrada em vigor do presente diploma, ainda que a aquisição da propriedade não se encontre registada.

ARTIGO 26º
Norma revogatória

É revogada a Portaria nº 1050-A/2007, de 31 de Agosto.

ARTIGO 27º
Aplicação no tempo

1 – O disposto na presente portaria produz efeitos desde o dia 1 de Fevereiro de 2008, salvo o disposto no artigo 22º, que produz efeitos desde o dia 31 de Dezembro de 2007.

2 – O regime previsto no artigo 24º é aplicável até 31 de Dezembro de 2008.

ARTIGO 28º
Entrada em vigor

A presente portaria entra em vigor no dia seguinte ao da sua publicação.

Pelo Ministro da Justiça, *João Tiago Valente Almeida da Silveira,* Secretário de Estado da Justiça, em 26 de Janeiro de 2008.

Registo de Navios

Registo Comercial de Navios
Regulamento do Registo Comercial de Navios
Registo Internacional de Navios da Madeira (MAR)

Registo Comercial de Navios*

Decreto-Lei nº 42 644, de 14 de Novembro de 1959

A publicação do novo Código do Registo Predial, destinado a entrar em vigor no próximo dia 1 de Janeiro de 1960, obriga a rever paralelamente as disposições privativas do registo comercial (ainda hoje fundamentalmente contidas no Regulamento de 15 de Novembro de 1888), no sentido de as actualizar, por um lado, e de as adaptar, por outro, às novas directrizes da disciplina comum da instituição do registo, da qual o ramo comercial constitui pura especialidade.

Nestes termos:

Usando da faculdade conferida pela 1ª parte do nº 2 do artigo 109º da Constituição, o Governo decreta e eu promulgo, para valer como lei, o seguinte:

(...)

ARTIGO 4º
Factos sujeitos a registo referentes a navios

Estão sujeitos a registo, quando referentes a navios:

a) Os factos jurídicos que importem reconhecimento, aquisição ou divisão do direito de propriedade;

b) Os factos jurídicos que importem reconhecimento, constituição, aquisição, modificação ou extinção do direito de usufruto;

c) Os contratos de construção ou de grande reparação;

d) As hipotecas, sua modificação ou extinção, bem como a cessão da hipoteca ou do grau de prioridade do respectivo registo;

e) O penhor de créditos hipotecários;

* *São transcritas as disposições consideradas mais importantes sobre o registo de navios, constantes do Decreto-Lei nº 42644 e do Decreto nº 42645, ambos de 14-11-1959. Por força do estipulado no art. 5º nº 2 do Decreto-Lei nº 403/86, de 03-12, que aprova o Código do Registo Comercial, essas disposições mantêm-se em vigor até à publicação de nova legislação sobre a matéria, o que até ao momento ainda não sucedeu.*

f) A penhora, o arresto e o arrolamento de navios ou de créditos hipotecários, bem como quaisquer outros actos ou providências que afectem a livre disposição deles;

g) A cessão de créditos hipotecários e a sub-rogação neles.

(...)

ARTIGO 6º
Matrículas obrigatórias e facultativas

A matrícula das sociedades e navios é obrigatória; é facultativa a dos comerciantes em nome individual.

(...)

ARTIGO 8º
Da matrícula, como condição de registo dos factos a eles sujeitos

Nenhum facto pode ser levado a registo comercial sem que o comerciante ou o navio a que respeite se mostre devidamente matriculado.

(...)

ARTIGO 10º
Sanção para a falta de matrícula dos navios

Os navios sujeitos a matrícula não poderão empreender qualquer viagem enquanto não estiverem matriculados.

(...)

ARTIGO 12º
Primeira inscrição referente a navios

1 – A primeira inscrição referente a navios será a da sua construção ou aquisição.

2 – A hipoteca provisória de navios em construção ou a construir, bem como a sua penhora, arresto ou arrolamento, podem, porém, ser registados, independentemente da prévia inscrição referida no número anterior.

(...)

ARTIGO 19º
Direito aplicável

1 – São aplicáveis ao registo comercial, com as necessárias adaptações, todas as disposições legais relativas ao registo predial que não forem contrárias à natureza daquele e às disposições especiais do presente diploma ou do respectivo regulamento.

2 – Ao registo de navios são ainda aplicáveis, nos mesmos termos, as normas regulamentares da marinha mercante.

Regulamento do Registo Comercial de Navios*

Decreto nº 42 645, de 14 de Novembro de 1959

(...)

ARTIGO 6º
Competência relativa aos navios

1 – Para a matrícula dos navios é competente a conservatória em cuja área estiver situada a capitania ou delegação marítima respectiva, salvo tratando-se de navio em construção ou a construir, em que será competente a conservatória do correspondente estaleiro ou, se este se encontrar situado no estrangeiro, a Conservatória de Lisboa.

2 – Para a inscrição dos factos jurídicos relativos aos navios matriculados é: competente a conservatória onde a matrícula, no momento da inscrição, deva legalmente estar aberta.

(...)

ARTIGO 8º
Mudança voluntária de capitania do registo do navio

1 – Matriculado numa conservatória, não pode o navio ser matriculado noutra sem que previamente se declare, por averbamento à matrícula efectuada, qual a nova conservatória para que vai ser transferido.

2 – O averbamento será realizado à vista do título de propriedade, do qual conste que o navio já está registado na capitania ou delegação marítima do porto da área da nova conservatória territorialmente competente para a matrícula.

* *São transcritas as disposições consideradas mais importantes sobre o registo de navios, constantes do Decreto-Lei nº 42644 e do Decreto nº 42645, ambos de 14-11-1959. Por força do estipulado no art. 5º nº 2 do Decreto-Lei nº 403/86, de 03-12, que aprova o Código do Registo Comercial, essas disposições mantêm-se em vigor até à publicação de nova legislação sobre a matéria, o que até ao momento ainda não sucedeu.*

3 – O disposto no nº 3 do artigo anterior é aplicável aos navios que tenham mudado de capitania.

(...)

ARTIGO 21º
Partes de que se compõe o registo

O registo comercial compõe-se da matrícula, da inscrição dos factos respeitalltes aos comerciantes ou navios matriculados e dos correspondentes averbamentos.

(...)

ARTIGO 29º
Finalidade da matrícula

A matricula é especialmente destinada à identificação dos comerciantes ou navios matriculados.

ARTIGO 30º
Unidade da matrícula

A cada comerciante ou navio corresponderá uma só matrícula.

(...)

ARTIGO 39º
Anotação da matrícula dos navios no título de propriedade

A matrícula definitiva dos navios, uma vez efectuada, é averbada no correspondente certificado do registo de propriedade.

(...)

ARTIGO 43º
Requisitos especiais da matrícula dos navios

O extrato da matrícula dos navios deve conter, em especial, as seguintes menções:

a) O nome do navio e seu número oficial;
b) A tonelagem e as dimensões principais;
c) O aparelho, sistema e força das máquinas, sendo a vapor;

d) O lugar e data da construção das máquinas e do casco, bem como o material deste;

e) O sinal distintivo que tiver no Código Internacional de Sinais;

f) Os nomes e domicílios dos proprietários;

g) A declaração de ter sido apresentado o título de propriedade dos navios e a indicação da respeetiva capitania ou delegação marítima.

(...)

ARTIGO 49º
Documentos para matrícula de navio já construído

1 – A matrícula dos navios já construídos é aberta em face dos títulos apresentados para a inscrição da sua construção ou aquisição, do certificado do registo de propriedade, passado pela competente capitania ou delegação marítima, e de uma declaração escrita e assinada pelo proprietário, consignatário ou correspondente, com a assinatura reconhecida pelo notário, da qual deverão constar os elementos referidos no artigo 43º.

2 – À declaração serão juntos os documentos do seguro e classificação do navio, se este estiver seguro e classificado.

3 – A falta de apresentação do certificado do registo de propriedade dá lugar à realização da matrícula como provisória.

ARTIGO 50º
Documento para a matrícula oficiosa do navio

A matrícula oficiosa do navio já construído, para efeito da inscrição de hipoteca, penhora ou arresto requerido pelos credores, é efectuada em face da respectiva certidão notarial ou judicial, acompanhada da certidão do registo da propriedade do navio.

ARTIGO 51º
Documento para a matrícula de navios em construção ou a construir

1 – A matrícula de navio em construção ou a construir é efectuada em face de título apresentado para a inscrição provisória do contrato de construção ou da hipoteca convencional para garantia do pagamento da despesa de construção.

2 – Uma vez concluída a construção, a matrícula só é convertida em definitiva à vista do certificado do registo da propriedade do navio, passado pela capitania ou delegação marítima competente.

(...)

ARTIGO 61º
Averbamento de cancelamento da matrícula de navios

1 – A matrícula de navios será cancelada, por meio de averbamento, em face de documento comprovativo da destruição, desaparecimento ou perda da nacionalidade dos respectivos navios.

2 – No caso de subsistir registo de qualquer ónus ou encargo sobre o navio, a matrícula não pode ser cancelada sem a intervenção do titular desse registo.

(...)

ARTIGO 68º
Inscrições provisórias por natureza

São admitidas apenas como provisórias as inscrições seguintes:

(...)

k) De penhora ou arresto de navio ou do direito de usufruto sobre os quais subsista inscrição de domínio ou transmissão em nome de pessoas diversas do executado ou arrestado,

l) De contrato de construção de navio e as de hipoteca constituída sobre navio em construção;

(...)

ARTIGO 75º
Anotação da inscrição da aquisição de navios em título de propriedade

A inscrição de aquisição de navios, uma vez efectuada, será anotada no certificado de registo de propriedade, passado pela capitania ou delegação marítima.

ARTIGO 76º
Conversão em definitiva da inscrição do contrato de construção de navios

A inscrição do contrato de construção de navio, quando convertida em definitiva, vale, para todos os efeitos, como registo de aquisição do respectivo navio.

ARTIGO 77º
Inscrição de transmissão de navios por contrato celebrado no estrangeiro

A inscrição de transmissão de navios por contrato celebrado no estrangeiro, bem como a matrícula provisória e inscrição de hipoteca de navios em construção ou a construir no estrangeiro, serão efectuadas, oficiosamente, pelo conservador, se os documentos e o preparo devido lhe forem enviados pelo competente agente consultar.

ARTIGO 78º
Requisitos especiais de algumas inscrições

O extracto das inscrições, além dos requisitos comuns, deve conter, conforme os casos, as seguintes menções especiais:

(...)

q) Nas de contrato de construção ou de grande reparação de navios: a data do contrato e prazo dentro do qual deve ser cumprido, o preço e a forma do seu pagamento;

r) Nas de aquisição originária de navio: lugar onde foi construído, o nome ou firma do construtor, o preço pago e, quando não integralmente liquidado, a quantia em dívida;

s) Nas de transmissão de navios; a causa, data e o valor da transmissão.

(...)

ARTIGO 84º
Documento para a inscrição de contrato de construção de navios

1 – A inscrição de contrato de construção de navio será efectuada em face de cópia do contrato, com a assinatura dos outorgantes devidamente reconhecida pelo notário.

2 – A inscrição tem carácter provisório até que termine a construção e o navio seja registado na capitania ou delegação marítima competente, convertendo-se em definitiva em face da certidão deste registo.

ARTIGO 85º
Documento para inscrição de aquisição originária do navio

A inscrição da aquisição do navio a favor do próprio construtor é efectuada em face de simples declaração escrita e assinada por este, com a assinatura reconhecida por notário, e de certificado do registo de propriedade na capitania ou delegação marítima competente.

ARTIGO 86º
Documento para a inscrição da aquisição do navio por contrato de construção

1 – A inscrição da aquisição de navio em estaleiro, por contrato de construção, efectuar-se-á em face de documento passado pelo construtor, com a assinatura reconhecida por notário, do qual conste a entrega do navio, o seu nome e qualidade, o nome do encomendador, o preço convencionado, a forma do seu pagamento e, quando não integralmente liquidado, a quantia em dívida.

2 – Se a inscrição respeitar a navio construído no estrangeiro e não for requerida na Conservatória de Lisboa, deve ainda ser apresentada certidão comprova-

tiva de nesta Conservatória não se encontrar pendente sobre o navio qualquer inscrição provisória não transcrita.

ARTIGO 87º
Documento para a inscrição de transmissão da propriedade donavio

1 – A inscrição de transmissão de propriedade de navios realizar-se-á em face de documento autêntico ou autenticado, comprovativo da aquisição.

2 – Se a transmissão se houver operado por contrato e o navio tiver valor superior a € 49,88, a inscrição só pode efectuar-se em face de certidão da respectiva escritura pública.

ARTIGO 88º
Apresentação e título do registo de propriedade do navio

Nenhum facto respeitante a navios pode ser definitivamente registado, sem que seja apresentado o título de propriedade do navio, ou a certidão do seu registo, passado pela competente capitania ou delegação marítima.

Registo Internacional de Navios da Madeira (MAR)*

Decreto-Lei nº 96/89, de 28 de Março

CAPÍTULO I
Natureza, atribuições e competências

ARTIGO 1º

1 – O Registo Internacional de Navios da Madeira, abreviadamente designado por MAR, funciona na dependência dos membros do Governo responsáveis pelas áreas da justiça e do mar, incumbindo-lhe, em especial, o registo de todos os atos e contratos referentes aos navios a ele sujeitos e o controlo dos requisitos de segurança exigidos pelas convenções internacionais aplicáveis.

2 – Dependem do Ministério da Justiça os serviços de registo de navios integrados na Conservatória de Registo Comercial privativa da Zona Franca da Madeira.

3 – É da competência do Ministério da Agricultura e do Mar a supervisão relativamente à segurança da navegação, à salvaguarda da vida humana no mar, à proteção do meio ambiente marinho e, de um modo geral, o controlo e fiscalização dos aspetos técnicos, referentes aos navios registados no MAR.

ARTIGO 2º

[Revogado].

ARTIGO 3º

1 – Para a prossecução dos objetivos e atribuições a que refere o artigo 1º, compete ao MAR:

a) Efetuar o registo de navios de comércio, incluindo os contratos de construção, e das embarcações de recreio;

* *Texto de acordo com a republicação do Decreto-Lei nº 234/2015, de 13 de outubro.*

b) Fiscalizar as condições técnicas dos navios, de acordo com as convenções internacionais vigentes na ordem jurídica portuguesa ou a legislação nacional aplicável aos navios não abrangidos por aquelas;

c) Efetuar inspeções aos navios;

d) Proceder à atribuição de indicativos de chamada;

e) Proceder à atribuição e reserva dos nomes e números de registo dos navios;

f) Emitir os certificados dos navios;

g) Emitir, validar e controlar os papéis de bordo;

h) [*Revogada*];

i) Fixar as lotações mínimas dos navios e emitir os respetivos certificados;

j) Fazer a matrícula das tripulações;

l) Reconhecer os certificados técnicos emitidos por administrações marítimas estrangeiras referentes à atividade das marinhas de comércio e de recreio;

m) Efetuar a inscrição dos factos jurídicos a ele sujeitos e referentes aos navios registados;

n) Realizar os demais atos inerentes às obrigações do registo.

2 – Sempre que os navios registados no MAR sejam utilizados na cabotagem nacional, compete à Direção-Geral de Recursos Naturais, Segurança e Serviços Marítimos (DGRM):

a) Realizar as inspeções no início da utilização dos navios na cabotagem nacional tendo em vista a verificação dos requisitos necessários à manutenção da certificação, nos termos das convenções internacionais aplicáveis;

b) Promover as ações de fiscalização relativas aos requisitos de segurança dos navios no que respeita às responsabilidades do Estado de bandeira, nos termos da lei e das convenções internacionais aplicáveis, sempre que se entenda adequado e durante o período de operação naquele tráfego;

c) Exercer as competências referidas nas alíneas *i*) e *l*) do número anterior.

ARTIGO 4º

1 – O MAR tem uma comissão técnica constituída da seguinte forma:

a) Um representante do membro do Governo responsável pela área da segurança marítima, o qual preside;

b) Um representante da Região Autónoma da Madeira;

c) Um representante da DGRM.

2 – Compete à comissão técnica pronunciar-se sobre os atos relativos ao registo dos navios e exercer as demais competências previstas no artigo anterior.

3 – O capitão do porto assessora a comissão sempre que esta o solicite.

4 – O apoio funcional à comissão e o suporte de todas as despesas por esta realizadas são assegurados pela Região Autónoma da Madeira.

5 – A comissão técnica articula com a DGRM as modalidades de aplicação de normas e procedimentos necessários ao exercício das suas funções.

CAPÍTULO II
Exercício da atividade

ARTIGO 5º

Para efeitos do disposto no presente diploma, entende-se por:

a) Indústria do transporte marítimo – o exercício da atividade de transportador marítimo, em nome próprio ou alheio, através do recurso a navios próprios ou afretados;

b) Proprietário do navio – o titular do direito de propriedade sobre o navio;

c) Armador – o que explora comercialmente o navio de que é proprietário ou afretador;

d) Operador – o que explora comercialmente o navio em nome alheio;

e) Navio – toda a embarcação de comércio ou de recreio que opere no meio ambiental marinho, incluindo plataformas fixas ou flutuantes, embarcações auxiliares e rebocadores.

ARTIGO 6º

1 – Os navios registados no MAR exercem, para todos os efeitos, a sua atividade no âmbito da zona franca da Madeira.

2 – Os navios registados no MAR arvoram a bandeira portuguesa.

ARTIGO 7º

[*Revogado*].

ARTIGO 8º

1 – As sociedades e suas formas de representação, bem como os estabelecimentos individuais de responsabilidade limitada que prossigam as atividades da indústria de transportes marítimos ou da marinha de recreio na Região Autónoma da Madeira, fazem parte da atividade desenvolvida no âmbito institucional da zona franca e como tal integram aquela zona para todos os efeitos, desde que o requeiram e sejam devidamente licenciados.

2 – A constituição e funcionamento das entidades referidas no número anterior dependem de autorização do Governo Regional da Madeira, estando sujeitas ao pagamento de uma taxa de instalação e de uma taxa anual de funcionamento, nos termos a definir pelos respetivos órgãos de governo próprio.

ARTIGO 9º

1 – As entidades referidas no nº 1 do artigo anterior regem-se pelas disposições do Código das Sociedades Comerciais e do Decreto-Lei nº 248/86, de 25 de agosto, em tudo o que não contrarie o disposto no presente diploma e o regime de registo e de funcionamento das sociedades e demais entidades licenciadas no âmbito institucional da zona franca da Madeira.

2 – As entidades referidas no número anterior não ficam sujeitas aos requisitos de capital mínimo previstos no Código das Sociedades Comerciais e no Decreto-Lei nº 248/86, de 25 de agosto.

ARTIGO 10º

[*Revogado*].

ARTIGO 11º

1 – As entidades previstas no artigo 8º não são obrigadas a ter a sua sede social na Região Autónoma da Madeira.

2 – Nos casos em que a sede social se situe fora da Região Autónoma da Madeira devem aquelas entidades dispor localmente de sucursal, delegação, agência ou qualquer outra forma de representação, dotada de todos os poderes necessários para, perante as autoridades do Estado ou da Região Autónoma da Madeira e perante terceiros, assegurar uma representação plena, com escolha de domicílio particular para o efeito.

3 – Os poderes referidos no número anterior incluem obrigatoriamente o de receber citações.

ARTIGO 12º

Os membros da administração, direção ou gerência das entidades referidas no artigo 8º não ficam sujeitos a requisitos de nacionalidade ou residência.

CAPÍTULO III
Compra, venda e registo de navios

ARTIGO 13º

A compra e venda de navios registados no MAR não está sujeita a qualquer autorização.

ARTIGO 14º

1 – A venda de navios pode ser feita por declaração de venda (*bill of sale*), com reconhecimento da assinatura do vendedor, com menção à qualidade e poderes para o ato, quando aplicável.

2 – A constituição, a modificação ou a extinção da hipoteca ou de direito a ela equivalente devem constar de documento assinado pelo titular do navio, com reconhecimento da assinatura, com menção à qualidade e poderes para o ato, quando aplicável.

3 – A redução voluntária de hipoteca ou extinção por renúncia do credor deve constar de declaração expressa do credor hipotecário, com reconhecimento da assinatura, com menção à qualidade e poderes para o ato, quando aplicável.

4 – As partes podem designar a lei aplicável à hipoteca ou direito equivalente, sem prejuízo da aplicação das normas constantes das convenções internacionais que vinculam internacionalmente o Estado português.

5 – No caso previsto no número anterior, com o pedido de registo é junta cópia dessa legislação, assinada pelas partes, depois de traduzida, exceto quando o conservador dispense a tradução ou determine que esta seja feita por perito por ele escolhido.

6 – A escolha das partes deve ser inscrita em conjunto com o próprio registo da hipoteca.

7 – Na falta de estipulação das partes ou na ausência de inscrição da mesma, a hipoteca ou direito equivalente rege-se pela lei portuguesa.

8 – Nos casos previstos no número anterior, o adquirente dos bens hipotecados só pode exercer o direito à expurgação, previsto no artigo 721º do Código Civil português, desde que o exercício desse direito garanta ao credor hipotecário o pagamento integral de todos os direitos e encargos decorrentes do contrato de hipoteca, não sendo aplicável o disposto na alínea *b*) do mencionado artigo.

ARTIGO 15º

1 – São objeto de registo no MAR os navios de que sejam proprietários:

a) Entidades licenciadas, a que se refere o artigo 8º;
b) Entidades não inseridas no âmbito institucional da zona franca da Madeira.

2 – São igualmente registáveis no MAR, a título temporário, os navios tomados de fretamento em casco nu pelas entidades referidas no número anterior, desde que devidamente autorizados pelos seus proprietários e pela autoridade competente do país no qual se encontra feito o registo de propriedade.

3 – Os navios registados no MAR têm acesso ao transporte de passageiros ou de mercadorias entre os portos do continente (cabotagem continental) e entre os portos do continente e os das Regiões Autónomas dos Açores e da Madeira, entre os portos destas e entre os portos de cada uma daquelas Regiões (cabotagem insular), nos termos da legislação aplicável à cabotagem nacional, desde que os seus proprietários ou afretadores em casco nu sejam:

a) Nacionais de um Estado membro da União Europeia que estejam estabelecidos num Estado membro ao abrigo da legislação desse Estado e que se dediquem a atividades de navegação;

b) Pessoas coletivas que se dediquem a atividades de navegação estabelecidas de acordo com a legislação de um Estado membro e cuja sede principal esteja situada num Estado membro, sendo neste Estado exercido o seu controlo efetivo;

c) Nacionais de um Estado membro estabelecidos fora da Comunidade ou pessoas coletivas estabelecidas fora da comunidade e controladas por nacionais de um Estado membro, desde que os seus navios se encontrem registados num Estado membro e arvorem o respetivo pavilhão, de acordo com a sua legislação.

4 – A Comissão Técnica do MAR deve manter o IMT, I. P., informado dos navios registados no MAR que satisfaçam as condições fixadas para a sua utilização na cabotagem nacional, bem como o início e termo da sua utilização neste tráfego.

5 – Com exceção das embarcações de recreio, os navios registados no MAR só podem operar na área de navegação do tráfego local com autorização da IMT, I. P.

6 – Os navios registados no MAR não podem beneficiar de quaisquer apoios, os quais são exclusivamente reservados à restante frota sob bandeira nacional.

7 – Os navios de bandeira portuguesa que tenham recebido incentivos ao investimento não podem transferir o seu registo para o MAR antes de satisfazerem os compromissos assumidos perante o Estado português.

ARTIGO 16º

1 – Os navios referidos no artigo anterior bem como os factos referentes às hipotecas com eles relacionados podem ser provisoriamente registados nos consulados de Portugal.

2 – O tempo de vigência do registo provisório e os requisitos necessários à sua conversão em definitivo são fixados mediante decreto regulamentar.

ARTIGO 17º

1 – As entidades requerentes do registo referidas na alínea *a*) do nº 1 do artigo 15º fazem prova dos seguintes requisitos:

a) Licenciamento na Região Autónoma da Madeira, nos termos do presente diploma e demais legislação aplicável;
b) Título de aquisição do navio ou contrato de fretamento em casco nu;
c) Liquidação das taxas a que se refere o nº 2 do artigo 8º

2 – As demais entidades referidas na alínea *b*) do nº 1 do artigo 15º fazem prova do seguinte:

a) Indicação da firma ou denominação social, domicílio ou sede do requerente, com junção do respetivo contrato de sociedade, em caso de se tratar de pessoa coletiva;
b) Identificação completa, em caso de se tratar de pessoa singular;
c) Título de aquisição do navio ou contrato de fretamento em casco nu.

3 – Nos casos em que se situe fora da Região Autónoma da Madeira o domicílio ou a sede das entidades referidas no número anterior e que tenham por objeto a indústria de transporte marítimo ou da marinha de recreio, devem ser cumpridos os requisitos a que aludem os nºs 2 e 3 do artigo 11º

ARTIGO 18º

O MAR pode autorizar o registo temporário no estrangeiro de navios afretados em casco nu.

ARTIGO 19º

A emissão dos certificados dos navios registados no MAR fica subordinada aos padrões estabelecidos pelas convenções internacionais em vigor na ordem jurídica portuguesa.

CAPÍTULO IV
Tripulações e lotações

ARTIGO 20º

1 – Sem prejuízo do disposto nos números seguintes, pelo menos 30% dos tripulantes dos navios registados no MAR devem ser cidadãos de nacionalidade portuguesa ou nacionais de países europeus ou de países de língua oficial portuguesa.

2 – Em casos especiais devidamente justificados, quando não seja possível o recrutamento de marítimos nacionais dos países referidos no número anterior, o membro do Governo responsável pela área da segurança marítima pode autorizar o embarque de marítimos de outras nacionalidades, para além do limite previsto no número anterior.

3 – O disposto no presente artigo não se aplica às embarcações de recreio.

ARTIGO 21º

1 – Os tripulantes devem satisfazer as qualificações académicas e técnicas exigidas para o exercício das respetivas funções, em conformidade com as convenções internacionais vigentes na ordem jurídica portuguesa sobre a matéria.

2 – O Regulamento de Inscrição Marítima, Matrícula e Lotações não é aplicável aos navios registados no MAR.

3 – O regime disciplinar é objeto de legislação própria.

ARTIGO 22º

A contratação e as condições de trabalho das tripulações devem apenas obedecer ao disposto nas convenções internacionais vigentes na ordem jurídica portuguesa sobre a matéria.

ARTIGO 23º

Os critérios a que deve obedecer a fixação de lotações mínimas são estabelecidos em diploma próprio.

CAPÍTULO V
Regime fiscal

ARTIGO 24º

1 – O regime fiscal aplicável às entidades referidas no artigo 8º é o previsto na legislação relativa à zona franca da Madeira.

2 – O regime referido no número anterior aplica-se também aos navios registados no MAR.

ARTIGO 25º

1 – Os tripulantes devem estar abrangidos por um regime de proteção social que cubra obrigatoriamente as eventualidades de doença, doença profissional e parentalidade.

2 – A cobertura das eventualidades referidas no número anterior pode ser feita por qualquer regime de proteção social, salvo no caso de tripulantes nacionais ou residentes em território nacional cuja cobertura é obrigatoriamente efetuada pela inscrição no regime geral de segurança social dos trabalhadores por conta de outrem.

3 – No caso de inscrição no regime geral de segurança social dos trabalhadores por conta de outrem, a taxa contributiva é de 2,7%, cabendo 2,0% à entidade empregadora e 0,7% ao trabalhador.

4 – Os tripulantes podem ainda inscrever-se no regime de seguro social voluntário para proteção nas eventualidades de invalidez, velhice e morte.

ARTIGO 26º

Os atos de registo comercial previstos neste diploma encontram-se isentos de quaisquer taxas ou emolumentos.

ARTIGO 27º

1 – Os atos de registo dos navios implicam o pagamento de uma taxa aquando da efetivação do registo e de uma taxa de manutenção anual, destinada a cobrir as despesas com o serviço de registo, cujo produto constitui receita da Região Autónoma da Madeira.

2 – O incumprimento do disposto no número anterior implica o imediato cancelamento do registo.

3 – Pelas restantes prestações de serviços do MAR aos utentes, a que se refere o artigo 3º, são devidas taxas, que constitui receitas da Região Autónoma da Madeira.

4 – O montante das taxas referidas nos números anteriores é fixado pelos respetivos órgãos de governo próprio.

ARTIGO 28º

1 – A violação do artigo 6º, do nº 2 do artigo 8º, do nº 2 do artigo 11º, do nº 3 do artigo 15º, do nº 1 do artigo 20º, do nº 1 do artigo 21º e do artigo 25º constitui contraordenação punível com coima até € 1 000,00 ou € 15 000,00, conforme se trate de pessoa singular ou coletiva.

2 – A violação do nº 2 do artigo 8º e do nº 3 do artigo 15º pode determinar também a aplicação, como sanção acessória, da suspensão temporária ou do cancelamento do registo.

3 – A negligência é punível.

4 – O processamento das contraordenações e a aplicação das respetivas coimas competem à entidade indicada pelos órgãos de governo próprio da Região, para quem reverte o produto das coimas aplicadas.

CAPÍTULO VI
Disposições transitórias e finais

ARTIGO 29º

Até à entrada em vigor da legislação complementar a este diploma aplicar-se-á, com as devidas adaptações, a legislação vigente sobre cada uma das matérias a disciplinar.

ARTIGO 30º

O presente diploma entra em vigor no dia seguinte ao da sua publicação.

II – Notariado

Código do Notariado

Decreto-Lei nº 207/95, de 14 de Agosto

1 – De entre as reformas legislativas de fundo a levar a cabo no âmbito dos registos e do notariado e em cumprimento do Programa do Governo, reveste-se da maior importância a reforma do Código do Notariado.

Datada de 1967, e com profundas alterações posteriores – cabendo aqui realçar, por mais significativas, as de 1979, 1983 e 1990 –, a legislação notarial vigente, embora inspirada pelos princípios jurídico-civilistas mais modernos à data, revela-se, hoje, desadequada face aos desafios do desenvolvimento sócio-económico do País e à internacionalização da economia.

Principais destinatários da lei notarial, os agentes económicos encontrarão no Código ora aprovado o enquadramento jurídico-administrativo ajustado à agilização do comércio jurídico, reduzindo-se, assim, por esta via, factores de natureza institucional constrangedores do funcionamento de uma moderna economia de mercado;

2 – Definida em grandes linhas, a presente reforma consubstancia-se na simplificação dos procedimentos inerentes à realização dos actos notariais e ao nível do formalismo exigido, na introdução de normas de maior rigor e transparência na prática notarial e, ainda, na racionalização do exercício da função notarial.

Não obstante esta evolução, os princípios fundamentais que enformam o sistema do notariado latino, em que por cultura e tradição Portugal se insere, mantêm-se naturalmente inalterados, máxime o reconhecimento da fé pública aos actos praticados pelo notário, com as inerentes consequências a nível do valor probatório dos documentos.

3 – De entre os princípios ora claramente enunciados assume particular relevância a consagração expressa, no texto da lei, da assessoria jurídica a prestar pelo notário às partes, com vista à conformação da vontade negocial na realização dos actos da sua competência.

Atribuição tradicionalmente na competência genérica dos diversos notariados latinos, está a assessoria contemplada no presente diploma, na medida necessária à indagação, interpretação e adequação ao ordenamento jurídico da vontade das partes. Porém, a subordinação, directa e obrigatoriamente estabelecida, entre a prestação da assessoria e a prática do acto da competência do notário garante a esfera tradicional de intervenção de outros profissionais que igualmente prestam apoio jurídico.

No que respeita à competência especial dos notários, clarificam-se também alguns dos seus poderes e condensam-se no Código, em obediência às mais sãs regras de técnica legislativa, outras atribuições anteriormente previstas em diplomas avulsos.

Na lógica da causalidade entre o acto a praticar e os poderes de assessoria atribuídos ao notário, permite-se-lhe que possa requisitar, a outros serviços públicos, os documentos necessários à instrução dos actos.

4 – De acordo com os princípios fundamentais do notariado latino, importa sublinhar a alteração do preceito basilar do Código do Notariado enunciador dos actos jurídicos obrigatoriamente sujeitos a escritura pública. Assim, consagra-se, agora, uma norma geral definidora dos actos sujeitos a essa formalidade, tendo como base a criação, modificação ou extinção de direitos subjectivos sobre bens imóveis, seguida da enunciação da tipologia, embora não taxativa, de outros actos que a ela devem submeter-se.

Reportado à lei substantiva na determinação da forma dos actos, foi o presente diploma tão longe quanto possível na reformulação deste preceito, carreando para o Código a obrigação de subordinação a escritura pública de certos actos, prevista em diplomas avulsos (v. g. propriedade horizontal e estabelecimento individual de responsabilidade limitada), e adoptando uma sistematização mais lógica e inteligível, quer para os aplicadores da lei notarial, quer para os utentes.

Por outro lado, suprime-se no Código do Notariado a referência expressa ao valor mínimo de sujeição dos contratos de mútuo e de renda vitalícia a escritura pública, passando estes a pautar-se pelas disposições atinentes da lei civil.

5 – No tocante às escrituras de habilitação de herdeiros, procede-se já à reformulação respectiva no sentido da sua adequação às recentes alterações da lei processual civil em matéria de inventário e partilhas judiciais. Em termos notariais, esta modificação legislativa vem permitir que todas as habilitações de herdeiros se possam realizar notarialmente, ainda que à herança se habilitem menores ou incapazes.

Como medida de simplificação digna de registo, e por forma a evitar a presença obrigatória de três declarantes na realização de escrituras desta natureza, permite-se, em alternativa, que a declaração inerente ao acto em apreço seja feita pelo cabeça-de-casal da herança, à semelhança do que era disposto em processo civil para o regime do inventário, ora alterado, sendo-lhe, nesse caso, feita a advertência de que incorre em procedimento criminal se prestar, dolosamente e em prejuízo de outrem, declarações falsas.

6 – Nos actos de justificação há que salientar a eliminação da obrigatoriedade de apresentação, como documento instrutor, de certidão comprovativa da instauração do processo de liquidação de sisa ou de imposto sucessório relativo às transmissões intermédias entretanto ocorridas, nos casos de justificação notarial para reatamento e estabelecimento de novo trato sucessivo. Efectivamente, o interesse

fiscal deste documento era nulo, pois, normalmente, o prazo de liquidação do imposto havia já prescrito. Por outro lado, no processo conducente à realização de um acto semelhante, nas conservatórias do registo predial, não está prevista obrigação idêntica, estabelecendo mesmo o Código do Registo Predial a presunção do pagamento dos direitos correspondentes às transmissões ocorridas há mais de 20 anos.

7 – No tocante aos testamentos cerrados, define-se uma nova sistematização com base num critério sequencial da realização do acto.

No entanto, aproveita-se o ensejo para submeter à disciplina do Código do Notariado os procedimentos relativos à aprovação, depósito e abertura de testamentos internacionais, a cuja Lei Uniforme Portugal aderiu pelo Decreto-Lei nº 252/75, de 23 de Maio, e que por força do Decreto-Lei nº 177/79, de 7 de Junho, se vinha fazendo por remissão para os testamentos cerrados.

A similitude entre os dois tipos de testamento justifica o tratamento paralelo que lhes é conferido ao longo de todo o Código, com salvaguarda, porém, das especialidades do certificado de aprovação do testamento internacional resultantes da própria Lei Uniforme.

8 – Do mesmo modo, a regulamentação dos instrumentos de protesto de títulos de crédito foi adequada à realidade presente, tendo-se abolido, por desnecessário, o procedimento de fazer constar do instrumento de protesto a cópia literal ou fotocópia do título.

9 – Aprofundada ponderação mereceu a manutenção do reconhecimento notarial de assinatura por semelhança, de uso moderado nos sistemas jurídicos dos nossos parceiros europeus, ainda que fiéis ao notariado latino, mas bastante enraizado no meio jurídico português.

Abandonada a hipótese da abolição definitiva de tal reconhecimento, por inoportuna, opta-se, porém, por alargar ao passaporte e às públicas-formas do bilhete de identidade e do passaporte os documentos com base nos quais se permite o reconhecimento por semelhança, em nome da desburocratização e da simplificação.

Por razões de coerência, procedeu-se, também, no decreto preambular, à alteração da redacção do artigo único do Decreto-Lei nº 21/87, de 12 de Janeiro, por forma a estender à exibição do passaporte e da pública-forma do bilhete de identidade e do passaporte o valor legal do reconhecimento por semelhança da assinatura, já anteriormente atribuído à exibição do bilhete de identidade.

10 – Também tendo em vista a simplificação administrativa e o estabelecimento de uma maior acessibilidade do público à Administração, foi substancialmente revista a regulamentação da emissão das certidões e das públicas-formas.

Desde logo, põe-se termo à distinção terminológica entre certidões e fotocópias certificadas, porque injustificada. Assim, no total respeito pelas normas da lei civil em matéria do valor probatório dos documentos, consigna-se, como regra geral, que a prova do conteúdo dos instrumentos, registos e documentos arquivados no cartório se faz por certidão e prevê-se, de modo inovador, que esta seja obtida preferencialmente por meio de fotocópia ou de outro meio de reprodução fotográfica ou, caso tal não seja possível, dactilografada ou manuscrita.

Em consonância com a regra geral da extracção de certidão por fotocópia, privilegiam-se as certidões de teor, reservando-se as de narrativa para as que se reportem a registos ou as destinadas a publicação ou comunicação de actos.

De salientar a consagração, pela primeira vez, do direito de os outorgantes obterem uma certidão gratuita do testamento ou da escritura celebrados. Na base desta previsão está o reconhecimento de que é da maior justiça fornecer aos cidadãos, como meio de prova, uma cópia gratuita do acto por si praticado.

Ainda com o objectivo de facilitar as relações entre o cidadão e a Administração, o Código prevê a possibilidade de transmissão, entre cartórios e outros serviços públicos, de documentos, em determinadas condições, por telecópia, aos quais se atribui o valor da certidão.

Na senda do procedimento adoptado quanto às certidões, e no que se refere às cópias de documentos na posse dos particulares, a pública-forma foi submetida a igual tratamento, desaparecendo a figura da conferência da fotocópia, por acarretar grandes demoras para os serviços, com o correspondente atraso na resposta ao utente, e perigos vários na segurança dos documentos, passando a ser apenas o cartório a efectuar as fotocópias.

11 – No capítulo das recusas, foi objecto de referência legal expressa, a par da anulabilidade, a circunstância de a ineficácia dos actos não ser motivo de recusa, consagrando-se, assim, uma orientação já há muito adoptada na prática notarial.

12 – Em matéria de recursos, entendeu-se não proceder a alterações de fundo, atendendo à ínfima dimensão que tal meio de impugnação assume no notariado. Mantêm-se, pois, os recursos para os tribunais judiciais ao lado dos recursos hierárquicos, já previstos, aliás, na Lei Orgânica dos Serviços dos Registos e do Notariado.

13 – Simultaneamente, com a preocupação de tornar cada espécie de acto notarial, individualmente considerado, mais célere e mais singelo, expurgando-o de requisitos entretanto considerados supérfluos, respeitando sempre, contudo, a certeza e o rigor técnico-jurídicos, procura-se com a presente reforma dotar a generalidade dos actos notariais de uma técnica mais simples, transformando-os em realidades mais acessíveis e inteligíveis aos cidadãos. Pretende-se, assim, obter resultados ao nível da eficiência e eficácia da prática notarial quotidiana, com benefício para os utentes e, bem assim, para os próprios serviços.

No tocante à questão das minutas dos actos notariais, longamente discutida na doutrina, mantém-se a possibilidade de as partes apresentarem ao notário a minuta do acto, devendo este, em nome da liberdade contratual, reproduzi-la.

Com reflexo primordial nos actos praticados pelas sociedades, são dignas de destaque as alterações introduzidas ao nível da verificação da qualidade e dos poderes em caso de representação legal ou orgânica, consagrando-se inovatoriamente a referência da prova documental registral quanto a pessoas colectivas sujeitas a registo. Fixa-se, também, o prazo de validade de um ano para as certidões de registo comercial.

Do mesmo modo, visando evitar, aos agentes económicos que praticam grande volume de actos, avultadas emissões de certidões comerciais, confere-se a possibilidade de utilizarem, para a prática de actos no cartório, certidões do registo comercial aí arquivadas, ainda que caducadas, desde que os membros da gerência ou administração declarem que os representantes e os poderes de representação se mantêm inalterados. Excepção à regra geral da invalidade do documento caducado, a facilitação ora introduzida tem como contrapartida a responsabilização dos outorgantes beneficiários pela declaração prestada.

Tendo ainda como destinatárias as sociedades, e em nome da transparência, clarifica-se o modo como são assinados os instrumentos de actas das reuniões dos órgãos sociais, tendo em conta o tipo de sociedade, e permite-se que o notário insira na acta as declarações que lhe sejam requeridas por qualquer dos intervenientes.

Esta previsão, atendendo à fé pública do notário e à sua isenção face aos interesses em conflito, tem em vista, sobretudo, habilitar os sócios minoritários com um documento essencial para efeitos de prova judicial, nomeadamente em sede de impugnação das deliberações.

Porventura com maior impacto junto dos cidadãos, aponta-se a alteração deste Código que consiste no alargamento do elenco de documentos que permitem a verificação da identidade dos outorgantes, admitindo-se indistintamente o conhecimento pessoal, o bilhete de identidade e a carta de condução, desde que emitidos pela autoridade competente de um dos países da União Europeia, e o passaporte.

O espectro mais alargado de documentos identificadores assenta no reconhecimento da diversa finalidade da verificação da identidade para efeitos civis ou notariais, tendo-se entendido que o limite da simplificação seria a possibilidade de proceder à identificação, também nos cartórios notariais, mediante o recurso a outros documentos tradicionalmente já utilizados para esse fim.

No tocante à aposição da impressão digital nos actos em que os intervenientes não saibam ou não possam assinar, ao presente restrita aos testamentos, e por razões de segurança, retoma-se tal prática, que, contudo, pode ser substituída pela intervenção de duas testemunhas.

No âmbito do princípio da convalidação dos actos inválidos por terem sido praticados com violação de regras de competência territorial ou de certos preceitos do Código, foi introduzida a tramitação pormenorizada do respectivo processo.

Em matéria de averbamentos, a alteração substancial reconduz-se à sistematização e melhor arrumação lógica dos preceitos atinentes, cabendo salientar em termos de conteúdo o alargamento considerável de hipóteses de averbamento a escrituras públicas e testamentos, nos casos de omissão e de rectificação de inexactidões. A alteração cuida, contudo, de manter incólume a necessária segurança jurídica do acto notarial, pois que não se pode permitir, com normas desta natureza, que por via de um averbamento se altere, ainda que infimamente, o conteúdo de um acto solene, presidido pelo notário, que consigna a identidade dos outorgantes e a sua vontade negocial.

A dinâmica inerente às relações comerciais exige que se determine uma redução substancial dos prazos fixados no Código, passando de oito para três dias o prazo para emitir certidões e documentos análogos, mantendo-se a possibilidade de requerer a urgência e um tempo de resposta de vinte e quatro horas.

É também encurtado, para cinco dias, o prazo para a emissão das certidões por extracto para efeito de publicação.

Finalmente, por razões de transparência, clarifica-se o texto da lei no sentido de que as contas dos actos sejam conferidas pelo funcionário que a eles presidir e consagra-se a regra geral da cobrança de recibo ao interessado.

14 – Ao nível do funcionamento dos serviços, define-se a competência dos adjuntos e oficiais dos registos e do notariado em termos específicos e, por comando expresso: passa a prever-se que o recrutamento de notários privativos se faça, de preferência, de entre notários de carreira; atribui-se competência genérica de excepção a certas entidades para a prática de actos notariais em caso de calamidade pública; opera-se uma modificação substancial nos preceitos regulamentadores dos livros notariais, no sentido da sua racionalização e operacionalidade, com consagração expressa do recurso ao tratamento informático; reduz-se o prazo para destruição de livros e de documentos já sem utilidade, e altera-se o preceito relativo à estatística, substituindo-se a sua expressa menção nos actos por uma cota de referência à margem, permitindo-se, assim, a imediata extracção de certidões por fotocópia.

Destaque merece a previsão de recurso a qualquer meio gráfico na elaboração de testamentos, quando o notário estiver em exercício, acautelando-se, todavia, a indispensável confidencialidade deste tipo de documentos.

Por fim, eliminam-se do Código todas as referências às secretarias notariais, cuja extinção está já em curso, remetendo-se a sua regulamentação para as disposições transitórias do presente diploma.

Assim:

Ao abrigo da alínea *a*) do nº 1 do artigo 201º da Constituição, o Governo decreta o seguinte:

(Cf. Declaração de Rectificação nº 135/95, de 31-10)

ARTIGO 1º
Aprovação do Código do Notariado

É aprovado o Código do Notariado, que faz parte integrante do presente diploma.

ARTIGO 2º
Alteração ao Decreto-Lei nº 21/87, de 12 de Janeiro

O artigo único do Decreto-Lei nº 21/87, de 12 de Janeiro, passa a ter a seguinte redacção:

(Não se transcreve por não se inserir no âmbito da presente publicação)

ARTIGO 3º
Secretarias notariais

Enquanto não forem extintas, as secretarias notariais regem-se pelas normas que lhes respeitem, constantes do presente diploma.

ARTIGO 4º
Distribuição do serviço

1 – Nas secretarias notariais, a distribuição do serviço é feita pela forma seguinte:

a) Os actos indicados na alínea *a*) do nº 2 do artigo 4º do Código do Notariado e os restantes instrumentos lavrados em livros são distribuídos por escala, entre todos os notários, pelo director da secretaria;

b) Os demais actos e serviços, incluindo os de expediente, serão distribuídos por forma que cada um dos notários os dirija semanalmente.

2 – É lícito aos testadores ou aos outorgantes escolherem o notário a quem queiram confiar a elaboração dos seus testamentos públicos, dos instrumentos de aprovação de testamentos cerrados ou internacionais ou das suas escrituras.

3 – Os interessados podem também escolher o notário, quando o acto seja lavrado fora do cartório ou fora das horas regulamentares do serviço.

4 – Os actos que forem praticados nas condições previstas nos nºs 2 e 3 são levados em conta na distribuição.

ARTIGO 5º
Livros das secretarias notariais

1 – As secretarias notariais têm, para o serviço comum dos cartórios, os livros seguintes:

a) Livro de distribuição;

b) Livro de apuramento e divisão de emolumentos;

c) Livro de inventário da secretaria.

2 – No livro a que se refere a alínea *a*) do número anterior faz-se o registo da divisão, entre os notários da secretaria, dos instrumentos a ela sujeitos.

3 – O livro a que se refere a alínea *b*) do nº 1 destina-se ao apuramento mensal dos emolumentos da secretaria, mediante transporte dos apuramentos totais registados nos livros dos cartórios, e ainda à divisão entre os funcionários e o Cofre dos Conservadores, Notários e Funcionários de Justiça dos emolumentos que hajam sido apurados.

4 – Os livros e os maços de documentos que não sejam privativos de algum dos cartórios da secretaria são integrados no arquivo do cartório do notário-director e relacionados no respectivo livro de inventário.

5 – O livro de contas de receita e despesa é comum a todos os cartórios das secretarias.

6 – A legalização dos livros compete ao notário ou ao director da secretaria, conforme estes sejam privativos do cartório ou comuns da secretaria.

ARTIGO 6º
Entrada em vigor

O Código do Notariado e o presente diploma entram em vigor no dia 15 de Setembro de 1995.

ARTIGO 7º
Norma revogatória

É revogado o Código do Notariado, aprovado pelo Decreto-Lei nº 47619, de 31 de Março de 1967, com as alterações que lhe foram introduzidas pelos Decretos-Leis nºs 513-F/79, de 24 de Dezembro, 193-A/80, de 18 de Junho, 194/83, de 17 de Maio, 286/84, de 23 de Agosto, 321/84, de 2 de Outubro, 67/90, de 1 de Março, e pelo artigo 5º do Decreto-Lei nº 227/94, de 8 de Setembro.

Visto e aprovado em Conselho de Ministros de 11 de Maio de 1995. – *Aníbal António Cavaco Silva – Eduardo de Almeida Catroga – Álvaro José Brilhante Laborinho Lúcio.*

Promulgado em 13 de Julho de 1995.

Publique-se.

O Presidente da República, MÁRIO SOARES.

Referendado em 17 de Julho de 1995.

O Primeiro-Ministro, *Aníbal António Cavaco Silva.*

Código do Notariado

TÍTULO I
Da organização dos serviços notariais

CAPÍTULO I
Disposições gerais

ARTIGO 1º
Função notarial

1 – A função notarial destina-se a dar forma legal e conferir fé pública aos actos jurídicos extrajudiciais.

2 – Para efeitos do disposto no número anterior, pode o notário prestar assessoria às partes na expressão da sua vontade negocial.

ARTIGO 2º
Órgãos próprios

1 – O órgão próprio da função notarial é o notário.

2 – Os adjuntos e os oficiais apenas podem praticar os actos que lhes sejam cometidos por disposição legal expressa.

ARTIGO 3º
Órgãos especiais

1 – Excepcionalmente, desempenham funções notariais:

a) Os agentes consulares portugueses;

b) Os notários privativos das câmaras municipais e da Caixa Geral de Depósitos recrutados, de preferência, de entre os notários de carreira;

c) Os comandantes das unidades ou forças militares, dos navios e aeronaves e das unidades de campanha, nos termos das disposições legais aplicáveis;

d) As entidades a quem a lei atribua, em relação a certos actos, a competência dos notários.

2 – Em caso de calamidade pública podem desempenhar todos os actos da competência notarial quaisquer juízes ou sacerdotes e, bem assim, qualquer notário, independentemente da área de jurisdição do respectivo serviço.

3 – Os actos praticados no uso da competência de que gozam os órgãos especiais da função notarial devem obedecer ao preceituado neste Código, na parte que lhes for aplicável.

CAPÍTULO II
Competência funcional

SECÇÃO I
Atribuições dos notários

ARTIGO 4º
Competência dos notários

1 – Compete, em geral, ao notário redigir o instrumento público conforme a vontade das partes, a qual deve indagar, interpretar e adequar ao ordenamento jurídico, esclarecendo-as do seu valor e alcance.

2 – Em especial, compete ao notário, designadamente:

a) Lavrar testamentos públicos, instrumentos de aprovação, depósito e abertura de testamentos cerrados e de testamentos internacionais;

b) Lavrar outros instrumentos públicos nos livros de notas e fora deles;

c) Exarar termos de autenticação em documentos particulares ou de reconhecimento da autoria da letra com que esses documentos estão escritos ou das assinaturas neles apostas;

d) Passar certificados de vida e identidade e, bem assim, do desempenho de cargos públicos, de gerência ou de administração de pessoas colectivas;

e) Passar certificados de outros factos que tenha verificado;

f) Certificar, ou fazer e certificar, traduções de documentos;

g) Passar certidões de instrumentos públicos, de registos e de outros documentos arquivados, extrair públicas-formas de documentos que, para esse fim, lhe sejam presentes ou conferir com os respectivos originais e certificar as fotocópias extraídas pelos interessados;

h) Lavrar instrumentos para receber a declaração, com carácter solene ou sob juramento, de honorabilidade e de não se estar em situação de falência, nomeadamente, para efeitos do preenchimento dos requisitos condicionantes, na ordem jurídica comunitária, da liberdade de estabelecimento ou de prestação de serviços;

i) Lavrar instrumentos de actas de reuniões de órgãos sociais;

j) Transmitir por telecópia, sob forma certificada, o teor dos instrumentos públicos, registos e outros documentos que se achem arquivados no cartório, a outros serviços públicos perante os quais tenham de fazer fé e receber os que lhe forem transmitidos, por esses serviços, nas mesmas condições;

l) Intervir nos actos jurídicos extrajudiciais a que os interessados pretendam dar garantias especiais de certeza ou de autenticidade;

m) Conservar os documentos que por lei devam ficar no arquivo notarial e os que lhe forem confiados com esse fim.

3 – Salvo disposição legal em contrário, o notário pode praticar, dentro da área do concelho em que se encontra sediado o cartório notarial, todos os actos da sua competência que lhe sejam requisitados, ainda que respeitem a pessoas domiciliadas ou a bens situados fora dessa área.

4 – A solicitação dos interessados, o notário pode requisitar por qualquer via, a outros serviços públicos, os documentos necessários à instrução dos actos da sua competência.

(Redacção dada pelo Decreto-Lei nº 250/96, de 24-12)

SECÇÃO II
Impedimentos

ARTIGO 5º
Casos de impedimento

1 – O notário não pode realizar actos em que sejam partes ou beneficiários, directos ou indirectos, quer ele próprio, quer o seu cônjuge ou qualquer parente ou afim na linha recta ou em 2º grau da linha colateral.

2 – O impedimento é extensivo aos actos cujas partes ou beneficiários tenham como procurador ou representante legal alguma das pessoas compreendidas no número anterior.

3 – O notário pode intervir nos actos em que seja parte ou interessada uma sociedade por acções, de que ele ou as pessoas indicadas no nº 1 sejam sócios, e nos actos em que seja parte ou interessada alguma pessoa colectiva de utilidade pública a cuja administração ele pertença.

ARTIGO 6º
Extensão dos impedimentos

1 – O impedimento do notário é extensivo aos adjuntos e oficiais do cartório a que pertença o notário impedido.

2 – Exceptuam-se do disposto no número anterior os reconhecimentos de letra e assinatura apostas em documentos que não titulem actos de natureza contratual, ainda que o representado, representante ou o signatário seja o próprio notário.

CAPÍTULO III
Livros, índices e arquivos

SECÇÃO I
Livros

ARTIGO 7º
Livros de actos notariais

1 – Os actos notariais, consoante a sua natureza, são lavrados nos seguintes livros:

a) Livro de notas para testamentos públicos e para escrituras de revogação de testamentos;

b) Livro de notas para escrituras diversas;

c) Livro de protestos de títulos de crédito;

d) Livro de registo dos actos lavrados no livro indicado na alínea *a*), dos instrumentos de aprovação ou depósito de testamentos cerrados e de testamentos internacionais;

e) Livro de registo de escrituras diversas;

f) Livro de registo de outros instrumentos avulsos e de documentos que os interessados pretendam arquivar;

g) Livro de registo de contas de emolumentos e de selo.

2 – Os cartórios notariais, os cartórios privativos de protestos, os serviços consulares e os demais órgãos especiais da função notarial devem possuir, de entre os livros a que se refere o número anterior, os necessários à prática dos actos notariais da sua competência.

(Redacção dada pelo Decreto-Lei nº 250/96, de 24-12)

ARTIGO 8º
Outros livros

Além dos livros de actos notariais, devem existir ainda em cada cartório os livros seguintes:

a) Livro de inventário;

b) Livro de contas de receita e despesa.

ARTIGO 9º
Modelos

1 – O notário deve adoptar os modelos de livros que mais convierem ao serviço a que se destinam, se não houver modelos aprovados.

2 – Os modelos aprovados podem ser modificados por despacho do director-geral dos Registos e do Notariado.

ARTIGO 10º
Desdobramento de livros

1 – É permitido o desdobramento do livro de notas para testamentos públicos e escrituras de revogação noutro volume, destinado a ser utilizado com as restrições previstas no nº 2 do artigo 38º

2 – O livro de notas para escrituras diversas pode ser desdobrado em vários livros, de harmonia com as conveniências do serviço.

3 – O livro de registo de contas de emolumentos e de selo deve ser desdobrado em dois livros, sendo um deles destinado ao registo das contas dos reconhecimentos e o outro ao registo das contas dos demais actos.

4 – O livro de cada uma das duas espécies referidas no número anterior pode, ainda, ser desdobrado em vários volumes.

(Redacção dada pelo Decreto-Lei nº 250/96, de 24-12)

ARTIGO 11º
Livro de testamentos públicos e de escrituras de revogação

No livro a que se refere a alínea *a*) do nº 1 do artigo 7º são lavrados os testamentos públicos e as escrituras de revogação de testamentos, bem como os averbamentos respectivos.

ARTIGO 12º
Livro de escrituras diversas

No livro de notas para escrituras diversas são lavradas todas as escrituras públicas, com excepção das previstas no artigo anterior, e os averbamentos respectivos.

ARTIGO 13º
Livro de sinais

(Revogado pelo Decreto-Lei nº 250/96, de 24-12)

ARTIGO 14º
Livro de protestos

O livro de protestos destina-se ao registo da apresentação de títulos a protesto e dos respectivos instrumentos de protesto, bem como à menção do seu levantamento nos termos previstos no artigo 128º

ARTIGO 15º
Livro de registo de testamentos e escrituras

Em cada um dos livros a que se referem as alíneas *e*) e *f*) do nº 1 do artigo 7º deve fazer-se a anotação dos actos a cujo registo se destinam.

ARTIGO 16º
Livro de registo de instrumentos avulsos e de documentos

No livro de registo de instrumentos avulsos e de documentos são registados:

a) Os instrumentos de abertura de testamentos cerrados e de testamentos internacionais;

b) Os instrumentos de actas de reunião de órgãos sociais, de procurações lavradas nos termos do nº 3 do artigo 116º e de ratificação de actos notariais;

c) Os documentos que forem entregues no cartório para ficarem arquivados.

ARTIGO 17º
Livro de registo de contas de emolumentos e de selo

O livro de registo de contas de emolumentos e de selo destina-se:

a) À escrituração dos emolumentos, imposto do selo e demais receitas cobradas pela realização dos actos notariais;

b) Ao registo dos actos para os quais, por força de isenção total de encargos ou de gratuitidade, não deva ser organizada conta, anotando-se essa circunstância numa coluna, à margem do registo.

(Redacção dada pelo Decreto-Lei nº 40/96, de 07-05)

ARTIGO 18º
Livro de inventário

1 – No livro de inventário são relacionados os livros do cartório, com a indicação das suas letras, números e denominações, datas do primeiro e do último actos exarados em cada livro e o número das suas folhas e, ainda, os maços de documentos, com a menção do respectivo ano ou número de ordem e do número de documentos e folhas que contiver cada maço.

2 – Os livros são relacionados à medida que começarem a ser escriturados e os maços à medida que se forem concluindo.

3 – Os maços de documentos relativos a actos lavrados nos livros de notas são relacionados ao lado do lançamento dos respectivos livros.

ARTIGO 19º
Livro de contas da receita e despesa

O livro de contas da receita e despesa destina-se à contabilidade das receitas e despesas do cartório.

ARTIGO 20º
Numeração e identificação dos livros

1 – Todos os livros tem um número de ordem, sendo a numeração privativa de cada espécie de livros.

2 – Quando se trate de livros desdobrados, a cada livro corresponde uma letra por ordem alfabética, aposta em seguida à numeração, sendo esta privativa dos livros identificados com a mesma letra.

ARTIGO 21º
Encadernação de livros e utilização de folhas soltas

1 – Os livros devem ser encadernados antes de utilizados.

2 – Os livros de notas e, bem assim, o livro a que se refere a alínea *e*) do nº 1 do artigo 7º podem ser formados por fascículos ou folhas soltas, os quais devem ser encadernados, depois de utilizados, em volume com o máximo de 150 folhas.

3 – Nos livros formados por fascículos ou folhas soltas, os actos podem ser lavrados em papel sem pauta, marginado, observando-se o disposto no Regulamento Geral do Imposto do Selo e respectiva Tabela, quanto ao número de linhas de escrita.

4 – O livro de notas para testamentos públicos e escrituras de revogação, formado por fascículos ou folhas soltas, deve ser encadernado dentro das instalações do cartório, preservando-se a confidencialidade dos actos dele constantes.

5 – O uso do livro de notas para escrituras diversas, formado por folhas soltas, é permitido relativamente a dois volumes desdobrados, nos termos do nº 2 do artigo 10º, devendo um deles destinar-se a serviço externo.

6 – Além dos referidos nos números anteriores, outros livros podem ser submetidos a tratamento informático mediante despacho do director-geral dos Registos e do Notariado.

(Redacção dada pelo Decreto-Lei nº 380/98, de 27-11)

ARTIGO 22º
Legalização de livros

1 – Nenhum livro pode ser utilizado sem ser previamente legalizado, mediante o preenchimento dos termos de abertura e encerramento, a rubrica das folhas restantes e a numeração de todas elas.

2 – Nos livros formados por folhas soltas, o termo de encerramento pode ser exarado quando o livro se concluir, sendo a numeração e a rubrica feitas à medida que as folhas se forem tornando necessárias ao serviço.

3 – A numeração de cada uma das folhas pode ser feita por qualquer processo mecânico e deve ser acompanhada da indicação do número de ordem e da letra do livro a que respeita.

4 – Excepto nos livros de notas formados por fascículos ou folhas soltas, a rubrica pode ser feita por meio de chancela.

5 – Nos livros de notas formados por folhas soltas, a numeração e a rubrica devem ser manuscritas e lançadas até à assinatura dos actos.

ARTIGO 23º
Termos de abertura e de encerramento

1 – No termo de abertura deve fazer-se menção do número de ordem, da letra e do destino do livro, bem como do cartório a que pertence.

2 – No termo de encerramento deve mencionar-se o número de folhas do livro e a rubrica usada.

ARTIGO 24º
Competência para a legalização

1 – A legalização dos livros compete ao notário ou ao seu substituto.

2 – Nos serviços a que se refere o artigo 3º, os livros para actos notariais são legalizados pelas entidades a quem competir a legalização dos restantes livros neles existentes.

SECÇÃO II
Índices

ARTIGO 25º
Elaboração de fichas

1 – Em cada cartório deve haver índices dos outorgantes, pelo sistema de fichas ou de verbetes onomásticos, que devem ser preenchidos diariamente.

2 – Deve ser organizado um índice privativo de testamentos e de todos os actos que lhes respeitem.

3 – Os verbetes de escrituras que contenham actos relativos a sociedades e outras pessoas colectivas podem referenciar apenas a respectiva firma ou denominação, em substituição dos outorgantes, e os verbetes de escrituras outorgadas conjuntamente por marido e mulher, apenas um dos cônjuges.

4 – Os verbetes de escrituras de justificação, de habilitação ou de partilha e de actos lavrados com intervenção de representantes devem referenciar apenas, respectivamente, os justificantes, o autor da herança e os representados.

5 – A organização dos índices é extensiva aos documentos arquivados a pedido dos interessados, aos demais documentos registados no livro a que se refere a alínea *b*) do artigo 16º e às procurações apresentadas para integrar ou instruir algum acto, quando os respectivos poderes não sejam limitados à prática do mesmo.

6 – As fichas e os verbetes referidos nos números anteriores podem ser substituídos por registos informáticos, com excepção dos respeitantes ao índice privativo a que se refere o nº 2.

(Redacção dada pelo Decreto-Lei nº 250/96, de 24-12)

ARTIGO 26º
Catalogação e elementos das fichas

As fichas ou verbetes devem catalogar-se por ordem alfabética e conter, pelo menos, o nome dos titulares, a espécie dos actos em que eles outorgaram e a indicação do número do livro e das folhas em que estes actos foram exarados ou do maço em que se encontrem os respectivos documentos, quando arquivados.
(Redacção dada pelo Decreto-Lei nº 250/96, de 24-12)

SECÇÃO III
Arquivos

ARTIGO 27º
Livros e documentos

Além dos livros e dos instrumentos avulsos que não devam ser entregues às partes, ficam arquivados nos cartórios os documentos apresentados para integrar ou instruir os actos lavrados nos livros ou fora deles, salvo quando a lei determine o contrário ou apenas exija a sua exibição.

ARTIGO 28º
Maços de documentos

1 – Os documentos são arquivados em maços distintos e pela ordem cronológica dos actos a que respeitam ou da sua apresentação.

2 – Devem, em especial, ser organizados maços privativos que contenham:

a) Os documentos respeitantes aos actos lavrados em cada livro de notas;

b) Os instrumentos de depósito de testamentos cerrados e de testamentos internacionais e as procurações para a sua restituição;

c) Os instrumentos de abertura de testamentos cerrados e de testamentos internacionais, os testamentos correspondentes, as certidões de óbito a que se referem o nº 1 do artigo 115º e nº 2 do artigo 135º e os recibos das certidões a que se refere o nº 5 do artigo 204º;

d) Os recibos dos registos das notificações e os documentos relativos ao serviço de protesto que devam ficar arquivados;

e) Os requerimentos e documentos que tenham servido de base a averbamentos e os ofícios destinados a idêntico fim;

f) Os instrumentos lavrados nos termos do nº 3 do artigo 116º;

g) Os demais instrumentos avulsos registados, documentos que lhes respeitem e os documentos arquivados a pedido das partes;

h) Os duplicados de participações de actos notariais;

i) Os duplicados de guias, folhas, mapas e notas de emolumentos;

j) As escrituras lavradas em folhas soltas que não sejam concluídas ou fiquem sem efeito, por motivo imputável às partes;

l) Os documentos recebidos por telecópia, as respectivas requisições, as notas de remessa e os suportes da transmissão por telecópia.

3 – Os maços são anuais, com excepção dos correspondentes aos documentos referidos na alínea *a*) do número anterior, e sem prejuízo dos desdobramentos que se mostrem convenientes.

4 – Os documentos complementares de outros actos são arquivados segundo a ordem por que constem do respectivo instrumento.

ARTIGO 29º
Numeração

1 – Cada maço de documentos relativo a actos lavrados nos livros de notas tem a letra e o número de ordem do livro a que respeitar.

2 – Os maços anuais são identificados pela menção do ano a que respeitam.

3 – Em caso de desdobramento, a cada maço desdobrado corresponde um número de ordem.

4 – As folhas dos maços são numeradas, sendo também aposto em cada documento, à medida que for incorporado no maço, um número de ordem e uma nota de referência ao número do livro e à primeira folha do acto a que respeitar.

5 – Nos maços deve fazer-se menção do número de documentos e de folhas que neles se contenham.

ARTIGO 30º
Correspondência

1 – Os duplicados dos ofícios expedidos e a correspondência recebida são arquivados, por ordem cronológica, em maços separados e anuais.

2 – Os ofícios, circulares e publicações que contenham despachos ou instruções de serviço, de execução permanente, são reunidos e ordenados em volumes separados.

ARTIGO 31º
Destruição de documentos

1 – Os livros de contas de receitas e despesas do cartório, os respectivos maços de documentos e os de registo de contas de emolumentos e de selo podem ser destruídos decorrido o prazo de 10 anos sobre a data do último registo lançado.

2 – Podem ser destruídos, desde que tenham mais de cinco anos:

a) Os recibos dos registos das notificações e documentos relativos ao serviço de protestos;

b) Os duplicados de participações de actos notariais;

c) Os duplicados de guias, folhas, mapas e notas de emolumentos;

d) Os duplicados da correspondência expedida;

e) A correspondência recebida;

f) As cadernetas de contas dos actos notariais;

g) As cadernetas de preparos;
h) As matrizes de verbetes estatísticos.

3 – Os livros e documentos referidos nos números anteriores só podem ser destruídos desde que tenham sido objecto de inspecção e após prévia identificação em auto segundo a sua natureza.

SECÇÃO IV
Disposições comuns

ARTIGO 32º
Segredo profissional e informações

1 – A existência e o conteúdo dos documentos particulares apresentados aos notários para legalização ou autenticação, bem como os elementos a eles confiados para a preparação e elaboração de actos da sua competência, estão sujeitos a segredo profissional, que só pode ser afastado caso a caso e por motivo de interesse público, mediante despacho do director-geral dos Registos e do Notariado.

2 – Salvo em relação ao próprio autor ou seu procurador com poderes especiais, os testamentos e tudo o que com eles se relacione constituem matéria confidencial, enquanto não for exibida ao notário certidão de óbito do testador.

3 – O notário não é obrigado a mostrar os livros, documentos e índices do cartório, senão nos casos previstos na lei, e deve guardá-los enquanto não forem transferidos para outros arquivos ou destruídos nos termos da lei.

4 – O notário deve prestar verbalmente as informações referentes à existência dos actos, registos ou documentos arquivados que lhe sejam solicitadas pelos interessados e, a pedido expresso das partes, deve fornecer fotocópias não certificadas dos mesmos, com mero valor de informação, quando deles possa passar certidão.

5 – As informações referentes aos registos lavrados no livro de protestos de título de crédito, desde que sejam solicitadas por instituições de crédito ou seus agentes, podem ser fornecidas sob forma sumária, por escrito.

ARTIGO 33º
Saída dos livros e documentos

1 – Os livros e documentos só podem sair dos cartórios mediante autorização do notário, dada por escrito e fundamentada, excepto quando se trate de lavrar actos de serviço externo ou quando, por motivo de força maior, haja necessidade de extrair fotocópias no exterior ou de remoção urgente.

2 – Da recusa do notário cabe recurso para o director-geral dos Registos e do Notariado.

ARTIGO 34º
Transferência de livros e documentos para outros arquivos

1 – Os livros e documentos dos cartórios não podem ser transferidos para outros arquivos antes de decorridos 30 anos, a contar da sua conclusão ou inventariação.

2 – Decorrido o prazo de 30 anos, os livros e documentos podem ser transferidos para os Arquivos Nacionais/Torre do Tombo e para as bibliotecas do Estado e arquivos distritais, nos termos das disposições legais aplicáveis.

3 – A transferência é feita de cinco em cinco anos.

4 – O tempo de permanência mínima dos livros e documentos nos cartórios notariais pode ser ampliado ou reduzido, pela Direcção-Geral dos Registos e do Notariado, mas nunca pode ser inferior a 10 anos.

TÍTULO II
Dos actos notariais

CAPÍTULO I
Disposições gerais

SECÇÃO I
Documentos e execução dos actos notariais

ARTIGO 35º
Espécies de documentos

1 – Os documentos lavrados pelo notário, ou em que ele intervém, podem ser autênticos, autenticados ou ter apenas o reconhecimento notarial.

2 – São autênticos os documentos exarados pelo notário nos respectivos livros, ou em instrumentos avulsos, e os certificados, certidões e outros documentos análogos por ele expedidos.

3 – São autenticados os documentos particulares confirmados pelas partes perante notário.

4 – Têm reconhecimento notarial os documentos particulares cuja letra e assinatura, ou só assinatura, se mostrem reconhecidas por notário.

ARTIGO 36º
Onde são exarados

1 – São lavrados nos livros de notas os testamentos públicos e os actos para os quais a lei exija escritura pública ou que os interessados queiram celebrar por essa forma.

2 – Os registos que a lei manda praticar pelo notário são exarados nos livros especiais a esse fim destinados.

3 – São exarados em instrumentos fora das notas os actos que devam constar de documento autêntico, mas para os quais a lei não exija, ou as partes não pretendam, a redução a escritura pública.

4 – Os termos de autenticação e os reconhecimentos são lavrados no próprio documento a que respeitam ou em folha anexa.

(Redacção dada pelo Decreto-Lei nº 250/96, de 24-12)

ARTIGO 37º
Numeração

1 – Os averbamentos lavrados nos instrumentos avulsos e nos livros previstos na alíneas *a*) e *b*) do nº 1 do artigo 7º e os actos ou termos lavrados nos livros a que se referem as alíneas *c*) a *g*) do nº 1 do mesmo artigo são numerados segundo a ordem por que forem exarados.

2 – A numeração dos averbamentos é seguida e privativa do acto correspondente.

3 – A numeração dos restantes actos é anual, podendo ser adoptada a numeração mensal ou diária para os reconhecimentos, termos de abertura de sinais e registos.

(Redacção dada pelo Decreto-Lei nº 250/96, de 24-12)

ARTIGO 38º
Composição

1 – Os testamentos, as escrituras de revogação de testamentos e os instrumentos de aprovação de testamentos cerrados devem ser manuscritos com grafia de fácil leitura.

2 – Os actos a que se refere o número anterior podem ser dactilografados ou processados informaticamente apenas quando o notário estiver em exercício, devendo o suporte informático ser destruído após terem sido lavrados.

3 – O livro de notas para escrituras diversas deve ser dactilografado ou processado informaticamente mas, sendo desdobrado, um dos volumes ou, em casos fundamentados, dois deles podem ser manuscritos.

4 – Na composição dos restantes actos notariais é permitido o uso de qualquer processo gráfico, devendo os respectivos caracteres ser nítidos.

ARTIGO 39º
Materiais utilizáveis

1 – Os materiais utilizados na composição dos actos notariais devem ser de cor preta, conferindo inalterabilidade e duração à escrita.

2 – A Direcção-Geral dos Registos e do Notariado pode ordenar a utilização de impressos, de acordo com os modelos que vier a aprovar, para a expedição

de actos avulsos, bem como ordenar ou proibir o uso, para a escrita dos actos, de determinados materiais ou processos gráficos.

ARTIGO 40º
Regras a observar na escrita dos actos

1 – Os actos notariais são escritos com os dizeres por extenso.

2 – Nas traduções, nas certidões de teor e nas públicas-formas não extraídas sob a forma de fotocópia, a transcrição dos originais é feita com as abreviaturas e algarismos que neles existirem.

3 – É permitido o uso de algarismos e abreviaturas:

a) Nos reconhecimentos, averbamentos, extractos, registos e contas;

b) Na indicação da naturalidade e residência;

c) Na menção dos números de polícia dos prédios, respectivas inscrições matriciais e valores patrimoniais;

d) Na numeração de artigos e parágrafos de actos redigidos sob forma articulada;

e) Na numeração das folhas dos livros ou dos documentos;

f) Na referenciação de diplomas legais e de documentos arquivados ou exibidos;

g) Nas palavras usadas para designar títulos académicos ou honoríficos.

4 – Os instrumentos, certificados, certidões e outros documentos análogos e, ainda, os termos de autenticação são lavrados sem espaços em branco, que devem ser inutilizados por meio de um traço horizontal, se alguma linha do acto não for inteiramente ocupada pelo texto.

(Redacção dada pelo Decreto-Lei nº 250/96, de 24-12)

ARTIGO 41º
Ressalvas

1 – As palavras emendadas, escritas sobre rasura ou entrelinhadas devem ser expressamente ressalvadas.

2 – A eliminação de palavras escritas deve ser feita por meio de traços que as cortem e de forma que as palavras traçadas permaneçam legíveis, sendo aplicável à respectiva ressalva o disposto no número anterior.

3 – As ressalvas são feitas antes da assinatura dos actos de cujo texto constem e, tratando-se de actos lavrados em livros de notas, dos respectivos documentos complementares ou de instrumentos de procuração, devem ser manuscritas pelo funcionário que os assina.

4 – As palavras emendadas, escritas sobre rasuras ou entrelinhadas que não forem ressalvadas consideram-se não escritas, sem prejuízo do disposto no nº 2 do artigo 371º do Código Civil.

5 – As palavras traçadas, mas legíveis, que não forem ressalvadas consideram-se não eliminadas.

ARTIGO 42º
Redacção

1 – Os actos notariais são escritos em língua portuguesa, devendo ser redigidos com a necessária correcção, em termos claros e precisos.

2 – A terminologia a utilizar pelo notário na redacção dos actos é aquela que, em linguagem jurídica, melhor traduza a vontade das partes, manifestada nas suas instruções dadas verbalmente ou através de apontamentos escritos, devendo evitar-se a inserção nos documentos de menções supérfluas ou redundantes.

3 – A mera reprodução de normas contidas em preceitos legais vigentes ou que deles resultem directamente, feita pelo notário no contexto dos actos e por indicação expressa das partes, não deve ser considerada supérflua se for alegado que tais estipulações são essenciais ao melhor esclarecimento da sua vontade negocial.

ARTIGO 43º
Minutas

1 – As partes podem apresentar ao notário minuta do acto.

2 – O notário deve reproduzir a minuta, salvo naquilo em que ela infringir leis de interesse e ordem pública, desde que se mostre redigida em conformidade com o disposto no artigo anterior.

3 – Se a redacção da minuta for imperfeita, o notário deve advertir os interessados da imperfeição verificada e adoptar a redacção que, em seu juízo, mais fielmente exprima a vontade dos outorgantes.

4 – A minuta apresentada, depois de rubricada pelo notário, é restituída ao apresentante, salvo se este solicitar que fique arquivada.

5 – A minuta, quando arquivada, deve ser rubricada, em todas as suas folhas, pelos outorgantes que saibam e possam fazê-lo.

ARTIGO 44º
Documentos passados no estrangeiro

1 – Os documentos passados no estrangeiro, em conformidade com a lei local, são admitidos para instruir actos notariais, independentemente de prévia legalização.

2 – Se houver fundadas dúvidas acerca da autenticidade do documento apresentado, pode ser exigida a sua legalização, nos termos da lei processual.

3 – O documento escrito em língua estrangeira deve ser acompanhado da tradução correspondente, a qual pode ser feita por notário português, pelo consulado português no país onde o documento foi passado, pelo consulado desse país em Portugal ou, ainda, por tradutor idóneo que, sob juramento ou compromisso de honra, afirme, perante o notário, ser fiel a tradução.

ARTIGO 45º
Utilização de documentos arquivados

Os documentos ou actos existentes no cartório podem ser utilizados para integrar ou instruir os actos que nele venham a ser lavrados, enquanto não houver expirado o prazo da sua validade e não se tiverem modificado as condições em que foram exarados, salvo o disposto no nº 2 do artigo 49º

SECÇÃO II
Requisitos dos instrumentos notariais

ARTIGO 46º
Formalidades comuns

1 – O instrumento notarial deve conter:

a) A designação do dia, mês, ano e lugar em que for lavrado ou assinado e, quando solicitado pelas partes, a indicação da hora em que se realizou;

b) O nome completo do funcionário que nele interveio, a menção da respectiva qualidade e a designação do cartório a que pertence;

c) O nome completo, estado, naturalidade e residência habitual dos outorgantes, bem como das pessoas singulares por estes representadas, a identificação das sociedades, nos termos da lei comercial, e das demais pessoas colectivas que os outorgantes representem, com menção, quanto a estas últimas, das suas denominações, sedes e números de identificação de pessoa colectiva;

d) A referência à forma como foi verificada a identidade dos outorgantes, das testemunhas instrumentárias e dos abonadores;

e) A menção das procurações e dos documentos relativos ao instrumento que justifiquem a qualidade de procurador e de representante, mencionando-se, nos casos de representação legal e orgânica, terem sido verificados os poderes necessários para o acto;

f) A menção de todos os documentos que fiquem arquivados, mediante a referência a esta circunstância, acompanhada da indicação da natureza do documento, e, ainda, tratando-se de conhecimento do imposto municipal de sisa, a indicação do respectivo número, data e repartição emitente;

g) A menção dos documentos apenas exibidos com indicação da sua natureza, data de emissão e entidade emitente e, ainda, tratando-se de certidões de registo, a indicação do respetivo número de ordem ou, no caso de certidão permanente, do respetivo código de acesso;

h) O nome completo, estado e residência habitual das pessoas que devam intervir como abonadores, intérpretes, peritos médicos, testemunhas e leitores;

i) A referência ao juramento ou compromisso de honra dos intérpretes, peritos ou leitores, quando os houver, com a indicação dos motivos que determinaram a sua intervenção;

j) As declarações correspondentes ao cumprimento das demais formalidades exigidas pela verificação dos casos previstos nos artigos 65º e 66º;

l) A menção de haver sido feita a leitura do instrumento lavrado, ou de ter sido dispensada a leitura pelos intervenientes, bem como a menção da explicação do seu conteúdo;

m) A indicação dos outorgantes que não assinem e a declaração, que cada um deles faça, de que não assina por não saber ou por não poder fazê-lo;

n) As assinaturas, em seguida ao contexto, dos outorgantes que possam e saibam assinar, bem como de todos os outros intervenientes, e a assinatura do funcionário, que será a última do instrumento.

2 – Se no acto intervier um substituto legal, no impedimento ou falta do notário, deve indicar-se o motivo da substituição.

3 – Nas escrituras de repúdio de herança ou de legado deve ser mencionado, em especial, se o repudiante tem descendentes.

4 – Se algum dos outorgantes não for português, deve fazer-se constar da sua identificação a nacionalidade, salvo se ele intervier na qualidade de representante, ou na de declarante em escritura de habilitação ou justificação notarial.

5 – O disposto na alínea *e)* do nº 1 não é aplicável aos pais que outorguem na qualidade de representantes de filhos menores.

6 – Os instrumentos de actas de reuniões de órgãos sociais são lavrados pelo notário, com base na declaração de quem dirigir a assembleia, devendo ser assinados pelos sócios presentes e pelo notário, quando relativos a sociedades em nome colectivo ou sociedades por quotas, e pelos membros da mesa e pelo notário quanto às demais.

7 – O notário pode inserir, nas actas a que se refere o número anterior, qualquer declaração dos intervenientes que lhe seja requerida para delas constar.

(Redacção dada pelo Decreto-Lei nº 125/2013, de 30-08)

SUBSECÇÃO I
Requisitos gerais

ARTIGO 47º
Menções especiais

1 – O instrumento destinado a titular actos sujeitos a registo deve conter, em especial:

a) A menção do nome completo do cônjuge e do respectivo regime matrimonial de bens, se a pessoa a quem o acto respeitar for casada;

b) A advertência de que o registo deve ser requerido no prazo de três meses, se respeitar a actos sujeitos a registo comercial obrigatório que não tenham sido promovidos e dinamizados pelo notário no uso de competência atribuída por lei;

c) *(Revogada.)*
d) *(Revogada.)*

2 – O disposto na alínea *a*) do número anterior é aplicável às escrituras de habilitação, relativamente ao autor da herança e aos habilitandos, e aos instrumentos de procuração com poderes para a outorga de actos sujeitos a registo.

3 – Nos instrumentos de constituição de estabelecimento individual de responsabilidade limitada ou de constituição de pessoa colectiva, de alteração dos respectivos estatutos que determine a modificação da firma, denominação ou objecto social deve ser mencionada a exibição de certificado comprovativo de admissibilidade da firma ou denominação ou da sua manutenção em relação ao novo objecto, com indicação da sua data.

4 – O testamento público, a escritura de revogação de testamento e o instrumento de aprovação de testamento cerrado devem conter, como menção especial, a data de nascimento do testador e os nomes completos dos pais.

5 – O instrumento destinado a titular atos sujeitos a registo deve ainda conter, sempre que esteja em causa o pagamento de uma quantia, a indicação do momento em que tal ocorre e do meio de pagamento utilizado.

6 – Para o cumprimento do disposto no número anterior, caso o pagamento ocorra antes ou no momento da celebração do ato, deve ser consignado no instrumento:

a) Tratando-se de pagamento em numerário, a moeda utilizada;
b) Tratando-se de pagamento por cheque, o seu número e a entidade sacada;
c) Tratando-se de pagamento através da realização de uma transferência de fundos:

i) A identificação da conta do ordenante e da conta do beneficiário, mediante a menção dos respetivos números e prestadores de serviços de pagamento;
ii) Quando o ordenante ou o beneficiário não realize a transferência por intermédio de uma conta de pagamento, mediante a menção do identificador único da transação ou do número do instrumento de pagamento utilizado e do respetivo emitente.

(Redação dada pela Lei nº 89/2017, de 21-08)

ARTIGO 48º
Verificação da identidade

1 – A verificação da identidade dos outorgantes pode ser feita por alguma das seguintes formas:

a) Pelo conhecimento pessoal do notário;
b) Pela exibição do bilhete de identidade, de documento equivalente ou da carta de condução, se tiverem sido emitidos pela autoridade competente de um dos países da União Europeia;
c) Pela exibição do passaporte;

d) Pela declaração de dois abonadores cuja identidade o notário tenha verificado por uma das formas previstas nas alíneas anteriores, consignando-se expressamente qual o meio de identificação usado.

2 – Não deve ser aceite, para verificação da identidade, documento cujos dados não coincidam com os elementos de identificação fornecidos pelo interessado ou cujo prazo de validade tenha expirado, admitindo-se a alteração da residência e do estado civil, se, quanto a este, for exibido documento comprovativo da sua alteração não ocorrida há mais de seis meses.

3 – Nos actos notariais devem ser mencionados o número e a data dos documentos exibidos para a identificação de cada outorgante, bem como o respectivo serviço emitente.

4 – As testemunhas instrumentárias podem servir de abonadores.

ARTIGO 49º
Representação de pessoas colectivas e sociedades

1 – A prova documental da qualidade de representante de pessoa colectiva sujeita a registo e da suficiência dos seus poderes faz-se por certidão do registo comercial, válida por um ano, sem prejuízo de o notário poder solicitar ainda outros documentos por onde complete a verificação dos poderes invocados.

2 – As certidões arquivadas, cujo prazo tiver expirado, podem ser aceites desde que os representantes e seus poderes de representação se mantenham inalterados, ficando consignada no instrumento ou arquivada no cartório, em documento autêntico ou autenticado, uma declaração proferida nesse sentido por todos os membros da gerência ou da administração, sob sua inteira responsabilidade, a qual pode ser renovada anualmente.

3 – O notário pode dispensar a prova documental da representação de pessoas colectivas ou de sociedades, quando tenha conhecimento pessoal da qualidade que se arroga o representante e dos poderes que legitimam a sua intervenção, fazendo expressa menção do facto no texto do documento.

ARTIGO 50º
Leitura e explicação dos actos

1 – A leitura prevista na alínea *l*) do nº 1 do artigo 46º é feita pelo notário, ou por oficial perante o notário, em voz alta e na presença simultânea de todos os intervenientes.

2 – A leitura do instrumento lavrado pode ser dispensada se todos os intervenientes declararem que a dispensam, por já o terem lido ou por conhecerem o seu conteúdo, e se o notário não vir inconveniente.

3 – A explicação do conteúdo dos instrumentos e das suas consequências legais é feita pelo notário, antes da assinatura, em forma resumida, mas de modo que os outorgantes fiquem a conhecer, com precisão, o significado e os efeitos do acto.

(Redacção dada pelo Decreto-Lei nº 410/99, de 15-10)

ARTIGO 51º
Impressões digitais

1 – Os outorgantes que não saibam ou não possam assinar devem apor, à margem do instrumento, segundo a ordem por que nele foram mencionados, a impressão digital do indicador da mão direita.

2 – Os outorgantes que não puderem apor a impressão do indicador da mão direita, por motivo de doença ou de defeito físico, devem apor a do dedo que o notário determinar, fazendo-se menção do dedo a que corresponde junto à impressão digital.

3 – Quando algum outorgante não puder apor nenhuma impressão digital, deve referir-se no instrumento a existência e a causa da impossibilidade.

4 – A aposição da impressão digital a que se referem os números anteriores pode ser substituída pela intervenção de duas testemunhas instrumentárias, excepto nos testamentos públicos, instrumentos de aprovação ou de abertura de testamentos cerrados e internacionais e nas escrituras de revogação de testamentos.

ARTIGO 52º
Rubrica das folhas não assinadas

As folhas dos instrumentos lavrados fora dos livros, com excepção das que contiverem as assinaturas, são rubricadas pelos outorgantes que saibam e possam assinar, pelos demais intervenientes e pelo notário.

ARTIGO 53º
Continuidade dos actos

1 – A leitura, explicação, outorga e assinatura dos instrumentos devem realizar-se em acto continuado.

2 – Se a leitura, explicação e outorga se não concluírem no dia em que tiverem início, deve consignar-se no instrumento, antes das assinaturas, o dia e a hora da sua conclusão.

SUBSECÇÃO II
Requisitos especiais

ARTIGO 54º
Menções relativas ao registo predial

1 – Nenhum instrumento respeitante a factos sujeitos a registo pode ser lavrado sem que no texto se mencionem os números das descrições dos respectivos prédios na conservatória a que pertençam ou hajam pertencido, ou sem a declaração de que não estão descritos.

2 – Os instrumentos pelos quais se partilhem ou transmitam direitos sobre prédios, ou se contraiam encargos sobre eles, não podem ser lavrados sem que também se faça referência à inscrição desses direitos em nome do autor da herança, ou de quem os aliena, ou à inscrição de propriedade do prédio em nome de quem o onera.

3 – O disposto no número anterior não é aplicável:

a) Nos actos de transmissão ou de constituição de encargos outorgados por quem, no mesmo dia e com conhecimento pessoal do notário, que será expressamente mencionado, tenha adquirido os bens partilhados, transmitidos ou onerados;

b) Nos casos de urgência, devidamente comprovada, motivada por perigo de vida dos outorgantes ou por extravio ou inutilização do registo causados por incêndio, inundação ou outra calamidade como tal reconhecida por despacho do Ministro da Justiça.

4 – A prova dos números das descrições e das referências relativas às inscrições no serviço de registo é feita pela exibição de certidão de teor, passada com antecedência não superior a um ano, ou quanto a prédios situados em concelho onde tenha vigorado o registo obrigatório, pela exibição da respectiva caderneta predial, desde que este documento se encontre actualizado.

5 – A não descrição dos prédios prova-se mediante a exibição de certidão válida por três meses.

(Redacção dada pelo Decreto-Lei nº 116/2008, de 04-07)

ARTIGO 55º
Dispensa de menção do registo prévio

A exigência prevista no nº 2 do artigo anterior é dispensada:

a) Nos actos de partilha de herança e, tratando-se de prédios não descritos ou sem inscrição de aquisição, nos de transmissão de prédios que dela façam parte, se os partilhantes ou transmitentes se encontrarem habilitados como únicos herdeiros, ou for feita, simultaneamente, a respectiva habilitação;

b) Nos instrumentos relativos a prédios situados em concelho onde não tenha vigorado o registo obrigatório, que titulem o primeiro acto de transmissão ocorrido após 1 de Outubro de 1984, se for exibido documento comprovativo ou feita justificação simultânea do direito da pessoa de quem se adquire.

(Redacção dada pelo Decreto-Lei nº 116/2008, de 04-07)

ARTIGO 56º
Menções obrigatórias

Dos instrumentos que contenham factos sujeitos a registo deve constar:

a) O modo como foi comprovada a urgência prevista na alínea *b*) do nº 3 do artigo 54º;

b) *(Revogada.)*

(Redacção dada pelo Decreto-Lei nº 116/2008, de 04-07)

ARTIGO 57º
Menções relativas à matriz

1 – Nos instrumentos em que se descrevam prédios rústicos, urbanos ou mistos deve indicar-se o número da respectiva inscrição na matriz ou, no caso de nela estarem omissos, consignar-se a declaração de haver sido apresentada na repartição de finanças a participação para a inscrição, quando devida.

2 – A prova dos artigos matriciais é feita pela exibição de caderneta predial actualizada ou da certidão de teor da inscrição matricial, passada com antecedência não superior a um ano.

3 – A participação para a inscrição na matriz, quando se trate de prédio omisso que nela deva ser inscrito, prova-se pela exibição de duplicado que tenha aposto o recibo da repartição de finanças, com antecedência não superior a um ano, ou pela exibição de outro documento dela emanado, autenticado com o respectivo selo branco.

(Redacção dada pelo Decreto-Lei nº 410/99, de 15-10)

ARTIGO 58º
Harmonização com a matriz e o registo

1 – Nos instrumentos respeitantes a factos sujeitos a registo, a identificação dos prédios deve ser feita em harmonia com a inscrição da matriz ou o pedido de correcção ou alteração desta, quanto à localização, área e artigo de matriz tratando-se de prédios rústicos onde vigore o cadastro geométrico e quanto à área e artigo da matriz tratando-se de prédios rústicos situados em área onde não vigore o cadastro geométrico e prédios urbanos.

2 – Nos instrumentos referidos no número anterior a identificação dos prédios também deve ser feita em harmonia com a respectiva descrição predial, salvo se os interessados esclarecerem que a divergência resulta de alteração superveniente ou de simples erro de medição.

3 – Caso exista diferença, quanto à área, entre a descrição e a inscrição matricial ou, tratando-se de prédio não descrito, entre o título e a inscrição matricial, é dispensada a harmonização se a diferença não exceder, em relação à área maior:

a) 20%, nos prédios rústicos não submetidos ao cadastro geométrico;

b) 5%, nos prédios rústicos submetidos ao cadastro geométrico;

c) 10%, nos prédios urbanos ou terrenos para construção.

4 – O erro de medição a que se refere o nº 2 comprova-se nos termos previstos no Código do Registo Predial.

(Redacção dada pelo Decreto-Lei nº 116/2008, de 04-07)

ARTIGO 59º
Constituição de propriedade horizontal

1 – Os instrumentos de constituição da propriedade horizontal só podem ser lavrados se for junto documento, passado pela câmara municipal, comprovativo de que as fracções autónomas satisfazem os requisitos legais.

2 – Tratando-se de prédio construído para transmissão em fracções autónomas, o documento a que se refere o número anterior pode ser substituído pela exibição do respectivo projecto de construção e, sendo caso disso, dos posteriores projectos de alteração aprovados pela câmara municipal.

3 – O documento autêntico que se destine a completar o título constitutivo da propriedade horizontal, quanto à especificação das partes do edifício correspondentes às fracções autónomas ou ao seu valor relativo, expresso em percentagem ou permilagem, não pode ser lavrado sem a observância do disposto nos números anteriores.

ARTIGO 60º
Modificação de propriedade horizontal

1 – Os instrumentos de modificação do título constitutivo da propriedade horizontal que importem alteração da composição ou do destino das respectivas fracções só podem ser lavrados se for junto documento camarário comprovativo de que a alteração está de acordo com os correspondentes requisitos legais.

2 – No caso de a modificação exigir obras de adaptação, a exibição do projecto devidamente aprovado dispensa o documento a que se refere o número anterior.

ARTIGO 61º
Regime especial para os testamentos

O disposto nos artigos 54º a 58º e nos dois primeiros números do artigo 59º não é aplicável aos testamentos.

ARTIGO 62º
Prédios sob regime de propriedade horizontal

1 – Nenhum instrumento pelo qual se transmitam direitos reais ou contraiam encargos sobre fracções autónomas de prédios em regime de propriedade horizontal pode ser lavrado sem que se exiba documento comprovativo da inscrição do respectivo título constitutivo no registo predial.

2 – O disposto no número anterior não se aplica sempre que os actos de transmissão de direitos ou de constituição de encargos sejam lavrados no mesmo dia e com o conhecimento pessoal do notário de que foi lavrado o título constitutivo de propriedade horizontal, circunstância que deve ser expressamente mencionada.

(Redacção dada pelo Decreto-Lei nº 116/2008, de 04-07)

ARTIGO 63º
Valor dos bens

1 – Nos actos sujeitos a registo predial deve indicar-se o valor de cada prédio, da parte indivisa ou do direito a que o acto respeitar, devendo também mencionar-se o valor global dos bens, descritos ou relacionados, sempre que dele dependa a determinação do valor do acto.

2 – O valor dos bens, quando não seja determinado com base em simples declaração das partes ou em publicação oficial, deve ser comprovado pela exibição dos documentos necessários ou do título do registo actualizado ou de caderneta predial visada pela repartição de finanças, com antecedência não superior a seis meses, mencionando-se no instrumento o valor patrimonial indicado no documento apresentado.

ARTIGO 64º
Documentos complementares

1 – Os bens que constituam objecto do acto titulado pelo instrumento notarial podem ser descritos em documento separado, com observância do disposto nos nºs 1, 3 e 4 do artigo 40º, na parte que lhe for aplicável.

2 – Os estatutos das associações, fundações e sociedades e as cláusulas contratuais dos actos em que sejam interessadas as instituições de crédito ou em que a extensão do clausulado o justifique podem ser lavrados em documento separado, observando-se igualmente o disposto nos nºs 1, 3 e 4 do artigo 40º.

3 – Os documentos a que se referem os números anteriores devem ser lidos juntamente com o instrumento e rubricados e assinados pelos outorgantes a quem directamente respeitem, que possam e saibam fazê-lo, e pelo notário, sem prejuízo do disposto no artigo 51º.

4 – A leitura dos documentos a que se referem os números anteriores é dispensada se os outorgantes declararem que já os leram ou que conhecem perfeitamente o seu conteúdo, o que deve ser consignado no texto do instrumento.

5 – O disposto nos números anteriores é igualmente aplicável aos cadernos de encargos ou à descrição da obra a que respeitem os instrumentos, excepto quanto ao disposto nos nºs 1 e 4 do artigo 40º.

SUBSECÇÃO III
Intervenientes acidentais

ARTIGO 65º
Actos com intervenção de outorgantes que não compreendam a língua portuguesa

1 – Quando algum outorgante não compreenda a língua portuguesa, intervém com ele um intérprete da sua escolha, o qual deve transmitir, verbalmente, a tradução do instrumento ao outorgante e a declaração de vontade deste ao notário.

2 – Se houver mais de um outorgante, e não for possível encontrar uma língua que todos compreendam, intervêm os intérpretes que forem necessários.

3 – A intervenção de intérprete é dispensada, se o notário dominar a língua dos outorgantes a ponto de lhes fazer a tradução verbal do instrumento.

ARTIGO 66º
Actos com intervenção de surdos e mudos

1 – O outorgante que, por motivo de surdez, não puder ouvir a leitura do instrumento deve lê-lo em voz alta, e, se não souber ou não puder ler, tem a faculdade de designar uma pessoa que, na presença de todos os intervenientes, proceda a segunda leitura e lhe explique o conteúdo.

2 – O mudo que souber e puder ler e escrever deve declarar, por escrito, no próprio instrumento e antes das assinaturas, que o leu e reconheceu conforme à sua vontade e, se não souber ou não puder escrever, deve manifestar a sua vontade por sinais que o notário e os demais intervenientes compreendam e, se nem isso for possível, deve intervir no acto um intérprete, nas condições previstas no artigo anterior.

3 – O disposto no número anterior é igualmente aplicável no caso de algum outorgante ser surdo-mudo.

ARTIGO 67º
Intervenção de testemunhas e de peritos médicos

1 – A intervenção de testemunhas instrumentárias apenas tem lugar nos casos seguintes:

a) Nos testamentos públicos, instrumentos de aprovação ou de abertura de testamentos cerrados e internacionais e nas escrituras de revogação de testamentos;

b) Nos casos previstos no nº 4 do artigo 51º;

c) Nos outros instrumentos, com excepção dos protestos de títulos de crédito, quando o notário ou alguma das partes reclame essa intervenção.

2 – A intervenção de testemunhas nos actos a que se refere a alínea *a*) do número anterior pode ser dispensada pelo notário, no caso de haver urgência e dificuldade em as conseguir, devendo fazer-se menção expressa desta circunstância no texto.

3 – As testemunhas instrumentárias, quando haja lugar à sua intervenção, são em número de duas e a sua identidade deve ser verificada por uma das formas previstas nas alíneas *a*), *b*) e *c*) do nº 1 do artigo 48º, consignando-se no instrumento o processo de identificação utilizado.

4 – Podem ainda intervir nos actos peritos médicos para abonarem a sanidade mental dos outorgantes, a pedido destes ou do notário.

ARTIGO 68º
Casos de incapacidade ou de inabilidade

1 – Não podem ser abonadores, intérpretes, peritos, tradutores, leitores ou testemunhas:

a) Os que não estiverem no seu perfeito juízo;

b) Os que não entenderem a língua portuguesa;

c) Os menores não emancipados, os surdos, os mudos e os cegos;

d) Os funcionários e o pessoal contratado em qualquer regime em exercício no cartório notarial;

e) O cônjuge, os parentes e afins, na linha recta ou em 2º grau da linha colateral, tanto do notário que intervier no instrumento como de qualquer dos outorgantes, representantes ou representados;

f) O marido e a mulher, conjuntamente;

g) Os que, por efeito do acto, adquiram qualquer vantagem patrimonial;

h) Os que não saibam ou não possam assinar.

2 – Não é permitida a intervenção de qualquer interveniente acidental em mais de uma qualidade, salvo o disposto no nº 4 do artigo 48º.

3 – Ao notário compete verificar a idoneidade dos intervenientes acidentais.

4 – O notário pode recusar a intervenção do abonador, intérprete, perito, tradutor, leitor ou testemunha que não considere digno de crédito, ainda que ele não esteja abrangido pelas proibições do nº 1.

ARTIGO 69º
Juramento legal

1 – Os intérpretes, peritos e leitores devem prestar, perante o notário, o juramento ou o compromisso de honra de bem desempenharem as suas funções.

2 – É aplicável ao juramento ou compromisso de honra o disposto nas leis de processo.

SECÇÃO III
Nulidades e revalidação dos actos notariais

SUBSECÇÃO I
Nulidades

ARTIGO 70º
Casos de nulidade por vícios de forma e sua sanação

1 – O acto notarial é nulo, por vício de forma, apenas quando falte algum dos seguintes requisitos:

a) A menção do dia, mês e ano ou do lugar em que foi lavrado;

b) A declaração do cumprimento das formalidades previstas nos artigos 65º e 66º;

c) A observância do disposto na primeira parte do nº 2 do artigo 41º;

d) A assinatura de qualquer intérprete, perito, leitor, abonador ou testemunha;

e) A assinatura de qualquer dos outorgantes que saiba e possa assinar;

f) A assinatura do notário;

g) A observância do disposto na alínea *g*) do nº 1 do artigo 46º

2 – As nulidades previstas nas alíneas *a*), *b*), *d*), *e*), *f*) e *g*) do número anterior consideram-se sanadas, conforme os casos:

a) Se, em face da omissão do dia, mês, ano ou lugar da celebração do acto, for possível proceder ao averbamento nos termos previstos no nº 7 do artigo 132º;

b) Se as partes declararem, por forma autêntica, que foram cumpridas as formalidades previstas nos artigos 65º e 66º;

c) Se os intervenientes acidentais, cujas assinaturas faltam, se encontrarem devidamente identificados no acto e declararem, por forma autêntica, ter assistido à sua leitura, explicação e outorga e que não se recusaram a assiná-lo;

d) Se os outorgantes, cujas assinaturas faltam, declararem, por forma autêntica, que estiveram presentes à leitura e explicação do acto, que este representa a sua vontade e que não se recusaram a assiná-lo.

e) Se o notário cuja assinatura está em falta declarar expressamente, através de documento autêntico, que esteve presente no acto e que, na sua realização, foram cumpridas todas as formalidades legais;

f) Se em face da inobservância do disposto na alínea *g*) do nº 1 do artigo 46º, ou da incorreta menção dos requisitos nele exigidos, for comprovado, mediante exibição da certidão de registo ou do correspondente código de acesso, que a mesma já existia à data da celebração do ato.

(Redacção dada pelo Decreto-Lei nº 125/2013, de 30-08)

ARTIGO 71º
Outros casos de nulidade

1 – É nulo o acto lavrado por funcionário incompetente, em razão da matéria ou do lugar, ou por funcionário legalmente impedido, sem prejuízo do disposto no nº 2 do artigo 369º do Código Civil.

2 – Determina também a nulidade do acto a incapacidade ou a inabilidade dos intervenientes acidentais.

3 – O acto nulo por violação das regras de competência em razão do lugar, por falta do requisito previsto na alínea *c*) do nº 1 do artigo anterior ou por incapacidade ou inabilidade de algum interveniente acidental pode ser sanado por decisão do respectivo notário, nas seguintes situações:

a) Quando for apresentada declaração, passada pelo notário competente, comprovativa da sua ausência na data em causa e as partes justificarem, por escrito, o carácter urgente da celebração do acto;

b) Quando as partes declararem, por forma autêntica, que as palavras inutilizadas, quaisquer que elas fossem, não podiam alterar os elementos essenciais ou o conteúdo substancial do acto;

c) Quando o vício se referir apenas a um dos abonadores ou a uma das testemunhas e possa considerar-se suprido pela idoneidade do outro interveniente.

(Redacção dada pelo Decreto-Lei nº 273/2001, de 13-10)

ARTIGO 72º
Limitação de efeitos de algumas nulidades

Nos actos com disposições a favor de algumas das pessoas mencionadas no nº 1 do artigo 5º ou dos respectivos intervenientes acidentais, incluindo os que figurem nos instrumentos de aprovação de testamentos cerrados e internacionais, a nulidade é restrita a essas disposições.

SUBSECÇÃO II
Revalidação

ARTIGO 73º
Casos de revalidação notarial

O acto nulo, por violação das regras de competência territorial ou por falta de qualquer dos requisitos previstos nas alíneas *b*) a *f*) do nº 1 do artigo 70º, que não seja susceptível de sanação nos termos dos artigos precedentes, pode ser revalidado a pedido dos interessados, por decisão do notário que exerça funções no cartório notarial em que o acto foi lavrado, quando:

a) Se prove a ausência do notário competente e a natureza urgente do acto;

b) Se prove que foram cumpridas as formalidades devidas;

c) Se mostre que as palavras eliminadas, quaisquer que elas fossem, não podiam alterar os elementos essenciais ou o conteúdo substancial do acto;

d) Se prove que os intervenientes acidentais, cujas assinaturas faltam, assistiram à sua leitura, explicação e outorga e não se recusaram a assiná-lo;

e) Se prove que os outorgantes, cujas assinaturas estão em falta, assistiram à leitura e explicação do acto, deram a este o seu acordo e não se recusaram a assiná-lo;

f) Se prove que o acto não assinado pelo notário é conforme à lei, representa fielmente a vontade das partes e foi presidido pelo notário, que não se recusou a assiná-lo.

(Redacção dada pelo Decreto-Lei nº 273/2001, de 13-10)

ARTIGO 74º
Formulação do pedido

O pedido de revalidação pode ser apresentado por qualquer interessado e é dirigido ao notário competente para o efeito.

(Redacção dada pelo Decreto-Lei nº 273/2001, de 13-10)

ARTIGO 75º
Conteúdo do pedido

1 – O pedido especifica o acto a sanar, o objecto da sanação, as circunstâncias subjacentes em que a mesma se fundamenta e a identidade das pessoas nele interessadas.

2 – O pedido é acompanhado da junção da prova documental e da indicação dos restantes meios de prova.

(Redacção dada pelo Decreto-Lei nº 273/2001, de 13-10)

ARTIGO 76º
Notificação e audição dos interessados

1 – O notário ordena a notificação dos interessados para, no prazo de 10 dias, deduzirem oposição e oferecerem os meios de prova.

2 – O notário decide de imediato, caso considere suficientes os meios de prova apresentados.

3 – Se considerar que a prova apresentada não é suficiente e for indicada prova testemunhal, o notário procede à inquirição das testemunhas, cujo depoimento é reduzido a escrito, após a qual decide.

(Redacção dada pelo Decreto-Lei nº 273/2001, de 13-10)

ARTIGO 77º
Execução e averbamento da decisão

1 – Depois de proferida a decisão e após a notificação desta aos interessados, a respectiva execução é sustada pelo prazo de 10 dias, durante o qual qualquer das partes pode interpor recurso.

2 – Não sendo interposto recurso durante o prazo referido no número anterior, o notário procede à execução da decisão e averba-a ao acto revalidado.

(Redacção dada pelo Decreto-Lei nº 273/2001, de 13-10)

ARTIGO 78º
Recurso

1 – Qualquer interessado pode recorrer da decisão do notário para o tribunal de 1ª instância competente na área da circunscrição a que pertence o cartório em que o processo se encontra pendente.

2 – O prazo para a interposição do recurso, que é processado e julgado como o de agravo em matéria cível e tem efeito suspensivo, é o do artigo 685º do Código de Processo Civil.

3 – Caso a decisão do juiz não coincida com a decisão recorrida, o notário, qualquer interessado e o Ministério Público podem recorrer da sentença proferida para o tribunal da Relação.

(Redacção dada pelo Decreto-Lei nº 273/2001, de 13-10)

ARTIGO 79º
Isenções

(Revogado pelo Decreto-Lei nº 34/2008, de 26-02)

CAPÍTULO II
Actos notariais em especial

SECÇÃO I
Escrituras públicas em geral

ARTIGO 80º
Exigência de escritura

1 – *(Revogado.)*

2 – Salvo disposição legal em contrário, devem especialmente celebrar-se por escritura pública:

a) As justificações notariais;

b) Os actos que importem revogação, rectificação ou alteração de negócios que, por força da lei ou por vontade das partes, tenham sido celebrados por escritura pública, sem prejuízo do disposto nos artigos 221º e 222º do Código Civil;

c) *(Revogada.)*

d) As habilitações de herdeiros;

e) *(Revogada.)*

f) *(Revogada.)*

g) Os actos de constituição de associações e de fundações, bem como os respectivos estatutos, suas alterações e revogações;

h) *(Revogada.)*

i) *(Revogada.)*

j) *(Revogada.)*

l) *(Revogada.)*

(Redacção dada pelo Decreto-Lei nº 116/2008, de 04-07)

ARTIGO 81º
Legislação especial

São praticados nos termos da legislação especial respectiva:

a) Os actos em que intervenham como outorgantes pessoas colectivas de direito público ou qualquer outra entidade pública;

b) Os actos entre as caixas de crédito agrícola mútuo e os seus sócios;

c) Os actos a que se refere o Decreto-Lei nº 32 765, de 29 de Abril de 1943;

d) Os actos a que se refere o Decreto-Lei nº 255/93, de 15 de Julho;

e) Os actos a que se refere o Decreto-Lei nº 267/93, de 31 de Julho;

f) Outros actos regulados na lei.

SECÇÃO II
Escrituras especiais

SUBSECÇÃO I
Habilitação notarial

ARTIGO 82º
Admissibilidade

A habilitação de herdeiros pode ser obtida por via notarial.

ARTIGO 83º
Definição

1 – A habilitação notarial consiste na declaração, feita em escritura pública, por três pessoas, que o notário considere dignas de crédito, de que os habilitandos são herdeiros do falecido e não há quem lhes prefira na sucessão ou quem concorra com eles.

2 – A declaração referida no número anterior pode ser feita, em alternativa, por quem desempenhar o cargo de cabeça-de-casal, devendo, nesse caso, ser-lhe feita a advertência prevista no artigo 97º.

3 – A declaração deve conter a menção do nome completo, do estado, da naturalidade e da última residência habitual do autor da herança e dos habilitandos e, se algum destes for menor, a indicação dessa circunstância.

ARTIGO 84º
Incapacidade e inabilidade dos declarantes

Não são admitidos como declarantes, para efeito do nº 1 do artigo anterior, aqueles que não podem ser testemunhas instrumentárias, nem os parentes sucessíveis dos habilitandos, nem o cônjuge de qualquer deles.

ARTIGO 85º
Documentos necessários

1 – A escritura de habilitação deve ser instruída com os seguintes documentos:

a) Certidão narrativa de óbito do autor da herança;

b) Certidões do registo civil justificativas da sucessão legítima ou legitimária, quando nestas se fundamente a qualidade de herdeiro de algum dos habilitandos, ou documento equivalente quando deva ser emitido no estrangeiro;

c) Certidão de teor do testamento ou da escritura de doação por morte, mesmo que a sucessão não se funde em algum desses actos.

2 – Quando a lei reguladora da sucessão não for a portuguesa e o notário a não conhecer, a escritura deve ser instruída com documento idóneo comprovativo da referida lei.

(Redacção dada pelo Decreto-Lei nº 125/2013, de 30-08)

ARTIGO 86º
Efeitos da habilitação

1 – A habilitação notarial tem os mesmos efeitos da habilitação judicial e é título bastante para que se possam fazer em comum, a favor de todos os herdeiros e do cônjuge meeiro, os seguintes actos:

a) Registos nas conservatórias do registo predial;

b) Registos nas conservatórias do registo comercial e da propriedade automóvel;

c) Averbamentos de títulos de crédito;

d) Averbamentos da transmissão de direitos de propriedade literária, científica, artística ou industrial;

e) Levantamentos de dinheiro ou de outros valores.

2 – Os actos referidos nas alíneas *a*) a *d*) do número anterior podem ser requeridos por qualquer dos herdeiros habilitados ou pelo cônjuge meeiro.

ARTIGO 87º
Impugnação da habilitação

O herdeiro preterido que pretenda impugnar a habilitação notarial, além de propor a acção nos termos da lei de processo civil, deve solicitar ao tribunal a imediata comunicação da pendência do processo ao respectivo cartório notarial.

ARTIGO 88º
Habilitação de legatários

O disposto nos artigos anteriores é aplicável, com as necessárias adaptações, à habilitação de legatários, quando estes forem indeterminados ou instituídos genericamente ou quando a herança for toda distribuída em legados.

SUBSECÇÃO II
Justificações Notariais

ARTIGO 89º
Justificação para estabelecimento do trato sucessivo no registo predial

1 – A justificação, para os efeitos do nº 1 do artigo 116º do Código do Registo Predial, consiste na declaração, feita pelo interessado, em que este se afirme, com exclusão de outrem, titular do direito que se arroga, especificando a causa da sua aquisição e referindo as razões que o impossibilitam de a comprovar pelos meios normais.

2 – Quando for alegada a usucapião baseada em posse não titulada, devem mencionar-se expressamente as circunstâncias de facto que determinam o início da posse, bem como as que consubstanciam e caracterizam a posse geradora da usucapião.

ARTIGO 90º
Justificação para reatamento do trato sucessivo no registo predial

1 – A justificação, para os efeitos do nº 2 do artigo 116º do Código do Registo Predial, tem por objecto a dedução do trato sucessivo a partir do titular da última inscrição, por meio de declarações prestadas pelo justificante.

2 – Na escritura de justificação devem reconstituir-se as sucessivas transmissões, com especificação das suas causas e identificação dos respectivos sujeitos.

3 – Em relação às transmissões a respeito das quais o interessado afirme ser-lhe impossível obter o título, devem indicar-se as razões de que resulte essa impossibilidade.

ARTIGO 91º
Justificação para estabelecimento de novo trato sucessivo no registo predial

1 – A justificação, nos termos do nº 3 do artigo 116º do Código do Registo Predial, consiste na afirmação, feita pelo interessado, das circunstâncias em que se baseia a aquisição originária, com dedução das transmissões que a tenham antecedido e das subsequentes.

2 – A esta justificação é aplicável o disposto no nº 2 do artigo 89º e nos nºs 2 e 3 do artigo anterior.

ARTIGO 92º
Restrições à admissibilidade da justificação

1 – A justificação de direitos que, nos termos da lei fiscal, devam constar da matriz, só é admissível em relação aos direitos nela inscritos.

2 – Além do pretenso titular do direito, tem legitimidade para outorgar como justificante quem demonstre ter legítimo interesse no registo do respectivo facto aquisitivo, incluindo, designadamente, os credores do titular do direito justificando.
(Redacção dada pelo Decreto-Lei nº 273/2001, de 13-10)

ARTIGO 93º
Justificação simultânea

A justificação pode ser feita no próprio título pelo qual se adquire o direito, competindo ao alienante fazer previamente as declarações previstas nos artigos anteriores, se o negócio jurídico for de alienação.

ARTIGO 94º
Justificação para fins do registo comercial

1 – A justificação, para os efeitos de registo da transmissão da propriedade ou do usufruto de quotas ou de partes do capital social ou da divisão ou unificação de quotas de sociedades comerciais, ou civis sob forma comercial, tem por objecto a dedução do trato sucessivo a partir da última inscrição, ou o estabelecimento de novo trato sucessivo, por meio de declarações prestadas pelos respec-

tivos gerentes ou administradores da sociedade ou pelos titulares dos respectivos direitos.

2 – A justificação a que se refere o nº 2 do artigo 141º do Código das Sociedades Comerciais tem por objecto a declaração de dissolução da sociedade.

3 – À justificação a que se refere o nº 1 é aplicável o disposto nos nºs 2 e 3 do artigo 90º, bem como o disposto no nº 2 do artigo 89º, quando for caso disso.

ARTIGO 95º
Apreciação das razões invocadas

Compete ao notário decidir se as razões invocadas pelos interessados os impossibilitam de comprovar, pelos meios extrajudiciais normais, os factos que pretendem justificar.

ARTIGO 96º
Declarantes

1 – As declarações prestadas pelo justificante são confirmadas por três declarantes.

2 – É aplicável aos declarantes o disposto no artigo 84º.

ARTIGO 97º
Advertência

Os outorgantes são advertidos de que incorrem nas penas aplicáveis ao crime de falsas declarações perante oficial público se, dolosamente e em prejuízo de outrem, prestarem ou confirmarem declarações falsas, devendo a advertência constar da escritura.

ARTIGO 98º
Documentos

1 – A escritura de justificação para fins do registo predial é instruída com os seguintes documentos:

a) Certidão comprovativa da omissão dos prédios no registo predial ou, estando descritos, certidão de teor da respectiva descrição e de todas as inscrições em vigor;

b) Certidão de teor da correspondente inscrição matricial.

2 – As certidões previstas no número anterior são passadas com antecedência não superior a três meses e, sendo de teor, podem ser substituídas pela exibição do título de registo e caderneta predial, desde que tais documentos se mostrem conferidos dentro do prazo fixado para a validade das certidões.

Declaração de Inconstitucionalidade
Pelo Acórdão do Tribunal Constitucional nº 96/2015, de 03-03, foi declarada, com força obrigatória geral, a inconstitucionalidade da norma do artigo 97º, por violação da alínea *c*), do nº 1 do artigo 165º da Constituição da República Portuguesa.

3 – Se a justificação se destinar ao reatamento ou estabelecimento de novo trato sucessivo são ainda exibidos os documentos comprovativos das transmissões anteriores e subsequentes ao facto justificado, se não se afirmar a impossibilidade de os obter.

4 – A escritura de justificação para fins do registo comercial é instruída com certidão de teor da matrícula da sociedade e das respectivas inscrições em vigor, devendo, ainda, ser exibidos os documentos referenciados no número anterior.

ARTIGO 99º
Notificação prévia

1 – No caso de reatamento do trato sucessivo ou de estabelecimento de novo trato, quando se verificar a falta de título em que tenha intervindo o titular inscrito, a escritura não pode ser lavrada sem a sua prévia notificação, efectuada pelo notário, a requerimento, escrito ou verbal, do interessado na escritura.

2 – Quando o pedido referido no número anterior seja formulado verbalmente é reduzido a auto.

3 – O requerimento e os documentos que o instruam são apresentados em duplicado e, tendo de ser notificada mais de uma pessoa, apresentam-se tantos duplicados quantas sejam as pessoas que vivam em economia separada; no caso de ser lavrado autorequerimento, os documentos que o instruam são igualmente apresentados em duplicado, nos termos referidos, cabendo ao notário extrair cópia daquele.

4 – Verificada a regularidade do requerimento e da respectiva prova documental, o notário profere despacho a ordenar a notificação do titular inscrito, devendo, desde logo, ordenar igualmente a notificação edital daquele ou dos seus herdeiros, independentemente de habilitação, para o caso de se verificar a sua ausência em parte incerta ou o seu falecimento.

5 – As notificações são feitas nos termos gerais da lei processual civil, aplicada com as necessárias adaptações.

6 – Nas situações em que a notificação deva ser efectuada de forma pessoal e o notificando residir fora da área do cartório, a diligência pode ser requisitada por meio de ofício precatório dirigido ao notário competente.

7 – A notificação edital é feita pela simples afixação de editais, pelo prazo de 30 dias, na conservatória competente para o registo, na sede da junta de freguesia da situação do prédio ou da sede da sociedade e, quando se justifique, na sede da junta de freguesia da última residência conhecida do ausente ou falecido.

8 – A notificação prevista no presente artigo não admite qualquer oposição.

9 – O despacho que indeferir a notificação pode ser impugnado nos termos previstos neste Código para a impugnação de recusa do notário em praticar qualquer acto que lhe seja requisitado.

10 – Da escritura deve constar a menção de que a notificação foi efectuada.
(Redacção dada pelo Decreto-Lei nº 273/2001, de 13-10)

ARTIGO 100º
Publicidade

1 – A escritura de justificação é publicada por meio de extracto do seu conteúdo, a passar no prazo de cinco dias a contar da sua celebração.

2 – A publicação é feita num dos jornais mais lidos do concelho da situação do prédio ou da sede da sociedade, ou, se aí não houver jornal, num dos jornais mais lidos da região.

ARTIGO 101º
Impugnação

1 – Se algum interessado impugnar em juízo o facto justificado deve requerer simultaneamente ao tribunal a imediata comunicação ao notário da pendência da acção.

2 – Só podem ser passadas certidões de escritura de justificação decorridos 30 dias sobre a data em que o extracto for publicado, se dentro desse prazo não for recebida comunicação da pendência da impugnação.

3 – O disposto no número anterior não prejudica a passagem de certidão para efeito de impugnação, menção que da mesma deve constar expressamente.

4 – Em caso de impugnação, as certidões só podem ser passadas depois de averbada a decisão definitiva da acção.

5 – No caso de justificação simultânea, nos termos do artigo 93º, não podem ser extraídas quaisquer certidões da escritura sem observância do prazo e das condições referidos nos números anteriores.

SUBSECÇÃO III
Escrituras diversas

ARTIGO 102º
Extinção da responsabilidade da emissão de títulos

1 – A extinção total ou parcial da responsabilidade proveniente da emissão de acções, obrigações, cédulas ou escritos de obrigação geral das sociedades pode ser objecto de escritura pública, mediante declaração feita pelos interessados e confirmada pelo notário, perante o qual são exibidos os títulos com as notas de amortização ou de pagamento, bem como a escrituração ou outros documentos donde conste terem sido realizados os pagamentos ou feitas as amortizações.

2 – O notário deve lavrar a escritura, mencionando nela os factos comprovativos da extinção da responsabilidade, podendo o registo da emissão ser cancelado, no todo ou em parte, à vista do documento lavrado.

SECÇÃO III
Instrumentos públicos avulsos

SUBSECÇÃO I
Disposições gerais

ARTIGO 103º
Número de exemplares a lavrar

1 – Os instrumentos avulsos são lavrados num só exemplar.

2 – Exceptuam-se os instrumentos de depósito de testamentos cerrados e de testamentos internacionais, que devem ser sempre lavrados em duplicado, fazendo-se no texto menção desta circunstância.

ARTIGO 104º
Destino dos exemplares

1 – Os instrumentos lavrados são entregues aos outorgantes ou aos interessados.

2 – Exceptuam-se os instrumentos de abertura de testamentos cerrados e de testamentos internacionais, os de actas de reuniões de órgãos sociais e os de procuração conferida também no interesse do procurador ou de terceiro, bem como os instrumentos de ratificação de actos notariais, que ficam sempre arquivados.

3 – Dos instrumentos de depósito de testamentos cerrados e de testamentos internacionais, um dos exemplares, considerado o original, fica arquivado, sendo o outro entregue ao depositante.

ARTIGO 105º
Documentos complementares

Os documentos necessários para integrar ou instruir o acto tem o mesmo destino do original do instrumento.

SUBSECÇÃO II
Aprovação de testamentos cerrados

ARTIGO 106º
Composição do testamento cerrado

1 – O testamento cerrado deve ser manuscrito pelo próprio testador ou por outrem a seu rogo.

2 – No testamento cerrado, a ressalva de emendas, rasuras, traços, entrelinhas, borrões ou notas marginais é feita exclusivamente por quem o tiver escrito ou pelo próprio testador.

3 – A ressalva faz-se antes da assinatura ou em aditamento seguido e novamente assinado.

ARTIGO 107º
Leitura do testamento

1 – Só a pedido do testador o testamento cerrado pode ser lido pelo notário que lavrar o instrumento de aprovação.

2 – A leitura pode ser feita em voz alta, na presença de algum dos intervenientes, alem do próprio testador se este o autorizar.

ARTIGO 108º
Formalidades

1 – Apresentado pelo testador o seu testamento cerrado, para fins de aprovação, o notário deve lavrar o respectivo instrumento, que principia logo em seguida à assinatura aposta no testamento.

2 – O instrumento de aprovação deve conter, em especial, as seguintes declarações, prestadas pelo testador:

a) Que o escrito apresentado contém as suas disposições de última vontade;

b) Que está escrito e assinado por ele, ou escrito por outrem, a seu rogo, e somente assinado por si, ou que está escrito e assinado por outrem, a seu rogo, visto ele não poder ou não saber assinar;

c) Que o testamento não contém palavras emendadas, truncadas, escritas sobre rasuras ou entrelinhas, borrões ou notas marginais, ou, no caso de as ter, que estão devidamente ressalvadas;

d) Que todas as folhas, à excepção da assinada, estão rubricadas por quem assinou o testamento.

3 – O instrumento de aprovação deve ainda conter, no caso de o testamento não ter sido escrito pelo testador, a declaração, feita por este, de que conhece o seu conteúdo por o haver já lido.

4 – O notário também faz constar do instrumento o número de páginas completas, e de linhas de alguma página incompleta, ocupadas pelo testamento.

5 – As folhas do testamento são rubricadas pelo notário e, se o testador o solicitar, o testamento, com o instrumento de aprovação, é ainda cosido e lacrado pelo notário, que apõe sobre o lacre o seu sinete.

6 – Na face exterior da folha que servir de invólucro é lançada uma nota com a indicação da pessoa a quem o testamento pertence.

SUBSECÇÃO III
Depósito de testamentos e sua restituição

ARTIGO 109º
Instrumento de depósito

1 – Se o testador quiser depositar no cartório notarial o seu testamento cerrado ou o seu testamento internacional, deve entregá-lo ao notário, para que seja lavrado o instrumento de depósito.

2 – O testamento entregue para depósito é sempre cosido e lacrado pelo notário, caso ainda o não esteja.

ARTIGO 110º
Restituição do testamento

1 – O testador pode retirar o testamento que haja depositado.

2 – A restituição só pode ser feita ao testador ou a procurador com poderes especiais.

SUBSECÇÃO IV
Abertura de testamentos cerrados e de testamentos internacionais

ARTIGO 111º
Cartório competente

1 – Qualquer cartório notarial tem competência para a abertura de testamentos cerrados e de testamentos internacionais.

2 – Se o testamento estiver depositado, a abertura deve ser feita no cartório notarial onde o documento se encontra depositado.

ARTIGO 112º
Documentos necessários

O instrumento de abertura do testamento deve ser lavrado mediante a exibição da certidão de narrativa do registo de óbito, no caso de falecimento do testador, ou da certidão da decisão judicial que tenha ordenado a abertura, no caso de esta ser consequência de justificação de ausência do testador.

ARTIGO 113º
Formalidades do acto

1 – A abertura compreende os seguintes actos:

a) A abertura material do testamento, se estiver cosido, lacrado ou encerrado em qualquer invólucro;

b) A verificação do estado em que o testamento se encontra, nomeadamente da existência de alguma viciação, emenda, rasura, entrelinha, borrão ou nota marginal não ressalvada;

c) A leitura do testamento pelo notário, em voz alta e na presença simultânea do apresentante ou interessado e das testemunhas.

2 – O testamento, depois de aberto, é rubricado em todas as folhas pelo apresentante ou interessado, pelas testemunhas e pelo notário, sendo arquivado em seguida.

ARTIGO 114º
Instrumento de abertura

Da abertura é lavrado um instrumento, no qual se consignarão, em especial, o cumprimento das formalidades previstas no artigo anterior e a data do óbito do testador ou a data da decisão judicial que mandou proceder à abertura.

ARTIGO 115º
Abertura oficiosa

1 – Quando tiver conhecimento do falecimento de alguma pessoa cujo testamento cerrado ou internacional esteja depositado no respectivo cartório notarial, desde que nenhum interessado se apresente a solicitar a sua abertura, nos termos do nº 2 do artigo 2209º do Código Civil, o notário deve requisitar à conservatória do registo civil certidão de óbito do testador, a qual é passada com urgência e sem dependência do pagamento do emolumento devido.

2 – Recebida a certidão de óbito, o notário procede à abertura do testamento, lavrando o respectivo instrumento, comunicando em seguida a existência do testamento, por carta registada, aos herdeiros e aos testamenteiros nele mencionados e aos parentes sucessíveis mais próximos, quando conhecidos.

3 – O notário não pode fornecer qualquer informação ou certidão do conteúdo do testamento enquanto não estiver satisfeita a conta do instrumento, na qual são incluídos o selo do testamento e o emolumento correspondente à certidão de óbito requisitada.

SUBSECÇÃO V
Procurações, substabelecimentos e consentimento conjugal

ARTIGO 116º
Procurações e substabelecimentos

1 – As procurações que exijam intervenção notarial podem ser lavradas por instrumento público, por documento escrito e assinado pelo representado com reconhecimento presencial da letra e assinatura ou por documento autenticado.

2 – As procurações conferidas também no interesse de procurador ou de terceiro devem ser lavradas por instrumento público cujo original é arquivado no cartório notarial.

3 – Os substabelecimentos revestem a forma exigida para as procurações.
(Redacção dada pelo Decreto-Lei nº 250/96, de 24-12)

ARTIGO 117º
Consentimento conjugal

São aplicáveis à forma do consentimento conjugal as regras estabelecidas para as procurações.

ARTIGO 118º
Procurações telegráficas e por telecópia

1 – É permitida a representação por meio de procurações e de substabelecimentos que, obedecendo a algumas das formas prescritas no artigo 116º, sejam transmitidos por via telegráfica ou por telecópia, nos termos legais.

2 – As procurações ou substabelecimentos devem estar devidamente selados.

SUBSECÇÃO VI
Protestos

ARTIGO 119º
Letras não admitidas a protesto

1 – Não são admitidas a protesto:

a) As letras a que falte algum dos requisitos do artigo 1º da Lei Uniforme Relativa às Letras e Livranças, quando a falta não possa ser suprida nos termos do artigo 2º do mesmo diploma;

b) As letras escritas em língua que o notário não domine, quando o apresentante não as fizer acompanhar de tradução.

2 – A tradução das letras deve ser devolvida ao apresentante, não se aplicando à mesma o disposto no nº 3 do artigo 44º.

ARTIGO 120º
Lugar de protesto

1 – A letra deve ser protestada no cartório notarial da área do domicílio nela indicado para o aceite ou pagamento ou, na falta dessa indicação, no cartório notarial do domicílio da pessoa que a deve aceitar ou pagar, incluindo a que for indicada para aceitar em caso de necessidade.

2 – Se for desconhecido o sacado ou o seu domicílio, a letra deve ser protestada no cartório a cuja área pertença o lugar onde se encontre o apresentante ou portador no momento em que devia ser efectuado o aceite ou o pagamento.

3 – Nos casos previstos nos artigos 66º e 68º da Lei Uniforme Relativa às Letras e Livranças, a letra deve ser protestada no cartório do domicílio da pessoa que for indicada como detentora do original.

ARTIGO 121º
Prazo

1 – A apresentação para protesto deve ser feita até uma hora antes do termo do último período regulamentar de serviço, nos prazos seguintes:

a) Por falta de aceite de letras pagáveis em dia fixo ou a certo termo da data, ou de letras sacadas a certo termo de vista, até ao dia em que podem ser apresentadas ao aceite;

b) Por falta de data no aceite de letras pagáveis a certo termo de vista ou que, por estipulação especial, devam ser apresentadas ao aceite no prazo determinado, até ao fim do prazo para a apresentação a protesto por falta de aceite;
c) Por falta de pagamento de letras nas condições da alínea *a*), num dos dois dias úteis seguintes àquele ou ao último daqueles em que a letra é pagável;
d) Por falta de pagamento de letras pagáveis à vista, dentro do prazo em que podem ser apresentadas a pagamento;
e) Nos casos dos artigos 66º e 68º da Lei Uniforme Relativa às Letras e Livranças, quando o portador quiser;

2 – Os protestos produzem efeitos desde a data da apresentação.

ARTIGO 122º
Diferimento do prazo

1 – Nos casos previstos na primeira alínea do artigo 24º e na parte final da terceira alínea do artigo 44º da Lei Uniforme Relativa às Letras e Livranças, se a apresentação da letra para aceite ou pagamento tiver sido feita no último dia do prazo, a apresentação a protesto pode fazer-se ainda no dia imediato.
2 – O fim do prazo para apresentação e protesto é transferido para o dia útil imediato, sempre que coincida com dia em que estejam encerrados os cartórios notariais ou as instituições de crédito.
3 – O fim de todos os prazos a que se reportam o presente artigo e o artigo anterior é diferido, para os estabelecimentos bancários e respectivos correspondentes nacionais, até ao dia imediato.

ARTIGO 123º
Recusa de protesto

A apresentação de letras depois de expirado o prazo legal não é fundamento de recusa de protesto.

ARTIGO 124º
Apresentação de letras

1 – O apresentante deve entregar a letra acompanhada das cartas-aviso necessárias às notificações a efectuar, devidamente preenchidas e estampilhadas.
2 – As cartas-aviso a que se refere o número anterior obedecem a modelo aprovado.
3 – A apresentação das letras é registada no livro próprio, segundo a ordem da sua entrega no cartório notarial.
4 – Apresentada a letra, nela devem ser anotados o número e a data da apresentação e aposta a rubrica do notário.

ARTIGO 125º
Notificações

1 – No dia da apresentação ou no 1º dia útil imediato, o notário deve notificar o facto a quem deva aceitar ou pagar a letra, incluindo todos os responsáveis perante o portador.

2 – As notificações são feitas mediante a expedição, sob registo do correio, das cartas-aviso que tiverem sido entregues juntamente com a letra, sendo arquivados no maço próprio os talões dos registos.

ARTIGO 126º
Prazo e ordem dos protestos

1 – Decorridos cinco dias sobre a expedição da carta para notificação, e até ao 10º dia a contar da apresentação, devem ser lavrados, pela ordem da apresentação, os instrumentos de protesto das letras que não tenham sido retiradas pelos apresentantes.

2 – O notário deve lavrar o protesto contra todos os obrigados cambiários.

ARTIGO 127º
Instrumento de protesto

1 – O instrumento de protesto deve conter os seguintes elementos:

a) Identificação da letra mediante a menção da data de emissão, nome do sacador e montante;

b) Anotação das notificações a que se refere o artigo 125º ou a menção das que não foram efectuadas por falta de cumprimento do disposto no nº 1 do artigo 124º;

c) Menção da presença ou da falta das pessoas notificadas e, bem assim, das razões que tenham dado para não aceitar ou não pagar;

d) Declaração do notário, relativamente ao fundamento do protesto, e indicação das pessoas a requerimento de quem e contra quem ele é feito;

e) Data da apresentação da letra;

f) Assinatura das pessoas notificadas que tenham comparecido, ou declaração de que não assinam por não saberem, não poderem ou não quererem fazê-lo.

2 – As razões da falta de aceite ou de pagamento podem ser indicadas em declaração escrita, que os notificados devem remeter ao notário, ficando arquivada.

3 – Os declarantes podem requerer pública-forma do instrumento de protesto, sendo igual faculdade conferida aos notificados que tenham declarado verbalmente as razões da falta de aceite ou de pagamento.

4 – O instrumento de protesto deve ser expedido mediante o preenchimento de impresso de modelo aprovado por despacho do director-geral dos Registos e do Notariado, podendo ser submetido a tratamento informático, mediante despacho da mesma entidade.

(Redacção dada pelo Decreto-Lei nº 380/98, de 27-11)

ARTIGO 128º
Letras retiradas

Se a letra for retirada pelo apresentante antes de protestada deve mencionar-se o levantamento e a respectiva data, ao lado do registo da apresentação.

ARTIGO 129º
Recibo de entrega e devolução de letras

1 – Da entrega das letras apresentadas a protesto deve ser entregue um recibo ao apresentante, em impresso de modelo aprovado, por ele preenchido.

2 – A restituição das letras é feita contra a devolução do recibo de entrega, que é inutilizado.

3 – No caso de extravio do recibo entregue, a devolução da letra deve fazer-se contra recibo do apresentante, que fica arquivado.

ARTIGO 129º-A
Estabelecimento bancário

1 – Quando a apresentação para protesto seja efectuada por estabelecimento bancário em cartório privativo do protesto de letras, deve ser entregue uma relação dos títulos a protestar, elaborada em duplicado, da qual conste o nome e a residência ou sede do apresentante, do aceitante ou sacado e do sacador, bem como a indicação da espécie do título, do respectivo montante e do fundamento do protesto.

2 – A relação referida no número anterior pode ser elaborada por processo informático e deve conter espaços reservados para a anotação do número de ordem e da data da apresentação, da data do protesto ou do levantamento da letra e da respectiva data.

3 – O original da relação, que se destina a ser arquivado no cartório privativo, substitui, para todos os efeitos, o registo da apresentação dos títulos a protesto.

4 – O duplicado da relação é devolvido ao apresentante, após nele ter sido aposta nota do recebimento do original, e substitui o recibo referido no nº 1 do artigo 129º

(Aditado pelo Decreto-Lei nº 380/98, de 27-11)

ARTIGO 129º-B
Notificações a efectuar pelos estabelecimentos bancários

1 – Incumbe ao estabelecimento bancário promover a notificação de quem deva aceitar ou pagar a letra, incluindo todos os responsáveis perante o portador, no dia em que a letra foi apresentada ou no 1º dia útil imediato.

2 – As notificações são efectuadas mediante expedição, sob registo do correio, de cartas-aviso contendo os elementos essenciais do modelo referido no nº 2 do artigo 124º.

3 – No prazo de três dias a contar da expedição das cartas-aviso, o estabelecimento bancário deve apresentar no cartório privativo cópias das mesmas, acompanhadas dos respectivos talões de registo.

4 – Sempre que tal se justifique, pode ser efectuado registo colectivo das cartas-aviso referidas no nº 2.

(Aditado pelo Decreto-Lei nº 380/98, de 27-11)

ARTIGO 129º-C
Urgência

Em caso de urgência fundamentada, o instrumento de protesto pode ser lavrado sem subordinação à ordem referida no nº 1 do artigo 126º.

(Aditado pelo Decreto-Lei nº 380/98, de 27-11)

ARTIGO 130º
Protesto de outros títulos

Ao protesto de livranças, cheques, extractos de factura, ou de outros títulos que a lei sujeite a protesto, é aplicável o disposto nos artigos anteriores, em tudo o que não seja contrário à natureza desses títulos e à disciplina especial a que estão sujeitos.

SECÇÃO IV
Averbamentos

ARTIGO 131º
Factos a averbar

1 – São averbados aos instrumentos a que respeitam:

a) O falecimento do testador e do doador;

b) Os instrumentos de revogação e de renúncia de procuração;

c) As comunicações e publicações previstas nos artigos 87º, 100º e 101º;

d) As decisões judiciais de declaração de nulidade e de anulação de actos notariais, as decisões notariais de revalidação dos mesmos actos e ainda as decisões judiciais proferidas nas acções a que se referem os artigos 87º e 101º, bem como a menção de ter sido sanado qualquer vício de que o acto enferma;

e) As decisões dos recursos interpostos nos processos de revalidação notarial;

f) A restituição de testamento depositado;

g) Os actos notariais que envolvam aceitação, ratificação, rectificação, aditamento ou revogação de acto anterior.

2 – O averbamento do falecimento do doador só se realiza no caso de a doação haver sido feita com encargos a favor da alma ou de interesse público, que devam ser cumpridos após a morte do doador.

(Redacção dada pelo Decreto-Lei nº 273/2001, de 13-10)

ARTIGO 132º
Suprimento e rectificação de omissões e inexactidões

1 – As omissões e inexactidões verificadas em actos lavrados nos livros de notas, devidas a erro comprovado documentalmente, podem ser supridas ou rectificadas, a todo o tempo, por meio de averbamento, desde que da rectificação não resultem dúvidas sobre o objecto a que o acto se reporta ou sobre a identidade dos intervenientes.

2 – O averbamento a que se refere o número anterior só pode ser lavrado quando as omissões ou inexactidões respeitem:

a) À menção de documentos anteriores;

b) À indicação dos números das descrições e inscrições prediais e matrículas de entidades sujeitas a registo comercial, bem como das conservatórias a que se refiram;

c) À menção da freguesia, rua e número de polícia da situação dos prédios;

d) À menção das inscrições matriciais e valores patrimoniais;

e) À identificação e regime matrimonial de bens dos intervenientes nos actos, ou habilitados;

f) Aos simples erros de cálculo ou de escrita revelados pelo contexto do acto.

3 – Os interessados devem comprovar que foi paga a diferença do imposto municipal de sisa, se este for devido e, tratando-se de rectificação que envolva aumento de valor do acto, é feita nova conta, para pagamento dos emolumentos e do selo correspondentes ao acréscimo verificado.

4 – Os averbamentos a que se refere o nº 2, tratando-se de actos exarados em livros transferidos para o Arquivo Nacional e para as bibliotecas do Estado e arquivos distritais, podem ser exarados em certidão de teor da escritura arquivada, a pedido dos interessados.

5 – As omissões ou inexactidões verificadas em actos lavrados em livros de notas, relativas ao cumprimento de normas fiscais cuja verificação caiba ao notário, face ao conteúdo do acto, podem por este ser corrigidas oficiosamente mediante averbamento.

6 – Nos actos lavrados em livros de notas em que tenha sido omitida a menção de documentos arquivados pode a falta ser oficiosamente suprida pela referida menção, feita por averbamento.

7 – A omissão do dia, mês e ano ou do lugar em que o acto foi lavrado ou a inexactidão da sua data podem ser oficiosamente supridas ou rectificadas por averbamento se, pelo texto do instrumento ou pelos elementos existentes no cartório, for possível determinar a data ou o lugar da sua celebração.

8 – Os averbamentos previstos neste artigo devem ser rubricados pelo próprio notário.

(Cf. Declaração de Rectificação nº 130/95, de 31-10)

ARTIGO 133º
Forma

1 – O averbamento é a anotação sucinta do último acto ao primeiro, nela se compreendendo a menção do acto averbado e a identificação do respectivo título.

2 – O averbamento, devidamente datado e rubricado, é aposto no alto das páginas ou à margem do acto.

3 – Tratando-se de livros de notas, não são exarados averbamentos na margem interior das páginas, devendo utilizar-se em primeiro lugar o alto das mesmas, depois, a parte reservada ao texto dos actos que porventura não se encontre ocupada e, seguidamente, a sua margem exterior.

4 – Esgotado o espaço reservado aos averbamentos, é o averbamento lavrado na primeira página disponível de um dos livros de notas, fazendo-se as necessárias remissões.

5 – O averbamento é feito oficiosamente quando o acto a averbar identifique devidamente o anterior.

6 – Quando não seja oficiosamente efectuado, o averbamento pode realizar-se a pedido de qualquer interessado, depois de se verificar que os dois actos estão nas condições previstas nos artigos 131º e 132º.

(Redacção dada pelo Decreto-Lei nº 40/96, de 07-05)

ARTIGO 134º
Comunicação dos factos a averbar

1 – Quando o averbamento deva ser feito oficiosamente em cartório notarial diferente daquele onde foi lavrado o acto a averbar, o notário que lavrou este último deve facultar ao cartório notarial competente os elementos necessários ao averbamento.

2 – A remessa dos elementos destinados a averbamento, se não puder ser feita pessoalmente, deve ser feita por ofício, expedido sob registo, ou por telecópia, sujeita a confirmação de recepção.

ARTIGO 135º
Falecimento de testadores e doadores

1 – O averbamento do falecimento do testador, quer ao testamento quer à escritura de revogação deste, pode ser lavrado, a pedido de qualquer pessoa, mediante a exibição da certidão de narrativa do registo de óbito.

2 – Se o notário receber de alguma repartição pública a comunicação oficial de falecimento ainda não averbado, deve requerer a certidão de óbito do testador à conservatória competente, a qual deve passá-la gratuitamente, e, recebida a certidão, o averbamento é lavrado oficiosamente.

3 – O averbamento deve conter a menção da data do falecimento do testador, do número do respectivo registo de óbito e da conservatória onde foi lavrado.

4 – O disposto neste artigo é aplicável, com as necessárias adaptações, ao averbamento do falecimento do doador.

ARTIGO 136º
Restituição de testamentos depositados

No averbamento de restituição de testamento cerrado ou de testamento internacional, que se encontre depositado, deve ser aposta a assinatura da pessoa a quem a restituição é feita ou, se esta não souber ou não puder assinar, devem intervir duas testemunhas.

ARTIGO 137º
Prazos

Os deveres fixados nos artigos anteriores devem ser cumpridos pelo cartório notarial, no prazo de três dias.

ARTIGO 138º
Arquivamento dos documentos

Os documentos que instruam averbamentos ficam sempre arquivados, com excepção das certidões de óbito do testador ou do doador, quando não requisitadas oficiosamente.

SECÇÃO V
Registos

ARTIGO 139º
Objecto

1 – Estão sujeitos a registo, nos livros a esse fim destinados:

a) Os instrumentos lavrados nos livros indicados nas alíneas *a*) e *b*) do nº 1 do artigo 7º;

b) Os instrumentos de aprovação, depósito e abertura de testamentos cerrados e internacionais;

c) A apresentação e o levantamento de títulos a protesto e os respectivos instrumentos de protesto;

d) As actas das reuniões dos órgãos sociais, os instrumentos de procuração lavrados nos termos do nº 3 do artigo 116º, e os de ratificação de actos notariais;

e) Os documentos que as partes pretendem arquivar nos cartórios notariais.

2 – Os registos referentes a cada dia devem ser encerrados, com um traço horizontal, no início do primeiro período de trabalho do dia útil imediato.

ARTIGO 140º
Registo de testamentos públicos e escrituras

1 – O registo de testamentos públicos e de escrituras de revogação de testamentos deve conter os seguintes elementos:

a) O número do livro e da primeira folha onde o acto foi lavrado;

b) A denominação do acto e a sua data;

c) O nome completo do testador ou do outorgante.

2 – O registo de escrituras diversas, além dos elementos a que se referem as alíneas *a*) e *b*) do número anterior, deve conter os seguintes elementos:

a) O objecto do acto e o seu valor;

b) A firma ou a denominação de estabelecimento individual de responsabilidade limitada ou de pessoa colectiva a que o acto respeita, a sede e o respectivo número de identificação fiscal;

c) O nome completo e a residência dos sujeitos activos e passivos, respectivos números fiscais se a natureza do acto o exigir, podendo, relativamente a todos os que sejam casados, ser indicados apenas os elementos de um dos cônjuges com a menção dessa qualidade;

d) As indicações necessárias à fiscalização do pagamento de contribuições ou impostos devidos pelo acto.

ARTIGO 141º
Registo dos instrumentos relativos aos testamentos cerrados e internacionais

1 – O registo dos instrumentos de aprovação de testamentos cerrados e de testamentos internacionais é feito antes da restituição destes e dele devem constar os seguintes elementos:

a) A designação do acto e a sua data;

b) O nome completo, a filiação, a data de nascimento, a naturalidade, o estado e a residência do testador;

c) A indicação de o testamento haver ou não sido cosido e lacrado.

2 – O registo de instrumentos de depósito ou de abertura de testamentos cerrados e internacionais deve conter os elementos exigidos na alínea *a*) do número anterior, o nome completo do testador e o número de ordem do instrumento dentro do maço.

ARTIGO 142º
Registo relativo ao protesto de títulos

1 – Do registo de apresentação de títulos a protesto devem constar a data da apresentação, os nomes e a residência ou sede do apresentante, do aceitante ou sacado e do sacador e, ainda, a espécie do título e o montante da obrigação nele contida.

2 – O registo dos instrumentos de protesto consiste na anotação, junto ao registo da apresentação, do fundamento e da data de protesto.

ARTIGO 143º
Registo de outros actos

1 – O registo de documentos ou de instrumentos avulsos diversos daqueles a que se referem os artigos anteriores consiste na indicação da data em que foi apresentado o documento ou lavrado o instrumento e na sua identificação, mediante a menção da sua espécie ou natureza, do nome completo dos interessados e do número de ordem dentro do respectivo maço.

2 – Os documentos registados não podem ser restituídos.

ARTIGO 144º
Ordem dos registos

Os registos são efectuados diariamente, segundo a ordem por que tenham sido lavrados os instrumentos ou apresentados os documentos.

SECÇÃO VI
Abertura de sinal

ARTIGOS 145º E 149º

(Revogados pelo Decreto-Lei nº 250/96, de 24-12)

SECÇÃO VII
Autenticação de documentos particulares

ARTIGO 150º
Documentos autenticados

1 – Os documentos particulares adquirem a natureza de documentos autenticados desde que as partes confirmem o seu conteúdo perante o notário.

2 – Apresentado o documento para fins de autenticação, o notário deve reduzir esta a termo.

ARTIGO 151º
Requisitos comuns

1 – O termo de autenticação, além de satisfazer, na parte aplicável e com as necessárias adaptações, o disposto nas alíneas *a*) a *n*) do nº 1 do artigo 46º, deve conter ainda os seguintes elementos:

a) A declaração das partes de que já leram o documento ou estão perfeitamente inteiradas do seu conteúdo e que este exprime a sua vontade;

b) A ressalva das emendas, entrelinhas, rasuras ou traços contidos no documento e que neste não estejam devidamente ressalvados.

2 – É aplicável à verificação da identidade das partes, bem como à intervenção de abonadores, intérpretes, peritos, leitores ou testemunhas, o disposto para os instrumentos públicos.

ARTIGO 152º
Requisitos especiais

Se o documento que se pretende autenticar estiver assinado a rogo, devem constar, ainda, do termo o nome completo, a naturalidade, o estado e a residência do rogado e a menção de que o rogante confirmou o rogo no acto da autenticação.

SECÇÃO VIII
Reconhecimentos

ARTIGO 153º
Espécies

1 – Os reconhecimentos notariais podem ser simples ou com menções especiais.

2 – O reconhecimento simples respeita à letra e assinatura, ou só à assinatura, do signatário de documento.

3 – O reconhecimento com menções especiais é o que inclui, por exigência da lei ou a pedido dos interessados, a menção de qualquer circunstância especial que se refira a estes, aos signatários ou aos rogantes e que seja conhecida do notário ou por ele verificada em face de documentos exibidos e referenciados no termo.

4 – Os reconhecimentos simples são sempre presenciais; os reconhecimentos com menções especiais podem ser presenciais ou por semelhança.

5 – Designa-se presencial o reconhecimento da letra e assinatura, ou só da assinatura, em documentos escritos e assinados ou apenas assinados, na presença dos notários, ou o reconhecimento que é realizado estando o signatário presente ao acto.

6 – Designa-se por semelhança o reconhecimento com a menção especial relativa à qualidade de representante do signatário feito por simples confronto da assinatura deste com a assinatura aposta no bilhete de identidade ou documento equivalente emitidos pela autoridade competente de um dos países da União Europeia ou no passaporte ou com a respectiva reprodução constante de pública-forma extraída por fotocópia.

(Cf. Declaração de Rectificação nº 4-A/97, de 31-01)

ARTIGO 154º
Assinatura a rogo

1 – A assinatura feita a rogo só pode ser reconhecida como tal por via de reconhecimento presencial e desde que o rogante não saiba ou não possa assinar.

2 – O rogo deve ser dado ou confirmado perante o notário, no próprio acto do reconhecimento da assinatura e depois de lido o documento ao rogante.

ARTIGO 155º
Requisitos

1 – O reconhecimento deve obedecer aos requisitos constantes da alínea *a)* do nº 1 do artigo 46º e ser assinado pelo notário.

2 – Os reconhecimentos simples devem mencionar o nome completo do signatário e referir a forma por que se verificou a sua identidade, com indicação de esta ser do conhecimento pessoal do notário, ou do número, data e serviço emitente do documento que lhe serviu de base.

3 – Os reconhecimentos com menções especiais devem conter, além dos requisitos exigidos no número anterior, a menção dos documentos exibidos e referenciados no termo.

4 – O reconhecimento da assinatura a rogo deve fazer expressa menção das circunstâncias que legitimam o reconhecimento e da forma como foi verificada a identidade do rogante.

5 – É aplicável à verificação da identidade do signatário ou rogante o disposto no artigo 48º.

6 – Os abonadores que intervierem em reconhecimentos presenciais devem assiná-los antes do notário.

(Redacção dada pelo Decreto-Lei nº 380/98, de 27-11)

ARTIGO 156º
Menções especiais

(Revogado pelo Decreto-Lei nº 250/96, de 24-12)

ARTIGO 157º
Assinaturas que não podem ser reconhecidas

1 – É insusceptível de reconhecimento a assinatura aposta em documento cuja leitura não seja facultada ao notário, ou em papel sem nenhuns dizeres, em documento escrito em língua estrangeira que o notário não domine, ou em documento escrito ou assinado a lápis.

2 – Tratando-se de documento escrito em língua estrangeira que o notário não domine, o reconhecimento pode ser feito desde que o documento seja traduzido, ainda que verbalmente, por perito da sua escolha.

3 – O notário deve recusar o reconhecimento da letra ou assinatura em cuja feitura tenham sido utilizados materiais que não ofereçam garantias de fixidez e, bem assim, da letra ou assinatura apostas em documentos que contenham linhas ou espaços em branco não inutilizados.

4 – Não é permitido o reconhecimento de assinaturas em documentos não selados que titulem actos ou contratos abrangidos pela Tabela Geral do Imposto do Selo, mas que beneficiem de isenção ou redução do imposto, se no documento não estiver mencionada a disposição legal que confere o benefício.

SECÇÃO IX
Certificados, certidões e documentos análogos

SUBSECÇÃO I
Disposições gerais

ARTIGO 158º
Requisições

1 – A requisição, feita por autoridade ou serviço público, de certificados, certidões ou documentos análogos que devam ser passados pelo notário, deve ser endereçada ao cartório notarial competente, com referência expressa ao fim a que se destina o documento requisitado.

2 – Os documentos requisitados são expedidos, sem dependência do pagamento da conta, neles se mencionando o fim a que se destinam.

3 – Fora dos casos previstos nos números anteriores, por cada requisição de certificado, certidão, telecópia ou documento análogo, deve ser preenchida, com o correspondente número de ordem, uma ficha do modelo aprovado, cujo original fica arquivado, entregando-se o duplicado ao requisitante.

ARTIGO 159º
Prazos

1 – Os certificados, certidões e documentos análogos devem ser passados dentro do prazo de três dias úteis, a contar da data em que forem pedidos ou requisitados.

2 – Os documentos pedidos ou requisitados com urgência são passados com preferência sobre o restante serviço, dentro do prazo máximo de vinte e quatro horas.

3 – No caso de a passagem do documento ser pedida com urgência, deve advertir-se o interessado de que o emolumento correspondente é elevado ao dobro.

ARTIGO 160º
Requisitos comuns

1 – Os certificados, as certidões e os documentos análogos devem conter a designação do serviço emitente, a numeração das folhas, a menção da data e do lugar em que foram passados e, ainda, a rubrica e assinatura do funcionário competente.

2 – Nos documentos transmitidos por telecópia, nos termos da alínea *l*) do nº 2 do artigo 4º, além dos requisitos referidos no número anterior, deve incluir-se uma nota de encerramento contendo as menções exigidas para a emissão de certidões de teor.

3 – Os documentos recebidos por telecópia nos cartórios devem ser imediatamente arquivados no maço próprio, após terem sido numeradas e rubricadas todas

as folhas e lavrada a nota de recebimento com indicação do número de folhas efectivamente recebidas, local, data, categoria e assinatura do funcionário competente do serviço receptor.

SUBSECÇÃO II
Certificados

ARTIGO 161º
Certificados de vida e de identidade

1 – O certificado de vida e de identidade deve conter, em especial, os elementos de identificação do interessado, a forma como a sua identidade foi verificada, a sua assinatura ou a declaração de que não sabe ou não pode assinar e a respectiva impressão digital.

2 – No certificado pode ser colada a fotografia do interessado, devendo o notário apor sobre ela o selo branco do cartório.

ARTIGO 162º
Certificado de desempenho de cargos

No certificado de desempenho de cargos públicos e de administração ou gerência de pessoas colectivas ou de sociedades deve declarar-se se o facto certificado é do conhecimento pessoal do notário ou se apenas foi provado por documento, devendo fazer-se, neste caso, a identificação do documento exibido.

ARTIGO 162º-A
Certificados relativos a sociedades anónimas europeias

Os certificados a que se referem o nº 8 do artigo 8º e o nº 2 do artigo 25º do Regulamento (CE) nº 2157/2001, do Conselho, de 8 de Outubro, devem, em especial, fazer referência à verificação do cumprimento de cada um dos actos e formalidades prévios, respectivamente, à transferência da sede de sociedade anónima europeia para outro Estado membro da União Europeia ou à constituição de sociedade anónima europeia por fusão, exigidos por aquele regulamento, pela legislação nacional adoptada em sua execução ou ainda pela legislação nacional aplicável às sociedades anónimas de direito interno, identificando os documentos que comprovem tal verificação.

(Aditado pelo Decreto-Lei nº 2/2005, de 04-01)

ARTIGO 162º-B
Regras especiais relativas ao certificado para transferência de sede de sociedade anónima europeia

1 – Nos casos em que, para efeitos de emissão do certificado previsto no nº 8 do artigo 8º do Regulamento (CE) nº 2157/2001, do Conselho, de 8 de Outu-

bro, a sociedade solicite ao notário a notificação do sócio exonerando para a celebração de escritura pública de aquisição da sua participação social, aplicam-se ao procedimento de notificação as disposições constantes dos números seguintes.

2 – A solicitação referida no número anterior pode ser formulada através de requerimento escrito ou verbal da sociedade, sendo neste último caso reduzido a auto, do qual deve, em especial, constar:

a) A identificação do sócio exonerando a notificar;

b) A intenção da sociedade de adquirir ou fazer adquirir por terceiro a participação social do sócio, em virtude do exercício por este último do seu direito à exoneração da sociedade;

c) O pedido de fixação da data da realização da escritura pública para formalização do acto previsto na alínea anterior e de notificação do sócio exonerando quanto a tal data.

3 – No prazo de três dias, o notário procede à notificação do sócio exonerando, através de carta registada, nos termos da lei processual civil, da qual, para além das menções resultantes do disposto no número anterior, deve constar a cominação de que a não comparência do sócio na outorga da escritura na data fixada sem motivo justificado determina a perda do seu direito à exoneração da sociedade.

4 – A justificação da não comparência do sócio na outorga da escritura com base em motivo devidamente comprovado deve ser apresentada no prazo máximo de cinco dias a contar da data fixada para a realização daquela.

5 – Se o sócio exonerando não comparecer na outorga da escritura e apresentar a justificação a que se refere o número anterior, nos termos e prazo nele indicados, o notário, no prazo indicado no nº 3, procede à fixação de nova data para a realização da escritura e notifica-a ao sócio exonerando e à sociedade.

6 – Se na data inicialmente fixada ou, caso se verifique a circunstância prevista no número anterior, na nova data fixada o sócio exonerando não comparecer na outorga da escritura e não apresentar justificação do facto, nos termos e prazo previstos no nº 4, o notário faz constar do certificado referido no nº 1 a verificação da perda do direito à exoneração por parte do sócio, por motivo que lhe é imputável.

(Aditado pelo Decreto-Lei nº 2/2005, de 04-01)

ARTIGO 163º
Certificados de outros factos

Nos restantes certificados deve consignar-se com precisão o facto certificado e, em especial, a forma como ele veio ao conhecimento do notário.

SUBSECÇÃO III
Certidões e públicas-formas

ARTIGO 164º
Certidões

1 – O conteúdo dos instrumentos, registos e documentos arquivados nos cartórios prova-se por meio de certidões, as quais podem ser requeridas por qualquer pessoa, com excepção das que se refiram aos seguintes actos:

a) Testamentos públicos, escrituras de revogação de testamentos, instrumentos de depósito de testamentos cerrados e internacionais e dos respectivos registos, dos quais só podem ser extraídas certidões, sendo vivos os testadores, quando estes ou procuradores com poderes especiais as requeiram e, depois de falecidos os testadores, quando esteja averbado o falecimento deles;

b) Termos de abertura de sinal, dos quais só podem ser extraídas certidões a pedido das pessoas a quem respeitam ou por requisição das autoridades judiciais ou policiais.

2 – As certidões referidas na primeira parte da alínea *a*) e na alínea *b*) do número anterior só podem ser entregues ao próprio requisitante ou a quem se mostrar autorizado por este a recebê-las.

3 – *(Revogado.)*

4 – Os documentos recebidos por telecópia, nos termos da alínea *l*) do nº 2 do artigo 4º, tem o valor probatório das certidões, desde que obedeçam ao disposto no artigo 160º.

(Redacção dada pelo Decreto-Lei nº 194/2003, de 23-08)

ARTIGO 165º
Espécies

1 – As certidões extraídas dos instrumentos e dos documentos existentes nos cartórios devem ser de teor e reproduzir literalmente o original.

2 – As certidões de registos e as destinadas a publicação ou comunicação dos actos notariais podem ser de narrativa e reproduzem, por extracto, o conteúdo destes.

3 – A certidão de teor ou de narrativa pode ser integral ou parcial, conforme se reporte a todo o conteúdo do original ou apenas a parte dele.

ARTIGO 166º
Forma das certidões

1 – As certidões de teor são extraídas por meio de fotocópia ou outro modo autorizado de reprodução fotográfica e, se tal não for possível, podem ser dactilografadas ou manuscritas.

2 – Devem ser dactilografadas as certidões de narrativa e as certidões de instrumentos e documentos arquivados que se achem manuscritos quando se desti-

nem a fazer fé no estrangeiro ou quando a sua leitura não seja facilmente revelada pelo contexto.

ARTIGO 167º
Requisitos

A certidão deve conter, em especial:

a) A identificação do livro ou do maço de documentos do qual é extraída, segundo o seu número de ordem e a sua denominação;

b) A indicação dos números da primeira e da última folha que o original ocupa no livro ou no maço;

c) A declaração de conformidade com o original;

d) A menção da sua gratuitidade, se for extraída nos termos do nº 3 do artigo 164º.

ARTIGO 168º
Certidões de teor integral

1 – Na certidão de teor integral deve ser reproduzido, além do conteúdo do instrumento, o texto dos testamentos, incluindo a aprovação e a abertura dos testamentos cerrados e internacionais, bem como o texto das escrituras de doação por morte e os documentos complementares referidos no artigo 64º, salvo os indicados no seu nº 5, que hajam integrado ou instruído o acto.

2 – Da certidão de teor integral devem constar os averbamentos, as cotas de referência e as contas dos instrumentos e documentos a que respeitem.

3 – A pedido dos interessados, podem ainda ser reproduzidos na certidão outros documentos que serviram de base ao acto certificado.

ARTIGO 169º
Certidões de teor parcial

1 – Quando o instrumento notarial contiver diversos actos jurídicos, ou um só acto de que resultem direitos e obrigações respeitantes a diferentes pessoas ou entidades, se for apenas requisitada certidão da parte relativa a algum dos actos ou a algum dos interessados deve observar-se o disposto nos números seguintes.

2 – A certidão deve incluir a parte do instrumento que se reporte ao acto ou ao interessado indicado pelo requisitante e, ainda, tudo o que se refira ao contexto e requisitos gerais do instrumento e aos documentos que o instruíram.

3 – A certidão deve, ainda, incluir outras referências, feitas por forma narrativa, quando sejam essenciais à boa compreensão do seu conteúdo e, bem assim, todas as estipulações que ampliem, restrinjam, modifiquem ou condicionem a parte certificada.

4 – O disposto no artigo anterior é aplicável aos documentos que serviram de base à parte certificada do instrumento.

ARTIGO 170º
Elementos compreendidos nas certidões de teor

1 – As certidões devem revelar ou fazer menção dos selos e demais legalizações, estampilhas e verbas de pagamento do imposto do selo constantes dos originais, devendo também nelas ser assinaladas, de forma bem visível, todas as irregularidades ou deficiências reveladas pelo texto e que viciem o acto ou o documento.

2 – Os originais são certificados em conformidade com as ressalvas que neles foram feitas, podendo estas ser incluídas a pedido dos interessados.

ARTIGO 171º
Públicas-formas

1 – A pública-forma é uma cópia de teor, total ou parcial, extraída pelo notário, nos termos do nº 1 do artigo 166º, de documentos estranhos ao seu arquivo, que lhe sejam presentes para esse efeito.

2 – A pública-forma deve conter a declaração de conformidade com o original, sendo-lhe, ainda, aplicável o disposto no nº 1 do artigo anterior.

3 – A pública-forma de bilhete de identidade e de passaporte só pode ser extraída por meio de fotocópia e deve conter, ainda, a menção do número, data de emissão e entidade emitente do original do documento.

4 – A pública-forma de bilhete de identidade e de passaporte não pode ser extraída de documento cujo prazo de validade se mostre ultrapassado ou se encontre em mau estado de conservação, salvo se for requerida pelo tribunal.

5 – É permitida a reprodução, por meio de pública-forma, de documento escrito em língua estrangeira que o notário domine, se o interessado alegar que não é exigível a sua tradução, nos termos do nº 3 do artigo 44º, pela entidade perante a qual vai fazer fé.

ARTIGO 171º-A
Conferência de fotocópias

1 – O notário pode conferir fotocópias que tenham sido extraídas de documentos não arquivados no cartório, desde que tanto a fotocópia como o documento lhe sejam apresentados para esse fim.

2 – Quando a natureza ou a extensão desses documentos implique uma conferência excessivamente demorada, pode o notário exigir que a fotocópia seja extraída no próprio cartório.

3 – É aplicável às fotocópias de documentos não arquivados o disposto nos nºs 2 e 4 do artigo 171º.

(Aditado pelo Decreto-Lei nº 40/96, de 07-05)

SUBSECÇÃO IV
Traduções

ARTIGO 172º
Em que consistem e como se fazem

1 – A tradução de documentos compreende:

a) A versão para a língua portuguesa do seu conteúdo integral, quando escritos numa língua estrangeira;

b) A versão para uma língua estrangeira do seu conteúdo integral, quando escritos em língua portuguesa.

2 – A tradução deve conter a indicação da língua em que está escrito o original e a declaração de que o texto foi fielmente traduzido.

3 – Se a tradução for feita por tradutor ajuramentado em certificado aposto na própria tradução ou em folha anexa, deve mencionar-se a forma pela qual foi feita a tradução e o cumprimento das formalidades previstas no nº 3 do artigo 44º.

4 – É aplicável às traduções o disposto na alínea *c*) do artigo 167º, no nº 2 do artigo 168º e no artigo 170º.

TÍTULO III
Das recusas e recursos

CAPÍTULO I
Recusas

ARTIGO 173º
Casos de recusa

1 – O notário deve recusar a prática do acto que lhe seja requisitado, nos casos seguintes:

a) Se o acto for nulo;

b) Se o acto não couber na sua competência ou ele estiver pessoalmente impedido de o praticar;

c) Se tiver dúvidas sobre a integridade das faculdades mentais dos intervenientes;

d) Se as partes não fizerem os preparos devidos;

e) Se as partes não tiverem cumprido as obrigações declarativas e de retificação para efeitos do Registo Central do Beneficiário Efetivo.

2 – As dúvidas sobre a integridade das faculdades mentais dos intervenientes deixam de constituir fundamento de recusa, se no acto intervierem dois peritos médicos que garantam a sanidade mental daqueles.

3 – Quando se trate de testamento público ou de instrumento de aprovação de testamento cerrado ou internacional, a falta de preparo não constitui fundamento de recusa.

(Redação dada pela Lei nº 89/2017, de 21-08)

ARTIGO 174º
Actos anuláveis e ineficazes

1 – A intervenção do notário não pode ser recusada com fundamento de o acto ser anulável ou ineficaz.

2 – Nos casos previstos no número anterior, o notário deve advertir as partes da existência do vicio e consignar no instrumento a advertência que tenha feito.

CAPÍTULO II
Recursos

ARTIGO 175º
Admissibilidade de recurso

Quando o notário se recusar a praticar o acto, pode o interessado interpor recurso para o tribunal de 1ª instância da sede do cartório notarial, sem prejuízo do recurso hierárquico para o director-geral dos Registos e do Notariado, nos termos da lei orgânica dos serviços.

ARTIGO 176º
Especificação dos motivos da recusa

Se o interessado declarar, verbalmente ou por escrito, que pretende recorrer, o notário deve entregar-lhe, dentro de quarenta e oito horas, uma exposição datada, na qual se especifiquem os motivos da recusa.

ARTIGO 177º
Petição de recurso

1 – Dentro dos 15 dias subsequentes à entrega da exposição deve o recorrente apresentar na repartição notarial a petição do recurso, dirigida ao juiz de direito e acompanhada da exposição do notário e dos documentos que o interessado pretende oferecer.

2 – Na petição, o recorrente deve procurar demonstrar a improcedência dos motivos da recusa, concluindo por pedir que seja determinada a realização do acto.

ARTIGO 178º
Sustentação da recusa e remessa do processo a juízo

1 – Autuada a petição e os respectivos documentos, o notário recorrido lavra despacho, dentro de quarenta e oito horas, a sustentar ou a reparar a recusa.

2 – Se o notário mantiver a recusa, deve remeter o processo a juízo, completando a sua instrução com os documentos que julgue necessários.

ARTIGO 179º
Decisão de recurso

Independentemente de despacho, o processo vai, logo que seja recebido em juízo, com vista ao Ministério Público, a fim de este emitir parecer, sendo em seguida julgado por sentença, no prazo de oito dias.

ARTIGO 180º
Recorribilidade da decisão

1 – Da sentença podem interpor recurso para a Relação, com efeito suspensivo, a parte prejudicada pela decisão, o notário ou o Ministério Público, sendo o recurso processado e julgado como o de agravo em matéria cível.

2 – Do acórdão da Relação não cabe recurso para o Supremo Tribunal de Justiça, sem prejuízo dos casos em que o recurso é sempre admissível.

(Redacção dada pelo Decreto-Lei nº 375-A/99, de 20-09)

ARTIGO 181º
Termos posteriores à decisão do recurso

1 – Julgado procedente o recurso por decisão definitiva, deve o chefe da secretaria judicial remeter oficiosamente ao notário recorrido a certidão da decisão proferida.

2 – Da decisão deve enviar-se cópia à Direcção-Geral dos Registos e do Notariado, sempre que o tribunal o julgue conveniente.

ARTIGO 182º
Cumprimento do julgado

O acto recusado cuja realização for determinada no julgamento do recurso deve ser efectuado pelo notário recorrido, logo que as partes o solicitem, com referência à decisão transitada.

ARTIGO 183º
Isenção de custas

(Revogado pelo Decreto-Lei nº 34/2008, de 26-02.)

TÍTULO IV
Disposições diversas

CAPÍTULO I
Responsabilidade dos funcionários notariais

ARTIGO 184º
Responsabilidade em casos de revalidação e sanação

A revalidação ou sanação dos actos notariais não exime os funcionários da responsabilidade pelos danos que hajam causado.

CAPÍTULO II
Estatística e participação de actos

ARTIGO 185º
Verbetes estatísticos

1 – O notário deve preencher e assinar os verbetes estatísticos a remeter à entidade competente, até ao dia 10 do mês seguinte àquele a que se reportam.

2 – Em cada instrumento do qual deva ser extraído verbete estatístico lança-se, por algarismos, a indicação do verbete ou dos verbetes que lhe correspondam, rubricando-se tal nota.

(Redacção dada pelo Decreto-Lei nº 40/96, de 07-05)

ARTIGO 186º
Participação de actos

1 – Os notários devem enviar até ao dia 15 de cada mês:

a) À Direcção-Geral dos Impostos, em suporte informático, uma relação dos registos de escrituras diversas, uma relação das procurações que confiram poderes de alienação de bens imóveis em que por renúncia ao direito de revogação ou cláusula de natureza semelhante o representado deixe de poder revogar a procuração, bem como dos respectivos substabelecimentos, referentes ao mês anterior, documentos estes que substituem, para todos os efeitos, as relações e participações dos actos exarados que, por lei, devam ser enviados a repartições dependentes da Direcção-Geral dos Impostos;

b) Às conservatórias competentes, relações de todos os instrumentos lavrados no mês anterior, para prova dos factos sujeitos a registo comercial obrigatório;

c) Ao Registo Nacional de Pessoas Colectivas, fotocópias dos títulos de constituição, modificação ou extinção de pessoas colectivas não sujeitas a registo comercial, lavrados no mês anterior.

2 – A obrigatoriedade, não emergente deste Código, de remessa a quaisquer entidades de relações, participações, notas, mapas ou informações só pode reportar-se a elementos do arquivo dos cartórios e ser imposta aos notários por portaria do Ministro da Justiça.

(Redacção dada pelo Decreto-Lei nº 287/2003, de 12-11)

ARTIGO 186º-A
Requisição do registo

1 – Incumbe ao notário, a pedido dos interessados, preencher a requisição de registo em impresso de modelo aprovado e remetê-la à competente conservatória do registo predial ou comercial, acompanhada dos respectivos documentos e preparo.

2 – A requisição é preenchida imediatamente após a outorga da escritura pública e assinada pelos interessados e pelo notário.

3 – A remessa à conservatória é efectuada por carta registada, no prazo estabelecido para a emissão da certidão do acto, podendo ser substituída pela apresentação directamente na própria conservatória, sempre que não resulte prejuízo para os serviços.

4 – A fotocópia da requisição é devolvida ao notário, após ser nela lançada nota de recebimento na conservatória.

5 – Pela requisição a que se refere o prresente artigo é devido o emolumento constante do nº 1 do artigo 24º da tabela.

6 – O regime previsto nos números anteriores é apenas aplicável aos actos a indicar em portaria do Ministro da Justiça.

(Aditado pelo Decreto-Lei nº 410/99, de 15-10)

ARTIGO 187º
Participação de actos à Conservatória dos Registos Centrais

1 – Os notários remetem à Conservatória dos Registos Centrais, por via electrónica, nos termos a fixar por portaria do membro do Governo responsável pela área da justiça:

a) Informação com a identificação dos testamentos públicos, instrumentos de aprovação, depósito ou abertura de testamentos cerrados e de testamentos internacionais, escrituras de revogação de testamentos e escrituras de renúncia ou repúdio de herança ou legado que hajam sido lavrados no mês anterior, bem como a identificação dos respectivos testadores ou outorgantes;

b) Cópia do registo das escrituras diversas celebradas no mês anterior.

2 – No caso das escrituras de doação em que os doadores tenham instituído encargos a favor da alma ou de interesse público que devam ser cumpridos depois da sua morte, a informação desse circunstancialismo deve acompanhar o envio do documento previsto na alínea *b)* do número anterior, com respeito às escrituras respectivas.

(Redacção dada pelo Decreto-Lei nº 324/2007, de 28-09)

ARTIGO 188º
Índice e relação organizados pela Conservatória dos Registos Centrais

1 – Na Conservatória dos Registos Centrais deve existir:

a) Índice geral de testamentos, escrituras de revogação destes e de renúncia e repúdio de herança ou legado, organizado por ordem alfabética dos nomes dos testadores e outorgantes, com base nas comunicações dos notários;

b) Relação anual das escrituras diversas lavradas por cada notário, segundo a sua ordem cronológica.

2 – O índice e a relação referidos no número anterior devem ser organizados em suporte informático, nos termos a fixar por despacho do presidente do Instituto dos Registos e do Notariado, I. P.

(Redacção dada pelo Decreto-Lei nº 324/2007, de 28-09)

CAPÍTULO III
Encargos dos actos notariais

ARTIGO 189º
Emolumentos, taxas e despesas

1 – Pelos actos praticados nos cartórios são cobrados os emolumentos constantes da respectiva tabela, salvo os casos de gratuitidade, redução ou isenção previstos na lei.

2 – Aos encargos previstos no número anterior acrescem, quanto aos actos realizados fora dos cartórios notariais, as despesas efectuadas com o transporte dos funcionários.

3 – A gratuitidade dos actos notariais e, bem assim, a redução ou isenção dos respectivos encargos não abrangem os emolumentos devidos pela saída do notário e pela celebração de actos fora das horas regulamentares.

4 – Pelo acto de transformação ou de modificação de um estabelecimento individual de responsabilidade limitada em sociedade unipessoal por quotas, a todo o tempo, ou de uma sociedade por quotas em sociedade unipessoal por quotas no caso previsto no nº 2 do artigo 270º-A do Código das Sociedades Comerciais, neste caso, durante os 12 meses seguintes à data da concentração das quotas, os emolumentos a cobrar nos termos do nº 1 deste artigo são reduzidos a um quinto.

(Redacção dada pelo Decreto-Lei nº 257/96, de 31-12)

ARTIGO 190º
Imposto do selo e imposto municipal de sisa

1 – Além dos encargos referidos no artigo anterior, o notário deve cobrar dos interessados o imposto do selo previsto na respectiva tabela correspondente aos diversos actos notariais e às folhas dos livros de notas, salvo os casos de forma especial de pagamento ou de isenção.

2 – O imposto municipal de sisa devido pelas transmissões de bens imóveis operadas em partilha ou divisão extrajudicial é liquidado em face de guias passadas pelo notário, nos termos previstos pelo artigo 48º do Código do Imposto Municipal de Sisa e do Imposto sobre as Sucessões e Doações, aprovado pelo Decreto-Lei nº 41 969, de 24 de Novembro de 1958.

ARTIGO 191º
Encargos de documentos requisitados

1 – *(Revogado.)*

2 – Quando se destinem a ser juntos a algum processo, os documentos expedidos levam aposta a conta e a menção de que esta deve entrar em regra de custas, se as houver, e a ser, oportunamente, paga ao cartório.

3 – Os encargos dos documentos requisitados por solicitação dos interessados são cobrados:

a) Pelo cartório notarial requisitante que, no prazo de quarenta e oito horas, deve remeter ao serviço requisitado, por cheque ou depósito em conta, o valor respeitante ao seu custo e despesas de expedição;

b) Pelos outros serviços requisitantes que, nos mesmos termos, devem remeter ao cartório requisitado as quantias respectivas.

(Redacção dada pelo Decreto-Lei nº 194/2003, de 23-08)

ARTIGO 192º
Encargos dos instrumentos avulsos

Nos instrumentos avulsos lavrados em dois exemplares, os emolumentos dos actos só são devidos pelo original, ficando o duplicado sujeito aos encargos devidos pelas certidões.

ARTIGO 193º
Organização das contas

1 – Os encargos a que estão sujeitos os actos notariais devem constar da conta e são devidamente discriminados pela forma prevista na lei.

2 – As contas são elaboradas logo após a realização do acto, salvo no caso previsto no artigo 115º, em que são feitas apenas quando devam ser pagas nos termos do nº 3 do mesmo artigo.

ARTIGO 194º
Lançamento das contas

1 – As contas são feitas em impresso do modelo aprovado, em duplicado, anotando-se o livro e o número das folhas em que o acto fica exarado.

2 – A conta dos actos lavrados em instrumentos avulsos e em outros documentos entregues às partes é lançada nesses instrumentos ou documentos, bem como nos seus duplicados, quando os houver.

3 – A conta relativa à apresentação de títulos a protesto é feita e lançada nesses títulos, quando retirados sem protesto, ou englobada na conta do instrumento, quando o protesto se realiza.

4 – Nos documentos transmitidos por telecópia a solicitação dos interessados, a conta é efectuada pelo cartório receptor e lançada nos termos do nº 1.

(Redacção dada pelo Decreto-Lei nº 380/98, de 27-11)

ARTIGO 195º
Conferência e entrega das contas

Todas as contas são conferidas e rubricadas pelo notário ou pelo funcionário que presidir ao acto, devendo ser entregue o duplicado ao interessado e cobrado recibo no original.

ARTIGO 196º
Registo das contas

1 – À medida que forem elaboradas, as contas são imediatamente lançadas no livro de registo de emolumentos e selo.

2 – Quando, por inadvertência, se cometa algum erro na conta ou haja omissão do seu registo, a correcção do erro ou o registo da conta podem fazer-se posteriormente, mas dentro do mesmo mês ou no mês imediato.

3 – Se, na data do encerramento do livro de registo de emolumentos e de selo, ao proceder-se ao apuramento dos depósitos obrigatórios, estiver alguma conta por pagar, são as verbas dessa conta deduzidas aos totais encontrados no encerramento, anotando-se no registo da conta e na coluna de observações, a vermelho, o estorno.

4 – A conta deve ser novamente registada no livro de emolumentos e de selo logo que seja cobrada, sendo anotado, junto à menção do estorno, o novo número de ordem de registo que lhe tenha cabido.

(Redacção dada pelo Decreto-Lei nº 380/98, de 27-11)

ARTIGO 197º
Referência ao registo das contas

1 – No final de cada conta indica-se o número de registo que lhe corresponde.

2 – No final de cada instrumento cuja conta nele não deva ser lançada, e após as assinaturas, faz-se referência ao seu número de registo e, se algum acto beneficiar de isenção ou redução de emolumentos e de selo, deve anotar-se, de forma sucinta, o respectivo fundamento legal.

3 – Na menção da conta dos reconhecimentos faz-se referência ao total apurado.

4 – O notário ou o funcionário que presidir ao acto deve apor a sua rubrica a seguir às menções do registo da conta e das isenções ou reduções verificadas.

ARTIGO 198º
Selo dos livros

1 – Os livros indicados nas alíneas *a)* a *c)*, *f)* e *g)* do nº 1 do artigo 7º estão sujeitos ao imposto a que se refere o artigo 112º da Tabela Geral do Imposto do Selo.

2 – O imposto do selo dos livros de notas é liquidado e cobrado por cada lauda total ou parcialmente utilizada pela escrita dos actos, à medida que forem sendo lavrados, sendo o imposto devido pelo acto que ocupar a primeira linha de cada lauda.

3 – O selo dos livros a que se refere o número anterior deve ser discriminado na conta dos encargos que são cobrados das partes e, nos outros livros sujeitos a imposto do selo, deve ser liquidado e pago pelo cartório, antes da legalização.

4 – O selo relativo às laudas total ou parcialmente ocupadas pela escrita dos actos inutilizados por motivo não imputável às partes, bem como o selo relativo ao

verso das folhas soltas respeitantes a actos lavrados em livros de notas para escrituras diversas, que não seja utilizado, é da responsabilidade do cartório.

5 – É também da responsabilidade do cartório o selo devido pelas escrituras de rectificação de actos notariais por erro imputável aos serviços, bem como o selo das laudas por elas ocupadas.

6 – Não é devido selo pelas laudas que contiverem os termos de abertura e de encerramento, se as linhas restantes não forem utilizadas para a escrita de qualquer acto.

(Redacção dada pelo Decreto-Lei nº 250/96, de 24-12)

ARTIGO 199º
Selo de diversos actos

1 – Por cada instrumento de aprovação de testamento cerrado e de testamento internacional é devido o imposto a que se refere o artigo 20º da Tabela Geral do Imposto do Selo.

2 – Os termos da autenticação são equiparados aos reconhecimentos, para o efeito do disposto no § 2º do artigo 6º do Regulamento do Imposto do Selo.

3 – O imposto fixado no artigo 149º da Tabela Geral do Imposto do Selo é apenas devido por cada registo de instrumento de protesto e por cada registo lavrado no livro a que se refere a alínea *g)* do nº 1 do artigo 7º deste Código.

4 – O imposto previsto no artigo 162º da Tabela Geral do Imposto do Selo deve ser pago, quanto aos testamentos públicos que sejam utilizados nos termos do artigo 45º, por meio de estampilhas coladas e inutilizadas nas próprias folhas do livro.

ARTIGO 200º
Forma do pagamento do imposto do selo liquidado por verba

1 – O imposto do selo liquidado por verba é pago por meio de guias passadas em triplicado, conforme modelo aprovado.

2 – Os pagamentos são feitos semanalmente, nos três primeiros dias úteis da semana seguinte à da cobrança mas, se o último dia do mês não for domingo, deve efectuar-se nos três primeiros dias úteis do mês seguinte o pagamento do imposto do selo referente aos dias decorridos entre o último domingo e o fim do mês.

ARTIGO 201º
Pagamento de outros encargos

O imposto do selo de recibo é pago por meio de guia em triplicado, conforme modelo aprovado, até ao dia 10 de cada mês, na tesouraria da Fazenda Pública, arquivando-se um duplicado no cartório.

CAPÍTULO IV
Disposições finais

ARTIGO 202º
Comunicações que devem ser feitas aos notários

São obrigatoriamente comunicados, por via electrónica, aos notários onde tiverem sido lavrados os respectivos actos:

a) O falecimentos dos testadores e dos doadores, quando estes últimos tenham instituído encargos a favor da alma ou de interesse público que devam ser cumpridos depois da sua morte, por parte da Conservatória dos Registos Centrais;
b) *(Revogada.)*
c) As decisões judiciais transitadas em julgado que tenham declarado a nulidade ou a revalidação de actos notariais, e as decisões proferidas nas acções a que se referem os artigos 87º e 101º por parte da respectiva secretaria judicial.
(Redacção dada pelo Decreto-Lei nº 324/2007, de 28-09)

ARTIGO 203º
Requisitos das comunicações

1 – Das comunicações a efectuar nos termos do artigo anterior devem constar, conforme os casos, a data do falecimento do testador ou doador, a conservatória do registo civil onde o facto foi registado e a data do testamento ou da escritura de doação, bem como a identificação do processo judicial, o teor da parte dispositiva da decisão, a data desta e a do seu trânsito em julgado.

2 – As comunicações devem ser efectuadas por via electrónica, no prazo de quarenta e oito horas após o conhecimento do facto pela Conservatória dos Registos Centrais ou após o trânsito em julgado das decisões que as determinam, nos termos a regulamentar por portaria do membro do Governo responsável pela área da justiça.
(Redacção dada pelo Decreto-Lei nº 324/2007, de 28-09)

ARTIGO 204º
Participação de disposições a favor da alma e de encargos de interesse público

1 – Aos notários cumpre enviar às entidades incumbidas de fiscalizar o cumprimento de disposições a favor da alma e de encargos de interesse público as certidões dos testamentos e das escrituras de doação que contenham disposições dessa natureza.

2 – Quando se trate de disposições a favor da alma, a remessa é feita ao ordinário da diocese a que pertencer o lugar de abertura da herança e, tratando-se de encargos de interesse público, à câmara municipal do respectivo concelho.

3 – As certidões são isentas de emolumentos, podendo ser de teor parcial ou de narrativa, desde que contenham todas as indicações necessárias ao fim a que se destinam.

4 – A remessa das certidões é feita até ao dia 15 do mês imediato àquele em que tenha sido lavrado o averbamento do falecimento do testador ou do doador.

5 – As entidades a quem as certidões forem enviadas devem remeter aos notários, pelo seguro do correio, o recibo correspondente, salvo quando a entrega da certidão haja sido feita mediante protocolo.

ARTIGO 205º
Aposição do selo branco

1 – Em todos os actos notariais, com excepção dos lavrados nos livros, deve ser aposto o selo branco do cartório.

2 – A aposição do selo branco é feita junto da assinatura e da rubrica do notário ou do oficial.

ARTIGO 206º
Actos notariais lavrados no estrangeiro

1 – Os actos notariais lavrados no estrangeiro pelos agentes consulares portugueses competentes podem ser transcritos na Conservatória dos Registos Centrais, mediante a apresentação das respectivas certidões de teor.

2 – A transcrição dos testamentos em vida do testador só pode ser requerida por este.

3 – O Ministério dos Negócios Estrangeiros deve enviar ao Ministério da Justiça, a fim de serem registadas e arquivadas na Conservatória dos Registos Centrais, a cópia dos testamentos públicos e dos instrumentos de aprovação e de abertura de testamentos cerrados a que se referem o § 2º do artigo 255º, o § único do artigo 259º e o artigo 268º do Regulamento Consular, bem como a nota de registo dos instrumentos de aprovação dos testamentos cerrados.

4 – A obrigação a que se refere o número anterior aplica-se aos testamentos internacionais.

ARTIGO 207º
Informações

1 – A Conservatória dos Registos Centrais deve prestar as informações que lhe forem solicitadas pelos interessados sobre a existência dos testamentos e das escrituras registadas no índice geral e sobre a data e repartição em que esses documentos foram lavrados.

2 – As informações referentes a testamentos só podem ser prestadas após a verificação do falecimento do testador ou, em vida deste, a seu pedido ou do seu procurador com poderes especiais.

3 – As informações são prestadas por escrito, em impresso de modelo especial, ou por certidão.

(Redacção dada pelo Decreto-Lei nº 324/2007, de 28-09)

Estatuto do Notariado*

Decreto-Lei nº 26/2004, de 4 de fevereiro

CAPÍTULO I
Disposições gerais

SECÇÃO I
Notário e função notarial

ARTIGO 1º
Natureza

1 – O notário é o jurista a cujos documentos escritos, elaborados no exercício da sua função, é conferida fé pública.

2 – O notário é, simultaneamente, um oficial público que confere autenticidade aos documentos e assegura o seu arquivamento e um profissional liberal que atua de forma independente, imparcial e por livre escolha dos interessados.

3 – A natureza pública e privada da função notarial é incindível.

ARTIGO 1º-A
Atribuição e reconhecimento da qualidade de notário

(Revogado.)

ARTIGO 2º
Classe única de notários

No território da República Portuguesa há uma classe única de notários.

* *Texto de acordo com a republicação da Lei nº 155/2015, de 15 de setembro.*

ARTIGO 3º
Dependência

O notário está sujeito à fiscalização e ação disciplinar do Ministro da Justiça e dos órgãos competentes da Ordem dos Notários.

ARTIGO 4º
Função notarial

1 – Compete, em geral, ao notário redigir o instrumento público conforme a vontade dos interessados, a qual deve indagar, interpretar e adequar ao ordenamento jurídico, esclarecendo-os do seu valor e alcance e exercer todas as demais competências que lhe sejam atribuídas por lei.

2 – Em especial, compete ao notário, designadamente:

a) Lavrar testamentos públicos, instrumentos de aprovação, depósito e abertura de testamentos cerrados e de testamentos internacionais;

b) Lavrar outros instrumentos públicos nos livros de notas e fora deles;

c) Exarar termos de autenticação em documentos particulares ou de reconhecimento da autoria da letra com que esses documentos estão escritos ou das assinaturas neles apostas;

d) Passar certificados de vida e identidade e, bem assim, do desempenho de cargos públicos, de gerência ou de administração de pessoas coletivas;

e) Passar certificados de outros factos que tenha verificado;

f) Certificar, ou fazer e certificar, traduções de documentos;

g) Passar certidões de instrumentos públicos, de registos e de outros documentos arquivados, extrair públicas-formas de documentos que para esse fim lhe sejam presentes ou conferir com os respetivos originais e certificar as fotocópias extraídas pelos interessados;

h) Lavrar instrumentos para receber a declaração, com caráter solene ou sob juramento, de honorabilidade e de não se estar em situação de falência, nomeadamente para efeitos do preenchimento dos requisitos condicionantes, na ordem jurídica comunitária, da liberdade de estabelecimento ou de prestação de serviços;

i) Lavrar instrumentos de atas de reuniões de órgãos sociais;

j) Transmitir por via eletrónica o teor dos instrumentos públicos, registos e outros documentos que se achem arquivados no cartório a outros serviços públicos perante os quais tenham de fazer fé e receber os que lhe forem transmitidos, por esses serviços, nas mesmas condições;

l) Intervir nos atos jurídicos extrajudiciais a que os interessados pretendam dar garantias especiais de certeza e autenticidade;

m) Intervir em processos de mediação e de arbitragem;

n) Conservar os documentos que por lei devam ficar no arquivo notarial e os que lhe forem confiados com esse fim, aplicando as regras de arquivo eletrónico que cumpram as especificações técnicas fixadas pela Ordem dos Notários no quadro das suas competências de reorganização dos sistemas de arquivo notarial;

o) Liquidar por via eletrónica, a pedido do contribuinte e nos termos por este declarados, o Imposto Municipal Sobre as Transmissões Onerosas de Imóveis e outros impostos, tendo em conta os negócios jurídicos a celebrar ou celebrados, nos casos e nos termos a fixar por portaria dos membros do Governo responsáveis pelas áreas das finanças e da justiça;

p) Apresentar por via eletrónica, a pedido dos interessados e de acordo com as respetivas declarações, pedidos de alteração, nos termos do artigo 13º da Lei nº 7/2007, de 5 de fevereiro, de morada fiscal do adquirente, de isenção de Imposto Municipal sobre Imóveis relativo a habitação própria e permanente e de inscrição ou atualização de prédio urbano na matriz, nos termos a fixar por portaria dos membros do Governo responsáveis pelas áreas das finanças e da justiça;

q) Apresentar por via eletrónica, a pedido do contribuinte e de acordo com as respetivas declarações, a participação a que se refere o artigo 26º do Código do Imposto do Selo, nos termos a fixar por portaria dos membros do Governo responsáveis pelas áreas das finanças e da justiça;

r) Promover, em representação dos interessados, os registos necessários à proteção de propriedade industrial e praticar junto do Instituto Nacional da Propriedade Industrial, INPI, I. P., todos os atos necessários para o efeito;

s) Exercer as demais funções que resultam das disposições do presente Estatuto ou de outros preceitos legais.

3 – A solicitação dos interessados, o notário pode requisitar por qualquer via, a outros serviços públicos, os documentos necessários à instrução dos atos da sua competência.

4 – Incumbe ao notário, a pedido dos interessados, preencher a requisição de registo, em impresso de modelo aprovado, e remetê-la à competente conservatória do registo predial ou comercial, acompanhada dos respetivos documentos e preparo.

ARTIGO 5º
Cartórios notariais

1 – O notário exerce as suas funções em instalações próprias, denominadas cartórios notariais.

2 – Os cartórios notariais são organizados e dimensionados por forma a assegurar uma prestação de serviços de elevada qualidade e prontidão.

3 – Os notários podem associar-se em sociedades exclusivamente de notários, nos termos legalmente previstos.

ARTIGO 6º
Numerus clausus

1 – Na sede de cada município existe, pelo menos, um notário, cuja atividade está dependente da atribuição de licença.

2 – O número de notários e a área de localização dos respetivos cartórios constam de mapa notarial aprovado por decreto-lei, ouvidos a direção da Ordem dos Notários e o Conselho do Notariado.

3 – *(Revogado.)*

ARTIGO 7º
Competência territorial

1 – A competência do notário é exercida na circunscrição territorial do município em que está instalado o respetivo cartório.

2 – Sem prejuízo do disposto no número anterior, o notário pode praticar todos os atos da sua competência ainda que respeitem a pessoas domiciliadas ou a bens situados fora da respetiva circunscrição territorial.

3 – Excecionalmente, e desde que as circunstâncias o justifiquem, a competência do notário pode ser exercida em mais de uma circunscrição territorial contígua, mediante despacho do Ministro da Justiça, ouvida a Ordem dos Notários.

ARTIGO 8º
Prática de atos por trabalhadores

1 – O notário pode, sob sua responsabilidade, autorizar trabalhadores com formação adequada a praticar determinados atos ou certas categorias de atos, sendo as respetivas condições mínimas definidas por portaria do membro do Governo responsável pela área da justiça, ouvida a Ordem dos Notários.

2 – É vedada a autorização a que se refere o número anterior para a prática de atos titulados por escritura pública, testamentos públicos, instrumentos de aprovação, de abertura e de depósito de testamentos cerrados ou de testamentos internacionais e respetivos averbamentos, atas de reuniões de órgãos sociais, procurações e termos de autenticação previstos nas alíneas *a)* a *g)* do artigo 22º do Decreto-Lei nº 116/2008, de 4 de julho.

3 – A autorização referida no nº 1 deve ser expressa e o respetivo texto afixado no cartório notarial em local acessível ao público, devendo ainda ser registada e permanentemente atualizada por via eletrónica junto da Ordem dos Notários.

4 – O registo referido no número anterior constitui requisito de validade da intervenção do colaborador e do documento em causa, devendo ser publicitado no sítio da Ordem dos Notários, com acesso livre.

ARTIGO 9º
Substituição do notário

1 – Nas ausências e impedimentos temporários que sejam suscetíveis de causar prejuízo sério aos utentes, o notário é substituído por outro notário por ele designado, obtido o consentimento deste.

2 – Quando não seja possível a substituição nos termos do número anterior, a direção da Ordem dos Notários designa o notário substituto e promove as medidas que tiver por convenientes, tendo em vista, designadamente, assegurar a

guarda e conservação do arquivo, de acordo com os critérios a fixar por regulamento aprovado pela assembleia geral da Ordem dos Notários, sob proposta da direção.

3 – A direção da Ordem dos Notários procede ainda à designação do notário substituto, nos termos do número anterior, nos casos de:

a) Suspensão do exercício da atividade notarial;
b) Ausência injustificada do notário por mais de 30 dias seguidos;
c) Cessação definitiva do exercício da atividade do notário.

4 – A identificação do notário substituto e quaisquer medidas adotadas por causa da substituição devem ser afixadas no cartório notarial em local acessível ao público.

5 – A fim de garantir as substituições, a Ordem dos Notários mantém uma bolsa de notários.

6 – A substituição vigora até à cessação do impedimento, ausência temporária, suspensão ou até à atribuição da licença de instalação do cartório por meio de concurso.

7 – As despesas necessárias à concretização da substituição, designadamente para a transferência do arquivo, são da responsabilidade do notário substituído.

SECÇÃO II
Princípios da atividade notarial

ARTIGO 10º
Enumeração

O notário exerce as suas funções em nome próprio e sob sua responsabilidade, com respeito pelos princípios da legalidade, autonomia, imparcialidade, exclusividade e livre escolha.

ARTIGO 11º
Princípio da legalidade

1 – O notário deve apreciar a viabilidade de todos os atos cuja prática lhe é requerida, em face das disposições legais aplicáveis e dos documentos apresentados ou exibidos, verificando especialmente a legitimidade dos interessados, a regularidade formal e substancial dos referidos documentos e a legalidade substancial do ato solicitado.

2 – O notário deve recusar a prática de atos:

a) Que forem nulos, não couberem na sua competência ou pessoalmente estiver impedido de praticar;

b) Sempre que tenha dúvidas sobre a integridade das faculdades mentais dos participantes, salvo se no ato intervierem, a seu pedido ou a instância dos outorgantes, dois peritos médicos que, sob juramento ou compromisso de honra, abonem a sanidade mental daqueles.

3 – O notário não pode recusar a sua intervenção com fundamento na anulabilidade ou ineficácia do ato, devendo, contudo, advertir os interessados da existência do vício e consignar no instrumento a advertência feita.

ARTIGO 12º
Princípio da autonomia

O notário exerce as suas funções com independência, quer em relação ao Estado quer a quaisquer interesses particulares.

ARTIGO 13º
Princípio da imparcialidade

1 – O notário tem a obrigação de manter equidistância relativamente a interesses particulares suscetíveis de conflituar, abstendo-se, designadamente, de assessorar apenas um dos interessados num negócio.

2 – Nenhum notário pode praticar atos notariais nos seguintes casos:

a) Quando neles tenha interesse pessoal;

b) Quando neles tenha interesse o seu cônjuge, ou pessoa em situação análoga há mais de dois anos, algum parente ou afim em linha reta ou até ao 2º grau da linha colateral;

c) Quando neles intervenha como procurador ou representante legal o seu cônjuge, ou pessoa em situação análoga há mais de dois anos, algum parente ou afim em linha reta ou até ao 2º grau da linha colateral.

ARTIGO 14º
Extensão dos impedimentos

1 – Os impedimentos do notário são extensivos aos seus trabalhadores.

2 – Excetuam-se as procurações e os substabelecimentos com simples poderes forenses e os reconhecimentos de letra e de assinatura apostas em documentos que não titulem atos de natureza contratual, nos quais os trabalhadores podem intervir, ainda que o representado, representante ou signatário seja o próprio notário.

ARTIGO 15º
Princípio da exclusividade

1 – As funções do notário são exercidas em regime de exclusividade, sendo incompatíveis com quaisquer outras funções remuneradas, públicas ou privadas.

2 – Excetuam-se do disposto no número anterior:

a) A participação em atividades docentes e de formação, quando autorizadas pela Ordem dos Notários;

b) A participação em conferências, colóquios e palestras;
c) A perceção de direitos de autor.

ARTIGO 16º
Princípio da livre escolha

1 – Sem prejuízo das normas relativas à competência territorial, e de normas constantes de diplomas que atribuem outras competências específicas aos notários, os interessados escolhem livremente o notário.

2 – *(Revogado.)*

3 – *(Revogado.)*

SECÇÃO III
Retribuição do notário

ARTIGO 17º
Princípios gerais

1 – O notário é retribuído pela prática dos atos notariais, nos termos constantes de tabela aprovada por portaria do Ministério da Justiça.

2 – A tabela pode determinar montantes fixos, variáveis entre mínimos e máximos, ou livres e é revista periodicamente pelo menos de dois em dois anos.

3 – Sempre que os montantes a fixar sejam variáveis ou livres deve o notário proceder com moderação, tendo em conta, designadamente, o tempo gasto, a dificuldade do assunto, a importância do serviço prestado e o contexto sócio-económico dos interessados.

ARTIGO 18º
Conta dos atos

Em relação a cada ato notarial efetuado, bem como a todos os outros atos cuja competência lhe seja legalmente atribuída, o notário deve elaborar a respetiva conta, com a especificação de todas as verbas que a compõem e mencionar nela, por extenso, a importância total a cobrar, incluindo as verbas devidas a um interveniente por outro interveniente no ato ou procedimento, em virtude desse mesmo ato ou procedimento.

ARTIGO 19º
Pagamento da conta

1 – O pagamento da conta respeitante a ato notarial fica a cargo de quem requereu a prática do ato, sendo a responsabilidade dos interessados solidária.

2 – O pagamento da conta respeitante a outros atos cuja competência seja legalmente atribuída ao notário é efetuado nos termos previstos em legislação própria.

3 – O pagamento da conta pode ser exigido judicialmente, pelo notário ou por interveniente, credor de outro interveniente de acordo com a conta, quando não satisfeito voluntariamente, servindo de título executivo a conta assinada pelo notário no que respeita aos montantes constantes da tabela e encargos legais ou da legislação que defina os custos do procedimento.

4 – O notário pode exigir, no âmbito da prática de atos notariais, a título de provisão, quantias por conta dos honorários ou despesas, sob pena de recusa da prática do ato, exceto dos testamentos.

SECÇÃO IV
Horário dos cartórios notariais

ARTIGO 20º
Abertura ao público

O horário de abertura ao público dos cartórios notariais é fixado em portaria do Ministério da Justiça, ouvida a Ordem dos Notários.

CAPÍTULO II
Direitos e deveres do notário

ARTIGO 21º
Prerrogativa de uso de símbolo da fé pública

1 – O notário tem direito a usar, como símbolo da fé pública, selo branco, de forma circular, representando em relevo o escudo da República Portuguesa, circundado pelo nome do notário e pela identificação do respetivo cartório, de acordo com o modelo aprovado por portaria do Ministério da Justiça.

2 – O notário tem ainda direito a usar o correspondente digital do selo branco, de acordo com o disposto na lei reguladora dos documentos públicos eletrónicos.

3 – O selo branco e o seu correspondente digital, pertença de cada notário, são registados no Ministério da Justiça e não podem ser alterados sem autorização do Ministro da Justiça.

4 – Em caso de cessação definitiva de funções, o Ministério da Justiça deve ser informado de imediato, podendo autorizar o uso do selo branco e o do seu correspondente digital pelo substituto designado pela direção da Ordem dos Notários, devendo, nesses casos, fazer-se expressa menção da situação em que é usado o selo branco ou o seu correspondente digital.

ARTIGO 22º
Direito a identificação

O notário tem direito a afixar no exterior do cartório notarial o seu nome, título académico e horário de abertura ao público.

ARTIGO 23º
Deveres dos notários

1 – Constituem deveres dos notários:

a) Cumprir as leis e as normas deontológicas;

b) Desempenhar as suas funções com subordinação aos objetivos do serviço solicitado e na perspetiva da prossecução do interesse público;

c) Prestar os seus serviços a todos quantos os solicitem, salvo se tiver fundamento legal para a sua recusa;

d) Guardar sigilo profissional sobre todos os factos e elementos cujo conhecimento lhe advenha exclusivamente do exercício das suas funções;

e) Não praticar qualquer ato sem que se mostrem cumpridas as obrigações de natureza tributária ou relativas à segurança social, que o hajam de ser antes da sua realização;

f) Comunicar ao órgão competente da administração fiscal a realização de quaisquer atos de que resultem obrigações de natureza tributária;

g) Prestar informações que lhe forem solicitadas pelo Ministério da Justiça para fins estatísticos;

h) Satisfazer pontualmente as suas obrigações, especialmente para com o Estado, a Ordem dos Notários e os seus trabalhadores;

i) Dirigir o serviço de forma a assegurar o bom funcionamento do cartório;

j) Denunciar os crimes de que tomar conhecimento no exercício das suas funções e por causa delas, designadamente os crimes de natureza económica, financeira e de branqueamento de capitais;

l) Não solicitar ou angariar clientes, por si ou por interposta pessoa;

m) Contratar e manter seguro de responsabilidade civil profissional de montante não inferior a €100 000.

2 – Os factos e elementos cobertos pelo sigilo profissional só podem ser revelados nos termos previstos nas disposições legais pertinentes e, ainda, por decisão do órgão competente da Ordem dos Notários, ponderados os interesses em conflito.

ARTIGO 24º
Segurança social

Os notários integram-se no regime de segurança social dos trabalhadores independentes.

CAPÍTULO III
Acesso à função notarial e atribuição do título de notário

SECÇÃO I
Requisitos gerais de acesso

ARTIGO 25º
Requisitos de acesso à função notarial

Para adquirir a qualidade de notário em Portugal, são requisitos indispensáveis os seguintes:

a) Ser português ou nacional de um Estado membro da União Europeia ou de outro Estado signatário de acordo com Portugal visando o reconhecimento mútuo de qualificações profissionais para o exercício da função notarial em regime de reciprocidade;

b) Ser maior de idade;

c) Não estar inibido do exercício de funções públicas ou interdito para o exercício de funções notariais;

d) Possuir um dos seguintes graus em Direito:

- *i*) Grau de licenciado em Direito;
- *ii*) Grau académico superior estrangeiro em Direito a que tenha sido conferida equivalência ao grau a que se refere a subalínea anterior ou que tenha sido reconhecido com o nível deste.

e) Ter frequentado o estágio notarial;

f) Ter obtido aprovação em concurso promovido nos termos dos artigos 31º e 32º do presente Estatuto.

SECÇÃO II
Estágio

ARTIGO 26º
Início de estágio

Quem possuir os requisitos previstos nas alíneas *a*) a *d*) do artigo anterior pode requerer à Ordem dos Notários a inscrição no estágio notarial.

ARTIGO 27º
Estágio

1 – O estágio tem a duração máxima de 18 meses e é realizado sob orientação de notário com, pelo menos, cinco anos de exercício de funções notariais, livremente escolhido pelo estagiário ou designado pela Ordem dos Notários.

2 – O estágio encontra-se dividido em duas fases, sendo que:

a) A fase inicial tem a duração de seis meses e destina-se a garantir a iniciação aos aspetos técnicos da profissão e um adequado conhecimento das suas regras e exigências deontológicas, de forma a assegurar que os estagiários, ao transitarem para a fase complementar, estão aptos à prática dos atos da função notarial, no âmbito das suas competências;

b) A fase complementar tem a duração de 12 meses e visa o desenvolvimento e aprofundamento das exigências práticas e deontológicas da profissão, intensificando o contacto pessoal do estagiário com o funcionamento dos cartórios, seus utentes e trabalhadores, e com todos os aspetos e instituições relevantes para a função notarial.

3 – A duração do estágio, bem como de cada uma das fases previstas no número anterior, são reduzidas a metade se o estagiário for:

a) Doutor em Direito;

b) Magistrado judicial ou do Ministério Público, desde que não tenha tido classificação de serviço inferior a Bom;

c) Conservador de registos, desde que não tenha tido avaliação final de desempenho inferior a «adequado»;

d) Advogado inscrito na Ordem dos Advogados durante pelo menos cinco anos;

e) Colaborador de notário em exercício de funções com competências delegadas há pelo menos um ano.

4 – A duração do estágio e das respetivas fases é igualmente reduzida a metade se o estagiário for ajudante ou escriturário dos registos e do notariado, desde que não tenha tido avaliação final de desempenho inferior a «adequado».

ARTIGO 27º-A
Abertura dos períodos de estágio

1 – Cabe à Ordem dos Notários promover a abertura do período de estágio, o qual deve ocorrer uma vez por ano.

2 – A Ordem dos Notários publica o anúncio da abertura de período de estágio no seu sítio na Internet, indicando a data de início do mesmo, com, pelo menos, seis semanas de antecedência.

ARTIGO 27º-B
Patrono

1 – O notário patrono é o principal responsável pela orientação e direção do exercício profissional do estagiário, cabendo-lhe promover a formação durante o estágio e apreciar a aptidão e idoneidade ética e deontológica do estagiário para o exercício da profissão, emitindo para o efeito a informação do estágio prevista no artigo 29º, e participando diretamente no processo de avaliação.

2 – O notário patrono está vinculado ao cumprimento dos seguintes deveres:

a) Permitir ao estagiário o acesso ao seu cartório e a utilização deste, nas condições e com as limitações que venha a estabelecer;

b) Facilitar o acesso à utilização dos equipamentos do cartório, designadamente de telefones, telecópia, computadores e outros nas condições e com as limitações que venha a determinar;

c) Permitir que o estagiário assista aos atos notariais que pratique e respetivas diligências preparatórias e complementares, quando este o solicite ou quando o interesse das questões em causa o recomende;

d) Permitir que o estagiário tenha acesso aos documentos notariais por si preparados e elaborados, bem como aos seus livros e respetivos documentos notariais nas condições e com as limitações que venha a determinar;

e) Aconselhar, orientar e informar o estagiário durante todo o tempo de formação;

f) Elaborar o plano de estágio;

g) Verificar se o estagiário comparece regular e continuamente no cartório e respeita os horários de atendimento ao público;

h) Elaborar a informação de estágio conforme previsto no presente Estatuto e no regulamento de estágio;

i) Cumprir as formalidades legais inerentes à realização do estágio.

3 – O notário patrono pode, sob sua responsabilidade, autorizar o estagiário a praticar determinados atos ou categorias de atos, nos termos previstos no artigo 8º

ARTIGO 27º-C
Deveres dos estagiários

São deveres dos estagiários durante todo o seu período de estágio:

a) Observar escrupulosamente as regras, condições e limitações referentes à utilização dos equipamentos e instalações do cartório do notário patrono;

b) Guardar respeito e lealdade para com o notário patrono;

c) Submeter-se ao plano de estágio definido pelo notário patrono;

d) Colaborar com o notário patrono sempre que este o solicite e efetuar os trabalhos que lhe sejam determinados, desde que se revelem compatíveis com a atividade do estágio;

e) Colaborar com assiduidade, pontualidade, empenho, zelo e competência em todas as atividades e trabalhos que lhe sejam submetidos, bem como na atividade diária do cartório;

f) Guardar sigilo profissional;

g) Comunicar à direção da Ordem dos Notários qualquer facto que possa condicionar ou limitar o pleno cumprimento das normas estatutárias e regulamentares inerentes ao estágio;

h) Cumprir em plenitude todas as demais obrigações deontológicas e regulamentares no exercício da função notarial;

i) Indicar a qualidade de estagiário e a autorização prevista no nº 3 do artigo anterior, nos atos que pratique, durante a fase complementar de estágio;

j) Elaborar relatório final de estágio, nos termos previstos no presente Estatuto e no regulamento de estágio.

ARTIGO 27º-D
Seguros do estagiário

No momento da inscrição, o estagiário deve apresentar comprovativo de subscrição da apólice de seguro de grupo disponibilizada pela Ordem dos Notários, ou contratada por si, relativo a:

a) Seguro de acidentes pessoais que cubra os riscos que possam ocorrer durante e por causa do estágio;

b) Seguro de responsabilidade civil profissional que cubra, durante a realização do estágio, os riscos inerentes ao desempenho das tarefas que enquanto estagiário lhe forem atribuídas, conforme o estabelecido na apólice respetiva, renovando-o sempre que necessário até à sua conclusão e que vigora enquanto aquela inscrição se mantiver ativa.

ARTIGO 28º
Organização do estágio

1 – Os estagiários não podem, durante a fase inicial do estágio, praticar atos da função notarial.

2 – Durante a fase complementar, os estagiários podem praticar os atos da função notarial que o notário patrono autorizar, com as restrições constantes do nº 2 do artigo 8º, devendo indicar nos atos que pratiquem a qualidade de estagiário e a autorização.

3 – *(Revogado.)*

ARTIGO 28º-A
Suspensão e prorrogação do estágio

1 – O estagiário pode, livre e unilateralmente, requerer à direção da Ordem dos Notários a suspensão do seu estágio, por tempo determinado ou indeterminado.

2 – Finda a suspensão, o estágio retoma na mesma fase em que foi suspenso, sendo que se a suspensão se prolongar por prazo superior a um ano, o estagiário deve reiniciar a fase em que se encontra, sujeitando-se às normas regulamentares em vigor à data do reinício.

3 – O tempo de estágio pode ser prorrogado a solicitação do estagiário, devidamente justificada e acompanhada de parecer do notário patrono, sendo apreciado e decidido pela direção da Ordem dos Notários.

4 – A prorrogação só pode ser concedida por uma única vez e por período nunca superior a seis meses.

ARTIGO 29º
Informação do estágio

Para efeitos de conclusão do estágio, e dentro do prazo estabelecido no artigo 27º, o notário patrono elabora uma informação do estágio, na qual se pronuncia sobre a aptidão do estagiário para o exercício da função notarial.

ARTIGO 30º
Regulamentação do estágio

A seleção de estagiários, a organização e o programa do estágio notarial, bem como a elaboração da informação do estágio, regem-se pelas normas do presente Estatuto e por regulamento aprovado pela Ordem dos Notários, ouvido o Conselho do Notariado, e homologado pelo membro do Governo responsável pela área da justiça nos termos do disposto no nº 5 do artigo 45º da Lei nº 2/2013, de 10 de janeiro.

SECÇÃO III
Concurso

ARTIGO 31º
Abertura do concurso

1 – O título de notário obtém-se por concurso aberto por aviso do Ministério da Justiça, publicado no Diário da República, ouvida a Ordem dos Notários.

2 – Só podem habilitar-se ao concurso os estagiários que tiverem concluído o estágio notarial com aproveitamento.

ARTIGO 32º
Prestação de provas

1 – O concurso consiste na prestação de provas públicas de avaliação da capacidade para o exercício da função notarial.

2 – As provas têm uma parte escrita e uma parte oral e são realizadas nos termos de normas próprias, constantes do aviso do concurso.

SECÇÃO IV
Atribuição do título de notário

ARTIGO 33º
Atribuição

1 – É atribuído o título de notário a quem obtenha aprovação no concurso.

2 – Os notários são graduados segundo o seu mérito, tendo em conta as classificações obtidas nas provas do concurso e as constantes dos respetivos títulos académicos.

3 – A graduação estabelecida nos termos do número anterior tem a validade de dois anos, prorrogável por deliberação fundamentada da direção da Ordem dos Notários.

CAPÍTULO IV
Concurso para atribuição de licença

ARTIGO 34º
Concurso de licenciamento

1 – As licenças para instalação de cartório notarial são postas a concurso consoante as vagas existentes.

2 – O concurso é aberto por aviso do Ministério da Justiça, publicado no Diário da República, ouvida a Ordem dos Notários.

3 – As vagas são preenchidas de acordo com a graduação dos candidatos e as referências de localização dos cartórios manifestadas no respetivo pedido de licença.

4 – Os notários que integrem a bolsa de notários gozam de bonificações específicas na graduação, de acordo com o número e a duração das substituições efetuadas, nos termos a definir pela Ordem dos Notários.

ARTIGO 35º
Atribuição de licença

1 – As licenças de instalação de cartório notarial são atribuídas por despacho do Ministro da Justiça.

2 – O notário só pode ser titular de uma licença.

3 – Os notários a quem tenha sido atribuída licença obrigam-se a exercer a sua atividade ao abrigo dessa mesma licença pelo período mínimo de dois anos, durante o qual ficam impedidos de se candidatarem a nova licença.

ARTIGO 36º
Bolsa de notários

1 – Os notários que não concorram a licença de cartório notarial ou não a obtenham no concurso podem integrar a bolsa de notários da Ordem dos Notários.

2 – O número dos que integram a bolsa dos notários bem como os critérios para a sua seleção são fixados pela Ordem dos Notários.

CAPÍTULO V
Instalação do cartório notarial e posse dos notários

ARTIGO 37º
Prazos de instalação e da posse

1 – Atribuída a licença, o notário tem 90 dias para proceder à instalação do cartório notarial.

2 – Quando a situação o justifique, o prazo referido no número anterior pode ser prorrogado por despacho do Ministro da Justiça.

3 – A posse deve ocorrer nos 15 dias subsequentes à instalação do cartório notarial.

ARTIGO 38º
Posse

1 – O notário inicia a atividade com a tomada de posse mediante juramento perante o Ministro da Justiça e o bastonário da Ordem dos Notários.

2 – No ato da tomada de posse é entregue ao notário o selo branco e a autorização de uso do seu correspondente digital.

3 – O início da atividade deve ser publicitado, por iniciativa e a expensas do empossado, num jornal da localidade, com menção do nome do notário e do local de exercício da atividade.

ARTIGO 39º
Notários sem licença de cartório notarial

Os notários que integram a bolsa de notários tomam posse em conjunto perante o Ministro da Justiça e o bastonário da Ordem dos Notários.

ARTIGO 40º
Ausência de tomada de posse

1 – A ausência injustificada de tomada de posse implica perda da licença de instalação de cartório notarial ou renúncia à integração na bolsa de notários, consoante os casos.

2 – *(Revogado.)*

3 – No caso referido nos números anteriores, a vaga correspondente é preenchida pelo candidato graduado imediatamente a seguir, de harmonia com o disposto no nº 3 do artigo 34º

CAPÍTULO VI
Reconhecimento de qualificações profissionais

ARTIGO 40º-A
Liberdade de estabelecimento em Portugal

1 – Pode estabelecer-se em Portugal para o exercício de atividade de notário, em plena igualdade de direitos e deveres com os notários portugueses, o profis-

sional que possua um título de formação exigido noutro Estado membro da União Europeia para nele exercer essa atividade.

2 – O título de formação mencionado no número anterior deve:

a) Ter sido emitido por uma autoridade competente para o efeito;

b) Comprovar o nível de qualificação profissional no mínimo equivalente a uma formação de ensino pós-secundário com duração mínima de três anos.

3 – Pode ainda estabelecer-se em Portugal o profissional que tenha exercido, a tempo inteiro, a atividade de notário durante dois anos no decurso dos 10 anos anteriores, num Estado membro da União Europeia que não regulamente esta atividade, desde que possua um título de formação equivalente ao previsto na alínea *d*) do artigo 25º, emitido por uma autoridade competente para o efeito.

4 – Os profissionais mencionados nos números anteriores ficam sujeitos à obtenção de aprovação no concurso referido na alínea *f*) do artigo 25º, a atribuição de licença para instalação de cartório notarial nos termos dos artigos 34º e 35º ou a integração na bolsa de notários prevista no artigo 36º, e a prévia inscrição na Ordem dos Notários.

5 – Os profissionais que se estabeleçam em Portugal nos termos previstos no presente artigo devem usar o título profissional de «notário», nos termos e para os efeitos do disposto no artigo 33º, sendo-lhes aplicável o disposto no presente Estatuto e na demais legislação aplicável aos notários.

ARTIGO 40º-B
Liberdade de prestação de serviços

(*Revogado.*)

ARTIGO 40º-C
Uso de título profissional

(*Revogado.*)

ARTIGO 40º-D
Responsabilidade disciplinar

(*Revogado.*)

CAPÍTULO VII
Cessação da atividade notarial e seus efeitos

SECÇÃO I
Cessação de atividade e readmissão

ARTIGO 41º
Enumeração

O notário cessa a atividade nos seguintes casos:

a) Exoneração;
b) Limite de idade;
c) Incapacidade;
d) Morte;
e) Interdição definitiva do exercício da atividade.

ARTIGO 42º
Exoneração

1 – O notário é exonerado pelo membro do Governo responsável pela área da justiça, a todo o momento e a seu pedido, mediante requerimento apresentado com a antecedência mínima de 90 dias.

2 – O notário deve informar a Ordem dos Notários da data em que pretende ser exonerado com a antecedência mínima de 90 dias.

ARTIGO 43º
Limite de idade

1 – O limite de idade para o exercício da função notarial é de 70 anos.

2 – O notário deve informar a Ordem dos Notários da data em que atinge o limite de idade para o exercício da sua função com a antecedência mínima de 90 dias.

ARTIGO 44º
Cessação de atividade por incapacidade

1 – Cessa a atividade por incapacidade o notário que sofra de perturbação física ou psíquica que impossibilite o desempenho normal da sua função, comprovada por junta médica competente.

2 – No caso previsto no número anterior e sempre que a situação o justifique, o Conselho do Notariado pode determinar a imediata suspensão da atividade do notário.

ARTIGO 45º
Readmissão

Os notários que tenham cessado a atividade por incapacidade, nos termos do artigo anterior, e que façam prova de que não subsistem os motivos que determinaram o seu afastamento podem requerer de novo licença de cartório notarial, de acordo com o disposto nos artigos 34º e 35º do presente Estatuto.

ARTIGO 46º
Interdição definitiva do exercício de atividade

O notário cessa definitivamente o exercício da atividade notarial na sequência de sanção disciplinar ou criminal que a determine.

SECÇÃO II
Efeitos da cessação de atividade

ARTIGO 47º
Encerramento do cartório notarial

1 – Em caso de cessação de atividade, o notário encerra o cartório e informa de imediato o Ministério da Justiça e a Ordem dos Notários do encerramento.

2 – Se a cessação de atividade ocorrer por morte do notário, o cartório notarial, com todos os bens nele contidos, é de imediato encerrado pelo trabalhador do notário com autorização para a prática de atos notariais ou, havendo vários, pelo trabalhador mais antigo e, sendo igual a antiguidade, pelo mais velho, que providencia pela imediata substituição das fechaduras de acesso ao cartório.

3 – Não havendo trabalhador com autorização para a prática de atos notariais, o dever referido no número anterior recai sobre o trabalhador mais antigo ou, em caso de igualdade, sobre o mais velho.

4 – O trabalhador que, nos termos dos números anteriores, tiver encerrado o cartório notarial deve informar de imediato o Ministério da Justiça e a Ordem dos Notários do encerramento.

ARTIGO 48º
Substituição

Conhecida a situação referida no artigo anterior, a direção da Ordem dos Notários designa de imediato um notário para, a título transitório, assegurar o funcionamento do cartório e ou a guarda do arquivo, de acordo com os critérios a fixar por regulamento aprovado pela assembleia geral da Ordem dos Notários, sob proposta da direção.

ARTIGO 49º
Inventário dos bens do cartório

O notário substituto elabora o inventário dos bens do cartório e do respetivo arquivo, acompanhado de informação circunstanciada do estado do serviço.

ARTIGO 50º
Cessação da atividade do notário

A cessação da atividade do notário titular de licença de instalação de cartório notarial determina a realização de concurso para atribuição de nova licença.

ARTIGO 51º
Depósito dos livros e documentos notariais

1 – Se, na sequência de revisão do mapa notarial, o lugar do notário que haja cessado a atividade for extinto, o Conselho do Notariado determina que os seus

livros e documentos notariais sejam entregues definitivamente a outro ou outros notários, que devem providenciar pela sua guarda e conservação.

2 – É notário depositário o outro notário do município ou, havendo mais de um, o titular da licença mais antiga.

3 – O Conselho do Notariado deve notificar o notário designado nos termos do número anterior para, no prazo de 10 dias e na presença de um trabalhador indicado pelo Conselho, transferir do antigo cartório notarial os livros e documentos notariais que ficam à sua guarda.

4 – No fim daquele prazo, o notário remete ao Conselho do Notariado o inventário dos livros e documentos notariais e, bem assim, o selo branco, tratando-se de notário falecido, e demais documentos ou bens que devem ser entregues ao Conselho do Notariado.

5 – O Conselho do Notariado promove a publicação, por extrato, no Diário da República e em jornal da circunscrição territorial respetiva, bem como a afixação na porta do cartório notarial, da transferência dos livros e documentos notariais, com a indicação do encerramento do cartório e do local onde os mesmos podem ser consultados.

6 – Caso não seja possível, nos termos do disposto nos números anteriores, assegurar a entrega, a outro notário ou notários, dos livros e documentos notariais, os mesmos devem ser entregues à Ordem dos Notários que se responsabiliza pela sua guarda, conservação e digitalização, tendo em vista a criação de um sistema de arquivo eletrónico de documentos notariais.

CAPÍTULO VIII
Conselho do Notariado

ARTIGO 52º
Conselho do Notariado

1 – No âmbito do Ministério da Justiça funciona o Conselho do Notariado.

2 – O Conselho do Notariado é composto pelo bastonário da Ordem dos Notários, pelo diretor-geral dos Registos e do Notariado, por um elemento designado pelo Ministro da Justiça, por um notário indicado pela Ordem dos Notários e por um jurista de reconhecido mérito, cooptado pelos anteriores.

3 – O presidente do Conselho do Notariado é designado pelo Ministro da Justiça.

ARTIGO 53º
Competência do Conselho do Notariado

Compete ao Conselho do Notariado:

a) Realizar os concursos para atribuição do título de notário;

b) Realizar os concursos para atribuição de licença de instalação de cartório notarial;

c) Designar o notário depositário dos livros e documentos notariais dos cartórios extintos;

d) Promover a publicação da transferência dos livros e documentos notariais dos cartórios extintos para os cartórios onde podem ser consultados;

e) Exercer ação disciplinar sobre os notários nos termos do presente Estatuto;

f) Emitir parecer sobre as iniciativas legislativas do Governo relativas à atividade notarial, designadamente à elaboração do mapa notarial, ao conteúdo das provas públicas de admissão à função notarial e aos requisitos da atribuição de licença de instalação de cartório notarial;

g) Acompanhar e assegurar a execução do processo de transformação do notariado para o regime constante do presente Estatuto;

h) Determinar a cessação da atividade do notário, bem como a sua readmissão, nos casos previstos no presente Estatuto;

i) Exercer as demais funções que o Ministro da Justiça, as leis ou o presente Estatuto lhe confira.

ARTIGO 54º
Funcionamento

O Conselho do Notariado reúne ordinariamente duas vezes por mês e extraordinariamente sempre que o seu presidente ou a maioria dos seus membros considere conveniente.

ARTIGO 55º
Senhas de presença

Os membros do Conselho do Notariado recebem uma senha de presença de valor fixado por despacho conjunto dos Ministros das Finanças e da Justiça por cada reunião em que participem.

ARTIGO 56º
Apoio administrativo e financeiro

Cabe ao Instituto dos Registos e do Notariado, I. P., fornecer o apoio administrativo e financeiro ao Conselho do Notariado, bem como apoio ao exercício da ação disciplinar do membro do Governo responsável pela área da justiça e do Conselho do Notariado.

CAPÍTULO IX
Fiscalização

ARTIGO 57º
Fiscalização da atividade notarial

1 – Compete ao Ministro da Justiça a fiscalização da atividade notarial, mediante a realização de inspeções, em tudo o que se relacione com o exercício da função notarial.

2 – No âmbito da função referida no número anterior, compete ao Ministro da Justiça:

a) Elaborar o regulamento das inspeções;

b) Determinar a realização de inspeções, através dos serviços de inspeção do Ministério da Justiça;

c) Designar os inspetores e proceder à distribuição dos processos de inspeção;

d) Apreciar e decidir sobre as propostas e sugestões constantes dos relatórios de inspeção;

e) Exercer competência disciplinar sobre os notários;

f) Exercer as demais competências que neste domínio lhe sejam cometidas por lei.

3 – O Instituto dos Registos e do Notariado, I. P., apoia a atividade de fiscalização da atividade notarial.

ARTIGO 58º
Inspeções

O Ministro da Justiça pode determinar a realização de inspeções, por sua iniciativa, a pedido do notário, ou ainda em consequência de participações ou de queixas.

ARTIGO 59º
Medidas urgentes ou de caráter disciplinar

1 – Sempre que, no decurso de uma visita de inspeção, sejam detetadas situações que exijam a adoção de medidas urgentes ou irregularidades suscetíveis de configurar infração disciplinar, o inspetor deve, no primeiro caso, comunicá-las imediatamente ao Ministro da Justiça e, no segundo, lavrar o competente auto, que deve enviar, também de imediato, à mesma entidade.

2 – O auto referido no número anterior tem valor de auto de notícia, para efeitos de procedimento disciplinar.

CAPÍTULO X
Disciplina

SECÇÃO I
Disposições gerais

ARTIGO 60º
Âmbito de aplicação

Os notários são disciplinarmente responsáveis perante o membro do Governo responsável pela área da justiça e a Ordem dos Notários, nos termos do presente Estatuto e do Estatuto da Ordem dos Notários.

ARTIGO 61º
Infração disciplinar

1 – Considera-se infração disciplinar toda a ação ou omissão de qualquer notário que viole algum dos deveres inerentes ao exercício da fé pública notarial ou os demais deveres dos notários previstos no presente Estatuto, no Estatuto da Ordem dos Notários, nos respetivos regulamentos, no Código do Notariado, na tabela de custos dos atos notariais e em quaisquer outras disposições reguladoras da atividade notarial.

2 – As infrações disciplinares previstas no presente Estatuto e demais disposições legais e regulamentares aplicáveis são puníveis a título de dolo ou negligência.

3 – A tentativa é punível com a sanção aplicável à infração consumada especialmente atenuada.

4 – A infração disciplinar é:

a) Leve, quando o arguido viole de forma pouco intensa os deveres profissionais a que se encontra adstrito no exercício da profissão;

b) Grave, quando o arguido viole de forma séria os deveres profissionais a que se encontra adstrito no exercício da profissão;

c) Muito grave, quando o arguido viole os deveres profissionais a que está adstrito no exercício da profissão, afetando com a sua conduta, de tal forma, a dignidade e o prestígio profissional, que fique definitivamente inviabilizado o exercício daquela.

ARTIGO 62º
Jurisdição disciplinar

1 – Os notários estão sujeitos ao poder disciplinar do membro do Governo responsável pela área da justiça e da Ordem dos Notários.

2 – O membro do Governo responsável pela área da justiça exerce a ação disciplinar através do Conselho do Notariado.

3 – A suspensão ou o cancelamento da inscrição na Ordem dos Notários não faz cessar a responsabilidade disciplinar por infrações anteriormente praticadas pelo notário enquanto tal.

4 – Durante o tempo de suspensão da inscrição o notário continua sujeito ao poder disciplinar do membro do Governo responsável pela área da justiça e da Ordem dos Notários.

5 – A punição com a sanção de interdição definitiva do exercício da atividade profissional não faz cessar a responsabilidade disciplinar do notário relativamente às infrações por ele cometidas antes da decisão definitiva que tenha aplicado aquela sanção.

ARTIGO 63º
Independência da responsabilidade disciplinar

1 – A responsabilidade disciplinar é independente da responsabilidade civil ou criminal decorrente da prática do mesmo facto.

2 – A responsabilidade disciplinar prevista no presente Estatuto coexiste com qualquer outra prevista por lei, sendo o processo disciplinar promovido independentemente de qualquer outro e nele se resolvendo todas as questões que interessarem à decisão da causa, sem prejuízo do disposto no número seguinte.

3 – Quando, com fundamento nos mesmos factos, tiver sido instaurado processo criminal contra notário pode ser ordenada a suspensão do processo disciplinar quanto a esses factos, por prazo determinado, até que seja proferida decisão final.

4 – A suspensão do processo disciplinar, nos termos do número anterior, é comunicada pela entidade responsável pela instrução do processo à autoridade judiciária competente, a qual deve ordenar a remessa à entidade responsável pela instrução do processo de cópia do despacho de acusação e, se a ele houver lugar, do despacho de pronúncia.

5 – Decorrido o prazo fixado nos termos do nº 9 do artigo seguinte sem que a questão tenha sido resolvida, a questão é decidida no processo disciplinar.

6 – Sempre que, em processo penal contra notário, for designado dia para a audiência de julgamento, o tribunal deve ordenar a remessa à Ordem dos Notários e ao Conselho do Notariado, preferencialmente por via eletrónica, do despacho de acusação, do despacho de pronúncia e da contestação, se tiver sido apresentada, bem como quaisquer outros elementos solicitados pela direção ou pelo bastonário da Ordem dos Notários ou pelo Conselho do Notariado.

ARTIGO 64º
Prescrição do procedimento disciplinar

1 – O procedimento disciplinar extingue-se, por efeito de prescrição, logo que sobre a prática da infração tiver decorrido o prazo de três anos, salvo o disposto no número seguinte.

2 – Se a infração disciplinar constituir simultaneamente infração criminal para a qual a lei estabeleça prescrição sujeita a prazo mais longo, o procedimento disciplinar apenas prescreve após o decurso deste último prazo.

3 – O prazo de prescrição do procedimento disciplinar corre desde o dia em que o facto se tiver consumado.

4 – Para efeitos do disposto no número anterior o prazo de prescrição só corre:

a) Nas infrações instantâneas, desde o momento da sua prática;
b) Nas infrações continuadas, desde o dia da prática do último ato;
c) Nas infrações permanentes, desde o dia em que cessar a consumação.

5 – O procedimento disciplinar também prescreve se, desde o conhecimento da infração pela entidade com competência disciplinar ou desde a participação efetuada nos termos do nº 1 do artigo seguinte, não se iniciar o processo disciplinar competente no prazo de um ano.

6 – A prescrição é de conhecimento oficioso, podendo o arguido, no entanto, requerer a continuação do processo.

7 – O prazo de prescrição do processo disciplinar interrompe-se com a notificação ao arguido:

a) Da instauração do processo disciplinar;
b) Da acusação.

8 – Após cada período de interrupção começa a correr novo prazo de prescrição.

9 – A prescrição do procedimento disciplinar tem sempre lugar quando, desde o seu início e ressalvado o tempo de suspensão, tiver decorrido o prazo normal de prescrição acrescido de metade.

10 – O prazo de prescrição do processo disciplinar suspende-se durante o tempo em que:

a) O processo disciplinar estiver suspenso, a aguardar despacho de acusação ou de pronúncia em processo penal;

b) O processo disciplinar estiver pendente, a partir da notificação da acusação nele proferida.

11 – A suspensão do prazo de prescrição do procedimento disciplinar não pode ultrapassar o prazo máximo de 18 meses.

12 – O prazo de prescrição volta a correr a partir do dia em que cessar a causa da suspensão.

SECÇÃO II
Do exercício da ação disciplinar

ARTIGO 65º
Exercício da ação disciplinar

1 – Têm legitimidade para participar ao membro do Governo responsável pela área da justiça, através do Conselho do Notariado, ou à Ordem dos Notários factos suscetíveis de constituir infração disciplinar:

a) Qualquer órgão da Ordem dos Notários;
b) O Ministério Público;

c) O Instituto dos Registos e do Notariado, I. P.;

d) Qualquer pessoa que tenha conhecimento que um notário praticou infração disciplinar.

2 – Os tribunais e quaisquer outras autoridades devem dar conhecimento à Ordem dos Notários da prática, por notário, de factos suscetíveis de constituir infração disciplinar.

3 – Sem prejuízo do disposto na lei de processo penal acerca do segredo de justiça, o Ministério Público e os órgãos de polícia criminal remetem à Ordem certidão das denúncias, participações ou queixas apresentadas contra notários e que possam consubstanciar factos suscetíveis de constituir infração disciplinar.

ARTIGO 66º
Desistência da participação

1 – A desistência da participação disciplinar pelo participante extingue o processo disciplinar, salvo se a infração imputada afetar o prestígio da atividade notarial ou da Ordem dos Notários ou a dignidade do notário visado e, neste caso, este manifestar intenção de que o processo prossiga.

2 – *(Revogado.)*

3 – *(Revogado.)*

4 – *(Revogado.)*

5 – *(Revogado.)*

ARTIGO 67º
Instauração do processo disciplinar

1 – Qualquer órgão da Ordem dos Notários, oficiosamente ou tendo por base queixa, denúncia ou participação apresentada por pessoa devidamente identificada ou por entidade prevista no artigo 65º, contendo factos suscetíveis de integrarem infração disciplinar do notário, comunica, de imediato, os factos ao órgão da Ordem dos Notários competente para a instauração de processo disciplinar.

2 – Sem prejuízo do disposto no número seguinte, nos casos em que a queixa, denúncia ou participação seja dirigida ao Conselho do Notariado e este entenda que, em virtude dos factos participados, o processo disciplinar deve ser instaurado pela Ordem dos Notários, o Conselho do Notariado efetua a comunicação prevista no número anterior.

3 – Quando o Conselho do Notariado ou a Ordem dos Notários conclua que a participação é infundada, dela dá conhecimento ao notário visado e são emitidas as certidões que o mesmo entenda necessárias para a tutela dos seus direitos e interesses legítimos.

4 – O processo disciplinar contra o bastonário ou contra qualquer membro do conselho supervisor em efetividade de funções só pode ser instaurado por deliberação da assembleia geral, aprovada por maioria absoluta, ou pelo Conselho do Notariado.

ARTIGO 68º
Legitimidade processual

1 – As pessoas com interesse direto, pessoal e legítimo relativamente aos factos participados podem solicitar à entidade responsável pela instrução do processo a sua intervenção no mesmo, requerendo e alegando o que tiverem por conveniente.

2 – *(Revogado.)*

3 – *(Revogado.)*

4 – *(Revogado.)*

ARTIGO 69º
Direito subsidiário

1 – Sem prejuízo do disposto no presente Estatuto, o processo disciplinar rege-se por regulamento disciplinar, sendo subsidiariamente aplicáveis as normas procedimentais previstas na Lei Geral do Trabalho em Funções Públicas, aprovada pela Lei nº 35/2014, de 20 de junho.

2 – O regulamento disciplinar previsto no número anterior aplica-se aos processos instaurados e instruídos quer pelo Conselho do Notariado quer pela Ordem dos Notários, e é proposto pela Ordem dos Notários e aprovado pelo Conselho do Notariado.

3 – *(Revogado.)*

SECÇÃO III
Das sanções disciplinares

ARTIGO 70º
Aplicação de sanções disciplinares

1 – As sanções disciplinares são as seguintes:

a) Advertência;

b) Repreensão registada;

c) Multa, de montante até ao valor da alçada da Relação, ou, no caso de pessoas coletivas ou equiparadas, até ao valor do triplo da alçada da Relação;

d) Suspensão do exercício profissional até ao máximo de cinco anos;

e) Interdição definitiva do exercício da atividade profissional.

2 – A aplicação das sanções previstas nas alíneas *a*) a *c*) do número anterior é da competência do Conselho do Notariado e da Ordem dos Notários.

3 – Sem prejuízo do disposto no número seguinte, a aplicação das sanções previstas nas alíneas *d*) e *e*) do nº 1 é da competência exclusiva do membro do Governo responsável pelas áreas da justiça, sob proposta do Conselho do Notariado.

4 – A aplicação das sanções previstas nas alíneas *d*) e *e*) do nº 1 é, no entanto, da competência da Ordem dos Notários nos casos em que, nos termos do nº 10

do artigo 83º, a Ordem dos Notários tenha competência exclusiva para instruir e decidir o processo disciplinar.

5 – A sanção de advertência é aplicada a infrações leves no exercício da profissão e tem por finalidade evitar a repetição da conduta lesiva.

6 – A sanção de repreensão registada consiste num juízo de reprovação pela infração cometida e é aplicável a infrações leves no exercício da profissão às quais, em razão da culpa do arguido, não caiba mera advertência.

7 – A sanção de multa é fixada em quantia certa, em função da gravidade e das consequências da infração cometida e é aplicável a infrações graves.

8 – A sanção de suspensão consiste no afastamento total do exercício da profissão durante o período de cumprimento da sanção e é aplicável quando, tendo em conta a natureza da profissão, a infração disciplinar seja grave, pondo em causa a integridade física das pessoas ou lesando de forma grave a honra ou o património alheios ou valores equivalentes.

9 – A sanção de interdição definitiva do exercício da atividade profissional consiste no afastamento total do exercício da profissão, sem prejuízo de reabilitação e é aplicável a infrações muito graves, que afetem de tal forma a dignidade e o prestígio profissionais que inviabilizem definitivamente o exercício da atividade profissional em causa, pondo em causa a integridade física, a vida, ou lesando de forma muito grave a honra ou o património alheio ou valores equivalentes.

10 – A aplicação de sanção mais grave que a de repreensão registada a notário que exerça algum cargo nos órgãos da Ordem dos Notários determina a imediata destituição desse cargo, sem dependência de deliberação da assembleia geral nesse sentido.

11 – A tentativa é punível com a sanção aplicável à infração consumada, especialmente atenuada.

12 – O produto das multas reverte a favor do Estado, nos casos em que a multa tenha sido aplicada pelo Conselho do Notariado ou pelo membro do Governo responsável pela área da justiça, ou a favor do fundo de compensação previsto no Estatuto da Ordem dos Notários, nas proporções de 80% e 20%, respetivamente, nos casos em que a multa tenha sido aplicada pela Ordem.

13 – Sempre que a infração resulte da violação de um dever por omissão, o cumprimento das sanções aplicadas não dispensa o infrator do cumprimento daquele, se tal ainda for possível.

14 – A aplicação de sanção de interdição definitiva do exercício da atividade profissional determina o cancelamento automático da inscrição do arguido da Ordem dos Notários, no seguimento da receção da comunicação da aplicação daquela sanção.

15 – A aplicação de sanção de suspensão do exercício da atividade profissional determina a suspensão da inscrição do arguido da Ordem dos Notários, no seguimento da receção da comunicação da aplicação daquela sanção.

16 – As sanções são sempre registadas e produzem unicamente os efeitos declarados no presente Estatuto.

17 – Cumulativamente ou não com qualquer das sanções previstas no presente Estatuto, pode ser imposta a restituição total ou parcial de honorários.

18 – Independentemente da decisão final do processo, pode ser imposta a restituição de quantias ou documentos que hajam sido confiados ao notário.

ARTIGO 71º
Graduação

1 – Na determinação da medida das sanções deve atender-se aos antecedentes profissionais e disciplinares do arguido, ao grau de culpa, à gravidade e às consequências da infração, à situação económica do arguido e a todas as demais circunstâncias agravantes ou atenuantes.

2 – São circunstâncias atenuantes:

a) O exercício efetivo da profissão de notário por um período superior a cinco anos, seguidos ou interpolados, sem qualquer sanção disciplinar;

b) A confissão espontânea da infração ou das infrações;

c) A colaboração do arguido para a descoberta da verdade;

d) A reparação dos danos causados pela conduta lesiva;

e) Ter o arguido atuado sob influência de ameaça grave;

f) Ter sido a conduta do arguido determinada por motivo honroso, por forte solicitação ou tentação do próprio utente;

g) Ter havido atos demonstrativos de arrependimento sincero do arguido, nomeadamente a reparação, até onde lhe era possível, dos danos causados;

h) Ter decorrido muito tempo sobre a prática da infração, mantendo o arguido boa conduta;

i) A provocação.

3 – São circunstâncias agravantes:

a) A premeditação na prática da infração e na preparação da mesma;

b) O conluio;

c) A reincidência, considerando-se como tal a prática de infração antes de decorrido o prazo de cinco anos após o dia em que se tornar definitiva a condenação por cometimento de infração anterior;

d) A acumulação de infrações, sempre que duas ou mais infrações sejam cometidas no mesmo momento ou quando outra seja cometida antes de ter sido punida a anterior;

e) O facto de a infração ou infrações serem cometidas durante o cumprimento de sanção disciplinar ou no decurso do período de suspensão de sanção disciplinar;

f) A produção de prejuízos de valor considerável, entendendo-se como tal sempre que exceda o valor de metade da alçada dos tribunais da Relação.

ARTIGO 72º
Aplicação de sanções acessórias

1 – Cumulativamente com a aplicação das sanções disciplinares, podem ser aplicadas, a título de sanções acessórias:

a) Frequência obrigatória de ações de formação suplementares às ações de formação obrigatórias;

b) Restituição de quantias, documentos ou objetos;

c) Perda, total ou parcial, de honorários e do custeio de despesas;

d) Perda do produto do benefício obtido pelo infrator.

2 – As sanções acessórias podem ser cumuladas entre si.

3 – Na aplicação das sanções acessórias deve atender-se aos critérios previstos no nº 1 do artigo anterior.

4 – O resultado da aplicação das sanções acessórias previstas nas alíneas *c*) e *d*) do nº 1 considera-se perdido a favor do fundo de compensação da Ordem dos Notários.

ARTIGO 73º
Unidade e acumulação de infrações

Sem prejuízo da aplicação das sanções acessórias referidas no artigo anterior, não pode aplicar-se ao mesmo notário mais do que uma sanção disciplinar por cada facto punível.

ARTIGO 74º
Suspensão da execução das sanções

1 – Tendo em consideração o grau de culpa, o comportamento do arguido e as demais circunstâncias da prática da infração, as sanções disciplinares inferiores à interdição definitiva do exercício da atividade profissional podem ser suspensas na sua execução por um período compreendido entre um e cinco anos.

2 – Cessa a suspensão da execução da sanção sempre que, relativamente ao notário punido, seja proferida decisão final de condenação em novo processo disciplinar.

ARTIGO 75º
Aplicação das sanções de suspensão superior a dois anos e interdição definitiva do exercício da atividade profissional

1 – A aplicação da sanção de suspensão superior a dois anos ou a de interdição definitiva do exercício da atividade profissional só pode ter lugar após audiência pública, nos termos previstos no regulamento disciplinar.

2 – A sanção de suspensão por período superior a dois anos e a sanção de interdição definitiva do exercício da atividade profissional só podem ser aplicadas pela Ordem dos Notários nos termos do nº 11 do artigo 83º, por deliberação que reúna a maioria qualificada de dois terços dos membros do órgão disciplinarmente competente.

3 – A sanção de interdição definitiva do exercício da atividade profissional só pode ser aplicada às infrações muito graves, não podendo ter origem no incumprimento pelo notário do dever de pagar quotas.

4 – O incumprimento pelo notário do dever de pagar quotas pode dar lugar à aplicação de sanção disciplinar de suspensão quando se apure que é culposo e se prolongue por período superior a 12 meses, cessando ou extinguindo-se a sanção quando ocorra o pagamento voluntário.

5 – *(Revogado.)*

6 – *(Revogado.)*

7 – *(Revogado.)*

ARTIGO 76º
Execução das sanções

1 – Compete à direção da Ordem dos Notários e ao Conselho do Notariado, com a colaboração daquela e na medida do requerido, dar execução às decisões proferidas em sede de processo disciplinar, designadamente praticando os atos necessários à efetiva suspensão ou cancelamento da inscrição na Ordem dos Notários dos notários a quem sejam aplicadas as sanções de suspensão e de interdição definitiva de exercício da atividade profissional, respetivamente.

2 – A aplicação de sanção de suspensão ou de interdição definitiva de exercício da atividade profissional implica a proibição temporária ou definitiva, respetivamente, da prática de qualquer ato profissional e a entrega da cédula profissional na sede da Ordem dos Notários ou na respetiva delegação regional em que o arguido tenha o seu domicílio profissional, nos casos aplicáveis.

ARTIGO 77º
Início de produção de efeitos das sanções disciplinares

1 – As sanções disciplinares iniciam a produção dos seus efeitos no dia seguinte àquele em que a decisão se torne definitiva.

2 – Se, na data em que a decisão se tornar definitiva, estiver suspensa a inscrição do arguido, o cumprimento da sanção disciplinar de suspensão tem início no dia seguinte ao do levantamento da suspensão.

ARTIGO 78º
Prazo para pagamento da multa

1 – As multas aplicadas nos termos da alínea *c)* do nº 1 do artigo 70º devem ser pagas no prazo de 30 dias a contar do início de produção de efeitos da sanção respetiva.

2 – Ao notário que não pague a multa no prazo referido no número anterior é suspensa a inscrição, mediante decisão do órgão disciplinarmente competente, a qual lhe é comunicada.

3 – A suspensão só pode ser levantada após comprovado o pagamento da importância em dívida.

ARTIGO 79º
Comunicação e publicidade

1 – A aplicação das sanções referidas nas alíneas *b*) a *e*) do nº 1 do artigo 70º é comunicada pelo Conselho do Notariado ou pela direção da Ordem, consoante a sanção seja determinada pelo Conselho do Notariado ou pelo órgão competente da Ordem dos Notários, à sociedade de profissionais por conta da qual o arguido prestava serviços à data dos factos e, caso não seja a mesma, à sociedade de profissionais por conta da qual o arguido prestava serviços à data da condenação pela prática da infração disciplinar.

2 – Quando a sanção aplicada for de suspensão efetiva ou de interdição definitiva de exercício da atividade profissional, é-lhe dada publicidade por meio de edital publicado no sítio da Internet da Ordem dos Notários e num dos jornais diários mais lidos de âmbito nacional, durante três dias seguidos, dele constando a identidade, o número da cédula profissional e o domicílio profissional do notário arguido, bem como as normas violadas e a sanção aplicada.

3 – O edital referido no número anterior é enviado a todos os tribunais, conservatórias, cartórios notariais e repartições de finanças.

4 – Se for decidida a suspensão preventiva ou aplicada sanção de suspensão ou de interdição definitiva de exercício da atividade profissional, a direção da Ordem dos Notários deve inserir a correspondente anotação nas listas permanentes de associados divulgada por meios informáticos.

5 – As sanções disciplinares previstas nas alíneas *a*) a *c*) do nº 1 do artigo 70º e a suspensão preventiva prevista no artigo 86º do presente Estatuto são publicitadas quando tal for determinado pela decisão que as aplique.

6 – A publicidade das sanções disciplinares, da suspensão preventiva e das sanções acessórias é promovida pelo órgão disciplinarmente competente, sendo efetuada a expensas do infrator.

7 – Sem prejuízo do disposto no número anterior, o Conselho do Notariado ou a Ordem dos Notários, consoante os casos, restitui o montante pago pelo arguido para dar publicidade à sua suspensão preventiva sempre que este não venha a ser condenado no âmbito do respetivo procedimento disciplinar.

ARTIGO 80º
Prescrição das sanções disciplinares

1 – As sanções disciplinares prescrevem nos seguintes prazos:

a) As de advertência e repreensão registada, no prazo de dois anos;

b) A de multa, no prazo de dois anos;

c) A de suspensão do exercício da atividade profissional, no prazo de três anos;

d) A de interdição definitiva de exercício da atividade profissional, no prazo de cinco anos.

2 – O prazo de prescrição corre desde o dia seguinte àquele em que a decisão se torne definitiva.

ARTIGO 81º
Princípio do cadastro na Ordem

1 – O processo individual dos associados na Ordem dos Notários inclui um cadastro, do qual constam as sanções disciplinares referidas nas alíneas *b*) a *e*) do nº 1 do artigo 70º e as sanções acessórias que lhe tenham sido aplicadas.

2 – O cadastro é gerido pela direção da Ordem dos Notários, com base nos elementos comunicados pelos órgãos disciplinares da Ordem e pelo Conselho do Notariado.

3 – A condenação de um notário em processo penal é comunicada à Ordem dos Notários para efeito de averbamento ao respetivo cadastro.

4 – As sanções referidas nas alíneas *b*) e *c*) do nº 1 do artigo 70º são eliminadas do cadastro após o decurso do prazo de cinco anos a contar do seu cumprimento.

SECÇÃO IV
Do processo

ARTIGO 82º
Obrigatoriedade do processo disciplinar

1 – A aplicação de uma sanção disciplinar é sempre precedida do apuramento dos factos e da responsabilidade disciplinar em processo próprio, nos termos previstos no presente Estatuto e no regulamento disciplinar.

2 – *(Revogado.)*

3 – *(Revogado.)*

ARTIGO 83º
Instauração, instrução e decisão do processo

1 – São competentes para a instauração e instrução de processo de inquérito ou de processo disciplinar o Conselho do Notariado e a Ordem dos Notários, através do órgão competente para o efeito nos termos do Estatuto da Ordem dos Notários.

2 – Sempre que qualquer das entidades referidas no número anterior proceda à instauração de novo processo deve notificar à outra entidade essa instauração, incluindo os eventuais factos que a justificaram.

3 – Sempre que o processo disciplinar for instaurado pela Ordem dos Notários, o Conselho do Notariado deve, no prazo de 15 dias a contar da notificação efetuada nos termos do número anterior, comunicar se pretende que o processo lhe seja remetido para que seja instruído por instrutor por si nomeado.

4 – Caso o Conselho do Notariado informe não pretender que o processo lhe seja remetido para instrução, ou não responda no prazo fixado, o órgão competente da Ordem dos Notários deve proceder à nomeação do instrutor do processo.

5 – Sempre que, no âmbito de um processo que esteja a ser instruído por instrutor nomeado pela Ordem dos Notários este tiver conhecimento de factos susce-

tíveis de consubstanciarem novas infrações, deve dar imediato conhecimento dos mesmos ao Conselho do Notariado.

6 – Efetuada a notificação prevista no número anterior, o Conselho do Notariado pode, no prazo de 15 dias, solicitar a remessa do processo disciplinar, passando esse processo a ser instruído por instrutor nomeado pelo Conselho do Notariado.

7 – Recebida a comunicação prevista no nº 5 e com vista a informar a tomada de decisão a que alude o número anterior, o Conselho do Notariado pode solicitar ao instrutor nomeado pela Ordem dos Notários a realização de qualquer diligência instrutória.

8 – Concluída a instrução do processo por instrutor nomeado pela Ordem dos Notários, e caso este proponha, no relatório final, a aplicação de sanção que, nos termos do nº 3 do artigo 70º, só possa ser aplicada pelo membro do Governo responsável pela área da justiça, é o processo remetido ao Conselho do Notariado.

9 – Nos casos em que o instrutor proponha, no relatório final, a aplicação de alguma das sanções previstas nas alíneas *a*) a *c*) do nº 1 do artigo 70º ou o arquivamento dos autos, é o processo remetido à entidade que o instaurou, para que seja proferida decisão.

10 – O disposto nos números anteriores não é aplicável aos processos disciplinares na parte em que estejam em causa a violação de deveres dos notários exclusivamente para com a Ordem dos Notários, nos termos do respetivo Estatuto, competindo nesses casos exclusivamente à Ordem dos Notários a instauração, instrução e decisão do processo disciplinar.

11 – Nos casos previstos no número anterior, a Ordem dos Notários pode proceder à aplicação das sanções previstas nas alíneas *d*) e *e*) do nº 1 do artigo 70º

ARTIGO 84º
Formas do processo

1 – A ação disciplinar comporta as seguintes formas:

a) Processo de inquérito;

b) Processo disciplinar.

2 – O processo de inquérito é aplicável quando não seja possível identificar claramente a existência de uma infração disciplinar ou o respetivo infrator, impondo-se a realização de diligências sumárias para o esclarecimento ou a concretização dos factos em causa.

3 – Aplica-se o processo disciplinar sempre que existam indícios de que determinado associado praticou factos devidamente concretizados, suscetíveis de constituir infração disciplinar.

4 – Depois de averiguada a identidade do infrator, ou, logo que se mostrem minimamente concretizados ou esclarecidos os factos participados, sendo eles suscetíveis de constituir infração disciplinar, é proposta a imediata conversão do processo de inquérito em processo disciplinar, mediante parecer sucintamente fundamentado.

5 – Quando a participação seja manifestamente inviável ou infundada, deve a mesma ser liminarmente arquivada, dando-se cumprimento ao disposto no nº 3 do artigo 67º

6 – Se da análise da conduta de um associado realizada no âmbito do processo de inquérito resultar prova bastante da prática de infração disciplinar abstratamente punível com sanção de advertência ou de repreensão registada, o órgão disciplinar que nomeou o instrutor pode determinar a suspensão provisória do processo mediante a imposição ao arguido de regras de conduta ou do pagamento de uma determinada quantia, a título de caução, sempre que se verifiquem os seguintes pressupostos:

a) Ausência de aplicação anterior de suspensão provisória do processo pelo mesmo tipo de infração;

b) Ausência de um grau de culpa elevado.

7 – No caso previsto no número anterior são aplicáveis ao arguido as seguintes medidas:

a) Pagamento, no prazo de 10 dias úteis, de uma quantia entre 1 a 5 UC, no caso de pessoas singulares, ou entre 2 e 8 UC, no caso de pessoas coletivas ou equiparadas;

b) Implementação de um plano de reestruturação da sua atividade, nos termos e prazo que forem definidos;

c) Frequência de ações de formação, nos termos e prazo que forem definidos.

8 – O incumprimento das medidas determinadas, a que se refere o número anterior, implica a continuação do processo disciplinar suspenso provisoriamente nos termos dos nºs 6 e 7.

9 – Se o infrator cumprir as medidas determinadas, o processo é arquivado e são-lhe devolvidas as quantias pagas.

ARTIGO 84º-A
Tramitação do processo

1 – Na instrução do processo deve o relator procurar atingir a verdade material, removendo todos os obstáculos ao seu regular e rápido andamento e recusando, fundamentadamente, tudo o que for impertinente, inútil ou dilatório.

2 – A forma dos atos, quando não esteja expressamente regulada, deve ajustar-se ao fim em vista e limitar-se ao indispensável para o alcançar.

ARTIGO 85º
Processo disciplinar

1 – O processo disciplinar é regulado no regulamento disciplinar.

2 – O processo disciplinar é composto pelas seguintes fases:

a) Instrução;

b) Defesa do arguido;

c) Decisão;
d) Execução.

3 – Em todas as fases do processo disciplinar são asseguradas ao arguido todas as garantias de defesa nos termos gerais de direito.

4 – *(Revogado.)*

ARTIGO 86º
Suspensão preventiva

1 – Juntamente com o despacho de acusação, o instrutor pode propor que seja aplicada ao arguido a medida de suspensão preventiva quando:

a) Haja fundado receio da prática de novas e graves infrações disciplinares ou de perturbação do decurso do processo;

b) O arguido tenha sido acusado ou pronunciado criminalmente por crime cometido no exercício da profissão ou por crime a que corresponda sanção superior a três anos de prisão, ou

c) Seja desconhecido o paradeiro do arguido.

2 – A suspensão preventiva é determinada por deliberação do órgão que procedeu à nomeação do instrutor e não pode exceder o período de seis meses, excecionalmente prorrogável por igual período, mediante adequada fundamentação.

3 – Nos casos em que o instrutor tenha sido nomeado por órgão da Ordem dos Notários, as deliberações previstas no número anterior são tomadas por maioria qualificada de dois terços dos membros em efetividade de funções.

4 – O tempo de duração da medida de suspensão preventiva é sempre descontado na sanção de suspensão.

5 – Os processos disciplinares com arguido suspenso preventivamente têm caráter urgente e a sua marcha processual prefere a todos os demais.

6 – O recurso interposto da decisão que aplique a medida de suspensão preventiva tem subida imediata e efeito devolutivo.

ARTIGO 87º
Natureza secreta do processo

1 – O processo é de natureza secreta até ao despacho de acusação ou arquivamento.

2 – O relator pode, todavia, autorizar a consulta do processo pelo interessado ou pelo arguido, quando daí não resulte inconveniente para a instrução.

3 – O relator pode ainda, no interesse da instrução, dar a conhecer ao interessado ou ao arguido cópia de peças do processo, a fim de sobre elas se pronunciarem.

4 – Mediante requerimento em que se indique o fim a que se destinam, pode o órgão com competência para a instauração do processo disciplinar, autorizar a passagem de certidões em qualquer fase do processo, para defesa de interesses legítimos dos requerentes, podendo condicionar a sua utilização, sob pena de o infrator incorrer no crime de desobediência, e sem prejuízo do dever de guardar segredo profissional.

5 – O arguido ou o interessado, quando notário, que não respeite a natureza secreta do processo incorre em responsabilidade disciplinar.

SECÇÃO V
Das garantias

ARTIGO 88º
Decisões recorríveis

1 – Das decisões tomadas em matéria disciplinar cabe recurso contencioso para os tribunais administrativos, nos termos gerais de direito.

2 – As decisões de mero expediente ou referentes à disciplina dos trabalhos não são passíveis de recurso nos termos do número anterior.

ARTIGO 89º
Revisão

1 – É admissível a revisão de decisão definitiva proferida pela entidade com competência disciplinar sempre que:

a) Uma decisão judicial transitada em julgado declarar falsos quaisquer elementos ou meios de prova que tenham sido determinantes para a decisão revidenda;

b) Uma decisão judicial transitada em julgado tiver dado como provado crime cometido por membro ou membros do órgão que proferiu a decisão revidenda e relacionado com o exercício das suas funções no processo;

c) Os factos que serviram de fundamento à decisão condenatória forem inconciliáveis com os que forem dados como provados noutra decisão definitiva e da oposição resultarem graves dúvidas sobre a justiça da condenação;

d) Se tenham descoberto novos factos ou meios de prova que, por si ou cominados com os que foram apreciados no processo, suscitem graves dúvidas sobre a justiça da decisão condenatória proferida.

2 – A simples alegação de ilegalidade, formal ou substancial, do processo e decisão disciplinares não constitui fundamento para a revisão.

3 – A revisão é admissível ainda que o processo se encontre extinto ou a sanção prescrita ou cumprida.

4 – O exercício do direito de revisão é regulado pelas disposições aplicáveis do regulamento disciplinar.

ARTIGO 90º
Reabilitação

1 – No caso de aplicação de sanção de interdição definitiva do exercício da atividade profissional, o notário pode ser reabilitado, mediante requerimento devi-

damente fundamentado para a entidade que proferiu a decisão e desde que se preencham cumulativamente os seguintes requisitos:

a) Tenham decorrido mais de 15 anos desde que a decisão que aplicou a sanção se tornou irrecorrível;

b) O reabilitando tenha revelado boa conduta, podendo, para o demonstrar, utilizar quaisquer meios de prova legalmente admissíveis.

2 – Caso seja deferida a reabilitação, o notário reabilitado recupera plenamente os seus direitos e é dada a publicidade devida, nos termos dos nºs 2 a 6 do artigo 79º, com as necessárias adaptações.

3 – *(Revogado.)*

ARTIGO 91º
Notificação

(Revogado.)

ARTIGO 92º
Prazo para decisão

(Revogado.)

ARTIGO 93º
Garantias impugnatórias

(Revogado.)

ARTIGO 94º
Garantias jurisdicionais

(Revogado.)

ARTIGO 95º
Processo de inquérito

(Revogado.)

ARTIGO 96º
Requisitos da revisão

(Revogado.)

ARTIGO 97º
Legitimidade

(Revogado.)

ARTIGO 98º
Decisão

(Revogado.)

ARTIGO 99º
Trâmites

(Revogado.)

ARTIGO 100º
Efeito sobre o cumprimento da pena

(Revogado.)

ARTIGO 101º
Efeitos da revisão procedente

(Revogado.)

ARTIGO 102º
Direitos do arguido

(Revogado.)

ARTIGO 103º
Produção de efeitos das penas

(Revogado.)

ARTIGO 104º
Destino das multas

(Revogado.)

ARTIGO 105º
Direito subsidiário

(Revogado.)

CAPÍTULO XI
Regime transitório

SECÇÃO I
Período de transição

ARTIGO 106º
Duração

1 – A transição do atual para o novo regime do notariado deve operar-se num período de dois anos contados da data de entrada em vigor do presente Estatuto.

2 – Durante o período de transição deve proceder-se ao processo de transformação dos atuais cartórios, à abertura de concursos para atribuição de licenças, à resolução das situações funcionais dos notários e dos oficiais que deixem de exer-

cer funções no notariado e demais operações jurídicas e materiais necessárias à transição.

SECÇÃO II
Dos notários

ARTIGO 107º
Regime

1 – É reconhecida aos atuais notários a possibilidade de optarem por uma das seguintes situações:

a) Transição para o novo regime do notariado;
b) Integração em serviço da Direção-Geral dos Registos e do Notariado.

2 – A opção referida na alínea *a*) do número anterior é feita mediante requerimento de admissão ao concurso para a atribuição de licença dirigido ao Ministro da Justiça e entregue na Direção-Geral dos Registos e do Notariado, no prazo de 30 dias a contar da abertura do concurso previsto no artigo 123º deste diploma.

3 – Da ausência de entrega do requerimento presume-se, após o decurso do período referido no número anterior, que o notário faz a opção referida na alínea *b*) do nº 1.

4 – É reconhecido aos notários que optarem pelo novo regime de notariado, previsto na alínea *a*) do nº 1, o benefício de uma licença sem vencimento com a duração máxima de cinco anos contados da data de início de funções.

5 – O notário beneficiário da licença prevista no número anterior pode requerer a todo o tempo o regresso ao serviço na Direção-Geral dos Registos e do Notariado para lugar no quadro paralelo criado nos termos do nº 1 do artigo 109º deste diploma.

6 – O notário que, ao abrigo do número precedente, requeira o regresso ao serviço fica inibido de novamente se habilitar a concurso para atribuição de licença de instalação de cartório notarial.

SECÇÃO III
Dos oficiais do notariado

ARTIGO 108º
Regime

1 – Os oficiais do notariado abrangidos pelo processo de transformação são integrados em serviço da Direção-Geral dos Registos e do Notariado, nos termos do artigo seguinte.

2 – É reconhecido aos oficiais a possibilidade de transitarem para o novo regime de notariado, desde que obtido o acordo de um notário, podendo beneficiar, neste caso, de uma licença sem vencimento com a duração máxima de cinco anos contados da data do respetivo início de funções.

3 – A licença referida no número anterior será requerida pelo interessado e autorizada por despacho do Ministro da Justiça.

4 – Os oficiais em gozo de licença referida neste artigo podem a todo o tempo regressar ao serviço, no âmbito da Direção-Geral dos Registos e do Notariado, para lugar do quadro paralelo criado nos termos do nº 1 do artigo seguinte.

SECÇÃO IV
Quadros de pessoal paralelos

ARTIGO 109º
Regime

1 – Na data de entrada em vigor do presente diploma são criados, por município, quadros de pessoal paralelos com o número de lugares correspondente ao número dos funcionários dos cartórios notariais abrangidos pelo presente diploma e a extinguir quando vagarem.

2 – Os notários e os oficiais que prestam serviço nos cartórios notariais abrangidos pelo presente diploma são integrados no quadro de pessoal paralelo do município onde prestam serviço, com manutenção do direito à sua categoria funcional.

3 – Os notários e os oficiais mantêm-se a prestar serviço no mesmo cartório até à tomada de posse do notário que iniciar funções nos termos previstos no presente diploma.

4 – A afetação do pessoal referido no nº 2 do presente artigo aos serviços externos dos registos localizados na área do respetivo município processa-se por despacho do diretor-geral dos Registos e do Notariado em lugar de categoria funcional equivalente e de acordo com as regras estabelecidas na lei orgânica dos serviços e nos regulamentos dos registos e do notariado, aplicáveis com as necessárias adaptações.

5 – A afetação referida no número anterior pode fazer-se para qualquer outro município, a requerimento do interessado e por conveniência dos serviços.

ARTIGO 110º
Dos notários

1 – *(Revogado.)*

2 – A integração dos notários nos serviços externos dos registos faz-se para lugares vagos ou, se tal se mostrar necessário, em lugares de segundo-conservador,

a extinguir quando vagar, de categoria funcional equivalente e de acordo com as regras estabelecidas na lei orgânica dos serviços e nos regulamentos dos registos e do notariado, aplicáveis com as necessárias adaptações.

(Redação dada pelo Decreto-Lei nº 145/2019, de 23-09)

ARTIGO 111º
Dos ajudantes

1 – *(Revogado.)*

2 – A Direção-Geral dos Registos e do Notariado fica obrigada a promover a realização de ações de formação específica de modo a possibilitar a integração dos ajudantes, tendo em vista a obtenção de habilitação adequada e certificada para o exercício de funções na carreira de ajudante dos registos.

3 – Os ajudantes do notariado que no período de três anos após a afetação não frequentem ações de formação promovidas pela Direção-Geral dos Registos e do Notariado ficam inibidos de se apresentar a concurso de promoção no âmbito da Direção-Geral.

4 – O referido no número anterior é igualmente aplicável aos ajudantes que, tendo beneficiado da licença prevista no nº 2 do artigo 108º, regressem aos serviços da Direção-Geral dos Registos e do Notariado.

(Redação dada pelo Decreto-Lei nº 145/2019, de 23-09)

ARTIGO 112º
Dos escriturários

1 – A afetação dos escriturários prevista no nº 4 do artigo 109º aos serviços externos dos registos provoca o alargamento automático do quadro de pessoal do serviço correspondente, considerando-se o escriturário nele integrado sem perda da antiguidade aferida à data da integração.

2 – A Direção-Geral dos Registos e do Notariado diligenciará a realização de ações de formação de modo a possibilitar uma adequada integração dos escriturários.

SECÇÃO V
Proteção social

ARTIGO 113º
Regime dos notários

1 – Os notários que transitem do atual para o novo regime de notariado mantêm a sua inscrição na Caixa Geral de Aposentações e continuam a ser beneficiários dos Serviços Sociais do Ministério da Justiça, salvo se optarem pelo regime da segurança social dos trabalhadores independentes, sendo, neste caso, eliminada a sua inscrição nestas instituições.

2 – Mantendo-se a inscrição na Caixa Geral de Aposentações nos termos do número anterior, a remuneração relevante para efeitos de desconto de quotas não pode ser inferior à correspondente média mensal das remunerações percebidas no ano imediatamente anterior à data da transição para o novo regime e a pensão de aposentação determina-se pela média mensal das remunerações sujeitas a desconto de quotas auferidas nos últimos três anos, com exclusão dos subsídios de férias e de Natal ou prestações equivalentes, com o limite estabelecido no nº 5 do artigo 47º do Estatuto da Aposentação.

3 – No caso referido no número anterior, os notários pagam as suas quotas à Caixa Geral de Aposentações no prazo fixado no nº 1 do artigo 8º do Estatuto da Aposentação e no nº 1 do artigo 17º do Estatuto das Pensões de Sobrevivência.

4 – Os notários que se mantenham na situação prevista na parte inicial do nº 1 do presente artigo pagam à Caixa Geral de Aposentações, para além da quota prevista no nº 2, uma contribuição de igual montante para financiamento desta Caixa.

5 – Os notários que se aposentem ao abrigo do Estatuto da Aposentação continuam a descontar nos termos dos números anteriores para a Caixa Geral de Aposentações, enquanto não cessarem a atividade nos termos previstos no artigo 41º do presente Estatuto.

6 – Em caso de opção pelo regime de segurança social dos trabalhadores independentes, o tempo de serviço prestado até à data de cancelamento da inscrição na Caixa Geral de Aposentações é considerado pela segurança social para o cálculo da pensão unificada regulada pelo Decreto-Lei nº 361/98, de 18 de novembro.

7 – O regime de proteção definido nos números anteriores é igualmente aplicável aos conservadores dos registos que, durante o período transitório, venham a exercer atividade notarial ao abrigo do presente Estatuto.

ARTIGO 114º
Regime dos oficiais do notariado

1 – Os oficiais do notariado que ao transitarem do atual para o novo regime do notariado requeiram licença sem vencimento prevista no nº 2 do artigo 108º e se encontrem inscritos na Caixa Geral de Aposentações podem optar, enquanto durar aquela licença, pela manutenção da sua inscrição naquela Caixa e pela continuação da situação de beneficiários dos Serviços Sociais do Ministério da Justiça, salvo se optarem pelo regime de segurança social dos trabalhadores por conta de outrem.

2 – Mantendo-se a inscrição na Caixa Geral de Aposentações nos termos do número anterior, a remuneração a considerar na base de cálculo das quotas e pensões dos oficiais é a correspondente à média mensal das remunerações percebidas no ano imediatamente antecedente à data da transição, atualizada na proporção do aumento das remunerações da função pública.

3 – No termo do prazo da licença sem vencimento a que se refere o nº 1 do presente artigo, e optando os oficiais pela transição definitiva para novo regime do

notariado, podem os mesmos manter a sua inscrição na Caixa Geral de Aposentações, continuando beneficiários dos Serviços Sociais do Ministério da Justiça.

4 – Os notários entregam mensalmente à Caixa Geral de Aposentações as quotas devidas pelo pessoal ao seu serviço inscrito nesta Caixa, acrescidas de uma contribuição de igual montante.

ARTIGO 115º
Encargos com pensões

O Instituto de Gestão Financeira e Patrimonial do Ministério da Justiça suporta os encargos com as pensões já atribuídas ou a atribuir que, nos termos da legislação aplicável, sejam da sua responsabilidade.

SECÇÃO VI
Licença e processo de transformação dos cartórios

ARTIGO 116º
Âmbito

São objeto do processo de transformação os cartórios notariais atualmente instalados e abrangidos pelo presente diploma.

ARTIGO 117º
Início

O processo de transformação inicia-se com a atribuição ao notário de licença de instalação de cartório notarial.

ARTIGO 118º
Operações de transformação

O processo de transformação envolve todas as operações jurídicas e materiais necessárias à transmissão dos meios postos ao serviço dos atuais cartórios, bem como a transferência do respetivo acervo documental.

ARTIGO 119º
Duração

1 – O prazo máximo do processo de transformação é de 90 dias contados da data da atribuição da licença.

2 – Excecionalmente, o prazo referido no número anterior poderá ser alargado a pedido do notário.

3 – Dentro do prazo referido no nº 1 deve o notário comunicar à Direção-Geral dos Registos e do Notariado a sede do cartório onde se propõe exercer funções e a identificação dos funcionários que transitem para o novo regime de notariado.

ARTIGO 120º
Das instalações

1 – Os notários titulares de cartórios notariais que por obtenção de licença ao abrigo do presente Estatuto se encontrem sediados em instalações do Estado ou de outras entidades públicas, bem como em instalações arrendadas ao Estado ou outras entidades públicas, devem deixá-las livres e devolutas no prazo máximo de 60 dias, salvo acordo em contrário com o notário.

2 – No caso dos espaços arrendados, o Ministério da Justiça providencia, caso se justifique, pela manutenção do arrendamento a favor do Estado ou outras entidades públicas, ou pela cessação do mesmo em caso contrário.

ARTIGO 121º
Arquivo e equipamentos

1 – O acervo documental existente no cartório notarial abrangido pelo processo de transformação é transferido para o notário que suceda na titularidade do mesmo.

2 – O mobiliário e equipamento dos atuais cartórios que sejam propriedade do Estado são transferidos para o notário que suceda na titularidade do mesmo, se o desejar, pelo seu valor de avaliação, com dedução do valor de depreciação, servindo de título bastante à transmissão o disposto no presente artigo.

3 – No dia imediato à tomada de posse, o notário procede ao inventário do cartório de que passe a ser titular, constituindo-se fiel depositário dos livros e documentos existentes.

4 – No ato de inventário estará presente, para além do notário titular, o diretor-geral dos Registos e do Notariado, ou quem por este for designado, e o anterior notário ou o respetivo substituto.

SECÇÃO VII
Posse

ARTIGO 122º
Início de funções

O notário inicia funções após tomada de posse, que tem lugar no prazo máximo de 15 dias a contar da conclusão do processo de transformação.

SECÇÃO VIII
Disposições finais

ARTIGO 123º
Primeiro concurso

1 – É reconhecido o direito de se apresentarem ao primeiro concurso para atribuição de licença de instalação de cartório notarial aos notários, aos conservadores dos registos, aos adjuntos de conservador e de notário e aos auditores dos registos e do notariado.

2 – O concurso é documental e, na graduação dos concorrentes, deve ter-se em conta a classificação de serviço, a antiguidade no notariado, o currículo do interessado e, no caso dos auditores, a classificação obtida no procedimento de ingresso.

3 – A graduação é numérica e deve resultar da ponderação atribuída aos critérios referidos no número anterior.

4 – O notário que concorra ao lugar de que é titular à data de abertura do concurso goza de preferência absoluta na atribuição da respetiva licença.

ARTIGO 124º
Concursos subsequentes

Concluído o concurso referido no artigo anterior, o Ministério da Justiça, durante o período transitório, deve abrir novos concursos para atribuição de licenças de instalação de cartórios notariais, de acordo com o número de lugares vagos e respetiva localização geográfica previstos no mapa notarial anexo ao presente Estatuto.

ARTIGO 125º
Formação e estágio

1 – Tendo em vista a implementação da presente reforma, o Ministério da Justiça promove a realização de cursos de formação de notariado, incluindo estágio, para licenciados em Direito, a decorrer em instituições universitárias e cartórios notariais, com o objetivo de habilitar os formandos com o título de notário.

2 – A duração e os requisitos de acesso ao curso de formação e do estágio, bem como o respetivo procedimento, são fixados por portaria do Ministro da Justiça.

ARTIGO 126º
Aplicação aos atuais notários

1 – O presente Estatuto aplica-se aos notários que iniciem funções no âmbito do mesmo.

2 – Os notários que, durante o período transitório, continuem a exercer a respetiva função permanecem sujeitos à disciplina orgânica dos serviços dos Registos e do Notariado estabelecida no Decreto-Lei nº 519-F2/79, de 29 de dezembro, e ao

estabelecido no Decreto-Lei nº 322-A/2001, de 14 de dezembro, bem como a todas as demais disposições legais que presentemente lhes são aplicáveis.

ARTIGO 127º
Notários privativos e cartório de competência especializada

Os notários privativos e cartórios de competência especializada são regidos por diploma próprio.

ARTIGO 128º
Competências atribuídas aos órgãos da Ordem dos Notários

Até à tomada de posse dos membros eleitos nas primeiras eleições para os órgãos sociais da Ordem dos Notários, cabe ao diretor-geral dos Registos e do Notariado exercer as competências que por este Estatuto lhes são atribuídas, designadamente as de natureza disciplinar, sem prejuízo das competências cometidas à comissão instaladora da Ordem dos Notários.

ARTIGO 129º
Revisão do regime do notariado

O presente Estatuto deve ser revisto no prazo de cinco anos, visando, designadamente, a transferência das competências do Ministério da Justiça para a Ordem dos Notários.

ARTIGO 130º
Lei nº 9/2009, de 4 de março

O disposto na Lei nº 9/2009, de 4 de março, alterada pelas Leis nº 41/2012, de 28 de agosto e nº 25/2014, de 2 de maio, que transpõe para a ordem jurídica interna a Diretiva nº 2005/36/CE, do Parlamento e do Conselho, de 7 de setembro, relativa ao reconhecimentos das qualificações profissionais, e a Diretiva nº 2006/100/CE, do Conselho, de 20 de novembro, que adapta determinadas diretivas no domínio da livre circulação de pessoas, em virtude da adesão da Bulgária e da Roménia, não é aplicável ao exercício da atividade de notário nem ao reconhecimento das qualificações necessárias a esse exercício.

ANEXO

(Revogado.)

Autorização pelo Notário para Prática de Determinados Atos pelos seus Trabalhadores

Portaria nº 55/2011, de 28 de Janeiro

O artigo 8º do Estatuto do Notariado, aprovado pelo Decreto-Lei nº 26/2004, de 4 de Fevereiro, na redacção que lhe foi dada pelo Decreto-Lei nº 15/2011, de 25 de Janeiro, remete para portaria do membro do Governo responsável pela área da justiça a definição das condições em que o notário pode autorizar a prática de determinados actos ou certas categorias de actos por trabalhador seu.

O conteúdo dessa autorização é obrigatoriamente publicitado no cartório notarial, em local acessível ao público, e registada por via electrónica junto da Ordem dos Notários e permanentemente actualizada, constituindo esse registo requisito da validade da intervenção do colaborador e do documento em causa, o qual deve ser divulgado no sítio electrónico da Ordem dos Notários, com acesso livre.

Assegura-se assim uma prestação de serviços de elevada qualidade e transparência, como decorre do Estatuto do Notariado, e reforça-se a segurança do comércio jurídico, melhorando mecanismos de prevenção da corrupção, objectivos estabelecidos no Programa do XVIII Governo Constitucional.

Por um lado, os notários que, sob sua responsabilidade, façam uso da prerrogativa prevista no nº 1 do artigo 8º do referido diploma, que deve ter um carácter excepcional, e autorizem um ou vários trabalhadores a praticar determinados actos ou certas categorias de actos, devem fundamentar essa autorização e passam a promover o respectivo registo, através de transmissão electrónica de dados e documentos de identificação do trabalhador e respectiva assinatura e rubrica, no sítio da Ordem dos Notários, que deve ser permanentemente actualizada. Por outro lado, os magistrados judicias e do Ministério Público, os órgãos de polícia criminal e as demais entidades públicas às quais a lei atribua competência em matéria de prevenção no combate à corrupção e à criminalidade económico-financeira passam a ter acesso directo por via electrónica ao conteúdo da plataforma da identificação do trabalhador e respectiva assinatura e rubrica, evitando-se pedidos de informação, consultas ou deslocações dessas entidades a serviços públicos ou privados.

A presente portaria estabelece também os termos em que se processa o registo da autorização para a prática de actos por trabalhadores dos notários, através da transmissão electrónica de dados e de documentos.

Foi ouvida a Ordem dos Notários e o Conselho do Notariado.

Assim:

Manda o Governo, pelo Ministro da Justiça, ao abrigo do disposto no nº 1 do artigo 8º do Estatuto do Notariado, aprovado pelo Decreto-Lei nº 26/2004, de 4 de Fevereiro, na redacção que lhe foi dada pelo Decreto-Lei nº 15/2011, de 25 de Janeiro, o seguinte:

ARTIGO 1º
Autorização

A autorização a que se refere o nº 1 do artigo 8º do Decreto-Lei nº 26/2004, de 4 de Fevereiro, deve ser expressa, com identificação do trabalhador e da avaliação, fundamentada, da sua competência para a prática dos actos ou categoria de actos que em concreto é autorizado a praticar, com indicação da data do seu início e do seu termo.

ARTIGO 2º
Trabalhadores autorizados

A autorização para a prática de actos determinados ou certas categorias de actos pode ser concedida:

a) A oficial dos registos e do notariado que tenha optado pelo novo regime do notariado;

b) A licenciado com experiência relevante no notariado;

c) A trabalhador que exerça funções em cartório notarial há mais de dois anos consecutivos;

d) A trabalhador aprovado em exame para o efeito realizado pela Ordem dos Notários.

ARTIGO 3º
Registo da autorização

1 – O notário deve promover o registo electrónico do teor da autorização concedida nos termos do nº 1 do artigo 8º do referido Decreto-Lei nº 26/2004, bem como da sua alteração, rectificação, revogação ou caducidade, no sítio na Internet com o endereço www.notarios.pt, mantido pela Ordem dos Notários (ON), acompanhada da ficha de identificação do trabalhador e da sua assinatura e rubrica.

2 – A ON deve fazer regularmente cópias de segurança dessa informação e remeter cópia para arquivo seguro do Ministério da Justiça.

3 – O acesso à plataforma electrónica que contém a identificação do trabalhador e da sua assinatura e rubrica é condicionado, podendo a ela aceder os magistrados judicias e do Ministério Público, os órgãos de polícia criminal e as demais entidades públicas às quais a lei atribua competência em matéria de prevenção no

combate à corrupção e à criminalidade económico-financeira, mediante protocolo a celebrar com a ON e o Instituto dos Registos e do Notariado, I. P.

ARTIGO 4º
Formato dos ficheiros

Os ficheiros que contenham a identificação do trabalhador e da sua assinatura e rubrica devem adoptar os formatos jpeg, tiff ou pdf e ter uma dimensão máxima de 3 Mb.

ARTIGO 5º
Alteração e rectificação do registo

1 – Quando se verifique, durante o procedimento de registo, um erro no preenchimento electrónico dos dados, de digitalização, de catalogação ou de anexação de ficheiro, o notário deve proceder à respectiva correcção até ao momento da conclusão do processo de registo.

2 – Nas situações de alteração, rectificação, revogação ou caducidade de autorização previamente registada, a plataforma electrónica assegura ao respectivo notário a possibilidade de associar os documentos a submeter aos que se encontram já registados electronicamente, através da utilização do respectivo código de identificação do documento.

3 – Incumbe à ON proceder à realização dos actos referidos no número anterior no caso de impossibilidade da sua efectivação pelo notário.

ARTIGO 6º
Menções obrigatórias

1 – Nos actos praticados no uso da competência que lhe for atribuída, o trabalhador autorizado deve proceder à sua identificação, mencionar essa qualidade, o nome do autorizante e a data da publicitação da autorização no sítio da Ordem dos Notários.

2 – A identificação faz-se mediante a aposição da assinatura e a indicação do nome e do número de inscrição na Ordem dos Notários.

ARTIGO 7º
Responsabilidade

Todos os actos praticados pelos colaboradores no âmbito da autorização concedida são da inteira responsabilidade do respectivo notário, sem prejuízo da responsabilidade daqueles em caso de dolo ou má-fé.

ARTIGO 8º
Entrada em vigor

A presente portaria entra em vigor no dia seguinte ao da sua publicação.

Pelo Ministro da Justiça, *José Manuel Santos de Magalhães*, Secretário de Estado da Justiça e da Modernização Judiciária, em 25 de Janeiro de 2011.

combater a corrupção e a criminalidade económico-financeira, mediante protocolo a celebrar com a ON e o Instituto dos Registos e do Notariado, I. P.

ARTIGO 4.º
Formato dos ficheiros

Os ficheiros que contenham a identificação do trabalhador e da sua assinatura e rubrica devem adoptar os formatos jpeg, tiff ou pdf e ter uma dimensão máxima de 2 Mb.

ARTIGO 5.º
Alteração e rectificação do registo

1 – Quando se verifique, durante o procedimento de registo, um erro no preenchimento electrónico dos dados, de digitalização de documentos ou de anexação de ficheiros, o notário deve proceder à respectiva correcção até ao momento da conclusão do processo de registo.

2 – Nas situações de alteração, rectificação, revogação ou caducidade de autorização previamente registada, a plataforma electrónica assegura ao respectivo notário a possibilidade de associar os documentos a submeter aos que se encontram já registados electronicamente, através da indicação do respectivo código de identificação do documento.

3 – Incumbe à ON proceder à realização dos actos referidos no número anterior no caso de impossibilidade da sua efectivação pelo notário.

ARTIGO 6.º
Menções obrigatórias

1 – Nos actos praticados no uso da competência que lhe for atribuída, o trabalhador autorizado deve proceder à sua identificação, mencionar essa qualidade, o nome do autorizante e a data da publicitação da autorização no sítio da Ordem dos Notários.

2 – A identificação faz-se mediante a aposição da assinatura e a indicação do nome e do número de inscrição na Ordem dos Notários.

ARTIGO 7.º
Responsabilidade

Todos os actos praticados pelos colaboradores no âmbito da autorização concedida são da inteira responsabilidade do respectivo notário, sem prejuízo da responsabilidade daqueles em caso de dolo [illegible].

ARTIGO 8.º
Entrada em vigor

A presente portaria entra em vigor no dia seguinte ao da sua publicação.

Pelo Ministro da Justiça, *José Manuel Santos de Magalhães*, Secretário de Estado da Justiça e da Modernização Judiciária, em 25 de Janeiro de 2011.

Tabela de Honorários e Encargos Notariais

Portaria nº 385/2004, de 16 de Abril

Ao elaborar a presente tabela houve a preocupação de obedecer a princípios fundamentais do notariado latino.

Tanto o consumidor como a segurança jurídica são grandemente favorecidos pelo contributo do jurista imparcial e independente que é o notário, com a condição de que ele seja acessível a todos, graças a uma tabela oficial de custos obrigatórios, como consequência do carácter público da sua função.

São ainda objectivos da presente tabela a solvabilidade do sistema e que os novos preço obtidos permaneçam proporcionalmente relacionados com o seu custo económico. Pretende-se ainda repor o princípio da proporcionalidade. Este princípio tem de aferir-se não só pelo serviço prestado mas também e sobretudo pela responsabilidade que acarreta. E por isso ele impõe que o mais valioso deverá pagar mais e o menos valioso deverá pagar menos.

A tabela baseada no valor do acto garante que o serviço notarial qualificado está ao alcance de todos, mesmo quando se trate de actos de valor económico diminuto.

Assim, o notário deverá auferir honorários baixos nos actos de valor económico reduzido, mesmo quando a sua outorga não é rentável sob o ponto de vista económico.

Se se tivesse em conta a estrita cobertura dos custos notariais, a actividade do notário quase nunca poderia ser suportada pelos economicamente débeis. Estaria, de facto, a ser-lhes recusado o acesso à justiça.

É esta mesma preocupação que justifica e impõe a existência de notários, necessariamente deficitários, em regiões do País economicamente mais desfavorecidas, mas que têm um papel socialmente imprescindível.

Por outro lado, tratando-se de actos que envolvem bens economicamente valiosos, pode razoavelmente pedirse aos interessados o pagamento de honorários que, por via da regra, estão relacionados com o interesse económico pertinente ao acto outorgado.

Com efeito, não são apenas os direitos, taxas e impostos devidos ao Estado que são calculados com base no valor da operação. Os profissionais liberais recebem honorários em função do valor do serviço prestado.

Acresce ainda o facto de ter sido criado um regime mais favorável relativo às compras e vendas, hipotecas e mútuos com hipoteca, constituições de sociedade de capital mínimo e testamentos.

Atenta a vertente pública da função, é desejável para o consumidor notarial, quanto aos actos de maior relevância social, aliás no seguimento das legislações notariais europeias, que o custo do acto notarial seja o mesmo em todo o território nacional. Este princípio da uniformidade do custo do acto notarial não põe em causa a desejável concorrência entre os notários, a qual já está assegurada pela consagração dos princípios da livre escolha do notário e da territorialidade, previstos no artigo 7º do Estatuto do Notariado e no nº 3 do artigo 4º do Código do Notariado e ainda pela existência de actos de custo livre, na sequência dos últimos relatórios da Comissão Europeia sobre a concorrência nos serviços das profissões liberais.

Existe uma tensão potencial entre, por um lado, a necessidade de um determinado nível de regulamentação nesta profissão e, por outro, as regras de concorrência no Tratado.

A definição de preços fixos e máximos protege os consumidores face a honorários excessivos.

A profissão de notário na União Europeia consigna uma excepção em que a regulação dos preços está associada a outras medidas regulamentares como restrições quantitativas à entrada e proibições à publicidade que constituem restrições da concorrência. Porém, a reforma do notariado adoptou uma abordagem global favorável à concorrência, flexibilizando as restrições à entrada pela definição de um mapa notarial alargado, permitiu preços livres e em matéria de publicidade admitiu a informativa.

A regra do numerus clausus claramente enuncia que na sede de cada município existe, pelo menos, um notário, cuja actividade está dependente da atribuição de licença. O interesse público de que cada concelho tenha um notário a par da segurança jurídica é um interesse claramente definido e legítimo. Por outro lado, a regulamentação restritiva justifica-se pelos aspectos externos, isto é, por força do impacte que estes serviços têm perante terceiros, bem com no adquirente do serviço e porque produz bens públicos importantes para a sociedade em geral.

Não pode, pois, neste momento, o Estado prescindir desta regulamentação.

A actual tabela assenta em conceitos jurídicos determináveis, conhecidos e consentâneos com a tradição notarial nacional e europeia, o que a torna um documento de aplicação fácil, erigindo como pedra basilar a justiça na tributação dos actos e a simplicidade da sua compreensão.

Assim:

Manda o Governo, pela Ministra da Justiça, nos termos do nº 1 do artigo 17º do Estatuto do Notariado, aprovado pelo Decreto-Lei nº 26/2004, de 4 de Fevereiro, o seguinte:

É aprovada a tabela de honorários e encargos aplicável à actividade notarial exercida ao abrigo do Estatuto do Notariado, aprovado pelo Decreto-Lei nº 26/ /2004, de 4 de Fevereiro, anexa à presente portaria e que dela faz parte integrante.

A Ministra da Justiça, *Maria Celeste Ferreira Lopes Cardona*, em 30 de Março de 2004.

Tabela de Honorários e Encargos Notariais

CAPÍTULO I
Regras de interpretação

ARTIGO 1º
Honorários

Pelos actos praticados pelos notários são cobrados os honorários e encargos constantes da presente tabela, acrescidos do imposto sobre o valor acrescentado e do imposto do selo, nos termos legais.

ARTIGO 2º
Incidência subjectiva

Estão sujeitos a honorários o Estado as Regiões Autónomas, as autarquias locais, os fundos e serviços autónomos e as entidades que integrem o sector empresarial do Estado, das Regiões Autónomas e das autarquias locais, bem como as pessoas singulares ou colectivas de direito privado, independentemente da forma jurídica de que se revistam.

ARTIGO 3º
Proporcionalidade

1 – Os honorários constituem a retribuição dos actos praticados e são calculados com base no custo efectivo do serviço prestado, tendo em consideração a natureza dos actos e a sua complexidade.

2 – Sempre que os montantes a fixar sejam livres, deve o notário proceder com moderação, tendo em vista, designadamente, o tempo gasto, a dificuldade do assunto, a importância do serviço prestado e o contexto sócio-económico.

ARTIGO 4º
Normas de interpretação

As disposições sobre honorários tabelados no presente diploma não admitem interpretação extensiva ou interpretação analógica e, em caso de dúvida sobre o devido, cobra-se sempre o menor.

ARTIGO 5º
Tipos de honorários

Os honorários devidos ao notário pelos actos outorgados são máximos e livres:

a) Máximos para os actos descritos na tabela, sem prejuízo do disposto no nº 3 do artigo 12º;
b) Livres para os restantes.
(Redacção dada pela Portaria nº 574/2008, de 04-07)

CAPÍTULO II
Regras de aplicação

ARTIGO 6º
Valor dos actos

(Revogado pela Portaria nº 574/2008, de 04-07)

ARTIGO 7º
Pluralidade de actos

1 – Quando uma escritura contiver mais de um acto, cobrar-se-ão por inteiro os honorários devidos por cada um deles.
2 – Entende-se que há pluralidade de actos:

a) Sempre que assim resulte das normas substantivas e fiscais;
b) Se a denominação correspondente a cada um dos negócios jurídicos cumulados for diferente;
c) Se os respectivos sujeitos activos e passivos não forem os mesmos.

3 – Não são considerados novos actos:

a) Os consentimentos e autorizações de terceiros necessários à plenitude dos efeitos jurídicos ou à perfeição do acto a que respeitem;
b) As garantias entre os mesmos sujeitos.

4 – Contar-se-ão como um só acto:

a) A outorga de poderes de representação ou o seu substabelecimento por marido e mulher, contanto que o representante seja o mesmo;

b) As diversas garantias de terceiros a obrigações entre os mesmos sujeitos prestadas, no título em que estas são constituídas.

5 – O disposto nos números anteriores é igualmente aplicável aos instrumentos avulsos que contenham mais de um acto.

ARTIGO 8º
Valor dos bens

1 – Para efeitos do disposto no artigo 8º, o valor dos bens é o valor declarado pelos interessados, ou o valor patrimonial tributário dos bens objecto do acto, se for superior.

2 – Quanto a bens ou actos cujo valor seja fixado em moeda diferente do euro, o que lhe corresponder em euros ao câmbio do último dia útil fixado pelo Banco de Portugal.

ARTIGO 9º
Pagamento

1 – A obrigação de pagamento dos custos dos actos notariais recai sobre quem tiver requerido a prestação de serviços ao notário sendo solidariamente responsáveis todos os outros interessados no acto; no caso de a conta não ser satisfeita espontaneamente deve ser cobrada em execução, servindo de título o respectivo documento, assinado pelo notário.

2 – São gratuitas as rectificações resultantes de erros imputáveis ao notário, bem como a sanação e a revalidação de actos notariais.

3 – *(Revogado.)*

4 – O notário pode exigir, a título de preparo, o pagamento antecipado do custo provável dos actos, bem como as despesas que o notário deva fazer em nome do interessado, necessárias à outorga do acto.

(Redacção dada pela Portaria nº 574/2008, de 04-07)

CAPÍTULO III
Tabela de honorários

ARTIGO 10º
Honorários máximos

Os actos que se enumeram têm os seguintes valores máximos:

1 – *(Revogado.)*

2 – *(Revogado.)*

3 – Procurações conferidas também no interesse de procurador ou de terceiro:

a) Em que outorgue um mandante designando um mandatário – € 31,09;

b) Por cada mandante ou mandatário adicional – € 10.

4 – Testamentos:

a) Testamento público, testamento internacional, instrumento de aprovação, depósito e abertura de testamento cerrado, por cada um – € 113,45;

b) Revogação de testamento – € 75,63.

5 – Outros instrumentos avulsos – por quaisquer outros instrumentos avulsos, com excepção dos de protesto de títulos de crédito e acta de reunião de organismo social e assistência a ela – € 31,09.

6 – Protestos – por cada instrumento de protesto de títulos de crédito, pelo levantamento de cada título antes de protestado e pela informação, dada por escrito, referente a registo lavrado no livro de protestos de títulos de crédito, por cada título – € 7,56.

7 – Certidões e documentos análogos:

a) Por cada certidão, fotocópia, certificado, pública-forma, conferência, telecópia e extracto, até 4 páginas, inclusive – € 16,81;

b) A partir da 5ª página, por cada página a mais – € 2,10.

8 – *(Revogado.)*

(Redacção dada pela Portaria nº 574/2008, de 04-07)

ARTIGO 11º
Actos com proporcionalidade

(Revogado pela Portaria nº 574/2008, de 04-07)

ARTIGO 12º
Outros honorários

1 – Por qualquer averbamento aposto em acto descrito na tabela, podem ser cobrados honorários até ao montante máximo de € 20,25.

2 – Por cada registo lavrado no livro a que se refere a alínea *f*) do nº 1 do artigo 7º do Código do Notariado podem ser cobrados honorários até ao montante máximo de € 24, 37.

3 – Podem ser cobrados honorários até ao montante correspondente a 80% do valor máximo do respectivo acto descrito na tabela:

a) Pela revogação ou rectificação de actos por motivos imputáveis às partes;

b) Pelos actos requisitados e elaborados que não sejam outorgados por motivos imputáveis às partes.

4 – Aos honorários referidos no número anterior podem acrescer até € 10 por cada um dos bens descritos.

(Redacção dada pela Portaria nº 574/2008, de 04-07)

ARTIGO 13º
Assessoria

1 – Pelo estudo e preparação dos actos descritos na tabela podem ser cobrados honorários até ao montante máximo de €10,25.

2 – *(Revogado.)*

3 – Cumulando-se na mesma escritura mais de um dos actos referidos nos números anteriores, o emolumento é devido por cada um deles.

(Redacção dada pela Portaria nº 574/2008, de 04-07)

ARTIGO 14º
Outros actos e serviços

São de custo livre os demais actos ou serviços praticados pelos notários no âmbito da sua competência.

CAPÍTULO IV
Disposições finais

ARTIGOS 15º E 16º

(Revogados pela Portaria nº 574/2008, de 04-07)

ARTIGO 17º
Afixação

A tabela de preços dos actos será obrigatoriamente afixada no cartório notarial em local a que o púbico tenha acesso.

ARTIGO 18º
Âmbito de aplicação

A presente tabela aplica-se aos notários privados que exerçam funções ao abrigo do Estatuto do Notariado, aprovado pelo Decreto-Lei nº 26/2004, de 4 de Fevereiro.

Pedido *Online* de Certidão sobre a Existência de Testamentos

Portaria nº 182/2017, de 31 de maio

O Programa do XXI Governo Constitucional estabeleceu como estratégia a melhoria do relacionamento dos cidadãos com a Administração Pública e a modernização dos serviços públicos, mediante a simplificação dos procedimentos e do acesso a dados relevantes, o que se concretiza através de um programa nacional único denominado SIMPLEX+ e, na área da Justiça, através do plano estratégico de modernização do sistema judicial e dos registos denominado Justiça + Próxima.

Em cumprimento dessa estratégia, é necessário permitir o acesso, de forma rápida, cómoda e segura, através da Internet, a informação relativa aos testamentos públicos, instrumentos de aprovação, de depósito e abertura de testamentos cerrados e internacionais, escrituras de revogação de testamentos e de renúncia ou repúdio de herança ou legado, e eliminando-se a necessidade de deslocação do cidadão junto dos serviços de registo para aí requerer uma certidão.

Desde 1950 que Portugal detém um registo central de testamentos, a cargo do Instituto dos Registos e do Notariado, I. P. (IRN, I. P.), sendo que através dele é possível prestar informações sobre a existência daquele tipo de atos inscritos, bem como sobre a data em que foram titulados e a indicação da entidade perante a qual foram celebrados, contribuindo para que a vontade dos testadores seja conhecida e respeitada.

Com a presente portaria pretende-se, pois, regular os termos do pedido online de certidão sobre a existência dos referidos títulos registados na Conservatória dos Registos Centrais, bem como sobre a data em que foram titulados e a indicação da entidade perante a qual foram celebrados.

Assim:

Manda o Governo, pela Secretária de Estado da Justiça, ao abrigo do nº 1 do artigo 207º do Decreto-Lei nº 207/95, de 14 de agosto, na redação que lhe foi conferida pelo Decreto-Lei nº 125/2013, de 30 de agosto, e dos artigos 18º e 26º, nº 3, do Decreto-Lei nº 135/99, de 22 de abril, na última redação dada pelo Decreto-Lei nº 58/2016, de 29 de agosto, o seguinte:

ARTIGO 1º
Objeto

A presente portaria regula o pedido *online* de certidão sobre a existência de testamentos públicos, instrumentos de aprovação, de depósito e abertura de testamentos cerrados e internacionais, escrituras de revogação de testamentos e de renúncia ou repúdio de herança ou legado, registados na Conservatória dos Registos Centrais ao abrigo do disposto no artigo 188º, nº 1, alínea *a)*, do Código do Notariado, aprovado pelo Decreto-Lei nº 207/95, de 14 de agosto, bem como sobre a respetiva data e entidade perante a qual foram celebrados.

ARTIGO 2º
Pedido

O pedido online de certidão referido no artigo anterior faz-se através de sítio na Internet da área da justiça.

ARTIGO 3º
Funcionalidades do sítio

O sítio a que se refere o artigo anterior deve permitir, designadamente, as seguintes funcionalidades:

a) A autenticação dos utilizadores, privilegiando os mecanismos disponibilizados pela Agência para a Modernização Administrativa em *www.autenticacao.gov.pt*, tais como certificado digital e chave móvel digital, no caso de pedido de certidão de testamento relativo a testador vivo, a efetuar pelo próprio ou terceiro com poderes para o ato;
b) A identificação do utilizador, no caso de pedido de certidão de testamento relativa a testador falecido, a efetuar por terceiro;
c) Identificação do requerente da certidão;
d) O preenchimento eletrónico dos elementos necessários ao pedido;
e) A submissão de documentos;
f) A certificação da data, hora e estado do pedido;
g) O pagamento dos serviços por via eletrónica;
h) O envio de avisos por correio eletrónico ao requerente da certidão, ou sempre que possível, por short message service (SMS), designadamente quando os pedidos tenham sido validamente submetidos.

ARTIGO 4º
Submissão eletrónica de documentos

1 – Sempre que os pedidos necessitem de ser instruídos com documentos, os mesmos devem ser digitalizados na íntegra e submetidos eletronicamente, sendo que o respetivo conteúdo deve ser legível.

2 – Os documentos submetidos por quem tenha competência para a conferência de documentos com os respetivos originais em formato papel têm o mesmo

valor probatório dos originais, desde que tenham sido corretamente digitalizados e o seu conteúdo seja integralmente legível.

3 – Os documentos elaborados pelos cidadãos e submetidos para instrução de pedidos devem ser assinados através de assinatura eletrónica qualificada.

4 – Os ficheiros que contenham os documentos a submeter eletronicamente deverão obedecer aos requisitos de formato e dimensão que sejam fixados por despacho do Presidente do Conselho Diretivo do Instituto dos Registos e do Notariado, I. P., os quais deverão ser publicitados na página eletrónica do serviço online.

ARTIGO 5º
Pagamento

1 – Após a submissão eletrónica do pedido é gerada automaticamente uma referência para pagamento dos encargos devidos.

2 – O pagamento dos encargos referidos no número anterior deve ser efetuado no prazo de 48 horas após a geração da referência para pagamento, sob pena de cancelamento do pedido.

3 – Por despacho do presidente do Conselho Diretivo do Instituto dos Registos e do Notariado, I. P., podem ser previstas outras modalidades de pagamento dos encargos devidos nos termos definidos no Decreto-Lei nº 201/2015, de 17 de setembro.

4 – O pedido é considerado validamente submetido após o pagamento.

ARTIGO 6º
Emolumentos

Pela emissão de certidões no âmbito da presente portaria são devidos os emolumentos previstos no Regulamento Emolumentar dos Registos e Notariado, aprovado pelo Decreto-Lei nº 322-A/2001, de 14 de dezembro.

ARTIGO 7º
Diligências subsequentes e emissão da certidão

Após a confirmação do pagamento efetuado pelo requerente, o serviço competente procede ao tratamento dos dados indicados, dos documentos entregues, à apreciação dos pedidos efetuados, ao suprimento, sempre que possível, de eventuais deficiências dos pedidos, à emissão e envio da certidão para o endereço postal indicado pelo requerente.

ARTIGO 8º
Entrada em vigor

A presente portaria entra em vigor no dia seguinte ao da sua publicação.

A Secretária de Estado da Justiça, *Anabela Damásio Caetano Pedroso*, em 29 de maio de 2017.

III – Normas Comuns aos Serviços dos Registos e Notariado

Regulamento Emolumentar dos Registos e Notariado
Regime Jurídico do Processo de Inventário
Regulamentação do Regime Jurídico do Processo de Inventário
Transmissão e Receção por Telecópia ou por Via Eletrónica de Documentos com Valor de Certidão
Instrução de Atos Notariais e Registrais por Fotocópias
Procedimentos para Operações Especiais de Registos
Acessos Eletrónicos com Valor de Certidão

Regulamento Emolumentar dos Registos e Notariado

Decreto-Lei nº 322-A/2001, de 14 de Dezembro*

A reforma da tributação emolumentar corporizada na criação do Regulamento Emolumentar dos Registos e Notariado foi regida pelos objectivos de simplificação e codificação dos emolumentos dos registos e notariado, construção de um sistema de gestão da receita emolumentar e adaptação da tributação emolumentar à jurisprudência do Tribunal de Justiça das Comunidades Europeias relativa à directiva sobre reunião de capitais.

O novo ambiente globalizado regido por padrões de eficiência na acção dos agentes obriga que o Estado proceda a uma redução dos padrões de complexidade do tráfego jurídico, sob pena da inviabilização dos esforços dos sujeitos de aumentar os seus padrões de competitividade.

Esse esforço constitui uma verdadeira obrigação dos entes públicos perante os administrados, quer revistam uma natureza comercial quer consistam em simples cidadãos individualmente considerados.

O presente Regulamento Emolumentar, ao corporizar uma verdadeira codificação nesta matéria, vem ao encontro das preocupações de simplificação e sistematização, tornando mais transparente o regime emolumentar dos registos e notariado, que passa a revestir a natureza de decreto-lei. O aumento da dignidade do instrumento legislativo de suporte possibilita uma maior transparência e publicidade na aplicação do regime, essencial para a boa aceitação do tributo pelos administrados e para a parificação da tributação emolumentar em relação às restantes taxas existentes no ordenamento jurídico nacional.

O movimento de codificação que foi efectuado permitiu, pela primeira vez, a construção de uma verdadeira lógica sistemática entre os diferentes tipos de tributação, bem como coerência interna intrínseca. Até hoje, os diferentes tipos emolumentares, no seguimento de uma lógica corporativa ancestral e que fundamentou o aparecimento da função no Norte da Europa, evoluíam lado a lado, porém, sem uma coerência intrínseca, essencial para um correcto desempenho da

* *Texto de acordo com a republicação do Decreto-Lei nº 194/2003, de 23 de Agosto.*

função, que só é justificada se analisada e aplicada de uma forma compreensiva e coordenada.

Esse esforço de codificação justifica a aprovação de um único regulamento emolumentar abarcando todos os regimes anteriormente tratados de uma forma desconexa e autónoma.

O Regulamento Emolumentar dos Registos e Notariado foi organizado em três capítulos.

O primeiro capítulo contém os princípios e normas gerais de interpretação aplicáveis a todas as rubricas subsequentes. É absolutamente inovador e introduz um elevado grau de coerência na aplicação de todos os tipos de tributação subsequentes. Salientam-se os seguintes aspectos:

i) Definição do âmbito de incidência subjectiva – refere-se que estão sujeitos a tributação emolumentar o Estado, as Regiões Autónomas, as autarquias locais, os fundos e serviços autónomos e as entidades que integrem o sector empresarial do Estado, das Regiões Autónomas e das autarquias locais, bem como as pessoas singulares ou colectivas de direito privado, independentemente da forma jurídica de que se revistam. Assim, todas as situações de privilégio não justificadas terminaram, numa lógica de eficiência acrescida, no exercício da actividade pública;

ii) Estabelecimento de uma norma de proporcionalidade – sendo a função notarial e registral assente numa base prestacional, constitui elemento essencial na construção de todo o edifício tributário o estabelecimento de uma regra de proporcionalidade. Nestes termos, a tributação emolumentar constituirá a retribuição dos actos praticados e será calculada com base no custo efectivo do serviço prestado, tendo em consideração a natureza dos actos, a sua complexidade e o valor da sua utilidade económico-social;

iii) Reforma do sistema de isenções e reduções emolumentares – tendo em consideração a situação de total descontrolo e indisciplina ao nível das isenções, fruto de anos de legislação extravagante que previa situações de privilégio de uma forma não sistemática e, por vezes, com justificação duvidosa, atentando, de uma forma gravíssima, o princípio da igualdade. Perante esta situação de facto, prevê-se na actual proposta a revogação de todas as isenções ou reduções anteriormente previstas, com excepção das isenções ou reduções de carácter estrutural, e propõe-se o sistema de inclusão de todas as novas isenções no diploma, de forma a melhorar o controlo e a sua aplicação.

O segundo capítulo vem estabelecer as normas gerais de aplicação, bem como regular, em termos substanciais, os diferentes tipos de actividade notarial e registral, tendo em consideração as suas especialidades e lógica próprias. Apesar de se ter efectuado um enorme esforço de uniformização de procedimentos e de conceitos, não foi possível, ainda, atingir o movimento de uniformização desejável. Porém, tal será possível através da prática de aplicação do novo Regulamento, que, pela primeira vez, foi construído numa lógica de corpo único, e não como portaria retalhada e totalmente segmentada.

Por sua vez, o terceiro capítulo contém o tabelamento dos actos. Foi dividido em secções, considerando os diversos tipos tributários. Assim, a primeira secção diz respeito ao registo civil e nacionalidade, a segunda ao notariado, a terceira ao registo predial, a quarta ao registo comercial, a quinta ao Registo Nacional de Pessoas Colectivas, a sexta ao registo de navios, a sétima ao registo de automóveis, a oitava a identificação civil, e, depois, mais duas outras secções residuais, relativas aos emolumentos comuns, e a décima às isenções, tendo esta última por escopo a codificação de todas as isenções futuras, sendo o local próprio para a sua inclusão ao longo do tempo.

Os tipos tributários presentes neste terceiro capítulo resultam de um enorme esforço de simplificação das rubricas e de criação de novas formas de tributação adaptadas às novas realidades. Tendo como base o trabalho desenvolvido pelo conselho técnico, ressalta, em termos essenciais, a nova consistência lógica impressa no sistema de tributação, que só por isso o torna mais transparente e eficiente.

Uma das principais dificuldades na elaboração do novo Regulamento Emolumentar baseou-se na inexistência de uma informação sistemática relativamente ao montante de receita de cada um dos tipos tributários. De facto, os únicos elementos disponíveis resultavam do cruzamento das estatísticas dos registos e notariado do Gabinete de Política Legislativa do Ministério da Justiça (que contém apenas o número de actos numa discriminação excessivamente agregada) com os reportes de receita efectuados pelos cartórios e registos ao Instituto de Gestão Financeira e Patrimonial da Justiça (em termos líquidos e totalmente agregados). Só após um esforço de consolidação total de todos os reportes, expurgando-se os elementos distorcivos presentes, se conseguiu uma visão mais ou menos próxima do produto de cada uma das rubricas.

Foi então possível desenvolver o trabalho de apuramento do custo efectivo de cada acto notarial e registral, base de construção de nova tabela, de acordo com o princípio de proporcionalidade.

Ora, o presente Regulamento Emolumentar foi organizado numericamente (v. capítulo III) de forma a permitir uma avaliação *on time* da proveniência dos fluxos de receita, o que possibilitará, pela primeira vez, uma verdadeira gestão do tributo.

Este novo sistema permitirá, pois, a actualização atempada dos montantes das taxas previstos, garantindo a proporcionalidade da tributação pela sistemática e permanente actualização dos tipos de receita relativamente aos fluxos de despesa verificados ano a ano, bem como a avaliação da receita cessante derivada da existência de isenções ou reduções emolumentares.

A adaptação da tributação emolumentar à jurisprudência do Tribunal de Justiça das Comunidades Europeias (TJCE) relativa à Directiva nº 65/335/CEE, sobre reunião de capitais, foi o motivo que despoletou todo este esforço de reforma. Porém, como se pode verificar pelo que foi referido anteriormente, o resultado desta reforma ultrapassou em muito este intuito inicial.

Ora, no presente Regulamento Emolumentar não se referem quaisquer taxas proporcionais, atentatórias, segundo o TJCE, do carácter remuneratório do tributo, e todas as taxas específicas foram calculadas de acordo com os critérios objectivos sucessivamente emanados pelo Tribunal na sua jurisprudência recente. Não se prevê, igualmente, qualquer elemento de solidariedade entre empresas ou quaisquer outros sujeitos passivos, baseando-se os escalões existentes simplesmente em reduções de taxas de remuneração de determinados serviços, que ficam assim abaixo do custo, tendo em consideração a reduzida capacidade contributiva de alguns sujeitos. Nestes termos, a solidariedade entre sujeitos não é alcançada pela oneração em excesso dos sujeitos que revelam superior capacidade tributária mas pela redução da imposição aos que revelam menos capacidade, sem compensação em qualquer oneração suplementar dos restantes.

Finalmente, tendo em consideração a existência de um núcleo básico de elementos de cidadania, não fazia sentido que o Estado viesse a tributar situações que, aí contidas, decorriam de actos não voluntários.

Esta tributação existente até agora fundava-se, pois, numa postura errada de tributação de funções que se inserem no fundamento básico prestacional por parte do Estado, onde, em tese, nem sequer existe um serviço público susceptível de remuneração, tanto mais que os actos revestem um carácter não voluntário, encontrando-se o sujeito numa posição de mera sujeição de que o Estado não se pode aproveitar, sob pena de negação de todos os princípios subjacentes ao Estado social de direito.

Dessa forma, foi efectuada a opção de total gratuitidade relativamente aos actos do registo civil que revestem um carácter não voluntário. Esse encargo é, pois, sustentado, na íntegra, pelo Estado, não sendo sequer repercutido nos outros tipos tributários.

Finalmente, tendo em consideração que o princípio básico adoptado é o princípio da correspondência ao custo efectivo e tendo em consideração o processo de informatização dos registos e notariado em curso, que será concluído no final de 2002, prevê-se que o presente Regulamento Emolumentar será sujeito a uma revisão bianual em função das variações da despesa efectiva decorrentes de análises de custos.

Assim:

No uso da autorização legislativa concedida ao Governo pelo nº 2 do artigo 10º da Lei nº 85/2001, de 4 de Agosto, e nos termos das alíneas *a*) e *b*) do nº 1 do artigo 198º da Constituição, o Governo decreta, para valer como lei geral da República, o seguinte:

ARTIGO 1º
Aprovação do Regulamento Emolumentar dos Registos e Notariado

É aprovado o Regulamento Emolumentar dos Registos e Notariado, que faz parte integrante do presente decreto-lei.

ARTIGO 2º
Norma revogatória

1 – São revogados:

a) O Decreto-Lei nº 171/91, de 10 de Maio;
b) A Portaria nº 996/98, de 25 de Novembro, excepto nas disposições relativas aos emolumentos pessoais e respectivas regras de distribuição;
c) A Portaria nº 709/2000, de 4 de Setembro;
d) A Portaria nº 942/93, de 27 de Setembro;
e) Os artigos 300º e 301º do Código do Registo Civil;
f) O artigo 20º da Lei nº 37/81, de 3 de Outubro (Lei da Nacionalidade);
g) O nº 1 do artigo 191º do Código do Notariado;
h) Os nºs 1 e 2 do artigo 152º do Código do Registo Civil;
i) O artigo 45º da Lei nº 33/99, de 18 de Maio (Lei de Identificação Civil);
j) O nº 3 do artigo 164º do Código do Notariado.

2 – São ainda revogadas todas as outras normas que prevejam isenções ou reduções emolumentares relativamente a actos praticados nos serviços dos registos e do notariado, com excepção das previstas no Decreto-Lei nº 404/90, de 21 de Dezembro.

3 – O disposto no número anterior não abrange as isenções ou reduções emolumentares de que beneficiam os actos inseridos:

a) No regime das contas poupança-habitação;
b) No regime da Zona Franca da Madeira e de Santa Maria;
c) Nos processos especiais de recuperação de empresas;
d) Nas operações do emparcelamento.

4 – Para efeitos do disposto no artigo 4º do Regulamento Emolumentar aprovado pelo presente diploma, considera-se que as isenções e reduções previstas no número anterior têm carácter estrutural.

ARTIGO 3º
Identificação civil

As normas respeitantes à identificação civil são aplicadas independentemente da integração dos serviços de identificação civil no registo civil.

ARTIGO 4º
Emolumentos pessoais

Para efeitos do disposto no nº 1 do artigo 9º do Regulamento Emolumentar dos Registos e Notariado, são mantidas em vigor as normas sobre emolumentos pessoais, bem com as regras relativas à sua distribuição, constantes das anteriores tabelas emolumentares, aplicáveis com as necessárias adaptações.

ARTIGO 5º
Revisão

1 – O Regulamento Emolumentar será sujeito a uma revisão bianual em função das variações da despesa efectiva decorrentes de análises de custos.

2 – O valor das taxas e emolumentos, incluindo os comuns, aplicáveis aos actos de registo civil e de nacionalidade, de identificação civil, do notariado, do registo nacional de pessoas colectivas e de registo predial, comercial, de navios e de automóveis é fixado por portaria do membro do Governo responsável pela área da Justiça, atendendo ao princípio da proporcionalidade.

(Redacção dada pelo Decreto-Lei nº 99/2010, de 02-09)

ARTIGO 6º

(Revogado.)

ARTIGO 7º
Isenções e reduções emolumentares

1 – As isenções ou reduções emolumentares que venham a ser criadas após a entrada em vigor do Regulamento Emolumentar deverão ser inseridas no seu artigo 28º.

2 – Sempre que sobre o mesmo facto incida mais de uma redução emolumentar é aplicável a que for mais favorável.

3 – Mediante protocolo com o IRN, I. P., podem ser estabelecidos montantes e formas de pagamento específicos para pedidos de certidão.

(Redacção dada pelo Decreto-Lei nº 99/2010, de 02-09)

ARTIGO 8º
Actos gratuitos

1 – São gratuitas as certidões, fotocópias, informações e outros documentos de caráter probatório, bem como o acesso e consultas a bases de dados, solicitadas pela Direção-Geral dos Impostos, por entidades judiciais, bem como por entidades que prossigam fins de investigação criminal.

2 – É gratuito o acesso às bases de dados registrais e de identificação civil por parte das pessoas colectivas públicas que integrem o sistema estatístico nacional, com a finalidade de recolha de informação estatística.

3 – *(Revogado.)*

4 – É gratuito o acesso pela Comissão da Liberdade Religiosa à base de dados do registo de pessoas colectivas religiosas, efectuado nos termos previstos no respectivo regime.

5 – É gratuito o acesso pela autoridade eclesiástica proponente à base de dados do registo de pessoas jurídicas canónicas.

6 – É gratuito o reconhecimento presencial de assinatura efetuado em declarações ou requerimentos para fins de atribuição da nacionalidade portuguesa.

(Redacção dada pelo Decreto-Lei nº 19/2015, de 03-02)

ARTIGO 9º
Aplicação da lei no tempo

1 – O Regulamento Emolumentar aplica-se a todos os actos requeridos após a sua entrada em vigor.

2 – Para efeitos do número anterior, nos casos de pedidos de actos apresentados por intermédio dos notários, nos termos do Decreto-Lei nº 267/93, de 31 de Julho, é considerado pedido formal do interessado o apresentado pelo notário no serviço competente.

Regulamento Emolumentar dos Registos e Notariado

CAPÍTULO I
Princípios e normas gerais de interpretação

ARTIGO 1º
Tributação emolumentar

1 – Os actos praticados nos serviços dos registos e do notariado estão sujeitos a tributação emolumentar, nos termos fixados na tabela anexa, sem prejuízo dos casos de gratuitidade, isenção ou redução previstos no presente diploma.

2 – As isenções e reduções emolumentares estabelecidas na lei não abrangem a participação emolumentar e os emolumentos pessoais devidos aos conservadores, notários e oficiais dos registos e do notariado pela sua intervenção nos actos.

ARTIGO 2º
Incidência subjectiva

Estão sujeitos a tributação emolumentar todas as pessoas singulares, bem como todas as pessoas coletivas, independentemente da natureza ou forma jurídica que revistam, designadamente o Estado, as Regiões Autónomas, as autarquias locais, os fundos e serviços autónomos e as entidades que integrem o sector empresarial do Estado, das Regiões Autónomas e das autarquias locais.

(Redacção dada pelo Decreto-Lei nº 209/2012, de 19-09)

ARTIGO 3º
Proporcionalidade

A tributação emolumentar constitui a retribuição dos actos praticados e é calculada com base no custo efectivo do serviço prestado, tendo em consideração a natureza dos actos e a sua complexidade.

ARTIGO 4º
Isenções e reduções emolumentares

As normas que prevêem isenções ou reduções emolumentares vigoram por um período de quatro anos, se não tiverem previsto outro mais curto, salvo quando, tendo em consideração a sua natureza, lhes seja atribuído um carácter estrutural.

ARTIGO 5º
Interpretação e integração de lacunas

1 – As disposições tabelares não admitem interpretação extensiva, nem integração analógica.

2 – Em caso de dúvida sobre o emolumento devido, cobrar-se-á sempre o menor.

ARTIGO 6º
Publicidade

As tabelas emolumentares devem ser afixadas nos serviços em local visível e acessível à generalidade dos utentes.

CAPÍTULO II

SECÇÃO I
Normas gerais de aplicação

ARTIGO 7º
Actos com valor representado em moeda sem curso legal

Sempre que o acto seja representado em moeda sem curso legal em Portugal, os emolumentos são calculados segundo o último câmbio oficial publicado à data da feitura do acto.

ARTIGO 8º
Preparos

(Revogado pelo Decreto-Lei nº 99/2010, de 02-09)

ARTIGO 9º
Emolumentos pessoais e outros encargos

1 – Para além dos emolumentos devidos pela prática dos actos, os conservadores e notários podem ainda cobrar emolumentos pessoais destinados a remunerar o seu estudo e preparação, em função do grau de complexidade, bem como a realização dos actos fora das instalações do serviço ou fora das horas regulamentares.

2 – Aos encargos previstos no número anterior acresce o reembolso das despesas comprovadamente efectuadas pelos funcionários, imprescindíveis à prática dos actos, com excepção das despesas de correio e de outras a definir por despacho do director-geral dos Registos e do Notariado.

3 – Os encargos referidos nos números anteriores que sejam eventualmente devidos pela prática de actos previstos neste decreto-lei são pagos pelo Instituto dos Registos e do Notariado (IRN, I. P.)

4 – *(Revogado.)*

(Redacção dada pelo Decreto-Lei nº 201/2015, de 17-09)

SECÇÃO II
Actos de registo civil e da nacionalidade

ARTIGO 10º
Actos gratuitos

1 – São gratuitos os seguintes actos e processos:

a) Assento de nascimento ocorrido em território português ou em unidade de saúde no estrangeiro, ao abrigo de protocolo celebrado com o Estado Português;

b) Assento de declaração de maternidade ou de perfilhação;

c) Assento de casamento civil ou católico urgente;

d) *(Revogada.)*;

e) Assento de transcrição efectuada nos termos do artigo 82º do Código do Registo Civil;

f) Assento de transcrição de nascimento lavrado no estrangeiro, perante autoridade estrangeira, respeitante a indivíduo a quem seja atribuída a nacionalidade portuguesa ou que a adquira;

g) Declaração atributiva da nacionalidade portuguesa, para inscrição de nascimento ocorrido no estrangeiro, ou declaração para fins de atribuição da referida nacionalidade, bem como os documentos necessários para tais fins, desde que referentes a menor;

h) Assento de nascimento ocorrido no estrangeiro, atributivo da nacionalidade portuguesa, ou registo de atribuição da referida nacionalidade, desde que referentes a menor;

i) Declaração para aquisição da nacionalidade, nos termos dos artigos 30º e 31º da Lei nº 37/81, de 3 de Outubro;

j) Registo da declaração para aquisição da nacionalidade, nos termos dos artigos referidos na alínea anterior, e registos oficiosos lavrados nos termos do artigo 33º da Lei nº 37/81, de 3 de Outubro, bem como os procedimentos e documentos necessários para uns e outros;

l) Assento de transcrição de declaração de maternidade, de perfilhação ou de óbito lavrado no estrangeiro, perante autoridade estrangeira, respeitante a nacional português;

m) Assento de transcrição ou integração de actos de registo lavrados pelos órgãos especiais do registo civil;

n) Registo previsto no nº 1 do artigo 1º de Decreto-Lei nº 249/77, de 14 de Junho, bem como os documentos e processos a ele respeitantes;

o) Assentos de factos obrigatoriamente sujeitos a registo requeridos pelas autoridades judiciais, quando os respectivos encargos não puderem ser cobrados em regra de custas;

p) Reconstituição de acto ou processo;

q) Processo de impedimento de casamento;

r) Processo de sanação de anulabilidade do casamento por falta de testemunhas;

s) Certidões a que se referem o nº 2 do artigo 189º, a alínea *g*) do nº 1 do artigo 210º-F, os nºs 5 a 7 do artigo 215º e a alínea *e*) do nº 1 do artigo 272º-B do Código do Registo Civil;

t) Certidões, fotocópias e comunicações que decorram do cumprimento de obrigações previstas no Código do Registo Civil, no Regulamento da Nacionalidade Portuguesa e em legislação avulsa aplicável ao registo civil e da nacionalidade e que não devam entrar em regra de custas;

u) Certidões requeridas para fins de assistência ou beneficência, incluindo a obtenção de pensões do Estado ou das autarquias locais;

v) (*Revogada.*);

x) Certidões requeridas para instrução de processo de adopção;

z) Certidões requeridas pelos tribunais, sinistrados ou seus familiares para instrução de processo emergente de acidente de trabalho;

aa) Assentos, certidões ou quaisquer outros actos ou documentos que tenham de ser renovados, substituídos ou rectificados, em consequência de os anteriores se mostrarem afectados de vício, irregularidade ou deficiência imputáveis aos serviços;

ab) Conferência de fotocópias, nos termos do Decreto-Lei nº 30/2000, de 13 de Março.

ac) Procedimento de aquisição de nacionalidade a quem foi identificado como português por erro imputável à administração.

2 – São, ainda, gratuitos os actos de registo e os documentos necessários à instrução dos processos de atribuição do estatuto de igualdade luso-brasileiro contido no Tratado de Amizade, Cooperação e Consulta, de 22 de Abril de 2000.

3 – Beneficiam ainda de gratuitidade dos actos de registo civil ou de nacionalidade, dos processos e declarações que lhes respeitem, dos documentos necessários e processos relativos ao suprimento destes, bem como das certidões requeridas para quaisquer fins, os indivíduos que provem a sua insuficiência económica pelos seguintes meios:

a) Documento emitido pela competente autoridade administrativa;

b) Declaração passada por instituição pública de assistência social onde o indivíduo se encontre internado.

4 – Para efeitos do disposto no número anterior, nos actos, processos e procedimentos requeridos por mais de uma pessoa em que apenas um dos requerentes beneficie de gratuitidade, é devido pelo requerente não beneficiário o pagamento de metade do emolumento previsto para o acto ou processo.

(Redacção dada pelo Decreto-Lei nº 201/2015, de 17-09)

SECÇÃO III
Actos notariais

ARTIGO 11º
Unidade e pluralidade de actos

1 – Quando uma escritura contiver mais de um acto, cobram-se por inteiro os emolumentos devidos por cada um deles.

2 – Há pluralidade de actos sempre que a denominação correspondente a cada um dos negócios jurídicos cumulados for diferente, ou quando os respectivos sujeitos activos e passivos não forem os mesmos.

3 – Não são considerados novos actos:

a) As intervenções, aquiescências e renúncias de terceiro, necessárias à plenitude dos efeitos jurídicos ou à perfeição do acto a que respeitem;

b) As garantias entre os mesmos sujeitos;

c) As garantias a obrigações constituídas por sociedades, agrupamentos complementares de empresas e agrupamentos europeus de interesse económico prestadas pelos sócios e pelos membros dos agrupamentos no mesmo instrumento em que a dívida tenha sido contraída.

4 – Contar-se-ão como um só acto, tributado pelo emolumento de maior valor previsto para os actos cumulados:

a) A venda e a cessão onerosa entre os mesmos sujeitos;

b) O arrendamento e o aluguer, bem como o contrato misto de locação e parceria, entre os mesmos sujeitos e pelo mesmo prazo;

c) A dissolução de sociedades e a liquidação ou partilha do respectivo património;

d) A aquiescência recíproca entre os cônjuges ou a aquiescência conjunta do marido e mulher, para actos lavrados ou a lavrar noutro instrumento;

e) A outorga de poderes de representação ou o seu substabelecimento por marido e mulher, contanto que o representante seja o mesmo;

f) As diversas garantias de terceiros a obrigações entre os mesmos sujeitos prestadas no título em que estão constituídas, sem prejuízo do disposto na alínea *c*) do número anterior;

g) As diversas garantias a obrigações entre os mesmos sujeitos em título posterior àquele em que estas foram constituídas;

h) As partilhas de heranças em que sejam autores marido e mulher;

i) As diversas notificações para efeitos do artigo 99º do Código do Notariado, quando efectuadas no mesmo local.

5 – O disposto nos números anteriores é igualmente aplicável aos instrumentos avulsos que contenham mais de um acto.

ARTIGO 12º
Actos gratuitos

1 – São gratuitos os seguintes actos:

a) Rectificação resultante de erro imputável ao notário ou de inexactidão proveniente de deficiência de título emitido pelos serviços dos registos e notariado;

b) Sanação e revalidação de actos notariais;

c) Conferência de fotocópias, nos termos do Decreto-Lei nº 30/2000, de 13 de Março.

2 – São igualmente gratuitas as certidões, fotocópias, informações e comunicações que decorram do cumprimento de obrigações legais e que não devam entrar em regra de custas.

(Redação dada pelo Decreto-Lei nº 201/2015, de 17-09)

SECÇÃO IV
Actos de registo predial

ARTIGO 13º
Acto único relativo a diversos prédios

São considerados como um acto único, para efeitos emolumentares, as inscrições ou os averbamentos a inscrições lavradas em fichas diversas para o registo do mesmo facto.

ARTIGO 14º
Actos gratuitos

1 – São gratuitos os seguintes actos de registo:

a) Averbamentos à descrição de alterações toponímicas, matriciais e de outros factos não dependentes da vontade dos interessados, cujo registo seja imposto pela lei;

b) Averbamentos a que se referem os artigos 98º, nº 3, e 101º, nºs 4 e 5, do Código do Registo Predial;

c) Averbamentos a que se referem os nºs 6 a 8 e 10 do artigo 92º, e o artigo 149º do Código do Registo Predial;

d) Averbamentos de actualização dos registos por efeito da redenominação automática dos valores monetários;

e) Averbamentos do acto declarativo de utilidade pública, nos casos de expropriação de bens destinados a integrar o domínio público do Estado, quando requeridos por entidades públicas;

f) (*Revogada.*);

g) A inscrição e respetivos averbamentos relativos à intimação municipal para a execução de obras coercivas ou de demolição pelo proprietário de prédio urbano ou fração autónoma, bem como ao arrendamento forçado efetuado ao abrigo do Regime Jurídico da Urbanização e Edificação ou do Regime Jurídico da Reabilitação Urbana.

2 – São ainda gratuitos os seguintes actos:

a) Rectificação de actos de registo ou documentos, resultante de erro ou inexactidão proveniente de deficiência dos títulos emitidos pelos serviços dos registos e do notariado;

b) Conferência de fotocópias, nos termos do Decreto-Lei nº 30/2000, de 13 de Março;

c) Certidões, fotocópias, informações e comunicações que decorram do cumprimento de obrigações legais e que não devam entrar em regra de custas;

d) A recusa e a desistência de atos de registo quando o facto já se encontrar registado.

(Redacção dada pelo Decreto-Lei nº 66/2019, de 21-05)

SECÇÃO V
Actos de registo comercial

ARTIGO 15º
Actos gratuitos

1 – São gratuitos os seguintes actos:

a) Averbamentos a que se refere o artigo 69º, nº 4, do Código do Registo Comercial;

b) Averbamentos a que se referem o nº 4 do artigo 65º e o artigo 112º do Código do Registo Comercial;

c) Averbamentos de actualização dos registos por efeito da redenominação automática dos valores monetários.

d) Inscrição de cancelamento da matrícula;

e) Averbamento de declaração de perda do direito ao uso de firma ou denominação.

f) Averbamentos de actualização da sede, de situação de estabelecimento principal e de outras inscrições, quanto à residência ou sede dos sujeitos que nelas figuram, quando a actualização respeite a alterações toponímicas não dependents da vontade dos interessados;

g) Os registos realizados oficiosamente nos termos do artigo 67º-A do Código do Registo Comercial;

h) *(Revogada.)*;

i) Os registos realizados oficiosamente nos termos do artigo 10º-A e do nº 4 do artigo 67º do Código do Registo Comercial.

2 – São ainda gratuitos os seguintes actos:

a) Rectificação de actos de registo ou documentos, resultante de erro ou inexactidão proveniente de deficiência dos títulos emitidos pelos serviços dos registos e do notariado;

b) Rectificação dos actos de registo de alteração de firma ou denominação efectuados na sequência da emissão de novo certificado de admissibilidade de firma ou denominação determinado por aprovação indevida dos serviços ou assim considerada por decisão judicial;

c) Conferência de fotocópias, nos termos do Decreto-Lei nº 30/2000, de 13 de Março;

d) Certidões, fotocópias, informações e comunicações que decorram do cumprimento de obrigações legais e que não devam entrar em regra de custas;

e) *(Revogada.)*

f) *(Revogada.)*

g) *(Revogada.)*

h) *(Revogada.)*

(Redação dada pelo Decreto-Lei nº 24/2019, de 01-02)

SECÇÃO VI
Actos de registo de navios

ARTIGO 16º
Actos gratuitos

São gratuitos os seguintes actos:

a) Averbamentos de actualização dos registos por efeito da redenominação automática dos valores monetários;

b) Rectificação de actos de registo ou documentos, resultante de erro ou inexactidão proveniente de deficiência dos títulos emitidos pelos serviços dos registos e do notariado;

c) Conferência de fotocópias, nos termos do Decreto-Lei nº 30/2000, de 13 de Março;

d) Certidões, fotocópias, informações e comunicações que decorram do cumprimento de obrigações legais e que não devam entrar em regra de custas;

e) (*Revogada*).

(Redacção dada pelo Decreto-Lei nº 201/2015, de 17-09)

SECÇÃO VII
Actos de Registo Nacional de Pessoas Colectivas

ARTIGO 16º-A
Actos gratuitos

São gratuitos os seguintes actos:

a) Actualização dos registos por efeito da redenominação automática dos valores monetários;

b) Rectificação de actos de registo ou documentos resultante de erro ou inexactidão proveniente de deficiência dos títulos emitidos pelos serviços dos registos e do notariado;

c) Emissão de novo certificado de admissibilidade de firma ou denominação determinada por aprovação indevida dos serviços ou assim considerada por decisão judicial;

d) Alteração do código de actividade económica (CAE);

e) Conferência de fotocópias, nos termos do Decreto-Lei nº 30/2000, de 13 de Março;

f) Certidões, fotocópias, informações e comunicações que decorram do cumprimento de obrigações legais e que não devam entrar em regra de custas;

g) A inscrição oficiosa, no registo de pessoas jurídicas canónicas, das pessoas coletivas religiosas inscritas no ficheiro central de pessoas coletivas, em data anterior à entrada em vigor do Decreto-Lei nº 19/2015, de 3 de fevereiro.

(Redação dada pelo Decreto-Lei nº 24/2019, de 01-02)

SECÇÃO VIII
Actos de Registo de Automóveis

ARTIGO 16º-B
Actos gratuitos

1 – São gratuitos os seguintes atos:

a) Cancelamento dos ónus ou encargos que caducam nos termos do nº 2 do artigo 824º do Código Civil, na sequência de transmissão em processo de execução ou de insolvência;

b) Cancelamento oficioso de registo de propriedade, em virtude de cancelamento de matrícula;

c) Actualização dos registos, por efeito da redenominação automática dos valores monetários.

d) Averbamentos de actualização das inscrições, quanto à residência ou sede dos sujeitos que nelas figuram, quando a actualização respeite a alterações toponímicas não dependentes da vontade dos interessados;

e) (*Revogada*);

f) A recusa e a desistência de atos de registo quando o facto já se encontrar registado;

g) A desistência de ato que beneficie de gratuitidade ou de isenção emolumentar.

2 – São ainda gratuitos os seguintes actos:

a) Rectificação de actos de registo ou documentos resultante de inexactidão proveniente de deficiência dos títulos emitidos pelos serviços dos registos e do notariado;

b) Conferência de fotocópias, nos termos do Decreto-Lei nº 30/2000, de 13 de Março;

c) Certidões, fotocópias, informações e comunicações que decorram do cumprimento de obrigações legais e que não devam entrar em regra de custas.

(Redação dada pelo Decreto-Lei nº 111/2019, de 16-08)

SECÇÃO IX
Actos de identificação civil

ARTIGO 17º
Actos gratuitos

São gratuitos os seguintes actos:

a) *(Revogada.)*

b) A emissão do bilhete de identidade quando o requerente comprove insuficiência económica ou se encontre internado em instituição de assistência ou de beneficência;

c) *(Eliminado.)*

d) Rectificação de actos de registo ou documentos resultante de erro ou inexactidão proveniente de deficiência dos títulos emitidos pelos serviços dos registos e do notariado.

(Redacção dada pelo Decreto-Lei nº 209/2012, de 19-09)

CAPÍTULO III
Tabelamento dos actos

SECÇÃO I
Registo civil e nacionalidade

ARTIGO 18º
Emolumentos do registo civil e de nacionalidade

1 – Assento de transcrição de qualquer ato lavrado nos termos do nº 4 do artigo 6º do Código do Registo Civil – € 180

2 – Nacionalidade:

2.1 – Atribuição:

2.1.1 – Procedimento de inscrição de nascimento ocorrido no estrangeiro ou de atribuição da nacionalidade portuguesa referentes a maior, incluindo os autos de redução a escrito das declarações verbais prestadas para esse efeito, os respectivos registos e documentos oficiosamente obtidos – € 175

2.2 – Aquisição:

2.2.1 – Procedimento de aquisição da nacionalidade por efeito da vontade, por adoção ou por naturalização referentes a maiores, incluindo o auto de redução a escrito das declarações verbais prestadas para esse efeito, o respetivo registo e documentos oficiosamente obtidos – € 250

2.2.2 – Procedimento de aquisição da nacionalidade por efeito da vontade ou por naturalização referentes a incapaz, incluindo o auto de redução a escrito das declarações verbais prestadas para esse efeito, o respetivo registo e documentos oficiosamente obtidos – € 200

2.3 – Perda:

2.3.1 – Procedimento de perda da nacionalidade, incluindo a redução a escrito da declaração verbal prestada para esse efeito, o respetivo registo e documentos oficiosamente obtidos – € 150

2.4 – Em caso de indeferimento liminar, os emolumentos previstos nos números anteriores são devidos na sua totalidade.

3.1 – Processo e registo de casamento – € 120

3.2 – Processo e registo de casamento não urgente celebrado, a pedido das partes, fora da conservatória ou nesta, mas fora do horário de funcionamento dos serviços ou em sábado, domingo ou dia feriado com o transporte assegurado pelos interessados ou com acordo estabelecido com os interessados relativamente às despesas de transporte – € 200

3.3 – (*Revogado.*)

3.4 – Os emolumentos previstos nos números anteriores incluem, consoante os casos:

a) A organização do processo de casamento;

b) (*Revogada.*)

c) (*Revogada.*)

d) A declaração de consentimento para casamento de menores;

e) (*Revogada.*)

f) (*Revogado.*)

g) Os certificados previstos nos artigos 146º e 163º do Código do Registo Civil;

h) O assento de casamento ou o assento de transcrição de casamento lavrado no estrangeiro, perante autoridade estrangeira, respeitante a nacional português.

3.4.1 – Processo de suprimento da certidão de registo para efeitos de casamento, por cada – € 100

3.4.2 – Processo de dispensa de impedimentos matrimoniais – € 60

3.4.3 – Processo de suprimento de autorização para casamento de menores – € 60

3.5 – Os emolumentos previstos nos nºs 3.1 e 3.2 são devidos à conservatória organizadora do processo de casamento, ainda que um ou mais dos restantes atos previstos no número anterior sejam promovidos ou efetuados noutras conservatórias.

4 – Convenções antenupciais, a sua alteração ou revogação, se for convencionado um dos regimes tipo previstos no Código Civil – € 100

§ 1º *(Revogado.)*

a) *(Revogada.)*
b) *(Revogada.)*
c) *(Revogada.)*

§ 2º *(Revogada.)*

4.1 – Convenções antenupciais, a sua alteração ou revogação, se for convencionado um regime atípico de bens – € 160

4.2 – Pelo registo da convenção ou da sua alteração efetuada perante entidade diversa de conservatória do registo civil – € 30

5 – Processos de justificação judicial e administrativa, quando requeridos pelos interessados – € 100

5.1 – Retificações por simples despacho de irregularidades ou deficiências não imputáveis aos serviços – € 40

6 – Processos especiais e procedimentos perante o conservador:

6.1 – Processos de divórcio e de separação de pessoas e bens por mútuo consentimento – € 280

§ 1º O emolumento previsto neste número inclui:

a) *(Revogada.)*
b) (Revogada.)
c) *(Revogada.)*
d) A autorização de uso de apelidos do ex-cônjuge.

§ 2º *(Revogada.)*

§ 3º *(Revogado.)*

6.2 – Processos de divórcio e de separação de pessoas e bens integrando a partilha e o registo do património conjugal – € 625

6.2.1 – Partilha e registo do património conjugal – € 375

6.2.2 – O emolumento devido pelos processos previstos nos nºs 6.2 e 6.2.1 inclui todos os registos de bens móveis ou participações sociais, bem como o registo de aquisição dos bens imóveis adjudicados a um dos partilhantes, e a ele acresce:

a) Pelo eventual registo de aquisição de bens imóveis a favor do outro partilhante – € 125

b) Por cada bem, além do primeiro, adjudicado a cada partilhante, € 30 por imóvel, quota ou participação social, € 20 por cada bem móvel, ou € 15 tratando-se de bem a que se refere o nº 1.6 do artigo 25º do presente Regulamento, até ao limite de € 30 000.

6.2.3 – Pela retificação ao documento que titule o procedimento de erro não imputável aos serviços – € 100

6.3 – Procedimento de conversão de separação em divórcio ou acordo de reconciliação – € 100

6.4 – Processo de alteração de nome – € 200

6.5 – Procedimento de privação do direito ao uso de apelidos do outro cônjuge – € 75

6.6 – Procedimento de autorização de uso de apelidos do ex-cônjuge, em virtude de divórcio – € 75

6.7 – Procedimento de atribuição de alimentos a filhos maiores ou emancipados – € 120

6.8 – Procedimento de atribuição de casa de morada de família – € 120

6.9 – Procedimento de alteração de acordos – € 100

§ 1º *(Revogado.)*

a) *(Revogada.)*

b) *(Revogada.)*

§ 2º *(Revogado.)*

6.10 – Procedimento simplificado de sucessão hereditária:

6.10.1 – Habilitação de herdeiros – € 150

6.10.2 – Habilitação de herdeiros e registo dos bens integrados em herança indivisa ou de transmissão de bens – € 375

6.10.3 – Habilitação de herdeiros e partilha e registo dos bens partilhados – € 425

6.10.4 – Pela partilha e registo dos bens partilhados – € 375

6.10.5 – O valor fixado para o processo previsto no nº 6.10.2 inclui todos os registos de bens imóveis, móveis ou participações sociais e a ele acresce por cada bem, além do primeiro, € 30 por imóvel, quota ou participação social, € 20 por cada bem móvel, ou € 15 tratando-se de bem a que se refere o nº 1.6 do artigo 25º do presente Regulamento, até ao limite de € 30 000.

6.10.5.1 – O emolumento devido pelos processos previstos nos nºs 6.10.3 e 6.10.4 inclui todos os registos de bens móveis ou participações sociais, bem como o registo de aquisição dos bens imóveis adjudicados a um dos partilhantes, e a ele acresce:

a) Por cada registo de aquisição de bens imóveis – € 125

b) Por cada bem, além do primeiro, adjudicado a cada partilhante € 30 por imóvel, quota ou participação social, € 20 por cada bem móvel, ou € 15 tratando-se de bem a que se refere o artigo 25º, nº 1.6, do presente Regulamento, até ao limite de € 30 000;

6.10.5.2 – Aos emolumentos previstos nos nºs 6.10.1 a 6.10.4, acresce € 50 quando o procedimento titule as habilitações de herdeiros de marido e mulher, ou a partilha das respetivas heranças;

6.10.6 – *(Revogada.)*

6.10.7 – *(Revogado.)*

6.10.8 – Pela retificação ao documento que titule o procedimento de erro não imputável aos serviços – € 100

6.11 – Processo de suprimento de certidão de registo quando requerido ao abrigo do artigo 270º do Código do Registo Civil – € 100

6.12 – Procedimento de mudança de sexo e correspondente alteração de nome próprio – € 200

6.13 – Pela desistência ou não conclusão de atos, processos e procedimentos previstos no presente artigo, por motivos imputáveis às partes é devido metade do emolumento previsto;

6.14 – Por cada consulta efetuada a bases de dados dos registos no âmbito dos processos previstos nos nºs 6.1, 6.2, 6.2.1 e 6.10 é devido valor igual ao valor mais baixo previsto para a emissão de certidão online, ou em papel caso aquela não exista, relativa a cada espécie de registo;

6.14.1 – O valor previsto nos termos do número anterior é devido ainda que o prédio não esteja descrito;

6.14.2 – O disposto nos números anteriores só é aplicável se inexistir código de acesso válido a certidão permanente e não for apresentada pelos interessados a correspondente certidão em suporte de papel e determina a entrega de chave de acesso à certidão permanente ou a correspondente certidão em suporte de papel.

7 – Certidões, certificados e fotocópias:

7.1.1 – Certidão de registo – € 20

7.1.1.1 – Certidão de documento ou de processos, até 10 páginas – € 30

7.1.1.1.1 – Por cada página a mais, € 1, até ao limite de € 150;

7.1.2 – Certidão para fins de abono de família ou segurança social – € 10

§ único. As certidões referidas neste número devem mencionar o fim a que se destinam, único para que podem ser utilizadas.

7.1.3 – Certidão negativa de registo – € 25

7.1.4 – *(Revogado.)*

7.2 – Certificado de nacionalidade – € 50

7.3 – Fotocópia não certificada, por cada página ou fracção – € 1

7.4 – Pela emissão de certificado relativo a processo ou procedimento não concluído por motivo imputável às partes – € 50

7.5 – *[Revogado]*;

8 – (*Revogado.*)

9 – Consulta de nome – € 50

9.1 – Consulta de nome que envolva a emissão de parecer onomástico – € 75

10 – Registo central de escrituras e testamentos:

10.1 – Transcrição de escritura ou testamento outorgado no estrangeiro – € 45

10.2 – Boletim de informação ou certidão referente à existência de escritura ou testamento – € 25

11 – Os emolumentos devidos pela prática dos atos previstos neste artigo integram os emolumentos pessoais eventualmente devidos, a pagar pelo IRN, I. P.

12 – *[Revogado.]*

13 – Acesso eletrónico e informação para fins de investigação científica, genealógica e de dados estatísticos, bem como para quaisquer outros legalmente admissíveis.

13.1 – Acesso à base de dados do registo civil ou da identificação civil:

13.1.1 – Pelo acesso electrónico mensal, com assinatura obrigatoriamente feita por período mínimo de um ano – € 250

13.1.2 – Pelo acesso electrónico para fins de investigação cientifica ou genealógica, por cada período de três horas de consulta – € 20

13.1.3 – Pelo acesso à informação em suporte de papel para fins de investigação científica ou genealógica, por cada hora de consulta – € 10

13.2 – Acesso à base de dados do registo civil ou da identificação civil, sem identificação de pessoas e para fins estatísticos:

13.2.1 – Pelo acesso a informação disponível a nível nacional – € 100

13.2.2 – Pelo acesso a informação disponível a nível concelhio – € 30

13.3 – Prestação de informação para fins de investigação científica e de dados estatísticos ou outros legalmente admissíveis, que requeira acesso à base de dados do registo civil ou da identificação civil:

13.3.1 – O emolumento devido pela prestação de informação para fins de investigação científica ou de estatística que requeira um tratamento informático especial é o correspondente ao custo efectivo do serviço, acrescido de 10% desse montante.

13.3.2 – Pela prestação de informação para outros fins legalmente admissíveis:

13.3.2.1 – Relativa a cada pessoa – € 0,10

13.3.2.2 – Por listagem fornecida pelo IRN, I. P., semestralmente – € 100

13.3.2.3 – Por listagem fornecida pelo IRN, I. P., anualmente – € 200

13.4 – *[Revogado].*

13.5 – *[Revogado].*

(Redação dada pela Lei nº 85/2019, de 03-09)

ARTIGO 18º-A
Emolumentos do Certificado Sucessório Europeu

1 – Pelo pedido de emissão do certificado sucessório europeu – € 200

1.1 – Pela desistência ou não conclusão do procedimento para emissão do certificado sucessório europeu, por motivos imputáveis ao requerente é devido metade do emolumento previsto.

1.2 – Pela retificação, modificação ou revogação do certificado por erro não imputável aos serviços, e respetivo averbamento – € 100

1.3 – Pela emissão de documento relativo à desistência ou indeferimento do pedido de certificado sucessório europeu, por motivo imputável às partes – € 50

1.4 – Por cada consulta efetuada a bases de dados registais ou de testamentos no âmbito da emissão do certificado é devido valor igual ao valor mais baixo previsto para a emissão de certidão *online*, ou em papel caso aquela não exista, relativa a cada espécie de registo;

1.5 – O valor previsto no número anterior é devido ainda que o prédio não esteja descrito;

1.6 – O disposto nos números anteriores só é aplicável se inexistir código de acesso válido a certidão permanente e não for apresentada pelos interessados a correspondente certidão em suporte papel e determina a entrega da chave de acesso à certidão permanente ou a correspondente certidão em suporte de papel.

2 – Cópias autenticadas:

2.1 – Por cada cópia autenticada ou sua revalidação – € 35

2.2 – A primeira cópia autenticada emitida após a feitura dos atos previstos nos nºs 1 e 1.2 é gratuita.

3 – Os emolumentos previstos no presente artigo têm um valor único, incluindo os montantes a pagar a título de emolumentos pessoais, quando estes sejam devidos.

(Aditado pelo Decreto-Lei nº 201/2015, de 17-09)

ARTIGO 19º
Destino da receita emolumentar

1 – *[Revogado.]*

2 – Em cada procedimento de aquisição da nacionalidade em que o Serviço de Estrangeiros e Fronteiras (SEF) preste informações, dos emolumentos cobrados pertencem ao SEF € 20.

(Redacção dada pelo Decreto-Lei nº 201/2015, de 17-09)

SECÇÃO II
Notariado

ARTIGO 20º
Emolumentos do notariado

1 – Escrituras, testamentos e instrumentos avulsos, com excepção dos de protesto de títulos de crédito:

1.1 – Por cada acto titulado em escritura ou instrumento avulso que legalmente a substitua:

1.1.1 – Compra e venda de imóveis, dação em cumprimento e permuta – € 175

1.1.2 – Doação, proposta de doação e aceitação de doação – € 175

1.1.3 – Constituição de propriedade horizontal ou alteração do seu título constitutivo – € 208

1.1.4 – Constituição do direito de superfície e do direito real de habitação periódica, bem como de alteração dos respectivos títulos constitutivos – € 208

1.1.5 – Locação financeira – € 130

1.1.6 – Hipoteca ou fiança – € 122

1.1.7 – Mútuo ou abertura de crédito – € 142

1.1.8 – Reforço de hipoteca – € 100

1.1.9 – Quitação de dívida – € 100

1.1.10 – Habilitação – € 146

1.1.10.1 – Por cada habilitação a mais titulada na mesma escritura – € 73

1.1.11 – Partilha – € 232

1.1.12 – Conferência de bens doados – € 155

1.1.13 – Divisão – € 155

1.1.14 – Revogação de testamento – € 90

1.1.15 – Justificação – € 155

1.1.16 – Constituição de sociedades comerciais e sociedades civis sob a forma comercial – € 77

1.1.17 – Aumento do capital social – € 84

1.1.18 – Reduções de capital para cobertura de prejuízos – € 85

1.1.19 – Outras alterações ao contrato de sociedade, com ou sem aumento ou redução do capital social – € 167

1.1.20 – Fusão, cisão ou transformação – € 167

1.1.21 – Dissolução – € 77

1.1.22 – Declarativas que apenas reproduzam o pacto social em vigor – € 150

1.1.23 – Outras – € 110

1.2 – Aos emolumentos previstos nos nºs 1.1.2 e 1.1.11 acresce € 50 por cada um dos bens descritos, no máximo de € 800.

1.3 – Pelo distrate, resolução ou revogação de actos notariais será devido um emolumento correspondente a 80% do emolumento do respectivo acto, quando outro não estiver expressamente previsto.

1.4 – Por cada testamento público, testamento internacional, instrumento de aprovação ou de abertura de testamento cerrado – € 150

1.5 – Por quaisquer outros instrumentos avulsos, com excepção dos de protesto de títulos de crédito – € 37

1.6 – Pelo registo na Conservatória dos Registos Centrais de cada escritura, testamento público, testamento internacional, instrumento de aprovação, de depósito e abertura de testamento cerrado – € 9

2 – Instrumentos de protesto de títulos de crédito e levantamento dos títulos:

2.1 – Por cada instrumento de protesto de títulos de crédito – € 9

2.2 – Pelo levantamento de cada título antes de protestado – € 9

3 – Por cada notificação de titular inscrito efectuada nos termos do artigo 99º do Código do Notariado – € 45

4 – Certidões, certificados, extractos para publicação e informações escritas:

4.1 – Por cada certidão ou certificado, com excepção do de exactidão de tradução – € 22

4.1.1 – (*Revogado.*)

4.1.2 – (*Revogado.*)

4.2 – Pela primeira certidão emitida após a celebração de qualquer testamento ou escritura e fornecida, dentro do prazo legal, ao testador ou, nos restantes casos, ao interessado a quem for cobrado o recibo da conta do acto nos termos do artigo 195º do Código do Notariado, independentemente do número de páginas – € 5

4.3 – (*Revogado.*)

4.4 – Os emolumentos previstos nos números anteriores são acrescidos em 50% se for requerida urgência para os respectivos actos.

4.5 – Por cada extracto para publicação – € 23

4.6 – Por cada página ou fracção de fotocópia não certificada – € 0,50

4.7 – Pela informação, dada por escrito, referente a registo lavrado no livro de protestos de títulos de crédito, por cada título – € 9

5 – (*Revogado.*)

6 – Registo de documentos – por cada registo lavrado no livro a que se refere a alínea *f*) do nº 1 do artigo 7º do Código do Notariado – € 29

7 – Actos não realizados:

7.1 – Pelos actos requisitados que não sejam outorgados por motivos imputáveis às partes será devido um emolumento correspondente a 80% do emolumento do respectivo acto.

7.2 – Tratando-se, porém, de escrituras de partilha, doação, proposta de doação ou de aceitação de doação, ao emolumento previsto no número anterior acresce o emolumento previsto no nº 1.2 reduzido a metade.

(Redacção dada pelo Decreto-Lei nº 8/2007, de 17-01)

SECÇÃO III
Registo predial

ARTIGO 21º
Emolumentos do registo predial

1 – Os emolumentos previstos neste artigo incluem:

a) A abertura de descrições bem como os averbamentos à descrição que devam ser realizados oficiosamente ou na dependência de um pedido de registo;

b) Os averbamentos de conversão em definitivos de registos lavrados como provisórios por natureza, nos termos do nº 1 do artigo 92º do Código do Registo Predial; e

c) Os emolumentos pessoais, quando devidos.

1.1 – Acrescem à conta do acto de que dependem, designadamente:

a) Os emolumentos devidos em função do número de prédios abrangidos pelo facto;

b) Os emolumentos devidos por actos de realização oficiosa sujeitos a tributação; e

c) O valor do agravamento emolumentar liquidado pelo cumprimento fora do prazo da obrigação de registar.

1.2 – O facto que respeite a diversos prédios é cobrado por inteiro relativamente ao primeiro, acrescido de € 50 por cada prédio a mais, até ao limite de € 30 000, com exceção dos atos de anexação a que se refere a verba 2.17 e do ónus de não fracionamento referido na verba 2.18, casos em que o acréscimo é devido apenas a partir do terceiro prédio.

1.3 – (*Revogado.*)

1.4 – (*Revogado.*)

2 – São devidos pelo registo:

2.1 – De aquisição e de uma ou mais hipotecas, pedidas no mesmo momento – € 500

2.2 – (*Revogado.*)

2.3 – (*Revogado.*)

2.4 – (*Revogado.*)

2.5 – (*Revogado.*)

2.6 – (*Revogado.*)

2.7 – De declaração de insolvência, penhora, arresto, arrolamento ou de providências cautelares não especificadas – € 100

2.8 – (*Revogado.*)

2.9 – (*Revogado.*)

2.10 – (*Revogado.*)

2.11 – (*Revogado.*)

2.12 – De outros factos registados por inscrição ou por averbamento previsto no nº 1 do artigo 101º do Código do Registo Predial – € 250

2.13 – (*Revogado.*)

2.14 – (*Revogado.*)

2.15 – Ao emolumento previsto para o registo dos factos que determinem a constituição da propriedade horizontal, do direito real de habitação periódica, de empreendimentos turísticos e de operações de transformação fundiária, acresce € 25 por cada descrição subordinada, unidade, lote ou parcela, até ao limite previsto no nº 1.2;

2.16 – O registo de aquisição com base em habilitação de herdeiros, partilha de herança ou do património conjugal, que abranja vários prédios é cobrado por inteiro quanto ao primeiro prédio, acrescido de € 30 por cada prédio a mais, até ao limite previsto no nº 1.2;

2.16.1 – O disposto no número anterior é aplicável aos averbamentos de transmissão do direito de algum ou alguns dos titulares da inscrição de bens integrados em herança indivisa;

2.16.2 – Pelos registos de aquisição com base em partilha da herança ou do património conjugal, desde que pedidos todos conjuntamente no mesmo momento, é devido o emolumento previsto no nº 2.12, e a ele acresce:

a) Por cada registo de aquisição, além do primeiro – € 125

b) Por cada prédio a mais, além do primeiro, adjudicado a cada partilhante – € 30

2.17 – Pelo acto de transformação fundiária lavrado com base em declaração do interessado que tenha por fim a anexação ou desanexação – € 250

2.18 – De ónus de não fracionamento e de condicionamento da construção – € 125

3 – Averbamentos:

3.1 – Por cada averbamento à descrição de factos que não sejam lavrados na dependência de pedido de registo ou que não devam ser de lavrar oficiosamente – € 60

3.2 – Averbamento à inscrição:

3.2.1 – O emolumento previsto na verba anterior é reduzido a metade nos averbamentos de realização oficiosa e nos averbamentos de factos extintivos;

3.2.2 – Ao emolumento previsto para os atos de alteração ou de modificação dos factos a que se refere a verba do nº 2.15, lavrados por inscrição ou por averbamento previsto no nº 1 do artigo 101º do Código do Registo Predial, acresce € 25 por cada descrição subordinada, unidade, lote ou parcela, criada ou alterada, até ao limite previsto no nº 1.2;

3.2.3 – O disposto no número anterior não tem aplicação no caso de mera reprodução de inscrições ou de averbamentos ou de simples menção de cotas de referência.

4 – Processo de justificação, incluindo todos os actos de registo realizados em consequência do mesmo:

4.1 – Pelo processo – € 400

4.2 – Pela dedução de oposição – € 100

4.3 – Se o processo abranger mais do que um prédio, acresce € 50 por cada prédio a mais, até ao limite previsto no nº 1.2;

4.4 – Se o processo tiver em vista apenas o cancelamento de ónus ou encargos – € 250

4.5 – No caso de indeferimento liminar do pedido é devolvida a quantia cobrada, com excepção de valor igual ao da recusa.

5 – Processo de rectificação incluindo todos os actos de registo realizados em consequência do mesmo:

5.1 – Pelo processo – € 250

5.2 – Pela dedução de oposição – € 100

5.3 – Se a retificação abranger mais do que um prédio, acresce € 50 por cada prédio a mais, até ao limite previsto no nº 1.2;

5.4 – No caso de indeferimento liminar do pedido é devolvida a quantia cobrada, com excepção de valor igual ao da recusa;

5.5 – Pela rectificação efectuada ao abrigo dos artigos 124º e 125º do Código do Registo Predial, são devidos os emolumentos correspondentes aos actos de registo realizados em consequência do mesmo.

6 – Pela urgência na feitura de cada registo é devido o valor do emolumento correspondente ao acto.

7 – (*Revogado.*)

8 – (*Revogado.*)

9 – (*Revogado.*)

10 – (*Revogado.*)

11 – Pela desistência – € 20

11.1 – Pela desistência de processo de justificação ou de retificação que não seja de efetuar ao abrigo dos artigos 124º e 125º do Código do Registo Predial – € 100

12 – Pela recusa, exceto nos casos abrangidos pelo nº 8 do artigo 73º do Código do Registo Predial – € 50

12.1 – Se o emolumento devido pelo ato de registo for inferior ao emolumento previsto no número anterior, pela recusa é devido o emolumento correspondente ao ato.

13 – Pelo suprimento oficioso de deficiências que ocorra no âmbito dos nºs 2, 3, 7 ou 8 do artigo 73º do Código do Registo Predial – € 30

14 – Os emolumentos pessoais eventualmente devidos pela prática de actos previstos neste artigo são pagos pelo Instituto dos Registos e do Notariado, I. P. (IRN, I. P.)

15 – *[Revogado].*

16 – (*Revogado.*)

17 – (*Revogado.*)

18 – Depósito de documentos no sítio do registo predial www.predialonline.mj.pt:

18.1 – De documentos particulares autenticados que titulam atos sujeitos a registo predial nos termos do artigo 24º do Decreto-Lei nº 116/2008, de 4 de julho, incluindo os documentos que os instruam – € 20

18.2 – De documentos de que conste o consentimento do credor ao cancelamento do registo de hipoteca – € 20

18.3 – De documentos depositados posteriormente a associar a um depósito anterior – € 15

19 – Renovação de código de acesso que permita a consulta dos documentos referidos no número anterior:

19.1 – Pedido efetuado através do endereço www.predialonline.mj.pt – € 5

19.2 – Pedido verbalmente num serviço de registo com competência para a prática de atos de registo predial – € 10

20 – *[Revogado].*

21 – Pelo procedimento extraordinário de regularização da situação jurídico-registral dos bens do Estado, dos institutos públicos, das regiões autónomas e das autarquias locais – € 550,00.

(Redação dada pelo Decreto-Lei nº 51/2017, de 25-05)

SECÇÃO IV
Registo comercial

ARTIGO 22º
Emolumentos do registo comercial

1 – Os emolumentos previstos neste artigo são devidos pelo pedido de registo e têm um valor único, incluindo os montantes relativos aos actos subsequentes de inscrição no ficheiro central de pessoas colectivas e de publicação obrigatória, bem como os montantes a pagar a título de emolumentos pessoais, quando estes sejam devidos.

2 – Inscrições e averbamentos previstos no nº 1 do artigo 69º do Código do Registo Comercial:

2.1 – Constituição de pessoas coletivas – € 360

2.2 – (*Revogado.*)

2.3 – (*Revogado.*)

2.4 – Alterações ao contrato de sociedade – € 200

2.4.1 – Alterações com aumento ou redução de capital – € 225

2.5 – Fusão ou cisão:

2.5.1 – Pelo depósito do projeto de fusão ou cisão – € 120

2.5.2 – Pela inscrição da fusão ou da cisão – € 200

2.6 – Dissolução:

2.7 – Designação ou recondução dos órgãos sociais, de liquidatários, de administradores de insolvência, revisor oficial de contas, nos termos do nº 2 do artigo 262º do Código das Sociedades Comerciais, e de gestores judiciais – € 175

2.8 – Registo de acções – € 130

2.9 – Criação de representação permanente, incluindo a simultânea nomeação dos respectivos representantes – € 200

2.10 – Outras inscrições e averbamentos previstos no nº 1 do artigo 69º do Código do Registo Comercial – € 200

2.11 – Abrangendo a inscrição mais de um facto, é devido o emolumento mais elevado de entre os previstos para os diversos factos a registar, acrescido de 50% do emolumento correspondente a cada um dos restantes factos.

2.12 – Transformação – € 225

3 – Registo efectuado por simples depósito, com excepção do registo de prestação de contas – € 100

4 – Averbamento a inscrição – € 80

4.1 – Pelo registo da cessação de funções de membros de órgãos sociais, de liquidatários, de administradores de insolvência, revisor oficial de contas, bem como de cessação de funções de administrador judicial e de administrador judicial provisório da insolvência – € 100

4.2 – (*Revogado.*)

4.3 – (*Revogado.*)

5 – Justificação:

5.1 – Processo de justificação – € 200

5.2 – Processo simplificado de justificação – € 150

6 – Pela rectificação efectuada ao abrigo dos artigos 85º e 86º do Código do Registo Comercial são devidos os emolumentos correspondentes aos actos de registo realizados em consequência do mesmo, até ao limite de – € 250

6.1 – Pela rectificação efectuada fora dos casos previstos no número anterior, incluindo todos os actos de registo realizados em consequência da mesma – € 250

6.2 – No caso de indeferimento liminar do pedido é devolvida a quantia cobrada, com excepção de valor igual ao da recusa;

6.3 – Pela dedução de oposição – € 100

7 – Procedimento administrativo de dissolução de entidades comerciais:

7.1 – Pela tramitação e decisão do procedimento, incluindo todos os registos – € 350

7.2 – Se o procedimento for de instauração oficiosa, o emolumento previsto no número anterior é agravado em 50%.

8 – Procedimento administrativo de liquidação de entidades comerciais:

8.1 – Pela tramitação e decisão do procedimento, incluindo todos os registos – € 350

8.2 – Se o procedimento for de instauração oficiosa, o emolumento previsto no número anterior é agravado em 50%.

9 – Procedimento especial de extinção imediata de entidades comerciais:

Pela decisão do procedimento, incluindo o registo – € 300

10 – Pela urgência na feitura de cada registo é devido o valor do emolumento correspondente ao acto.

11 – Pela desistência – € 20

12 – Pela recusa, excepto no caso abrangido pelo nº 6 do artigo 52º do Código do Registo Comercial – € 50

13 – Certidões, fotocópias, informações escritas e certificados:

13.1 – Requisição e emissão de certidão negativa – € 20

13.2 – Requisição e emissão de certidão ou fotocópia de actos de registo – € 30

13.3 – Pela confirmação do conteúdo da certidão ou fotocópia – € 10

13.4 – Pela assinatura do serviço previsto no nº 5 do artigo 75º do Código do Registo Comercial:

13.4.1 – Assinatura por um ano – € 25

13.4.2 – Assinatura por dois anos – € 40

13.4.3 – Assinatura por três anos – € 60

13.4.4 – Assinatura por quatro anos – € 70

13.5 – Requisição e emissão de certidão ou fotocópia de documentos, até 10 páginas – € 30

13.5.1 – Por cada página a mais, € 1, até ao limite de € 150.

13.6 – Requisição e emissão de certidão ou fotocópia do acto constitutivo e dos estatutos de associação constituída ao abrigo do regime de constituição imediata de associações – € 15

13.7 – Informação dada por escrito – € 11

13.8 – Fotocópia não certificada, por cada página – € 1

13.9 – O emolumento devido pelas certidões e fotocópias, quando cobrado no acto do pedido, é restituído no caso da recusa da sua emissão.

13.10 – Pela disponibilização da informação não certificada no Portal Europeu da Justiça Eletrónica, através do sistema de interconexão dos registos comerciais:

13.10.1 – Relativa a informação contida na matrícula – € 5

13.10.2 – Relativa ao pacto social atualizado – € 8

13.10.3 – Relativa às contas anuais – € 5

13.10.4 – Relativa a quaisquer outros factos registados ou documentos arquivados – € 10

14 – Nomeação de auditores e de revisores oficiais de contas, por cada nomeação – € 120

15 – (*Revogado*.)

16 – Procedimentos de destituição e de nomeação de liquidatários, requeridos ao abrigo dos nºs 3 e 4 do artigo 151º do Código das Sociedades Comerciais – € 150

17 – Pela emissão dos certificados previstos no artigo 36º-A ou no artigo 74º-A do Código do Registo Comercial – € 250

18 – Procedimento de notificação a que se refere o artigo 36º-B do Código do Registo Comercial – € 150

19 – Pela solicitação do registo por depósito junto da conservatória, nos termos do artigo 29º-A do Código do Registo Comercial – € 150

20 – Pela oposição da sociedade ao registo por depósito a promover pela conservatória, nos termos do artigo 29º-A do Código do Registo Comercial – € 150

21 – Pelo suprimento oficioso de deficiências que ocorra no âmbito do artigo 52º, nºs 2, 3 ou 5 do Código do Registo Comercial – 30 €

22 – Os emolumentos pessoais eventualmente devidos pela prática de actos previstos neste artigo são pagos pelo Instituto dos Registos e do Notariado, I. P. (IRN, I. P.).

23 – *[Revogado].*

24 – *[Revogado].*

25 – *(Revogado.)*

26 – *[Revogado].*

(Redacção dada pelo Decreto-Lei nº 24/2019, de 01-02)

SECÇÃO V
Registo Nacional de Pessoas Colectivas

ARTIGO 23º
Emolumentos do Registo Nacional de Pessoas Colectivas

1 – (*Revogado.*)

2 – Certificados de admissibilidade de firma ou denominação:

2.1 – Pelo pedido de emissão do certificado – € 75

2.2 – Pela urgência na emissão de certificado de admissibilidade de firma ou denominação é devido o valor do emolumento correspondente ao acto;

2.3 – Invalidação da emissão do certificado – € 15

2.4 – A desistência do pedido de emissão do certificado não dá lugar à restituição dos emolumentos cobrados.

2.5 – O indeferimento do pedido de emissão do certificado não dá lugar à restituição dos emolumentos cobrados.

2.6 – No caso previsto no número anterior o emolumento pago pode ser transferido, uma única vez, para o novo pedido do mesmo requerente a apresentar no prazo máximo de 10 dias úteis.

2.7 – Pela comunicação de nome comercial – € 60

3 – Inscrição no ficheiro central de pessoas coletivas:

3.1 – De entidades sujeitas a registo comercial – € 20

3.2 – De entidades não sujeitas a registo comercial, bem como de identificação, para efeitos fiscais, de pessoas coletivas estrangeiras que não exerçam habitualmente atividade em Portugal, sua alteração ou cancelamento – € 50

4 – (*Revogado.*)

5 – (*Revogado.*)

6 – Registo de pessoas coletivas religiosas e de pessoas jurídicas canónicas:

6.1 – Inscrição – € 60

6.2 – Averbamento de cancelamento – € 40

6.3 – Outros averbamentos à inscrição – € 25

6.4 – Pela desistência do pedido de inscrição – € 60

6.5 – Pela urgência na realização do registo é devido o valor do emolumento correspondente ao ato.

6.6 – Aos emolumentos previstos nos números anteriores acresce o emolumento previsto no nº 3.1, quando se mostre devido.

7 – Certidões e cópias de registo informático e de documentos:

7.1 – Requisição e emissão de certidão ou cópia de registo informático e de documentos – € 20

7.2 – Emissão de certidão ou cópia de registo informático e de documentos quando requeridas por pessoas colectivas religiosas – € 5

7.3 – (*Revogado.*)

7.4 – (*Revogado.*)

7.5 – Informação dada por escrito relativamente a registos e documentos – € 11

8 – Acesso às bases de dados:

8.1 – Acesso eletrónico, cópias totais ou parciais e informação para fins de investigação estatística da base de dados do ficheiro central de pessoas coletivas (FCPC), do registo de pessoas coletivas religiosas (RPCR) e do registo de pessoas jurídicas canónicas (RPJC).

8.1.1 – Acesso *online*:

8.1.1.1 – Acesso *online* à informação por um período mínimo de um ano, assinatura mensal – € 250

8.1.1.2 – (*Revogado.*)

8.1.1.3 – (*Revogado.*)

8.1.1.4 – (*Revogado.*)

8.2 – Cópia total em suporte eletrónico da base de dados do FCPC, do RPCR ou do RPJC:

8.2.1 – Pela cópia de cada – € 5000

8.2.2 – Por cada actualização mensal de movimentos – € 200

8.2.3 – Cópia parcial em suporte eletrónico da base de dados do FCPC, do RPCR ou do RPJC:

8.2.3.1 – Por cada 1000 registos ou fracção – € 250

8.2.3.2 – (*Revogado.*)

8.3 – Por cada cópia parcial em suporte de papel (conteúdo integral ou parcial do registo):

8.3.1 – Até 1000 registos – € 1000

8.3.2 – Por cada adicional de 1000 registos ou fracção – € 250

8.4 – Por cada informação estatística disponível do FCPC, do RPCR ou do RPJC:

8.4.1 – A nível nacional – € 400

8.4.2 – A nível concelhio – € 100

8.4.3 – O emolumento devido pela prestação de informação para fins de investigação científica ou de estatística que requeira um tratamento informático especial é o correspondente ao custo efectivo do serviço, acrescido de 10% desse montante.

9 – *(Revogado.)*

10 – *(Revogado.)*

(Redacção dada pelo Decreto-Lei nº 201/2015, de 17-09)

SECÇÃO VI
Registo de navios

ARTIGO 24º
Emolumentos do registo de navios

1 – Matrículas:

1.1 – Por cada matrícula de navio – € 50

2 – Inscrições e averbamentos:

2.1 – Inscrições – € 150

2.2 – Inscrições de hipoteca, consignação de rendimentos, penhora, arresto, arrolamento, providências cautelares não especificadas e locação financeira – € 100

2.3 – Por cada inscrição de aquisição anterior à daquele que se apresente a requerer o registo em seu nome – € 80

2.4 – Por cada inscrição transcrita em consequência de mudança de capitania ou delegação marítima – € 60

2.5 – Pelo facto previsto na alínea *f)* do artigo 89º do Decreto-Lei nº 42645, de 14 de Novembro de 1959 – € 60

2.6 – O facto que respeite a diversos navios é cobrado por inteiro relativamente ao primeiro, acrescido de 50% do valor do emolumento previsto para o registo, por cada navio a mais, até ao limite de € 5000.

3 – Averbamentos às inscrições:

3.1 – Averbamento de cancelamento – € 80

3.2 – Averbamento à inscrição não especialmente previsto – € 50

4 – Pela urgência na feitura de cada registo é devido o valor do emolumento correspondente ao acto.

5 – Desistência do pedido de registo – € 20

6 – Recusa de registo – € 50

7 – Certidões, fotocópias, informações escritas e certificados:

7.1 – Requisição e emissão de certidão negativa – € 20

7.2 – Requisição e emissão de certidão ou fotocópia de actos de registo:

7.2.1 – Respeitante a um só navio – € 20

7.2.2 – Por cada navio a mais – € 10

7.3 – Requisição e emissão de certidão ou fotocópia de documentos:

7.3.1 – Até nove páginas – € 20

7.3.2 – A partir da 10ª página, por cada página a mais – € 1

7.4 – Pela confirmação do conteúdo da certidão ou fotocópia é devido emolumento da respectiva emissão reduzido a metade.

7.5 – Informação por escrito:

7.5.1 – Em relação a um navio – € 11

7.5.2 – Por cada navio a mais, até ao máximo de 800 – € 11

7.6 – Fotocópia não certificada, por cada página – € 1

7.7 – O emolumento devido pelas certidões e fotocópias, quando cobrado no acto do pedido, é restituído no caso da recusa da sua emissão.

8 – Pelo suprimento oficioso de deficiências que ocorra no âmbito do artigo 73º, nºs 2, 3 ou 7, do Código do Registo Predial – 30 €
(Redacção dada pelo Decreto-Lei nº 201/2015, de 17-09)

SECÇÃO VII
Registo de automóveis

ARTIGO 25º
Emolumentos do registo de automóveis

1 – Registos:

1.1 – Pelo registo inicial relativo a veículo com primeira matrícula atribuída nos 60 dias anteriores – € 55

1.2 – Por cada registo subsequente – € 65

1.3 – Tratando-se de registo de propriedade adquirida por revenda efetuada por entidade comercial que tenha por atividade principal a compra e venda de veículos para revenda, nos 180 dias posteriores à aquisição da propriedade por tal entidade – € 30

1.4 – O emolumento previsto no número anterior é devido pela entidade comercial nele referida, sendo devido a esta última, por parte do adquirente da propriedade em virtude da revenda, o valor do emolumento pago pela entidade comercial, pelo registo de propriedade a seu favor, nos termos do nº 1.2;

1.5 – Tratando-se de registo de alteração de nome, firma, residência ou sede – € 35

1.6 – Por cada registo relativo a ciclomotor ou motociclo, triciclo ou quadriciclo com cilindrada não superior a 50 cm^3:

1.6.1 – Tratando-se de registo inicial relativo a veículo com primeira matrícula atribuída nos 60 dias anteriores – € 20

1.6.2 – Tratando-se de registo subsequente – € 30

1.7 – Pela reserva de propriedade ou pelo seu cancelamento são devidos 50% dos emolumentos previstos nos nºs 1.2, 1.3 e 1.6.2, respetivamente;

1.8 – Se o registo for requerido fora de prazo, é devido valor igual ao do emolumento;

1.9 – Se o registo respeitar a diversos veículos, acresce, por cada veículo depois do primeiro, 50% do valor do emolumento previsto para o registo.

1.10 – Pela desistência – € 20

1.11 – Pela recusa – € 25

1.11.1 – Se o emolumento previsto para o ato de registo requerido for inferior ao valor previsto nos nºs 1.10 e 1.11, pela desistência ou pela recusa é devido o emolumento correspondente ao ato;

1.12 – Pelo suprimento oficioso de deficiências que ocorra no âmbito dos nºs 2 e 3 do artigo 42º-A do Decreto nº 55/75, de 12 de fevereiro – € 10

1.13 – No emolumento do ato principal está incluído o do registo de afetação do veículo ao regime de aluguer sem condutor, do registo do ónus de tributação residual e de intransmissibilidade, ou do registo de utilizador não proprietário, consoante o caso, quando tais atos devam ser realizados oficiosamente na dependência daquele.

2 – Certidões, fotocópias, certificados de matrícula, informações:

2.1 – Pela requisição e emissão de certidão ou fotocópia acrescida da certificação de outro facto – € 17

2.2 – Pela confirmação do conteúdo de certidão ou fotocópia é devido o emolumento da respectiva emissão, reduzido a metade.

2.3 – Pela emissão de segunda via de certificado de matrícula ou pela sua substituição – € 30

2.4 – Por cada informação dada por escrito relativa:

2.4.1 – Ao actual proprietário inscrito do veículo e aos encargos que o oneram – € 5

2.4.2 – A proprietários anteriores – € 7

3 – Pela urgência na feitura de cada registo é devido o valor do emolumento correspondente ao acto.

4 – Intermediação:

4.1 – Por cada remessa de requerimentos e documentos – € 5

5 – Acesso electrónico, cópias parciais e mapas para fins de investigação científica e estatística.

5.1 – Informação típica disponibilizada pelos serviços para fins de investigação científica ou estatística fornecida em suporte papel:

5.1.1 – Relativa a cada conjunto de 500 000 matrículas, ou parte – € 100

5.1.2 – (*Revogado.*)

5.2 – Informação típica disponibilizada pelos serviços para fins de investigação científica ou estatística fornecida em suporte electrónico:

5.2.1 – Relativa a cada conjunto de 500 000 matrículas, ou parte – € 50

5.2.2 – (*Revogado.*)

5.3 – Acesso electrónico à informação:

5.3.1 – Por assinatura mensal, obrigatoriamente feita pelo período mínimo de seis meses – € 150

5.3.2 – Acresce em cada período mensal, por cada acesso:

5.3.2.1 – Até 1000 acessos – € 1

5.3.2.2 – De 1001 até 5000 acessos – € 0,90

5.3.2.3 – De 5001 até 50 000 acessos – € 0,80

5.3.2.4 – De 50 001 até 100 000 acessos – € 0,50

5.3.2.5 – Acima de 100 000 acessos – € 0,30

5.3.3 – (*Revogado.*)

5.4 – Cópias parciais da base de dados, de conteúdo total ou parcial da situação jurídica de cada veículo, fornecida em suporte electrónico:

5.4.1 – Por cada conjunto de 500 matrículas ou parte – € 300

5.4.2 – (*Revogado.*)

5.5 – Cópia parcial da base de dados, de conteúdo total ou parcial da situação jurídica de cada veículo, fornecida em suporte papel:

5.5.1 – Por cada conjunto de 500 matrículas ou parte – € 2000

5.5.2 – (*Revogado.*)

5.6 – O emolumento devido pela prestação de informação para fins de investigação científica ou de estatística que requeira um tratamento informático especial é o correspondente ao custo efectivo do serviço, acrescido de 10% desse montante;

5.7 – *(Revogado.)*

5.8 – *(Revogado.)*

6 – Pelo processo de justificação – € 100

7 – Pela instrução e decisão de processo especial de rectificação – € 125

8 – Os emolumentos previstos neste artigo têm um valor único, incluindo os montantes a pagar a título de emolumentos pessoais, quando estes sejam devidos.

9 – Os emolumentos pessoais eventualmente devidos pela prática de actos previstos neste artigo são pagos pelo Instituto dos Registos e do Notariado, I. P. (IRN, I. P.).

10 – *(Revogado.)*

11 – *(Revogado.)*

12 – *(Revogado.)*

12.1 – *(Revogado.)*

13 – *(Revogado.)*

14 – Os montantes pecuniários a pagar em resultado da aplicação de reduções emolumentares previstas nesta tabela devem ser arredondados, por excesso ou por defeito, para a unidade decimal mais próxima. Caso os montantes pecuniários a pagar resultem num valor exatamente intermédio, o montante deve ser arredondado por excesso.

14.1 – *(Revogado.)*

(Redação dada pelo Decreto-Lei nº 111/2019, de 16-08)

SECÇÃO VIII
Identificação civil

ARTIGO 26º
Emolumentos da identificação civil

(Revogado pelo Decreto-Lei nº 209/2012 de 19-09)

SECÇÃO IX
Emolumentos diversos

ARTIGO 27º
Emolumentos comuns

1 – Serviço de telecópia:

1.1 – Pela utilização do serviço de telecópia nos serviços dos registos e do notariado, para emissão de documentos, são cobrados os seguintes emolumentos:

1.1.1 – (*Revogado.*)

1.1.2 – Por qualquer outro documento que contenha até sete folhas, incluindo as do pedido e resposta e uma eventual folha de certificação ou encerramento:

1.1.2.1 – No continente e Regiões Autónomas – € 5

1.1.2.2 – Em relação aos serviços consulares portugueses na Europa – € 20

1.1.2.3 – Em relação aos serviços consulares portugueses fora da Europa – € 50

1.1.3 – Por cada folha a mais, nos casos previstos nos nºs 1.1.2.1 a 1.1.2.3 acrescem respectivamente € 0,50, € 2,50 e € 7,50.

1.2 – O pedido a que se refere o nº 1.1.2 pode substituir o modelo legal da requisição de certidão a que haja lugar, desde que dele constem os elementos nesta contidos.

1.3 – Se o pedido não for satisfeito por culpa dos serviços, o utente é reembolsado das quantias entregues.

2 – (*Revogado.*)

3 – Regimes especiais de constituição imediata de sociedades, associações e cooperativas e de constituição *online* de sociedades:

3.1 – Pela prática dos actos compreendidos no regime especial de constituição imediata de sociedades, com ou sem nomeação de órgãos sociais ou secretário da sociedade – € 360

3.2 – Pela prática dos atos compreendidos no regime especial de constituição imediata de associações – € 300

3.3 – Pela prática dos atos compreendidos no regime especial de constituição imediata de cooperativas – € 360

3.4 – Os emolumentos previstos nos nºs 3.1, 3.2 e 3.3 têm um valor único, incluem a aprovação de denominação no posto de atendimento e, nos casos dos nºs 3.1 e 3.3, incluem o custo da publicação obrigatória e dos atos de registo comercial efetuados.

3.5 – Do emolumento previsto nos nºs 3.1, 3.2 e 3.3, deduzido da taxa devida pela publicação a que se refere o nº 3.4, pertencem dois terços à conservatória do registo comercial e um terço ao Registo Nacional de Pessoas Coletivas (RNPC).

3.6 – Pela prática dos atos compreendidos no regime especial de constituição *online* de sociedades, com ou sem nomeação de órgãos sociais ou secretário da sociedade e com opção por pacto ou ato constitutivo de modelo aprovado – € 220

3.7 – Pela prática dos atos compreendidos no regime especial de constituição *online* de sociedades, com ou sem nomeação de órgãos sociais ou secretário da sociedade e com opção por pacto ou ato constitutivo elaborado pelos interessados – € 360

3.8 – Os emolumentos previstos nos nºs 3.5 e 3.6 têm um valor único e incluem a verificação da admissibilidade e aprovação de firma e ainda o custo da publicação obrigatória do registo.

4 – Regime especial de criação imediata de representações permanentes:

4.1 – Pela prática dos atos compreendidos no regime especial de criação imediata de representações permanentes – € 200

4.2 – O emolumento previsto no número anterior tem um valor único e inclui o custo da publicação obrigatória do registo.

5 – Impugnação:

5.1 – Por cada processo de recurso hierárquico – € 175

5.1.1 – Por cada processo de recurso hierárquico de conta ou de recusa de passagem de certidão – 120 €

5.2 – Em caso de procedência do recurso, há lugar à devolução dos emolumentos previstos nos números anteriores;

5.3 – Em caso de provimento parcial do recurso o emolumento previsto no nº 5.1 é reduzido a metade, sendo devolvido na sua totalidade o emolumento previsto no nº 5.1.1;

5.4 – A retificação oficiosa da conta com base nos fundamentos invocados em recurso hierárquico findo por falta de verificação dos respetivos pressupostos, dá lugar à devolução do emolumento previsto no nº 5.1.1;

6 – Por cada certificado emitido nos termos do artigo 133º do Regulamento dos Serviços dos Registos e do Notariado – € 50

7 – Reconhecimentos e termos de autenticação:

7.1 – Pelo reconhecimento de cada assinatura e de letra e assinatura – € 12

7.2 – Pelo reconhecimento que contenha, a pedido dos interessados, menção de qualquer circunstância especial – € 16,50

7.3 – Por cada termo de autenticação de documentos não abrangidos pelo nº 7.7, com um só interveniente – € 24

7.4 – Por cada interveniente a mais – € 6,50

7.5 – Por cada termo de autenticação de procuração com um só mandante e mandatário – € 20

7.6 – Por cada mandante ou mandatário adicional – € 10

7.7 – Por cada termo de autenticação de documentos particulares que titulem atos sujeitos a registo predial nos termos do artigo 24º do Decreto-Lei nº 116/ /2008, de 4 de Julho – € 175

7.7.1 – Por cada interveniente para além do primeiro – € 10

7.7.2 – Por cada ato ou negócio jurídico a mais além do primeiro, acresce – € 50

7.7.3 – Por cada prédio a mais além do primeiro, acresce – € 25

8 – Traduções e certificados:

8.1 – Pelo certificado de exatidão da tradução de cada documento realizada por tradutor ajuramentado – € 25

8.2 – Pela tradução de documentos, por cada página – € 20

8.3 – *[Revogado]*.

9 – Fotocópias e respetiva conferência, públicas-formas e certificação da conformidade de documentos eletrónicos com os documentos originais:

9.1 – Por cada pública – forma, conferência de fotocópia ou fotocópia e respetiva conferência, até quatro páginas, inclusive – € 18

9.2 – A partir da 5ª página, por cada página a mais, € 1, até ao limite de € 150;

9.3 – Por cada certificação da conformidade de documentos eletrónicos com os documentos originais e respetiva digitalização – € 17

10 – Operações especiais de registos (SIR – Soluções Integradas de Registo):

10.1 – A instrução dos procedimentos de operações especiais de registos que determine a solicitação aos interessados de documentos que não possam ser obtidos através do acesso directo às bases de dados dos registos, dá lugar à cobrança do emolumento previsto para o suprimento de deficiências;

10.2 – A identificação dos bens sobre os quais incidem os actos ou procedimentos, mediante consulta, a pedido dos interessados, das bases de dados dos registos, dá lugar à cobrança dos emolumentos previstos para as fotocópias não certificadas;

10.3 – Sem prejuízo do disposto nos números anteriores, os emolumentos e taxas devidos por actos de registo e procedimento realizados ao abrigo do nº 5 do artigo 26º do Decreto-Lei nº 116/2008, de 4 de Julho, são facturados de forma agrupada no final de cada operação especial de registo.

(Redacção dada pelo Decreto-Lei nº 54/2017, de 02-06)

ARTIGO 27º-A
Procedimento especial de transmissão, oneração e registo de imóveis

1 – Pelo procedimento especial de transmissão, oneração e registo de imóveis, independentemente do número de atos de registo, com ou sem marcação prévia – € 700

1.1 – Pelo procedimento que titule atos de permuta com constituição de uma ou mais hipotecas, acresce ao emolumento previsto no número anterior – € 225

2 – Pelo procedimento especial de transmissão, oneração e registo de imóveis, com ou sem marcação prévia, se apenas for registado um facto – € 375

3 – Pelo procedimento especial de que resulte a constituição da propriedade horizontal acresce ao emolumento que se mostre devido nos termos dos números anteriores, € 25 por cada descrição subordinada, até ao limite de € 30 000.

3.1 – Pelo procedimento especial de que resulte a modificação do título constitutivo da propriedade horizontal acresce ao emolumento previsto nos termos dos nºs 1 e 2, € 25 por cada descrição subordinada, criada ou alterada, até ao limite de € 30 000;

3.2 – O disposto no número anterior não tem aplicação no caso de mera reprodução de inscrições ou de averbamentos ou de simples menção de cotas de referência.

4 – Pela desistência ou não conclusão do procedimento por motivos imputáveis às partes é devido um terço do emolumento previsto.

5 – Por cada consulta efetuada a bases de dados registais no âmbito dos processos previstos no presente artigo é devido valor igual ao valor mais baixo previsto para a emissão de certidão *online*, ou em papel caso aquela não exista, relativa a cada espécie de registo.

5.1 – O disposto no número anterior só é aplicável se inexistir código de acesso válido a certidão permanente e não for apresentada pelos interessados a correspondente certidão em suporte de papel e determina a entrega de chave de acesso à certidão permanente ou a correspondente certidão em suporte de papel.

6 – Pela emissão de certificado relativo a procedimento não concluído por motivo imputável às partes – € 50

7 – Pelo procedimento que abranja mais de um imóvel, acresce ao valor fixado nos termos dos números anteriores por cada prédio a mais, até ao limite de € 30 000 – € 50

7.1 – No caso de procedimento que titule atos de permuta, o acréscimo previsto no número anterior conta-se apenas a partir do terceiro prédio.

8 – Pelo documento de retificação a título elaborado no âmbito do procedimento, por erro não imputável aos serviços – € 50

9 – Por cada averbamento ao documento que titule o negócio jurídico, incluindo rectificações não imputáveis aos serviços – € 50

10 – Os emolumentos previstos neste artigo têm um valor único, incluindo os montantes a pagar a título de emolumentos pessoais, quando estes sejam devidos.

11 – *[Revogado].*

(Redacção dada pelo Decreto-Lei nº 201/2015, de 17-09)

ARTIGO 27º-B
Emolumentos do Registo Central do Beneficiário Efetivo

1 – Pela emissão de comprovativo de declaração no Registo Central do Beneficiário Efetivo – € 20.

2 – Pela retificação, modificação ou revogação da declaração por erro não imputável aos serviços – € 50.

3 – Pelo preenchimento eletrónico assistido da declaração de beneficiário efetivo associada a pedido de registo efetuada presencialmente – € 5.

4 – Pela declaração de beneficiário efetivo fora do prazo legalmente previsto – € 35.

5 – Pelo acesso eletrónico à informação do Registo Central do Beneficiário Efetivo (assinatura mensal) – € 50.

(Aditado pela Lei nº 89/2017, de 21-08)

ARTIGO 27º-C
Emolumentos do registo de fundações

1 – Pelo registo do reconhecimento da fundação – € 300.

2 – Pelo registo de abertura de representação permanente de fundação estrangeira – € 180.

3 – Por qualquer outro ato de registo sobre fundações ou representações permanentes de fundação estrangeira – € 150.

4 – Pela urgência na feitura de cada registo é devido o valor do emolumento correspondente ao ato.

5 – Pelo suprimento oficioso de deficiências nos termos dos nºs 2, 3 e 5 do artigo 52º do Código do Registo Comercial – € 30.

6 – Pela desistência do pedido de registo – € 20.

7 – Pela recusa do registo – € 50.

8 – Abrangendo a inscrição mais de um facto, é devido o emolumento mais elevado de entre os previstos para os diversos factos a registar, acrescido de 50% do emolumento correspondente a cada um dos restantes factos.

9 – Os emolumentos previstos no presente artigo têm um valor único e incluem os montantes relativos aos atos subsequentes de inscrição no Ficheiro Central de Pessoas Coletivas e de publicação obrigatória, quando a estes houver lugar, bem como os montantes a pagar a título de emolumentos pessoais, quando estes sejam devidos.

10 – São aplicáveis às fundações as taxas estabelecidas no presente Regulamento para os procedimentos, certidões, informações e acesso a base de dados, e demais atos de registo comercial, na medida em que se trate de ato análogo.

11 – São ainda gratuitos os registos efetuados com base em comunicação oficiosa da Secretaria-Geral da Presidência do Conselho de Ministros a que se referem as alíneas *a*), no que toca ao registo do pedido de reconhecimento bem como da recusa do reconhecimento, e *b*) e *f*) do artigo 2º do Regime do Registo de Fundações, aprovado em anexo ao Decreto-Lei nº 157/2019, de 22 de outubro.

(Aditado pelo Decreto-Lei nº 157/2019, de 22-10)

SECÇÃO X
Isenções ou reduções emolumentares

ARTIGO 28º
Isenções ou reduções emolumentares

1 – Os emolumentos devidos pela celebração da escritura pública de compra e venda, de doação e de partilha *mortis causa* de imóveis rústicos são reduzidos em função do valor do acto, nos seguintes termos:

1.1 – Até € 5000 – em três quartos;

1.2 – Acima de € 5000 e até € 10 000 – em dois terços;

1.3 – Acima de € 10 000 e até € 15 000 – em metade;

1.4 – Acima de € 15 000 e até € 25 000 – em um terço;

1.5 – Acima de € 25 000 e até € 35 000 – em um quarto;

1.6 – Acima de € 35 000 e até € 80 000 – em um oitavo.

2 – Os emolumentos devidos pela emissão de certidões destinadas a instruir as escrituras de doação e partilha *mortis causa* referidas no número anterior beneficiam de uma redução correspondente a metade do respectivo valor.

3 – As certidões que beneficiem da redução emolumentar prevista no número anterior devem mencionar o fim a que se destinam, único para que podem ser utilizadas.

4 – Os benefícios previstos no nº 1 do presente artigo são aplicáveis à aquisição por compra e venda de imóvel para habitação própria e permanente.

5 – Às aquisições realizadas ao abrigo do regime de conta poupança-habitação aplica-se a redução emolumentar prevista no nº 1, se esta for mais favorável do que a prevista naquele regime.

6 – A transmissão isolada de partes indivisas de imóveis urbanos, efectuadas nos termos e condições constantes dos nºs 1 e 4, goza das reduções emolumentares aí previstas, se pelo acto de aquisição o adquirente concentrar na sua esfera jurídica a totalidade do direito de propriedade do imóvel.

7 – Goza igualmente do benefício previsto no nº 1 a aquisição simultânea e pelo mesmo sujeito, da sua propriedade e do usufruto de imóveis urbanos para habitação própria e permanente, titulada nos termos atrás descritos.

8 – Para efeitos do disposto no nº 1, considera-se como valor do acto o preço global ou o valor total atribuído aos imóveis ou a soma dos seus valores patrimoniais, se superior.

9 – São, também, isentos dos emolumentos de urgência, os actos lavrados ao abrigo de regimes de urgência legal, incluindo os que por virtude de uma relação de dependência devam ser lavrados previamente àquele.

10 – Os emolumentos devidos pelo acesso e fornecimento, nos termos da lei, de cópias parciais de registo em suporte magnético ou em suporte de papel, resultantes da consulta em linha à base de dados do registo de automóveis quando requerida e efectuada pelas câmaras municipais ou entidades administrativas municipais, no exercício exclusivo de competências no âmbito da regulação e fiscalização do cumprimento das disposições do Código da Estrada e legislação complementar, são reduzidos, de acordo com o número de eleitores dos respectivos municípios, nos termos seguintes:

10.1 – Municípios com 10 000 ou menos eleitores – em metade;

10.2 – Municípios com mais de 10 000 e menos de 50 000 eleitores – em um terço;

10.3 – Municípios com mais de 50 000 e menos de 100 000 eleitores – em um quarto.

11 – (*Revogado.*)

12 – (*Revogado.*)

13 – (*Revogado.*)

14 – (*Revogado.*)

15 – (*Revogado.*)

16 – (*Revogado.*)

17 – (*Revogado.*)

18 – Estão isentos de tributação emolumentar os actos notariais e de registo exigidos para execução de providências integradoras ou decorrentes de plano de insolvência judicialmente homologado que visem o saneamento da empresa, através da recuperação do seu titular ou da sua transmissão, total ou parcial, a outra ou outras entidades.

19 – (*Revogado.*)

20 – (*Revogado.*)

21 – O emolumento devido pela prática dos actos compreendidos no regime especial de constituição imediata de associações de estudantes é reduzido em € 100, não sendo devida participação emolumentar pela referida redução.

22 – (*Revogado.*)

23 – (*Revogado.*)

24 – (*Revogado.*)

25 – Os emolumentos devidos por atos de registo previstos nos artigos 22º e 25º, quando promovidos por via eletrónica, são reduzidos em 15%, quanto a todas as verbas que os compõem.

26 – Os emolumentos devidos por atos de registo predial previstos nos nºs 2.1 e 2.12 do artigo 21º, quando promovidos por via eletrónica, são reduzidos em 10%, quando não sejam requeridos, nem devam ser efetuados como provisórios, nos termos da alínea *g*), *h*), *i*) e *j*) do nº 1 do artigo 92º do Código do Registo Predial.

27 – Os emolumentos devidos por atos de registo predial previstos nos nºs 2.7, 2.16.2, 2.17 e 3 do artigo 21º, quando promovidos por via eletrónica, são reduzidos em 10%.

28 – O registo por depósito promovido pela conservatória, nos termos do artigo 29º-A do Código do Registo Comercial, não está sujeito ao pagamento do emolumento previsto no nº 3 do artigo 22º

29 – (*Revogado.*)

30 – (*Revogado.*)

31 – As certidões e outros documentos de carácter probatório requeridos para fins eleitorais, bem como os reconhecimentos de assinaturas e outros actos respeitantes a documentos destinados a apresentação para os mesmos fins estão isentos de emolumentos.

32 – Pelo acesso em linha por parte das entidades responsáveis pelas bases de dados do dispositivo electrónico de matrícula às bases de dados do registo automóvel, o montante decorrente do nº 5.3.2.5 do artigo 25º terá um limite mensal fixado por despacho do membro do Governo responsável pela área da Justiça.

33 – Os emolumentos previstos nos nºs 2.1, 2.12, 2.16.2, 2.17, 3, 4, 5 e 12 do artigo 21º, bem como o emolumento previsto nos nºs 7.7, 7.7.1, 7.7.2 e 7.7.3 do artigo 27º, são reduzidos em 65% quando o facto respeite apenas a prédios rústicos de valor inferior a € 10 000.

33.1 – Os emolumentos devidos pelo procedimento especial de transmissão, oneração e registo previstos no artigo 27º-A, nºs 1 e 2, são reduzidos em 50% quando respeitem apenas a prédios rústicos de valor inferior a € 10 000.

33.1.1 – Os emolumentos devidos pelos procedimentos previstos no artigo 18º, nºs 6.2, 6.2.1, 6.2.2, 6.10.2, 6.10.3, 6.10.4 e 6.10.5.1, são reduzidos em 50% quando respeitem apenas a prédios rústicos de valor inferior a € 10 000.

33.2 – Para efeitos do disposto nos números anteriores, o valor do prédio é o do seu valor patrimonial, o valor declarado ou aquele que as partes lhe atribuírem se for superior.

34 – Os emolumentos devidos pela realização de atos de registo de factos relativos a prédio rústico ou misto a disponibilizar, ou disponibilizado, na bolsa de terras ou no banco de terras, e relacionados com a finalidade dessa disponibilização, são reduzidos em 75%.

35 – Os emolumentos devidos pela realização de atos de registo de factos relativos a prédios rústicos destinados à exploração florestal, adquiridos por entidades de gestão florestal (EGF) reconhecidas, ou por associados destas, que afetem, no prazo de seis meses, esses prédios à gestão dessa EGF, são reduzidos em 75%.

36 – A redução prevista no número anterior é igualmente aplicável às unidades de gestão florestal (UGF) reconhecidas, ou por associados destas, desde que seja promovida a afetação dos prédios rústicos à gestão dessa UGF, no prazo aí previsto.

(Redação dada pela Lei nº 110/2017, de 15-12)

Regime Jurídico do Processo de Inventário

Lei nº 23/2013, de 5 de março

Aprova o regime jurídico do processo de inventário, altera o Código Civil, o Código do Registo Predial, o Código do Registo Civil e o Código de Processo Civil.

A Assembleia da República decreta, nos termos da alínea *c*) do artigo 161º da Constituição, o seguinte:

ARTIGO 1º
Objeto

A presente lei aprova o regime jurídico do processo de inventário, altera o Código Civil, aprovado pelo Decreto-Lei nº 47 344, de 25 de novembro de 1966, e alterado pelos Decretos-Leis nºs 67/75, de 19 de fevereiro, 201/75, de 15 de abril, 261/75, de 27 de maio, 561/76, de 17 de julho, 605/76, de 24 de julho, 293/77, de 20 de julho, 496/77, de 25 de novembro, 200-C/80, de 24 de junho, 236/80, de 18 de julho, 328/81, de 4 de dezembro, 262/83, de 16 de junho, 225/84, de 6 de julho, e 190/85, de 24 de junho, pela Lei nº 46/85, de 20 de setembro, pelos Decretos-Leis nºs 381-B/85, de 28 de setembro, e 379/86, de 11 de novembro, pela Lei nº 24/89, de 1 de agosto, pelos Decretos-Leis nºs 321-B/90, de 15 de outubro, 257/91, de 18 de julho, 423/91, de 30 de outubro, 185/93, de 22 de maio, 227/94, de 8 de setembro, 267/94, de 25 de outubro, e 163/95, de 13 de julho, pela Lei nº 84/95, de 31 de agosto, pelos Decretos-Leis nºs 329-A/95, de 12 de dezembro, 14/96, de 6 de março, 68/96, de 31 de maio, 35/97, de 31 de janeiro, e 120/98, de 8 de maio, pelas Leis nºs 21/98, de 12 de maio, e 47/98, de 10 de agosto, pelo Decreto-Lei nº 343/98, de 6 de novembro, pelas Leis nºs 59/99, de 30 de junho, e 16/2001, de 22 de junho, pelos Decretos-Leis nºs 272/2001, de 13 de outubro, 273/2001, de 13 de outubro, 323/2001, de 17 de dezembro, e 38/2003, de 8 de março, pela Lei nº 31/2003, de 22 de agosto, pelos Decretos-Leis nºs 199/2003, de 10 de setembro, e 59/2004, de 19 de março, pela Lei nº 6/2006, de 27 de fevereiro, pelo Decreto-Lei nº 263-A/2007, de 23 de julho, pela Lei nº 40/2007, de 24 de agosto, pelos Decretos-Leis nºs 324/2007, de 28 de setembro, e 116/2008, de 4 de julho, pelas Leis nºs 61/2008, de 31 de outubro, e 14/2009, de 1 de abril, pelo Decreto-Lei nº 100/2009, de 11 de maio, e pelas Leis nºs 29/2009, de 29 de junho, 103/2009, de 11 de setembro, 9/2010, de 31 de maio, 23/2010, de 30 de agosto, 24/2012, de 9 de julho, 31/2012 e 32/2012, de 14 de agosto, o Código do Registo Predial, aprovado pelo Decreto-Lei nº 224/84, de 6 de julho, e alterado pelos Decretos-Leis nºs 355/85, de 2 de setembro, 60/90, de 14 de fevereiro, 80/92, de 7 de maio, 30/93, de 12 de fevereiro, 255/93, de 15 de julho, 227/94, de 8 de setembro, 267/94, de 25 de outubro, 67/96, de 31 de maio, 375-A/99, de 20 de setembro, 533/99, de 11 de dezembro, 273/2001, de 13 de outubro, 323/2001, de 17 de dezembro, 38/2003, de 8 de março, e 194/2003, de 23 de agosto, pela Lei nº 6/2006, de 27 de fevereiro, pelos Decretos-Leis nºs 263-A/2007, de 23 de julho, 34/2008, de 26 de fevereiro, 116/2008, de 4 de julho, e 122/2009, de 21 de maio, pela Lei nº 29/2009, de 29 de junho, e pelos Decretos-Leis nºs 185/2009, de 12 de agosto, e 209/2012, de 19 de setembro, o Código do Registo Civil, aprovado pelo Decreto-Lei nº 131/95, de 6 de junho, com as alterações introduzidas pelos Decretos-Leis nºs 36/97, de 31 de janeiro, 120/98, de 8 de maio, 375-A/99, de 20 de setembro, 228/2001, de 20 de agosto, 273/2001, de 13 de outubro, 323/2001, de 17 de dezembro, 113/2002, de 20 de abril, 194/2003, de 23 de agosto, e 53/2004, de 18 de março, pela Lei nº 29/2007, de 2 de agosto, pelo Decreto-Lei nº 324/2007, de 28 de setembro, pela Lei nº 61/ /2008, de 31 de outubro, pelos Decretos-Leis nºs 247-B/2008, de 30 de dezembro, e 100/2009, de 11 de maio, pelas Leis nºs 29/2009, de 29 de junho, 103/2009, de 11 de setembro, e 7/2011, de 15 de março, e pelo Decreto-Lei nº 209/2012, de 19 de setembro, e o Código de Processo Civil, aprovado pelo Decreto-Lei nº 44 129, de 28 de dezembro de 1961, e alterado pelo Decreto-Lei nº 47 690, de 11 de maio de 1967, pela Lei nº 2140, de 14 de março de 1969, pelo Decreto-Lei nº 323/70, de 11 de julho, pelas Portarias nºs 642/73, de 27 de setembro, e 439/74, de 10 de julho, pelos Decretos-Leis nºs 261/75, de 27 de maio, 165/76, de 1 de março, 201/76, de 19 de março, 366/76, de 15 de maio, 605/76, de 24 de julho, 738/76, de 16 de outubro, 368/77, de 3 de setembro, e 533/77, de 30 de dezembro, pela Lei nº 21/78, de 3 de maio, pelos Decretos-Leis nºs 513-X/79, de 27 de dezembro, 207/80, de 1 de julho, 457/80, de 10 de outubro, 224/82, de 8 de junho, e 400/82, de 23 de setembro, pela Lei nº 3/83, de 26 de fevereiro, pelos Decretos-Leis nºs 128/83, de 12 de março, 242/85, de 9 de julho, 381-A/85, de 28 de setembro, e 177/86, de 2 de julho, pela Lei nº 31/86, de 29 de agosto, pelos Decretos-Leis nºs 92/88, de 17 de março, 321-B/90, de 15 de outubro, 211/91, de 14 de junho, 132/93, de 23 de abril, 227/94, de 8 de setembro, 39/95, de 15 de fevereiro, e 329-A/95, de 12 de dezembro, pela Lei nº 6/96, de 29 de fevereiro, pelos Decretos-Leis nºs 180/96, de 25 de setembro, 125/98, de 12 de maio, 269/98, de 1 de setembro, e 315/98, de 20 de outubro, pela Lei nº 3/99, de 13 de janeiro, pelos Decretos-Leis nºs 375-A/99, de 20 de setembro, e 183/2000, de 10 de agosto, pela Lei nº 30-D/2000, de 20 de dezembro, pelos Decretos-Leis nºs 272/2001, de 13 de outubro, e 323/2001, de 17 de dezembro, pela Lei nº 13/2002, de 19 de fevereiro, pelos Decretos-Leis nºs 38/2003, de 8 de março, 199/2003, de 10 de setembro, 324/2003, de 27 de dezembro, e 53/2004, de 18 de março, pela Lei nº 6/2006, de 27 de fevereiro, pelo Decreto-Lei nº 76-A/2006, de 29 de março, pelas Leis nºs 14/2006, de 26 de abril, e 53-A/2006, de 29 de dezembro, pelos Decretos-Leis nºs 8/2007, de 17 de janeiro, 303/2007, de 24 de agosto, 34/2008, de 26 de fevereiro, e 116/2008, de 4 de julho, pelas Leis nºs 52/2008, de 28 de agosto, e 61/2008, de 31 de outubro, pelo Decreto-Lei nº 226/2008, de 20 de novembro, pela Lei nº 29/2009, de 29 de junho, pelos Decretos-Leis nºs 35/2010, de 15 de abril, e 52/2011, de 13 de abril, e pelas Leis nºs 63/2011, de 14 de dezembro, 31/2012, de 14 de agosto, e 60/2012, de 9 de novembro.

ARTIGO 2º
Aprovação do regime jurídico do processo de inventário

É aprovado, em anexo à presente lei, o regime jurídico do processo de inventário, que dela faz parte integrante.

ARTIGO 3º
Alteração ao Código Civil

Os artigos 1770º, 2053º, 2083º, 2084º, 2085º, 2086º e 2102º do Código Civil, aprovado pelo Decreto-Lei nº 47 344, de 25 de novembro de 1966, passam a ter a seguinte redação:

(As alterações não se transcrevem por não se inserirem no âmbito da presente publicação)

ARTIGO 4º
Alteração ao Código do Registo Predial

Os artigos 39º e 92º do Código do Registo Predial, aprovado pelo Decreto-Lei nº 224/84, de 6 de julho, passam a ter a seguinte redação:

(As alterações não se transcrevem por não se inserirem no âmbito da presente publicação)

ARTIGO 5º
Alteração ao Código do Registo Civil

Os artigos 202º-A, 202º-B e 210º do Código do Registo Civil, aprovado pelo Decreto-Lei nº 131/95, de 6 de junho, passam a ter a seguinte redação:

(As alterações não se transcrevem por não se inserirem no âmbito da presente publicação)

ARTIGO 6º
Norma revogatória

1 – É revogada a Lei nº 29/2009, de 29 de junho, com exceção do disposto nos artigos 79º, 82º e 85º e nos nºs 2 e 3 do artigo 87º

2 – São revogados o nº 3 do artigo 32º, os artigos 52º e 77º, o nº 4 do artigo 248º, o nº 4 do artigo 373º, o nº 1 do artigo 426º, o nº 2 do artigo 1052º, os artigos 1108º, 1109º, 1326º a 1392º, 1395º, 1396º, 1404º, 1405º e 1406º e o nº 3 do artigo 1462º, todos do Código de Processo Civil, aprovado pelo Decreto-Lei nº 44 129, de 28 de dezembro de 1961.

ARTIGO 7º
Aplicação no tempo

O disposto na presente lei não se aplica aos processos de inventário que, à data da sua entrada em vigor, se encontrem pendentes.

ARTIGO 8º
Entrada em vigor

A presente lei entra em vigor no primeiro dia útil do mês de setembro de 2013.

Aprovada em 25 de janeiro de 2013.

A Presidente da Assembleia da República, *Maria da Assunção A. Esteves.*

Promulgada em 22 de fevereiro de 2013.

Publique-se.

O Presidente da República, Aníbal Cavaco Silva.

Referendada em 25 de fevereiro de 2013.

O Primeiro-Ministro, *Pedro Passos Coelho.*

Regime do Inventário Notarial

Lei nº 117/2019, de 13 de setembro

(...)

CAPÍTULO III
Disposições finais e transitórias

ARTIGO 10º
Norma revogatória

É revogado o regime jurídico do processo de inventário, aprovado em anexo à Lei nº 23/2013, de 5 de março, sem prejuízo do disposto no artigo seguinte.

ARTIGO 11º
Aplicação no tempo

1 – O disposto na presente lei aplica-se apenas aos processos iniciados a partir da data da sua entrada em vigor, bem como aos processos que, nessa data, estejam pendentes nos cartórios notariais mas sejam remetidos ao tribunal nos termos do disposto nos artigos 11º a 13º

2 – O regime jurídico do processo de inventário, aprovado em anexo à Lei nº 23/2013, de 5 de março, continua a aplicar-se aos processos de inventário que, na data da entrada em vigor da presente lei, estejam pendentes nos cartórios notariais e aí prossigam a respetiva tramitação.

3 – Para efeitos do disposto no número anterior, os artigos 3º, 26º-A, 27º, 35 e 48º do regime jurídico do processo de inventário, anexo à Lei nº 23/2013, de 5 de março, passam a ter a redação prevista nos artigos 8º e 9º da presente lei.

ARTIGO 12º
Remessa dos inventários notariais

1 – O notário remete oficiosamente ao tribunal competente os inventários em que sejam interessados diretos menores, maiores acompanhados ou ausentes.

2 – Nos restantes inventários, qualquer dos interessados diretos na partilha pode requerer a remessa ao tribunal competente, sempre que:

a) Se encontrem suspensos ao abrigo do disposto 16º do regime jurídico do processo de inventário há mais de um ano;
b) Estejam parados, sem realização de diligências úteis, há mais de seis meses.

3 – A remessa do processo para o tribunal competente também pode ser requerida, em qualquer circunstância, por interessado ou interessados diretos que representem, isolada ou conjuntamente, mais de metade da herança.

4 – A remessa pode ser requerida não só para o tribunal territorialmente competente, nos termos do artigo 72º-A do Código de Processo Civil, na redação introduzida pela presente lei, mas também para qualquer tribunal que, atendendo à conveniência dos interessados, estes venham a escolher.

ARTIGO 13º
Procedimento da remessa

1 – O notário, ouvidos os demais interessados, defere o requerimento apresentado por interessado com legitimidade e determina a remessa do processo ao tribunal, no estado em que se encontrar, sempre que se verifiquem os pressupostos previstos nos nºs 2 e 3 do artigo anterior.

2 – No prazo de 15 dias, contados do despacho a que se refere o número anterior, podem os interessados deduzir as impugnações contra decisões proferidas pelo notário, que pretendessem impugnar nos termos do nº 2 do artigo 76º do regime jurídico do processo de inventário.

3 – É aplicável à tramitação subsequente do processo remetido a juízo nos termos dos números anteriores o regime estabelecido para o inventário judicial no Código de Processo Civil

4 – O juiz, ouvidas as partes e apreciadas as impugnações deduzidas ao abrigo do nº 2, determina, com base nos poderes de gestão processual e de adequação formal, a tramitação subsequente do processo que se mostre idónea para conciliar o respeito pelos efeitos dos atos processuais já regularmente praticados no inventário notarial com o ulterior processamento do inventário judicial.

ARTIGO 14º
Conta de custas

1 – Antes da remessa dos autos para o tribunal, o notário elabora a conta de custas do processo, de modo a fixar a responsabilidade de cada interessado.

2 – Se da conta elaborada resultar um crédito a favor de algum interessado, o notário devolve a respetiva quantia.

3 – As custas pagas ao notário devem ser descontadas naquelas que sejam devidas pelo interessado no inventário judicial.

ARTIGO 15º
Entrada em vigor

A presente lei entra em vigor em 1 de janeiro de 2020.

(...)

Regime do Inventário Notarial

ARTIGO 1º
Competência do cartório notarial

1 – A Ordem dos Notários elabora uma lista dos notários que pretendam processar, nos respetivos cartórios, os processos de inventário, procedendo à publicitação da lista atualizada no seu sítio eletrónico na Internet.

2 – Os interessados podem escolher, segundo o disposto no nº 2 do artigo 1083º do Código de Processo Civil, o cartório notarial em que pretendem instaurar o inventário, desde que exista uma conexão relevante com a partilha, estabelecida em função, nomeadamente, do local de abertura da sucessão, da situação da maior parte dos imóveis ou do estabelecimento comercial que integram a herança ou da residência da maioria dos interessados diretos na partilha.

3 – É aplicável ao notário o regime de impedimentos e suspeições do juiz previsto no Código de Processo Civil.

4 – No caso de impedimento ou de indisponibilidade do cartório notarial, os interessados podem optar pela instauração do processo em cartório sediado em circunscrições confinantes ou próximas.

ARTIGO 2º
Tramitação do processo

1 – É aplicável ao processo de inventário que possa decorrer perante o cartório notarial o regime estabelecido no título XVI do livro V do Código de Processo Civil, com as necessárias adaptações.

2 – A apresentação do requerimento inicial do inventário, da eventual oposição, bem como de todos os atos subsequentes deve realizar-se, sempre que possível, através de meios eletrónicos, nos termos da Portaria nº 278/2013, de 26 de agosto, na sua redação atual.

3 – Ao notário compete realizar todas as diligências do processo, sem prejuízo dos casos em que os interessados devam ser remetidos para os meios judiciais.

4 – Compete ao tribunal de comarca da circunscrição judicial da área do cartório notarial praticar os atos que caibam ao juiz, bem como apreciar os recursos interpostos de decisões do notário.

ARTIGO 3º
Remessa dos interessados para os meios judiciais

1 – O notário deve determinar, mesmo oficiosamente, mediante despacho fundamentado, a suspensão do processo:

a) Se estiver pendente causa em que se aprecie questão com relevância para a admissibilidade do processo ou para a definição de direitos de interessados diretos na partilha;
b) Se, na pendência do inventário, se suscitarem questões prejudiciais de que dependa a admissibilidade do processo ou a definição de direitos dos interessados diretos na partilha, remetendo os interessados para os meios judiciais, logo que se mostrem relacionados os bens.

2 – Se, na pendência do inventário, se suscitar questão que, não respeitando à admissibilidade do processo ou à definição de quotas hereditárias dos interessados, envolva a resolução de um litígio entre os interessados relativo, nomeadamente, à definição dos bens ou dívidas que integram o património a partilhar, deve o notário, ouvidas as partes e em despacho fundamentado:

a) Abster-se de decidir, remetendo os interessados para os meios judiciais, quando a natureza da matéria litigiosa ou a sua complexidade, quer de facto, quer de direito, tornar inconveniente a sua apreciação por órgão não jurisdicional;
b) Decidir, nos demais casos, a matéria em litígio, sendo a decisão imediatamente impugnável perante o tribunal competente.

3 – Nos casos previstos na alínea *a*) do número anterior, o notário ordena a suspensão do processo quando a questão afete, de forma significativa, a utilidade prática da partilha.
4 – Se houver interessado nascituro, o notário deve suspender o processo desde o momento em que se mostrem relacionados os bens até ao nascimento desse interessado.
5 – Ocorrido o nascimento, o notário remete oficiosamente o processo para o tribunal competente.

ARTIGO 4º
Recursos

1 – A decisão do notário que, nos termos do artigo anterior, não decretar a suspensão do processo e não remeter os interessados para os meios judiciais pode ser impugnada por qualquer dos interessados diretos na partilha, mediante recurso interposto para o tribunal competente.

2 – O regime dos recursos é o seguinte:

a) O recurso previsto no número anterior sobe imediatamente e tem efeito suspensivo da marcha do processo;

b) O recurso previsto na alínea *b*) do nº 2 do artigo anterior sobe imediatamente e em separado dos autos de inventário, sem efeito suspensivo da marcha do processo;

c) Aos recursos interpostos das restantes decisões proferidas pelo notário no decurso do processo é aplicável, com as necessárias adaptações, o regime previsto no artigo 1123º do Código de Processo Civil.

3 – Os recursos das decisões proferidas pelo notário são interpostos no prazo de 15 dias a contar da notificação da decisão, devendo o requerimento de interposição do recurso incluir a alegação do recorrente.

4 – A decisão do notário de remessa dos interessados para os meios judiciais não pode ser posta em causa pelo juiz.

ARTIGO 5º
Decisão homologatória da partilha

A partilha constante do mapa e das operações de sorteio é submetida ao juiz para efeitos de homologação.

ARTIGO 6º
Arquivamento do processo

1 – Se o processo estiver parado durante mais de um mês por negligência dos interessados em promover os seus termos, o notário notifica-os imediatamente para que pratiquem os atos em falta no prazo de 10 dias.

2 – Se os interessados não praticarem os atos em falta ou não justificarem fundadamente a sua omissão, o notário determina o arquivamento do processo, salvo se puder praticar os atos oficiosamente.

3 – Da decisão do notário que determine o arquivamento do processo cabe apelação para o tribunal competente.

ARTIGO 7º
Taxa de justiça devida pela remessa do processo ao tribunal

Pela remessa do processo ao tribunal é devida taxa de justiça correspondente à prevista na tabela II do Regulamento das Custas Processuais, aprovado em anexo ao Decreto-Lei nº 34/2008, de 26 de fevereiro, na sua redação atual, para os incidentes e procedimentos anómalos, podendo a final o juiz determinar, sempre que as questões revistam especial complexidade, o pagamento de um valor superior dentro dos limites estabelecidos naquela tabela.

ARTIGO 8º
Apoio judiciário

Ao processo de inventário é aplicável, com as necessárias adaptações, o regime jurídico do apoio judiciário.

Regulamentação do Processamento dos Atos e dos Termos do Processo de Inventário

Portaria nº 46/2015, de 23 de fevereiro

No seguimento do disposto no Memorando de Entendimento sobre as Condicionalidades de Política Económica, celebrado entre a República Portuguesa e o Banco Central Europeu, a União Europeia e o Fundo Monetário Internacional, no quadro do programa de auxílio financeiro a Portugal, que previa o reforço da utilização dos processos extrajudiciais existentes para ações de partilha de imóveis herdados, a Lei nº 23/2013, de 5 de março, aprovou o novo regime jurídico do inventário, no qual a competência para o processamento dos atos e termos do processo de inventário é atribuída aos notários, sem prejuízo de as questões que, atenta a sua natureza ou a complexidade da matéria de facto e de direito, não devam ser decididas no processo de inventário, serem decididas pelo juiz do tribunal da comarca do cartório notarial onde o processo foi apresentado.

A Lei nº 23/2013 foi objeto de regulamentação através da Portaria nº 278/2013, de 26 de agosto, que regulamenta matérias como a apresentação de peças processuais por via eletrónica, o modelo de requerimento de inventário, a realização de notificações, comunicações e a tramitação por via eletrónica ou o regime das custas, incluindo dos honorários notariais.

Prevê ainda a Portaria nº 278/2013, no seu artigo 30º, a sua revisão em função da avaliação trimestral realizada durante o seu primeiro ano de aplicação. Essa monitorização foi realizada pelo Ministério da Justiça, em colaboração com outras entidades, nomeadamente a Ordem dos Notários, tendo sido identificadas algumas áreas onde é possível efetuar ajustamentos e melhoramentos ao regime atualmente em vigor, o que se faz através da presente portaria.

Entre as alterações agora previstas, aquela que assume uma maior dimensão diz respeito ao regime de pagamentos de honorários e despesas nos casos de apoio judiciário. Isto porque se procede a uma regulamentação mais profunda nesta matéria, assente na ideia de que, nos casos em que tenha sido concedido apoio judiciário na modalidade de dispensa de pagamento da taxa de justiça e demais encargos com o processo, ou na modalidade de pagamento faseado de taxa de justiça e demais encargos com o processo, os honorários notariais devem ser suportados por um fundo criado pela Ordem dos Notários especificamente para esse efeito, enquanto as despesas ocorridas durante o processo devem ser suportadas pelo Ministério da Justiça, através do Instituto de Gestão Financeira e de Equipamentos da Justiça, I.P.

É ainda previsto um regime transitório, que determina que até ter decorrido um período temporal de 18 meses após a criação do fundo pela Ordem dos Notários, o pagamento de honorários notariais é suportado pelo Instituto de Gestão Financeira e de Equipamentos da Justiça, I.P.

O estabelecimento do referido lapso temporal visa possibilitar que o fundo reúna a dotação que lhe permita fazer face às respetivas obrigações, considerando que no momento da sua criação não disporá de tal dotação.

Também o regime de custas do processo de inventário é objeto de alterações relevantes.

A primeira delas, efetuada por uma questão de justiça e de igualdade entre as partes, diz respeito à responsabilidade pelo pagamento dos honorários e despesas do processo. Sendo certo que essa responsabilidade, no final do processo, é definida nos termos previstos no artigo 67º do regime jurídico do processo de inventário aprovado pela Lei nº 23/2013, de 5 de março, é agora estabelecido um regime que determina que os pagamentos que forem efetua-dos durante o processo devem ser suportados igualmente por todas as partes, exceto no que respeita às despesas, que devem ser suportadas pela parte que beneficia do ato que dá origem à despesa.

Outra alteração relevante diz respeito ao momento de pagamento das diversas prestações de honorários notariais, bem como à previsão da possibilidade de serem tidas em conta na fixação do montante de cada prestação eventuais correções ao valor do inventário que tenham sido efetuadas pelo notário, em função naturalmente da informação constante do processo.

No que respeita aos honorários previstos para os incidentes em que o valor dos honorários seja, de acordo com o previsto na coluna A da tabela constante do Anexo II, variável, determina-se ainda que a fixação desse valor passa a ser realizada pelo notário, podendo, no entanto, o interessado reclamar para o juiz desse ato. Neste âmbito, eliminam-se ainda as isenções anteriormente previstas para os incidentes de reclamação contra a relação de bens e de reclamação contra o mapa de partilhas.

A quarta alteração relevante, também introduzida por motivos de justiça e igualdade entre as partes, consiste na previsão de custas de parte no processo de inventário. Esta solução permite que, no processo de inventário, a parte que teve custos que, por algum motivo, não se enquadraram no regime de despesas, mas que foram contrapartida de atos relevantes para o sucesso do processo e que foram do interesse de todos as partes (como, por exemplo, certidões de testamentos ou de convenções antenupciais necessárias à instrução do processo), seja ressarcida desses custos pelas restantes partes, em função da responsabilidade de cada uma pelos custos do processo.

Já no que respeita aos incidentes, o regime de custas de parte assume uma formulação mais próxima da prevista para os processos judiciais, consistindo numa compensação à parte vencedora do incidente pelos custos que teve com o mesmo. Altera-se ainda o regime de isenções previstas, sendo este substituído por um regime de dispensa do pagamento prévio das custas, em que a parte não paga custas no início ou durante o processo, devendo fazê-lo apenas no final do mesmo. No entanto, o montante que no final a parte deve pagar a título de custas não pode ultrapassar o montante recebido no âmbito da partilha.

Outras alterações agora efetuadas estão relacionadas com a prática de atos e a tramitação eletrónica do processo, nomeadamente no que respeita à entrega do requerimento de inventário em casos de urgência sem que tenha havido ainda decisão quanto ao pedido de apoio judiciário (aproximando o regime previsto na portaria ao regime previsto no Código de Processo Civil), ao regime de retificação das peças processuais, e ao regime de comunicações entre o notário e o tribunal.

Ainda, passa a especificar-se que em sede de encerramento do processo de inventário serão emitidas tantas certidões quantos forem os interessados intervenientes no processo, condicionando-se a referida emissão ao comprovativo de pagamento dos honorários e despesas devidas ao notário por cada interessado.

Por fim, e para além de pequenas correções ao modelo do requerimento de inventário previsto no Anexo III, procedeu-se à alteração dos Anexos I e II da Portaria nº 278/2013, ou seja, das tabelas que preveem os montantes de honorários quer para os processos de inventário quer para os incidentes, fixando esses honorários em unidades de conta, o que permitirá a sua atualização automática, nos mesmos termos em que sucede a atualização da taxa de justiça em processos que corram nos tribunais judiciais.

Foi promovida a audição do Conselho Superior da Magistratura, do Conselho Superior do Ministério Público, do Conselho Superior dos Tribunais Administrativos e Fiscais, da Ordem dos Advogados, da Câmara dos Solicitadores, da Associação Sindical dos Juízes Portugueses, do Sindicato dos Magistrados do Ministério Público, do Conselho dos Oficiais de Justiça, do Sindicato dos Oficiais de Justiça, do Sindicato dos Funcionários Judiciais, da Ordem dos Notários, do Sindicato dos Trabalhadores dos Registos e do Notariado, da Associação Sindical dos Conservadores dos Registos e da Associação Sindical dos Oficiais dos Registos e Notariado.

Foi ouvida a Comissão Nacional de Proteção de Dados.

Assim:

Manda o Governo, pela Ministra da Justiça, ao abrigo do disposto no nº 1 do artigo 6º, no nº 2 do artigo 21º, no nº 4 do artigo 47º, no nº 3 do artigo 67º, no nº 2 do artigo 83º, no nº 2 do artigo 84º todos do regime jurídico do processo de inventário aprovado pela Lei nº 23/2013, de 5 de março, o seguinte:

CAPÍTULO I
Disposição geral

ARTIGO 1º
Objeto

A presente portaria procede à primeira alteração da Portaria nº 278/2013, de 26 de agosto, que regulamenta o processamento dos atos e os termos do processo de inventário nos cartórios notariais, no âmbito do Regime Jurídico do Processo de Inventário aprovado pela Lei nº 23/2013, de 5 de março.

CAPÍTULO II
Alterações à Portaria nº 278/2013, de 26 de agosto

ARTIGO 2º
Alteração à Portaria nº 278/2013, de 26 de agosto

Os artigos 1º, 2º, 5º, 8º, 9º, 10º, 16º, 18º, 19º, 20º, 21º, 22º, 23º e 25º da Portaria nº 278/2013, de 26 de agosto, passam a ter a seguinte redação:
(As alterações foram inseridas no local próprio)

ARTIGO 3º
Aditamento à Portaria nº 278/2013, de 26 de agosto

São aditados à Portaria nº 278/2013, de 26 de agosto, os artigos 24º-A a 24º-C e 26º-A a 26º-I, com a seguinte redação:
(Os aditamentos foram inseridos no local próprio)

ARTIGO 4º
Alteração aos anexos I, II e III da Portaria nº 278/2013, de 26 de agosto

Os anexos I, II e III da Portaria nº 278/2013, de 26 de agosto, passam a ter a redação constante do Anexo I, que é parte integrante da presente portaria.

ARTIGO 5º
Alteração à organização sistemática da Portaria nº 278/2013, de 26 de agosto

São promovidas as seguintes alterações à organização sistemática da Portaria nº 278/2013, de 26 de agosto:

a) A secção I do capítulo IV é denominada «Custas e dispensa»;

b) A secção IV do capítulo IV é denominada «Nota final e custas de parte» e passa a conter também os artigos 24º-A a 24º-C;

c) É aditado um novo capítulo VI, denominado «Apoio judiciário», constituído pelas seguintes secções:

i) Secção I, denominada «Pedidos», que contém o artigo 26º;

ii) Secção II, denominada «Honorários notariais», que contém os artigos 26º-A a 26º-C;
iii) Secção III, denominada «Despesas», que contém os artigos 26º-D a 26º-H;
iv) Secção IV, denominada «Aquisição de meios económicos suficientes em virtude da decisão da partilha», que contém o artigo 26º-I;
d) O anterior capítulo VI passa a capítulo VII.

CAPÍTULO III
Apoio Judiciário – regime transitório

ARTIGO 6º
Aplicação no tempo

1 – O disposto no presente capítulo é aplicável até ao dia 16 de março de 2020.

2 – Na vigência do regime transitório a que se reporta o número anterior, a Ordem dos Notários envia, mensalmente, ao Instituto de Gestão Financeira e Equipamentos da Justiça, I.P. (IGFEJ), informação atualizada sobre a situação financeira do fundo, bem como presta ao IGFEJ toda a colaboração necessária ao acompanhamento do funcionamento do fundo.
(Redação dada pela Portaria nº 78/2018, de 16-03)

ARTIGO 7º
Responsabilidade pelo pagamento de honorários nos casos de apoio judiciário

Nos processos de inventário em que tenha sido atribuído apoio judiciário, a algum ou alguns dos interessados, na modalidade de dispensa de taxa de justiça e demais encargos com o processo ou na modalidade de pagamento faseado de taxa de justiça e demais encargos com o processo, os honorários notariais cujo pagamento seja da responsabilidade do interessado que beneficia do apoio judiciário são suportados pelo IGFEJ.

ARTIGO 8º
Pagamento de honorários

1 – Nos processos de inventário referidos no artigo anterior, compete ao notário, uma vez recebido no seu cartório o requerimento de inventário apresentado por beneficiário de apoio judiciário, comunicar esse facto à Ordem dos Notários, remetendo igualmente:

a) Cópia do requerimento inicial do processo de inventário;
b) Cópia do documento comprovativo da concessão de apoio judiciário;
c) Fatura emitida em nome do IGFEJ, da qual conste a seguinte informação:
i) O número do processo de inventário;
ii) Nome completo do notário;

iii) Domicílio profissional do notário;
iv) Número de identificação fiscal do notário;
v) Número de identificação da conta bancária do notário para a qual deve ser efetuado o pagamento;
vi) O montante da prestação de honorários devida, com discriminação das obrigações fiscais, quando aplicáveis, designadamente IRS, IRC e IVA (continente ou ilhas).

2 – Recebida a informação e documentos previstos no número anterior, a Ordem dos Notários procede à análise e validação dos mesmos, confirmando que respeitam os pressupostos legalmente previstos, podendo ainda solicitar a documentação que considere relevante para o efeito.

3 – Caso valide a informação e os documentos remetidos pelo notário, a Ordem dos Notários remete-os ao IGFEJ que, após a validação dos mesmos, procede ao pagamento do montante da prestação de honorários devida, através de transferência bancária.

4 – O disposto nos números anteriores aplica-se, com as necessárias adaptações, aos pagamentos da percentagem dos montantes das 2ª e 3ª prestações de honorários notariais devidos pelo beneficiário de apoio judiciário, de acordo com os seguintes trâmites:

a) A percentagem da 2ª prestação da responsabilidade do beneficiário de apoio judiciário deve ser solicitada pelo notário junto da Ordem dos Notários após a primeira ou única sessão da conferência preparatória, sendo o pedido acompanhado da cópia da ata da primeira ou única sessão da conferência e de nota justificativa do montante devido pelo beneficiário, que, em caso de validação, a Ordem dos Notários remete ao IGFEJ juntamente com a informação e documentos previstos no nº 1;

b) A percentagem da 3ª prestação da responsabilidade do beneficiário de apoio judiciário, quando devida, deve ser solicitada pelo notário junto da Ordem dos Notários após a decisão homologatória da partilha pelo juiz, sendo o pedido acompanhado da cópia dessa decisão e de nota justificativa do montante devido pelo beneficiário, que, em caso de validação, a Ordem dos Notários remete ao IGFEJ juntamente com a informação e documentos previstos no nº 1.

5 – O disposto nos nºs 1 a 3 aplica-se ainda, com as necessárias adaptações, ao pagamento dos honorários notariais devidos pelos incidentes, de acordo com os seguintes trâmites:

a) A 1ª prestação deve ser solicitada pelo notário junto da Ordem dos Notários após a primeira intervenção no incidente do beneficiário de apoio judiciário, sendo o pedido acompanhado da cópia da peça processual, que, em caso de validação, a Ordem dos Notários remete ao IGFEJ juntamente com a informação e documentos previstos no nº 1;

b) A 2ª prestação deve ser solicitada pelo notário junto da Ordem dos Notários após a decisão homologatória da partilha pelo juiz, sendo o pedido acompanhado da cópia dessa decisão, que, em caso de validação, a Ordem dos Notários remete ao IGFEJ juntamente com a informação e documentos previstos no nº 1.

6 – Nos processos de inventário em que o pagamento dos honorários notariais se efetue nos termos previstos no presente artigo, o prosseguimento do processo não fica dependente do pagamento dos honorários pelo IGFEJ.

ARTIGO 9º
Pagamento faseado pelo beneficiário de apoio judiciário

Nos processos de inventário em que tenha sido concedido apoio judiciário na modalidade de pagamento faseado de taxa de justiça e demais encargos com o processo, o pagamento, pelo beneficiário do apoio judiciário, das prestações respeitantes aos honorários notariais é efetuado, com as necessárias adaptações, nos termos previstos no artigo 26º-G da Portaria nº 278/2013, de 26 de agosto, na redação dada pela presente portaria.

ARTIGO 10º
Aquisição de meios económicos suficientes

É aplicável aos processos previstos no presente capítulo em que tenha sido atribuído apoio judiciário na modalidade de dispensa de taxa de justiça e demais encargos com o processo, o disposto no artigo 26º-I da Portaria nº 278/2013, de 26 de agosto, na redação dada pela presente portaria.

CAPÍTULO IV
Disposições finais

ARTIGO 11º
Norma revogatória

São revogados a alínea *d*) do artigo 1º, o nº 4 do artigo 8º, o artigo 11º, o nº 7 do artigo 18º, os nºs 2 a 4 do artigo 26º da Portaria nº 278/2013, de 26 de agosto.

ARTIGO 12º
Republicação

É republicada no Anexo II, que é parte integrante da presente portaria, a Portaria nº 278/2013, de 26 de agosto.

ARTIGO 13º
Entrada em vigor

A presente portaria entra em vigor no 1º dia do mês seguinte ao da sua publicação, sendo aplicável aos processos de inventário pendentes a essa data.

A Ministra da Justiça, *Paula Maria von Hafe Teixeira da Cruz*, em 17 de fevereiro de 2015.

ANEXO I
(a que se refere o artigo 4º)

ANEXO I, II E III DA PORTARIA Nº 278/2013, DE 26 DE AGOSTO
(As alterações foram inseridas no local próprio)

ANEXO II
(A que se refere o artigo 12º)
Republicação da Portaria nº 278/2013, de 26 de agosto

Portaria nº 278/2013, de 26 de agosto*

CAPÍTULO I
Disposições gerais

ARTIGO 1º
Objeto

A presente portaria regulamenta:

a) As formas de apresentação do requerimento de inventário e das demais peças processuais e documentos;

b) O modelo do requerimento de inventário;

c) Notificações, comunicações e tramitação eletrónica do processo de inventário;

d) *[Revogada.]*

e) A taxa suplementar aplicável aos casos de falta de comparência na conferência preparatória;

f) O regime das custas dos incidentes e dos recursos;

g) O regime dos honorários notariais e despesas devidos pelo processo de inventário;

h) O regime de pagamento dos honorários notariais e das despesas e a responsabilidade pelos mesmos nos processos de inventário em que tenha sido concedido apoio judiciário na modalidade de dispensa de pagamento da taxa de justiça ou na modalidade de pagamento faseado da taxa de justiça e demais encargos com o processo.

* *Texto de acordo com a republicação da Portaria nº 46/2015, de 23 de fevereiro.*

ARTIGO 2º
Sistema informático de tramitação do processo de inventário

1 – O processo de inventário é tramitado preferencialmente por via eletrónica, pelos notários, em sistema informático definido pela Ordem dos Notários, que deve obedecer ao disposto na Lei nº 23/2013, de 5 de março e na presente portaria.

2 – O sistema informático de tramitação do processo de inventário referido no número anterior deve garantir a integralidade, autenticidade e inviolabilidade dos processos, bem como as interações com o sistema informático de suporte à atividade dos tribunais necessárias à correta aplicação da Lei nº 23/2013, de 5 de março e da presente portaria.

3 – O acesso ao sistema informático referido no nº 1 pelos cidadãos e por advogados ou solicitadores no âmbito das suas funções, nomeadamente para a prática dos atos previstos na Lei nº 23/2013, de 5 de março e na presente portaria, bem como para a consulta do processo, é efetuado através do sítio da internet com o endereço www.*inventarios.pt*.

4 – Sem prejuízo do disposto no artigo 13º quanto à consulta do processo, o acesso ao sítio da internet referido no número anterior é efetuado por certificação eletrónica nos seguintes termos:

a) Pelos cidadãos, através da utilização do certificado digital constante do cartão de cidadão;

b) Pelos advogados e solicitadores através da utilização do certificado digital que comprove a respetiva qualidade profissional.

5 – Para os efeitos da alínea *b*) do número anterior, a certificação eletrónica de advogados e solicitadores é efetuada através de certificados digitais, cuja utilização para fins profissionais é confirmada através de listas eletrónicas de certificados, disponibilizadas, respetivamente, pela Ordem dos Advogados e pela Câmara dos Solicitadores.

6 – Compete à Ordem dos Notários a criação, gestão e manutenção do sistema informático de tramitação do processo de inventário, bem como do sítio da internet referido no nº 3.

ARTIGO 3º
Atendimento prévio

No âmbito do processo de inventário o cartório notarial competente pode proceder, de forma isenta e independente, a um atendimento prévio do interessado praticando todos os atos que se mostrem adequados à sua futura tramitação, designadamente:

a) Efetuando uma análise da situação apresentada pelo interessado para avaliação, designadamente, de estarem em causa questões de direito de que decorra a constituição obrigatória de advogado, nos termos previstos no nº 1 do artigo 13º da Lei nº 23/2013, de 5 de março;

b) Comunicando ao interessado quais os documentos que deve apresentar;

c) Marcando a data para a apresentação do requerimento, no sentido de articular a disponibilidade do interessado com as necessidades do serviço; e

d) Preparando as diligências de instrução do procedimento que devam ser efetuadas por via oficiosa.

CAPÍTULO II
Apresentação de peças processuais e documentos

ARTIGO 4º
Modelo do requerimento de inventário

1 – O modelo de requerimento de inventário, na sua versão em papel, consta do Anexo III à presente portaria, da qual faz parte integrante.

2 – O modelo referido no número anterior deve ser disponibilizado, para impressão, no sítio da internet referido no nº 3 do artigo 2º

3 – O formulário eletrónico do requerimento de inventário do sistema informático de tramitação do processo de inventário deve respeitar os campos previstos no modelo de requerimento previsto no nº 1.

ARTIGO 5º
Apresentação do requerimento de inventário

1 – O requerimento de inventário pode ser apresentado:

a) Pelo interessado ou pelo seu mandatário, através do preenchimento de formulário eletrónico disponibilizado no sistema informático de tramitação do processo de inventário, e da junção dos documentos relevantes, de acordo com os procedimentos e instruções aí constantes;

b) Pelo interessado, no cartório notarial, em suporte físico, através da apresentação do modelo de requerimento de inventário previsto no artigo anterior, juntamente com os documentos relevantes.

2 – Após a entrega do requerimento nos termos do número anterior, o sistema informático de tramitação do processo de inventário, nos casos da alínea *a*) do número anterior, ou o cartório notarial, nos casos da alínea *b*) do número anterior, disponibilizam ao requerente o comprovativo de entrega do requerimento que contém:

a) A data e a hora da entrega do requerimento;

b) O código e as instruções de acesso ao sítio www.inventarios.pt, para efeito de consulta de processo por parte do cidadão que não tenha cartão do cidadão, nos termos do disposto no nº 2 do artigo 13º;

c) A referência multibanco para pagamento da 1ª prestação dos honorários do notário, bem como o montante dessa prestação;

d) O número que será atribuído ao processo no seguimento do pagamento da 1ª prestação dos honorários do notário.

3 – Independentemente da forma de apresentação do requerimento de inventário, o mesmo só se considera apresentado na data em que for efetuado o pagamento da 1ª prestação dos honorários do notário, ou em que foi entregue o documento comprovativo da concessão de apoio judiciário nas modalidades de dispensa de taxa de justiça e demais encargos com o processo ou de pagamento faseado de taxa de justiça e demais encargos com o processo.

4 – Em caso de urgência, o requerente pode apresentar, em substituição do documento comprovativo da concessão de apoio judiciário previsto no número anterior, documento comprovativo do pedido de apoio judiciário ainda não decidido, ficando o processo, após dar entrada, a aguardar a decisão da concessão do apoio judiciário.

5 – Nos casos previstos no número anterior, caso o pedido de apoio judiciário não seja decidido favoravelmente, o pagamento da 1ª prestação de honorários deve ser efetuado no prazo de 10 dias a contar da data de notificação da decisão definitiva que indefira o pedido de apoio judiciário.

ARTIGO 6º
Apresentação de outras peças processuais

A apresentação das restantes peças processuais, incluindo dos documentos que as acompanham, é efetuada através das seguintes formas:

a) Quando apresentada pelo interessado:

i) Por via eletrónica, através do acesso ao sistema informático de tramitação do processo de inventário nos termos previstos no nº 3 do artigo 2º, de acordo com os procedimentos e instruções daí constantes, e recorrendo à assinatura eletrónica constante do cartão do cidadão;

ii) Por remessa postal, sob registo, para o cartório notarial;

iii) Por entrega no cartório notarial;

b) Quando apresentada por mandatário, exclusivamente por via eletrónica, através do acesso ao sistema informático de tramitação do processo de inventário nos termos previstos no nº 3 do artigo 2º, de acordo com os procedimentos e instruções daí constantes, e recorrendo ao certificado digital previstos no nº 5 do artigo 2º

ARTIGO 7º
Apresentação de documentos

1 – A apresentação de documentos nos termos previstos na alínea *a*) do nº 1 do artigo 5º e na subalínea *i*) da alínea *a*) do artigo 6º dispensa a apresentação dos originais dos mesmos, sem prejuízo do dever de exibição dos originais sempre que tal seja solicitado pelo notário.

2 – Os documentos apresentados nos termos referidos no número anterior têm a força probatória dos originais, nos termos definidos para as certidões.

ARTIGO 8º
Elementos indispensáveis à instrução do requerimento ou de outras peças processuais

1 – Os elementos indispensáveis à instrução do requerimento ou de outra peça processual que não tenham sido apresentados ou corretamente indicados na mesma devem, sempre que possível, ser obtidos oficiosamente pelo cartório notarial.

2 – Caso os elementos referidos no número anterior não possam ser obtidos oficiosamente pelo cartório notarial, ou os documentos necessários não tenham sido entregues corretamente, devem ser notificados os interessados já citados para, em 10 dias, corrigir ou completar o requerimento ou outra peça processual ou para fazerem prova de que solicitaram os documentos em falta.

3 – Findo o prazo referido no número anterior sem que os interessados pratiquem os atos aí previstos, o notário pode, nos termos do artigo 19º do regime jurídico do processo de inventário aprovado pela Lei nº 23/2013, de 5 de março, determinar o arquivamento do processo, não havendo, no caso de arquivamento, direito a qualquer devolução de honorários já pagos.

4 – *[Revogado].*

CAPÍTULO III
Citações, notificações, tramitação eletrónica e consulta do processo

ARTIGO 9º
Citações e notificações

1 – As notificações efetuadas pelo cartório notarial aos mandatários dos interessados que já tenham intervindo no processo são realizadas através do sistema informático de tramitação do processo de inventário, para área de acesso exclusivo do mandatário no referido sistema, considerando-se o mandatário notificado no 3º dia após a disponibilização da notificação na sua área de acesso exclusivo, ou no 1º dia útil seguinte a esse, quando o não seja.

2 – Em simultâneo com a disponibilização da notificação na área de acesso exclusivo do mandatário é remetido a este, para o endereço de correio eletrónico que previamente tiver indicado, aviso relativo a essa disponibilização.

3 – As citações e as notificações efetuadas diretamente aos interessados são realizadas em suporte de papel, nos termos previstos no Código de Processo Civil.

4 – Os atos previstos no número anterior são elaborados através do sistema informático de tramitação do processo de inventário, com aposição de assinatura eletrónica do seu autor.

5 – Quando a citação ou a notificação tenha sido elaborada nos termos definidos no número anterior, a versão em suporte de papel contém a indicação de ter sido assinada naqueles termos.

ARTIGO 10º
Comunicação com o tribunal e com agente de execução

1 – As comunicações entre o notário e o tribunal, incluindo o envio do processo a tribunal em todas as situações previstas no regime jurídico do processo de inventário aprovado pela Lei nº 23/2013 de 5 de março, bem como a notificação ao notário da decisão final do juiz nessas situações são efetuadas através do sistema informático de tramitação do processo de inventário e do sistema informático de suporte à atividade dos tribunais, nos termos definido por protocolo celebrado entre a Ordem dos Notários, o Instituto de Gestão Financeira e Equipamentos da Justiça, I.P. (IGFEJ), e a Direção-Geral da Administração da Justiça.

2 – A solução definida no protocolo previsto na parte final do número anterior deve garantir a comunicação entre o sistema informático de tramitação do processo de inventário e o sistema informático de suporte à atividade dos tribunais em todos os casos previstos no regime jurídico do processo de inventário aprovado pela Lei nº 23/2013, de 5 de março, bem como integralidade, autenticidade e inviolabilidade dos processos e das respetivas comunicações.

3 – As comunicações entre o notário e o agente de execução, nomeadamente para efeito de realização de citações e notificações nos termos previstos no nº 3 do artigo 6º do regime jurídico do processo de inventário aprovado pela Lei nº 23/ /2013, 5 de março, devem ser efetuadas, preferencialmente, por via eletrónica, nos termos a estabelecer por protocolo entre a Ordem dos Notários e a Câmara dos Solicitadores.

4 – Os protocolos a celebrar ao abrigo dos números 1 e 3 são sujeitos a parecer prévio da Comissão Nacional de Proteção de Dados.

ARTIGO 11º

[Revogado]

ARTIGO 12º
Registo dos atos no processo

1 – O notário deve proceder ao registo da prática de todos os atos no processo no sistema informático de tramitação do processo de inventário, de modo que permita identificar o ato, cópia dos documentos respeitantes à efetivação do ato e, sendo caso disso, cópia dos documentos que o acompanham.

2 – Todos os atos praticados por qualquer interveniente que não sejam entregues por via eletrónica devem ser digitalizados pelo notário e registados no respetivo processo de inventário.

3 – Caso a digitalização prevista no número anterior não seja possível em virtude das características da peça processual ou de algum documento apresentado pelo interessado, o notário deve registar a prática do ato no sistema informático de tramitação do processo de inventário, com a indicação de que a peça ou documento em causa pode ser consultado no cartório notarial.

ARTIGO 13º
Consultas

1 – A consulta do processo de inventário pelos interessados e pelos mandatários é efetuada no sistema informático de tramitação do processo de inventário.

2 – Sem prejuízo do disposto no nº 4 do artigo 2º, os interessados podem ainda aceder ao sistema informático de tramitação do processo de inventário, para efeitos exclusivamente de consulta do processo, através de código disponibilizado para o efeito pelo notário na primeira citação ou notificação que dirija a esse interessado.

3 – A consulta do processo pode ainda ser efetuada no cartório notarial pelos interessados, por qualquer pessoa capaz de exercer o mandato judicial ou por quem nisso revele interesse atendível.

4 – A consulta do processo por advogado ou solicitador nos termos do nº 1 só é efetuada depois da prática de algum ato no processo, e mediante análise do notário do efetivo interesse nessa consulta, nos termos previstos nos artigos 163º e seguintes do Código de Processo Civil.

ARTIGO 14º
Arquivo

1 – Os processos de inventário, incluindo todos os atos e documentos que lhe estejam associados, são arquivados na base de dados de suporte ao sistema informático de tramitação do processo de inventário.

2 – Os atos praticados pelas partes em suporte físico que incluam a respetiva assinatura autógrafa devem ser arquivados nesse suporte pelo notário, sem prejuízo da sua digitalização nos termos do nº 2 do artigo 12º.

3 – O disposto no número anterior não é aplicável aos documentos que acompanham o ato praticado pelos interessados, sendo os mesmos devolvidos aos interessados após a respetiva digitalização nos termos do nº 2 do artigo 12º.

4 – Devem ainda ser arquivados em suporte físico as peças processuais e documentos cuja digitalização não foi possível, nos termos do nº 3 do artigo 12º.

CAPÍTULO IV
Custas do processo de inventário

SECÇÃO I
Custas e dispensa

ARTIGO 15º
Conceito de custas

1 – As custas pela tramitação do processo de inventário abrangem os honorários notariais e as despesas.

2 – As multas e outras penalidades são fixadas de forma autónoma e seguem o regime previsto na presente portaria e na Lei nº 23/2013, de 5 de março.

ARTIGO 16º
Dispensa de pagamento prévio das custas

1 – Estão dispensadas de pagamento prévio das custas pela tramitação do processo de inventário as pessoas e entidades previstas no nº 1 do artigo 4º do Regulamento das Custas Processuais, aprovado pelo Decreto-Lei nº 34/2008, de 26 de fevereiro.

2 – Nos casos previstos no número anterior, o pagamento dos honorários dos notários e as despesas são inicialmente suportados pelo fundo previsto no artigo 26º-A e pelo IGFEJ, respetivamente, aplicando-se com as necessárias adaptações o disposto no capítulo VI e sendo estas entidades posteriormente ressarcidas dos montantes que suportaram nos termos dos números seguintes.

3 – Nos casos previstos nos números anteriores, o pagamento das custas pela parte é efetuado apenas no final do processo, não sendo devido o montante das custas que ultrapasse o valor dos bens, das tornas ou das indemnizações que lhe couberam na partilha.

4 – Caso o pagamento efetuado pela parte não seja suficiente, em virtude do disposto na parte final do número anterior, para ressarcir na totalidade o fundo previsto no artigo 26º-A e o IGFEJ, é esse montante distribuído entre as duas entidades proporcionalmente em função dos montantes que adiantaram nos termos do nº 2.

ARTIGO 17º
Multas

1 – O notário deve registar no sistema informático de tramitação do processo de inventário a aplicação de qualquer multa prevista na Lei nº 23/2013, de 5 de março, incluindo o montante das mesmas.

2 – A cobrança das multas é efetuada pelo notário, procedendo este, nos termos a protocolar entre o Instituto de Gestão Financeira e Equipamento da Justiça, I.P. (IGFEJ) e a Ordem dos Notários, à transferência para esse instituto dos montantes que, de acordo com o nº 3 do artigo 83º da Lei nº 23/2013, de 5 de março, sejam sua receita.

3 – Para efeitos da aplicação e fiscalização do presente artigo, deve ser concedido ao IGFEJ acesso permanente ao sistema informático de tramitação do processo de inventário, na medida do necessário para proceder à referida fiscalização, podendo o IGFEJ realizar ainda as auditorias ao sistema que considere necessárias.

SECÇÃO II
Honorários

ARTIGO 18º
Honorários do processo

1 – São devidos honorários ao notário pelos serviços prestados no âmbito do processo de inventário.

2 – Os honorários notariais devidos pelo processo de inventário são os constantes do Anexo I da presente portaria, que dela faz parte integrante, sendo devidos conjuntamente por todos os interessados, nos termos do artigo seguinte.

3 – Os honorários notariais devidos pelos incidentes são os constantes do Anexo II da presente portaria, que dela faz parte integrante, sendo devidos por cada um dos interessados que tiver intervenção no incidente.

4 – A aplicação dos valores de honorários previstos para os processos de inventário de especial complexidade, bem como para os incidentes de especial complexidade, é determinada pelo juiz, a requerimento do notário efetuado juntamente com a remessa do processo de inventário para o tribunal para efeitos da homologação da partilha prevista no nº 1 do artigo 66º da Lei nº 23/2013, de 5 de março.

5 – Nos incidentes pelos quais, nos termos da coluna A da tabela constante do Anexo II, os honorários devidos sejam de valor variável, a fixação dos honorários é efetuada pelo notário, na decisão do incidente.

6 – Os honorários devidos pelo processo de inventário devem ser pagos nos seguintes termos:

a) 1ª Prestação – devida no momento da apresentação do requerimento inicial, no valor de metade dos honorários devidos tendo em consideração o valor do inventário indicado pelo requerente;

b) 2ª Prestação – devida nos 10 dias posteriores à notificação para a conferência preparatória, no valor da diferença entre o montante dos honorários devidos tendo em consideração o valor do inventário eventualmente corrigido a essa data e o montante já pago nos termos da alínea anterior;

c) 3ª Prestação – devida nos 10 dias posteriores à notificação pelo notário para o efeito, após a decisão homologatória da partilha pelo juiz, no valor da diferença entre o montante devido a título de honorários nos termos do nº 2 e, se for o caso, do nº 4, tendo em consideração o valor final do processo de inventário, e o montante já pago nos termos das alíneas anteriores.

7 – *[Revogado].*

8 – Nos casos em que o processo termine, por qualquer causa:

a) Antes da realização da primeira sessão da conferência preparatória, é devida ao notário a 1ª prestação por inteiro, sendo que, caso o valor do processo tenha sido corrigido após o pagamento da 1ª prestação, o montante desta deve ser atualizado, procedendo-se:

i) Caso o valor do processo tenha aumentado, ao pagamento da diferença entre o valor da 1ª prestação calculado tendo em conta o valor atualizado do processo e o valor já pago a título de 1ª prestação, no prazo de 10 dias após a notificação pelo notário para o efeito;

ii) Caso o valor do processo tenha diminuído, à devolução, pelo notário, do montante pago em excesso pelos interessados, considerando o valor da 1ª prestação calculado com base no valor atualizado do processo;

b) Após o início da conferência preparatória, mas antes da decisão homologatória do juiz, é devida ao notário a 2ª prestação por inteiro, sendo que, caso o valor do processo tenha sido corrigido após o pagamento da 2ª prestação, o montante da 2ª prestação deve ser atualizado, procedendo-se:

i) Caso o valor do processo tenha aumentado, ao pagamento da diferença entre o valor da 2ª prestação calculado tendo em conta o valor atualizado do processo e o valor já pago a título de 2ª prestação, no prazo de 10 dias após a notificação pelo notário para o efeito;

ii) Caso o valor do processo tenha diminuído, à devolução, pelo notário, do montante pago em excesso pelos interessados, considerando o valor da 2ª prestação calculado com base no valor atualizado do processo.

9 – Os honorários devidos pelos incidentes aos quais não se apliquem o disposto no nº 5 devem ser pagos nos seguintes termos:

a) 1ª Prestação – devida no momento da primeira intervenção do interessado no incidente, no valor de metade dos honorários previstos na tabela constante do Anexo II;

b) 2ª Prestação – devida nos 10 dias posteriores à notificação pelo notário para o efeito, após a decisão do incidente, no valor idêntico ao previsto na alínea anterior para a 1ª prestação.

10 – Os honorários devidos pelos incidentes aos quais se apliquem honorários de valor variável nos termos da coluna A da tabela constante do Anexo II são pagos nos seguintes termos:

a) 1ª Prestação – devida no momento da primeira intervenção do interessado no incidente, no valor mínimo estabelecido na coluna A para o incidente em causa;

b) 2ª Prestação – devida nos 10 dias posteriores à notificação pelo notário para o efeito, após a decisão do incidente, no valor da diferença entre o montante fixado pelo notário nos termos do nº 5, e o montante já pago nos termos da alínea anterior.

11 – O interessado notificado para proceder ao pagamento da 2ª prestação prevista na alínea *b*) do número anterior pode reclamar para o notário do montante de honorários fixado.

12 – O notário que não proceda à alteração do montante de honorários do incidente nos termos requeridos pelo interessado deve requerer ao juiz, no momento da remessa do processo de inventário para o tribunal para efeitos da homologação

da partilha prevista no nº 1 do artigo 66º do regime jurídico do processo de inventário aprovado pela Lei nº 23/2013, de 5 de março, a fixação do valor desses honorários, não procedendo o interessado ao seu pagamento até à decisão do juiz.

13 – O juiz, apreciadas as circunstâncias do caso concreto, pode condenar em multa, nos termos gerais, o interessado, quando a reclamação seja considerada improcedente, ou o notário, quando a reclamação seja julgada procedente.

14 – Os honorários fixados pelo juiz nos termos do nº 12 são pagos pelo interessado no momento do pagamento da 3ª prestação dos honorários devidos pelo processo de inventário, nos termos da alínea *c*) do nº 6.

15 – Nos casos em que, ao abrigo do disposto no nº 4, o notário requereu a aplicação dos valores de honorários previstos para os incidentes de especial complexidade e a mesma foi determinada pelo juiz, há lugar ao pagamento da 3ª prestação dos honorários devidos pelo incidente, a pagar no momento do pagamento da 3ª prestação dos honorários devidos pelo processo de inventário, nos termos da alínea *c*) do nº 6, no valor da diferença entre o montante determinado pelo juiz e o montante já pago a título de 1ª e 2ª prestações.

ARTIGO 19º
Responsabilidade pelo pagamento de honorários devidos pelo processo de inventário

1 – Sem prejuízo do disposto no artigo 67º do regime jurídico do processo de inventário aprovado pela Lei nº 23/2013, de 5 de março, a responsabilidade pelo pagamento dos honorários devidos pelo processo de inventário é dos interessados, nos seguintes termos:

a) A 1ª prestação é devida na sua totalidade pelo requerente;

b) A 2ª prestação é devida, em igual percentagem, por todos os interessados, exceto pelo requerente, relativamente ao qual, para efeito de cálculo da sua responsabilidade, é tido em consideração o montante pago nos termos da alínea anterior;

c) A 3ª prestação, quando exista, é da responsabilidade de todos os interessados, na proporção e nos termos previstos no artigo 67º do regime jurídico do processo de inventário aprovado pela Lei nº 23/2013, de 5 de março, e tendo em consideração os montantes pagos nos termos das alíneas anteriores.

2 – Para efeitos do disposto na alínea *b*) do número anterior, cada interessado que não seja o requerente paga até ao valor pago por este a título de 1ª prestação, devendo o remanescente, caso exista, ser pago em igual montante por todos os interessados, incluindo o requerente.

3 – Nos casos em que o responsável não proceda ao pagamento da sua percentagem da 2ª ou da 3ª prestação nos prazos definidos no nº 6 do artigo anterior, o notário procede à notificação de todos os demais interessados para, querendo, efetuarem o pagamento em falta.

4 – Ultrapassados os prazos previstos para os pagamentos das prestações sem que estes tenham sido realizados na íntegra, o notário pode suspender o processo de inventário e proceder ao arquivamento do mesmo, nos termos do artigo 19º do regime jurídico do processo de inventário aprovado pela Lei nº 23/2013, de 5 de março.

5 – Qualquer interessado pode, em qualquer fase do processo, declarar que, a partir desse momento, efetua o pagamento da totalidade dos honorários em representação dos restantes interessados.

6 – O interessado que, em virtude da aplicação do disposto no nº 1 ou por se ter substituído a outro interessado no pagamento dos honorários nos termos do nº 3 ou do número anterior, tiver pago a título de honorários um montante superior ao da sua responsabilidade, calculada nos termos e nas proporções previstas no artigo 67º do regime jurídico do processo de inventário aprovado pela Lei nº 23/2013, de 5 de março, tem direito de regresso relativamente aos demais responsáveis pelas custas devidas pela tramitação do processo de inventário.

ARTIGO 20º
Meios de pagamento

1 – O pagamento da 1ª prestação dos honorários devidos pelo processo de inventário é efetuado nos seguintes termos:

a) Nos casos em que o pedido é efetuado nos termos da alínea *a*) do nº 1 do artigo 5º, pelo pagamento da referência multibanco gerada aquando da apresentação do requerimento, no prazo de 10 dias após a geração da mesma;

b) Nos casos em que o pedido é efetuado nos termos da alínea *b*) do nº 1 do artigo 5º, por pagamento ao notário, pelo pagamento da referência multibanco gerada aquando da apresentação do requerimento, no prazo de 10 dias após a geração da mesma, ou por qualquer meio admissível e disponível no cartório notarial, devendo nestes casos o pagamento ocorrer no momento da apresentação do requerimento.

2 – O pagamento da 2ª prestação de honorários é efetuado através de qualquer forma admissível, incluindo através de referência multibanco que o notário remete aos responsáveis pelo pagamento juntamente com a notificação para a conferência preparatória.

3 – O pagamento da 3ª prestação é efetuado através de qualquer forma admissível, incluindo através de referência multibanco, remetida pelo notário aos responsáveis pelo pagamento com a notificação da nota final de honorários e despesas.

4 – Findo o prazo de 10 dias previstos nas alíneas *a*) e *b*) do nº 1 para pagamento da referência multibanco sem que a mesma se encontre paga, o sistema informático de tramitação do processo de inventário pode proceder à invalidação da referência em causa, não sendo possível a partir desse momento o seu pagamento nem, consequentemente, a apresentação do requerimento.

5 – O pagamento dos honorários devidos pelos incidentes é efetuado nos termos referidos nos números anteriores, com as necessárias alterações.

SECÇÃO III
Despesas

ARTIGO 21º
Despesas do processo

1 – O notário é pago, nos termos dos números seguintes, das despesas do processo, as quais deve comprovar devidamente no processo, designadamente:

a) Despesas de correio com citações e notificações não efetuadas eletronicamente;

b) Os encargos decorrentes da colaboração de autoridades administrativas ou policiais, nos termos do disposto no nº 4 do artigo 27º do regime jurídico do processo de inventário aprovado pela Lei nº 23/2013, de 5 de março;

c) As despesas de transporte e ajudas de custo para as diligências relativas ao processo;

d) Os pagamentos devidos ou pagos a quaisquer entidades pela produção ou entrega de documentos, realização de registos, prestação de serviços ou atos análogos, requisitados pelo notário a requerimento ou oficiosa e fundamentadamente, salvo quando se trate de certidões extraídas gratuitamente pelo cartório;

e) As retribuições devidas a quem interveio acidentalmente;

f) As compensações devidas a testemunhas, calculadas nos termos previstos no Regulamento das Custas Processuais, com as devidas adaptações;

g) A remuneração de peritos, tradutores, intérpretes e consultores técnicos, efetuada nos termos do disposto no Regulamento das Custas Processuais com as devidas adaptações;

h) A taxa de justiça devida pela remessa a tribunal do processo de inventário, nos termos estabelecidos no regime jurídico do processo de inventário aprovado pela Lei nº 23/2013, de 5 de março.

2 – O responsável pelo pagamento da despesa é notificado, previamente à realização do ato a que a mesma respeita, para proceder ao respetivo pagamento, não sendo praticado o ato em causa enquanto não ocorrer o seu pagamento.

3 – Não sendo possível determinar previamente o montante da despesa, o notário, após a realização do ato, notifica o responsável pelo pagamento da despesa para o pagamento da mesma no prazo de 10 dias.

ARTIGO 22º
Responsabilidade pelo pagamento das despesas

1 – Sem prejuízo do disposto no artigo 67º do regime jurídico do processo de inventário aprovado pela Lei nº 23/2013, de 5 de março, a responsabilidade pelo

pagamento das despesas é do interessado que requereu a prática do ato gerador da despesa ou, caso tal ato não tenha sido requerido por nenhum interessado, do requerente do inventário.

2 – Nos casos em que o responsável pelo pagamento da despesa não procede ao pagamento da mesma nos 10 dias posteriores à notificação para esse efeito, o notário procede à notificação de todos os demais interessados para, querendo, efetuarem o pagamento em falta.

3 – Findo o processo, o interessado que pagou a despesa tem direito de regresso relativamente aos demais responsáveis pelas custas devidas pela tramitação do inventário, nos termos e nas proporções previstas no artigo 67º do regime jurídico do processo de inventário aprovado pela Lei nº 23/2013, de 5 de março.

SECÇÃO IV
Nota final e custas de parte

ARTIGO 23º
Nota final de honorários e despesas

1 – Após o trânsito em julgado da decisão homologatória da partilha, o notário elabora nota final de honorários e despesas onde procede:

a) Ao cálculo do valor final dos honorários tendo em conta o valor final do processo e dos respetivos incidentes e a eventual decisão do juiz prevista nos nºs 4 e 12 do artigo 18º;

b) Ao cálculo do montante da 3ª prestação dos honorários devidos pelo processo de inventário nos termos da alínea *c)* do nº 6 do artigo 18º e, se for o caso, dos honorários fixados nos termos do nº 14 do artigo 18º e da 3ª prestação dos honorários devidos pelo incidente, nos termos do nº 15 do artigo 18º;

c) Ao cálculo da proporção das custas devidas por cada um dos interessados, nos termos previstos no artigo 67º do regime jurídico do processo de inventário aprovado pela Lei nº 23/2013, de 5 de março, e na presente portaria;

d) À identificação de todos os montantes devidos, já pagos ou ainda por liquidar, e à identificação dos responsáveis pelo seu pagamento, e, sendo o caso, a indicação de o pagamento ter sido feito por um dos interessados em substituição de outro nos termos do disposto nos nºs 3 e 5 do artigo 19º e no nº 2 do artigo anterior.

2 – Quando, após se determinar o montante devido por cada um dos interessados, nos termos da alínea *c)* do número anterior, se concluir que algum dos interessados procedeu anteriormente ao pagamento, a título de honorários ou despesas, de um montante superior à sua responsabilidade pelas custas, não há lugar à devolução pelo notário do montante pago em excesso, tendo o interessado direito de regresso relativamente aos demais responsáveis pelas custas, na proporção da responsabilidade de cada um.

3 – Nos casos previstos no nº 6 do artigo 48º da Lei nº 23/2013, de 5 de março, o notário procede à elaboração da nota, com as necessárias adaptações, logo que o processo termine por acordo na conferência preparatória.

4 – Sem prejuízo do disposto no número anterior, nos casos em que o processo termine antes da decisão homologatória do juiz, o notário procede à elaboração da nota, com as necessárias adaptações, logo que tenha conhecimento do ato que determina o fim do processo.

ARTIGO 24º
Reclamação da nota final de honorários e despesas

1 – Qualquer parte pode reclamar para o notário da nota final de honorários e despesas, com fundamento na desconformidade com o disposto na Lei nº 23/2013, de 5 de março e na presente portaria.

2 – O notário que não proceda à revisão da nota final de honorários e despesas nos exatos termos requeridos deve enviar para o tribunal competente, no prazo de 10 dias a contar da receção do requerimento, a reclamação e a resposta à mesma.

3 – Caso o notário não proceda à revisão da nota de honorários e despesas nos exatos termos requeridos, nem envie, no prazo previsto no número anterior, a reclamação para o tribunal competente, considera-se deferida a reclamação.

4 – O juiz, apreciadas as circunstâncias do caso concreto, pode condenar em multa, nos termos gerais, o reclamante, quando a reclamação seja julgada improcedente, ou o notário, quando a reclamação seja julgada procedente.

ARTIGO 24º-A
Custas de parte

1 – O interessado que tenha tido custos com o processo, relevantes para o correto desenrolar do mesmo, do interesse de todas as partes e que não se enquadram no regime de despesas previsto nos artigos 21º e 22º, tem direito a ser ressarcido dessas despesas pelos restantes interessados, em função da proporção da responsabilidade de cada um, calculada nos termos do artigo 67º do regime jurídico do processo de inventário aprovado pela Lei nº 23/2013, de 5 de março.

2 – O disposto no número anterior aplica-se, designadamente, às despesas previstas no artigo 23º e no nº 3 do artigo 24º do regime jurídico do processo de inventário aprovado pela Lei nº 23/2013, de 5 de março.

3 – Para efeito do disposto nos números anteriores, no prazo de 10 dias após a notificação da nota final de honorários e despesas, e sem prejuízo do disposto no artigo anterior, o interessado remete ao notário e aos demais interessados nota discriminativa e justificativa, acompanhada dos respetivos documentos comprovativos, da qual consta o montante total de custos que suportou, bem como o montante devido por cada um dos interessados, em função da proporção das respetivas responsabilidades.

4 – Os montantes referidos na parte final do número anterior são pagos diretamente à parte que os reclama.

ARTIGO 24º-B
Reclamação da nota discriminativa e justificativa

1 – O interessado que não concorde com a nota discriminativa e justificativa apresentada nos termos do artigo anterior, nomeadamente por não concordar com a qualificação dos custos efetuada ou com o cálculo relativo à proporção da responsabilidade de cada interessado, pode apresentar reclamação da nota no prazo de 10 dias após a notificação da mesma, devendo o notário decidir esse incidente em igual prazo.

2 – A reclamação da nota discriminativa e justificativa está sujeita ao depósito da totalidade do valor da responsabilidade do reclamante previsto na nota.

3 – Da decisão proferida cabe recurso para o juiz se o valor da responsabilidade do interessado exceder os €5000.

ARTIGO 24º-C
Custas de parte nos incidentes

1 – São igualmente devidas custas de parte nos incidentes, nos termos previstos no presente artigo.

2 – Para efeitos do disposto no número anterior, o notário, na decisão que ponha fim ao incidente, condena em custas a parte que a elas houver dado causa ou, não havendo vencimento, quem do incidente tirou proveito.

3 – Entende-se que dá causa às custas do incidente a parte vencida, na proporção em que o for.

4 – As custas da parte vencedora no incidente são suportadas pela parte vencida, na proporção do seu decaimento, determinado nos termos dos números anteriores.

5 – Compreendem-se nas custas de parte a serem pagas pela parte vencida:

a) Os valores dos honorários devidos pelo incidente suportados pela parte vencedora, na proporção do vencimento;

b) Os valores pagos pela parte vencedora a título de despesas;

c) Compensação da parte vencedora face às despesas com honorários do mandatário, até ao montante de 50% do somatório dos honorários do notário devidos pelo incidente pagos pela parte vencida e pela parte vencedora.

6 – Até cinco dias após a decisão do notário que põe termo ao incidente, a parte vencedora remete ao notário e aos demais interessados nota discriminativa e justificativa, da qual devem constar:

a) Indicação da parte, do processo e do mandatário;

b) Indicação, em rubrica autónoma, das quantias efetivamente pagas pela parte a título de honorários do notário;

c) Indicação, em rubrica autónoma, das quantias efetivamente pagas pela parte a título de despesas;

d) Indicação, em rubrica autónoma, das quantias pagas a título de honorários de mandatário, salvo quando as quantias em causa sejam superiores ao limite previsto na alínea *c*) do número anterior, caso em que o valor indicado é reduzido ao valor do limite;

e) Indicação do valor a receber, nos termos da presente portaria.

7 – As custas de parte são pagas diretamente pela parte vencida à parte que delas seja credora.

8 – A parte vencida pode reclamar da nota discriminativa e justificativa apresentada, no prazo de 10 dias após a notificação da parte vencedora, devendo esse incidente ser decidido pelo notário em igual prazo.

9 – A reclamação da nota justificativa está sujeita ao depósito da totalidade do valor da nota.

10 – Da decisão proferida pelo notário cabe recurso para o juiz se o valor da nota exceder os €5000.

CAPÍTULO V
Encerramento do processo

ARTIGO 25º
Termo e encerramento do processo

1 – Emitida a nota final de honorários e despesas, e após o pagamento da 3ª prestação de honorários, se esta for devida, e de eventuais despesas em falta, o cartório notarial procede ao encerramento do processo de inventário, competindo-lhe em exclusivo emitir as respetivas certidões relativamente a cada um dos interessados.

2 – As certidões referidas na parte final do número anterior apenas são emitidas, relativamente a cada interessado, depois de comprovado o pagamento dos honorários e despesas devidos ao notário por esse interessado, podendo o notário exercer direito de retenção sobre todos os bens, tornas e indemnizações do interessado que não procedeu ao respetivo pagamento.

CAPÍTULO VI
Apoio judiciário

SECÇÃO I
Pedidos

ARTIGO 26º
Pedidos de apoio judiciário

1 – Os pedidos de apoio judiciário são apreciados pelas entidades competentes como se de processo judicial se tratasse.

2 – *[Revogado].*
3 – *[Revogado].*
4 – *[Revogado].*

SECÇÃO II
Honorários notariais

ARTIGO 26º-A
Responsabilidade pelo pagamento dos honorários notariais nos casos de apoio judiciário

Sem prejuízo do disposto no artigo 26º-I, nos processos de inventário em que tenha sido concedido apoio judiciário, a algum ou alguns dos interessados, na modalidade de dispensa de pagamento da taxa de justiça e demais encargos com o processo, ou na modalidade de pagamento faseado de taxa de justiça e demais encargos com o processo, os honorários notariais cujo pagamento seja da responsabilidade do interessado que beneficia do apoio judiciário são suportados integralmente por fundo a constituir pela Ordem dos Notários após a sua consagração legal, mediante afetação de percentagem dos honorários cobrados em processos de inventário.

ARTIGO 26º-B
Pagamento dos honorários

1 – Compete à Ordem dos Notários regulamentar os termos em que os notários requerem ao fundo referido no artigo anterior o pagamento dos respetivos honorários, incluindo a documentação e informação que os notários devem remeter e os momentos e prazos em que deve ser efetuado o requerimento.

2 – Nos processos de inventário em que o pagamento dos honorários notariais se efetue nos termos previstos no presente capítulo, o prosseguimento do processo não fica dependente do pagamento dos honorários pelo fundo referido no artigo anterior.

ARTIGO 26º-C
Pagamento faseado

1 – Nos casos em que tenha sido concedido apoio judiciário na modalidade de pagamento faseado de taxa de justiça e demais encargos com o processo, o beneficiário deve efetuar os pagamentos faseados respeitantes aos honorários junto do fundo referido no artigo 26º-A sendo os montantes desses pagamentos calculados nos termos previstos nos nºs 2 e 3 do artigo 16º da Lei nº 34/2004, de 29 de julho.

2 – Compete à Ordem dos Notários definir os meios pelos quais os beneficiários podem efetuar os pagamentos faseados, bem como os termos em que devem proceder à confirmação dos mesmos.

SECÇÃO III
Despesas

ARTIGO 26º-D
Responsabilidade pelo pagamento das despesas nos casos de apoio judiciário

1 – Sem prejuízo do disposto no artigo 26º-I, nos processos de inventário em que tenha sido concedido apoio judiciário, a algum ou alguns dos interessados, na modalidade de dispensa de pagamento da taxa de justiça e demais encargos com o processo, ou na modalidade de pagamento faseado de taxa de justiça e demais encargos com o processo, as despesas do processo cujo pagamento seja da responsabilidade do interessado que beneficia do apoio judiciário são suportadas pelo notário e posteriormente reembolsadas pelo IGFEJ.

2 – Excetuam-se do disposto no número anterior:

a) As despesas decorrentes de serviço prestado por terceiro, nomeadamente perito, tradutor, intérprete ou consultor técnico, os honorários de agente de execução, e as compensações devidas a testemunhas, sendo nestes casos o pagamento efetuado ao terceiro diretamente pelo IGFEJ, após a realização do serviço ou do ato que justifica o pagamento;

b) As despesas de correio, que são pagas diretamente pelo IGFEJ à entidade responsável pelo serviço postal, nos termos definido por protocolo celebrado entre o IGFEJ e a Ordem dos Notários;

c) Os emolumentos registais, cujo pagamento é feito através do respetivo desconto nas receitas do IGFEJ cobradas pelos serviços de registo.

ARTIGO 26º-E
Procedimento

1 – Nos casos previstos no artigo anterior, o notário deve solicitar à Ordem dos Notários a comprovação da despesa que realizou ou do serviço prestado por terceiro, juntando a esse pedido:

a) Tendo a despesa sido suportada pelo notário:

i) O número do processo de inventário;
ii) Nome completo do notário;
iii) Domicílio profissional do notário;
iv) Número de identificação fiscal do notário;
v) Número de identificação da conta bancária para a qual deve ser efetuado o pagamento;
vi) O montante devido;
vii) Documento comprovativo da realização da despesa pelo notário;
viii) Cópia do documento comprovativo da concessão de apoio judiciário;

b) Correspondendo a despesa a serviço prestado por terceiro:

i) O número do processo de inventário;

ii) Fatura do terceiro, emitida em nome do IGFEJ, correspondente ao serviço prestado, que deve conter os dados necessários ao processamento do pagamento, nomeadamente:

i) Nome completo;

ii) Domicílio profissional;

iii) Número de identificação da conta bancária para a qual deve ser efetuado o pagamento;

iv) Montante devido, com discriminação das obrigações fiscais, quando aplicáveis, designadamente IRS, IRC e IVA (continente ou ilhas);

iii) Cópia do documento comprovativo da concessão de apoio judiciário;

c) Correspondendo a despesa a compensação devida a testemunha:

i) O número do processo de inventário;

ii) Nome completo da testemunha;

iii) Domicílio da testemunha;

iv) Número de identificação fiscal da testemunha;

v) Número de identificação da conta bancária para a qual deve ser efetuado o pagamento;

vi) Montante devido;

vii) Requerimento da testemunha a solicitar o pagamento da compensação e documento comprovativo da audição da testemunha, acompanhado de declaração do notário certificando que o pagamento é da responsabilidade do beneficiário do apoio judiciário.

2 – Para além dos documentos e da informação previstos no número anterior, o IGFEJ pode determinar, por decisão do conselho diretivo, com possibilidade de delegação no respetivo presidente ou em qualquer dos seus vogais, a apresentação de outros documentos ou informação, em função da natureza ou tipo de despesa em causa.

3 – Os documentos e a informação previstos no número anterior só podem ser exigidos, para efeitos de validação de despesas, relativamente a despesas apresentadas para pagamento ao IGFEJ após a comunicação por este organismo à Ordem dos Notários do despacho referido no número anterior, competindo à Ordem a sua divulgação pelos notários.

4 – A Ordem dos Notários comprova a informação apresentada pelo notário tendo em conta o elenco de despesas elegíveis previsto no nº 1 do artigo 21º, bem como a validade do documento apresentado pelo notário enquanto documento que comprove a efetiva realização da despesa ou da prestação do serviço.

5 – Após a comprovação referida no número anterior, a Ordem dos Notários remete ao IGFEJ a informação e os documentos remetidos pelo notário nos termos dos nºs 1 e 2.

6 – Recebida a informação prevista no número anterior, o IGFEJ, após validar a mesma, procede ao pagamento da despesa através de transferência bancária.

ARTIGO 26º-F
Comunicações

1 – As comunicações entre notários e a Ordem dos Notários previstas na presente secção são efetuadas nos termos definidos pela Ordem dos Notários.

2 – As comunicações entre a Ordem dos Notários e o IGFEJ previstas na presente secção são realizadas preferencialmente por via eletrónica, nos termos estabelecidos em protocolo celebrado entre as duas entidades, ou em suporte de papel.

3 – As comunicações entre a Ordem dos Notários e o IGFEJ realizadas em suporte de papel são efetuadas quinzenalmente, no primeiro e no décimo dia de cada mês, ou no primeiro dia útil seguinte, caso aqueles o não sejam.

ARTIGO 26º-G
Pagamento faseado pelo beneficiário de apoio judiciário

1 – Nos processos de inventário em que tenha sido concedido apoio judiciário na modalidade de pagamento faseado de taxa de justiça e demais encargos com o processo, o pagamento, pelo beneficiário do apoio judiciário, das prestações respeitantes às despesas é efetuado após a obtenção de documento único de cobrança, nos termos previstos na Portaria nº 419-A/2009, de 17 de abril, sendo o montante das prestações calculado nos termos do disposto no nº 2 do artigo 16º da Lei nº 34/2004, de 29 de julho, e o documento comprovativo do pagamento junto ao processo de inventário.

2 – Compete ao notário acompanhar o pagamento das prestações, devendo nomeadamente:

a) Solicitar ao beneficiário o seu pagamento enquanto este for devido;

b) Informar o beneficiário do momento em que não são devidas mais prestações, nomeadamente por o montante pago corresponder ao montante devido a título de despesas;

c) Informar o beneficiário da necessidade de retomar o pagamento de prestações quando tal se torne necessário, designadamente nos casos em que o notário solicite o pagamento de novas despesas e este seja validado pelo IGFEJ.

3 – No final do processo de inventário, o notário deve remeter ao IGFEJ as referências dos documentos comprovativos dos pagamentos das prestações apresentados pelo beneficiário.

4 – Nos casos em que ainda seja devido o pagamento de prestações após o encerramento do processo de inventário, os documentos comprovativos desses pagamentos devem ser apresentados pelo beneficiário junto do IGFEJ.

ARTIGO 26º-H
Auditoria

1 – O IGFEJ pode realizar, a todo o momento, auditoria a todas as fases do processo de pagamento dos honorários e despesas previsto na presente portaria.

2 – Para efeitos do disposto no número anterior, a Ordem dos Notários e os notários devem prestar toda a colaboração necessária à realização da auditoria.

SECÇÃO IV
Aquisição de meios económicos suficientes em virtude da decisão de partilha

ARTIGO 26º-I
Aquisição de meios económicos suficientes

1 – Nos processos de inventário em que algum interessado beneficie de apoio judiciário na modalidade de dispensa de taxa de justiça e demais encargos com o processo, o notário, quando procede à remessa do processo para o tribunal para efeitos da homologação da partilha prevista no nº 1 do artigo 66º do regime jurídico do processo de inventário aprovado pela Lei nº 23/2013, de 5 de março, deve requerer ao juiz que, nos termos do artigo 13º da Lei nº 34/2004, de 29 de julho, avalie se o interessado adquire, em função da decisão homologatória de partilha, meios económicos suficientes para pagar os montantes de cujo pagamento foi dispensado em virtude da concessão de apoio judiciário, e, se for o caso, o condene no ressarcimento dos montantes despendidos pelo fundo previsto no artigo 26º-A e pelo IGFEJ ao abrigo da presente portaria e da Lei nº 34/2004, de 29 de julho.

2 – Nos casos em que o juiz possa proferir decisão relativa ao pedido de homologação da partilha, mas não disponha ainda de elementos suficientes para apreciar a questão referida no número anterior, aquela é logo proferida, sendo a questão referida no número anterior decidida em apenso próprio.

3 – Nos casos em que o juiz determina, nos termos dos números anteriores, o ressarcimento dos montantes despendidos pelo fundo previsto no artigo 26º-A e pelo IGFEJ, o notário:

a) Notifica o interessado que beneficiou de apoio judiciário para, no prazo previsto na alínea *c*) do nº 6 do artigo 18º, proceder ao pagamento a essas entidades, bem como da 3ª prestação de honorários devidos pelo processo de inventário, caso haja lugar a esta;

b) Notifica o fundo previsto no artigo 26º-A e o IGFEJ da decisão do juiz na parte que lhes respeita, bem como da realização da notificação prevista na alínea anterior.

4 – O ressarcimento dos montantes despendidos pelo fundo previsto no artigo 26º-A e pelo IGFEJ é condição necessária para a emissão da certidão de encerramento do processo de inventário relativamente ao interessado que deve proceder a esse ressarcimento, aplicando-se o disposto no nº 2 do artigo 25º

5 – No ressarcimento do fundo previsto no artigo 26º-A e do IGFEJ, seja voluntário seja através de ação executiva intentada para o efeito, é dada prioridade ao pagamento do fundo.

CAPÍTULO VII
Disposições finais

ARTIGO 27º
Custas do inventário em consequência de separação, divórcio, declaração de nulidade ou anulação de casamento

1 – Para efeitos do disposto no artigo 80º da Lei nº 23/2013, de 5 de março, a responsabilidade pelo pagamento das custas do inventário é determinada da seguinte forma:

a) A 1ª prestação de honorários é paga pelo cônjuge que requer o inventário;

b) A 2ª prestação de honorários é paga pelo cônjuge que não requereu o inventário;

c) A 3ª prestação de honorários, bem como todas as despesas, são pagas por ambos os cônjuges, na proporção de metade para cada um.

2 – Para efeitos do disposto na alínea *c*) do número anterior, o notário procede à emissão de duas referências multibanco, notificando cada cônjuge de apenas uma delas.

3 – O disposto nos números anteriores não prejudica o disposto no nº 2 do artigo 80º da Lei nº 23/2013, de 5 de março, devendo o notário, após requerimento da parte que pretende assumir a integralidade do pagamento das custas, emitir novas referências multibanco em conformidade.

ARTIGO 28º
Taxa suplementar em caso de falta de comparência na conferência preparatória

O montante da taxa suplementar prevista no nº 4 do artigo 47º da Lei nº 23/ /2013, de 5 de março, para os casos em que os interessados diretos na partilha que residam na área do município devidamente notificados para comparecerem ou se fazerem representar não compareçam ou não se façam representar, é de 1/2 UC.

ARTIGO 29º
Processos pendentes

Os processos de inventário instaurados até à data da entrada em vigor da Lei nº 23/2013, de 5 de março, mantêm a sua tramitação no tribunal, aplicando-se as disposições legais em vigor a 31 de agosto de 2013.

ARTIGO 30º
Revisão do regime

A aplicação das regras e do regime previstos na presente portaria, será objeto de avaliação trimestral durante o primeiro ano de aplicação.

ARTIGO 31º
Entrada em vigor

A presente portaria entra em vigor no dia de entrada em vigor da Lei nº 23//2013, de 5 de março.

ANEXO I
Honorários devidos pelo processo de inventário

Valor do processo (em euros)	Coluna A — Honorários (em UC e sujeitos a IVA à taxa legal em vigor).	Coluna B — Honorários nos casos de especial complexidade (em UC e sujeitos a IVA à taxa legal em vigor).
Até 2 000	1	1,5
De 2 000,01 a 8 000	2	3
De 8 000,01 a 16 000	3	4,5
De 16 000,01 a 24 000	4	6
De 24 000,01 a 30 000	5	7,5
De 30 000,01 a 40 000	6	9
De 40 000,01 a 60 000	7	10,5
De 60 000,01 a 80 000	8	12
De 80 000,01 a 100 000	9	13,5
De 100 000,01 a 150 000	10	15
De 150 000,01 a 200 000	12	18
De 200 000,01 a 250 000	14	21
De 250 000,01 a 275 000	16	24

Para além dos €275000, ao montante dos honorários acresce, por cada €25000 ou fração, 3 UC no caso da coluna A, e 4,5 UC no caso da coluna B.

ANEXO II
Honorários devidos pelos incidentes

Incidente	Coluna A Honorários (em UC e sujeitos a IVA à taxa legal em vigor)	Coluna B Honorários em casos de especial complexidade (em UC e sujeitos a IVA à taxa legal em vigor)
Incidente de intervenção provocada principal ou acessória de terceiros e oposição provocada (de valor, calculado nos termos previstos no Código de Processo Civil, até € 30 000).	2	Entre 7 e 14
Incidente de intervenção provocada principal ou acessória de terceiros e oposição provocada (de valor, calculado nos termos previstos no Código de Processo Civil, igual ou superior a € 30 000,01).	4	
Outros incidentes	0,5 a 5 UC	

ANEXO III
Requerimento de Inventário

REQUERIMENTO DE INVENTÁRIO

(Os campos de preenchimento obrigatório encontram-se identificados por um *)

1. IDENTIFICAÇÃO DO CARTÓRIO NOTARIAL

Denominação*:

Município*:

Morada*:

2. FIM DO INVENTÁRIO*

Partilha de bens por herança ☐

Partilha por separação, divórcio, declaração de nulidade ou anulação de casamento ☐

Relacionar os bens objeto da sucessão ☐

3. IDENTIFICAÇÃO DO REQUERENTE E QUALIDADE EM QUE INTERVÉM

Nome completo*:

Estado Civil*:

Documento de identificação* - Tipo:

N.º:

Número de identificação fiscal *:

Residência*:

Qualidade em que intervém*:

Cônjuge ☐

Ascendente ☐ Grau________

Descendente ☐ Grau________

Herdeiro testamentário ☐

Representante legal[1] ☐

Ex-Cônjuge ☐

Outros ☐ Qual__________

3.1. (1) – Caso intervenha na qualidade de representante legal, identificar:

3.1.1 Razão da representação legal*:
3.1.1.1 Menoridade ☐

Indicar relação de parentesco com o menor, se existir:

3.1.1.2 Incapacidade ☐ Qualidade__________

Indicar relação de parentesco com o incapaz, se existir:

3.1.1.3 Ausência em parte incerta ☐ Qualidade__________

Indicar relação de parentesco com o ausente, se existir:

3.1.2 Identificação do representado:
Nome completo do representado*:

Estado Civil*:

Documento de identificação* - Tipo:

N.º::

Número de identificação fiscal*:

Residência*:

3.1.3 Se o representante legal for igualmente interessado no inventário, indicar em que qualidade*:

4. <u>OUTROS ELEMENTOS RELACIONADOS COM O TIPO DE INVENTÁRIO</u>

4.1 – EM CASO DE PARTILHA DE BENS POR HERANÇA OU DE RELACIONAÇÃO DOS BENS OBJETO DA SUCESSÃO:

4.1.1 Identificação do inventariado:

Nome completo*:

Estado Civil*:

Número de identificação fiscal:

Último domicílio*:

4.1.2 Pretende-se cumulação de inventários*:

Sim ☐ Não ☐

4.1.2.1 No caso de cumulação de inventários:

4.1.2.1.1 Razão da cumulação*:

a) Serem as mesmas as pessoas por quem tenham de ser repartidos os bens ☐

b) Heranças deixadas pelos dois cônjuges ☐

c) Dependência entre as partilhas ☐

4.1.2.1.2 Identificação do(s) outro(s) inventariado(s):

1. Nome completo*:

   Estado Civil*:

   Número De Identificação Fiscal:

   Último domicílio*:

2. Nome completo*:

   Estado Civil*:

   Número de identificação fiscal:

   Último domicílio*:

3. Nome completo*:

   Estado Civil*:

   Número de identificação fiscal:

   Último domicílio*:

(Nota: No caso de cumulação de inventários em número superior aos supra identificados inventariados, mencionar este facto e identificar restante(s) inventariado(s) no campo das "Observações")

4.1.3 Indicação genérica da existência de bens ou testamento*:

Existem bens a partilhar: Sim ☐ Não ☐

Existe testamento: Sim ☐ Não ☐

4.1.4 Identificação do cabeça-de-casal*:

a) Se o cabeça-de-casal for o próprio requerente ☐

b) Se o cabeça-de-casal não for o próprio requerente ☐ identificar:

Nome completo do cabeça-de-casal*:

Estado Civil*:

Número de identificação fiscal:

Residência*:

4.2 – EM CASO DE PARTILHA POR SEPARAÇÃO, DIVÓRCIO, DECLARAÇÃO DE NULIDADE OU ANULAÇÃO DE CASAMENTO:

4.2.1 Regime de bens*:

Comunhão geral ☐

Comunhão de adquiridos ☐

Outro ☐ Qual:____________________

4.2.2 Identificação do cônjuge ou ex-cônjuge:

Nome completo*:

Estado Civil*:

Número de identificação fiscal:

Residência*:

4.2.3 Identificação do cabeça-de-casal*:

a) Se o cabeça-de-casal for o próprio requerente ☐

b) Se o cabeça-de-casal for o requerido ☐

5. <u>VALOR DO INVENTÁRIO*</u>: € ____________,____

(Por extenso:)

6. DOCUMENTOS JUNTOS:

6.1 Assinalar com x os documentos que junta, atendendo ao tipo de inventário e respetivo requerente*:

a) Certidão de Óbito do Inventariado ☐

b) Certidões de Óbito dos outros Inventariados ☐

c) Certidão da separação, divórcio, declaração de nulidade ou anulação do casamento ☐

d) Outros documentos ☐

Quais:____

7. OBSERVAÇÕES

Assinatura do requerente:____

Transmissão e Receção por Telecópia e por Via Eletrónica de Documentos com Valor de Certidão

Decreto-Lei nº 66/2005, de 15 de Março

De acordo com a Resolução do Conselho de Ministros nº 95/2003, de 30 de Julho, a reforma da Administração Pública em curso visa, entre outros objectivos gerais, a promoção da desburocratização, a melhoria dos processos, a colaboração entre serviços e, de uma forma geral, a aproximação da Administração ao cidadão, com ampla e racional utilização das tecnologias de informação, articulando-se com o Plano de Acção para o Governo Electrónico, aprovado pela Resolução do Conselho de Ministros nº 108/2003, de 12 de Agosto, na orientação dos serviços públicos para o cidadão e na potenciação das tecnologias de informação e comunicação como forma de modernizar e aumentar a eficiência da Administração Pública.

É no âmbito de tais desideratos que, pelo presente diploma, se aprova um novo regime de transmissão e recepção por telecópia de documentos com valor de certidão respeitantes aos arquivos dos serviços registrais e cartórios notariais ou destinados à instrução de actos ou processos dos registos e do notariado ou a arquivo nos respectivos serviços, alargando-se, por outro lado, tal regime à transmissão dos referidos documentos por via electrónica, em aprofundamento das soluções que actualmente vigoram quanto à requisição por essa via de alguns tipos de documentos com valor de certidão, no âmbito do Serviço Público Directo (Resolução do Conselho de Ministros nº 156/2000, de 16 de Novembro, e Decreto-Lei nº 12/2001, de 25 de Janeiro).

Um dos objectivos essenciais do novo regime agora aprovado é o de se alargar o âmbito da intermediação dos serviços registrais e dos cartórios notariais na transmissão e recepção de certidões pelas vias indicadas, excluindo-se qualquer tipo de limitação a essa intermediação baseada na espécie dos serviços envolvidos na transmissão, limitação essa que, no regime anterior, não sendo expressamente acolhida, era por ele permitida e, na prática, vigorava por força de decisão administrativa. A exclusão da referida limitação, para além dos desideratos acima referidos relacionados com a reforma da Administração Pública, justifica-se pela consideração da estreita articulação entre a actividade desenvolvida pelas diversas espécies dos serviços dos registos e do notariado e que, mesmo no âmbito da privatização do notariado consagrada pelo Decreto-Lei nº 26/2004, de 4 de Fevereiro, justifica a atribuição aos notários de competências relacionadas com actos de registo, como a prevista no nº 4 do artigo 4º do Estatuto do Notariado, aprovado por esse diploma.

Outro dos objectivos essenciais pretendidos com o presente diploma prende-se com o alargamento do âmbito da intermediação no pedido de certidões pelas vias indicadas a outras entidades que não apenas os serviços registrais e notariais, designadamente aos advogados e solicitadores, solução que, considerando os formalismos previstos para a recepção de tais documentos por aqueles profissionais do direito, constitui um desenvolvimento coerente da solução consagrada no Decreto-Lei nº 28/2000, de 13 de Março, no que respeita à autenticação de fotocópias. A este respeito, prevêem-se algumas excepções ao âmbito de intermediação facultado a advogados e solicitadores, designadamente quanto às certidões emitidas para efeitos de obtenção ou renovação de bilhete de identidade e para a comprovação da nacionalidade, atento o especial melindre das situações jurídicas envolvidas e as consequentes exigências especiais quanto à salvaguarda da autenticidade dos correspondentes meios probatórios.

Para além das regras referentes à intermediação dos serviços registrais e cartórios notariais, bem como dos advogados e solicitadores, na transmissão e recepção dos documentos referidos, manteve-se, com algumas alterações, o regime anterior de transmissão de documentos por telecópia aos serviços dos registos e do notariado por parte de outros serviços públicos internos e aproveitou-se o ensejo para se proceder a uma clarificação e melhor sistematização das diversas situações de transmissão de documentos com valor de certidão, por telecópia e por via electrónica, de, entre e para os serviços dos registos e do notariado, incluindo soluções que no âmbito do regime anterior eram consideradas como compreendidas no espírito da lei, se bem que não enunciadas por forma expressa na sua letra.

Com vista à salvaguarda da respectiva força probatória consagram-se diversos formalismos de autenticação e regras de arquivo dos documentos transmitidos e recebidos por telecópia e por via electrónica por parte das diversas entidades competentes para o efeito, destacando-se, quanto aos formalismos, a necessidade de publicitação por via oficial do equipamento de telecópia e do endereço de correio electrónico privados usados na recepção dos documentos pelos advogados e solicitadores ou a necessidade de aposição de assinatura electrónica avançada nos documentos transmitidos por via electrónica.

A concretização dos procedimentos de execução do disposto no diploma é objecto de remissão para despacho do director-geral dos Registos e do Notariado e para protocolos a celebrar entre a direcção-geral respectiva e as ordens profissionais representativas dos notários, advogados e solicitadores.

Assim:

Nos termos da alínea *a*) do nº 1 do artigo 198º da Constituição, o Governo decreta o seguinte:

ARTIGO 1º
Objecto

O presente diploma regula a transmissão e recepção por telecópia e por via electrónica pelos serviços registrais, cartórios notariais e outros serviços, bem como a recepção pelas mesmas vias por advogados e solicitadores, de documentos com valor de certidão respeitantes aos arquivos dos serviços registrais e cartórios notariais ou destinados à instrução de actos ou processos dos registos e do notariado ou a arquivo nos respectivos serviços.

ARTIGO 2º
Transmissão de documentos pelos serviços registrais e cartórios notariais

1 – Os serviços registrais e os cartórios notariais podem transmitir entre si documentos constantes dos respectivos arquivos por meio de telecópia ou por via electrónica nos mesmos termos em que deles podem extrair certidões, sendo reconhecida aos documentos emitidos a força probatória dos originais.

2 – Os cartórios notariais podem ainda transmitir a outros serviços públicos, por telecópia e sob forma certificada, documentos constantes dos respectivos arquivos, nos termos especialmente previstos na lei notarial.

ARTIGO 3º
Intermediação dos serviços registrais e dos cartórios notariais nos pedidos de certidão e de certificado de admissibilidade de firma ou denominação

1 – Os serviços registrais e os cartórios notariais podem servir de intermediários em pedidos de certidão, a emitir por telecópia ou por via electrónica, de actos de registo ou notariais, bem como de documentos arquivados em conservatórias ou cartórios notariais, nos termos do disposto nos números seguintes.

2 – Com vista à transmissão de certidão por telecópia ou por via electrónica, o interessado pode:

a) Requisitar directamente a certidão junto do serviço competente para a sua emissão, solicitando a transmissão da mesma, por telecópia ou por via electrónica, ao serviço no qual deve ser apresentada ou no qual a pretende levantar;

b) Apresentar o pedido de certidão em qualquer outro serviço, o qual solicita, por telecópia ou por via electrónica, ao serviço competente para a emissão a transmissão, pelas mesmas vias, ao serviço onde a certidão deve ser apresentada ou onde o interessado a pretende levantar.

3 – O disposto no número anterior é aplicável independentemente da circunstância de os serviços envolvidos serem ou não da mesma espécie.

4 – O regime previsto nos números anteriores é aplicável à requisição de certificados de admissibilidade de firma ou denominação, sem prejuízo das disposições legais que regulam a requisição de tais documentos pelos notários, no âmbito da promoção do processo de constituição de entidades comerciais.

ARTIGO 4º
Formalismos e força probatória dos documentos transmitidos entre os serviços registrais e cartórios notariais

1 – O serviço registral ou cartório notarial que emite, por telecópia, a certidão ou certificado de admissibilidade de firma ou denominação deve fazer menção à aposição do selo branco no próprio documento a transmitir ou em papel avulso, a transmitir na continuidade daquele, sem prejuízo dos formalismos especialmente previstos pela lei notarial para a transmissão de documentos por telecópia.

2 – As certidões ou certificados de admissibilidade de firma ou denominação recebidos por telecópia devem ser assinados por funcionário ou trabalhador competente do serviço receptor e autenticados com o respectivo selo branco, sem prejuízo dos formalismos especialmente previstos pela lei notarial para a recepção de documentos por telecópia.

3 – A transmissão por via electrónica de certidões e certificados de admissibilidade de firma ou denominação, bem como das respectivas requisições, é efectuada com aposição de assinatura electrónica avançada, nos termos definidos em portaria do Ministro da Justiça.

4 – As reproduções em suporte de papel dos documentos referidos no número anterior são assinadas por funcionário ou trabalhador competente do serviço receptor e autenticadas com o respectivo selo branco, sem prejuízo da aplicação, com as necessárias adaptações, dos formalismos previstos na lei notarial para a recepção de documentos por telecópia.

5 – Os documentos a que se refere o presente artigo, quando se revistam dos formalismos previstos nos números anteriores, têm o mesmo valor dos respectivos originais.

6 – Os originais das certidões, certificados de admissibilidade de firma ou denominação e respectivas requisições transmitidas por telecópia ou por via electrónica permanecem arquivados no serviço transmitente pelo prazo de cinco anos.

ARTIGO 5º
Intermediação de advogados e solicitadores nos pedidos de certidão e de certificado de admissibilidade de firma ou denominação

1 – A requisição e a recepção de certidões de actos de registo ou notariais e de documentos arquivados em conservatórias ou cartórios notariais, bem como de certificados de admissibilidade de firma ou denominação, podem também ser promovidas por intermédio de advogado ou solicitador, nos termos seguintes:

a) Por telecópia, com recurso a equipamento privado constante da lista a que se refere o nº 3;

b) Por via electrónica, através de endereço de correio electrónico constante da lista a que se refere o nº 3.

2 – O disposto no número anterior não é aplicável:

a) Às certidões de registo civil emitidas para efeitos de instrução de pedidos de emissão ou de renovação de bilhete de identidade;

b) Às certidões de actos de registo ou de documentos comprovativos da nacionalidade, emitidas pela conservatória dos registos centrais.

3 – A Ordem dos Advogados e a Câmara dos Solicitadores organizam listas oficiais dos advogados e solicitadores que pretendam utilizar equipamento de telecópia ou endereço de correio electrónico privados na requisição e recepção de certidões e certificados de admissibilidade de firma ou denominação emitidos pelos serviços registrais e cartórios notariais, das quais constam os respectivos números de equipamento de telecópia e endereços de correio electrónico.

4 – As entidades referidas no número anterior remetem as listas nele previstas à Direcção-Geral dos Registos e do Notariado (DGRN) e à Ordem dos Notários, que as fazem publicitar por todos os serviços registrais e cartórios notariais, respectivamente.

ARTIGO 6º
Formalismos e força probatória das certidões e certificados requisitados por intermédio de advogados e solicitadores

1 – As certidões ou certificados de admissibilidade de firma ou denominação recebidos por telecópia nos termos da alínea *a*) do nº 1 do artigo 5º devem ser assinados pelo advogado ou solicitador que os recebe, com aposição do seu carimbo profissional ou de outra marca identificativa, sem prejuízo da aplicação, com as necessárias adaptações, dos formalismos previstos na lei notarial para a recepção de documentos por telecópia.

2 – As certidões e certificados referidos no número anterior, quando recebidos através de equipamento de telecópia cujo número conste da lista oficial prevista no nº 3 do artigo 5º e se revistam dos formalismos previstos no nº 1 do artigo 4º e no número anterior, têm o mesmo valor dos respectivos originais.

3 – A requisição por via electrónica de certidões e certificados de admissibilidade de firma ou denominação, bem como a sua transmissão aos advogados ou solicitadores requisitantes, é efectuada com aposição de assinatura electrónica avançada, nos termos definidos em portaria do Ministro da Justiça.

4 – As certidões e certificados referidos no número anterior, quando recebidos através de endereço de correio electrónico constante da lista oficial prevista no nº 3 do artigo 5º e se revistam dos formalismos previstos no número anterior, têm o mesmo valor dos respectivos originais.

5 – As reproduções em suporte de papel das certidões e certificados referidos no nº 3, bem como das respectivas requisições, têm o mesmo valor do respectivo original se autenticadas nos termos, respectivamente, do nº 1 do presente artigo e do nº 4 do artigo 4º.

6 – O disposto no nº 6 do artigo 4º é aplicável, com as necessárias adaptações, aos originais das certidões e certificados de admissibilidade de firma ou denomi-

nação transmitidos por telecópia ou por via electrónica a advogados ou solicitadores e aos originais das respectivas requisições.

ARTIGO 7º
Documentos transmitidos por outros serviços

1 – Os documentos que qualquer serviço público português interno ou consular transmita por telecópia aos serviços registrais e aos cartórios notariais têm o valor de certidão dos respectivos originais desde que estes se encontrem arquivados no serviço emitente e este seja repartição pública ou depositário público autorizado.

2 – Os documentos que os operadores que prestem serviço público de correios e telecomunicações transmitam por telecópia aos serviços referidos no número anterior têm o valor de certidão dos respectivos originais desde que:

a) O original do documento seja utilizado na própria transmissão, facto de que deve ser feita menção nos termos indicados no número seguinte;

b) Os operadores verifiquem, pelo documento exibido e a transmitir, que o respectivo original está arquivado em repartição pública ou depositado em arquivo público autorizado, menção essa que deve constar da respectiva requisição de telecópia e deve ser transmitida nos termos indicados no número seguinte.

3 – Quando no documento a transmitir por telecópia estiver aposto selo branco, deve a referência àquela aposição constar do próprio documento ou em papel avulso a transmitir na continuidade daquele.

4 – Os documentos recebidos nos termos dos números anteriores devem ser assinados por funcionário ou trabalhador competente do serviço receptor e autenticados com o respectivo selo branco.

ARTIGO 8º
Encargos

1 – Pela utilização do serviço de telecópia nos serviços registrais e cartórios notariais e pela transmissão electrónica de documentos nos cartórios notariais, nos termos previstos no artigo 3º, são devidos os emolumentos e os honorários fixados nos respectivos diplomas regulamentares.

2 – No acto do pedido de emissão, por telecópia, de certidões e de certificados de admissibilidade de firma ou denominação, quando apresentado em serviços registrais, deve ser cobrada, a título de preparo, a quantia provável da conta.

3 – Os honorários fixados pelos advogados e solicitadores pelos serviços previstos no artigo 5º não podem exceder o valor fixado para os honorários notariais, pelos correspondentes serviços, no respectivo diploma regulamentar.

4 – As tabelas dos honorários de advogados e solicitadores referidos no número anterior devem ser afixadas, por forma bem visível, nos locais de acolhimento e atendimento dos respectivos escritórios.

5 – Os pagamentos dos encargos previstos no presente artigo podem ser efectuados por transferência electrónica de fundos, nos termos definidos no despacho e protocolos previstos no artigo 9º.

ARTIGO 9º
Regulamentação

Os procedimentos necessários à execução do disposto no presente diploma são definidos:

a) Por despacho do director-geral dos Registos e do Notariado, no que respeita à transmissão e recepção de documentos com valor de certidão entre os serviços registrais, incluindo a intermediação destes nos pedidos de certidões e de certificados de admissibilidade de firma ou denominação, bem como no que respeita à transmissão de documentos com valor de certidão para os serviços registrais por parte dos serviços previstos no artigo 7º;

b) Por protocolo entre a DGRN e a Ordem dos Notários, relativamente à transmissão e recepção de documentos com valor de certidão entre os serviços registrais e os cartórios notariais e à intermediação dos cartórios notariais nos pedidos de certidões e de certificados de admissibilidade de firma ou denominação;

c) Por protocolo entre a DGRN, a Ordem dos Notários, a Ordem dos Advogados e a Câmara dos Solicitadores, no que respeita à intermediação de advogados e solicitadores nos pedidos a que se referem as alíneas anteriores.

ARTIGO 10º
Modelos

Por despacho do director-geral dos Registos e do Notariado podem ser aprovados modelos de requisição e de certificação, por telecópia e por via electrónica, dos documentos a transmitir entre os serviços registrais e cartórios notariais e entre estes serviços e os advogados e solicitadores, bem como modelos de certificação dos documentos a transmitir, por telecópia, por outros serviços.

ARTIGO 11º
Norma transitória

Durante o período transitório previsto no artigo 106º do Estatuto do Notariado, aprovado pelo Decreto-Lei nº 26/2004, de 4 de Fevereiro, o disposto no presente diploma, no que aos cartórios notariais diz respeito, é aplicável aos serviços notariais dependentes da DGRN, com as necessárias adaptações e as seguintes especialidades:

a) Pela utilização do serviço de telecópia nos cartórios notariais são cobrados os emolumentos previstos no Regulamento Emolumentar dos Registos e do Notariado, servindo os valores respectivos de parâmetro ao montante máximo dos honorários a fixar por advogados e solicitadores, nos termos do nº 3 do artigo 8º;

b) A regra do nº 2 do artigo 8º é aplicável ao pedido de emissão por telecópia de certidões e certificados de admissibilidade de firma ou denominação, quando apresentado em cartórios notariais;

c) O despacho previsto na alínea *a*) do artigo 9º contempla igualmente os serviços notariais e o protocolo a que se refere a alínea *c*) do mesmo artigo é celebrado entre a DGRN, a Ordem dos Advogados e a Câmara dos Solicitadores.

ARTIGO 12º
Norma revogatória

É revogado o Decreto-Lei nº 461/99, de 5 de Novembro.

Visto e aprovado em Conselho de Ministros de 20 de Janeiro de 2005. – *Pedro Miguel de Santana Lopes – António José de Castro Bagão Félix – José Pedro Aguiar Branco.*

Promulgado em 28 de Fevereiro de 2005.

Publique-se.

O Presidente da República, JORGE SAMPAIO.

Referendado em 3 de Março de 2005.

O Primeiro-Ministro, *Pedro Miguel de Santana Lopes.*

Instrução de Atos Notariais e Registrais por Fotocópias

Decreto-Lei nº 30/2000, de 13 de Março

A alteração recentemente introduzida ao Decreto-Lei nº 135/99, de 22 de Abril, veio permitir que para instrução de processos administrativos graciosos seja suficiente a apresentação de simples fotocópia de documento autêntico ou autenticado.

Sendo certo que a essência das funções notarial e registral reside na titulação e na publicitação de actos e contratos que se inserem no âmbito do direito privado, importa igualmente introduzir medidas que permitam facilitar a instrução dos actos e processos típicos das conservatórias e cartórios notariais.

Assim:

Nos termos da alínea *a*) do nº 1 do artigo 198º da Constituição, o Governo decreta, para valer como lei geral da República, o seguinte:

ARTIGO 1º

1 – A instrução de actos e processos dos registos e do notariado pode ser efectuada com fotocópia de documento autêntico ou autenticado, desde que conferida com o original ou documento autenticado exibido perante o funcionário que o receba.

2 – O conservador, notário ou oficial dos registos e do notariado apõe a sua rubrica na fotocópia, declarando a conformidade com o original ou documento autenticado.

3 – Se o documento autêntico ou autenticado constar de arquivo de serviço público, o funcionário competente apõe a sua assinatura na respectiva fotocópia, declarando a sua conformidade com o original.

4 – As fotocópias conferidas nos termos do presente diploma são isentas de emolumentos.

ARTIGO 2º

O presente diploma entra em vigor a 1 de Maio de 2000.

Visto aprovado em Conselho de Ministros de 21 de Janeiro de 2000. – *António Manuel de Oliveira Guteres – Joaquim Augusto Nunes Pina Moura – AntónioLuís Santos Costa – Alberto de Sousa Martins.*

Promulgado em 28 de Fevereiro de 2000.

Publique-se.

O Presidente da República, JORGE SAMPAIO.

Referendado em 2 de Março de 2000.

O Primeiro-Ministro, *António Manuel de Oliveira Guterres.*

Procedimentos para Operações Especiais de Registos

Portaria nº 547/2009, de 25 de Maio

No âmbito do programa SIMPLEX e com o objectivo de reduzir os custos de contexto e os encargos administrativos para as pessoas e as empresas, foram concretizadas numerosas medidas de simplificação na área dos registos de veículos, comercial, civil, predial e da propriedade industrial. Essas medidas reflectiram-se em três eixos: criação de balcões únicos, simplificação transversal de procedimentos e disponibilização de novos serviços através da Internet.

Assim, em primeiro lugar, foram criados novos serviços que permitem, em atendimento presencial único, todos os actos e procedimentos necessários a uma situação da vida de pessoas ou empresas, de forma mais simples, evitando formalidades dispensáveis e a constante deslocação a vários serviços e entidades. É o caso dos balcões «Nascer cidadão», «Divórcio com partilha», «Heranças», «Associação na hora», «Casa pronta», «Documento único automóvel», «Empresa na hora» e «Marca na hora».

Em segundo lugar, todos os actos e procedimentos de registo e actos com eles conexos foram reavaliados e alterados, o que permitiu eliminar actos inúteis, simplificar procedimentos e oferecer novas alternativas de escolha aos interessados. Destaca-se a eliminação da obrigatoriedade de celebração de escrituras públicas para actos da vida das pessoas e empresas, a eliminação de certidões desnecessárias na realização de processos relativos, por exemplo, ao registo de prédios ou ao casamento e divórcio, a eliminação da competência territorial das conservatórias, permitindo-se a escolha do serviço mais próximo ou mais eficaz, a redução dos prazos para a prática dos actos de registo, a substituição do livrete e do título de propriedade do automóvel por um documento único automóvel – o «Certificado de matrícula» e a eliminação de livros de escrituração mercantil.

Finalmente, foram criados numerosos serviços hoje disponíveis através da Internet, que incluem a possibilidade de os cidadãos munidos do cartão de cidadão darem início ao processo de casamento através da Internet (em *www.civilonline.mj.pt*), a constituição de sociedades comerciais e a promoção pela Internet dos actos de registo comercial (em *www.portaldaempresa.pt*), a submissão de pedidos de registos sobre prédios em *www.predialonline.mj.pt*), a realização dos registos do automóvel como, por exemplo, o registo de um novo proprietário com o cartão de cidadão, através de *www.automovelonline.mj.pt*, e a promoção de registos de marcas e patentes *online*, em *www.marcasepatentes.pt*. Igualmente, é hoje possível consultar e obter informação permanentemente actualizada sobre os registos dos automóveis, dos prédios e do registo comercial e das marcas e patentes através da Internet e de forma permanentemente actualizada, o que tem permitido uma forte redução da emissão de certidões em papel.

O Decreto-Lei nº 116/2008, de 4 de Julho, previu a criação de um novo balcão único vocacionado para tratar de operações de registo de grande volume, complexidade ou relevância económica para a criação de riqueza, emprego e postos de trabalho: o SIR – Soluções Integradas de Registo (SIR).

Trata-se de um novo passo, que significa uma nova dimensão na prestação de serviços públicos de qualidade e que implica a prestação de um serviço especialmente vocacionado para um tratamento personalizado e especializado dos utilizadores e dos problemas que precisam de resolver.

Neste balcão, as empresas passam a poder realizar de forma integrada e uniforme todas as formalidades e operações de registo de uma ou mais áreas de registo, sem necessidade de deslocações a outros serviços de registo ou entidades públicas.

Será o caso, por exemplo, de uma fusão entre duas empresas que implique o registo da transmissão dos prédios, das marcas, patentes e dos veículos da sociedade incorporada para a sociedade incorporante ou de uma transferência entre duas empresas de direitos de servidão de passagem de um gasoduto que abranja um número significativo de prédios.

Assim, a partir de agora as empresas têm à sua disposição o balcão SIR para a realização de operações especiais de registo, bastando um único pedido para que sejam efectuados actos de registo comercial, predial, de veículos e da propriedade industrial.

Um atendimento que trata de forma simples, rápida e eficiente as operações de registo complexas e numerosas contribui para a criação de condições de investimento e geração de riqueza no País, factor essencial para a criação de emprego e de postos de trabalho.

A criação do balcão «SIR – Soluções integradas de registo» contribui ainda para que sejam atingidos outros objectivos na área dos registos. Por um lado, potencia o aumento da eficiência e eficácia dos serviços de registo, dado que um processo de registo numeroso ou de grande complexidade passa a ser analisado e concluído num único balcão de registo, por uma equipa especializada e orientada para encontrar as soluções mais simples, mais rápidas e mais seguras para cada operação especial de registo. Por outro, dão-se condições para que as conservatórias melhorem o atendimento e a rapidez no tratamento de operações de registo mais usuais, evitando-se, entre outras, situações de tempo de espera ou de demora na conclusão de processos de registo por estar em análise ou por concluir um processo de registo complexo ou de grande dimensão.

A presente portaria visa, pois, regulamentar os procedimentos para operações especiais de registo.

Assim:

Manda o Governo, pelo Ministro da Justiça, ao abrigo do nº 1 do artigo 26º do Decreto-Lei nº 116/2009, de 4 de Julho, do nº 6 do artigo 54º, do nº 2 do artigo 61º do Decreto-Lei nº 519-F2/79, de 29 de Dezembro, e do nº 4 do artigo 1º do Decreto nº 55/80, de 8 de Outubro, o seguinte:

ARTIGO 1º
Objecto

A presente portaria regulamenta os procedimentos para operações especiais de registos.

ARTIGO 2º
Noção

Constituem operações especiais de registos os processos em que sejam interessadas uma ou mais pessoas colectivas, públicas ou privadas, que envolvam a prática de actos de registo que pelo seu número, complexidade, natureza, relação de dependência ou conexão, ou relevância económica, justifiquem um tratamento unitário e personalizado.

ARTIGO 3º
Competência

1 – A prática dos procedimentos para operações especiais de registo compete a balcões criados por despacho do presidente do Instituto dos Registos e do Notariado, I. P., nos termos do nº 5 do artigo 26º do Decreto-Lei nº 116/2008, de 4 de Julho.

2 – Os balcões criados nos termos do número anterior denominam-se «SIR – Soluções integradas de registo» (SIR), com competência para a prática de actos em qualquer ponto do território nacional, e constituem serviços especiais de registo equiparados a conservatórias de registo predial de 1ª classe.

ARTIGO 4º
Âmbito das operações especiais de registo

1 – Os procedimentos para operações especiais de registos aplicam-se designadamente às seguintes situações:

a) Projectos de potencial interesse nacional, designados como projectos PIN, e projectos de potencial interesse nacional, classificados como de importância estratégica, designados como projectos PIN +, reconhecidos nos termos da legislação em vigor;

b) Projectos de investimento acompanhados, apoiados ou acolhidos pela Agência para o Investimento e Comércio Externo de Portugal, E. P. E., e pelo IAPMEI – Instituto de Apoio às Pequenas e Médias Empresas e à Inovação, I. P.;

c) Projectos financiados pelos programas operacionais do Quadro de Referência Estratégico Nacional 2007-2013;

d) Projectos que promovam a utilização de energias renováveis;

e) Negócios realizados por sociedades gestoras de fundos de investimento imobiliário para arrendamento habitacional (FIIAH), e dos demais fundos de investimento imobiliário que operem de acordo com a legislação nacional;

f) Investimentos em capital de risco através de sociedades de capital de risco e de fundos de capital de risco;

g) Expropriações;

h) Regularização do registo de património de pessoas colectivas públicas ou privadas;

i) Criação de sociedades e de sucursais, incluindo actos de registo subsequentes;

j) Alterações de firma ou denominação social ou da sede que tenham por consequência a necessidade de actualização de registos sobre imóveis, marcas, patentes ou outros direitos de propriedade industrial, e veículos;

l) Fusões e cisões, incluindo os actos consequentes de actualização ou de transmissão de imóveis, de marcas, patentes ou outros direitos de propriedade industrial, ou de veículos, bem como os direitos sobre os mesmos;

m) Aumentos de capital, por novas entradas, incluindo os actos consequentes de transmissão de imóveis, marcas, logótipos e patentes ou veículos, bem como os direitos sobre os mesmos;

n) Transmissão de créditos e garantias sujeitas a registo;

o) Empreendimentos urbanísticos, incluindo, designadamente, a constituição e modificação de propriedade horizontal, o registo do titulo constitutivo de empreendimento turístico e suas alterações, a constituição, alteração e transmissão do direito real de habitação periódica;

p) Operações de transformação fundiária;

q) Constituição e alteração de servidões de passagem de aqueduto, gasoduto, oleoduto, bem como de redes de comunicação e de electricidade.

2 – A aplicação dos procedimentos regulados na presente portaria às alíneas *i*) a *q*) do número anterior implica a verificação de um dos seguintes requisitos:

a) Estar em causa a prática simultânea ou sucessiva de, pelo menos, 10 actos ou procedimentos de registo;

b) A operação incidir ou dela resultarem, pelo menos, 10 actos sobre marcas, patentes, ou outros direitos de propriedade industrial, ou 20 imóveis, ou 50 veículos;

c) O valor da operação ser superior a €5000000;

d) Estar em causa um projecto que se mostre relevante para estimular a actividade económica e criar emprego e postos de trabalho.

3 – Podem ainda utilizar os balcões SIR as entidades ou profissionais que, no ano anterior, tenham promovido mais de 1000 pedidos de registo.

ARTIGO 5º
Actos e procedimentos incluídos em operações especiais de registo

1 – Podem realizar-se os seguintes actos e procedimentos no âmbito de uma operação especial de registos:

a) Pedido e realização de actos e processos de registo comercial, predial e de veículos, bem como a emissão dos respectivos meios de prova;

b) Reconhecimentos simples e com menções especiais, presenciais e por semelhança, autenticação de documentos particulares, certificação ou realização e certificação de traduções de documentos que se destinem a instruir actos de registo compreendidos na alínea anterior;

c) Pedidos de actos relativos a direitos de propriedade industrial;

d) Pedido e obtenção do certificado de admissibilidade de firma e do cartão da empresa ou de pessoa colectiva;

e) Procedimentos especiais de criação imediata de sociedades («Empresa na hora»), com ou sem aquisição simultânea de marca registada, de criação imediata de representações permanentes em Portugal de entidades estrangeiras («Sucursal na hora») e de transmissão, oneração e registo de imóveis («Casa pronta»);

f) Promoção da liquidação e cobrança dos impostos que se mostrem devidos pela realização dos negócios jurídicos, actos e processos de registo executados no balcão SIR.

2 – Por despacho do presidente do IRN, I. P., pode ser incluída no âmbito dos procedimentos para operações especiais de registo:

a) A prática de qualquer outro acto da competência dos serviços de registo;

b) A realização e execução de projectos específicos no sector dos registos, nos termos previstos no nº 5 do artigo 8º do Decreto-Lei nº 129/2007, de 27 de Abril;

c) A prática de actos da competência de outros serviços públicos que sejam ou venham a ser efectuados nos serviços de registo, designadamente por protocolo entre a entidade competente e o Instituto dos Registos e do Notariado, I. P.

ARTIGO 6º
Marcação prévia

1 – Os interessados podem proceder, por via electrónica, por telefone ou presencialmente, à marcação prévia do atendimento no balcão SIR.

2 – Mediante marcação prévia, os funcionários do balcão SIR podem deslocar-se à sede ou instalações dos interessados para a realização de actos ou procedimentos abrangidos no âmbito da presente portaria.

ARTIGO 7º
Início do procedimento e gestor de cliente

1 – Os pedidos de registo e de outros actos e procedimentos incluídos em operações especiais de registos devem ser efectuados presencialmente, por forma ver-

bal, pelo próprio ou por pessoa com legitimidade para o efeito, sem necessidade de utilização dos impressos próprios de cada área de registo.

2 – Sem prejuízo do disposto nos números seguintes, os pedidos de registo são apresentados no livro-diário logo que se verifiquem cumulativamente os seguintes requisitos:

a) Terem sido recepcionados ou consultados nas bases de dados dos serviços de registo ou da Administração Pública todos os documentos instrutórios;

b) Os actos de registo estarem em condições de serem efectuados com natureza definitiva.

3 – O registo pode ser efectuado como provisório desde que os interessados manifestem, expressamente, vontade nesse sentido.

4 – Quando estejam em causa actos relativos a direitos de propriedade industrial, os funcionários do SIR inserem de imediato no sítio na Internet do INPI, I. P., os dados que são transmitidos verbalmente pelo interessado.

5 – Os pedidos de registo podem ser apresentados em suporte informático, nos termos a fixar por despacho do presidente do IRN, I. P.

6 – O SIR assegura que, desde o primeiro contacto, cada utilizador do serviço tem um gestor de cliente especificamente designado enquanto ponto de contacto privilegiado com o serviço, responsável pelo acompanhamento da operação especial de registos que pretenda realizar, bem como para todas as outras que esse utilizador venha futuramente a efectuar.

ARTIGO 8º
Tramitação dos procedimentos

1 – No âmbito do procedimento de operação especial de registo, o SIR realiza todos os actos e procedimentos necessários para que se efectue:

a) A conclusão dos actos e procedimentos de registo comercial, predial e de veículos;

b) A emissão dos respectivos meios de prova, sempre que possível através da entrega aos interessados dos códigos de acesso a certidões permanentes;

c) A promoção dos pedidos de registo dos direitos de propriedade industrial;

d) A realização das comunicações necessárias a outras entidades públicas.

2 – Para efeitos de instrução e realização dos procedimentos e actos referidos na alínea *a*) do número anterior, o SIR apenas solicita aos interessados os documentos que não possam ser obtidos através do acesso directo às bases de dados dos registos ou junto de outras entidades públicas.

3 – Por solicitação dos interessados, o SIR pode, com base nos documentos apresentados para titular os factos que se pretendem registar, proceder a consultas das bases de dados dos registos para identificar os bens sobre os quais incidem os actos ou procedimentos.

4 – A informação obtida nos termos do número anterior deve ser confirmada pelos interessados.

ARTIGO 9º
Dever de informação

O balcão SIR deve informar semanalmente os interessados, por meios electrónicos e através de um modelo padronizado:

a) Das diligências efectuadas para a obtenção dos elementos necessários à realização dos procedimentos para operações especiais de registo;

b) Indicar os actos que já se encontrem concluídos;

c) Indicar a data estimada para a conclusão do procedimento de operação especial de registos em curso.

ARTIGO 10º
Indeferimento e desistência

1 – Os procedimentos para operações especiais de registos apenas são indeferidos quando se verifique uma das seguintes situações:

a) Não se encontrem no âmbito do artigo 4º;

b) Não se verifiquem os pressupostos previstos no artigo 5º

2 – O indeferimento do procedimento nos termos do número anterior determina o reencaminhamento do pedido, preferencialmente por via electrónica, para o serviço de registo mais próximo que tenha competência para realizar os actos ou procedimentos requeridos.

ARTIGO 11º
Notificações e comunicações

1 – As notificações e outras comunicações entre o SIR e os interessados devem ser efectuadas preferencialmente por via electrónica.

2 – Os interessados podem enviar os documentos necessários à instrução dos actos e procedimentos para operações especiais de registo por meios electrónicos, telecópia ou correio.

3 – O SIR envia ao INPI, I. P., os documentos necessários à instrução de pedidos de registo sobre direitos de propriedade industrial.

ARTIGO 12º
Distribuição e encaminhamento

1 – Por despacho do presidente do IRN, I. P., a execução ou a realização dos actos e procedimentos regulados pela presente portaria podem ser distribuídos a outros serviços de registo.

2 – Quando, num serviço de registos, seja apresentado um pedido que possa implicar ou do qual se possa inferir que o mesmo se insere no âmbito de uma ope-

ração especial de registos tal como definida nos artigos 2º e 4º da presente portaria, esse serviço de registo deve:

a) Informar o interessado de que dispõe do serviço SIR, explicando as vantagens deste serviço e perguntando ao mesmo se pretende que o seu pedido de registo seja encaminhado para esse serviço;

b) Encaminhar o pedido para o SIR, sempre que o interessado manifeste vontade nesse sentido;

c) Contactar imediatamente o SIR para marcar uma reunião entre o interessado e o responsável do SIR pelo procedimento, cuja data, hora e local é imediatamente comunicada verbalmente ao interessado.

ARTIGO 13º
Encargos

1 – Pelos procedimentos para operações especiais de registos são devidos os emolumentos, taxas e impostos fixados na legislação aplicável.

2 – Os emolumentos e taxas de registo são facturados de forma agrupada, com discriminação dos valores liquidados por tipo de registo, no final de cada operação especial de registos.

3 – O pagamento dos valores devidos pode ser efectuado por qualquer forma em uso nos serviços de registo, incluindo por transferência bancária.

4 – Os interessados podem optar por um regime de conta corrente, efectuando uma provisão no valor de mínimo de € 20 000, à qual vão sendo descontados os valores devidos nos termos do número anterior.

ARTIGO 14º
Pessoal

1 – Para efeitos do disposto no nº 1 do artigo 63º da Lei nº 12-A/2008, de 27 de Fevereiro, os balcões SIR não dispõem de mapa de pessoal próprio.

2 – O presidente do IRN, I. P., designa para cada balcão SIR o responsável pela sua direcção, gestão e coordenação.

ARTIGO 15º
Receita

Para os efeitos legais relevantes, considera-se que a receita mensal líquida de cada balcão SIR é de € 300 000.

ARTIGO 16º
Entrada em vigor

A presente portaria entra em vigor no dia seguinte ao da sua publicação.

Pelo Ministro da Justiça, *João Tiago Valente Almeida da Silveira,* Secretário de Estado da Justiça, em 19 de Maio de 2009.

Acessos Eletrónicos com Valor de Certidão

Portaria nº 696/2009, de 30 de Junho

O Decreto Regulamentar nº 3/2009, de 3 de Fevereiro, veio estabelecer o regime jurídico da criação e funcionamento da base de dados de procurações.

A criação da base de dados de procurações visou, em primeiro lugar, dotar o Estado de mecanismos adicionais para combater fenómenos de corrupção e de criminalidade económico-financeira associados à utilização de procurações irrevogáveis para transacções imobiliárias. Assim, encontram-se já em vigor, desde 31 de Março de 2009, duas medidas fundamentais para este efeito.

Por um lado, as entidades e profissionais perante os quais sejam outorgadas procurações irrevogáveis que contenham poderes de transferência da titularidade de imóveis ou a respectiva extinção passaram a ter que promover o respectivo registo, através de transmissão electrónica de dados e documentos, num sítio da Internet em *www.procuracoesonline.mj.pt*. Por outro, os magistrados judiciais e do Ministério Público, os órgãos de polícia criminal e as demais entidades públicas às quais a lei atribua competência em matéria de prevenção e combate à corrupção e à criminalidade económico-financeira passaram a ter acesso directo por via electrónica ao conteúdo da base de dados de procurações, evitando-se pedidos de informação, consultas ou deslocações dessas entidades a serviços públicos ou privados.

Em segundo lugar, a criação da base de dados das procurações tem como objectivo estabelecer que possam ser registadas electronicamente, a título facultativo, qualquer outro tipo de procurações para além das procurações irrevogáveis para transacções imobiliárias. Este serviço é gratuito, começa a ser prestado a partir do dia 30 de Junho de 2009 e permite que os cidadãos e empresas, enquanto mandantes ou procuradores, verifiquem, em qualquer altura e em qualquer local, se uma procuração registada electronicamente se encontra ainda em vigor ou se, entretanto, teve lugar um substabelecimento ou uma revogação de poderes.

Finalmente, concretizando uma possibilidade prevista no artigo 9º do Decreto Regulamentar nº 3/2009, de 3 de Fevereiro, disponibilizam-se acessos electrónicos com valor de certidão aos mandantes e procuradores que constem de todas procurações registadas em *www.procuracoesonline.mj.pt*. Com a disponibilização gratuita deste novo serviço criam-se condições para simplificar, agilizar e incrementar a segurança jurídica associada a verificação dos poderes dos intervenientes em actos jurídicos que tenham poderes ao abrigo de procurações. Por exemplo, uma empresa passa a poder disponibilizar no seu sítio da Internet os códigos de acesso a todas as procurações que tenha conferido e que estejam em vigor, permitindo, assim, que os seus clientes possam saber, a cada momento, quem representa a empresa.

Este novo serviço permite ainda eliminar a necessidade de os cidadãos e empresas terem de pedir e pagar cópias certificadas de procurações sempre que os seus procuradores necessitam de comprovar os seus poderes ao abrigo de uma procuração. Assim, a partir de agora, os poderes de representação voluntária passam a poder ser comprovados perante qualquer entidade pública ou privada, através da entrega do código de acesso à certidão da procuração registada em *www.procuracoesonline.mj.pt*, sem qualquer custo adicional e sem necessidade de os mandantes e os procuradores suportarem quaisquer despesas relacionadas com a certificação de cópias de procurações.

A presente portaria estabelece os termos e condições da disponibilização dos acessos electrónicos com valor de certidão às procurações registadas electronicamente.

Assim:

Manda o Governo, pelo Ministro da Justiça, ao abrigo do artigo 9º do Decreto Regulamentar nº 3/2009, de 3 de Fevereiro, o seguinte:

ARTIGO 1º
Objecto

A presente portaria estabelece os termos e condições da disponibilização de acessos electrónicos com valor de certidão às procurações registadas através da Internet.

ARTIGO 2º
Certidão permanente de registo de procurações

1 – Designa-se por certidão permanente de registo de procurações a disponibilização do acesso à informação, em suporte electrónico e permanentemente actualizada, da reprodução dos registos em vigor e dos documentos arquivados para os quais os registos remetam, respeitantes a uma procuração registada electronicamente.

2 – Os registos em vigor a que se refere o número anterior respeitam ao tipo de procuração, data de outorga e data e hora do registo da mesma, bem como, se for o caso, à identificação da entidade que procedeu ao respectivo registo, dos mandantes, dos mandatários e dos prédios.

ARTIGO 3º
Acesso à certidão permanente de registo de procurações

1 – O acesso previsto no nº 1 do artigo anterior efetua-se mediante a disponibilização de um código de acesso, que permite a visualização da informação através da Internet, durante o prazo de validade da certidão permanente.

2 – O pedido de acesso à certidão permanente é efetuado no sítio da Internet com o endereço *www.procuracoesonline.mj.pt*, mantido pelo Instituto dos Registos e do Notariado, I. P. (IRN, I. P.)

(Redacção dada pela Portaria nº 286/2012, de 20-09)

ARTIGO 4º
Código de acesso

Após o pedido de certidão permanente, é disponibilizado ao requerente um código que permite a sua visualização no sítio da Internet referido no artigo anterior, a partir do momento em que seja confirmado o pagamento dos montantes devidos.

(Redacção dada pela Portaria nº 286/2012 de 20-09)

ARTIGO 4º-A
Prazo de validade

1 – A certidão permanente é disponibilizada pelo prazo de um, três ou cinco anos, podendo ser renovada por iguais períodos de tempo.

2 – A renovação da certidão permanente deve ocorrer até ao limite do prazo de duração.

(Aditado pela Portaria nº 286/2012, de 20-09)

ARTIGO 4º-B
Encargos

1 – Por cada pedido de subscrição ou de renovação do acesso à certidão permanente é devido o pagamento das seguintes taxas:

a) Por um ano, €10;
b) Por três anos, €20;
c) Por cinco anos, €40.

2 – *[Revogado.]*

(Redação dada pela Portaria nº 358/2015, de 14-10)

ARTIGO 5º
Produção de efeitos

A presente portaria produz efeitos desde 30 de Junho de 2009.

ARTIGO 6º
Entrada em vigor

A presente portaria entra em vigor no dia seguinte ao da sua publicação.

Pelo Ministro da Justiça, *João Tiago Valente Almeida da Silveira,* Secretário de Estado da Justiça, em 26 de Junho de 2009.

Medidas de Simplificação e Eliminação de Atos e Procedimentos Registrais e Notariais

Decreto-Lei nº 76-A/2006, de 29 de Março

(...)

CAPÍTULO I
Disposição geral

ARTIGO 1º
Objecto

1 – O presente decreto-lei adopta medidas de simplificação e eliminação de actos e procedimentos registrais e notariais, tais como:

a) A eliminação da obrigatoriedade das escrituras públicas relativas aos actos da vida das empresas, ressalvando situações como aquelas em que seja exigida forma mais solene para a transmissão dos bens com que os sócios entram para a sociedade;

b) A reformulação do regime e dos procedimentos do registo comercial, designadamente através da redução do número de actos sujeitos a registo, da prática de actos através do registo por depósito, da criação de um novo regime de registo de transmissão de quotas, da simplificação do regime da fusão e cisão de sociedades, da criação de condições para a plena utilização e aplicação dos sistemas informáticos e da reformulação de actos e procedimentos internos, sempre com garantia da segurança jurídica e da legalidade;

c) A eliminação da obrigatoriedade de existência dos livros da escrituração mercantil de inventário, balanço, diário, razão e copiador e a eliminação da legalização dos livros de actas nas conservatórias do registo comercial;

d) A criação de um procedimento especial de extinção imediata de entidades comerciais;

e) A criação de procedimentos administrativos de dissolução e de liquidação de entidades comerciais da competência das conservatórias que consagra, designadamente, causas oficiosas de dissolução e liquidação por iniciativa do Estado, quando existam indicadores objectivos de que a entidade em causa não tem actividade efectiva embora permaneça juridicamente existente;

f) O alargamento das entidades que podem reconhecer assinaturas em documentos e autenticar e traduzir documentos, permitindo que tanto os notários como os advogados, os solicitadores, as câmaras de comércio e indústria e as conservatórias possam fazê-lo;

g) A alteração do regime dos custos da prática de actos da vida das empresas, criando condições para a sua redução e permitindo, designadamente, que as taxas e emolumentos cobrados nas conservatórias do registo comercial se tornem mais claros e apreensíveis para o utente, passando a incluir, num valor único e fixo de registo, os montantes antes cobrados avulsamente, como os emolumentos pessoais, as certidões, as publicações e as inscrições subsequentes no ficheiro central de pessoas colectivas;

h) A eliminação da competência territorial das conservatórias do registo comercial a partir de 1 de Janeiro de 2007.

2 – O presente decreto-lei visa ainda actualizar a legislação societária nacional, adoptando designadamente medidas para actualizar e flexibilizar os modelos de governo das sociedades anónimas.

3 – Aprova-se ainda o regime jurídico dos procedimentos administrativos de dissolução e de liquidação de entidades comerciais, que se publica em anexo ao presente decreto-lei, do qual faz parte integrante.

(Cfr. Declaração de Rectificação nº 28-A/2006, de 26-05)

CAPÍTULO II
Alterações legislativas

O presente Capítulo não se disponibiliza, uma vez que, procedendo a alterações a diversos diplomas, tais alterações foram inseridas no local próprio ou não se inserem no âmbito da presente publicação.

CAPÍTULO III
Reconhecimentos de assinaturas e autenticação e tradução de documentos

ARTIGO 38º
Competência para os reconhecimentos de assinaturas, autenticação e tradução de documentos e conferência de cópias

1 – Sem prejuízo da competência atribuída a outras entidades, as câmaras de comércio e indústria, reconhecidas nos termos do Decreto-Lei nº 244/92, de 29 de Outubro, os conservadores, os oficiais de registo, os advogados e os solicitadores podem fazer reconhecimentos simples e com menções especiais, presenciais e por semelhança, autenticar documentos particulares, certificar, ou fazer e cer-

tificar, traduções de documentos, nos termos previstos na lei notarial, bem como certificar a conformidade das fotocópias com os documentos originais e tirar fotocópias dos originais que lhes sejam presentes para certificação, nos termos do Decreto-Lei nº 28/2000, de 13 de Março.

2 – Os reconhecimentos, as autenticações e as certificações efectuados pelas entidades previstas nos números anteriores conferem ao documento a mesma força probatória que teria se tais actos tivessem sido realizados com intervenção notarial.

3 – Os actos referidos no nº 1 apenas podem ser validamente praticados pelas câmaras de comércio e indústria, advogados e solicitadores mediante registo em sistema informático, cujo funcionamento, respectivos termos e custos associados são definidos por portaria do Ministro da Justiça.

4 – Enquanto o sistema informático não estiver disponível, a obrigação de registo referida no número anterior não se aplica à prática dos actos previstos nos Decretos-Leis nºs 237/2001, de 30 de Agosto, e 28/2000, de 13 de Março.

5 – O montante a cobrar, pelas entidades mencionadas no nº 3, pela prestação dos serviços referidos no nº 1, não pode exceder o valor resultante da tabela de honorários e encargos aplicável à actividade notarial exercida ao abrigo do Estatuto do Notariado, aprovado pelo Decreto-Lei nº 26/2004, de 4 de Fevereiro.

6 – As entidades referidas no nº 1, bem como os notários, podem certificar a conformidade de documentos electrónicos com os documentos originais, em suporte de papel, em termos a regulamentar por portaria do membro do Governo responsável pela área da justiça.

7 – As entidades mencionadas no número anterior podem proceder à digitalização dos originais que lhes sejam apresentados para certificação.

(Redação dada pelo Decreto-Lei nº 8/2007, de 17-01)

CAPÍTULO IV
Disposições finais e transitórias

SECÇÃO I
Disposições finais

ARTIGO 39º
Referências a escritura pública

1 – Todas as disposições legais, regulamentares ou outras que exijam, para a prova de determinado facto, certidão de qualquer escritura pública que tenha sido tornada facultativa por este decreto-lei, devem ser entendidas como referindo-se a certidão do registo comercial que inclua os elementos necessários à prova dos factos.

2 – Todas as disposições legais, regulamentares ou outras que pressuponham ou exijam a celebração de escritura pública para a prática de actos societários equivalentes àqueles em relação aos quais se torna esta forma facultativa devem

ser entendidas como pressupondo ou exigindo a forma estabelecida pelo presente decreto-lei.

ARTIGO 40º
Novas designações dos órgãos sociais

As expressões «conselho geral» e «direcção», utilizadas em qualquer acto normativo, estatuto, negócio unilateral ou contrato, consideram-se substituídas, respectivamente, pelas expressões «conselho geral e de supervisão» e «conselho de administração executivo».

ARTIGO 41º
Informação sobre número de identificação fiscal

A publicitação do número de identificação fiscal dos sujeitos do registo pode ser efectuada oficiosamente, com base na informação obtida mediante acesso das conservatórias do registo comercial às bases de dados da Direcção-Geral dos Impostos, nos termos de protocolo celebrado entre esta e a Direcção-Geral dos Registos e do Notariado.

ARTIGO 42º
Acção executiva por dívidas de emolumentos e outros encargos

1 – Não é instaurada nem pode prosseguir qualquer execução por dívidas de emolumentos e outros encargos que sejam devidos pelos actos e processos registrais, se a dívida for de montante tão reduzido que não justifique a actividade ou as despesas a que o processo daria lugar.

2 – Por despacho do director-geral dos Registos e do Notariado pode ser determinado o montante abaixo do qual não são promovidas acções executivas para cobrança das dívidas referidas no número anterior.

3 – O disposto na primeira parte do nº 1 é ainda aplicável se os serviços de registo, por qualquer meio idóneo, designadamente no decurso de processo de dissolução ou liquidação, apurarem que a situação patrimonial da entidade devedora não permite assegurar o pagamento da quantia em dívida e das custas do processo executivo.

SECÇÃO II
Disposições transitórias

SUBSECÇÃO I
Competência territorial

ARTIGO 43º
Transitoriedade da competência territorial das conservatórias de registo comercial

O disposto na presente subsecção apenas vigora até 31 de Dezembro de 2006, enquanto não entrar em vigor o nº 2 do artigo 28º do Decreto-Lei nº 87/2001, de

17 de Março, modificado pelo artigo 33º deste diploma, que elimina a competência territorial das conservatórias de registo comercial, permitindo a prática dos actos para os quais essas conservatórias sejam competentes, bem como a obtenção dos respectivos meios de prova, em qualquer conservatória do registo comercial, independentemente da sua localização geográfica.

ARTIGO 44º
Inexistência do registo

1 – O registo é juridicamente inexistente quando tiver sido feito em conservatória territorialmente incompetente.

2 – A inexistência pode ser invocada por qualquer pessoa, a todo o tempo, independentemente de declaração judicial.

3 – No caso previsto no nº 1, o conservador deve transferir o processo para a conservatória competente, que efectua oficiosamente o registo, com comunicação ao interessado.

ARTIGO 45º
Competência relativa aos comerciantes individuais e aos estabelecimentos individuais de responsabilidade limitada

Para o registo dos comerciantes individuais é territorialmente competente a conservatória em cuja área estiver situado o estabelecimento principal ou, na falta deste, onde exercerem a actividade principal e para o registo dos estabelecimentos individuais de responsabilidade limitada a conservatória em cuja área estiver situada a respectiva sede.

ARTIGO 46º
Competência relativa a pessoas colectivas

1 – Para o registo das sociedades, cooperativas, empresas públicas, agrupamentos complementares de empresas e agrupamentos europeus de interesse económico é territorialmente competente a conservatória em cuja área estiver situada a sua sede estatutária.

2 – Para o registo das sociedades ou outras pessoas colectivas ou estabelecimentos de tipo correspondente a qualquer dos abrangidos pelo Código do Registo Comercial com sede estatutária no estrangeiro, mas que tenham em Portugal a sede principal e efectiva da sua administração, é territorialmente competente a conservatória em cuja área estiver situada esta sede.

ARTIGO 47º
Competência para o registo de fusão

Para o registo da fusão de sociedades ou cooperativas sediadas na área de diferentes conservatórias, ao abrigo das regras definidas no artigo anterior, ou para o registo de constituição de sociedade anónima europeia por fusão em cujo processo intervenham sociedades nas mesmas condições, é competente a conservatória da sede da sociedade incorporante ou da nova sociedade resultante da fusão.

ARTIGO 48º
Competência relativa às representações

1 – Para o registo da representação permanente em Portugal de sociedades ou de outras pessoas colectivas de tipo correspondente a qualquer das abrangidas pelo Código do Registo Comercial que tenham sede principal e efectiva da sua administração no estrangeiro, bem como do acto constitutivo da própria sociedade ou de outra pessoa colectiva, é competente a conservatória da área da situação dessa representação.

2 – Para o registo das representações de pessoas colectivas sujeitas a registo com sede em Portugal são competentes as conservatórias da área da sede daquelas pessoas colectivas.

3 – As conservatórias detentoras dos registos referidos no número anterior e dos registos de mandato comercial enviam oficiosamente as respectivas pastas às conservatórias competentes para o registo das entidades representadas ou mandantes, as quais transcrevem os registos em vigor nas fichas daquelas entidades e arquivam os documentos respectivos nas pastas destas últimas.

4 – Para o registo do contrato de agência é competente a conservatória da área de situação da sede ou do estabelecimento do agente.

ARTIGO 49º
Mudança voluntária da sede ou do estabelecimento

1 – Quando a sociedade ou outra entidade sujeita a registo mudar a sede para localidade pertencente à área de conservatória diversa daquela em que está registada, deve pedir na conservatória de origem o registo da alteração do contrato.

2 – O disposto no número anterior é aplicável à mudança do estabelecimento do comerciante individual.

ARTIGO 50º
Recusa do registo por transcrição

1 – O registo por transcrição deve ser recusado quando a conservatória for territorialmente incompetente.

2 – Quando o primeiro registo for recusado com fundamento em incompetência territorial da conservatória, não há lugar à abertura de matrícula.

ARTIGO 51º
Factos a averbar às inscrições

São registados por averbamento às inscrições a que respeitam os seguintes factos:

a) A mudança de estabelecimento principal do comerciante individual, dentro da área de competência territorial da conservatória;

b) A deslocação da sede da pessoa colectiva ou do estabelecimento individual de responsabilidade limitada dentro da área de competência territorial da conservatória.

ARTIGO 52º
Certidões negativas e de documentos ou despachos

1 – Os pedidos de certidão negativa devem conter, além da identificação do requerente, o nome ou firma da entidade, o seu número de matrícula e o concelho de localização da sede ou estabelecimento principal.

2 – A emissão de certidões negativas e de documentos ou despachos deve ser recusada se a conservatória não for territorialmente competente para esse efeito.

SUBSECÇÃO II
Suportes de registo

ARTIGO 53º
Livros, fichas e verbetes

Enquanto não se verificar a informatização do serviço de registo, são aplicáveis a este as disposições do Código do Registo Comercial revogadas ou alteradas pelo presente decreto-lei que respeitem a livros, fichas e verbetes ou que pressuponham a sua existência.

ARTIGO 54º
Actos de registo por depósito

Os actos de registo referidos no nº 2 do artigo 55º do Código do Registo Comercial são efectuados em suporte informático no momento em que as condições técnicas o permitirem, em termos a definir por portaria do Ministro da Justiça.

ARTIGO 55º
Publicações

Quando estiverem reunidas as condições técnicas para esse efeito, as publicações a que se refere o nº 2 do artigo 70º do Código do Registo Comercial devem incluir o texto integral dos documentos que servem de base ao registo, em termos a definir por portaria do Ministro da Justiça.

SUBSECÇÃO III
Prazos no Código do Registo Comercial

ARTIGO 56º
Prazos

1 – Sem prejuízo do disposto nos números seguintes, as normas aprovadas pelo presente decreto-lei que alterem prazos previstos no Código do Registo Comercial são apenas aplicáveis aos registos ou procedimentos requeridos a partir da data da sua entrada em vigor.

2 – A alteração dos prazos prevista na nova redacção do artigo 15º do Código do Registo Comercial é apenas aplicável aos factos jurídicos ocorridos após a sua entrada em vigor.

3 – O nº 4 do artigo 65º do Código do Registo Comercial, na redacção dada pelo presente decreto-lei, é aplicável aos registos vigentes à data da sua entrada em vigor.

SUBSECÇÃO IV
Procedimentos administrativos de dissolução e de liquidação de entidades comerciais

ARTIGO 57º
Aplicação aos procedimentos tramitados ao abrigo do Decreto-Lei nº 235/2001, de 30 de Agosto

1 – Os procedimentos administrativos de dissolução e de liquidação de entidades comerciais criados pelo presente decreto-lei são aplicáveis aos procedimentos que, à data da sua entrada em vigor, tenham sido tramitados ao abrigo do Decreto-Lei nº 235/2001, de 30 de Agosto, e ainda não tenham originado um processo judicial.

2 – Nos casos em que já tenha sido efectuada pelo conservador a participação a que se refere os nºs 1 a 3 do artigo único do decreto-lei referido no número anterior e não tenha ainda sido requerido ou promovido pelo Ministério Público o processo de dissolução ou de liquidação judicial, este fica impossibilitado de o requerer ou promover e deve comunicar ao conservador esse facto.

3 – Após a comunicação do Ministério Público referida no número anterior, o conservador profere imediatamente decisão, declarando a dissolução da sociedade ou da cooperativa, ou a entrada em liquidação do estabelecimento individual de responsabilidade limitada, seguindo-se os termos ulteriores previstos no regime jurídico dos procedimentos administrativos de dissolução e de liquidação de entidades comerciais.

4 – Tendo ocorrido a notificação a que alude o nº 5 do artigo único do Decreto-Lei nº 235/2001, de 30 de Agosto, o conservador só profere a decisão depois de decorrido o prazo de regularização previsto nesse preceito.

5 – Decorrido o prazo referido no número anterior sem que se tenha verificado a regularização da situação, o conservador profere decisão, nos termos do nº 3.

ARTIGO 58º
Aplicação do novo regime aos processos judiciais pendentes ao abrigo do disposto no Decreto-Lei nº 235/2001, de 30 de Agosto

1 – Os procedimentos administrativos de dissolução e de liquidação de entidades comerciais criados pelo presente decreto-lei são aplicáveis aos processos judiciais de dissolução e de liquidação que, à data da sua entrada em vigor, se encontrem instaurados ao abrigo do disposto no Decreto-Lei nº 235/2001, de 30 de Agosto, e relativamente aos quais não tenha ainda sido proferida decisão.

2 – Para efeitos do número anterior, o juiz determina o envio do processo ao serviço de registo competente, apenas ficando registada a identificação do processo remetido.

3 – Caso existam vários processos nas condições previstas no nº 1, o juiz deve elaborar um despacho genérico que determine o envio conjunto dos processos para os diversos serviços de registo competentes.

4 – Recebido o processo judicial, o conservador, tendo em conta os actos já praticados no âmbito do processo judicial de dissolução ou de liquidação, declara quais os actos do procedimento administrativo que se devem considerar já cumpridos e determina a passagem do procedimento à fase imediatamente posterior à do último acto praticado.

ARTIGO 59º
Aplicação do regime jurídico dos procedimentos administrativos de dissolução e de liquidação de entidades comerciais

O regime jurídico dos procedimentos administrativos de dissolução e de liquidação de entidades comerciais é aplicável imediatamente a todas as situações em que os requisitos previstos para a sua aplicação estejam cumpridos no momento da sua entrada em vigor.

SUBSECÇÃO V
Sociedades em processo de privatização

ARTIGO 60º
Sociedades em processo de privatização

As acções a privatizar, nos termos da lei, constituem sempre uma categoria especial de acções que apenas podem ser detidas pelo Estado ou por entidades que pertençam ao sector público.

(Redação dada pelo Decreto-Lei nº 90/2011, de 25-07)

SECÇÃO III
Revogações, aplicação no tempo e entrada em vigor

ARTIGO 61º
Norma revogatória

São revogados:

a) O artigo 1497º do Código de Processo Civil, aprovado pelo Decreto-Lei nº 44 129, de 28 de Dezembro de 1961;

b) Os artigos 90º, 107º, 108º, 109º, 110º e 135º, os nºs 3 e 4 do artigo 137º, o nº 3 do artigo 145º, o nº 2 do artigo 167º, o nº 4 do artigo 178º, os nºs 4 a 6 do artigo 304º, os nºs 1 e 2 do artigo 352º, o nº 3 do artigo 381º, o nº 3 do artigo 427º, o nº 2 do artigo 434º, o nº 4 do artigo 446º, o nº 4 do artigo 451º, o artigo 454º e o nº 4 do artigo 464º do Código das Sociedades Comerciais, aprovado pelo Decreto-Lei nº 262/86, de 2 de Setembro;

c) As alíneas *h)* e x) do nº 1 do artigo 3º, a alínea *c)* do artigo 4º, os artigos 19º, 21º, 24º, 25º, 25º-A e 26º, os nºs 3 a 5 do artigo 27º, o artigo 31º, o nº 5 do artigo 35º, o nº 5 do artigo 42º, as alíneas *a)* e *f)* do nº 1 do artigo 48º, os artigos 56º e 60º, as alíneas *d)*, *f)*, *g)*, *h)*, *l)* e *m)* do nº 1 e a alínea *a)* do nº 2 do artigo 64º, o nº 1 do artigo 67º, as alíneas *a)* a *j)* e *m)* a *p)* do nº 1 e a alínea *a)* do nº 2 do artigo 69º, a alínea *c)* do nº 1 e o nº 5 do artigo 70º, o nº 5 do artigo 72º, os artigos 79º e 80º, o nº 4 do artigo 82º, os artigos 98º, 99º, 100º, 103º, 109º e 112º-A e o nº 6 do artigo 112º-B do Código do Registo Comercial, aprovado pelo Decreto-Lei nº 403/86, de 3 de Dezembro;

d) Os artigos 32º, 33º, 34º, 35º, 36º e 63º do Código Comercial, aprovado pela Carta de Lei, de 28 de Junho de 1888;

e) O artigo 4º do Regime do Estabelecimento Individual de Responsabilidade Limitada, aprovado pelo Decreto-Lei nº 248/86, de 25 de Agosto;

f) O Regulamento do Registo Comercial, aprovado pela Portaria nº 883/89, de 13 de Outubro;

g) As alíneas *f)* e *i)* do nº 2 do artigo 80º do Código do Notariado, aprovado pelo Decreto-Lei nº 207/95, de 14 de Agosto;

h) O nº 4 do artigo 12º do Código Cooperativo, aprovado pela Lei nº 51/96, de 7 de Setembro;

i) O nº 4 do artigo 5º do Decreto-Lei nº 267/93, de 31 de Julho.

(Cfr. Declaração de Rectificação nº 28-A/2006, de 26-05)

ARTIGO 62º
Republicação

São republicados, em anexo, que faz parte integrante ao presente decreto-lei, o Código das Sociedades Comerciais, aprovado pelo Decreto-Lei nº 262/86, de 2 de Setembro, e o Código do Registo Comercial, aprovado pelo Decreto-Lei nº 403/86, de 3 de Dezembro, com a redacção actual.

ARTIGO 63º
Aplicação no tempo

1 – Às sociedades constituídas antes da data de entrada em vigor do presente decreto-lei e que não procedam, no prazo de um ano a contar daquela data, à alteração dos respectivos estatutos em matéria de administração e fiscalização, aplicam-se as seguintes regras:

a) Nas sociedades estruturadas segundo a modalidade de conselho de administração e conselho fiscal, é adoptada a modalidade prevista na alínea *a*) do nº 1 do artigo 278º do Código das Sociedades Comerciais, na redacção introduzida pelo presente decreto-lei;

b) Nas sociedades estruturadas segundo a modalidade de direcção, conselho geral e revisor oficial de contas, é adoptada a modalidade prevista na alínea *c*) do nº 1 do artigo 278º do Código das Sociedades Comerciais, na redacção introduzida pelo presente decreto-lei.

2 – As disposições sobre convocatória e funcionamento da assembleia geral, acesso à informação por parte dos sócios e exercício de direito de voto, cuja aplicação possa ser afastada pelos estatutos, são aplicáveis às sociedades referidas no número anterior, imediatamente, por sua opção, ou a partir de 30 de Junho de 2007, obrigatoriamente.

3 – O artigo 5º, na parte em que altera os nºs 1 e 3 do artigo 46º, os artigos 53º, 58º, 62º e 62º-A, a alínea *v*) do nº 1 do artigo 69º e o nº 5 do artigo 71º do Código do Registo Comercial, o artigo 6º, na parte em que adita o artigo 45º-A ao Código do Registo Comercial, o artigo 34º, na parte em que altera as alíneas *d*) e *e*) do nº 1 do artigo 15º do Regulamento Emolumentar dos Registos e do Notariado, aprovado pelo Decreto-Lei nº 322-A/2001, de 14 de Dezembro, o artigo 47º e a alínea *c*) do artigo 61º, na parte em que revoga o artigo 56º do Código do Registo Comercial, produzem efeitos desde 31 de Outubro de 2005.

4 – O artigo 4º, na parte em que altera o nº 2 do artigo 72º do Código do Registo Comercial, produz efeitos em relação aos registos requeridos a partir de 1 de Janeiro de 2006.

5 – As disposições transitórias a que se referem os artigos 43º a 52º cessam a produção de efeitos na data de entrada em vigor das normas referidas no nº 2 do artigo 64º, que permitem que os actos relativos a entidades comerciais sejam praticados em qualquer conservatória do registo comercial, independentemente da sua localização geográfica.

ARTIGO 64º
Entrada em vigor

1 – Sem prejuízo do disposto no número seguinte, o presente decreto-lei entra em vigor no dia 30 de Junho de 2006.

2 – Os artigos 11º e 33º, na parte em que altera o nº 2 do artigo 28º, e o artigo 37º do Decreto-Lei nº 87/2001, de 17 de Março, entram em vigor no dia 1 de Janeiro de 2007.

Visto e aprovado em Conselho de Ministros de 2 de Março de 2006. – *José Sócrates Carvalho Pinto de Sousa – Fernando Teixeira dos Santos – Manuel Pedro Cunha da Silva Pereira – Alberto Bernardes Costa – Manuel António Gomes de Almeida de Pinho – Luís Medeiros Vieira – Mário Lino Soares Correia – José António Fonseca Vieira da Silva – Maria de Lurdes Reis Rodrigues.*

Promulgado em 5 de Março de 2006.

Publique-se.

O Presidente da República, Jorge Sampaio.

Referendado em 6 de Março de 2006.

O Primeiro-Ministro, *José Sócrates Carvalho Pinto de Sousa.*

ÍNDICE ANALÍTICO DO CÓDIGO DO REGISTO CIVIL

ÍNDICE ANALÍTICO DO CÓDIGO DO REGISTO PREDIAL

ÍNDICE ANALÍTICO DO CÓDIGO DO REGISTO COMERCIAL

ÍNDICE ANALÍTICO DO CÓDIGO DO NOTARIADO

ÍNDICE-SUMÁRIO

I – REGISTOS

REGISTO CIVIL

CÓDIGO DO REGISTO CIVIL

SUMÁRIO

III – NORMAS COMUNS AOS SERVIÇOS DOS REGISTOS E NOTARIADO